Hans Jörg Sandkühler
Recht und Staat nach menschlichem Maß

Hans Jörg Sandkühler

Recht und Staat nach menschlichem Maß

Einführung in die Rechts- und Staatstheorie in menschenrechtlicher Perspektive

VELBRÜCK
WISSENSCHAFT

Für
Kathrin, Moritz, Hannah
Felix, Bennet und Jette

Erste Auflage 2013

www.velbrueck-wissenschaft.de
Druck: Hubert & Co, Göttingen
Printed in Germany
ISBN 978-3-942393-52-2

Bibliografische Information der Deutschen Nationalbibliothek
Die Deutsche Nationalbibliothek verzeichnet diese Publikation in der Deutschen Nationalbibliografie; detaillierte bibliografische Daten sind im Internet über http://dnb.ddb.de abrufbar.

Dieses Buch ist im Verlag Humanities Online (www.humanities-online.de) als E-Book erhältlich.

Inhalt

TEIL III: DAS RECHT

TEIL V: DAS INTERNATIONALE RECHT

TEIL VI: DEMOKRATIE

ANHANG

Vorbemerkung

Unter dem Titel *Recht und Staat nach menschlichem Maß* soll dieses Buch in einer besonderen Perspektive in die allgemeine Rechts- und Staatstheorie einführen: Es geht um eine von der Rechtsnorm der Achtung und des Schutzes der Menschenwürde ausgehende und durch die positivierten Menschenrechte begründete pluralistische, *Rechtspluralismus* anerkennende und zugleich nicht durch Kultur- und *Rechtsrelativismus* unterhöhlte normative Theorie von Recht, Staat und Demokratie. Drei Bezugsquellen spielen bei der Begründung dieser Theorie eine besonders wichtige Rolle. Mit I. Kant geht es um den Vorrang des Rechts vor der Moral, mit H. Kelsen um die Forderung der Neutralität des Rechts gegenüber Religionen, Weltanschauungen und Ideologien und mit G. Radbruch um ein Recht, das nachmetaphysisch dem Maßstab der Gerechtigkeit entspricht.

In Teil I werden zunächst Ausgangsprobleme der Rechts- und Staatstheorie thematisiert. Sie betreffen erstens das angesichts des Pluralismus von Wissenskulturen und Überzeugungen sowie der Wahl epistemologischer Profile, Begriffsrahmen und Theorien mögliche Wissen und die menschenmögliche Gewissheit. Sie beziehen sich zweitens auf die anthropologische *conditio humana* und die Möglichkeiten des Handelns unter der Voraussetzung des faktischen Pluralismus moralischer und rechtlicher Überzeugungen, Einstellungen und Werte. Das dritte Problemfeld betrifft die Frage, ob die Pluralität von Wissens- und Handlungskulturen sowie faktischer Rechtspluralismus zu *Kulturrelativismus* führen und ob aus Kulturrelativismus zwangsläufig *Rechtsrelativismus* folgen muss.

Die Kapitel zum Schutz der Menschenwürde als Verfassungsnorm und zu den Menschenrechten (Teil II) bilden deshalb den Schwerpunkt, weil die Maßstäbe für die Kritik von Recht (Teil III) und Staat (Teil IV) in der Menschenwürdenorm und in den Normen des positiven Menschenrechte-Rechts gegeben sind. Diese *Kritik* besteht zum einen – mit Kant – in der theoretischen Frage nach den Bedingungen der Möglichkeit (i) ›richtigen‹, d. h. gerechten Rechts, (ii) eines Rechts- und Sozialstaates, der den immer drohenden Macht- und Gewaltstaat bändigt, (iii) eines am Frieden und an den Menschenrechten orientierten Internationalen Rechts auf dem Wege zu einem universellen Konstitutionalismus, d. h. zu einer rechts- und sozialstaatlich verfassten Weltgesellschaft (Teil V) und (iv) der Demokratie (Teil IV). Zum anderen geht es um die praktische Dimension von Kritik: Kritik am Unrecht, das im Namen von Recht und Staat verübt wird, Kritik am politischen und ideologischen Missbrauch der Menschenrechte zur Legitimation ›humanitärer Interventionen‹ unter Berufung auf eine fragwürdige *responsibility to protect* und unter Missachtung des Gewaltverbots der UN-Charta und Kritik an der Ungerechtigkeit, die durch nicht-staatliche, vom Recht nicht zu legitimierende ökonomische Macht verursacht wird.

Wir müssten uns nicht durch das Recht schützen wollen, wenn unsere Freiheit nicht Freiheit zum Guten *und* zum Bösen wäre. Es müsste nichts durch das Recht normiert werden, lebten wir bereits im Zeichen von Freiheit, Gleichheit und Gerechtigkeit. Die Würdenorm ist als Sollen notwendig, weil die Menschenwürde und die Menschenrechte, die wir aufgrund von Unrechtserfahrungen einklagen, *de facto* verletzt werden. Die Würdenorm der Verfassung ist nichts Vages; was sie bedeutet, ergibt aus ihrer Konkretisierung in der Gesamtheit der Menschen- und Grundrechte und aus den Urteilen der Verfassungs- und Menschenrechtsgerichtsbarkeit.

Insgesamt geht es in diesem Buch um die Konsequenzen, die aus der Grundlegungsfunktion der Menschenwürde und der Menschenrechte für das Recht, die Verfassung, das Internationale Recht, den Nationalstaat und transnationale Staatenverbände sowie die Demokratie zu ziehen sind.

Ein Plädoyer für den demokratischen Rechtsstaat, dessen Bestand offensichtlich bedroht ist, zieht notwendigerweise Staatskritik und Kritik des Internationalen Rechts nach sich, d.h. Kritik an einem nationalstaatlichen, transnationalen und internationalen *status quo* unter dem Niveau von Rechts- und Sozialstaatlichkeit. Die praktische Kritik an Deformationen des Rechts- und Sozialstaates muss, um aus Gründen wirksam werden zu können, zur Kritik im Sinne einer normativen Begründung der Rechtsstaatsfunktionen werden. Was eignet sich als Grundlage der Kritik? Die Moral, die Ethik? *Eine* Moral, *eine* Ethik? Gegen die Annahme, Moral und Ethik könnten nicht nur theoretisch, sondern auch mit praktischer Wirkung die Grundlage von Rechts- und Staatskritik sein, sprechen zwei Gründe: Der erste Grund ergibt sich daraus, dass Menschen nicht nur nach Maßstäben des Guten handeln. Der zweite Grund ergibt sich daraus, dass moderne Gesellschaften durch einen Pluralismus von moralischen Einstellungen, Bedürfnissen, Interessen und individualisierten Kulturen charakterisiert sind und mit dem Pluralismus Relativismus einhergeht. Der individuell in Anspruch genommene Relativismus muss in einem alle verpflichtenden und deshalb notwendigerweise *gegenüber Moralen, Religionen und Weltanschauungen neutralen Rechtssystem* in Schranken verwiesen werden. Der Pluralismus und das Recht auf Dissens, das nicht durch Gewalt entzogen werden darf, beeinflussen auch die Antworten auf die Frage nach dem richtigen Recht. Rechtsbegründungen, die Legitimation des Staates und weltrechtliche Normen haben dann Chancen auf eine möglichst breite Anerkennung, wenn sie in Prinzipien der Gerechtigkeit, Gleichheit, Freiheit und Allgemeinheit des Rechts gründen, die partikulären Selbst- und Weltinterpretationen gegenüber neutral sind. In dieser Neutralität berechtigen sie gegenüber Macht und Gewalt zu Widerstand.

Das richtige Recht, das die Voraussetzung nicht nur der Legalität, sondern auch der *Legitimität* des Staates und des Handelns in internationalen Beziehungen ist, existiert im System der *positivierten* bürgerlichen und politischen, sozialen, ökonomischen und kulturellen Menschenrechte und in den ihnen entsprechenden bzw. aus ihnen weiter zu entwickelnden Grundrechten. Die Frage, ob diese alle verpflichtenden Rechte universelle Geltung haben und ob ihre Geltung begründbar ist, stellt sich nicht. Ihre rechtliche *Geltung* gründet in dem, was in Menschenrechtspakten und -konventionen – vor allem der Vereinten Nationen – vertraglich ausgehandelt worden ist, und in den Normen des *ius cogens*, des gegenüber allen geltenden und alle ›zwingenden Rechts‹. Das seit den Kriegsverbrecherprozessen in Nürnberg und Tokio revolutionär veränderte Völkergewohnheitsrecht umfasst *Weltrechtsprinzipien*, die alle Staaten verpflichten. Die Menschenrechte haben sich in der – zunehmend von Organen und Institutionen der Zivilgesellschaft beeinflussten – Aushandlung zwischen Staaten als universalisierbar erwiesen.

Die Normen des Menschenrechte-Rechts sind der Spiegel einer universellen Moral. Sie *sind* die Moral, die in der gegenwärtigen Welt den breitest möglichen Konsens auf sich vereinigt. Deshalb stellt sich auch das Problem eines Konflikts zwischen Moral und Recht im Rahmen dieser Rechte nicht. Man kann moralische Ansprüche geltend machen, sich selbst gegenüber und gegenüber Dritten. Durchgesetzt werden können sie aber nicht ohne ihre *Verrechtlichung*. Die Instanz der Verrechtlichung sind eben die Staaten, von denen ihnen Gefahr droht. Als Instanz der Verrechtlichung muss deshalb der Staat eine bestimmte Qualität haben: die Qualität des die Menschenwürde und die Menschenrechte achtenden und schützenden demokratischen Rechts- und Sozialstaates. Auf internationaler Ebene muss die Gesamtheit der Staaten *diese Herrschaft des Rechts* anerkennen und entsprechend handeln. Es gibt ein Menschenrecht auf diesen Staat bzw. auf diese Staaten, auf die von ihnen zu garantierenden Abwehrrechte der Individuen *gegen* den Staat, auf Schutz *durch* den Staat und auf faire Verfahren *im* Staat.

Mit Blick auf den Rechts- und Sozialstaat ist vor den falschen neoliberalen Antworten auf die Frage zu warnen, ob man sich vom Staat verabschieden solle. Mit der delegitimierenden Kritik am Staat geht oft der *Terror des Partikulären* einher. Mit dem Abschied von diesem Staat und darüber hinaus mit dem Verzicht auf einen universellen Konstitutionalismus in der Weltgesellschaft – der keine Aushöhlung des Gewaltverbots der UN-Charta und keinen Interventionismus begründen kann –, werden partikuläre Interessen ermächtigt, die weder in pluralistischen demokratisch verfassten Gesellschaften noch in der Staatenwelt zu Privilegien berechtigt sind.

Der Schlussteil dieses Buches ist der Frage gewidmet, ob die Grundlage der Demokratie tatsächlich die *Souveränität des Volkes* ist. *Wer* sind wir und *wie* sind wir? Können wir uns mit Gewissheit darauf verlassen, dass dieses ›Wir‹ gerechte Herrschaft garantiert? Dies ist offensichtlich nicht so. Es geht nicht allein darum, ob wir uns auf das politische System der repräsentativen Demokratie verlassen können. Das Problem liegt tiefer, und die Fragestellung muss erweitert werden: Wer sind *wir*, von denen die politische Theorie in aller Regel sagt, wir seien der Souverän, wir herrschten, wir seien der Staat, wir seien die Demokratie? Die zur Zeit der Amerikanischen und Französischen Revolution normativ wegweisende, für die Kritik am *ancien régime* unverzichtbare Idee der Volkssouveränität ist nicht nur aufgrund der Erfahrungen mit den im 20. Jahrhundert im Namen des Volkes und von Völkern verübten Verbrechen problematisch. Heute führt die Berufung der Verfassung auf das ›Volk‹ zur Trennung von Menschenrechten und jenen Grundrechten, die nur den ›Volkszugehörigen‹, den Staatsbürgern, eingeräumt werden. Das Bekenntnis des Art. 1 Abs. 2 des Grundgesetzes zu den Menschenrechten ist so lange fragwürdig, wie den nicht zum ›Volk‹ gehörenden sogenannten ›Fremden‹ Rechte vorenthalten werden können, die ihnen ganz einfach deshalb zustehen, weil sie Menschen sind. Ein drittes Problem stellt – wie Wahlbeteiligungen um 50% zeigen – das Desinteresse des unterstellten Souveräns an der politischen Gestaltung der Demokratie dar. Um den Grund der Demokratie angemessen zu bezeichnen, sollte man statt von der Herrschaft des Volkes von der *Herrschaft des Rechts* sprechen. Genau dies war auch das Prinzip, das Hans Kelsen schon 1925 in seiner *Allgemeinen Staatslehre* geltend gemacht hat: Nur insofern ein und dieselbe Rechtsordnung für eine Vielheit von Menschen gilt, bilden sie diese Einheit. Bürgerschaft, *citoyenneté*, ergibt sich nicht aus Volksgenossenschaft, sondern aus Rechtsgenossenschaft. Dies gilt auch für die Weltbürgerschaft in der sich verrechtlichenden Weltgesellschaft.

Dieses Buch fällt nicht in den Bereich der Soziologie oder Politikwissenschaft. Es ist ein auf Fragen des (deutschen) Öffentlichen Rechts – des Verfassungs- und Staatsrechts – und des Völkerrechts konzentriertes Plädoyer gegen metaphysische Konzeptionen des Rechts und für einen vorsichtigen, durch die Menschenrechtsnormen gezähmten, nicht-legalistischen Rechtspositivismus, der Fragen nach der Legitimität von Recht und Staat stellt. In seiner gemäßigten Version räumt dieser Rechtspositivismus eine teilweise Überlappung von Rechten und moralischen Verpflichtungen ein. Er begründet unter Berücksichtigung des inner- und transgesellschaftlichen Pluralismus und des weltweit tatsächlich bestehenden Rechtspluralismus – aber im Gegenzug zu Kultur- und Rechtsrelativismus – die Antwort auf die Frage, welcher Universalismus faktisch möglich ist. Die Antwort lautet: Voneinander abweichende Begründungen für die Anerkennung der Menschenrechte und des *ius cogens* sind möglich; deren Implementierung, Anwendung und Schutz hat aber die Grenzen des transkulturell und mit universeller Geltung vereinbarten *juridischen Kosmopolitismus* zu respektieren.

Was ich hier vorlege, verstehe ich als – wie auch immer vorläufige – Bilanz. Nachdem ich mich von 1974 bis 1998 vorrangig mit Problemen der Erkenntnistheorie, Epistemologie und Wissenschaftsphilosophie befasst hatte, haben mich bereits in ihrem Rahmen thematisierte Fragen wie die nach Gründen für und gegen Pluralismus, Relativismus und Kontextualismus wieder auf den Weg zurückgeführt, den ich von 1960 bis 1965 mit dem Studium der Philosophie und Rechtswissenschaft (Schwerpunkt: Öffentliches Recht) eingeschlagen hatte. Die hier vorgelegte Studie ist aus über zehn Jahren Forschung, Lehre und öffentlichen Vorträgen zu Recht und Staat, Demokratie und Menschenrechten entstanden, vor allem aus meinen Vorlesungen am Institut für Philosophie der Universität Bremen in den Jahren 1998 bis 2003 und aus meinen Vorlesungen im Rahmen der Deutschen Abteilung ›Menschenrechte und Kulturen‹ des europäischen UNESCO-Lehrstuhls für Philosophie (Paris) in den Jahren 2004 bis 2010. (Zu Publikationen, Vorträgen und Themen der Lehre siehe: http://unesco-phil.uni-bremen.de.) Teilweise habe ich in überarbeiteter Form auf in Büchern und Aufsätzen veröffentlichte Texte zurückgegriffen; sie sind in der Bibliografie aufgeführt.

Diese Einführung in die Rechts- und Staatstheorie ist in *systematischer* Absicht verfasst. Dies schließt Rückverweise auf wesentliche historische Momente nicht aus. Der Rückblick hält nicht nur den geschichtlichen Prozess präsent, sondern verweist im Vergleich zwischen dem, was war, und dem, was ist, auf Unabgegoltenes: auf das, was in

Recht und Staat hätte gewesen sein können, und auf das, was sein kann bzw. sein soll.

Vielen, die mit mir innerhalb der Universität oder in der weiteren Öffentlichkeit diskutiert haben, habe ich zu danken. Dies gilt auch für die Verfasserinnen und Verfasser der in der Bibliografie aufgeführten Literatur. Wissenschaft ist keine Robinsonade, sondern Lernen mit und von anderen. Es ist ein Gebot der Fairness, die Überlegungen und Argumente Dritter nicht paraphrasierend zu konsumieren, sondern selbst zu Wort kommen zu lassen. Hieraus erklären sich zum einen die z.T. ausführlichen Zitate in diesem Buch; einer *Einführung* in die Rechts- und Staatstheorie entsprechend sollen sie zum anderen auch Anregung zum weiteren vertieften Studium sein.

Mein Dank gilt neben der Universität Bremen, die mir vorzügliche Arbeitsmöglichkeiten geboten hat, meinen langjährigen Kooperationspartnern in Paris, Tunis und Seoul, von denen ich lernen konnte, was Transkulturalität für die Rechts- und Staatstheorie bedeutet. Dankbar bin ich nicht zuletzt jenen Studierenden, deren Fragen, kritische Einwände und Skepis gegenüber Recht und Staat immer wieder Anlass waren, theoretische Überzeugungen der Prüfung und Revision zu unterziehen und Argumente zu schärfen.

Lilienthal bei Bremen, im Oktober 2012

TEIL I

AUSGANGSPROBLEME

1. Ausgangsprobleme: Pluralismus und Relativismus – Wissen, Kultur und Recht

»The world is in many ways.«
Nelson Goodman

»Der Relativismus fordert den Rechtsstaat.«
Gustav Radbruch

1.1 Ausgangsprobleme und Perspektiven

Dieses Buch unterscheidet sich von Allgemeinen Rechts- und Staatstheorien durch seine Perspektive: Es geht um eine von der Rechtsnorm der Achtung und des Schutzes der Menschenwürde ausgehende und durch die positivierten Menschenrechte begründete pluralistische und zugleich nicht-relativistische Theorie von Recht und Staat – *eine Rechts- und Staatstheorie nach Menschenmaß*.[1] Wie jede Theorie ist auch diese perspektivisch. Sie hat Voraussetzungen und Kontexte und ist mit drei Ausgangsproblemen konfrontiert. Das erste Problemfeld betrifft das menschliche Erkennen und Wissen; es gehört zum Bereich der Epistemologie. Das zweite Problemfeld betrifft das menschliche Handeln; es gehört zu jenem Bereich, in dem sich philosophische Anthropologie, Ethik und Rechts- und Staatstheorie überschneiden. Das dritte Problemfeld betrifft die Kulturalität menschlichen Erkennens und Handelns und die Frage: Führt die faktische Pluralität von Wissens-, Handlungs- und Rechtskulturen zu Kulturrelativismus und folgt aus Kulturrelativismus zwangsläufig *Rechtsrelativismus*?

In Verbindung der drei Problemfelder lautet das Ausgangsproblem einer Rechts- und Staatstheorie nach menschlichem Maß: Gäbe es eine Garantie der Richtigkeit und Angemessenheit des Erkennens und Handelns durch ›das Sein selbst‹, dann wäre nicht zu verstehen, dass es eine Pluralität von Überzeugungen mit konkurrierenden Gewiss-

1 Diese Formulierung nimmt H. Putnams Begründung eines ›internen Realismus‹ ohne Relativismus in *Reason, Truth and History* auf: »Internalism is not a facile relativism that says ›Anything goes‹.« Und: »Objectivity and rationality *humanly speaking* are what we have; they are better than nothing.« (Putnam 1981, S. 54 f.; Hervorh. v. mir. Dt. Putnam 1990, S. 81 f.).

heitsansprüchen und unterschiedliche Kulturen des Erkennens, Wissens und Handelns, des Politischen und des Rechts gibt. Gäbe es eine Garantie für *die* einzige Art richtigen moralischen Handelns durch das Sein des Menschen, dann wäre nicht zu verstehen, dass es voneinander abweichende Auffassungen von Richtigkeit innerhalb einer Gesellschaft gibt und in den Beziehungen zwischen unterschiedlichen Gesellschaften miteinander unverträgliche Normen des Handelns koexistieren können. Es gibt weder die eine noch die andere Seins-Garantie. *Die Garanten müssen wir selbst sein. Deshalb gibt es das Recht.*

Die Menschenrechte sind als Rechtsnormen notwendig, weil es im Pluralismus der Denk- und Lebensweisen und angesichts des damit verbundenen Relativismus keine andere Grundlage des Schutzes der Freiheiten und Rechte aller gibt, die von allen als Verpflichtung anzuerkennen ist.

1.1.1 Das Problemfeld ›Wissen‹

Wie können wir etwas wissen? Was können wir wissen? Welche Rolle spielt das, was wir nicht wissen? Diese Fragen gehen der Frage »Was sollen wir wie tun?« voraus. Die Antworten auf diese Fragen sind grundlegend für unser Handeln in Recht, Staat und Politik.

Die Antworten stehen im Kontext der Moderne. Kants Erkenntniskritik war und ist wegweisend: Keine in *Substanzbegriffen* zu definierende Realität-an-sich diktiert uns, was wir erkennen und wissen. Unser Wissen ist Wissen nach Menschenmaß; es ist in *Funktionsbegriffen* zu definieren. Die Moderne beginnt mit einem Schock bezüglich der Gewissheit des Wissens, und dieser Schock hat Folgen bis in Moral, Recht und Politik. Die Illusion, menschliches Wissen bestehe in Kopien der Dinge, wie sie nun einmal sind, und allein schon deshalb hätten wir korrektes Wissen, zerrinnt. Auf der Tagesordnung steht nun die Frage, die Ernst Cassirer so formuliert: »[W]elche Gewißheit besteht dafür, daß das *Symbol* des Seins, das wir in unseren Vorstellungen zu besitzen glauben, uns seine Gestalt unverfälscht wiedergibt, statt sie gerade in ihren wesentlichen Zügen zu entstellen?«[2]

Seine Antwort signalisiert eine Revolution bezüglich des Wissens und der Gewissheit: »Das echte ›Unmittelbare‹ dürfen wir nicht in den Dingen draußen, sondern wir müssen es in uns selbst suchen.«[3] Warum dies so ist, haben auch zwei weitere bedeutende Philosophen

2 Cassirer, *Substanzbegriff und Funktionsbegriff. Untersuchungen über die Grundfragen der Erkenntniskritik* [1910; 1923] ECW 6, S. 305 f.

3 Cassirer, *Philosophie der symbolischen Formen. Dritter Teil. Phänomenologie der Erkenntnis* [1929], ECW 13, S. 26.

des 20. Jahrhunderts begründet. Der erste ist William James: »Was wir über die Wirklichkeit aussagen, hängt [...] von der Perspektive ab, aus der wir sie betrachten. *Dass* die Wirklichkeit existiert, können wir nicht beeinflussen, aber *was* sie ist, beruht auf einer *Auswahl,* und diese Auswahl treffen *wir.*«[4]

Der zweite ist Ludwig Wittgenstein: »Der Unterschied des Begriffs ›wissen‹ vom Begriff ›sicher sein‹ ist gar nicht von großer Wichtigkeit, außer da, wo ›Ich weiß‹ heißen soll: Ich *kann* mich nicht irren. [...] ›Ich weiß...‹ scheint einen Tatbestand zu beschreiben, der das Gewusste als Tatsache verbürgt. Man vergisst eben immer den Ausdruck ›Ich glaubte, ich wüsste es‹.«[5]

Deshalb musste man lernen, dem »Heißhunger nach Objektivität«[6] zu widerstehen und mit dem Problem der vermeintlichen Gewissheiten, des Zweifels und des Relativismus umzugehen. Man hat lernen müssen, was *Pluralismus* ist. Die Pluralität der menschlichen Beziehungen zur Wirklichkeit im Wissen, in Emotionen, in Wert-Einstellungen und in moralischen Verhaltensweisen ist kein Mangel, sondern eine Form menschlicher Freiheit. Deshalb sollten wir uns nicht darüber wundern, dass auch in der Politik Überzeugungen und Perspektiven konkurrierende Gewissheiten bestimmen. Es ist normal, dass über Sozialgesetze (z.B. Hartz IV), Atomenergie und Präimplantationsdiagnostik kontrovers verhandelt wird. Dass im politischen Denken experimentiert wird und gestrige ›Wahrheiten‹ heute neuen Überzeugungen weichen, muss als Risiko der Demokratie akzeptiert werden. Den *einen* von den Problemen selbst diktierten Weg zu der *einen* Wahrheit gibt es nicht.

Die Teilhabe an der demokratischen Gestaltung der Gesellschaft hängt nicht zuletzt vom Wissen ab. Deshalb ist die Frage vordringlich, was wir wissen bzw. nicht wissen können. Das Nicht-Wissen ist ein alltäglicher Zustand. Ich weiß in der Regel nicht, wie und warum die angeblich ›sichere‹ Kernenergie-Technik funktioniert, auf die ich mich mit Gewissheit verlassen soll. Angesichts ständigen Wissenswachstums könnten wir im Prinzip immer mehr wissen; im Prinzip könnten wir in einer Person Physiker, Historiker und Technologe sein. Dass wir es nicht sind, ist nicht das Problem. Das Problem ergibt sich, wenn wir vor Arbeitsteilung, Spezialisierung und Expertentum und vor der Flut von Informationen resignieren. Die Reaktion ›Du bauchst es mir nicht zu erklären; ich verstehe es doch nicht‹ sollten wir uns in Sachen Recht, Staat und Demokratie nicht leisten. Das in bequemen Gewiss-

4 James 2001, S. 155.
5 Wittgenstein 1989, S. 120 f.
6 Nagel 1991, S. 124.

heiten erstarrte Wissen ist für ideologische Manipulation anfällig. Keines der Videos, auf denen im Irak-Krieg Bomben mit höchster Präzision zielgenau und ohne ›Kollateralschäden‹ einzuschlagen schienen, war echt; sie alle stammten aus den Werbeabteilungen der Waffenindustrie. Unser Wissen ist begrenzt, unsere Urteilsfähigkeit ist in vieler Hinsicht schwach und führt zu fragwürdigen Gewissheiten.

1.1.2 Das Problemfeld ›Handeln‹

Menschliche Freiheit ist Freiheit zum Guten und zum Bösen, zum Gerechten und zum Ungerechten, zu Solidarität und zu Egoismus. Dies ist kein spekulativer philosophischer Satz, sondern eine durch Alltagserfahrung gestützte empirische Aussage. Kein natürliches oder göttliches Gesetz zwingt uns, das Gute zu tun und das Böse zu meiden. Aber wir wissen, dass sich unsere Freiheit ohne die Garantie der gleichen Freiheit aller selbst vernichtet. Pluralismus und Relativismus zwingen zu einer Antwort auf die Frage, wie das allgemein verwirklicht werden kann, was Aristoteles das ›gute Leben‹ genannt hat. Die Antwort besteht in einer der größten Errungenschaften der menschlichen Kultur – im Recht.[7] Die Antwort lautet: *Vor den Folgen unserer Freiheit schützen wir uns im Recht.*

Der Grund für die mit der Idee der Freiheit unmittelbar verbundene Forderung nach Freiheitsbegrenzung durch das Recht ist seit den politischen und philosophischen Theorien des 18. Jahrhunderts immer wieder thematisiert worden. Der Grund war und ist, dass hinsichtlich der moralischen Vollkommenheit der menschlichen Gattung kein Anlass zu Optimismus besteht. Diese Ernüchterung prägt die Rechts- und Staatstheorie der Moderne.[8] Zur Zeit der Gründung der Vereinigten Staaten schrieb James Madison 1788: »Das persönliche Interesse des einzelnen muss mit den verfassungsmäßigen Rechten [...] verbunden sein. Es mag ein Ausdruck des Mangels der menschlichen Natur sein, dass solche Kniffe notwendig sein sollen [...] Aber was ist die Tatsache, dass Menschen eine Regierung brauchen, anders als der deutlichste Ausdruck des Mangels der menschlichen Natur?«[9]

Nicht anders hat Kant argumentiert. In seiner Schrift *Idee zu einer allgemeinen Geschichte in weltbürgerlicher Absicht* aus dem Jahre 1784 heißt es: »[A]us so krummem Holze, als woraus der Mensch ge-

7 Vgl. zu ›Rechtskultur‹ Mohr 2008 und 2011.

8 Siehe in diesem Buch Abschn. 6.3 *Paradigmata in der Geschichte der neuzeitlichen Staatstheorien.*

9 James Madison, *Independent Journal* Wednesday, February 6, 1788. In: Hamilton/Madison/Jay 1993, S. 320.

macht ist, kann nichts ganz Gerades gezimmert werden«.[10] Kant hat den ›Gang der Menschengattung‹ in ständiger Gefahr gesehen, ›in die alte Rohigkeit zurückzufallen‹. Seine Lösung des Problems lautet: »Die Menschen bedürfen bei ihrer natürlichen Bösartigkeit und in ihrer darum sich unter einander drängenden Lage einer Macht, die jeden größeren Haufen derselben unter dem *Zwange öffentlicher Gesetze* halte und dadurch jedem sein Recht sichere«.[11]

In dieser realistischen Sicht auf den Menschen ist die *Verrechtlichung* der Freiheitsansprüche die Folge moralischer Defizite. Eine entlastende Konsequenz, auf die Jürgen Habermas aufmerksam gemacht hat, ist, dass wir nicht in jeder Situation moralisch neu beurteilen müssen, was Recht und was Unrecht ist: Gesetze nehmen uns in weiten Bereichen unseres Lebens diese Last ab. Gesetze sind Rechtssätze, und dies heißt: »Rechtssätze sind Konditionalsätze, mit denen einseitig Rechtspflichten erzeugt werden können. In dem Wenn-dann-Satz wird ein Tatbestand (wenn) mit einer Rechtsfolge (dann) verknüpft.«[12] Rechtsnormen verschieben »die normativen Zumutungen vom moralisch entlasteten Einzelnen auf die Gesetze, die die Kompatibilität der Handlungsfreiheiten sichern«; sie bedeuten »für den Einzelnen eine Entlastung von den kognitiven Bürden der eigenen moralischen Urteilsbildung«.[13]

1.1.3 Das Problemfeld ›Kultur‹

Die Grenzen früher – vermeintlich oder tatsächlich – stabiler Kulturen haben sich aufgelöst; es findet eine Mischung von Elementen unterschiedlicher Kulturen zu neuen Lebensweisen statt. Gründe hierfür sind unter anderen Kolonialismus und Entkolonisierung, Kriege, Hunger, Flucht und Vertreibung, zunehmende Arbeitsmigration, Flexibilisierung der Märkte und Integration zuvor regionaler Märkte in den Welthandel, entgrenzende Formen der Information und Kommunikation, neue Strukturen und Formen transnationaler Organisation von Ökonomie, Politik und Recht und neuartige Formen der Identifizierung mit dem Selbst.

10 Kant, AA VIII, S. 23.

11 Kant, Ein Reinschriftfragment zu Kants ›Streit der Fakultäten‹ (aus dem Nachlass: bis 1798), Loses Blatt Krakau. In: *Kant-Studien* 51 (1959/60), S. 5-8.

12 Rühl 2011, S. 326.

13 Habermas 1994, S. 110, vgl. ebd., S. 147. Vgl. BVerfGE 39, 1 (59): Das Gesetz »soll sagen, was für den Einzelnen Recht und Unrecht ist«. Ziffern (in Klammern) bei Urteilen des BVerfGE bezeichnen die Absatz-Nr.

Kontinentale, nationale und regionale Grenzen sind nicht mit kultureller Identität deckungsgleich. Unterschiede der Zwecke und Ziele, der Bedürfnisse und Interessen, der Geschlechter, des Glaubens, der Qualifikationen und Tätigkeiten, bilden längst weit einflussreichere Demarkationen. Das Ende des Zwangs zu jener Homogenität und Uniformierung, die entindividualisiert, kann zu einer produktiven *Krise des kulturalistisch missverstandenen Selbst* und zur Anerkennung der Andersheit des Anderen, zur Anerkennung der Gleichwertigkeit und der Eigenrechte von Lebensweisen führen. Bevor diese Anerkennung über ein abstraktes philanthropisches Versprechen hinaus konkrete Wirklichkeit werden kann, müssen allerdings Veränderungen im Zusammenhang von Moral, Macht und Recht eintreten: »Für uns selbst ist in diesem Zusammenhang auch die Art und Weise der normativen Selbstdarstellung gegenüber anderen Kulturen wichtig. Im Verlaufe einer solchen Revision des Selbstbildes könnte beispielsweise der Westen lernen, was sich an seiner Politik ändern müßte, wenn er als eine *zivilisierende* Gestaltungsmacht wahrgenommen werden möchte. Ohne eine politische Zähmung des entgrenzten Kapitalismus läßt sich der verheerenden Stratifikation der Weltgesellschaft nicht beikommen. Die disparitäre Entwicklungsdynamik der Weltwirtschaft müßte in ihren destruktivsten Folgen – [...] Depravierung und Verelendung ganzer Regionen und ganzer Kontinente – wenigstens ausbalanciert werden. Es geht nicht nur um Diskriminierung, um Kränkung und Erniedrigung anderer Kulturen. Das Thema ›Kampf der Kulturen‹ ist oft der Schleier, hinter dem die handfesten materiellen Interessen des Westens (z.B. an der Verfügung über die Erdölvorkommen und der Sicherung der Energiezufuhr) verschwinden.«[14]

Solange diese ›Revision‹ aussteht, werden Widersprüche im Prozess des Wandels der Kulturen und entsprechende Ungewissheiten und Orientierungsdefizite weiterhin zu dem führen, was wir heute als pseudo-religiösen Identitätswahn, vormodernen Kultur-Fundamentalismus[15] und als Terrorismus erleben, und zwar sowohl im politisch instrumentalisierten Islam[16] als auch im europäischen und nordamerikanischen religiösen Fundamentalismus und Rechtsradikalismus. In ihnen geht das, was essenzialistisch als eigene ›kulturelle Identität‹ (miss-)verstanden wird, zu Lasten von Gerechtigkeit und Recht.

Die »Spannweite«, die der Kulturbegriff »ausfüllen sollte«, hat sich »als zu groß erwiesen. Sie reicht von den symbolischen Grundlagen

14 Habermas 2004, S. 61 f.

15 Vgl. Meyer 2002.

16 Vgl. zur Kritik an dieser Instrumentalisierung, die zu einem »Totalitarismus der Identität« führt, Triki 2011, S. 204, und zu authentischer ›Islamität‹ ebd., S. 203-208.

des Handelns (Parsons) bis zur Gesamtheit menschlicher Artefakte. Sie schließt elektronische Maschinen und Tätowierungen menschlicher Körper, Hochkultur und Alltagskultur, Kultur der archaischsten aller Stämme und der modernen Gesellschaft ein. Nimmt man noch den biologischen Kulturbegriff hinzu, der alles gelernte Verhalten bezeichnet und über die Soziobiologie, über die Evolutionstheorie und über das Problem der nichtgenetischen Transmission die Soziologie zu beeinflussen beginnt, lassen sich innerhalb des Sozialen kaum noch Grenzen ausmachen.«[17] Universalisierte Kulturalisierung[18] und Versuche, alle möglichen Phänomene als Kultur und aus ihrer Kulturalität zu erklären, führen in die Irre.[19]

Es gibt einen Pluralismus auch der Rechtskulturen, und es wäre falsch, die Faktizität des Rechtspluralismus[20] zu verdrängen, um die Geltung universeller Rechtsnormen zu begründen. Doch für essenzialistische Begründungen der Kultur-Kontextualität des Rechts, vor allem der Menschenrechte, gilt dasselbe wie für ethischen und religiösen Fundamentalismus. Sowohl der theoretische als auch der im Namen des besonderen Rechts einer Kultur praktizierte Kulturrelativismus, der alle epistemischen und praktischen Lebensäußerungen in eine starre Beziehung zu ›Kultur‹ zwingt, ist ein Fundamentalismus. Das Faktum des Rechtspluralismus kann keinen Rechtsrelativismus begründen.

17 Luhmann 1995, S. 31.

18 Vgl. Kleeberg/Langenohl 2011, S. 281-299. »›Kulturalisierung‹ kann (1.) *methodologisch* und *ontologisch* die Reperspektivierung wissenschaftlicher Fragestellungen und Geburt neuer Gegenstände meinen, sie kann sich (2.) *epistemologisch* auf die Idee der kulturellen Konstruktion von Wirklichkeit beziehen, kann weiterhin (3.) auf eine *kritische* Dekonstruktion herrschender Ontologien oder wissenschaftlicher Universalien abzielen, freilich aber auch (4.) die *affirmative Essentialisierung* von Kultur bezeichnen.« (Ebd., S. 285).

19 Mit Bezug auf den Islam und das »absurde Etikett ›arabisch-muslimische‹ Gesellschaften« hat Olivier Roy vor den »Pfaden des holistischen, kausalistischen, immanenten und mechanischen dogmatischen Denkens« gewarnt, »das uns die Kulturorientierung mitgegeben hat«: »Der Gedanke, dass eine überkommene, auf Religion gegründete Kultur ein wichtiges Element für die Erklärung der meisten Merkmale (und besonders für die meisten Rückschläge, Niederlagen, Sackgassen, Täuschungen und Enttäuschungen und für einen wesentlichen Teil der Hoffnungslosigkeit) der Muslime sein könnte, ist größtenteils ein Klischee, ganz besonders in den Bereichen Politik, Wirtschaft, Zivilgesellschaft und Recht. [...] Der kulturalistische Ansatz basiert auf einem Grundsatz: Kultur existiert für sich allein, wird von Generation zu Generation weitergegeben und ist das letztgültige Erklärungsmodell für eine Gesellschaft.« (Roy 2006, S. 26 f.).

20 Siehe in diesem Buch Kap. 5.

Ich plädiere für Realismus, Pragmatismus und einen moderaten Rechtspositivismus[21] und für Distanz zu einem verabsolutierten Begriff von Kultur, der – so Sheila Benhabib – als alleiniger »identity marker and differentiator« zum Synonym für Identität geworden ist.[22] Dieser Kulturbegriff findet sich nicht zuletzt auch in Erklärungen der Vereinten Nationen, insbesondere in Konventionen der UNESCO. In ihrem ›Übereinkommen über den Schutz und die Förderung der Vielfalt kultureller Ausdrucksformen‹ (2005) heißt es in Art. 1, Ziel der Konvention sei es, »den Dialog zwischen den Kulturen anzuregen, um weltweit einen breiteren und ausgewogeneren kulturellen Austausch zur Förderung der gegenseitigen Achtung der Kulturen und einer Kultur des Friedens zu gewährleisten; [...] die Interkulturalität zu fördern, um die kulturelle Interaktion im Geist des Brückenbaus zwischen den Völkern weiterzuentwickeln«. Die Dialog- und Brückenbau-Strategie geht noch immer von abgrenzbaren und homogenen Kulturen und Identitäten aus; sie ist unrealistisch.[23] Im Unterschied hierzu plädiert Benhabib »for a recognition of the radical hybridity and polyvocality of all cultures«: Wie Gesellschaften, sind auch Kulturen nicht holistisch, sondern vielstimmig, vielschichtig und dezentriert.[24] Benhabib verneint die Frage »Is universalism ethnocentric?« Auf der einen Seite stellt sie fest, dass sich die Konjunktur der relativistischen Übertragung von Theoremen der Inkommensubilität und Unübersetzbarkeit, d. h. des epistemologischen (erkenntnis- und wissenstheoretischen) Pluralismus und Relativismus, auf die Kultur abgeschwächt hat; sie notiert auch, dass der Habitus der Selbstkritik westlicher Intellektueller – die Menschenrechte seien ›europäisch, weiß und männlich‹ – fragwürdig geworden ist. Auf der anderen Seite aber sind in ihrer Sicht »false assumptions about cultures, their coherence and purity«[25] noch immer gang und gäbe.

Vergleichbar argumentiert auch Amartya Sen: »Wenn man die Weltbevölkerung nach Zivilisationen oder Religionen unterteilt, ge-

21 In Übereinstimmung mit Kervégan 2009.

22 Benhabib 2002, S. 1.

23 »*De facto* führen die Kulturen keine Dialoge, und es ist nutzlos, eine dialogische Ordnung zwischen den verschiedenen Kulturen suchen zu wollen. Was es gibt, ist eher eine transversale ›Begegnung‹ der Kulturen, die sich im Zustand der Hospitalität, der Fremdheit und der Exteriorität ereignen kann, aber auch im Zustand der Feindseligkeit und des Wunsches nach ›Verbrauch‹ und Zerstörung.« (Triki 2011, S. 194).

24 Ebd., S. 25. Marramao 2010, S. 12, plädiert dafür, die »Cartografies of the World of Modernity« statt vom »Fact of Pluralism« von der »Reality of the Hybrid« her anzulegen.

25 Benhabib 2002, S. 25.

langt man zu einer ›solitaristischen‹ Deutung der menschlichen Identität, wonach die Menschen einer und nur einer Gruppe angehören (die hier durch Zivilisation oder Religion definiert ist, während man früher die Nationalität oder die Klassenzugehörigkeit in den Vordergrund stellte). Mit einer solitaristischen Deutung wird man mit ziemlicher Sicherheit fast jeden Menschen auf der Welt missverstehen. Im normalen Leben begreifen wir uns als Mitglieder einer Vielzahl von Gruppen – ihnen allen gehören wir an.«[26]

Dies berücksichtigt der von Wolfgang Welsch zu Beginn der 1990er Jahre geprägte Begriff ›*Transkulturalität*‹, der »die veränderte Verfassung heutiger Kulturen« bezeichnet: »Diese sind nicht mehr, wie das klassische Kulturkonzept es wollte, in sich geschlossene, homogene Kugeln, sondern sie weisen intern vielfältige Differenzen auf und sind extern stark miteinander verflochten. Insofern stehen heutige Kulturen jenseits (*trans*) des traditionellen Designs der Kulturen.«[27] Zeitgenössische Kulturen sind »intern durch *Hybridisierung* gekennzeichnet. Für eine jeweilige Kultur sind tendenziell alle anderen Kulturen zu Binnengehalten geworden«.[28] Aber ist nicht auch das Konzept ›Trans-*kulturalität*‹ – entgegen der guten Absicht – noch der Unterstellung von Kultur als alleinigem ›*identity marker and differentiator*‹ verhaftet? Ein besseres Konzept ist freilich noch nicht in Sicht.

In pluralistischen Gesellschaften gibt es nicht nur unterschiedlich starke bzw. schwache Urteilsfähigkeiten; es konkurrieren auch in Lebensweisen verankerte Überzeugungen und Wahrheitsansprüche sowie als ›normal‹ angesehene moralische Einstellungen und Gerechtigkeits- und Rechtsvorstellungen. Keine dieser Einstellungen und Vorstellungen kann ein Wahrheits-Privileg für sich in Anspruch nehmen. Was für alle gelten soll, muss politisch in Form eines Rechtssystems ausgehandelt werden, dem sich alle gleichermaßen unterwerfen können.

Kultureller Pluralismus ist in modernen Gesellschaften eine Tatsache. Dies gilt auch für die Moral: »Unsere Begriffe Ethik, Moral und Sittlichkeit« – so Uwe Wesel in *Juristische Weltkunde. Eine Einführung in das Recht* – »umschreiben ein Feld innerer Einstellungen, für das sich heute im wesentlichen jeder einzelne selbst verantwortlich fühlt, unabhängig von anderen und von den eher äußerlichen Vorschriften des Rechts oder von Sitten und Gebräuchen.«[29]

Pluralismus ist nichts, was zu beklagen wäre. Doch hinsichtlich seiner Auswirkungen auf Moral, Recht und Staat stellt er vor ein Pro-

26 Sen 2007, S. 8.

27 Welsch 2010, S. 2771 f.

28 Ebd., S. 2773.

29 Wesel 1993, S. 47.

blem. Es besteht nicht in erster Linie in Konflikten zwischen einander angeblich ›fremden‹ Groß-Kulturen wie Europa, der arabischen Welt oder Asien. Schwierigkeiten entstehen vielmehr gerade im *Inneren* der Gesellschaften – zwischen Egoismus und Solidarität, zwischen Freiheit und der Achtung von Rechten. Denn mit dem faktischen Pluralismus der Wissens- und Handlungskulturen ist oft ein Relativismus der Beliebigkeit, des *anything goes*, verbunden: mit Ansprüchen auf die Geltung *meiner* Wahrheit, *meiner* Moral; relativiert wird auch die Geltung des Rechts: *mein/unser* Recht. Es bedürfte keines Rechtssystems, wenn sich niemand *sein* Recht zur Verletzung der Rechte Dritter herausnähme. Der Moral-Relativismus führt *de facto* zum heute verbreiteten *Rechtsrelativismus*. Dieser gründet nicht zuletzt in der Annahme eines Vorrangs der privaten Moral vor dem öffentlichen Recht und besonderer – z. B. nationaler – Rechtskulturen vor universellem internationalem Recht.

Dies hat Folgen. Es ist angesichts von Pluralismus und Relativismus weder innerhalb einer Kultur noch hinsichtlich der Beziehungen zwischen Kulturen sinnvoll, die Rechtsgrundlagen des Zusammenlebens aus *einem* ethischen Prinzip ableiten zu wollen, das als allein ›richtig‹ behauptet und zu dem allgemeiner Konsens verlangt und gegebenenfalls mit Zwang durchgesetzt wird. Kein solches Prinzip kann allgemeine Geltung haben. Wie sollte denn auch angesichts der Vielfalt konkurrierender Überzeugungen[30] und Moraleinstellungen *eine* Moral, wie sollte *eine* Ethik den Anspruch erheben können, von allen als Grundlage ihrer Rechte und ihres Handelns anerkannt zu werden?

Wesentliche der heute geltenden Rechtsnormen verlören ihre Ordnungsfunktion in der Demokratie, wenn Begriffe wie ›Menschenwürde‹, ›Freiheit‹, ›Gleichheit‹ und ›Gerechtigkeit‹ unter Berufung auf ihre kulturelle Herkunft und Geltung relativistisch durch *private* Weltanschauungen mit Absolutheitsanspruch interpretiert werden dürften, statt im Rahmen eines gegenüber Weltanschauungen und subjektiven Überzeugungen *neutralen Rechtssystems*.[31] Das Recht auf Vielfalt und abweichende Meinung muss in der Demokratie so geschützt werden, dass die Freiheit nicht verletzt wird, das Leben einerseits selbstbestimmt und andererseits in Anerkennung und Achtung der Anderen zu gestalten. Wie problematisch Ansprüche sind, die zum Neutralitätsgebot in Widerspruch stehen, zeigen jüngste Stellungnahmen des Vati-

30 Zu einer Einführung in die Theorie der Überzeugungen, der Wissenskulturen und des Wissens vgl. Sandkühler 2009.

31 Zur »weltanschaulichen Neutralität des Staates« und zum »*Prinzip staatlicher Bekenntnisneutralität*« vgl. Dreier in Dreier 2004, Präambel [des Grundgesetzes], Rn. 30-32.

kan zur allein richtigen naturrechtlichen Begründung des Rechts[32] oder frühere Versuche – z. B. in der DDR –, eine ›sozialistische Moral‹ in Verfassungsrang zu erheben[33], oder die Beschränkung von Freiheitsrechten unter Berufung auf die Shari'a im politisierten Islam.

Aus der Neutralitätsforderung folgt nicht, das Rechtssystem müsse *wert*neutral sein; es muss vielmehr den Werten entsprechen, die die Grundlage der transkulturellen Aushandlung der Menschenrechte sind. Das Ergebnis der transkulturellen Aushandlung besteht nicht allein in dem, wozu alle verpflichtet werden können, sondern es schützt auch die Differenz.

Der im internationalen Recht der Menschenrechte – längst noch nicht vollkommen – verwirklichte *juridische Kosmopolitismus* ist der Ausdruck einer Ordnung der Vielgestaltigkeit des Universellen – ein ›Kosmopolitismus der Differenz‹[34]; er befreit das Universelle »von der Logik homogener Vereinheitlichung [...], indem er es im Reich der Multiplizität und Differenz« verortet.[35]

Es wäre naiv, vor der faktischen »*Gleichzeitigkeit von Universalisierung und regionaler Fragmentierung*«[36] und vor der Tatsache, dass es »*Universalitätskonkurrenzen*« gibt, die Augen zu verschließen: »[I]n den letzten Jahren [hat sich] das Bewusstsein für den Umstand geschärft, dass normative Ordnungen, wie Moral und Recht es sind, historisch und kulturell kontextsensitiv sind. Das heißt, die Moralkodices und Rechtsordnungen sind nicht überall in der Welt gleichlautend; die entsprechenden Differenzen sind in Verbindung mit den historischen und kulturellen Rahmenbedingungen der betreffenden normativen Ordnungen (Recht, Moral) zu sehen.«[37] Udo Di Fabio fragt: »Ist der Vorwurf nicht naheliegend, dass der Universalitätsanspruch der Menschenrechte nichts anderes ist als ein Angriff auf das kulturelle Selbst-

32 »Immer wenn das Naturrecht und die Verantwortlichkeit, die es einschließt, geleugnet werden, wird auf dramatische Weise der Weg zum ethischen Relativismus auf individueller Ebene frei und der Weg zum staatlichen Totalitarismus auf der politischen Ebene. Die Verteidigung der allgemeinen Menschenrechte und der Grundsatz vom absoluten Wert und Würde der Person erfordern ein Fundament. Ist dieses Fundament nicht gerade das Naturrecht mit seinen unverbrüchlichen Werten, auf die es verweist?«(Benedikt XVI., 2010, Das Naturrecht ist das Fundament der Menschenrechte und der Menschenwürde. Zweite Katechese zum heiligen Kirchenlehrer Thomas von Aquin (http://www.zenit.org/article-20813?l=german).

33 So in Art. 19 (3) der Verfassung der DDR (1968).

34 Marramao 2010, S. 20.

35 Ebd., S. 5.

36 Di Fabio 2011, 105.

37 Mohr 2011, 9.

bestimmungsrecht von gewachsenen Gemeinschaften, von Völkern, Stämmen, Sprach- und Religionsgemeinschaften?«[38]

Doch angesichts der Entwicklung des Internationalen Rechts und des Rechts der Menschenrechte sowie des von besonderen Kulturen unabhängigen menschlichen Bedürfnisses nach rechtlichem Schutz vor der Verletzung von Gleichheit, Freiheit und Gerechtigkeit trifft dieser Vorwurf nicht. *Deshalb kann aus faktischem Kultur- und Rechtspluralismus*[39] *kein normativer Rechtsrelativismus abgeleitet werden.*

1.2 Pluralismus

1.2.1 Annäherung an das Problem

Wie ist unter den Bedingungen des Pluralismus epistemischer, moralischer und politischer Einstellungen[40] und Überzeugungen *Freiheit unter dem Schutz richtigen, d. h. gerechten Rechts* möglich? Welchen Status und welche Funktionen haben Erfahrungen, Erkenntnisse und Wissen, Einstellungen und Überzeugungen, in deren Horizont in einer Welt der Vielfalt und der Differenzen das Recht universeller Men-

38 Ebd., 97.

39 Siehe hierzu Kap. 5 in diesem Buch.

40 Eine der wenigen großen empirischen kulturvergleichenden Untersuchungen – 6.823 Interviews in 33 Ländern – zu Einstellungen zu sozialen Normen und zu deren Strenge bzw. zur Tolerierung abweichenden Verhaltens liegt vor mit Gelfand et al. 2011. Mit 1 («Strongly Disagree«) bis 6 («Strongly Aggree«) waren folgende Behauptungen zu bewerten: »l. There are many social norms that people are supposed to abide by in this country. 2. In this country, there are very clear expectations for how people should act in most situations. 3. People agree upon what behaviors are appropriate versus inappropriate in most situations this country. 4. People in this country have a great deal of freedom in deciding how they want to behave in most situations. (Reverse coded) 5. In this country, if someone acts in an inappropriate way, others will strongly disapprove. 6. People in this country almost always comply with social norms.« »We theorize that the strength of social norms and tolerance of deviant behavior – the core distinction between tight and loose cultures – is afforded by numerous distal ecological and human-made societal threats and societal institutions and practices. The strength of social norms and tolerance of deviant behavior is further reflected and promoted in the predominance of strong versus weak situations that are recurrent in everyday local worlds, and is reinforced through psychological processes that are attuned to situational requirements. We provide an empirical test that shows how ecological, historical, and institutional factors, along with everyday situations and psychological processes, together constitute cultural systems.« (Ebd., S. 1101).

schenrechte ermöglicht werden muss? Diese Frage ist zu stellen, weil eine Theorie des Rechts und des Staates nach Menschenmaß über die praktisch-soziale Dimension hinaus eine epistemologische Dimension hat.[41] Wie ist unter Bedingungen des Pluralismus über das Recht und den Staat zu sprechen, wenn der von A.N. Whitehead in *Science and Modern World* (1925) festgestellte Befund zutrifft? »Die vielfältigen menschlichen Interessen, die Kosmologien anregen und auch von ihnen beeinflußt werden, sind Wissenschaft, Ästhetik, Ethik und Religion. Jedes dieser Themengebiete birgt in jedem Zeitalter eine besondere Weltanschauung.«[42]

›Pluralismus‹ bedeutet, »daß Verstandesurteile und Begriffe einer historisch-kulturellen Vielfalt oder Relativität unterliegen, die mit der der Rechtspraxis, der moralischen Anschauungen und der sozialen Institutionen vergleichbar ist«. Diese Einsicht ist – so S. Toulmin – mit Beginn des 20. Jahrhunderts entstanden: »Heute erkennen wir, daß die Zahlensysteme, Farbbezeichnungen, Kosmogonien und Technologien verschiedener Gesellschaften auf Grundsätzen beruhen, die so grundlegend verschieden sind wie die der verschiedenen moralischen Einstellungen und sozialen Systeme.«[43]

Als wesentliche Merkmale des Pluralismus nennt Franz von Kutschera: »1. Eine Pluralität von in sich geschlossenen, verschiedenartigen Weltansichten. 2. Eine Inkommensurabilität solcher Weltansichten in dem Sinne, dass es keine voraussetzungslosen rationalen oder empirischen Kriterien gibt, mit denen sie sich sämtlich nach dem Grad ihrer Begründetheit oder Leistungsfähigkeit vergleichen lassen. Vergleiche unter speziellen Aspekten sind möglich, aber eine bestimmte Gewichtung dieser Aspekte lässt sich nicht theoretisch, sondern nur praktisch rechtfertigen. 3. Zusammenhänge zwischen Erfahrung, Denken, Sprache und Lebensform. 4. Abhängigkeiten des individuellen Denkens und Erfahrens von den überlieferten und in der Gesellschaft praktizierten Denk- und Erfahrungsweisen. 5. Abhängigkeiten der Weltansichten von biologischen, psychologischen, historischen und sozialen Gegebenheiten.«[44]

›Pluralismus‹ bezeichnet (i) die faktische Pluralität von Kulturen, Lebensweisen, Wertvorstellungen etc. in der modernen Welt; John Rawls hat hierfür den Begriff ›*Faktum des Pluralismus*‹ eingeführt: »Die sozialen und historischen Bedingungen moderner demokratischer Staaten haben ihren Ursprung in den auf die Reformation folgenden

41 Hier greife ich auf einige meiner epistemologischen Arbeiten zurück.

42 Whitehead 1988, S. 7.

43 Toulmin 1978, S. 65; vgl. Toulmin 1985.

44 v. Kutschera 1982, S. 523.

Religionskriegen und der anschließenden Entwicklung des Toleranzprinzips sowie im Entstehen verfassungsmäßiger Regierungen und großer, industriell geprägter Marktwirtschaften. Diese Bedingungen bestimmen tiefgreifend die Anforderungen an eine taugliche Gerechtigkeitskonzeption. Sie muß unter anderem der Verschiedenheit allgemeiner umfassender Lehren und der Vielzahl einander widerstreitender und inkommensurabler Vorstellungen von der Bedeutung, dem Wert und dem Zweck menschlichen Lebens (kurz: von dem, was ich *Konzeptionen des Guten* nenne) gerecht werden, wie sie von den Bürgern einer demokratischen Gesellschaft vertreten werden. Diese Verschiedenheit der Lehren – das Faktum des Pluralismus – ist keine bald vorübergehende historische Erscheinung, sondern ein, wie ich glaube, dauerhaftes Merkmal der politischen Kultur moderner Demokratien. Unter den politischen und historischen Bedingungen, wie sie durch die historisch mit diesen Staatsformen verbundenen Grundrechte und Grundfreiheiten gesichert werden, wird die Verschiedenheit der Auffassungen bestehen bleiben und möglicherweise zunehmen. Eine öffentliche und praktikable Übereinstimmung über eine einzelne allgemeine und umfassende Lehre könnte nur durch den repressiven Gebrauch staatlicher Macht aufrechterhalten werden.«[45]

›Pluralismus‹ ist (ii) die Bezeichnung für die Einstellung, es gebe gute Gründe dafür, anstelle der vom ontologischen Monismus behaupteten Homogenität und Einheitlichkeit einer Welt, die von einer Substanz bzw. einem einzigen Prinzip regiert wird, eine Heterogenität und Mannigfaltigkeit des in der Welt Existierenden und der epistemischen sowie moralischen Einstellungen zur Wirklichkeit anzunehmen. Aus dieser Einstellung folgt mit der Anerkennung faktischer Pluralität im Unterschied zu uniformierendem Zwang die Achtung von Vielfalt, Differenz und Dissens. ›Pluralismus‹ ist (iii) der Name eines normativen politischen Programms freiheitlicher Gesellschaftsorganisation und demokratischer politischer Selbstherrschaft.

Dass der Pluralismus-Begriff sowohl eine deskriptive als auch eine normative Dimension hat, hat bereits Kant in seiner *Logik* gesehen: »Wenn man seine Einsichten mit denjenigen anderer vergleicht und aus dem Verhältnis der Übereinstimmung mit anderer Vernunft die Wahrheit entscheidet, ist das der logische Pluralism«.[46] Eng mit dieser Bedeutung verknüpft, finden sich bei Kant zwei weitere Begriffsdimensionen: (i) In seiner *Anthropologie* nennt er einen ›Egoisten‹ denjenigen, dem – um zum *sensus communis* fähig zu sein – »noch ein Auge nötig, welches macht, dass er seinen Gegenstand noch aus dem Ge-

45 Rawls 1994, S. 298 f.
46 Kant, AA XXIV, S. 428.

sichtspunkte anderer Menschen ansieht«[47]; (ii) in Abgrenzung gegen den logischen, ästhetischen und moralischen Egoismus betont Kant die geschichtsphilosophische, die Idee eines weltbürgerlichen Rechtszustands betreffende Dimension des Begriffs: »Dem Egoism kann nur der Pluralism entgegengesetzt werden, d. i. die Denkungsart: sich nicht als die ganze Welt in seinem Selbst befassend, sondern als bloßen Weltbürger zu betrachten und zu verhalten.«[48]

Der faktische Pluralismus muss mit Regeln und Verfahren vernünftigen Umgangs mit dem epistemischen Konflikt der Welt-Interpretationen, mit Wertkonflikten und mit dem praktischen Streit um die Befriedigung von Bedürfnissen und Interessen so verbunden werden, dass niemand über das Rechtsnormensystem hinaus zum Konsens gezwungen wird. Pluralismus erlaubt Begründungsvielfalt ohne hyperliberalistischen Zwang[49]; die Verschiedenheit der Meinungen, Präferenzen und Verhaltensweisen wird nicht totalitär denunziert; die Autonomie des Anderen wird in menschenrechtlichen Grenzen respektiert. Eine Verpflichtung zu epistemischem Pluralismus ergibt sich aus diesem normativen Aspekt nicht; sie würde dem liberalen Prinzip widersprechen, den Pluralismus der Einstellungen zur Welt zu respektieren.

›Faktischer Pluralismus‹ schließt den Pluralismus konkurrierender Verständnisse von Pluralismus ein. Damit ergibt sich ein Pluralismus-Problem: Jede im Alltagsleben von Individuen spontan vertretene Pluralismusauffassung ist mit anderen, z. T. unverträglichen Auffassungen konfrontiert. Da Individuen und Kollektive nicht indifferent gegenüber alternativen Weltsichten, Wertpräferenzen und Lebensplänen

47 Ebd., Bd. XV, S. 395.

48 Kant, AA VII, S. 128 ff. Zur Geschichte des Pluralismus-Konzepts vgl. Sandkühler 2010c.

49 »Der ökonomische Hyperliberalismus hat den Spielraum des sozialen Imaginären, der gemeinsamen Ideale, der kulturellen Repräsentationen und selbst des politischen Handelns eingeengt. Diese rechnerische, instrumentelle und gewaltbereite Rationalität hat Reaktionen in Form sowohl des Identitätswahns als auch nationaler Widerstandsbewegungen hervorgerufen; dazu gehört das Erstarken von Nationalismen, die Wiederkehr der Partikularismen und ›Regionalismen‹, das Gären des Fundamentalismus, das Wiedererwachen politischer Religionen, die Vervielfachung rassistischer und fremdenfeindlicher Aggressionen, das Erscheinen ›handfester‹ Innen- und Außenpolitik etc. Wir gleiten mit Riesenschritten in Richtung einer exklusiven und gefährlichen, durch erzwungene Identität gestifteten Zusammengehörigkeit. Eine maskierte Gewalt bemächtigt sich mehr und mehr des demokratischen und friedlichen Zusammenlebens und schleicht sich so in die Strukturen der Gesellschaft ein, dass sich das Zusammenleben immer stärker in erzwungene Identität und Zwangszusammengehörigkeit verwandelt.« (Triki 2011, S. 139 f.).

sind, kann ihr jeweiliger Pluralismus – gestützt auf Gründe, die in den jeweiligen Pluralismus-Überzeugungen als evident angenommen werden – zum Ausschluss des Anderen führen. Dies gilt auch für soziale Gruppen, Institutionen, Kulturen und Subkulturen. Pluralismus kann dann zur (partikulären) Ideologie werden. Wenn der ›Globalisierung‹ genannte Prozess der Universalisierung eines bestimmten Wertsystems, eines Modells politischer Herrschaft und einer einzigen Form der Ökonomie – der kapitalistischen – zur Erzwingung *eines* Pluralismuskonzepts führt, dann bedeutet dies die Globalisierung derartiger Ideologie und – im Gegensatz zu den Regeln, die sich aus einem rational verstandenen Pluralismus ergeben – das Ende der Freiheit, zwischen Welt-, Wert- und Lebensversionen zu wählen.

›Faktischer Pluralismus‹ kann zur Behauptung der *Jemeinigkeit* der Freiheiten, Wahrheiten und Rechte führen. Er wird dann als Rationalitäts- und Verbindlichkeits-Minimierung wahrgenommen: »Insgesamt geht die Rationalitäten-Landschaft infolge der Pluralisierung sukzessiv von vermeintlicher Wohlordnung in beträchtliche Unordentlichkeit über. Die Pluralisierung erster Stufe – das Auseinandertreten der einen Vernunft in eine Vielzahl von Rationalitätstypen – wirft als solche schon zahlreiche Probleme hinsichtlich des Verhältnisses dieser Rationalitätstypen auf. Vollends macht dann die Pluralisierung zweiter Stufe – die interne Pluralisierung infolge des Auftretens divergierender Paradigmen – die Welt der Rationalität im ganzen hyperkomplex und ›unordentlich‹.«[50]

Daraus folgt die Aufgabe einer vernünftigen Neubestimmung des Verhältnisses von Pluralität und Rationalität: »Weder darf Vernunft die Pluralität verleugnen noch sich ihr haltlos überlassen, sondern sie muss zu Interventionen innerhalb der Pluralität in der Lage sein.«[51] Dies führt zur Forderung der Begrenzung von *absolutem Pluralismus* in *relativem* Pluralismus[52], um statt eines gegenüber Werturteilen immunisisierten Nebeneinanders von Überzeugungen und Einstellungen und einer Anarchie von Interessen ein Gleichgewicht von Freiheit und Ordnung in einer demokratischen pluralistischen Lebensverfassung zu erreichen. Es ist die Aufgabe des *Rechts*, absoluten Pluralismus in einen *relativen*, durch grundlegende – von den Normadressaten akzeptierbare – Gemeinsamkeiten beschränkten Pluralismus zu transformieren. Das Ziel ist eine republikanische und föderative Verfassung nicht nur des Ethisch-Politischen, sondern auch des Epistemischen.

50 Welsch 1996, S. 47. Zu Pluralismus und Relativismus vgl. Freudenberger 2000.

51 Welsch 1996, S. 433.

52 Vgl. Höffe 1998, S. 106.

1.2.2 *Pluralismus und Relativismus*

Individuen leben in je eigenen Welten mit individuell zugeschriebenen Bedeutungen. Sie beziehen sich – oder beziehen sich nicht – durch die regulative Idee der Menschlichkeit auf die eine Welt. Dies ist die wegweisende Einsicht der europäischen Moderne seit Kant. Faktisch bestimmt diese Einsicht heute weitgehend auch den *common sense,* der spontan den Pluralismus als Gegebenheit voraussetzt *und* darauf besteht, man könne und müsse durch das Recht vor Verletzung geschützt werden. Wir leben zwar in einer Welt, die wir nicht erst im Denken schaffen. Aber wie wir in dieser Welt leben, verstehen wir heute anders als in Epochen, in denen das Denken zu Kopien einer immer schon fertigen Welt verpflichtet zu sein schien. Der Mensch kann beim Erkennen und Handeln nicht »bei den Gestaltungen stehen bleiben, die die Welt der Anschauung ihm gewissermaßen fertig entgegenbringt, sondern er muss dazu übergehen, ein Reich der Symbole in voller Freiheit, in reiner Selbsttätigkeit *aufzubauen.* Er entwirft konstruktiv die Schemata, an denen und auf welche hin er die Gesamtheit *seiner* Welt orientiert.«[53]

Bis in unsere Alltagsintuitionen hat sich die Erkenntnis durchgesetzt, dass die eine Welt epistemisch und praktisch-sozial zu *Welten* geformt wird. Die Bedeutungen dessen, was ›Außenwelt‹ genannt wird, sind aufgrund dieser Formung verwoben in den Wandel der Kulturen. Vor allem ›Sprache‹, ›Perspektivität‹ und ›Interpretation‹[54] sind die Signaturen der Gestaltung, durch welche die Realität als *phänomenale Wirklichkeit* Sinn und Bedeutung erhält und zu individuell erfahrenen und gelebten Welten wird. Zu erklären, was es bedeutet, dass wir Sprachen sprechen, Perspektiven einnehmen und wechseln können, Bilder schaffen und Interpretationen geben, ist eine der vorrangigen Aufgaben, wenn man verstehen will, was Kulturalität bedeutet.

Die epistemische Revolution, in der seit Kant die pluralistische Idee legitimer Welt-Versionen entsteht, geht der Revolution[55] voraus, die in der Idee der Menschenrechte und der Grundrechte besteht. Beide sind Revolutionen gegen die Unterwerfung unter das Gegebene.

Diese Wissenskultur, in der es keine Realität als Fertig-Welt gibt, sondern phänomenale Wirklichkeit als ständige *Aufgabe* epistemischer und praktischer Gestaltung, birgt allerdings auch ein Risiko in sich: Es

53 Cassirer, *Philosophie der symbolischen Formen. Dritter Teil. Phänomenologie der Erkenntnis* [1929], ECW 13, S. 327.

54 Vgl. hierzu vor allem Abel 1993.

55 Vgl. zum neuzeitlichen Revolutionsbegriff Griewank 1969.

besteht in der *Relativierung* von Standards der Erkenntnis und des Handelns und in der Universalisierung eines Relativismus der Beliebigkeit. Relativismus ist eine Alltagserfahrung von Individuen in ihrem epistemischen und praktischen Verhältnis zu der jeweiligen Welt, die sie als ihre Welt identifizieren. ›Relativismus‹ besagt, dass »kognitive oder moralische Werte, Urteile, Beurteilungskriterien oder wissenschaftliche Theorien keinen unbedingten Geltungsanspruch erheben können, sondern stets *relativ* (d.h. nur mit Bezug auf ein Drittes) zu verstehen seien. Bei diesem Dritten kann es sich um Individuen, Überzeugungsgemeinschaften oder Kulturen handeln, um die Weltbilder oder Begriffsrahmen, über die diese verfügen, aber auch um sachliche Kontexte.«[56]

Faktischer Pluralismus wird als Ermächtigung zum oder als Bedrohung durch Relativismus wahrgenommen, und dies heißt: als Verlust an allgemein verbindlicher öffentlicher Rationalität. Je selbstverständlicher der Relativismus ist, desto mehr hat ›Normalität‹ fließende Grenzen. Wir haben zwar – um mit H. Putnam zu sprechen – nicht mehr als »objectivity and rationality humanly speaking«.[57] Das Menschenmaß-Prinzip ist jedoch kein Grund zu »moralischem Relativismus« oder »moralischem Skeptizismus«: »Der Glaube an ein pluralistisches Ideal ist nicht dasselbe wie der Glaube, daß jedes Ideal menschlichen Gedeihens ebenso gut ist wie jedes andere.«[58] Die Rationalität, mit der dem Pluralismus- und Relativismus-Problem zu begegnen ist, ist vor allem die Rationalität des Rechts.

1.2.3 Pluralismus, Recht und Politik

Menschen haben in ihren Lebenswelten nicht die eine Wahrheit über die eine Welt, und es gibt weder in Wissenschaft und Philosophie noch in der Politik ›vom Sein‹ berufene Repräsentanten der einen Wahrheit. Auch moralisches Erkennen und Wissen entsteht in Kontexten des Pluralismus.[59] Verhaltensnormen werden aus Welt-Versionen abgeleitet, in deren Kontext auch Auffassungen des Guten, der Gerechtigkeit und humanen Handelns divergieren. Hinsichtlich der Verwirklichung eines ›guten Lebens‹ gibt es inkommensurable Werte. Die Werte konfligieren, und die Realisierung der einen schließt andere Werte aus. Es gibt zwar keine für alle akzeptablen autoritativen Standards, aber vernünftige Wege der Konfliktlösung. Der Pluralismus führt zwangsläufig

56 So Freudenberger 2010 in ihrem enzyklopädischen Artikel ›Relativismus‹.

57 Putnam 1990, S. 77 f., S. 82.

58 Ebd., S. 200.

59 Vgl. Gewirth 1994.

auf die Frage nach der Gerechtigkeit und dem Recht im Staat.[60] Der vernünftige Weg der Konfliktlösung ist das Recht. Zwei Momente stehen miteinander in Beziehung: Der Pluralismus der Freiheiten und die Ordnung eines die Freiheiten regulierenden Rechts, das im demokratischen Verfassungs- und Rechtsstaat den Machtstaat bändigt.

Nach den faschistischen Diktaturen und dem Zweiten Weltkrieg war ›Pluralismus‹ zunächst ein in der politischen Umgangssprache des ›Kalten Krieges‹ gängiges Wort: Pluralismus galt als Alternative zu Faschismus und Kommunismus, die unterschiedslos unter ›Totalitarismus‹ subsumiert wurden. ›Pluralismus‹ gehörte zur politischen Semantik der ›westlichen Demokratien‹. Im ›real existierenden Sozialismus‹ war ›Pluralismus‹ bis 1989 als Begriff zur Bezichtigung ›antisozialistischer Strategien‹ gebräuchlich: Pluralismus galt als ›bürgerliches‹ politisches Gegenmodell gegen die ›Diktatur des Proletariats‹.[61]

In der Bundesrepublik Deutschland gab es in den 1970er Jahren im Kontext der pluralistischen Demokratietheorie des ›Demokratischen Sozialismus‹[62] die Tendenz, den Pluralismus in den Rang einer Staatsphilosophie zu erheben. Als theoretische Grundlage sollte der *Kritische Rationalismus* (KR) dienen: »Der fallibilistische Kritizismus [KR] ist – wie auch sein Konkurrent, der Dogmatismus – die Konzeption einer *Lebensform*, die für alle Sektoren des menschlichen Lebens relevant ist [...]. Die Pluralismuskonzeption umfasst also potenziell und prinzipiell *alle* Lebensbereiche.« Während dem »theoretischen Monismus« eine »konformistische Ethik« entspreche und er »eine autoritäre Einstellung« begünstige, enthalte »das fallibilistisch-pluralistische Erkenntnis- und Handlungsmodell den Keim einer *humanitären Ethik* sowie einer *Philosophie* der Demokratie«.[63]

Im Rahmen der politischen Pluralismus*doktrin* wurde das Fallibilismus-Gebot zum dogmatischen Maßstab vor allem von Wissenschaftsfreiheit; abweichende Auffassungen galten als ›dogmatisch‹.[64] Dieser (gescheiterte) Versuch, politisch und juridisch (z.B. durch Ausschluss von Marxisten aus dem Öffentlichen Dienst) einen »Monopol-Pluralismus«[65] zu erzwingen, fand nicht unter Bedingungen statt, wie sie dem Konzept ›Pluralismus‹ entsprochen hätten; es sollte im Namen

60 Vgl. Kekes 1994, S. 44.

61 Vgl. z.B. den Pluralismus-Artikel in dem von G. Klaus und M. Buhr hg. *Philosophischen Wörterbuch* (Klaus/Buhr 1974, S. 940).

62 So Spinner 1974, S. 104 f., der aber die ›Staatsphilosophie‹-Tendenz kritisiert.

63 Vgl. v. Brentano 1978.

64 Ebd., S. 492.

65 Vgl. v. Greiff 1978; Greven 1978.

des ›Pluralismus‹ *eine* Politikprogrammatik und Gesellschaftstheorie durchgesetzt werden.[66]

Mit ›Pluralismus‹ wird heute das für moderne Gesellschaften typische Phänomen gefasst, »dass eine Vielzahl frei gebildeter politischer, wirtschaftlicher, religiöser, ethischer und anderer gesellschaftlicher Interessengruppen miteinander im Rahmen rechtlicher Möglichkeiten um politischen Einfluss konkurrieren. Pluralismus-Theorien der Demokratie unterstellen, dass mit obersten Werten und politischen Zielvorstellungen kein allgemeinverbindlicher Geltungsanspruch verbunden werden kann, weshalb diese nur aufgrund von Kompromissen zwischen den Ansprüchen der Interessengruppen festgelegt werden können.«[67]

Als Begriff der Politik- und Demokratietheorie bezeichnet ›Pluralismus‹ (i) in deskriptiver Absicht die Existenz und das mögliche Zusammenbestehen unterschiedlicher und konkurrierender, aber gleich legitimer Anschauungen, Interessen, Werte und Lebensweisen sowie (ii) in normativer Absicht das bestmögliche Wirken politischer Institutionen der Demokratie; Gewaltenteilung, Parteien-Pluralismus etc. sollen in der ›pluralistischen Demokratie‹ (Ernst Fraenkel[68]) der politisch-rechtlichen Ausübung und Sicherung der Freiheit dienen.

Aus der Anerkennung des Pluralismus folgen die Notwendigkeit des (freiwilligen oder durch Recht erzwungenen) Verzichts auf die Durchsetzung partikularer Präferenzen und Weltinterpretationen und diesen gegenüber *neutrale* Prinzipien der Gerechtigkeit, der Gleichheit und der Allgemeinheit des Rechts. Rechtsnormen müssen so gestaltet sein, dass sie entweder *im Dissens* der Weltinterpretationen, Interessen und Werte akzeptiert werden oder im Interesse der Freiheit aller zugemutet werden können.[69] Diese Bedingung erfüllen die Menschenrechte.[70]

1.3 Wissen nach menschlichem Maß

Jeder Satz, der mit ›Ich weiß, dass‹ beginnt, ist Ausdruck einer Gewissheit, die fragwürdig sein kann. Viele ›Ich weiß‹-Sätze, die empirische Evidenz für sich in Anspruch nehmen, erweisen sich als bloße Evi-

66 Vgl. Schuon 1968.

67 *Meyers kleines Lexikon Philosophie*, Mannheim/Wien/Zürich 1987, S. 320 f.

68 Vgl. Fraenkel 1979; vgl. auch Eisfeld 2006.

69 Vgl. vor allem Habermas 1994; zu Politik und Recht im Pluralismus vgl. Herms 2008.

70 Siehe Kap. 3 in diesem Buch.

denz-Anrufungen.[71] Unsere Aussagen müssen deshalb einer *Kritik des Wissens* unterzogen werden.[72] Im Rahmen der Weiterentwicklung der kantischen Tradition lautet die Kernfrage der Epistemologie nicht, wie unser Wissen eine *substanzielle Realität* nach dem Maß der Dinge abbildet, sondern wie wir im Wissen die uns aufgrund unserer Erkenntnisvermögen mögliche *phänomenale Wirklichkeit* gestalten.

Was ist die Qualität unserer Gewissheit? Wie sprechen wir sinnvoll von Gewissheit und Wahrheit, wenn wir der Annahme einer durch die Realität selbst garantierten Übereinstimmung zwischen Gegenstand und Aussage kein Vertrauen mehr schenken? Die moderne Kritik der Möglichkeitsbedingungen von Wissen hat zur Einsicht geführt, dass unsere Aussagen mit Voraussetzungen geladene *Artefakte* sind – geladen mit wissenskulturellen und praktisch-sozialen Voraussetzungen, epistemischen und praktischen Bedürfnissen und Interessen sowie mit propositionalen Einstellungen des Meinens, Glaubens und Überzeugtseins, des Wünschens und Befürchtens. Nicht zu vergessen das Nichtwissen[73], in dessen Schatten wir sagen: ›Ich weiß‹. Das Nichtwissen entgeht dem Wissen so, wie Michel Foucault dies in *Les mots et les choses* (dt.: Die Ordnung der Dinge) für ›unartikulierte Thematiken‹ und ›unsichtbare Hindernisse‹ als ›negative Seite der Wissenschaft‹ und als Aufgabe einer ›Archäologie‹ beschrieben hat.

1.3.1 Gewissheit

In umgangssprachlicher Unschärfe wird ›Gewissheit‹ sowohl auf die mentalen Zustände epistemischer Sicherheit als auch auf die ›objektive Gegebenheit‹ der Sachverhalte selbst bezogen. Das Wortfeld, zu dem ›Gewissheit‹ gehört, erstreckt sich von ›absoluter Zuverlässigkeit‹ über ›Unzweifelhaftigkeit‹, ›Klarheit‹, ›Beweisbarkeit‹, ›sichere Kenntnis‹, ›Sicherheit‹, bis zu ›Irrtum‹, ›Zweifel‹ und ›Skepsis‹. Da Gewissheit nicht ›gegeben‹ ist, kann sie fehlen; dann sucht man sie sich zu verschaffen: z. B. bei sozialen bzw. epistemischen Autoritäten und Experten, in der empirischen Wissenschaft durch Beobachtung von ›Tatsachen‹ und Experimente, in der Rechtssphäre bei der Gesetzgebung durch Experten und im Prozessrecht durch Zeugenbefragung und Beweiserhebung. »Gewissheit teilt mit Wissen die Eigenschaft der Irritationsfestigkeit. Die Gewissheit, dass p, ist die Abwesenheit von Zweifeln an einer für wahr gehaltenen Aussage p. Eine Gewissheit ist ratio-

71 Zum Evidenz-Problem vgl. Sandkühler 2011b.

72 Vgl. hierzu und zum Folgenden Sandkühler 2009.

73 Zum Problem des Nichtwissens vgl. Hogrebe 2006; vgl. auch Wehling 2004, 2006.

nal, wenn sich diese Abwesenheit eines Zweifels rechtfertigender Gründe für die Überzeugung, dass p, verdankt. Wissen ist deshalb rationale Gewissheit.«[74] Doch »Wissen und Gewissheit fallen nicht zusammen. Das bedeutet aber nicht, dass Gewissheiten, die kein Wissen sind, irrational sind. Es kann ja auch Gewissheiten geben, die weder rational noch irrational sind. Bei solchen arationalen Gewissheiten ist kein sinnvoller Zweifel denkbar.«[75]

Von ›Gewissheit‹ spricht man dann, wenn man von der Existenz des Erkannten (Eigenschaften, Gegenständen, Sachverhalten, Ereignissen, Tatbeständen) überzeugt ist; unter dieser Bedingung schreibt man Sachverhalten und Aussagen zu, wahr zu sein. Das epistemologische Problem besteht darin, dass die vermeintliche Definition ›*Wissen ist gerechtfertigte wahre Überzeugung*‹ so lange fragwürdig ist, wie Unklarheit darüber besteht, was Überzeugungen sind, wie sie gerechtfertigt werden können und nach welchen Kriterien Wissen bzw. Aussagen der Wert ›wahr‹ zugeschrieben werden kann. Als Verfahren der Herstellung von Gewissheit gilt weithin ›Verifikation‹: Das, was jemand gewiss zu wissen glaubt, soll, um mehr als bloße Meinung zu sein, wahr gemacht werden. Mit ›Gewissheit‹ verbindet sich deshalb die Annahme, dass die Richtigkeit einer Aussage der Form ›S weiß, dass p‹ mehr voraussetzt als subjektive Zweifelsfreiheit; vorausgesetzt ist, dass (i) S glaubt, dass p, (ii) p wahr ist und (iii) S seinen Glauben, dass p, rechtfertigen kann. Es ist aber höchst zweifelhaft, ob diese Voraussetzungs-Triade vollständig erfüllbar ist.

Gewissheit ist keine Eigenschaft von Sachverhalten, sondern ein mentaler Zustand, das Ergebnis eines individualpsychischen Prozesses. Gleichwohl kann mit subjektiver Gewissheit spontan ein subjektunabhängiges ›Wahrsein‹ unterstellt werden: das ›Fürwahrhalten‹ – bzw. entsprechend das ›Fürguthalten‹ – religiösen Glaubens (die Gewissheit göttlicher Gnade, die Gewissheit, als Mujahid ins Paradies einzugehen), weltanschaulicher Überzeugung (der Naturalismus als ›richtiges‹ Weltbild), politischer Überzeugung (nur die Strategie der Partei x verspricht Erfolg) oder in der Wissenschaft wirkenden Wissens (nur Empirie stützt sachhaltige Aussagen). Das ›Fürwahrhalten‹ immunisiert als ›Haben der Wahrheit‹ gegen Zweifel und Kritik.

Gaston Bachelard hat in seinen naturwissenschaftshistorischen Studien in den 1930er Jahren festgestellt, dass Gewissheit von der Wahl eines ›epistemologischen Profils‹ abhängt, in dessen Rahmen man Wahrheit zu ›haben‹ glaubt. Seit *La formation de l'esprit scientifique* (1934, dt. Die Bildung des wissenschaftlichen Geistes) hat er daran ge-

74 Wingert 2007, S. 914 f.

75 Ebd.

arbeitet, den Anspruch auf das *Haben*[76] von Objektivität und Wahrheit – die von Substanztheorien gepflegten »Besitzerfreuden und objektiven Gewißheiten«[77] – einer Analyse und Kritik zu unterziehen: »Im Erkenntnisakt selbst müssen wir [...] die Verwirrung ausmachen, die durch das dominierende Gefühl des Habens ausgelöst wird.«[78]

Der Paradigmenwechsel von einem uneingeschränkte Gewissheit versprechenden abbildtheoretischen Begriff von Wissen zu neuen Konzepten, die mit der Betonung der weltbildenden Aktivität von Subjekten sowohl höhere Freiheitsgrade im Verstehen von Welt als auch neue epistemische Verantwortungsprobleme mit sich bringen, hat weitreichende Folgen. Der faktische Pluralismus von Einstellungen, Weltbildern, von Theorien und Methodologien, von Wert- und Normenverständnissen wird entweder als Krise der Gewissheit wahrgenommen oder er wird zum Anlass für ein bescheidenes Verständnis von Wahrheit und relationaler, bedingter, kontextabhängiger Gewissheit.

In das ›Ich bin sicher, dass p‹ ist nicht nur eine Relation zwischen einem Subjekt und einem ihm gewissen Sachverhalt eingeschrieben, sondern jedes ›Ich habe die Gewissheit, dass p‹ ist mit anderen Sätzen, einem ganzen Lexikon, mit Begriffsschemata, mit Wissenskulturen, mit einem Habitus verbunden, in denen sich Lebenswelten, Lebens- und Werteinstellungen, Handlungskulturen sowie soziale Bedürfnisse und Interessen spiegeln. Mein ›Ich weiß, dass p‹ (*knowing that*, Überzeugungswissen, faktisches Wissen) ist auf komplexe Weise mit meinem Wissen als Kenntnis aus Vertrautheit (*knowing by acquaintance*) und meinem ›Ich weiß, wie‹ (*knowing how*, Regelwissen) vernetzt – oder eben nicht. Das, was ich für gewiss halte, kann zutreffen oder nicht zutreffen (in einer Fehlrepräsentation gründen). Es kann eine richtige oder falsche Erinnerung vorliegen. Es kann sich um vermeintliche Gewissheit handeln, wenn ich fälschlich einer Autorität ein epistemisches Privileg zuschreibe und ihr glaube. Was ich für Gewissheit halte, kann eine Selbsttäuschung sein oder ein überholtes Wissen (S weiß, dass p zum Zeitpunkt t1, aber sein Wissen trifft zum Zeitpunkt t2 nicht mehr zu). Und das, was ich für Gewissheit ausgebe, kann eine Lüge sein – gegen mich selbst (Lebenslüge) oder gegen andere (willentliche Falschaussage).

Die notwendige Kritik der Gewissheit wird wegen der Kovarianz von Überzeugungen und Wahrheitsansprüchen weder vom Alltagsverstand noch – in der Regel – bei empirischer bzw. experimenteller wis-

76 Vgl. Bachelard 1984, S. 202.

77 Ebd., S. 211.

78 Ebd., S. 203.

senschaftlicher Tätigkeit noch in politischen Diskursen geleistet.[79] Der Alltagsverstand des Praktikers in Wissenschaft und Politik ist von der starken Überzeugung geleitet, dass Gewissheits-Sachverhalte *Tatsachen* entsprechen, aufgrund direkten Bezugs auf Tatsachen gerechtfertigt werden können und entweder eine Form ›objektiver‹ Gewissheit sind oder zu ›objektiver‹ Gewissheit führen.

1.3.2 Überzeugungen

Der Satz ›Ich bin überzeugt davon, dass p‹ muss gerechtfertigt werden können. Dies ist allerdings leichter gesagt als getan. Denn Rechtfertigung folgt nicht dem Diktat der Dinge, sondern einer Wahl: Das erkennende Subjekt wählt ein bestimmtes epistemologisches Profil; es kann Realist, Idealist oder Naturalist, Pragmatiker oder Utopist sein. Jede Wahl hat Folgen für die Überzeugungsrechtfertigung. Doch die Wahl ist nicht un-bedingt frei; sie hat Kontexte in Traditionen, Kulturen, Lebensbedingungen, arbeitsteiligen Spezialisierungen, Opportunitäten etc.

Eine Überzeugung[80] wird – unabhängig davon, ob sie zutreffend ist oder nicht – subjektiv für gerechtfertigt gehalten. Um intersubjektiv verstanden bzw. akzeptiert zu sein, muss sie sich mit ›gewöhnlichen‹ Einstellungen sozialer Gruppen verbinden lassen. Der Großteil der Überzeugungen teilt seine Evidenzen mit dem in bestimmten Überzeugungsgemeinschaften herrschenden *common sense,* d.h. der Art der Repräsentation von Wirklichkeit, »die beansprucht, die richtige zu sein«: »Als Rahmen für das Denken wie als Denkweise« präsentiert der *common sense* »die Dinge – das heißt, nur ganz bestimmte Dinge – so, als läge das, was sie sind, einfach in der Natur der Dinge. Ein Hauch von ›wie denn sonst‹, eine Nuance von ›versteht sich‹ wird den Dingen beigelegt [...] Sie werden als der Situation innewohnend dargestellt, als von der Wirklichkeit nicht zu trennende Aspekte, so, wie es sich nun einmal mit ihnen verhält.«[81]

Überzeugung ist nicht gleich Überzeugung: Nahbereichs-Überzeugungen (›bis zu meinem Haus sind es 500 Meter‹) haben als beobachtungsgestützte Überzeugungen nicht den gleichen Status wie Überzeugungen großer Reichweite (›die Menschenrechte gelten universal‹) und Meta-Überzeugungen, etwa über den moralischen Wert oder die epistemische Begründetheit einer Überzeugung

79 Vgl. Hoffmann 2009.

80 Vgl. ausführlicher Sandkühler 2009 und 2010e.

81 Geertz 1995, S. 275 f.

Überzeugungen und Überzeugungänderungen sind in der Regel a-rational, und die Gründe für Revisionen liegen z. B. in der Anpassung an den sich wandelnden *common sense*, in der Unterwerfung unter Ideologien, in Opportunitätsdenken, in Karrierewünschen, in Wunschdenken. Die Passung in ein kollektives Überzeugungsystem (eine Religion, eine soziale Bewegung, eine Parteiprogrammatik) erfüllt die Funktion der Orientierungssicherung in einer epistemischen ›Heimat‹. Überzeugungen sind *Verhaltensgewohnheiten*. Eine Überzeugung ist, solange sie aufrecht erhalten wird, eine Gewohnheit, die nicht – zumindest nicht in erster Linie – an Kriterien der Rationalität und/oder Moralität gemessen wird. Verhaltens- und Denkgewohnheiten stiften durch Stereotypen und Routine eine *Konformität*, in der z. B. Kriegsverbrechen nicht als solche wahrgenommen werden. Gewohnheiten ökonomisieren den Aufwand bei Handlungserfordernissen und an Bewusstseinsleistungen wie Reflexion und Kritik. Gewohnheiten sind lebenserleichternd, weil sie das Verlangen nach Handlungs- und Wissensrechtfertigung minimieren und *als* Gewohnheiten selbst nicht nach Rechtfertigung verlangen. Man lässt sich von Gewohnheiten ›führen‹. Genau dies gilt auch für habitualisierte lebenspraktische Überzeugungen. Sie erfüllen ihre Funktion als Gewohnheit und entziehen sich als *selbstverständliche* Einstellung dem Wissen und der Kontrolle dessen, der sie vertritt. Sie sind in hohem Maße immun gegen Kritik. Als Grund hierfür nennt Richard Rorty die stabilitätsbildende Verortung in Überzeugunggemeinschaften: »Wer Überzeugungen hat [...], wird stets imstande sein, die meisten seiner Überzeugungen zu rechtfertigen, und zwar unter Berufung auf Gründe, die den Forderungen dieser Gemeinschaft entsprechen. Es besteht jedoch weder ein Grund zur Annahme, dass die Überzeugungen, die der Betreffende am besten zu rechtfertigen vermag, höchstwahrscheinlich wahr sind, noch ein Grund zur Annahme, dass diejenigen, die er am wenigsten zu rechtfertigen vermag, höchstwahrscheinlich falsch sind. Dass die meisten Überzeugungen gerechtfertigt sind, ist [...] lediglich eine weitere Konsequenz des holistischen Charakters der Überzeugungzuschreibung.«[82]

Bezogen auf nicht-beobachtbare Entitäten (z. B. Götter), auf die Überzeugungen größerer Reichweite referieren, gibt es offensichtlich keinen Unterschied zwischen Überzeugung und Wissen. Das Wissen ist in allen derartigen Fällen eine Form des ›Wahrglaubens‹, und das ›Wahrmachen‹ ist durch Empirie nicht möglich. Der empirischer Rechtfertigung nicht zugängliche Typus von Überzeugungen ist nicht die Ausnahme, sondern weit verbreitet. Für rechtfertigungs*transzen-*

82 Rorty 1994, S. 29.

dente Überzeugungsysteme gelten andere als empirische Rechtfertigungsregeln.

Der Alltagsverstand bewegt sich aus pragmatischen Gründen in Überzeugungen, ohne eine Seins-Gewähr für die in ihnen gründenden Sätze zu verlangen. Dies trifft vor allem auf religiöse, weltanschauliche und ideologische Überzeugungen und Diskurse zu, in denen die Differenz zwischen ›existierend/nichtexistierend‹ als Grundlage der Bewertung ›wahr/nicht wahr‹ verschwindet. An die Stelle der Forderung nach der tatsächlichen Gegebenheit von *p* treten Kriterien epistemischer *Anerkennung* dafür, dass p. Anerkennung hat Quellen in Überzeugungen, die in Gemeinschaften geteilt werden. Anerkennung gründet in ›immer schon bewährten‹ Erfahrungen, in Treu-und-Glauben-Gewohnheiten, in der Glaubhaftigkeit von Autoritäten oder in als richtig unterstellten Kriterien von Nutzen und der Erfolg. Unter der Voraussetzung, dass die *Anerkennbarkeit* der Aussage ›dass p‹ der Bewertungsmaßstab ist, werden selbst faktisch absurde Aussagen gesellschaftlich akzeptierbar; sie sind gegen die Falsifizierung durch den Nachweis, ›dass *nicht* p‹ (›der Irak verfügt *nicht* über Massenvernichtungswaffen‹), solange immun, wie sie in einem kollektiven und/oder individuellen Überzeugungsystem Anerkennung finden. Ihre empirische Falsifizierung bedeutet nicht zwingend die Entwertung ihrer Funktion als etwas, das als ›Wissen‹ geglaubt und auf dessen Grundlage gehandelt werden kann. Denn die als Rechtfertigung verstandene Anerkennung einer Überzeugung ergibt sich aus der (Grund-)Überzeugung, dass ein ganzes Überzeugungsystem kohärent und im Gesamt seiner Evidenzen gerechtfertigt ist.

1.3.3 Freie richterliche Überzeugung

Von besonderer Tragweite ist das Problem der Überzeugungsrechtfertigung im Bereich des Rechts.[83] Im Gerichtsverfahren urteilen Richter allein aus *freier Überzeugung.* »Überzeugung ist die durch Überlegung erlangte Gewissheit. *Freie richterliche Überzeugung* ist die unabhängig von gesetzlichen Regeln erlangte richterliche Gewissheit, die einen solchen Grad erreicht haben muss, dass möglichen Zweifeln Schweigen geboten ist, ohne dass sie allerdings vollständig ausgeschlossen sein müssen.«[84]

Dieses Prinzip gilt in Deutschland für alle Gerichte, freilich mit Unterschieden z. B. im Straf-, Verwaltungs- und Zivilprozess. So entscheidet etwa das Bundesverfassungsgericht (BVerfGE) »in geheimer Bera-

83 Siehe hierzu in diesem Buch auch Abschn. 5.2.

84 Köbler 2005, S. 481.

tung nach seiner freien, aus dem Inhalt der Verhandlung und dem Ergebnis der Beweisaufnahme geschöpften Überzeugung«[85] Für den *Strafprozess* gilt gem. § 261 der Strafprozessordnung (StPO), über das Ergebnis der Beweisaufnahme entscheide »das Gericht nach seiner freien, aus dem Inbegriff der Verhandlung geschöpften Überzeugung«.

Richter entscheiden in freier Überzeugung, ob eine Behauptung für wahr oder für nicht wahr zu erachten ist. Die Problematik der Bildung einer freien Überzeugung ist Gegenstand gesetzlicher Regelungen, mit denen die mit Überzeugungen verbundenen Ungewissheiten kompensiert bzw. vermieden werden sollen. Zur Problematik der Bildung einer freien Überzeugung gehört:

(i) Wahrheit oder Unwahrheit ereignen sich nicht; sie sind keine Selbstoffenbarungen.

(ii) Obwohl das Gericht ›nach seiner freien, aus dem Inbegriff der Verhandlung geschöpften Überzeugung‹ urteilen soll und damit unterstellt wird, dass Richter bei der Überzeugungbildung nur das verwenden, was Gegenstand der Verhandlung war, sind Einflüsse des privaten Wissens – unter Einschluss des gesamten persönlichen Überzeugungssystems: von sozialen u.a. Vorurteilen, religiösen und moralischen Glaubens-Überzeugungen und Werteinstellungen etc. – nicht auszuschließen; die Überzeugungbildung beginnt auch bei Richtern nicht im Gerichtssaal. Dies ist der Kontext, in dem auch die Unterscheidung von ›Tatsachen‹ und ›Wertungen‹ problematisch ist.

(iii) Angeklagte können nicht gezwungen werden, sich selbst zu belasten, und haben das Recht der Aussageverweigerung. Es ist nicht ungewöhnlich, dass Angeklagte lügen, um sich zu entlasten.

(iv) Gefordert wird nicht, dass *materielle Wahrheit* im Sinne empirischer Rechtfertigung durch Tatsächlichkeit ›festgestellt‹ wird; gefordert wird nur eine Entscheidung darüber, ob die Behauptung einer Tatsache für wahr oder für nicht wahr zu *erachten* ist; diese Entscheidung setzt einen hohen Grad subjektiver Wahrscheinlichkeit (›das Schweigen des Zweifels‹) voraus, der sich *de facto* häufig auf ein ›Überwiegen der Wahrscheinlichkeit‹ reduziert.

(v) Indizienbeweise sind zugelassen. Sofern es sich nicht um Strafprozesse handelt, müssen die zu würdigenden Beweise nicht in der Tatsächlichkeitsfeststellung eines Sachverhalts gründen: Als Methoden mittelbarer Beweisführung sind ›Prima-facie-Beweise‹ und ›tatsächliche Vermutungen‹ zugelassen; erwartet wird, dass der Beweisführer die ihm nach Treu und Glauben zumutbaren Mittel der Beweissicherung ausgeschöpft hat und der zu beweisende Sachverhalt in hohem

85 Bundesverfassungsgerichtsgesetz § 30 (1).

Maße wahr-*scheinlich* ist.[86] Beweise gelten dann als erbracht, wenn das Gericht den gesetzlich geforderten Grad an Überzeugung von der Richtigkeit der Beweisbehauptung gewonnen hat, also ›volle Überzeugung‹, zumindest aber ›Glaubhaftmachung‹.

(vi) Die richterliche Überzeugungbildung – der Übergang von einer Vermutung oder Intuition zum Überzeugtsein von einer Wahrheit – ist in vielen Fällen von Ermittlungsergebnissen der Staatsanwaltschaft und mangels hinreichender eigener Sachkenntnis von (oft konkurrierenden) Sachverständigengutachten beeinflusst.

(vii) Menschen können sich aufgrund falscher Überzeugungen irren; Justizfehler sind möglich; das in die freie Beweiswürdigung[87] und in die richterliche Überzeugung gesetzte Vertrauen ist deshalb im Rechtswege-Staat zum einen durch Regeln, zum anderen – für den Fall des Regelverstoßes – durch Rechtsmittel (Berufung, Revision), sonstige Rechtsbehelfe, das Recht der Verfahrenswiederaufnahme und das Entschädigungsrecht abgefedert.

(viii) Die subjektive Gewissheit eines Richters reicht nicht aus, wenn das Ergebnis der Beweisaufnahme einen rational begründeten Schluss auf eine Täterschaft nicht zulässt. Es gilt dann das Prinzip ›Im Zweifel für den Angeklagten‹.

(ix) Vor Gericht muss entschieden werden. Der auf Überzeugungen gegründete Entscheidungsvorschlag eines Richters muss von anderen Richtern nachvollzogen und geteilt werden können. Kein Richter kann daran gehindert werden, mögliche, aber nicht zwingende Schlüsse zu ziehen. Eine Übereinstimmung mehrerer Personen ist bei Überzeugungen nicht erzwingbar. Deshalb gehören zu den Regeln, welche die mit Überzeugungen verbundenen Schwierigkeiten kompensieren helfen, Abstimmungsregeln und Bestimmungen zu Mehrheiten wie die des Gerichtsverfassungsgesetzes (§§ 196, 197 GVG) oder der Strafprozessordnung (§ 263 I StPO).

(x) Von entscheidender Bedeutung ist das von Hans Kelsen in seiner *Reinen Rechtslehre* betonte epistemologische und rechtswissenschaftliche Problem der *Deutbarkeit einer Handlung unter einer Rechtsnorm:* »Den spezifisch juristischen Sinn, seine eigentümliche rechtliche Bedeutung erhält der fragliche Sachverhalt durch eine Norm, die sich mit ihrem Inhalt auf ihn bezieht, der ihm die rechtliche Bedeutung verleiht, so dass der Akt nach dieser Norm gedeutet werden kann. Die Norm fungiert als *Deutungsschema*«.[88]

[86] Vgl. z.B. Greger 1978.

[87] Vgl. Deppenkemper 2004.

[88] Kelsen 1992 (RR II 1960), S. 3. (RR I und RR II bezeichnen die erste und zweite Auflage der *Reinen Rechtslehre*.)

Nimmt man die mit Überzeugungen allgemein verbundenen Probleme – vor allem das Rechtfertigungsproblem – ernst, dann kann auch für die richterliche Entscheidung nicht mehr vorausgesetzt werden als ein nach der Lebenserfahrung ausreichendes, vernünftige Zweifel nicht zulassendes Maß an Sicherheit, verbunden mit der Berücksichtigung wissenschaftlicher Erkenntnisse, der Befolgung der Gesetze der Logik und der prozessualen Regeln. Fazit: Im Gerichtsverfahren und in der Beweiswürdigung geht es *de facto* nicht um Korrespondenz-Wahrheit, sondern um so etwas wie eine nach strengen Regeln konsensuell gestützte *Kohärenz-Wahrheit.*[89] Es geht letztlich nicht darum, was Wahrheit *ist*, sondern was als Wahrheit *gelten kann.*

Der Bundesgerichtshof (BGH) hat wiederholt die Befürchtung geäußert, dass eine Strafkammer »zu hohe Anforderungen an die zu einer Verurteilung wegen jedenfalls bedingten Vorsatzes erforderliche Überzeugungbildung gestellt und insbes. nicht ausreichend bedacht hat, dass einer wenig überzeugenden Einlassung nicht schon deshalb geglaubt werden muss, nur weil sie nicht zwingend widerlegt werden kann.« Er stellt folgende Grundsätze auf: »Kann der Tatrichter die erforderliche Gewissheit nicht gewinnen und zieht er die hiernach gebotene Konsequenz [...], so hat das Revisionsgericht dies zwar regelmäßig hinzunehmen. Die Beweiswürdigung ist Sache des Tatrichters; es kommt nicht darauf an, ob das Revisionsgericht angefallene Erkenntnisse anders gewürdigt oder Zweifel überwunden hätte. Daran ändert sich auch nicht allein dadurch etwas, dass eine vom Tatrichter getroffene Feststellung ›lebensfremd erscheinen‹ [...] mag [...]. Es gibt nämlich im Strafprozess keinen Beweis des ersten Anscheins, der nicht auf Gewissheit, sondern auf der Wahrscheinlichkeit eines Geschehensablaufs beruht [...]. Eine Beweiswürdigung ist demgegenüber etwa dann rechtsfehlerhaft, wenn sie lückenhaft ist, namentlich wesentliche Feststellungen nicht erörtert, widersprüchlich oder unklar ist, gegen Gesetze der Logik oder gesicherte Erfahrungssätze verstößt oder wenn an die zur Verurteilung erforderliche Gewissheit überspannte Anforderungen gestellt sind [...]. Dies ist auch dann der Fall, wenn eine nach den Feststellungen naheliegende Schlussfolgerung nicht gezogen ist, ohne dass konkrete Gründe angeführt sind, die dieses Ergebnis stützen können [...]. Es ist weder im Hinblick auf den Zweifelssatz noch sonst geboten, zu Gunsten des Angeklagten von Annahmen auszugehen, für deren Vorliegen das Beweisergebnis keine konkreten tatsächlichen Anhaltspunkte erbracht hat [...]. Für die Feststellung von (hier: inneren) Tatsachen genügt demnach, dass ein nach der Lebenserfahrung ausreichendes Maß an Sicherheit besteht, an dem vernünftige Zweifel nicht

[89] Vgl. Neumann 2004, Stamp 1998.

aufkommen können. Außer Betracht zu bleiben haben solche Zweifel, die keinen realen Anknüpfungspunkt haben«.[90]

1.4 Pluralität der Kulturen und Kulturrelativismus

Worin besteht eine Kultur? Gibt es ›die Kultur‹ im Singular? Die Einsicht ist gewachsen, dass es ›die Kultur‹ nicht gibt. Kulturelle Identität und Differenz sind zum Problem geworden. Wird das Problem positiv gewendet, so spricht man über *Interkulturalität*[91] und *Transkulturalität*. In negativer Perspektive tritt es im Ideologem ›*Krieg der Kulturen*‹ auf; dessen Prophet Samuel Huntington behauptet, dieser Krieg sei an die Stelle traditioneller sozialer, ökonomischer und politischer Konflikte getreten. Dass die Vielfalt und Unterschiedlichkeit von Lebensweisen im Zusammenleben der Menschen nicht problemlos ist, kann niemand leugnen. Es gibt Unterschiede der Denk- und Lebensweisen und Streit um die Eigenrechte und die Bewahrung von Kulturen. Es gibt aber auch ein transkulturelles Streben nach Universalität und nach einem Leben in Würde.[92] Wer dies nicht berücksichtigt und das Zusammenleben von Kulturen zum fiktiven Krieg stilisiert, verfolgt andere Absichten als die einer nüchternen Analyse kultureller Lebensweisen und Konflikte.

Weltweit zu beobachten sind Prozesse der Auflösung, Fragmentierung, Hybridisierung und Neubildung kultureller Identitäten. Zugleich spielen essentialistische Auffassungen von Kultur in machtpoli-

90 BGH, Urteil vom 14. 9. 2004 – 1 StR 180/04, 8, 9.

91 Vgl. hierzu Triki 2011, S. 184-192.

92 »Das Beispiel der tunesischen Revolution ist erhellend. Nicht nur, dass sie nie von einer religiösen und nicht-religiösen Elite gegängelt wurde – sie hat auch kein einziges Wort aus der Sprache des fundamentalistischen Identitätswahns geduldet. Die revoltierende Bevölkerung hat an nichts anderes als an Freiheit und Würde gedacht. In diesem Fall hat die Veränderbarkeit der Identität den Weg in Richtung eines neuen Sinns eingeschlagen, den Weg dessen nämlich, der seinen Anteil an Universalität einklagt. Der Rückzug in eine falsche Identität, zu dem seitens des nationalistischen Dogmatismus und religiösen Fundamentalismus ermutigt wurde – eines Fundamentalismus, der immer als Zurückweisung des Anderen funktioniert hat, dessen Lebens- und Denkweisen verteufelt werden –, hat in dieser Revolution nicht stattgefunden; sie wurde nicht von ihrem vorrangigen Ziel, nicht von der Sehnsucht nach Freiheit abgelenkt. Diese Revolution entwickelt einen anderen Typus von Identität, wie ich ihn in diesem Buch erläutere und der sich nicht mehr durch ethnische oder religiöse Zugehörigkeit definiert; Zugehörigkeit wird zur bloßen Matrix für ein Projekt des Zusammenlebens in Würde.« (Triki 2011, S. 12 f.).

tischen Konflikten eine zentrale Rolle; politische Akteure handeln im Namen der ›historischen Mission‹ ihrer Kultur und des vermeintlichen Rechts auf die Globalisierung einer bestimmten Kultur. Sie bedienen sich der Mittel ideologischer Exklusion und ökonomischer oder militärischer Macht und Gewalt. Der zweite Golfkrieg ist ein signifikantes Beispiel.

»Der Begriff der Kultur«, heißt es bei Max Weber, »ist ein Wertbegriff [...]. ›Kultur‹ ist ein vom Standpunkt des Menschen aus mit Sinn und Bedeutung bedachter endlicher Ausschnitt aus der sinnlosen Unendlichkeit des Weltgeschehens«.93 Was aber bedeutet ›vom Standpunkt des Menschen‹? Gibt es ›den Menschen‹? Handelt es sich hier nicht vielmehr um ein sprachliches Universale ohne empirische Entsprechung, dessen Funktion es ist, durch Abstraktion vom Besonderen und Mannigfaltigen das Denken und Sprechen zu ökonomisieren?

Der Definition der UNESCO zufolge kann die Kultur »in ihrem weitesten Sinne als die Gesamtheit der einzigartigen geistigen, materiellen, intellektuellen und emotionalen Aspekte angesehen werden, die eine Gesellschaft oder eine soziale Gruppe kennzeichnen. Dies schliesst nicht nur Kunst und Literatur ein, sondern auch Lebensformen, die Grundrechte des Menschen, Wertsysteme, Traditionen und Glaubensrichtungen«.94

›Kultur‹ bezeichnet Relationen, und die Relata sind in erster Linie Individuen, die ihre Lebensweisen gestalten. ›Kultur‹ beinhaltet und verschweigt zugleich, dass Verschiedenes verglichen wird. Was existiert, ist die Pluralität von Beziehungen und Abgrenzungen zwischen Traditionen, Lebensweisen, symbolischen Formen, individuellen und kollektiven Einstellungen, Wertpräferenzen und Normen.

Fragt man nach dem Zusammenhang von Kultur und Recht und nach Menschenrechten unter den Bedingungen kultureller Differenz und Pluralität, so steht kein abstraktes, sondern ein konkretes Problem auf der Tagesordnung. Dies spiegelt die *Allgemeine Erklärung zur kulturellen Vielfalt,* die von der UNESCO am 2. November 2001 in Paris verabschiedet wurde und nach den Worten ihres damaligen Generaldirektors, Koichiro Matsuura, »von nun ab zu den Grundtexten einer neuen Ethik« zählen soll.

Diese Erklärung »*steht* zur Verpflichtung, die Menschenrechte und Grundfreiheiten in vollem Umfang zu verwirklichen«; sie »*bekräftigt,*

93 Weber 1989, S. 78, 83.

94 *Weltkonferenz über Kulturpolitik. Schlussbericht der von der UNESCO vom 26. Juli bis 6. August 1982 in Mexiko-Stadt veranstalteten internationalen Konferenz.* Hg. von der Deutschen UNESCO-Kommission, München 1983 (UNESCO-Konferenzberichte, Nr. 5), S. 121.

daß Kultur als Gesamtheit der unverwechselbaren geistigen, materiellen, intellektuellen und emotionalen Eigenschafen angesehen werden sollte, die eine Gesellschaft oder eine soziale Gruppe kennzeichnen, und daß sie über Kunst und Literatur hinaus auch Lebensformen, Formen des Zusammenlebens, Wertesysteme, Traditionen und Überzeugungen umfasst«; sie »*bekräftigt,* daß Respekt vor der Vielfalt der Kulturen, Toleranz, Dialog und Zusammenarbeit in einem Klima gegenseitigen Vertrauens und Verstehens zu den besten Garanten für internationalen Frieden und Sicherheit gehören«, und sie »*strebt* eine umfassendere Solidarität auf der Grundlage der Anerkennung kultureller Vielfalt, in dem Bewußtsein der Einheit der Menschheit, und in der Entwicklung interkulturellen Austausches *an*«. Artikel 2 (›Von kultureller Vielfalt zu kulturellem Pluralismus‹) lautet: »In unseren zunehmend vielgestaltigen Gesellschaften ist es wichtig, eine harmonische Interaktion und Bereitschaft zum Zusammenleben von Völkern und Gruppen mit sehr unterschiedlichen, pluralen und dynamischen kulturellen Identitäten sicher zu stellen. Nur eine Politik der Einbeziehung und Mitwirkung aller Bürger kann den sozialen Zusammenhalt, die Vitalität der Zivilgesellschaft und den Frieden sichern. Ein so definierter kultureller Pluralismus ist die politische Antwort auf die Realität kultureller Vielfalt. Untrennbar vom demokratischen Rahmen führt kultureller Pluralismus zum kulturellen Austausch und zur Entfaltung kreativer Kapazitäten, die das öffentliche Leben nachhaltig beeinflussen.« In Artikel 4 (›Menschenrechte als Garantien für kulturelle Vielfalt‹) wird betont: »Die Verteidigung kultureller Vielfalt ist ein ethischer Imperativ, der untrennbar mit der Achtung der Menschenwürde verknüpft ist. Sie erfordert die Verpflichtung auf Achtung der Menschenrechte und Grundfreiheiten, insbesondere der Rechte von Personen, die Minderheiten oder indigenen Volksgruppen angehören. Niemand darf unter Berufung auf die kulturelle Vielfalt die Menschenrechte und Grundfreiheiten verletzen, wie sie in allgemein anerkannten internationalen Vereinbarungen festgeschrieben sind, noch ihren Umfang einschränken.«[95]

Gewiss verdient die *Allgemeine Erklärung* Zustimmung zu ihren Prinzipien; doch sie enthält problematische Prämissen. Eine der offenen Fragen lautet: Von was ist die Rede, wenn von ›Kultur‹ gesprochen wird? Wird nicht unterstellt, Kulturen hätten starre Grenzen?

Doch kulturelle Grenzen sind nicht mehr durch die Nation, die Ethnie, die Religion, die Tradition und auch nicht durch homogene Gruppen-Identitäten *gegeben*, sondern sie entstehen und verändern sich in der Dynamik und Komplexität flexibler Netzwerke zwischen Men-

95 Siehe zur deutschen Übersetzung http://www.UNESCO.de.

schen. So entstehende und sich wandelnde Kulturen sind *Programme*, in denen jemand denkt und handelt, weil er von ihrem Wert für die Lebensgestaltung überzeugt ist.

Kulturen sind Gemenge von Überzeugungen, Gewohnheiten, Wertpräferenzen, Normen und Typen von Entscheidungen auf unterschiedlichen Ebenen. Aufgrund ihrer für das Denken, Verhalten und Handeln von Individuen konstitutiven Bedeutung sollen hier vier hervorgehoben werden[96]: (i) Glaubenswahrheiten, metaphysische Sinngebungen und Heilserwartungen: Zu dieser Ebene gehört die Integration der Individuen in Überzeugungsgemeinschaften, vor allem in Religionen, Weltanschauungen und Ideologien. (ii) Grundlegende epistemische Überzeugungen, denen Wirklichkeitsverständnisse entsprechen. Zu dieser Ebene gehört die Integration der Individuen in epistemische Paradigmata, z. B. des *common sense*, des Realismus, des Skeptizismus usf. (iii) Lebensweisen der Alltagskultur (Moral des Alltagshandelns, Gewohnheiten, Rituale, Umgangsformen etc.): Zu dieser Ebene gehört die Integration der Individuen in soziokulturelle Milieus. (iv) Soziale und politische Grundwerte: Zu dieser Ebene gehört die Integration der Individuen in soziale Ordnungen und Normensysteme, vor allem in Rechtsbeziehungen.

So entstehen Identitäten von Individuen in sozio-kulturellen Kontexten. Individualisierung setzt die Teilhabe an symbolischen Traditionen voraus, die »einen gemeinsamen Bestand grundlegender Einstellungen« garantieren. Die sich aus den Einstellungen entwickelnden Praktiken »wirken ihrerseits wieder als eine praktische Bestätigung der symbolischen Traditionen, so dass man tatsächlich von einer *kollektiven Identität* reden kann, nämlich dem *wechselseitigen Bestätigungsverhältnis der symbolischen Traditionen, gemeinsamen Praktiken und Einstellungen, die in einer Gesellschaft bestehen*«.[97]

Kulturen repräsentieren unterschiedliche Verständnisse davon, wie die Welt sein soll. Zu lange Zeit, hat die europäische Moderne – nicht wegen, sondern trotz der Programmatik der Aufklärung und der bürgerlichen Revolutionen – kulturell, ökonomisch und sozial den Ausschluss der *Anderen* gerade da betrieben, wo sie im Namen ›des Menschen‹, ›der Geschichte‹, ›der Rationalität‹, ›der Philosophie‹, ›der Ethik‹ und ›der Werte‹ gesprochen hat. Im heute faktischen Pluralismus der Kulturen müssen die unterschiedlichen Denk- und Handlungsweisen ihre Legitimität nicht gegenüber einer hegemonialen Kultur verteidigen, sondern nur dann, wenn im Namen einer Kultur partikuläre Ansprüche auf Kosten Dritter geltend gemacht werden.

96 Vgl. Meyer 2002, S. 117 ff.

97 Schwemmer 2005, S. 259.

Zugleich hat sich inmitten des Pluralismus der Kulturen die *eine* Rechtskultur der Menschenrechte entwickelt, weil kein Mensch aus Gründen seines wohlverstandenen Eigeninteresses auf den Schutz seiner Würde und auf die Forderung nach der Herstellung von Bedingungen eines ›guten Lebens‹ verzichten kann – nicht für sich selbst und deshalb auch nicht zu Lasten Dritter. Hieraus ergibt sich die transkulturelle Universalität der Menschenrechte. Die *Allgemeine Erklärung der Menschenrechte* von 1948 bringt dies in Art. 6 zum Ausdruck: »*Jeder* hat das Recht, *überall* als rechtsfähig anerkannt zu werden.«

Diese Universalität ist weder die eines partikularen Wertesystems, noch die einer homogenen Weltkultur. Sie ist die Universalität des Rechts der Menschenrechte. Sie war nicht universell wirksam genug, die Apartheid, den Vietnamkrieg, die Militärherrschaft in Chile und Griechenland, die israelische Okkupation Palästinas, die Irakkriege und Hunger und Unterdrückung in weiten Teilen der Welt zu verhindern. Aber sie ist die einzige Universalität, die wir in dieser polymorphen Welt mit *tatsächlicher Geltung* haben können. Sie ist weit mehr als nichts, denn sie begründet einklagbare Rechte und setzt der im Namen einer Kultur erschlichenen Abweichung von dem, was als universell anerkannt ist, rechtliche Grenzen.[98] Diese Universalität findet ihre Form im *juridischen Kosmopolitismus*[99] als Audruck einer Ordnung der Vielgestaltigkeit des Universellen. Dieser Kosmopolitismus entspricht Kants Konzept des *sensus communis*, also einem »Beurteilungsvermögen [...], welches in seiner Reflexion auf die Vorstellungsart jedes andern in Gedanken (*a priori*) Rücksicht nimmt, um *gleichsam* an die gesamte Menschenvernunft sein Urteil zu halten und dadurch der Illusion zu entgehen, die aus subjektiven Privatbedingungen, welche leicht für objektiv gehalten werden könnten, auf das Urteil nachteiligen Einfluss haben würde«.[100]

Kulturrelativistische Unterforderungen führen, nicht anders als metaphysische, religiöse und moralische Überforderungen der Universalität des Rechts, zur Schwächung bereits erreichter menschenrechtlicher Standards. Manfred O. Hinz plädiert aus guten Gründen für eine »*Anthropologie der Verschiedenheit mit Kosmopolitismus*«, ein Konzept, das er als »*soft* or *weak universalism* (or *soft* or *weak relativism*, for that matter)« bezeichnet.[101] Der rechtsanthropologische Weg[102], den Hinz zu gehen vorschlägt, führt nicht zu Rechtsrelativismus, son-

98 Vgl. Hinz 2009, S. 6.

99 Vgl. Sandkühler 2010f.

100 Kant, *Kritik der Urteilskraft*, B 159 f.

101 Hinz 2009, S. 7 f.

102 Zur Rechtsanthropologie vgl. Pospíil 1982.

dern eröffnet zwei im Menschenrechtsdiskurs bisher kaum gesehene Perspektiven: (i) endet er nicht bei dem, was normalerweise unter dem vom Staat gesetzten Recht verstanden wird, sondern führt auch zu Regeln und Normen aus nicht-juridischen Quellen der Streitschlichtung; (ii) erstreckt er sich über den üblichen Code rechtlichen Sollens hinaus in die empirische Dimension des von Menschen angewandten Rechts und erlaubt Urteile jenseits der Grenzen staatszentrierter Rechtsinterpretation.[103]

Fasst man das Problem in pragmatischen Funktionsbegriffen statt in essenzialistischen Substanzbegriffen[104], dann führt der Pluralismus der Voraussetzungen, Kontexte und Akzeptanz-Begründungen nicht zwangsläufig zu einer Schwächung der rechtlich universalisierten Menschenrechtsnormen. Bei deren kulturrelativistischer Interpretation und bei kulturalistisch begründeter selektiver Implementierung ist diese Schwächung jedoch unausweichlich. Ein auf partikuläre Werte gestützter und zugleich verabsolutierter Universalismus – wie er in regionalen Menschenrechtserklärungen in der islamischen und arabischen Welt sowie in Asien feststellbar ist – vergisst, dass der Schutz der Menschenrechte *transkulturell* ermöglicht werden muss. Kulturrelativismus[105] ist im internationalen Menschenrechte-Recht nicht vertretbar.[106] Aus dem Pluralismus der Kulturen und aus der historischen Kontextualität der Menschenrechte folgt kein Rechtsrelativismus.

1.5 Recht und Ethik

Mit dem Recht ist eine Paradoxie verbunden. In der Moderne hat die Durchsetzung von Subjektivität und Individualrechten Interessenkolli-

103 Hinz 2009, S. 7 f.

104 Bei der Unterscheidung dieser Begriffe stütze ich mich auf Ernst Cassirers *Substanzbegriff und Funktionsbegriff. Untersuchungen über die Grundfragen der Erkenntniskritik* (1910).

105 »Der Kulturrelativismus kann als eine Form des ethischen Relativismus aufgefasst werden. Er steht in engem Zusammenhang mit einem Ethnopluralismus. In drei Thesen gefasst, behauptet ein starker Kulturrelativismus: (i) Moralprinzipien sind kulturrelativ, d. h. sie gelten jeweils für eine oder mehrere Kulturen, aber nicht universell. (ii) Die jeweils verschiedenen Moralprinzipien sind gleich gültig und können interkulturell nicht verglichen bzw. bewertet werden. (iii) Es ist unzulässig bzw. sinnlos, Moralprinzipien der eigenen Kultur auf andere Kulturen zu übertragen.« (Sukopp 2010, S. 1350).

106 Vgl. zur Auseinandersetzung mit dem Kulturrelativismus Donnelly 1984, Tilly 2000, Paul 2003, Sukopp 2005, 2010, Breau 2007, Hinz 2009, Afshari 2010.

sionen bewirkt und deshalb eine Verrechtlichung von Lebensbeziehungen, die zuvor von – freiwilliger oder erzwungener – Konformität in Moral und Sittlichkeit geprägt waren. Die Paradoxie lässt sich auf die einfache Formel bringen: Je mehr individuelle Freiheit es gibt, desto mehr Bedarf besteht an allgemein verpflichtendem Recht; je notwendiger die Freiheitssicherung durch das Recht ist, desto größer ist der Bedarf am rechtsetzenden Staat; je mehr Staat es gibt, desto größer kann die Gefährdung der Freiheit sein; und je weniger Freiheit es gibt, desto größer ist das Bedürfnis nach Recht.

Am Anfang des jahrhundertelangen Kampfes für die Menschen- und Grundrechte, die jedem Individuum ›von Natur aus‹ zukommen sollten, ging es primär um *Abwehrrechte* (›negative Freiheitsrechte‹), um die Idee der Sicherung der *Freiheit durch Recht* gegen staatliche Bevormundung und Unterdrückung. Der Adressat war und ist allerdings nicht der Staat als Abstraktum. Die Adressaten sind vielmehr konkrete Institutionen, von denen Freiheitsbeschränkungen und Gleichheits- und Gerechtigkeitsverletzungen ausgehen. Die negativen Freiheitsrechte soll der Staat garantieren – ein offensichtliches Dilemma? Ja und nein: Einerseits bedroht der Staat nach wie vor die Freiheitsrechte; andererseits ist er in dem Maße unverzichtbar, wie die Menschen- und Grundrechte vor staatlicher Willkür und vor nichtstaatlicher sozialer und ökonomischer Gewalt geschützt werden müssen. Mit der Entwicklung der Menschenrechte verändern sich auch die Funktionen des Staates. Im Vergleich zum Macht- und Gewaltstaat kann man von einer Entwicklungstendenz zum Verfassungs- und Rechtsstaat sprechen.[107]

Die Frage nach dem angemessenen Verhältnis von Recht und Staat ist im Kontext einer normativen Theorie des *Rechtsstaates* zu beantworten. Die Kritik an Deformationen des Rechts- und Sozialstaates[108] verlangt nach einer normativen Begründung der Funktionen des Rechts und des Staates. Welchen Rechts? Es geht nicht um Recht schlechthin, sondern um das ›richtige‹ Recht, das dem Maßstab der Menschenwürde, der Gleichheit, Freiheit, Gerechtigkeit und Menschenrechte entspricht. Was kann die Grundlage der Kritik sein? Die Ethik? Die Moral? Die Religion? *Eine* Ethik? *Eine* Moral? *Eine* Religion? Eine allgemeine, politisch durchzusetzende Verpflichtung auf *eine* Ethik, Moral oder Religion widerspricht den legitimen Freiheitsansprüchen in modernen pluralistischen, demokratisch verfassten Gesellschaften. Mit Hans Kelsen zu fordern ist »der Verzicht auf die eingewurzelte Gewohnheit, [...] unter Berufung also auf eine objektive

[107] Siehe in diesem Buch Kap. 6 und 7.

[108] Zum Sozialstaat siehe in diesem Buch Abschn. 7.7.

Instanz, politische Forderungen zu vertreten, die nur einen höchst subjektiven Charakter haben können, auch wenn sie im besten Glauben, als Ideal einer Religion, Nation oder Klasse auftreten«.[109] Dieser Verzicht folgt aus der Erfahrung, dass nicht nur der Staat der potenzielle Feind der Grundrechte ist, sondern Terror gegen die Grundrechte auch von den Bürgern selbst droht, sobald sie in Gruppen im Namen ihrer partikulären Interessen zu bestimmen beanspruchen, was für die Allgemeinheit gut sein soll.

Ob das Recht durch den ethischen Begriff der Gerechtigkeit als ›richtiges‹ Recht begründet werden kann – und wenn ja: was ›Gerechtigkeit‹ bedeutet – ist umstritten.[110] Kann die Schlichtung des Streits über gerechtes Recht nur vom Recht selbst erwartet werden? Oder ist die Ethik mit dieser Aufgabe zu betrauen? Ob sie – wenn ja: welche? wenn nein: was bzw. wer an ihrer Stelle? – Chancen hat, unter den Bedingungen des Pluralismus Gehör zu finden, ist fraglich. Die Diagnose zu teilen, die Karl-Otto Apel in *Diskurs und Verantwortung* (1990) gestellt hat, fällt leicht; für sein Therapiekonzept trifft dies nicht in gleichem Maße zu. Denn seine Frage »nach der *Möglichkeit einer ethisch-politischen Grundorientierung*« ist ganz offensichtlich nicht mehr als Frage nach *der* Grundorientierung beantwortbar. Deshalb hat es die Ethik schwer, die aus ›ungeselliger Geselligkeit‹ herrührenden Konflikte zu schlichten. Benennt Apel die Gründe für den Vorrang der Ethik schon damit zureichend, dass »die moderne Wissenschaft (Science) den Begriff rationaler, intersubjektiv gültiger Begründung im Sinne der Wertneutralität präokkupiert hat und alle nicht wertneutralen Theoriebildungen von diesem Maßstab her als bloße Ideologien erscheinen«?[111]

Apel verweist bei seinem Vorschlag zur Lösung der Krise von Moral und Politik auf den »reflexiven Rückgang auf das, was ohne performativen Selbstwiderspruch nicht bestritten werden kann«, und dies ist für ihn »die *philosophische Letztbegründung*, die zugleich den Grund liefert für die Unmöglichkeit und Unnötigkeit einer Begründung der Vernünftigkeit bzw. der Moralität durch Herleitung aus etwas anderem.« Das von ihm favorisierte »*ideale Grundprinzip*« ergibt sich aus der »im Argumentieren unbestreitbar notwendigen *kontrafaktischen Antizipation* der Anwendungsbedingungen einer Kommunikationsethik im Sinne der Interaktionsformen einer *idealen Kommunikationsgemeinschaft*«.[112] Wenn dies der Grundgedanke ist, dann liegt es

109 Kelsen 1985 (RR I 1934), S. XI.

110 Siehe in diesem Buch Abschn. 4.3.

111 Apel 1990, S. 16.

112 Ebd. S. 8 f.

wohl nahe, das ethische Letztbegründungsprogramm theoretisch durch logisch-positivistische Gegenstrategien und praktisch durch den Liberalismus[113] bedroht zu sehen. Aber sind dies die einzigen Alternativen zur Diskursethik?

Apel kennt den ›Einwand der Wirklichkeit‹: »Die *reale* Kommunikationsgemeinschaft ist zu berücksichtigen!« Er beantwortet ihn damit, dass die Realität nicht die Forderung einer *normativen* Theorie widerlegen kann. Er weiß sich mit C.S. Peirce in guter Gesellschaft, der in einem Brief an J. Dewey schreibt: »[E]s ist eines der Charakteristika aller normativen Wissenschaft, daß sie sich darum, was im Universum tatsächlich geschieht, nicht im geringsten kümmert«.[114]

Die Frage lautet nicht, ob eine normative Antwort auf die defizitäre Wirklichkeit möglich und sinnvoll ist. Fraglich ist vielmehr die Ebene der Normenentstehung und -geltung. Die Alternative, die Apel nicht sieht, lautet: Weil es nicht *die* ethische Letztbegründung gibt, die auf allgemeinen Konsens hoffen könnte, tritt das *Recht* an die Stelle der miteinander konkurrierenden und hoffnungslos um Zustimmung werbenden Ethiken. Einen guten Grund dafür, warum dies so ist, nennt Kelsen: »Gäbe es Gerechtigkeit in dem Sinne, in dem man sich auf ihre Existenz zu berufen pflegt, wenn man gewisse Interessen gegen andere durchsetzen will, dann wäre das positive Recht völlig überflüssig und seine Existenz ganz unbegreiflich.«[115] Was Kelsen über Gerechtigkeit sagt, ist auch über die ›Interaktionsformen einer idealen Kommunikationsgemeinschaft‹ zu sagen, auf die sich Apel so bezieht, als ob sie existierten. Das Recht, nicht aber »ein neues Paradigma der Ersten Philosophie«, ist »*postmetaphysisch*«[116] die der Situation angemessene Antwort.

Der Pluralismus und der mit ihm verbundene Relativismus müssen durch andere als nur ethische Mittel an eine Ordnung der Freiheit gebunden werden. Das wichtigste Mittel der Relativierung des Relativismus ist das Recht, sofern es von einem Rechtsstaat gesetzt und durchgesetzt wird. Mit einer Formulierung Gustav Radbruchs: »*Der Relativismus fordert den Rechtsstaat.*«[117]

Das Recht muss seine Funktion als offener Universalismus erfüllen. Geschlossene Universalismen – wie die von Religionen oder philosophischen Letztbegründungstheorien – tendieren zum Oktroy und füh-

113 Vgl. ebd. S. 27 ff.

114 Peirce 1991, S. 571.

115 Kelsen 1985 (RR I 1934), S. 15.

116 Vgl. Apel 1993.

117 Radbruch 1990, S. 19; Hervorh. v. mir. Vgl. hierzu ausführlich Sandkühler 2002a.

ren zur Exklusion des Abweichenden. Offener Universalismus ist republikanisch und demokratisch; er fordert die Inklusion von Differenz und Dissens und achtet Alterität. Er verlangt nach öffentlichen Prinzipien der Gleichheit und Allgemeinheit des Rechts, die gegenüber den privaten Welt- und Selbstverständnissen neutral und deshalb legitimierbar sind.

Wer wie ich gegen ethische Letztbegründungen argumentiert[118], plädiert damit keineswegs auch schon für ethischen und moralischen Relativismus. Er stellt nur die Fragen anders, indem er sie angesichts des faktischen Pluralismus der Verhaltenseinstellungen aus solchen der Ethik in die des Rechts übersetzt. Wie können trotz des Fehlens allgemein anerkannter Normen moralischen Verhaltens Maßstäbe formuliert werden, die die Moral, das Recht und die staatliche Gewalt an eine *Grundnorm* binden können, die – ungeachtet der Anerkennung des Pluralismus – nicht relativierbar ist? Dies ist die für eine Rechts- und Staatstheorie, die sich den aktuellen Problemen dieser Welt zu stellen bereit ist, vorrangige Frage.

Die Antwort lautet: Die gesuchte Grundnorm existiert in Gestalt von Normen positiven Rechts – im Rechtssatz über die Achtung und den Schutz der menschlichen Würde und in seiner Konkretisierung im Recht der Menschen- und Grundrechte. Dass diese normative Ordnung existiert, bedeutet freilich noch nicht, dass sie im Handeln von Individuen, Gruppen und Staaten respektiert wird. Doch genau diese Faktizität verlangt nach der Verteidigung ihrer Geltung.

118 Zur Kritik am diskurstheoretischen Letztbegründungskonzept vgl. Abel 1999, S. 343 ff.

TEIL II

MENSCHLICHE WÜRDE UND MENSCHENRECHTE

2. Menschliche Würde – die Grundlage der Menschenrechte

Die Geschichte[1] der Idee, des Begriffs, des Prinzips und der Rechtsnorm der Unantastbarkeit der Menschenwürde lässt erkennen, dass es sich um einen Topos in Entwicklung handelt.[2] Dies zeigt der historische Prozess seit der Renaissance, in dem ›Menschenwürde‹ zum Ausdruck der *unbedingten Achtung* wird, die jedem Menschen als Menschen, also unabhängig von Eigenschaften oder Leistungen, zukommt.

Zunächst war ›Würde‹ kein Begriff des Rechts. ›Würde‹ war auf ›Rang‹, ›Stand‹, ›Amt‹, ›Ehre‹ und ›Geltung‹ bezogen; Würde war dem Vergleich unterworfen; es gab Grade der Würde, ein Mehr und ein Weniger. Diese Wortbedeutung[3] beinhaltete Ungleichheit; weil Würde an eine Funktion, an eine soziale Rolle, gebunden war, konnte sie mit der Funktion entzogen werden. Die Würde, von der wir heute sprechen, ist von allen diesen und von diskriminierenden Konnotationen wie ›Rasse‹ und ›Geschlecht‹ frei. Sie ist in einem nicht-metaphysischen Sinne absolut[4], d. h. die Norm, sie nicht zu verletzen, gilt absolut nicht allein in den Rechtssystemen der Staaten, in deren Verfassungen diese Norm positiviert ist, sondern absolut *und* universell im internationalen Menschenrechte-Recht.[5]

Das mittelalterliche christliche Verständnis von der Würde des Menschen als des ›Ebenbildes Gottes‹ war mit einer Abwertung des

1 Zur Begriffs- und Ideengeschichte vgl. Horstmann 1980, Huber 1992, S. 578-581, Wetz 2005, S. 14-55; vgl. auch Spaemann 1985/86, Böckenförde/Spaemann 1987, De Koninck 1996, Bayertz 2010 und Dreier in Dreier 2004, Art. 1 I, in: ders. 2004, Rn. 1-16.

2 Zu dieser Entwicklung haben keineswegs nur Europa bzw. der ›Westen‹ beigetragen. Vgl. z. B. die Untersuchung von Yacoub 2007 zum mesopotamischen und syrischen Erbe.

3 Zur deutschen Wortgeschichte vgl. das Lemma ›Würde‹ in: Jacob und Willhelm Grimm, *Deutsches Wörterbuch*, Lieferung 30, 13.

4 Zur Absolutheit des Wertes ›Menschenwürde‹ vgl. z. B. Tiedemann 2005, S. 370-376.

5 Vgl. Henkin 1979, McDougal/Lasswell/Chen 1989, Frowein 2002, Kretzmer/Klein 2002. Die aus der ›kulturellen Bedingtheit des Rechts‹ und aus der Feststellung der Nichtachtung der Würdenorm in bestimmten Kulturen abgeleitete Behauptung in Mastronardi 2003, S. 73, »Die Menschenwürde ist nicht universal, aber sie muss dringend universalisiert werden« betrifft nur die *Genesis* der Würdenorm und die – oft defizitäre – Faktizität ihrer Garantie, nicht aber ihre durch Menschenrechtserklärungen und -pakte positiv-rechtlich universalisierte *Geltung*.

diesseitigen Lebens verbunden. Dies wurde zum Stein des Anstoßes für Renaissance-Autoren, »die die ›Würde und Erhabenheit des Menschen‹ nicht mehr allein als Abglanz von dessen bevorzugter Stellung zu Gott interpretierten, sondern – so z. B. von Pico della Mirandola in seiner berühmten Rede *Über die Würde des Menschen* – als die Fähigkeit und das Recht zur aktiven Gestaltung des diesseitigen Lebens.«[6]

In der beginnenden Moderne und in der Zeit der Aufklärung wurde die Auffassung der Würde als Freiheit mit der stoischen Auffassung der Würde als Teilhabe an der Vernunft verbunden. Samuel von Pufendorf – der Theoretiker des Staats- und Völkerrechts, der die ›Virginia Bill of Rights‹ von 1776 beeinflusst hat – sah in *De iure naturae et gentium* (1672, dt. 1711 *Acht Bücher von Natur- und Völkerrecht*) die Würde (*dignatio*) in der Freiheit des Menschen, das durch die Vernunft Erkannte zu wählen und dementsprechend zu handeln; er verband bereits die Würde mit der Idee der Gleichheit aller Menschen.[7]

In der neuzeitlichen Philosophie wurden vor allem drei Momente der Menschenwürde hervorgehoben: »(i) Die Nicht-Fixiertheit des Menschen: Während allen übrigen Wesen ihre Daseinsweise von Natur bzw. von Gott vorgeschrieben wurde, ist der Mensch frei in der Wahl seiner Lebensweise; ihm kommt die Möglichkeit der schöpferischen Selbstbestimmung zu. (ii) Seine Vernunftnatur: d. h. seine Fähigkeit zu rationalem Denken und Handeln. (iii) Seine Befähigung zur Moral, insbes. zur moralischen Selbstgesetzgebung; nach Kant gilt: ›*Autonomie* ist also der Grund der Würde der menschlichen und jeder vernünftigen Natur.‹«[8]

Um die geschichtliche Dynamik und die Kontroversen zu verstehen, in denen dem Begriff der Menschenwürde Bedeutungen zugeschrieben wurden, sind zwei Aspekte zu berücksichtigen: (i) Der *anthropologische* Aspekt besagt, dass zur menschlichen Natur Unvollkommenheit, Verschiedenheit und Offenheit für eine nicht deterministisch zu verstehende Entwicklung gehören. Deshalb laufen Versuche, »eine menschliche Natur, ein menschliches Wesen, eine menschliche Substanz oder ein Bild des Menschen zu definieren und normativ verbindlich zu machen, dem philosophischen Kern der Menschenwürde-Idee zuwider«.[9] (ii) Der *historisch-soziale* Aspekt besagt, dass der Schutz der Menschenwürde in ökonomisch-sozialen, politischen und kulturellen Kon-

6 Bayertz 2010, S. 1554; vgl. Bayertz 1995, S. 466 f. Vgl. zur Renaissance Manetti 1990 [1452], Pico della Mirandola 1990 [1496]; vgl. hierzu Trinkaus 1970.

7 Vgl. Welzel 1986, S. 6 f., S. 47 ff.

8 Bayertz 2010, S. 1554; das Kant-Zitat: AA IV, S. 436.

9 Bayertz 1995, S. 479.

texten verstanden, erkämpft und in Konflikten interpretiert werden musste.

Als Rechtsbegriff und Verfassungsnorm ist ›Menschenwürde‹ erst im 20. Jahrhundert positiviert worden, nicht zuletzt aufgrund der Gewalt- und Unrechtserfahrungen, die in der Charta der Vereinten Nationen vom 26. Juni 1945 dazu geführt haben, den »Glauben an die Grundrechte des Menschen, an Würde und Wert der menschlichen Persönlichkeit« zu betonen. Die nicht in Kraft getretene Verfassung des Deutschen Reichs von 1848 (›Paulskirchenverfassung‹) enthielt zwar einen ›Abschnitt VI. Die Grundrechte des deutschen Volkes‹, doch der Würdebegriff entsprach in den §§ 68 und 69 noch der vormodernen Bedeutung des Wortes: »Die Würde des Reichsoberhauptes [...] Diese Würde ist erblich im Hause des Fürsten, dem sie übertragen worden. Sie vererbt im Mannsstamme nach dem Rechte der Erstgeburt.« Noch die Verfassung des Deutschen Reiches (›Weimarer Reichsverfassung‹) von 1919 kannte das Würde-Prinzip nur indirekt; unter dem Titel ›Das Wirtschaftsleben‹ hieß es in Art. 151: »Die Ordnung des Wirtschaftslebens muß den Grundsätzen der Gerechtigkeit mit dem Ziele der Gewährleistung eines menschenwürdigen Daseins für alle entsprechen. In diesen Grenzen ist die wirtschaftliche Freiheit des einzelnen zu sichern.«

Verfassungsrechtlich wurde das Prinzip der Menschenwürde erstmals in der Präambel der Verfassung Irlands vom 1. Juli 1937 verankert: »We, the people of Éire, [...] seeking to promote the common good, with due observance of Prudence, Justice and Charity, so that the dignity and freedom of the individual may be assured [...]«. Die Konkretisierung dieser Prinzipien enthält der Teil ›Fundamental Rights‹: ›Personal Rights‹, Art. 40-45.

2.1 ›Menschenwürde‹ in der Konkurrenz der Verständnisse und Definitionen

Es gibt unübersehbar viele, sich teils ergänzende, teils miteinander unvereinbare Erklärungen, Begründungen und Definitionen dazu, was unter ›Menschenwürde‹ verstanden werden soll.[10] Sie sind abhängig von epistemischen und praktischen Interessen, von Menschen- und Weltbildern und vom Medium, in dem sie formuliert werden, etwa im

[10] Vgl. zu einer Bibliografie Haferkamp 1996. Zur Darstellung verschiedener Würde-Konzeptionen vgl. Giese 1975, 3 ff. Zu Begründungsalternativen vgl. z. B. Spaemann 1985/86, der für ein nicht-funktionales Verständnis der Menschenwürde plädiert.

Alltagsdiskurs, in der Politik oder in Philosophie, Theologie und Rechtswissenschaft sowie – zunehmend – in lebenswissenschaftlichen Kontexten.[11]

In der schwächsten Variante bedeutet ›Menschenwürde‹ eine *Vision* oder etwas, wonach man strebt und das es erlaubt, eine gewisse Anzahl anderer Prinzipien aufzustellen. Eine stärkere Variante lautet, ›Würde‹ sei ein Leitprinzip, fundamentaler als das Wort ›Recht‹, denn die Menschenrechte gründeten in ihm, und wertvoller als das Wort ›Freiheit‹, denn man bewahre seine Würde auch dann, wenn man seine Freiheit verliere. In der stärksten Variante ist Würde keine gesetzte Norm, sondern ein intrinsisch mit der menschlichen Natur verbundenes Prinzip. Allen diesen Varianten ist gemein, dass die Achtung und der Schutz der menschlichen Würde nicht allein als staatliche Verpflichtung aufgefasst wird, sondern sich als moralische und/oder rechtliche Pflicht auch auf die Beziehungen zwischen Menschen erstreckt.[12]

In grober Unterscheidung konkurrieren (i) metaphysische und anthropologische Substanzbegriffe und (ii) pragmatische Funktionsbegriffe der Würde:

(i) Substanztheoretisch an einem objektiven Wert orientiert ist die *Mitgifttheorie*: Die Menschenwürde ist ein Wert, der vor-positiv in der von Gott oder der Natur gegebenen Existenz des Menschen gründet.

(ii) Funktionstheorien optieren für *Leistungs*-[13] bzw. *Anerkennungskonzeptionen:* Menschen haben Würde aufgrund ihrer Leistung, bzw. Würde entsteht aus der Anerkennung der Achtungspflicht.[14] Die

11 Vgl. Stoecker 2003.

12 Limbach 2001, S. 73, stellt allerdings fest: »Der Gedanke, dass das Ethos der Grundrechte auch von den Bürgern aktiv gelebt werden will, erscheint zuweilen als unterentwickelt.«

13 Zu Luhmanns Leistungstheorie vgl. Vitzthum 1985, S. 206 f. Die Leistungstheorie geht davon aus, »daß es gerade der einzelne selbst ist, der bestimmt, was seine Würde ausmacht. [Diese Theorie] ist jedoch dort ungenügend, wo der einzelne handlungs- oder willensunfähig und zur Leistung der Identitätsbildung außerstande ist.« (Pieroth/Schlink 1994, Rn. 385). Kunig 2000, Rn. 11, S. 71, betont, die Würde gebühre jedem Menschen; es müsse »auch nicht das Bewußtsein von der eigenen Würde oder gar ein ihr entsprechendes Verhalten« vorausgesetzt werden.

14 Vgl. Habermas' Satz, die Menschenwürde beruhe »allein in den interpersonalen Beziehungen reziproker Anerkennung, im egalitären Umgang von Personen miteinander« (Habermas 2001, S. 67). Zur Kritik an Habermas vgl. Schaber 2010, S. 81 f. Zu der bei Hofmann 1993 sichtbaren Gefahr, dass die Anerkennungsgemeinschaft mit der Menge der Rechtsgenossen im Nationalstaat identifiziert wird, vgl. Tiedemann 2005, S. 358 f., und Hain 1999, S. 236-243.

Mitgift-, Leistungs- und Anerkennungstheorien[15] stimmen in der Annahme überein, dass jedem Menschen der Schutz seiner Würde zusteht.

Das Würdeprinzip hat die Funktion, das Individuum vor jeglicher Verletzung dessen zu bewahren, was es *als* Individuum in Freiheit und Gleichheit konstituiert. Wer von Menschenwürde spricht, signalisiert, dass jeder Mensch als Subjekt und als Person[16] anerkannt werden soll. Die Schutzfunktion charakterisiert das Würdeprinzip als *rechtliches Prinzip*, als subjektives Grundrecht, als Abwehr- und Anspruchsrecht. »Der Würdegrundsatz umschreibt« – so Th. Gutmann – »das Fundament reziproker Anerkennung von Menschen als Rechtspersonen. Seine primäre Struktur und Funktion ist die eines *constraints*, einer deontologisch verstandenen und als subjektives Abwehrrecht ausgestalteten Grenze dessen, was Rechtspersonen angetan werden darf. Er umschreibt ein ›Recht auf absolute Rechte‹ und kein Gut. Der Würdegrundsatz ist weder Gegenstand noch Resultat von Prozessen der Güterabwägung.«[17] ›Würde‹ bezeichnet in diesem Sinne den Standard dessen, was einem Menschen zugemutet werden darf, und die Grenze nicht nur für inhumanes Handeln (etwa Folter, Versklavung, Todesstrafe), sondern auch für inhumanes Unterlassen (etwa Verhungernlassen, Hinnahme der Verfolgung von Minderheiten).[18] Über ihre Funktion als Grenze hinaus, die sich gem. Art. 1 Abs. 1 S. 2 GG aus der Verpflichtung zur *Achtung* ergibt, erstreckt sich die Würdenorm aber auch darauf, die Menschenwürde zu »schützen«: »Es ist dies eine der wenigen Stellen im Grundrechtskatalog des Grundgesetzes, wo von der staatlichen Gewalt ausdrücklich ein Tätigwerden verlangt wird [..]. Würde des Menschen ist mit anderen Worten nicht nur *Grenze,* sondern auch *Aufgabe* der staatlichen Gewalt.«[19]

Wie im Bereich der Ethik, gibt es auch in der Verfassungsrechtslehre ein breites Spektrum von Positionen. Wie jede Norm ist auch die Würdenorm ein *Deutungsschema.* Dies hat zur Folge, dass sie innerhalb und außerhalb des Rechts vom Konflikt der Interpretationen nicht ausgenommen ist.[20] Weitgehende Übereinstimmung besteht in der verfassungsrechtlichen Literatur hinsichtlich des wesentlichen Gehalts der

15 Vgl. Zur Charakterisierung und Erörterung der verschiedenen Theorien Pieroth/Schlink 1994, Rn. 384, und Dreier in Dreier 2004, Art. 1 I, Rn. 54-57; Haucke 2006.

16 Vgl. Schürmann 2007.

17 Gutmann 2010, S. 11.

18 Vgl. Birnbacher 1996.

19 Pieroth/Schlink 1994, Rn. 382.

20 Vgl. zu Konsens und Dissens bei der Interpretation der Menschenwürde Dreier 2001.

Garantie der Menschenwürde: Er besteht in der Anerkennung und Achtung jedes Menschen als Subjekt und als zu eigener Entfaltung und verantwortlichem Handeln freier Träger grundlegender Rechte sowie im Ausschluss von Entwürdigung und Instrumentalisierung nach Art einer beliebig verfügbaren Sache. Jeder Mensch muß als Person anerkannt werden; niemand darf zum bloßen *Objekt* staatlichen Handelns werden. Bei der u. a. von Christian Starck verteidigten Position handelt es sich eher um eine Mindermeinung: »Geriete die metaphysische Begründung von Menschenwürde [...] in Vergessenheit, so ständen die Worte des Grundgesetzes beliebiger Deutung offen.«[21]

Viele sagen, der inflationäre Gebrauch des Wortes ›Würde‹[22] stehe in einem proportionalen Verhältnis dazu, dass es keine stabile Bedeutung und deshalb keinen Sinn habe.[23] Gewarnt wird gar vor der Gefahr einer »Tyrannei der Würde«.[24]

Unbestreitbar ist, dass das Wort ›Menschenwürde‹ oft mit unbestimmter nicht-rechtlicher Bedeutung als Leerformel eingesetzt und gelegentlich auch als moralisierendes ›*knock-out argument*‹ missbraucht wird, um Schwierigkeiten ethischer Diskussionen zu umschiffen oder ›gegnerische‹ Auffassungen zu diskreditieren. Doch dass der Miss-

21 Starck 1981, S. 463. Kriele 2003 wendet sich gegen die Annahme einer Kollision zwischen der letztlich in religiösem Glauben gründenden »naturrechtlich geltenden« Menschenwürdenorm (ebd., S. 176) und Art. 4 Abs. 1 GG (»Die Freiheit des Glaubens, des Gewissens und die Freiheit des religiösen und weltanschaulichen Bekenntnisses sind unverletzlich.«). Auch er behauptet: Würde man »Art. 1 I GG seines metaphysischen Gehalts entkleiden, dann würde Art. 1 1 GG zu einer sinnentleerten Formel«. (Ebd., S. 174).

22 Schaber 2004, S. 95, stellt zu Recht fest: »Eine [...] unangemessene semantische Ausdehnung des Menschenwürdebegriffs widerspricht [...] nicht nur unseren sprachlichen Intuitionen. Diese Verwendung des Begriffs hat darüber hinaus die bekannten ›Entwertungseffekte‹: Der Vorwurf der Menschenverletzung verliert sein Gewicht im Rahmen ethischer Debatten, wenn jede moralische Pflichtverletzung die Menschenwürde tangiert. Auf diese Weise berauben wir uns eines wichtigen Teils unseres moralischen Vokabulars zur Kennzeichnung besonders schwerwiegenden Unrechts. Der Begriff der Menschenwürde ist daher entsprechend eng zu fassen.« Für Schaber folgt hieraus aber kein Verzicht auf den Würdebegriff. Wildfeuer 2002 erörtert verschiedene Positionen, die ›Menschenwürde‹ als ›Leerformel‹ kritisieren. Bielefeldt 2011 begründet in Kritik an naturrechtlichen und religiösen Begründungsversuchen und für eine säkulare Legitimation plädierend, warum die Würde des Menschen »in seiner grundlegenden Auszeichnung als Verantwortungssubjekt« (ebd., S. 96) kein ›Auslaufmodell‹ ist.

23 Zur Auseinandersetzung hierüber vgl. Schaber 2004.

24 Vgl. Neumann 1998.

brauch eines Begriffs nicht die Verwender, sondern den Begriff disqualifiziere, ist eine unsinnige Unterstellung.

Bei Kritikern des Würdebegriffs ist Arthur Schopenhauer ein beliebter Zeuge. 1840 schrieb er, der Ausdruck ›Würde‹ sei ein »Schibboleth aller rat- und gedankenlosen Moralisten, die ihren Mangel an einer wirklichen, oder wenigstens doch irgend etwas sagenden Grundlage der Moral hinter jenem imponierenden Ausdruck ›Würde des Menschen‹ verstecken«.[25]

Wenn Philosophen behaupten, der Begriff der Würde sei substanziell ›leer‹, dann zeigt dies, dass sie mit ihrer Theorie an die Grenze einer von ihnen verkannten Lebenspraxis gestoßen sind. Die Abstraktheit derartiger Kritiken gründet meist darin, dass den Kritikern der besondere *verfassungsrechtliche* Status der Würdenorm fremd, verschlossen oder gar unbekannt ist.[26] Wer als Philosoph behauptet, es gebe mit der Menschenwürde nicht nur ein philosophisches, sondern auch ein »juristische[s] Problem«, und dieses ›Problem‹ damit zusammenhängen lassen will, »dass der Begriff der Menschenwürde [...] bis zum Ende des Zweiten Weltkriegs praktisch keine juristische Rolle gespielt hat«[27], wendet einen – nicht einmal zutreffenden – empirischen Herkunftshinweis gegen die *Geltung* der Würdenorm und verkennt die innere Logik von Geltungsbegründungen im Recht. Wer als Philosoph die Erklärungsbedürftigkeit der »Position der Menschenwürde« damit begründet, dass die »Allgemeine Erklärung der Menschenrechte [...] das einzige weltweit anerkannte Dokument zur Regelung jener Ansprüche [sei], die der Mensch legitimerweise erheben kann«[28], argumentiert auf dürftiger und falscher Faktenkenntnis: Die ›Allgemeine Erklärung‹ hat als *Erklärung* gerade keine völkerrechtliche Verbindlichkeit; zu nennen wären stattdessen der Zivil- und der Sozialpakt der Vereinten Nationen von 1966; bei ihnen handelt es sich um Dokumente verbindlichen Internationalen Rechts.

25 Schopenhauer 1840, S. 522.

26 Ein besonders krasses Beispiel hierfür bietet der analytische Philosoph Jacek Holówka mit seinem Aufsatz ›The Fiction of Human Dignity‹ in Joerden et al. 2011, S. 115-129. Er erwähnt die verfassungsrechtliche Würdenorm nicht einmal und vertritt die These, »that the concept of dignity is deficient on many counts. It is unclear and it supports dubious practices like dueling. It motivates people to act insensitively or with inexplicable stubbornness [...]. It is vaguely and ambiguously connected with the concepts of rights, justice, autonomy, power games, control, slavery and human status. It can be easily replaced by these concepts in all important contexts. It brings no order into our ideas but only causes unnecessary confusion. It should not be used simply because it has dignifying overtones.« (Ebd., S. 129).

27 Stoecker 2010, S. 19.

28 Düwell 2011, S. 77.

Wenn Verhaltenswissenschaftler – wie B.F. Skinner in *Beyond Freedom and Dignity* – das Prinzip der Würde für überflüssig halten, weil nicht der ›autonome Mensch‹ sich selbst, sondern die ›Umwelt‹ ihn kontrolliere[29], dann signalisiert dies, dass die Naturwissenschaft an die Grenze dessen gestoßen ist, wozu man von ihr sinnvolle Aussagen erwarten kann. Man sollte diese Begrenztheit nicht als Überlegenheit ausgeben. Dies gilt auch für andere Disziplinen. Ein prominenter französischer Jurist erklärte, die Menschenwürde sei »das nichtssagendste aller Konzepte«, ein »Abrakadabra, dessen liturgische Verbreitung jegliche Gesetzgebung begleitet, um deren Autorität dank der Magie seiner geheiligten Form symbolisch zu bekräftigen«.[30]

Es ist offensichtlich, dass der Würdebegriff vor allem in Naturwissenschaften und Medizin sowie in der Bio- und Medizinethik in Kollision mit dem Interesse an der ›Freiheit der Forschung‹ gesehen wird – gerade so, als wären die Würdegarantie und das in Art. 5 Abs. 3 GG bzw. in anderen Verfassungen garantierte Grundrecht auf Forschungsfreiheit gegeneinander abwägbar. Eine amerikanische Bioethikerin disqualifiziert in einem in *British Medical Journal* veröffentlichten Artikel ›Menschenwürde‹ als für die Medizinethik »unnützes Konzept«, weil es nichts anderes bedeute als das, »was bereits im ethischen Prinzip der Respektierung der Personen enthalten ist«. Deshalb könne man den Begriff ohne zu bedauernden Verlust aufgeben.[31] In seiner *Ethik des Embryonenschutzes* verabschiedet auch Norbert Hoerster den Würdebegriff als »normativ besetztes Schlagwort ohne jeden deskriptiven Gehalt«.[32]

Der amerikanische Psychologe Steven Pinker verwirft, gestützt auf Macklins Position, in seiner 2008 unter dem Titel ›The Stupidity of

[29] Skinner, deutsche Ausgabe »Jenseits von Freiheit und Würde« (1973), zit. nach Starck 1981, S. 461.

[30] So Olivier Cayla, Forschungsdirektor am Centre d'études des normes juridiques, École des Hautes études en sciences sociales. In: Dignité humaine: le plus flou de tous les concepts, *Le Monde*, 31 janvier 2003, S. 14.

[31] Macklin 2003, S. 1419. Demgegenüber hat das BVerfGE festgelegt, dass der moralische und rechtliche Status menschlicher Embryonen aus der Würdenorm Art. 1 Abs. 1 GG abzuleiten ist (BVerfGE 39, 1 (41)). In der ›Déclaration universelle sur le génome humain et les droits de l'homme‹ (UNESCO 1997) ist die Menschenwürde der »Schlüsselwert für die Bioethik«.
Zu bioethischen Kontexten der Debatte vgl. z. B. Düwell 2001, Höffe 2001, Herms 2004, Sève 2006. Zur Kritik an der »Inflationierung des Begriffs ›Menschenwürde‹ in der deutschen Bioethik« vgl. Birnbacher 1996. Zu einem Plädoyer für die »Freiheit der Forschung« in den »Lebenswissenschaften« vgl. Markl 2001.

[32] Hoerster 2002, S. 24.

Dignity‹ erschienenen Abrechnung mit dem unter der Bush-Administration in Auftrag gegebenen und vom konservativen ›Council of Bioethics‹ veröffentlichten Report *Human Dignity and Bioethics* den Begriff der Menschenwürde als »a squishy, subjective notion, hardly up to the heavyweight moral demands assigned to him«; »one hardly needs the notion of ›dignity‹ to say why it's wrong to gas six million Jews or to send Russian dissidents to the gulag«; Pinker lastet dem Würdeprinzip drei Merkmale an, die »undermine any possibility of using it as a foundation for bioethics«: »First, *dignity is relative* [...] Second, *dignity is fungible* [...] Third, *dignity can be harmful* [...] totalitarianism is often the imposition of a leader's conception of dignity on a population«; Pinkers Fazit: »So is dignity a useless concept? Almost.«[33]

Dabei stehen heute existentielle, wesentlich mit der Würdegarantie verbundene Probleme auf der Tagesordnung: die Forschung mit embryonalen Stammzellen, die Präimplantationsdiagnostik, die Sterbehilfe[34], die Rechte von Flüchtlingen, Asylanten[35] und Migranten, der Schutz vor Armut und nicht zuletzt das absolute Folterverbot. Sie ergeben sich in vielen gesellschafts- und rechtspolitisch umkämpften Bereichen aus Fortschritten der medizinischen Forschung und aus Entwicklungen in der Medizintechnik[36], aus sich verändernden individu-

33 Pinker 2008.

34 Vgl. Schöne-Seifert 2010.

35 Am Beispiel des ›Schengen‹-Regimes und des am Frankfurter Flughafen praktizierten ›Flughafenverfahrens‹ zur beschleunigten Bearbeitung von Asylanträgen zeigt S. Freudenberger, mit welchen juridischen Fiktionen das Asylrecht in Deutschland unterlaufen wird: Es wird mit der absurden Fiktion der ›Nichteinreise‹ der Asylbewerber operiert, indem der Transitbereich des Flughafen zu einer Zone ohne überschreitbare Grenze erklärt wird. Diese Fiktion »dient neben der Entgeographisierung der Grenze auch dazu, eine legale Möglichkeit dafür zu schaffen, dem vom Flughafenverfahren betroffenen Personenkreis das in der deutschen Verfassung verankerte Recht auf Bewegungsfreiheit vorzuenthalten«. (Freudenberger 2004, S. 129 f.) »Even *if* one was willing to grant that – since all of the airport constitutes the border – foreigners who have not left the airport grounds have not crossed the border into Germany, one would think that leaving the airport would constitute an entry. But it does not. If, for example, a refugee is taken to hospital treatment in the city of Frankfurt, the fiction of non-entry still applies. The refugees from the airport procedure have not legally entered the country as long as they are under control of the border police. So, and this is the decisive point, as long as such a refugee is guarded by a border police officer, *he is not in the country whereever he is.*« (Ebd., S. 126). Vgl. dagegen das problematische Urteil des BVerfGE vom 14. 5. 1996, in dem das Flughafenverfahren gebilligt wird.

36 Vgl. Joerden/Hilgendorf/Petrillo/Thiele 2011.

ellen Autonomieansprüchen, aus einer ungerechten Weltwirtschaftsordnung, aus den Erfordernissen einer nachhaltigen Entwicklung[37]... Wäre es da nicht angemessener, aus der Konjunktur der Berufung auf die ›Menschenwürde‹ auf das Bedürfnis von Menschen zu schließen, den Schutz ihrer Würde als Rechtsanspruch zu verteidigen?

Die Debatte über die angebliche Fragwürdigkeit des Konzepts ›Menschenwürde‹ ist paradox. Denn ihr steht der international zu beobachtende Prozess der *Verrechtlichung*[38] kultureller Taburegeln im Rechtsstaat[39] entgegen. In diesem Prozess geht es um das Prinzip der Würde der menschlichen Person im Horizont der religiösen und weltanschaulichen Neutralität[40], zu dem das Recht und der Staat verpflichtet sind. Es spricht nichts dafür, aus der Neutralitätsverpflichtung, also daraus, dass »der Staat auch nicht mehr seinen Bürgern eine religiös-metaphysische und vernunftphilosophische Auslegung der Menschenwürde als verbindlich vorschreiben« darf, die Schlussfolgerung zu ziehen, unter ›Menschenwürde‹ könne dann auch nur noch eine ethisch begründete »normative Leitidee« und ein »Gestaltungsauftrag mit dem Ziel, materielle Not, geistige Unterdrückung und soziale Ungerechtigkeit zu beseitigen«, verstanden werden. Wer dafür plädiert, das Würde-Konzept zu relativieren oder ganz auf es zu verzichten, trägt – ob mit oder ohne Absicht – zur ›Deregulierung‹, d.h. zur *Entrechtlichung* der Ansprüche auf Achtung der Menschenwürde und dazu bei, sie aus dem öffentlichen Raum der demokratischen Rechtsordnung in die Sphäre privater Meinungen zu verbannen. Die Folge ist, dass die Würdenorm innerhalb und jenseits der Rechtsordnung nicht mehr als absolut angesehen wird.[41]

Das Neutralitätsgebot besagt: Soll eine »Besetzung« des ideologieanfälligen Art. 1 GG »mit partikulären ethischen Meinungen oder philosophischen Spekulationen«[42] vermieden werden, darf mit dem Prin-

37 Vgl. Lange 2010.

38 Vgl. Henkin 1979, Girard/Hennette-Vauchez 2005.

39 Vgl. Maihofer 1968, Denninger 2000. In allen nach 1975 beschlossenen Verfassungen europäischer Staaten ist die Menschenwürde die Grundlage der politischen und Rechtsordnung; vgl. Starck 1981.

40 Vgl. Schürmann 2011, S. 41 f.; vgl. auch Huster 2002, der ein Neutralitätsgebot begründet, das sich nicht auf die Wirkungen, sondern auf die Begründungen staatlichen Handelns bezieht.

41 Dies gilt z.B. für Teifke 2011, der – gestützt auf R. Alexys ›Prinzipientheorie‹ – erklärt: Wenn die Menschenwürdenorm des Grundgesetzes ein Prinzip sei, dann könne sie kein absolutes Prinzip sein. Sie genieße keinen absoluten, sondern nur einen abstrakten Vorrang.

42 Dreier in Dreier 2004, Art. 1 I, Rn. 168 f. Diese Ideologieanfälligkeit und die Neigung, die weltanschauliche und religiöse Neutralität des GG zu ver-

zip der Menschenwürde keine bestimmte Weltanschauung und kein bestimmtes Menschenbild verbunden werden.

Zum Verständnis der Menschenwürde gibt es deshalb Konflikte, weil sie und die mit ihr verbundenen Rechtsnormen keine ›vom Sein selbst‹ gegebene Stabilitätsgarantie haben. Akzeptanzbehauptungen und Deutungen sind – wie alle epistemischen Akte – abhängig von Voraussetzungen, etwa von Begriffsschemata und Theorierahmen, von Menschenbildern[43] und Weltbildern, von Ethiken und moralischen Präferenzen und nicht zuletzt von sich wandelnden realen gesellschaftlichen Verhältnissen.

Dass die Verständnisse der Menschenwürde moralischen Intuitionen und Ansprüchen entspringen, ist nicht zu bezweifeln. Sobald aber die Menschenwürde als das »Portal« verstanden wird, »durch das der egalitär-universalistische Gehalt der Moral ins Recht importiert wird«[44], ist der Streit über die Frage, worin dieser ›Gehalt der Moral‹ besteht, schon programmiert. Aus guten Gründen wendet deshalb Volker Schürmann gegen Habermas' Idee des Imports von Moral ins Recht ein: Seit »aus einer moralischen Verknüpfung« von Menschenwürde und Menschenrechten durch die ›Allgemeine Erklärung der Menschenrechte‹ und nachfolgende völkerrechtlich verbindliche Pakte und Erklärungen der Vereinten Nationen »eine rechtsverbindliche, d. h. im Prinzip einklagbare, Verknüpfung geworden ist, ist ›Menschenwürde‹ keine *moralische* Fundierung der Menschenrechte mehr, sondern im Gegenteil eine moralische Neutralisierung von Menschen-

letzen, belegte Dürigs Kommentierung zu Art. 1 Abs. 1 GG. Im Grundgesetzkommentar Maunz/Dürig vertrat er noch 1994 die These, Art. 1 (1) GG liefere »in der Staatseinrichtung [...] den wertausfüllenden Maßstab für alles staatliche Handeln; denn er bestimmt und beschränkt Staatszweck und Staatsaufgabe, und er bestimmt und beschränkt die Legitimität von Staat und Recht *aus den Werten personaler Ethik*«. (Dürig, Art. 1 Abs. 1, in: Maunz/Dürig, Kommentar z. GG, Art. 1 Abs. 1, Rn. 15; Hervorh. v. mir). Dies wird in einer Fußnote zu RN 15 so erläutert: »Man sollte nicht um die Begriffe für diese Wertfundierung streiten. Man kann auch sagen, daß Art. 1 I das ›*Naturrecht neuzeitlicher Prägung*‹ rezipiert habe [...] Niemals ist es jedoch unjuristisch, wenn man zur Interpretation des von der Verfassung rezipierten, ihr vorausliegenden Rechts *spezifisch christliche Lehren* verwendet [...] Die christliche Naturrechtsauffassung umspannt stets auch die gültige profane Lehre [...] Sollte irgendwo das profane Naturrecht zu Abweichungen vom christlichen führen, so ist im Zweifel nichts anderes als die Überprüfung auf historische Abfälschungen nötig, um wieder auf die *gemeinsame christliche Wurzel* zu stoßen.« (Die letzten beiden Hervorh. v. mir.)

43 Vgl. Benda 1983, S. 113.

44 Habermas 2010, S. 347.

würde. Dies ist eine Neutralisierung im doppelten Sinn. Zum einen werden die nunmehr als unantastbar geltenden Individualmoralen ihrerseits unter (menschen-)rechtlichen Schutz gestellt; zum anderen gelten die deklarierten Menschenrechte nunmehr als Verletzungstatbestände ganz unabhängig davon, ob die Moralen der Individuen Verstöße gegen die Menschenrechte ebenfalls als Würdeverletzungen beurteilen. [...] Die kategorische, fraglose Geltung der Menschenrechte wird in der politischen Moderne nicht (mehr) an die Berufung auf eine universale Menschenmoral gebunden. Ganz im Gegenteil ist dieser Begründungsweg nun abgeschnitten zugunsten der gemeinsam geteilten und deklarierten Normierung dessen, was uns als Verletzungen von Würde gilt.«[45]

Es sind diese guten Gründe, aus denen sich die Notwendigkeit ergibt, die Würdenorm *im Recht* sowohl von privaten Präferenzen und partikulären Gruppeninteressen als auch vom Import von Moral freizuhalten.

2.2 Unantastbarkeit, Achtung und Schutz der Menschenwürde als Verfassungsnorm

Art. 1 GG

(1) Die Würde des Menschen ist unantastbar. Sie zu achten und zu schützen ist Verpflichtung aller staatlichen Gewalt.

(2) Das Deutsche Volk bekennt sich darum zu unverletzlichen und unveräußerlichen Menschenrechten als Grundlage jeder menschlichen Gemeinschaft, des Friedens und der Gerechtigkeit in der Welt.

(3) Die nachfolgenden Grundrechte binden Gesetzgebung, vollziehende Gewalt und Rechtsprechung als unmittelbar geltendes Recht.

Art. 1 Abs. 1 GG ist ein »*Gegenprogramm zur totalitären Mißachtung des Individuums*«.[46] »Die Würde des Menschen ist unantastbar«.[47]

45 Schürmann 2011, S. 35.

46 Dreier in Dreier 2004, Art. 1 I, Rn. 40.

47 So auch die Formulierung in der Verfassung der Europäischen Union, Verfassungsvertrag vom 29. Oktober 2004, Teil II, Die Charta der Grundrechte der Union, Titel I, Art. II-61 – Menschliche Würde. In der Präambel heißt

Ist also *Entwürdigung* unmöglich? »Es gab einen Mann aus Bosnien; sie haben ihm einmal die rechte Hand gebrochen und beim zweiten Mal die linke Hand. Einer hieß Seddeeq und stammte aus Turkmenistan; sie packten seine beiden Beine und verdrehten sie in Richtung Rücken. [...] Es gab einen Mann aus Nordafrika, ich weiß nicht mehr aus welchem Land; sie schlugen ihm auf ein Auge und er verlor dieses Auge.«[48] Ist die Behauptung richtig, dass nur der *Anspruch* auf Achtung und Schutz verletzbar ist?[49] Entwürdigung *ist* möglich; es gibt sie weltweit.[50]

Weil die menschliche Würde nur unter bestimmten Voraussetzungen geschützt werden kann, vertrete ich die folgende These: *Erst im Rechtssatz, im Begriff der Menschenwürde als Grundrechtsnorm der Verfassung, ist ein angemessenes Verständnis dessen möglich, was durch die Garantie der Würde geschützt werden soll: die Gleichheit und Freiheit aller, die Menschen sind.*

Diese These bedeutet nicht, dass dem »positiven Recht (im Rechtsstaat)« keine »Moral- und Gerechtigkeits- bzw. Vernunftrechtprinzipien inkorporiert« wären.[51] Sie bedeutet nicht mehr und nicht weni-

es: »In dem Bewusstsein ihres geistig-religiösen und sittlichen Erbes gründet sich die Union auf die unteilbaren und universellen Werte der Würde des Menschen, der Freiheit, der Gleichheit und der Solidarität.« In der »Erklärung betreffend die Erläuterungen zur Charta der Grundrechte« heißt es hierzu: »Die Würde des Menschen ist nicht nur ein Grundrecht an sich, sondern bildet das eigentliche Fundament der Grundrechte. [...] In seinem Urteil vom 9. Oktober 2001 in der Rechtssache C-377/98, Niederlande gegen Europäisches Parlament und Rat, Slg. 2001, I-7079, Randnrn. 70-77, bestätigte der Gerichtshof, dass das Grundrecht auf Menschenwürde Teil des Unionsrechts ist. Daraus ergibt sich insbesondere, dass keines der in dieser Charta festgelegten Rechte dazu verwendet werden darf, die Würde eines anderen Menschen zu verletzen, und dass die Würde des Menschen zum Wesensgehalt der in dieser Charta festgelegten Rechte gehört. Sie darf daher auch bei Einschränkungen eines Rechtes nicht angetastet werden.«

48 Khalid Mahmoud al-Asmar, Gefangener in Guantánamo. In: *Hier spricht Guantánamo. Roger Willemsen interviewt Ex-Häftlinge*, Frankfurt/M. 2006, S. 57. Vgl. zu Guantanamo: United Nations Human Rights Experts Express Continued Corncern About Situation of Guantanamo Bay Detainees. UN-Press Release HR/4812, 4/2/2005, http://www.un.org/News/Press/-docs/2005/hr4812.doc.htm.

49 So BVerfGE 87, 209 (228): Die Würde »kann keinem Menschen genommen werden. Verletzbar ist nur der Achtungsanspruch, der sich aus ihr ergibt.«

50 Vgl. die Länderberichte von Amnesty International (http://www.amnesty.de/laenderberichte) und die jährlichen Reporte; vgl. zu 2011: http://www.amnesty.de/amnesty-international-report-2011.

51 Dreier 1981, S. 180.

ger als den Vorrang des allgemeinen öffentlichen Rechts vor der besonderen privaten Moral, die die Würde eines Menschen zu achten gebietet – oder eben nicht.

Die These hat folgende Prämisse: Menschen sind als *Individuen* Menschen. Wenn Existenzaussagen mit dem Verb ›sein‹ an die empirische Welt gebunden sind, dann gibt es weder *den* Menschen, noch *die* Person, noch *das* Subjekt, noch *die* Gesellschaft. Es gibt *dieses* Individuum. *Ein* Mensch, *jeder* Mensch hat das Recht auf die Achtung und den Schutz seiner Würde.[52] Zugleich ist ›Würde‹ ein Relationsbegriff[53], in den normativ die wechselseitige Achtung aller Individuen eingeschrieben ist. Der ›Menschheit‹, von der Philosophen gesprochen haben und sprechen, kann keine Würde genommen werden. Genommen wird sie *diesem* Individuum, *dieser* Person.

Die Behauptung mancher Ethiker und Theologen, Juristen und Politiker, nur der Anspruch auf Achtung der Würde könne angetastet werden, nicht aber die Würde selbst, ist sophistisch. Ungerechtigkeit, Armut, Ausgrenzung, Folter – sie zeigen die Verletzlichkeit der Menschen; sie berauben sie ihres Rechts auf ihr menschenwürdiges Leben.

Unrechtserfahrung ist der Grund dafür, dass in der Präambel der ›Allgemeinen Erklärung der Menschenrechte‹ (AEMR, 1948) zwei für das Verständnis der Menschenwürde wesentliche Aspekte miteinander verknüpft werden: (i) Die Menschenrechte werden erklärt, »da die Anerkennung der angeborenen Würde [inherent dignity] und der gleichen und unveräußerlichen Rechte aller Mitglieder der Gemeinschaft der Menschen die Grundlage von Freiheit, Gerechtigkeit und Frieden in der Welt bildet, da die Nichtanerkennung und Verachtung der Menschenrechte zu Akten der Barbarei geführt haben, die das Gewissen der Menschheit mit Empörung erfüllen, und da verkündet worden ist, daß einer Welt, in der die Menschen Rede- und Glaubensfreiheit und Freiheit von Furcht und Not genießen, das höchste Streben des Menschen gilt«; (ii) die Aussage zur »Anerkennung der angeborenen Würde« könnte im essenzialistischen Sinne einer ›immer-schon-gegebenen Würde‹ missverstanden werden, stünde sie nicht im Kontext von »Anerkennung« und gleicher unveräußerlicher *Rechte*; weil die Menschenwürde nicht ›gegeben‹ ist, ist es notwendig, sie – nicht anders als die Menschenrechte – »durch die Herrschaft des Rechtes zu schützen«.[54]

52 »Die Menschenwürde jedes einzelnen ist geschützt, nicht lediglich die Würde ›der‹ Menschen, also ›der Menschheit‹.« (Kunig 2000, Rn. 17, S. 75).

53 Vgl. Hörnle 2011, S. 62 f.

54 Die Allgemeine Erklärung der Menschenrechte, UN-Resolution 217 A (III) vom 10. Dezember 1948, Präambel. Zuvor hatte bereits die Internationale Arbeitsorganisation (ILO) in ihrer am 10. Mai 1944 beschlossenen ›Decla-

Der Rechtssatz über die Unantastbarkeit der Würde ist kein deskriptiver Satz. Dass die Menschenwürde unantastbar *ist*, entspricht der Form normativer Rechtssätze in Verfassungen: ›Sollen‹ wird als ›Sein‹ buchstabiert, und dies ist die stärkste Form von Normativität.[55] Die Worte ›soll/sollen‹ kommen im GG in diesem normativen Sinne mit Ausnahme von Art. 14 Abs. 2 – »Eigentum verpflichtet. Sein Gebrauch soll zugleich dem Wohle der Allgemeinheit dienen« –, Art. 23 Abs. 6, Art. 36 Abs. 1 und Art. 90 Abs. 2 nicht vor. Arnd Pollmann verkennt die normative Funktion des Indikativs ›ist unantastbar‹, wenn er ihn »als gezielte grammatische Ungenauigkeit« deutet und ein »Paradox« feststellen zu können glaubt: »Wenn die Würde des Menschen *faktisch* unantastbar ist, wie kann die Mehrheit der Würdeinterpreten dann weiterhin unbeirrt davon ausgehen, dass alle Menschen *gleichermaßen* Würde besitzen?«[56] Weder das GG noch die mehrheitlich im Verfassungsrecht vertretene Auffassung gehen von ›faktischer‹ Unantastbarkeit der Würde aus und teilen dementsprechend auch nicht Pollmanns These »Nicht alle Menschen und nicht einmal alle Personen haben die volle [sic!] Würde, aber sie alle besitzen das gleiche universelle Schutzrecht«.[57]

Der Satz, dass die Menschenwürde zu achten und zu schützen ist, geht von keinem anderen Faktum als dem ihrer Verletzbarkeit aus. Wären die Menschen von Gott oder von der Natur so geschaffen, dass ihre Bedürfnisse, Interessen und Handlungen in universeller Harmonie miteinander verträglich wären, dann wäre der Schutz der Würde kein Thema. Würde wird zum Thema, weil der Konflikt zur geschichtlichen Dynamik menschlichen Lebens gehört. Der Begriff der Würde hat die Funktion, in einer »Notlage der Freiheit«[58] ein Zeichen »der Sehnsucht nach der Gewißheit, daß der Mensch entgegen aller histori-

ration concerning the aims and purposes of the International Labour Organisation‹ den Würdebegriff eingeführt: »Believing that experience has fully demonstrated the truth of the statement in the Constitution of the International Labour Organisation that lasting peace can be established only if it is based on social justice, the Conference affirms that: (a) all human beings, irrespective of race, creed or sex, have the right to pursue both their material well-being and their spiritual development in conditions of freedom and dignity, of economic security and equal opportunity«. (http://www.ilo.-org/ilolex/english/iloconst.htm).

55 Vgl. Kunig 2000, Rn. 1, S. 65 f. Vgl. Limbach 2001, S. 71: »Die deskriptive Fassung dieses normativ, also einen Soll-Zustand beschreibend, gedachten Satzes soll dessen Unbedingtheit deutlich machen.«

56 Pollmann 2005, S. 611. Erste Hervorh. v. mir.

57 Ebd., S. 619. Zur Kritik an Pollmann vgl. Schürmann 2011, S. 43 ff.

58 Kühnhardt 2002, S. 76.

schen Erfahrung letztlich nicht zerstört werden kann«[59], zu setzen, – ein Zeichen dafür, dass die Würde sich nicht selbst schützt, sondern rechtlichen Schutzes bedarf. Die Würdenorm ist ein »Bollwerk gegen den Leviathan«.[60]

Der Streit darüber, ob der Würdebegriff gehaltvoll oder bedeutungsleer ist, wird oft so geführt, als ginge es darum, ob es Menschenwürde ›*gibt*‹ oder ›*nicht gibt*‹. Genau darum aber geht es nicht. ›Menschenwürde‹ ist die *Zuschreibung einer Bedeutung, eines Zeichens aus praktischen Gründen*: Alle Menschen sind Träger der Auszeichnung, einen unter keinen Vorbehalt zu stellenden Anspruch darauf zu haben, als im Menschsein Gleiche vor Verletzung geschützt zu sein. ›Würde des Menschen‹ bezeichnet kein Gegebenes, dessen Existenz als ›objektive reale Entität‹ ontologisch definiert oder empirisch bewiesen werden könnte. Zur Bestimmung des Status dieses Begriffs bietet sich ein anderer Weg an.

2.3 Menschenwürde als Postulat der praktischen Vernunft

Diesen Weg zur Bestimmung des theoretischen Status und der praktischen Funktion des Würdebegriffs eröffnet Kants Strategie: Theoretische Ideen, die – wie Gott, Freiheit und Unsterblichkeit – nicht zur Welt der Erfahrung gehören, können nicht empirisch gerechtfertigt werden, aber sie können im Rahmen einer Philosophie des *Als-ob*[61] zu praktischen Zwecken funktional als *Postulate der praktischen Vernunft* bestimmt werden[62]: »Diese Postulate sind nicht theoretische

59 Schlink 2003, S. 50.

60 Bayertz 1995, S. 471.

61 Zum Status und zur Funktion des ›Als-ob‹ vgl. Kants *Kritik der reinen Vernunft*, B 699-730.

62 Diese Möglichkeit räumt Kant trotz seines Vetos gegen ›transzendentale Hypothesen‹ als Ersatz empirischer Erklärungen im Bereich der theoretischen Vernunft ein: »Transscendentale Hypothesen des speculativen Gebrauchs der Vernunft und eine Freiheit, zur Ersetzung des Mangels an physischen Erklärungsgründen sich allenfalls hyperphysischer zu bedienen, kann gar nicht gestattet werden, theils weil die Vernunft dadurch gar nicht weiter gebracht wird, sondern vielmehr den ganzen Fortgang ihres Gebrauchs abschneidet, theils weil diese Licenz sie zuletzt um alle Früchte der Bearbeitung ihres eigenthümlichen Bodens, nämlich der Erfahrung, bringen müßte.« (Kant, *Kritik der reinen Vernunft*, B 801). Zur Kritik fiktiver Hypothesen am Beispiel von Kelsens Begründung der *Geltung* des Rechts aus der Transzendentalität der ›Grundnorm‹ vgl. Winkler 1995, S. 231 f.

Dogmata, sondern *Voraussetzungen* in nothwendig praktischer Rücksicht, erweitern also zwar nicht das speculative Erkenntniß, geben aber den Ideen der speculativen Vernunft im *Allgemeinen* (vermittelst ihrer Beziehung aufs Praktische) objective Realität und berechtigen sie zu Begriffen, deren Möglichkeit auch nur zu behaupten sie sich sonst nicht anmaßen könnte.«[63]

Die Funktion von Postulaten wie dem der Freiheit besteht darin, »die Bedingung des *moralischen Gesetzes*« zu sein, »dessen Realität ein Axiom ist«. Freiheit ist die Voraussetzung dafür, die »Realität der Idee von *Gott*« zu ›beweisen‹, freilich »nur in *praktischer* Absicht, d.i. *so zu handeln, als ob ein Gott sei*«.[64] Moralisches Handeln in der Menschenwelt setzt das ›Als-ob‹ einer anderen Welt voraus: »Die Ideen von Gott und Zukunft bekommen durch moralische Gründe nicht objectiv theoretische sondern blos praktische Realität so zu handeln als ob eine andere Welt wäre«.[65]

Die *transzendentale Fiktion des ›Als-ob‹* spielt bei Kant nicht zuletzt in rechtstheoretischer Hinsicht eine wichtige Rolle. Sie hat eine methodisch unverzichtbare Funktion in der Strategie der Begründung dafür, dass das Recht im Interesse allgemeiner Freiheit mit der Befugnis verbunden ist, die Normenbefolgung durch Zwang durchzusetzen. »Die bürgerliche Gesetzgebung hat zu ihrem wesentlichen obersten Princip das natürliche Recht der Menschen, welches im *statu naturali* (vor der bürgerlichen Verbindung) eine bloße Idee ist, zu realisiren, d.i. unter allgemeine, mit angemessenem Zwange begleitete, öffentliche Vorschriften zu bringen, denen gemäß jedem sein Recht gesichert, oder verschafft werden kan.« Um die Möglichkeit der Verwirklichung der Menschenrechte durch zwingendes Recht denken zu können, bedarf es der Voraussetzung, »*als ob* einer sie für alle und alle für einen jeden einzelnen freywillig beschlossen hätten«.[66]

Was Kant hier zur Begründung einsetzt, ist die transzendentale Fiktion – das ›Als-ob‹ – eines ursprünglichen Gesellschaftsvertrags[67], »auf den allein eine bürgerliche, mithin durchgängig rechtliche Verfassung unter Menschen gegründet und ein gemeines Wesen errichtet werden kann«[68]: »Allein dieser Vertrag (*contractus originarius* oder *pactum*

63 Kant, AA V, S. 132.

64 Kant, AA IX, S. 93; vgl. AA XVI, S. 541

65 Kant, AA XX, S. 341.

66 Kant, AA XI, S. 10; Hervorh. v. mir. Kant, AA VI, S. 231. Vgl. AA XXIII, S. 136: »das Recht ist eigentlich die Befugnis zu zwingen so fern sie aus dem Begriffe der Freyheit von Jedermann hervorgeht«; vgl. AA XXIII, S. 495.

67 Vgl. in diesem Buch Abschn. 6.3.2.

68 Kant, AA VIII, S. 297.

sociale genannt), als Coalition jedes besondern und Privatwillens in einem Volk zu einem gemeinschaftlichen und öffentlichen Willen (zum Behuf einer bloß rechtlichen Gesetzgebung), ist keinesweges als ein *Factum* vorauszusetzen nöthig (ja als ein solches gar nicht möglich); [...] Sondern es ist eine *bloße Idee* der Vernunft, die aber ihre unbezweifelte (praktische) Realität hat: nämlich jeden Gesetzgeber zu verbinden, daß er seine Gesetze so gebe, als sie aus dem vereinigten Willen eines ganzen Volks haben entspringen *können*, und jeden Unterthan, so fern er Bürger sein will, so anzusehen, als ob er zu einem solchen Willen mit zusammen gestimmt habe.«[69]

Der begriffliche Status[70] und die durch ihn ermöglichte praktische normative Funktion des Konzepts der Menschenwürde sind der von Kritikern nicht reflektierte Grund für die Klage über dessen vermeintliche ›Vagheit‹ und ›Leere‹.

2.4 Die Würdenorm als Basisnorm der Verfassung

Der Satz im GG über die ›Unantastbarkeit der Menschenwürde‹ ist ein unbedingt bindender *Rechtssatz*[71], der die »Selbstrelativierung rechtlich gebundener Herrschaft« zum Ausdruck bringt.[72] Er normiert die Beziehung zwischen Individuen als Achtungs- und Schutzadressaten und dem Staat; aus ihm folgt insofern eine mittelbare Drittwirkung, als der Staat verpflichtet ist, auch Würdeverletzungen von Personen durch Personen rechtlich zu ahnden. Dieser Rechtssatz beinhaltet die »Basisnorm für die nachfolgenden Grundrechte«.[73] Ob die Menschenwürde ein Grund*recht* oder ein Grund*prinzip* bzw. Grund*wert* ist, dessen Normativität auf die ›nachfolgenden‹ Grundrechte[74] ausstrahlt,

69 Kant, AA VIII, S. 297.

70 Für Böckenförde 19856/86, S. 21, ist der »Begriff der Menschenwürde [...] selbst ein transzendentaler Begriff. Er bezeichnet nicht primär ein spezifisches Menschenrecht, sondern er enthält eine Begründung für so etwas wie Menschenrechte überhaupt.«

71 Vgl. Kunig 2000, Rn. 18, S. 76: »Der Begriff ›Menschenwürde‹ ist ein *Rechtsbegriff* [...] Daß er in hohem Maße unbestimmt ist, nimmt ihm die Eigenschaft als Rechtsbegriff nicht.« Vgl. insgesamt zur Bedeutung und systematischen Stellung der Menschenwürde im GG Dreier 2005.

72 Herdegen, GG Art. 1 Abs. 1. In: Maunz/Dürig, Grundgesetz-Kommentar. 65. Ergänzungslieferung 2012, Rn. 1.

73 Hain 2006, S. 190. Vgl. BVerfGE 93, 266 (116), 10. 10. 1995 (›Soldaten sind Mörder‹) mit der Feststellung, dass »sämtliche Grundrechte Konkretisierungen des Prinzips der Menschenwürde sind«.

74 Siehe in diesem Buch Abschn. 7.5.

ist umstritten.[75] Doch »[u]nbestritten wie der Fundierungscharakter ist auch der Rechtsnormcharakter des Art. 1 I GG. Es handelt sich nicht lediglich um einen Programmsatz, ein ethisches Bekenntnis, eine feierliche Bekundung oder eine präambelartige Motivationserklärung, sondern um eine unmittelbar verbindliche *Norm des objektiven Verfassensrechts.*«[76]

Erst im Rechtssatz wird die Würde zur letzten Grundlage von Ansprüchen, auf die wir als Individuen ein Recht haben[77] und deren Schutz von Staaten und inter-individuell und kollektiv, politisch, sozial und kulturell ohne einschränkende Bedingung garantiert werden muss. Die Norm der Unantastbarkeit, der Achtung und des Schutzes bleibt vom Streit über ethische, theologische etc. Begründungen in ihrem Kern unberührt; verfassungsrechtlich ist sie durch die ›Wesensgehaltssperre‹ (›Ewigkeitsgarantie‹) der Art. 19 Abs. 2 und 79 Abs. 3 GG geschützt, die dem verfassungsändernden Gesetzgeber unüberschreitbare Handlungsbegrenzungen auferlegen.[78] Die Unbedingtheit der

75 Für Dreier in Dreier 2004, Art. 1 I, Rn. 124 ff., ist die Menschenwürde »Grundprinzip, nicht Grundrecht«. Vgl. dagegen das ›Elfes-Urteil‹, BVerfGE 6, 32 (15), in dem die Menschenwürde als »selbständiges Grundrecht« bezeichnet wird, und Benda 1983, S. 111: »Art. 1 Abs. 1 GG begründet [...] ein im Wege der Verfassungsbeschwerrde durchsetzbares Grundrecht.« Vgl. auch Höfling 2003, Rn. 3-5a, S. 81 f.

76 Ebd., Rn. 42. Vgl. mit ähnlichem Wortlaut Dreier 2005, S. 33; vgl. hierzu auch Stern 1983, S. 632, der die Unterstellung eines bloßen »Programmcharakter[s]« des Art. 1 (1) ablehnt, weil er so »ohne Rechtsfolge« bliebe. Vor dem GG wurde der Würdebegriff in Verfassungen einzelner deutscher Länder aufgenommen, so in der Verfassung des Landes Hessen vom 1. Dezember 1946: »*Art. 3* Leben und Gesundheit, Ehre und Würde des Menschen sind unantastbar.« »*Art.* 27 Die Sozial- und Wirtschaftsordnung beruht auf der Anerkennung der Würde und der Persönlichkeit des Menschen.«

77 Zu Klagen vor dem BVerfGE sind auch Individuen berechtigt. Gem. Art 93 (4a) GG entscheidet es »über Verfassungsbeschwerden, die von jedermann mit der Behauptung erhoben werden können, durch die öffentliche Gewalt in einem seiner Grundrechte oder in einem seiner in Artikel 20 Abs. 4, 33, 38, 101, 103 und 104 enthaltenen Rechte verletzt zu sein«.

78 Art. 19 (2) GG: »In keinem Falle darf ein Grundrecht in seinem Wesensgehalt angetastet werden« in Verbindung mit Art. 79 (3) GG: »Eine Änderung dieses Grundgesetzes, durch welche die Gliederung des Bundes in Länder, die grundsätzliche Mitwirkung der Länder bei der Gesetzgebung oder die in den Artikeln 1 und 20 niedergelegten Grundsätze berührt werden, ist unzulässig.« Hain 1999, S. 34, betont, dass »*die verfassunggeberischen Grundentscheidungen als konsistentes ›inneres System‹ des Grundgesetzes zu erfassen [sind], welches auf der Basis der Menschenwürde und den von ihr beinhalteten Leitgedanken der Freiheit und der Gleichheit ruht, und dessen übrige Bestandteile entweder mit diesen Leitgedanken partiell identisch oder auf sie rückführbar sind*«. Die in Art. 79 Abs. 3 GG erwähnten Grund-

Würdegarantie schließt den Zugriff der Legislative auf diese Verfassungsnorm aus: »Würde ist *Bedingung der Demokratie* und daher ihrer Verfügung entzogen.«[79]

›Würde der menschlichen Person‹ ist zu einem *Rechtsbegriff* geworden, um zu bezeichnen, was im Menschen menschlich und deshalb zu achten und zu schützen ist.[80] Der Begriff ›Würde der menschlichen Person‹ darf nicht essenzialistisch als *Substanz*begriff missverstanden werden; es handelt sich um einen *Funktions*begriff: Er fungiert als das Ganze der Teile der menschen- und grundrechtlichen Konkretisierungen, aus denen folgt, dass alles, was zur *Entmenschlichung des Menschen* führt, als Antastung und Verletzung der Menschenwürde gelten muss; er hat als ›Platzhalter‹ für diese Konkretisierungen die Funktion, den Grad der Unmenschlichkeit von Verletzungen anzuzeigen.

Der oft erhobene philosophische »*Einwand mangelnder normativer Letztbegründbarkeit*« ist irrelevant. Das Argument Karl-E. Hains ist triftig: »Mag auch Art. 1 Abs. 1 S. 1 GG bestimmte Prinzipien praktischer Philosophie in das Recht inkorporieren, so beruht diese Bestimmung doch auf einer Setzung durch den Verfassunggeber, die die Norm zu einem Bestandteil des geltenden positiven Rechts macht. *Der Akt der Setzung könnte aus der praktisch philosophischen Perspektive als Abbruch eines infiniten Begründungsregresses in bezug auf praktische Entscheidungen durch eine Dezision gedeutet werden, verfassungstheoretisch* [...] *betrachtet könnte die verfassunggeberische Grundentscheidung durch eine andere ersetzt werden, im Rahmen der geltenden positiven Verfassungsordnung jedoch ist die Menschenwürde nicht weiter begründet und auch, sofern der Akt der verfassunggeberischen Setzung als für das positive Verfassungsrecht geltungsbe-*

sätze bestehen »um der Menschenwürde willen«. (Enders 1997, S. 106, zit. n. Hain, ebd.). Zu den dogmengeschichtlichen Grundlagen des Art. 79 Abs. 3 GG vgl. Hain 1999, S. 35-46.

79 AK-GG Podlech, Art. 1 Abs. 1, Rz. 16.

80 Hieraus ergeben sich Konsequenzen auch für Entwicklungen in der biowissenschaftlichen und medizinischen Forschung, in Diagnostik, Prävention und Therapie. Die zu deren Beurteilung eingesetze Enquete-Kommission des Deutschen Bundestages sollte diese Entwicklungen nicht nur »unter Einbeziehung ethischer, rechtlicher, sozialer und politischer Aspekte bewerten und Vorschläge für gesellschaftliches Handeln, insbesondere des Gesetzgebers, erarbeiten«, sondern auch »Grenzen medizinischen Handelns bei Forschung, Diagnostik und Therapie definieren, die sich aus dem verfassungsrechtlichen Gebot zur unbedingten Wahrung der Menschenwürde und der Grundrechte ergeben«. (*Deutscher Bundestag. Enquete-Kommission Ethik und Recht der modernen Medizin.* Hg. v. Sekretariat der Enquete-Kommission »Ethik und Recht der modernen Medizin«, Berlin, September 2004).

gründend akzeptiert wird, weiterer materialer Begründung nicht bedürftig«.[81]

Die in der Verfassungsnorm positivierte Verpflichtung zum Schutz der Menschenwürde entspringt menschlicher Willensbildung in der Sphäre des Rechts: Sie bedeutet, nicht mit sich darüber reden lassen zu wollen, *ob* Menschen Würde zukommt oder nicht. Nichts anderes – und nicht etwa ein metaphysisches Konstrukt – bedeutet es, wenn die AEMR in naturrechtlicher Terminologie von ›*inherent dignity*‹ spricht und damit die dem Menschen ›eigene‹ Würde meint.[82] Das Medium der Willenbildung ist der Rechts- und Sozialstaat.[83] Zu dieser zu unterstellenden Willensbildung gehört, »dass die Würde weder auf sozialer Zuschreibung noch auf natürlichen Eigenschaften von Personen, die in einer rein deskriptiven Sprache beschrieben werden können, beruht. Sie beruht vielmehr auf der Wichtigkeit, die das Recht, über essenzielle Bereiche des eigenen Lebens verfügen zu können, für das, was Personen sind, hat«.[84] Peter Schaber versucht, den Würdebegriff vor-juridisch aus dem Prinzip der Selbstachtung und aus dem Selbstverfügungsrecht des Menschen zu begründen und durch das aus Kant abgeleitete Instrumentalisierungsverbot zu definieren, das sich aus der normativen Unmöglichkeit dessen ergibt, wozu Menschen vernünftigerweise ihre Zustimmung geben können. Ob derartige, im Bereich der Philosophie häufig anzutreffende Begriffsbestimmungen aus einem ethischen Prinzip mehr als eine Plausibilisierung der außerrechtlich nur schwer zu fassenden Würdenorm leisten, halte ich für fraglich.

In der Sphäre des Rechts bedeutet ›Menschenwürde‹ nicht nur, Abwehrrechte gegen den Staat zu haben, sondern auch den Bruch »mit der dem liberalistischen Optimismus entstammenden Doktrin, daß den Staat die Würde des Menschen nichts angehe«.[85] Die Rechts- und Staatsordnung muss bestimmte Garantien der Würde gewähren: (i) die Sicherheit des Lebens und Freiheit von Existenzangst; (ii) die Sicherheit vor Diskriminierung aufgrund von Geschlecht, Rasse, Sprache und sozialer Herkunft; (iii) die freie Entfaltung der Persönlichkeit[86], die Freiheit der Meinung und des Glaubens; (iv) den Schutz vor will-

81 Hain 1999, S. 228.

82 Die deutsche Übersetzung ›angeborene Würde‹ ist problematisch. Vgl. zu diesem Begriff Gerhardt 2004.

83 Vgl. Dreier 2001, S. 233: Die Menschenwürdegarantie bietet »dem Sozialstaatsprinzip einen Anspruch auf staatliche Gewährung eines materiellen Existenzminimums. Insofern weist die Norm eine soziale Komponente auf.« Zum Sozialstaatsprinzip siehe in diesem Buch Abschn. 7.7.

84 Schaber 2010, S. 81.

85 Dürig 1956, S. 118.

86 Vgl. Benda 1994.

kürlicher Gewaltanwendung; und (v) die Achtung der Grundrechte auf Leben und körperliche sowie psychische Unversehrheit.[87] Gegen einen Staat, der mit ihren Grundrechten auch ihre Würde verletzt, haben die Bürger ein Recht auf Widerstand.[88]

Die Anerkennung der in der Menschenwürde gründenden Rechte erfordert gesellschaftliche Verhältnisse, in denen ihr Schutz sowohl durch den Rechtsstaat als auch durch den Sozialstaat institutionell gesichert ist – gesellschaftliche Verhältnisse ohne Armut und Hunger, ohne soziale Exklusion und Diskriminierung.[89] Die ›Europäische Sozialcharta‹ vom 18. 10. 1962 verpflichtet die Staaten, den »wirtschaftlichen und sozialen Fortschritt zu fördern, insbesondere durch die Erhaltung und Weiterentwicklung der Menschenrechte und Grundfreiheiten« (Präambel). Im ›Internationalen Pakt über wirtschaftliche, soziale und kulturelle Rechte‹ (IPwskR) vom 16. 12. 1966 verpflichten sich die Vertragsstaaten »in der Erwägung, dass nach den in der Charta der Vereinten Nationen verkündeten Grundsätzen die Anerkennung der allen Mitgliedern der menschlichen Gesellschaft innewohnenden Würde und der Gleichheit und Unveräusserlichkeit ihrer Rechte die Grundlage von Freiheit, Gerechtigkeit und Frieden in der Welt bildet«, und »in der Erkenntnis, dass sich diese Rechte aus der dem Menschen innewohnenden Würde herleiten«, »einzeln und durch internationale Hilfe und Zusammenarbeit, insbesondere wirtschaftlicher und technischer Art, unter Ausschöpfung aller seiner Möglichkeiten Maßnahmen zu treffen, um nach und nach mit allen geeigneten Mitteln, vor allem durch gesetzgeberische Massnahmen, die volle Verwirklichung der in diesem Pakt anerkannten Rechte zu erreichen«.[90] In dem mit Resolution 63/117 am 10. 12. 2008 von der Generalversammlung der Vereinten Nationen verabschiedeten, die Individualklage ermöglichenden ›Fakultativprotokoll zum Internationalen Pakt über wirtschaftliche, soziale und kulturelle Rechte‹ wird erneut erklärt, »dass alle Menschenrechte und Grundfreiheiten allgemein gültig und *unteilbar sind, einander bedingen und miteinander verknüpft sind*«.[91]

Im Gegensatz hierzu zerstört »eine Politik, die vorgibt, den Bürgern ein selbstbestimmtes Leben *primär* über die Gewährleistung von Wirt-

87 Vgl. AK-GG Podlech, Art. 1 Abs. 1, Rz. 18-22.

88 GG Art. 20 (4): »Gegen jeden, der es unternimmt, diese Ordnung zu beseitigen, haben alle Deutschen das Recht zum Widerstand, wenn andere Abhilfe nicht möglich ist.«

89 Dies ist das Ziel des Projekts »Human Dignity and Social Exclusion« (HDSE), einer 1994 vom Europarat initiierten paneuropäischen Initiative.

90 Tl. II, Art. 1 Abs. 2.

91 Hervorh. v. mir.

schaftsfreiheiten garantieren zu können, [...] das Gleichgewicht zwischen den verschiedenen Kategorien von Grundrechten. Die Menschenwürde, die überall und für jedermann ein und dieselbe ist, begründet die *Unteilbarkeit* der Grundrechte.«[92] Nicht die Würde ist an den Verhältnissen zu messen, sondern die Verhältnisse an der Würde.

Ein wesentliches Element der Menschenwürdegarantie sind deshalb Gewährleistungsrechte zur Sicherung einer menschenwürdigen Existenz.[93] Dies entspricht Art. 28 der ›Allgemeinen Erklärung der Menschenrechte‹: »Jeder hat Anspruch auf eine soziale und internationale Ordnung, in der die in dieser Erklärung verkündeten Rechte und Freiheiten voll verwirklicht werden können.«

Dem entspricht auch das Urteil des Ersten Senats des BVerfGE vom 9. Februar 2010 zu *Hartz IV*. In der Urteilsbegründung wird festgestellt: »Art. 1 Abs. 1 GG erklärt die Würde des Menschen für unantastbar und verpflichtet alle staatliche Gewalt, sie zu achten und zu schützen [...]. Als Grundrecht ist die Norm nicht nur Abwehrrecht gegen Eingriffe des Staates. Der Staat muss die Menschenwürde auch positiv schützen [...]. Wenn einem Menschen die zur Gewährleistung eines menschenwürdigen Daseins notwendigen materiellen Mittel fehlen, weil er sie weder aus seiner Erwerbstätigkeit, noch aus eigenem Vermögen noch durch Zuwendungen Dritter erhalten kann, ist der Staat im Rahmen seines Auftrages zum Schutz der Menschenwürde und in Ausfüllung seines sozialstaatlichen Gestaltungsauftrages verpflichtet, dafür Sorge zu tragen, dass die materiellen Voraussetzungen dafür dem Hilfebedürftigen zur Verfügung stehen. Dieser objektiven Verpflichtung aus Art. 1 Abs. 1 GG korrespondiert ein Leistungsanspruch des Grundrechtsträgers, da das Grundrecht die Würde jedes individuellen Menschen schützt [...] und sie in solchen Notlagen nur durch materielle Unterstützung gesichert werden kann.«[94]

Nur der demokratische Rechtsstaat, in dessen Verfassung die Menschenwürde der oberste Wert ist, hat die Kraft, allen Individuen auf die ihnen angemessene Weise die Einheit von Gleichheit und Freiheit unter Bedingungen der Gerechtigkeit zu garantieren und so in der Gesamtheit aller Grund- und Menschenrechte die individuelle Würde zu

92 Habermas 2010, S. 347.

93 Zur menschenrechtlichen sozialen Dimension der Würdegarantie vgl. vor allem Pogge 2002; vgl. auch Aiken/LaFolette 1996, Copp 1992, Frank/Jenichen/Rosemann 2001, Harrison 1993, Sen 1981, Wellman 1982.

94 BVerfGE, 1 BvL 1/09 vom 9. 2. 2010 (134). Zur allgemeinen Problematik der Abwägung von Rechten und zur Bedeutung subjektiver Rechte in Abwägungen vgl. Sieckmann 1995.

schützen: Die »Grundrechte [sind] *insgesamt* Konkretisierungen des Prinzips der Menschenwürde«.[95]

Dass dieser Rechtsstaat in vielen Gesellschaften gar nicht oder nur teilweise verwirklicht ist, bestreite ich mit dieser normativen Aussage nicht. Die faktische Verletzung einer Rechtsnorm mindert aber deren Geltung nicht. Ihre Geltung begründet die Möglichkeit und Notwendigkeit der Kritik an Normverletzungen. Wer Verletzungen beklagt, setzt einen Maßstab voraus. Der im Unterschied zu moralischen Intuitionen angemessene Maßstab ist die Rechtsnorm.

Der Schutz der Würde ist nicht nur ein Grundrecht, sondern der Grund der Menschenrechte.[96] Zu Recht betont Jürgen Habermas, dass den Menschenrechten immer schon »jene normative Substanz der gleichen Menschenwürde eines jeden« eingeschrieben war, »die die Menschenrechte gewissermaßen ausbuchstabieren«.[97] Dies ist der Kontext auch des Art. 1 Abs. 2 GG: »Das Deutsche Volk bekennt sich *darum* zu unverletzlichen und unveräußerlichen Menschenrechten als Grundlage jeder menschlichen Gemeinschaft, des Friedens und der Gerechtigkeit in der Welt.«[98] Das Bekenntnis zu unverletzlichen und unveräußerlichen Menschenrechten ist durch das Wort ›darum‹ in der Würdenorm verankert: »[D]ie Menschenwürde steht zu den Grundrechten in einem Fundierungsverhältnis.«[99]

2.5 Die Konkretisierung des Begriffs der Menschenwürde ›vom Eingriff her‹

Jenseits der Rechtssphäre ist eine Schlichtung des Streits zwischen konkurrierenden bzw. miteinander unverträglichen Menschenwürdeverständnissen nicht erwartbar. Kritiker des Würdekonzepts wenden ein, dass der Würdebegriff auch im Verfassungsrecht nicht definiert

95 BVerfGE, 1 BvR 426/02 vom 11. 3. 2003 (26); Hervorh. v. mir.

96 »Die Menschenwürde ist [...] nicht nur in dem generellen Sinne ›Grund‹ der Menschenrechte, dass sie in allen normativen Verbindlichkeiten – und ergo auch in den verfassungsrechtlich oder völkerrechtlich verbindlich verbürgten Menschenrechten – immer schon zumindest *implizit* vorausgesetzt werden muss. Vielmehr wird sie in den Menschenrechten zum Gegenstand *expliziter Anerkennung*. Darin besteht die spezifische Relation zwischen Menschenwürde und Menschenrechten, und dies macht den besonderen Rang der Menschenrechte in einer an der Würde aller orientierten Rechtsordnung aus.« (Bielefeldt 2010, S. 107).

97 Habermas 2010, S 345.

98 Hervorh. v. mir.

99 Dreier in Dreier 2004, Art. 1 I, Rn. 1.

und deshalb ›vage‹ sei. Doch die Kritik verkennt den Status der Würdenorm des Art. 1 GG. Die definitorische Enthaltsamkeit der Verfassung eröffnet zwar *de facto* weite Spielräume für rechtstheoretische Kontroversen, in denen Positionen *pro* und *contra* der absoluten Geltung der Würdenorm einander unversöhnlich gegenüberstehen.[100] Aber Verfassungen vermeiden es aus guten Gründen, die Menschenwürde *material* zu definieren: Materiale Definitionen müssten auf Prinzipien von Moralen bzw. Ethiken zurückgreifen, zu denen in pluralistischen Gesellschaften ein allgemeiner Konsens weder besteht noch erzwungen werden darf. Materiale definitorischen Festlegungen würden zu weltanschaulichen Kontroversen führen. Bereits im mit der Ausarbeitung des GG befassten Parlamentarischen Rat und im vorbereitenden Verfassungskonvent auf der Insel Herrenchiemsee (10. – 23. 8. 1948) hat Theodor Heuß geltend gemacht, dass unterschiedliche Verständnisse der Würdenorm möglich seien, deren Geltung aber nicht beeinträchtigten. Entgegen der Forderung, die Menschenwürde als ›von Gott gegeben‹ zu bestimmen, wollte er die Würdenorm nur als eine »nicht interpretierte These« verstehen. Er erläuterte: »Ich möchte bei der Formung des 1. Absatzes von der Menschenwürde ausgehen, die der Eine theologisch, der Andere philosophisch, der Dritte ethisch auffassen kann.«[101]

C.H. Nipperdey hat betont: »Der Begriff der Würde des Menschen bedarf keiner weiteren juristischen Definition.« »Es handelt sich um den Eigenwert und die Eigenständigkeit, die Wesenheit, die Natur des

100 Die problematische Auffassung, dass andere Verfassungswerte (z.B. der Schutz des Staates) oder die Grundrechte Dritter einen (schwerwiegenden) Eingriff in die Menschenwürde rechtfertigen können, vertritt z.B. Robert Alexy: »Das Menschenwürde-Prinzip kann in verschiedenen Graden realisiert werden. Daß es unter bestimmten Bedingungen mit hoher Sicherheit allen anderen Prinzipien vorgeht, begründet keine Absolutheit des Prinzips, sondern bedeutet lediglich, daß kaum umstoßbare verfassungsrechtliche Gründe für eine Vorrangrelation zugunsten der Menschenwürde bei bestimmten Bedingungen existierten. Eine derartige Kernpositionsthese aber gilt auch für andere Grundrechtsnormen. Sie berührt den Prinzipiencharakter nicht. Es kann deshalb gesagt werden, daß die Menschenwürde-Norm kein absolutes Prinzip ist. Der Eindruck der Absolutheit ergibt sich daraus, daß es zwei Menschenwürde-Normen gibt, eine Menschenwürde-Regel und ein Menschenwürde-Prinzip, sowie daraus, daß es eine Reihe von Bedingungen gibt, unter denen das Menschenwürde-Prinzip mit hoher Sicherheit allen anderen Prinzipien vorgeht.« (Alexy 1996, 96 f.).

101 In: *Der Parlamentarische Rat 1948-1949. Akten u. Protokolle,* Bd. 5,1, bearb. v. E. Pickart/W. Werner, Boppard 1993, S. 67. Zu einer Rekonstruktion der Verhandlungen im Parlamentarischen Rat und des Würdebegriffs im GG vgl. Goos 2011; zur Entstehung der Menschenwürdegarantie im GG vgl. u.a. auch Starck 1981, S. 457 f.

Menschen schlechthin.«[102] Bei Verzicht auf eine bestimmte Würdedefinition im Rahmen der Verfassung braucht man jedoch den Begriff einer ›Natur des Menschen‹ nicht zu bemühen. Der Verzicht führt insofern nicht zu Schwierigkeiten, als sich aus dem Gesamt der menschenrechtlich zu interpretierenden Grundrechtsnormen ergibt, was die basale Würdenorm bedeutet. Wie zu interpretieren ist, ergibt sich in Deutschland bzw. in Europa aus Urteilen des BVerfGE[103], des Europäischen Gerichtshofs (EuGH)[104] und des Europäischen Gerichtshofs für Menschenrechte (EGMR).

Verfassungsrechtlich werden im Rahmen der Wertordnung, in der subjektive Rechte interpretiert und konkretisiert werden, Grenzen gezogen, bei deren Überschreitung eine Verletzung der Menschenwürde festgestellt werden kann.[105] In der verfassungsgerichtlichen Praxis wird *ex negativo,* d. h. ›vom Eingriff her‹, und in Prüfung des Einzelfalls definiert, was unter dem Schutz der Menschenwürde zu verstehen ist; festzustellen ist auch, dass die Würdenorm nie allein ein Urteil begründet, sondern als ›Platzhalter‹ ihre Rolle immer in Verbindung mit Normen spielt, die sie menschen- und grundrechtlich konkretisieren.[106] 1956 hat Günter Dürig die Frage nach dem Gehalt der Menschenwürde-Schutznorm aufgrund der Erfahrungen mit Unrechtssystemen im 20. Jahrhundert mit der ›Objektformel‹ *ex negativo* beantwortet: »Die Menschenwürde ist getroffen, wenn der konkrete Mensch zum Objekt, zu einem bloßen Mittel, zur vertretbaren Größe herabgewürdigt wird.«[107] Es verstößt gegen die Menschenwürde, wenn der

102 Nipperdey 1954, S. 1. Bezogen auf die Menschenwürde-Norm im GG stellt Poscher 2004, S. 8, die Überlegung an, dass materiale Definitionen aus Gründen des *Tabu*-Charakters dieser Norm vermieden werden.

103 Vgl. Geddert-Steinacher 1990.

104 Zum wegweisenden EuGH-Urteil v. 9. 10. 2001 – RS C-377/98 zur Rechtmäßigkeit der ›Biopatent-Richtlinie‹ 98/44/EG, in dem die Menschenwürde als Bestandteil des primären Gemeinschaftsrechts anerkannt wird, vgl. Rau/Schorkopf 2002.

105 Vgl. BVerfGE 30, 1 (25).

106 »Die Auslegung vom Verletzungstatbestand her vermeidet die Gefahr einer statischen, die wechselnden Bedrohungen der Menschenwürde verfehlenden Definition.« (Vitzthum 1985, S. 202). Vgl. Pieroth/Schlink 1994, Rn. 389: »So kann nur versucht werden, die spezifischen Gefährdungen der Menschenwürde nach Bereichen, in denen sie – besonders nach historischer Erfahrung – auftreten, zu konkretisieren. Hierbei ist der schon genannte Zusammenhang der Menschenwürde mit Gleichheits- und Freiheitsrechten, dem Rechts- und Sozialstaatsprinzip zu berücksichtigen.«. Zur Kritik am *ex-negativo*-Zugang vgl. Adorno 2011, S. 135 f.

107 Dürig 1956, S. 127. Zur »Objektformel« und zu »Universalität«, »Justiziabilität« und »intuitive[n] Kompatibilität« als Kriterien, denen ein Men-

Mensch instrumentalisiert[108] und einer Behandlung ausgesetzt wird, die seine Subjektqualität prinzipiell in Frage stellt. Die Menschenwürde ist angetastet durch Folter, Sklaverei, Ausrottung bestimmter Gruppen, Geburtenverhinderung oder Verschleppung, Unterwerfung unter unmenschliche oder erniedrigende Strafe oder Behandlung, Brandmarkung, Vernichtung so genannten unwerten Lebens und Menschenversuche.[109] Die Auflistung dieser Tatbestände ist nicht als abgeschlossener Katalog zu verstehen. Vielmehr wird von Entscheidung zu Entscheidung der Verfassungs- und Menschenrechtsgerichtsbarkeit die Liste dessen vollständiger, was als Verstoß gegen die Menschenwürde zu verstehen ist; so werden die Bedeutungsimplikationen des Rechtsbegriffs der Menschenwürde permanent erweitert.

Dürigs ›Objektformel‹ ist kantianischer Herkunft. Kants kritische Philosophie ist eine der wichtigsten Quellen des modernen Verständnisses der Menschenwürde. In seiner *Metaphysik der Sitten* heißt es in § 38 im Kontext des Gebots, die Menschen schuldeten sich wechselseitig Achtung: »Die Menschheit selbst ist eine Würde; denn der Mensch kann von keinem Menschen (weder von Anderen noch sogar von sich selbst) blos als Mittel, sondern muß jederzeit zugleich als Zweck gebraucht werden, und darin besteht eben seine Würde (die Persönlichkeit), dadurch er sich über alle andere Weltwesen, die nicht Menschen sind und doch gebraucht werden können, mithin über alle Sachen erhebt. Gleichwie er also sich selbst für keinen Preis weggeben kann (welches der Pflicht der Selbstschätzung widerstreiten würde), so kann er auch nicht der eben so nothwendigen Selbstschätzung Anderer als Menschen entgegen handeln, d.i. er ist verbunden, die Würde der Menschheit an jedem anderen Menschen praktisch anzuerkennen, mithin ruht auf ihm eine Pflicht, die sich auf die jedem anderen Menschen nothwendig zu erzeigende Achtung bezieht.«[110]

schenwürdebegriff genügen muss, vgl. Tiedemann 2005, S. 360f. Zur Kritik an der Objektformel vgl. Dreier in Dreier 2004, Art. 1 I, Rn. 53. Zu Recht ist gegen Dürigs Objektformel eingewandt worden, dass sie Verletzungen der Menschenwürde, die nicht darin bestehen, Menschen zu Mitteln herabzuwürdigen, nicht erfasst. Ein häufig genanntes Beispiel ist, dass die Folter und Vernichtung von Juden im NS-Staat keinen anderen Zweck hatte als eben den der Folter und Vernichtung von Juden.

108 Zum kantischen Instrumentalisierungsverbot vgl. Schaber 2010.

109 Vgl. zu einer ähnlichen Auflistung zu ›eklatanten Verletzungen der Menschenwürde‹ Dürig in Maunz/Dürig, Kommentar z. GG, Art. 1 Abs. 1, Rz. 30.

110 Kant, AA VI, S. 462; vgl. §§ 9, 12, 29. Zu Kants Konzeption vgl. Klein 1968, Löhrer 1995, Forschner 1998, Mohr 2007, von der Pfordten 2009. Anders als Kant entwickelt J.G. Herder in seinen *Ideen zur Philosophie der Geschichte der Menschheit* einen dynamischen, historischen Begriff

Kants Konzept der »angebornen Würde des Menschen«[111] hat mehrere Dimensionen. Es gründet (i) in der Idee der Autonomie, d.h. darin, dass »der Wille eines vernünftigen Wesens jederzeit zugleich als *gesetzgebend* betrachtet werden muß, weil es sie sonst nicht als *Zweck an sich selbst* denken könnte«; es geht um die »Idee der Würde eines vernünftigen Wesens, das keinem Gesetze gehorcht als dem, das es zugleich selbst giebt«.[112] Kant trifft (ii) die Unterscheidung zwischen ›Preis‹ und ›Würde‹: »Im Reiche der Zwecke hat alles entweder einen Preis, oder eine Würde. Was einen Preis hat, an dessen Stelle kann auch etwas anderes, als *Äquivalent*, gesetzt werden; was dagegen über allen Preis erhaben ist, mithin kein Äquivalent verstattet, das hat eine Würde«[113]; Voraussetzung der Würde ist, »unbedingten, unvergleichbaren Werth« zu haben.[114] Zum kantischen Würdebegriff gehört (iii) die Bestimmung jenes menschlichen Willens, der »nur unter der Bedingung einer durch seine Maximen möglichen allgemeinen Gesetzgebung« handelt, und »dieser uns mögliche Wille in der Idee, ist der eigentliche Gegenstand der Achtung, und die Würde der Menschheit besteht eben in dieser Fähigkeit, allgemein gesetzgebend, obgleich mit dem Beding, eben dieser Gesetzgebung zugleich selbst unterworfen zu sein«.[115] Wesentlich ist (iv) die Konkretisierung der abstrakten Würde der ›Menschheit‹ zur »Würde der Menschheit in unserer Person«[116]: »Allein der Mensch, als *Person* betrachtet, d.i. als Subject einer moralisch-praktischen Vernunft, ist über allen Preis erhaben; denn als ein solcher (*homo noumenon*) ist er nicht blos als Mittel zu anderer ihren, ja selbst seinen eigenen Zwecken, sondern als Zweck an sich selbst zu schätzen, d.i. er besitzt eine *Würde* (einen absoluten innern Werth), wodurch er allen andern vernünftigen Weltwesen *Achtung* für ihn abnöthigt, sich mit jedem Anderen dieser Art messen und auf den Fuß der Gleichheit schätzen kann. Die Menschheit in seiner Person ist das Object der Achtung, die er von jedem anderen Menschen fordern kann; deren er aber auch sich nicht verlustig machen muß.«[117]

der menschlichen Würde: »Die ganze Geschichte der Völker wird uns [...] eine Schule des Wettlaufs zu Erreichung des schönsten Kranzes der Humanität und Menschenwürde.« (Herder 1965, Bd. 2, S. 219).

111 Kant, AA VI, S. 420.

112 Ebd., S. 434.

113 Ebd.

114 Kant, AA IV, S. 436.

115 Ebd., S. 440.

116 Kant, AA V, S. 273; vgl. AA VI, S. 420.

117 Kant, AA VI, 434 f. Ähnlich argumentiert Hegel in seinen *Grundlinien der Philosophie des Rechts*; dort heißt es im Zusatz zu § 155: »Was den Menschen auferlegt wird als Pflicht, soll für etwas geschehen [...], worin sie ih-

Hieraus leitet Kant Pflichten der Achtung des Menschen gegenüber sich selbst – die »Pflicht, in Beziehung auf die Würde der Menschheit in uns, mithin auch gegen uns selbst«[118] – und gegenüber Dritten ab, d.h. die »*Maxime* der Einschränkung unserer Selbstschätzung durch die Würde der Menschheit in eines Anderen Person«.[119] Wo Kant sich auf den Bereich des Politischen bezieht, zeigt sich, dass er den Verlust der ›angebornen‹ Würde für möglich hält: »Ohne alle Würde kann nun wohl kein Mensch im Staate sein, denn er hat wenigstens die des Staatsbürgers; außer, wenn er sich durch sein eigenes *Verbrechen* darum gebracht hat, da er dann zwar im Leben erhalten, aber zum bloßen Werkzeuge der Willkür eines anderen (entweder des Staats, oder eines anderen Staatsbürgers) gemacht wird.«[120]

2.6 Menschenwürde in der Rechtsprechung des Bundesverfassungsgerichts

Das Bundesverfassungsgericht hat 1958 das GG wertrealistisch als eine nicht »wertneutrale Ordnung«, sondern als eine auf alle Bereiche des Rechts ausstrahlende »objektive Wertordnung« definiert. Mit Sätzen im ›Lüth-Urteil‹[121] hat es Verfassungsrechtsgeschichte geschrieben und eine noch immer anhaltende Kontroverse[122] ausgelöst. Der erste

re Würde, Freiheit haben, dessen Dasein daher ihr Dasein – ihr Recht ist. Nicht bloß: Andere haben Rechte, ich bin ihnen gleich, bin Person wie sie, ich soll Pflichten gegen ihre Rechte haben, – als ihnen gleich soll ich durch diese Pflichten auch Rechte haben – Zusammenhang durch Vergleichung.«

118 Kant, AA VI, S. 436. Auch J.G. Fichte thematisiert das Verhältnis von Würde und Selbstachtung: »Insofern nun diese Selbstachtung als *activer*, den Willen zwar nicht nothwendig zum wirklichen Wollen, aber doch thätig zur Neigung bestimmender Trieb betrachtet wird, heisst sie *sittliches Interesse*; welches entweder *rein* ist, — Interesse für die Würde der Menschheit an sich, oder *empirisch* — Interesse für die Würde der Menschheit in unserem empirisch bestimmbaren Selbst.« (Fichte, SW V, S. 28). Zum Würdebegriff bei Fichte vgl. Mohr 2007.

119 Kant, AA VI, S. 449; vgl. ebd., S. 463.

120 Ebd., S. 329.

121 Im Verfahren ging es um die Zulässigkeit eines Boykottaufrufs des Hamburger Senatsdirektors Erich Lüth gegen die Nachkriegs-Wiederaufführung des von Veit Harlan als Drehbuchverfasser und Regisseur verantworteten antisemitischen, 1940 als NS-Propaganda erstaufgeführten Films ›Jud Süß‹.

122 Papier 2007, S. 3: »Das in der Lüth-Entscheidung zum Ausdruck kommende Verständnis des Grundgesetzes als einer objektiven Wertordnung

Leitsatz des Urteils lautet: »Die Grundrechte sind in erster Linie Abwehrrechte des Bürgers gegen den Staat; in den Grundrechtsbestimmungen des Grundgesetzes verkörpert sich aber auch eine objektive Wertordnung, die als verfassungsrechtliche Grundentscheidung für alle Bereiche des Rechts gilt.«

Ferner wird festgestellt: »Ohne Zweifel sind die Grundrechte in erster Linie dazu bestimmt, die Freiheitssphäre des einzelnen vor Eingriffen der öffentlichen Gewalt zu sichern; sie sind Abwehrrechte des Bürgers gegen den Staat.« Zwischen den Aussagenteilen »in erster Linie Abwehrrechte« und »aber auch eine objektive Wertordnung« gibt es ein Spannungsverhältnis, das vom BVerfGE zu Lasten des subjektiv-rechtlichen Gehalts der Grundrechte[123] nicht problematisiert wurde. Es hat festgestellt, »daß das Grundgesetz, das keine wertneutrale Ordnung sein will [...], in seinem Grundrechtsabschnitt auch eine objektive Wertordnung aufgerichtet hat und daß gerade hierin eine prinzipielle Verstärkung der Geltungskraft der Grundrechte zum Ausdruck kommt [...]. Dieses Wertsystem, das seinen Mittelpunkt in der innerhalb der sozialen Gemeinschaft sich frei entfaltenden menschlichen Persönlichkeit und ihrer Würde findet, muß als verfassungsrecht-

hat den Widerspruch zwischen der Objektivität und Rationalität des Rechts und der Subjektivität und Relativität von Werten damit jedenfalls gedanklich zunächst einmal überwunden. Indem es die objektive Wertordnung auf das Subjekt und dessen Personsein zurückführt, nimmt es einen Teil der Objektivität der Wertordnung wieder zurück. Der Rückbezug auf die Person scheint die subjektiven Werte des Einzelnen und den objektiven Geltungsanspruch der Rechtsordnung miteinander zu versöhnen. Dieser Rückbezug auf die Person funktioniert in der Rechtspraxis uneingeschränkt allerdings nur, soweit lediglich die Interessen einer einzelnen Person zu berücksichtigen sind. Die Lebenswirklichkeit im dicht bevölkerten Verfassungsstaat nicht erst des 21. Jahrhunderts sieht allerdings anders aus. Unsere Zeit ist von einer Vielzahl von konfligierenden Interessen und Werten geprägt, die nicht alle gleichermaßen Verwirklichung finden können, die mitunter sogar diametral zueinander verlaufen und einander nachgerade ausschließen. In diesem Konfliktfall ist der Rechtsordnung der neutrale Rückzug auf die Position des jeweils Betroffenen versperrt. Die Rechtsordnung muss jetzt ›Farbe bekennen‹. Sie muss die subjektiven Werte des Einzelnen auf ihre Anerkennungswürdigkeit durch die Gemeinschaft prüfen und ihrerseits ›be-werten‹. Die unterschiedlichen Werte der verschiedenen Teilnehmer am Rechtsverkehr müssen gegeneinander abgewogen und ins rechte Verhältnis gesetzt werden.« Vgl. zur ›objektiven Wertordnung‹ kritisch u. a. auch Hofmann 2003, S. 11-14, Cremer 2003, S. 195-223.

123 »Soweit Grundrechte auch institutionelle Garantien enthalten oder Ausdruck der Wertordnung sind, können diese *nicht den subjektiv-rechtlichen Gehalt der Grundrechte verdrängen.*« (Starck 2005).

liche Grundentscheidung für alle Bereiche des Rechts gelten; Gesetzgebung, Verwaltung und Rechtsprechung empfangen von ihm Richtlinien und Impulse. So beeinflußt es selbstverständlich auch das bürgerliche Recht; keine bürgerlich-rechtliche Vorschrift darf in Widerspruch zu ihm stehen, jede muß in seinem Geiste ausgelegt werden.«[124]

Das Konzept ›objektive Wertordnung‹ wurde in der Rechtsprechung des BVerfGE nach und nach durch Varianten verändert, in denen der strenge *Wertrealismus*[125] modifiziert wurde: Einerseits wird dem in der Gesellschaft faktisch existierenden Pluralismus subjektiver Werteinstellungen stärker Rechnung getragen, und andererseits wird die allgemein verpflichende Normativität des Rechts vor *Wertrelativismus* bzw. *Wertsubjektivismus* geschützt. Den Grund für dieses Schutzinteresse benennt Th. Gutmann zutreffend unter Berufung auf N. Luhmanns *Das Recht der Gesellschaft*: »Das Rechtssystem ist [...] insoweit normativ geschlossen, als es sich ›gegen die unbeständige Flut und Ebbe moralischer Kommunikationen‹ differenzieren und sich von diesen anhand rechtseigener Kriterien unterscheiden muss – schon weil sich die Pluralität und mangelnde Konsensfähigkeit der in der Gesellschaft vorfindlichen Moralprogramme und ihre Kriterien für die Unterscheidung von *gut und schlecht* (oder *würdig und unwürdig*) nicht mit dem Ziel hinreichender Konsistenz rechtlichen Entscheidens vertragen. Der Gehalt der Menschenwürde als *Rechtsbegriff* lässt sich mithin nicht dadurch gewinnen, dass man im breiten Angebot der moralphilosophischen Tradition eine Schublade aufzieht und deren Inhalt an das Recht heranträgt.«[126]

Im Urteil zum Verbot der ›Sozialistischen Reichspartei‹ vom 23. Oktober 1952, das im Lüth-Urteil wertrealistisch verschärft worden war, war zunächst nur die Rede von »oberste[n] Grundwerte[n] des freiheitlichen demokratischen Verfassungsstaates«[127] und von einer ›wertgebundenen Ordnung‹: »Diese Grundwerte bilden die *freiheitli-*

124 BVerfGE 7, 198 (204).

125 Leist 2005, der zwischen ›Menschenwürde‹ als »*Wertbegriff*« und »Menschenrechten« als »*Normbegriffe[n]*« unterscheidet (S. 598), ist der Auffassung, die »Fundierungs-Vorstellung«, dass Normen durch existierende Werte begründet sein müssten, leite auch »die besondere Stellung des Art. 1 GG« (S. 599). Leist setzt diesem »*realistischen Fehlschluss*« (S. 600) die These entgegen, Würde könne »nichts anderes sein als ›kontingente‹ Würde«. Er übersieht dabei, dass Würde gerade keine *Eigenschaft* des Menschen ist, die wie »[a]lle Eigenschaften von Menschen« zu den »kontingente[n] Eigenschaften« zu rechnen wäre (S. 602).

126 Gutmann 2010, S. 2 f.

127 BVerfGE 2, 1 (37).

che demokratische Grundordnung, die das Grundgesetz innerhalb der staatlichen Gesamtordnung der ›verfassungsmäßigen Ordnung‹ als fundamental ansieht. Dieser Grundordnung liegt letztlich nach der im Grundgesetz getroffenen verfassungspolitischen Entscheidung die Vorstellung zugrunde, daß der Mensch in der Schöpfungsordnung einen eigenen selbständigen Wert besitzt und Freiheit und Gleichheit dauernde Grundwerte der staatlichen Einheit sind. *Daher ist die Grundordnung eine wertgebundene Ordnung.* Sie ist das Gegenteil des totalen Staates, der als ausschließliche Herrschaftsmacht Menschenwürde, Freiheit und Gleichheit ablehnt. [...] Zu den grundlegenden Prinzipien dieser Ordnung sind mindestens zu rechnen: die Achtung vor den im Grundgesetz konkretisierten Menschenrechten, vor allem vor dem Recht der Persönlichkeit auf Leben und freie Entfaltung, die Volkssouveränität, die Gewaltenteilung, die Verantwortlichkeit der Regierung, die Gesetzmäßigkeit der Verwaltung, die Unabhängigkeit der Gerichte, das Mehrparteienprinzip und die Chancengleichheit für alle politischen Parteien mit dem Recht auf verfassungsmäßige Bildung und Ausübung einer Opposition.«[128]

Das KPD-Verbotsurteil vom 17. August 1956 wandte sich u.a. gegen die marxistisch-leninistische These, die Diktatur des Proletariats repräsentiere die »objektiven Interessen des Volkes [...], und zwar so, wie die maßgebende Arbeiterklasse diese sieht; denn für die Arbeiterklasse allein wird der Besitz eines unwiderlegbaren Wissens um diese Interessen beansprucht«.[129] Hierzu stand die Behauptung eines *Systems ›absoluter Werte‹* in bemerkenswertem Kontrast: »Wenn das Grundgesetz so einerseits noch der traditionellen freiheitlich-demokratischen Linie folgt, die den politischen Parteien gegenüber grundsätzliche Toleranz fordert, so geht es doch nicht mehr so weit, aus bloßer Unparteilichkeit auf die Aufstellung und den Schutz eines eigenen *Wertsystems* überhaupt zu verzichten. Es nimmt aus dem Pluralismus von Zielen und Wertungen, die in den politischen Parteien Gestalt gewonnen haben, gewisse Grundprinzipien der Staatsgestaltung heraus, die, wenn sie einmal auf demokratische Weise gebilligt sind, als *absolute Werte* anerkannt und deshalb entschlossen gegen alle Angriffe verteidigt werden sollen.«[130]

Im ›Elfes-Urteil‹ vom 16. Januar 1957 wurde aus der Würdenorm, »die im Grundgesetz der oberste Wert ist«[131], abgeleitet, dass

128 BVerfGE 2, 1 (37-38). Hervorh. v. mir.

129 BVerfGE 5, 85 (519).

130 Ebd., 246. Hervorh. v. mir.

131 BVerfGE 6, 32 (32). Im Verfahren ging es um die Zulässigkeit der Versagung eines Reisepasses, wenn gem. § 7 Abs. 1 lit a des Passgesetzes vom

Art. 1 GG »mit dazu bestimmt sei, das Menschenbild des Grundgesetzes zu prägen«.[132] Diesem Urteil zufolge hat das »Grundgesetz eine *wertgebundene Ordnung* aufgerichtet, die die öffentliche Gewalt begrenzt. Durch diese Ordnung soll die Eigenständigkeit, die Selbstverantwortlichkeit und die Würde des Menschen in der staatlichen Gemeinschaft gesichert werden«.[133] Dieses Menschenbild ist – wie ein anderes Urteil belegt – auf problematische Weise ›gemeinschafts‹-zentriert: »Das Menschenbild des Grundgesetzes ist nicht das eines isolierten souveränen Individuums; das Grundgesetz hat vielmehr die Spannung Individuum-Gemeinschaft im Sinne der Gemeinschaftsbezogenheit und Gemeinschaftsgebundenheit der Person entschieden, ohne dabei deren Eigenwert anzutasten«.[134] Dass mit diesem Menschenbild eine Abwertung der *individuellen* Menschenrechte als Abwehrrechte gegen den Staat verbunden sein kann, ist offensichtlich.

Der Wandel im Wertverständnis des BVerfGE zeigt sich nach fünfzig Jahren Judikatur u. a. im Urteil zum ›Luftsicherungsgesetz‹ vom 15. Februar 2006, in dem Begriffe wie ›objektive Wertordnung‹, ›Wertsystem‹ oder ›absolute Werte‹ nicht mehr vorkommen. Hierin spiegelt sich in gewissem Maße auch ein Überzeugungswandel bei Richterinnen und Richtern zu einem liberaleren Verständnis des Grundgesetzes. Gegen § 14 Abs. 3 des ›Luftsicherheitsgesetzes‹, das die Streitkräfte ermächtigen sollte, als Tatwaffe gegen das Leben von Menschen eingesetzte Luftfahrzeuge durch unmittelbare Einwirkung mit Waffengewalt abzuschießen, war Verfassungsbeschwerde eingelegt worden. Die Einlassung der Beschwerdeführer lautete, der »Staat dürfe eine Mehrheit seiner Bürger nicht dadurch schützen, dass er eine Minderheit – hier die Besatzung und die Passagiere eines Flugzeugs – vorsätzlich töte. Eine Abwägung Leben gegen Leben nach dem Maßstab, wie viele Menschen möglicherweise auf der einen und wie viele auf der anderen Seite betroffen seien, sei unzulässig«. Das BVerfGE stellte fest: »Die Ermächtigung der Streitkräfte, gemäß § 14 Abs. 3 des Luftsicherheitsgesetzes durch unmittelbare Einwirkung mit Waffengewalt ein Luftfahrzeug abzuschießen, das gegen das Leben von Menschen eingesetzt werden soll, ist mit dem Recht auf Leben nach Art. 2 Abs. 2 Satz 1 GG in Verbindung mit der Menschenwürdegarantie des Art. 1 Abs. 1 GG nicht vereinbar, soweit davon tatunbeteiligte Men-

4. März 1952 der »*Antragsteller als Inhaber eines Passes die innere oder die äußere Sicherheit oder sonstige erhebliche Belange der Bundesrepublik Deutschland oder eines deutschen Landes gefährdet*«.

132 BVerfGE 6, 32 (15). Zu ›Grundgesetz und Menschenbild‹ vgl. Pawlas 1991.

133 BVerfGE 6, 32 (32). Hervorh. v. mir.

134 BVerfGE 4, 7 (15 f.); vgl. Benda 1983, S. 109-113.

schen an Bord des Luftfahrzeugs betroffen werden.«[135] »§ 14 Abs. 3 LuftSiG steht darüber hinaus im Hinblick auf die Menschenwürdegarantie des Art. 1 Abs. 1 GG [...] auch materiell mit Art. 2 Abs. 2 Satz 1 GG nicht in Einklang, soweit er es den Streitkräften gestattet, Luftfahrzeuge abzuschießen, in denen sich Menschen als Opfer eines Angriffs auf die Sicherheit des Luftverkehrs im Sinne des § 1 LuftSiG befinden«.[136]

Die wesentliche, der ›Objektformel‹ und der Konkretisierung der Menschenwürdegarantie ›vom Eingriff her‹ entsprechende Urteilsgrundlage lautet: »Das menschliche Leben ist die vitale Basis der Menschenwürde als tragendem Konstitutionsprinzip und oberstem Verfassungswert [...]. Jeder Mensch besitzt als Person diese Würde, ohne Rücksicht auf seine Eigenschaften, seinen körperlichen oder geistigen Zustand, seine Leistungen und seinen sozialen Status [...]. Sie kann keinem Menschen genommen werden. Verletzbar ist aber der Achtungsanspruch, der sich aus ihr ergibt [...]. Das gilt unabhängig auch von der voraussichtlichen Dauer des individuellen menschlichen Lebens«.[137] »Ausgehend von der Vorstellung des Grundgesetzgebers, dass es zum Wesen des Menschen gehört, in Freiheit sich selbst zu bestimmen und sich frei zu entfalten, und dass der Einzelne verlangen kann, in der Gemeinschaft grundsätzlich als gleichberechtigtes Glied mit Eigenwert anerkannt zu werden [...], schließt es die Verpflichtung zur Achtung und zum Schutz der Menschenwürde vielmehr generell aus, den Menschen *zum bloßen Objekt des Staates zu machen* [...]. Schlechthin verboten ist damit jede Behandlung des Menschen durch die öffentliche Gewalt, die dessen Subjektqualität, seinen Status als Rechtssubjekt, grundsätzlich in Frage stellt [...], indem sie die Achtung des Wertes vermissen lässt, der jedem Menschen um seiner selbst willen, kraft seines Personseins, zukommt [...]. Wann eine solche Behandlung vorliegt, ist *im Einzelfall* mit Blick auf die spezifische Situation zu konkretisieren, in der es zum Konfliktfall kommen kann«.[138]

135 Art. 2 Abs. 2 Satz 1 GG: »Jeder hat das Recht auf Leben und körperliche Unversehrtheit.«

136 BVerfGE, 1 BvR 357/05 (118).

137 Ebd., (118 f.).

138 Ebd., (121); Hervorh. v. mir. Zulässig seien aber Maßnahmen ohne Aufopferung Unbeteiligter: »Wer, wie diejenigen, die ein Luftfahrzeug als Waffe zur Vernichtung menschlichen Lebens missbrauchen wollen, Rechtsgüter anderer rechtswidrig angreift, wird nicht als bloßes Objekt staatlichen Handelns in seiner Subjektqualität grundsätzlich in Frage gestellt [...], wenn der Staat sich gegen den rechtswidrigen Angriff zur Wehr

2.7 Ist die Menschenwürde abwägbar?

Für das BVerfGE steht aufgrund der inneren Logik des Grundgesetzes, in dem alle Grundrechte aus der absoluten Menschenwürdegarantie *folgen*, außer Frage, dass die Würde *nicht abwägbar* ist: »[D]ie »Menschenwürde als Wurzel aller Grundrechte ist mit keinem Einzelgrundrecht abwägungsfähig«.[139] Th. Gutmann stellt hierzu fest: »In seinem Anwendungsbereich statuiert Art. 1 Abs. 1 GG ein *absolutes* Verletzungsverbot. Die Würde des Menschen unterliegt nach dem nahezu unangefochten herrschenden verfassungsrechtlichen Verständnis keinen Grundrechtsschranken und entzieht sich als rechtliche Regel jeder Abwägung mit anderen Rechten oder Rechtsgütern, auch mit solchen von Verfassungsrang. Sie umschreibt m. a. W. ein striktes, unbedingtes Gebot, das sich aus der Vorstellung nährt, dass der Einzelne einen auch in Konfliktfällen *immer* vor Verletzung geschützten und *niemals* fungiblen Anspruch auf Respekt vor seiner Rechtsperson hat. [...] Die Würde im Rechtssinn ist kein kollisionsfähiges Gut. Sie ist zunächst und vor allem eine Verbotsnorm, die sich nicht werttheoretisch in der Begrifflichkeit der Vorzugswürdigkeit von Gütern formulieren lässt, die nach Verwirklichung streben und um Vorrang konkurrieren. [...] Die sich zunehmender Beliebtheit erfreuende Rede von ›Menschenwürdekollisionen‹ – etwa zwischen der Würde des zu folternden mutmaßlichen Entführers und der seines Opfers – ist deshalb *normlogisch falsch* und eine irreführende *façon de parler*.«[140]

setzt und ihn in Erfüllung seiner Schutzpflicht gegenüber denen, deren Leben ausgelöscht werden soll, abzuwehren versucht. Es entspricht im Gegenteil gerade der Subjektstellung des Angreifers, wenn ihm die Folgen seines selbstbestimmten Verhaltens persönlich zugerechnet werden und er für das von ihm in Gang gesetzte Geschehen in Verantwortung genommen wird. Er wird daher in seinem Recht auf Achtung der auch ihm eigenen menschlichen Würde nicht beeinträchtigt.« (BVerfGE, 1 BvR 357/05 (141)).

139 BVerfGE, 93, 266 (116).

140 Gutmann 2010, S. 7 f. Die Debatte über die Abwägbarkeit der Menschenwürdegarantie wird vor allem im bioethischen und medizinischen Kontext über die Stammzellenforschung, das Klonen, die Präimplantationsdiagnostik und ähnliche Themen geführt. So stellt z. B. Birnbacher 2001 fest: »Eine funktionale Rechtfertigung des schwachen Menschenwürdebegriffs begründet, warum wir weder mit menschlichen Embryonen noch mit menschlichen Leichen beliebig verfahren dürfen. Sie begründet zugleich, warum der durch diesen Begriff geforderte Schutz vor Instrumentalisierung begrenzt und gegen hochrangige konkurrierende Ziele abwägbar ist.«; vgl. ders. 2004 und Hilgendorf 1999. Hufen 2004, S. 313, plädiert für Abwägung mit dem ›Argument‹, die »in einer bestimmten historischen

In der verfassungsrechtlichen Kommentierung und Literatur melden sich hiervon abweichende Stimmen zu Wort. In der 42. Ergänzungslieferung (Februar 2003) zum GG-Kommentar von Maunz/Dürig hat Matthias Herdegen eine Neukommentierung des ursprünglich von G. Dürig bearbeiteten Art. 1 Abs. 1 GG verfasst. Für Dürig war die Garantie der Menschenwürdegarantie ein »sittlicher Wert«, ein »naturrechtlicher Anker« *vor* dem positiven Verfassungsrecht, um das Achtungs- und Schutzgebot der Menschenwürde als unantastbar und keinen *Abwägungen* zugänglich zu begründen. Dem widerspricht Herdegen mit Gründen, die der pluralistischen Verfasstheit der demokratischen Gesellschaft Rechnung tragen: »Für die staatsrechtliche Betrachtung sind [...] allein die (unantastbare) Verankerung im Verfassungstext und die Exegese der Menschenwürde als *Begriff des positiven Rechts* maßgeblich. Wer dies bestreitet, kann nur auf das Hohepriestertum seiner höchstpersönlichen Ethik und deren Überzeugungskraft in der Gemeinschaft der Würdeinterpreten setzen. Verfassungsauslegung mit prognostizierbaren Ergebnissen lässt sich *so* nur in einer religiös und weltanschaulich homogenen Gemeinschaft erreichen – oder mit Intoleranz gegenüber allen, denen der rechte Zugang zu den Gewissheiten einer überpositiven Wertordnung versagt ist.«[141]

Eine wesentliche Schlussfolgerung, die Herdegen bezüglich des Status und der Funktion der Menschenwürdenorm zieht, ergibt sich allerdings hieraus nicht. Er spricht zwar von Menschenwürde als »ein[em] *Höchstwert* der Verfassung« und stellt fest, ihr Vorrang wirke »vor allem in der von der ganz herrschenden Meinung *zu Recht* postulierten Abwägungsfestigkeit der Menschenwürde im Konflikt mit anderen Rechtsgütern«.[142] Dennoch erklärt er: »Im Gefüge der grundrechtlichen Wertordnung sichern die Position an der Spitze des Grundrechtsteils, die Erklärung zum ›unantastbaren‹ Rechtsgut, die explizite Schutzpflicht (Art. 1 Abs. 1 Satz 2 GG) und die grundsätzliche Tabui-

Situation formulierte Menschenwürdegarantie« sei »nicht auf den Stand von 1949 zu fixieren«, sondern müsse »auf Grund neuer Herausforderungen fortentwickel[t] werden«: »Immer mehr wird erkannt, dass die Menschenwürde als abstraktes Prinzip sich gegen den Menschen selbst richten kann, wenn sie als Blockade für Forschung und Medizin eingesetzt und gegen die Selbstbestimmung des Menschen ausgespielt wird«. Zu einem Überblick über Pro- und Contra-Argumente zur Abwägung vgl. u. a. Schütze 2007, S. 248-245; zur »Abwägbarkeit menschlichen Lebens im Spannungsfeld von Strafrechtsdogmatik und Rechtsphilosophie« vgl. Jäger 2008.

141 Herdegen in Maunz/Dürig/Herzog, Kommentar z. GG, 42. Lfg. 2003, Art. 1, Rn. 17. (Lfg. 55, Mai 2009, Rn. 20).

142 Herdegen, GG Art. 1 Abs. 1. In: ebd., 65. Erg.Lfg. 2012, Rn. 4. Hervorh. v. mir.

sierung nach Art. 79 Abs. 3 GG eine herausgehobene Wertigkeit. Dieser besondere Rang ist aber nicht mit absoluter Dominanz gegenüber anderen Grundrechtswerten gleichzusetzen.«[143] Als nivellierte Verfassungsnorm wird die Würdenorm – diese Norm, bei der eine Eingriffsrechtfertigung *kategorisch* ausgeschlossen ist – aber ohne klar definierte Grenzen für Abwägungen und Angemessenheitsgesichtspunkte offen.[144]

»In der Logik der Abwägung liegt« – so Bernhard Schlink –, »dass sie alles und auch jedes Tabu verflüssigt und verflüchtigt. Eine Menschenwürdegewissheit festhalten heißt, sie der Logik der Abwägung zu entziehen.«[145]

2.8 Die ›Logik der Abwägung‹ und das Folterverbot

Welche Konsequenzen die ›Logik der Abwägung‹ hat – zumindest haben kann –, zeigt die Argumentation Winfried Bruggers; sie führt nahtlos von der Verneinung der Absolutheit der Menschenwürdenorm zur Verneinung der Absolutheit des Folterverbots[146]: Die Unantast-

143 Ebd., Rn. 22, vgl. Rn. 45 ff.

144 Zu einer vehementen Kritik an Herdegen vgl. Böckenförde 2004. Zur Kritik an der »Logik der Abwägung« vgl. Schlink 2003, S. 54. Zur Auseinandersetzung mit Herdegen vgl. Gutmann 2010, S. 11-14. Zu einem Plädoyer für die Abwägbarkeit bei gleichzeitiger Kritik an Herdegen vgl. Hain 2006; zur »Inkonsistenz der ›Unabwägbarkeitsthese‹« vgl. ebd., S. 200-2004, und Hain 2007, S. 95 ff.

145 Schlink 2003, S. 54.

146 Vgl. dagegen Herdegen, GG Art. 1 Abs. 1. In: Maunz/Dürig, GG-Kommentar. 65. Erg.Lfg. 2012, Rn. 51, der diese Konsequenz ablehnt. Poscher 2004 führt N. Luhmanns ›Ticking-bomb-Szenario‹ als Beispiel für Begründungen der Einschränkung des Folterverbots an: »Ein gefangener Terrorist weigert sich, das Versteck einer mit einem Zeitzünder versehenen Atombombe zu verraten. Luhmanns These: Gegenüber einem politischen System, das mit weitreichenden terroristischen Bedrohungen konfrontiert ist, lassen sich ›unverzichtbare Normen‹ des Rechtssystems nicht durchhalten. Auch wenn es Luhmann soziologisch nur um eine adäquate Beschreibung der Szene als einen Grenzfall der funktionalen Differenzierung ging, empfahl er für das von ihm gebildete Beispiel: ›[...] ungeachtet aller legalistischen Bedenken [...] Zulassung von Folter durch international beaufsichtigte Gerichte, Fernsehüberwachung der Szene in Genf oder Luxemburg, telekommunikative Fernsteuerung‹. Luhmann sah in diesem ironisierend präsentierten Vorschlag zu Lasten der Menschenwürdegarantie ›keine sehr befriedigende Lösung. Aber es befriedigt ja auch nicht, wenn man gar nichts tut und Unschuldige dem Fanatismus der Terroristen opfert‹.« Vgl. Poscher 2006, Beestermöller/Brunkhorst 2006, Biele-

barkeitsnorm sei angesichts der sich »im politischen und auch rechtlichen Diskurs« zeigenden »Dynamik und Offenheit [...] kaum durchzuhalten«. Deshalb müsse der »Konstruktion des Art. 1 Abs. 1 als subjektives öffentliches Recht« eine »Alternativsicht« entgegengesetzt werden. Deren Unterschied zur herrschenden Meinung »ergibt sich auf der *Schrankenebene*«. Es gebe im GG weitere Grundrechte – wie die Religions- und Meinungsfreiheit sowie die Kunstfreiheit – ohne Schrankenbestimmung, bei denen aber anerkannt sei, »daß sie immanenten Grundrechtsschranken unterliegen«. Brugger plädiert dafür, dies auch für die Menschenwürdegarantie gelten zu lassen und die Auslegung dieser Norm »auf brutalste Erniedrigungen [zu] beschränken«.[147] In seiner ›Alternativsicht‹ ist »die Menschenwürde als leitendes objektives Verfassungsprinzip einzustufen, das in der Auslegung der konkreten Grundrechte zur Geltung zu bringen ist, *im Rahmen der allgemeinen Schrankenlehre*«, und dies nicht mit »unmittelbarer«, sondern nur »mittelbarer Bindung«.[148]

Die »letztlich entscheidende Schwäche der Einstufung der Menschenwürde als absolut geschütztes Grundrecht« besteht für Brugger in der »verfehlte[n] Vorstellung, man könne ohne Hinsehen auf alle Umstände und alle betroffenen Interessen kategorisch Unrechtsurteile abgeben und demgemäß absolute Grundrechte verbürgen«. Es sei vielmehr manchmal »notwendig und legitim, im konkurrierenden öffentlichen oder privaten Interesse einen Grundrechtsträger in seine

feldt 2006, ders. 2007, Hong 2006. Vgl. auch Amnesty International, Document publique, Index AI: AMR 51/146/2004, EFAI, London, 27. Oktober 2004. Zu Plädoyers für die Lockerung des Folterverbots vgl. Brugger 1999, S. 411-428, Brugger 2000 und Beiträge in Lenzen 2006. Im ›Übereinkommen gegen Folter und andere grausame, unmenschliche oder erniedrigende Behandlung oder Strafe‹ der Vereinten Nationen vom 10. Dezember 1984 ist festgelegt, »dass niemand der Folter oder grausamer, unmenschlicher oder erniedrigender Behandlung oder Strafe unterworfen werden darf« (Präambel). Art. 1 (1) lautet: »Im Sinne dieses Übereinkommens bezeichnet der Ausdruck ›Folter‹ jede Handlung, durch die einer Person vorsätzlich große körperliche oder seelische Schmerzen oder Leiden zugefügt werden, zum Beispiel um von ihr oder einem Dritten eine Aussage oder ein Geständnis zu erlangen, um sie für eine tatsächlich oder mutmaßlich von ihr oder einem Dritten begangene Tat zu bestrafen oder um sie oder einen Dritten einzuschüchtern oder zu nötigen, oder aus einem anderen, auf irgendeiner Art von Diskriminierung beruhenden Grund, wenn diese Schmerzen oder Leiden von einem Angehörigen des öffentlichen Dienstes oder einer anderen in amtlicher Eigenschaft handelnden Person, auf deren Veranlassung oder mit deren ausdrücklichem oder stillschweigendem Einverständnis verursacht werden«.

147 Brugger 1999, S. 391 ff.

148 Ebd., S. 395. Hervorh. v. mir.

Schranken zu weisen, um die Grundrechte für alle zu effektivieren«.[149] In Bruggers Sicht ist die »vorgeschlagene Lösung, den Art. 1 Abs. 1 als höchstes, aber nicht absolutes oder allumfassendes Verfassungsprinzip zu interpretieren, [...] besser geeignet, die Komplexität der Menschen- und Rechtswelt wie die Kontextabhängigkeit der Entscheidung konkreter Probleme zu thematisieren als die Auffassung, die Menschenwürde stelle ein absolutes, nie einschränkbares subjektives Recht aller Menschen bzw. eine ebensolche Pflicht aller Staaten dar«.[150]

Diese ›Alternativsicht‹ stellt die rechtstheoretische Grundlage der Forderung dar, das elementare Folterverbot nicht »zu expansiv« zu deuten.[151] Brugger zufolge ist die Auffassung, Folter sei, »weil sie einen Eingriff in Art. 1 Abs. 1 darstellt, nie zu rechtfertigen«, »zweifelhaft, wenn man an den Fall denkt, in dem ein Mensch andere Menschen foltert und die Rettung der Gefolterten nur durch einen staatlichen Eingriff in die Würde des Folterers möglich ist – etwa durch eine Aussagenerpressung. Wenn Würde gegen Würde steht und eine Entscheidung getroffen werden muß, spricht mehr für als gegen einen Eingriff in die Würde des Rechtsbrechers, wenn nur dadurch das Leben und die Würde rechtstreuer Bürger gerettet werden können.«[152] Mit dieser Art. 1 Abs. 1 GG relativierenden und zugleich für andere Zwecke instrumentalisierenden Position wird der wesentliche Fortschritt der Rechtskultur dementiert: Er besteht darin, dass nur jenseits der ›Logik der Abwägung‹ die verfassungsrechtliche Würdegarantie in ihrer Absolutheit und Universalität der Grund der Menschenrechte ist, die ihrerseits in ihrer Entwicklung zur konkreten Grundlage der Feststellung von Würdeverletzungen geworden sind.

Die ›Logik der Abwägung‹ reicht über die verfassungsrechtliche Diskussion hinaus. Sie zeigt sich auch in Irritation und Verunsicherung einer Öffentlichkeit, deren (Grund- und Menschen-)Rechtswissen mangelhaft und deren Rechts- und Unrechtsbewusstsein unterentwickelt ist: Das ›gesunde Volksempfinden‹ nimmt die mit uneingeschränktem Grundrechteschutz verbundene Rechtssicherheit als justizielle Unmoral und als ›Störung des Rechtsfriedens‹ wahr. *In abstracto* wird die Absolutheit der Menschenwürdegarantie zwar anerkannt, *in concreto* aber zur Disposition gestellt. Dies gilt – wie spontane Reak-

149 Ebd., S. 396 f.

150 Ebd., S. 405.

151 Ebd., S. 395.

152 Ebd., S. 393. Bruggers Bejahung der Frage »Darf der Staat ausnahmsweise foltern?« schließt sich unmittelbar an seine Ausführungen zur ›Alternativsicht‹ der Menschenwürdegarantie an, vgl. ebd., S. 411-428.

tionen im ›Fall Gäfgen‹ belegen – nicht zuletzt hinsichtlich der Absolutheit des Folterverbots.

Magnus Gäfgen wurde 2003 rechtskräftig als Entführer und Mörder eines Kindes zu einer lebenslangen Freiheitsstrafe verurteilt.[153] Bei den Ermittlungen hatte der damalige Frankfurter Polizeivizepräsident W. Daschner angeordnet, durch Folterandrohungen eine Aussage zum Aufenthaltsort des Kindes zu erzwingen. Für diese Folterandrohung musste er sich strafrechtlich verantworten. Er wurde wegen Verleitung eines Untergeben zu einer Nötigung im Amt für schuldig erkannt. Im Juni 2005 legte Gäfgen wegen Verletzung der Art. 3 (Verbot der Folter und unmenschlicher oder erniedrigender Behandlung) und Art. 6 (faires Verfahren) der Konvention zum Schutze der Menschenrechte und Grundfreiheiten (EMRK[154]) Beschwerde beim Europäischen Gerichtshof für Menschenrechte (EGMR) ein. Am 30. Juni 2008 wies der EGMR die Beschwerde Gäfgens zunächst als unbegründet zurück.[155] Gäfgen sei zwar Opfer einer Verletzung von Art. 3 EMRK geworden, habe aber den Opferstatus bei Einleitung des Verfahrens vor dem EGMR verloren, weil die deutschen Gerichte – allen voran das BVerfGE – die Vernehmungsmethode als Verstoß gegen Art. 3 EMRK anerkannt hätten. Gegen diese Entscheidung rief Gäfgen die Große Kammer des EGMR an, die am 1. Juni 2010 entschied, die Drohungen gegen ihn seien zwar keine Folter, wohl aber eine durch Art. 3 EMRK verbotene unmenschliche Behandlung gewesen. Gäfgen könne weiterhin geltend machen, das Opfer eines Verstoßes gegen Art. 3 EMRK zu sein.[156] Im Dezember 2005 verklagte Gäfgen das Bundesland Hessen und forderte in einem Amtshaftungsverfahren eine Entschädigung. Am 4. August 2011 sprach ihm das Landgericht Frankfurt/M. 3.000 Euro zu, weil Beamte des Landes die Menschenwürde des Klägers »in eklatanter Weise schuldhaft verletzt« hätten. In den ›Schriftlichen Urteilsgründen‹ führte das Gericht u. a. aus: »Bei dieser Beurteilung ist es gänzlich unerheblich und darf schlechthin nicht berücksichtigt werden, dass der Kläger zuvor eine Straftat begangen hat. Das Recht auf Achtung seiner Würde kann auch dem Straftäter nicht abgesprochen werden, mag er sich auch in noch so schwerer und unerträglicher Weise gegen die Werteordnung der Verfassung vergangen haben.«

153 LG Frankfurt/M., Urteil vom 28. Juli 2003 – Az. 5/22 Ks 2/03 3490 Js 230118/02.

154 Siehe hierzu in diesem Buch Abschn. 3.6.2.

155 EGMR Nr. 22978/05 (5. Kammer) – Urteil vom 30. Juni 2008 (Gäfgen vs. Deutschland).

156 Vgl. NJW 43/2010, 3147.

Das Gericht hat sich mit verfassungsrechtlichen Auffassungen zur Abwägbarkeit der Menschenwürdenorm auseinandergesetzt, u. a. mit M. Herdegen: »Herdegen [...] will eine ›Abschichtung von Würdekern und weiterem Schutzbereich‹ vornehmen. Es sollen ›abwägungsoffene Randzonen des Schutzbereiches‹ geschaffen werden. Ferner führt er aus, dass die gebotene Abwägung nicht auf der ›internormativen Ebene (Kollision) von Art. 1 Abs. 1 Satz 1 Grundgesetz und Art. 2 Abs. 2 Satz 1 Grundgesetz‹ zu vollziehen sei. Herdegen zielt vielmehr auf eine ›normimmanente‹ Abwägung bereits bei der ›Konkretisierung des Würdeanspruches‹, wonach im Einzelfall die Androhung oder Zufügung körperlichen Übels den Würdeanspruch nicht verletzen soll.« Das Gericht hat festgestellt, es sei »nicht Aufgabe der erkennenden Kammer, in die abstrakte Diskussion verfassungsrechtlicher Grundsätze einzugreifen, da dies zur Beurteilung des vorliegenden Einzelfalles nicht erforderlich ist. Die Gesetzeslage ist eindeutig.«. Das Gericht hat sich der Auffassung Herdegens nicht angeschlossen: Die Folterandrohung war »weder geboten im Sinne des § 32 StGB, noch stellte sie ein angemessenes Mittel im Sinne des § 34 StGB dar, denn sie verstieß gegen Art. 1 Abs. 1 Satz 1 des Grundgesetzes. Dieser fundamentale Satz der Verfassung findet sich auch in Art. 104 Abs. 1 Satz 2 des Grundgesetzes wieder, wonach festgehaltene Personen weder seelisch noch körperlich misshandelt werden dürfen. Nach Art. 1 Abs. 1 Satz 1 Grundgesetz ist die Menschenwürde unantastbar. Keine Person darf durch die staatliche Gewalt zum Objekt, zu einem Ausbund von Angst vor Schmerzen gemacht werden.«

Nach diesem im Rahmen des GG selbstverständlichen, aber mit den moralischen Intuitionen vieler Menschen offensichtlich unvereinbaren Urteil kam es in der Presse, im Internet und im politischen Raum zu zahlreichen spontanen Äußerungen der Entrüstung.[157] Die Opferschutzorganisation ›Weißer Ring‹ beklagte, dem Täterschutz werde vor dem Opferschutz Vorrang eingeräumt: »Die Entscheidung des Frankfurter Landgerichts, der Klage wegen eines durch die seinerzeitige Androhung von Gewalt angeblich erlittenen psychischen Schadens stattzugeben, dürfte bei den Menschen überall im Land auf großes Unverständnis stoßen. Wenn ein Kindesmörder sich lediglich auf eine Drohung hin auf Todesangst berufen könne und daraufhin aus der Staatskasse Geld bekommt, dann stimmt etwas nicht mehr in unserem

157 So hieß es etwa in einem Leserbrief an die ›Frankfurter Rundschau‹ (8. 8. 2011): »Es ist nicht zu verstehen, was in unserem Rechtssystem möglich ist [...] Dieser Herr Gäfgen dürfte [...] keinerlei Menschenrechte besitzen.« Eine Online-Umfrage dieser Zeitung ergab am 8. 8. 2011, dass nur 44% der Position »Ja, die Würde des Menschen ist unantastbar. Das gilt auch für einen Mörder« zustimmten.

Rechtsverständnis [...]. Todesangst hat das entführte Kind gelitten. Politik, Gesetzgeber und Justiz sehen sich jetzt den Fragen vieler um den Rechtsfrieden besorgter Bürger ausgesetzt«. Ein Kindesmörder habe »seine Show gehabt, seine Bühne war ein Gerichtssaal, eine erschreckende Vorstellung.«[158]

Bemerkenswert und besonders problematisch war, dass sich auch die Gewerkschaft der Polizei der Urteilsschelte anschloss: »Die Rechtsprechung ›Im Namen der Bürgerinnen und Bürger‹ ist weit entfernt vom öffentlichen Empfinden über deren Gerechtigkeitssinn. Auch unsere Kolleginnen und Kollegen zeigen großes Unverständnis über das Urteil des Frankfurter Landgerichts, das einem Kindsmörder nun auch noch finanzielle Entschädigung zuspricht. Das Opfer und die gemeine Tat des Magnus Gäfgen rücken immer weiter in den Hintergrund. ›Wenn ein Täter das System Rechtsstaat ›benutzen‹ kann, um seinen Willen durchzusetzen und auch noch in der medialen Darstellung ein Podium erhält, dann stellt sich in der Tat die Frage, ob das Urteil pro Gäfgen etwas mit Gerechtigkeit zu tun hat‹, so Peter Wittig von der GdP Hessen. Wir als Gewerkschaft der Polizei verurteilen zutiefst diese Entscheidung zugunsten des Täters.«[159]

Diese mit Art. 1 GG unvereinbare Kritik teilte neben anderen Abgeordneten der CDU auch Erika Steinbach, die menschenrechtspolitische Sprecherin der Unionsfraktion im Deutschen Bundestag. Sie sah in dem Frankfurter Richterspruch eine »Bedrohung für die demokratische Kultur und das Gerechtigkeitsempfinden der Deutschen«: »Ich hätte mir ein anderes Urteil gewünscht«, so Steinbach in ›Morgenpost Online‹. »Das sage ich, obwohl ich weiß, dass es als menschenrechtspolitische Sprecherin der Unionsfraktion meine primäre Aufgabe wäre, zu sagen, dass dieser Richterspruch korrekt war – das kann ich aber nicht«. Und weiter: »Ich fürchte, dass dieses Urteil weiter dazu beiträgt, dass das Vertrauen der Menschen in den Rechtsstaat erschüttert wird. Natürlich ist Folter verwerflich, und auch die Androhung von Folter ist nicht zu billigen. Aber es ging hier um einen Kindesmörder. Unsere Gesetze sind so, wie sie sind. Doch die Freude an unserer Demokratie wird sich so nicht vertiefen lassen.«[160]

158 https://www.weisser-ring.de/internet/verwaltung/news/details/article/-19435/index.html.

159 Presseerklärung der Gewerkschaft der Polizei, Wiesbaden, 4. August 2011: Urteil im Schmerzensgeldprozess des Kindsmörders Gäfgen. Empörung und Unverständnis über die Rechtsprechung »Im Namen des Volkes«.

160 http://www.morgenpost.de/politik/inland/article1723647/Erika-Steinbach-findet-Gaefgen-Urteil-bedrohlich.html.

Auch in der Philosophie gibt es Stimmen, die zwischen Folter und ›Folter‹ zu unterscheiden vorschlagen. Im Falle Daschner habe es sich – so Wolfgang Lenzen – »um eine Maßnahme [gehandelt], die allenfalls als ›Folter‹, d.h. als *Folter-in-Anführungszeichen*, bzw. noch besser als (Versuch einer) *Aussageerzwingung zur Rettung von Menschenleben* bezeichnet werden sollte«.[161] »Eine solche Unterscheidung zwischen Folter und ›Folter‹ ist mehr als nur rhetorische Spitzfindigkeit. Auch wenn sich eine von Staats wegen angeordnete Zufügung von Schmerzen zur Erpressung einer Information je nach nationalem oder internationalem Recht juristisch unter die Rubrik Folter subsumieren lässt, fehlt der von Daschner ins Auge gefassten Maßnahme ein entscheidendes moralisches Merkmal, durch das sich echte Folter definiert: Es war niemals intendiert, den mutmaßlichen Täter zu erniedrigen oder zu demütigen. Die Androhung von Gewalt diente einzig dem Zweck, ein unschuldiges Menschenleben zu retten.«[162] Für Lenzen steht »gerade zur Debatte, ob in gewissen, klar umrissenen Ausnahmesituationen eine ›Folter‹ zur Rettung von Menschenleben *moralisch erlaubt* bzw. sogar moralisch *geboten* ist und deshalb auch *gesetzlich* erlaubt werden *dürfte* bzw. eventuell sogar erlaubt werden *müsste*.«[163]

Diese sophistische Unterscheidung zwischen Folter und ›Folter‹ ist ein Beispiel nicht nur für die verfassungsrechtliche Inkompetenz mancher Philosophen, sondern auch ein Argumentationsmuster bei manchen Ethikern, deren Rechtsbewusstsein getrübt ist. Wer so argumentiert, trägt dazu bei, dass Folteropfer gegenüber Staaten – unter ihnen Israel und die USA[164] – wehrlos sind, in denen ›unterhalb der Folter-Schwelle‹ physische Gewalt zur Erpressung von Information legalisiert ist.

Der Begriff der Achtung der Menschenwürde, in dessen Perspektive der Schutz *vor* dem Staat Vorrang vor dem Schutz *durch* den Staat hat[165], ist zwar offen für moralische Reflexion, nicht aber für einen Relativismus der Beliebigkeit gegenüber dem positiven Recht. Das »Folterverbot und die staatliche Achtungspflicht für die Menschenwürde sind ›abwägungsfest‹.«[166] Bei der Normanwendung muss nicht mehr »im Einzelfall abgewogen werden. Das absolute Folterverbot ist

161 Lenzen 2006, S. 7.

162 So im Werbetext des Mentis-Verlags zu Lenzen 2006.

163 Lenzen 2006, S. 8.

164 Vgl. Poscher 2006, S. 84.

165 Vgl. Hong 2006, S. 31.

166 Vgl. zur Absolutheit des Folterverbots und zur Unabwägbarkeit der Menschenwürde Bielefeldt 2006.

bereits das Ergebnis einer Abwägung, die der Verfassungsgeber vorgenommen hat. Wenn hier von ›absoluter‹ Geltung die Rede ist, dann ist damit positivrechtliche Notstandsfestigkeit gemeint. [...] Der Grad der [positiv-rechtlichen] Sicherheit ist [...] so hoch, dass man von einem klaren Ergebnis, im Fall des völkerrechtlichen Folterverbotes sogar von Eindeutigkeit sprechen kann. Die völkerrechtlichen Verbote sind so eindeutig formuliert, dass man mit dem bisherigen Sprachverständnis bewusst brechen muss, um zu einem anderen Ergebnis zu kommen.«[167]

167 Ebd., S. 34.

3. Die Menschenrechte

3.1 Was sind Menschenrechte?

Menschenrechte sind – im Unterschied zu bestimmten als Grundrechte an die Staatsbürgerschaft gebundenen Bürgerrechten – »Rechte, welche einem jeden Menschen ungeachtet aller seiner sonstigen Eigenschaften allein kraft seines Menschseins zukommen (sollen).«[1] Dies ist ein einfacher, aber kein selbstverständlicher Satz. Bereits mit dieser allgemeinsten Begriffsbestimmung verbinden sich Probleme. Sie ergeben sich daraus, dass das, was ›zukommt‹, zugleich ›gesollt‹ ist. Kommen – wie metaphysisch-naturrechtlich gedacht – den Menschen ihre Rechte ›von Natur aus‹ und unveränderbar zu? Oder *sollen* sie ihnen – wie juridisch und politisch-pragmatisch gedacht – durch Verrechtlichung sich historisch wandelnder moralischer Ansprüche zukommen und ihnen dann als positivierte Rechte zustehen?

Als Weg zwischen der Skylla des metaphysischen Naturrechts und der Charybdis eines Recht und Moral strikt trennenden ›harten‹ Rechtspositivismus bietet sich ein ›transzendentales‹ Argument im Sinne der Kelsenschen Begründung der ›Grundnorm‹ an. Es hat zwar kein empirisches Korrelat, muss aber als Bedingung der Möglichkeit einer vertretbaren Begründung des Rechtssystems eingesetzt werden: Die Menschen räumen sich die nicht erst im Staat verliehenen – aber auch nicht vor-staatlich[2] existierenden – Menschenrechte wechselseitig ein, um sich vor unterdrückender Macht und Gewalt *und* vor Verletzung durch Individuen und Gruppen zu schützen.

Diese Rechte von Menschen für Menschen existieren in dem Sinne *juxta-staatlich* (neben dem Staat), wie das Individuum als Juxtastruktur zur Gesellschaft existiert. Kant hatte noch betont: »Vor aller wirklichen Herrschaft aber und Unterwerfung muß ein Recht der Menschen vorhergehen, nach welchem sie ursprünglich möglich ist.« Bei ihm handelte es sich allerdings nicht um ein transzendentales, sondern um ein genetisches Argument, das er im Kontext der für die Moderne charakteristischen Fiktion eines Gesellschaftsvertrags formulierte: »Dieses [Recht] kan kein anderes seyn, als daß alle Unterworfen sind allen zusammen genommen: weil nur so eines jeden freyheit mit seiner subiection durchgängig zusammenstimmen kann. Also muß alles Ge-

1 Tomuschat 1992, S. 1.

2 Der ›vorstaatliche‹ Charakter der Grund- und Menschenrechte wird häufig behauptet; vgl. z. B. Enders 1997, S. 501 ff.; vgl. dagegen Dreier in Dreier 2004, Vorbemerkungen vor Artikel 1 GG, Rn. 70, und Art. 1 I, ebd., Rn. 1.

meine wesen von einem idealen ursprünglichen Contracte als abgeleitet angesehen werden.«[3] Für die Bestimmung der Menschenrechte als juxta-staatlich ist der Rückgriff auf dieses Konstrukt nicht notwendig.

Ich werde die Auffassung begründen, dass die Menschenrechte

(i) nur als *juridische Rechte* zur Verwirklichung moralischer Ansprüche führen können,

(ii) als positivierte Rechte nicht unter dem Vorbehalt einer allgemein akzeptierten philosophischen, theologischen oder juristischen Theorie stehen[4],

(iii) in ihrer *Geltung* als positiv-rechtliches Normensystem nicht ›begründet‹ werden müssen,

(iv) juridisch universalisierbar und universell *sind* und

(v) kulturrelativistische Strategien Rechtsrelativismus, Entuniversalisierung und den Verlust von Menschenrechtsschutz zur Folge haben.

Menschen sind als Personen Menschenrechtssubjekte. Sie werden es nicht dadurch, dass ihnen ihre Rechte von Staaten verliehen werden. Die These Ernst Tugendhats, dass Menschenrechte ›wie alle Rechte nur verliehene Rechte‹ seien[5], hat nur gegenüber metaphysisch-naturrechtlichen Rechtsbegründungen eine gewisse Plausibilität. Aber wer ›verleiht‹ die Rechte? Wenn Tugendhat diese Kompetenz dem Staat zuschreibt, dann übersieht er, dass ›verliehene Rechte‹ auch entzogen werden können, eine solche Prämisse die Menschenrechte als negative Freiheitsrechte, als Abwehrrechte *gegen* den Staat, schwächt, und *Menschen*rechte unter nationalstaatlichen Bedingungen einen gegenüber *Staatsbürger*rechten minderen Status hätten.

Mit dem Streit um die Geltungsgründe für die Menschenrechte verbunden ist das Problem ihrer Universalität, die Frage nach der Gel-

3 Kant, *Reflexionen. Aus dem Nachlass 1780-1789*. In: AA XIX, Reflexion 7974.

4 »Eine universell akzeptierte Theorie der Menschenrechte ist nicht gegeben. Das ist allgemein sichtbar und erfahrbar. Von ihr kann ein Völkerrechtler, aber vor allem ein Politiker, der Menschenrechte rechtlich international durch Völkerrecht sichern will, also nicht ausgehen. Aber er kann auch nicht darauf warten, daß sich eine solche durchsetzt. Denn das würde die Verwirklichung der Menschenrechte zumindest hinauszögern, wenn nicht verhindern. Er tut es auch nicht. Vielmehr wird auf nationaler, regionaler und globaler Ebene mit Nachdruck versucht, Menschenrechte rechtlich zu kodifizieren und tatsächlich auch mit Instrumenten des Rechts durchzusetzen. Man stützt sich dabei offenbar auf einen weitgehenden praktischen, wenn auch nicht umfassenden theoretischen Konsens. So hat sich völkerrechtlich der Schutz der Menschenrechte bereits konkretisiert«. (Steiger 1999, S. 42 f.).

5 Tugendhat 2001, S. 27.

tungs-Reichweite. Alle Erklärungen des Menschenrechtsbegriffs sind mit dem Problem der ethischen und/oder juridischen normativen Konzeptualisierung ihrer Universalität konfrontiert. Wie ihre Entstehung, Entwicklung und Versuche ihrer Begründung zeigen, ist das Verständnis der als ›Menschenrechte‹ bezeichneten moralischen Ansprüche und positiv-rechtlichen Normen in einem solchen Maße von Voraussetzungen abhängig, dass eine allgemein akzeptierte *ethische* Definition weder existiert noch erwartet werden kann. Die Menschenrechte haben eine Entwicklung durchlaufen und werden sich weiter entwickeln, wobei über ihre normativen Gehalte, die mit ihnen verbundenen Sanktionen und die institutionellen Formen[6] der Menschenrechtsverwirklichung Konflikte bestehen (werden).

Was Menschenrechte *sein sollen*, ist sowohl auf der Ebene moralischer Überzeugungen als auch auf der Ebene ethischer und rechtsphilosophischer Begründungen strittig. Doch was Menschenrechte *sind*, ist bzw. wird im Internationalen Recht als Ergebnis deliberativer – in zunehmendem Maße zivilgesellschaftlich beeinflusster – zwischenstaatlicher Prozesse definiert. »Menschenrechte werden als diejenigen Rechtsansprüche verstanden, die als die *Grundlage* und *Schranke* aller weiteren rechtlichen Normierung anzusehen sind. Sie in Anspruch zu nehmen ist für jeden Menschen in einem so starken Sinne gerechtfertigt, dass die *Vorenthaltung* dieser Rechte als *nicht zu rechtfertigen* erachtet wird. Menschenrechte sollen diejenigen basalen Ansprüche von Menschen festlegen, deren Gewährleistung grundsätzlich niemandem vorenthalten werden darf. Insofern werden Menschenrechte als ein Typ von Rechten verstanden, die den *stärkst* möglichen *Geltungsanspruch* haben: Sie können nicht ›übertrumpft‹ werden.«[7]

Als positive Rechte bedürfen sie keiner außerjuridischen Begründung.[8] Religiöse, weltanschauliche, moralphilosophische und ähnliche ›Begründungen‹ der Menschenrechte kann es nur im Plural und in

6 Vgl. Brieskorn 1997, S. 122-128.

7 Mohr 2009, S. 65.

8 Dem widerspricht Klug 1995: Alle Menschenrechtserklärungen nähmen überpositive rechtsmetaphysische Begründungen in Anspruch. Auch Alexy 2004, S 16, legt mit der These »Menschenrechte haben als solche nur eine moralische Geltung. [...] Die Existenz der Menschenrechte besteht [...] in ihrer Begründbarkeit und in sonst nichts« vehement Widerspruch gegen die strikte positiv-rechtliche Geltungsthese ein: »Menschenrechte sind ohne eine rationale und universelle Metaphysik nicht möglich.« (Ebd., S. 24). Picavet 1996, S. 271, hält hingegen eine »juridische Anerkennung« von Menschenrechten »unabhängig von jeglichem Bezug auf moralische oder metaphysische Glaubensüberzeugungen« für möglich und notwendig; vgl. auch ders. 1997. Zu einer radikalen pragmatischen Kritik an Begründungsforderungen und -strategien vgl. Rorty 1996.

Konkurrenz geben.[9] Menschen- und grundrechtliche Rechtsnormen *gelten*, weil sie im nationalen bzw. internationalen Recht positiviert sind.

Aus der Akzeptanz seitens der Normadressaten, die in deren wohlverstandenem Eigeninteresse an Schutz gründet, erwächst den Menschenrechten – über ihre Legalität hinaus – *Legitimität*. Eine darüber hinausgehende Geltungsbegründung auf metaphysischer oder fundamental-ethischer Ebene zu fordern, ist angesichts der Konkurrenz derartiger Begründungen weder sinnvoll noch erfolgversprechend.[10] Was in der Entwicklung von Menschenrechten immer wieder zu begründen ist, ist der konkrete normative Gehalt. Begründungstheoretische Debatten über die Geltung positivierter Normen sind überflüssig und für diejenigen, die menschenrechtlichen Schutz erwarten und deren Rechte verletzt werden, belanglos. Wenn Begründungen der Menschenrechte strittig sind, so betrifft der oft unter dem irreführenden Titel ›Geltungsbegründung‹ geführte Streit *de facto* nicht die normative Geltung, sondern Verständnisse und Interpretationen, von denen die von

9 Zur Begründungsdebatte vgl. u. a. Gosepath/Lohmann 1998, S. 11 ff. Gosepaths Bedenken, eine »plurale Begründung der Menschenrechte« sei »moralphilosophisch betrachtet keine kohärente Konzeption«, denn es könnten »nicht unterschiedliche Begründungen zugleich richtig sein« und man könne »daher plurale Begründungen der Menschenrechte nicht selbst für eine (Meta-)Begründung halten« (Gosepath 2009, S. 41), ist theoretisch zutreffend, aber insofern gegenstandslos, als das positive Recht der Menschenrechte nach keiner moralphilosophischen *Begründung* verlangt. Zutreffend ist aber sein Befund, dass man »bei der Akzeptanz von Menschenrechten von den unterschiedlichen Auffassungen über ihre moralische Begründung sowie von den jeweiligen metaphysischen Hintergrundannahmen« absieht, weil Menschenrechte »einen übergreifenden Konsens zwischen den verschiedenen Moralauffassungen dieser Welt« darstellen (ebd., S. 43).

10 Gegen die Annahme, die Menschenrechte müssten bzw. könnten philosophisch ›begründet‹ werden, wendet sich mit guten historischen Gründen auch Hans Joas in seiner »affirmative[n] Genealogie des Universalismus der Werte«, vor allem der rechtlichen Kodifizierung der Menschenrechte (Joas 2011, S. 15), mit der er die gängige Trennung von deren Genesis und Geltung überwinden will. Der »historisch orientierte[n] Soziologie«, die seine Analyse leitet, entspricht ein »Verzicht auf rationale Letztbegründung« ohne die Konsequenz des Relativismus (S. 13 f.); die Geschichte der Menschenrechte erweist sich für Joas als »Geschichte der Sakralisierung der Person« (ebd., S. 18). Bezogen auf den Prozess der »Wertegeneralsierung« und der Entstehung der ›Allgemeinen Erklärung der Menschenrechte‹ zeigt er, dass die Menschenrechte »zwar auf kulturelle Traditionen wie die christliche zurückgreifen«, doch »Werte wie der der universalen Menschenwürde und Rechte wie die Menschenrechte nicht in eine bestimmte Tradition ›eingesperrt‹« sind (ebd., S. 21).

ihnen ausgehende Verhaltens- und Handlungsorientierung und politische Zustimmung oder Distanzierung beeinflusst werden.

Dieter Henrich hat in ›Über einige Voraussetzungen der Verstehbarkeit von Rechten der Menschen‹ Bedingungen thematisiert, unter denen den Menschenrechten Bedeutungen zugeschrieben werden. Es müssen, neben praktischen, ideelle Bedingungen erfüllt sein, wenn sie als Normen »in wirklichem Handeln angenommen und wirksam werden sollen«. Henrich unterscheidet »Bedingungen der Relevanz, der Applikanz und der Akzeptanz von Normen«. Als *relevant* können Menschenrechte erst gelten, wenn sie im Horizont von »Gedanken von der richtigen Ordnung von Weltverhältnissen« verstanden werden. Die Bedingungen ihrer *Anwendung* (Applikanz) hängen wesentlich von der »Variabilität der Selbstbeschreibungen des Menschen und seiner Weltbilder« ab; »Normtypen« und »Typen von Selbstbeschreibungen« bilden eine Einheit, und Unterschiede in der Selbstbeschreibung des Handelnden ergeben sich daraus, »ob er (a) die Welt als intentionalen Gehalt seines Handelns ansieht, ob er (b) in ihr nur Ordnungen als Rahmen für sein Handeln vorgezeichnet sieht oder ob er (c) die Welt insgesamt nur als den Bereich auffasst, der nach Normen zu strukturieren ist und in dem darum Normen zur Geltung zu bringen sind. Das dritte Verhältnis zur Welt als solcher ist für den Gedanken von Rechten der Menschen konstitutiv.« Erst das Weltbild (c) bietet angemessene Bedingungen der *Akzeptanz* menschenrechtlicher Normen, die ein ihnen entsprechendes Verhalten motivieren.

Die »Weltorientierung der Person, die Menschenrechte als Grundnorm zu verstehen vermag«[11], ist gewiss von Bedeutung. Da aber nicht alle Personen *eine* ›Weltorientierung‹ teilen, sind die Normen des Rechts der Menschenrechte – wie alle Rechtsnormen – auf nationaler, transnationaler und internationaler Ebene mit Sanktionen bewehrt.

Die Menschenrechte werden weithin spontan anerkannt und eingefordert. Zugleich stoßen sie auf Skepsis, weil sie verletzt werden, auch im Rechtsstaat, z.B. durch ihre Einschränkung aufgrund von ›Sicherheitsinteressen des Staates‹, durch soziale Ungerechtigkeit und mangelnde Chancengleichheit. Ihre Verletzung durch den Staat führt zu Resignation, zu Desinteresse und zur Unkenntnis dessen, was den Individuen an Schutz zusteht und individuell einklagbar ist.

Exkurs: Menschenrechtsbildung

Als Rechtsnormen gebieten die Menschenrechte ein durch Legalität bestimmtes Verhalten; dem Verstoß gegen sie soll die Sanktion folgen.

11 Henrich 1990, S. 282 ff.

Soll nicht gegen sie verstoßen werden, so müssen sie über die Institutionen des Politischen hinaus Element und Maß der unter Bedingungen pluralistischer Gesellschaften und der Pluralität der Kulturen jeweils lebensweltlich präferierten Einstellungen und Überzeugungen sowie des in der Praxis benötigten Wissens sein. Wenn die Menschenrechte ihre Funktion erfüllen sollen, müssen sie den Menschen bekannt sein. Sie sind es *de facto* weitgehend nicht.

Empirische Erhebungen zum Wissen über die Menschenrechte zeigen noch immer einen deprimierenden Befund: OberstufenschülerInnen an Gymnasien kennen einige wenige bürgerliche Freiheitsrechte wie Meinungsfreiheit (60%) und Religionsfreiheit (31%); das Menschenrecht auf Asyl ist mit 4% nahezu unbekannt; die sozialen Rechte sind nur einer verschwindenden Minderheit bekannt; nur 7% kennen die Zwillingspakte von 1966 über politische bzw. wirtschaftliche, soziale und kulturelle Menschenrechte.[12]

Dieser Befund verweist auf die Bedeutung der Menschenrechtsbildung[13], zu der es in Art. 26 der ›Allgemeinen Erklärung der Menschenrechte‹ heißt: »Die Ausbildung soll die volle Entfaltung der menschlichen Persönlichkeit und die Stärkung der Achtung vor den Menschenrechten und Grundfreiheiten zum Ziel haben.«[14] International und national wird seit den 1970er Jahren immer intensiver gefordert, durch Wissensvermittlung eine positive Einstellung zu den Menschenrechten, Handlungsbereitschaft und konkretes Handeln zu erreichen.[15] Und doch lässt die defizitäre Praxis der Wissensvermittlung auf allen Ebenen von Ausbildung, Bildung und Erziehung – von den Grundschulen bis zu den Universitäten und zur Berufs- und Erwachsenenbildung – nicht nur in Deutschland erkennen, dass »die Menschenrechtsbildung [...], entgegen öffiziösen Behauptungen und Bekundungen, eine eher geringe Bedeutung« hat.[16] Dies wird sich kaum ändern, solange an Institutionen der Bildung und Erziehung kein Curriculum für ›Menschenrechtskunde‹ eingeführt wird, wie es sich aus der bereits 1974 von der Generalversammlung der UNESCO einstimmig verabschiedeten ›Recommandation Concerning Education for International Understanding, Co-Operation and Peace and Education Relating to Human Rights und Fundamental Freedoms‹ ergeben müss-

[12] Vgl. Sommer 1990.

[13] Vgl. Mahler/Mihr 2004.

[14] Zur Menschenrechtsbildung als Menschenrecht vgl. Fritzsche 2009, S. 173-199.

[15] Einen wichtigen Schritt zur Förderung der Menschenrechtsbildung bedeuten die UNESCO-Projektschulen; in Deutschland gibt es 190, weltweit in 180 Ländern 8.600 derartige Schulen.

[16] So Sommer/Stellmacher 2009, S. 47, mit Bezug auf Deutschland.

te und aus den längst vorliegenden Lehrmaterialien[17] ergeben könnte. Gemäß Präambel der ›Recommandation‹ kommt der »responsibility incumbent on States to achieve through education the aims set forth in the Charter of the United Nations, the Constitution of Unesco, the Universal Declaration of Human Rights and the Geneva Conventions for the Protection of Victims of War of 12 August 1949, in order to promote international understanding, co-operation and peace and respect for human rights and fundamental freedoms« vorrangige Bedeutung zu.[18]

Dies spiegelt sich auch in der Empfehlung Nr. R(5)7 des Ministerkomitees des Europarats vom 14. Mai 1985, der mit Verweis auf seine Entschließung (78)41 ›Das Lehren der Menschenrechte‹ und »eingedenk der Notwendigkeit, demokratische Werte erneut zu bekräftigen, angesichts von Intoleranz, Gewaltakten und Terrorismus, des Wiederauflebens öffentlich zum Ausdruck gebrachter rassistischer und fremdenfeindlicher Einstellungen, der Desillusion vieler junger Menschen in Europa, die von der Wirtschaftsrezession betroffen sind und die anhaltende Armut und Ungleichheit in der Welt wahrnehmen«, zu »Menschenrechten im Lehrplan« u.a. erklärt: »1.1. Menschenrechte zu verstehen und selbst zu erfahren ist ein wesentliches Element in der Vorbereitung aller jungen Menschen auf das Leben in einer demokratischen und pluralistischen Gesellschaft. Es ist Teil der sozialen und politischen Bildung und involviert interkulturelles und internationales Verständnis. 1.2. Mit den Menschenrechten verbundene Konzepte können – und sollten – von frühester Kindheit an erworben werden.

17 Zu nennen sind u. a.: *All human beings ... A manual for human rights education*, UNESCO, Paris 1998, [2]2000; *Erziehung für Frieden, Menschenrechte und Demokratie im Unesco-Kontext*, Deutsche UNESCO-Kommission, hg. v. W. Köhler, Bonn 1998; K.-P. Fritzsche/ W. Reuther, *Teaching Human Rights: Suggestions for Teaching Guidelines*, Deutsche UNESCO-Kommission, Bonn, und Georg-Eckert-Institut, Braunschweig 1993. Vgl. auch die ›Unterrichtsmaterialien zur Menschenrechtsbildung‹ des Deutschen Instituts für Menschenrechte und zu Lehrmaterialien für die Schule Brüning 2001 und Regenbogen 2001.

18 Die UNESCO hat 2001 einen Lehrstuhl für Menschenrechtsbildung am Institut für Politikwissenschaft der Otto-von-Guericke-Universität Magdeburg eingerichtet. Er soll dazu beitragen, das Bewusstsein und die Bildung für Menschenrechte und Toleranz in Forschung und Lehre, in Hochschule und Schule zu verbessern. Neben der Menschenrechtsbildung sind Forschungs- und Lehrinhalte: Das Internet als Medium und Inhalt von Menschenrechtspolitik, Kinderrechte, Vorurteile und Fremdenfeindlichkeit, Rechtsextremismus, Islam und Menschenrechte, sowie Migration und Integration. Seit 2006 werden regelmäßig Onlinekurse zur Menschenrechtsbildung angeboten. Siehe: http://www.human-rights-education.org/.

So ist es z. B. möglich, bereits in der Vor- bzw. Grundschule gewaltfreie Konfliktlösung zu lernen und andere Menschen zu achten. 1.3. In der Sekundarstufe bieten sich Möglichkeiten, junge Menschen mit abstrakteren Aspekten der Menschenrechte, welche die Kenntnis philosophischer, politischer und rechtlicher Konzepte involvieren, vertraut zu machen, vor allem in Fächern wie Geschichte, Geografie, Gesellschaftskunde, im Ethik- und Religionsunterricht, im Sprachunterricht und in der Literaturerziehung, Tagespolitik und Wirtschaft.«[19]

Zur Aufklärung über die Menschenrechte liegt für den deutschsprachigen Bereich mit *Kompass: Handbuch zur Menschenrechtsbildung für die schulische und außerschulische Bildungsarbeit* ein vorzügliches Hilfsmittel zur Vermittlung der Fähigkeit, die Rechte der Gleichen zu achten und Rechte als Gleiche einzuklagen, und zum Wissen über Institutionen und Verfahren des Menschenrechtsschutzes vor. Hier werden als Aufgaben und Ziele der Menschenrechtsbildung genannt: Lernen über die Menschenrechte (*Kenntnisse*), Lernen durch die Menschenrechte (*moralische Reflexion*), Lernen für die Menschenrechte (*menschenrechtliches Engagement*), Stärkung des Respekts für die Menschenrechte und Grundfreiheiten, Vermittlung des Wertes der Menschenwürde: Selbstachtung und Achtung des Anderen[20], Vermittlung des Wertes des Rechts und der Kenntnis der Funktion des Rechts (Einklagbarkeit von Rechten), Vermittlung der Werte der sozialen Gerechtigkeit, des Rechtsstaats, der Demokratie und individueller und kollektiver Gewaltfreiheit, Förderung von Interesse und Wertschätzung gegenüber nationalen, ethnischen, religiösen, sprachlichen und anderen Minderheiten und Gemeinschaften, Vermittlung von Kenntnissen über andere Kulturen, vor allem über Wissens-, Verhaltens- und Rechtskulturen, Förderung von Einstellungen und Verhaltensweisen, welche die Rechte anderer respektieren, Förderung von Geschlechterdemokratie und Chancengleichheit sowie Förderung von Solidarität und aktivem zivilem Engagement.

Eines der wichtigsten Ziele der Menschenrechtsbildung muss es sein, das Bewusstsein dafür zu stärken, dass Menschenrechtsverletzungen kein Argument gegen ihre *Geltung* als zwingendes Recht sind. Wer die Menschenrechte noch immer für Ideale oder gar für utopisch hält, verkennt ihre Rechtsförmigkeit und den individuellen Schutz, den Menschenrechtsorgane und Menschenrechtsverfahren gewähren können.[21]

19 Anhang zu Empfehlung No. R (85) 7.

20 Zur Konzeption der Menschenrechte als ›Rechte des Anderen‹ vgl. Lévinas 1987.

21 Kompass 2005, S. 17 ff. Ende des Exkurses.

Ungeachtet ihrer existenziellen Bedeutung für ein Leben in Würde, Gleichheit, Freiheit und Gerechtigkeit trifft man freilich weder im Bereich der Politik noch in dem der Wissenschaften auf ein Einvernehmen über das angemessene Verständnis der Menschenrechte – auch nicht in Philosophien der Menschenrechte.[22] Welcher Begriff des Menschen, welches Menschenbild[23] wird zu Grunde gelegt und welcher Begriff des Rechts? Was sind die Gründe dafür, dass das ›dem Menschen Zukommende‹ nicht von jeher ›zugekommen‹ ist – dass, wie J.-J. Rousseau in *Du Contrat Social* feststellt, ›der Mensch frei geboren wird und dennoch in Ketten liegt‹? Welche Rechte sollen welchen Menschen in welchem Umfang ›zukommen‹? Was ist als Quelle der Menschenrechte anzunehmen? Von wem, mit welcher Legitimation und wie soll das, was den Menschen *unmittelbar* ›zukommen soll‹, mittelbar in der Form von Normen positiven internationalen, transnationalen und nationalen Rechts durchgesetzt und geschützt werden? Die Antworten auf diese und andere Fragen waren und sind auch in Philosophien abhängig von historisch-sozialen und wissenskulturellen Vorverständnissen und Selbstverständigungen darüber, was Menschen sind und was ihnen zukommt; Bedürfnisse, soziale und politische Interessen, Wissenskulturen und soziokulturelle Besonderheiten, die miteinander konfligieren (können), bilden Kontexte der Antworten.[24]

Von Begriffsbestimmungen zu ›Menschenrechte‹ ist zu erwarten, dass sie angeben, was unter der Menschenrechte-Zuschreibung ›ungeachtet aller sonstigen Eigenschaften des Menschen‹ verstanden werden soll. Breites Einvernehmen besteht bei der folgenden Bestimmung: Menschenrechte sind »Rechte, die [...] allen Menschen kraft ihres Menschseins und unabhängig von ihrem Alter, ihrer Hautfarbe, ihrem Geschlecht, ihrer Staatsangehörigkeit oder ihrer sozialen Herkunft gemeinsam sein sollen [...] Rechte, die durch ihren ursprünglichen und unveräußerlichen Charakter damit auch nicht verweigert, die grund-

22 Zur Philosophie der Menschenrechte vgl. Rosenbaum 1980, Ricœur 1986, Ponton 1990, Worms 1993, Brieskorn 1997, Bielefeldt 1998a, Gosepath/Lohmann 1998a, Göller 1999, Menke/Pollmann 2007.

23 Während Philosophien der Menschenrechte dazu neigen, diese Rechte aus einem bestimmten Menschenbild abzuleiten, zeichnen sich die auf der Ebene der Vereinten Nationen positivierten Menschenrechte – im Unterschied zu einigen regionalen islamischen, arabischen und asiatischen Deklarationen (siehe in diesem Buch Abschn. 3.9) – durch ihre Neutralität gegenüber bestimmten Menschenbildern aus; sie sind keiner bestimmten Anthropologie verpflichtet, auch keiner ›westlichen‹. Vgl. hierzu Mohr 2009, insbes. S. 75 f.

24 Zum breiten Spektrum von Positionen vgl. Steiner/Alston 1996.

sätzlich nicht entzogen werden können, auf die aber auch niemand (freiwillig oder gezwungenermaßen) verzichten kann«.[25] Eine konkretere Begriffsbestimmung gibt S. Gosepath: »Menschenrechte sind so genannte generelle Rechte, die Menschen qua Menschsein haben, das heißt, ohne notwendig schon in einer *bestimmten* Beziehung zu anderen Menschen stehen zu müssen, aus denen sich so genannte spezielle Rechte ergeben. Der Status der Menschenrechte hängt nicht von vorhergegangenen Handlungen (zum Beispiel Versprechen) oder Einwilligungen (Verträgen) oder anderen sozialen Beziehungen (Mitgliedschaft in irgendeiner partikularen Gemeinschaft) ab. Menschenrechte gelten qua Mitgliedschaft in der Menschengemeinschaft, eine Mitgliedschaft, die keinem Menschen mit guten Gründen verweigert werden kann. Insofern kann man sagen: Ein erstes allgemeines Prinzip oder eine allgemeine Grundlage für die Herleitung und Begründung von spezifischen Menschenrechten ist das Recht, als Mensch wie alle anderen gleichermaßen respektiert zu werden oder, mit anderen Worten, gleichberechtigtes autonomes Mitglied der weltweiten Menschengemeinschaft zu sein.«[26]

Die Menschenrechte sind hinsichtlich ihrer Geltung ein Implikat des Menschseins. Entstanden sind sie aus *Gewalt- und Unrechtserfahrung*[27], und aus Verletzungserfahrung werden sie weiter entwickelt werden: »Rechtsfortbildung, auch auf internationaler, menschenrechtlicher Ebene, folgt weniger theoretischen Deduktionen als praktischen Bedürfnissen. Fortschritte im Bewußtsein von den Menschenrechten, so geringfügig sie auch sein mögen, folgen historischen, zumeist negativen, traumatischen Erfahrungen.«[28] Eine Welt ohne Menschenrechtsverletzungen ist nicht in Sicht. Aber die in Revolutionen eingeklagten und im 20. Jahrhundert unter dem Eindruck der Verbrechen des Kolonialismus, Imperialismus, Nationalsozialismus, Faschismus, Militarismus und Stalinismus[29] formulierten Menschenrechts*ansprü-*

25 Arndt 1981, S. 25.

26 Gosepath 1998, S. 149 f.

27 »Für viele Wertkomplexe, gewiß aber für den der Menschenrechte, gilt, daß wir ihre Geschichte nicht verstehen können, wenn wir sie nicht in Beziehung setzen zur Erfahrung der Gewalt, der Entwürdigung des Menschen und seiner Entrechtung.« (Joas 2009, S. 3).

28 Denninger 1994a, S. 89.

29 Ohne Rücksicht auf Terror und Millionen Opfer sehen dies heutige Stalin-Freunde anders: »Die Zeit des ›Stalinismus‹ ist die Periode der Konsolidierung der politischen Macht, die Periode eines ungeheuren gesellschaftlichen Umbaus und Aufbaus. [...] Im Angesicht der Gefahr für eine welthistorische Umwandlung verschwinden die Rechte des Individuums im reißenden Strome, den die gesellschaftliche Selbstbehauptung auslöst. [...] Den Schritt

che sind gerichtet auf weltbürgerrechtliche Lebensverhältnisse, auf einen globalen rechtsstaatlichen Konstitutionalismus – d.h. auf eine ›weltweite demokratische Rechtsordnung‹[30] – ohne Diskriminierung, Unterdrückung, Hunger, Not und ohne Gewalt und Krieg von Staaten gegen Staaten.

über die Besonderheit hinaus erzwingen die ›welthistorischen Individuen‹, die die Anarchie der Willen zur organisierten Einheit des Zwecks zusammenfügen. [...] Im Falle der Geschichte versagen die moralischen Kategorien als Bewertungsmaßstäbe. Gefragt sind die Prozeßformen, aus denen eine neue gesellschaftlich-politische Topographie hervorgeht. Die Prozeßform der Formationsänderung ist die Revolution als Ereignis der Umwälzung und als folgender oder vorhergehender langdauernder Vorgang der Umwandlung. Revolution schließt Gewalt ein, nicht nur im umstürzenden Ereignis, sondern auch in der Fortdauer seiner Verwirklichung. Gewalt ist immer die Verletzung der im Recht sich selbst auferlegten Beschränkungen der Willkür des Tuns – in der Gewaltanwendung liegt die Tendenz zum Umschlag ins besondere Unrecht. Unrecht wird es im Einzelfall und ist als solches moralisch zu verurteilen. Ja, man soll ihm in jedem Fall widerstehen. Da Unrecht eine Fehlerstelle im System der Vernünftigkeit ist, kann man aus den Quellen der Fehler lernen, wie sie in einem weiteren vernünftigen Lauf der Geschichte vermieden oder begrenzt werden können. Aber man muß das Geschehen in seinem funktionalen Zusammenhang betrachten, um es nicht einfach als das Böse zu einem irrationalen, quasi theologischen Faktor zu machen, gegen den wir nur exorzistische Gebetsmühlen in Gang setzen können. [...] Der fortgeschrittenste Stand der Vernunft ist bisher die Aufklärungstradition, zu der Marx, Lenin, Stalin doch gehören.« (Hans Heinz Holz, Dialektik der Vernunft. Debatte. Moralität und Historizität, eine Begriffsverwirrung. Anmerkungen zur aktuellen Kommunismus-Diskussion. In: *junge Welt*, 1.2.2011; vgl. das apologetische Stalin-Kapitel in ders., *Theorie als materielle Gewalt. Die Klassiker der III. Internationale* (Aufhebung und Verwirklichung der Philosophie Bd. 2), Berlin 2011).

30 Vgl. Habermas 1999b, S.4: »Erst wenn die Menschenrechte in einer weltweiten demokratischen Rechtsordnung in ähnlicher Weise ihren ›Sitz‹ gefunden haben wie die Grundrechte in unseren nationalen Verfassungen, werden wir auch auf globaler Ebene davon ausgehen dürfen, daß sich die Adressaten dieser Rechte zugleich als deren Autoren verstehen können.« Habermas' vorsichtige Einschätzung zu diesem ›Erst-wenn‹ lautet: »Die Obsoleszenz des noch fortdauernden Naturzustandes zwischen bellizistischen Staaten, die ihre Souveränität bereits eingebüßt haben, hat immerhin begonnen. Der weltbürgerliche Zustand ist kein bloßes Phantom mehr, auch wenn wir noch weit von ihm entfernt sind. Staatsbürgerschaft und Weltbürgerschaft bilden ein Kontinuum, das sich immerhin schon in Umrissen abzeichnet.« (Habermas 1994, S.660). Zu einem globalen Konstitutionalismus im Widerspruch zur Staatensouveränität vgl. Rosas 2000. Siehe zur Kritik an der konservativ-machtstaatlichen und die Menschenrechte ideologisch und politisch instrumentalisierenden Version eines globalen Konstitutionalismus, der das Gewaltverbot der UN-Charta aushöhlt, in diesem Buch Kap. 8 zum Internationalen Recht.

Die Menschenrechte haben insofern einen *moralischen Inhalt*, als sie sich mit den moralischen Intuitionen und Ansprüchen derer dekken, die von ihnen den Schutz ihrer Gleichheit und Freiheit erwarten. Sie haben eine *positiv-rechtliche Form*, verlangen nach Legalität, d. h. nach normen-konformem Verhalten und Handeln, und haben in diesem juridischen Sinne auch eine moralische Funktion der Verhaltensorientierung. Als individuelle und kollektive (Gemeinschafts-, Gruppen-, Minderheiten-)Rechte haben sie – unabhängig von gewohnheitsrechtlichen Üblichkeiten, besonderen institutionellen Ordnungen und Regelungen, Überzeugungen, Religionen und Kulturen – Geltung als positives internationales, nationalem Verfassungsrecht übergeordnetes Recht. Sie begründen Verwirklichungsansprüche gegenüber nichtstaatlicher – vor allem ökonomischer – Gewalt und gegenüber den Staaten, deren Rechtssysteme im Interesse bestmöglicher Grundrechteverwirklichung auf den je höchsten Entwicklungsstand der Menschenrechte verpflichtet sind.

Die Menschenrechte sind Konkretisierungen des fundamentalen moralischen Wertes und der basalen Rechtsnorm der Unantastbarkeit der Menschenwürde: »Ein (institutioneller) Akteur y *mißachtet* die Würde eines Menschen x genau dann, wenn y ein Menschenrecht von x *verletzt.* [...] Menschenrechte *konkretisieren* Menschenwürde durch deren geschichtsbezogene Kontextualisierung. Die Menschenwürde ist ein abstraktes (nämlich von konkreten soziohistorischen Umständen und Gegebenheiten absehendes) moralischpolitisches Ideal, das – unter Voraussetzung der Existenz des demokratischen Rechtsstaates – zu subjektiven Rechten transformiert wird.«[31]

In der Hierarchie der Normen sind die Menschenrechte auf der Basis der Würdenorm das Fundament des Rechtsnormensystems. Die Fundierungsfolge im Rechtsnormensystem kann also so bestimmt werden: Menschenwürde ⇒ Internationales Menschenrechte-Recht: Allgemeine Erklärung der Menschenrechte ⇒ nachfolgende Menschenrechtspakte ⇒ spezielle Konventionen und Verträge[32], z. B. gegen Völkermord, gegen Folter, zum Schutz der Frauen[33], zum Schutz der Kinder... ⇒ Nationale Verfassungen: Allgemeine Grundrechtsnormen ⇒ Spezielle Normen ⇒ Gesetze ⇒ Verordnungen usf.

Die Menschenrechte sind auch dann mit mittelbarer *Drittwirkung* – also über die Staaten hinaus auch Individuen und Gruppen – verpflichtende Normen, wenn sie nicht im innerstaatlichen Recht positiviert sind; sie verlangen ein Verhalten, das sich auf die Anerkennung

31 Kettner 1999, S. 76 f.

32 Vgl. http://treaties.un.org/

33 Vgl. Gabriel 2001, Gerhardt 2005.

und Achtung der Menschenwürde und der Ansprüche aller auf ein menschenwürdiges Leben erstreckt.

Das Recht der Menschenrechte umfasst Freiheits- und Gleichheits*rechte*, Gerechtigkeits- und Solidaritäts*pflichten* und Sanktionen bei ihrer Verweigerung durch Staaten und bei individuellem und kollektivem Missbrauch sowie allgemein bei Verstößen gegen die genannten, sich aus den Rechtsnormen ergebenden Pflichten. Pflichten sind den Menschenrechten – wie allen Rechtsnormen – eingeschrieben; eine ›Erklärung von Menschenpflichten‹[34] verkennt dies und ist überflüssig.

3.2 Moral, Recht, Staat und Staatskritik

Menschenrechte sind in Rechtsnormen transformierte moralische Ansprüche. Sie »tragen ein Janusgesicht, das gleichzeitig der Moral und dem Recht zugewandt ist. Ungeachtet ihres moralischen Inhalts haben sie die Form juristischer Rechte. Sie beziehen sich wie moralische Normen auf alles, ›was Menschenantlitz trägt‹.«[35]

Dass sie auch der Moral ›zugewandt‹ sind, bedeutet allerdings (i) nicht, dass die sich aus ihr ergebende individuelle und kollektive Verhaltensverpflichtung in mehr als in den *Menschenrechten als moralischem Konsens* gründen muss; und es bedeutet (ii) nicht, dass ihre Wahrung mehr als die *Legalität* individuellen und kollektiven Handelns voraussetzt. Dass die Menschenrechtsnormen moralische Inhalte haben, bedeutet (iii) nicht, dass alle moralischen Ansprüche menschenrechtlich positiviert sind bzw. positiviert werden müssen. Rechtliche Normierung in Form der Menschenrechte betrifft existenziell wesentliche Bedürfnisse; Menschenrechte sind *fundamentale Rechte*: »Die Fundamentalität betrifft den *Gegenstand* der Rechte. Bei den Menschenrechten geht es um den Schutz und die Befriedigung von fundamentalen Interessen und Bedürfnissen. Ein Interesse oder ein Bedürfnis ist fundamental, wenn seine Verletzung oder Nichtbefriedigung entweder den Tod oder schweres Leiden bedeutet oder den Kernbereich der Autonomie trifft. Zwischen der Fundamentalität der

34 Von diesem Irrtum gehen die Beiträge in Schmidt 1998 aus.

35 Habermas 1999, S. 216. Vgl. Habermas 1999b, S. 4: »Menschenrechte weisen [...] ungeachtet ihres rein moralischen Gehalts die strukturellen Merkmale von subjektiven Rechten auf, die von Haus aus darauf angewiesen sind, in einer Ordnung zwingenden Rechts positive Geltung zu erlangen.« Zu Menschenrechten ›zwischen Moral und Recht‹ vgl. auch Lohmann 1998.

Menschenrechte und ihrer moralischen Geltung besteht ein Zusammenhang, beides ist aber nicht identisch. [...] Die Beschränkung der Gegenstände der Menschenrechte auf das, was für die Existenz oder die Autonomie des Menschen fundamental ist, bedeutet, dass der Bereich der Menschenrechte nicht mit dem der Gerechtigkeit übereinstimmt.«[36]

Menschenrechte sind als Rechtsnormensystem Teil nationaler und transnationaler staatlicher Ordnung. Diese Ordnung muss legitim sein. »Der Begriff der Legitimität muss [...] den Rahmen für die Frage der Existenz der Menschenrechte bilden. Überall, wo Menschen über Menschen Macht ausüben, stellt sich die Frage, ob die Macht legitim [...] ist oder nicht. Sie stellt sich in erster Linie subjektiv, für die an dem Machtverhältnis Beteiligten und insbesondere für die, die in dem Machtverhältnis die Untergeordneten, die Abhängigen sind, denn für diese stellt sich stets die Alternative, ob sie die Macht der anderen akzeptieren, weil [sie] Gewalt-Zwang ausüben (*brute force*), oder ob sie die Macht von sich aus akzeptieren, und das heißt eben: sie als zu Recht bestehend, als legitim anerkennen.«[37]

Staat und Recht bilden nicht *apriori* eine harmonische Einheit. Dass der Staat und das Recht potenziell Gegenpole bilden, macht die Ambivalenz, ja das Dilemma der Verortung der Menschenrechte in Recht *und* Staat aus.[38] Von ihrem Ursprung als individuellen Abwehrrechte her ist »der Staat gewissermaßen ihr natürlicher Gegner. Traurige Beispiele der Gegenwart belegen weltweit«, dass diese natürliche Gegnerschaft »noch nicht überholt ist. Zugleich hat die Analyse aber gezeigt, dass Staaten und Staatengemeinschaften auch die unentbehrlichen und allein wirkmächtigen Beschützer der Menschenrechte sind. Sie sind es um so mehr, je mehr die Inhalte der Menschenrechte auf staatliche

36 Alexy 1998, S. 251. Auch Gosepath 2009, S. 37f., betont, dass »die menschenrechtliche Orientierung an den grundsätzlichen Belangen des Menschen zu einer ebenso grundsätzlichen Begrenzung ihres Inhalts [zwingt]. Die geschützten Dimensionen müssen so elementar sein, dass transkulturell unstrittig ist, dass ihr Schutz zu den Bedingungen menschlichen Lebens gehört und nicht – darüber hinausgehend und damit strittig – zu den Bedingungen *guten* menschlichen Lebens. Die Ausformulierung gelingenden Lebens muss den Einzelnen und deren Kulturen überlassen bleiben. Menschenrechte sichern (nur) die Bedingungen für eine friedliche und minimal gerechte Koexistenz von Menschen sowie die Bedingungen der Möglichkeit guten Lebens, aber nicht das gute Leben selbst. In der weltweiten Öffentlichkeit wird die Sicherung der friedlichen und minimal gerechten Existenzbedingungen für alle Menschen als Menschen auch als *zivilisatorisches Minimum* anerkannt.«

37 Tugendhat 1998, S. 48.

38 Siehe in diesem Buch Teil IV – Der Staat.

Leistungen gerichtet sind. Wirksamen Schutz wird es letzten Endes nicht gegen, sondern nur in Übereinstimmung mit der jeweils betroffenen staatlichen Gewalt geben. Er schwindet oder wächst mit der gesamten Rechtskultur eines Volkes.«[39]

Die Menschenrechte sind in der Moderne auf der Basis der *Trennung von Gesellschaft und Staat* entwickelt worden. Die Durchsetzung von Autonomie, Subjektivität und Individualrechten hat Interessenkollisionen und deshalb eine *Verrechtlichung* von Lebensbeziehungen der Menschen bewirkt. ›Verrechtlichung‹ bedeutet: Die Menschenrechte werden als Ansprüche auf Gleichheit, Freiheit und Gerechtigkeit im Rechtsstaat und durch nationale und internationale Gerichtsbarkeit[40] vor staatlicher und nichtstaatlicher Unterdrückung durch das Recht geschützt.

Die immer mögliche Deformation des Rechtsstaates[41] zum Macht- und Gewaltstaat stellt aber – neben Rechtsverletzungen durch ökonomische Macht – eine permanente Gefährdung der Menschenrechte dar. Deshalb ist die »ständige Ausbreitung staatlicher Herrschaft [...] verbunden mit Bemühungen, sie auf dem Rechtswege wieder einzuschränken. Beides ist die Funktion von Recht heute. Auf der einen Seite ist es ein Herrschaftsinstrument. [...] Auf der anderen Seite dient es der Einschränkung staatlicher Macht.«[42] Der Staat ist zur Erfüllung dieser Aufgabe mit Macht und Zwangsmitteln ausgestattet; deshalb »muss diese Macht des Staates ihrerseits so beschränkt werden, dass sie die Freiheit der Individuen nicht bedroht«.[43]

Menschenrechte sind als Ausdruck moralischer Ansprüche zwar einklagbar, aber nicht allein moralisch durchsetzbar.[44] Deshalb gibt es, so R. Alexy, »ein Menschenrecht auf den Staat. Durch die Einrichtung eines Staates als Durchsetzungsinstanz werden die moralischen

39 Denninger 1994a, S. 99.

40 Siehe in diesem Buch die Abschn. 7.4 und 8.7.

41 Siehe in diesem Buch Kap. 7.

42 Wesel 1993, S. 198 f.

43 Petersen 1995, S. 333.

44 Siehe hierzu und zur Kritik am Begriff ›moralischer Rechte‹ Abschn. 4.2 in diesem Buch. Auch Goespath, der betont, Menschenrechte seien »auf eine besondere Weise moralisch-politische Rechte« (Gosepath 2009, S. 38), räumt ein: »Jedoch hilft die Idee rein moralischer, also vorstaatlicher, vorpositiver Menschenrechte Menschen nicht, wenn die Menschenrechte nicht auch institutionalisiert werden. [...] Es bedarf der Positivierung der Menschenrechte, um diese wirklich effektiv qua Gewaltmonopol des Staates sichern zu können. [...] Menschenrechte haben also eine Komponente eingebaut, die uns moralisch verpflichtet, sie auch rechtlich zu konkretisieren und zu institutionalisieren. Moralische Rechte sind ›ungesättigt‹, solange sie nicht kodifiziert und interpretiert sind.«

Rechte, die die einzelnen gegeneinander haben, in inhaltsgleiche Rechte des positiven Rechts transformiert. Zusätzlich entstehen als neue Rechte die Rechte der einzelnen gegen den Staat auf Abwehr, Schutz und Verfahren.«[45] Es ist wichtig, über die Differenzierung der Menschenrechte in Abwehrrechte und Schutzrechte, bei denen der Staat das Individuum gegen Eingriffe anderer zu verteidigen hat, sowie in politische Teilnahmerechte und soziale, das Existenzminimum sichernde Gewährleistungsrechte hinaus die *Verfahrensrechte* einzubeziehen, welche die Art der Durchsetzung der Menschenrechte regeln. Die *Prozeduralisierung* der Rechtsverwirklichung im Rechtsstaat als ›Rechtswege-Staat‹[46] ist ein Mittel gegen die Willkür staatlicher (und nichtstaatlicher) Herrschaft.

Der Vergleich zwischen der rechtlichen Universalität der Menschenrechte und ihrer faktisch oft unzureichenden Verwirklichung führt auf die Notwendigkeit der *Staatskritik*. Ein Plädoyer für den Rechtsstaat führt notwendigerweise zur Kritik an einer Staatlichkeit unter dem Niveau von Rechts- und Sozialstaatlichkeit. Das Politische als Matrix der Menschenrechtsentwicklung durch Staaten auszublenden, wäre blauäugig. *De facto* fehlt es vielen Staaten an menschenrechtlicher Legitimität. Vom Staat geht einerseits eine permanente potenzielle Bedrohung der *Freiheits*rechte aus; andererseits ist er als rechtssetzende Institution die notwendige Voraussetzung von Freiheit*rechten*. Das Recht muss den Staat zum *Rechtsstaat* domestizieren.[47] »Der Rechtsstaat« – so Horst Dreier in seinem Kommentar zu Art. 20 GG – »formuliert verfassungstheoretisch den Anspruch, politische und gesellschaftliche Macht im Gemeinwesen primär nach Maßgabe von Recht und Gerechtigkeit auszuüben, auch im Widerspruch zur politischen Opportunität der Macht. Rechtsstaatlichkeit prägt die Strukturen und die Ziele staatlichen Handelns, das nicht nur begrenzt, sondern auch gewährleistet wird.«[48] »Der Rechtsstaat schützt seine Bürger durch die Gewährleistung elementarer Rechtlichkeit. Verfassungsrechtsdogmatisch umfaßt der grundgesetzliche Rechtsstaat die Gesamtheit der Regeln, Grundsätze und Prinzipien, die [...] als Ausprägung des Rechtsstaates gelten, indem sie staatliche Machtausübung rechtlich binden, organisieren und begrenzen.«[49]

45 Alexy 1998, S. 254.

46 Zur Verteidigung des häufig als Widerspruch zum Rechtsstaat kritisierten Rechtswegestaates vgl. Starck 1995, S. 253: »Die Rechtswegegarantie eröffnet eine umfassende Kontrolle der Verwaltungstätigkeit, soweit sie die Rechtssphäre des Bürgers berührt.«

47 Siehe hierzu in diesem Buch Kap. 7.

48 Dreier in Dreier 2004, Art. 20 (Rechtsstaat), Rn. 1.

49 Ebd., Rn. 36.

Auf die Bedrohung der Freiheitsrechte antwortet der Rechtsstaat in Form von *Verrechtlichung*. Verrechtlichung ist sowohl eine Folge der Kritik der Macht als auch eine Antwort darauf, dass Menschen geneigt sind, sich auch dann subjektiv moralisch ›berechtigt‹ zu fühlen, wenn sie unter Missachtung der Rechte Dritter handeln. An die Menschenrechte gebundene Verrechtlichung ist in der Form der *Verrechtsstaatlichung* Kritik sowohl defizienter moralischer Einstellungen als auch des Macht- und Gewaltstaates. Sobald der Staat seine Legitimität durch Verletzung der Menschenrechte und Grundfreiheiten selbst ruiniert, ist menschenrechtlich begründeter Widerstand notwendig und möglich.[50]

Zu Beginn des 21. Jahrhunderts zeigt sich eine der brisanten Folgen der faktischen oder behaupteten Gefährdung demokratischer Gesellschaften durch neue Formen von Konflikten in der Aushöhlung der Menschenrechte durch das einseitig favorisierte ›Recht auf Sicherheit‹, dessen Vorrang vor der Freiheit im ›Kampf gegen den Terrorismus‹ behauptet wird. Kofi Annan hat als Generalsekretär der Vereinten Nationen in seinem Bericht ›In größerer Freiheit‹ unter dem Titel ›Freiheit, in Würde zu leben‹ geschrieben: »Menschenrechte sind für Arm und Reich von gleichermaßen grundlegender Bedeutung, und ihr Schutz ist für die Sicherheit und Prosperität der entwickelten Länder ebenso wichtig wie für die der Entwicklungsländer. Es wäre falsch, die Menschenrechte so zu behandeln, als müssten sie gegen andere Ziele wie Sicherheit oder Entwicklung aufgewogen werden.«[51]

50 In Westdeutschland bzw. in der Bundesrepublik Deutschland war es noch Jahre nach 1945 umstritten, ob sich am 20. Juli 1944 Widerstandskämpfer oder Hochverräter gegen das NS-Regime erhoben hatten. Erst als 1952 auf Betreiben des Generalstaatsanwalts Fritz Bauer der ehemalige Generalmajor Otto Ernst Remer, der 1950 zu den Gründern der rechtsradikalen Sozialistischen Reichspartei gehört und bei einer Parteiveranstaltung im Mai 1951 die Attentäter des 20. Juli als vom Ausland gedungene Landesverräter bezeichnet hatte, von der Dritten Großen Strafkammer des Braunschweiger Landgerichts wegen übler Nachrede und Verunglimpfung des Andenkens Verstorbener verurteilt wurde, änderten sich die öffentliche Meinung und die Rechtsprechung. Bauer verstand das Widerstandsrecht als Recht auf Notwehr und erklärte: »Ein Unrechtsstaat, der täglich zehntausende Morde begeht, berechtigt jedermann zur Notwehr [...] Ich stelle deswegen den Satz auf: ein Unrechtsstaat – im Gegensatz zum heutigen Rechtsstaat – [...] wie das Dritte Reich ist überhaupt nicht hochverratsfähig.« (Bauer 1998, S. 26). Vgl. zu Bauers Plädoyers für ein Widerstandsrecht gegen den Staat auch ders. 1962 und 1965; vgl. zum Widerstandsrecht in diesem Buch Abschn. 4.1, Fußnote 50.

51 UN-Dok. A/59/2005 (2005). Zit. nach MRM – MenschenRechtsMagazin Heft 2/2005, S. 178; zur Kritik an der Priorität der Sicherheit zu Lasten der

Das ›Aufwiegen‹ der Menschenrechte bzw. ›Abwägungen‹ zwischen ihnen sowie die selektive Wahrnehmung und unterschiedliche Bewertung von Verletzungen politischer und sozialer Menschenrechte verstößt gegen die Pflicht zur Achtung der für die Menschenrechte konstitutiven Einheit aller Rechte. Der Verstoß entspringt in aller Regel besonderen weltanschaulichen, ethischen oder politischen Präferenzen und nicht zuletzt der Durchsetzung ökonomischer Interessen. Partikuläre *materiale* Interpretationen und Akzeptanzbegründungen für bzw. gegen Menschenrechte (etwa seitens des Christentums, des Islam, konservativer bzw. neoliberaler Politik etc.) taugen nicht zur Sicherung einer demokratischen Rechtsordnung und des Ganzen der Menschenrechte.

Die Kritik des Staates und des Politischen ist in dem Maße unverzichtbar, wie sich der Rechtsstaat von der aufgrund ökonomischer Interessen geforderten sog. Liberalisierung und Deregulierung gängeln lässt und der Re-Privatisierung des öffentlichen Raumes tatenlos zuschaut. Genau dies ist in der Finanz-, Wirtschafts- und Schuldenkrise der Jahre 2009 ff. geschehen.[52] Der Ruf nach ›weniger Staat‹ entspricht nur unter totalitären Bedingungen dem Bedürfnis nach Durchsetzung der Menschenrechte.

Es sind einfache Tatsachen, unter deren Druck die Verteidigung der Menschenrechte scheitern kann. Der Name für diese Tatsachen ist jener asymmetrische Mechanismus, in dem transnationale Konzerne, ökonomisch mächtige Staaten und Finanzorganisationen Politiken der Ungleichheit und Diskriminierung durchsetzen: gegen die peripheren Gesellschaften mit abhängigen Volkswirtschaften, geringer Industrialisierung, technologischer Rückständigkeit, politischer Instabilität und Schwäche der demokratischen Institutionen.[53]

Die Globalisierung dieses Mechanismus macht die Welt weder reicher, noch gleicher, noch freier. Sie verstärkt vielmehr die bestehende Ungleichheit und vertieft die Kluft zwischen Armen und Reichen. Die

Menschenrechte nach dem *11. September* vgl. Robinson 2003; vgl. auch Deutsches Institut für Menschenrechte 2003.

52 »Ein Jahrzehnt enthemmter Finanzmarktökonomie entpuppt sich als das erfolgreichste Resozialisierungsprogramm linker Gesellschaftskritik. [...] Die Krise der sogenannten bürgerlichen Politik, einer Politik, die das Wort Bürgertum so gekidnappt hat wie einst der Kommunismus den Proletarier, entwickelt sich zur Selbstbewusstseinskrise des politischen Konservatismus. Realpolitik und Pragmatismus verdecken die gähnende Leere, und die Entschuldigung, Fehler machten ja auch die anderen, ist das Pfeifen im Walde.« (F. Schirrmacher, Bürgerliche Werte. »Ich beginne zu glauben, dass die Linke recht hat«. In: *Frankfurter Allgemeine Zeitung*, 14. 8. 2011).

53 Vgl. Caldera 2001, S. 14.

Einkünfte der reichsten 50 Millionen Menschen (1% der Weltbevölkerung) entsprechen dem gemeinsamen Einkommen der ärmsten 2,7 Milliarden Menschen.[54] Trotz der kaum vergleichbaren Qualitäten von Armut ist nicht zu vergessen, dass auch der Teil der Welt, von dem die Globalisierung ausgeht, einen Teil des Preises zu zahlen hat – durch zunehmende Armut, soziale Polarisierung und politische Destabilisierung. In der Europäischen Union leben 68 Mio. Menschen unterhalb der Schwelle des Armutsrisikos, in der Bundesrepublik Deutschland 15% der Kinder.[55]

Der Neoliberalismus beruht – so kritisch Stuart Hall – »auf der Idee des ›freien Besitzindividuums‹. Der Staat gilt als tyrannisch und unterdrückerisch, er soll nie über die Gesellschaft regieren und den freien Individuen diktieren, was sie mit ihrem Eigentum machen. Er darf nicht versuchen, eine freie Wirtschaft zu regulieren und muss sich davor hüten, das Naturrecht, Profite zu machen und persönlichen Reichtum anzuhäufen, zu beeinträchtigen. Die Unternehmerinteressen dürfen unter keinen Umständen durch staatliches ›social engineering‹ beeinträchtigt werden. Die Antwort lautete daher, der Staatsintervention durch die globale Investition auszuweichen.«[56]

W.F. Haug hat unter dem Titel ›Der gespaltene Kosmopolitismus des transnationalen Hightech-Kapitalismus‹ eine Unterscheidung zwischen dem »Notkosmopolitismus« der kapitalistisch Entrechteten und

54 Le Monde diplomatique. *Atlas der Globalisierung*, Berlin 2003, S. 50: »Ein neueres Phänomen ist die ausgeprägte räumliche Konzentration des Reichtums. Das Börsengeschehen konzentriert sich großenteils auf 21 Finanzplätze, die in den entwickelten Ländern liegen. Diese Länder, die nicht nur die Hauptfinanzplätze, sondern auch die Kommunikationsnetze und die wichtigsten Luft- und Seeverkehrswege kontrollieren, zeichnen sich auch durch die höchste Lebenserwartung und die niedrigste Kindersterblichkeit aus.«

55 Am 27. 10. 2011 meldete die Bertelsmann-Siftung: »Armut und die wachsende Kluft zwischen arm und reich sind ein großes Problem in der OECD. Im Durchschnitt der 31 analysierten Staaten sind 10,8 Prozent der Menschen arm, d. h. sie müssen mit weniger als der Hälfte des nationalen mittleren Haushaltseinkommens leben. Besonders besorgniserregend ist dabei das Phänomen der Kinderarmut. Rund 12,3 Prozent der Kinder leben im Schnitt unterhalb der Armutsgrenze. Daher mangelt es vielerorts bereits an den Grundvoraussetzungen sozialer Gerechtigkeit und Teilhabe. Allerdings ist das Gefälle innerhalb der OECD immens: Während etwa in Dänemark nur 3,7 Prozent der Kinder von Armut betroffen sind, liegt die Quote in den USA bei erschreckenden 21,6 Prozent (Rang 28). Nur die Türkei, Chile und Mexiko schneiden schlechter ab als die größte Volkswirtschaft der Welt.«
http://www.bertelsmann-stiftung.de/cps/rde/xchg/SID-8FAF5071-9EE40563/bst/hs.xsl/nachrichten_110193.htm.

56 Hall 2011, S. 652.

dem »imperialen Kosmopolitismus« (»das transnationale Zuhausesein [im] Netz des Weltmarkts«) eingeführt. Diese Unterscheidung ist geeignet, die *Faktizität* ungerechter Weltverhältnisse zu beschreiben. Und doch kann man sich fragen, ob die Konsequenzen, die Haug hieraus für die *Geltung* des Rechts zieht, zwingend sind: »[D]er transnationale Kapitalismus stellt eine systemische Anomie dar, solange bindendes und machtgeschütztes Recht sich auf die Beziehung der Nationalstaaten zu ihren Bürgern beschränkt. Wenn grenzüberschreitender Warenverkehr schon immer der grenzüberschreitenden Verkehrsformen bedurfte, so braucht transnationaler Kapitalismus transnationales Recht. Kant hat solches Recht als das Regelwerk eines künftigen Völkerbundes erwartet. [...] Angesichts der realen Verhältnisse ist der Gedanke einer Weltbürgerschaft, die tatsächlich ihrem Begriff entspräche, auf den Status des virtuellen Gegenstandes eines idealistischen Diskurses verwiesen.«[57]

Ein *Weltstaats*-Modell ist angesichts der Revolutionierung des Internationalen Rechts[58] keineswegs eine notwendige Voraussetzung für die universelle Geltung juridischer Normen; die notwendige Voraussetzung besteht in der weiteren Ausbildung eines *Weltrechts*-Systems, eines allgemein akzeptierten – weil nach Prinzipien von Gleichheit und Gerechtigkeit demokratisch ausgehandelten – Rechtssystems mit *gleicher* Verpflichtung aller gegenüber allen. Dieses Rechtssystem ist auf dem Wege, ohne bereits bei allen angekommen zu sein. Es verlangt nach permanenter Kritik an gesellschaftlichen Verhältnissen, in denen Furcht, Not, Hunger und andere Verletzungen der Rechte nicht beseitigt sind.

3.3 Die Dynamik und Offenheit der Menschenrechtsentwicklung

Die Menschenrechte sind nichts Statisches. Sie sind in historischer Dynamik zu dem geworden, als was wir sie heute verstehen. Früher als utopisch belächelte Menschenrechtsideen haben sich in der Verrechtlichung von Idealen und Hoffnungen zum *Recht der Menschenrechte* entwickelt[59], das für zukünftige Entwicklung offen ist.

57 Haug 2009, S. 560f.

58 Siehe hierzu in diesem Buch Kap. 8 zum Internationalen Recht.

59 Zur Geschichte der Menschenrechte vgl. Jellinek 1904, Schnur 1964, Hartung 1972, Oestreich 1978, Birtsch 1981, Commichau 1985, Schmale 1997.

Im 18. Jahrhundert waren die Menschenrechte als *Abwehrrechte gegen den Staat* durch Konzentration auf die Ansprüche der *Individuen*, als ›negative Freiheitsrechte‹, gekennzeichnet (Schutz religiöser Überzeugungen, der Meinung usf. vor staatlicher Bevormundung). Mit der Vervielfachung der für schutzwürdig gehaltenen Rechtsgüter[60] und der Erweiterung der Menschenrechte durch soziale Rechte hat sich eine andere Sichtweise durchgesetzt: (i) Auch soziale Rechte sind Freiheitsrechte; (ii) sie können ebenso wenig wie andere Freiheitsrechte ohne Einschränkung von Rechten einzelner geschützt werden; (iii) Abwehrrechte *gegenüber* dem Staat und Menschenrechtsschutz *durch* den Staat stehen in einem komplementären Verhältnis zueinander. Obwohl die Menschenrechte den Menschen *unmittelbar* zukommen und deshalb nicht verliehen werden, sind sie weder ›ewig‹ noch selbstherstellend; sie müssen ›erklärt‹ und als Rechtsnormen positiviert werden. Menschenrechte sind nicht länger Gegenstand von Appellen, sondern *Rechte*, die individuell bzw. kollektiv vor Institutionen des Menschenrechtsschutzes[61] (Menschenrechtsorganen, Menschenrechtskommissionen und Menschenrechtsgerichtshöfen) einklagbar sind[62]; gegen Menschenrechtsverletzungen sind Menschenrechtsverfahren institutionalisiert.

Die Menschenrechtsentwicklung wird oft in ›Generationen‹ beschrieben.[63] Als erste Generation gelten die klassischen Bürger- und Freiheitsrechte, die seit den *Bills of Rights*[64] des 18. Jahrhunderts Rechts- und Verfassungsnormen geworden sind. Die Menschenrechte umfassen zunächst negative Freiheitsrechte und individuelle Schutzrechte gegenüber dem despotischen Staat, in dem – wie K.H.L. Pölitz in *Die Staatswissenschaft im Lichte unserer Zeit* (^{2}1827) schrieb – den Bürgern weder ihre Menschenrechte noch ihre Bürgerrechte gesichert sind. Es geht bei den Menschenrechten der ersten Generation auch um *Gestaltungsrechte* (positive Teilnahmerechte, politische Partizipationsrechte) im Sinne des Selbstbestimmungsrechts der Menschen im Bereich des Politischen. Soziale Rechte, dem Sozialstaatsprinzip entsprechende soziale *Leistungsrechte* (positive Teilhaberechte), kennzeichnen die zweite Generation der Menschenrechte. Mit ihnen ist – so

60 Vgl. Bobbio 1998, S. 65.

61 Zu den nationalen Menschenrechtsinstitutionen in Europa vgl. Aichele 2003 und 2004.

62 Zu Institutionen, Standards und Prozeduren des Menschenrechts-Schutzes vgl. Symonides 2000, Symonides/Volodin 2001, Kälin/Künzli 2008, Schilling 2010. Zur Einklagbarkeit und zu Menschenrechts-Verfahren vgl. Hüfner/Sieberns/Weiss 2012 und Hüfner 2010; vgl. auch Weiß 2009.

63 Vgl. Bobbio 1998, S. 11-21.

64 Vgl. Schwartz 1971.

E. Denninger – ein »Paradigmenwechsel« verbunden: »Während der moderne, demokratische, nationalstaatlich fundierte Verfassungs-Rechtsstaat – hier mag man 1789 als Leitdatum ansetzen – seine Blüte und seine weltweite Attraktivität unter den Verfassungsidealen der Französischen Revolution: *Freiheit*, *Gleichheit* und *Brüderlichkeit* entfaltete, finden diese heute ihre Ergänzung und teilweise Umbildung in den Idealen der *Sicherheit*, *Vielfalt* und *Solidarität*. Dieser ›Paradigmenwechsel‹ findet seinen Ausdruck in tiefgreifenden Veränderungen im Verständnis der Menschen- bzw. Grundrechte und der Funktionen des Staates, mithin im Verständnis des Grundverhältnisses Bürger/Staat.«[65]

Frühe Vorformen der Verrechtlichung menschenrechtlicher Forderungen waren in Spanien die Bestätigung der von den *Cortes de León* geforderten politischen Freiheitsrechte durch Alfons IX. (1188) und die englische *Magna Carta Libertatum* (1215) gegen Übergriffe der Krone. Den weiteren Weg ihrer Verwirklichung eröffnete die 1628 gegen Karl I. durchgesetzte *Petition of Rights*: Kraft *birthright* (Geburtsrecht) steht den Untertanen die Sicherheit der Person und des Eigentums zu. 1679 wurde mit der *Habeas-Corpus*-Akte der Schutz vor willkürlicher Verhaftung normiert. 1689 bestätigte in England die *Bill of Rights* die bisher durchgesetzten Rechte: »1. Die angemaßte Macht, durch königliche Autorität ohne Zustimmung des Parlaments Gesetze oder die Ausführung von Gesetzen auszusetzen, ist ungesetzlich. 2. Die angemaßte Macht, durch königliche Autorität Gesetze oder die Ausführung von Gesetzen aufzuheben, wie sie in der Vergangenheit angemaßt und ausgeübt wurde, ist ungesetzlich.«

Der Beginn der modernen Menschenrechtsentwicklung ist nicht mit der Französischen Revolution[66] zu datieren; sie beginnt in Nordamerika. Die *Bills of Rights* der unabhängig werdenden amerikanischen Staaten bieten, so E. Cassirer in ›Die Idee der republikanischen Verfassung‹, »das eigentliche Modell für die Erklärung der Nationalversammlung vom 26. August 1789« und aller späteren Menschenrechtskodifizierungen: Die Rechte werden »wahrhaft universalistisch gesehen und gestaltet: das Individuum als solches (every individual), die Menschheit als Ganzes (all mankind) bildet das eigentliche Rechtssubjekt für die unveräußerlichen Grundrechte.« Damit sind »nicht nur alle ständischen, sondern auch alle nationalen Schranken gesprengt und für kraftlos und nichtig erklärt.«[67]

65 Denninger 1999, S. 266 f.

66 Zu repräsentativen Quellentexten zu den Menschenrechten im Kontext der Französischen Revolution vgl. Menke/Raimondi 2011.

67 Cassirer, ECW 17, S. 301.

In der Erklärung der ›Grundrechte von Virginia‹ vom 12. Juni 1776 heißt es: »1. That all men are by nature equally free and independent, and have certain inherent rights, of which, when they enter into a state of society, they cannot, by any compact, deprive or divest their posterity; namely, the enjoyment of life and liberty, with the means of acquiring and possessing property, and pursuing and obtaining happiness and safety.«[68]

Die ›Declaration of Independence‹ (4. Juli 1776) rechtfertigt die Ablösung der Kolonien von der britischen Krone mit menschenrechtlichen Prinzipien: »We hold these truths to be self-evident: That all men are created equal; that they are endowed by their Creator with certain unalienable rights; that among these are life, liberty, and the pursuit of happiness; that, to secure these rights, governments are instituted among men, deriving their just powers from the consent of the governed; that whenever any form of government becomes destructive of these ends, it is the right of the people to alter or to abolish it, and to institute new government, laying its foundation on such principles, and organizing its powers in such form, as to them shall seem most likely to effect their safety and happiness.«[69]

Im Kontext der öffentlichen Debatte über die Staats-und Organisationsform der zu gründenden ›Vereinigten Staaten‹ spielten die ›Federalist Papers‹ eine wichtige Rolle, 85 Essays in New Yorker Zeitungen. Die unter dem Pseudonym ›Publius‹ schreibenden, von J. Locke beeinflussten Autoren waren Alexander Hamilton, James Madison und John Jay: »An das Volk des Staates New York. [...] Nr. 1: Sind menschliche Gesellschaften wirklich dazu fähig, eine gute politische Ordnung auf der Grundlage vernünftiger Überlegung und freier Entscheidung einzurichten, oder sind sie für immer dazu verurteilt, bei der Festlegung ihrer politischen Verfassung von Zufall und Gewalt abhängig zu sein?«[70] »Nr. 39 – Die erste Frage, die sich [bei der Begut-

68 »A Declaration of Rights made by the representatives of the good people of Virginia, assembled in full and free Convention; which rights do pertain to them, and their posterity, as the basis and foundation of government.«

69 Vgl. zu Verfassungen und politischen Ideen der amerikanischen Revolution Adams 1973.

70 A. Hamilton, *General Introduction.For the Independent Journal.* »It has been frequently remarked that it seems to have been reserved to the people of this country, by their conduct and example, to decide the important question, whether societies of men are really capable or not of establishing good government from reflection and choice, or whether they are forever destined to depend for their political constitutions on accident and force. If there be any truth in the remark, the crisis at which we are arrived may with propriety be regarded as the era in which that decision is to be made; and a wrong election of the part we shall act may, in this view, deserve to

achtung des Verfassungsentwurfs] stellt, ist, ob die allgemeine Form und Erscheinungsweise der Regierung als streng republikanisch zu betrachten ist. Es ist offensichtlich, dass keine andere Regierungsform vereinbar wäre mit dem Geist des amerikanischen Volkes, mit den fundamentalen Prinzipien der Revolution oder mit der ehrbaren Entschlossenheit, die jeden Verfechter der Freiheit dazu bewegt, alle unsere politischen Experimente auf dem Grundsatz aufzubauen, dass die Menschheit dazu befähigt ist, sich selbst zu regieren. [...] Wenn wir bei der Suche nach einem Kriterium auf die verschiedenen Prinzipien zurückgreifen, auf denen die verschiedenen Regierungsformen basieren, können wir die Regierung als Republik definieren oder zumindest mit dem Namen versehen, die all ihre Befugnisse direkt oder indirekt vom gesamten Volk herleitet und von Personen geführt wird, welche ihre Ämter nach Ermessen für begrenzte Zeit innehaben oder solange sie ihr Amt korrekt ausüben. Für eine solche Regierung ist es wesentlich, dass sie sich von der ganzen Gemeinschaft herleitet, nicht von einem unbedeutenden Teil oder einer privilegierten Klasse.«[71]

Die nordamerikanische Entwicklung zeigt (i), dass – in *historischer* Hinsicht[72] – die Ideen der Menschenrechte, der Volkssouveränität, des Republikanismus und des Rechtsstaates (›*rule of law*‹) gleichursprünglich waren. Das Ziel der Menschenrechtsverwirklichung war die Freiheit des Individuums, garantiert durch das Recht und den Staat. Sie zeigt (ii), dass weder die individuelle Freiheit noch der Handlungsspielraum staatlicher Gewalt unbegrenzt sein sollten. Der Grund für die mit der Idee der Freiheit unmittelbar verbundene Forderung nach Freiheitsbegrenzung wurde in der politischen und philosophischen Literatur dieser Zeit immer wieder thematisiert: Es besteht kein Anlass zu anthropologischem Optimismus hinsichtlich der *moralischen Perfektibilität* der menschlichen Gattung. Noch einmal zitiert sei hier, was Madison in Nr. 51 der ›Federalist Papers‹ schrieb: »Das persönli-

be considered as the general misfortune of mankind.« Dt. Übers. in Hamilton/Madison/Jay 1993, S. 53.

71 J. Madison, *The Conformity of the Plan to Republican Principles.*For the Independent Journal. Dt. Übers. in: ebd., S. 244 f.

72 Habermas' *systematische* These, dass »Menschenrechte und Volkssouveränität sich wechselseitig voraussetzen« (Habermas 1994, S. 112), geht über Feststellung der historischen Gleichursprünglichkeit dieser *Ideen* weit hinaus. Nicht anders als die Idee des (fiktiven) Gesellschaftsvertrags, dessen funktionale Rolle Habermas betont (ebd., S. 122), ist – und bleibt – die Idee der (fiktiven) Volkssouveränität ein für die Kritik am *ancien régime* bzw. am Macht- und Gewaltstaat aus *geltungs*theoretischen Gründen notwendiges Konstrukt. Volkssouveränität zur faktischen Voraussetzung der Menschenrechte zu erklären, wäre ein riskantes Spiel.

che Interesse des einzelnen muß mit den verfassungsmäßigen Rechten [...] verbunden sein. Es mag ein Ausdruck des Mangels der menschlichen Natur sein, daß solche Kniffe notwendig sein sollen, um den Mißbrauch der Regierungsgewalt in Schranken zu halten. Aber was ist die Tatsache, daß Menschen eine Regierung brauchen, selbst anderes als der deutlichste Ausdruck des Mangels der menschlichen Natur? Wenn die Menschen Engel wären, wäre keine Regierung notwendig. Wenn Engel die Menschen regierten. wären weder äußere noch innere Kontrollen der Regierung notwendig.«[73]

Die von Hobbes bis zu Kant und Hegel[74] betonte Notwendigkeit der *Verrechtlichung* der moralischen und Freiheitsrechte war das Ergebnis einer von moralischen Defiziten des Menschen ausgehenden kritischen Anthropologie, deren Einsicht Kant – auch dies sei noch einmal in Erinnerung gerufen – in seiner *Idee zu einer allgemeinen Geschichte in weltbürgerlicher Absicht* knapp so ausgedrückt hat: »aus so krummem Holze, als woraus der Mensch gemacht ist, kann nichts ganz Gerades gezimmert werden«.[75] Kant sah den ›Gang der Menschengattung‹ in ständiger Gefahr, ›in die alte Rohigkeit zurückzufallen‹. Seine Lösung des Problems lautete: »Die Menschen bedürfen bei ihrer natürlichen Bösartigkeit und in ihrer darum sich unter einander drängenden Lage einer Macht, die jeden größeren Haufen derselben unter dem *Zwange öffentlicher Gesetze* halte und dadurch jedem sein Recht sichere [...] wenn wir auch keine theoretisch hinreichenden Gründe hätten: wenn die Politiker uns ganz andere Mittel anpriesen, so müssen wir doch *so handeln, als ob* das Menschliche Geschlecht immer zum Besseren hinstrebe.«[76]

Wenn das Verfassungsdenken vom Gedanken des ›*limited government*‹ geprägt ist, d.h. von Rechtsstaatsprinzipien wie Gewaltenteilung und Kontrolle des Gesetzgebers, dann ist die Begrenzung der in-

73 J. Madison, *The Structure of the Government Must Furnish the Proper Checks and Balances Between the Different Departments* From the New York Packet. Friday, February 8, 1788: »The interest of the man must be connected with the constitutional rights of the place. It may be a reflection on human nature, that such devices should be necessary to control the abuses of government. But what is government itself, but the greatest of all reflections on human nature? If men were angels, no government would be necessary. If angels were to govern men, neither external nor internal controls on government would be necessary.« Dt. Übers in Hamilton/Madison/Jay 1993, S. 320.

74 Siehe in diesem Buch die Abschn. 6.3.2.1 – 6.3.6.

75 Kant, AA VIII, S. 23.

76 Kant, »Ein Reinschriftfragment zu Kants ›Streit der Fakultäten‹« (aus dem Nachlass: bis 1798), Loses Blatt Krakau. In: *Kant-Studien* 51 (1959/60), S. 5-8. Hervorh. v. mir.

dividuellen Freiheit immer auch mitgedacht. Nicht zuletzt deshalb ist nicht umstandslos von Menschen*freiheiten* die Rede, sondern von Menschen*rechten*, die Freiheiten eröffnen und zugleich – mit Sanktionen bewehrt – gebieten, anderen nicht zu schaden.

Dies belegt in der Verbindung von Art. 1 und Art. 4 auch die französische *Déclaration des droits de l'homme et du citoyen* von 1789 (bzw. vom 3. September 1791); sie folgt dem amerikanischen Modell und erweitert es: »1. Die Menschen werden frei und gleich an Rechten geboren und bleiben es. Die gesellschaftlichen Unterschiede können nur auf den gemeinsamen Nutzen gegründet sein. [...] 4. Die Freiheit besteht darin, alles tun zu können, was einem anderen nicht schadet. Also hat die Ausübung der natürlichen Rechte jedes Menschen keine Grenzen als jene, die den übrigen Gliedern der Gesellschaft den Genuß dieser nämlichen Rechte sichern.«

Dass die Menschenrechtsforderungen im ausgehenden 18. Jahrhundert naturrechtlich und nicht staatsrechtlich begründet wurden, hatte seinen Grund darin, dass sie sich angesichts des feudal-absolutistischen Despotismus als Abwehrrechte gegen den Staat richteten. Es ging bei der naturrechtlichen Begründung von Menschenrechten nicht um »eine Deskription gesellschaftlich-politischer Zustände [...], sondern um eine Aussage über die Allokation des naturrechtlichen Arguments: aus dem vorstaatlichen Charakter der Menschenrechte folgt, dass kein überpositivrechtliches Argument jemals von Seiten der Staatsapparate gegen die Individuen geltend gemacht werden kann, sondern dass der Durchgriff auf überpositives Recht ausschließlich denen zukommt, die nicht politische Funktionäre, sondern ›nur‹ Menschen sind.«[77] Wenn man heute davon ausgeht, dass Gehalte von Einzelfreiheitsrechten in *über*positivem Recht gründen, dann ist dies nur

77 Maus 1994, S. 10; vgl. Maus 2010 und Bloch 1961. »Daß die geforderte Gleichheit ›natürlich‹ ist, heißt im revolutionären Prozeß, daß sie nicht festgelegt ist; daß sie einer permanenten, sich radikalisierenden Neubestimmung unterliegt: Die Revolution sprengt die Ordnung bloßer Nachahmung des Bestehenden, der die Revolutionäre alle bisherige Politik unterworfen sehen. Die revolutionäre Berufung auf die ›Natürlichkeit‹ der Gleichheit (wie aller ›Rechte der Menschheit‹) schließt daher nicht, sondern, im Gegenteil, öffnet erst den Raum und die Zeit der politischen Freiheit der Selbstbestimmung. Wenn die Berufung der Revolution der Menschenrechte auf die ›Natur‹ nicht den Sinn hat, einen letzten Grund zu legen, sondern im Gegenteil den Effekt hat, die Grundlosigkeit, die Neu- und Andersbestimmbarkeit jeder einmal gesetzten Ordnung hervorzutreiben, dann bedeutet, scheinbar paradox, die Berufung der Revolution auf die Natur nicht eine Depotenzierung, sondern die Freisetzung der Politik.« (Menke 2011, S. 19 f.).

so zu verstehen, dass sie aufgrund ihres Menschenrechtsgehalts staatlicher und nichtstaatlicher Verfügungsgewalt entzogen sind.

3.4 Philosophische Beiträge zur Entwicklung der Idee der Menschenrechte im 18. und 19. Jahrhundert

Die lange Tradition oppositionellen Naturrechts[78] und die sozialen und politischen Kämpfe gegen Unterdrückung und Ausbeutung sowie vor allem die Erfahrungen mit Staatsverbrechen im 20. Jahrhundert sind der eigentliche Boden der Entstehung und Durchsetzung der Menschenrechte. Die Geschichte der Menschenrechte ist weder als Geschichte eines linearen Fortschritts der Menschenrechtsideen noch als *Philosophie*geschichte zu schreiben, auch wenn das philosophische Denken wichtige Impulse gegeben hat. Die naturrechtlichen Menschenrechtsbegründungen sind maßgeblich von Philosophen wie J. Althusius, H. Grotius, J. Milton, Th. Hobbes, J. Locke, J.-J. Rousseau und I. Kant beeinflusst worden.[79]

Die Französische Revolution war nach der Einschätzung, die Robespierre in seiner letzten Rede am 26. Juli 1794 gegeben hat, durch philosophische Prinzipien bestimmt: »[D]ie Revolution ist die erste, die auf die Lehre der Menschenrechte und auf die Prinzipien der Gerechtigkeit begründet worden ist.«[80] Mit den in der Philosophie des ausgehenden 18. und beginnenden 19. Jahrhunderts kontroversen Urteilen über die Französische Revolution war verbunden, dass auch die Menschenrechtserklärung von 1789 als wegweisend begrüßt oder aber als Zeichen der Auflösung bewährter Ordnung oder als Ausdruck der Pri-

78 Vgl. Goldschmidt/Zechlin 1994.

79 »Vor allem J. Locke, der die Frage nach der gerechten Staatsordnung auf dem Boden der werdenden bürgerlichen Gesellschaft neu stellte, wird als Schöpfer der menschenrechtlichen Trias von Leben, Freiheit und Eigentum ein erheblicher Einfluß auf die Geschichte der Menschenrechte zugesprochen. Die Parallelen zwischen Passagen des ›Second Treatise of Government‹ und der amerikanischen Unabhängigkeitserklärung sind unverkennbar. Lockes politischer Philosophie, die den Gesellschafts- und Staatszweck in der Bewahrung und Sicherung von Leben, Freiheit und Eigentum der Individuen sieht, entspricht nicht nur die Kernaussage der amerikanischen Unabhängigkeitserklärung über den Zweck des Staates, auch die französische Menschen- und Bürger-R[echts]-Erklärung vom 26. August1789 misst den Staat im Sinne der Lockeschen Theorie an der Leistung für die Wahrung der Menschenrechte.«Birtsch 1992, S. 242 ff.; vgl. König 1994.

80 Maximilien Robespierre, Discours prononcé dans la séance de la Convention du 8 thermidor an II. In: ders., *Ecrits*, Paris 1989, S. 332.

vililegienansprüche der *bourgeois* verworfen wurde. Für die konservative Kritik[81] steht Edmund Burke mit seinen *Reflections on the Revolution of France* (1790), in denen auch die französische Menschenrechtserklärung angegriffen wird, die Thomas Paine 1791/92 gegen Burke in *Rights of Man* verteidigt hat. J. Bentham sah in *Anarchical Fallacies* (1791) in der Erklärung der Menschenrechte den Weg vom absolutistischen Despotismus zur Anarchie der Masse eröffnet. Auf der anderen Seite standen während der Französischen Revolution Kritiker, die – wie Marat, Roux, Babeuf – geltend machten, dass die Menschenrechte die Reichen auf Kosten der Armen begünstigten. Unter dem Eindruck der amerikanischen Freiheitskriege und der Französischen Revolution entwickelten Autorinnen sozialphilosophische Entwürfe und Emanzipationsprogramme zur Gleichstellung der Geschlechter, so vor allem Mary Wollstonecraft mit *A Vindication of the Rights of Woman* (1792); sie erklärte die Reform der Erziehung zur Voraussetzung gerechter Gesetze.

In der Entwicklung in Deutschland[82] schieden sich die Geister an der Französischen Revolution. Deutsche Jakobiner, Kant, Fichte und Hegel[83] haben ihre Bedeutung gegen die Kritik gewürdigt, die nach der Phase der ›Terreur‹ vorherrschend wurde.

J.G. Herder kritisierte in seinen *Ideen zur Philosophie der Geschichte der Menschheit* (1784-1791) das Zusammenspielen von Kirche und absolutistischem Staat gegen die Menschenrechte. Der »römischen Staatsherrschaft« habe alles gedient, »was ihr nützte: Krieg und Schwert, Flamme und Gefängnis, erdichtete Schriften, Meineid auf eine geteilte Hostie, Inquisitionsgerichte und Interdikte, Schimpf und Elend, zeitliches und ewiges Unglück. Um ein Land gegen seinen Landesherren aufzubringen, konnten ihm alle Mittel der Seligkeit, außer in der Todesstunde, genommen werden; über Gottes und Menschengebote, über Völker- und Menschenrechte wurde mit den Schlüsseln Petrus' gewaltet.«[84]

In seiner *Metaphysik der Sitten* (1797) schrieb I. Kant: »Der Adel eines Landes [...] mag immer ein für ein gewisses Zeitalter erlaubtes und den Umständen nach notwendiges Institut sein; aber dass dieser Stand auf ewig könne begründet werden, und ein Staatsoberhaupt nicht solle die Befugnis haben, diesen Standesvorzug gänzlich aufzuheben, [...] kann keineswegs behauptet werden. Er ist eine temporäre,

81 Vgl. hierzu Binoche 1989.

82 Zur Freiheitsrechtsdogmatik in Deutschland im Kontext der Französischen Revolution vgl. Suppé 2004, S. 51-72.

83 Zu Kant, Fichte und Hegel und den Menschenrechten vgl. Bourgeois 1990.

84 Herder, IPhG, Bd. 2, S. 401.

vom Staat autorisirte Zunftgenossenschaft, die sich nach den Zeitumständen bequemen muss und dem allgemeinen Menschenrechte, das so lange suspendirt war, nicht Abbruch tun darf.«[85]

In Notizen zu seiner Schrift *Zum ewigen Frieden* heißt es: »Ein Funke der Verletzung des Menschenrechts auch in einem andern Welttheil gefallen nach der Brennbarkeit des Stoffs der Herrschsucht in der menschlichen Natur vornehmlich ihrer Häupter die Flamme des Krieges leicht bis zu der Gegend verbreitet wo er seinen Ursprung genommen. So nöthig ist es den Begriff des Menschenrechts nicht blos auf das innere einer Staatsverfassung in einem Volk oder auf das Verhältnis der Völker zu einander in einem Völkerrecht sondern zuletzt auch auf ein Weltbürgerliches Recht auszudehnen weil sowohl das Staats- als das Völkerrecht zum äußern Menschenrechte überhaupt ohne welches die Aussicht der Annäherung zum ewigen Frieden gänzlich verschlossen sein würde.«[86]

Kant konzentrierte seine Argumente in dieser 1795 erschienenen Schrift nicht auf die Ethik, sondern auf das Recht: »Da es nun mit der unter den Völkern der Erde einmal durchgängig überhand genommenen (engeren oder weiteren) Gemeinschaft so weit gekommen ist, dass die Rechtsverletzung an einem Platz der Erde an allen gefühlt wird: so ist die Idee eines Weltbürgerrechts keine phantastische und überspannte Vorstellungsart des Rechts, sondern eine notwendige Ergänzung des ungeschriebenen Codex sowohl des Staats- als Völkerrechts zum öffentlichen Menschenrechte überhaupt und so zum ewigen Frieden, zu dem man sich in der kontinuierlichen Annäherung zu befinden nur unter dieser Bedingung schmeicheln darf.«[87]

Radikaler als Kant, aber die Akzente zwischen Recht und Moral verschiebend, forderte der Jakobiner J.B. Erhard 1795 in *Über das Recht des Volkes zu einer Revolution* die Übereinstimmung von positivem Recht und natürlichen Rechten: »Das positive Recht darf dem Naturrecht nie zuwider sein, weil es dadurch auch gegen die Moral wäre«[88]; im Widerspruchsfall ist der Umsturz des positiven Rechts moralisch legitim: »eine Revolution ist rechtmäßig, wenn durch sie eine offenbare Beleidigung der Menschenrechte aufgehoben werden soll«.[89]

J.G. Fichte begründete in seiner *Zurückforderung der Denkfreiheit von den Fürsten Europens, die sie bisher unterdrückten* (1793) die

85 Kant, AA VI, S. 370.
86 Kant, AA XXIII, S. 175.
87 Kant, AA VIII, S. 360.
88 Erhard 1795, S. 14.
89 Ebd., S. 52.

Menschenrechte als moralische Wahrheiten und natürliche Rechte: »Daß die Verfassung der meisten [Staaten] nicht nur höchst fehlerhaft, sondern auch höchst ungerecht sei, und daß unveräußerliche Menschenrechte in ihnen gekränkt werden, die sich der Mensch gar nicht nehmen lassen darf, davon bin ich freilich innigst überzeugt«.[90] Was den Begriffen von Recht und Unrecht »gemäß ist, ist für alle Geister, und für den Vater der Geister wahr; und Wahrheiten von der Art sind meistens sehr leicht und sehr sicher zu erkennen; unser Gewissen ruft sie uns zu. So ist es z.B. ewige, menschliche und göttliche Wahrheit, daß es unveräußerliche Menschenrechte gibt, daß die Denkfreiheit darunter gehört, daß derjenige, dem wir unsere Macht in die Hände gaben, um unsere Rechte zu beschützen, höchst ungerecht handelt, wenn er sich eben dieser Macht bedient, sie, und besonders die Denkfreiheit, zu unterdrücken. Von solchen moralischen Wahrheiten findet gar keine Ausnahme statt; sie können nie problematisch sein, sondern lassen sich immer auf den notwendig gültigen Begriff des Rechten zurückführen.«[91]

In seinem *Beitrag zur Berichtigung der Urteile des Publikums über die französische Revolution* (1793) argumentierte Fichte im Interesse der »natürlichen unveräußerlichen Menschenrechte«[92] gegen das Konstrukt des Gesellschaftsvertrags: »Wer mir durch Vertrag verspricht: kein unveräußerliches Menschenrecht in mir zu kränken, verspricht mir nichts; das durfte er vor allem Vertrage vorher nicht. Der Staat mag es versprochen haben, oder nicht: keine neue Veranstaltung verbindet den Bürger der alten Verfassung ohne seine Einwilligung, und das nicht vermöge Vertrags, sondern vermöge Menschenrechts.«[93] Die Rechte der Menschen sollen »ja älter als jeder Vertrag mit ihnen sein. Es muss demnach wohl ein angebornes, ein auf sie vererbtes Recht sein. Nun kennen wir keine angebornen Rechte, als die allgemeinen Menschenrechte, und deren ist keins ausschließend.«[94]

G.W.F. Hegel, für den die »Französische Revolution [...] durch die steife Hartnäckigkeit der Vorurteile, hauptsächlich den Hochmut, die völlige Gedankenlosigkeit, die Habsucht erzwungen worden« war, schrieb ihr das »große Menschenrecht der subjektiven Erkenntnis, Einsicht, Überzeugung« zu, das die Revolutionäre »heldenmütig mit ihrem großen Genie, Wärme, Feuer, Geist, Mut erkämpft. Es ist Fana-

90 Fichte, SW Bd. 6, S. 44.

91 Ebd., S. 19.

92 Ebd., S. 214.

93 Ebd., S. 110. Zu Theorien des Gesellschaftsvertrags siehe in diesem Buch Abschn. 6.3.2.

94 Ebd., S. 163.

tismus des abstrakten Gedankens. Wir Deutschen sind passiv erstens gegen das Bestehende, haben es ertragen; zweitens, ist es umgeworfen worden, so sind wir ebenso passiv«.[95] Geschichte ist ›Fortschritt im Bewusstsein der Freiheit‹. In § 209 seiner *Grundlinien der Philosophie des Rechts* (1821) zog Hegel eine Bilanz des geschichtlich Erreichten: »Es gehört der *Bildung*, dem Denken als Bewusstsein des Einzelnen in Form der Allgemeinheit, dass Ich als *allgemeine* Person aufgefaßt werde, worin *Alle* identisch sind. Der *Mensch gilt so, weil er Mensch ist*, nicht weil er Jude, Katholik, Protestant, Deutscher, Italiener usf. ist.«

Gegen die Hegel unterstellte Identifizierung von Staat und Recht hat im Vormärz, der Zeit vor der Revolution von 1848, die ›linke‹ Hegel'sche Schule polemisiert, so Max Stirner 1844 in *Der Einzige und sein Eigentum*: »Der wahre Mensch ist die Nation, der Einzelne aber stets ein Egoist. Darum streifet eure Einzelheit oder Vereinzelung ab, in welcher die egoistische Ungleichheit und der Unfriede hauset, und weihet euch ganz dem wahren Menschen, der Nation oder dem Staate. Dann werdet ihr als Menschen gelten und alles haben, was des Menschen ist; der Staat, der wahre Mensch, wird euch zu dem Seinigen berechtigen und euch die ›Menschenrechte‹ geben: der Mensch gibt euch seine Rechte! So lautet die Rede des Bürgertums. Das Bürgertum ist nichts anderes als der Gedanke, dass der Staat alles in allem der wahre Mensch sei, und dass des Einzelnen Menschenwert darin bestehe, ein Staatsbürger zu sein.«[96] »Obgleich aber der einzelne nicht Mensch ist, so ist der Mensch in dem einzelnen doch vorhanden und hat, wie jeder Spuk und alles Göttliche, an ihm seine Existenz. Daher spricht der politische Liberalismus dem einzelnen alles zu, was ihm als ›Menschen von Geburt‹, als geborenem Menschen zukommt, wohin denn Gewissensfreiheit, Besitz usw., kurz die ›Menschenrechte‹ gerechnet werden; der Sozialismus vergönnt dem einzelnen, was ihm als tätigem Menschen, als ›arbeitendem‹ Menschen zukommt; endlich der humane Liberalismus gibt dem einzelnen, was er als ›Mensch‹ hat, d. h. alles, was der Menschheit gehört. Mithin hat der einzige gar nichts, die Menschheit alles«.[97]

Das vor allem von Locke und Kant begründete liberale, das Recht *und* den Staat einschließende Verständnis der Menschenrechte war und ist Gegenstand einer Kritik, die im Namen von ›Gemeinschaft vs. Gesellschaft‹ und ›Kollektiv vs. Individuum‹ – auch von ›Autorität‹ und ›Gehorsam‹ – zu Menschenrechtsverletzungen beigetragen hat: So sind Idee und Praxis der Menschenrechte von der katholischen Kir-

95 Hegel, HW Bd. 20, S. 296 f.
96 Stirner 1844, S. 107.
97 Ebd., S. 143.

che[98] und seitens des Marxismus[99] und ›sozialistischer‹ Staaten bis weit in das 20. Jahrhundert bekämpft worden. In Ideologie und Praxis haben Faschismus und Nationalsozialismus unter dem Motto ›Gegen die Ideen von 1789, gegen den Liberalismus, gegen die Menschenrechte‹ als die aggressivsten Feinde der Menschenrechte gewütet.

3.5 Arbeiterbewegung, Marxismus, ›realer Sozialismus‹ und Menschenrechte

Die Menschenrechte spielten in der Entwicklung der frühen Arbeiterbewegung und in der Entstehung des historischen Materialismus eine wichtige Rolle: »Ihrem Selbstverständnis nach war es nämlich die Aufgabe der plebejisch-proletarischen Organisationen, die im Ergebnis der bürgerlichen Revolutionen verratenen Menschenrechte durchzusetzen, denn deren Missachtung [...] sei die einzige Ursache für das Unglück in dieser Welt. Noch in den Statuten des Bundes der Gerechten von 1838, dem unmittelbaren Vorläufer des Bundes der Kommunisten, wurde (im Art. 3) als dessen Zweck die ›Verwirklichung der in den Menschen- und Bürgerrechten enthaltenen Grundsätze‹ bezeichnet.«[100]

Dieser Position des Arbeiterkommunismus haben K. Marx und Fr. Engels in ihren frühen Schriften vehement widersprochen. Marx kritisierte in seinem Aufsatz ›Zur Judenfrage‹ (1844) den bloß humanitären Anspruch »der so genannten Menschenrechte«.[101] Beide gemeinsam zogen in *Die heilige Familie oder Kritik der kritischen Kritik* (1844) gegen Bruno Bauer und andere ›deutsche Ideologen‹ zu Felde: »Herr Bruno, der den Staat mit der Menschheit, die Menschenrechte mit dem Menschen, die politische Emanzipation mit der menschlichen verwechselte, musste sich notwendigerweise einen Staat von eigner Art, ein philosophisches Ideal von einem Staate, wenn auch nicht denken, so doch einbilden.«[102]

98 Vgl. hierzu Hilbert 2001, S. 390 ff. Erst in der 1963 veröffentlichten Enzyklika ›Pacem in terris‹ stimmte Johannes XXIII. den Menschenrechtsforderungen zu und erklärte sie zur Voraussetzung eines friedlichen und geordneten Zusammenlebens der Menschen. Der Vatikanstaat ist weder Signatarstaat der EMRK noch der Zivil- bzw. Sozialpakte von 1966.

99 Vgl. Klenner 1982, 1990.

100 Klenner 1990, S. 369.

101 Marx, MEW 1, S. 366.

102 Marx/Engels, MEW 2, S. 92.

Marx und Engels setzten die These dagegen, es sei zu zeigen, »wie die Anerkennung der Menschenrechte durch den modernen Staat keinen andern Sinn hat als die Anerkennung der Sklaverei durch den antiken Staat. Wie nämlich der antike Staat das Sklaventum, so hat der moderne Staat die bürgerliche Gesellschaft zur Naturbasis, sowie den Menschen der bürgerlichen Gesellschaft, d. h. den unabhängigen, nur durch das Band des Privatinteresses und der bewusstlosen Naturnotwendigkeit mit dem Menschen zusammenhängenden Menschen, den Sklaven der Erwerbsarbeit und seines eignen wie des fremden eigennützigen Bedürfnisses. Der moderne Staat hat diese seine Naturbasis als solche anerkannt in den allgemeinen Menschenrechten. Und er schuf sie nicht. Wie er das Produkt der durch ihre eigne Entwickelung über die alten politischen Bande hinausgetriebnen bürgerlichen Gesellschaft war, so erkannte er nun seinerseits die eigne Geburtsstätte und Grundlage durch die Proklamation der Menschenrechte an. [...] Die bürgerliche Gesellschaft wird positiv repräsentiert durch die Bourgeoisie. Die Bourgeoisie beginnt also ihr Regiment. Die Menschenrechte hören auf, bloß in der Theorie zu existieren.«[103]

In seinem ›Anti-Dühring‹ ([1]1878, [3]1894) wiederholte Engels die Reduktion der Menschenrechte auf die Interessen der Bourgeoisie: »Wir wissen jetzt, dass dies Reich der Vernunft weiter nichts war, als das idealisierte Reich der Bourgeoisie; dass die ewige Gerechtigkeit ihre Verwirklichung fand in der Bourgeoisjustiz; dass die Gleichheit hinauslief auf die bürgerliche Gleichheit vor dem Gesetz; dass als eins der wesentlichsten Menschenrechte proklamiert wurde das bürgerliche Eigentum.«[104] Mit der meist unkritischen Bezugnahme auf die ›Klassiker‹ wurde diese Kritik für den späteren Marxismus wegweisend.

Der Marxismus hat bereits in seiner Entstehung an einem Geburtsfehler gelitten, der auch von späteren Marxisten-Leninisten nicht behoben wurde. In diesem Fehler verbinden sich zwei Momente: (i) die Reduktion von Politik, Recht und Staat auf materielle Produktions- und Klassenverhältnisse und (ii) die Utopie des ›Absterbens des Staates‹[105] in einem Kommunismus der Zukunft, der nicht durch Rechtlosigkeit, wohl aber aufgrund der unterstellten universellen Harmonie der Bedürfnisse und Interessen durch die Verzichtbarkeit von Recht und Staat ausgezeichnet sein sollte. Beides zusammen hat den Marxismus-Leninismus sowohl gegenüber der Notwendigkeit einer demokratisch orientierten Politik-, Rechts- und Staatstheorie als auch für die praktische Verwirklichung des Rechtsstaates blind werden lassen. Die

103 Ebd., S. 120 und 130.
104 Engels, MEW 20, S. 17.
105 Vgl. in diesem Buch Abschn. 6.3.7.

schwerwiegenden Folgen haben sich nicht nur in der Theorie, sondern vor allem im politischen System des ›realen Sozialismus‹ gezeigt.[106]

Im Artikel ›Menschenrechte‹ in dem in der DDR maßgeblichen *Philosophischen Wörterbuch* heißt es: »Sie sind – wie jedes Recht – Ausdruck des letztlich durch die Produktionsverhältnisse bedingten Willens der jeweils herrschenden Klasse.«[107] Und weiter: »Die Selbstbezeichnung der bourgeoisen Bürgerrechte als Menschenrechte widerspiegelt den allgemeinen Versuch des Bürgertums, sein spezifisches Klasseninteresse als das gemeinsame Interesse aller Menschen auszugeben: ›Nur im Namen der allgemeinen Rechte der Gesellschaft kann eine besondere Klasse sich die allgemeine Herrschaft vindizieren‹ (Marx/ Engels, 1, 388).«[108]

Dass genau dies auch auf die Diktatur einer ›besonderen Klasse‹, des Proletariats, zutraf, wurde mit Stillschweigen übergangen. Die politisch, nicht rechtlich motivierte These »Die gesellschaftliche Funktion sozialistischer Grundrechte besteht unter anderem darin, unter Führung der Arbeiterklasse widersprüchliche Teilinteressen zu harmonisieren«[109] wurde keiner kritischen Prüfung unterzogen. Die Kritik hätte das theoretische Konstrukt der Herrschaft der Arbeiterklasse als Illusion enthüllt: Statt der Klasse herrschte die Partei. *De facto* wurde die Revolution verstaatlicht, und zwar im Macht- und Gewaltstaat.

Zur Verhüllung der Illusion, die Arbeiterklasse selbst herrsche und ihre Herrschaft verwirkliche die Menschenrechte, hat das – als Dokumentation vor allem ›linker‹ Menschenrechtserklärungen verdienstvolle – Standardwerk *Marxismus und Menschenrechte* (1982) beigetragen: »Weil das *Klassen*anliegen des Proletariats letztlich ein *Menschheits*anliegen ist, sind seine *Klassenrechts*forderungen im Kampf gegen Ausbeutung und Unterdrückung, gegen Krieg und Rassismus *Menschenrechts*forderungen. Und aus dem gleichen Grund sind auch nach der revolutionären Beseitigung von Ausbeutung und Unterdrückung die verfassungsmäßigen *Klassen*rechte der Diktatur des Proletariats [...] das sozialistische Menschenrecht. Es versteht sich, daß diese Auffassung unvereinbar ist mit der landläufig-bürgerlichen Deutung der Menschenrechte als diejenigen Rechte, die jedermann zu jederzeit in jeder Situation zustehen.«[110]

106 Siehe zu marxistischen und marxistisch-leninistischen Staatstheorien in diesem Buch Abschn. 6.3.7.

107 Klaus/Buhr 1974, S. 799.

108 Ebd., S. 780.

109 Ebd., S. 783.

110 Klenner 1982, S. 14 f.

Noch einmal zugespitzt: »Es kann sich bei den Grundrechten im Sozialismus nicht darum handeln, ein klassenneutrales Freiheits- und Gleichheitskonzept, ein von den ›Unannehmlichkeiten‹ des Klassenkampfes gereinigtes Sozialmodell zu paragraphieren. [...] Besonders Lenin hat immer daran erinnert, daß die Bolschewiki keine Freiheit nach links *und* nach rechts versprochen haben, daß es ein Unding sei, den Ausbeutern die Versammlungs- oder die Pressefreiheit zu versprechen, oder sie in einer Bürgerkriegssituation an der Wahl zu politischen Machtorganen teilnehmen zu lassen, daß, wenn die Freiheit der Kritik die Freiheit bedeutet, den Kapitalismus zu verteidigen, man sie unterdrücken müsse, usw. usf.«[111] Aus dieser Prämisse wurde die Schlussfolgerung gezogen, »daß keine internationale Menschenrechtskonvention die sich objektiv vollziehende Klassenauseinandersetzung zwischen Kapitalismus und Sozialismus aus der Welt schaffen oder wirksam verbieten kann.«[112]

Es kann deshalb kaum verwundern, dass der Begriff ›Menschenrechte‹ in den Verfassungen der ›realsozialistischen‹ Staaten – mit der einzigen Ausnahme der ungarischen Verfassung – ausgespart blieb. In der Verfassung der DDR (1968, in der Fassung vom 7. Oktober 1974) wurde infolge der *Klassenrechts*-Definition allen Rechts in Art. 4 auch das Prinzip der Volkssouveränität umgedeutet: »Alle Macht dient dem Wohl des Volkes. Sie sichert sein friedliches Leben, schützt die sozialistische Gesellschaft und gewährleistet die sozialistische Lebensweise der Bürger, freie Entwicklung des Menschen, wahrt seine Würde und garantiert die in der Verfassung verbürgten Rechte.« Eine der Folgen war, dass es in der DDR keine Verwaltungsgerichtsbarkeit gab, in der die Machtausübung von Partei und Staat hätte überprüft werden können. Im Kapitel zu den ›Grundrechte[n] und Grundpflichten der Bürger‹ sind in Art. 19 (3) die Freiheitsrechte an den Nutzen der sozialistischen Gesellschaft gebunden: »Frei von Ausbeutung, Unterdrückung und wirtschaftlicher Abhängigkeit hat jeder Bürger gleiche Rechte und vielfältige Möglichkeiten, seine Fähigkeiten in vollem Umfang zu entwickeln und sein Kräfte aus freiem Entschluß zum Wohle der Gesellschaft und zu seinem eigenen Nutzen in der sozialistischen Gemeinschaft ungehindert zu entfalten. So verwirklicht er Freiheit und Würde seiner Persönlichkeit. Die Beziehungen der Bürger werden durch gegenseitige Achtung und Hilfe, durch die Grundsätze sozialistischer Moral geprägt.«

Im Vergleich mit Verfassungen von Staaten des Westens waren in ›sozialistischen‹ Verfassungen soziale Rechte in weit größerem Um-

111 Ebd., S. 130 f.
112 Ebd., S. 191.

fang normiert, so etwa in Art. 34-36 der DDR-Verfassung: das »Recht auf Freizeit und Erholung«, auf »vollbezahlten Jahresurlaub«, auf Schutz der »Gesundheit und seiner Arbeitskraft«, auf »unentgeltliche ärztliche Hilfe, Arzneimittel und andere medizinische Sachleistungen«, auf »Fürsorge der Gesellschaft im Alter und bei Invalidität« usw. Doch der Preis war hoch: (i) wurde die unauflösbare Einheit aller Menschenrechte zuungunsten der politischen und Bürgerrechte preisgegeben; und (ii) war das Arbeits-Leistungsprinzip der Maßstab auch für die Gewährung sozialer Rechte. Ein besonders krasses Beispiel ist in zweifacher Hinsicht die – inzwischen mehrfach geänderte – Verfassung der VR China vom 17. Januar 1975: »Art. 9 Der Staat verwirklicht das sozialistische Prinzip ›Wer nicht arbeitet, soll auch nicht essen‹ und ›Jeder nach seinen Fähigkeiten, jedem nach seiner Leistung‹.« »Art. 26 Die Grundrechte und Grundpflichten der Bürger sind: Unterstützung der Führung durch die Kommunistische Partei Chinas, Unterstützung des sozialistischen Systems, Erhaltung der Verfassung und der Gesetze der Volksrepublik China.«[113]

Die Bilanz ist ernüchternd: Keiner der ›realsozialistischen‹ Staaten war ein Sozial- *und* Rechtsstaat. Weder in ihren Verfassungen noch in der Realität haben sie die Funktion erfüllt, den Staat von der *Verfassung* her zu begründen (und nicht umgekehrt), die *Autonomie des Rechts* gegenüber politischer Herrschaft zu wahren und *Demokratie* als Form der Gestaltung aller Bereiche der Gesellschaft zu verwirklichen.

»Autonomie erwirbt ein Rechtssystem nicht für sich alleine. Autonom ist es nur in dem Maße, wie die für Gesetzgebung und Rechtsprechung institutionalisierten Verfahren eine unparteiliche Meinungs- und Willensbildung garantieren und auf diesem Wege einer moralischen Verfahrensrationalität gleichermaßen in Recht und Politik Eingang verschaffen. Kein autonomes Recht ohne verwirklichte Demo-

113 Zit. nach Klenner 1982, S. 360 f. Vgl. Art. 26-29 »Grundrechte und Grundpflichten der Bürger«. Durch den 14. Verfassungszusatz vom 15. März 1999 erhielt der Art. 6 folgende Fassung: »Die Grundlage des sozialistischen Wirtschaftssystems der Volksrepublik China ist das sozialistische Gemeineigentum an den Produktionsmitteln, das heißt das Volkseigentum und das Kollektiveigentum der werktätigen Massen. Mit dem sozialistischen Gemeineigentum wird das System der Ausbeutung von Menschen durch Menschen abgeschafft, und es wird das Prinzip ›Jeder nach seiner Fähigkeit, jedem nach seiner Arbeitsleistung‹ praktiziert.« Die – inzwischen erneut veränderte – Verfassung vom 4. Dezember 1982 enthält mit den Art. 33-56 einen erheblich ausgeweiteten Katalog der »Grundrechte und Grundpflichten der Bürger«.

kratie.«[114] Dieser Satz kann als Beschreibung der Defizite ›sozialistischer‹ Staatlichkeit gelesen werden.

3.6 Zur Entwicklung der Menschenrechte seit 1945

3.6.1 Die Entstehung der Allgemeinen Erklärung der Menschenrechte

Die Einsicht in die Notwendigkeit des Schutzes der Menschenwürde und der Menschenrechte durch das Recht ist nach 1945 vor allem das Ergebnis des staatlichen Terrors in der ersten Hälfte des 20. Jahrhunderts. Paradoxerweise wurde der Krieg zum Geburtshelfer der Verrechtlichung menschenrechtlicher Ansprüche.[115] Die Entwicklung vor und nach dem Zweiten Weltkrieg lässt ein zweites für die Menschenrechtsentwicklung wesentliches Merkmal erkennen: Diese Rechte bedürfen zwar der Kodifizierung und Konstitutionalisierung durch Staaten, zwischen denen sie ausgehandelt werden, aber die Staaten waren und sind nicht die eigentlichen Menschenrechtsakteure und Entwicklungsmotoren. Aufgrund von Unrechtserfahrungen wurden die Menschenrechte der ersten Generation durch revolutionäre gesellschaftliche Bewegungen, die sich auf intellektuelle Vordenker berufen konnten, den Staaten abgerungen bzw. aufgezwungen. Dies gilt im Wesentlichen auch für die weitere Entwicklung. Allerdings haben sich nach 1945 die Organisationsformen der sozialen Bewegungen – gegen Kolonialismus, gegen Krieg, für Abrüstung, für die Rechte der Frauen, gegen die Macht ökonomischer Monopole, für den Schutz der Umwelt – geändert. Nach antikolonialen politischen und militärischen Befreiungs- und Unabhängigkeitsbewegungen haben sich Nichtregierungsorganisationen[116] (NGOs) seit dem letzten Drittel des 20. Jahrhunderts in der Nähe staatlicher und suprastaatlicher Institutionen – wie der Vereinten Nationen – angesiedelt und direkteren Einfluss auf die Menschenrechtsentwicklung erlangt. Das Internet und soziale Netzwerke spielen inzwischen im Kampf für die Menschenrechte ›von unten‹ eine immer größere Rolle; dies zeigen etwa die Revolutionen des Jahres 2011 in arabischen Ländern.

Einsichten in die Notwendigkeit einer Domestizierung staatlicher Gewalt hat es auch auf staatlicher Seite gegeben. Dies belegen z. B. bei Ausgang des Ersten Weltkrieges das ›14-Punkte-Programm‹ des US-

114 Habermas 1994, S. 599.

115 Vgl. Kimminich 1990.

116 Vgl. Cohen-Jonathan/Flauss 2005.

Präsidenten Woodrow Wilson (8. Januar 1918), die Gründung des Völkerbundes und der Briand-Kellog-Pakt (27. August 1928, am 24. Juli 1929 in Kraft getreten). Wilsons Programm enthielt u. a. die Forderungen nach einem ›Gerechtigkeitsfrieden‹ statt eines ›Diktatfriedens‹, nach Selbstbestimmung der Völker ohne Annexionen und Reparationsforderungen und nach der Schaffung eines Völkerbundes zur Verhinderung weiterer Kriege: Ein allgemeiner Verbund der Nationen müsse gegründet werden, mit besonderen Verträgen zum Zweck gegenseitiger Bürgschaften für die politische Unabhängigkeit und die territoriale Unverletzbarkeit sowohl der großen als auch der kleinen Staaten.

Mit dem Briand-Kellogg-Pakt (›Kriegsächtungs-Pakt‹) verzichteten die Signatarstaaten[117] auf den Krieg als Mittel ihrer Politik. Sie erklärten, in Zukunft Streitigkeiten friedlich lösen zu wollen. Insbesondere der aus nationalen Interessen geführte Angriffskrieg wurde für völkerrechtswidrig erklärt. Davon ausgenommen blieben das Recht auf Selbstverteidigung und die Teilnahme an Sanktionen des Völkerbundes. Da der Vertrag außerhalb des institutionalisierten Völkerbundes verhandelt und abgeschlossen wurde, behielt er seine Gültigkeit über dessen Ende hinaus.

Insgesamt hat sich jedoch gezeigt, dass die meisten Staaten nur zögerlich oder gar nicht auf Unrechtserfahrungen reagieren; sie müssen von Bewegungen ›von unten‹ zur Verrechtlichung der Menschenrechtsansprüche angetrieben werden. Vielmehr spielen bestimmte Staaten, Widersprüche zwischen Staatenblöcken im Westen, im Osten und in der ›Dritten Welt‹ und hegemoniale Staaten wie die U.S.A. und früher die UdSSR sowie die ›Vetomächte‹ im Sicherheitsrat der Vereinten Nationen eine vorwärtstreibende oder hemmende bzw. verhindernde Rolle.

Dies belegen bereits die Verhandlungen über die ›Allgemeine Erklärung der Menschenrechte‹[118] (AEMR), die – so Norberto Bobbio – »als der bisher größte historische Beweis für den ›consensus omnium gentium‹ hinsichtlich eines bestimmten Wertesystems erachtet werden« kann.[119] Zugleich hebt Bobbio die historische Verortung und

117 Der Pakt wurde von den USA, Australien, Kanada, der Tschechoslowakei, Deutschland, Großbritannien, Indien, dem Freistaat Irland, Italien, Neuseeland und Südafrika erstunterzeichnet. Polen, Belgien, Frankreich und Japan traten noch vor der Proklamation bei. Bis Ende 1929 ratifizierten 40 weitere Staaten den Pakt; insgesamt traten ihm 62 Nationen bei.

118 Vgl. als Kommentar Alfredsson/Eide 1999.

119 Bobbio 1998, S. 9. Vgl. Stuby 2001, S. 136: »Zunächst einmal war die Übereinstimmung negativ gegen das gerade überwundene Nazisystem ausgerichtet. Die Ablehnung des gemeinsam niedergerungenen nazistischen

Entwicklungsoffenheit der AEMR hervor: »Die Allgemeine Erklärung der Menschenrechte stellt mit Sicherheit einen positiven Ausgangspunkt für den Schutz der Menschenrechte auf der ganzen Welt dar. Aber [sie bedeutet] hinsichtlich des Inhalts der proklamierten Rechte einen Stillstand in einem noch längst nicht abgeschlossenen Prozess. Die aufgezählten Rechte sind keineswegs die einzig möglichen Menschenrechte. Es sind die Grundrechte jenes Menschen, wie er den Verfassern der Erklärung nach der Tragödie des Zweiten Weltkrieges vorschwebte, des Menschen, der geprägt ist durch die Epoche, die mit der Französischen Revolution begann und in die Russische Revolution mündete. Es bedarf keiner besonderen Phantasie, um vorherzusehen, dass die technische Entwicklung, die Veränderung der wirtschaftlichen und sozialen Verhältnisse, der Zuwachs an Wissen und die Verdichtung der Kommunikationsmittel derartige Veränderungen in den menschlichen Lebensbedingungen und den Sozialbeziehungen hervorrufen werden, dass neue Bedürfnisse und folglich auch Forderungen nach neuen Freiheiten entstehen werden.«[120]

Die Erklärung der 1948 sechsundfünfzig Staaten umfassenden Vereinten Nationen, von denen sich acht der Stimme enthielten[121], wurde vorbereitet durch Beschlüsse der Anti-Hitler-Koalition, so durch die ›Atlantik-Charta‹ (14. August 1941), die »nach der endgültigen Zerstörung der Nazi-Herrschaft [...] die Gestaltung eines Friedens« einforderte, »der es allen Völkern ermöglicht, innerhalb ihrer Grenzen in Frieden zu leben und der allen Menschen in allen Ländern ein Leben frei von Not gewährleistet«. Während der Konferenz von Jalta (4. bis 11. Februar 1945) wurde diese Forderung bekräftigt. Ihre Verwirklichung wurde nun in die Hände der zu gründenden ›United Nations Organisation‹ (UNO) gelegt. Es entstand die ›Charta der Vereinten Nationen‹ vom 26. Juni 1945: »*Wir, die Völker der Vereinten Nationen* – fest entschlossen, Geschlechter vor der Geißel des Krieges zu be-

Systems erschöpfte sich nicht in purer Negation. Der Nationalsozialismus wurde als Negation der Zivilisation schlechthin begriffen. Die Negation der Negation beinhaltete die Bestätigung dieses zuvor bedrohten zivilisatorischen gemeinsamen Erbes. Die in Art. 6 [des Londoner Statuts] zusammengefassten Verbrechenskategorien (Verbrechen gegen den Frieden, Kriegsverbrechen und Verbrechen gegen die Menschlichkeit) stellen den inhaltlichen Kern der Ablehnung der systematischen und massenhaften Menschenrechtsverletzung durch das nationalsozialistische Regime dar. Sie sind sozusagen die negative Folie, auf der das positive Gerüst der Menschenrechtserklärung von 1948 aufgebaut wurde.«

120 Bobbio 1998, S. 17.

121 Die UdSSR und fünf mit ihr verbundene europäische Staaten sowie Südafrika und Saudi-Arabien. Vgl. Morsink 1999, S. 21-28.

wahren, die zweimal zu unseren Lebzeiten unsagbares Leid über die Menschheit gebracht hat, unseren Glauben an die Grundrechte des Menschen, an Würde und Wert der menschlichen Persönlichkeit, an die Gleichberechtigung von Mann und Frau sowie von allen Nationen, ob groß oder klein, erneut zu bekräftigen, Bedingungen zu schaffen, unter denen Gerechtigkeit und die Achtung vor den Verpflichtungen aus Verträgen und anderen Quellen des Völkerrechts gewahrt werden können, den sozialen Fortschritt und einen besseren Lebensstandard in größerer Freiheit zu fördern [...].«

Ein von der Delegation Panamas vorgelegter, vom chilenischen Juristen A. Alvarez vorbereiteter Entwurf zu einer rechtlich verbindlichen, durchsetzbare Menschenrechtsstandards normierenden Menschenrechtserklärung war zu diesem Zeitpunkt noch nicht als Bestandteil der UN-Charta durchsetzbar; der Versuch scheiterte am Widerstand der späteren fünf ›Vetomächte‹.[122] Im Unterschied zum ›Völkerbund‹ gaben sich die Völker nun aber mit ›Kap. VII: Maßnahmen bei Bedrohung oder Bruch des Friedens und bei Angriffshandlungen‹ in Art. 42 der ›Charta‹ das Recht, unter Einschluss militärischer Intervention »die zur Wahrung oder Wiederherstellung des Weltfriedens und der internationalen Sicherheit erforderlichen Maßnahmen durch[zu]führen«. Als von Staaten anzurufende Institution des Rechtsschutzes und als »Hauptrechtsprechungsorgan der Vereinten Nationen« (Art. 92) wurde 1946 der ›Internationale Gerichtshof‹ in Den Haag als Nachfolger des von 1922 bis 1946 bestehenden ›Ständigen Internationalen Gerichtshofs‹ eingerichtet.

Der Widerstand gegen Unrecht und die Einsicht in die Notwendigkeit der Verrechtlichung der Menschenrechte bilden den geschichtlichen Horizont der AEMR (Resolution 217 A (III) der Generalversammlung der Vereinten Nationen, 10. Dezember 1948): »*Art. 1* Alle Menschen sind frei und gleich an Würde und Rechten geboren. Sie sind mit Vernunft und Gewissen begabt und sollen einander im Geiste der Brüderlichkeit begegnen. *Art. 2* Jeder hat Anspruch auf alle in dieser Erklärung verkündeten Rechte und Freiheiten, ohne irgendeinen Unterschied, etwa nach Rasse, Hautfarbe, Geschlecht, Sprache, Religion, politischer oder sonstiger Anschauung, nationaler oder sozialer Herkunft, Vermögen, Geburt oder sonstigem Stand. [...].«

Der Verabschiedung der Erklärung im Palais de Chaillot in Paris ging ein heftiges Ringen um ihren Inhalt voraus, bei dem es – ein Ausdruck des bereits bestehenden ›Kalten Krieges‹ – zwischen West und Ost gravierende Meinungsverschiedenheiten vor allem bezüglich des Vorrangs der politischen oder der sozialen Menschenrechte und

122 Kotzur 1999, S. 187.

der (vom Westen favorisierten) Individual- bzw. der (von den sozialistischen Ländern bevorzugten) Gruppenrechte gab.[123] Der Konflikt zwischen der UdSSR und den U.S.A. als den Repräsentanten zweier ›Lager‹ war offensichtlich. Eleanor Roosevelt, die Witwe des vormaligen US-Präsidenten, sprach am 9. Dezember 1948 ›On the Adoption of the Universal Declaration of Human Rights‹ und betonte in Abgrenzung von Vorstellungen, die von der UdSSR favorisiert wurden: »[M]y government has made it clear in the course of the development of the Declaration that it does not consider that the economic and social and cultural rights stated in the Declaration imply an obligation on governments to assure the enjoyment of these rights by direct governmental action. This was made quite clear in the Human Rights Commission text of article 23 which served as a so-called ›umbrella‹ article to the articles on economic and social rights.«

Aber auch die von Delegierten z. B. des Libanon, Brasiliens und der Niederlande verlangte und von der UdSSR abgewehrte Erwähnung des göttlichen Ursprungs des Menschen spielte eine Rolle in der Auseinandersetzung.[124]

Die aus Kompromissen[125] hervorgegangene AEMR ist kein völkerrechtlich bindendes Dokument; sie hat deklamatorischen Charakter.[126] Doch scheint mehr beabsichtigt gewesen zu sein. In ihrem Vortrag ›The Struggle for Human Rights‹ in der Pariser Sorbonne am

123 Zur Entstehung vgl. die ausführliche Analyse zu Entwürfen und zur verabschiedeten Erklärung in Morsink 1999; vgl. auch Kotzur 2008.

124 Vgl. Kotzur 2008, S. 185.

125 Vgl. Eleanor Roosevelts Erklärung am Vorabend der Beschlussfassung der Generalversammlung am 10. Dezember 1948 ›On the Adoption of the Universal Declaration of Human Rights‹ (9. 12. 1948): »The long and meticulous study and debate of which this Universal Declaration of Human Rights is the product means that it reflects the composite views of the many men and governments who have contributed to its formulation. Not every man nor every government can have what he wants in a document of this kind. There are of course particular provisions in the Declaration before us with which we are not fully satisfied. I have no doubt this is true of other delegations, and it would still be true if we continued our labors over many years.« (http://www.udhr.org/history/ergeas48.htm).

126 Eleanor Roosevelt legte namens der Delegation der U.S.A. Wert auf folgende Feststellung: »In giving our approval to the Declaration today it is of primary importance that we keep clearly in mind the basic character of the document. It is not a treaty; it is not an international agreement. It is not and does not purport to be a statement of law or of legal obligation. It is a Declaration of basic principles of human rights and freedoms, to be stamped with the approval of the General Assembly by formal vote of its members, and to serve as a common standard of achievement for all peoples of all nations.« (Ebd.)

28. September 1948 hatte Eleanor Roosevelt die Perspektive eines völkerrechtlich bindenden Vertragswerks eröffnet: »The second part of the bill, which the Human Rights Commission has not yet completed because of the lack of time, is a covenant which would be in the form of a treaty to be presented to the nations of the world. Each nation, as it is prepared to do so, would ratify this covenant and the covenant would then become binding on the nations which adhere to it. Each nation ratifying would then be obligated to change its laws wherever they did not conform to the points contained in the covenant.«[127]

Die mit der Abfassung der AEMR beauftragte Menschenrechtskommission (MRK) der Vereinten Nationen[128] nahm am 27. Januar 1947 ihre Arbeit unter der Leitung von Eleanor Roosevelt auf. Wesentlichen Anteil an der Abfassung hatten der kanadische Jurist John Humphrey, der libanesische Politiker und Philosoph Charles Malik, der französische Jurist René Cassin, der chinesische Philosoph Peng-Chun Chang und Eleanor Roosevelt.

In den Prozess der Meinungsbildung war auch die UNESCO eingeschaltet: »Die Untersuchung der UNESCO zu den philosophischen Grundlagen der Menschenrechte hatte eine klare Problemstellung: *Die menschliche Welt durchlebt in ihrer politischen, ökonomischen und sozialen Entwicklung eine Krisenperiode. Wenn sie Fortschritte in ihrer Einheit machen soll, muss sie einen gemeinsamen Kern an Ideen und Prinzipien festlegen. Die Antwort auf diese Herausforderung besteht u. a. in der gemeinsamen Ausarbeitung der Menschenrechte.* Diese Formulierung sollte die damals existierenden unterschiedlichen bzw. gegensätzlichen Ansichten versöhnen; sie sollte hinreichend präzise sein, das Denken zu inspirieren und das Handeln anzuleiten, und zugleich hinreichend allgemein, um für alle Menschen gelten zu können; sie sollte ferner in dem Maße flexibel sein, dass sie zu Völkern mit unterschiedlichem politischen und sozialen Entwicklungsniveau passte. Die Schlussfolgerungen aus dieser Untersuchung wurden im Juli 1947 unter dem Titel *Pour une nouvelle déclaration des droits de l'homme* (Für eine neue Menschenrechtserklärung) von einem Expertenkomitee unter Leitung von Edward H. Carr verfasst; ihm gehörten Richard O. McKeon, Pierre Auger, Georges Friedmann, Harold J. Laski, Chun-Shu und Loc Somerhausen an. Die wichtigsten Beiträge der Philosophen bildeten die Grundlage für ein 1949 veröffentlichtes

127 http://www.gwu.edu/~erpapers/documents/speeches/doc026617.cfm.

128 Ihr gehörten Vertreter von 16 Staaten an: Ägypten, Australien, Belgien, Bielorussische Sozialistische Sowjetrepublik, Chile, China, Frankreich, Großbritannien, Indien, Iran, Jugoslavien, Libanon, Panama, Philippinische Republik, UdSSR, Uruguay und U.S.A.

Buch mit einer Einleitung Jacques Maritains.«[129] Die Publikation[130] versammelte Beiträge Mahatma Gandhis, Pierre Teilhard de Chardins, Aldous Huxleys, Salvador de Madariagas und zahlreicher anderer, aus vielen philosophischen Traditionen stammender Denker.

Die MRK hatte sich mit mehreren Entwürfen zu einer Erklärung zu befassen.[131] Ein aus Cassin, Dukeston, Malik und Roosevelt bestehendes ›Drafting Committee‹ übergab ihr im Juni 1947 ein von R. Cassin entworfenes und im Komitee überarbeitetes ›working paper‹. Eine von der MRK im Dezember 1947 eingerichtete Arbeitsgruppe legte nach neun Sitzungen ihren Entwurf vor, der von der MRK überabeitet, verabschiedet und nach weiteren Revisionen[132] zur Grundlage der Resolution der UN-Generalversammlung vom 10. Dezember 1948 wurde.

Der AEMR[133] folgten zahlreiche weitere Konventionen der Vereinten Nationen[134] und – z. T. unter Berufung auf Eigenrechte der Kulturen und mit anti-universalistischer Tendenz – regionale Deklarationen[135] und Konventionen wie z. B. die *Declaración Americana de los Derechos y Deberes del Hombre* (1948), die *Convención Americana sobre Derechos Humanos* (1969), die afrikanische *Banjul Charta der Rechte der Menschen und Völker* (1981)[136] oder die vier Erklärungen

129 Vermeren 2011, S. 34.

130 *Autour de la nouvelle Déclaration des Droits de l'Homme*, Paris1949.

131 Neben Entwürfen von juristischen Organisationen, zahlreichen Privatpersonen und dem bereits 1945 verfassten Entwurf des ›American Jewish Committee‹ (vgl. Morsink 1999, S. 2 f.) gab es z. B. den vom Inter-Amerikanischen juristischen Komitee erarbeiteten und von der chilenischen Delegation der Generalversammlung vorgelegten Entwurf einer Erklärung der Internationalen Rechte und Pflichten der Menschen, den von der kubanischen Delegation vorgelegten Entwurf einer Erklärung der Menschenrechte, den vom American Law Institute erarbeiteten und von der panamaischen Delegation eingebrachten Entwurf einer Erklärung und den vom britischen Vertreter Lord Dukeston verfassten Entwurf für eine ›International Bill on Human Rights; vgl. Kotzur 2008, S. 22 f.

132 Im Dritten Komitee der Generalversammlung wurden vom 30. September bis 7. Dezember 1848 168 Resolutionen zu Veränderungen bzw. Ergänzungen der Erklärung verarbeitet.

133 Sie liegt in von den Vereinten Nationen veranlassten Übersetzungen in 375 Sprachen vor. Zu den Problemen ihrer Rezeption gehört, dass über eine Milliarde Menschen nicht lesen können.

134 Zu den internationalen und regionalen Menschenrechtserklärungen und -instrumenten vgl. das im Auftrag der UNESCO hg. Werk *Human Rights. Major International Instruments. Droits de l'homme. Les principaux instruments internationaux*. Vgl. auch die Liste der Menschenrechtserklärungen und -instrumente im Anhang dieses Buches.

135 Zum regionalen Menschenrechtsschutz vgl. Liese 2011.

136 Siehe in diesem Buch Abschn. 3.10.

der *Menschenrechte im Islam* (1981, 1990, 1994, 2004[137]). Sie wurden von einer nahezu unübersehbaren Zahl nichtstaatlicher, z.B. von Religions- bzw. Weltanschauungsgemeinschaften verabschiedeter Erklärungen und ständigen Menschenrechtsinterventionen von NGOs – wie z.B. *amnesty international* – begleitet. 2010 hat der 60. Jahrestag der AEMR zu einer Fülle von Publikationen, öffentlichen Veranstaltungen, Ringvorlesungen an Universitäten etc. geführt, die ein deutlich gewachsenes Interesse an den Menschenrechten – aber auch an deren Instrumentalisierung zu anderen Zwecken[138] – belegt.

3.6.2 Die Europäische Konvention zum Schutz der Menschenrechte und Grundfreiheiten

Die Unterzeichnerregierungen – Mitglieder des Europarats – haben 1950 die *Konvention zum Schutz der Menschenrechte und Grundfreiheiten*[139] (EMRK) vereinbart »in Anbetracht der Allgemeinen Erklärung der Menschenrechte [...], in der Erwägung, daß diese Erklärung bezweckt, die universelle und wirksame Anerkennung und Einhaltung der in ihr aufgeführten Rechte zu gewährleisten; in der Erwägung, daß es das Ziel des Europarats ist, eine engere Verbindung zwischen seinen Mitgliedern herzustellen, und daß eines der Mittel zur Erreichung dieses Zieles die Wahrung und Fortentwicklung der Menschenrechte und Grundfreiheiten ist; in Bekräftigung ihres tiefen Glaubens an diese Grundfreiheiten, welche die Grundlage von Gerechtigkeit und Frieden in der Welt bilden und die am besten durch eine wahrhaft demokratische politische Ordnung sowie durch ein gemeinsames Verständnis und eine gemeinsame Achtung der diesen Grundfreiheiten zugrunde liegenden Menschenrechte gesichert werden; entschlossen, als Regierungen europäischer Staaten, die vom gleichen Geist beseelt sind und ein gemeinsames Erbe an politischen Überlieferungen, Idealen, Ach-

137 Siehe in diesem Buch Abschn. 3.9.

138 Ein extremes Beispiel war die von ›Scientology‹ initiierte Kampagne ›Youth for Human Rights International‹. Vgl. http://www.scientology.-org/activity/human-rights/human-rights.html.

139 Zur Geschichte der EMRK vgl. Bates 2011; vgl. als EMRK-Kommentare Frowein/Peukert 1996, Grabenwarter 2005, Nowak 2005, Ehlers 2009, Harris/O'Boyle/Warbrick 2009, Meyer-Ladewig 2011; vgl. auch das Zusatzprotokoll zur Konvention zum Schutze der Menschenrechte und Grundfreiheiten in der Fassung des Protokolls Nr. 11 und weitere Zusatzprotokolle: http://conventions.coe.int/treaty/ger/treaties/html/194.htm. Zu einer vergleichenden Darstellung der Grund- und Menschenrechte im deutschen und europäischen Kontext sowie zum Zivilpakt von 1966 und zur Entscheidungspraxis des Bundesverfassungsgerichts vgl. Seidel 1996.

tung der Freiheit und Rechtsstaatlichkeit besitzen, die ersten Schritte auf dem Weg zu einer kollektiven Garantie bestimmter in der Allgemeinen Erklärung aufgeführter Rechte zu unternehmen«. Mit Art. 19 der EMRK wurde zur »Einhaltung der Verpflichtungen, welche die Hohen Vertragschließenden Teile in dieser Konvention übernommen haben«, »a) eine Europäische Kommission für Menschenrechte« und »b) ein Europäischer Gerichtshof für Menschenrechte« eingerichtet.

Die EMRK wurde von 47 Staaten unterzeichnet, darunter von allen EU-Mitgliedstaaten. »Soweit ersichtlich, haben alle 47 Zeichnerstaaten der EMRK den Konventionsrechten innerstaatlich Geltung verschafft, wenngleich die Vorgehensweisen sich mitunter erheblich unterscheiden. Der EGMR hat in ständiger Rechtsprechung eine entsprechende Rechtspflicht zur Übernahme der Konventionsrechte verneint, obschon er es als eine ›besonders treue Erfüllung der Vertragspflichten‹ bezeichnet hat, wenn ein Staat der Konvention im eigenen Recht Geltung verschafft.«[140]

Doch auch Mitglieder der Europäischen Union verstoßen gegen die Verpflichtungen der EMRK. Dies zeigt sich z. B., wenn sie den ›Raum der Freiheit, der Sicherheit und des Rechts‹ unter Missachtung der Menschenwürdenorm und mit menschenrechtswidrigen Maßnahmen vor Flüchtlingen abschotten: ›Frontex‹, die ›European Agency for the Management of Operational Cooperation at the External Borders of the Member States of the European Union‹[141] und das Rahmenabkommen der EU mit Libyen zur Verhinderung von Flucht und Migration aus afrikanischen Ländern sind Ausdruck dieser Politik: Am 4. 10. 2010 wurde von der EU-Kommission und Libyen die ›Agenda für die Zusammenarbeit in Migrationsfragen‹ »in der Erwägung« unterzeichnet, »dass Libyen ungeachtet der fortdauernden autoritären Herrschaft und der systematischen Verletzung internationaler Übereinkommen zu Menschenrechten und Grundfreiheiten seine politischen und Handelsbeziehungen mit Mitgliedstaaten der EU ausgebaut hat und im Mittelmeerraum und in Afrika bei zahlreichen Fragen mit Auswirkungen auf Sicherheit und Stabilität, insbesondere Migration, öffentliche Gesundheit, Entwicklung, Handels- und Wirtschaftsbeziehungen, Klimawandel, Energie und kulturelles Erbe, als Partner der EU fungiert«.[142]

140 J.M. Hoffmann 2011, S. 129 f.; vgl. zur Pflicht der Übernahme der EMRK in das nationale Recht ebd., S. 131-140. Zur Umsetzung in deutsches Recht siehe BGBl 1952 II, S. 685, 953; BGBl 2002 II, S. 10.

141 Council Regulation (EC) 2007/2004/ (26.10.2004, OJ L 349/ 25. 11. 2004.

142 INI/2010/2268. Zu einer umfangreichen Analyse zu ›Europa zwischen Grenzkontrolle und Flüchtlingsschutz‹ vgl. Klepp 2011.

Am 23. 2. 2012 hat die Große Kammer des EGMR in einem wegweisenden Urteil Italien im Fall *Hirsi Jamaa and Others v. Italy* (application no. 27765/09) rechtskräftig zu Schadensersatzzahlungen in Höhe von 330.000 € an 200 somalische und eritreische Flüchtlinge verurteilt, deren Boote von der italienischen Küstenwache vor Lampedusa aufgegriffen und die unter Verletzung der EMRK zurück nach Libyen verbracht wurden: »The applicants fell *within the jurisdiction of Italy for the purposes of Article 1* of the European Convention on Human Rights; There had been *two violations of Article 3* (prohibition of inhuman or degrading treatment) of the Convention because the applicants had been exposed to the risk of ill-treatment in Libya and of repatriation to Somalia or Eritrea; There had been a *violation of Article 4 of Protocol No. 4* (prohibition of collective expulsions); There had been a *violation of Article 13 (right to an effective remedy) taken in conjunction with Article 3 and with Article 4 of Protocol No. 4.*«[143]

Die EMRK hat Menschenrechtsverletzungen nicht verhindert. Doch sie wurde zum normativen Meilenstein für die ›Charta der Grundrechte der Europäischen Union‹ (GRCh)[144], in deren Präambel es heißt: »In dem Bewusstsein ihres geistig-religiösen und sittlichen Erbes gründet sich die Union auf die unteilbaren und universellen Werte der Würde des Menschen, der Freiheit, der Gleichheit und der Solidarität. Sie beruht auf den Grundsätzen der Demokratie und der Rechtsstaatlichkeit. Sie stellt die Person in den Mittelpunkt ihres Handelns, indem sie die Unionsbürgerschaft und einen Raum der Freiheit, der Sicherheit und des Rechts begründet.«[145] Vor dem Inkrafttreten des Lissa-

143 ECHR 075 (2012), 23. 2. 2012.

144 Amtsblatt der Europäischen Gemeinschaften (2000/C 364/01). Vgl. dazu v. Arnim 2006, zur Entstehung der EMRK und zur Diskussion im europäischen Grundrechtekonvent sowie zur Gesamtkommentierung vgl. Meyer 2011, zur Bedeutung als »europäischer Text«, als »Meilenstein auf dem Weg der Union zur Grundrechtsgemeinschaft« und als »Pfeiler für die sich entwickelnde europäische Rechtslinguistik« vgl. Burr in: Tettinger/Stern 2011, S. 187. Burr verweist darauf, dass an der GRCh neben »der Entstehung des Gemeinschaftsrechts aus einer Vielfalt von Rechtskulturen« auch »die Entwicklung einer gemeinschaftlichen Rechtssprache in mehrsprachiger Ausprägung« (in nunmehr zwanzig Sprachen in der EU) zu würdigen ist. Dieser Kommentar präsentiert zugleich auch die Grundlagen der gemeinsamen Verfassungsüberlieferungen in den Ländern der EU.

145 Der Hinweis in der deutschen Fassung der GRCh auf ein ›*geistig-religiöses*‹ Erbe existiert in den Fassungen der anderen Amtssprachen nicht. So heißt es etwa im Englischen: »spiritual and moral heritage«, im Französischen: »patrimoine spirituel et moral«. Der von Konservativen

bon-Vertrags konnte die EU selbst mangels Rechtspersönlichkeit der EMRK nicht beitreten. Die Europäische Kommission hat am 17. März 2010 Verhandlungsrichtlinien für den Beitritt der Union vorgeschlagen. Rechtsgrundlage ist Art. 6, insbes. Abs. 2, des EU-Vertrages: »(1) Die Union erkennt die Rechte, Freiheiten und Grundsätze an, die in der Charta der Grundrechte der Europäischen Union vom 7. Dezember 2000 in der am 12. Dezember 2007 in Straßburg angepassten Fassung niedergelegt sind; die Charta der Grundrechte und die Verträge sind rechtlich gleichrangig. Durch die Bestimmungen der Charta werden die in den Verträgen festgelegten Zuständigkeiten der Union in keiner Weise erweitert. Die in der Charta niedergelegten Rechte, Freiheiten und Grundsätze werden gemäß den allgemeinen Bestimmungen des Titels VII der Charta, der ihre Auslegung und Anwendung regelt, und unter gebührender Berücksichtigung der in der Charta angeführten Erläuterungen, in denen die Quellen dieser Bestimmungen angegeben sind, ausgelegt. (2) Die Union tritt der Europäischen Konvention zum Schutz der Menschenrechte und Grundfreiheiten bei. Dieser Beitritt ändert nicht die in den Verträgen festgelegten Zuständigkeiten der Union. (3) Die Grundrechte, wie sie in der Europäischen Konvention zum Schutz der Menschenrechte und Grundfreiheiten gewährleistet sind und wie sie sich aus den gemeinsamen Verfassungsüberlieferungen der Mitgliedstaaten ergeben, sind als allgemeine Grundsätze Teil des Unionsrechts.«[146]

Am 1. März 2007 hat in Wien die ›Agentur der Europäischen Union für Grundrechte‹ ihre Arbeit mit dem Ziel aufgenommen, »Organe und Einrichtungen der Europäischen Union aber auch der Mitgliedstaaten beim Erlaß bzw. der Durchführung des Gemeinschaftsrechts dabei zu unterstützen, die Grundrechte uneingeschränkt zu achten.«[147]

Zum Verständnis der Bedeutung der Menschenrechte und zu ihrer Durchsetzung und Achtung in Europa – und über Europa hinaus – hat

geforderte religiöse Bezug war in den Debatten des Grundrechtekonvents heiß umstritten. Der von dessen Präsidium zunächst aufgenommene Hinweis auf das religiöse Erbe wurde nach langer Debatte durch einen Verweis auf das ›spirituelle und moralische Erbe‹ ersetzt. Bei der deutschen Fassung handelt es sich um einen auf Druck der christlichen Kirchen zustandegekommenen und von CDU/CSU-Vertretern durchgesetzten Sonderweg.

146 Zu einer Gesamtdarstellung des Europäischen Primärrechts, zum Vertrag über die Europäische Union (EUV) und zum Vertrag über die Arbeitsweise der Europäischen Union (AEUV) vgl. Vedder/Heintschel von Heinegg 2011.

147 Toggenburg 2007, S. 86.

der Prozess beigetragen, der mit der 1973 in Helsinki einberufenen und von 1973 bis 1975 in Genf fortgesetzten ›Konferenz für Sicherheit und Zusammenarbeit in Europa‹ (KSZE)[148] begonnen hat. Mit der Schlussakte von 1975 verpflichteten sich die 35 Unterzeichnerstaaten zur Unverletzlichkeit der Grenzen, zur friedlichen Regelung von Streitfällen, zur Nichteinmischung in die inneren Angelegenheiten anderer Staaten sowie zur Wahrung der Menschenrechte und Grundfreiheiten. Mit ›Korb III‹ wurden für die Überwindung der Teilung Europas wegweisende Grundsätze der Zusammenarbeit in humanitären und anderen Bereichen, der Erleichterung von menschlichen Kontakten über die Blockgrenzen hinweg und des freien Informationsaustauschs beschlossen. In Abschnitt VII der Schlussakte ›Achtung der Menschenrechte und Grundfreiheiten, einschließlich der Gedanken-, Gewissens-, Religions- oder Überzeugungsfreiheit‹ heißt es: »Die Teilnehmerstaaten werden die Menschenrechte und Grundfreiheiten, einschließlich der Gedanken-, Gewissens-, Religions- oder Überzeugungsfreiheit für alle ohne Unterschied der Rasse, des Geschlechts, der Sprache oder der Religion achten. Sie werden die wirksame Ausübung der zivilen, politischen, wirtschaftlichen, sozialen, kulturellen sowie der anderen Rechte und Freiheiten, die sich alle aus der dem Menschen innewohnenden Würde ergeben und für seine freie und volle Entfaltung wesentlich sind, fördern und ermutigen. In diesem Rahmen werden die Teilnehmerstaaten die Freiheit des Individuums anerkennen und achten, sich allein oder in Gemeinschaft mit anderen zu einer Religion oder einer Überzeugung in Übereinstimmung mit dem, was sein Gewissen ihm gebietet, zu bekennen und sie auszuüben. Die Teilnehmerstaaten, auf deren Territorium nationale Minderheiten bestehen, werden das Recht von Personen, die zu solchen Minderheiten gehören, auf Gleichheit vor dem Gesetz achten; sie werden ihnen jede Möglichkeit für den tatsächlichen Genuß der Menschenrechte und Grundfreiheiten gewähren und werden auf diese Weise ihre berechtigten Interessen in diesem Bereich schützen. Die Teilnehmerstaaten anerkennen die universelle Bedeutung der Menschenrechte und Grundfreiheiten, deren Achtung ein wesentlicher Faktor für den Frieden, die Gerechtigkeit und das Wohlergehen ist, die ihrerseits erforderlich sind, um die Entwicklung freundschaftlicher Beziehungen und der Zusammenarbeit zwischen ihnen sowie zwischen allen Staaten zu gewährleisten. Sie werden diese Rechte und Freiheiten in ihren gegenseitigen Beziehungen stets achten und sich einzeln und gemeinsam, auch in Zusammen-

148 An der seit 1971 vorbereiteten KSZE haben – mit Ausnahme von Albanien – alle europäischen Staaten, die UdSSR, die USA und Kanada teilgenommen.

arbeit mit den Vereinten Nationen, bemühen, die universelle und wirksame Achtung dieser Rechte und Freiheiten zu fördern. Sie bestätigen das Recht des Individuums, seine Rechte und Pflichten auf diesem Gebiet zu kennen und auszuüben. Auf dem Gebiet der Menschenrechte und Grundfreiheiten werden die Teilnehmerstaaten in Übereinstimmung mit den Zielen und Grundsätzen der Charta der Vereinten Nationen und mit der Allgemeinen Erklärung der Menschenrechte handeln. Sie werden ferner ihre Verpflichtungen erfüllen, wie diese festgelegt sind in den internationalen Erklärungen und Abkommen auf diesem Gebiet, soweit sie an sie gebunden sind, darunter auch in den Internationalen Konventionen über die Menschenrechte.«

Die KSZE wurde beim Gipfeltreffen am 5./6. Dezember 1994 in Budapest institutionalisiert und zum 1. Januar 1995 in ›Organisation für Sicherheit und Zusammenarbeit in Europa‹ (OSZE) umbenannt. Mit der ›Charta von Paris‹ wurde 1990 ein ›Büro für demokratische Wahlen‹ eingerichtet, dessen Aufgaben 1992 anlässlich des Prager Ministerratstreffens zum ›Büro für demokratische Institutionen und Menschenrechte‹ (ODIHR[149]) erweitert wurden. Mit Sitz in Warschau ist das ODIHR in Europa, im Kaukasus, in Zentralasien und in Nordamerika tätig, um in den 56 Teilnehmerstaaten der OSZE demokratische Wahlen, den Respekt für Menschenrechte und den Schutz von Menschenrechte-Verteidigern[150], Toleranz und Nichtdiskriminierung sowie Rechtsstaatlichkeit zu fördern.

3.6.3 Die Menschenrechtskommission/der Menschenrechtsrat der Vereinten Nationen und Menschenrechtsverletzungen

Die »wichtigste zwischenstaatliche Institution des Menschenrechtsschutzes« war jahrzehntelang die Menschenrechtskommission (MRK) der Vereinten Nationen. »1946 als funktionale Kommission des Wirtschafts- und Sozialrates (ECOSOC) gegründet, hatte sie zunächst maßgeblich die Ausarbeitung der Allgemeinen Erklärung der Menschenrechte [...] und der 1966 verabschiedeten und 1976 in Kraft getretenen Internationalen Pakte über die Bürgerlichen und Politischen Rechte [...] sowie über die Wirtschaftlichen, Sozialen und Kulturellen Rechte [...] vorangetrieben. [...] Im operativen Bereich konnte sie über Sonderberichterstatter den Stand der Implementierung von Menschenrechtsstandards untersuchen. Weiterhin war sie befugt, während der sechswöchigen Sitzungen im Frühjahr jedes Jahres (rechtlich allerdings

149 Siehe: http://www.osce.org/odihr.

150 Vgl. ›Human Rights Defenders in the OSCE Region: Challenges and Good Practices‹: http://www.osce.org/odihr/35652.

nicht bindende) Verurteilungen und Empfehlungen zur besseren Verankerung menschenrechtlicher Standards in den UN-Mitgliedstaaten abzugeben. Individuen wie Gruppen konnten sich direkt an sie wenden. Doch die MRK war stets auch ein politisches Gremium, da ihre Mitglieder weisungsabhängige Vertreter der zuletzt 53 Mitgliedstaaten waren. Die Kontroversen um die Art und Reichweite des Menschenrechtsschutzes wurden immer stärker von der Grundspannung zwischen der Staatensouveränität und dem Anspruch der Staatengemeinschaft auf Beachtung der kollektiven Normen geprägt. Die Menschenrechte immer häufiger zu politischem Schlagabtausch instrumentalisiert. So warfen die westlichen Demokratien autoritären Staaten in Asien und Afrika immer wieder vor, unter dem Vorwand kultureller Eigenheiten Menschenrechtsrelativismus zu betreiben. Diese wiederum konterten mit dem Vorwurf, westliche Länder würden unter Verfolgung ihrer wirtschaftlichen Interessen im Menschenrechtsbereich doppelte Standards anlegen. Die Tendenz, das Forum der MRK nicht zum Schutz der Menschenrechte zu nutzen, sondern dazu, Kritik am eigenen Staat zu verhindern und andere anzuklagen, führte die MRK in eine ›Selbstzerstörung auf Raten‹.«[151]

Mit der UN-Resolution 60/251 wurde die MRK am 6. März 2006 in den ›Menschenrechtsrat‹ (MRR) als Nebenorganisation der Generalversammlung mit Sitz in Genf umgewandelt. Es wurde u.a. beschlossen, »dass die Tätigkeit des Rates von den Grundsätzen der *Universalität, der Unparteilichkeit, der Objektivität und der Nichtselektivität*, eines konstruktiven internationalen Dialogs und der konstruktiven internationalen Zusammenarbeit geleitet sein soll, mit dem Ziel, die Förderung und den Schutz aller Menschenrechte, der bürgerlichen, politischen, wirtschaftlichen, sozialen und kulturellen Rechte, einschließlich des Rechts auf Entwicklung, zu verstärken«.[152] Am 18. Juni 2007 hat die UN-Generalversammlung auf Vorschlag des MRR eine Resolution zur ›Errichtung der Institutionen des Menschenrechtsrats der Vereinten Nationen‹ und über dessen Grundsätze und Ziele verabschiedet:

»1. *Grundsätze*. 3. Die allgemeine regelmäßige Überprüfung soll *a*) die Universalität, die Interdependenz, die Unteilbarkeit und den wechselseitigen Zusammenhang aller Menschenrechte fördern; *b*) ein kooperativer Mechanismus auf der Grundlage objektiver und verlässlicher Informationen und eines interaktiven Dialogs sein; *c*) die Erfassung und Gleichbehandlung aller Staaten gewährleisten; *d*) ein zwischenstaatlicher, von den Mitgliedern der Vereinten Nationen gesteu-

151 Gareis 2008, S. 15 f.; vgl. Sterr 2005, S. 101-104.

152 UN-Dokument A/RES/60/251. Hervorh. v. mir.

erter und maßnahmenorientierter Prozess sein; *e*) das überprüfte Land voll einbeziehen; *f*) andere Menschenrechtsmechanismen unter Vermeidung von Doppelarbeit ergänzen und somit einen zusätzlichen Nutzen bringen; *g*) in objektiver, transparenter, nicht selektiver, konstruktiver, nicht konfrontativer und nicht politisierter Weise durchgeführt werden; *h*) keine übermäßige Belastung für den betroffenen Staat oder für die Tagesordnung des Rates darstellen; *i*) nicht übermäßig lange dauern; sie soll wirklichkeitsnah sein und nicht unverhältnismäßig viel Zeit und menschliche und finanzielle Ressourcen in Anspruch nehmen; *j*) die Fähigkeit des Rates zur Reaktion auf dringende Menschenrechtssituationen nicht vermindern; *k*) auf umfassende Weise die Geschlechterperspektive integrieren; *l*) unbeschadet der Verpflichtungen in den als Grundlage der Überprüfung genannten Elementen dem Entwicklungsstand und den besonderen Gegebenheiten der Länder Rechnung tragen; *m*) gemäß Resolution 60/251 der Generalversammlung vom 15. März 2006 und Resolution 1996/31 des Wirtschafts- und Sozialrats vom 25. Juli 1996 sowie allen künftigen diesbezüglichen Beschlüssen des Rates die Mitwirkung aller maßgeblichen Interessenvertreter einschließlich nichtstaatlicher Organisationen und nationaler Menschenrechtsinstitutionen gewährleisten.

2. *Ziele*. 4. Die Ziele der Überprüfung sind *a*) die Verbesserung der Menschenrechtslage vor Ort; *b*) die Erfüllung der Verpflichtungen und Zusagen des Staates auf dem Gebiet der Menschenrechte und die Bewertung der positiven Entwicklungen und der Herausforderungen, denen sich der Staat gegenübersieht; *c*) die Verbesserung der Kapazitäten des Staates und die Verstärkung der technischen Hilfe in Absprache mit dem betroffenen Staat und mit seiner Zustimmung; *d*) der Informationsaustausch über bewährte Verfahren zwischen den Staaten und sonstigen Interessenvertretern; *e*) die Unterstützung der Zusammenarbeit bei der Förderung und dem Schutz der Menschenrechte; *f*) die Ermutigung zur vollen Zusammenarbeit und zum uneingeschränkten Zusammenwirken mit dem Rat, den anderen Menschenrechtsorganen und dem Amt des Hohen Kommissars der Vereinten Nationen für Menschenrechte.«[153]

Ob dem MRR eine erneute ›Selbstzerstörung‹ erspart bleibt, ist angesichts der Rolle nicht rechtsstaatlich verfasster autoritärer Staaten im Rat und der selektiven Befassung mit und asymmetrischen Bewertung von Menschenrechtsverletzungen fraglich.[154] Dies belegen etwa

153 Quelle für den englischen Ausgangstext: http://ap.ohchr.org/documents/-E/HRC/resolutions/A_HRC_RES_5_1.doc) (2010-01-18).

154 Zu einer eher negativen Prognose kommen auch Finke/von Essen 2011, S. 21.

die wohlwollenden Stellungnahmen zahlreicher – nicht nur arabischer – Staaten zum libyschen Menschenrechtebericht ›Report of the Working Group on the Universal Periodic Review Libyan Arab Jamahiriya‹ an den MRR vom 4. Januar 2011, in dem die libysche Delegation zu behaupten wagte, »that all rights and freedoms were contained in a coherent, consolidated legal framework. The legal guarantees formed the basis for protection of the basic rights of the people. [...] Protection of human rights was guaranteed in the Libyan Arab Jamahiriya; this included not only political rights, but also economic, social and cultural rights. The Libyan Arab Jamahiriya referred to its pioneering experience in the field of wealth distribution and labour rights.«[155]

Im Report-Teil ›Interactive dialogue and responses by the State under review‹ finden sich u.a. folgende Stellungnahmen: »Algeria noted the efforts of the Libyan Arab Jamahiriya to promote human rights, which reflected the country's commitment to complying with Human Rights Council resolutions and cooperating with the international community. [...] Qatar praised the legal framework for the protection of human rights and freedoms, including, inter alia, its criminal code and criminal procedure law, which provided legal guarantees for the implementation of those rights. [...] The Syrian Arab Republic praised the Libyan Arab Jamahiriya for its serious commitment to and interaction with the Human Rights Council and its mechanisms. [...] The Democratic People's Republic of Korea praised the Libyan Arab Jamahiriya for its achievements in the protection of human rights, especially in the field of economic and social rights, including income augmentation, social care, a free education system, increased delivery of health-care services, care for people with disabilities, and efforts to empower women. [...] Saudi Arabia commended the Libyan Arab Jamahiriya's achievements in its constitutional, legislative and institutional frameworks, which showed the importance that the country attached to human rights, and for the fact that international treaties took precedence over its national legislation. [...] The Bolivarian Republic of Venezuela acknowledged the efforts of the Libyan Arab Jamahiriya to promote economic, social and cultural rights, especially those of children. [...] Jordan welcomed the Libyan Arab Jamahiriya's achievements in the promotion and protection of human rights, including the establishment of institutions, particularly in the judiciary system. [...] Oman commended the Libyan Arab Jamahiriya for its diligent efforts in the field of human rights and for making them its priority. [...] Egypt commended the Libyan Arab Jamahiriya for progress in building a comprehensive national human

155 A/HRC/16/15, S. 4.

rights framework of institutions and in drafting legislation and supporting its human resources in that area. [...] The Islamic Republic of Iran noted that the Libyan Arab Jamahiriya had implemented a number of international human rights instruments and had cooperated with relevant treaty bodies.«[156]

Die im Report aufgelisteten kritischen Stellungnahmen westlicher Demokratien[157] zu Todesurteilen, Folter, Verhaftung Unschuldiger, Verletzung des Rechts auf freie Meinungsäußerung und weiteren Meschenrechtsverletzungen sowie die große Zahl von Empfehlungen an Libyen sprechen eine andere Sprache. Wegen des gewaltsamen Vorgehens gegen oppositionelle Demonstranten wurde Libyen Anfang März 2011 auf Empfehlung des MRR von der UN-Vollversammlung aus dem Rat ausgeschlossen und nach Beendigung des Bürgerkriegs ungeachtet der sowohl von Armee und Polizei als auch von den Aufständischen begangenen Menschenrechtsversetzungen im November 2011 wieder aufgenommen. Das zu erhoffende Frühwarnsystem vor Menschenrechtsverletzungen[158] ist der MRR (bis jetzt) nicht.[159]

156 A/HRC/16/15, S. 6-9.

157 A/HRC/16/15, S. 11 ff., S. 14-22.

158 Zur Prävention von Menschenrechtsverletzungen als Aufgabe internationaler Organisationen vgl. Strauss 2001

159 Das Problem, dass politisches Kalkül und Diplomatie in Organen und Organisationen der UN den Schutz der Menschenrechte überlagern, betrifft auch die UNESCO. In der Situation, in der in Syrien ungeachtet mehrerer Resolutionen der UN und des Menschenrechtsrats Proteste gegen das Regime mit militärischer Gewalt und verbunden mit schwerwiegenden Menschenrechtsverletzungen unterdrückt wurden, hat der UNESCO-Exekutivrat Ende November 2011 Syrien für die Mandatszeit 2011-2013 in das aus 30 Staaten-Repräsentanten bestehende ›Committee on Conventions and Recommendations (CR)‹ gewählt (Decision 188 EX/SR.2), zu dessen Aufgaben u. a. »all communications relating to cases and questions concerning the exercise of human rights in the fields of competence of UNESCO« gehören. Wenige Tage später, am 2. Dezember 2011, verurteilte der UN-Menschenrechtsrat in seiner Resolution A/HRC/RES/S-18/1 »(a) The continued widespread, systematic and gross violations of human rights and fundamental freedoms by the Syrian authorities, such as arbitrary executions, excessive use of force and the killing and persecution of protesters, human rights defenders and journalists, arbitrary detention, enforced disappearances, torture and ill-treatment, including of children; (b) The attacks against civilians in cities and villages across the country, their repetitive nature, the levels of excessive force used consistently by units of the Syrian armed forces and diverse security forces, the coordinated nature of these attacks and the fact that they have been conducted on the orders of the authorities, including high-ranking military officers; (c) The extensive violations of children's rights committed by the Syrian au-

Was sind Menschenrechtsverletzungen? *Alles*, was die menschliche Würde verletzt, ist eine Verletzung der Menschenrechte, die – wie nationalstaatliche oder transnationale Grundrechte – insgesamt im Internationalen Recht Konkretisierungen der Garantie der Menschenwürde darstellen. Dementsprechend breit ist das Spektrum dessen, was unter ›Menschenrechtsverletzung‹ subsumiert werden kann – alltäglich und weltweit. Beim UN-Hochkommissariat für Menschenrechte in Genf gehen jährlich etwa 400.000 Individualbeschwerden ein. Unter den Mitgliedstaaten der Vereinten Nationen sind Staaten, in denen keine Menschenrechtsverletzungen nachgewiesen werden, in erschreckender Minderheit.[160] Die Möglichkeit der individuellen Menschenrechtsbeschwerde hat allerdings trotz bestehender Defizite[161] dazu geführt, dass immer mehr Menschen offensiv ihre Rechte gegen Staaten einklagen. Beim EGMR werden jährlich mehr Beschwerden eingelegt, im

thorities, including the killing of children during demonstrations and the widespread practice of arbitrary detention, torture and ill-treatment; (d) The sexual violence against civilians by the Syrian armed and security forces, including against male detainees and children; (e) The obstruction and denial of medical assistance to the injured and sick, and the raids and harassment of wounded protesters in both public and private hospitals«.

160 Vgl. u. a. die jährlichen ›Reports: Zur weltweiten Lage der Menschenrechte‹ und die ›Länderberichte‹ von Amnesty International. Für das Jahr 2010 sind im Report 2011 Menschenrechtsverletzungen in 157 Ländern dokumentiert.

161 »Gegenwärtig existieren fünf, aus Sachverständigen zusammengesetzte VN-Vertragsorgane mit Verfahren zur Überprüfung von Individualbeschwerden im Rahmen des jeweiligen Menschenrechtsübereinkommens. Im Einzelnen handelt es sich um den Menschenrechtsausschuss, zuständig für den internationalen Pakt über bürgerliche und politische Rechte (›Zivilpakt‹); den Ausschuss für die Beseitigung der Rassendiskriminierung, eingerichtet im Rahmen des Internationalen Übereinkommens für die Beseitigung jeder Form von Rassendiskriminierung; den Ausschuss gegen Folter, zuständig für die Umsetzung des Übereinkommens gegen Folter und andere grausame, unmenschliche oder erniedrigende Behandlung oder Strafe; den Ausschuss für die Beseitigung der Diskriminierung der Frau, eingerichtet im Rahmen des Übereinkommens für die Beseitigung jeder Form von Diskriminierung der Frau; und den Ausschuss für die Rechte von Personen mit Behinderungen, zuständig für das Übereinkommen für die Rechte von Personen mit Behinderungen.« (Hüfner 2012, S. 107). Die Zahl der Vertragsstaaten, die Einzelbeschwerden zulassen, ist jedoch enttäuschend gering (Stand: 1. Dezember 2011): »beim Zivilpakt: 114 bei 167 Vertragsstaaten; bei der Anti-Rassendiskriminierungs-Konvention: 54 von 175; bei der Anti-Folter-Konvention: 61 von 149; bei der Frauenrechtskonvention: 103 von 187; und bei der Behindertenrechtskonvention: 64 von 107«. (Ebd.)

Jahre 2008 nahezu 50.000.[162] 2011 kamen aus nur vier Staaten mehr als ein Drittel aller Fälle an den Gerichtshof: aus der Türkei, der Russischen Föderation, der Ukraine und Griechenland, die übrigen Fälle aus den anderen 43 Staaten des Europarats. Aufgrund finanzieller und personeller Unterausstattung sowie struktureller Probleme konnten allerdings viele Beschwerden nicht in angemessener Frist behandelt werden: Im Jahre 2011 waren 150.000 unerledigte Beschwerden anhängig. Die Situation verbessert sich, seit im Juni 2010 die von Russland jahrelang blockierte Reform des ›Protokolls Nr. 14 zur Konvention zum Schutz der Menschenrechte und Grundfreiheiten über die Änderung des Kontrollsystems‹ vom 13. Mai 2004 wirksam wurde. Seitdem dürfen in eindeutig unzulässigen Fällen, die keiner weiteren Untersuchung bedürfen, Einzelrichter – statt wie zuvor mit mehreren Richtern besetzte Kammern – allein entscheiden und die Fälle abweisen.[163] Aus formalen Gründen werden insgesamt etwa 90% der Beschwerden abgewiesen.

3.7 Die Einheit politischer, sozialer, ökonomischer und kultureller Menschenrechte

Die Menschenrechte sind nach 1948 immer detaillierter positiviert worden.[164] In demselben Maße ist der *Zusammenhang* politischer, sozialer, ökonomischer und kultureller Rechte unauflösbar gewor-

162 Neben der Entscheidungssammlung des EGMR (www.echr.coe.int) finden sich Informationen über Verfahren und Urteile von Individuen gegen Staaten im drei Mal jährlich erscheinenden ›Human rights information bulletin‹ des Europarats, in Straßburg hg. v. Directorate General of Human Rights and Legal Affairs.

163 Gem. Art. 7 des Protokolls Nr. 14 wird folgender neuer Art. 27 in die Konvention eingefügt: »Art. 27 Befugnisse des Einzelrichters. 1. Ein Einzelrichter kann eine nach Artikel 34 erhobene Beschwerde für unzulässig erklären oder im Register streichen, wenn eine solche Entscheidung ohne weitere Prüfung getroffen werden kann. 2. Die Entscheidung ist endgültig. 3. Erklärt der Einzelrichter eine Beschwerde nicht für unzulässig und streicht er sie auch nicht im Register des Gerichtshofs, so übermittelt er sie zur weiteren Prüfung an einen Ausschuss oder eine Kammer.«

164 Zu Menschenrechts-Erklärungen, -Pakten und -Konventionen vgl. United Nations 1978; Brownlie 1981; amnesty international 1981; Heidelmeyer 1982; Klenner 1982; Tomuschat 1992; Seidel 1996, Simma/Fastenrath 2004. Zu den ›General Comments‹ zu den UN-Menschenrechtsverträgen vgl. Deutsches Institut für Menschenrechte 2005.

den.[165] Menschenrechtserklärungen betonen zunehmend soziale und politische Bedingungen der Realisierbarkeit der Menschenrechte. So heißt es in der Präambel des ›Internationalen Pakts über bürgerliche und politische Rechte‹ vom 19. 12. 1966 (1976 in Kraft getreten)[166], »dass im Einklang mit der Allgemeinen Erklärung der Menschenrechte das Ideal freier Menschen, die frei von Furcht und Not sind, nur erreicht werden kann, wenn Verhältnisse geschaffen werden, unter denen jeder seine wirtschaftlichen, sozialen und kulturellen Rechte sowie seine politischen und Bürgerrechte genießen kann«.

Nicht anders als die *Rundum-Wirkung*, die von der Verfassung und von der sie bestimmenden grundrechtlichen Norm des Menschenwürdeschutzes auf die Gesetze ausgeht, geht auch vom konstitutionalisierten Menschenrechte-Recht eine derartige Wirkung aus: Die Menschenrechte müssen *in ihrer Einheit* in allen durch sie verrechtlichten Lebensbereichen wirken. Dies bedeutet nicht zuletzt auch die Verwirklichung von Gerechtigkeit durch die soziale Ausgestaltung der Demokratie. Die Gewährleistung der individuellen Freiheitsrechte an alle

165 Vgl. Lohmann 2005, S. 11: »Wenn X Träger von Menschenrechten ist, dann ist X Träger von allen Menschenrechten.« Lohmann hält dies für die Konsequenz der moralischen »Konzeption universeller und gleicher Achtung« (ebd.). Nicht im Widerspruch hierzu steht die Auffassung, dass die Geltung des o. g. Satzes sich aus der Einheit der positiv-rechtlichen Menschenrechtsnormen ergibt. Die These, die Menschenrechte seien teilbar und ungleichgewichtig, vertritt Pollmann 2005 in Auseinandersetzung mit Lohmann 2005. »Wollte man beispielweise behaupten, das Recht auf Leben sei keineswegs von größerer Bedeutung als das Recht auf bezahlten Urlaub, so würde man zweifellos auf Unverständnis stoßen« (ebd., S. 29). Er sieht nicht, wie sich »die simple relativistische Ansicht vermeiden lassen soll, dass alle Menschenrechte nur insofern gleichgewichtig sind, daß sie letztlich alle gleich *unwichtig* sind« (ebd., S. 37). Pollmann verkennt die Funktion der Verteidigung des Zusammenhangs politischer, sozialer, ökonomischer und kultureller Rechte: Sie soll verhindern, dass Staaten politische Rechte zubilligen, nicht aber soziale, ökonomische und kulturelle bzw. soziale, ökonomische und kulturelle, nicht aber politische. Der Zusammenhang ist ein Implikat nicht etwa des moralischen Anspruchs, sondern des Rechts auf die Menschenrechte, die nicht gegeneinander »ausgespielt werden dürfen. Es wäre daher ebenso menschenrechtswidrig, Meinungsäußerungsfreiheit oder körperliche Integrität nur Vermögenden zu gewähren, wie eine Politik, die zwar allen Arbeit und Wohnung bereitstellt, aber – sich selbst als im Besitz der Wahrheit wähnend – Dissidenten verfolgt und Lebensläufe bricht. [...] Es bleibt die Aufgabe der zur Rechtsdurchsetzung Berufenen, allen Menschenrechten gleichermaßen Aufmerksamkeit zu schenken und keines gegen das andere auszuspielen« (Mahler/Weiß 2005, S. 45 f.).

166 Vgl. die Kommentare Bair 2005, Joseph/Schultz/Castan 2005 und Nowak 2005.

Menschen im Staat – unabhängig von der Staatsbürgerschaft – und die kollektive Freiheitsgestaltung müssen in der Perspektive der für alle in ihrer Einheit geltenden Menschenrechte in der rechts- *und* sozialstaatlich verfassten Demokratie ein Ganzes bilden.

Das ›Optional Protocol to the International Covenant on Economic, Social and Cultural Rights‹ vom 10. Dezember 2008 betont in der Präambel explizit »the universality, indivisibility, interpendence and interrelatedness of all human rights and fundamental freedoms«.[167] Menschenwürde, Gleichheit, Freiheit, Gerechtigkeit und Solidarität bilden die Glieder der Kette der Menschenrechte; die Herauslösung eines Gliedes zerstört den Gesamtzusammenhang.

Es war in der Phase des ›Kalten Krieges‹ aufgrund des Vorrangs der sozialen und ökonomischen Rechte für den ›Osten‹ und der bürgerlichen und politischen Rechte für den ›Westen‹ nicht möglich, diesen Zusammenhang in Form eines einzigen Menschenrechtspakts deutlich zu machen. 1966 wurden der ›Internationale Pakt über wirtschaftliche, soziale und kulturelle Rechte‹ (IPwskR)[168] und der ›Internationale Pakt über bürgerliche und politische Rechte‹ (IPbpR) verabschiedet; sie sind 1976 in Kraft getreten. Die beiden durch gleichlautende Präambeln aufeinander bezogenen Pakte enthalten im Vergleich zur AEMR differenziertere Menschenrechtskategorien und detailliertere Menschenrechte – unter Einschluss wirtschaftlicher und sozialer Rechte:

(i) *Wirtschaftliche Rechte* wie das Recht, sich zu ernähren und vor Hunger geschützt zu sein, das Recht auf einen angemessenen Lebensstandard, das Recht auf Arbeit und Rechte in der Arbeit.

(ii) *Soziale Rechte* wie das Recht auf soziale Sicherheit und das Recht auf körperliche und geistige Gesundheit. Unter ›sozialen Rechten‹ »versteht man etwa Rechte auf Fürsorge, Arbeit, Wohnung, Bildung, also Leistungsrechte im engeren Sinn. Dies sind Rechte des Einzelnen gegenüber einer Gemeinschaft (bei Grundrechten dem Staat gegenüber) auf soziale, wirtschaftliche und kulturelle Leistungen oder Güter. [Doch] sind soziale Rechte in kaum einer westlichen Staatsverfassung unmittelbar positives Grundrecht. Normativ betrachtet sind soziale Rechte – sowohl philosophisch als auch politisch – umstritten. Strittig sind nach wie vor Begründung, Inhalt und Umfang sozialer Menschenrechte- und Grundrechte.«[169]

167 UN-Dokument GA resolution A/RES/63/117.

168 Vgl. Seidel 1996.

169 Gosepath 1998, S. 146 f. Zu sozialen Menschenrechten vgl. Schneider 1967, Golding 1984, Cranston 1987, Copp 1992, Frank/Jenichen/Rosemann 2001.

In ihrem ›General Comment No. 19‹ – ›The right to social security (Art. 9)‹ – erklärte das UN-›Committee on economic, social and cultural rights‹ im November 2008: »1. Article 9 of the International Covenant on Economic, Social and Cultural Rights (the Covenant) provides that, ›The States Parties to the present Covenant recognize the right of everyone to social security, including social insurance.‹ The right to social security is of central importance in guaranteeing human dignity for all persons when they are faced with circumstances that deprive them of their capacity to fully realize their Covenant rights. 2. The right to social security encompasses the right to access and maintain benefits, whether in cash or in kind, without discrimination in order to secure protection, inter alia, from (a) lack of work-related income caused by sickness, disability, maternity, employment injury, unemployment, old age, or death of a family member; (b) unaffordable access to health care; (c) insufficient family support, particularly for children and adult dependents.«[170]

Es handelt sich bei den sozialen Menschenrechten (i) um Rechte, die weder einen minderen menschenrechtlichen Status haben noch aus dem Zusammenhang der Menschenrechte herausgelöst werden können, und (ii) nicht um Maximalansprüche, sondern um »*Mindestbedingungen für ein Leben in Gemeinschaft*«.[171]

Wirtschaftliche und soziale Menschenrechte werden im Unterschied zu den politischen Menschenrechten oft entweder als utopisch oder als Ansprüche kritisiert, die als Rechte nicht durchsetzbar seien. Sie seien »nur langfristig umzusetzen und deshalb eher als politische Ziele zu bewerten denn als Rechte. Eine unterschiedliche Rechtsnatur wird auch aus der Vermutung abgeleitet, daß bürgerliche und politische Rechte vor allem Abwehrrechte des einzelnen gegen Übergriffe des Staates seien, wohingegen wirtschaftliche, soziale und kulturelle Rechte einen aktiven Einsatz des Staates zu ihrer Verwirklichung verlangten und deshalb auch als Leistungsrechte bezeichnet werden.«[172] Geltend gemacht werden auch die hohen Kosten der Verwirklichung sozialer Rechte, die sich nur die wohlhabende Staaten leisten könnten.[173] Die »sozialen Menschenrechte [...] werden zwar nach dem Vorbild der liberalen Menschenrechte modelliert; doch angesichts krasser Ar-

170 UN-Dokument E/C.12/GC/19.

171 United States Catholic Conference 1987, § 7.

172 Windfuhr 2000, S. 178; vgl. die Kritik in Cranston 1987, S. 236 f., soziale und wirtschaftliche Menschenrechte lösten den zulässigen Begriff der Menschenrechte auf und behinderten »den wirksamen Schutz dessen [...], was zutreffend unter Menschenrechten verstanden werden sollte«.

173 Siehe hierzu in diesem Buch auch Abschn. 7.7 zu sozialen Grundrechten und zum Rechtsstaat als Sozialstaat.

mut in den meisten Ländern der Welt ist ihre juristische Anerkennung ein Hohn«.[174] Ein wirksamer Rechtsschutz ist allein mit der Berichtspflicht der Staaten noch nicht gegeben; individuelle Beschwerderechte und Einklagbarkeitsverfahren müssen noch entwickelt werden.[175]

(iii) *Kulturelle Rechte*[176] wie das Recht auf Bildung und Teilnahme am kulturellen Leben und wissenschaftlichen Fortschritt.

(iv) *Bürgerliche Rechte* wie das Recht auf Anerkennung und Gleichheit vor dem Gesetz, das Verbot der Folter, das Recht auf Freizügigkeit, das Recht auf Meinungsfreiheit, Gedanken-, Gewissens- und Religionsfreiheit und das Recht auf Teilnahme am politischen Leben.

3.7.1 Das Recht auf Entwicklung

Von einer ›*dritten Generation*‹ der Menschenrechte[177] wird gesprochen, seit mit der Resolution 41/128[178] der Generalversammlung der

174 Gosepath 2009, S. 35.

175 Die Notwendigkeit der Verbesserung der Individualbeschwerdeverfahren betrifft nicht allein die sozialen Rechte. Probleme bestehen – wie Blome 2012 am Beispiel des interamerikanischen Menschenrechtssystems zeigt – hinsichtlich der Zugänglichkeit des Verfahrens, der zügigen Bearbeitung der Beschwerde, eines ordungsgemäßen Verfahrensverlaufs, einer eindeutigen Entscheidung hinsichtlich der Frage der Rechtsverletzung und von Entschädigungen sowie der unverzüglichen und vollständigen Umsetzung der Entscheidung (vgl. ebd., S. 83-95).

176 Zu den kulturellen Rechten vgl. Francioni/Scheinin 2008. Vereinzelt in der Allgemeinen Erklärung von 1948 genannt und dann im IPwskR explizit behandelt, wurden die kulturellen Rechte erst 2007 in der *Déclaration de Fribourg* zu einem gesonderten Gegenstand. Diese Erklärung wurde von der ›Groupe de Fribourg‹ unter Beteiligung der UNESCO, des Europarats und der ›Organisation internationale de la Francophonie‹ erarbeitet. Es handelt sich um einen zivilgesellschaftlichen Text, der die bisher anerkannten, aber in zahlreichen Rechtsinstrumenten verstreut aufgeführten kulturellen Rechte auflistet und erläutert.

177 Lohmann 2005, S. 9, hält diese Bezeichnung für »irreführend, da *kollektive* Schutz- und Selbstbestimmungsrechte [...] nicht zu den *individuellen* Menschenrechten gezählt werden sollten, denn hier ist eine andere Art von Rechten gemeint, deren Träger Kollektive sind«. Als der 3. Ausschuss der UN-Generalversammlung am 28. November 2007 eine von Kuba eingebrachte Resolution ›Recht auf Entwicklung‹ mit 121 zu 52 Stimmen und einer Enthaltung annahm, »begründete die EU ihre Ablehnung unter anderem damit, dass ein Menschenrecht auf Entwicklung nur als Recht des Individuums auf Entwicklung, nicht aber als Recht von Staaten gegenüber anderen Staaten verstanden werden könne« (v. Schorlemmer 2008, S. 216).

178 UN-Dokument A/RES/41/128.

VN am 4. 12 1986 das vor allem von Staaten der sog. Dritten Welt[179] geforderte – ›Recht auf Entwicklung‹ bzw. ›Recht auf Selbstbestimmung‹[180] der Völker anerkannt wurde. Diese Resolution war vorbereitet durch den IPbpR, in dessen Teil I, Art. 1 es heißt: »Alle Völker haben das Recht auf Selbstbestimmung. Kraft dieses Rechts entscheiden sie frei über ihren politischen Status und gestalten in Freiheit ihre wirtschaftliche, soziale und kulturelle Entwicklung.«[181]

Bereits in der Begründung der Resolution 32/130 der UN-Generalversammlung vom 16. Dezember 1977 zur Beziehung zwischen politischen und sozialen Menschenrechten war gefordert worden, »dass beim Herangehen an die künftige Arbeit der Vereinten Nationen in Fragen der Menschenrechte die Erfahrungen und die allgemeine Lage der Entwicklungsländer sowie ihre Anstrengungen zur Verwirklichung der Menschenrechte und Grundfreiheiten gebührend berücksichtigt werden sollten«. Es wurde auf die Notwendigkeit hingewiesen, »unter Berücksichtigung der Erfahrungen und Beiträge der entwickelten Länder wie der Entwicklungsländer die bestehenden Probleme auf dem Gebiet der Menschenrechte einer Gesamtanalyse zu unterziehen«. Die Generalversammlung erklärte: »(a) Alle Menschenrechte und Grundfreiheiten sind unteilbar und wechselseitig von einander abhängig; der Verwirklichung, der Förderung und dem Schutz sowohl der bürgerlichen und politischen als auch der wirtschaftlichen, sozialen und kulturellen Rechte ist gleiche Aufmerksamkeit und dringliche Beachtung zu schenken. b) ›Die volle Verwirklichung der bürgerlichen und politischen Rechte ohne Verwirklichung der wirtschaftlichen, sozialen und kulturellen Rechte ist unmöglich; die Erzielung dauerhafter Fortschritte bei der Verwirklichung der Menschenrechte ist abhängig von einer vernünftigen und wirksamen nationalen und internationalen Politik der wirtschaftlichen und sozialen Entwicklung‹, wie in der Erklärung von Teheran 1968 anerkannt wird. c) Alle Menschenrechte und Grundfreiheiten der menschlichen Persönlichkeit und der Völker sind unveräußerlich. d) Deshalb sind Menschenrechtsfragen als Ganzes zu untersuchen unter Berücksichtigung sowohl des Gesamtzusammenhangs der verschiedenen Gesellschaften, in denen sie auftreten, als auch der Notwendigkeit, der Förderung der vollen Würde der

179 Vgl. Tomuschat 1982; Bedjaoui 1987; Schoeck-Quinteros/Quinteros-Yañes 1990.

180 Vgl. Chu Chen 1976. Zum Streit über die Rechtsqualität der Menschenrechte der ›dritten Generation‹, die Riedel »Drittdimensionsrechte« nennt, vgl. ders. 1989, S. 17 ff.; zur Genese des Rechts auf Entwicklung vgl. v. Schorlemmer 2008, S. 212 f.

181 BGBl. 1973 II 1553. Derselbe Wortlaut findet sich im IPwskR.

menschlichen Persönlichkeit sowie der Entwicklung und des Wohls der Gesellschaft.«

Die UN-Resolution 41/128 ›Declaration on the Right to Development‹ erklärt in der Präambel »the right of peoples to self-determination, by virtue of which they have the right freely to determine their political status and to pursue their economic, social and cultural development«. Dieses ›Recht der Völker‹ steht in einem Spannungsverhältnis zu den in den Art. 1 und 2 auch erklärten Individualrechten: »*Article 1* 1. The right to development is an inalienable human right by virtue of which every human person and all peoples are entitled to participate in, contribute to, and enjoy economic, social, cultural and political development, in which all human rights and fundamental freedoms can be fully realized. 2. The human right to development also implies the full realization of the right of peoples to self-determination, which includes, subject to the relevant provisions of both International Covenants on Human Rights, the exercise of their inalienable right to full sovereignty over all their natural wealth and resources. *Article 2* 1. The human person is the central subject of development and should be the active participant and beneficiary of the right to development. 2. All human beings have a responsibility for development, individually and collectively, taking into account the need for full respect for their human rights and fundamental freedoms as well as their duties to the community, which alone can ensure the free and complete fulfilment of the human being, and they should therefore promote and protect an appropriate political, social and economic order for development. 3. States have the right and the duty to formulate appropriate national development policies that aim at the constant improvement of the well-being of the entire population and of all individuals, on the basis of their active, free and meaningful participation in development and in the fair distribution of the benefits resulting therefrom.«

Die Erklärung ist nach dem Zeitalter des Kolonialismus zweifellos ein Fortschritt. Auch dieser Fortschritt hat allerdings seinen Preis. Die Kosten bestehen in der seitdem anscheinend unaufhaltsamen Tendenz, (i) die Individualrechte zugunsten von Kollektivrechten zu schwächen[182], damit (ii) die Abwehrrechte der Individuen gegen Staaten und

182 Vgl. hierzu Triki 2011, S. 210: »Selbst die Doktrin der Menschenrechte bevorzugt vor allem die Universalisierung des Menschen als Gattung und vergisst oft die Besonderheiten der Individuen. Freiheit aber ist ein individueller Wert, auch wenn sie das grundlegende Moment ist, das das Menschliche vom Nichtmenschlichen unterscheidet und dem Menschen im Allgemeinen seine Würde verleiht. Jeder Versuch, die Individualisierung zugunsten der Totalität zu reduzieren, führt dazu, die erste und na-

die sozialen Gewährleistungsrechte zugunsten von Pflichten gegenüber Kollektiven zurückzunehmen, (iii) diese Kollektive durch Tradition und/oder Religion, d.h. durch kulturelle Identität zu definieren und (iv) zu versuchen, unter Hinweis auf das Gebot der Nichteinmischung Verurteilungen von Menschenrechtsverletzungen durch Organe der UN zu verhindern.[183]

Die Formulierung in Teil I, Art. 1 des IPbpR, dass alle *Völker* das Recht auf Selbstbestimmung haben und kraft dieses Rechts *frei über ihren politischen Status entscheiden*, ist zum Türöffner für autoritäre Staaten geworden, Menschenrechtsbeschwerden zur ›Einmischung in ihre inneren Angelegenheiten‹ und Verletzung ihres Selbstbestimmungsrechts zu erklären[184] und die Individualrechte der ihrer Herrschaft Unterworfenen zu vernachlässigen und zu verletzten.

türliche Freiheit des Menschen ortlos werden zu lassen. Deshalb ist der autonome Mensch, der durch Vernunft dazu befähigt ist, an der Schaffung der allgemeinen Gesetze der Gesellschaft teilzuhaben und sie ausnahmslos zu befolgen, vor allem dieses Individuum, das sich frei weiß und darauf stolz ist. Natürlich räumen wir der Entwicklung des privaten Individuums kein Privileg zu Lasten des *citoyen* ein. Wir betonen lediglich, dass ohne diese individuelle Freiheit die Idee des Bürgers als *citoyen* nicht einmal gedacht werden kann.«

183 Dies gilt gegenwärtig vor allem für die Haltung der VR China und der Russischen Föderation, z.B. hinsichtlich der Verurteilung Syriens wegen Menschenrechtsverletzungen. Am 29.2. 2012 hat der UN-Menschenrechtsrat gegen die Stimmen Kubas, der Russischen Föderation und der VR China eine Resolution verabschiedet, in der er »*strongly condemns* the continued widespread and systematic violations of human rights and fundamental freedoms by the Syrian authorities, such as the use of force against civilians, arbitrary executions, the killing and persecution of protestors, human rights defenders and journalists, including recent deaths of Syrian and foreign journalists, arbitrary detention, enforced disappearances, interference with access to medical treatment, torture, sexual violence and ill-treatment, including against children« (A/HRC/19/L.1/-Rev.1). Der chinesische ständige UN-Vertreter Liu Zhenmin begründete sein ›Nein‹ damit, »unter dem Deckmantel der ›Menschenrechte‹ hätten sich einige Länder in die inneren Angelegenheiten anderer Staaten eingemischt. Dies laufe der UN-Charta zuwider.« (http://german.china.org.cn/-china/2012-03/02/content_24787874.htm).

184 1993 erklärte Liu Huaqiu als damaliger Stellv. Außenminister der VR China: »Böswillig ein anderes Land der Verletzung der Menschenrechte anzuklagen oder das eigene Menschenrechtsverständnis anderen Ländern oder Regionen aufzuzwingen, kommt einer Verletzung der Souveränität und einer Einmischung in die inneren Angelegenheiten gleich.« (Liu Huaqiu 1993).

3.7.2 Nachhaltige Entwicklung

Die Normierung von Menschenrechten ist für Entwicklungen in dem Maße offen, wie neue Problemfelder von existenzieller Bedeutung für Menschen entstehen bzw. als neu entdeckt werden. Eine heute wesentliche menschenrechtlich relevante Aufgabe besteht in *Nachhaltiger Entwicklung*. Sie ist als Ziel in internationalen Deklarationen und Konventionen verankert. Die Menschenrechte geben den verbindlichen normativen Rahmen vor, an dem sich politisches und gesellschaftliches Handeln für mehr Nachhaltigkeit orientieren muss. Umstritten ist aber, wie die Weltgemeinschaft dieses Ziel erreichen kann.

In der ›Rio-Deklaration‹ über Umwelt und Entwicklung von 1992 forderten die Vereinten Nationen die Bekämpfung der Armut, eine angemessene Bevölkerungspolitik, den Abbau nicht nachhaltiger Konsum- und Produktionsweisen und die umfassende Einbeziehung der Bevölkerung in politische Entscheidungsprozesse. Dahinter standen und stehen zwei zentrale Einsichten: (i) haben alle Menschen ein Recht auf ein gesundes und produktives Leben im Einklang mit der Natur, (ii) darf die heutige Entwicklung die Entwicklungs- und Umweltbedürfnisse sowohl der gegenwärtigen als auch der zukünftigen Generationen nicht untergraben. Adressaten dieser Forderung sind Staaten, Gesellschaften, Gruppen und Individuen. Umstritten ist, was eine Entwicklung bedeutet, die die Bedürfnisse der Gegenwart befriedigt, ohne die Lebenschancen künftiger Generationen zu gefährden. Dies kann nicht überraschen, denn das Verständnis davon, welche Bedürfnisse legitim sind, hängt ab von Kulturen, Religionen, Weltanschauungen, Wertpräferenzen und politischen Systemen. Die Idee der Nachhaltigkeit verbindet sich mit kultur-kontextuellen moralischen Vorstellungen eines ›guten Lebens‹. Die eine wahre Vorstellung vom ›guten Leben‹ gibt es nicht. Deshalb konkurrieren Lösungsvorschläge zu Problemen, die sich nicht nur im ›Wie‹, sondern auch im ›Was‹ nachhaltiger Entwicklung unterscheiden.

Das Konzept ›Nachhaltige Entwicklung‹ hat einen Kontext, der zu selten thematisiert wird: die *Rechte* der heutigen und zukünftigen Generationen. Im Recht hindern wir uns selbst daran, zu diktieren, was die heutigen und zukünftigen Bedürfnisse aller zu sein haben. Richtiges Recht ist das Recht, das am Maßstab der interpersonalen und intergenerationellen Achtung der *Menschenwürde* gemessen ist. Die Welt entwickelt sich nicht von alleine zu einem lebenswerten Ort. Menschen müssen diese Entwicklung anstoßen und gestalten – in der Perspektive einer menschenwürdigen Welt. Damit ist der Kontext des Rechts auf nachhaltige Entwicklung in der Hierarchie der Rechtsnormen benannt. Werden die Menschenrechte nicht in ihrer Gesamtheit verwirklicht, bleibt nachhaltige Entwicklung eine Illusion. Nachhaltigkeit ist ein Entwicklungsmaßstab, der selbst an den Menschenrechten zu messen ist, und die Menschenrechte müssen – dies ist das mit Nachhaltigkeit verbundene geschichtlich Neue – (i) unter Berücksichtigung der Begrenztheit natürlicher Ressourcen, also der vom Naturhaushalt gesetzten Grenzen, und (ii) im generationenübergreifenden Bezugsrahmen der Rechte zukünftiger Generationen verwirklicht werden. Nachhaltigkeit ist eine Mindestanforderung der Gerechtigkeit zwischen den Generationen. Das erste Bedürfnis, von dem in der Perspektive nachhaltiger Entwicklung gesprochen werden sollte, ist das Bedürfnis nach menschenrechtlichem Schutz der Menschenwürde. Hieraus erst ergibt sich das heute international anerkannte Menschenrecht auf nachhaltige Entwicklung; hieraus ergibt sich auch, dass die Rahmenbedingungen des politischen und gesellschaftlichen Handelns für nachhaltige Entwicklung einer weiteren internationalen und nationalen Verrechtlichung bedürfen.

Rechte wie etwa das Recht auf sauberes Wasser[185] können bereits aus UN-Pakten wie dem IPwskR abgeleitet werden. Neu ist, dass in der Perspektive nachhaltiger Entwicklung – wie in der als Entwicklungsauftrag zu verstehenden *Agenda 21* – das unter Ressourcengesichtspunkten Zumutbare und Machbare in Übereinstimmung gebracht werden soll und die Aufmerksamkeit des politischen Handelns konkreter auf Fragen wie die gelenkt wird, über wie viel Wasser wir wo verfügen, unter welchen Bedingungen es verfügbar bleibt, für wen es zugänglich und wer davon bislang ausgeschlossen ist. Neu ist auch, in welchem Maße die Politik bei der Konkretisierung der Menschenrechte in der Perspektive nachhaltiger Entwicklung auf natur- und sozialwissenschaftliche Expertise angewiesen ist.

Nachhaltige Entwicklung ist zwar eine Aufgabe, die ohne Staaten bzw. Staatengemeinschaften nicht zu bewältigen ist. Aber das Selbstbestimmungsrecht der Staaten ist keine Garantie dafür, dass die Verantwortlichen entsprechend der Nachhaltigkeitsperspektive politische Konzepte für die als Einheit verstandene Welt entwickeln und umsetzen. Eine Entwicklung, welche die Menschenrechte als Abwehr- und Gewährleistungsrechte für die Individuen aus dem Blick verliert, wird weder für heutige noch für künftige Generationen nachhaltig sein.

185 Vgl. The human right to water and sanitation, 27. Juli 2010; UN-Dokument A/64/L.63/Rev.1.

3.8 Universalisierbarkeit, Universalität und Kulturkontextualität der Menschenrechte

In der gesellschaftlichen und politischen Wirklichkeit verbinden sich die Menschenrechte mit unterschiedlichen Rechtskulturen und konkurrierenden sozialen, ökonomischen, politischen und kulturellen Bedürfnissen und Interessen. Rechte, z. B. individuelle Freiheitsrechte und soziale Leistungsrechte, und Strategien der Implementierung der Menschenrechte können miteinander kollidieren. Dabei sind die Gründe für die Interpretation der Menschenrechte nicht allein von sozialen und politischen Kontexten abhängig, sondern auch von kulturellen Traditionen, Ethiken[186], Rechtskulturen[187] und Wissenskulturen und von Welt- und Selbstbildern der Autoren und Adressaten der Menschenrechtsnormen.

Dies ist einer der wesentlichen Gründe dafür, dass die Frage nach der *Universalisierbarkeit bzw. Universalität der Menschenrechte* im Zentrum kontroverser Menschenrechtsdiskurse steht. Es geht darum, ob die juridisch universellen Menschenrechte mit unterschiedlichen Kulturen vereinbar sind.[188] In der UN-Resolution 57/204 vom 18. Dezember 2002 über ›Menschenrechte und kulturelle Vielfalt‹ heißt es, dass »die Bedeutung nationaler und regionaler Besonderheiten und unterschiedlicher historischer, kultureller und religiöser Voraussetzungen im Auge zu behalten ist«, zugleich aber auch, »dass alle Kulturen und Zivilisationen einen gemeinsamen Katalog universeller Werte teilen«.

Doch es gibt es immer wieder Versuche, nicht-westlichen Staaten die Anerkennung und Implementierung der Menschenrechte zu erleichtern und deshalb ›traditionelle Werte‹ der Kulturen geltend zu machen. So hat der Menschenrechtsrat der UN am 2. Oktober 2009 eine Resolution ›Promoting human rights and fundamental freedoms through a better understanding of traditional values of humankind‹[189] verabschiedet, in der die Anerkennung dafür gefordert wird, »that all

186 Zu einem Überblick zu für die Menschenrechte relevanten Ethiken vgl. Nino 1991, S. 38-128.

187 Vgl. Mohr 2008 und 2010.

188 Zu Menschenrechten und Kulturen bzw. zu Menschenrechten zwischen Universalisierungsanspruch und kultureller Kontextualisierung vgl. Abou 1984, May/Fritsch-Oppermann 1993, Schmale 1993, Hoffmann 1994, 1995, Galtung 2000, Bell/Nathan/Peleg 2001; zur kulturellen Genese der Menschenrechte und zum Problem ›Universalismus vs. Relativismus‹ vgl. Hirsch 2005; zu Menschenrechten in unterschiedlichen Kulturräumen vgl. Di Fabio 2011.

189 A/HRC/RES/12/21.

cultures and civilizations in their traditions, customs, religions and beliefs share a common set of values that belong to humankind in its entirety, and that those values have made an important contribution to the development of human rights norms and standards«.

Diese Resolution war erstmals 2009 von der Russischen Föderation im Menschenrechtsrat zur Abstimmung gebracht und mit 26 gegen 15 Stimmen bei 6 Enthaltungen angenommen worden. Sie bewirkte von Anfang an eine Spaltung des Menschenrechtsrats in zwei Gruppen, deren Gegensätze unüberwindbar scheinen. Während Staaten aus allen übrigen Blöcken die Resolution teilweise enthusiastisch unterstützten, rief sie bei westlichen Staaten und Nichtregierungsorganisationen starken Widerstand hervor: Sie gefährde die Universalität der Menschenrechte.

Am 18. März 2011 wurde dann mit demselben Titel eine ›Draft Resolution‹[190] mit 24 gegen 21 Stimmen bei 7 Enthaltungen verabschiedet: »*Reaffirming* that all cultures and civilizations in their traditions, customs, religions and beliefs share a common set of values that belong to humankind in its entirety, and that those values have made an important contribution to the development of human rights norms and standards, *Stressing* that traditions shall not be invoked to justify harmful practices violating universal human fights norms and standards, [...] 3. *Affirms* that dignity, freedom and responsibility are traditional values, sharedby the entire humanity and embodied in universal rights instruments; 4. *Recognizes* that the better understanding and appreciation of these values contribute to promoting and protecting human rights and fundamental freedoms; 5. *Notes* the important role of family, community, society and educational institutions in upholding and transmitting these values, which contributes to promoting respect for human rights and increasing their acceptance at the grass roots and calls upon all States to strengthen this role through appropriate positive measures.«

Die Debatte über die Universalität der Menschenrechte war und ist ständig begleitet von der Behauptung, der ›Westen‹ (bzw. ›Norden‹) klage in liberalistischer und individualistischer Perspektive die Würde, die unveräußerlichen Rechte und die Freiheiten des *Individuums* ein, während der ›Süden‹ und der ›Osten‹ mit kommunitaristischer Orientierung die *Pflichten gegenüber der Gemeinschaft* betonten. Deshalb seien die im ›Abendland‹ entstandenen Menschenrechte für nichtwestliche Kulturen nicht geeignet. Diese kulturrelativistische These missversteht (i) die Entwicklung der Menschenrechte im Westen und verwechselt (ii) die europäisch-nordamerikanische *Genesis* mit der

190 A/HRC/16/L.6.

Geltung der positivierten Menschenrechte, die darauf beruht, dass sie zwischen Staaten – nicht ohne Einfluss der Zivilgesellschaften – ausgehandelt wurden, von nahezu allen Staaten anerkannt und *de facto* als internationales Recht universalisiert sind. Zu Recht betont Georg Mohr: »Die Genesis der Positivierung einer Norm präjudiziert grundsätzlich nichts über die Reichweite des Geltungsanspruchs des Normgehalts. Die Geltung eines Normgehalts mag historisch irgendwann irgendwo zum ersten Mal eingesehen oder diese Einsicht zum ersten Mal dokumentiert werden. Damit wird der betreffende Normgehalt aber nicht an einen Ort gebunden und in einen kulturellen, politischen Raum ›eingeschlossen‹, sondern im Gegenteil in den prinzipiell unbegrenzten öffentlichen Raum gerade mit Nachdruck ›ausgestellt‹.«[191]

Die durch Universalität, Neutralität gegenüber kulturellen und moralischen Besonderheiten und Offenheit für Entwicklung gekennzeichneten Menschenrechte sind zwar im Westen entstanden, aber sie sind längst nicht mehr ›westlich‹; sie haben sich als zur Implementierung in andere Kulturen geeignet bewährt.[192]

Bezogen auf den Westen, so Jürgen Habermas, ist die Geschichte der Interpretation und Verwirklichung von Menschenrechten die Geschichte einer »*Dezentrierung*« der Sichtweise und eine Geschichte von Kämpfen um und Widerstände gegen die Menschenrechte: »Die angeblich gleichen Rechte sind auf unterdrückte, marginalisierte und ausgeschlossene Gruppen erst nach und nach ausgedehnt worden. Erst nach zähen politischen Kämpfen sind auch Arbeiter, Frauen und Juden, Zigeuner, Schwule und Asylanten als ›Menschen‹ mit Anspruch auf volle Gleichbehandlung anerkannt worden. Die einzelnen Emanzipationsschübe lassen rückblickend auch die ideologische Funktion erkennen, die die Menschenrechte bis *dahin* erfüllt hatten. Jedesmal hatte der egalitäre Anspruch auf allgemeine Geltung und Einbeziehung *auch* dazu gedient, die faktische Ungleichbehandlung der stillschweigend Ausgeschlossenen zu verschleiern. Das hat den Verdacht geweckt, dass die Menschenrechte in dieser Funktion *aufgehen* könnten.«[193]

Ähnlich beschreibt auch Dieter Senghaas den historischen Prozess: »Die Menschenrechtsidee bezeichnet [...] auch in der europäischen Geschichte eine tief greifende Zäsur. Sie ist viel tief greifender, als in jenen Argumenten unterstellt wird, die die Menschenrechte – ihre Verankerung in Verfassungsordnungen und in Gesellschaftspolitik – als Ausdruck immerwährender europäischer Kultur, ja geradewegs als fi-

191 Mohr 2009, S. 67.

192 Vgl. Bielefeldt 1998, S. 203; Habermas 1998, S. 177 ff.

193 Habermas 1998, S. 179.

nales Ergebnis immer schon uranfänglich angelegter Kulturmerkmale beschreiben. Demgegenüber ist festzuhalten: Die Menschenrechte waren Europa nicht in die Wiege gelegt, so dass nur zu warten war, bis irgendwann einmal Europa das Stadium des Erwachsenseins erreicht haben würde. Sie waren vielmehr in Zeiten eines tief greifenden Umbruchs das Ergebnis öffentlicher Erregungen *auf Massenbasis:* das Werk von Umstürzlern in Geist und Tat und von sozialrevolutionären Bewegungen, einst des Bürgertums, dann der Arbeiterbewegung an ihrer Spitze. Frauen und Randgruppen folgten. Das also ist die wirkliche Geschichte der Menschenrechtsidee und ihrer Übersetzung in eine öffentliche Ordnung, die wir heute als ›typisch europäisch-westliche‹ begreifen. Diese Ordnung hat sich im Bereich der OECD-Gesellschaften erst nach 1945 stabilisiert, und sie ist erst danach samt der ihr zugrunde liegenden politischen Kultur zu einer Selbstverständlichkeit geworden. *Davor hat jede der westlichen Gesellschaften auf je eigene Art einen Kampf gegen die eigene Tradition durchfochten.*«[194]

Die Pluralität menschlicher Lebensweisen *und* die Universalität des Würdeprinzips stecken heute den Raum ab, in dem ein Verständnis der Menschenrechte möglich ist, das »der modernen Welt *auch aus der Sicht anderer Kulturen* gerecht wird«.[195] Der intellektuelle Diskurs und die politische Aushandlung müssen allerdings zwei Fallen vermeiden: Die erste Falle liegt in der Verwechslung des Universalismus mit einem differenz-blinden *Egalitarismus*, der vergisst, dass Menschen nicht in jeder Hinsicht gleich sind und Ungleichheit nicht *per se* negativ ist. Die Ungleichheit der *in ihren Rechten Gleichen* ist dann zu respektieren, wenn sie den Selbstzweck und die Autonomie von Menschen ausmacht, die vor den Folgen von Uniformierung geschützt werden müssen. Plädiert man für Gleichheit, dann gründet das Plädoyer vernünftigerweise nicht in der Behauptung, dass alle gleich *sind*, sondern in der Forderung nach gleicher Achtung, nach einer *Gleichheit der Möglichkeiten*, ein Leben in Freiheit zu führen.[196] Anerkannte Ungleichheit verlangt nach besonderem Schutz: Man denke z. B. an Kinder-[197] und Behindertenrechte[198], aber auch an Minderheitenrechte.[199] Differenzierungs*verbote* und Differenzierungs*gebote*,

194 Senghaas 2001, S. 171.

195 Habermas 1999, S. 216 f.

196 Vgl. Sen 1992.

197 Convention on the Rights of the Child vom 20. November 1989; Bekanntmachung vom 10. Juli 1992 – BGBl. II S. 990; vgl. Zacher 2010.

198 Convention on the Rights of Persons with Disabilities vom 13. Dezember 2006; dt. BGBl 2008 Teil II Nr. 35; vgl. Graumann 2011.

199 Vgl. Frank 2010.

die den Erfordernissen der Gerechtigkeit und schützenswerter Ungleichheit entsprechen, gelten auf der Ebene der Menschenrechte, wie sie für nationales Recht gelten. Der normative Begriff der Gleichheit ermöglicht entsprechend der Gerechtigkeitsnorm ›*suum cuique*‹ (jedem das Seine) Differenzierungsziele, Differenzierungskriterien und Differenzierungsgebote. Aus ihm folgen (i) *Verbote* wie das Willkürverbot, das Verbot menschen- und grundrechtlicher sowie verfassungswidriger Differenzierung, das Verbot sozialer, gegen Menschen- und Grundrechte verstoßender Ungleichheit, das Verbot der Diskriminierung der Frauen und der Diskriminierung von Ausländern; aus ihm folgen (ii) *Gebote* z. B. der Chancengleichheit, Gleichverteilung und Gleichbehandlung durch die Gesetzgebung.

Bezieht man das Gleichheitsprinzip auf das Problem der Universalisierbarkeit der Menschenrechte unter je besonderen kulturellen Bedingungen ihrer Akzeptanz, dann begrenzen Differenzierungsverbote und eröffnen Differenzierungsgebote Auslegungsspielräume. Die Kriterien der Beurteilung der Angemessenheit der Auslegung und die Maßstäbe der Kritik bei Menschenrechtsverletzungen sind aber ungeachtet kultureller Unterschiede und moralischer Üblichkeiten im positivierten Menschenrechte-Recht zu finden.

Die zweite Falle besteht in einem »zynischen, kulturalistisch orientierten Relativismus«: »Mit einer kulturalistischen Reduzierung der menschenrechtlichen Missstände in den nicht-westlichen Regionen auf deren kulturelle Ursprünge und mit einem damit verbundenen zynisch-resignativen Lob der Differenzen arbeiten wir« – so K. Mishima – »den jeweils herrschenden Machteliten in die Tasche.«[200]

Der mit dem kulturalistischen Relativismus – vor allem mit der These, die Menschenrechte seien ›europäisch, weiß und männlich‹ – bzw. mit der ethno-pluralistischen Ghettoisierung der Menschenrechtssubjekte[201] verbundene *Rechtsrelativismus* bestreitet, dass unterschiedli-

200 Mishima 2005, S. 127 f.

201 Ein Beispiel hierfür ist die *Kritik der Menschenrechte* eines der Vordenker der europäischen ›Neuen Rechten‹, Alain de Benoist, der gegen die Universalität der Menschenrechte einwendet, die »Erforschung der biologischen Natur des Menschen, die in den letzten Jahrzehnten enorme Fortschritte gemacht« habe, zeige, »daß die ›Natur‹ alles andere als egalitär« sei (Benoist 2004, S. 44); der biologistische Angriff auf die Universalität der Menschenrechte wird nur dürftig mit dem Hinweis kaschiert, deren »globale Verallgemeinerung« stelle »eine Einmischung von außen« dar, »eine andere Art der Bekehrung und Beherrschung, eine Fortsetzung also des kolonialen Syndroms« (ebd. S. 73).

che Rechtskulturen[202] in einem universellen Recht so harmonisiert werden können, dass sie menschenrechtlichen Ansprüchen nicht widersprechen. Der Rechtsrelativismus lenkt vom Grund des Bedürfnisses nach Recht ab. Kofi Annan hat diesen Grund so beschrieben: »Wer kann leugnen, dass wir alle nach einem Leben streben, das frei ist von Angst, Folter und Diskriminierung? Wer kann bestreiten, dass wir uns alle ein Leben wünschen, in dem wir unsere Ziele frei verfolgen und uns frei entfalten können? Wann haben Sie eine freie Stimme gehört, die ein Ende der Freiheit gefordert hätte? Wo haben Sie einen Sklaven für die Sklaverei streiten hören? Wann haben Sie ein Opfer von Folter gehört, das die Handlungen des Peinigers gebilligt hätte? Wo haben Sie den Toleranten nach Intoleranz rufen hören?«[203] An anderer Stelle hat er erklärt: »Selbst der extremste moralische Relativist muss in diesem Sinn zum Universalisten werden.«[204]

Dies ist die Perspektive, in der die von der UNESCO 2001 verabschiedete *Allgemeine Erklärung zur kulturellen Vielfalt*[205] fordert: »Niemand darf unter Berufung auf die kulturelle Vielfalt die Menschenrechte und Grundfreiheiten verletzen, wie sie in allgemein anerkannten internationalen Vereinbarungen festgeschrieben sind, noch ihren Umfang einschränken.«

Politisch-ideologische Gründe für eine kulturell gerechtfertigte Selektion von Menschen- und Grundrechten mögen noch so plausibel sein; akzeptabel sind sie nicht, so Hong-Bin Lim: »Die Strategie der alternativen Begründung der Menschenrechte, welche die homogene Intaktheit der einheimischen Kultur trotz der massiven Einwirkung des Abendlandes absichern möchte, scheint mir zweifelhaft zu sein. Der Grund dafür findet sich nicht nur in den Optionen des globalisierten Kapitalismus. Es fragt sich, ob wir für die Realisierung der Menschenrechte eine alternative Begründung der Menschenrechte brauchen, die wesentlich auf die kulturelle Besonderheit der Tradition zurückgreift. Die Gewährleistung der Menschenrechte ist, wie das Prinzip der Demokratie, eine unerlässliche Bedingung jedes gerechten Staatswesens, d. h. die respektable Idee einer kommunitaristischen Alternative [...] ist in einer umfassenden gerechtigkeitsorientierten Theorie der Menschenrechte und des rationalen Staates aufzuheben. [...] Mögliche Differenzen der institutionellen Implementation der Menschenrechte oder deren Hintergrundüberzeugungen können aber nicht als Gründe für

202 Zu einem kulturtheoretischen Verständnis der Grundrechte und zu deren kultur-kontextueller Implementierung vgl. Häberle 1994, S. 299 ff.

203 Kofi Annan 1997, S. 132.

204 Kofi Annan 1999, S. 93.

205 Siehe zum deutschen Text: http://www.unesco.de/443.html.

die kulturrelativistische Interpretation der Menschenrechte geltend gemacht werden.«[206]

Menschenrechte sind Rechte, die alle Menschen ungeachtet ihrer kulturellen Herkunft und intendierten Zukunft in gleichem Umfang haben. Ihre kulturalistische Regionalisierung[207] schwächt in der Form der angemaßten Universalität partikulärer Menschenrechtsverständnisse ihre Universalität. Das Prinzip trankultureller Rechtsgeltung wird in regionalen, kulturalistisch begründeten Menschenrechtserklärungen verletzt, z. B. in den vier islamischen bzw. islamisch-arabischen Erklärungen, der ›Bangkok Declaration‹[208], in der ›Asian Human Rights Charter‹[209], in der am 15. Dezember 2008 beschlossenen und inzwischen von allen zehn Mitgliedstaaten ratifizierte ASEAN-Charta bzw. in den ›Terms of Reference‹ der ASEAN-Menschenrechtskommission[210] und – wenn auch in geringerem Maße – in der afrikanischen ›Charta der Menschenrechte und Rechte der Völker‹.

206 Lim 2001, S. 142 f. Zur Frage der kulturellen Relativierung von Menschenrechten vgl. Hoffmann 1991; 1994; 1995. Zu relativistischen Kritiken am Menschenrechtsuniversalismus vgl. Reuter 1999; zur Kritik am Kulturrelativismus vgl. Sukopp 2005.

207 Zur Kritik vgl. Denninger 1994a, S. 73 ff.

208 So heißt es z. B. in ›The Bangkok Declaration‹ (1993): »*Noting* the progress made in the codification of human rights instruments, and in the establishment of international human rights mechanisms, while *expressing concern* that these mechanisms relate Mainly to one category of rights [...] *Recognizing* that the promotion of human rights should be encouraged by cooperation and consensus, and not through confrontation and the imposition of incompatible values [...] *Recognize* that while human rights are universal in nature, they must be considered in the context of a dynamic and evolving process of international norm-setting, bearing in mind the significance of national and regional particularities and various historical, cultural and religious backgrounds«.

209 In ihr heißt es: »Notwithstanding their universality and indivisibility, the enjoyment and the salience of rights depend on social, economic and cultural contexts. Rights are not abstractions, but foundations for action and policy. Consequently we must move from abstract formulations of rights to their concretization in the Asian context by examining the circumstances of specific groups whose situation is defined by massive violations of their rights. It is only by relating rights and their implementation to the specificity of the Asian situation that the enjoyment of rights will be possible. Only in this way will Asia be able to contribute to the world-wide movement for the protection of rights.«

210 In der Präambel der ›Charter of the Association of Southeast Asian Nations‹ heißt es: »*Adhering* to the principles of democracy, the rule of law and good governance, respect for and protection of human rights and fundamental freedoms«. Mit Art. 14 Abs. 1 wird erklärt: »1. In conformity with the purposes and principles of the ASEAN Charter relating to

Die von Heiner Bielefeldt geforderte »Wachsamkeit gegenüber den Gefahren eines – nicht selten auch strategisch eingesetzten – Kulturrelativismus, durch den die internationalen Menschenrechtsstandards in ihrer Legitimität und Wirksamkeit geschwächt zu werden drohen«[211], ist geboten; seine Mahnung ist richtig ist, »in der Debatte um [...] kulturelle[n] Pluralismus [gelte] es daher immer wieder zu fragen: Wer sind denn diejenigen, die sich in der internationalen Politik als Repräsentanten der kulturellen Identität ihrer Völker ausgeben? Wer hat sie in ihrer Sprecherrolle legitimitiert?«[212]

Der Adressat dieser Mahnung sind nicht nur ›die Anderen‹, sondern alle, die die Menschenrechte politisch-ideologisch instrumentalisieren. Ein verhängnisvoller Ausdruck der Instrumentalisierung ist die zunehmende Re-Moralisierung der Menschenrechte, mit der ein ›Recht‹ auf gewaltsame Prävention und völkerrechtlich nicht legitimierte ›humanitäre Intervention‹[213] gerechtfertig werden soll: »Ein entsprechend weit gefasstes Verständnis von ›Prävention‹«, schreibt Erhard Denninger, »verbunden mit der militärischen Überlegenheit zu ihrer Durchsetzung und verknüpft mit der moralischen Gewissheit, dass die eigene Sache die Sache des Guten ist, lässt das *rechtliche* Gewaltverbot, lässt über-

the promotion and protection of human rights and fundamental freedoms, ASEAN shall establish an ASEAN human rights body.« 2007 wurde als zwischenstaatliches konsultatives Organ die ›ASEAN Intergovernmental Commission for Human Rights‹ (AICHR) mit der Aufgabe beschlossen, die Menschenrechte zu ›fördern‹. Sie verfügt aber über keine Kompetenzen der Rechtsauslegung und Rechtsdurchsetzung. In den Art. 14 der ASEAN-Charta konkretisierenden ›Terms of Reference‹ der AICHR heißt es: »The purposes of the AICHR are: 1.1 To promote and protect human rights and fundamental freedoms of the peoples of ASEAN«. Laut Ziff. 1.6 ist die AICHR verpflichtet »To uphold international human rights standards as prescribed by the Universal Declaration of Human Rights, the Vienna Declaration and Programme of Action, and international human rights instruments to which ASEAN Member States are parties.« Ziff. 2.2 bekräftigt: »Respect for international human rights principles, including universality, indivisibility, interdependence and interrelatedness of all human rights and fundamental freedoms, as well as impartiality, objectivity, non-selectivity, non-discrimination, and avoidance of double standards and politicisation«. Der hieraus folgende Menschenrechtsuniversalismus wird aber in Ziff. 1.4 relativiert: »To promote human rights *within the regional* context, *bearing in mind national and regional particularities and mutual respect for different historical, cultural and religious backgrounds, and taking into account the balance between rights and responsibilities*«. (Hervorh. v. mir).

211 Bielefeldt 1999, S. 73.

212 Ebd., S. 43.

213 Siehe hierzu in diesem Buch Abschn. 8.8.

haupt alle *rechtlichen Regeln* zur Eindämmung internationaler Gewaltanwendung leer laufen. Ein solcher *moralisch abgestützter machtrealistischer Unilateralismus* tendiert dazu, die ganze Welt moralisch binär zu codieren, und er entwickelt entsprechend *missionarische Züge.*«[214]

Das hieraus gegen den Geltungsanspruch der Menschenrechte entwickelte Argument – Jürgen Habermas setzt sich mit ihm auseinander und weist es zurück – lautet, »daß die Politik der Menschenrechte zu Kriegen führt, die – als Polizeiaktionen verschleiert – eine moralische Qualität annehmen; und daß diese Moralisierung Gegner zu Feinden stempelt, wobei diese Kriminalisierung der Unmenschlichkeit erst Tür und Tor öffnet. [...] Begründet werden die beiden Teilaussagen mithilfe von zwei Prämissen: (a) die Politik der Menschenrechte dient der Durchsetzung von Normen, die Teil einer universalistischen Moral sind; (b) da moralische Urteile dem Kode von ›Gut‹ und ›Böse‹ gehorchen, zerstört die negative moralische Bewertung (eines politischen Opponenten bzw.) eines Kriegsgegners die rechtlich institutionalisierte Begrenzung (der politischen Auseinandersetzung bzw.) des militärischen Kampfes.«[215]

Das Menschenrechte-Recht war und ist als zwischen Staaten unterschiedlicher kultureller Prägung ausgehandeltes und deshalb die Verschiedenheit der Kulturen berücksichtigendes Normensystem universalisierbar. Soweit die Menschenrechte positiviert sind, *sind* sie universell im Sinne ihrer die Individuen, Gruppen, Gesellschaften und Staaten verpflichtenden juridischen Geltung. Allerdings verlangt die Berücksichtigung der kulturellen Voraussetzungen des *Verstehens* – nicht der Geltung – von Menschenrechten nach »einem differenzierteren Verständnis ihrer Universalität«.[216] Zu verstehen, nicht aber zu rechtfertigen ist die Forderung: »Das internationale Menschenrechte-Recht muss Staaten legal verantwortlich machen, die Wertideale ihrer eigenen Zivilisationen zu implementieren, nicht aber jene, die ihnen fremd sind.«[217]

Es gehört intrinsisch zum Prinzip sowohl der Menschenwürde als auch der Menschenrechte, dass niemand Dritten eine bestimmtes *Verständnis ihrer Bedeutung* oktroyieren darf. Kulturen und Gesellschaften kann ein Verständnis- und Interpretationsspielraum nicht abge-

214 Denninger 2005, S. 362 f. Ob humanitäre Intervention als menschenrechtliche Nothilfe begründet werden kann, erörtert am Beispiel des Kossovo-Krieges Denninger 2000.

215 Habermas 1995, S. 309 f.

216 Gosepath/Lohmann 1998a, S. 20 f.

217 Sinha 1995, S. 185, 214.

sprochen werden: »Der Mensch hat Würde von Natur aus – Element heutiger Weltkultur –, aber die nationalen Verfassungsstaaten können ihre Grundrechtsgemeinschaft partikular ausgestalten, national eingefärbte Grundrechtskataloge schaffen und vielleicht sogar die (rezipierten) ›Menschenrechte‹ der internationalen und regionalen Erklärungen und Pakte auf ihre eigene Weise auslegen – im Sinne eines begrenzt variablen ›marge d'appreciation‹.«[218] Der Spielraum ist freilich eng begrenzt; kein Spielraum besteht hinsichtlich ihrer *universellen juridischen Geltung.*

Die menschenrechtliche Universalität hat zwei Dimensionen. (i) *Die Universalität der Normadressaten:* Bei der Frage, wer Menschenrechtsverletzungen begeht und gegen wen rechtlich eingeschritten werden soll, darf der Kreis der Norm- und Sanktionsadressaten nicht auf Institutionen, auf ›Offizielle‹, auf ›Funktionsträger‹ und ›autorisierte‹ Personen eingeschränkt werden. Dass die Menschenrechte als juridische Normen mittelbar Drittwirkung haben, d.h. ihre Schutzwirkung nicht nur im Verhältnis zwischen Bürger und Staat, sondern auch im Verhältnis zwischen Bürger und Bürger entfalten und Rechtspflichten für ›Private‹ begründen, liegt in der ›Logik‹ ihrer Universalität: Ihre »universelle und wirksame Anerkennung und Einhaltung« (EMRK, Präambel) kann nicht nur für staatliche Institutionen gelten; Bestimmungen wie die in EMRK Art. 3 (»Niemand darf der Folter oder unmenschlicher oder erniedrigender Strafe oder Behandlung unterworfen werden.«) können nicht nur für Personen gelten, die ›auf Befehl‹ foltern, sondern betreffen die moralische *und* juridische Verantwortlichkeit des ›privaten Individuums‹, das foltert. Wenn gem. EMRK Art. 7 (2) die ›*nullum crimen, nulla poena sine lege*‹-Norm so eingeschränkt wird, »dass jemand wegen einer Handlung oder Unterlassung verurteilt oder bestraft wird, die zur Zeit ihrer Begehung nach den von den zivilisierten Völkern anerkannten allgemeinen Rechtsgrundsätzen strafbar war«, dann sind nicht nur ›Offizielle‹, sondern auch ›Private‹ Adressaten der Menschenrechtsnormen und Sanktionsadressaten des internationalen und nationalen Strafrechts.[219]

(ii) *Transkulturelle Universalität:* Die Geltung der *ius cogens*-Normen und der positivierten Menschenrechte ist *un*-bedingt und lässt keine Relativierung im Namen der Eigenrechte von Kulturen zu. Unterschiede sind bezüglich der Rahmenbedingungen institutioneller Menschenrechtsverletzungen festzustellen:

(a) Menschenrechtsverletzungen *trotz* politisch-rechtlicher Anerkennung des universalen Normensystems; Beispiele sind die Verhängung

218 Häberle 1994, S. 299 f.

219 Siehe hierzu in diesem Buch Abschn. 8.7.

der Todesstrafe in den U.S.A., Lager wie Guantanamo auf Kuba oder ›Bagram Theater Internment Facility‹ in Afghanistan und Folterverhöre im ›Kampf gegen den Terrorismus‹, wie sie etwa die CIA in Libyen und in osteuropäischen Ländern hat durchführen lassen.

(b) Menschenrechtsverletzungen, die durch eine offen erklärte, teils kulturalistisch, teils gesellschaftspolitisch begründete Absage an die Verpflichtung auf die Menschenrechte in ihrer Gesamtheit legitimiert werden; ein Beispiel hierfür ist der Anspruch der VR China[220], gestützt auf das Recht auf Entwicklung und Selbstbestimmung, den ökonomischen und sozialen Menschenrechten einen Vorrang vor den politischen einzuräumen zu können. Angesichts der wegen der kapitalistischen Wirtschaftsweise in der VR China zunehmenden sozialen Ungleichheit, der Unterdrückung von ethnischen und religiösen Minderheiten, der Verfolgung von Andersdenkenden und vielfach verhängter Todesstrafen ist die Selbstdarstellung der chinesischen Regierung zu den Menschenrechten mehr als fragwürdig:

Wang Chen, der Leiter des Pressebüros beim chinesischen Staatsrat, erklärte im Juli 2011 im offiziellen Rechenschaftsbericht ›China: Ziele des Aktionsplans über Menschenrechte erreicht‹: »Für die Entwicklungsländer ist das Recht auf Existenz und Entwicklung das wichtigste Menschenrecht.«[221] Dieser erste, 2009 für die Jahre 2009-2010 beschlossene Aktionsplan hatte das Ziel, »to implement the constitutional principle of respecting and safeguarding human rights, and to promote sustainable development und social harmony«.[222] Der Rechenschaftsbericht hebt in erster Linie auf Erfolge der Regierung bei der Durchsetzung der »people's rights to subsistenve and development, and economic, social und cultural rights« ab. Zu den bürgerlichen/politischen Rechten wird ausgeführt: »people's civil and political rights have been more effectively guaranteed. Over the past two years China, upholding the principles of the leading role of the Communist Party of China, the people as masters of the country and the rule of

220 Zu China und den Menschenrechten vgl. u.a. Edwards 1986, Müller 1997, de Bary/Tu Wei-ming 1998, Mao Yihong 1998, Paul 1998, Paul/Robertson-Wensauer 1998, Schweidler 1998, Wei Jingsheng 1998, Schubert 1999, Woesler 1999, v. Senger 1999, Svensson 2002, Roetz 2005, Brunozzi 2011.

221 http://de.chineseembassy.org/det/zt/rqwt/t839544.htm.

222 So im von *China Daily* am 13. 7. 2011 veröffentlichten Rechenschaftsbericht zum Aktionsplan. Anlässlich der Eröffnung des IV. Bejinger Forums für Menschenrechte am 21. 9. 2011 hat Wang Chen erklärt, die chinesische Regierung werde »einen eigenen Weg zur Förderung der Menschenrechte mit chinesischer Prägung gehen«. (http://www.german.cri.cn./-1565/2011/09/21/1a163702.htm).

law, has incorporated the implementation of the Action Plan into every link of the efforts to strengthen democracy and the legal system; [...] pushed forward political system reform, and strengthened democracy and the rule of law; persisted in and improved the systems of people's congresses [...], regional ethnic autonomy and community level self-governance; and expanded citizens orderly political participation, making government affairs better known to the public by increasing policymaking transparency, and putting more efforts into protecting the people's rights to information, participation, expression and supervision.«[223]

Der Rechenschaftsbericht hebt ab auf die besonderen Bedingungen eines Entwicklungslandes und des chinesischen sozialistischen Weges bei der Implementierung der »universal human rights into China's basic national conditions«: »Firstly, we must take into consideration our basic national conditions, uphold the path of socialism, and adhere to the socialist system with Chinese characteristics. China is a developing country with a large population, insufficient per capita resources and unbalanced economic and social development at a low level. This is the basic national situation that China must face in order to tackle all its problems. To improve human rights in China we must take into consideration the basic national conditions and seek truth from facts, correctly address the relationship between reform, development and stability and the safeguarding of human rights, incorporate universal human rights into China's basic national conditions, prioritize the people's right to subsistence and development in the course of human rights development, and persevere in safeguarding economic, social and cultural rights and civil and political rights in a balanced way.«[224]

Das Fazit des Rechenschaftsberichts lautet – wenig konkret –: »Affected and restricted by natural, historical and cultural factors, and economic and social development levels, the cause of human rights in China is still facing many difficulties and challenges, and there is still a long way to go before achieving the lofty goal of the Chinese citizens fully enjoying human rights.«[225]

(c) Menschenrechtsverletzungen, für die vermeintliche ›Menschenrechtserklärungen‹, bei denen es sich – wie bei den islamischen bzw. arabischen – in Wirklichkeit um religiös motivierte Pflichtenerklärungen handelt, die eine fragwürdige normative Grundlage des Men-

223 *China Daily*, 13. 7. 2011.
224 Ebd.
225 Ebd.

schenrechtsschutzes schaffen und zugleich mit dem Anspruch auftreten, Universalitäts-*Alternativen* zu sein.

Diese Unterschiede sind auf der Ebene des ›Verstehens‹ der Ursachen von Menschenrechtsverletzungen von Bedeutung. Sie berühren aber nicht deren rechtliche Beurteilung, die vom positivierten internationalen Menschenrechte-Recht auszugehen hat.

3.9 Arabische und islamische Staaten und die Menschenrechte

3.9.1 ›Menschenrechtserklärungen‹ seitens autoritärer Regime

Ihrem Anspruch nach stützen sich die islamischen bzw. arabischen Menschenrechtserklärungen[226] auf ›das‹ islamische Recht.[227] Tatsächlich aber greifen sie nur auf das zwischen dem 8. und 12. Jahrhundert entwickelte klassische (sunnitische) islamische Recht zurück. Neuere Reformdiskurse und Reformen in der islamischen Welt blenden sie aus. Sie widersprechen offen der juridischen Universalität der Menschenrechte. Eine Kritik dieser Erklärungen ist notwendig, doch bleiben einige Aspekte zu berücksichtigen, soll die Kritik sich nicht pauschal gegen ›den Islam‹ richten und Islamophobie schüren. Wer im

226 Zum Islam und den Menschenrechten vgl. u. a. Ben Achour 2011 und die Beiträge zum Themenschwerpunkt ›Menschenrechte in der arabischen Welt‹ in MenschenRechtsMagazin H. 1/2012. Zur Geschichte der islamischen Menschenrechtserklärungen vgl. Al-Midani 2004. Zu deren theologischen Grundlagen vgl. Johnston 2007. Zum Stellenwert der Menschenrechte im Islam und zu Kontroversen innerhalb islamischer Koran-Interpretationen vgl. Mayer 1990a, Schwartländer 1993, Bielefeldt 1998, 2000, An-Na'im 2010. Zum ›Menschenrechtsschutz im islamisch-arabischen Raum‹ vgl. Hummer/Karl 2008, Teilbd. I/2. 93.

227 Vgl. zum islamischen Recht Schacht 1964; Spies/Pritsch 1964; Al-Midani 2004; Baderin 2005. Rohe 2009, S. 3, betont: »Auch islamisches Recht ist Recht«, über dessen Funktion und Legitimation im Islam gestritten werde und das es so wenig als *das* islamische Recht gebe, wie man von ›dem europäische Recht‹ sprechen könne. Rohes vor allem historisch informatives Buch hat blinde Flecken. Die von islamischen Frauenrechtlerinnen beklagte Benachteiligung wird als »Stereotype« abgetan. (Ebd., S. 3) Die problematischen Menschenrechtserklärungen im Islam sind kein Thema. Die »Menschenrechts- und Demokratiedebatte« wird als »große Herausforderung an das islamische Recht« bezeichnet; ihr werden aber nur verharmlosende Bemerkungen (ebd., S. 395) gewidmet. Im historischen Teil des Buches gibt es einen Abschnitt zum Völkerrecht, im Teil zur Moderne aber nicht.

Westen diese Erklärungen kritisiert[228], sollte nicht vergessen, dass es Einschränkungen der ›notstandsfesten‹ Menschenrechte auch hier gibt. Dies zeigen nicht nur die Preisgabe von Freiheitsrechten zugunsten von Sicherheitsinteressen und Versuche der Relegitimierung von Folter im ›Kampf gegen den Terrorismus‹.

(i) Es gibt weder ›den‹ Islam noch ›das‹ islamische Recht noch ein einhelliges islamisches bzw. arabisches Menschenrechtsverständnis.[229] Sarhan Dhouib erläutert hierzu, der Menschenrechtsbegriff gehöre »zum ›*Undenkbaren*‹ innerhalb des Denksystems der klassischen islamischen Jurisprudenz.« Das »Denkbare innerhalb des Denksystems der klassischen arabisch-islamischen Kultur« sei »die Beziehung zwischen Gott und dem Menschen«. Erst mit dem »Durchbruch des positiven Rechts wurde vor allem das zwischenmenschliche Verhältnis und somit der Menschenrechtsdiskurs in den Vordergrund gestellt«. Daher sei es »bei der Behandlung des Menschenrechtsdiskurses im Islam angebracht, zwischen zwei unterschiedlichen Wert- und Rechtssystemen zu unterscheiden [...]. Im ersten Rechtssystem bzw. in der Pflichtenlehre ist die Rede vom *Gottesrecht*; im zweiten hingegen von *Menschenrechten* [...]. Der Rechtsbegriff entspricht im klassischen Arabisch dem Begriff *al-haq* (pl. *hqq*), der eines der zahlreichen Attribute und einer der Namen ist, die die Muslime Gott zusprechen. In der Aussage ›*Allah al-haq*‹ meint der Begriff ›*al-haq*‹ sowohl das Wahre als auch das Recht im Gegensatz zum Falschen. In einem theologischen Sinne, der für die islamische Jurisprudenz relevant ist, bedeutet dies, dass Gott die Quelle und zugleich der Empfänger der Rechte sei. Hierauf basiert auch die Formel ›Gottesrecht‹ (*haq Allah*) und damit *vice versa* die Lehre der Pflichten (*far'id*) der Menschen gegenüber Gott. Es ist diese Auffassung bezüglich des Rechts bzw. der Pflichten, die den unterschiedlichen islamischen Erklärungen für Menschenrechte zur Grunde liegt. [...] Man kann der islamischen bzw. der islamisierten Auffassung der Menschenrechte vorwerfen, dass sie die Rechte mit dem Inhalt der modernen Menschenrechte füllt, obwohl der Begriff eigentlich eine Pflichtenlehre und nicht einen Begriff von menschlichen Rechten ausdrückt. Hieraus erklärt sich, dass die verschiedenen islamischen Menschenrechtserklärungen Pflichten vor Augen haben,

228 Zur Kritik an der einseitigen Islamisierung menschenrechtlicher Begriffe vgl. Bielefeldt 1998, S. 134 ff. Zur Metakritik der – auch von Autorinnen und Autoren muslimischer Herkunft geübten – Islamkritik vgl. Bahners 2010.

229 Vgl. zu einem »Panorama der heute anzutreffenden diversen muslimischen Positionen« Bassiouni 2011; vgl. die vom Deutschen Institut für Menschenrechte hg. *Bibliographie: Islam und Menschenrechte*, zusammengestellt v. S. Tillmann/ A. Würth. (Stand 2004).

wenn sie von Rechten als Menschenrechten sprechen. Dies liegt vermutlich daran, dass die klassische islamische Jurisprudenz über keine hinreichende systematische und umfassende Subjekt-Theorie verfügt, um von einem Rechtssubjekt sprechen zu können. Erst mit der arabischen Moderne, die im 19. Jahrhundert entstanden ist, konnte innerhalb des Reformdiskurses der arabischen Intellektuellen, Philosophen und Juristen ein Rechtssubjektbegriff theoretisch entwickelt werden. In diesem kulturellen und philosophischen Zusammenhang hat sich die kritische Auseinandersetzung mit der europäischen Moderne im arabisch-islamischen Kulturraum entfaltet.«[230]

(ii) Die vier arabischen und islamischen Erklärungen gründen in konservativen, in den betreffenden Ländern keineswegs allgemein geteilten Islam-Interpretationen, insbesondere Shari'a-Interpretationen. »*[S]hari'a*‹ شريعة [bedeutet] im religiösen Recht das religiöse Gesetz. Allgemein bezeichnet der Begriff *shar'i* شرْعي das Legitime, und die für die Religion spezifische Bedeutung ist das, was zum religiösen Gesetz gehört. [...] [D]as religiöse Gesetz ist das, dessen Legitimität selbstevident ist und deshalb von der ›*fitra*‹ bzw. von der Natur abhängt, die Gott dem Menschen verliehen hat.«[231]

(iii) Die vier Menschenrechtserklärungen sind Ausdruck politischer Interessen autoritärer Staaten.[232] Sie entsprechen nicht ›dem Islam‹, sondern politischen Rechtsauffassungen mit islamistischer Tendenz. »Diejenigen, die unter Berufung auf die kulturellen Unterschiede und die Werterelativität sich weigern, die Menschenrechte einzuhalten, sind in Wirklichkeit rückständige Unterdrücker, die ihr diktatorisches Wesen unter der Maske der Kultur verdecken und im Namen der nationalen oder religiösen Kultur die Absicht hegen, ihre eigene Nation zu unterdrücken und zu terrorisieren.«[233]

(iv) Die revolutionären Prozesse des Jahres 2011 in der arabisch-islamischen Welt zeigen, dass nicht zuletzt die Jugend ihre Hoffnung auf ein Leben in Würde und im Rechtsstaat eher aus der Religion gewinnt als aus dem Vertrauen auf – untereinander zerstrittene – lai-

230 Dhouib 2010, S. 173 f.

231 Vgl. Marzouki 2010, S. 122; vgl. hierzu auch Mayer 1990. Die *Shari'a* ist kein kodifiziertes Recht, sondern ein System der Rechtsfindung; sie gilt als Korpus ewiger Werte und Verhaltensnormen, während das islamische Recht (*Fiqh*) als Menschenwerk historischen Veränderungen unterworfen ist.

232 Vgl. Scholz 2011, S. 34-37.

233 *Der Beitrag des Islam zu einem Weltethos.* Rede der iranischen Friedensnobelpreisträgerin Shirin Ebadi auf Einladung der Stiftung Weltethos an der Universität Tübingen, 20. Oktober 2005: http://www.uni-tuebingen.de/uni/qvo/highlights/download/h33-ebadi.pdf.

zistische politische Parteien. Der Islam, den sie leben, dient nicht der Zementierung autoritärer Herrschaft; er ist mit Demokratie und der Achtung universeller Menschenrechte vereinbar.[234]

(v) Islamische Staaten waren an der Aushandlung der ›Allgemeinen Erklärung der Menschenrechte‹ in großem Maße beteiligt (10 von 56 Staaten: Ägypten, Afghanistan, Irak, Iran, Libanon, Pakistan, Saudi-Arabien, Syrien, Türkei und Jemen).[235] Dies verdrängt aus politisch-ideologischen Gründen, wer – wie z. B. der iranische Vertreter bei den VN 1981 – behauptet, die AEMR sei »eine säkulare Interpretation der judäo-christlichen Tradition, die von Muslimen nicht ohne Bruch des islamischen Rechts befolgt werden könne«.[236]

(vi) Zu berücksichtigen ist aber auch, was Kofi Annan 1999 zu Motiven anti-westlicher Kritik so bilanziert hat: »Die meisten Muslime sind sich der Tatsache bewusst, dass ihre Religion und ihre Zivilisation einst große Teile Europas, Afrikas und Asiens dominiert haben. Sie wissen, dass dieses Reich nach und nach verloren ging und dass fast jedes muslimische Land unter direkte oder indirekte westliche Kontrolle geriet. Heute ist der Kolonialismus vorüber, aber viele Muslime lehnen sich gegen ihre offensichtliche Ungleichheit gegenüber dem Westen im Bereich der Machtpolitik auf. Viele verspüren ein Gefühl der Niederlage und der Benachteiligung. Ihr Groll wurde durch die ungerechte Behandlung der Palästinenser oder – in jüngster Zeit – durch die an Muslimen im ehemaligen Jugoslawien begangenen Gräueltaten noch verstärkt.«[237]

234 Die Wahlen zur Verfassunggebenden Versammlung am 23. Oktober 2011 in Tunesien haben aus diesem Grund zwar der konservativ-islamischen Partei Ennadha eine Mehrheit der Sitze eingebracht. Zu berücksichtigen ist aber, dass sie von den 7,5 Mio Stimmberechtigten nur ca. 1,5 Mio (= 20%) der Stimmen erhalten hat.

235 Zu den Positionen der 10 an der Abfassung der AEMR beteiligten islamischen Staaten vgl. Al-Midani 2004.

236 Diese Position vertritt auch Mawdudi 1976.

237 Kofi Annan 1999, S. 93. Vgl. Hendrich 2005, S. 10: »Am Beginn der arabisch-islamischen Moderne stehen Kolonialismus und Unterdrückung. Diesen Erfahrungshorizont sollten ›westliche‹ Betrachter nicht vergessen, denn er macht nicht nur die historisch-politischen Entwicklungen bis zur Gegenwart nachvollziehbarer, sondern erklärt auch die Eigenart der philosophischen Diskurse dieser Moderne. Nicht eine unterentwickelte, auf ihrem Traditionalismus beharrende Kultur stand gegen das Angebot einer Moderne als Aufklärung und Befreiung, sondern eine eigenständige Kultur mit ihrer spezifischen Geschichte sah sich konfrontiert mit militärischer, technologisch-wissenschaftlicher und ökonomischer Überlegenheit, die gnadenlos zur Durchsetzung von Eigeninteressen eingesetzt wurde. Zugleich verknüpfte die westliche Selbstwahrnehmung ihr Tun mit der Behauptung, nicht nur die fortschrittlichere, ›bessere‹ Kultur zu sein, son-

Während andere regionale Menschenrechtsinstrumente religiös und weltanschaulich neutral und kulturenübergreifend konzipiert sind, gilt dies für die islamischen und arabisch-islamischen Menschenrechtserklärungen nicht. Sie behaupten – gestützt auf die kulturalistische Strategie der Identifizierung ›des Islam‹ mit einer als einheitlich fingierten Kultur – einen *islamischen Universalismus* gegen die universellen Rechtsnormen des internationalen Menschenrechte-Rechts.

Diese Identitätspolitik wird gegenwärtig nicht zuletzt von iranischer Seite propagiert. Die Islamische Republik Iran hat anlässlich einer Sitzung der Außenminister der Mitgliedsländer der Islamischen Konferenz für Zusammenarbeit, die 2008 in Kampala (Uganda) tagte, eine Resolution zum Thema ›Islamische Menschenrechte und -würde‹ vorgelegt, die von allen muslimischen Ländern angenommen wurde. In dieser Resolution wurde festgestellt, »dass gemäß der Scharia des Islams die Menschenrechte auf die Würde und den Wert des Menschen zurückgehen und die Islamische Umma einen universellen Auftrag hat«.[238] Mit dieser Resolution wurde der 5. August als ›Tag der Islamischen Menschenrechte und -würde‹ ausgerufen. Zum 5. August 2012 wurde seitens des Iran unter Berufung auf die ›Islamische Menschenrechtserklärung‹ eine Erklärung veröffentlicht, die dem Klischee entspricht, die universellen Menschenrechte seien ›westlicher Natur‹: »Die Herausgabe der Menschenrechtserklärung von 1948 war ein Schritt des Menschen zur Einforderung seiner Rechte. Sie war ein Fortschritt, denn sie fasste viele Grundrechte und private und soziale Freiheitsrechte ins Auge. Die Völker hofften, dass durch Durchführung der Menschenrechtserklärung ihre Rechte und Freiheiten gewährleistet werden. Aber die Menschenrechtserklärung ist das Produkt der gemeinsamen Überlegung von Staaten, die deutlich den westlichen Liberalismus vertreten. Die Menschenrechtscharta bedeutet einen großen Schritt, aber sie enthält viele Mängel. Zum Beispiel entstehen Mängel durch das unterschiedliche Verständnis vom Menschen und seinen Bedürfnissen und hinsichtlich der Durchführung der Menschenrechtserklärung. Diese Schwächen verhindern, dass viele Menschen an ihre elementaren Rechte gelangen. Die umfassende progressive Lehre des Islams besitzt allseitige Bestimmungen hinsichtlich der Rechte der Menschen. Ein Teil der Menschenrechte, die in den

dern ihre Moderne des Kolonialismus, Imperialismus und der ökonomischen Ausbeutung den anderen Kulturen als segensreiches Angebot zu unterbreiten. Als entsprechend diskreditiert gilt die ›westliche‹ Moderne bei ihren Opfern, und entsprechend schwer ist es für die arabisch-islamische Kultur, eine eigenständige Moderne zu entwickeln.«

238 http://german.irib.ir/radioislam/beitraege/beitraege/item/150342-5-august-tag-der-islamischen-menschenrechte-und-%E2%80%93w%C3%BCrde.

internationalen Menschenrechtsbestimmungen vorliegen, entsprechen in ihren allgemeinen Ausagen den Islamischen Menschenrechten: wie das Recht auf Leben, auf freie Meinungsäußerung, die Meinungsfreiheit, das Recht auf Bildung, Unterkunft und das Verbot der Diskriminierung. Aber es ist eine Tatsache, dass die Werte, die für die Beachtung der Menschenrechte genannt werden, erst dann international begrüßt werden können, wenn alle Kulturen sowohl theoretisch als auch in der Praxis mit berücksichtigt und mitbeteiligt werden. Die internationale Menschenrechtserklärung richtet sich jedoch nach den westlichen Denkschulen. Daher werden in dieser Charta hohe religiöse Werte nicht beachtet und die Religion wird nur zusammen mit Hautfarbe, Rasse und Sprache als ein möglicher Faktor für Diskriminierung angeführt. [...] Die Menschenrechte basieren im Islam auf der Tauhid-Denkweise. Das heißt der Denkweise, die auf dem Prinzip des Glaubens an den einen Gott aufbaut. Durch diesen gedanklichen Ansatz kommt es, dass sich die islamischen Menschenrechte von den westlichen unterscheiden. Der Islam sieht in den Menschenrechten die natürliche Folge der Würde des Menschen. Denn im religiösen Denken ist der Mensch Statthalter Gottes auf der Erde und deshalb verdient er es, geachtet zu werden. Gott hat in dem Vers 70 der Sure Isra (17) gesagt: ›Und wir waren gegen die Kinder Adams huldreich und haben sie vor vielen von denen, die wir (sonst noch) erschaffen haben, sichtlich ausgezeichnet.‹«[239]

Die 1981 vom *Islamrat für Europa* in Verbindung mit der konservativen *Muslim World League* verabschiedete *Allgemeine Erklärung der Menschenrechte im Islam*[240] führt in ihren 23 Artikeln 123 Koranverse und Zitate aus der *sunna* an. Sie geht auf eine Resolution der UN-Menschenrechtskommission[241] mit der Aufforderung an Saudi-Arabien zurück, sich der AEMR anzuschließen. Der arabischen Text ist weit rigoroser als die ›geglätteten‹ englischen, französischen und deutschen Übersetzungen. Seit dieser Erklärung wird ein auch innerhalb der arabischen Welt umstrittenes strategisches Ziele verfolgt: Es soll erklärt werden, dass die Menschenrechte integraler Bestandteil der *Shari'a* sind und der Koran nicht im Widerspruch zu einer universellen Menschenrechtskonzeption steht, sondern diese enthält.

Die Erklärung von 1981 geht von drei Fiktionen aus: (i) habe »vor 14 Jh. der Islam die ›Menschenrechte‹ umfassend und tiefgründend als Gesetz fest[gelegt]«; (ii) sei der Koran vom Konflikt der Interpretatio-

239 Ebd.

240 Vgl. zur Vorgeschichte der Erklärung Hummer/Karl 2008, S. 1125 ff.; vgl. auch Duncker 2006, S. 40-62.

241 Resolution 14/XXV, 1969.

nen unberührt[242], und (iii) sei die muslimische Gemeinschaft – die *umma* – gesellschaftliche Wirklichkeit. Die Erklärung entspricht der »für die Muslime« geltenden »Pflicht, alle Menschen vom Aufruf (*da'wa*) zum Islam in Kenntnis zu setzen, im Gehorsam gegenüber dem Auftrag ihres Herrn: ›Aus euch soll eine Gemeinschaft (von Leuten) werden, die zum Guten aufrufen, gebieten, was Recht ist, und verbieten, was verwerflich ist‹ (Koran 3, 104)«. Die Erklärung reklamiert den besonderen Auftrag des Islam in »Erfüllung des Rechts der Menschheit gegen sie als aufrichtiger Beitrag zur Rettung der Welt aus allen Übeln, die sie befallen haben, und als Befreiung der Völker von mannigfaltigen Plagen, unter denen sie stöhnen.« Sie geht aus von der »vorbehaltslosen Anerkennung der Tatsache, dass der menschliche Verstand unfähig ist, ohne die Führung und Offenbarung Gottes den bestgeeigneten Weg des Lebens zu beschreiten«, sowie von »unserer richtigen Vorstellung vom Begriff der Gemeinschaft der Muslime (*umma*), die die Einheit der Muslime trotz ihrer unterschiedlichen Länder und Völker verkörpert«.[243]

Die Erklärung versteht sich – ahistorisch – als »Niederlegung ewiger Rechte, von denen nichts abgestrichen, geändert, aufgehoben oder

242 Olivier Roy stellt hierzu fest: »Ein heiliges Buch ist kein Napoleonischer Code Civil und auch keine Versicherungspolice, wo alles in eindeutigen Begriffen niedergelegt ist. Ein heiliges Buch hat definitionsgemäß verschiedene Bedeutungen, es wird interpretiert, und man streitet darüber.« (Roy 2006, S. 25 f.).

243 Olivier Roy stellt im Ergebnis seiner Analyse der »Entterritorialisierung« des Islam im Prozess der Globalisierung, Migration, Verwestlichung, Loslösung aus einer einheitlichen Kultur und Individualisierung des Glaubens – »[e]in Drittel der Muslime weltweit lebt in einer Minderheitensituation« – fest: »Der gemeinsame Nenner der muslimischen Bevölkerungsgruppe ist allein der Bezug zum Islam, ohne ein gemeinsames kulturelles oder sprachliches Erbe. [...] Die muslimische Umma ist längst nicht mehr an eine territoriale Einheit gebunden, man muss sie sich als etwas Abstraktes, Imaginäres vorstellen.« (Roy 2006, S. 34 f.) Roy fragt: »Was ist eigentlich die muslimische Gemeinschaft, die in aller Munde ist? Wie gelangt man von der Individualisierung des Glaubens zur Verwirklichung einer muslimischen Gemeinschaft? [...] [E]ine so schwer fassbare Gemeinschaft, die sich nicht länger auf ein Territorium, einen Staat, eine Kultur oder eine bestehende Gesellschaft stützt, [kann] nur virtuell sein. Sie muss auf freiwilliger Basis gegründet sein, sofern nicht eigens Gesetze verabschiedet werden, um die Muslime ›objektiv zu erfassen‹, wie es bei den Mitgliedern der verschiedenen millets, der Religionsgemeinschaften im Osmanischen Reich, der Fall war [...]. Deshalb sprechen auch viele konservative und neofundamentalistische Muslime von Multikulturalismus, damit westliche Staaten ihnen die gesetzlichen Mittel verschaffen, um die Gemeinschaft zu definieren und sektiererische Grenzen zu ziehen.« (Ebd., S. 156)

ausgesetzt werden darf«. Die Normen der Erklärung gelten für eine »Gesellschaft, in der alle Menschen gleich sind, in der es keine Privilegierung und Diskriminierung aufgrund von Herkunft, Rasse, Geschlecht, Farbe, Sprache oder Religion zwischen den einzelnen gibt«. Dieser scheinbar universalistische Rekurs auf die AEMR erweist sich als rhetorisch; er wird partikularistisch dementiert: Gefordert wird in der islamischen Erklärung eine »Gesellschaft, in der die Macht ein dem Herrscher auferlegtes anvertrautes Gut ist, damit er die Ziele, die die šar'a vorschreibt, auf die Weise, die sie festlegte, verwirklicht«. Dementsprechend werden alle Rechte unter Shari'a-Vorbehalt gestellt, d. h. unter Vorbehalt des allgemeinen islamischen religiösen Pflichten-, Normen- und Wertesystems[244], das nie verschriftlicht wurde und dessen Interpretationen dementsprechend arbiträr sind.

Ungeachtet des koranischen Schöpfungsberichtes, der Männer und Frauen auf eine Stufe stellt, lässt sich – bei entsprechender Intention – aus dem Koran eine Überordnung des Mannes über die Frau und deren rechtliche Benachteiligung ableiten.[245] Als Koranvers von großer rechtlicher und gesellschaftlicher Tragweite wird z. B. Sure 4,34 herangezogen: »Die Männer stehen über den Frauen, weil Gott sie vor diesen ausgezeichnet hat und wegen der Ausgaben, die sie von ihrem Vermögen gemacht haben. Und die rechtschaffenen Frauen sind demütig ergeben [...]«. Der Koraninterpret Ibn Kathir erläutert diese Sure mit den Worten: »Männer sind Frauen überlegen, und ein Mann ist besser als eine Frau.«

Die 1990 von den Außenministern der Mitgliedstaaten der *Organisation der Islamischen Konferenz*[246] in Kairo angenommene zwischenstaatliche, aber völkerrechtlich nicht bindende *Islamische Menschenrechtsdeklaration*[247] legt in Art. 24 fest: »Alle in der Deklaration festgesetzten Rechte und Freiheiten sind der *Shari'a* unterworfen.« Art. 25 bekräftigt: »Die islamische Shari'a ist der einzige Bezugspunkt für die Erklärung oder Erläuterung eines jeden Artikels in dieser Erklärung.« Diese Deklaration und die wegen ihrer religiös-traditionalistischen Tendenz auch von arabischen Staaten kritisierte *Arabische Menschenrechtscharta* von 1994 verfolgen eine anti-universalistische Tendenz. Die von der Arabischen Liga mit unterstützender Beratung der ›Arab Human Rights Commission‹ durch das UN-Hochkommissariat für Menschenrechte 2004 revidierte und 2008 völkerrechtlich in Kraft getretene Fassung weicht zwar insofern hiervon ab, als in der

244 Zu Religion und Politik im Islam vgl. Büttner 2003.
245 Vgl. Schirrmacher 2005.
246 Vgl. hierzu Duncker 2006, S. 29 ff.
247 Vgl. hierzu Hummer/Karl 2008, S. 1127-1130.

Präambel die Grundsätze der Vereinten Nationen und der AEMR verbal bestätigt und gem. Art. 43 die Rechte und Freiheiten auch von Frauen, Kindern und Minderheitsangehörigen entsprechend den internationalen Menschenrechtsinstrumenten geschützt sind. Doch auch diese arabische Charta beruft sich auf die Kairoer Erklärung von 1990 und stellt so eine Quadratur des Kreises dar. Die Rechte der Frauen werden erneut in Art. 3 Abs. 3 eingeschränkt: »Men and women are equal in human dignity, in rights and in duties, *within the framework of the positive discrimination established in favor of women by Islamic Shari'a and other divine laws*, legislation and international instruments.«[248] Ein Menschenrechtskomitee ist in Art. 45 ff. vorgesehen, nicht aber die Möglichkeit der Individualklage. Einen arabischen Menschenrechtsgerichtshof gibt es nicht.

Ein Verfassungsvergleich zeigt für viele arabische und andere islamische Staaten die Vorherrschaft des Islam als Staatsreligion und der Shari'a als vorrangiger Quelle des Rechtssystems. Für die Analyse relevante Elemente in Verfassungen arabisch-islamischer Staaten sind:

Menschenwürde: Algerien: Präambel und Art. 34; Kuweit: Präambel und Art. 29; Libyen: Art. 27; Mauretanien: Präambel; Syrien: Art. 25; Tunesien: Präambel.

Menschenrechte: Algerien: Art. 33; Bahrein: Art 18; Irak: Art. 50; Libyen: ›The Great Green Charter of Human Rights in the Jamahirian Era‹ (1988); Mauretanien: Präambel; Jemen: Art. 6.

Erklärung zum Islamischen Staat: Bahrein: Art. 1, 2; Mauretanien: Art. 1; Marokko: Präambel; Oman: Art. 1; Quatar: Art. 1; Saudi-Arabien: Art. 1; Jemen: Art. 1.

Islam als Staatsreligion: Bahrein: Art. 2; Irak: Interimsverfassung 2004, Art. 7; Kuweit: Art. 2; Libyen: Art. 2; Mauretanien: Art. 5; Marokko: Art. 6; Oman: Art. 2; Quatar: Art. 1; Saudi-Arabien: Art. 1; Tunesien: Art. 1; Jemen: Art. 2.[249]

Die Shari'a als Grundlage des Rechtssystems: Bahrein: Art. 2; Jordanien: Art. 104: Einführung eines besonderen Shari'a-Gerichtshofs neben säkularen Rechtsinstitutionen; Kuweit: Art. 2; Oman: Art. 2, 10, 11; Quatar: Art. 1; Saudi-Arabien: Art. 23 und Art. 26: »The state protects human rights in accordance with the Islamic Shari'ah«; Art. 45: »The source of the deliverance of fatwa in the Kingdom of Saudi Arabia are God's Book and the Sunnah of His Messenger«; Art. 48, 55; Jemen: Art. 3.

248 Hervorh. v. mir.

249 Vgl. zur Bedeutung des islamischen Glaubens und der Shari'a in Rechtsordnungen Scholz 2011, S. 29-33.

Protokollerklärungen islamischer Staaten schränken auch Rechte ein, die sich aus von diesen Staaten unterzeichneten Konventionen und Pakten der Vereinten Nationen ergeben; die erklärten Vorbehalte betreffen vor allem die Frauenrechte, aber auch die Rechte auf Meinungs- und Religionsfreiheit – und zwar unter Verweis auf die Shari'a.[250]

Es darf aber nicht übersehen werden, dass in den meisten arabisch-islamischen Ländern koranische Gebote, arabisches Gewohnheitsrecht, römische und andere Rechtselemente sowie Elemente europäischen, während der Kolonialzeit importierten Rechts ineinander verwoben sind.[251] Es darf auch der »Gesetzeskonflikt« nicht ausgeblendet werden, der sich aus der Bindung an den Koran einerseits und an die Charta der Vereinten Nationen andererseits ergibt: »Die Mehrheit der muslimischen Staaten hat die Charta unterzeichnet und hält damit zwei einander widersprechende Gesetze in Händen, ein Gesetz, das den Bürgern Gedankenfreiheit verspricht, und eine Scharia, die sie verurteilt.«[252]

Eine Folge ist, dass gegen die Menschenrechte und das absolute Folterverbot verstoßende Strafen wie Steinigung und Amputation z. B. im Iran üblich sind, in anderen islamischen Staaten aber nicht verhängt werden. Im Strafrecht der Islamischen Republik Iran ist die *hadd-Strafe* für Diebstahl in Art. 201 normiert: »Die hadd-Strafe ist, wie im Folgenden erläutert: a) beim ersten Mal Abschneiden von vier Fingern der rechten Hand des Diebes von ihrem Ansatz an, so dass ihm sechs Finger und die Handfläche verbleiben; b) beim zweiten Mal Abschnei-

250 Vgl. die Dokumentation in Chase/Hamzawy 2006, S. 237-282. Zu solchen Vorbehalten schreibt Hinz 2009, S. 6: »*Reservations* are domestic back doors that allow domestic deviations to remain legal.«

251 »Im Rahmen der Entstehung moderner Nationalstaaten im Nahen und Mittleren Osten wurden die wesentlichen Strukturelemente der abendländischen Rechtsordnungen übernommen, zumeist vorzugsweise diejenigen der jeweiligen Kolonial- bzw. Protektoratsmacht. Zu diesen gehören Verfassungen und verfassungsähnliche Rechtsakte, die vor allem Ziele, Aufbau und Organe des Staates regeln sowie Rechte und Pflichten der Bürger normieren. Zentrale verfassungsrechtliche Ideen der europäischen Aufklärung wie die Aufteilung staatlicher Gewalt auf mehrere Gewalten, die Bindung aller staatlichen Gewalt an das Recht und die Gewährung fundamentaler Rechte der Bürger gegenüber dem Staat wurden gleichfalls zumindest formal rezipiert.« (Scholz 2011, S. 26). »Britisch-rechtlich sind bis heute insbesondere Palästina und Pakistan, französisch-rechtlich vor allem Marokko, Algerien, Tunesien, Ägypten, Syrien und der Libanon geprägt.« (Ebd.) Zu Recht und Gesetzgebung in Ägypten, Syrien und Tunesien vgl. Feller 1995.

252 Mernissi 1992, S. 87. Zit. n. Bassiouni 2011, S. 81.

den des linken Fußes des Diebes und zwar von unten her am Fußrist, so dass der halbe Fuß und ein Teil des Fußballens übrig bleiben; c) beim dritten Mal lebenslange Gefängnisstrafe; d) beim vierten Mal, wenn der Dieb auch im Gefängnis noch stiehlt, die Todesstrafe.« Auf dieser Grundlage wurden im Iran im Juli 2010 in mehreren Fällen Handamputationen vorgenommen.

3.9.2 Alternative Diskurse und zivilgesellschaftliche Erklärungen in der arabischen Welt

Den offiziösen bzw. offiziellen islamischen und arabisch-islamischen Menschenrechtserklärungen stehen – vor allem in den 1990er Jahren – intellektuelle Diskurse über eine Stärkung der Zivilgesellschaft in der arabischen Welt[253] und ein zivilgesellschaftliches Menschenrechtsengagement entgegen, das nicht – wie z.B. in der von Bassam Tibi[254] immer wieder vertretenen Behauptung, der Islam und die Menschenrechte seien prinzipiell miteinander unvereinbar – verschwiegen werden darf, auch wenn eine Bilanz noch kritisch ausfällt: »Obwohl seit dem 19. Jahrhundert in einigen arabischen und muslimischen Ländern Säkularisierungsprozesse ausgelöst wurden, die später zur Implementierung der Menschenrechte geführt haben, leidet die Menschenrechtskultur immer noch an vielen gesellschaftspolitischen Problemen (Ungleichheit, Ungerechtigkeit, Unterdrückung der Frauen).«[255] Mehr noch: »Betrachten wir die gegenwärtige, von der Verstaatlichung des Islam gekennzeichnete Epoche, dann drängt sich eine Feststellung auf: Der Islam befindet sich mitten in einer Phase der Regression.«[256] Für den tunesischen Verfassungsrechtler Yahd Ben Achour ist diese Regression gekennzeichnet »durch die Re-Islamisierung des Rechts, vor allem des Strafrechts, durch die Wiedereinführung von Strafen wie Steinigung und Auspeitschung, die man vergessen gelaubt hatte, durch die Islamisierung der Rechtsprechung der Gerichte, die Todesurteile bei Abfall vom Glauben, die Zunnahme radikaler Bewegungen, die bei Verletzung des göttlichen Gesetzes alle Formen von Gewalt befürworteten, und schließlich durch die Verkündung islamischer Menschenrechtserklärungen, deren gemeinsame Grundlage die Tendenz zur Vertiefung der Ungleichheit der Geschlechter und eine feindliche Einstellung gegenüber der Gewissensfreiheit ist.«[257]

253 Vgl. hierzu die Analysen in Hamzawy 2005.
254 Vgl. u.a. Tibi 1994.
255 Dhouib 2011, S. 171.
256 Ben Achour 2012.
257 Ebd.

Auf der einen Seite gibt es konservative muslimische Stimmen, die den Islam als ein »komplementäres Menschenrechtssystem« propagieren und die Muslime dazu auffordern, Kritik »auszusitzen, bis der Wind der Moderne und Postmoderne in einer Post-Post-Moderne wieder dreht«.[258] Auf der anderen Seite stehen arabische Juristen wie Ben Achour und Muhammad Charfi nicht allein, der eine Revision der klassischen islamischen Jurisprudenz (*fiqh*) forderte und betonte, dass im 20. Jahrhundert beachtliche Reformen im Islam stattgefunden hätten; das Problem bestehe darin, dass parallel zu dieser Realität eine anderer ›offizieller Islam‹ an den theologischen Fakultäten gelehrt werde. Wichtiger als die Revision der Gesetze sei es, das Programm der religiösen Lehre zu revidieren.[259] Die intellektuelle Debatte in arabischen Ländern, in der nach dem Status von Recht und Gesetz im Islam, nach theologischen Begründungen der Menschenrechte und/oder für deren universelle Geltung gefragt wird, ist nicht weniger vielstimmig als im ›Westen‹.[260] Auch hier hängen die Optionen für Begründungen von der Wahl konzeptueller Rahmen ab.[261] Und noch sind die Verteidiger der Universalität der Menschenrechte Machtverhältnissen unterlegen, die in der arabischen und muslimischen Welt bestehen bzw. im Prozess der Revolutionen in der arabischen Welt noch ungeklärt sind.

Fathi Triki, der Inhaber des UNESCO-Lehrstuhls für Philosophie für die arabische Welt in Tunis, kritisiert die Kairoer Menschenrechtserklärung: »Der größte Mangel dieser Erklärung ist [...], dass sie konservativ ist. Weit davon entfernt, eine Perspektive der Modernisierung und Anpassung der *Shari'a* an die Erfordernisse des gegenwärtigen Lebens zu eröffnen, beschränkt sie sich darauf, für die meisten Rechte, die sie einräumt, den unverletzlichen islamischen Rahmen in Erinnerung zu rufen. Dieses Verfehlen von *Ijtihd* (Erneuerung) seitens der Verfasser der Erklärung stellt den Missstand dar, den Genuss der Rechte und Freiheiten an den Vorbehalt der Achtung der *Shari'a* zu binden, über die sich zahlreiche muslimische Juristen und Philosophen uneins sind, und zwar sowohl hinsichtlich der Anzahl der Normen, die sie ausmachen, als auch sogar bezüglich der Grundprinzipien der

258 So der deutsche Muslim Hofmann Murad, *Der Islam und die Menschenrechte.* http://de.qantara.de/Der-Islam-und-die-Menschenrechte/919c882i-4p91/index.html.

259 Charfi 1983, S. 23 f.

260 Vgl. Arkoun 1993, Al-Midani 2003, Al-Jabri 2009 (zu Abed al-Jabri vgl. Dhouib 2011, S. 155-162), Jayyusi 2009, Dhouib 2011, Turki 2011, Zakariya 2011; vgl. auch Bielefeldt 1998a.

261 Zu einer Typologie von Argumentationen für und wider die Vereinbarkeit von Islam und Menschenrechten vgl. Bassiouni 2011, S. 80-110.

genannten Menschenrechtserklärung. Ein weiterer Unsicherheitsfaktor liegt im Problem der Interpretation der Regeln der *Shari'a*, von der letztlich die Feststellung der Konformität oder Nichtkonformität der Rechte abhängt, die man schützen will. Anstatt ein Text eindeutiger Beförderung der Menschenrechte zu sein, ist die Kairoer Erklärung in einer relativistischen Perspektive der Selbstversicherung einer bedrohten und übel zugerichteten Identität verfasst, die um so mehr für andauernden Rassismus und die immer stärker anbrandende Welle von Islamophobie verantwortlich ist, je angreifbarer die politischen Regime der muslimischen Länder aufgrund von zwei fehlenden Voraussetzungen sind: *Rechtsstaat* und *demokratische Legitimität.*«[262]

Ebenso nachdrücklich erklärt Yahd Ben Achour: »Das ursprüngliche Prinzip der Menschenrechte, das es zu bewahren und konkret anzuwenden gilt, ist in erster Linie das der individuellen Freiheit und der Zurückweisung absoluter Souveränität, sei sie ethnischer, politischer oder religiöser Natur.«[263]

Für den syrischen Philosophen S.J. al-Azm[264] gehören zum säkularhumanistischen Paradigma »Bürgerrechte, bürgerliche Freiheiten, Demokratie, Meinungsfreiheit, Zivilgesellschaft, die Trennung von Staat und Religion, also Werte und Normen, die vor allem auf die europäische Aufklärung zurückzuführen sind. [...] Daran, dass diese Normen inzwischen eine universelle Dimension erlangt haben, besteht für al-Azm kein Zweifel. Denn ›heute handelt es sich um Vorstellungen und Prinzipien, die für alle Menschen gelten und das normative Paradigma darstellen, wann immer es um Bürger und ihre Rechte, um Menschenwürde, Demokratie, Zivilgesellschaft, Rechenschaftspflicht der Regierung etc. geht‹.«[265]

Die Tendenz, den konservativen arabisch-islamischen Menschenrechtserklärungen zu widersprechen, spiegelt sich auch in Erklärungen von NGOs. So bekennt sich die 1999 verabschiedete *Casablanca Declaration of the Arab Human Rights Movement* explizit zur Universalität der Menschenrechte und zum internationalen Menschenrechte-Recht sowie zu den Menschenrechtsinstrumenten der Vereinten Nationen. Sie verwahrt sich gegen die anti-universalistische politische Manipulation der Bevölkerungen seitens arabischer Staaten im Namen patriotischer Gefühle und zivilisatorischer bzw. religiöser Eigenart.[266]

262 Triki 2011, S. 219.
263 Ben Achour 2012, S. 20.
264 Vgl. Al-Azm 2005, zu Al-Azm vgl. Dhouib 2010.
265 Dhouib 2010, S. 179.
266 The Casablanca Declaration of the Arab Human Rights Movement. Adopted by the First International Conference of the Arab Human

Die *Cairo Declaration on Human Rights Education and Dissemination*[267] aus dem Jahre 2000 klagt Menschenrechtsverletzungen vor allem in arabischen Staaten an und betont die Universalität der von allen Völkern gemeinsam gegen interne und externe Unterdrückung erkämpften, der Menschheit als ganzer angehörenden und unauflösbar miteinander verbundenen zivilen, politischen, ökonomischen, sozialen und kulturellen Rechte; Frauenrechte seien ein integraler Bestandteil des Menschenrechtssystems. Die *Beirut Declaration* von 2003 wirft unter dem Titel ›Toward an Effective Regional Protection of Human Rights‹ die Frage auf »*Which Arab Charter on Human Rights?*«. Angesichts der Tatsache, »that the Arab Charter on Human Rights lacks a number of the international human rights standards and guarantees adopted by other regions in the world«, wird eine weitgehende Reform der Menschenrechtsinstrumente im Rahmen des »universal human rights system as established by the UN« gefordert. Erklärt wird

Rights Movement Casablanca, 23-25 April, 1999: »After extensive discussions, the Conference declared that the only source of reference in this respect is international human rights law and the United Nations instruments and declarations. The Conference also emphasized the universality of human rights. * Rejecting the manipulation by some Arab governments of patriotic sentiments and the principle of sovereignty so as to avoid complying with international human rights standards. * Rejecting any attempt to use civilizational or religious specificity to contest the universality of human rights. Commendable specificity is that which entrenches the dignity and equality of citizens, enriches their culture and promotes their participation in the administration of public affairs.«

267 In: Chase/Hamzawy 2006, 210f. *The Cairo Declaration on Human Rights Education and Dissemination. Adopted by The Second International Conference of Human Rights Movement in the Arab World, October 13-16, 2000, Cairo:* »The Conference, Having held extensive deliberations throughout its sessions, taking into consideration the close link between the lack of respect for human rights and the prevalence of poverty and corruption as evidenced by the World Human Development Report and the Report on Corruption in the World, and also noting the increasing concern at the adverse effect of globalisation on the economic level, the abuse of human rights considerations in international relations, and the grave injustices they caused against peoples, especially in the Arab World, *Decides* to adopt the following Cairo Declaration on Human Rights Education and Dissemination. *Participants reaffirm:* Human rights principles are universal; civil, political, economic, social, cultural and joint rights are closely interconnected, interdependent and indivisible; women's rights are an integral part of the human rights system. Human rights values are the fruit of the interaction and communicaton between civilizations and cultures throughout history, the product of the struggle by all peoples against all forms of injustice and oppression internal and external. In this sense, such values belong to humanity as a whole.«

schließlich: »Civilization or religious particularities should not be used as a pretext to cast doubt and to question the universality of human rights«.[268] Verwiesen sei schließlich auf die *Sana'a Declaration on Democracy, Human Rights and the Role of the International Criminal Court* von 2004, in der es heißt: »Democracy and human rights, which have their origins in faith und culture, are interdependent and inseparable.«[269]

3.10 Die afrikanische Charta der Menschenrechte und Rechte der Völker

Das mit dem Anspruch auf Eigen*rechte* von Kulturen und mit Kultur- und Rechtsrelativismus verbundene Universalismus-Partikularismus-Problem drückt auch Menschenrechtsverständnissen und dem Menschenrechteschutz in Afrika[270] seinen Stempel auf. Die Problematik ergibt sich aus der Geschichte der kolonialen Unterdrückung und Unrechtserfahrung. Im Anspruch auf kulturell begründete ›afrikanische‹ Eigenrechte verbirgt sich allerdings ein Dilemma: Eine homogene afrikanische Kultur hat es nicht gegeben; es gibt sie auch heute nicht. Der Rekurs auf eine ›afrikanische Identität‹ ist ein Rekurs auf ein Konstrukt, auf ein für den Anti-Universalismus notwendiges kulturalistisches Artefakt. Die für die Menschenrechtsentwicklung auf dem afrikanischen Kontinent folgenreiche Distanzierung vom ›westlich‹ geprägten Universalismus hat über die antikolonialen Motive hinaus weitere Gründe: (i) das Interesse autoritärer Regime, nicht durch universelle menschenrechtliche Normen eingeschränkt zu werden; (ii) den in afrikanischen Staaten bestehenden *faktischen Rechtspluralismus*[271], das Aufeinandertreffen von Rechtstraditionen und -prinzipien, die miteinander zu vereinbaren schwierig ist.

Von der Rechtskultur des europäischen und nordamerikanischen Westens abweichende Rechtstraditionen können zumindest annähernd verständlich machen, dass in Afrika der Weg zu einem Menschen-

268 In: Chase/Hamzawy 2006, S. 227.

269 In: Ebd., S. 233.

270 Vgl. Bösl/Diescho 2009 und Flinterman/Dankwa/Hamalengwa 1988, Shivji 1989, Tonndorf 1997, Orlu Nmehielle 2002, Heyns 2004, Tiyambe Zeleza/ McConnaughay 2004, Viljoen 2007, Murray/Evans 2008, Keetharuth 2009, Tetzlaff 2011.

271 Siehe hierzu in diesem Buch Abschn. 5.1.

rechtssystem[272] mit Rechtssicherheit durch universelle gesetzliche Normen und strafrechtliche Sanktionen nicht einfach zu bewältigen war. Die ›Organisation für afrikanische Einheit‹ (OAU)[273] reagierte bis 1979 ungeachtet – oder wegen – massiver Menschenrechtsverletzungen zurückhaltend auf Initiativen der Vereinten Nationen, von NGOs und einigen afrikanischer Staaten. Die ›African Charter on Human and Peoples' Rights‹[274] (Banjul-Charta) wurde nach langen Auseinandersetzungen am 27. Juni 1981 in Banjul/Gambia verabschiedet.

Ihr war die in Algier am 4. Juli 1976 beschlossene ›Universal Declaration of the Rights of Peoples‹ vorausgegangen, in der als Grund für die Betonung der kollektiven Rechte der Völker der Kampf gegen Kolonialismus und Imperialismus und der hieraus resultierende Grund für die Inanspruchnahme von Eigenrechten der Kulturen ersichtlich ist. In der Präambel heißt es: »We live at a time of great hopes and deep despair; a time of conflicts and contradictions; a time when liberation struggle have succeeded in arousing the peoples of the world against the domestic and international structures of imperialism and in overturning colonial systems; a time of struggle and victory in which new ideals of justice among and within nations have been adopted; a time when the General Assembly of the United Nations has given increasing expression, from the Universal Declaration of Human Rights to the Charter on the Economic and Social Rights and Duties of States, to the quest for a new international, political and economic order. But this is also a time of frustration and defeat, as new forms of imperialism evolve to oppress and exploit the peoples of the world. Imperialism, using vicious methods, with the complicity of governments that it has itself often installed, continues to dominate a part of the world. Through direct or indirect intervention, through multinational enterprises, through manipulation of corrupt local politicians, with the assistance of military regimes based on police repression, torture and physical extermination of opponents, through a set of practices that has become known as neo-colonialism, imperialism extends its stranglehold over many peoples.«[275]

Die für das Recht auf die eigene Kultur einschlägigen Artikel der Algier-Erklärung lauten: »Art. 2: Every people has the right to the respect of its national and cultural identity. Art. 13: Every people has

272 Siehe hierzu: University of Minnesota, *Bibliography: Human Rights in the African Context*. http://www1.umn.edu/humanrts/africa/african.html.

273 Zur die OAU ablösenden ›African Union‹ (AU) siehe: http://www.-ACHHPR.org./english/_info/constitutive_en.html.

274 OAU Doc. CAB/LEG/67/3 rev. 5, 21 I.L.M. 58 (1982), entered into force 21 October 1986. Vgl. Messeletch Worku 2000, Evans 2002.

275 http://www.algerie-tpp.org/tpp/en/declaration_algiers.htm.

the right to speak its own language and preserve and develop its own culture, thereby contributing to the enrichment of the culture of mankind. Art. 14: Every people has the right to its artistic, historical and cultural wealth. Art. 15: Every people has the right not to have an alien culture imposed upon it.«

Zur Förderung, Sicherung und Interpretation der in der Banjul-Charta kodifizierten Rechte wurde 1987 die ›African Commission on Human and People's Rights‹ eingerichtet.[276] Ihre elf Mitglieder werden von der Versammlung der Staats- und Regierungschefs gewählt. »Ihre Schutzfunktion kann die Kommission durch Annahme von Beschwerden über Menschenrechtsverletzungen ausüben. Daraus erstellt sie einen Bericht, der an die betroffenen Staaten und die Versammlung der Staats- und Regierungschefs weitergegeben wird, aber für die Allgemeinheit nicht öffentlich zugänglich ist.« Bei der Erfüllung ihrer Aufgaben steht die Kommission aber vor großen Schwierigkeiten: »Zunächst kann die Kommission lediglich Empfehlungen aussprechen. Weder stehen ihr Durchsetzungsmechanismen zur Verfügung noch kann sie eine Wiedergutmachung oder Reparationen festsetzen. Da die Kommission zur Vertraulichkeit verpflichtet ist, können die Ergebnisse, zu denen sie in ihrem Beschwerdeverfahren kommt, nicht veröffentlicht werden, um die betreffenden Staaten durch einen Prozeß des ›Naming and Shaming‹ zur Befolgung der Empfehlungen zu veranlassen. In der Praxis werden diese Empfehlungen daher meist mißachtet. Die in der Theorie bestehende Möglichkeit des Zugangs zum Beschwerdemechanismus für NRO und Individuen existiert in der Praxis nur bedingt. Es müssen sehr viele Voraussetzungen erfüllt werden, damit die Beschwerde überhaupt zugelassen werden kann (siehe Art. 55 ff. Banjul-Charta). Demgegenüber sind die Anforderungen für Beschwerden von seiten der Staaten weitaus geringer (vgl. Art. 47 ff. Banjul-Charta).«[277]

276 Vgl. zur Kritik Udombana 2000. Siehe *Rules of Procedures of the African Commission on Human and People's Rights. Adopted on the 6th of October 1995*. http://www.ACHHPR.org/english/_info/rules_en.html.

277 Radunski 2005, S. 67 ff. Dem Abschlussbericht zur 38. Sitzung der Afrikanischen Kommission für die Rechte des Menschen und der Völker (Banjul, Gambia, 21. 11. bis 5. 12. 2005) zufolge hatten zu diesem Zeitpunkt 342 NROs (NGOs) Beobachterstatus. Ein erhebliches Problem des Menschenrechtsschutzes in Afrika besteht darin, Zugang zu Informationen zu haben, auf deren Grundlage Menschenrechtsbeschwerden möglich sind. Von der Französischen und der Deutschen UNESCO-Kommission wurde deshalb ein Internet-Portal für Afrika entwickelt: http://www.-claiminghumanrights.org/home.html.

Die Institutionalisierung eines Afrikanischen Menschenrechtsgerichtshofs[278] wurde lange Zeit mit dem Argument abgelehnt, dass gerichtliche Streitbeilegung auf der Grundlage verschriftlichter Rechtsnormen nicht dem afrikanischen Rechtsverständnis entspreche. Doch die Einrichtung des Gerichtshofes hat »das Argument endgültig entkräftet, daß gerichtliche Kontrolle den afrikanischen Traditionen gegenläufig sei.«[279] Das ›Protocol to the African Charter on Human and Peoples' Rights on the Establishment of an African Court an Human and Peoples' Rights‹ wurde erst 1998 angenommen.[280] Sein erstes Urteil hat der Gerichtshof am 15. Dezember 2009 gefällt, und zwar in Abweisung einer Klage gegen den Senegal.[281]

Die Banjul-Charta spiegelt in der Kopplung von individuellen Menschenrechten und Kollektivrechten der Völker zum einen den mit dem ›Recht auf Entwicklung‹ erreichten Fortschritt; zum anderen drückt sich in ihr die zunehmende Tendenz aus, Gruppen- und Kollektivrechten Vorrang einzuräumen. Mit dieser Tendenz ist zwar auch die Stärkung von Minderheitenrechten verbunden, doch die mit der Identifikation von Individuen mit Gruppen gegebene Problematik der rechtlichen Absicherung einer ›*exit option*‹ (Ausscheiden aus Gruppenzwängen) ist nicht gelöst.[282]

In der Banjul-Charta wird zwar der Zusammenhang aller Menschenrechte betont, aber die elende soziale Lage großer Bevölkerungsteile führt in Theorie und Praxis zum Vorrang der wirtschaftlichen[283], sozialen und kulturellen Rechte. »Human rights in Africa should be a

278 Vgl. u. a. Wundeh Eno 2002, Bortfeld 2005, Lieser 2011, S. 96 f.

279 Radunski 2005, S. 70.

280 In diesem Protokoll lautet Art. 27 (Findings): »1. If the Court finds that there has been violation of a human or people's right, it shall make appropriate orders to remedy the violation, including the payment of fair compensation or reparation. 2. In cases of extreme gravity and urgency, and when necessary to avoid irreparable harm to persons, the Court shall adopt such provisional measures as it deems necessary.«

281 Der ugandische Jurist George W. Kanyeihamba, der von 2006 bis 2008 Richter am African Court an Human and Peoples' Rights war, hat 2009 in einem Interview erklärt, er habe in seiner Amtszeit »nicht einen einzigen Fall bearbeitet«; der Gerichtshof sei »eine Totgeburt. So, wie er besteht, ist er vollkommen unfähig, den Anforderungen gerecht zu werden, die an ihn gerichtet werden. (Sabrow/Kanyeihamba 2009, S. 19). Udombana 2000 warnt vor einem Scheitern wie bei der ›African Commission‹ und unterbreitet Vorschläge zur Effektivierung der Arbeit des Gerichtshofs.

282 Vgl. hierzu Borchers 2008.

283 Zu Menschenrechten und Armut in Afrika und zu ›ökonomiebezogenen Menschenrechten‹ vgl. Roschmann 2011, S. 425-439.

quintessence of Africa's attempt to reclaim humanity following its devaluation by the most invidious abuses, especially the slavo-colonial, tentacular reach of some European states. Full reclamation of humanity entails *equal emphasis* on what it takes to be human. This equal emphasis translates into *equal enforcement* of all human rights, whether civil and political or ESCR, without discrimination. It requires a change of attitude towards ESCR in contemporary Africa. Protecting and enforcing only civil and political rights in a situation of exacerbated civil and political strife occasioned by worsening socioeconomic conditions ›projects an image of truncated humanity‹. It ›*excludes those segments of society [the overwhelming majority] for whom autonomy means little without the [basic] necessities of life*‹.«[284]

Die Banjul-Charta normiert Menschenrechte unter starker Betonung ›afrikanischer Werte‹[285] und einer – angesichts der ethnischen Unterschiede und verschiedenartigen Traditionen fiktiven – afrikanischen Identität bei nachrangiger »gebührender Berücksichtigung« der ›Charta der Vereinten Nationen‹ und der AEMR; sie geht gegenüber deren Universalität auf Distanz. Bezogen auf Rechtskulturen ist diese ›afrikanische Identität‹ fiktiv, weil auf diesem großen Kontinent verschiedene Rechtskulturen existieren und unterschiedliche Rechtstraditionen wirken.

Die Banjul-Charta beruft sich vorrangig auf die »Charta der OAU, der zufolge ›Freiheit, Gleichheit und Würde wesentliche Ziele zur Erfüllung der berechtigten Wünsche der afrikanischen Völker‹ sind«, und zwar »*unter erneuter Bekräftigung* des in Art. 2 der genannten Charta abgegebenen feierlichen Versprechens, alle Formen von Kolonialismus in Afrika zu beseitigen, die Zusammenarbeit und Bemühun-

284 Agbakwa 2002, S. 215. »ESCR« = economic, social, and cultural rights.

285 Vgl. hierzu Tetzlaff 2011, S. 133 f. Nicht anders als bei den ›asiatischen Werten‹, die der chinesische Bürgerrechtler Wei Jinsheng (1998a) als Instrument zur »Diskriminierung der asiatischen Menschen« bezeichnet hat, ist die generalisierende Behauptung ›afrikanischer Werte‹ fragwürdig. Der sudanesische Jurist Nyot Kok (1993, S. 57 f.) verweist auf ihre Heterogenität: »In its entirty values could include those derived from Afrcan religions which obviously include Islam, Christianity, African non-scriptural religions and African cultures. [...] those values and norms referred to are those that be said to have determined African thinking about human rights« – dies freilich durchaus nicht einheitlich: »In many African cultures and customary law systems, there are values and norms of respect for human dignity and inviolability of life which could easily be the basis a numer of modern human rights prescriptions. There are norms of behaviour and social attitudes which are incompatibel with modern human rights prescriptons.« (Ebd.).

gen zur Verbesserung des Lebensstandards der afrikanischen Völker zu koordinieren und zu intensivieren [...]; *unter Berücksichtigung* der Kraft ihrer Tradition und der Werte der afrikanischen Zivilisation, die ihre Einstellung gegenüber den Menschenrechten und Rechten der Völker leiten und für sie charakteristisch sein soll; *in der Erkenntnis,* dass sich einerseits die fundamentalen Menschenrechte aus den dem Menschen innewohnenden Eigenschaften herleiten, was ihren nationalen und internationalen Schutz rechtfertigt, und dass andererseits die Realität und die Achtung vor den Rechten der Völker unbedingt Menschenrechte garantieren sollte; *in der Erwägung,* dass der Genuß von Rechten und Freiheiten auch die Übernahme von Pflichten mit sich bringt; *in der Überzeugung,* dass fortan dem Recht auf Entwicklung besondere Aufmerksamkeit zukommt, die bürgerlichen und politischen Rechte nicht von wirtschaftlichen, sozialen und kulturellen Rechten getrennt werden können, weder in ihrer Konzeption noch in ihrer Universalität [...]; *im Bewusstsein* ihrer Verpflichtung, die völlige Befreiung Afrikas zu erreichen, dessen Völker noch immer für ihre Würde und wahre Unabhängigkeit kämpfen und sich vorgenommen haben, Kolonialismus, Neo-Kolonialismus, Apartheid, Zionismus zu beseitigen und ausländische Militärbasen, die eine Aggression darstellen, zu entfernen ebenso wie jede Form von Diskriminierung, insbesondere wegen der Rasse, der ethnischen Gruppe, der Hautfarbe, des Geschlechts, der Sprache, der Religion oder der politischen Anschauung; [...] *in der festen Überzeugung,* zum Schutz und zur Förderung der Rechte und Freiheiten der Menschen und Völker verpflichtet zu sein und dabei berücksichtigen zu müssen, welche Bedeutung diesen Rechten und Freiheiten traditionell in Afrika zukam.«

Eine den arabischen und islamischen Menschenrechtserklärungen vergleichbare Besonderheit der Banjul-Charta beruht auf dem »Gedanken, dass der Mensch nicht nur individuelle und kollektive Rechte hat, sondern in besonderer Weise auch *Pflichten* gegenüber der Gemeinschaft, deren Wohl er zu mehren hat. Die ›Verpflichtung zur Solidarität‹ (Art. 10) ist der Kerngedanke von Art. 29, der die Pflicht des Einzelnen bestimmt, »die harmonische Entwicklung der Familie zu schützen und für den Zusammenhalt und die Achtung der Familie zu arbeiten; seine Eltern jederzeit zu achten und sie zu unterhalten, wenn sie bedürftig sind«.[286]

Gem. Teil 1, Art. 2 der Banjul-Charta hat jedermann »ein Recht darauf, die in dieser Charta anerkannten und gewährleisteten Rechte und Freiheiten zu genießen ohne Unterschied der Rasse, ethnischen Gruppe, Hautfarbe, Geschlecht, Sprache, Religion, politischen oder

286 Ebd., S. 130.

sonstigen Anschauung, nationalen oder sozialen Herkunft, des Vermögens oder des sonstigen Status«. Art. 5 lautet: »Jedermann hat Anspruch auf Achtung seiner Menschenwürde und auf Anerkennung seiner Rechtspersönlichkeit. Jede Form der Ausbeutung, Folter, grausamen und unmenschlichen Behandlung ist verboten.«

Die Berufung in der Präambel auf die »Kraft ihrer Tradition und der Werte der afrikanischen Zivilisation, die ihre Einstellung gegenüber den Menschenrechten und Rechten der Völker leiten und für sie charakteristisch sein soll«, wird in Art. 17 (3) konkretisiert: Es gehört zu den »Pflichten des Staates, die Sittlichkeit und traditionellen Werte einer Gemeinschaft zu fördern und zu schützen. Ferner berücksichtigt die Kommission hilfsweise bei der Festlegung der Rechtsgrundsätze andere allgemeine oder besondere internationale Übereinkommen, die ausdrücklich von Mitgliedstaaten der OAU anerkannte Regeln niederlegen, ferner die *afrikanische Praxis*, sofern sie mit internationalen Normen zu den Menschenrechten und Rechten der Völker übereinstimmt, *das regionale Gewohnheitsrecht* und allgemeine, von Rechtsprechung und Lehre entwickelte Rechtsprinzipien.[287]

Eine mit der Banjul-Charta vergleichbare Ambivalenz von Individual- und Kollektivrechten charaktersiert auch die im November 1992 anlässlich eines ›Regional Meeting for Africa‹ in Vorbereitung der Wiener ›World Conference on Human Rights‹ (14.-25. Juni 1993) beschlossene ›Tunis Declaration‹, welche die »collective views of African countries« repräsentieren sollte: »*Noting* with satisfaction the advances in standard-setting in the field of human rights and the progress achieved in their implementation throughout the world, *Recognizing*, however, the existence of difficulties, both endogenous and exogenous, which are delaying or impeding satisfactory implementation of human rights at the universal level, [...]«, verstand sich diese afrikanische Erklärung einerseits zu folgenden Prinzipien: »1. The African States reaffirm their commitment to the principles set forth in the Universal Declaration of Human Rights, the International Covenant on Economic, Social and Cultural Rights, the International Covenant on Civil and Political Rights and the African Charter on Human and Peoples' Rights; 2. The universal nature of human rights is beyond question; their protection and promotion are the duty of all States, regardless of their political, economic or cultural systems; 3. The proper administration of justice and an independent judiciary are crucial to the full realization of human rights. The attainment of these objectives is, however, impossible without substantial investment in

287 Hervorh. v. mir. Zu ›Plurale Rechtsarchitektur im modernen Afrika‹ vgl. die Beiträge in Teil III in Ruppel/Winter 2011.

the area of the administration of justice. The African States and the international community are, therefore, called upon to allocate more resources to this area; 4. Responsibility for the implementation and promotion of human rights devolves primarily on Governments. The component institutions, organizations and structures of society also play an important role in safeguarding and disseminating these rights; they should therefore be strengthened and encouraged.«[288]

Auf der anderen Seite wurde betont: »5. no readymade model can be prescribed at the universal level since the historical and cultural realities of each nation and the traditions, standards and values of each people cannot be disregarded [...] 11. Africa, which remains committed to respect for individual human rights, also takes this opportunity to reaffirm the importance that it attaches to respect for the collective rights of peoples, particularly the right to determine their own future and to control their own resources. Accordingly, it [...] reaffirms the right of all peoples to self-determination and free choice of their political and economic systems and institutions, on the basis of respect for national sovereignty and non-interference in the internal affairs of States.«[289]

Der faktische Pluralismus der Voraussetzungen, Kontexte und Verständnisse der Menschenrechte[290] führt – dies zeigt die Praxis – bei kulturrelativistischer Interpretation und selektiver Implementierung[291] zu einer Schwächung der rechtlich universalisierten Menschenrechtsnormen. Kulturrelativismus ist im internationalen Menschenrechte-Recht nicht vertretbar. Der interkulturelle Vergleich zeigt, dass sich die Menschenrechte in dem Maße in ihrer transkulturellen und nicht etwa ›westlichen‹ Universalität normativ bewähren, wie regionale Menschenrechtserklärungen und nationale bzw. transnationale Verfassungen das international ausgehandelte Recht der Menschenrechte auf dem Niveau der AEMR und der ihr folgenden Pakte und Konventionen implementieren.[292]

[288] UN-Dok. A/CONF.157/AFRM/14 A/CONF.157/PC/57.

[289] Ebd.

[290] Zu vergleichenden Studien zu Europa, Afrika, West- Ost- und Südasien, Indien und Amerika vgl. Voigt 1998.

[291] Vgl. zu einer interkulturellen, nicht-partikularistischen Verständigung über Menschenrechte Hoppe 2002.

[292] Für eine Weiterentwicklung der AEMR unter stärkerer Berücksichtigung kultureller Vielfalt und Differenz und kultureller Traditionen plädiert Yacoub 2005. Zu seinen ›Proposals for updating‹ gehört als Erweiterung von Art. 1 AEMR: »All human beings are born free and equal in dignity and rights *in the diversity of civilizations, the pluralism of cultures and the re-*

Die universelle Bedeutung der Menschenrechte als juridische Normen wird auch nicht dadurch geschmälert, dass das ›Recht, Rechte zu haben‹ (H. Arendt) an institutionelle (transnationale und nationale) Durchsetzung gebunden ist: Das angesichts des nach dem Zweiten Weltkrieg drängenden Problems der Flüchtlinge und Staatenlosen verständliche Argument H. Arendts, die »Aporien der Menschenrechte«[293] ergäben sich aus deren faktischer *Ent*universalisierung zu an Nationalstaaten gekoppelten *Bürger*rechten, und Menschenrechte seien immer nur Bürgerrechte, die innerhalb eines Staates für ihre Mitglieder gelten, war bereits mit Blick auf die AEMR unzutreffend, deren Art. 6 bestimmt: »*Jeder* hat das Recht, *überall* als rechtsfähig anerkannt zu werden.«

Aus der Tatsache der Menschenrechtsverletzungen folgt die Notwendigkeit des Engagements für Verhältnisse, in denen – frei von Armut[294], Furcht und Not – »*jeder* seine wirtschaftlichen, sozialen und kulturellen Rechte sowie seine politischen und Bürgerrechte genießen kann«. Derartige Verhältnisse setzen (i) den Staat als demokratischen, menschenrechtlich verfassten Rechts- und Sozialstaat voraus, (ii) die Beherrschung nichtstaatlicher Gewalt durch das Recht und (iii) verwirklichte transnationale Gerechtigkeit. In diesem Kontext bleibt auch der interkulturelle Diskurs über die Aushandlung des mit Kulturen Verträglichen eine ständige Aufgabe: Das Ziel ist die Stärkung und weitere Entwicklung transkulturell anerkannter Prinzipien und Normen, die Verteidigung der Menschenrechte gegen Verletzungen – wo auch immer.

lativity of values. Universalism has to be acquired. This result would synthesize and transcend a plurality of cultural specificities and values.«

293 »Wenn es überhaupt so etwas wie ein eingeborenes Menschenrecht gibt, dann kann es nur ein Recht sein, das sich grundsätzlich von allen Staatsbürgerrechten unterscheidet.« (Arendt 2003 [1951], S. 607. »Das bloße Wort ›Menschenrechte‹ wurde überall und für jedermann, in totalitären und demokratischen Ländern, für Opfer, Verfolger und Betrachter gleichermaßen, zum Inbegriff eines heuchlerischen oder schwachsinnigen Idealismus.« (Ebd., S. 564). Vgl. auch Arendt 1949.

294 Vgl. Pogge 2002.

TEIL III

DAS RECHT

4. Das Recht

4.1 Warum gibt es Recht? Was ist Recht?

Das Recht und Rechte als »normative Relationen zwischen verschiedenen Rechtssubjekten«[1] stammen letztlich aus zwei Quellen: (i) aus etwas, das gesollt, aber selbst noch nicht rechtsförmig ist; gesollt und zu verrechtlichen sind die individuellen, in moralische Einstellungen integrierten Ansprüche auf Achtung und Schutz der Menschenwürde und von Gleichheit, Freiheit und Gerechtigkeit; weil aber (ii) aus diesem Sollen, dessen Adressat in erster Linie Dritte sind und das im wohlverstandenen Eigeninteresse aller liegt, nicht zwangsläufig ein entsprechendes Verhalten und Handeln aller gegenüber allen folgt, werden moralische Ansprüche an das Recht delegiert. Das moralische *Sollen* begründet als solches nur die *Hoffnung*, dass alle gegenüber den jetzt lebenden Menschen und letztlich auch gegenüber den zukünftigen Generationen[2] entsprechend ihren moralischen Ansprüchen und den sich daraus ergebenden Verpflichtungen handeln. Die Hoffnung drückt aus, dass es noch nicht so ist, wie es sein soll, aber so sein kann. Weil die Hoffnung auf Achtung und Schutz der Menschenwürde und der aus ihr folgenden Verpflichtungen enttäuscht wird, verbindet sie sich mit der transindividuellen Idee, es müssten für alle gleiche Bedingungen ihrer Realisierbarkeit geschaffen werden: Möglichkeitsbedingungen, die mehr zu verbürgen geeignet sind, als angesichts der moralischen Schwäche der allein auf sich gestellten hoffenden Individuen erwartet werden könnte – *Möglichkeitsbedingungen der Herrschaft des Rechts*[3]: »Durch vernünftiges Recht eine vernünftige Ge-

1 Sieckmann 1995, S. 165: »Rechte sollen als normative Relationen zwischen verschiedenen Rechtssubjekten in bezug auf einen Gegenstand definiert werden. Ihr Inhalt ist, daß jemand (der Rechtsträger a) gegenüber einem anderen (dem Adressaten des Rechts b) ein Recht auf etwas (z. B. den Vollzug einer Handlung H) hat. Diesem Recht korreliert eine Verpflichtung des Rechtsadressaten gegenüber dem Träger des Rechts auf den Vollzug dieser Handlung. Die Struktur des Rechts kann mit RabH notiert werden, die der korrespondierenden Verpflichtung mit ObaH.«

2 Vgl. zu Rechten zukünftiger Generationen Meyer 2010.

3 Der Begriff ›Herrschaft des Rechts‹ klingt strukturalistisch und so, als ginge es um die Aufhebung des Begriffs ›Rechtssubjekt/Rechtsperson‹ in der Perspektive einer Autopoiese und Selbstreferenzialität des Rechts; dies ist nicht beabsichtigt; der Akzent liegt allerdings im Unterschied zu jedem Subjekt-Optimismus und zu überspannten Erwartungen an die Apriori-Vereinbarkeit privater Moral mit Rechtsansprüchen Dritter auf ›*Rechts*subjekt/

staltung der gesellschaftlichen Verhältnisse zu erreichen – diese Hoffnung ist ein Grundelement der politischen Tradition unserer modernen westlichen Gesellschaften.«4

›Herrschaft des Rechts‹ meint freilich mehr als irgendein Recht; gemeint ist jene Herrschaft des Rechts, deren Grund Gerechtigkeit ist. Unter dem Titel ›Gesetz und Terror‹ hat Nicos Poulantzas in seiner 1977 erschienenen *Staatstheorie* auf die in der neuzeitlichen Theorie von Machiavelli bis Rousseau wirksame Fiktion hingewiesen, Recht bzw. Gesetz und Gewalt seien einander ausschließende Alternativen: Das Gesetz sei »erst sehr spät – mit dem kapitalistischen Staat und seiner historischen Konstituierung – als Begrenzung der staatlichen Willkür und als Schranke für eine bestimmte Form der Gewaltausübung« aufgetreten. Der »›Rechtsstaat‹ wurde als Gegensatz zur unbeschränkten Macht aufgefasst und schuf so die Illusion eines Gegensatzpaares Gesetz/Terror. Denn das Gesetz und die Regel waren immer anwesend bei der Konstituierung der Macht: der asiatische oder despotische Staat, der Sklavenhalterstaat (Rom, Athen) und der feudale Staat waren immer auf Recht und Gesetz gegründet – vom babylonischen oder assyrischen Recht zum griechischen oder römischen Recht und zu den mittelalterlichen juristischen Formen.« Nichts sei »also falscher, als einen Gegensatz zwischen der Willkür, den Missbräuchen und dem Wohlwollen des Fürsten und der Herrschaft des Gesetzes anzunehmen. Diese Vorstellung entspricht der juristisch-legalistischen Staatskonzeption, der der politischen Philosophie des etablierten bürgerlichen Staates, gegen die sich sowohl Marx als auch Max Weber gewandt haben und von der sich die Theoretiker der blutigen Entstehungszeit dieses Staates – Machiavelli und Hobbes – nicht hatten täuschen lassen.« Eine Trennung von Gesetz und Gewalt anzunehmen sei »in jeder Hinsicht falsch, selbst und gerade für den modernen Staat. Denn dieser Rechtsstaat, der Staat des Gesetzes schlechthin, hat im Gegensatz zu den vorkapitalistischen Staaten das höchste Gewalt- und Terrormonopol inne, *das Kriegsmonopol.* Das Gesetz ist also integraler Bestandteil der repressiven Ordnung und der Organisation der Gewalt, die von jedem Staat ausgeübt wird. Der Staat erlässt die Regel und verkündet das Gesetz, und führt dadurch ein erstes Feld von Befehlen, Verboten und Zensur ein. Er schafft so das Anwendungsgebiet

*Rechts*person‹. Dies war bereits in der ›Constitution of Massachusetts‹ (1780) gemeint, in der es in Art. XXX heißt: »government of laws, and not of men«. J. Habermas formuliert dies ähnlich: »Der Rechtskode ist Rechtssubjekten [...] als die einzige Sprache, in der sie ihre Autonomie ausdrücken können, vorgegeben.« (Habermas 1994, S. 160).

4 Peters 1991, S. 12.

und den Gegenstand der Gewalt.«[5] Poulantzas' Analyse, die er als Marxist und zugleich mit klarer Orientierung auf einen »Weg zu einem demokratischen Sozialismus«[6] vorlegt, ist zwar hinsichtlich des Rechtsstaates zu undifferenziert, verweist aber auf die Aufgabe, das Recht als ›richtiges Recht‹, d. h. als Mittel der Herstellung von Gerechtigkeit, zu qualifizieren und sich nicht der Illusion hinzugeben, es genüge, den Staat ›irgendwie‹ rechtlich zu verfassen.

Das Recht und die Rechtsnormen sind keine Gabe der Götter, der Natur oder der Verunft. Was Recht im Staat sein soll, ergibt sich vielmehr *ex negativo* aus dem, was nicht sein soll – aus der Verletzung der Würde der Menschen. Deshalb gehört zu »den Wagnissen, die der Mensch nicht eingeht, zumindest nicht für längere Zeit, [...] ein Leben ohne das Recht.«[7] Moralische Ansprüche und Forderungen werden aus selbstkritischer anthropologischer Einsicht in Normen positiven Rechts transformiert, mit dem sich die Menschen im Interesse der Sicherung ihrer Ansprüche auch die – so Kant –›Befugnis zu zwingen‹ erteilen: »[W]enn ein gewisser Gebrauch der Freiheit selbst ein Hinderniß der Freiheit nach allgemeinen Gesetzen (d. i. unrecht) ist, so ist der Zwang, der diesem entgegengesetzt wird, als Verhinderung eines Hindernisses der Freiheit mit der Freiheit nach allgemeinen Gesetzen zusammen stimmend, d. i. recht: mithin ist mit dem Rechte zugleich eine Befugniß, den, der ihm Abbruch thut, zu zwingen, nach dem Satze des Widerspruchs verknüpft.«[8]

Das Recht erhält Vorrang vor der Moral. Dieser Vorrang ist aus praktischen Gründen des Lebens und Überlebens gerechtfertigt. Eine völlige Trennung von Moral und Recht folgt aber hieraus nicht.[9] Denn das Recht soll um des Schutzes der Menschenwürde und der Menschenrechte willen ›richtiges‹ Recht sein: *Gerechtigkeit* soll sein Fundament und der Maßstab zur Beurteilung dessen sein, was nicht rechtens ist.

Darüber, was gerecht bzw. ungerecht ist, gibt es freilich eine Vielzahl von Vorstellungen. In Aussagen über das Gerechte und Ungerechte gibt es keine direkte Referenz auf ein ›Gegebenes‹, ein *Sein* der Gerechtigkeit. Was als gerecht oder ungerecht beurteilt wird, ist kontextabhängig. Die Vorstellungen und Aussagen über das Gerechte sind

5 Poulantzas 2002, S. 104.

6 Vgl. ebd., S. 278-294.

7 Höffe 1994, S. 19.

8 Kant, *Metaphysik der Sitten*, *Rechtslehre*, § D: »Das Recht ist mit der Befugniß zu zwingen verbunden«.

9 Zu einer Kritik an der positivistischen Trennungsthese und zu einem Plädoyer für die Verbindungsthese vgl. Alexy 2011, S. 39-43.

kontextuell und in dem Sinne ›relativ‹, dass das, was als gerecht verstanden wird, und das, was aufgrund einer Norm richtigen Rechts gesollt ist, als ein *X* in *Relation* steht zu einem *Y* sozialer, politischer und kultureller Formen, in denen sich Bedürfnisse und Interessen, Einstellungen und Überzeugungen *in praxi* ausdrücken. Der Pluralismus der Bedürfnisse nach und der Vorstellungen von Gerechtigkeit lässt eine Privilegierung partikulärer Bedürfnisse und privater Vorstellungen nicht zu: »In einer pluralistischen Gesellschaft wird die Theorie der Gerechtigkeit nur dann auf Akzeptanz rechnen dürfen, wenn sie sich auf eine Konzeption beschränkt, die im strikten Sinne nachmetaphysisch ist, nämlich vermeidet, im Streit konkurrierender Lebensformen und Weltanschauungen Partei zu ergreifen.«[10] Wenn man berücksichtigt, dass in der Welt, in der wir leben, Gerechtigkeit und Recht keineswegs *a priori* in Übereinstimmung sind, dann ist der Satz »Das Recht gründet in Gerechtigkeit« als deskriptiver Satz falsch. ›Gerechtigkeit‹ und ›richtiges Recht‹ sind Elemente und Aufgaben jener *normativen Theorie*, um die es im Folgenden geht – der Theorie des Rechts nach menschlichem Maß.

Diese Theorie soll hier im Wesentlichen in Begrenzung auf das kontinentale Öffentliche Recht und auf subjektive öffentliche Rechte sowie auf das Internationale Recht und das Völkerstrafrecht dargelegt werden. Das Privat- bzw. Zivilrecht und weitere Rechtsdimensionen wie das Gewohnheitsrecht, die Mediation[11] oder auch die Schieds-

10 Habermas 1994, S. 85.

11 In der ›Richtlinie 2008/52/EG des Europäischen Parlaments und des Rates vom 21. Mai 2008 über bestimmte Aspekte der Mediation in Zivil- und Handelssachen‹ heißt es in Art. 3: »Im Sinne dieser Richtlinie bezeichnet der Ausdruck a) ›Mediation‹ ein strukturiertes Verfahren unabhängig von seiner Bezeichnung, in dem zwei oder mehr Streitparteien mit Hilfe eines Mediators auf freiwilliger Basis selbst versuchen, eine Vereinbarung über die Beilegung ihrer Streitigkeiten zu erzielen. Dieses Verfahren kann von den Parteien eingeleitet oder von einem Gericht vorgeschlagen oder angeordnet werden oder nach dem Recht eines Mitgliedstaats vorgeschrieben sein. Es schließt die Mediation durch einen Richter ein, der nicht für ein Gerichtsverfahren in der betreffenden Streitsache zuständig ist. Nicht eingeschlossen sind Bemühungen zur Streitbeilegung des angerufenen Gerichts oder Richters während des Gerichtsverfahrens über die betreffende Streitsache; b) »Mediator« eine dritte Person, die ersucht wird, eine Mediation auf wirksame, unparteiische und sachkundige Weise durchzuführen, unabhängig von ihrer Bezeichnung oder ihrem Beruf in dem betreffenden Mitgliedstaat und der Art und Weise, in der sie für die Durchführung der Mediation benannt oder mit dieser betraut wurde.« (Amtsblatt der Europäischen Union, L 136/6 vom 24. 5. 2008). Zum Entwurf eines Gesetzes zur Förderung der Mediation und anderer Verfahren der außergerichtlichen Konfliktbeilegung, das die europäische Richtlinie umsetzen soll, vgl. Deutscher Bundes-

gerichtsbarkeit[12] bleiben ausgeklammert, auch wenn dem Lüth-Urteil des BVerfGE zufolge die »verfassungsrechtliche Grundentscheidung [Art. 1 GG] für alle Bereiche des Rechts gelten« soll: »Gesetzgebung, Verwaltung und Rechtsprechung empfangen von ihm Richtlinien und Impulse. So beeinflußt es selbstverständlich auch das bürgerliche Recht; keine bürgerlich-rechtliche Vorschrift darf in Widerspruch zu ihm stehen, jede muß in seinem Geiste ausgelegt werden.«[13]

Was im Folgenden als ›Recht‹ interessieren soll, bildet also einen Ausschnitt aus dem, was dem definitorischen Ansatz Dietmar von der Pfordtens zufolge unter ›Recht‹ zu verstehen ist: Das »objektive Recht – engl. *law* – ist eine *Ordnung menschlichen Handelns, die dem Zusammenleben dient.* [...] Man unterscheidet das materielle Recht der sachlichen Regelung vom Verfahrens- bzw. Prozessrecht der Durchsetzung des materiellen Rechts, das Verfassungsrecht vom einfachen Recht, das zwingende Recht (*ius cogens*) vom dispositiven Recht (*ius dispositivum*), dessen Anwendung von den Vertragsparteien geändert werden kann, schließlich das geltende Recht (*de lege lata*) vom zukünftigen Recht (*de lege ferenda*). [...] Recht im subjektiven Sinne, engl. *right,* ist die im Rahmen einer Ordnung menschlichen Handelns wie Recht, Moral, Politik, Ethik, Naturrecht oder religiöser Offenba-

tag, Drucksache 17/5335 vom 1.4.2011. Zur Beschlussempfehlung und zum Bericht des Rechtsausschusses (6. Ausschuss) vgl. Deutscher Bundestag, Drucksache 17/8058 vom 1.12.2011.

12 Ein ad hoc eingerichtetes oder institutionalisiertes *Schiedsgericht* ist ein außerstaatliches Rechtsinstitut zur Streitbeilegung durch Schiedsverfahren, das in der Regel aufgrund vertraglicher Abrede von Streitparteien zusammentritt und in dem unabhängige Richter ein für die Parteien in der Regel rechtlich bindendes, vor staatlichen Gerichten für vollstreckbar erklärbares Urteil (Schiedsspruch) fällen. Falls nicht besondere Regelungen getroffen werden, gilt das staatliche Schiedsrecht, in Deutschland das 10. Buch der ZPO (BGBl. Tl. I/2011, S. 1887). Vgl. Schwab/Walter/Baumbach 2005.

13 BVerfGE 7, 198 (204). Die mit dem Urteil verbundene Problematik der Überhöhung des »Grundrechtsabschnitts« des Grundgesetzes zu einer »objektiven Wertordnung« kann hier außer Betracht bleiben. Zur Kritik vgl. Preuß 1973 und Hesse 1995, Rz. 13: Die Rechtsordnung ist nicht »in einem von menschlichem Sein und menschlichem Wirken losgelösten, in sich und für sich bestehenden übergeschichtlichen Recht oder in den Objektivierungen einer vorfindlichen ›Wertordnung‹ vorgegeben, sondern sie muss als geschichtliche Ordnung durch menschliches Wirken geschaffen werden, in Geltung gesetzt, bewahrt und fortgebildet werden.« Vgl. auch Maus 2010, S. 1748: »Das eigentliche Desaster, das dieser Transformation von subjektiven Freiheitsrechten zu einer objektiven Wertordnung zugrunde liegt, besteht darin, dass überhaupt die Ressource der überpositiv-rechtlichen Argumentation von der gesellschaftlichen Basis an die Staatsapparate übergegangen ist.«

rung bestehende Möglichkeit zu handeln [...], d.h. die Möglichkeit etwas zu tun, zu unterlassen, zu haben oder zu verlangen. Die jeweilige Ordnung kann diese Möglichkeit zu handeln anerkennen, gewähren oder selbst erzeugen. Der Begriff des subjektiven Rechts steht in einem Bezug zum Begriff der Pflicht als der nichtkausalen Notwendigkeit zu handeln.«[14]

Was Recht ist, ist eine empirische Frage; es ist ein Tatsachenkomplex.[15] Was Recht ist, ergibt sich aus dem in historischen, sozialen und politischen Räumen *jeweils* anerkanntem Gewohnheitsrecht, aus dem, was als Recht im Staat positiviert ist, und aus richterlicher Rechtsprechung. Die Feststellung der Tatsächlichkeit des Rechts entbindet freilich nicht von der Geltungsfrage, d.h. von der Frage, worauf »sich in einer pluralistischen und fragmentierten Gesellschaft bei der Vielzahl heterogener Individual- und Gruppeninteressen eine nicht nur auf der staatlichen Zwangsgewalt beruhende, für alle verbindliche (legitime) Ordnung« gründet. Alfred Rinken beantwortet die Geltungsfrage so: »Nachdem Religion und Moral ihre gesellschaftliche Allgemeinverbindlichkeit verloren haben und das souveräne sic iubeo des ›geschlossenen Nationalstaats‹ im Rahmen einer vertikal und horizontal vernetzten offenen Staatlichkeit seine Selbst–verständlichkeit eingebüßt hat, ist dem *Recht* und hier für die staatlichen Gemeinwesen in erster Linie der *Verfassung* eine umfassende Friedens-, Integrations- und Legitimationsfunktion zugewachsen. Die demokratische Verfassung reagiert auf diese Herausforderung durch die Institutionalisierung von inhaltlichen und prozeduralen Prinzipien und Regelungen, die eine friedliche Verständigung auch über hochkontroverse Fragen ermöglichen sollen.«[16]

Das *Jeweils* der Zeitlichkeit und Kontextualität des Rechts[17] lässt eine allgemeine substanztheoretische, die Besonderheiten von Rechtssystemen und Rechtskulturen vernachlässigende Definition nicht zu. Denn ›Recht‹ bezeichnet »eine Menge von Regeln, Prinzipien, Grundbegriffen und anderen symbolischen Elementen, die *für eine Rechtsgemeinschaft* Gültigkeit haben«.[18] Deshalb gibt es Rechtspluralismus.[19] Von nicht-westlichen Rechtstheoretikern wird geltend gemacht, dass das Recht auch keine universelle Erscheinung, kein Konfliktlösungen in allen Gesellschaften und Kulturen kennzeichendes Merkmal ist:

14 Von der Pfordten 2010, S. 2230-2233.
15 Vgl. Hofmann 2008, S. 17-23.
16 Rinken 2007, S. 25 f.
17 Vgl. Pfersmann 2002.
18 Peters 1991, S. 23. Hervorh. v. mir.
19 Siehe hierzu in diesem Buch Kap. 5.

»that law is not a universal phenomenon, that it is a principle of life that emerged and exists in the Western civilization as a result of the particular historicity of that civilization, that other civilizations have likewise developed their own principles of moral life which are not law, and that while there is some reception of aspects of the legal culture in non-legal cultures, particularly in the commercial field, that has not replaced the fundamental principles of life in these civilizations by law. This thesis, thus, challenges the universality of law«.[20]

Sofern es aber nicht um andere Formen der Konfliktlösung, sondern um Recht geht, kann man von Kants funktionstheoretischer Beantwortung der Frage »Was ist Recht?« ausgehen: »Das Recht ist also der Inbegriff der Bedingungen, unter denen die Willkür des einen mit der Willkür des andern nach einem allgemeinen Gesetze der Freiheit zusammen vereinigt werden kann.«[21]

›Recht‹ bezeichnet ein Sollen: »Als Recht wird eine Sollensordnung des sozialen Lebens bezeichnet, welcher die Vermittlung der Freiheitsräume, die Stabilisierung, die Entlastung und die Orientierung aufgegeben ist, deren Setzung und Inhalt von einem angebbaren Menschenkreis als verbindlich angesehen und deren Durchsetzung letztlich von einem organisierten Verfahren und von bestimmten Institutionen besorgt wird.«[22]

Das Wort ›Recht‹ wird in mehreren Bedeutungen gebraucht: »Erstens, in Wendungen wie ›der Begriff des Rechts‹ bezeichnet er einen Allgemeinbegriff zur Klassifikation eines bestimmten Typs von Normen, die wir im Unterschied zu Bräuchen, sittlichen Normen, Konventionen, moralischen Normen, als *Rechtsnormen* bezeichnen. ›Recht‹ bezeichnet hier ein *allgemeines Merkmal eines Normtyps.* Zweitens bezeichnen wir mit dem Ausdruck ›Recht‹, in der Wendung ›das Recht‹, eine *Rechtsordnung im objektiven* Sinne eines Inbegriffs von Gesetzen, Verordnungen, rechtskräftigen Urteilen, Gewohnheitsrechten und Rechtsgedanken (ungeschriebenes Recht). Mit Wendungen wie ›das deutsche Recht‹, ›das englische Recht‹ usw. beziehen wir uns auf die objektive Rechtsordnung einer bestimmten (politisch konstituierten) Gruppe von Menschen. In der dritten Bedeutung bezeichnet der Ausdruck ›Recht‹ eine *Befugnis,* die jemand (aufgrund des objektiven Rechts) hat, d.h. *subjektives* Recht. Subjektive Rechte sind in der rechtswissenschaftlichen Terminologie Herrschaftsrechte [...], Ansprüche [...] und Gestaltungsrechte«.[23]

20 Sinha 1995, S. 185.

21 Kant, *Metaphysik der Sitten. Rechtslehre*, AA VI, S. 230.

22 Brieskorn 1990, S. 33.

23 Mohr 1996, S. 35.

Der klassischen Typologie N.W. Hofelds in *Fundamental Legal Conceptions as Applied in Judicial Reasoning* (1919) zufolge sind vier Rechtstypen zu unterscheiden: »The first is a claim-right held by person *A* against another person *B*. It is [...] equivalent to (i.e. it exists if and only if) *B* has a duty to *A* in respect of the content of the claim, for example, that he be off *A*'s property. The claim-right can be negative (to non-interference) or positive (to some contribution). The right is directional, that is, directed towards someone (possibly many people), and entails that the latter have a correlative and directional duty to the rightholder. Hence, if *B* owes something to *A* and *B* fails in his duty, he may not merely act wrongly, he may *wrong A*. No one else may have any duty to *A*, for example, to see to it that *B* performs his duty to *A*, or even not to interfere with what *A* has from *B*. In virtue of this, a claim-right that *A* has need *not* involve what is known as a restriction (or constraint) on interference by (any) others with that to which *A* has a claim.«[24]

Was als ›Recht‹ bezeichnet wird, ist abhängig von *Rechtstheorien*, in denen dem Begriff unterschiedliche Bedeutungen zugeschrieben werden: ›Recht‹ als »Gefüge faktischer Regelmäßigkeiten, als »Gefüge von Geboten« oder als »verwirklichte Normenordnung«[25], als »Regelung des Freiheitsgebrauchs«, als »Interessenregelung«, als »gerechte Regelung«, als »sichere Verhaltensregelung«[26], als »Freiheitsordnung«, »Zwangsgewalt« oder »Macht des Einzelnen«[27] usf.

Oder das Recht wird – wie marxistisch angenommen[28] – als ›Überbau‹ und ›Widerspiegelung‹ basaler Produktionsverhältnisse definiert, als ein »notwendiger Bestandteil der in Klassen gespaltenen Gesellschaft«, der »mit der Klassengesellschaft abstirbt«.[29] Die marxistisch-leninistische Rechts- und Staatstheorie kannte keine andere Rechtsdefinition als diese: »*Recht entsteht auf der Grundlage von Klassenunterschieden und -widersprüchen; es drückt den Willen der ökonomisch und politisch herrschenden Klasse aus, dessen Inhalt in materiellen*

24 So die Zusammenfassung in Kamm 2002, S. 477.

25 Zu Rechtstheorien, zu diesen Rechtsbegriffen und zur Kritik an ihrer jeweiligen – die Komplexität des Rechts nicht angemessen erfassenden – Einseitigkeit vgl. Zippelius 1994; zu einem Überblick über gegenwärtige Rechtstheorien vgl. Patterson 1996, S. 223-393, und Kamm 2002, S. 480-487; vgl. auch Kaufmann 1996, Horster 2002.

26 Vgl. Zippelius 1997.

27 Vgl. Smid 1991.

28 Zu einer Quellendokumentation vgl. Reich 1972; zur marxistischen theoretischen Programmatik vgl. Rottleuthner 1975.

29 So P. Stuka (1969, S. 61) in der ersten, 1921 veröffentlichten marxistischen Rechts- und Staatstheorie.

Lebensbedingungen dieser Klasse wurzelt. Der Klassencharakter des Rechts besteht darin, daß in ihm nur der Wille jener Klasse zum Ausdruck kommt, die staatlich herrscht. Die herrschende Klasse verleiht ihrem Willen allgemeinen Ausdruck, indem sie ihn in Form des Staatswillens zum Gesetz erhebt. [...] Recht selbst ist eine politische Erscheinung, die eine spezifische Form staatlicher Machtausübung verkörpert. [...] Es gibt kein unpolitisches Recht.«[30] Beispiele für das *de facto*-Zutreffen dieses Ideologems, das – entgegen der Intention der Autoren – dem defizitären Status des Rechts in der DDR und in allen anderen ›realsozialistischen‹ Staaten entsprach, finden sich in allen Diktaturen.

Vor allem das ›Rechts‹-System im ›Führer‹-Staat des ›Dritten Reiches‹[31] zeigt, dass es Gesetze geben kann, die keinem der Gerechtigkeit verpflichteten Recht entsprechen, sondern ›gesetzliches Unrecht‹ sind.[32] Eine Regionalstudie zur Universität Göttingen[33] belegt, wie das gesetzliche Unrecht in der Rechtswissenschaft theoretisch legitimiert und von der Justiz im ›Dritten Reich‹ praktiziert wurde. Die Göttinger Rechtsfakultät galt als »gute Pflanzstätte zur Heranbildung bester nationalsozialistischer Rechtsgelehrter«[34], wie der Göttinger Strafrechtslehrer, NSDAP-Gaustellenleiter, Dekan und Protagonist der »Entjudung der Fakultät«[35], Karl Siegert, betonte. Sie hat »prominente Jungwissenschaftler des ›Dritten Reiches‹ wie Karl August Emge und Karl Larenz hervorgebracht«, die durch ihre Mitwirkung an der NS-Studienordnung die Juristenausbildung prägten.[36] Seit der Beseitigung der Gesetzgebungsbefugnis des Parlaments durch das Ermächtigungsgesetz vom 24. März 1933 und der Entlassung republikanischer und jüdischer Rechtslehrer wie G. Radbruch, H. Kelsen und H. Heller

30 Institut für Theorie des Staates und des Rechts der Akademie der Wissenschaften der DDR 1975, S. 78.

31 Vgl. z. B. Frank 1935, Freisler 1938.

32 In ›Gesetzliches Unrecht und übergesetzliches Recht‹ hat Gustav Radbruch 1946 festgestellt, »daß nationalsozialistisches ›Recht‹ sich der wesensbestimmenden Anforderung der Gerechtigkeit, der gleichen Behandlung des Gleichen, zu entziehen gewillt war. Infolgedessen entbehrt es insoweit überhaupt der Rechtsnatur, ist nicht etwa unrichtiges Recht, sondern überhaupt kein Recht.« (Radbruch 1946, S. 217). Dazu, dass Radbruch gleichwohl immer wieder darauf bestanden hat, der ›Richterstand‹ habe ›den Geltungswillen des Gesetzes unbedingt zu respektieren‹, vgl. Meyer 2005, S. 292 ff. Vgl. zu Nationalsozialismus und Recht Stolleis 1994 und allgemein zu ›gesetzlichem Unrecht‹ Meyer 2005.

33 Schumann 2008.

34 Ebd., S. 101.

35 Ebd., S. 104.

36 Ebd., S. 7 f.

hatte sich die Funktion der Rechtswissenschaft grundlegend verändert; sie wurde »diktatorisch homogenisiert. [...] Die Rechtslehrer [...] besaßen nun, trotz mancher Verschiedenheit in der Akzentsetzung, die Interpretationsherrschaft.«[37]

Was Recht war, ist Gegenstand der Rechtsgeschichte[38]; sie hält nicht nur Rechtsquellen, Rechtsauffassungen und den Prozess der Wandlungen im Recht präsent, sondern verweist auch – im Vergleich zwischen dem, was war, und dem, was ist – auf das an Ideen des Rechts Unabgegoltene, also auf das, was sein kann bzw. sein soll; sie hält es für die Rechtsentwicklung gegenwärtig.

Was Recht nicht sein soll, ergibt sich (i) daraus, dass es gegen die Normen der Achtung und des Schutzes der Menschenwürde und der Menschenrechte sowie gegen Grundrechtsnormen der Verfassung und damit gegen allgemein anerkannte moralische Normen verstößt. Das Verständnis dessen, was Recht nicht sein soll, ergibt sich (ii) aus Erfahrungen mit Krisen[39], bei deren Lösung das Recht versagt, und mit der Unangemessenheit von Rechtsnormen an die Bedürfnisse der Normadressaten, aus Akzeptanzverlust und allgemeiner Nichtbefolgung der Normen.[40]

Alle Rechtsnormen sind mit dem Problem konfrontiert, dass ihre Akzeptanz von ihrer Wirklichkeitsnähe abhängt. Die Allgemeinheit ihrer Geltung muss unter Bedingungen der Partikularität und Pluralität der Werteinstellungen und Verhaltensweisen der Normadressaten verwirklicht werden. Zur Situation des ›faktischen Pluralismus‹[41] ge-

37 Ebd., S. 126. Siehe in diesem Buch Abschn. 6.3.9 zu Nationalsozialismus und Staat.

38 Zur Rechtsgeschichte in Deutschland vgl. Coing 1967, Kroeschell et al. 2008; zur europäischen Rechtsgeschichte vgl. Grossi 2010; zu einer Weltgeschichte des Rechts vgl. Wesel 1997.

39 Zur Krise und zum juristischen Krisendiskurs in der Weimarer Republik vgl. Kervégan 2002.

40 Dass unter ›Akzeptanz‹ mehr zu verstehen ist, als ›Gehorsam aus Gewohnheit‹, betont H.L.A. Hart: »Damit wir sagen können, daß sie [die Normadressaten] eine Verpflichtung haben oder anerkennen, das zu tun, was X sagt, müssen sie mehr als eine gewohnheitsmäßige Gehorsamshaltung gegenüber X einnehmen. Hinzukommen muß mindestens, daß sie 1. die Worte von X im großen und ganzen als Maßstab richtigen Verhaltens akzeptieren, so daß Abweichungen von diesem Maßstab (anders als bloße Abweichungen von einer gängigen sozialen Verhaltensweise – wie etwa der Sitte, Tee oder Kaffee zu trinken) einen Anlaß für Kritik bilden, und daß sie 2. die Worte von X im allgemeinen als Grund für ihr eigenes Handeln, für ihre Verhaltenserwartungen gegenüber anderen sowie für die Zulässigkeit von Zwangsmaßnahmen bei Abweichungen anführen.« (Hart 2002, S. 52).

41 Vgl. Sandkühler 1998.

hört, dass die in der Moderne formulierten Prinzipien der »Partizipation an der politischen Willensbildung, der gleichen Rücksichtnahme auf die Interessen aller Angehörigen und [...] der selbständigen Verantwortung des moralischen Urteils« als Moralprinzipien zur »nachhaltigen Freiheitssicherung« zwar notwendig, aber nicht hinreichend sind: »[D]ie Wahrung des individuellen moralisch-ethischen Urteils mag vielleicht ein Klima liberaler Toleranz begünstigen, schützt aber nicht vor mehrheitlich beschlossenen Regeln, die ein anderes Verhalten erzwingen.«[42]

Was Recht sein soll, ist Thema und Aufgabe der Rechtstheorien und der aus verschiedenen Gründen möglichen bzw. notwendigen Rechtskritik[43]: »So alt wie die Hoffnungen, Gesellschaft durch Recht vernünftig ordnen zu können, sind die Enttäuschungen dieser Aspirationen und die Kritik am Recht«.[44] Spontane Rechtskritik richtet sich gegen auch in Rechtsstaaten verbreitete soziale Ungleichheit und Ungerechtigkeit, gegen Urteile in der Rechtsprechung, deren Legalität nicht mit Gerechtigkeit verbunden zu sein scheint, gegen Einschränkungen der Bürgerrechte zugunsten der Staatssicherheit und gegen rechtliche Hyperregulierung. Das Ausmaß der Verrechtlichung des Alltagslebens[45] durch Gesetze, Verordnungen, Erlasse etc. führt zu Überdruss am Recht und zu Skepsis gegenüber der Legitimität der Rechtsnormen: »Selbstbestimmung scheint nur gegen die Fremdbestimmung durch Recht möglich zu sein.«[46]

Ein anderer wesentlicher Grund für Unbehagen am und schwindendes Vertrauen ins Rechtssystem sind zu spät eingeleitete oder überlange, nicht zuletzt bei arbeits-, sozial- und medizinrechtlichen Fällen problematische Gerichtsverfahren. Deutschland wurde deswegen immer wieder vom EGMR verurteilt[47], und der Deutsche Bundestag musste am 27. September 2011 ein ›Gesetz über den Rechtsschutz bei überlangen Gerichtsverfahren und strafrechtlichen Ermittlungsverfah-

42 Denninger 1996, S. 12.

43 Vgl. Hart 1961, S. 201-207.

44 Ebd., S. 136. Zu Formen und Typen der Rechtskritik vgl. ebd., S. 136-166. Zur Geschichte der Rechtskritik vgl. Seelmann 1994, S. 5-21.

45 Häufig wird die ›Regelungswut‹ des Gesetzgebers kritisiert, vor allem die oft unsinnige Hyperregulierung im Rahmen der Europäischen Union.

46 Mestmäcker 1994, S. 55.

47 Der EGMR hat Deutschland 1959 bis 2009 in 40 Fällen wegen überlanger Verfahrensdauer verurteilt; 2010 waren 55 entsprechende Verfahren vor dem EGMR anhängig. Vgl. u. a. die Entscheidungen Sürmeli vs. Deutschland (Appl.No. 75529/01), Bähnk vs. Deutschland (Appl.No. 10732/05), Adam vs. Deutschland (Appl.No. 44036/02), Rumpf vs. Deutschland (Appl.No. 46344/06).

ren‹[48] verabschieden.[49] Wenn Polizei und Staatsanwaltschaft Ermittlungen zu Straftaten – in der Regel wegen zu geringer Personalausstattung und Arbeitsüberlastung – verzögern und Gerichtsverfahren z. B. in Fällen von Stalking bzw. versuchter oder vollendeter Vergewaltigung erst nach Jahren eröffnet werden und Täter und Zeugen sich auf Erinnerungslücken berufen können, dann muss der Eindruck entstehen, dass Rechtssicherheit nicht gewährleistet und Gerechtigkeit nicht erwartbar ist.

Rechtskritik aus diesen und anderen Gründen ist verständlich und berechtigt. Sie sollte sich aber nicht schlechthin gegen Verrechtlichung wenden. Es sollte nicht übersehen werden, dass Verrechtlichung ein Ausdruck der Gegenwehr gegen absolutistische bzw. autoritäre politische Willkür war und ist. Darüber hinaus ist Verrechtlichung auch die Folge der Selbstkritik des moralischen Mängelwesens ›Mensch‹. Sie ist unverzichtbar, wenn z. B. verhindert werden soll, dass sich Individuen, Gruppen und Repräsentanten staatlicher und ökonomischer Gewalt zur Rechtsverletzung ›berechtigt‹ fühlen.[50] Dies trifft nicht

48 BGBl. I, 2011, Nr. 60, S. 2302-2312. Zu den nach wie vor mit unklaren Rechtsbegriffen operierenden und verfahrenstechnisch erschwerten Entschädigungsregelungen vgl. §§ 198-201 Gerichtsverfassungsgesetz (GVG). Gem. § 198 Abs. 2 und 4 GVG ist nicht zwingend eine finanzielle Entschädigung wegen immateriellen Schadens vorgesehen; auch eine »Wiedergutmachung auf andere Weise« ist möglich. Es soll gem. § 198 Abs. 4 GVG nur in »schwerwiegenden Fällen« mit der Feststellung einer Verfahrensverzögerung auch ein Entschädigungsanspruch gegeben sein. Gem. § 198 Abs. 3 GVG sind Entschädigungen nur möglich, wenn die betroffenen Kläger eine Verzögerungsrüge bei dem Gericht erheben, welches das Verfahren verzögert hat, und zwar nur dann, »wenn Anlass zur Besorgnis besteht, dass das Verfahren nicht in einer angemessenen Zeit abgeschlossen wird«.

49 Der Justizgewährleistungsanspruch auf effektiven Rechtsschutz gem. Art. 6 Abs. 1 EMRK bzw. Art. 19 Abs. 4 GG ist nach wie vor nicht gesetzlich geregelt.

50 Einen Sonderfall stellen das Recht auf Widerstand und zivilen Ungehorsam dar. Art. 20 Abs. 4 GG hat das Widerstandsrecht mit der Formulierung »Gegen jeden, der es unternimmt, diese Ordnung zu beseitigen, haben alle Deutschen das Recht zum Widerstand, *wenn andere Abhilfe nicht möglich ist*« (Hervorh. v. mir) insofern verrechtlicht, als zunächst alle politisch-rechtlich möglichen Mittel einzusetzen sind. Darin erschöpft sich aber die ›Berechtigung‹ zum Widerstand im Interesse des Schutzes der Menschenwürde und der Menschenrechte nicht: »Gegenüber einem Staat, der das Leben einiger seiner Bürger aktiv bedroht oder jedenfalls keine Anstalten macht, es zu schützen, kann es in Extremfällen sogar ein moralisches Recht zum gewaltsamen W[iderstand] geben, wenn dieser das Ziel verfolgt, einen intakten Rechtszustand herzustellen. Dabei wird auch die Schädigung Dritter in Rechnung zu stellen sein. [...] Werden die Möglichkeiten zu politischer Partizipation, zur Beeinflussung der politischen Entscheidungsfindung

allein dann zu, wenn Militärs in völkerrechtlich nicht legitimierten und ›Kollateralschäden‹ bei Zivilisten verursachenden Kriegen unter Missachtung des Völkerstrafrechts zu töten befehlen, wenn ein deutscher Innenminister im ›Kampf gegen den Terrorismus‹ ein Luftsicherheitsgesetz plant, das vom BVerfGE als Verletzung der Menschenwürde verworfen wird[51] ... Sich gegen das Recht ›berechtigt‹ zu glauben, ist – wie die Häufigkeit alltäglicher Straftaten zeigt – eine massenhafte Erscheinung.

In der Verrechtlichung spiegelt sich auch das Janus-Gesicht der Demokratie: Die Demokratie beschränkt einerseits wie keine andere Herrschaftsform den Raum des Nicht-Politischen und bezieht das ›private Leben‹ in das ›öffentliche Leben‹ ein.[52] Andererseits umspinnt sie das Politische mit dem Kokon des Rechts, und es entsteht der Eindruck, dass sich das Private unter dem Schutz des Rechts im Windschatten des Politischen entfalten kann. Verrechtlichung zieht auch nach sich, dass politische Entscheidungen auf die rechtliche Ebene verlagert, d.h. nicht politisch entschieden, sondern durch Rechtsetzung und Rechtsinterpretation getroffen werden. Gegen diesen Prozess regt sich zivilgesellschaftlicher Widerstand im Interesse einer effektiven Kontrolle der Institutionen in der Demokratie.[53] Ob der Prozess der Verrechtlichung positiv oder negativ zu bewerten ist, hängt wesentlich davon ab, ob er Gerechtigkeit und die Durchsetzung und den Schutz der Menschen- und Grundrechte fördert. Verrechtlichung muss im Interesse der Fortentwicklung eines menschenrechtlich legitimierten Staates an das Prinzip der *Verrechtsstaatlichung* gebunden sein.

also, partiell oder ganz verweigert, so sind Mittel des zivilen Ungehorsams moralisch berechtigt, um für deren Herstellung zu kämpfen. Die Verletzung der Gehorsamspflicht rechtfertigt sich dadurch, dass ein Staat, der seinen Bürgern dauerhaft das politische Mitspracherecht verweigert, diese Bürger offenbar nicht als Quelle möglicherweise vernünftiger Argumente ansieht. Er verweigert ihnen daher die Achtung, die ihnen aus moralischen Gründen kraft ihres Menschseins zusteht.« (Kaufmann 2010b, S. 2992 f.).

51 BVerfGE, 1 BvR 357/05 vom 15. 2. 2006. In den Leitsätzen zum Urteil des Ersten Senats vom 15. Februar 2006 heißt es: »3. Die Ermächtigung der Streitkräfte, gemäß § 14 Abs. 3 des Luftsicherheitsgesetzes durch unmittelbare Einwirkung mit Waffengewalt ein Luftfahrzeug abzuschießen, das gegen das Leben von Menschen eingesetzt werden soll, ist mit dem Recht auf Leben nach Art. 2 Abs. 2 Satz 1 GG in Verbindung mit der Menschenwürdegarantie des Art. 1 Abs. 1 GG nicht vereinbar, soweit davon tatunbeteiligte Menschen an Bord des Luftfahrzeugs betroffen werden.« Vgl. Herzog 2006.

52 Vgl. Kervégan 2009a, S. 186 f.

53 Vgl. Rosanvallon 2006.

Was Recht *sein soll*, ist ferner Gegenstand politischer Auseinandersetzung, verfassungsgerichtlicher Kontrolle und kontroverser rechtstheoretischer[54] bzw. rechtsphilosophischer Diskurse, in denen nach Maßstäben der ›Richtigkeit‹ des Rechts gefragt wird – Maßstäben in der Moral und/oder im Recht selbst.

4.2 Recht und Moral

»Ethik und Recht machen zwei unabhängige Normenbereiche aus, deren jeder eigene Geltungskriterien und autonome Konsistenz (Geschlossenheit) besitzt. Es besteht gleichwohl ein wesentlicher Unterschied zwischen ihnen: in der Ethik gibt es keine ›positive‹ Normen, insofern sich keine festgestellte und einzige Grundnorm, folglich keine selbstständige und alleingültige Normenordnung aufzeigen lässt. *Dem* Recht gegenüber – das natürlich nur unter gewissen Bedingungen als geltendes Recht, d. h. als Recht überhaupt gilt – gibt es verschiedene ethische Normensysteme, deren jedes einen relativen Geltungsanspruch erheben darf. Deswegen muss man die strikte Unterscheidung beider Normenkomplexe festhalten.«[55]

Fragt man nach dem Verhältnis von Moral und Recht, so sind drei Problemdimensionen zu unterscheiden: (i) Gibt es neben juridischen Rechten ›moralische Rechte‹?[56] Ist es sinnvoll, diesen Begriff zu verwenden oder ist er Ausdruck einer Begriffsverwirrung, gar ein Kategorienfehler? Können moralische *Ansprüche* als *Rechte* verstanden werden? Und ist alles, was nicht positives Recht ist, nicht mehr als nur moralischer *Anspruch*? (ii) Sind Rechtsentstehung und Rechtsanwendung von Moral unabhängig? (iii) Gibt es eine normative Autonomie des Rechts, oder ist das Recht zur Begründung seiner Geltung auf Moral angewiesen?

Ein Beispiel unter vielen möglichen anderen kann zeigen, dass es nicht um eine rein theoretische oder gar abstrakte Frage geht: Eine 39-jährige Französin ist mit ihrem Antrag gescheitert, das eingelagerte Sperma ihres verstorbenen Mannes für eine künstliche Befruchtung ausgehändigt zu bekommen. Das Paar hatte sich dazu entschlossen,

54 Vgl. zu neueren Theorien des Rechts vgl. Buckel/Christensen/Fischer-Lescano 2006.

55 Kervégan 2008, S. 40.

56 Vgl. zu einer Sammlung repräsentativer Texte Hoerster 2002a und systematisch Hart 1961, S. 181-207, Geddert 1984 (mit einer umfangreichen Bibliografie zu diesem Thema), Horster 1997, Dreier 1981, Sandkühler 2010, 2010a, Kervégan 2010, 2010a, Mohr 2010.

den Samen des Mannes einfrieren zu lassen, weil er an Krebs litt und es offensichtlich war, dass er nach einer Chemotherapie keine Kinder mehr würde zeugen können. Ein Gericht in Bordeaux hat die Klage abgewiesen: Die Rechtslage erlaube es nicht, das in einer Samenbank gelagerte Sperma für eine Befruchtung zu verwenden, wenn ›ein Teil des Paares‹ gestorben sei. Die intuitive moralische Einstellung zu diesem Beispiel dürfte sein, dass eine Frau ein ›moralisches Recht‹ auf ein Kind *hat*, auch wenn es ihr juridisch nicht als Recht *zugesprochen* werden kann.[57]

Doch »[s]eit die Grundrechte auch den Gesetzgeber binden, seit damit der Gegensatz zwischen Naturrecht und positivem Recht aufgehoben oder jedenfalls entscheidend relativiert wurde, sind die relevanten moralischen Fragen, die sich um Freiheit und Gleichheit und Menschenwürde stellen, als verfassungsrechtliche, grundrechtliche Fragen rekonstruierbar«.[58] Gleichwohl ist das Problem möglicher Normenbegründungen in pluralistischen Gesellschaften lebensweltlich aktuell; man kann es so formulieren: »Kann eine Rechtsgesellschaft ohne Rekurs auf moralische und politische ›substanzielle‹ Wahrheiten bestehen? Ist ein wertneutraler Positivismus fähig, die *rechtliche* [...] Kohärenz einer pluralen Gesellschaft zu garantieren?«[59]

Die Antwort, die im Folgenden begründet werden soll, ergibt sich aus dem positivierten Recht der Menschenrechte: Es ist *zugleich* Recht und Moral der Gleichheit, Freiheit und Gerechtigkeit. Nur unter dieser Voraussetzung kann der sich aus der Pluralität der Moralen speisende Relativismus vermieden werden. »Nicht diese oder jene Moral, sondern die Idee des Rechts als wechselseitige Anerkennung von Personalität und damit von Sphären der Manifestation von selbstbestimmter Freiheit ist ein geeigneter Ausgangspunkt«; von ihm aus ist – jenseits des Relativismus – die Geltung der Menschenrechte zu verstehen. Sie sind »grundlegendste Rechte derart, dass nur unter ihrer Voraussetzung überhaupt Menschen als Rechtssubjekte und damit als Menschen betrachtet werden.«[60]

Es geht also nicht darum, die Moralität oder Sittlichkeit des Rechts zu bestreiten, wenn man den Begriff ›moralische *Rechte*‹ ablehnt, sondern darum, das Recht vor den Ansprüchen partikulärer privater Moralen zu schützen. Es geht auch nicht darum, den faktischen Ein-

57 Vergleichbare Urteile sind aus anderen Ländern bekannt. Vgl. z. B. http://jurist.law.pitt.edu/paperchase/2009/03/new-york-appeals-court-rules-parents.php.

58 Schlink 2003, S. 4.

59 Kervégan 2010a, S. 1665. Zur Begriffs- und Problemgeschichte des Verhältnisses von Moral und Recht vgl. ebd.

60 Mohr 2009, S. 75 f.

fluss der Moral auf das Recht zu leugnen – auch nicht in rechtspositivistischer Perspektive, wie H.L.A. Hart einräumt: »The law of every modern state shows at a thousand points the influence of both the accepted social morality and wider moral ideals. These influences enter into law either abruptly and avowedly through legislation, or silently and piecemeal through the judicial process.«[61] Kein Rechtspositivist wird leugnen, »daß die Stabilität von Rechtsordnungen teilweise auf derartigen Übereinstimmungen mit der herrschenden Moral beruht«.[62] Fraglich ist aber, ob Moralverstellungen die *Geltung* des Rechts begründen müssen bzw. können und ob »die Moral überall dort eine klare Antwort bereithält, wo die Bedeutung des Rechts umstritten ist«.[63]

Ob Moralverstellungen die *Geltung* des Rechts begründen (müssen), lässt Jürgen Habermas in *Faktizität und Geltung* mehrdeutig offen: »Dem positiven Recht bleibt, über die Legitimitätskomponente der Rechtsgeltung, ein Bezug zur Moral eingeschrieben.« Habermas schränkt jedoch sofort ein: »Aber dieser Moralbezug darf uns nicht dazu verleiten, die Moral dem Recht im Sinne einer Normenhierarchie überzuordnen.«[64] Er macht freilich einen halben Rückzieher, wenn er statt der Normenhierarchie, in der das (allgemeine) Recht Vorrang vor der (privaten) Moral hat, eine Geltungsgleichheit ins Spiel bringt: »Die autonome Moral und das auf Begründung angewiesene positive Recht stehen [...] in einem *Ergänzungsverhältnis*.«[65] Dies stimmt nicht recht mit dem zusammen, was er im Rahmen seiner »*funktionalen* Erklärung« des Rechts erläutert: »Das Recht abstrahiert erstens von der Fähigkeit der Adressaten, ihren Willen aus freien Stücken zu binden, und rechnet mit deren *Willkür*. Das Recht abstrahiert ferner von der lebensweltlichen Komplexität der jeweils berührten Handlungspläne und beschränkt sich auf das *äußere Verhältnis* der interaktiven Einwirkung von sozialtypisch bestimmten Aktoren aufeinander. Das Recht abstrahiert schließlich [...] von der *Art der Motivation* und begnügt sich mit dem Effekt der wie immer zustandekommenden Regelkonformität des Handelns.«[66] Für Habermas begründen diese Abstraktionen, wie er später erklärt hat, keine Schwäche des Rechts, die

61 Hart 1961, S. 199; so auch Hart 2002, S. 65. Vgl. zu Hart die Beiträge in Coleman 2001.

62 Hart 2002, S. 66.

63 Ebd., S. 67.

64 Habermas 1994, S. 137.

65 Ebd. Zu Recht als »erwartungsstabilisierende Ergänzung der Moral« vgl. ebd., S. 151.

66 Ebd., S. 143.

durch Moral behoben werden müsste: »Wenn man [...] das demokratische Verfahren nicht (wie Hans Kelsen [...]) positivistisch versteht, sondern als eine Methode zur Erzeugung von Legitimität aus Legalität begreift, entsteht kein Geltungsdefizit, das durch ›Sittlichkeit‹ ausgefüllt werden müsste.«[67]

Damit ist allerdings der vor allem in der Rechtsphilosophie geführte Streit zwischen einem institutionalistischen Rechtsverständnis, dem zufolge es nur juridische, nicht aber moralische *Rechte* geben kann – dies ist hier verteidigte Position –, und einem individualethischen Ansatz, dem zufolge Personen ›moralische Rechte‹ haben, nicht entschieden. Er wird insbesondere hinsichtlich des Status der Menschenrechte ausgefochten.

Eine Position zugunsten der Annahme ›moralischer Rechte‹ vertritt z. B. Stefan Gosepath: »Menschenrechte sind eine Untermenge moralischer Rechte.«[68] An anderer Stelle spitzt er zu: »Menschenrechte sind [...] auf eine besondere Weise moralisch-politische Rechte. Als *moralische* Rechte gelten Menschenrechte auch unabhängig von ihrer faktischen Anerkennung und Befolgung. Wenn wir sie als moralische Verpflichtung anerkennen, dann gelten sie *vor* aller positiven Rechtsetzung.«[69] Es folgt allerdings auch bei Gosepath eine angesichts der These der *vor*-positiven Geltung moralischer Rechte bemerkenswerte Wendung: »Menschenrechte haben [...] eine Komponente eingebaut, die uns moralisch verpflichtet, sie auch rechtlich zu konkretisieren und zu institutionalisieren. Moralische Rechte sind ›ungesättigt‹, solange sie nicht kodifiziert und interpretiert sind. [...] Die faktische Anerkennung der Menschenrechte als spezielle moralische Rechte, die lebenswichtige Interessen durch effektive Institutionen schützen sollen, basiert – so meine Vermutung – auf einem globalen, minimalen und übergreifenden Konsens unterschiedlicher Moralauffassungen.«[70]

Auch Ernst Tugendhat hat von ›moralischen Rechten‹ gesprochen und erklärt, er verwende den Begriff des Rechts, »in einem unterbestimmten Sinn«, indem er »ihn einfach als Korrelat des Begriffs der Verpflichtung« verstehe. »Für alle x und y soll gelten, daß, wenn x eine Verpflichtung gegenüber y hat, dann hat y, wenn es gleichfalls eine Person und nicht identisch mit x ist, ein entsprechendes Recht. [...] Jedes Mitglied einer moralischen Gemeinschaft – egal wie unegalitär sie ist, also auch in einer Kastengesellschaft – hat Verpflichtungen

67 Habermas/Ratzinger 2005, S. 18-20.
68 Gosepath 1998, S. 149 f.
69 Gosepath 2005, S. 23.
70 Ebd., S. 24.

gegenüber anderen und auch Rechte.«[71] Unter dem Titel ›Die Kontroverse um die Menschenrechte‹ hat Tugendhat aber – nicht anders als Gosepath – deutlich gemacht, dass diese Rechte der Transformation in positives Recht[72] bedürfen: »[D]ie Menschenrechte können wie alle Rechte nur verliehene Rechte sein, und dass es sie gibt, hat den Sinn, dass sie zu verleihen Teil einer legitimen staatlichen Ordnung ist, und die These, dass sie universell existieren, kann also nur den Sinn haben, dass jede staatliche Ordnung, die sie nicht enthält, ihren Bürgern nicht verleiht, als nicht legitim anzusehen ist.«[73]

Im Zusammenhang mit der Bestimmung des Verhältnisses von Recht und Moral gibt es also ein zweites Spannungsfeld: die Frage, ob das Recht einer Begründung durch Moral bedarf, »wenn es nicht bloß auf Legalität, sondern auch auf Legitimität Anspruch erheben will«.[74] Die Legitimitätsfrage wurde nach den Unrechtserfahrungen im 20. Jahrhundert dringlich und hat zu einer Prüfung und Qualifizierung des positiven Rechts geführt, und zwar mit einer Orientierung an menschenrechtlich universalisierten Normen. Niemand, auch nicht der konsequenteste Rechtspositivist, kann sich noch ohne diese Überprüfung zu der legalistischen Aussage ›Gesetz ist Gesetz‹ berechtigt glauben, d. h. zur Behauptung, jegliches Recht sei – weil ›gesetztes Recht‹ – als ›richtiges Recht‹ anzuerkennen. Die ›Rassen‹-Gesetzgebung und andere Gesetze des Nationalsozialismus haben Gustav Radbruch, den bedeutenden Rechtsphilosophen und Rechtspolitiker der Weimarer Republik, 1946 herausgefordert, mit der nach ihm benannten ›Formel‹[75] die entsprechenden Konsequenzen zu ziehen. In ›Gesetzliches Unrecht und übergesetzliches Recht‹ hat er geschrieben: »Keineswegs ist Recht alles das, ›was dem Volke nützt‹, sondern dem Volke nützt letzten Endes nur, was Recht ist, was Rechtssicherheit schafft und Gerechtigkeit erstrebt. [...] Der Konflikt zwischen der Gerechtigkeit und der Rechtssicherheit dürfte dahin zu lösen sein, daß das positive, durch Satzung und Macht gesicherte Recht auch dann den Vorrang hat, wenn es inhaltlich ungerecht und unzweckmäßig ist, *es sei denn, daß der Widerspruch des positiven Gesetzes zur Gerechtigkeit ein so*

71 Tugendhat 1997, S. 5.

72 Vgl. Sandühler 2007a.

73 Tugendhat 2001, S. 27. Dass Tugendhat von ›verliehenen Rechten‹ spricht, wird in diesem Buch an anderer Stelle problematisiert: siehe Abschn. 3.1.

74 Lienemann 2002, S. 16. Zu ›Legalität/Legitimität‹ vgl. Kaufmann 2010a.

75 Vgl. zur ›Radbruchschen Formel‹ Dreier 1991, Scheuren-Brandes 2006.

unerträgliches Maß erreicht, daß das Gesetz als ›unrichtiges Recht‹ der Gerechtigkeit zu weichen hat.«[76]

Diese Antwort auf die Frage nach der Legitimität des Rechts hat Schule gemacht. Dies zeigen die Einführung des Straftatbestandes ›Verbrechen gegen die Menschlichkeit‹ im Nürnberger Prozess gegen die Hauptkriegsverbrecher[77], das ihm folgende Völkerstrafrecht und Art. 7 (2) der ›Europäischen Konvention zum Schutze der Menschenrechte und Grundfreiheiten‹ (EMRK) vom 4. November 1950. Im Anschluss an Radbruch sind auch Urteile des BVerfGE zu sehen: »1. Nationalsozialistischen ›Rechts‹vorschriften kann die Geltung als Recht abgesprochen werden, wenn sie fundamentalen Prinzipien der Gerechtigkeit so evident widersprechen, daß der Richter, der sie anwenden oder ihre Rechtsfolgen anerkennen wollte, Unrecht statt Recht sprechen würde.«[78] »Recht und Gerechtigkeit stehen nicht zur Disposition des Gesetzgebers. Die Vorstellung, daß ein ›Verfassunggeber alles nach seinem Willen ordnen kann, würde einen Rückfall in die Geisteshaltung eines wertungsfreien Gesetzespositivismus bedeuten, wie sie in der juristischen Wissenschaft und Praxis seit längerem überwunden ist. Gerade die Zeit des nationalsozialistischen Regimes in Deutschland hat gelehrt, daß auch der Gesetzgeber Unrecht setzen kann.«[79] »[E]inmal gesetztes Unrecht, das offenbar gegen konstituierende Grundsätze des Rechts verstößt, wird nicht dadurch zu Recht, daß es angewendet und befolgt wird«.[80]

Ist man so einer Antwort auf die Frage nach dem Verhältnis von Recht und Moral näher gekommen? Eher nicht. Denn hatten nicht »die strikte Trennung von Recht und Moral und die klare Überordnung des Rechts [...] in Europa historisch ihren Ursprung in der Überwindung der religiös-konfessionellen Bürgerkriege durch den religionsneutralen, tendenziell ›säkularen‹ Staat der frühen Neuzeit[?] Was kann noch Inbegriff der wahren Moral oder einer moralisch bindenden Wahrheit sein, wenn auf demselben Territorium unvereinbare Wahrheits- und daraus hergeleitete Rechtsansprüche geltend gemacht werden?«[81]

76 Radbruch 1946, S. 215 f.; Hervorh. v. mir. Vgl. Seelmann 1994, S. 38: »Falls es Normen gibt, die zwar als ›Gesetz‹ bezeichnet werden, aber *offensichtlich* gar nicht zum Bereich dessen gehören, was üblicherweise ›Recht‹ genannt wird, so gilt für solche Normen sicherlich nicht der Vertrauensgrundsatz des ›nulla poena [sine lege]-Gebots‹.«

77 Siehe hierzu in diesem Buch Abschn. 8.4.

78 BVerfGE 23, 98, Leitsatz 1.

79 BVerfGE 23, 98 (30).

80 BVerfGE 23, 98, Leitsatz 3 und ebd. (31).

81 Lienemann 2002, S. 16.

Wie also soll man das Verhältnis von Recht und Moral bestimmen? Detlef Horster schlägt vor, Moral und Recht so zu unterscheiden:

»1. Das Recht verzichtet auf eine rechtliche Gesinnung, weil es sich bei seiner Durchsetzung auf äußeren Zwang verlassen kann. 2. Im Recht gelten Normen und in der Moral Werte. Normen gelten absolut, Werte sind subjektiv geteilte Präferenzen. 3. Gesetze kommen durch Beschluss des Parlaments zustande. 4. Sie gelten ab einem bestimmten Datum. Undenkbar ist, daß moralische Werte zu einem bestimmten Datum in Kraft gesetzt werden könnten. 5. Im Recht gilt ein bis ins einzelne geregelter Vorrang bestimmten Rechts vor anderem. Stehen hingegen moralische Werte gleichrangig nebeneinander, ist die individuelle Entscheidung der Betroffenen gefordert.«[82]

Ist dann die Rede von ›moralischen Rechten‹ zulässig? Es gibt Theoretiker, die die Verwendung des Begriffs verteidigen, so etwa J. Feinberg in ›In Defense of Moral Rights: Their Bare Existence‹ (1992). Moralische Rechte, so seine These, existieren vor und unabhängig von ihrer Anerkennung in einem Rechtssystem.[83] Sie sind nicht das Resultat gesetzgeberischen Handelns. Feinberg unterscheidet (i) juridische Rechte, (ii) im Moralkodex einer Gesellschaft anerkannte konventionelle moralische Rechte und (iii) ›wahre‹ moralische Rechte, die entweder nur in der ›wahren Moral‹ *oder* nur in der ›wahren Moral‹ und der konventionellen Moral *oder* nur in der ›wahren Moral‹ und im Rechtssystem *oder* schließlich als wahre moralische, konventionell moralische und juridische Rechte anerkannt sind. Auf bestimmte moralische Rechte wie Selbsttötung oder Religionsausübung haben Menschen auch dann Anspruch, wenn sie keine legalen Rechte sind. Andere moralische Rechte wie etwa das Frauenwahlrecht können nur aufgrund juridischer Rechte durchgesetzt werden. Schließlich gibt es moralische Rechte, die zwar verrechtlicht, aber – wie etwa der Holocaust zeigt – nicht durchsetzbar sind.[84] Feinbergs Fazit: Eine angemessene Definition moralischer Rechte muss zumindest die Bedingung erfüllen, dass sie deren faktischer, von der Anerkennung in einem Regelsystem unabhängigen Existenz gerecht wird. Von einem ›moralischen Recht‹ kann gesprochen werden, wenn es durch die Prinzipien der ›wahren‹ Moral gerechtfertigt ist.[85]

Ob diese Verteidigung des Konzepts ›moralische Rechte‹ in sich unstimmig ist, weil die zu begründende Existenz solcher Rechte bereits

[82] Horster 2002, S. 12; vgl. ders. 1997; vgl. zu einer inhaltlich identischen Unterscheidung von Moral und Recht Patzig 1971, S. 11.

[83] Vgl. Feinberg 1992, S. 196.

[84] Vgl. ebd., S. 200 f.

[85] Vgl. ebd., S. 215 f.

vorausgesetzt ist, muss hier nicht entschieden werden. Aufklärung zum Verhältnis von Recht und Moral leistet sie letztlich nicht. Angesichts von deren tatsächlichem Spannungsverhältnis in modernen pluralistischen Gesellschaften und angesichts des faktischen Relativismus individualisierter Moraleinstellungen bleibt die Frage offen, ob und wenn ja in welcher Weise und in welchem Maße *welche* Moral eine Rechtsordnung legitimieren kann.

Als Zwischenbilanz bietet sich eine Formulierung Peter Stemmers an, für den moralische ›Rechte‹ »soziale Artefakte«[86] sind: »Moralische Forderungen stehen [...] in einem rechtlichen Kontext, sie setzen ein rechtliches Beziehungsgefüge, eine rechtliche Ordnung voraus. Moralische Forderungen sind berechtigte Forderungen, ihnen liegt ein Recht zugrunde. Und dies bedeutet, dass ihnen ein Verpflichtetsein auf seiten derer, an die sie sich richten, entspricht.«[87]

Ansprüche auf moralische ›Rechte‹[88] kann man geltend machen, aber man kann sie nicht mit den Mitteln der Moral durchsetzen, es sei denn durch Selbstjustiz. Die Verwirklichung der Ansprüche setzt Normen des Rechts im Staat voraus.[89] Der Umkehrschluss, dass es im Falle der Nicht-Durchsetzbarkeit auch keine Begründbarkeit moralischer Ansprüche gäbe, folgt hieraus nicht. Moralische Ansprüche wie das Recht auf Leben bleiben auch dann legitim, wenn sie – wie z.B. im Falle von Völkermord – rechtlich nicht durchsetzbar sind.

Der Perspektivenwechsel von individueller Moralität zum Rechtsstaat als dem Garanten legitimer moralischer – verrechtlichter – Ansprüche hat neben dem Problem der Durchsetzbarkeit moralischer Ansprüche auch einen anderen Grund: »Unter dem Gesichtspunkt der Komplementarität von Recht und Moral bedeuten das parlamentarische Gesetzgebungsverfahren, die gerichtlich institutionalisierte Entscheidungspraxis und die professionelle Arbeit einer Rechtsdogmatik, die Regeln präzisiert und Entscheidungen systematisiert, für den Einzelnen eine Entlastung von den kognitiven Bürden der eigenen morali-

[86] Vgl. Stemmer 2000.

[87] Stemmer 2002, S. 73

[88] Ich spreche hier ausschließlich von solchen moralischen Ansprüchen, deren Verwirklichung – wie bei den Grundrechten – rechtlicher Durchsetzung bedarf, nicht aber z.B. von sog. Naturalobligationen, d.h. Rechten ohne Durchsetzbarkeit. Typische Beispiele sind verjährte Forderungen sowie Spiel- und Wettschulden. Sie können nicht auf dem Rechtsweg durchgesetzt werden, bilden aber, wenn sie erfüllt werden, einen Behaltensgrund.

[89] Auch überstaatliche Einrichtungen können Durchsetzungsinstanzen sein: Beispiele sind die Nürnberger Kriegsverbrecherprozesse, Kriegsverbrechertribunale der Vereinten Nationen, der Internationale Gerichtshof und die europäische Gerichtsbarkeit.

schen Urteilsbildung«.[90] Diese These zur *Funktion* des Rechts bedeutet keine moralische Entlastung der Handelnden. Sie gründet darin, dass in normativer Perspektive subjektiven moralischen Präferenzen im Rechtsstaat insofern keine ›Definitionsmacht für die Kriterien der Beurteilung von Recht und Unrecht‹ zukommen kann, als *de facto* eine mit den Menschen- und Grundrechten konforme moralische Urteilsbildung aller weder vorausgesetzt werden kann noch gegeben ist.

Es ist deshalb nicht einzusehen, warum Habermas dennoch darauf besteht, »das einklagbare positive Recht als funktionale Ergänzung zur Moral aufzufassen«. Angesichts des tatsächlichen Zustands individualisierter moralischer Einstellungen ist zwar die von ihm wiederholt variierte These plausibel, das Recht habe die notwendige Funktion, »die urteilenden und handelnden Personen von den [...] Anforderungen einer auf das subjektive Gewissen umgestellten Moral« zu entlasten. Aber seine Schlussfolgerung, dass »Politik und Recht mit der Moral – auf einer gemeinsamen nachmetaphysischen Begründungsbasis – doch in Einklang stehen« sollen[91], ist so lange problematisch, wie nicht geklärt ist, auf *welche Moral* sich das Recht beziehen könnte, wenn es zugleich die von Habermas genannte Entlastungsfunktion haben soll.

Das Recht hat die Basis seiner Moralität und Rationalität nicht in dieser oder jener privaten Welt- und Rechtsanschauung, sondern in den Menschenrechten, deren Schutz zu garantieren seine Aufgabe ist. Alle darüber hinaus aus privaten Weltbildern, Überzeugungen, Werteinstellungen und Moralen hervorgehenden Gründe und Ziele begründen kein allgemeines Recht und sind in der Demokratie im Interesse der Allgemeinheit des Rechts und der Rechtssicherheit zu staatlicher Rechtsetzung und richterlicher Rechtsprechung ungeeignet.

[90] Habermas 1994, S. 147; vgl. S. 110.
[91] Ebd., S. 667 f.

4.3 Recht und Gerechtigkeit

Zweifel hinsichtlich der Übereinstimmung von Gerechtigkeit[92] und Recht sind weit verbreitet. Im Gericht bekommt man – sagt der Volksmund – Recht, aber nicht Gerechtigkeit. Man bezieht Hartz IV, und dies ist angesichts der Gesetzeslage rechtens. Aber ist es auch gerecht? Wer in großem Umfang Steuern hinterzog und Selbstanzeige erstattete, kam in den Genuss von Straffreiheit. So war die Rechtslage. Entsprach sie Gerechtigkeitsprinzipien? Als Zustandsbeschreibung ist der Satz durchaus zutreffend, zwischen Recht und Gerechtigkeit klaffe – zumindest oft – eine Lücke.

Gerechtigkeit und Recht sind seit den Anfängen der europäischen Rechtsentwicklung Gegenstand *normativer* Theorien – der Ethik und Politik, der Rechtsphilosophie und Rechtswissenschaft. »Gerechtigkeit«, so Ulpians Definition im *Corpus Iuris Civilis* (3. Jh. n. Chr.) in den *Digesten*, dem Hauptwerk des römischen Rechts, »ist der stetige und fortwährende Wille, jedem das Seine zukommen zu lassen«.[93] Und der erste Satz des erstens Buches von Ulpians *Institutiones* in den *Digesten* lautet: »Das Recht ist die Kunst des Guten und Gerechten«.[94]

Gerechtigkeit ist eine Tugend. Aber nicht alle Menschen handeln immer aus Tugend gerecht, weder gegenüber jetzt lebenden Menschen noch gegenüber zukünftigen Generationen. Weil es in pluralistischen Gesellschaften konkurrierende Gerechtigkeitsvorstellungen gibt, von denen keine ein Privileg genießt oder mit Zwang durchgesetzt werden darf, ist aus pragmatischen Gründen der Freiheitssicherung dem allgemeinen Recht Vorrang vor partikulären Moralen einzuräumen. Dies ist die Annahme des Rechtspositivismus, die ich teile. Eine radikale Trennung von Recht und Moral ist aber weder faktisch möglich noch theoretisch zu rechtfertigen; dies ist die Annahme des *menschenrechtlich aufgeladenen Rechtspositivismus*, den ich vertrete.

Gerechtigkeit ist ein wesentliches Prinzip der Organisation des Zusammenlebens der Menschen und ein zentraler normativer Begriff der Politik, seit Aristoteles die Gerechtigkeit als Tugend *in bezug auf den*

92 Vgl. Hauser et al. 1974, Loos/Schreiber 1984, Rawls 1985, Höffe 1991 und 2001, Walzer 1992, Brumlik/Brunkhorst 1993, Demmerling/Rentsch 1995, Forst 1996, Zippelius 1996, Tugendhat 1997, Gosepath 2004 und 2010, Hahn/Broszies 2010.

93 Ulpian, *Corpus Iuris Civilis*, Digesten 1, 1, 10: »Iustitia est perpetua et constans voluntas ius suum cuique tribuendi.«

94 Ulpian, *Institutiones*, Digesten 1,1,1 pr.

Anderen (*pros heteron*) definiert hat.[95] Ein für die Gerechtigkeit konstitutives Merkmal ist Gleichheit. Personen, die in relevanten Hinsichten als gleich gelten, müssen gleich behandelt werden. Dies ist das von Aristoteles formulierte *formale* Gerechtigkeitsprinzip.[96] Eine Handlung ist dann gerecht, wenn sie einer Person das zukommen lässt, was ihr zukommt.

Hierzu erläutert Stefan Gosepath: »Gerechtigkeit bezieht sich [...] auf die Gesamtheit der wechselseitigen Ansprüche und Verbindlichkeiten bzw. der moralischen Rechte und Pflichten, die die Menschen gegeneinander vom Standpunkt der Unparteilichkeit aus haben. Diese Definition ist ganz formal, denn sie lässt noch die entscheidende Frage offen, wem was zukommt. [...] Eine Gerechtigkeitskonzeption muss eine begründete Antwort auf die Frage geben: Wer schuldet in welchen Umständen wem was, auf welche Weise, warum, aus welcher Perspektive, aufgrund welchen Prinzips und mit welcher Anwendung? [...] Alle modernen Konzeptionen der Gerechtigkeit akzeptieren eine gemeinsame Grundnorm: Alle Menschen sind als prinzipiell gleichwertig zu achten, d. h. mit gleicher Würde versehen. Deshalb soll jeder Mensch mit gleicher Achtung und gleicher Rücksicht behandelt werden.«[97]

Gerechtigkeit ist kein Faktum, sondern eine *Norm*. Schon Platon hat in seiner *Politeia* die Frage erörtert, warum man die allgemeine Norm der Gerechtigkeit im besonderen Fall des eigenen Handelns befolgen solle. Zwar sollen alle die Regeln gerechten Verhaltens befolgen, aber es könnte im eigenen Interesse günstiger sein, dass alle der Norm gehorchen, außer man selbst. Doch in einer gerechten Gesellschaft soll von den Normadressaten erwartet werden können, dass sie ihr Verhalten nicht nur am Legalitätsprinzip – am Recht, was immer es auch sei – orientieren, sondern an Gerechtigkeitsprinzipien. Dies gilt auch für den Staat, der als Rechtsstaat Recht setzt und den Bürgern Gerechtigkeit zukommen lassen soll. Die Frage »Was ist Recht?« ist deshalb als Frage nach dem ›richtigen‹, d. h. ›gerechten‹ Recht zu stellen. Sie zieht die Frage nach dem ›richtigen‹ Staat nach sich.

In seiner *Rechtsphilosophie* stellt R. Zippelius fest: »Man kann [...] nicht dabei stehenbleiben, Rechtsnormen als bloße ›Resultanten‹ von Interessen und Machtfaktoren anzusehen; denn immer stellt sich auch die Frage nach der richtigen Ordnung der Interessen [...] Sobald wir [...] das Recht als ungerecht kritisieren, stellen wir die Frage nach einer ›besseren‹ Alternative und führen mit den Kriterien der Gerech-

95 Aristoteles, *Nikomachische Ethik*, V, 3, 1129 b 32.
96 Ebd., 1131a10 – b15.
97 Gosepath 2010, S. 835 f.

tigkeit moralische Kategorien ein. [...] Es tritt der nicht aufgebbare Anspruch zutage, die rechtlichen Lösungen im Namen der Gerechtigkeit immer von neuem zur Diskussion zu stellen: Das Recht – das eine generelle und verbindliche Verhaltenswahl trifft – hat teil an den Legitimationsproblemen, die sich allgemein für die Wahl menschlichen Handelns stellen.«[98]

Für pluralistische Gesellschaften gilt, »daß aus praktisch-politischen Gründen keine allgemeine moralische Lehre eine öffentlich anerkannte Grundlage für eine Gerechtigkeitskonzeption in einem modernen demokratischen Staat bereitstellen kann«.[99] Weder die Gerechtigkeit noch das positive Recht können als durch Natur, Vernunft oder Geschichte ›gegebene‹ Objektivität verstanden werden, die von Rechtssubjekten nur noch zu erkennen bzw. auszulegen wäre. Sind aber Gerechtigkeit und Recht nicht ontisch (aus dem Sein und Seienden) begründet und nicht ontologisch begründbar, dann ist der Konflikt der Interpretationen dessen, was ›gerecht‹ und was ›richtiges Recht‹ ist, unausweichlich. »Gerechtigkeit«, betont M. Walzer, »ist kein absoluter, sondern ein relativer Begriff, dessen je konkreter Inhalt in Relation steht zu bestimmten sozialen Zielen und Sinngehalten.«[100] Weil Gerechtigkeit »ein menschliches Konstrukt« ist, kann sie auf unterschiedliche Weise hergestellt werden: »Die Fragen, die die Theorie der distributiven Gerechtigkeit aufwirft, lassen eine breite Skala von Antworten zu, in der auch Raum ist für kulturelle Diversität und politische Alternativen. Es geht nicht nur um die Erfüllung eines singulären Prinzips oder Prinzipiensystems in unterschiedlichen historischen Konstellationen. Niemand dürfte bestreiten, daß es eine Vielfalt moralisch statthafter Implementationen gibt.« Die »Prinzipien der Gerechtigkeit [sind] ihrerseits in ihrer Form selbst pluralistisch«. Die Unterschiede leiten sich her »aus den unterschiedlichen Bedeutungen der Sozialgüter selbst – dem unvermeidbaren Resultat eines historischen und kulturellen Partikularismus.«[101]

Angesichts dieses Pluralismus und Partikularismus haben Rechts- und Staatstheorien ein *Relativismus-Problem*, auch im 20. Jahrhundert; man muss es ihnen nicht andichten. Es fragt sich, welcher Weg zur Lösung des Problems, dass nicht feststeht, was Gerechtigkeit ist, gangbar ist. Will man vermeiden, dass sich Individuen und Gruppen im Namen von Pluralismus, Relativismus und ihrer privaten Moral von der Achtung gleichen Rechts für alle entbinden, und will man aus-

98 Zippelius 1994, S. 74.
99 Rawls 1994, S. 257 f.
100 Walzer 1992, S. 440.
101 Ebd., S. 30.

schließen, dass sich Individuen oder Gruppen oder der Staat anmaßen, autoritär festzusetzen, was gerecht ist und was nicht, gibt es nur den Weg des Rechts. Dies hat Hans Kelsen zutreffend begründet. Was er ausgeklammert hat, ist das Problem ›richtigen‹ Rechts, in das Gerechtigkeitsprinzipien eingeschrieben sind.[102] Doch welche Gerechtigkeitsprinzipien können und sollen im Recht verwirklicht werden? Wenn die Beziehung zwischen dem positiven Recht und der Gerechtigkeit kein *circulus vitiosus* wechselseitiger Nicht-Begründbarkeit sein soll, dann muss die das Recht verpflichtende Gerechtigkeit dort gesucht werden, wo sie *de facto* als Ergebnis von Aushandlungen zu finden ist, die dem Pluralismus entsprechen und den Relativismus zähmen: in den Menschen- und Grundrechten als jener »öffentlichen Gerechtigkeit«, in der Moral und Recht keine Gegensätze sind. Diese Rechte erfüllen die Bedingung, »der Verschiedenheit der Weltanschauungen und der Vielfalt miteinander konkurrierender und inkommensurabler Konzeptionen des Guten gerecht [zu] werden«.[103] Sie spiegeln den von John Rawls in ›Gerechtigkeit als Fairness‹ erhofften *»übegreifenden Konsens«*[104], »einen Konsens, der alle widerstreitenden philosophischen und religiösen Lehren einschließt, die mutmaßlich in einer mehr oder weniger gerechten konstitutionellen demokratischen Gesellschaft bestehen bleiben und Anhänger gewinnen werden«.[105] Diese Rechte sind Ausdruck eines *»Überlegungs-Gleichgewichts«*[106], dessen Zustandekommen nicht von der privaten Vernünftigkeit der Individuen abhängt. Das ›Gleichgewicht‹ ergibt sich – anders, als Rawls es gesehen hat – *innerhalb des Rechts*. Es ist – mit Kant – der Zustand, »worin Jedermann das Seine gegen jeden Anderen gesichert sein kann‹ (*Lex iustitiae*).[107] Das »formale Princip der Möglichkeit desselben, nach der Idee eines allgemein gesetzgebenden Willens betrachtet, heißt die *öffentliche Gerechtigkeit*«.[108]

[102] Van Ooyen 2010, S. 31, räumt – zu vorsichtig – ein: Mit »der Ablehnung aller metarechtlichen Geltungsgründe des Rechts« habe Kelsen »zugleich alle Legitimitätsfragen abschneiden und auf Legalitätsfragen reduzieren« *müssen* (ebd., 29); diese »radikal-positivistische Reduktion des Rechtsstaats auf bloße Macht« erscheine heute »als problematisch«.

[103] Rawls 1994, S. 258.

[104] Vgl. hierzu ›Der Gedanke eines übergreifenden Konsenses‹ in Rawls 1994, S. 293-332.

[105] Rawls 1994, S. 258.

[106] Ebd., S. 262.

[107] Kant, *Die Metaphysik der Sitten*, 1. Tl.: Metaphysische Anfangsgründe der Rechtslehre, AA VI, S. 237. Hervorh. v. mir.

[108] Ebd., S. 305 f.

Rawls stellt in seiner viel diskutierten Theorie der Gerechtigkeit zwei Grundsätze auf: »Erstens hat jede Person, die an einer Praxis beteiligt ist, das gleiche Recht auf die größte Freiheit, sofern sie mit der gleichen Freiheit für alle vereinbar ist; zweitens sind Ungleichheiten willkürlich, es sei denn, man kann vernünftigerweise erwarten, daß sie sich zu jedermanns Vorteil entwickeln, und vorausgesetzt, daß die Positionen und Ämter, mit denen sie verbunden sind oder aus denen sie sich gewinnen lassen, allen offenstehen.«[109]

Rawls benennt realistisch Hindernisse für die Verwirklichung dieser Gerechtigkeitsgrundsätze, »sechs Ursachen dafür, daß Bürger auch bei bestem Willen und bei uneingeschränktem Gebrauch ihrer Vernunft in vielen politischen und moralischen Fragen zu unterschiedlichen Antworten gelangen. (1) die Widersprüchlichkeit und Vieldeutigkeit empirischer Befunde; (2) die Möglichkeit, Befunde hinsichtlich ihrer Konsequenzen unterschiedlich zu gewichten; (3) die offenen Grenzen des korrekten Gebrauchs von Begriffen; (4) die Abhängigkeit der Beurteilung und Gewichtung von Sachverhalten vom jeweils besonderen individuellen Erfahrungshintergrund; (5) die Schwierigkeit, zu einer vernünftigen Entscheidung zu gelangen, wenn für jede Alternative gewichtige, aber miteinander inkommensurable moralische Gründe angeführt werden; (6) die Tatsache, daß aufgrund des gewissermaßen begrenzten gesellschaftlichen Raumes kein System von Institutionen alle moralischen und politischen Werte uneingeschränkt verwirklichen kann. Diese Bürden der Vernunft führen dazu, daß verschiedene Personen häufig auch dann, wenn sie in unparteiischer Weise vernünftig nachdenken und im Besitz aller relevanten Informationen sind, in vielen Fragen, die ihre Konzeption des Guten betreffen, zu divergierenden Urteilen gelangen.«[110]

Mit Rawls' Gerechtigkeitstheorie und mit seiner Konzeption ›Gerechtigkeit als Fairness‹ sind theoretische Voraussetzungen verbunden,

109 Rawls 1977, S. 37. Vgl. Rawls 1971, S. 83 und insgesamt Abschn. 11-13. Der erste Grundsatz hat Vorrang, denn Freiheit kann nicht zugunsten sozialer und ökonomischer Vorteile eingeschränkt werden. Den zweiten Grundsatz nennt Rawls das Differenzprinzip (›difference principle‹). In *Eine Theorie der Gerechtigkeit* hat Rawls seinen »ersten Gerechtigkeitsgrundsatz« – »Jedermann hat gleiches Recht auf das umfangreichste Gesamtsystem von gleichen Grundfreiheiten, das für alle möglich ist.« – mit der folgenden »Vorrangsregel« verbunden: »Die Gerechtigkeitsgrundsätze stehen in lexikalischer Ordnung; daher kann die Freiheit nur um der Freiheit willen beschränkt werden, und zwar in zwei Fällen: (a) eine weniger umfangreiche Freiheit muß das Gesamtsystem der Freiheit stärken, an dem alle teilhaben; (b) ungleiche Freiheit muß für die Bürger mit weniger Freiheit annehmbar sein.« (Zit. n. Rawls 1998a, S. 225).

110 Hinsch 1994, S. 23 f.

die die angenommenen ›Bürden der Vernunft‹ kompensieren sollen. Im Rahmen einer Rechtstheorie als Theorie sowohl der Garantie gleicher Freiheiten als auch rechtlichen Zwangs müssen die für Rawls wichtigen Voraussetzungen aber nicht als Lasten übernommen werden: (i) Die Prämisse eines *Urzustands* (›original position‹), in dem Bürger bzw. deren Repräsentanten – gestützt auf ihnen bekannte Grundsätze politischer und sozialer Gerechtigkeit – hinter einem ›*Schleier der Unwissenheit*‹ darüber beraten, nach welchen Grundsätzen die Ordnung der Gesellschaft eingerichtet werden soll. ›*Schleier der Unwissenheit*‹ bedeutet, dass sie in ihrer Beratung nicht auf ein Wissen über ihre eigenen Eigenschaften, Fähigkeiten, Interessen, Überzeugungen und Werteinstellungen sowie über die Gesellschaft, in der sie leben, zurückgreifen können. Sie orientieren sich an nichts als an den zur Wahl stehenden Gerechtigkeitsgrundsätzen und dem damit jeweils erwartbaren möglichst großen Anteil an Grundgütern[111]: an Rechten und Freiheiten, sozialen und beruflichen Chancen, mit Ämtern und Positionen verbundenen Möglichkeiten und dem Zugriff auf materielle Güter. Sie verständigen sich auf die beiden oben genannten Gerechtigkeitsgrundsätze. (ii) Die damit verbundene Prämisse des Kontraktualismus lautet: Nur hinter dem ›*Schleier der Unwissenheit*‹ sind die Bürger fähig, einen sie wechselseitig bindenden Vertrag abzuschließen.

Der Rawls'sche Kontraktualismus setzt rationale Individuen voraus, die von ihrem Eigeninteresse absehen können und im Interesse größtmöglicher Freiheit aller einen Vertrag zugunsten aller schließen.[112]

111 »Die Stammliste der Grundgüter (die wir bei Bedarf ergänzen können) hat fünf Rubriken: (1) Grundrechte und Grundfreiheiten, von denen ebenfalls eine Liste aufgestellt werden kann; (2) Freizügigkeit und freie Berufswahl vor dem Hintergrund unterschiedlicher Möglichkeiten; (3) Befugnisse und Vorrechte, die mit den Ämtern und Positionen der politischen und ökonomischen Institutionen der Grundstruktur verbunden sind; (4) Einkommen und Besitz; und schließlich (5) die gesellschaftlichen Grundlagen der Selbstachtung. Die Liste führt neben Einkommen und Besitz hauptsächlich Merkmale von Institutionen an, das heißt Grundrechte und Grundfreiheiten, institutionelle Möglichkeiten sowie Vorrechte von Ämtern und Positionen. Die gesellschaftlichen Grundlagen der Selbstachtung werden in institutionellen Begriffen erklärt, ergänzt durch Merkmale der öffentlichen politischen Kultur wie etwa der öffentlichen Anerkennung und Akzeptanz der Gerechtigkeitsgrundsätze.« (Rawls 1994, S. 371).

112 Dworkin 1989, S. 18, bestreitet, dass ein hypothetischer Vertrag unter derart einschränkenden Prämissen überhaupt ein Vertrag ist: »it is no contract at all«. Jacques Poulain kritisiert: »Die Regel eines immer schon erreichten ›Maximins‹, das sich unserer Ignoranz verdankt – wir kennen die Bedingungen ja nicht –, hat in der Tat die größte Aussicht auf eine

Sein liberales und individualistisches hypothetisches Vertragsmodell, das die mit dem ›faktischen Pluralismus‹ der Interessen, Einstellungen und inkommensurablen Gerechtigkeitsvorstellungen – und die mit dem Relativismus, der damit einhergeht – verbundenen Probleme lösen soll, hat vielfach Kritik provoziert[113], so z. B. die Thomas Nagels. Er ist der Überzeugung, »daß die Voraussetzungen, die den ›Urzustand‹ kennzeichnen, weder *schwach* sind, noch etwa irgendwie unschuldig oder unstreitig: in Wahrheit wäre der mit ihren Mitteln konstruierte Zustand unter bestimmten Umständen noch nicht einmal *fair*. Nach Rawls dient der ›Schleier des Nichtwissens‹ dem ›Ziel [...], Grundsätze auszuschließen, die man vernünftigerweise nur dann – mit wie wenig Erfolgsaussicht auch immer – vorschlagen kann, wenn man bestimmte für die Frage der Gerechtigkeit unerhebliche Tatsachen kennt.‹ [...] Räumen wir also ein, daß die Parteien gleichzustellen wären und über keinerlei Informationen verfügen dürften, die sie zwangsläufig dazu brächten, sich aus moralisch irrelevanten Gründen (aus Gründen der Rassen- oder Geschlechtszugehörigkeit, besonderer Familienbande oder naturgegebener Befähigungen) Vorteile verschaffen zu wollen. Darüber hinaus wird ihnen jedoch auch noch jede Kenntnis der Konzeption des Guten genommen, die sie verfolgen, und es erscheint als absonderlich, solche, ihnen eigene Lehren über das Gute als moralisch irrelevant für den Standpunkt der Gerechtigkeit werten zu wollen.«[114]

Nagel räumt ein, »daß Menschen infolge ihrer divergierenden Konzeptionen des Guten wirklich miteinander in Gegensatz geraten und es dann zu Konflikten kommt – so daß die gesuchte Einhelligkeit nicht

mögliche Rechtfertigung, auf eine liberale *Anthropodizee*, die fähig ist, die gesellschaftliche Ungerechtigkeit mit derselben Effizienz zu sanktionieren wie die gesellschaftliche Gerechtigkeit. Was ließe sich auch anderes fordern? Was käme unseren Wünschen und Absichten nachdrücklicher entgegen, gesetzt, wir wären wirklich die vorausgesetzten verantwortlichen, reifen und unabhängigen Individuen, als die wir hier figurieren? Das Urteil über die reale Ungerechtigkeit wird ersetzt durch die Versicherung, die Basisfreiheiten seien für alle gleich. Von der Ausübung dieser Freiheiten wird vorausgesetzt, dass sie zur besten aller Rechtsordnungen führe, die verhängnisvollste gesellschaftliche Lage nicht ausgenommen. In Wirklichkeit verbaut der Basisvertrag, der die Bürgerrechte sichert, jedoch im Vorhinein die Möglichkeiten, die sich von der ›Gerechtigkeit‹ erwarten lassen könnten, sollte sie endlich einmal eingetreten sein und wenn sie tatsächlich zu Buche schlagen würde. Die gleiche Chance aller, sich der garantierten Freiheiten zu bedienen, weicht dem Selbstinteresse derer, die als reale Egoisten handeln.« (Poulain 2011, S. 82).

113 Vgl. Forst 1996, S. 20-35.

114 Nagel 1989, S. 7 f.

mehr zustandekäme, würde man die Parteien im ›Urzustand‹ mit einer Kenntnis der ihnen eigenen Konzeption des Guten ausstatten.« Doch die Ersetzung der je eigenen Konzeptionen des Guten durch »eine eine Klasse von Grundgütern [...], für die angeblich gelten soll, daß es unangesehen jedwelcher sonstiger Wünsche für alle vernünftig ist, genau diese Güter zu wollen«, hält er für falsch: »Hier wäre jedoch auch eine ganz andere Schlußfolgerung möglich: Die Denkfigur des ›Urzustands‹ ist untauglich, da dieses Modell ethisch relevante Information unterdrücken muß, um spontane Einhelligkeit ermöglichen und die Notwendigkeit geschäftsmäßig kalkulierender Kompromißbildung vermeiden zu können, und da es solche Informationen obendrein in einer Weise ausschließt, die die betroffenen Parteien *ungleich* behandelt.«[115]

Warum, so ist zu fragen, sollten sich die Individuen als Vertragsparteien auf allgemein akzeptable Gerechtigkeitsprinzipien verständigen können, wenn unterstellt werden muss, dass dies für ihr Verständnis des Guten nicht gilt? Warum sollten sie gerade die beiden von Rawls genannten Gerechtigkeitsgrundsätze vereinbaren, wenn die Grundgüter, die sie – bei Vorrang der Freiheit[116] vor der Gleichheit – damit erreichen können, unter Bedingungen der Ungleichheit verteilt werden können? Rawls Prämisse für eine »wohlgeordnete Gesellschaft«[117] lautet: »*Die politische Konzeption der Bürger als freier und gleicher vorausgesetzt*, geben die Grundgüter an, was Bürger als solche benötigen, oder, wenn Sie so wollen, was ihr Gut als Bürger ist, wenn Fragen der Gerechtigkeit aufkommen. Es ist diese politische Konzeption, die (ergänzt um den Rahmen des Guten als Rationalen) es uns festzulegen ermöglicht, welche Grundgüter benötigt werden.«[118]

Warum sollten die Individuen nicht von den beiden Gerechtigkeitsgrundsätzen abweichende Eigeninteressen ins Spiel bringen?[119] Das moral-politische Konstrukt, das sie hinter dem ›Schleier des Unwissens‹ wählen lässt und *vorab* eine Harmonie der sozialen Interessen garantieren soll, ist ein Konstrukt fern von der realen Situation des Pluralismus realer Gerechtigkeitspräferenzen und realer Interessendurchsetzung.[120]

115 Ebd., S. 8.
116 Vgl. hierzu ›Der Vorrang der Grundfreiheiten‹ in Rawls 1994, S. 159-245.
117 Vgl. Rawls 1994, S. 387 f.
118 Rawls 1994, S. 374. Hervorh. v. mir.
119 Vgl. hierzu Dworkin 1989.
120 Zur kommunitaristischen Kritik an Rawls' atomistischer Konzeption rationaler Individuen (am ›ungebundenen Selbst‹) und der Irrealität der ›ori-

Dies macht nicht nur die faktische, sondern auch die juridische normative Schwäche des Rawls'schen Modells aus. Rawls betont zwar, in *Gerechtigkeit als Fairneß* folge »aus dem Vorrang des Rechten, daß die Grundsätze der (politischen) Gerechtigkeit den zulässigen Lebensformen Grenzen setzen«. Wie diese Grundsätze durchgesetzt werden sollen, lässt er mit viel zu pauschalen Verweisen auf den ›Verfassungsstaat‹[121] offen. Ganz unplausibel und in juridischer Hinsicht unbefriedigend ist, dass »Ansprüche, welche die Bürger bei der Verfolgung von Zielen vorbringen, die diese Grenzen überschreiten«, nach Rawls' politischer Konzeption kein Gewicht«[122] haben sollen. Dies begründet Rawls' Abstinenz gegenüber der Institution, für die diese Grenzüberschreitungen von Bedeutung ist und die Gerechtigkeit unter Bedingungen von Grenzüberschreitungen garantieren muss – der Institution des *Rechts* im Verfassungsstaat.

Eine radikale Gegenposition zu Rawls bildet Hans Kelsen Forderung, das Recht vom Pluralismus und Relativismus der Gerechtigkeitsvorstellungen zu entlasten. In *Was ist Gerechtigkeit?* (1953)[123] hat er sich mit dem Problem des Relativismus auseinandergesetzt: »Wenn die Geschichte der menschlichen Erkenntnis uns irgend etwas lehren kann, ist es die Vergeblichkeit des Versuches, auf rationalem Wege eine absolut gültige Norm gerechten Verhaltens zu finden, d.h. aber eine solche, die die Möglichkeit ausschließt, auch das gegenteile Verhalten für gerecht zu halten. Wenn wir aus der geistigen Erfahrung der Vergangenheit irgend etwas lernen können, ist es dies, daß die menschliche Vernunft nur relative Werte begreifen kann, und d.h. daß das Urteil, mit dem etwas für gerecht erklärt wird, niemals mit dem Anspruch auftreten kann, die Möglichkeit eines gegenteiligen Werturteils auszuschließen. Absolute Gerechtigkeit ist ein irrationales Ideal.

ginal position‹ ›hinter dem Schleier des Nichtwissens‹, am illusionären Anspruch auf Neutralität der liberalen Gerechtigkeitsprinzipien, am Verkennen der Bedeutung der Gemeinschaft und traditionaler sozialer Überzeugungen sowie am angemaßten moraltheoretischen Universalismus vgl. u.a. Walzer 1990 und Sandel 1998.

121 Vgl. Rawls 1994, S. 388 f.

122 Ebd., S. 364.

123 Zum Problem der Gerechtigkeit vgl. auch Kelsen 1985 (RR I 1934), S. 12 ff.: »In ihrem eigentlichen, von dem des Rechts verschiedenen Sinne bedeutet ›Gerechtigkeit‹ [...] einen absoluten Wert. Sein Inhalt kann durch die Reine Rechtslehre nicht bestimmt werden.« Kelsen wendet sich sowohl gegen den ontologischen Dualismus von Gerechtigkeit und Recht als auch gegen den naturrechtlichen Rekurs auf ›Gerechtigkeit‹ und sagt, die Frage, was Gerechtigkeit sei, führe zu Leerformeln wie »Jedem das Seine«. (Kelsen 1985 (RR I 1934), S. 14) Vgl. Kelsen 1992 (RR II 1960), S. 60-71.

Vom Standpunkt rationaler Erkenntnis gibt es nur menschliche Interessen und daher Interessenkonflikte. Für deren Lösung stehen nur zwei Wege zur Verfügung: entweder das eine Interesse auf Kosten des anderen zu befriedigen, oder einen Kompromiß zwischen beiden herbeizuführen. Es ist nicht möglich, zu beweisen, daß nur die eine, nicht aber die andere Lösung gerecht ist.«[124]

Auf den ersten Blick fällt Zustimmung zu diesen Ausführungen leicht, wenn man dafür plädiert, sowohl den faktischen Pluralismus als auch den faktischen Relativismus nicht moralisierend zu verteufeln, sondern von dieser Realität aus die Frage nach dem richtigen Recht zu beantworten. Bei näherem Hinsehen aber fällt auf, dass Kelsen seine Prämissen so wählt, dass sich diese *prima vista*-Plausibilität einstellt und bei Ablehnung seiner Thesen nur noch die Position des ›Ich glaube an Gerechtigkeit trotz der Absurdität meines Glaubens‹ vertretbar scheint. Doch Kelsen macht es sich zu leicht, wenn er Gerechtigkeit nur als ›absolute Gerechtigkeit‹ vorkommen lässt. Graduelle Unterscheidungen werden zum Schweigen gebracht, wenn es keinen Komparativ gibt: Ist eine Gesellschaft nicht *gerechter,* wenn es keine aufgezwungene Arbeitslosigkeit gibt? Ist eine *gerechtere* Weltwirtschaftsordnung nicht vorstellbar? Ist nicht rechtliche Allgemeinheit *gerechter* als ein Privilegienrecht? Auch Gustav Radbruchs Frage nach einer Gerechtigkeit, die nicht »am positiven Recht, sondern an der das positive Recht gemessen wird«[125], bleibt im Kelsen'schen Rahmen unbeantwortbar.

Kelsen fragt sich: »Was aber ist die Moral dieser relativistischen Gerechtigkeitsphilosophie? Hat diese überhaupt eine Moral? Ist Relativismus nicht amoralisch oder gar unmoralisch, wie manche meinen? Ich bin nicht dieser Meinung. Das moralische Prinzip, das einer relativistischen Wertlehre zugrunde liegt oder aus ihr gefolgert werden kann, ist das Prinzip der Toleranz, das ist die Forderung, die religiöse oder politische Anschauung anderer wohlwollend zu verstehen, auch wenn man sie nicht teilt, ja gerade, weil man sie nicht teilt, und daher ihre friedlichen Äußerungen nicht zu verhindern.«[126] Erneut liegt spontane Zustimmung nahe, bis fragwürdig wird, was Kelsen mit der Aussage »Toleranz bedeutet Gedankenfreiheit« meint. Der Kontext des Satzes lautet, Toleranz gebe es »nur im Rahmen einer positiven Rechtsordnung, die den Frieden unter den den Rechtsunterworfenen

124 Kelsen 2000, S. 49.

125 Radbruch 1999, S. 34 f.

126 Kelsen 2000, S. 49 f. Die Grenze der Toleranz wird extrem weit hinausgeschoben, wenn Kelsen nur das Recht demokratischer Regierungen kennt, »Versuche, sie mit Gewalt zu beseitigen, mit Gewalt zu unterdrücken und durch geeignete Mittel zu verhindern« (ebd., S. 51).

garantiert, indem sie ihnen jede Gewaltanwendung verbietet, nicht aber die friedliche Äußerung ihrer Meinungen einschränkt«.[127]

Dieser Begriff von Toleranz ist in der Formalität der Zuordnung zu ›einer positiven Rechtsordnung‹ blind. Welche Qualität muss diese Rechtsordnung haben? Was im weiten politisch-sozialen Feld zwischen Meinung und Gewalt an Gerechtigkeitsproblemen besteht, bleibt unsichtbar. Und der Toleranzbegriff ist bedeutungsleer, weil ein Kriterium für das unter Gerechtigkeitsgesichtspunkten Tolerierbare nicht angegeben wird. Diese Blindheit und Leere ergeben sich nicht aus einer zufällig schwachen Argumentation, sondern sie sind das Ergebnis einer gewollten und systematisch begründeten *materialen Unterbestimmung des Rechts*.

Dies wird offensichtlich in Kelsens Verständnis des kantischen kategorischen Imperativs »Handle nur nach der Maxime, von der du zugleich wünschen kannst, daß sie ein allgemeines Gesetz werde«. Er wählt die formalste und inhaltsleerste der zahlreichen kantischen Formulierungen aus und umgeht so, was z. B. in einer anderen unübersehbar ist: »Das oberste Princip der Tugendlehre ist: handle nach einer Maxime der *Zwecke*, die zu haben für jedermann ein allgemeines Gesetz sein kann. – Nach diesem Princip ist der Mensch sowohl sich selbst als Andern Zweck, und es ist nicht genug, daß er weder sich selbst noch andere blos als Mittel zu brauchen befugt ist (dabei er doch gegen sie auch indifferent sein kann), sondern *den Menschen überhaupt sich zum Zwecke zu machen ist an sich selbst des Menschen Pflicht.*«[128] In Kelsens Lesart, auf »die entscheidende Frage der Gerechtigkeit« – »welches sind diese Normen, von denen wir wünschen können oder sollen, daß sie allgemein verbindlich seien?« – gebe der kategorische Imperativ »keine Antwort«[129], ist von den kantischen *Geltungsgründen* – Vernunft und Kausalität aus Freiheit –, keine Rede mehr. Kant argumentiert so: »Der kategorische Imperativ, der überhaupt nur aussagt, was Verbindlichkeit sei, ist: handle nach einer Maxime, welche zugleich als ein allgemeines Gesetz *gelten kann*! – Deine Handlungen mußt du also zuerst nach ihrem subjectiven Grundsatze betrachten: ob aber dieser Grundsatz auch objectiv gültig

127 Ebd., S. 50. Diese Friedensgarantie für die Rechtsunterworfenen kann auch in Diktaturen gegeben sein, die nicht offen terroristisch sind.

128 Kant, *Die Metaphysik der Sitten*, 2. Tl.: Metaphysische Anfangsgründe der Tugendlehre, AA VI, S. 395. Hervorh. v. mir. In den *Metaphysischen Anfangsgründen der Rechtslehre* lautet »das allgemeine Rechtsgesetz: *handle äußerlich so, daß der freie Gebrauch deiner Willkür mit der Freiheit von jedermann nach einem allgemeinen Gesetze zusammen bestehen könne* [...]« (ebd., S. 231).

129 Kelsen 2000, S. 41.

sei, kannst du nur daran erkennen, daß, weil deine *Vernunft ihn der Probe unterwirft*, durch denselben dich zugleich als allgemein gesetzgebend zu denken, er sich zu einer solchen allgemeinen Gesetzgebung qualificire.«[130]

4.4 Naturrecht und Rechtspositivismus

Was in der Debatte über Naturrecht vs. Rechtspositivismus verhandelt wurde und wird, sind die Probleme, was Recht *ist*, was der Grund seiner Geltung ist und ob bzw. wie Maßstäbe ›richtigen‹ Rechts begründet werden können. Rechtspositivistische Prinzipien bestimmen die Sätze von Naturrechtskritikern wie K. Bergbohm – »Das Dasein alles Rechts besteht darin, daß es Wirkungen auszuüben vermag«[131] – und H. Kelsen: »Mit dem Wort ›Geltung‹ bezeichnen wir die spezifische Existenz einer Norm«.[132] Wer sich mit der These, die Geltung des Rechts ergebe sich allein aus der Existenz und Wirksamkeit der vom Staat gesetzten Normen nicht zufrieden geben will und nach Alternativen sucht, greift in der Regel auf – wie immer näher definierte – Prinzipien des Naturrechts zurück.

In ihren jeweils verabsolutierten metaphysischen bzw. gesetzespositivistischen Formen sind weder das Naturrecht noch der Rechtspositivismus allgemeiner Anerkennung fähig. Ein Kandidat möglicher Anerkennung ist ein minimales, historisiertes Naturrecht, das – wie bei G. Radbruch – seine Verwirklichung in den positivierten Menschenrechten findet. Der zweite Kandidat ist ein Rechtspositivismus, der – in Weiterentwicklung der Rechtslehre Kelsens – *diesseits* der Faktizität des Rechts eine menschenrechtliche Grundlegung der Grundnorm ›Verfassung‹ zulässt und einräumt, dass »der Anspruch auf menschenrechtliche Richtigkeit den Verfassungsgeber und die Verfassungsinterpreten zur dauernden Suche nach der besten Menschenrechtskonzeption« verpflichtet.[133]

130 Kant, *Die Metaphysik der Sitten*, 1. Tl.: Metaphysische Anfangsgründe der Rechtslehre, AA VI, S. 225

131 Bergbohm 1973 (1892), S. 144.

132 So Kelsen 1992 (RR II 1960), S. 9.

133 Alexy 2010, S. 951.

4.4.1 *Naturrecht*

Das in der Antike als Oppositionsdenken gegen autokratische bzw. aristokratische Herrschaft entstandene Naturrecht[134] verlangt für eine gerechte Ordnung eine ›*natürliche*‹ Legitimation. *Natur*recht ist, so eine allgemeine Formel seit Justinian (6. Jahrhundert), was die Natur alle Lebewesen lehrt. Allen naturrechtlichen Konzeptionen gemein ist das Prinzip: Aus der natürlichen Ordnung der Dinge selbst erschließt sich, was recht und gerecht ist.

Die natürliche Ordnung aber interpretiert sich nicht auf ›natürliche‹ Weise. Weil »das Kriterium für die Wahl zwischen faktischen Alternativen [...] nicht in den Fakten selbst liegen« kann, »heben Naturrechtstheorien aus der Fülle dessen, was tatsächlich existiert, bestimmte Gegebenheiten als die ›wahre Natur‹ der Sache heraus [...] Damit trifft man aber schon eine wertende Auswahl, legt also bestimmte ethische Maßstäbe in die ›natürliche Ordnung‹ hinein, um sie dann wieder aus der ›wahren Natur‹ des Menschen, der Institution oder der Sache herauszulesen. [...] So gibt es naturrechtliche Begründungen des Individualeigentums ebenso wie solche des Güterkommunismus und naturrechtliche Rechtfertigungen der Monarchie ebenso wie solche der Demokratie.«[135] Der Begriff ›Naturrecht‹ verändert seinen Inhalt je nach theoretischen und praktischen Rahmen.[136] Es gibt einen Konflikt der Interpretationen. Naturrechtslehren sind essenzialistisch und antirelativistisch, und doch wird ihr jeweiliger Geltungsanspruch im historischen Prozess relativiert.

Den geschichtlichen Wandel der Naturrechtslehren skizziert Gustav Radbruch in seiner *Rechtsphilosophie* so: »Von ihrem Anbeginne bis zum Anfang des 19. Jahrhunderts war alle Rechtsphilosophie *Naturrechtslehre*. Gewiß begreift die Bezeichnung Naturrecht Erscheinungen grundverschiedener Art in sich. Das Naturrecht der Antike kreiste um den Gegensatz von Natur und Satzung, das Naturrecht des Mittelalters um den Gegensatz von göttlichem und menschlichem Recht, das Naturrecht der Neuzeit um den Gegensatz zwischen Rechtszwang und Einzelvernunft. Bald dient das Naturrecht einer tieferen Befestigung des gesetzten Rechts, bald gerade umgekehrt dem Kampfe gegen das gesetzte Recht. Aber in allen seinen Formen ist es durch vier, zu verschiedenen Zeiten freilich verschieden betonte Wesenszüge gekennzeichnet: Es liefert inhaltlich bestimmte rechtliche Werturteile. Diese Werturteile sind entsprechend ihrer Quelle – Natur, Offenbarung,

134 Vgl. die Beiträge in Goldschmidt/Zechlin 1994 und Maus 2010.
135 Zippelius 1996, S. 41.
136 Zur Problemgeschichte vgl. Maus 2010.

Vernunft – allgemeingültig und unwandelbar. Sie sind der Erkenntnis zugänglich. Sie gehen, einmal erkannt, widersprechendem gesetzten Rechte vor: Naturrecht bricht positives Recht.«

Was aber bleibt angesichts der Historizität der Naturrechtsidee an *Natur* und von der mit dem Naturbegriff verknüpfter Allgemeingültigkeit und Notwendigkeit? »Will man für das demnach nur durch die Einheitlichkeit der kategorialen Form gekennzeichnete ›richtige Recht‹ dennoch den Namen Naturrecht festhalten, so muß man es dem unwandelbaren Naturrecht alten Stils [...] als ein ›Naturrecht mit wechselndem Inhalt‹ oder, wie man wohl gesagt hat, als ›*Kulturrecht*‹ gegenüberstellen. Wäre [...] richtiges Recht, gleichviel ob Naturrecht alten Stils oder Naturrecht mit wechselndem Inhalt, entgegen der relativistischen Auffassung eindeutig erkennbar, so wäre der Schluß unvermeidlich, daß von ihm abweichende Satzung vor ihm erbleichen müßte wie der entlarvte Irrtum vor der enthüllten Wahrheit.«[137]

Die Naturrechtstheorien der Aufklärungszeit gingen vom hypothetischen Konstrukt eines Naturzustands aus, »in dessen Kontext sie die ›Natur‹ des Menschen jenseits aller gesellschaftlichen Bedingungen und politischen Integrationsmechanismen bestimmten«. Dennoch machten sie sich »damit keineswegs – wie ein heute beliebter naiver Vorwurf lautet – einer unhistorischen und unsoziologischen Betrachtungsweise schuldig. Die bewußte Abstraktion von allen realexistierenden Konstitutionsbedingungen der Subjekte, die atomistische Reduktion von Individuen auf eine ›Natur‹, die gegenüber allen staatlichen Veranstaltungen logische und normative Priorität beansprucht, verfolgte den Zweck, dieser Natur des Menschen Rechte zuzuordnen, die den politischen Institutionen vorhergingen. Gerade die Abstraktionen dieser naturrechtlichen Argumentation dienten der Qualifizierung aller Freiheitsrechte als vorstaatlicher Rechte. Bei der Begründung von Menschenrechten beabsichtigt die Naturrechtstheorie der Aufklärung mitnichten eine Deskription gesellschaftlich-politischer Zustände (diese liefert sie in kritischer Absicht in empirischen Partien ihrer Werke), sondern eine Aussage über die Allokation des naturrechtlichen Arguments: aus dem vorstaatlichen Charakter der Menschenrechte folgt, daß kein überpositivrechtliches Argument jemals von Seiten der Staatsapparate gegen die Individuen geltend gemacht werden kann, sondern daß der Durchgriff auf überpositives Recht ausschließlich denen zukommt, die nicht politische Funktionäre, sondern ›nur‹ Menschen sind.«[138]

[137] Radbruch 1999, S. 21 f. Hervorh. v. mir.

[138] Maus 1994, S. 10. Vgl. dies. 2010.

Heute aber seien – so der kritische Befund von I. Maus – Naturrecht, Menschenrechte und politische Gerechtigkeit »das Gegenteil dessen, was im 17./18. Jahrhundert theoretisch begründet und erkämpft wurde. Wenn z.B. das Bundesverfassungsgericht seit dem Beginn seiner Rechtsprechung die Existenz überpositiven Rechts anerkennt, das in elementaren Verfassungsgrundsätzen zum Ausdruck komme und den Verfassungsgesetzgeber ebenso binde wie die Grundrechte den Gesetzgeber, so bezieht sich diese Aussage nicht mehr auf überpositive Freiheitsrechte von Individuen gegen positivrechtlich konstituierte Staatsapparate, sondern bezeichnet ein Machtarrangement zwischen den Staatsapparaten selbst, das zugleich die Freiheitsperspektive umkehrt. [...] Aus einst naturrechtlich begründeten und verfassungsrechtlich garantierten Freiheitsrechten von Individuen gegen den Staat wird so die große Freiheit eines Staatsapparats, über den Inhalt solcher Rechte je nach Lage der Sache privilegiert und durchaus voluntaristisch zu entscheiden.« [139]

Zwar wird heute auf den Begriff weithin verzichtet, doch die mit der Naturrechtsidee verbundene »Idee einer transpositiven Gerechtigkeit« ist durchaus aktuell; es wird häufig betont, »die Verbindlichkeit eines Rechtswertes [sei] nicht ausschließlich auf die Entscheidung einer rechtsetzenden Instanz zurückzuführen, sondern als Eigenschaft des Rechtswerts selbst zu behandeln. Dabei ist es gleichgültig, ob die Begründung die Natur, die Vernunft, das Menschsein oder – die zeitgemäße Variante – den Konsens als ›Rechtsquelle‹ oder Geltungsgrund in Anspruch nimmt. So betrachtet gehören auch jene Varianten einer Rechtsethik hierher, die sich nicht auf die moralische Qualifizierung gesetzten Rechts beschränken (also im Schema von gut/schlecht bewerten), sondern die Verbindlichkeit einer Rechtsentscheidung bzw. die Unterscheidung von Recht und Unrecht selbst zu einer Frage des moralischen Urteils machen.« [140]

4.4.2 *Rechtspositivismus*

Als ›Rechtspositivismus‹ wird die Auffassung bezeichnet, die unter ›Recht‹ die ›positiven‹, d.h. vom Gesetzgeber gesetzten bzw. aus Gewohnheit geltenden bzw. aus richterlicher Tätigkeit entstehenden Normen versteht. Der Rechtspositivismus nimmt darüber hinaus keine vor- bzw. außerrechtlichen Quellen der Rechtsbegründung, Rechtserkenntnis und Rechtsgeltung in Anspruch. Auf die ontologische Funktionalisierung der Natur als Grundlage des Rechts wird verzichtet,

139 Maus 1994, S. 9.
140 Nocke 1994, S. 82 f.

denn das natürliche Sein sagt nicht, was gesollt ist. Der Wert des Rechts ist im positivierten Recht repräsentiert.[141] Das Problem der ›Richtigkeit‹ des Rechts ist damit allerdings nicht gelöst. Die Frage, was rechtens ist, kann nicht allein mit Verweis auf die Existenz positiven Rechts beantwortet werden.[142]

Der herkömmliche, sich auf ›die Fakten‹ begründende Rechtspositivismus plädiert für eine empirische Rechtstheorie. Er formuliert seine Empirizitätsideale – zumindest in seinen Anfängen – oft in Analogie zu den Naturwissenschaften.[143] Die Forderung nach einem nicht mehr metaphysischen, sondern ›positiven‹ Rechtsverständnis hat sich in dem viele Kulturformen übergreifenden Prozess der Weltbildveränderung im 19. Jahrhundert durchgesetzt, in dessen Ergebnis ›den Tatsachen ihr Recht‹ zurückgegeben werden sollte. Hans Kelsen, der bedeutendste Vertreter des Rechtspositivismus[144] in Deutschland im 20. Jahrhundert, beschreibt diesen Prozess für die Rechtswissenschaft so: »Mit dem Sieg des liberalen Bürgertums im 19. Jahrhundert setzt eine ausgesprochene Reaktion gegen Metaphysik und Naturrechtslehre ein. *Hand in Hand mit dem Fortschritt der empirischen Naturwissenschaften,* mit einer kritischen Auflösung der religiösen Ideologie vollzieht sich die Wendung der bürgerlichen Rechtswissenschaft von der Naturrechtstheorie zum Positivismus.«[145] Kelsen verweist kritisch darauf, dass dieser Wandel nicht vollständig war, sondern auch im Rechtspositivismus vor- bzw. überpositive Rechtsbegründungen wirksam geblieben sind: »Das Urteil, daß irgend etwas rechtlich normiert sei, ist

141 Vgl. Hassemer 1972, S. 334. Zur Rolle der Kodifikation für die Entstehung und Entwicklung des Rechtspositivismus vgl. ebd., S. 334 f.

142 Vgl. Radbruch 1959, S. 78 f.

143 Larenz' Charakterisierung des Rechtspositivismus als Auffassung, für die »das Vorbild der ›exakten‹ Naturwissenschaften als maßgebend« angenommen werden müsse (Larenz 1979, S. 40), trifft vor allem für den frühen Rechtspositivismus im 19. Jahrhundert zu. Zum Zusammenhang von Rechtspositivismus und Naturwissenschaften im 19. Jahrhundert vgl. Tripp 1983. Zur Kritik am »Ideal der Verwissenschaftlichung des Rechts« vgl. Kriele 2003, S. 74-79.

144 Kelsen bezeichnet die *Reine Rechtslehre* in der 1. Aufl. als Fortsetzung der »positivistischen Rechtstheorie des 19. Jahrhunderts« (Kelsen 1985 (RR I 1934), S. 25). »Die Reine Rechtslehre ist die Theorie des Rechtspositivismus« (ebd., S. 38). In *Die philosophischen Grundlagen der Naturrechtslehre und des Rechtspositivismus* hat Kelsen (1928, S. 62 ff.) den »juristischen Positivismus« als »*Theorie des positiven Rechts*« eng mit der »Erkenntnistheorie der wissenschaftlichen Weltanschauung«, d. h. des ›Wiener Kreises‹, verbunden. Diese Verbindung mit dem »logistischen Positivismus« hat Hermann Heller verworfen. (Heller 1971 [1930], S. 120).

145 Kelsen 1985 (RR I 1934), S. 19. Hervorh. v. mir.

niemals ganz frei von der Vorstellung, daß es so gut, so richtig, so gerecht sei. Und in diesem Sinne entbehrt die Begriffsbestimmung des Rechts als Norm und Sollen durch die positivistische Jurisprudenz des 19. Jahrhunderts tatsächlich nicht eines gewissen ideologischen Elements.«[146]

Obwohl sich Rechtspositivisten auf die ›Tatsächlichkeit eines nicht weiter ableitbaren autoritativen Wollens konzentrieren, beschränken sie sich längst nicht mehr auf *deskriptive* Sätze über bestehendes Recht als ›Tatsache‹, das deshalb auch schon ›richtiges Recht‹ wäre. Dies erst wäre eine Apologie des jeweiligen *status quo*. Sie sehen vielmehr das Recht als System *normativer* Sätze, das sich im Rahmen sozialen Wandels ständig verändert: Das Recht wird als System von Geboten aufgefasst, die auf die tatsächliche Willensbildung und -bekundung im Rahmen staatlicher Gewalt zurückzuführen sind. Als ›Tatsache‹ kann nur der *Ursprung* des Rechts aus – in der Regel – staatlicher Willensbildung aufgefasst werden. Was aus ihr entsteht, sind Normen und Imperative, nach deren Geltungsgründen zu fragen ist.[147] Sie bilden den Gegenstand der Rechtswissenschaft. Es ist für jeden wissenschaftstheoretisch geschulten Rechtspositivisten trivial, dass auch Rechts-›Tatsachen‹ *interpretations*abhängig und ihre Bedeutungen kontextabhängig sind.

Der *Rechts*positivist ist – im Unterschied zu einem radikalen *Gesetzes*positivismus – keineswegs gezwungen, alles gesetzte Recht (Gesetze wie etwa die ›Rassen‹-Gesetzgebung im Nationalsozialismus) als ›richtiges Recht‹ anzuerkennen bzw. zu legitimieren. Insofern ist Radbruchs Kennzeichnung des »juristischen Positivismus« zumindest überspitzt: »Man sucht nicht mehr in der Rechtswirklichkeit auch den Rechtswert, man erklärt vielmehr alle Rechtswertbetrachtung für unwissenschaftlich und beschränkt sich bewußt auf die empirische Erforschung des Rechts.«[148] In seinen Kieler Vorlesungen des Jahres 1919 hatte Radbruch den Rechtspositivismus noch härter kritisiert: »Der juristische Positivismus ist die juristische Erscheinungsform des realpolitischen, des machtpolitischen Zeitalters. Recht ist dem juristischen Positivismus wesentlich gleich Gesetz, gleich Staatswille. Der Unterschied von Recht und Macht, von Recht und Willkür erscheint aufgehoben: mit der Macht des Staates geht das Recht unzertrennlich Hand in Hand und jede Willkür des Staates wird in der Form des Gesetzes zum Recht. Rechtswissenschaft – Götzendienst gegenüber der Macht. Neben dem vom Staate erzeugten Recht wird widerwillig noch das

146 Ebd., S. 21.
147 Zippelius 1994, S. 7 f.
148 Radbruch 1959, S. 113.

von der Gesellschaft erzeugte Gewohnheitsrecht geduldet und auch hier jede gewohnheitsrechtliche Willkür ohne Bedenken als Recht anerkannt. [...] Der Jurist aber ist für diese Auffassung nicht sowohl Diener der Gerechtigkeit, als blinder Vollstrecker des Staatswillens, als Philologe des Gesetzestextes.«[149]

Der Rechtspositivismus ist aber – wie auch das Naturrecht – hinsichtlich seiner praktischen Wirkungen neutral; er kann progressive oder regressive Folgen zeitigen. Als rechtstheoretischer Fortschritt kann er bewertet werden, wenn seine Folgen bestehen (i) in der Wahrung der Gewaltenteilung und in dem gegen subjektive richterliche Willkür gerichteten *Rechtsschöpfungsverbot* für die richterliche Gewalt, das freilich die *Fortbildung des Rechts* durch gesetzeskonforme Lückenergänzung nicht ausschließt[150], (ii) in der Forderung nach *Geschlossenheit* (Vollständigkeit) der Rechtsordnung, in der es den nichtjustiziablen Fall nicht geben darf (kein *Rechtsverweigerungsverbot* für Richter)[151], und (iii) im Verzicht darauf, die Rechtsauslegung von privaten Weltanschauungen und Moralen abhängig zu machen. Die positive Funktion des Rechtspositivismus besteht in der *grundsätzlichen Bindung staatlicher Gewalt an das Verfassungsrecht.*

Doch im Rechtspositivismus bleibt das auch im Naturrecht nur scheinbar gelöste Problem der Geltung des Rechts bestehen. Wie ist zu begründen, dass der Inhalt des Rechts etwas Geltendes, Gesolltes, Verpflichtendes ist? Radbruchs Version dieser Frage lautet: »Die Frage der Geltung des Rechts ist die Frage der ›Normativität des Faktischen‹ [...]: Wie kann aus einem Faktum eine Norm, wie kann aus dem Rechtswillen des Staates oder der Gesellschaft ein rechtliches Sollen hervorgehen, das doch, wie es scheint, ein Wollen, wenn es von der Macht begleitet ist, zwar ein Müssen, aber niemals ein Sollen hervorrufen kann? [...] Aber auf der Suche nach dem Grunde dieser Geltung stößt *die juristische Geltungslehre* mit Notwendigkeit irgendeinmal

149 Radbruch 2004 (1919), S. 33.

150 Die Undurchführbarkeit des Rechtsschöpfungsverbots angesichts der Lückenhaftigkeit von Gesetzen und der Notwendigkeit subjektiver richterlicher Interpretation betonen Kaufmann/Hassemer/Neumann 2010, S. 78 und 116. Karl Larenz stellt fest: »Auslegung des Gesetzes im engeren Sinn (bis zur Grenze des möglichen Wortsinnes) und Fortbildung des Rechts durch gesetzeskonforme Lückenergänzung und Konkretisierung der leitenen Prinzipien sind zwei ineinander übergehende Stufen desselben Verfahrens.« (Larenz 1974, S. 32).

151 Zu dieser Charakterisierung des »juristischen Positivismus« vgl. Radbruch 1959 (1947), S. 78 f.

auf die Tatsächlichkeit eines nicht weiter ableitbaren autoritativen Wollens.«[152]

Die Rechtsgeltung muss nicht nur die »Legalität des Verhaltens im Sinne einer durchschnittlichen Normbefolgung, die erforderlichenfalls durch Sanktionen erzwungen wird«, garantieren, sondern »auch die Legitimität der Regel selbst, die eine Befolgung der Norm aus Achtung vor dem Gesetz jederzeit möglich macht«.[153]

Der Frage nach der Geltung des Rechts und nach Maßstäben ›richtigen‹ Rechts widmet sich nicht zuletzt die Rechtsphilosophie.[154] Aus ihrer Geschichte sei hier auf die philosophische Rechtslehre verwiesen, die die Idee des *juridischen Kosmopolitismus*[155] begründet und wie kaum eine andere die Entwicklung der modernen Rechtstheorie und des Rechts beeinflusst hat – die Rechtslehre Kants.

4.5 Kant – Recht in weltbürgerlicher Perpektive

Kant hat in *Zum ewigen Frieden* (1795, ²1796) geschrieben, »daß die Rechtsverletzung an *einem* Platz der Erde an *allen* gefühlt wird«. Deshalb »ist die Idee eines Weltbürgerrechts keine phantastische und überspannte Vorstellungsart des Rechts, sondern eine nothwendige Ergänzung des ungeschriebenen Codex sowohl des Staats- als Völkerrechts zum öffentlichen Menschenrechte überhaupt«.[156] Seine Philosophie ist nicht zuletzt deshalb für moderne pluralistische Gesellschaften von Bedeutung, weil er im Interesse der Harmonisierung von Freiheit und Ordnung dem Recht systematisch Priorität vor der Ethik einräumt.[157]

152 Radbruch 1963, S. 174.
153 Habermas 1994, S. 49.
154 »Rechtsphilosophie befaßt sich heute zumeist mit zwei Fragestellungen: einmal versucht sie zu klären, worum es sich beim ›Recht‹ eigentlich handelt, wie dieses Phänomen näher zu bestimmen ist [...]. Zum anderen geht sie der Frage nach, ob es irgendwelche Kriterien des Richtigen gibt, die nicht schon einer von einem staatlichen Gesetzgeber erlassenen Norm oder richterlichen Entscheidungspraxis entnommen werden können, ob sich also sinnvoll von ›vorpositivem‹ oder ›überpositivem‹ Recht sprechen läßt« (Seelmann 1994, S. 1). Vgl. zu einer enzyklopädischen Darstellung Kaufmann 2010.
155 Vgl. Kleingeld 1997, Benhabib 2009, Sandkühler 2010g.
156 Kant, *Zum ewigen Frieden*, AA VIII, S. 360.
157 Zu dem Missverständnis, »die Kantische Auffassung des Rechts liege im Horizont der Ethik«, vgl. Kervégan 2011, S. 309.

Kants anthropologischer Realismus und seine idealistische metaphysische Begründung des Rechts aus der Vernunft stehen in einem Spannungsverhältnis zueinander. Seinen Idealismus heute zu kritisieren ist kein sinnvolles Ziel. Interessanter ist eine Re-Lektüre, die zeigt, dass Kant an Bedeutung für unsere Zeit gewinnt, wenn man auf metaphysische Begründungen verzichtet. Für die Metaphysik ist die ›Vernunftidee‹ des Rechts etwas, »was zu den Ideen gezählt werden muß, denen adäquat kein Gegenstand in der Erfahrung gegeben werden kann, dergleichen eine vollkommene *rechtliche Verfassung* unter Menschen ist, das ist das Ding an sich selbst.«[158] Der Verzicht auf die metaphysische Konstruktion stärkt die kosmopolitische Geltung positiven ›richtigen‹ Rechts.

Kants Rechtslehre ist kein untergeordneter Teil seiner Moralphilosophie. Es bedarf keiner moralphilosophischen Begründungen dafür, *dass* es Recht gibt. Warum es das Recht geben muss, ergibt sich *ex negativo* aus demselben Grund, aus dem die Rechtstheorie *normative* Theorie ist: Die Analyse der Gründe für die Existenz des Rechts folgt dem Befund, dass die Menschen vernünftig handeln sollen, *de facto* aber oft diesem Sollen nicht entsprechen. Die ihnen von Kant zugeschriebene Freiheit garantiert nicht, dass sie sich in ihrem Handeln der Achtung und dem Schutz der Freiheit Dritter verpflichtet wissen. Die Normativität des kategorischen Imperativs wäre grundlos, wäre die wechselseitige Achtung der Freiheitsansprüche – wie später bei Hegel – in einer *substanziell* freien und vernünftigen Sittlichkeit garantiert. Weil dies nicht so ist, gibt es das Recht mit seiner ›Befugnis, zu zwingen‹. Gleichwohl gibt es in Kants *Metaphysik der Sitten* eine moralphilosophische Dimension, sobald es darum geht, zu begründen, *wie* – d. h. an welchen Werten orientiert – Recht und Staat sein sollen.[159]

Kant spricht vom »*Weltbürgerrecht*«, »so fern Menschen und Staaten, in äußerem auf einander einfließendem Verhältniß stehend, als Bürger eines allgemeinen Menschenstaats anzusehen sind (*ius cosmopoliticum*)«.[160] Doch er erwartet das Erreichen des kosmopolitischen Ziels »nicht von der freien Zusammenstimmung *der Einzelnen*, sondern nur durch fortschreitende Organisation der Erdbürger in und zu der Gattung als einem System, das kosmopolitisch verbunden ist«.[161] Kosmopolitismus ist keine aus spontaner Moralität quellende Denk- und Verhaltensweise, sondern das Ergebnis von Kultivierung. In Kants *Anthropologie in pragmatischer Hinsicht* heißt es, der Mensch müsse

158 Kant, *Metaphysik der Sitten*, AA VI, S. 371.
159 Siehe in diesem Buch Abschn. 6.3.4.
160 Kant, *Zum ewigen Frieden*, AA VIII, S. 349, Anm.
161 Kant, *Anthropologie in pragmatischer Hinsicht*, AA VII, S. 333.

sich »im Kampf mit den Hindernissen, die ihm von der Rohigkeit seiner Natur anhängen, [...] der Menschheit würdig [...] machen«.[162] Wie Vorarbeiten *Zum ewigen Frieden* zeigen, verbindet Kant den Prozess der Kultivierung deshalb mit dem Recht, weil die fortschreitende Kultur »unvermeidlich einen Wiederstreit in den Absichten der Menschen hervor[bringt,] weil kein allgemeines Princip da ist[,] was Macht hätte ihre Bestrebungen einhellig zu machen (d.i. ohne den moralischen Gesetzen angemessen zu seyn) und einer des anderen Absicht vernichtet[,] d.i. weil das Böse sich selbst immer im Wege ist. Also stimmt die Natur negativ zu dem was das Rechtsgesetz vorschreibt zusammen d.i. es zwingt zu einem Analogon der moralischen Gesetze z.B. in Errichtung einer staatsbürgerlichen Gesellschaft, dem Völkerrecht.«[163] Die faktischen menschlichen Verhaltensweisen begünstigen den Kosmopolitismus nicht; Kant beklagt: »patriotische oder cosmopolitische Tugend. Zu Hause und gegen Familie oder Vaterland enthusiastisch, gegen die ganze übrige Welt gleichgültig. Patriotische Misgunst gegen andre Völker.« Auf diese Faktizität reagiert Kant mit seiner normativen Strategie: »Ein jeder Mensch hat rechtmäßigen Anspruch auf Achtung von seinen Nebenmenschen, und wechselseitig ist er dazu auch gegen jeden Anderen verbunden.«[164]

Geht man der normativen Strategie auf den Grund, die Kant vor allem in der ›Rechtslehre‹[165] seiner *Metaphysik der Sitten* entwickelt hat, dann liegt eine *pragmatische* Re-Lektüre nahe, in deren Ergebnis seine Lehre als *pragmatische Funktionstheorie von Recht und Staat* verstanden wird. In dieser Perspektive, die mit Kant über Kant hinausgeht, rückt das rechtskonforme Handeln ins Zentrum, in Kants Worten: »die bloße Übereinstimmung oder Nichtübereinstimmung einer Handlung mit dem Gesetze ohne Rücksicht auf die Triebfeder derselben«.[166] Beim »kategorische[n] Imperativ, der überhaupt nur aussagt, was Verbindlichkeit sei«, liegt dann aus Gründen der Formalität, Allgemeinheit und Universalisierbarkeit der Rechtsnormen der Akzent auf dem *Gesetz*: »handle nach einer Maxime, welche zugleich als ein allgemeines Gesetz gelten kann!«[167], nicht aber auf dem gleichlautenden »oberste[n] Grundsatz der Sittenlehre«. Die Forderung, dass eine

162 Ebd., S. 325.

163 Kant, Nachlass, AA XXIII, S. 172.

164 Kant, *Metaphysik der Sitten, Tugendlehre*, AA VI, S. 462.

165 Vgl. hierzu das von J.-F. Kervégan und G. Mohr verfasste Kapitel »Das Recht und der Staat« in: Sandkühler 2005, S. 172-194. Vgl. u.a. auch Bobbio 1969, Kersting 1993a, Brandt 1997, Byrd/Hruschka 2006, Kersting 2007, von der Pfordten 2009.

166 Kant, *Metaphysik der Sitten, Rechtslehre*, AA VI, S. 219.

167 Ebd., S. 225. Vgl. hierzu Fulda 2006.

Maxime als ›ein *allgemeines Gesetz* gelten kann‹, kann so übersetzt werden: Eine solche Maxime kann die Form der im Interesse gleicher Freiheit alle gleichermaßen verpflichtenden gesetzlichen Allgemeinheit annehmen. Kants Fazit »Jede Maxime, die sich hiezu nicht qualificirt, ist der Moral zuwider«[168] wird freilich heute auf den Vorbehalt stoßen, dass unter Bedingungen des Pluralismus von *der* einen Moral schwerlich gesprochen werden kann.

Die hier vorgeschlagene Revision verabschiedet sich weder von Kants wegweisender Frage, ob sich eine Handlung »mit der Freiheit des andern nach einem allgemeinen Gesetze zusammen vereinigen lasse«, noch von seinem Begriff des Rechts: »Das Recht ist [...] der Inbegriff der Bedingungen, unter denen die Willkür des einen mit der Willkür des andern nach einem allgemeinen Gesetze der Freiheit zusammen vereinigt werden kann«.[169] Die pragmatische und funktionale Akzentsetzung schränkt auch die Erklärung Kants zum allgemeinen Rechtsgesetz nicht ein: Im Handeln sollen die Freiheiten aller »nach einem allgemeinen Gesetze« koexistieren; die Forderung nach Grenzen der Freiheit besagt nicht, »daß ich [...] meine Freiheit auf jene Bedingungen *selbst* einschränken *solle*, sondern die Vernunft sagt nur, daß sie in ihrer Idee darauf eingeschränkt *sei* und von andern auch thätlich eingeschränkt werden dürfe; und dieses sagt sie als ein Postulat, welches gar keines Beweises weiter fähig ist.«[170]

Wären die Menschen von Natur aus gut und wären die Verhältnisse, in denen sie leben, Verhältnisse guten Lebens, dann wäre der mit dem Recht unmittelbar verbundene Zwang nicht notwendig. Der Zwang ist notwendig als »*Verhinderung eines Hindernisses der Freiheit*«. Kurz: »mit dem Rechte [gibt es] zugleich eine Befugniß, den, der ihm Abbruch thut, zu zwingen«.[171] Die Norm »Gieb Jedem das Seine« wäre »eine Ungereimtheit [...]; denn man kann niemanden etwas geben, was er schon hat. Wenn sie also einen Sinn haben soll, so müßte sie so lauten: ›Tritt in einen Zustand, worin Jedermann das Seine gegen jeden Anderen gesichert sein kann‹ (*Lex iustitiae*)«.[172] Ein solcher Zustand ist ein rechtlicher Zustand, und »das formale Princip der

168 Kant, *Metaphysik der Sitten, Rechtslehre*, AA VI, S. 226. Vgl. *Grundlegung zur Metaphysik der Sitten*, BA 66 f., und *Kritik der praktischen Vernunft*, A 54.

169 Kant, *Metaphysik der Sitten, Rechtslehre*, AA VI, S. 230.

170 Ebd., S. 231.

171 Ebd.

172 Ebd., S. 237.

Möglichkeit desselben, nach der Idee eines allgemein gesetzgebenden Willens betrachtet, heißt die öffentliche Gerechtigkeit«.[173]

Ein anderer Name für diesen Zustand öffentlicher Gerechtigkeit ist ›*öffentliches Recht*‹, »ein System von Gesetzen für ein Volk, d.i. eine Menge von Menschen, oder für eine Menge von Völkern, die, im wechselseitigen Einflusse gegen einander stehend, des rechtlichen Zustandes unter einem sie vereinigenden Willen, einer *Verfassung* (*constitutio*), bedürfen, um dessen, was Rechtens ist, theilhaftig zu werden.« Für Kant ergibt sich aus »dem allgemeinen Begriffe des öffentlichen Rechts nicht bloß das Staats-, sondern auch ein *Völkerrecht* (*ius gentium*) [...]: welches dann [...] beides zusammen zu der Idee eines *Völkerstaatsrechts* (*ius gentium*) oder des *Weltbürgerrechts* (*ius cosmopoliticum*) unumgänglich hinleitet: so daß, wenn unter diesen drei möglichen Formen des rechtlichen Zustandes es nur einer an dem die äußere Freiheit durch Gesetze einschränkenden Princip fehlt, das Gebäude aller übrigen unvermeidlich untergraben werden und endlich einstürzen muß«.[174]

Kant weist aus zumindest zwei Gründen die Annahme zurück, es sei »die Erfahrung, durch die wir von der Maxime der Gewaltthätigkeit der Menschen belehrt werden und ihrer Bösartigkeit, sich, ehe eine äußere machthabende Gesetzgebung erscheint, einander zu befehden«. Es sei »nicht etwa ein Factum, welches den öffentlich gesetzlichen Zwang nothwendig macht«, sondern es liege »*a priori* in der Vernunftidee eines solchen (nicht-rechtlichen) Zustandes, daß, bevor ein öffentlich gesetzlicher Zustand errichtet worden, vereinzelte Menschen, Völker und Staaten niemals vor Gewaltthätigkeit gegen einander sicher sein können, und zwar aus jedes seinem eigenen Recht zu thun, *was ihm recht und gut dünkt*, und hierin von der Meinung des Anderen nicht abzuhängen«.[175]

Der erste Grund ergibt sich aus der innertheoretischen Kohärenz einer *Metaphysik* der Sitten, die empirische Begründungen und Beweise nicht zulässt und den Fehlschluss vom Sein auf das Sollen vermeidet. Der zweite Grund besteht in der Absicht, die Geltung der Gesetze normativ von der Willkür der Macht abzukoppeln und Staatskritik zu ermöglichen: »Ein Staat (*civitas*) ist die Vereinigung einer Menge von Menschen unter Rechtsgesetzen. So fern diese als Gesetze *a priori* nothwendig, d.i. aus Begriffen des äußeren Rechts überhaupt von selbst folgend, (nicht statutarisch) sind, ist seine Form die Form eines Staats überhaupt, d.i. der Staat in der Idee, wie er nach reinen Rechts-

173 Ebd., S. 305 f.
174 Ebd., S. 311.
175 Ebd., S. 312.

principien sein soll, welche jeder wirklichen Vereinigung zu einem gemeinen Wesen (also im Inneren) zur Richtschnur (*norma*) dient.«[176]

Kants Rechtslehre wurde wegweisend für Rechtstheorien des 20. Jahrhunderts, die zum Kontext des Neukantianismus gehören, vor allem für Gustav Radbruch und Hans Kelsen.

4.6 Neukantianismus – ›Natur‹ vs. ›Kultur‹ des Rechts und der Relativismus im Recht

Im Neukantianismus[177] sind Lösungen von Problemen der Epistemologie und Methodologie formuliert worden, in denen Motive der Kritik am ›Mythos des Gegebenen‹, die Bestimmung des Verhältnisses von Naturwissenschaften und Geistes- bzw. Kulturwissenschaften sowie von Tatsachen und Werten sowie die Begründung des Pluralismus und das Problem des Relativismus von großer Bedeutung sind. Alle diese Aspekte betreffen auch die *Rechtswissenschaft.*

Was unter ›Natur‹ zu verstehen ist, ist ein wesentliches Thema auch der Rechtswissenschaft. Im ausgehenden 19. und beginnenden 20. Jahrhundert wird das Thema vorrangig als Frage nach der ›Natur‹ der Naturwissenschaften verhandelt, und es geht darum, ob die Naturwissenschaften ein methodologisches Modell für die Rechtswissenschaft darstellen. Titel wie ›Naturlehre des Rechts‹, ›Naturgesetze des Rechts‹ oder ›Naturwissenschaft des Rechts‹ haben Konjunktur. Was war das Motiv dieser Sucht nach einer riskanten Nähe? Die Antwort liegt auf der Hand: »Naturgesetzlichkeit und Naturwissenschaftlichkeit kompensierten [...] die postnaturrechtliche Kontingenz des positiven Rechts.«[178] Im Gegenzug hat die Erkenntnis- und Wissenschaftskritik des Neukantianismus – nicht anders als in den Naturwissenschaften – in der Rechtswissenschaft und in der Rechtsphilosophie tiefe Spuren hinterlassen.[179]

Den Konflikt darüber, ob die Geltung des Rechts aus der Faktizität des positiven Rechts abgeleitet werden kann oder aber ihren Ursprung in vor- bzw. außerrechtlichen Werten hat, haben drei für die Weimarer Republik repräsentative Rechts- und Staatstheoretiker ausgetragen, deren einschlägige Werke nahezu gleichzeitig erschienen sind:

176 Ebd., S. 313.
177 Vgl. Holzhey/Renz 2010.
178 Kiesow 1997, S. 127.
179 Vgl. Müller 1994. Zu einer frühen vehementen Kritik an der neukantianischen Rechtsphilosophie vgl. Kaufmann 1921.

Gustav Radbruchs *Rechtsphilosophie* (1932)[180], Hans Kelsens *Reine Rechtslehre* (1934)[181] und Hermann Hellers *Staatslehre* (1934). Radbruch und Kelsen stehen in Beziehung zum Neukantianismus[182], Heller ist der Hegelschen Philosophie und – in kritischer Distanz – Marx und bestimmten Formen des Marxismus verpflichtet.[183] In einem sind sich diese drei Rechtstheoretiker einig: Der faktische Pluralismus der Wert- und Rechtsvorstellungen ist ebenso unvermeidbar wie der Relativismus; beide dürfen aber nicht die Rechtssicherheit gefährden.

Der Relativismus fordert den Rechtsstaat. Niemand hat dies so früh so klar gesehen wie Gustav Radbruch. Er hat in *Der Relativismus in der Rechtsphilosophie* (1934) geltend gemacht, die Verfassung müsse »im Dienste der sozialen Ordnung und der Rechtssicherheit« stehen und die Kraft entfalten, »den Kampf der Überzeugungen« in Formen der Koexistenz konkurrierender Einstellungen und Interessen zu überführen. Radbruchs Argumentation und seine Forderungen sind realistisch und pragmatisch: Wenn es angesichts des faktischen Pluralismus und Relativismus unmöglich ist, »ein lückenloses und für jeden einsichtiges System der Normen richtigen Verhaltens zu erkennen, bedarf es einer Entscheidung darüber, was Rechtens sein soll. [...] ›Vermag niemand festzustellen, was gerecht ist, so muß jemand festsetzen, was rechtens sein soll‹.«[184]

Es ist gerade die mit dem faktischen Pluralismus verbundene Relativität der Interessen, die eine *rechtsstaatliche* Ordnung erforderlich macht. Diese Ordnung kann freilich – so Radbruch – die »Sicherheitsaufgabe nur unter der Voraussetzung erfüllen, daß [sie] nicht allein die

180 Vgl. Kaufmann 1987, Paulson 1995, Leawoods 2000, Sandkühler 2002, Wiegand 2004, Hidachi 2006.

181 Vgl. Holzhey 1986, Paulson/Walter 1986, Carinno/Winkler 1995, Hammer 1998, Sandkühler 2002.

182 Zur neukantianischen Rechtsbegründung (Cohen, Stammler, Kelsen) vgl. Kersting 2000, S. 334-393.

183 Auf H. Heller gehe ich hier mit Ausnahme von Abschn. 6.3.8 nur am Rande ein. Heller formuliert in seiner *Staatslehre* (1934) seine Theorie des demokratischen Verfassungsstaates, dessen Funktion vor allem in der Regelung sozialer Konflikt besteht, in Kritik an der positivistischen Rechts- und Staatslehre seiner Zeit, vor allem an Kelsen. Nicht der Neukantianismus (zur Kritik am Neukantianismus vgl. Heller 1983 [1934], S. 44) ist die Tradition, auf die er sich bezieht, sondern Hegels Theorie der bürgerlichen Gesellschaft (vgl. ebd., S. 137 ff.), des Staates und der ›Sittlichkeit‹ sowie ihre Fortschreibung bei und nach Marx; Heller akzeptiert »den wissenschaftlich wertvollsten, vom zeitbedingten Ökonomismus und Naturalismus gereinigten Teil des historischen Materialismus« (ebd., S. 84; vgl. auch ebd., S. 190-196).

184 Zippelius 1994, S. 77. Zippelius zit. Radbruch 1993, S. 162.

Rechtsunterworfenen verpflichte, sondern auch den Gesetzgeber selbst. [...] Die Gesetzgebung ist dem Gesetzgeber anvertraut nur unter der Bedingung, daß er sich selbst der Herrschaft des Gesetzes unterwerfe. Ein Staat, der sich seinem eigenen Gesetz unterworfen weiß, heißt [...] Rechtsstaat. *Der Relativismus fordert den Rechtsstaat.*«[185]

4.6.1 *Sein und Sollen; Kausalität, Normativität und Zurechnung*

Neukantianische Ideen bilden eine der wesentlichen philosophischen Grundlagen für Kelsens Projekt einer ›Reinen Rechtslehre‹[186], deren Grundzüge er bereits in *Hauptprobleme der Staatsrechtslehre* (1911, ²1923) entwickelt hatte. Kelsen bezieht sich zum Sein/Sollen-Problem auf Hermann Cohen[187], der in seiner *Ethik des reinen Willens* (1904) erklärt hat[188]: »[W]enngleich das Sollen freilich auch auf eine Art von Sein ausgehen muß, so ist dieses Sein doch von so grundverschiedener Art, daß vor Allem durch den Gegensatz zum Sein der Natur das neue Sein, das *Sein des Sollens* zur Formulierung kommen« muss. ›Sein der Natur vs. Sollen‹ ist bereits bei Cohen gleichbedeutend mit ›*Kausalität vs. Normativität*‹. Die Rechtswissenschaft, die Cohen als »Mathematik der Geisteswissenschaften« charakterisiert[189], hat es nicht mit Ursache-Wirkung-Beziehungen zu tun, sondern mit *Bedingungen*; Bedingungen kann man »nicht in solchen Funktionen [Kausalität] ausdrücken und berechnen, welche die Ethik für den Begriff des Wollens, welche die *Rechtswissenschaft* für den Begriff der Handlung braucht. [...] *So wird die Bedingung zum eigentlichen Grundbegriffe des Rechts.*«[190]

Wenn die Idee der Kausalität aus der Rechtswissenschaft eliminiert wird, kommt einem alten Rechtsbegriff neue Bedeutung zu: dem der

185 Radbruch, 1990, S. 19. Hervorh. v. mir. Zum Rechtsstaat siehe in diesem Buch Kap. 7.

186 Vgl. Holzhey 1986.

187 Kelsen 1923, S. XVII. Er habe, schreibt Kelsen, »den entscheidenden erkenntnis-theoretischen Gesichtspunkt« für den richtigen Begriffsgebrauch von ›Recht‹ und ›Staat‹ Cohen, vor allem dessen *Ethik des reinen Willens,* zu verdanken (Kelsen 1923, S. XVII). Zur Beziehung Kelsen-Cohen vgl. Edel 1998; zu Cohens Bedeutung für die Rechtsphilosophie vgl. Müller 1994.

188 Cohen 1981, S. 13. Vgl. S. 24: hier qualifiziert Cohen die Frage nach der »Art von Sein« des Sollens als methodische und wahrheitstheoretische Frage.

189 Ebd., S. 66.

190 Ebd., S. 180 f. Es geht Cohen im strengen Sinne um das »Urteil der Bedingung«, und er kritisiert die »Verschrumpfung der Bedingung zum Umstand« als für die Rechtswissenschaft verhängnisvoll.

Zurechnung; diese kann »für den Verbrecher selbst, und in ihm für den sittlichen Menschen« nicht »*von der Schuldfrage abgetrennt werden*«.[191] Der »Akt des Zurechnens« rückt als ›zuschreibende Deutung‹ ins Zentrum des Interesses.[192]

Exkurs: Zurechnung

In einem terminologisch präzisen Sinne ist ›Zurechnung‹[193] – lat. *imputatio* – ein Begriff der Ethik und des Rechts; er gehört zum semantischen Feld von ›Freiheit‹, ›Verantwortung‹, ›Schuld‹ und ›Verdienst‹. Eine Handlung oder Unterlassung wird einer Person unter den Voraussetzungen (i) der physischen oder mittelbaren Urheberschaft (faktische Zurechnung, lat. *imputatio facti*) und (ii) der von Willensfreiheit abhängigen Zurechnungfähigkeit sowie der Zurechenbarkeit von Handlungs- bzw. Unterlassungsfolgen als Verdienst oder als Schuld (rechtliche Zurechnung, lat. *imputatio juris* bzw. *legis*) zugerechnet.

Über lange Zeit spielte eine naturrechtliche bzw. ›natürliche‹ Begründung bei Zurechnungskonzeptionen eine wichtige Rolle: »Von der Zurechnung wird in der natürlichen Rechts-Gelehrsamkeit bei der Materie von dem Gesetz und den moralischen Handlungen der Menschen gehandelt. [...] An sich selbst ist die Zurechnung nichts anderes, als als eine moralische Eigenschaft, da einer als Urheber einer Verrichtung angesehen wird, dass also die Wirkung solcher Verrichtung auf ihn zurückfallen muss. Sie ist zwar eine moralische Eigenschaft, macht aber das Wesen der Moralität nicht aus, sondern folgt auf dieselbige. [...] Wenn einer eine Handlung übernimmt, so kann er entweder als eine natürliche oder moralische Ursache angesehen werden.«[194]

Für die Entwicklung der modernen ethischen und juridischen Zurechnungslehre waren A.G. Baumgartens *Initia philosophiae practicae primae acromatice* (1760) wegweisend, auf die sich auch I. Kant bezogen hat. Baumgarten bündelte alle wesentlichen Elemente des seither üblichen Zurechnungsbegriffs: Zurechnung i.w.S. ist ein Urteil, mit dem jemand als Urheber eines gesicherten Sachverhalts beurteilt wird; die faktische, physische Zurechnung geht der moralischen und rechtlichen voraus; Zurechnung ist prädikative Affirmation oder Negation

191 Ebd., S. 368.

192 Vgl. Seelmann 1989, S. 101 ff.

193 Zur Begriffsgeschichte vgl. Sandkühler 2010 f.

194 Walch, *Philosophisches Lexikon*, Leipzig [2]1730/[4]1775, S. 3032 f.. Einen umfangreicheren Überblick über die Zurechnungtheorie zur Mitte des 18. Jahrhunderts bietet – z. T. in direkter Übernahme des Artikels ›Zurechnung‹ in Walchs Lexikon – J.H. Zedlers *Großes vollständiges Universal-Lexicon der Wissenschaften und Künste* (Bd. 64, 1750).

eines Faktums gemäß einem Gesetz. Zurechenbar ist eine Handlung, die (i) einem Urheber zugeschrieben werden kann und (ii) unter eine gesetzliche Norm subsumierbar ist.[195] Die erste Voraussetzung einer Zurechnung ist die faktische Abhängigkeit des Bestimmungsgrundes der Handlung aus *Freiheit*; ihr folgen die moralische bzw. juridische Zurechnung gemäß der Abhängigkeit der freien Handlungsbestimmung vom Gesetz, die Anwendbarkeit der Norm auf den gegebenen Tatbestand. »Quamdiu 1) exsitentia facti, e.g. corpus delicti, 2) aut persona eius auctor, aut 3) illius ab hoc dependentia omnino ignoratur, imputatio facti est impossibilis.«[196] Die Methode der Zurechnung des Gesetzes ist der Prozess.[197]

Ausgehend von Baumgarten hat I. Kant, vor allem in seiner *Metaphysik der Sitten* (1797), seine Zurechnungtheorie entwickelt: »Tat heißt eine Handlung, sofern sie unter Gesetzen der Verbindlichkeit steht, folglich auch sofern das Subjekt in derselben nach der Freiheit seiner Willkür betrachtet wird. Der Handelnde wird durch einen solchen Akt als Urheber der Wirkung betrachtet, und diese zusammt der Handlung selbst können ihm zugerechnet werden, wenn man vorher das Gesetz kennt, kraft welches auf ihnen eine Verbindlichkeit ruht. Person ist dasjenige Subjekt, dessen Handlungen einer Zurechnung fähig sind. Die moralische Persönlichkeit ist also nichts anders, als die Freiheit eines vernünftigen Wesens unter moralischen Gesetzen (die psychologische aber bloß das Vermögen, sich der Identität seiner selbst in den verschiedenen Zuständen seines Daseins bewusst zu werden), woraus dann folgt, das eine Person keinen anderen Gesetzen als denen, die sie (entweder allein, oder wenigstens zugleich mit anderen) sich selbst gibt, unterworfen ist. Sache ist ein Ding, was keiner Zurechnung fähig ist. Ein jedes Objekt der freien Willkür, welches selbst der Freiheit ermangelt, heißt daher Sache (*res corporalis*).«[198]

Zurechnung »(*imputatio*) in moralischer Bedeutung ist das Urteil, wodurch jemand als Urheber (*causa libera*) einer Handlung, die alsdann Tat (*factum*) heißt und unter Gesetzen steht, angesehen wird; welches, wenn es zugleich die rechtlichen Folgen aus dieser Tat bei sich führt, eine rechtskräftige (*imputatio iudiciaria s. valida*), sonst aber nur eine beurteilende Zurechnung (*imputatio diiudicatoria*) sein würde. – Diejenige (physische oder moralische) Person, welche rechts-

195 Baumgarten 1760, § 125.

196 Ebd., § 128. Übers.: »Solange die Existenz des Tatbestands, vor allem des corpus delicti, bzw. die Person seines Urhebers bzw. dessen Abhängigkeit gänzlich unbekannt ist, ist faktische Zurechnung unmöglich.«

197 Ebd., § 191.

198 Kant, AA VI, S. 223, vgl. AA VI, S. 26.

kräftig zuzurechnen die Befugnis hat, heißt der Richter oder auch der Gerichtshof (*iudex s. forum*).«[199] Die Instanz, vor der moralisch zugerechnet wird, ist das Gewissen.[200]

Für Kant kann eine Handlung nur »zugerechnet werden, in Ansehung deren das Subjekt physisch, praktisch und moralisch frei« ist.[201] Zurechnung tritt bei Handlungen an die Stelle einer naturwissenschaftlich-kausalistischen Erklärung, denn in »dieser Vorstellungsart der Erscheinung gibt es keine Reue, keine Zurechnung, weil die Rede nur ist von physischen Erklärungsgründen, nach denen etwas geschehen ist, nicht von moralischen, nach welchen etwas was bloß in der Idee liegt und was nicht geschehen ist hätte geschehen sollen. Aber nun tritt statt des physischen Gesetzes das Moralische, statt der physischen Freiheit (ein wunderlicher Name) die moralische und statt der Erklärung die Zurechnung ein.«[202] Deterministische Erklärungen liefen, so Kant schon in seiner Religionsschrift (1793), auf »Fatalismus hinaus, der den echten Begriffen von Verpflichtung und Zurechnung weiter keinen Bestand läßt«.[203]

Im modernen Strafrecht[204] ist Zurechnung die Voraussetzung der Entscheidung darüber, ob ein Verhalten/eine Handlung/eine Unterlassung als strafbar oder als straflos zu bewerten ist. In zwei Stufen sind (i) die Kausalität (Verursachung eines Taterfolgs) und (ii) die ›objektive Zurechnung‹ zu prüfen. ›Objektive Zurechnung‹[205] bezeichnet in der Rechtswissenschaft die Verwirklichung eines tatbestandlichen Erfolgs[206] durch einen Täter, der (i) nach naturwissenschaftlichen Kriterien Verursacher der Tat ist und dem (ii) der Taterfolg normativ als Verletzung eines tatbestandlich (durch eine Rechtsnorm) geschützten Rechtsguts ›objektiv‹ als Verschulden zugerechnet werden kann. Schuld ist in diesem Kontext der innere Grund für die Zurechnung einer Rechtsverletzung aus böser Absicht oder aus Fahrlässigkeit.

Im ausgehenden 20. und beginnenden 21. Jahrhundert sind die Probleme der Zurechnungsfähigkeit und Zurechenbarkeit von Handlungen zu Personen Gegenstand einer vehementen, von einigen Hirnforschern ausgelösten Debatte in der Strafrechtslehre: »Weil man heute weiß, dass das Gehirn von früher Kindheit an maßgeblich durch die

199 Ebd., S. 227.
200 Ebd., S. 438.
201 Kant, AA XIX, S. 304.
202 Kant, AA XXIII, S. 79.
203 Kant, AA VIII, S. 455.
204 Vgl. z. B. Koriath 1994, Jäger 2006.
205 Vgl. Larenz 1970, Hübner 2004.
206 Vgl. Frisch 1988.

soziale Umwelt geprägt wird und Misshandlungen während der ersten Lebensjahre einen dominanten Einfluss auf die weitere Entwicklung eines Kindes haben, verlagert sich unvermeidbar der Endpunkt der Zurechnung vom Individuum auf die Gesellschaft, wodurch das Schuldprinzip insgesamt ins Wanken gerät. Konsequent zu Ende gedacht, stellt die moderne Hirnforschung damit nicht nur den strafrechtlichen Umgang bei jenen in Frage, die derzeit besonders hohe Strafen zu gewärtigen haben, sondern auch bei allen übrigen Straftätern.«[207]

Der Ausgangspunkt ist die naturalistisch, deterministisch und reduktionistisch begründete These, Willensfreiheit[208] sei – wie Freiheit und Ich – eine Illusion.[209] Die These ist mit dem bisherigen (Schuld-)-Strafrecht des StGB unvereinbar, dessen Prinzipien der Bundesgerichtshof (BGH) so formuliert hat: »Schuld ist Vorwerfbarkeit. Mit dem Unwerturteil der Schuld wird dem Täter vorgeworfen, dass er sich nicht rechtmäßig verhalten, dass er sich für das Unrecht entschieden hat, obwohl er sich rechtmäßig verhalten, sich für das Recht hätte entscheiden können. Der innere Grund des Schuldvorwurfs liegt darin, dass der Mensch auf freie, verantwortliche, sittliche Selbstbestimmung angelegt und deshalb befähigt ist, sich für das Recht und gegen das Unrecht zu entscheiden.«[210]

Wollte man die – empirisch ungesicherte – These von Hirnforschern akzeptieren, »dass eine freie Entscheidung für das Recht und gegen das Unrecht nicht stattfinden kann, weil der Mensch determiniert ist, wäre dies das Ende des Strafrechts.«[211] An die Stelle der rechtlichen Zurechnung von Handlungen zu Schuld und Strafe träte eine – möglicherweise auf Delinquenz-Prognosen aus bildgebenden Verfahren[212] gestützte – ›gesellschaftlich nützliche‹ Prävention und Sanktion. Bis hin zur präventiven Schutzhaft? Dies wäre eine mögliche Folge der neurobiologisch geforderten Änderung des Strafrechts, wie sie Gerhard Roth propagiert: »Ein Verzicht auf den Begriff der persönlichen Schuld bedeutet keineswegs den Verzicht auf Bestrafung einer Tat als Verletzung gesellschaftlicher Normen [...]. Täter werden danach nicht deshalb bestraft, weil sie mutwillig schuldig geworden sind, sondern

207 Merkel/Roth 2010, S. 22.

208 Vgl. Geyer 2004, Pauen 2004.

209 Vgl. zu Protagonisten dieser These Roth/Lück/Strüber 2006.

210 BGHSt 2, 194 (200).

211 Von Galen 2006, S. 362; vgl. Lampe 2006. Zu ›Willensfreiheit und Recht‹ vgl. Lampe/Pauen/Roth 2008.

212 Merkel/Roth 2010, S. 9, geben zu bedenken, dass »sich mithilfe der modernen bildgebenden Verfahren vielleicht sogar gefährliche Täter von ungefährlichen unterscheiden« lassen.

weil sie gebessert werden sollen, falls das möglich ist; andernfalls muss die Gesellschaft vor ihnen geschützt werden.«[213] Der Verzicht auf die Konzepte der individuellen Freiheit, der Verantwortlichkeit und (Straf-)Mündigkeit[214], der Schuld und der Zurechenbarkeit müsste die

213 Roth 2003, S. 554. Vgl. auch Roth/Lück/Strüber 2008. Im Wesentlichen teilt Merkel 2008 diese Position, der einerseits Willensfreiheit verneint, andererseits aber am Strafrecht festhalten will. Merkel/Roth 2010 haben allerdings gegen die Langzeitverwahrung (Sicherungsverwahrung) von Gewalttätern plädiert: »Die meisten Täter sind [...] in der Lage, die an sie gerichtete Erwartung, ihr Verhalten zu ändern, zu verstehen, und sie verstehen auch, dass sie mit ihren Taten das Gesetz brechen und welche Konsequenzen dies nach sich ziehen kann. Ihre Einsichtsfähigkeit macht sie deshalb mit Blick auf Fragen, die den Umgang mit ihrer Person betreffen, voll verantwortlich, auch wenn sie keine Behandlungseinsicht zeigen. Insbesondere haben sie damit grundsätzlich das Recht, im zeitlich befristeten Vollzug untergebracht zu werden. Weil sie gleichzeitig ihre Verhaltensmuster nicht aus sich heraus aufgeben können und ihnen damit neben dem normalen Strafvollzug auch die unbefristete Verwahrung droht, ist ihnen aber jede Hilfe anzubieten, um eine Langzeitverwahrung zu verhindern. Nur auf diese Weise kann es gelingen, den Respekt vor der Person zu wahren und damit die Menschenwürde zu achten, und eine, wenngleich dünne, legitimatorische Basis für das Sonderopfer zu schaffen, das diese Menschen für die Sicherheit der übrigen Mitglieder der Gesellschaft erbringen.« (Ebd., S. 21)

214 Strafgesetzbuch in der Fassung der Bekanntmachung vom 13. November 1998 (BGBl. I S. 3322), das zuletzt durch Artikel 4 des Gesetzes vom 23. Juni 2011 (BGBl. I S. 1266) geändert worden ist: »*§ 15 Vorsätzliches und fahrlässiges Handeln* Strafbar ist nur vorsätzliches Handeln, wenn nicht das Gesetz fahrlässiges Handeln ausdrücklich mit Strafe bedroht. *§ 16 Irrtum über Tatumstände* (1) Wer bei Begehung der Tat einen Umstand nicht kennt, der zum gesetzlichen Tatbestand gehört, handelt nicht vorsätzlich. Die Strafbarkeit wegen fahrlässiger Begehung bleibt unberührt. (2) Wer bei Begehung der Tat irrig Umstände annimmt, welche den Tatbestand eines milderen Gesetzes verwirklichen würden, kann wegen vorsätzlicher Begehung nur nach dem milderen Gesetz bestraft werden. *§ 17 Verbotsirrtum* Fehlt dem Täter bei Begehung der Tat die Einsicht, Unrecht zu tun, so handelt er ohne Schuld, wenn er diesen Irrtum nicht vermeiden konnte. Konnte der Täter den Irrtum vermeiden, so kann die Strafe nach § 49 Abs. 1 gemildert werden. [...] *§ 18 Schwerere Strafe bei besonderen Tatfolgen* Knüpft das Gesetz an eine besondere Folge der Tat eine schwerere Strafe, so trifft sie den Täter oder den Teilnehmer nur, wenn ihm hinsichtlich dieser Folge wenigstens Fahrlässigkeit zur Last fällt. *§ 19 Schuldunfähigkeit des Kindes* Schuldunfähig ist, wer bei Begehung der Tat noch nicht vierzehn Jahre alt ist. *§ 20 Schuldunfähigkeit wegen seelischer Störungen* Ohne Schuld handelt, wer bei Begehung der Tat wegen einer krankhaften seelischen Störung, wegen einer tiefgreifenden Bewußtseinsstörung oder wegen Schwachsinns oder einer schweren anderen seelischen Abartigkeit unfähig ist, das Unrecht der Tat einzusehen

Verfassung der Demokratie als *Herrschaft des Rechts* nachhaltig beschädigen .[215]

Der Abschied von kausalen Erklärungen und das Zurechnungskonzept machen den Abstand der Rechtswissenschaft zur Naturwissenschaft aus. In seinen *Hauptproblemen der Staatsrechtslehre* nimmt Kelsen zu »dem fundamentalen *Gegensatze zwischen Sollen und Sein*« – er ist »ein formal-logischer«[216] – Stellung: »So wie im Urteil des Naturgesetzes wird auch im Rechtssatz an eine bestimmte Bedingung eine bestimmte Folge geknüpft; nur daß hier an die Stelle des Kausalnexus, der dort die Folge an die Bedingung bindet, ein anderes Verknüpfungsprinzip tritt. Das Soll drückt den Sinn aus, in dem der Rechtssatz den einen Tatbestand als Bedingung mit dem anderen als Rechtsfolge vereinigt.«[217] ›Naturgesetz‹ und ›Norm‹ werden nicht *ontologisch* unterschieden: »Dieser Gegensatz [...] beruht auf einer Verschiedenheit des Standpunktes, von welchem aus man die Objekte betrachtet.«[218]

oder nach dieser Einsicht zu handeln. *§ 21 Verminderte Schuldfähigkeit* Ist die Fähigkeit des Täters, das Unrecht der Tat einzusehen oder nach dieser Einsicht zu handeln, aus einem der in § 20 bezeichneten Gründe bei Begehung der Tat erheblich vermindert, so kann die Strafe nach § 49 Abs. 1 gemildert werden.«

215 Ende des Exkurses.

216 Kelsen 1923, S. 8. In der 2. Aufl. der *Reinen Rechtslehre* heißt hingegen es lapidar: »Der Unterschied zwischen Sein und Sollen kann nicht näher erklärt werden. Er ist unserem Bewußtsein unmittelbar gegeben.« (Kelsen 1992 (RR II 1960), S. 5).

217 Kelsen 1923, S. VI. In *Sozialismus und Staat* (1920) heißt es im Kontext der *Logik und Urteilslehre*: »Dieser prinzipielle Unterschied zwischen normativer, speziell ethisch-politischer, und kausalwissenschaftlicher, speziell naturwissenschaftlicher oder naturwissenschaftlich orientierter ›soziologischer‹ Theorie ist nur die Konsequenz des unüberbrückbaren Dualismus von Sollen und Sein, der unumstößlichen Einsicht, daß aus dem Sein nicht auf ein Sollen, aus dem Sollen nicht auf ein Sein geschlossen werden darf.« (Kelsen 1965, S. 19 f.) Kelsen grenzt in der 2. Auflage der *Hauptprobleme der Staatsrechtslehre* (1923) die *»reine Rechtslehre als Theorie des positiven Rechts«* gegen die »Ansprüche einer sogenannten ›soziologischen‹ Betrachtung [ab], die sich des Rechts wie eines Stückes *natur*gegebener Wirklichkeit nach *kausal*wissenschaftlicher Methode bemächtigen will«. (Kelsen 1923, S. V) Während in der Rechtswissenschaft »kausal-gesetzliche Erklärungen« nicht möglich sind, setzt die Rechts*soziologie* »die von ihr zu erfassenden Seinstatbestände nicht zu gültigen Normen, sondern zu anderen Seinstatbeständen als Ursachen und Wirkungen in Relation« (Kelsen 1985 (RR I 1934), S. 10).

218 Dies entspricht dem Veto, das Windelband 1894 in seiner Straßburger Rektoratsrede ›Geschichte und Naturwissenschaft‹ gegen eine ontologische Klassifikation der Wissenschaften nach den »*Gegenständen* – nach

Hier ist der neukantianische ›Ton‹ bei Kelsen gut hörbar. Auch das Naturgesetz liegt »keineswegs in den Objekten, sondern ist lediglich eine gedankliche Formel zu deren einheitlicher Zusammenfassung«.[219] In seiner späteren Schrift *Vergeltung und Kausalität* (1941) nimmt Kelsen aus den gleichen Motiven wie zuvor 1937 Ernst Cassirer, auf den er sich ausdrücklich bezieht[220], den quantenmechanischen Indeterminismus[221] als Bestätigung seiner Zurückweisung des Kausalitätsprinzips.[222] Zur Bezeichnung der Verknüpfung der Rechts*bedingungen* mit der Rechts*folge* im Rechtssatz (in seiner Grundform: dem Gesetz) verwendet Kelsen auch in der *Reinen Rechtslehre* den Zurechnungs-Begriff; das Antecedens der Rechtsfolge ist eine Rechtsbedingung, nicht aber eine Ursache: »Die Beziehung der Strafe auf das Delikt [...] hat keine kausale, [sie] hat eine normative Bedeutung.« In einer Variante: »Sagt das Naturgesetz: Wenn A ist, so muß B sein, so sagt das Rechtsgesetz: Wenn A ist, so soll B sein«.[223] In einem kausalen Erklärungsmodell müsste die Unrechtsfolge (Sanktion) *mit Notwendigkeit* vom Delikt bewirkt werden.

Kelsen hat als »die der Kausalgesetzlichkeit der Natur korrespondierende spezifische Gesetzlichkeit des Rechts [...] die *Zurechnung* erkannt«.[224] Im Unterschied zur Ethik wird allerdings nicht gefragt, »was das Subjekt getan oder unterlassen hat, sondern lediglich, was *gesollt* war und wer *gesollt* hat«. Die (›zentrale‹) Zurechnung erfolgt nicht zur Person, sondern »zu einem außerhalb der Welt tatsächlichen

›Natur‹ oder ›Geist‹« – eingelegt hatte; vgl. den Text in Windelband 1884/1924.

219 Kelsen 1923, S. 5 f.

220 Kelsen 1982, S. 316, bezieht sich auf Cassirers *Die Begriffsform im mythischen Denken.*

221 Zu einer veränderten Auffassung zum Indeterminismus vgl. Kelsen 1992 (RR II 1960), S. 100.

222 Kelsen 1982, S. 260 f. Hier begründet Kelsen auch seine These, das Kausalprinzip entstamme historisch dem Vergeltungsprinzip; das Naturgesetz war »ursprünglich ein – den Willen Gottes ausdrückenes – Rechtsgesetz« (ebd., S. 273). In Kelsen 1992 (RR II 1960), S. 88, ist dieses Theorem wieder aufgenommen.

223 Kelsen 1985 (RR I), S. 22 f. Vgl. Kelsen 1992 (RR II 1960), S. 80; ebd., S. 93, heißt es präziser: »Das Prinzip der Kausalität besagt, daß, wenn *A* ist, so *B* ist (oder sein wird). Das Prinzip der Zurechnung besagt, daß, wenn *A* ist, *B* sein soll.«

224 Kelsen 1923, S. IX. Vgl. Kelsen 1992 (RR II 1960), S. 79. In der 2. Auflage der *Reinen Rechtslehre* (1960) führt Kelsen eine Differenzierung zwischen ›Zurechnung‹ und ›Zuschreibung‹ ein; zur Begründung vgl. Kelsen 1992 (RR II 1960), S. 154 Fn.

Geschehens gedachten normativen Konstruktionspunkte«[225], d.h. zur Rechtsnorm. In einer anderen Formulierung: Die Rechtsordnung enthält »in ihren Rechtssätzen jene *Zurechnungs*regeln, auf Grund deren gewisse menschliche Handlungen nicht den physisch Handelnden, sondern einem hinter ihnen gedachten gemeinsamen Punkte zugerechnet werden«.[226]

Am Sein/Sollen-Problem und am Problem der Kausalität bzw. der Zurechnung zeigt sich, warum Rechtstheoretiker in der Tradition des Neukantianismus für eine radikale methodologische Unterscheidung zwischen Naturwissenschaft und Rechtswissenschaft plädieren. In Kelsens Selbstbeschreibung im Vorwort 1934 zur *Reinen Rechtslehre* heißt es, er habe es unternommen, »eine reine, das heißt: von aller politischen Ideologie *und allen naturwissenschaftlichen Elementen* gereinigte, ihrer Eigenart weil der Eigengesetzlichkeit ihres Gegenstandes bewußten Rechtstheorie zu entwickeln«.[227] Unter der Voraussetzung der Klassifikation der Wissenschaften in Natur- und Geistes- bzw. Kulturwissenschaften liegt es auf der Hand, zu welcher der beiden Klassen die Rechtswissenschaft zuzuordnen ist. Es sei, schreibt Kelsen, sein Ziel gewesen, die »Jurisprudenz, die – offen oder versteckt – in rechtspolitischen Raisonnements fast völlig aufging, auf die Höhe einer [...] *Geistes-Wissenschaft* zu heben. Es galt, ihre nicht auf Gestaltung, sondern ausschließlich auf Erkenntnis des Rechts gerichteten Tendenzen zu entfalten und deren Ergebnisse dem Ideal aller Wissenschaft, Objektivität und Exaktheit, soweit als irgend möglich anzunähern.«[228] Noch einmal: »Indem die reine Rechtslehre das Recht gegen die Natur abgrenzt, sucht sie die Schranke, die die Natur vom Geist trennt. Rechtswissenschaft ist Geistes-, nicht Naturwissenschaft. [...]

225 Kelsen 1923, S. 73 f.

226 Ebd., S. 699. Vgl. Kelsen 1992 (RR II 1960), S. 85 f.: Die »mit dem Wort ›sollen‹ ausgedrückte Verknüpfung von Bedingung und Folge [wird] als ›Zurechnung‹ bezeichnet«; »die Unrechtsfolge wird dem Unrecht zugerechnet, sie wird aber nicht durch das Unrecht – als ihre Ursache – bewirkt«.

227 Kelsen 1985 (RR I 1934), S. IX. Hervorh. v. mir.

228 Ebd., Hervorh. v. mir. H. Dreier übersieht in seiner Charakterisierung der *Reinen Rechtslehre* die Bedeutung der methodologischen Distanzierung von den Naturwissenschaften, wenn er schreibt: »In der neutralen Deskription positiver Rechtsordnungen sieht Kelsen die allein legitime Aufgabe der Rechtswissenschaft als einer normbeschreibenden, nicht normsetzenden Disziplin, weil nur diese wertungsabstinente Selbstbeschränkung zum Ziel führen könne, die juristische Behandlung des Rechts in Anlehnung an das als vorbildlich empfundene Exaktheitsideal der Naturwissenschaften ›auf die Höhe einer echten Wissenschaft, einer Geistes-Wissenschaft zu heben‹.« (Dreier 1992, S. 290 f.)

man wird nicht leugnen können, daß das Recht als Norm eine geistige und keine natürliche Realität ist.«[229]

Vergleichbar ist die Positionierung der Rechtsphilosophie durch Radbruch: »Der Rechtsbegriff kann nur bestimmt werden als die Wirklichkeit, die zur Rechtsidee hinstrebt. [...] [Z]wischen Wirklichkeitsurteil und Wertbeurteilung [muß] der Wertbeziehung, zwischen Natur und Ideal [muß] der Kultur ihr Platz gewahrt werden [...]: Die Rechtsidee ist Wert, das Recht aber wertbezogene Wirklichkeit, Kulturerscheinung. [...] [Dies] macht die Rechtsphilosophie zu einer *Kulturphilosophie des Rechts.*«[230] Radbruchs Begründung weicht allerdings in zwei wesentlichen Fragen von der Problemstellung und -lösung Kelsens ab: in der starken Betonung des Wertaspekts, den Kelsen in seiner Theorie nicht zulässt – Wertprobleme wie das der Gerechtigkeit liegen für Kelsen »außerhalb einer Rechtstheorie«[231]–, und darin, dass für Radbruch das Problem des Kausalitätsdenkens in den Kulturwissenschaften offensichtlich so eindeutig durch den Neukantianismus geklärt ist, dass es in seiner *Rechtsphilosophie* nur noch ein nachrangiges Thema ist.[232]

Die *Reine Rechtslehre* ist – so Kelsen 1934 – »eine Theorie des positiven Rechts. Des positiven Rechts schlechthin, nicht einer speziellen Rechtsordnung. Sie ist allgemeine Rechtslehre [...] Als Theorie will sie ausschließlich ihren Gegenstand erkennen. Sie versucht, die Frage zu beantworten, was und wie das Recht ist, nicht aber die Frage, wie es

229 Kelsen 1985 (RR I 1934), S. 12. Vgl. Kelsen 1992 (RR II 1960), S. 78 f. Unter dem Titel ›Kausalwissenschaft und Normwissenschaft‹ unterscheidet Kelsen nun Natur- und Gesellschaftswissenschaft. Im Unterschied zur neukantianischen Tradition geht H. Heller, der die Kennzeichnung der Staatslehre als Geisteswissenschaft ablehnt und diese als ›soziologische Wirklichkeitswissenschaft‹ bezeichnet (vgl. Heller 1983 [1934], S. 50 ff.), von einer *gegenständlichen* »Scheidung von Kulturwissenschaften und Naturwissenschaften« aus: »Die ersteren haben ihren Gegenstand und ihre Aufgaben überall da, wo Veränderungen der Natur als Ausdruck und Abdruck menschlicher Zwecktätigkeit aufgefaßt werden können. Kultur nennen wir also die Einbildung menschlicher Zwecke in die Natur«. Wenn unter ›Natur‹ das *Dasein* der Dinge verstanden wird, sofern es nach allgemeinen Gesetzen bestimmt ist, »so sind Staat und Gesellschaft des Menschen kein naturwissenschaftliches Erkenntnisobjekt, weil sie niemals als ein nach zeitlosen Gesetzen geordnetes Sein verstanden werden können.« (Ebd., S. 46 f.)

230 Radbruch 1963, S. 118.

231 Kelsen 1992 (RR II 1960), S. VIII); vgl. ebd., S. 18.

232 Vgl. Radbruch 1999, S. 13 ff., zur Verursachung von Wertungen durch »Seinstatsachen«; diskutiert wird hier allerdings nicht das methodologische Grundlagenproblem, sondern die Ableitung von Regelungen aus der ›Natur der Sache‹.

sein oder gemacht werden soll. Sie ist Rechtswissenschaft, nicht aber Rechtspolitik.«[233] Es handelt sich zugleich um eine transzendental-logische Rechts*erkenntnistheorie* und Rechts*wissenschaftstheorie*, die ihren Gegenstand im Unterschied zu jeder ›transzendenten Rechtsidee‹ streng formal bestimmt: »So wie Kant fragt: wie ist eine von aller Metaphysik freie Deutung der unseren Sinnen gegebenen Tatsachen in den von der Naturwissenschaft formulierten Naturgesetzen möglich, so fragt die Reine Rechtslehre: wie ist eine nicht auf meta-rechtlichen Autoritäten wie Gott oder Natur zurückgreifende Deutung des subjektiven Sinns gewisser Tatbestände als ein System in Rechtssätzen beschreibbarer objektiv gültiger Rechtsnormen möglich?«[234]

Der formale Rigorismus prägt auch Kelsens Lehre von der *Grundnorm,* die eine zentrale Stelle im »Stufenbau der Rechtsordnung« einnimmt. Es handelt sich für ihn um eine »hypothetische Grundlage. Unter der Voraussetzung, daß sie gilt, gilt auch die Rechtsordnung, die auf ihr beruht. [...] In der Grundnorm wurzelt letztlich die normative Bedeutung aller die Rechtsordnung konstituierenden Tatbestände.« Die Grundnorm ist »die transzendental-logische Bedingung« der »Methode positiver Rechtserkenntnis«.[235] Die transzendentale Argumentation Kelsens bringt einen der Grundsätze des Marburger Neukantianismus in Erinnerung: Cohens Satz »Das Denken darf keinen Ursprung haben außerhalb seiner selbst«.[236] Auch das positive Recht hat in Kelsens Sicht keinen Ursprung außerhalb seiner selbst; nicht einmal die Grundnorm ist ein materialer Ursprung: »Ebenso wie die transzendentalen Gesetze der Erkenntnis nicht Erfahrungsgesetze, sondern nur die Bedingung aller Erfahrung sind, so ist die Grundnorm selbst kein positiver Rechtssatz, kein positives Rechtsgesetz, weil nicht selbst gesetzt, sondern nur vorausgesetzt: die Bedingung aller positiven Rechtsnormen. Und so wie man die empirische Welt nicht *aus* den transzendentalen Gesetzen, sondern *vermittels* ihrer begreifen kann, so kann man das positive Recht nicht etwa aus der Grundnorm gewin-

233 Kelsen 1992 (RR II 1960), S. 1. »Rechtswissenschaft ist Erkenntnis, nicht Gestaltung des Rechts.« (Ebd., S. 75, Fn.)

234 Kelsen 1992 (RR II 1960), S. 205. Zur Auseinandersetzung mit der Naturrechtslehre vgl. ebd., S. 223-227, und die Äußerungen aus dem Jahre 1953 in Kelsen 2000, S. 46 ff.

235 Kelsen 1985 (RR I 1934), S. 66 f. Vgl. Kelsen 1992 (RR II 1960), S. 196-221. Bereits 1928 hat Kelsen in *Die philosophischen Grundlagen der Naturrechtslehre und des Rechtspositivismus* betont, dass die Grundnorm »selbst eine normative Rechtfertigung durch eine höhere Norm *nicht* aufweist und daher nur eine hypothetische Gültigkeit vermittelt«. (Kelsen 1928, S. 14).

236 Cohen 1914, S. 13.

nen, sondern nur vermittels ihrer begreifen.«[237] In der 2. Auflage der *Reinen Rechtslehre* (1960) lautet die Formulierung: »Die Grundnorm ist die gemeinsame Quelle für die Geltung aller zu einer und derselben Ordnung gehörigen Normen, ihr gemeinsamer Geltungsgrund.« Sie konstituiert »die Einheit einer Vielheit von Normen [...], indem sie den Grund für die Geltung aller zu dieser Ordnung gehörigen Normen darstellt«.[238]

Für die Konzeption der Grundnorm gilt, was Kelsen zur Kennzeichnung aller Normen sagt, deren als ›subjektiver‹ und ›objektiver‹ Sinn auszulegende »Bedeutung« ihn interessiert: Die *Reine Rechtslehre* »richtet ihr Augenmerk auf die Rechtsnormen: nicht als Bewußtseinstatsachen, nicht auf das Wollen oder Vorstellen der Rechtsnormen, sondern auf die Rechtsnormen als – gewollte oder vorgestellte – Sinngehalte. [...] Ihr Problem ist die spezifische Eigengesetzlichkeit einer Sinnsphäre.«[239] Von Interesse ist nicht die einem Akt vorausgehende *Intentionalität* (der ›subjektive Sinn‹), sondern die *Subsumierbarkeit bzw. Deutbarkeit einer Handlung unter eine Rechtsnorm:* »Die Norm fungiert als *Deutungsschema.*«[240]

Die einzelnen Normen des Rechtssystems lassen sich nicht logisch aus der Grundnorm deduzieren. Sie »müssen durch einen besonderen Setzungsakt – der kein Denk-, sondern ein Willensakt ist – erzeugt werden.«[241] In der Hierarchie des Rechts mündet der Regress, in dem nach den Geltungsgründen aller nachgeordneten Normen gefragt wird, bei der ›Grundnorm‹, die ein Synonym für »die positivrechtlich höchste Stufe« darstellt – »die Verfassung«.[242] Dies ist der Begrün-

237 Zit. n. Paulson 1985, S. IV f. Paulson beschreibt die *Grundnorm* hinsichtlich ihrer methodologischen Stellung plausibel »als eine Art Kürzel für eine ›transzendentale Argumentation‹« (ebd., V). Vgl. Kelsen 1992 (RR II 1960), S. 197.

238 Kelsen 1992 (RR II 1960), S. 197; vgl. S. 32.

239 Kelsen 1985 (RR I 1934), S. 11. Zum Problem der Interpretation und zu Interpretationsmethoden vgl. ebd., S. 90 ff.

240 Kelsen 1992 (RR II 1960), S. 3. Hervorh. v. mir. Kelsen führt als Beispiel an: »Das, was der berühmte Hauptmann von Köpenick tat, war ein Akt, der seinem subjektiven Sinn nach ein Verwaltungsbefehl sein sollte. Objektiv war er dies aber nicht, sondern ein Delikt.« (Ebd., S. 4)

241 Kelsen 1985 (RR I 1934), S. 64.

242 Ebd., S. 74 f. Vgl. Kelsen 1992 (RR II 1960), S. 228 ff. Bezüglich der Frage nach dem Zustandekommen der Grundnorm bzw. der Verfassung bleibt Kelsen (vgl. Kelsen 1992 (RR II 1960), S. 200-220) so vage wie hinsichtlich der Herkunft der Schemata der Erkenntnis Kant, der auf eine ›ursprüngliche Erwerbung‹ verweist: »Die Kritik erlaubt schlechterdings keine anerschaffene oder angeborne *Vorstellungen*; alle insgesammt, sie mögen zur Anschauung oder zu Verstandesbegriffen gehören, nimmt sie

dungskontext, in dem sich die *Reine Rechtslehre* als Lehre des *demokratischen*, durch die *Verfassung* begründeten Staates ausweist: »Erkennt man als die wesentliche Funktion der Rechtsnorm, daß sie den Menschen zu einem bestimmten Verhalten verpflichtet [...], dann ergibt sich als der entscheidende Gesichtspunkt, von dem aus die Erzeugung der Rechtsnorm zu beurteilen ist: ob der durch die Rechtsnorm zu verpflichtende Mensch, der Normunterworfene, an der Erzeugung dieser ihn verpflichtenden Norm beteiligt ist oder nicht.«[243]

Die *Staatsform*, die dem Rechnung zu tragen geeignet ist, ist jene, in welcher der Staat nicht anders denn als »eine Rechtsordnung« bestimmbar ist[244] – eine Ordnung der *republikanischen Verfassung*. Die Argumentation in der *Reinen Rechtslehre* kulminiert – nicht anders als in Kants Rechtslehre – in der Idee einer universellen Geltung des Rechts, das den Nationalstaat und dessen Souveränitätsanmaßung domestiziert. Kelsen spricht im Schlußsatz die Hoffnung aus, »daß die Reine Rechtslehre, indem sie durch die Relativierung des Staatsbegriffs die erkenntnismäßige Einheit alles Rechtes sicherstellt, eine nicht unwesentliche Voraussetzung für die organisatorische Einheit einer zentralisierten Weltrechtsordnung schafft«.[245]

4.6.2 *Trennung von Recht und Moral, Recht und Gerechtigkeit?*

Für Kelsen ist das Problem des Relativismus zentral. Es ist auch dort drängend, wo er es nicht vermutet oder zumindest nicht thematisiert: in der Lehre von der Grundnorm und von der Verfassung. Er beschränkt nämlich gerade die Grundnorm darauf, »eine normsetzende Autorität zu delegieren, das heißt eine Regel aufzustellen, nach der die Normen dieses Systems zu erzeugen sind [...] *Die Grundnorm liefert nur den Geltungsgrund, nicht aber auch den Inhalt der dieses System*

als *erworben* an. Es giebt aber auch eine ursprüngliche Erwerbung (wie die Lehrer des Naturrechts sich ausdrücken), folglich auch dessen, was vorher gar noch nicht existirt, mithin keiner Sache vor dieser Handlung angehört hat. Dergleichen ist, wie die Kritik behauptet, *erstlich* die Form der Dinge im Raum und der Zeit, *zweitens* die synthetische Einheit des Mannigfaltigen in Begriffen; denn keine von beiden nimmt unser Erkenntnißvermögen von den Objecten, als in ihnen an sich selbst gegeben, her, sondern bringt sie aus sich selbst *a priori* zu Stande.« (Kant, AA VIII, S. 221).

243 Kelsen 1985 (RR I 1934), S. 107. Vgl. Kelsen 1992 (RR II 1960), S. 143: »Die Beteiligung der Normunterworfenen an der Gesetzgebung, das ist der Erzeugung genereller Rechtsnormen, ist das wesentliche Merkmal der demokratischen, zum Unterschied von der autoritären Staatsform«.

244 Kelsen 1985 (RR I 1934), S. 117.

245 Ebd., S. 154.

bildenden Normen«.[246] Dies entspricht seiner in *Die philosophischen Grundlagen der Naturrechtslehre und des Rechtspositivismus* (1928) aufgestellten These, dass die Normen des positiven Rechts zwar ein Sollen beinhalten, aber dieses Sollen »ohne Beziehung zu einem bestimmten als ›gut‹, ›gerecht‹ qualifizierten Inhalt, also nur *formal* gedacht« werden kann.« Wenn man etwas nur im positiven Sinne für rechtens erklärt, wolle man zwar zum Ausdruck bringen, dass es irgendwie ›richtig‹ bzw. ›gerecht‹ sei. »Wenn aber dennoch die Möglichkeit offenbleiben muß, daß etwas, was nur positiv rechtens ist – von irgendeinem Standpunkt – unrichtig, ungerecht ist, so kann die mit dem Gedanken des positiven Rechtes gemeinte ›Richtigkeit‹, ›Gerechtigkeit‹ nur eine relative sein. ›Relativ‹, das heißt: ein durch einen positiven Rechtssatz statuiertes Verhalten gilt als ›gesollt‹ und sohin als ›richtig‹, ›gerecht‹ nur unter einer Voraussetzung, deren ›Richtigkeit‹, ›Gerechtigkeit‹ selbst aber nicht sichergestellt ist. Und in diesem Sinne muß jeder Inhalt, wenn er positives Recht ist, als ›richtig‹, ›gerecht‹ gelten.« [247]

Spielt der materiale Gehalt der Grundnorm keine Rolle, dann scheint das Relativismus-Problem zunächst einmal ausgeklammert zu sein. Kelsen fordert eine radikale Wert-Indifferenz der Grundnorm und damit auch der Verfassung: Welchen Inhalt eine »Verfassung und die auf ihrer Grundlage errichtete staatliche Wertordnung hat, ob diese Ordnung gerecht oder ungerecht ist, kommt dabei nicht in Frage; auch nicht, ob diese Rechtsordnung tatsächlich einen relativen Friedenszustand innerhalb der durch sie konstituierten Gemeinschaft garantiert. In der Voraussetzung der Grundnorm wird kein dem positiven Recht transzendenter Wert bejaht.«[248] Indem Kelsen ›Wert‹ an ›Transzendenz‹ koppelt – Werte könnten dem positiven Recht ja auch immanent sein –, nimmt er im Interesse der inneren Konsistenz und Reinheit der *Reinen Rechtslehre* hohe Kosten in Kauf. Sie bestehen in einem universalisierten Relativismus in genau dem Bereich, für den er ihn als Problem gar nicht in Betracht zieht: im Bereich der Verfassung und der Grundrechte.[249]

Die Ausgangslage der Kelsen'schen Argumentation lässt dies nicht vermuten. Doch am Ende steht hinsichtlich der Grundnorm eine Paradoxie: Kelsen führt einen Kampf gegen die *Ideologisierung* der Rechts-

246 Kelsen 1992 (RR II 1960), S. 199 f. Hervorh. v. mir.

247 Kelsen 1928, S. 11.

248 Ebd., S. 204.

249 Kelsen vertritt eine restriktive Interpretation der »Grund- und Freiheitsrechte«: »Diese verfassungsrechtlichen Garantien konstituieren an sich keine subjektiven Rechte, weder bloße Reflexrechte noch subjektive Privatrechte im technischen Sinne.« (Ebd., S. 145)

wissenschaft[250] und gegen jede auf ›absolute Normen‹ gestützte Instrumentalisierung des Rechts zu partikulären Zwecken; er führt ihn aufgrund der Erfahrung der Politisierung der Rechtswissenschaft und der Justiz in der Weimarer Republik aus guten Gründen. Es ist der von ihm festgestellte faktische Relativismus der Werte und Normen[251], der ihn vor der Gefahr der Ideologisierung warnen lässt. Doch im Endergebnis gibt er ohne gute immanente Gründe das Recht – in erster Linie die Verfassung – für das frei, was er vermeiden will: für Ideologien. Die von Ideologie befreite Rechtswissenschaft überlässt die Grundnorm und die Verfassung dem Relativismus: Es steht der Rechtswissenschaft weder die Überlegung zu, nach der Rechtsidee und den Werten zu fragen, welche die Grundnorm zum Inhalt hat, noch den Inhalt zu bewerten. Kelsen nimmt dieses Problem durchaus wahr; doch sein Versuch, sich dadurch vor ihm zu retten, dass Wertabstinenz nur für die rechtswissenschaftliche Analyse gefordert sei, ansonsten aber jedem ein wertendes rechtspolitisches Urteil freistehe[252], ist so respektabel wie hilflos.

Kelsens Argumentationskette zur Trennung von Recht und Moral ist folgende: (i) Es gelten in Gesellschaften ganz unterschiedliche, einander widersprechende Moralsysteme; (ii) es gibt deshalb nur relative Moralwerte; (iii) die Forderung, Normen müssten gerecht sein, um als Recht angesehen zu werden, kann nur bedeuten, dass diese Normen etwas enthalten müssen, was allen Gerechtigkeitssystemen gemeinsam ist; (iv) allen gemein ist nur, dass sie Normen sind, die ein bestimmtes Verhalten als gesollt setzen. (v) »Dann ist, in diesem relativen Sinne, jedes Recht moralisch, konstituiert jedes Recht einen – relativen – moralischen Wert. Das heißt aber: die Frage nach dem Verhältnis von Recht und Moral ist keine Frage nach dem Inhalt des Rechts, sondern eine Frage nach seiner Form«; (vi) wenn das Recht *per definitionem* moralisch *ist,* »dann hat es keinen Sinn, unter Voraussetzung eines ab-

250 Die *Reine Rechtslehre* lehnt es »insbesondere ab, irgendwelchen politischen Interessen dadurch zu dienen, daß sie ihnen die Ideologien liefert, mittels deren die bestehende gesellschaftliche Ordnung legitimiert oder disqualifiziert wird. Dadurch tritt sie zu der traditionellen Rechtswissenschaft in schärfsten Gegensatz«. (Kelsen 1985 (RR I 1934), S. 17; vgl. S. 36 f.)

251 Kelsen 1992 (RR II 1960), S. 18: Die »von Menschen und nicht von einer übermenschlichen Autorität gesetzten Normen« konstituieren »nur relative Werte«. Vgl. S. 65 ff. zur ›Relativität des Moral-Wertes‹.

252 Kelsen in *Juristische Wochenschrift,* 1929, S. 1066: »Wo ich mich für Demokratie ausgesprochen habe, habe ich solches Werturteil nie als Ergebnis wissenschaftlicher Erkenntnis ausgegeben, sondern offen und ehrlich als Konsequenz einer jenseits aller Wissenschaft liegenden subjektiven Grundwertung.«

soluten Moralwertes die Forderung zu stellen, dass das Recht moralisch sein *soll*«. (vii) Die Schlußfolgerung besteht in der *Trennungsthese*[253] – »Trennung von Recht und Moral, Recht und Gerechtigkeit«: »Die unter Voraussetzung einer relativistischen Wertlehre erhobene Forderung, Recht und Moral und somit Recht und Gerechtigkeit zu trennen, bedeutet [...], daß, wenn eine Rechtsordnung als moralisch oder umoralisch, gerecht oder ungerecht bewertet wird, damit das Verhältnis der Rechtsordnung zu einem von vielen möglichen Moralsystemen und nicht zu ›der‹ Moral ausgedrückt und sohin nur ein relatives, kein absolutes Werturteil gefällt wird«.[254] (viii) Das Fazit: Die *Reine Rechtslehre* »fragt nach dem wirklichen und möglichen, nicht nach dem ›idealen‹, ›richtigen‹ Recht«.[255]

Die Frage nach dem ›wirklichen‹ Recht ist so gewiss deskriptiv korrekt beantwortet. Aber was ist mit der Frage nach dem ›möglichen‹ Recht? Für Kelsen gilt die erste Antwort auch für die zweite Frage. Dies macht die Achillesferse seiner radikalen Variante des Rechtspositivismus aus. Die Forderung der Aufhebung des Dualismus von Recht und Staat folgt auf *diesem* Fuße: »Durchschaut man [...] die Identität von Staat und Recht, begreift man, daß das Recht, *das positive, mit der Gerechtigkeit nicht zu identifizierende Recht,* eben dieselbe Zwangsordnung ist, als welche der Staat einer Erkenntnis erscheint, die nicht in anthropomorphen Bildern steckenbleibt, sondern durch den Schleier der Personifikation zu den durch menschliche Akte gesetzten Normen durchdringt, dann ist es schlechthin unmöglich, den Staat durch das Recht zu rechtfertigen.« Die Annahme, man könne oder müsse den Staat durch das Recht legitimieren, sei ein »naturrechtliches Vorurteil«.[256]

Dieser Auffassung widerspricht Hermann Heller. Was ihn grundsätzlich von Kelsen unterscheidet, ist seine – mit Hegels Konzept der ›Sittlichkeit‹ formulierte – moralphilosophische Fundierungsthese: Jede Staatsgewalt muss »mit existentieller Notwendigkeit« den »Anspruch erheben, eine Rechtsmacht zu sein«, und dies bedeutet, »nicht nur rechtstechnisch als Macht zu wirken, sondern als berechtigte, *den Willen sittlich verpflichtende Autorität* zu gelten.« Diese Rechtsmacht

253 Vgl. zur Trennungsthese auch Hart 1971.

254 Kelsen 1992 (RR II 1960), S. 66-69.

255 Ebd., S. 112.

256 Ebd., S. 319 f. Hervorh. v. mir. »Daß das Recht eine Zwangsordnung ist, besagt, daß seine Normen der Rechtsgemeinschaft zuschreibbare Zwangsakte statuieren.« (Ebd., S. 35). Zur Auseinandersetzung mit Kelsens Identitätsthese zu Staat und Recht vgl. Radbruch 1999, S. 170: »Die Identitätslehre hat rein definitorisch-analytische Bedeutung, aber keinerlei rechtsphilosophisch-politischen Gehalt.«

ist durch den bloßen Verweis »auf die Notwendigkeit ihrer gesellschaftlichen Funktion der Organisierung und Aktivierung des gebietsgesellschaftlichen Zusammenwirkens« nicht zu begründen. Ihre gesellschaftliche Funktion »vermag immer nur verständlich zu machen und zu erklären, warum der Staat als Institution existiert; niemals aber zu rechtfertigen, warum die Staatsinstitution oder gar dieser konkrete Staat existieren soll. [...] Nur durch Beziehung der Staatsfunktion auf die Rechtsfunktion ist die Sanktion des Staates möglich.«[257] Dies bedeutet, dass es möglich sein muß, zwischen Recht und Unrecht zu unterscheiden. Der Grund der Unterscheidung ist ein Rechtsmaßstab, »der als über dem Staat und seinem positiven Recht stehend angenommen werden muß. Als überpositiver Maß- und Verteilungswert hat das Recht die Funktion, das gesellschaftliche Leben richtig zu richten, d. h. allen seinen Gliedern das ihnen im Hinblick auf ein Ganzes Zukommende an Berechtigungen und Verpflichtungen zuzumessen, die Glieder in ein richtiges Verhältnis zueinander zu bringen.«[258] Wie für Radbruch ist auch für Heller die Gerechtigkeit der Maßstab richtigen Rechts.

Dies hat Konsequenzen auch für die Verfassung. Heller betont sie in seiner Auseinandersetzung mit Carl Schmitts *Verfassungslehre* (1928) und dessen These, »es sei zwar jeder existierenden Verfassung Legitimität zuzusprechen, eine Verfassung sei aber doch nur legitim, ›d. h. nicht nur als faktischer Zustand, sondern auch als rechtmäßige Ordnung anerkannt, wenn die Macht und [!] Autorität der verfassunggebenden Gewalt, auf deren Entscheidung sie beruht, anerkannt ist‹.«[259] Heller setzt dagegen: »Die Frage nach der Legitimität einer Verfassung kann selbstverständlich nicht damit beantwortet werden, daß man auf ihr Zustandekommen nach irgendwelchen vorher geltenden positiven Rechtssätzen verweist. Wohl aber bedarf eine Verfassung, um Verfassung, d. h. mehr als ein höchst labiles faktisches Übermachtverhältnis zu sein, um als rechtmäßige Ordnung zu gelten, einer Rechtfertigung an sittlichen Rechtsgrundsätzen.«[260]

Kelsens Beschränkung der Rechtswissenschaft auf eine Analyse positiv-rechtlicher Normen führt im Unterschied hierzu zu dem fragwürdigen Ergebnis, »daß die Ordnung der Sowjetrepublik ganz ebenso als Rechtsordnung begriffen werden soll wie die des faschistischen Italien

257 Heller 1983 [1934], S. 246 f. Hervorh. v. mir. ›Sanktion‹ bedeutet hier ›Legitimation‹. Zum Problem des Verhältnisses von Recht und Ethik vgl. ebd., S. 218 ff.

258 Ebd., S. 247.

259 Ebd., S. 315. Heller zitiert Schmitt 1928, S. 87.

260 Heller 1983 [1934], S. 315; vgl. ebd., S. 101 f.

oder die des demokratisch-kapitalistischen Frankreich«.[261] Diese Schlussfolgerung ist aus der *erkenntnistheoretisch*-transzendentalen Bestimmung der Kategorie des Rechts als ›formal‹ nicht abzuleiten. Wenn Kelsen behauptet, »die Tatsache, daß der Inhalt einer wirksamen Zwangsordnung als ungerecht beurteilt werden kann«, sei »jedenfalls kein Grund, die Zwangsordnung nicht als Rechtsordnung gelten zu lassen«[262], dann ergibt sich diese Folgerung nur scheinbar aus internen Kohärenz-Gründen seiner Theorie. Es liegt ein Widerspruch zur Qualifizierung des Rechts als einer ›geistigen Realität‹ vor: Für sie gilt die im Neukantianismus bezüglich der Naturwissenschaften festgestellte Werturteilsfreiheit gerade nicht.

Es liegt also die Frage nahe, warum es für Kelsen nicht »die Aufgabe der Rechtswissenschaft sein kann, irgend etwas zu rechtfertigen. Rechtfertigung bedeutet Wertung; und Wertungen – stets subjektiven Charakters – sind Sache der Ethik und Politik, nicht aber der objektiven Erkenntnis.« Warum ist es geboten, dass die Rechtswissenschaft gegenüber rechtspolitischen Entwicklungen »ganz indifferent« zu sein hat?[263] Ein Motiv ist bereits genannt: das Veto gegen Ideologisierung und Politisierung; ein zureichender Grund ergibt sich daraus nicht.

Ein anderes Motiv scheint stärker zu sein: So sehr Kelsen bemüht ist, wegen des Kausalitäts- und Zurechnungsproblems die Rechtswissenschaft in Distanz zur Naturwissenschaft zu bringen, so wenig gelingt es ihm, sich der von vielen Zeitgenossen geteilten Faszination des Objektivitätsideals der Naturwissenschaften zu entziehen. Es ist kein Zufall, dass er 1934 die *Reine Rechtslehre* damit enden lässt, dass er für sie eine Fortschrittsfunktion in Analogie zu den Naturwissenschaften reklamiert, die – auf nichts als »auf reine Erkenntnis« zielend – »den Fortschritt der Technik« begründen. Man kann sich fragen, ob es diese uneingestandene Orientierung ist, die Kelsen die Nähe zum naturwissenschaftlichen Objektivitäts- und Wertfreiheitskonzept suchen lässt.

4.6.3 Das Recht hat den Sinn, die Rechtsidee zu verwirklichen

In der Neubearbeitung seiner *Grundzüge der Rechtsphilosophie* (1914, ²1922), die 1932 unter dem Titel *Rechtsphilosophie* erschienen ist, hat Gustav Radbruch hinsichtlich des Rechtsbegriffs eine Kurskorrektur vorgenommen: Er räumt nun »gegenüber der Zweckmäßigkeit der Gerechtigkeit eine selbständigere Bedeutung« ein. Nach wie vor

261 Kelsen 1985 (RR I 1934), S. 64.
262 Kelsen 1992 (RR II 1960), S. 51.
263 Kelsen 1985 (RR I 1934), S. 154.

bekennt er sich sowohl zum »Rationalismus« als auch zum »Relativismus« als Prägungen seiner »Denkweise«. Er betont jetzt aber, dem Relativismus »eine noch größere Bedeutung« beizumessen als zuvor: »Denn der Relativismus ist die gedankliche Voraussetzung der Demokratie. [...] Der Relativismus mit seiner Lehre, daß keine politische Auffassung beweisbar, keine widerlegbar ist, ist geeignet, jener bei uns in politischen Kämpfen üblichen Selbstgerechtigkeit entgegenzuwirken, die beim Gegner nur Torheit oder Böswilligkeit sehen will«.[264]

Wie aber ist in der Perspektive des Relativismus die Entscheidung für eine bestimmte Rechtsphilosophie und eine Begründung von deren Geltungsansprüchen möglich? Radbruch beantwortet diese Frage völlig anders als Kelsen.[265] Er wählt im Anschluß an Windelband, Rickert und vor allem an E. Lasks Rechtsphilosophie[266] sein epistemologisches Profil so, dass er *kulturtheoretisch* für eine »wertbeziehende Haltung« gegenüber dem Recht plädieren kann. Er stellt – ganz und gar neukantianisch, d. h. konstitutionstheoretisch – fest, dass schon das in den Naturwissenschaften »methodisch ausgeübt[e]« »wertblinde Verhalten« keine in der Natur selbst gegebenen Gründe habe; vielmehr schaffe »unser *wertblindes* Verhalten aus dem Chaos der Gegebenheit erst das Reich der Natur – denn die Natur ist nichts anderes als die Gegebenheit, wie sie sich gereinigt von verfälschenden Bewertungen darstellt«.[267] Dies gilt um so mehr für die Rechtstheorie, deren Gegenstand wertbezogen, d. h. kulturell ist: »Recht kann nur begriffen werden im Rahmen des wertbeziehenden Verhaltens. Recht ist Kulturerscheinung, d. h. wertbezogene Tatsache. Der Rechtsbegriff kann

264 Radbruch 2003, S. 3 f. Zu Radbruchs Relativismus-Konzeption vgl. Meyer 2005, S. 295-304.

265 Noch einmal anders stellt sich die Problematik bei H. Heller dar. Die »soziale Legitimierung der rechtsichernden Autorität« bietet keine Gewähr für den Rechtscharakter des Staates; er bedarf vielmehr einer »ideellen Rechtfertigung [...] durch sittliche Rechtsgrundsätze«. Denn ob »die sozial legitimierte Autorität nicht etwa nur der normalen Rechtssicherheit dient und eine ungerechte Ordnung um der Ordnung willen aufrecht erhält, läßt sich nur durch ein Urteil über die Richtigkeit des gesicherten Rechts entscheiden.« (Heller 1983 [1934], S. 253) Wie trotz der historisch-sozialen Relativität der das Recht und den Staat begründenden Prinzipien ›rechtfertigende Legitimität‹ möglich sein kann, ist Hellers Problem. Er will es mit der Annahme lösen, »daß es in der Tat identische Konstanten des politischen Geschehens gibt, die für die praktische Vernunft der historisch-soziologischen Relativierung entzogen sind.« (Ebd., S. 20)

266 Vgl. Lask 1982 (1905). Zu Lasks Rechtsphilosophie vgl. Mohr 2002.

267 Radbruch 1999, S. 8 f.

nicht anders bestimmt werden denn als die Gegebenheit, die den Sinn hat, die Rechtsidee zu verwirklichen.«[268]

Rechtsphilosophie ist eine »Rechtswertbetrachtung« mit einer eigengearteten Methode, die durch zwei »Wesenszüge« gekennzeichnet ist: »Methodendualismus und Relativismus«.[269] ›Methodendualismus‹ besagt, dass »Wertbetrachtung und Seinsbetrachtung« je in sich geschlossene »Kreise« darstellen. Radbruch bezieht sich damit auf die kantische Lehre von der Unmöglichkeit, »aus dem, was *ist*, zu erschließen, was *wertvoll*, was *richtig* ist, was sein *soll*«. Er folgert daraus, niemals sei »etwas schon deshalb richtig, weil es ist oder weil es war – oder auch, weil es sein wird«. Jenen Positivismus, der dies nicht sehe, lehnt er ab. Es geht Radbruch, der die kausale Wirkung von Seinstatsachen auf Bewertungsakte nicht leugnet, um das *logische* »Verhältnis von Sein und Wert«: »Sollenssätze sind nur durch andere Sollenssätze begründbar und beweisbar. Eben deshalb sind die letzten Sollenssätze unbeweisbar, axiomatisch, nicht der Erkenntnis, sondern nur des Bekenntnisses fähig.«[270]

Auch Sätzen, deren propositionaler Gehalt ›Gerechtigkeit‹ ist, geht die propositionale Einstellung ›*S ist überzeugt*‹ voraus. Dies macht den Kern einer »relativistische[n] Rechtsphilosophie« aus: »Die hier dargelegte Methode nennt sich *Relativismus*, weil sie die Richtigkeit jedes Werturteils nur in Beziehung zu einem bestimmten obersten Werturteil, nur im Rahmen einer bestimmten Wert- und Weltanschauung, nicht aber die Richtigkeit dieses Werturteils, dieser Wert- und Weltanschauung selbst festzustellen sich zur Aufgabe macht. Der Relativismus gehört aber der theoretischen, nicht der praktischen Vernunft an. Er bedeutet Verzicht auf die wissenschaftliche Begründung letzter Stellungnahmen, nicht Verzicht auf die Stellungnahme selbst.«[271]

Radbruchs eigene Überzeugung und die aus ihr folgende Stellungnahme bestehen im Wesentlichen darin, dass »Recht und Rechtsidee« nicht geschieden werden dürfen. Man kann den Rechtsbegriff nicht »ohne jede Bezugnahme auf die Rechtsidee ableiten«: »Der Rechtsbegriff kann nur bestimmt werden als die Wirklichkeit, die zur Rechtsidee hinstrebt. Hinter dieser Auffassung des Rechtsbegriffs steht aber die Grundanschauung, daß [...] mit der bloßen Antithese von Sein und Sollen, von Wirklichkeit und Wert nicht auszukommen ist, daß vielmehr zwischen Wirklichkeitsurteil und Wertbeurteilung der Wertbe-

268 Ebd., S. 12.

269 Vgl. die Modifikation ebd., S. 31: Radbruch spricht hier von der auf »Methodentrialismus und Relativismus aufgebauten Rechtsphilosophie«.

270 Ebd., S. 13 ff.

271 Ebd., S. 17 f.

ziehung, zwischen Natur und Ideal der Kultur ihr Platz gewahrt werden muß: die Rechtsidee ist Wert, das Recht aber wertbezogene Wirklichkeit, Kulturerscheinung. So wird der Übergang vollzogen von einem Dualismus zu einem Trialismus der Betrachtungsweisen [...]. Dieser Trialismus macht die Rechtsphilosophie zu einer *Kulturphilosophie des Rechts.*«[272]

Radbruchs Kernthese besteht in dem Satz, das Recht sei eine Wirklichkeit, »die den Sinn hat, einem Wert zu dienen. *Recht ist die Wirklichkeit, die den Sinn hat, dem Rechtswerte, der Rechtsidee zu dienen.* Der Rechtsbegriff ist also ausgerichtet an der Rechtsidee.« Was ist der Inhalt der Rechtsidee? »Die Idee des Rechts kann [...] keine andere sein als die Gerechtigkeit.«[273]

Um die Differenz zu Kelsen richtig einschätzen zu können, ist daran zu erinnern, dass Radbruch zu dieser Bestimmung nicht trotz, sondern aufgrund des Relativismus kommt. Entsprechend groß ist die Distanz zu Kelsen in der Kennzeichnung der Rechts*normen:* Sie haben »die Natur von Maßstäben [...], an denen das Zusammenleben der einzelnen gemessen wird, nicht von Befehlen, die sich an die einzelnen richten«; Rechtsnormen sind in erster Linie »Bewertungsnormen«, nicht »Bestimmungsnormen«. Die Norm wird erst zum Imperativ, wenn es darum geht, Verhalten im Recht nicht nur zu beurteilen, sondern dem Recht »gemäßes menschliches Verhalten auch herbei[zu]führen, ihm widersprechendes menschliche Verhalten [zu] verhindern.«[274]

Eine weitere grundlegende Differenz zu Kelsen besteht in der Bestimmung des Verhältnisses von Recht und Staat. Radbruch sieht hier »keineswegs Identität, sondern umgekehrt schärfste Spannung«: »Die Norm ›Recht‹ ist für die Wirklichkeit ›Staat‹ in gewissem Sinne eine inadäquate Norm, denn auch die *Idee* des Rechts ist nicht mit der Staats*idee* identisch, das Recht neben dem Staatszwecke einer Idee dienstbar, die mit dem näheren Staatszweck in Kollision geraten kann: der Rechtssicherheit, und einer zunächst staatsfremden Idee: der Gerechtigkeit.« Der Staat, der zur Gesetzgebung unter der Bedingung berufen ist, »daß er sich durch seine Gesetze selbst für gebunden halte«, wird »an sein positives Recht gebunden durch überpositives, natürli-

272 Ebd., S. 31.

273 Zur Antinomie, dass an der Gerechtigkeit zwar der Rechtsbegriff orientiert werden kann, nicht aber die Ableitung des Rechtsinhalts zu gewinnen ist, vgl. ebd., § 9; Zweckmäßigkeit und Rechtssicherheit werden als die zwei weiteren Bestandteile der Rechtsidee eingeführt.

274 Ebd., S. 45. »[D]ie Norm verlangt Moralität, der Imperativ Legalität.« (Ebd., S. 46) Zur Trennung von Recht, Moral und Sitte vgl. ebd., S. 41-53.

ches Recht, durch denselben naturrechtlichen Grundsatz, auf den die Geltung des positiven Rechts selber allein gegründet werden kann.«[275]

Radbruchs Rückgriff auf ein – kulturhistorisch kontextualisiertes, nicht-metaphysisches – Minimum an naturrechtlichen Grundsätzen scheint den von ihm selbst erhobenen Einwänden gegen die Funktionalisierung der Natur im Rechtsbegriff zu widersprechen. Dies ist aber nicht der Fall. Denn er gibt diesen Grundsätzen ein positiv-rechtliches Profil. In einem Zeitungsartikel *Fünf Minuten Rechtsphilosophie* macht er 1945 deutlich, dass der Relativismus der Werte und des Rechts zwar einen Preis hat, der Preis aber nicht so hoch ist, wie ihn die Zustimmung zum klassischen Naturrecht einfordern würde. Der Preis ist die Überzeugung, dass es im Recht vernünftig zugehen *muss;* dies ist das Postulat einer nachmetaphysischen, nicht mehr substanziellen Vernunft im Recht, die sich in den *positivierten Menschenrechten* ausdrückt: »[Es gibt] Rechtsgrundsätze, die stärker sind als jede rechtliche Satzung, so daß das Gesetz, das ihnen widerspricht, der Geltung bar ist. Man nennt diese Grundsätze das Naturrecht oder das Vernunftrecht. Gewiß sind sie im einzelnen von manchem Zweifel umgeben, aber die Arbeit der Jahrhunderte hat doch einen festen Bestand herausgearbeitet, und in den sogenannten Erklärungen der Menschen- und Bürgerrechte mit so weitreichender Übereinstimmung gesammelt, daß in Hinsicht auf manche von ihnen nur noch gewollte Skepsis den Zweifel aufrechterhalten kann.«[276]

Der Relativismus wird – dies ist die Bilanz – durch positivierte menschenrechtliche Normen relativiert und gezähmt. Sich mehr an Relativismus zu leisten, verbietet nach dem Zweiten Weltkrieg die Erfahrung des gesetzlich verbrämten staatlichen Terrors gegen die Menschenwürde und die Menschenrechte.

275 Ebd., S. 171 ff. Radbruch bezieht sich hier auf G. Jellinek.

276 Ebd., S. 210.

5. Rechtspluralismus

Der Begriff ›Rechtspluralismus‹[1] bezeichnet die Tatsache einer Pluralität von Rechtskulturen staatlicher und nichtstaatlicher[2] Art und heterogener Rechtsnormen innerhalb eines Rechtsraumes; mit ›Rechtsrelativismus‹ sollte er nicht verwechselt werden. Es wäre ein Irrtum anzunehmen, Rechtspluralismus existiere nur außerhalb Europas in Staaten, die ›noch nicht‹ auf dem Niveau homogenen universellen Rechts angekommen seien. Wie etwa in der arabischen Welt oder im subsaharischen Afrika existiert auch in Europa keine homogene juridische Kultur. Unterschiede zwischen nationalstaatlichen Rechtskulturen in Europa bzw. Nordamerika und die Koexistenz verschiedener Rechtstraditionen und -formen innerhalb von Nationalstaaten z. B. in Afrika belegen den faktischen Pluralismus im Recht.

Die Akzeptanz universalistischer Rechtsgeltungsansprüche hängt wesentlich davon ab, »ob sie in das jeweilige Weltbild legitimatorisch integrierbar« sind: »Das scheint etwa im moslemischen Traditionsbereich [...] problematisch zu sein, aber auch im Bereich afrikanischen Stammesrechts, des Customary Law, besonders, wenn es in seinem Bestand durch eine Verfassung geschützt ist, die gleichzeitig inhaltlich widersprechende Grund- und Menschenrechte normiert.«[3]

5.1 Rechtspluralismus in Afrika

Jomo Kenyatta – 1963 nach der Unabhängigkeit Kenias der erste Ministerpräsident und 1964 nach der Proklamation des Landes zur Republik deren erster Staatspräsident – hat mit Bezug auf die Gikuyu-Ethnie zum Konflikt zwischen traditioneller Gemeinschaftsorientierung und ›*Westernisation*‹ geschrieben: »The selfish or self-regarding man has no name or reputation in the Gikuyu community. [...]. In the Gikuyu community there is no really individual affair, for every thing

1 Vgl. Griffiths 1986.

2 Neben der »Überlagerung des territorial differenzierten Weltrechts mit Elementen sektorieller Differenzierung«, die »von solchen Rechtsregimes induziert ist, die auf völkerrechtlicher Vereinbarung zwischen Nationalstaaten beruhen«, ist ein »gleichzeitige[s] rapide[s] Wachstum des Rechts nichtstaatlicher privater Regimes« im Bereich der Ökonomie zu beobachten. »Diese erzeugen ein ›global law without the state‹, das überhaupt erst die Multidimensionalität des globalen Rechtspluralismus begründet.« (Teubner/Korth 2009).

3 Roschmann 2011, S. 427.

has a moral and social reference. The habit of corporate effort is but the other side of corporate ownership; and corporate responsibility is illustrated in corporate work no less than in corporate sacrifice and prayer. In spite of the foreign elements which work against many of the Gikuyu institutions and the desire to implant the system of wholesale Westernisation, this system of mutual help and the tribal solidarity in social services, political and economic activities are still maintained by the large majority of the Gikuyu people. It is less practised among those Gikuyu who have been Europeanised or detribalised.«[4]

Der Philosoph Kwasi Wiredu thematisiert den Rassismus der Kolonisatoren »in den praktischen Programmen, die den angeblich niedereren Lebensstil der Afrikaner auf so wichtigen Gebieten wie der Erziehung, der Religion, der Wirtschaft, der Politik etc. zu verändern und den europäischen Vorbildern anzugleichen suchten. [...] Der politische Nationalismus half Afrika, seine nationale Unabhängigkeit wiederzuerlangen und lebensfähige moderne Staaten auszubilden, der kulturelle Nationalismus, das Vertrauen in die eigene Kultur wiederherzustellen.« Wiredu plädiert deshalb für ein »Programm einer intellektuellen Konstruktion bzw. Rekonstruktion im Dienste Afrikas und letztlich der ganzen Welt. Der kleinste Nenner eines solchen Programms bestünde in der Austreibung der kolonialen Mentalität [...] aus den Begriffen (*conceptual exorcising*)«.[5]

Dies macht verständlich, dass in afrikanischen Rechtsdiskursen oft davor gewarnt wird, die Tradition der Stammessolidarität und des durch die Weisen gesprochenen, nicht verschriftlichten Rechts[6] drohe durch ›Verwestlichung‹ zerstört zu werden. Dies ist auch der Kontext, in dem die Erinnerung an die Tradition der Weisen als Richter ihre Bedeutung erhält. »Viele Weise werden zur Schlichtung in Gemeinschaftsangelegenheiten gerufen und entscheiden, wer Recht oder Unrecht hat und was tun ist. [...] Sie werden vor allem gerufen, weil sie

4 Kenyatta 1965, S. 185 f.

5 Wiredu 1997a, S. 28 f. »[T]he necessity for decolonization was brought upon us in the first place by the historical superimposition of foreign categories of thought on African thought systems through colonialism.This superimposition has come through three principal avenues. The first is the avenue of language. It is encountered in the fact that our philosophical education has generally been in the medium of foreign languages, usually of our erstwhile colonizers. This is the most fundamental, subtle, pervasive and intractable circumstance of mental colonization. But the two other avenues, though grosser by comparison, have been insidious enough. I refer here to the avenues of religion and politics. Through these have been passed to us legacies of long-standing religious evangelization, in the one case, and political tutelage, in the other.« (Wiredu 1997b, S. 11).

6 Vgl. hierzu die Beiträge in Hinz/Mapaure 2010.

mit den Traditionen, Gesetzen und sozialen Bräuchen ihrer Gemeinschaft vertraut sind. Die Entscheidung der Weisen wird oft als eine Interpretation der Tradition beschrieben, als ihre Anwendung auf die aktuelle Schwierigkeit. Die Entscheidung wird entweder von einer stillen Reflexion oder einem Dialog mit einer Debatte unter Gleichrangigen eingeleitet. Die Autorität des Ältesten, die auf seinem Ruf basiert, wird respektiert. Hartnäckige Kontfliktparteien, die nicht auf ähnliche Ratschläge ihrer Freunde und Familie gehört haben, nehmen solche Ratschläge ernst, wenn sie von einem dermaßen geachteten Gemeinschaftsmitglied kommen.«[7]

Diese nicht formalisierte Rechtskultur der Weisen, die eher als ›Gerechtigkeitskultur‹ zu bezeichnen ist, und die »Autorität der traditionellen sozio-kulturellen Werte ›moaaga‹«, d.h. der »lokalen Weisheit«, zielen auf die Lösung von Konflikten durch Schlichtung, Ausgleich und Versöhnung.[8] Vor Gericht leugnen Täter in aller Regel ihre Schuld, bis die Beweiserhebung und -würdigung sie der Tat überführt. Die nicht-juridische Schlichtungsinstanz erleichtert es, die Wahrheit zu sagen, und statt einer Bestrafung nach Gesetz wird Reue belohnt; was verlangt wird, ist Wiedergutmachung. Diese Gerechtigkeitskultur ist besonders attraktiv unter Bedingungen, unter denen man mangels Rechtsstaatlichkeit auf die Justiz keine Hoffnung setzen kann. Sie war auch die Grundlage der von 1996 bis 1998 in Südafrika zur Untersuchung der Verbrechen während des Apartheid-Regimes arbeitenden ›Truth and Reconciliation Commission‹.[9] Deren Vorsitzender war

7 Presby 1997, S. 79 f.

8 Koné 2011, S. 72.

9 Der Menschenrechtsrat der Vereinten Nationen hat am 12. Oktober 2009 in seiner Resolution ›Human rights and transitional justice‹ zu Wahrheits- und Versöhnungskommissionen u.a. erklärt: »4. *Emphasizes* the importance of a comprehensive approach to transitional justice, incorporating the full range of judicial and non-judicial measures, including, among others, individual prosecutions, reparations, truth-seeking, institutional reform, vetting of public employees and officials, or an appropriately conceived combination thereof, in order to, inter alia, ensure accountability, serve justice, provide remedies to victims, promote healing and reconciliation, establish independent oversight of the security system and restore confidence in the institutions of the State and promote the rule of law in accordance with international human rights law; 5. *Underlines* the fact that truth-seeking processes, such as truth and reconciliation commissions, that investigate patterns of past human rights violations and their causes and consequences are important tools that can complement judicial processes and, when established, such mechanisms have to be designed within a specific societal context and to be founded on broad national consultations with the inclusion of victims and civil society, including nongovernmental organizations; 6. *Stresses* the need within a sustainable transitional justice strategy to de-

kein Jurist, sondern der Bischof Desmond Tutu. In seiner 2001 in deutscher Übersetzung erschienenen Schrift *Keine Zukunft ohne Versöhnung* schrieb er zur neuen, konsensuell ausgehandelten Verfassung Südafrikas: »Diese Verfassung bildet eine historische Brücke zwischen der Vergangenheit einer tief von Dissens, Konflikten, unaussprechlichem Leiden und Ungerechtigkeit gespaltenen Gesellschaft und einer Zukunft, die auf der Anerkennung der Menschenrechte, friedlicher Koexistenz und allen Südafrikanern unabhängig von ihrer Hautfarbe, Rasse, sozialen Klasse, ihrem Glauben oder ihrem Geschlecht gebotenen Entwicklungsperspektiven beruht. Die Suche nach nationaler Einheit, die Wohlfahrt aller Südafrikaner und der Frieden verlangen nach Versöhnung aller Bürger Südafrikas und nach Erneuerung der Gesellschaft.«[10]

Afrikanische Rechtskulturen sind »fluide pragmatisch gehandhabte Hybridsysteme – also eine nicht genau fixierte und kontextabhängige Mischung von mindestens vier sich überlappenden *Rechtssystemen*, die unterschiedliche historische Erfahrungen und Präferenzen widerspiegeln. Sie begründen unterschiedliche Handlungslogiken und können daher in Zielkonflikte miteinander geraten. So stehen die lokalen ethnischen Rechtstraditionen, die vor allem Familien- und Geschlechterbeziehungen regeln (*customary law*), neben den aus der Kolonialzeit stammenden nationalen Rechtssystemen, denen die Leitvorstellung von egalitären Staatsbürgerrechten zugrunde liegt – wenigstens in der Theorie der geschriebenen Verfassung. Die Pluralität der normbildenden Orientierungsangebote für den Bürger erhöht sich ferner durch die Existenz *transnationaler* Akteure [...] Vor allem die *Scharia* ist in vielen multireligiösen Ländern Afrikas auf dem Vormarsch und erfreut sich steigender Beliebtheit in verunsicherten, kulturell fragmentierten Gesellschaften wie beispielsweise in Nigeria, Sudan, Tansania und Äthiopien. In der ›riskanten Moderne‹, in der der Entwicklungsstaat oftmals nur noch als schwach und kriminell wahrgenommen wird, bietet die Scharia Einigen ein klares Gerüst von Geboten und Verboten, ebenso wie die basisnahen Pfingstkirchen protestantischer Herkunft andere Menschen anziehen. Und schließlich ist noch – viertens – die Verbreitung internationaler Ethiknormen mit universellem

velop national prosecutorial capacities that are based on a clear commitment to combat impunity, to take into account the victim's perspective and to ensure compliance with human rights obligations concerning fair trials; 7. *Reaffirms* the responsibility of States to comply with their relevant obligations to prosecute those responsible for gross violations of human rights and serious violations of international humanitarian law constituting crimes under international law, with a view to ending impunity [...].«

10 Zit. nach Koné 2010, S. 143; meine Übers. aus d. Franz.

Geltungsanspruch zu beachten – das sind ›missionsunbedürftige‹ positive Erfahrungen, die sich in den Rechtsnormen Demokratie, Rechtsstaatlichkeit, Geschlechtergleichheit, Solidarität mit sozial Schwachen und allgemein in den naturrechtlich begründeten Menschenrechten der Vereinten Nationen niedergeschlagen haben.«[11]

Ein Beispiel für die Koexistenz universalistisch orientierter Grundrechte und gleichberechtigten *Customary Law* ist die Verfassung Namibias. Der Grundrechteteil (Art. 1-25) entspricht den in der Präambel formulierten universellen Prinzipien: »*Whereas* recognition of the inherent dignity and of the equal and inalienable rights of all members of the human family is indispensable for freedom, justice and peace; *Whereas* the said rights include the right of the individual to life, liberty and the pursuit of happiness, regardless of race, colour, ethnic origin, sex, religion, creed or social or economic status; *Whereas* the said rights are most effectively maintained and protected in a democratic society, where the government is responsible to freely elected representatives of the people, operating under a sovereign constitution and a free and independent judiciary [...]«. Zugleich stellt Art. 66 ›Customary and Common Law‹, Abs. (1), fest: »*Both the customary law and the common law* of Namibia in force on the date of Independence shall remain valid« – allerdings mit der Einschränkung: »to the extent to which such customary or common law does not conflict with this Constitution or any other statutory law.«[12]

Customary law »is a complex, dynamic system which has constantly evolved in response to a wide variety of internal needs and external influences. It regulates marriage, divorce, inheritance, succession, and land tenure, amongst other things. Thus, customary law is a body of norms, customs and beliefs that is relevant for most Namibians. However, despite this relevance for the majority, customary law was marginalised and even ignored for some time under colonial rule. Nonetheless, all evidence alluding to the living reality of customary law shows that the law has developed ways and means of preserving its essence in spite of any impediment.«[13]

Rechtspolitik und Rechtsprechung sehen sich freilich mit dem Problem konfrontiert, dass (i) die *customary laws* der traditionellen Gemeinschaften in einem Staat wie Namibia keineswegs homogen sind, (ii) in der Regel nicht oder nur in Ansätzen verschriftlicht sind und (iii) bei Verschriftlichung bzw. Kodifizierung vom Verlust ihrer traditionellen Funktion bedroht sind. »It is beyond doubt that one of the

11 Tetzlaff 2011, S. 127 f.
12 Hervorh. v. mir.
13 Ruppel 2010, S. III; vgl. Hinz 2008.

primary difficulties in the judicial application of customary law is – and has always been – the absence of accurate, comprehensive and authoritative written thereof. The rule of law [...] demands [...] that the law should be certain and be ascertainable in advance by the persons to whom it relates so as to be predictable and allow them to regulate their affairs in conformity therewith.«[14] Auf der anderen Seite betont Manfred O. Hinz, die rechtsanthropologische Forschung habe zu einer kritischen Beurteilung der Forderungen nach einer Kodifikation des *customary law* geführt, »because codification will [...] destroy one of the most important qualities of customary law, namely its openness to accommodate reconciliatory solutions to problems instead of allowing the law to win the parties over. [...] It was found that the living law was the customary law to be accepted by courts and not the so-called official laws ›of the books‹. This really challenging jurisprudential development accepts – as promoted by legal pluralism – that customary law, as the local law of the people, would lose its quality of being the people's law if it were codified into a statutory type of document.«[15]

Aus diesen Gründen wurden im ›Namibian Customary Law Ascertainment Project‹ die bisher mündlich überlieferten Rechtsnormen[16] von siebzehn Gemeinschaften in den zentralen und nordöstlichen Landesteilen Namibias schriftlich dokumentiert[17]; weitere mit rechtsanthropologischen Studien verbundene Bestandsaufnahmen sollen folgen.[18]

In der Dokumentation der *Laws of Ombadja* – sie mag hier als Beispiel genügen – heißt es unter dem Titel ›Law and Order‹: »Any person who is owed or been done wrong by another person and would like to open a case shall start from the village headman, and if they are not satisfied by the decision of the village head, they shall proceed to the Chief Headman together with the decision made by the headman. If the decision made by the Chief Headman does not satisfy the

14 So Peter Shivute, Chief Justice, in Hinz 2010, S. II.

15 Hinz 2010, S. 8. Das ›living law‹ kann geändert werden. So fordert z. B. das Recht der Ombalantu: Die Gewohnheitsrecht-Praktiken »should be revised every five years to remove redundant laws, and to amend or enact laws« (in: ebd., S. 75).

16 Zu einer vergleichenden Darstellung mündlich überlieferten und verschriftlichten Rechts vgl. Hinz 2010a, S. 3 ff.

17 Vgl. insgesamt Hinz 2010.

18 »*[A]scertainment* can be definded as any kind of authoritative transfer of orally transmitted customary law into a written form.« »[T]he act ascertainment [...] awards the ascertained version of customary law a legal qualification.« (Hinz 2010a, S. 5).

persons instituting the case and they are not happy with it, they have the right to take the case to the Traditional Council. If someone is owed, the person owed shall not take the law into their own hands to take the other person's belongings. They shall follow law and order. Whoever is notified to report to court shall do so. If they have other agendas. then they shall notify the court early enough. The traditional judges shall not show nepotism, discrimination or favouritism: they shall judge everyone fairly and justly.«[19]

Die Ziele des *customary law* sind der Rechtsfrieden zwischen den Familien der Täter und der Opfer und Versöhnung. Die Übergabe ermittelter Straftäter an Polizei und Justiz ist zwar eine der möglichen Maßnahmen; doch in der Regel urteilt die ›Traditional Authority‹ und erlegt Straftätern eine Natural- oder – ersatzweise – Geldstrafe auf. Im Falle eines Mordes gilt gem. den *Laws of Ombadja*: »Any person who kills another person shall pay ten oxen or N$ 10,000 to the family of the deceased.« Für den Fall einer Tötung mit Absicht gilt: »*Intentional killing is* when someone kills the other person deliberately. If an accusation of death by poisoning is made, a medical examination shall be carried out, or sufficient evidence against the accused is required. If found guilty, the accused shall pay 10 head of cattle, one of which shall be for bloodshed, or N$ 10,000. A thorough investigation or medical examination shall be carried out before a person who is accused of performing an abortion is punished. If a woman gives birth and abandons the baby, the case shall be reported to the police or to the Traditional Authority. If in consequence the child dies, the accused shall be brought to the Traditional Court of law and tried. The punishment for intentional killing can vary based upon the evidence given in the Traditional Court.«[20]

Vergewaltigte Frauen »shall be taken to the nearest doctor or police officer before the clothes that she had on during the incident are taken

19 In: Hinz 2010, S. 39.

20 Ebd., S. 40. Die Norm im *Law of Ombalantu* lautet: »A person who kills another intentionally is guilty of a crime in customary and Namibian criminal law. The guilty party should wipe away the tears of the deceased's family. According to customary law, the family of the guilty party has the responsibility to pay for the crime as soon as possible, in order for peace to be restored between the two families. The fine is ten head of cattle which includees one for the Traditional Authority. […] If one person kills another by administering poison, and there is clear evidence from a doctor, and the victim wants to have the offender tried, then this person shall be tried and further investigation of the case shall take place. If they are found guilty, a fine of ten head of cattle shall be paid, of which the cattle to be paid to the Traditional Authority are included, and the money generated by which will be saved in the Traditional Authority's safe.« (Ebd., S. 75).

off. The complainant shall not be washed because it can jeopardise medical examinations. A person found guilty of rape by the Traditional Authority shall pay six oxen plus one for the Council. If a rapist has killed the victim, then the accused shall pay for both crimes (rape and killing). If the victim was pregnant and has been raped and killed, the accused shall pay for three crimes: rape, and two killings. If the accused has beaten and raped the complainant, then the accused shall pay for raping and beating the complainant.«[21]

Als Diebstahl gilt, »when a person takes any property that belongs to another person without its owner's consent.« Bei den vorzunehmenden Maßnahmen hat die Rückgabe des Diebesguts Vorrang: »If possible, stolen goods shall be returned to their owner. A person who has unknowingly bought stolen goods may demand repayment for the goods from the seller.« Wenn ein Dieb von einem namibischen Gericht für schuldig erklärt worden ist, »the complainant shall have the right to open a case against the thief in a traditional court of law and to reclaim his/her property from the thief. [...] If a person has stolen a domestic animal or fowl (ox, donkey, goat, sheep, pig, chicken, etc.), he/she shall be charged with theft. If he/she has killed it, he/she shall be fined for that animal twice.«

5.2 Rechtspluralismus in Europa und Nordamerika: Freie richterliche Überzeugung

In welchem Maße es auch in Europa und im Vergleich Europas zu Nordamerika Rechtspluralismus gibt, kann an einem Beispiel erläutert werden: der Rolle der ›freien richterlichen Überzeugunge‹[22] im deutschen bzw. am deutschen Rechtssystem orientierten Recht und der ›*intime conviction*‹ im französischen Rechtssystem sowie der ›*conviction*‹ im angelsächsischen *common law*.

5.2.1 ›Freie richterliche Überzeugung‹ im deutschen Rechtssystem[23]

Das Prinzip der freien richterlichen Überzeugung ist, verbunden mit dem der *freien Beweiswürdigung*, ein Kernelement rechtsstaatlicher

21 Ebd., S. 40 f.

22 Zu einer rechtshistorischen Untersuchung zur Rolle der freien richterlichen Überzeugung in Deutschland, Frankreich und Italien vgl. Nobili 2001.

23 Die folgenden Abschnitte sind gekürzt übernommen aus Sandkühler 2009, Kapitel 10 zu ›Überzeugung und Recht‹.

Rechtskultur.[24] Es gründet im Prinzip der Gewaltenteilung und der Unabhängigeit der Judikatur, der richterlichen Gewalt. Gemäß Art. 97 (1) GG sind die Richter »unabhängig und nur dem Gesetze unterworfen«.[25] Aufgrund seiner für die Parteien des Rechtsstreits (Kläger und Beklagte) bzw. Angeklagte im Strafprozess existenziellen Folgen und der mit Überzeugungen immer verbundenen Vagheit und Rechtfertigungsunsicherheit ist das Prinzip der Freiheit der richterlichen Überzeugungsbildung[26] an ein umfangreiches rechtliches System von Regeln der Überzeugungsbildung, -begründung[27] und -rechtfertigung, vor allem in Verfahrensordnungen wie der Strafprozess- und Zivilprozessordnung[28] (StPO, ZPO), sowie der revisionsgerichtlichen Kontrolle (Sachrüge, Verfahrensrüge)[29] zurückgebunden.

24 Zur freien Beweiswürdigung und Überzeugungsbildung vgl. die Kommentare zur Strafprozessordnung: Achenbach et al. 1993, § 261, Rn. 1-39 (hier auch zur persönlichen Überzeugung als psychisches Faktum, Rn. 10-12), Lemke et al. 1999, § 261, Rn. 1-52, Meyer-Goßner 1999, § 261, R. 1-41. Vgl. als ausführliche historische und systematische rechtsvergleichende Studie zu Bedeutung, Bedingungen und Grenzen der freien richterlichen Beweiswürdigung und Überzeugung Walter 1979.

25 Vgl. § 25 Deutsches Richtergesetz (DRiG): »Der Richter ist unabhängig und nur dem Gesetz unterworfen.« § 26 (1) »Der Richter untersteht einer Dienstaufsicht nur, soweit nicht seine Unabhängigkeit beeinträchtigt wird.« Der Richtereid lautet gem. § 38 (1): »Ich schwöre, das Richteramt getreu dem Grundgesetz für die Bundesrepublik Deutschland und getreu dem Gesetz auszuüben, nach bestem Wissen und Gewissen ohne Ansehen der Person zu urteilen und nur der Wahrheit und Gerechtigkeit zu dienen [...]«. § 39: »Der Richter hat sich innerhalb und außerhalb seines Amtes, auch bei politischer Betätigung, so zu verhalten, daß das Vertrauen in seine Unabhängigkeit nicht gefährdet wird.«

26 Zu den Grundlagen für die Bildung der richterlichen Überzeugung vgl. Walter 1979, S. 262-315.

27 Vgl. Lange 1997.

28 Für den Zivilprozess gilt dies nur bedingt. Das Gesetz gibt dem Richter weitgehend freie Hand in der Überzeugungsbildung: »An gesetzliche Beweisregeln ist das Gericht nur in den durch dieses Gesetz bezeichneten Fällen gebunden« (§ 286 II ZPO). Es gelten der sog. Beibringungsgrundsatz und das Prinzip der formellen Wahrheit: Das Gericht ermittelt den der Entscheidung zugrunde zu legenden Sachverhalt zunächst einmal nicht von sich aus, sondern überlässt es den Parteien, ihn beizubringen. Wird der von der einen Partei vorgetragene Sachverhalt von der anderen nicht bestritten, wird er, wie vorgetragen, der Entscheidung zugrunde gelegt. Nur bei streitigem Vorbringen kommt eine Beweiserhebung in Betracht. Dabei entscheiden die Regeln der Beweislast darüber, welche Partei die notwendigen Beweismittel beizubringen hat. Gelingt ihr dies nicht, kommt es nicht zu einer Beweisaufnahme, sondern es wird auf der Grundlage des streitigen Vorbringens der Gegenpartei entschieden. Wenn die notwendigen Beweismittel

Der Grad der Verrechtlichung des Prinzips[30] ist in Deutschland deutlich höher als in anderen Ländern.[31] Der Grund hierfür dürfte in den die Rechtskultur nach 1945 wesentlich prägenden Unrechts- und Willkürerfahrungen, d. h. mit der Rechtslastigkeit der Justiz in der Weimarer Republik und der Zerstörung des Rechts im ›Dritten Reich‹ zu finden sein. Gleichwohl fällt auf, dass den expliziten gesetzlichen Regelungen eine Fülle von Normierungen gegenübersteht, die – zunehmend – dem *Richterrecht* entstammen.[32] Sie sind im Wesentlichen in höchstrichterlichen Revisionsurteilen formuliert.

Menschenrechtskonventionen und nationale Verfassungen garantieren das Recht auf ein faires Verfahren.[33] Sie fordern unabhängige und unparteiische, auf Gesetz beruhende Gerichte, die öffentlich und innerhalb angemessener Frist verhandeln. *Unabhängigkeit, Fairness und*

beigebracht sind, kommt es zu einer Beweisaufnahme. Im Anschluss daran entscheidet das Gericht nach »freier Überzeugung«. Die Frage, weshalb sich die deutsche Rechtsordnung im Bereich des Zivilprozesses mit einer ›Wahrheit 2. Klasse‹ begnügt, soll hier nicht näher erörtert werden. Ein Grund könnte darin zu sehen sein, dass sich im Zivilprozess zwei gleichwertige, mit gleicher Rechtsmacht und gleichen Waffen ausgestattete Parteien gegenüberstehen, die idealerweise in der Lage sind, ihre Interessen nicht nur im Bereich des Güteraustauschs (Vertragsrecht, Vertragsfreiheit als Abschluss- und Gestaltungsfreiheit), sondern auch prozessual wahrzunehmen. Zu Strukturen richterlicher Überzeugungsbildung im Zivilprozess vgl. Huber 1985.

29 Vgl. hierzu Rieß 1978.

30 Zu den bei der Überzeugungsbildung zu beachtenden Grundsätzen – Tatsachenfeststellung und Tatsachenwürdigung, Überzeugungsmaßstab, Rechtsgrundlagen, Zweck der richterlichen Begründungspflicht und Rechtsfolgen eines Verstoßes gegen die Begründungspflicht – vgl. Lange 1997.

31 Dem entspricht z. B., dass rechtliche Begründungen, die affirmativ auf ›kulturelle Üblichkeiten‹ wie das ›Züchtigungsrecht des Mannes gegenüber der Frau‹ in bestimmten islamischen Ländern verweisen, in der deutschen Rechtskultur nicht statthaft sind.

32 Zur Auseinandersetzung mit der These vom »Wuchern des Richterrechts«, das ein »Akt der Rechtspolitik« und nicht der Rechtsprechung sei, vgl. Hirsch 2007, S. 8: »Schon ein Blick in die deutsche Vergangenheit verbietet jede absolute Gesetzesbindung«.

33 Die europäische Konvention zum Schutze der Menschenrechte und Grundfreiheiten (1950, in der Fassung des Protokolls Nr. 11 in Kraft getreten am 1. November 1998) erklärt in Art. 6 Recht auf ein faires Verfahren: »(1) Jede Person hat ein Recht darauf, dass über Streitigkeiten in Bezug auf ihre zivilrechtlichen Ansprüche und Verpflichtungen oder über eine gegen sie erhobene strafrechtliche Anklage von einem unabhängigen und unparteiischen, auf Gesetz beruhenden Gericht in einem fairen Verfahren, öffentlich und innerhalb angemessener Frist verhandelt wird. [...]«

Unparteilichkeit bilden den menschen- und grundrechtlichen Horizont der Normierung gerichtlicher ›Wahr-Sprüche‹.

Die Rechtsgeschichte und aktuelle Debatten – vor allem in Frankreich – über richterliche Willkür und Justizirrtümer zeigen allerdings, dass es sich beim Grundsatz der ›freien richterlichen Entscheidung‹ nicht um ein unproblematisches Prinzip handelt.[34] Ein nicht unbeträchtlicher Teil von Revisionsurteilen gründet in der Feststellung, die richterliche Überzeugung sei nicht korrekt gebildet worden.

Aus der Unabhängigkeit der Rechtsprechung folgt, dass ein Gericht weder an Rechtsansichten der Parteien noch an von den Parteien behauptete *Tatsachen* gebunden ist.[35] Tatsachen können u. a. dann zwischen den Parteien unstreitig sein, wenn in der Absicht der Täuschung des Gerichts eine Kollusion (ein Zusammenwirken) vorliegt. Im Rahmen der freien Beweiswürdigung entscheidet allein die Überzeugung des Gerichts, ob es den Tatsachen folgt oder nicht. Die für Verfahrensordnungen wie die StPO grundlegende Annahme besteht darin, dass ein methodisch geregeltes und rationales Beweisverfahren möglich ist. Es werden zwei – in theoretischer Hinsicht und *de facto* nicht unproblematische – Gründe geltend gemacht: (i) Es gibt keinen Anlass zu epistemologischem Skeptizismus, sondern es kann auf der Grundlage von Tatsachenfestellungen zwischen wahr und falsch unterschieden werden; (ii) Entscheidungen sind nicht von subjektiven richterlichen Wahrheitsvermutungen abhängig.

Gerichtsurteile setzen einen unter einer Norm subsumierbaren Sachverhalt[36], eine im Rahmen der Beweiswürdigung getroffene Sachverhaltsfeststellung und eine von Richtern gebildete Überzeugung voraus. Die Bildung der Überzeugung muss in dem gründen, »was in tatsächlicher Hinsicht als richtig anzusehen ist und was als rechtlich maßgebend anzusehen ist«.[37] Das richterliche Urteil muss den Normen der Rationalität und Nachvollziehbarkeit für die Überzeugungsbildung genügen.[38]

Im Strafprozessrecht werden folgende bei der freien Beweiswürdigung zu beachtende Grenzen angegeben: Klarheit, Folgerichtigkeit

34 Siehe hierzu auch Abschn. 1.3.3 in diesem Buch.

35 Vgl. Rühl 1998 und 2000. Siehe aber das in Fn. 28 zum Zivilprozess (Beibringungsgrundsatz und Prinzip der formellen Wahrheit) Gesagte.

36 Allerdings müssen Richter *de facto* nicht selten trotz Fehlens einer einschlägigen Norm entscheiden. Mögliche Entscheidungsgrundlagen sind dann Erst-recht-Schluss, Umkehrschluss, Gesetzesanalogie und Rechtsanalogie.

37 Überzeugung des Richters. In: *Deutsches Rechts-Lexikon*, hg. v. H. Tilch/F. Arloth, Bd. 3, München 2001.

38 Zu Maßstäben und Grenzen richterlicher Überzeugungsbildung gem. § 261 StPO vgl. Hanack 1977.

und Widerspruchsfreiheit der richterlichen Argumentation; Beachtung allgemeiner, aufgrund von Lebenserfahrung und wissenschaftlicher Erkenntnis gewonnener Regeln, die ohne Ausnahme gelten und eine an Sicherheit grenzende Wahrscheinlichkeit beinhalten; das Gebot der erschöpfenden Würdigung des gesamten in der Hauptverhandlung erörterten Beweismaterials; die Beachtung der (wenigen) geschriebenen Beweisregeln gem. §§ 274 und 190 StGB (Beweiskraft des Protokolls und Wahrheitsbeweis durch Urteil); die Beachtung von Verboten der Beweisverwertung; die Beachtung prozessualer Grundsätze (z. B. das Verbot der negativen Bewertung der Wahrnehmung des Aussage- und Zeugnisverweigerungsrechts) und die *in-dubio-pro-reo*-Regelung bei begründetem Zweifel an der Schuld von Angeklagten.[39]

Für besondere Fälle gibt es u. a. Regelungen für die Reduzierung des Beweismaßes und für tatbestandliche Anforderungen, z. B. der Abmilderung des Prinzips materieller Wahrheit in ›beachtliche Wahrscheinlichkeit‹.

Im Folgenden sollen nur die in Verfahrensordnungen normierte freie Beweiswürdigung und richterliche Überzeugung interessieren. In § 261 StPO heißt es: »Über das Ergebnis der Beweisaufnahme entscheidet das Gericht nach seiner freien, aus dem Inbegriff der Verhandlung geschöpften Überzeugung.« Für den Zivilprozess regelt § 286 ZPO[40] die »Freie Beweiswürdigung«: »(1) Das Gericht hat unter Berücksichtigung des gesamten Inhalts der Verhandlungen und des Ergebnisses einer etwaigen Beweisaufnahme nach freier Überzeugung zu entscheiden, ob eine tatsächliche Behauptung für wahr oder für nicht wahr zu erachten sei. In dem Urteil sind die Gründe anzugeben, die für die richterliche Überzeugung leitend gewesen sind. (2) An gesetzliche Beweisregeln ist das Gericht nur in den durch dieses Gesetz bezeichneten Fällen gebunden.« Auch die Verfahrenordnung für Verwaltungsgerichte bestimmt in § 108 I VwGO: »Das Gericht entscheidet nach seiner freien, aus dem Gesamtergebnis des Verfahrens gewonnenen Überzeugung. In dem Urteil sind die Gründe anzugeben, die für die richterliche Überzeugung leitend gewesen sind.« Entsprechend führt § 78 (1) des Markengesetzes zur Beweiswürdigung aus: »Das Patentgericht entscheidet nach seiner freien, aus dem Gesamtergebnis des Verfahrens gewonnenen Überzeugung. In der Entscheidung

39 Ähnlich wie die strafprozessuale *in-dubio*-Regel wirkt die Regel, dass die Partei, die den ihr obliegenden Beweis nicht erbringen kann, im Prozess unterliegt.

40 Siehe Fn. 28. Vgl. zu § 286 ZPO die Kommentare Ankermann et al. 1987, Musielak 1999, Thomas/Putzo 2005, Baumbach/Lauterbach/Albers/Hartmann 2006, Rn. 4-12.

sind die Gründe anzugeben, die für die richterliche Überzeugung leitend gewesen sind.«

Nimmt man die mit Überzeugungen allgemein verbundenen Probleme[41] – vor allem das Rechtfertigungsproblem – ernst, dann kann auch für die richterliche Entscheidung nicht mehr vorausgesetzt werden als ein nach der Lebenserfahrung ausreichendes, vernünftige Zweifel nicht zulassendes Maß an Sicherheit, verbunden mit der Berücksichtigung wissenschaftlicher Erkenntnisse, der Befolgung der Gesetze der Logik und der prozessualen Regeln. Dass auch Richter Menschen sind, klingt trivial; tatsächlich liegt diese Einsicht mit weitreichenden Folgen dem Rechtssystem zugrunde: Für eine »richterliche Überzeugung ist nur eine der menschlichen Erkenntniskraft mögliche, dagegen keine gedanklich unumstößliche Gewißheit zu fordern«.[42] Fazit: Im Gerichtsverfahren und in der Beweiswürdigung geht es *de facto* nicht um die von der Korrespondenztheorie angenommene Wahrheit, sondern um so etwas wie eine nach strengen Regeln konsensuell gestützte *Kohärenz-Wahrheit*.[43] Eine Rechtskultur und das mit ihr verbundene Überzeugungssystem bestimmen nicht, was Wahrheit *ist*, sondern was als Wahrheit *gelten kann*.[44]

Verfahrensordnungen sind mit unterschiedlichen Anforderungen an die Vollständigkeit der Beweiserhebung und an ›volle‹ richterliche Überzeugung ausgestaltet. Während gem. § 244 II StPO das Gericht

41 Siehe hierzu Abschn. 1.3.2 in diesem Buch.

42 BGHSt 11, 1, Beschluss v. 25. 9. 1957 – 4 StR 354/57.

43 Vgl. Neumann 2004, Stamp 1998.

44 Im Alternativkommentar zur ZPO schreibt H. Rüßmann zum Beweiskriterium und Beweismaß: »Ziel der richterlichen Sachverhaltsarbeit ist eine wirklichkeitsgerechte Sachverhaltsrekonstruktion, eine Sachverhaltsbeschreibung, die das Prädikat, ›wahr‹ verdient, weil es sich so verhalten hat, wie es in der Sachverhaltsbeschreibung geschildert ist. Das Gericht ist gehalten, im Zusammenwirken mit den anderen Prozessbeteiligten die Tätigkeiten zu entfalten, die es diesem Ziel möglichst nahebringen. Ob das Ziel in einem konkreten Fall tatsächlich erreicht ist, könnte man nur sagen, wenn es für diese Feststellung ein untrügliches Kriterium gäbe. Ein absolut verläßliches, jede Irrtumsmöglichkeit ausschließendes, intersubjektiv verbindliches Kriterium dafür, daß es sich so verhalten hat, wie es in einem fraglichen Satz behauptet wird, gibt es indessen nicht [...]. Die Wahrheit selbst kann dieses Kriterium ebensowenig sein wie die Wirklichkeit. Die Wahrheit ist ein Prädikat, das man Sätzen zuschreibt; die Wirklichkeit wird zur Definition dieses Prädikats herangezogen. Das gesuchte Kriterium betrifft dagegen die Rechtfertigung, mit der man einem Satz die mithilfe von wirklich definierte Wahrheit prädiziert. Sie kann nicht stärker sein als die im Wahrnehmen und Erschließen gegebenen Erkenntnismöglichkeiten. Mit den Erkenntnismöglichkeiten aber steht es nicht zum Besten.« (Rüßmann, Beweisrecht, § 286, Rn. 14. In: Ankermann et al. 1987)

»zur Erforschung der Wahrheit die Beweisaufnahme von Amts wegen auf alle Tatsachen und Beweismittel zu erstrecken [hat], die für die Entscheidung von Bedeutung sind«[45] (materielle Wahrheit), fehlt in § 286 I ZPO die Vollständigkeitsanforderung; im Zivilprozess kann gem. § 138 III ZPO auf die Feststellung von Tatsachen dann verzichtet werden, wenn Tatsachenbehauptungen von den Parteien nicht bestritten werden[46]; dies gilt gem. § 288 ZPO auch im Falle eines Geständnisses (formelle Wahrheit).

Es gibt keine Garantie ›objektiver‹ Wahrheit für die richterliche freie Beweiswürdigung und für die (volle) richterliche Überzeugung. Das von der Überzeugung gestiftete Wissen kommt entweder unter Berücksichtigung aller Verfahrensregeln zustande oder bei Verfahrensfehlern nicht zustande. Fehler bei der Überzeugungsbildung können *Berufungen,* bei denen sowohl die Tatsachen als auch die rechtliche Würdigung überprüft werden, und *Revisionen,* bei denen nur die rechtliche Würdigung des Vorgerichts überprüft wird, begründen. Dies zeigen Beispiele aus der höchstrichterlichen Rechtsprechung – Bundesgerichtshof, Bundesverfassungsgericht, Bundesverwaltungsgericht oder Bundessozialgericht –, in denen die entsprechenden Verfahrensnormen – z. B. StPO § 261 – auch in grundsätzlicher Weise interpretiert werden.[47]

Zu den Anforderungen an die für die Überführung eines Angeschuldigten erforderliche persönliche Gewissheit des Tatrichters hat das BVerwG grundsätzlich festgestellt: Nach § 261 StPO hat »das Gericht

45 Eine problematische, immer häufigere Ausnahme vom Gebot der Vollständigkeit der Tatsachenerforschung und Beweiserhebung stellen Absprachen mit Beklagten dar – ›*deals*‹, ausgehandelte Geständnisse und Strafminderung; sie werden in der Regel prozessökonomisch begründet, d. h. mit den zu mindernden Kosten und der zu verkürzenden Dauer von Prozessen.

46 § 138 III ZPO: »Tatsachen, die nicht ausdrücklich bestritten werden, sind als zugestanden anzusehen, wenn nicht die Absicht, sie bestreiten zu wollen, aus den übrigen Erklärungen der Partei hervorgeht.«

47 »Die Beweiswürdigung ist Sache des Tatrichters; die revisionsgerichtliche Prüfung beschränkt sich darauf, ob diesem Rechtsfehler unterlaufen sind. *Das ist in sachlichrechtlicher Hinsicht der Fall, wenn die Beweiswürdigung widersprüchlich, unklar oder lückenhaft ist oder gegen Denkgesetze oder gesicherte Erfahrungssätze verstößt* [...].« (BGH, Urteil vom 8. 2. 2000 – 5 StR 310/99, 4, 8, 9, 14, 17 (NStZ-RR 2000, S. 171). Hervorh. v. mir.) Vgl. BGH, Urteil v. 25. 3. 1987 – 3 StR 574/86 (NJW 1988, 2898). BGH, Beschluss v. 8. 11. 1996 – 2 StR 534/96 (BGHR StPO§ 261 Überzeugungsbildung 26). BVerfGE, 1 BvL 26/97 vom 17. 2. 1999, (11) und (9) (NVwZ 1999, 756). BGH, Urteil vom 14. 9. 2004 – 1 StR 180/04, 8, 9. Zu »überspannten Anforderungen an die zur Verurteilung erforderliche Überzeugungsbildung« vgl. BGH, Urteil vom 2. März 2005 – 5 StR 371/04 (wistra 2005, 259).

über das Ergebnis der Beweisaufnahme nach seiner freien, aus dem Inbegriff der Verhandlung geschöpften Überzeugung zu entscheiden. Dabei kommt es allein darauf an, ob der Tatrichter die persönliche Überzeugung von einem bestimmten Sachverhalt erlangt hat oder nicht. Das Gericht muß von der persönlichen Schuld des Angeschuldigten überzeugt sein. Der Begriff der Überzeugung schließt die Möglichkeit eines anderen, auch gegenteiligen Geschehensablaufes nicht aus; denn im Bereich der vom Tatrichter zu würdigenden Tatsachen ist der menschlichen Erkenntnis ein absolut sicheres Wissen über den Tathergang, demgegenüber andere Möglichkeiten seines Ablaufs unter allen Umständen ausscheiden müssten, verschlossen. Nach der gesetzlichen Regelung ist es allein Aufgabe des Tatrichters, ohne Bindung an feste gesetzliche Beweisregeln und nur nach seinem Gewissen verantwortlich zu prüfen und zu entscheiden, ob er die an sich möglichen Zweifel überwinden und sich von einem bestimmten Sachverhalt überzeugen kann oder nicht [...]. Die für die Überführung eines Angeschuldigten erforderliche persönliche Gewißheit des Tatrichters erfordert ein nach der Lebenserfahrung ausreichendes Maß an Sicherheit, demgegenüber vernünftige Zweifel nicht mehr aufkommen [...]. Zwar ist zur Überführung des Angeschuldigten keine ›mathematische‹ Gewißheit erforderlich. Der Beweis muß jedoch mit lückenlosen, nachvollziehbaren logischen Argumenten geführt sein. Die Beweiswürdigung muß auf einer tragfähigen, verstandesmäßig einsichtigen Tatsachengrundlage beruhen und muß erschöpfend sein. Der Tatrichter ist gehalten, sich mit den von ihm festgestellten Tatsachen unter allen für die Entscheidung wesentlichen Gesichtspunkten auseinander zu setzen, wenn sie geeignet sind, das Beweisergebnis zu beeinflussen, sowie diese Tatsachen und deren Würdigung in den Urteilsgründen darzulegen [...]. Allein damit wird die Unschuldsvermutung widerlegt [...]. Hängt die Entscheidung bei gegensätzlichen Aussagen des Angeschuldigten und von Zeugen allein davon ab, welchen Angaben das Gericht glaubt, dann müssen, damit es nicht zu einer Verurteilung aufgrund einer subjektiven Fehlbeurteilung der Zeugenaussage(n) kommt, alle Umstände, denen eine indizielle Bedeutung für die Schuld oder Unschuld des Angeschuldigten zukommen kann, in die Beweiswürdigung eingestellt und in den Urteilsgründen dargelegt werden [...]. Selbst wenn einzelne Indizien jeweils für sich genommen noch keine vernünftigen Zweifel an der Richtigkeit einer den Angeschuldigten belastenden Aussage aufkommen lassen, so kann jedoch eine Häufung solcher Indizien bei einer Gesamtbetrachtung zu solchen Zweifeln führen.«[48]

[48] BVerwG, Urteil vom 3. 7. 2003 – 1 WD 3. 03, 4 (NZWehrr 2004, 166).

Die in epistemologischer Hinsicht problematische, für die deutsche Rechtskultur wesentliche Unterscheidung zwischen materieller und formeller Wahrheit gibt es in anderen Rechtskulturen nicht. Die schwedische Prozessrechtslehre z. B. versteht die richterliche Entscheidung im Zivilprozess als reines Wahrscheinlichkeitsurteil und lehnt es ab, »die Überzeugung des Richters im Sinne einer persönlichen Gewissheit zur Maßeinheit und zum Richtspruch prozessualer Tatsachenwürdigung zu erheben. Der Richter hat darüber zu entscheiden, ob der für einen Beweis zu fordernde Grad der Wahrscheinlichkeit erreicht ist. Bejaht er diese Frage, dann ist der Beweis geführt.«[49]

5.2.2 ›*Intime conviction*‹ *im französischen Rechtssystem*

Das epistemologische und rechtspraktische Problem der richterlichen freien Beweiswürdigung‹ und freien richterlichen Überzeugung tritt in der französischen Rechtskultur verschärft auf.[50] Aufgrund der seit Jahren vehementen öffentlichen und rechtswissenschaftlichen Auseinandersetzung über die untersuchungs- und strafrichterliche Überzeugung und über Fehlurteile[51] – etwa bei der auf Denunziation gestützten Anklage und Verurteilung wegen sexuellen Missbrauchs Minderjähriger[52] – und zahlreicher Justizaffären[53] ist die französische Rechtskultur[54] ein besonders interessantes Vergleichsfeld.

49 Musielak 1977, S. 451. Vgl. zu Schweden und zur Unterscheidung von »Rechtsfaktum« und »Beweisfaktum« in der Beweistheorie Ekelöf 1981.

50 Zur rechtskulturellen Besonderheit des französischen Beweisrechts vgl. Jeuland 2003.

51 Immer noch viel diskutiert wird die ins Jahr 1953 zurückgehende ›Affäre Dominici‹, der entsprechend der *intime conviction* des Richters Pierre Carrias als Mörder verurteilt wurde; die tatsächlichen Mörder wurden Jahre später entdeckt. Vgl. Teyssier et al. 2003.

52 Ein Fall, der in der französischen Öffentlichkeit die Zweifel am Prinzip der *intime conviction* massiv verstärkt hat, ist die Affäre *d'Outreaux:* 2001 wurden aufgrund der zweifelhaften Aussage der als Haupttäterin angeklagten und später verurteilten Mutter 17 Personen wegen Kindesmissbrauchs angeklagt, 2004 6 von ihnen verurteilt und 2005 im Revisionsverfahren für unschuldig befunden; verurteilt wurden letztlich vier Personen. 2006 wurde ein parlamentarischer Untersuchungsausschuss eingesetzt, der zahlreiche Fehlfunktionen der französischen Justiz festellte, darunter bei der untersuchungs- und strafrichterlichen Überzeugungsbildung.

53 Insbesondere der Fall Maurice Papon. Der Sécretaire génerale der Präfektur Gironde war für die Deportation von 1.500 Juden verantwortlich und bekleidete nach 1945 hohe Ämter, von 1958 bis 1967 als Polizeipräfekt von Paris und später als Budgetminister. Der 1983 wegen Verbrechen gegen die Menschlichkeit gegen ihn angestrengte Prozess wurde erst 1997 eröffnet; zu Prozessbeginn wurde Papon auf freien Fuß gesetzt, 1998 wurde er zu zehn

Der Begriff ›*conviction*‹ hat einerseits den semantischen Gehalt des 17. und 18. Jahrhunderts von ›convaincre quelqu'un = accusé et reconnu coupable‹[55] (angeklagt und für schuldig befunden) beibehalten, wie er im 4. Band der *Encyclopédie* Diderots und d'Alemberts erklärt wird: »Überführung ist in juristischer Manier der Beweis einer Tatsache oder eines umstrittenen rechtlichen Sachverhalts.«[56]. Andererseits gehört der Begriff zum semantischen Feld von ›Beweis‹ (*preuve*) und ›gerichtlich festgestellte Wahrheit‹ (*vérité judiciaire*), wobei das Geständnis (*aveu*) in der Tradition des inquisitorischen französischen Strafrechts Vorrang vor den im adversatorischen *common law* favorisierten Zeugenaussagen hat.[57]

Das in Frankreich diskutierte Problem liegt nicht darin begründet, dass es keine Verfahrensordnungen und Regeln der Beweiserhebung gäbe, die mögliche Willkür minimieren. Es wird vielmehr darin gesehen, dass sich eine Norm der Strafprozessordnung zunehmend verselbstständigt hat, und zwar unter Bedingungen, in denen die Beweiswürdigung kaum mehr dem ›gesunden Menschenverstand‹ von Richtern und Geschworenen[58] anvertraut ist, sondern Sachverständigengutachten zur unverzichtbaren Beweisgrundlage geworden sind.

Der dem § 261 StPO der Funktion nach vergleichbare, aber die rechtskulturellen Unterschiede deutlich belegende Art. 353 des französischen *Code de procédure pénale* lautet: »Bevor sich das Schwurgericht zurückzieht, gibt der Vorsitzende folgende Instruktion zu lesen, die im übrigen auch in Großbuchstaben an sichtbarster Stelle des Beratungsraumes plakatiert ist: ›Das Gesetz verlangt von den Richtern keine Rechenschaft über die Mittel, durch die sie sich überzeugt haben; es schreibt ihnen keine Regeln vor, von denen sie insbesondere die Vollständigkeit und das Ausreichen eines Beweises abhängig machen müssen; es schreibt ihnen vor, sich selbst im Stillen und in Selbstbesinnung zu befragen und lauteren Gewissens zu erforschen, welchen Eindruck die gegen den Angeklagten vorgebrachten Beweise und die

Jahren Haft verurteilt, 1999 floh er in die Schweiz, wurde inhaftiert und 2002 aus gesundheitlichen Gründen aus der Haft entlassen.

54 Vgl. Lévy-Bruhls *La preuve judiciaire. Etude de sociologie juridique* (Lévy-Bruhl 1963) und Michel Foucaults *La Vérité et les formes juridiques* (Foucault 1994).

55 Vgl. *Grand Dictionnaire universel de Pierre Laurousse*, tome 5, page 29, colonne 3-4.

56 »Conviction (Jurisprud.): en style judiciaire, est la preuve d'un fait ou d'un point de droit controversé«. Meine Übers.

57 Deutsche Gerichte sind demgegenüber im Strafprozess nicht an Geständnisse gebunden, sondern haben deren Wahrheitsgehalt zu untersuchen.

58 Zur *jury* im französischen Recht vgl. Pradel 2001.

Mittel seiner Verteidigung auf ihre Beweggründe gemacht haben. Das Gesetz stellt ihnen nur diese einzige Frage, die das Maß ihrer Pflichten enthält: ›Haben Sie eine innerste Überzeugung?‹«.[59]

Das Prinzip der *intime conviction*[60], das zur Zeit der Französischen Revolution als Gegenmodell zur Rechtsprechung durch den Adel bzw. im Namen des Königs proklamiert[61] wurde, entbindet Richter und Geschworene davon, ihr Urteil mit zweifelsfreien Beweisen[62] für die Schuld des Angeklagten zu *begründen*; die sich aus der *de jure* geltenden Unschuldsvermutung[63] ergebende Beweislast des Gerichts hat *de facto* an Verbindlichkeit eingebüßt. Geschworene haben gem. *Code de procédure pénale* Art. 304 in ihrem Eid zu schwören[64], dass sie unpar-

59 »Avant que la cour d'assises se retire, le président donne lecture de l'instruction suivante, qui est, en outre, affichée en gros caractères, dans le lieu le plus apparent de la chambre des délibérations: ›La loi ne demande pas compte aux juges des moyens par lesquels ils se sont convaincus, elle ne leur prescrit pas de règles desquelles ils doivent faire particulièrement dépendre la plénitude et la suffisance d'une preuve ; elle leur prescrit de s'interroger eux-mêmes dans le silence et le recueillement et de chercher, dans la sincérité de leur conscience, quelle impression ont faite, sur leur raison, les preuves rapportées contre l'accusé, et les moyens de sa défense. La loi ne leur fait que cette seule question, qui renferme toute la mesure de leurs devoirs: ›Avez-vous une intime conviction?‹.« Meine Übers. Im durch Art. 353 aufgehobenen früheren Art. 342 des *Code d'instruction criminelle* waren die Richter explizit von Beweisregeln entbunden: Das Gesetz sage ihnen nicht, sie hätten für wahr zu halten, was sich aus der Prüfung einer bestimmten Anzahl von Zeugenaussagen, Dokumenten, Indizien oder anderen Beweismitteln ergeben habe.

60 Vgl. Munday 1995.

61 Zu ›intime conviction‹ und einem Fall von Justizirrtum im 17 Jahrhundert vgl. Garnot 2004; zur Entwicklung in Frankreich seit 1791 vgl. Pradel 1998.

62 Zum Beweisrecht in verschiedenen Rechtssystemen vgl. Sherwin/Clermont 2002, Ferrer Beltrán 2006.

63 Die Unschuldsvermutung wurde 1789 in Frankreich in der *Déclaration des droits de l'Homme et du Citoyen* kodifiziert. Heute ist sie menschenrechtlich zwingend z. B. in Art. 6 (2) der EMRK verankert.

64 »Le président adresse aux jurés, debout et découverts, le discours suivant : ›Vous jurez et promettez d'examiner avec l'attention la plus scrupuleuse les charges qui seront portées contre X..., de ne trahir ni les intérêts de l'accusé, ni ceux de la société qui l'accuse, ni ceux de la victime ; de ne communiquer avec personne jusqu'après votre déclaration ; de n'écouter ni la haine ou la méchanceté, ni la crainte ou l'affection ; de vous rappeler que l'accusé est présumé innocent et que le doute doit lui profiter ; de vous décider d'après les charges et les moyens de défense, suivant votre conscience et votre intime conviction, avec l'impartialité et la fermeté qui conviennent à un homme probe et libre, et de conserver le secret des délibérations, même

teilich nur ihrem Gewissen und ihrer innersten Überzeugung folgen. Die zunächst als Fortschritt in der Rechtskultur verstandene richterliche Unabhängigkeit erweist sich zunehmend als Entbindung von Begründungspflichten gegenüber der Öffentlichkeit; Unabhängigkeit wird zur Isolation gegenüber der Gesellschaft, in der Urteile häufig als willkürlich wahrgenommen werden. Die völlige Offenheit des Art. 353 der Strafverfahrensordnung[65] verführt dazu, bei Wahrscheinlichkeitsannahmen Zuflucht zu suchen, und erlaubt es, sich auf Überzeugungen zurückzuziehen. Auch die Möglichkeit der Verteidigung, Gegenbeweise anzutreten, wird eingeschränkt. Urteile und die Überzeugungsbildung werden im Unterschied zur deutschen Rechtsprechung nicht ausführlich begründet, sondern nach der Darlegung des Sachverhalts in wenigen Zeilen verkündet. Erschwerend kommt hinzu, dass im französischen Rechtssystem der Rechtsweg zu Revisionsinstanzen durch das Rechtsinstitut der ›*vérité de la chose jugée*‹ (der im abgeurteilten Fall festgestellten Wahrheit) erheblich erschwert ist; es handelt sich dabei nicht um *die* Wahrheit in einem absoluten Sinne, sondern um *eine* Wahrheit – *vérité judiciaire*[66] –, Wahrheit als Wahr-Scheinlichkeit, die durch das gerichtliche Verfahren und die Entscheidung des Richters, wem er Glauben schenken will, gefiltert ist und dem Gesetz entspricht.[67]

Auch in Fällen, in denen nach einem Prozess Beweismittel zu vor dem Verfahren existierenden, aber zum Zeitpunkt der Urteilsfindung nicht bekannten Sachverhalten erbracht werden könnten, werden Revisionen aus Gründen der Rechtsstabilität und der Entlastung der Gerichte in der Regel nicht zugelassen. Der *Cour de Cassation* erklärt, dass die *intime conviction* trotz der offensichtlich mit ihr verbundenen Rechtsunsicherheit ausschließlich vor dem Gewissen des Richters zu rechtfertigen ist und sich der Kontrolle der Revisionsinstanz entzieht.[68]

Die problematische Verfahrensnorm des Art. 353 wirft weitere rechtsstaatliche Probleme auf. So hat sich auf der Grundlage der UN-Antifolterkonvention die zuständige UN-Kommission mit der Frage befasst, ob Art. 353 es zulässt, unter Folter erzwungene Geständnisse von den Mitteln der Überzeugungsbildung auszuschließen. Der Vertre-

après la cessation de vos fonctions‹. Chacun des jurés, appelé individuellement par le président, répond en levant la main : ›Je le jure‹.«

65 Zum französischen Strafrecht vgl. Stephani/Levasseur/Bouloc 1997.

66 Vgl. Cornu 1998.

67 Perelman 1990, S. 50: »Der Richter kann ein von der Realität abweichendes Bild liefern und daraus eine von den Regeln der Gerechtigkeit abweichende Anwendung deduzieren.«

68 Vgl. Bull.crim. n° 378, S. 1006.

ter Frankreichs hat darauf verwiesen, dass im Unterschied zum *common law* in Ländern bürgerlichen Rechts keine Beweismittel durch die Verfahrensordnungen ausgeschlossen seien und auf andere Rechtsnormen, z.B. internationalen Rechts, zurückgegriffen werden müsse.[69]

Im rechtskulturellen Vergleich sind für das Verständnis des Rechtspluralismus einerseits die Unterschiede zwischen den Rechtsordnungen von Ländern des *bürgerlichen Rechts* aufschlussreich und andererseits die Differenzen zwischen ihnen und den Rechtsordnungen in Ländern des *common law*.[70]

Zu den Ländern bürgerlichen Rechts gehört u.a. die Republik Korea (Süd-Korea). Hier wurde in der Zeit der japanischen Kolonialherrschaft das deutsche Rechtssystem eingeführt[71], auch das Strafrecht.[72] Die Unabhängigkeit der richterlichen Gewalt hat mit Art. 103 Verfassungsrang: »Judges shall rule independently according to their conscience and in conformity with the Constitution and the law.« Hier ist von Interesse, dass an die Stelle der richterlichen Überzeugung das richterliche *Gewissen* getreten ist, ohne dass dies in der koreanischen Rechtskultur als Problem wahrgenommen würde. Der Grund hierfür ist in der – unterstellten oder tatsächlichen – Homogenität der Rechts- und Moralvorstellungen zu sehen, die mit keinem gesellschaftlichen Wertepluralismus belastet zu sein scheinen. Auch im Zivilprozessrecht und im Schiedsverfahrensrecht tritt Überzeugung im Sinne von Gewissen auf den Plan.[73]

69 Comte rendu analytique de la 321ème séance: France. CAT/C/SR.321, 8 mai 1998, S. 35.

70 Vgl. Baker 1986; Abel/Lewis 1988. Zu einem rechtskulturellen Vergleich mit dem System des bürgerlichen Rechts vgl. Baïssus 1998, Garapon/Papadopulos 2003, Papadopoulos 2004.

71 Vgl. Rehbinder 1990, Kim 1993.

72 Vgl. Ryu 1968. Zur koreanischen Strafprozessordnung *Hyeong-beop* vgl. Horigan 2003.

73 »Das Schiedsgericht kann auf Antrag einer Partei sowie von Amts wegen die Parteien über die zu beweisenden Tatsachen vernehmen, wenn das Ergebnis der Verhandlung und einer etwaigen Beweisaufnahme nicht ausreicht, um seine Überzeugung von der Wahrheit oder Unwahrheit einer zu erweisenden Tatsache zu begründen.« (Oh 2004-05, 175). Vgl. auch das Urteil des Supreme Court vom 19. 3. 1968, 68da105: »Das Ergebnis der Parteivernehmung ist nur subsidiär zuläßig, wenn das Gericht durch andere Beweismittel zu keiner ausreichenden Überzeugung von der Wahrheit oder Unwahrheit einer zu erweisenden Tatsache gelangt.« (Zit. nach ebd.)

5.2.3 ›*Conviction*‹ *im Common Law*

Eine derartige Bedeutung der richterlichen Überzeugung bzw. des Gewissens ist im *common law* nicht vorstellbar. Hier spielen Überzeugung und Gewissen bei Konflikten zwischen dem, was das Gesetz verlangt, und richterlichen Entscheidungen eine beargwöhnte Rolle. Richter haben dem Gesetz zu folgen und nicht der mit ›Subjektivität‹ negativ konnotierten Überzeugung.

Die in England bereits im Mittelalter entwickelte, heute im angelsächsischen Bereich[74] und in früheren britischen Kolonien verbreitete Rechtskultur des richterrechtlichen *common law* gründet – anders als im kodifizierten geschriebenen Recht – in gerichtlichen Fallentscheidungen (*case law*) und in den in sie eingeschlossenen allgemeinen Rechtsprinzipien sowie in Rechtsgewohnheiten. Ein entschiedener Fall wird in das Corpus des *common law* integriert und dient für spätere Entscheidungen als Präzedenzfall. Frühere Entscheidungen der jeweiligen *highest courts* binden als *stare decisis* (*stand by the decided matter*) alle nachrangigen Gerichte in ihrer Rechtsprechung. Sich verändernde Bedingungen verhindern eine direkte Übernahme von Fallentscheidungen; diese bilden vielmehr die Grundlage für *analoge* Entscheidungen.

›*Conviction*‹ hat ausschließlich die alte Bedeutung des Urteils (Verdikts, Wahrspruchs) eines Richters oder einer Geschworenen-Jury, dass eine Person eines Delikts schuldig ist bzw. der Bezeichnung des Status des aufgrund seines Geständnisses oder aufgrund von Beweisen Verurteilten. ›*Summary conviction*‹ bezeichnet den Schuldspruch oder die Verfahrenseinstellung seitens eines Gerichtshofes, in dessen Zuständigkeit die Prüfung sowohl der sachlichen als auch der rechtlichen Seite eines Delikts fällt.

Im System des *common law* wird Recht nicht inquisitorisch, sondern auf der Grundlage eines *adversarial exchange of arguments and evidence* gesprochen. Im Parteienverfahren werden die Fälle von Anwälten[75] vor einem neutralen *fact finder* präsentiert, d.h. vor einem Richter oder vor einer Geschworenen-Jury. »The common law is a legal culture that, in order to produce truth, spontaneously organizes a competition of narratives in the form of adversarial battles between lawyers. Instead of attacking head-on the problem of ›truth‹, the com-

74 In den U.S.A. mit Ausnahme des Staates Louisiana, in dem kontinentales bürgerliches Recht herrscht.

75 Die in §§ 395 ff. der deutschen StPO oder in Art. 2 des französischen *Code de procédure pénale* vorgesehene Beteiligung von Tatopfern als Nebenkläger ist nicht zugelassen.

mon law culture prefers to evacuate, to turn around the substantive moral problems by constantly proceduralizing them.«[76]

Die für das französische Recht charakteristische Funktionstrennung zwischen Untersuchungs-[77] und Strafrichter gibt es im Bereich des *common law* nicht. Im Unterschied zum deutschen und französischen Recht haben Richter nicht die Aufgabe, selbst Beweise zu erheben; ihre Aufgabe ist vielmehr, die von den Parteien vorgelegten Beweise (*evidences*) zu würdigen, das fallangemessene Recht anzuwenden und ein Urteil zugunsten einer der Parteien zu sprechen. Sie sind Schiedsrichter und beschränken ihre prozessualen Interventionen im Wesentlichen auf Verfahrensfragen.

Die Beweiserhebung führt zu einer der Gewissheit angenäherten Wahrscheinlichkeit; es genügt *formal evidence*.[78] Materielle Wahrheit ist nicht der Maßstab, der beim Verfahren angelegt wird. Im *common law* tritt an die Stelle der freien Beweiswürdigung der Spruch der Geschworenen, die über Tatsachenfragen, nicht aber über die dem Richter vorbehaltenen Rechtsfragen zu entscheiden haben; Beweise müssen für deren *common sense* und Entscheidung so überzeugend sein, dass sie sich eine *Meinung* bilden können; *dissenting opinions* sind im Unterschied zu Frankreich zugelassen. Die Jury erkennt in der Regel auf ›schuldig‹ oder ›nicht schuldig‹, während das Strafmaß vom Richter festgelegt wird. Jede Partei hat das Recht, zur Prüfung verfahrensrechtlicher Korrektheit eine Revisionsinstanz anzurufen.

A. Garapon und I. Papadopoulus fassen in ihrer rechtsvergleichenden Untersuchung zum französischen Recht und zum *common law* die Unterschiede so zusammen:

Civil law	*Common law*
Law coming upwards	Law coming bottom-up
Centrality	Decentralization
Verticality	Horizontality
Unique character of the truth	Competition between narratives
Integration from the inside	Division
Distrust towards persons	Confidence in actors
Passivity of the parties	Autonomy and action of the parties
Substantive law	Procedure

76 Papadopoulos 2004, S. 6.

77 In Frankreich führen Untersuchungsrichter gerichtliche Voruntersuchungen durch, während Staatsanwälte die polizeilichen Ermittlungen überwachen. In den meisten Staaten der EU ermittelt die Polizei vor Übergabe des Vorgangs an die Anklagebehörde selbständig.

78 Zum Unterschied zwischen ›*preuve*‹ und ›*evidence*‹ sowie zu Wahrheitsanforderungen im französischen Recht und im *common law* vgl. Garapon/Papadopulos 2003.

Pre-existing law	Pre-existing social relations
Commandment by the law	Social regularity
Unconditioned power	Conditioned power
Institution	Autonomy of the society vis-à-vis the law.[79]

79 Garapon/Papadopulos 2003, S. 308.

TEIL IV

DER STAAT

6. Der Staat
Vom Macht- und Gewaltstaat zum demokratischen Rechtsstaat

In der Perspektive *Recht und Staat nach menschlichem Maß* ist es die Aufgabe normativer Theorie, zu erklären, was der Staat sein soll und sein kann. Hieraus ergibt sich ihre kritische Funktion: ›Kritik‹ hat hier die doppelte Bedeutung (i) entsprechend Kants Begriff, Bedingungen der Möglichkeit des Staates zu analysieren und (ii) im Medium des Rechts Deformationen des Staates und seiner Legitimität sowie faktische Defizite normativ begründbarer Staatsfunktionen aufzudecken. Die Bedingungen der Möglichkeit eines ›richtigem‹ Recht verpflichteten Staates sind nicht erfüllt, wenn er aus der Ontologie der Nation, der Ideologie der Rasse und aus dem Vorrang partikulärer ökonomischer Interessen begründet wird. Angesichts des immer offensichtlicheren Rückzugs des Staates aus seinen gesellschaftlichen Ordnungsfunktionen, der Privatisierung des Politischen und Öffentlichen[1] und staatlicher Ohnmacht gegenüber Manipulationen seitens des Finanzkapitals ist die Frage nach dem Rechts- und Sozialstaat aktuell, der die Menschenwürde, die Menschenrechte und Gleichheit, Freiheit und politische und soziale Gerechtigkeit schützt.

»Staat heißt das kälteste aller kalten Ungeheuer. Kalt lügt es auch; und diese Lüge kriecht aus seinem Munde: ›Ich, der Staat, bin das Volk.‹«[2] Trifft Friedrich Nietzsches Verdikt zu? Antworten auf diese Frage führen oft zu neoliberalen Warnungen vor dem Staat. Gewarnt werden sollte indessen vor falschen Antworten auf die Frage, ob man sich vom Staat verabschieden muss. Zu verteidigen ist ein handlungsfähiger, menschenrechtlich verpflichteter Rechts- und Sozialstaat.

Ohne Berücksichtigung der tatsächlichen Situation von Staat und Recht bzw. Unrecht müsste eine Theorie des modernen Staates empirisch blind und begrifflich leer bleiben. Was der Staat heute sein soll, ergibt sich nicht zuletzt aus dem Rückblick darauf, was er war und

1 Am 19. Oktober 2006 melden die ARD-Tagesthemen, dass in Bundesministerien ›Leih-Beamte‹ tätig sind, die von Wirtschaftsverbänden oder Industrieunternehmen bezahlt werden und bei der Planung und Formulierung von Gesetzen mitwirken. Ein Beispiel: In den Gesetzestext zu den Stromdurchleitungsgebühren sind wörtlich Formulierungen von Lobbyisten des Energiekonzerns RWE im Bundeswirtschaftsministerium eingegangen. Nicht weniger problematisch ist die zunehmende Auslagerung der Erarbeitung von Gesetzestexten in private Anwaltskanzleien.

2 Nietzsche 1954, Bd. 2, S. 313.

nicht hätte sein dürfen – im Horizont der deutschen Geschichte vor allem aus den staatlichen Verbrechen gegen die Menschlichkeit in der Zeit des Nationalsozialismus:

(i) »Menschenjagd – Bialystok, 3. Kompanie des Polizeibataillons 309: In einem Park wurden die Juden gruppenweise liquidiert [...]. Die Überlebenden wurden von den Polizisten in die Hauptsynagoge von Bialystok getrieben – mit Gewehrkolben wurden so viele Menschen hineingeprügelt, bis niemand mehr hineinpasste. Die verängstigten Juden begannen laut zu singen und zu beten. Dann leitete Pipo Schneider [Zugführer] eines der brutalsten Massaker jener Wochen ein: Er ließ das mit über 700 Menschen voll gepackte Gotteshaus von Posten umstellen und abriegeln. Mit Benzin wurde das Gebäude in Brand gesetzt. Handgranaten flogen durch die Fenster, um die Wirkung des Feuers zu verstärken. Die wenigen, die – bereits vom Feuer erfasst – versuchten, aus der Synagoge zu fliehen, wurden mit Maschinengewehren niedergemäht. Im Gotteshaus von Bialystok verbrannten in erster Linie Männer, doch auch einige Frauen und Kinder hatte man in die Synagoge getrieben – obwohl diese noch nicht in das offizielle Mordprogramm der Deutschen mit einbezogen waren. Der Bialystoker Jude Samuel Pisar erlebte diese Schreckensnacht als 11-Jähriger: ›Ich wachte auf, Flammen loderten über einem Teil der Stadt. Es war nicht in unserem Stadtteil, aber als wir aus dem Fenster sahen, leuchtete der Himmel rot. Noch wussten wir nicht, was es bedeutete, aber wir wussten, dass die große Synagoge in diesem Teil der Stadt lag. Wir vermuteten das Schlimmste.‹ Pisar sollte Recht behalten. ›Als wir erfuhren, was geschehen war, brauchten wir nicht mehr lange nachzudenken über das, was Hitler vorhatte – wir wussten von nun an, dass uns ein grausames Schicksal bevorstand.‹«[3]

(ii) »Die zur Ausrottung angewendeten Methoden in Konzentrationslagern waren [u.a.]: schlechte Behandlung unter dem Vorwand pseudowissenschaftlicher Experimente (Unfruchtbarmachung von Frauen in Auschwitz und Ravensbrück, Studium der Entwicklung von Gebärmutterkrebs in Auschwitz, von Typhus in Buchenwald, anatomische Untersuchungen in Natzweiler, Herzinjektionen in Buchenwald, Verpflanzung von Knochen und Entfernung von Muskeln in Ravensbrück usw.)«.[4] In Auschwitz wurde »in den Lagerakten eine statistische Übersicht des Lagerkommandanten gefunden [...]. Diese

3 Aus: Knopp 2001, S. 57-59.

4 *Der Prozeß gegen die Hauptkriegsverbrecher vor dem Internationalen Gerichtshof Nürnberg 14. November 1945 – 1. Oktober 1946. Amtlicher Wortlaut in deutscher Sprache*, Nürnberg 1947, Bd. 2, S. 60, Erster Tag. Dienstag, 20. November 1945.

Übersicht ist von dem stellvertretenden Lagerkommandanten, Sella, unterschrieben. Darin befindet sich eine Rubrik ›Für Experimente bestimmte Gefangene‹. In dieser Rubrik heißt es: ›Frauen unter Experiment: 15. Mai 1944 400, 15. Juni 1944 413, 19. Juni 1944 348 usw.‹«.[5] Es wurde »die Wirkung von verschiedenen chemischen Präparaten verschiedener deutscher Firmen studiert. Ein deutscher Arzt, Dr. med. Valentin Erwin, hat ausgesagt, daß es einen Fall gegeben hat, wo für solche Experimente die Vertreter der chemischen Industrie Deutschlands – Glauber, ein Frauenarzt von Königshütte, und Gevel, ein Chemiker, – bei der Lagerverwaltung 150 Frauen gekauft haben.«[6] Die Korrespondenz der Firma BAYER mit dem Kommandanten des KZ Auschwitz belegt dieses Verbrechen: »Bezüglich des Vorhabens von Experimenten mit einem neuen Schlafmittel würden wir es begrüßen, wenn Sie uns eine Anzahl von Frauen zur Verfügung stellen würden [...] Wir erhielten Ihre Antwort; jedoch erscheint uns der Preis von RM 200.- pro Frau zu hoch. Wir schlagen vor, nicht mehr als RM 170,- pro Kopf zu zahlen. Wenn Ihnen das annehmbar erscheint, werden wir Besitz von den Frauen ergreifen. Wir brauchen ungefähr 150 Frauen. [...] Wir bestätigen Ihr Einverständnis. Bereiten Sie für uns 150 Frauen im bestmöglichsten Gesundheitszustand vor, und sobald Sie uns mitteilen, daß sie soweit sind, werden wir diese übernehmen [...] Erhielten den Auftrag für 150 Frauen. Trotz ihres abgezehrten Zustandes wurden sie als zufriedenstellend befunden. Wir werden sie bezüglich der Entwicklung der Experimente auf dem Laufenden halten [...] Die Versuche wurden gemacht. Alle Personen starben. Wir werden uns bezüglich einer neuen Sendung bald mit Ihnen in Verbindung setzen.«[7]

Die Verbrechen, die von Personen, Gruppen und Organisationen im Namen der ›Mission‹ des nationalsozialistischen Staates begangen worden sind, haben die Diskussion über Macht, Gewalt, Staat und Recht auf bisher nicht dagewesene Weise herausgefordert. Doch das *Pro*-Recht/*Contra*-Staat im Wechselspiel mit einem *Pro*-Recht und

5 Ebd., Bd. 8, S. 345, Neunundsechzigster Tag. Mittwoch, 27. Februar 1946.

6 Ebd., S. 345 f.

7 Dieses Dokument belegt neben vielen anderen die Menschenversuche, die im Auftrag der IG-Farben durchgeführt wurden. Das Dokument aus der Korrespondenz der Firma BAYER mit dem Kommandanten des KZ Auschwitz, das der Anklagebehörde bei den Nürnberger Prozessen vorlag, wurde von der Zentralkommission zur Untersuchung der Naziverbrechen in Polen veröffentlicht. Jan Sehn, *Konzentrationslager Oswiecim-Brzezinka – Auschwitz-Birkenau*, Warszawa 1957, S. 89 f., Fn. 2; Nürnberger Dokumente NJ. 7184. Für den Hinweis auf dieses Dokument danke ich Werner Goldschmidt.

deshalb *Pro*-Staat gehört zur gesamten Geschichte der Staatlichkeit. Nicht zuletzt wegen der ihr zugrundeliegenden Krisen- und Unrechtserfahrungen ist die gesamte moderne Staatsrechtslehre[8] seit ihrer Entstehung ein Konfliktfeld, auf dem um Gründe für oder gegen den Staat gestritten wird. Die Rechtfertigung des Staates gründet in der Annahme, das in der Regel nicht harmonische, sondern konfliktreiche Zusammenleben der Menschen bedürfe aus Gründen der Gleichheits- und Freiheitssicherung eines Ordnungs- und Zwangsmittels. Die Ablehnung staatlicher Herrschaft wird entweder aus der Annahme einer grundsätzlichen Sozialität der Menschen, die den Staat überflüssig mache, oder aus der Unterstellung, dass der Staat keine andere als Gewaltfunktionen haben könne, motiviert. Eine Mittelstellung nimmt die klassische liberale Staatskonzeption ein, der zufolge der Staat zwar die Sicherheit der Bürger zu gewährleisten habe, darüber hinaus aber in seinen Ansprüchen und Eingriffen strikt zu begrenzen sei.

Was bedeutet ›Staat‹?[9] Welche Funktion er zu erfüllen hat[10], scheint einfach bestimmbar zu sein: »Damit die Individuen ihre Rechte genießen und ihre Interessen fördern können, brauchen sie den Staat. Er schützt die Freiheit eines jeden und schränkt sie zugleich so ein, daß sie die gleichartige Freiheit jedes anderen nicht beeinträchtigen. Insofern der Staat zur Erfüllung dieser Aufgabe mit Macht und Zwangsmitteln ausgestattet ist, muß diese Macht des Staates ihrerseits so beschränkt werden, daß sie die Freiheit der Individuen nicht bedroht.«[11] Diese Bestimmungen führen auf den Begriff des *Rechtsstaates* und der Rechtsgemeinschaft aller Rechtssubjekte. Von einer auf die Nation oder auf ein bestimmtes Territorium begrenzten Staatsbürgerschaft[12], also von einer Zugehörigkeit zum Nationalstaat durch Geburt (*ius sanguinis*) oder Territorium (*ius soli*), ist hier nicht die Rede.

Der Staat wird in der Theoriegeschichte[13] und aktuell von verschiedenen wissenschaftlichen Disziplinen – vor allem: Rechts- und Staatswissenschaft, Politikwissenschaft, Soziologie, Geschichtswissenschaft und Philosophie – in Form deskriptiver oder normativer, affirmativer oder kritischer Theorien und in unterschiedlichen Perspektiven thematisiert. Wesentliche Unterschiede zwischen den Theorien bestehen hin-

8 Vgl. Sontheimer 1963, Zippelius 1999, Di Fabio 2003, Schöbener 2009.

9 Vgl. die enzyklopädische Darstellung Goldschmidt 2010.

10 Vgl. Degenhart 1990.

11 Petersen 1995, S. 333.

12 Vgl. z. B. Bien/Busch 1986.

13 Vgl. hierzu den umfangreichen Artikel ›Staat und Souveränität‹, Boldt 1990, und Breuer 1998.

sichtlich der Rechtfertigung des Staates, in den Antworten auf die Frage nach dem Grund des Staates und in den Typen staatstheoretischer Legitimation aus faktischen bzw. historiografisch konstruierten Anfangs-›Natur‹-Zuständen bzw. aus intendierten Zwecken und Endzuständen.

Angesichts der für jeden existentiellen Brisanz der Thematik ›Staat‹ könnte »das Fehlen einer allgemeinen Staatstheorie« überraschen, »die eine Verbindung und Verallgemeinerung konkreter Ergebnisse der wissenschaftlichen Forschung auf den vielen Spezialfeldern leisten sollte, von der aber gleichzeitig auch zu erwarten wäre, daß sie solche Forschungen theoretisch organisiert.«[14] Doch der »Staat ist ein historisches Phänomen; was er wirklich ist, läßt sich nicht in abstrakt-allgemeine Definitionen zwingen, sondern zeigt sich nur in seinen konkreten historischen Gestalten. Die Betonung der Historizität des Staates ist aber nicht zu verwechseln mit der aus M. Webers Idealtypus vom ›rationalen Staat‹ abgeleiteten These, wonach vom Staat nur in einem bestimmten ›Kulturkreis‹ (Okzident) und auch da erst ab einer bestimmten geschichtliche Epoche (Neuzeit) gesprochen werden könne. Vielmehr treten Staaten in unterschiedlichen Kulturen und in verschiedenen historischen Epochen auf, aber in je unterschiedlichen Formen und Bestimmungen«.[15] Die Erwartung einer ›allgemein‹ akzeptierten Staatstheorie und einer konsensfähigen Staatsdefinition geht am Sachverhalt vorbei, dass der Staat keine naturgegebene Ordnung ist, sondern seine Entstehung und Entwicklung konkreten historischen Bedürfnissen und Interessen verdankt. Er soll vor allem dem Bedürfnis entsprechen, die Funktion eines rechtlich geordneten und die Konfliktparteien verpflichtenden Interessenausgleichs zu übernehmen, der von Gesellschaften und einzelnen Gruppen nicht zu erwarten ist.

6.1 Staatsdefinitionen

Allgemein kann mit ›Staat‹ der gesellschaftliche Gesamt-Apparat bezeichnet werden, der über eine institutionalisierte Zentralgewalt von ausreichender Stabilität und territorialer Erstreckung verfügt, in einer durch Interessenkonflikte strukturierten Gesellschaft über das Gewaltmonopol verfügt und als Staat von anderen Staaten in seiner Souveränität anerkannt ist. Als klassisch gilt die Bestimmung Max Webers: »Der Staat ist, ebenso wie die ihm geschichtlich vorausgehenden poli-

14 Hagen 1990, S. 428.

15 Goldschmidt 2010, S. 2583. Zur Bedeutungsgeschichte des Wortes ›Staat‹ von den Anfängen bis ins 19. Jahrhundert vgl. Weinacht 1968.

tischen Verbände, ein auf das Mittel der legitimen (das heißt: als legitim angesehenen) Gewaltsamkeit gestütztes Herrschaftsverhältnis von Menschen über Menschen. Damit er bestehe, müssen sich also die beherrschten Menschen der beanspruchten Autorität der jeweils herrschenden fügen.«[16] Weber vertrat 1919 in ›Politik als Beruf‹ die Auffassung, man könne »den modernen Staat soziologisch letztlich nur definieren aus einem spezifischen Mittel, das ihm, wie jedem politischen Verband, eignet: der physischen Gewaltsamkeit. [...] Gewaltsamkeit ist natürlich nicht etwa das normale oder einzige Mittel des Staates: – davon ist keine Rede –, wohl aber: das ihm spezifische. [...] [D]as der Gegenwart Spezifische ist: dass man allen anderen Verbänden oder Einzelpersonen das Recht zur physischen Gewaltsamkeit nur so weit zuschreibt, als der Staat sie von ihrer Seite zulässt: er gilt als alleinige Quelle des ›Rechts‹ auf Gewaltsamkeit.«

In idealtypischer Hinsicht benennt Weber drei »Legitimitätsgründe einer Herrschaft«: »die Autorität des ›ewig Gestrigen‹: [...] ›traditionale‹ Herrschaft [...]; charismatische« Herrschaft, wie sie der Prophet oder – auf dem Gebiet des Politischen – der gekorene Kriegsfürst oder der plebiszitäre Herrscher, der große Demagoge und politische Parteiführer ausüben. Endlich: Herrschaft kraft ›Legalität‹, kraft des Glaubens an die Geltung legaler Satzung und der durch rational geschaffene Regeln begründeten sachlichen ›Kompetenz‹, also: der Einstellung auf Gehorsam in der Erfüllung satzungsmäßiger Pflichten: eine Herrschaft, wie sie der moderne ›Staatsdiener‹ und alle jene Träger von Macht ausüben, die ihm in dieser Hinsicht ähneln.«[17]

Dieses Staatsverständnis ist zu einseitig auf die Merkmale der Gewalt, Legalität und Normbefolgung abgestellt und deshalb ungeeignet, die heute einzufordernden bzw. beobachtbaren Staatsfunktionen angemessen zu erfassen. Eine dem Staat in seiner historischen Entwicklung und Veränderbarkeit angemessenere Definition findet sich bei Hermann Heller: »Der Staat ist ein durch repräsentativ aktualisiertes Zusammenhandeln von Menschen dauernd sich erneuerndes Herrschaftsgefüge, das die gesellschaftlichen Akte auf einem bestimmten Gebiet in letzter Instanz ordnet«.[18]

Neuere lexikalische Staatsdefinitionen haben bestimmte Schnittmengen bzw. ergänzen sich:

Def. 1: »Staat (von lat. status, Stand, Zustand; engl. state, franz. état, ital. stato), Terminus der Politikwissenschaft und der politischen

[16] Weber 1966, S. 28.

[17] Weber 1980 [1919], S. 505-508.

[18] H. Heller, Staat. In: *Handwörterbuch der Soziologie*, hg. v. A. Vierkandt et al., Stuttgart 1932, S. 616.

Philosophie [...] zur Bezeichnung einer politischen Herrschaftsordnung und ihrer konkreten, territorial und historisch abgegrenzten Ausformungen. (1) Der Terminus ›S.‹ bezieht sich auf die allgemeine Form rechtlich geordneter, gebietsbezogener politischer Herrschaft als Versuch, dem Zusammenleben der Menschen eine dauerhafte, gerechte und friedliche Ordnung zu geben. Ein vereinfachter, die geschichtliche und kulturelle Gebundenheit staatlicher Herrschaftsorganisation beiseite lassender S.sbegriff reiht die drei ›Elemente‹ S.svolk, S.sgebiet und S.sgewalt aneinander.«[19]

Def. 2: »Staat. 1. Eine unabhängige, politisch organisierte Gemeinschaft, näher bestimmt als die selbständige, politische Organisatìon einer solchen Gemeinschaft, die über ein eigenes Rechtssystem und eine zentrale Regierungsmacht verfügt und die die Souveränität über ein bestimmtes Gebiet (Territorium) innehat. 2. Das System politischer Institutionen, das durch seine Autoritätsstruktur die souveräne oder letztlich entscheidende Macht in einer Gesellschaft ausübt. 3. Ein konzentrierter (zentralisierter) institutioneller Apparat, der in größerem oder kleinerem Maß die Verhältnisse zwischen den Individuen und den Gruppen in einer Gesellschaft beherrscht. Inhaltlich läßt sich diese Bestimmung in verschiedener Weise verstehen: Als ein notwendiges, aber grundsätzlich begrenztes Machtinstrument. eine Rechtsordnung sicherzustellen, die die Freiheit Individuen (Liberalismus) schützt; als ein Macht- oder Unterdrückungsapparat, der für die bestehende Kluft zwischen Herrschenden und Beherrschten in einer Gesellschaft verantwortlich ist (die negative Einschätzung des S. wird etwa im Anarchismus vertreten); oder den Interessen der ökonomisch herrschenden Klasse dient (vgl. Marxismus).«[20]

Def. 3: »The modern state has been defined in different ways by anthropologists, sociologists, political scientists, historians and lawyers, as well as by philosophers. There is much overlap between the definitions and broad agreement on the main features which a political organization must exhibit in order to belong to the class ›the state‹ [...] (1) There is a population which reproduces itself and whose members are socially related. (2) There is territory. (3) There is a single government, which: (a) is a distinct body of rule, supported by a judicial, administrative and military machine; (b) is the ultimate prescriber and enforcer of law for all those within its jurisdiction; (c) claims exclusive control of the use of force within the territory and

19 Art. ›Staat‹. In: EPHW, Bd. 4, S. 71.

20 Art. ›Staat‹. In: *Philosophielexikon. Personen und Begriffe der abendländischen Philosophie von der Antike bis zur Gegenwart*, hg. v. A. Hügli/ P. Lübcke, Reinbek bei Hamburg 1991, S. 545.

has preponderant control of its use; (d) claims authority for its existence and actions and is generally accepted as authoritative. (4) The state is legally and politically independent from other states, and recognized by other states as an independent or sovereign state.«[21]

Von diesen Standard-Definitionen, in denen die dritte Definition in Ziff. (4) die beiden anderen um das Moment der wechselseitigen Souveränitätsanerkennung der Staaten erweitert, weicht diejenige in der *Encyclopédie Philosophique Universelle* in ihrer epistemologisch begründeten Bestimmung des *begrifflichen* Status von ›Staat‹ wesentlich ab: Was mit dem sprachlichen Universale ›der Staat‹ bezeichnet wird, ist keine ›Gegebenheit‹ und hat keine andere Wirklichkeit als die des Begriffs bzw. der Idee:

Def. 4: »Staat [pol.] Während die Etymologie auf das lateinische Wort *status* (von *stare)* verweist, geht der Sinn des Wortes auf den griechischen Begriff *polis* (Stadt) und auf lateinisch *Civitas* zurück. Das Wort *Staat* tritt erst im 16. Jahrhundert bei Guichardin und Machiavelli auf. Es bezeichnet von nun an eine ›historische Physionomie‹ des Politischen. Der Staat ist nicht mit der Gesamtkategorie des Politischen zu verwechseln. [...] Die Idee des Staates erscheint erst mit dem Willen zur Unterscheidung der Beziehungen zwischen Regierenden und Regierten, d.h. zwischen Autorität und Gehorsam [...]. Der Staatsbegriff beinhaltet als solcher die Idee einer *Macht*, die den partikulären Willen derer transzendiert, die befehlen. [...] Der Begriff des Staates, der mit der Moderne entsteht und historisch gesehen der politischen Transformation Europas entspricht, impliziert, dass man die politische Realität der Repräsentation von allen anderen Gemeinschaftsphänomenen unterscheidet, die – wie der Klan, der Stamm oder selbst die Nation – natürlicher Art sind. Daraus folgt, dass man den Staat nicht auf Elemente wie Territorium, ethnische Realität oder auch Nation reduzieren kann, die gewiss unter seinen Begriff subsumiert sind, ihn aber nicht in seinem Wesen konstituieren. Dennoch ist der Staat keine rein formale Entität: Er hat ganz sicher eine Wirklichkeit, die wir tagtäglich verspüren, wenn wir ihn z.B. anklagen, zu ungerecht oder zu fordernd zu sein. *Doch diese Wirklichkeit ist die einer Idee.* Der Staat, der – in Übereinstimmung mit rationalen Ordnungserfordernissen – mit der Institutionalisierung der Macht einhergeht, ist zunächst und grundlegend eine gedachte Wirklichkeit [...]. Der Staat ist also keine Gegebenheit der Natur; er ist ein Konstrukt des Geistes.

[21] Art. ›State, the‹. In: *Routledge Encyclopedia of Philosophy.* General Editor E. Craig, Vol. 9, New York 1998, S. 120.

Deshalb sind es nicht Tatsachen-Elemente, die sein Wesen bestimmen, sondern allein die *Elemente des Rechts.*«[22]

Versuche, trotz der Verschiedenheit der Begriffsbestimmungen gemeinsame Kernmerkmale des Staates – Souveränität, Zentralgewalt, Gewaltmonopol, Territorium, Staatsbürgerschaft[23] – auszumachen, haben zu keinem allgemein akzeptierten Staatsbegriff geführt. Je nach der Bestimmung des Staatszwecks (z. B. Ordnung, innerer und äußerer Frieden, Wohlfahrt) wird der Staat als Entscheidungs-, Macht-, Rechts-, Sozial- oder Kulturstaat o.ä. verstanden. Konsensfähig dürfte die folgende minimale Bestimmung sein, die für alle Staaten zutrifft, gleich, um welche *Staatsform* es sich handelt: ›Staat‹ bezeichnet eine rechtlich geordnete, in ihrer Souveränität[24] anerkannte, territorial begrenzte politische Herrschaft, deren Zweck und Ziel es ist, das Zusammenleben der Menschen in einer Gesellschaft dauerhaft zu ordnen.

Über die Qualität des Staates ist damit allerdings noch nichts gesagt. Eine ›rechtliche‹ Staatsordnung kann die eines autoritären Staates sein, sofern er nur über ein Rechtssystem verfügt; und die ›dauerhafte Ordnung des Zusammenlebens der Menschen in einer Gesellschaft‹ kann eine ›Ordnung‹ von Gewalt und Unrecht sein.

6.2 Fünf Perspektiven auf den Staat

6.2.1 Herrschaft und Unterdrückung als Merkmale des Staates

Franz Oppenheimer hat in seinem 1929 in dritter Auflage erschienenen Buch *Der Staat* kritisiert, dass von den »eigentlichen Staatstheo-

22 Art. ›État [pol.]‹. In: *Encyclopédie Philosophique Universelle.* Publié sous la direction d'André Jacob: *Les notions philosophiques. Dictionnaire.* Dirigé par S. Auroux, Tome 1, Paris 1990, S. 862; meine Übers.

23 Eine derartige Definition des Staates »ist hilfreich, wird aber der historischen Entwicklung nicht gerecht. Dieser moderne Staat existierte nämlich nur vom ausgehenden 18. bis zum zweiten Drittel des 19. Jahrhunderts. Der Historiker tut schon deswegen gut daran, statt des zeitlos abstrakten Staates die jeweilige Staatsgewalt mit ihren historisch konkreten Personen und Institutionen in den Mittelpunkt zu stellen, denn dort finden die Machtbildungsprozesse statt, deren institutionalisierte Endstufe ›Staat‹ heißt.« (Reinhard 1999, S. 16).

24 Vgl. Grimm 2009 zur Geschichte des Konzepts ›Souveränität‹ und zu dessen Funktion angesichts der wachsenden Bedeutung internationalen Rechts und transnationaler Staatlichkeit, aber auch des offensichtlichen Defizits an »überzeugenden Mustern globaler Demokratie« (ebd., S. 123).

rien« keine Aufklärung »über Entstehung, Wesen und Zweck des Staates« zu erwarten sei: »Sie stellen alle Schattierungen dar zwischen den äußersten denkbaren Extremen. Wenn Rousseau den Staat aus einem Gesellschaftsvertrage, Carey aber aus einer Räuberbande entstehen läßt; wenn Platon und die Marxisten dem Staate die Omnipotenz zuschreiben, ihn zum absoluten Herrn des Bürgers in allen politischen und wirtschaftlichen, Platon sogar in den geschlechtlichen Beziehungen erheben will, während der Liberalismus ihn zur Impotenz des ›Nachtwächterstaates‹ verdammt, und der Anarchismus ihn gar gänzlich ausrotten will – dann ist ein Versuch, auf der mittleren Linie zwischen solchen sich ausschließenden Lehren zu einer zureichenden Auffassung des Staates zu gelangen, aussichtslos.«[25] Oppenheimers Prämisse lautet, »daß das Wesen des Staates weder in seiner Ausdehnung, noch in dem Grade seiner Zwangsmacht über sein Gebiet und seine Bewohner, noch in seiner Verfassung, noch in seiner Kulturstufe und Technik beruhen kann«.[26] Er führt als Alternative die ›soziologische Staatsidee‹ ein: »[J]eder Staat der Vergangenheit und Geschichte, dem dieser Name unbestritten zukommt, jeder Staat vor allem, der in seiner Entwicklung zu höheren Stufen der Macht, der Größe und des Reichtums weltgeschichtlich bedeutsam geworden ist, war oder ist ein *Klassenstaat,* d. h. eine Hierarchie von einander über- und untergeordneten Schichten oder Klassen mit verschiedenem Recht und verschiedenem Einkommen.« Oppenheimer betont, »daß dieser Zug der wichtigste, der entscheidende, der *primäre* Charakter des Staates ist, aus dem allein seine Entstehung und sein Wesen erkannt werden kann«, und »daß die Schutzfunktion des Staates nach innen und außen verstanden werden muß als *sekundäre,* von der Oberklasse im Interesse ihrer Herrschafts- und Einkunftsrechte übernommene Pflicht. Der Staat entsteht nicht im Interesse der Schutzfunktion, sondern es entsteht umgekehrt die Schutzfunktion im Interesse des schon bestehenden Staates«.[27]

6.2.2 *Der Staat als Ort der Gewalt und als Raum des Friedens*

Der Politikwissenschaftler Dolf Sternberger hat den Staat als Form des Politischen in anderer Perspektive gesehen: »Wir haben es in unserer Welt und Sprache nicht mit einem einzigen Begriff des Politischen, nicht mit einem einzigen Bedeutungsstrang, einer einzigen Tradition der Theorie, einer einzigen Klasse von Phänomenen zu tun, sondern

25 Oppenheimer 1990 [^{3}1929], S. 11 f.
26 Ebd., S. 12.
27 Ebd., S. 12 f.

mit deren dreien. Politik erwächst nach Begriff und Erscheinung aus drei getrennten Wurzeln: der aristotelischen oder anthropologischen, der machiavellistischen oder dämonologischen, der augustinischen – auch leninischen – oder eschatologischen. Aus der ersten resultiert die Lehre vom Staat und der Staatsverfassung und von der Politik als derjenigen gemeinschaftlichen Tätigkeit, die auf ›Glückseligkeit‹ in der organisierten menschlichen Gesellschaft gerichtet ist. Aus der zweiten resultiert die Lehre von den Kunstmitteln der Herrschaft, ihrer Gewinnung und Erhaltung, einschließlich der Mittel der Gewalt und des Krieges. Aus der dritten Wurzel erwachsen die Lehren von der großen Veränderung und ihrer Vorbereitung«.[28] Die eschatologischen Motive »sind in den heute verbreiteten Begriff der Politik eingegangen. Sie geistern überall dort nach, wo Politik als Erwartung und Betreibung der großen Veränderung, Entlarvung des Staates, Denunziation der ›Herrschenden‹ als böse, Warnung vor Beteiligung, Zwei-Klassen-Theorie in säkularer Gestalt – der bösen Ausbeuter und der guten Ausgebeuteten –, als Überwindung des zeitlichen ›Systems‹ und Anbruch eines ›Reiches der Freiheit‹ aufgefasst und praktiziert wird.«

Ein »Versuch der Versöhnung, freilich ohne große Hoffnung, kann mit Hilfe der Hypothese gemacht werden, das Merkmal des Politischen sei der Friede. [...] Eschatologische ›Politik‹ schließlich zielt immer auf Frieden [...]. Der absolute Friede, in welchem es keinen Streit mehr gibt, der Friede durch Erlösung, tritt freilich allemal erst dann ein, wenn die Feinde Gottes oder die Feinde des auserwählten Gottesvolkes oder auch die Feinde der geschichtlich berufenen Klasse verworfen, verdammt und vernichtet sind.«[29] Seine historische Bilanz fasst Sternberger so zusammen: »Der einzige geschichtlich erkennbare gesicherte Friedensbereich ist gerade derjenige des Staates – ob wir an die griechische Polis, an das mittelalterliche Regnum mit seinem Landfrieden denken oder an den modernen Verfassungsstaat mit seiner geregelten Gesetzgebung, seiner unabhängigen Gerichtsbarkeit, seinem Wettstreit der Parteien, seinem kanalisierten Interessenkompromiss, seiner immer weiter greifenden gesellschaftlichen Beteiligung an den Entscheidungsprozessen – und freilich auch mit seiner Zwangsgewalt.«[30]

[28] D. Sternberger, Von den drei Wurzeln der Politik. In: *Frankfurter Allgemeine Zeitung*, 28.9. 1972, Nr. 225, S. 21 f.

[29] Ebd.

[30] Ebd.; vgl. ausführlich Sternberger 1978.

6.2.3 Der Staat als rechtlich verfasste Gemeinschaft

Der Jurist Reinhold Zippelius definiert Staaten als »rechtlich verfasste Gemeinschaften mit oberster Regelungsmacht: [...] Die staatliche Rechtsgemeinschaft ist eine Gemeinschaft, deren Zusammenleben durch ›garantiertes Recht‹ geordnet ist, d.h. durch Normen, deren Befolgung durch rechtlich organisierte Erzwingungsverfahren gewährleistet ist. Durch die zuverlässige Rechtsgewährleistung wird eine wesentliche Aufgabe des Staates erfüllt: Rechtsfrieden und Rechtssicherheit zu sichern. Um ihre Befriedungsfunktion zu erfüllen, muss die staatliche Gemeinschaft das Recht wirksam durchsetzen und hierbei insbesondere das ›Monopol legitimer physischer Gewaltsamkeit‹ (Max Weber) gegen nichtstaatliche (kriminelle oder politische) Gewalttätigkeiten behaupten.« Zippelius berücksichtigt allerdings auch die Schattenseite des Staates: »Ein Staat, der die Macht hat, sein Recht durchzusetzen und seine Bürger wirksam zu schützen, hat aber auch die Macht, diese zu bedrücken. Deshalb stellt sich mit der Forderung nach einer effizienten Staats-Gewalt zugleich die Forderung, dass diese Staats-Gewalt nur kontrolliert und unter rechtsstaatlichen Sicherungen ausgeübt wird. [...] Die Normen, die das Zusammenleben in einer staatlichen Gemeinschaft regeln, müssen nicht nur ›effizient‹ sein, sie müssen sich auch widerspruchsfrei zu einer funktionsfähigen Gemeinschaftsordnung zusammenfügen.« Der Staat muss – ausgehend von der Verfassung – »die ›Homogenität‹ der staatlichen Normenordnung« sichern.[31]

6.2.4 Kritik der utopischen Sozialtechnik und des idealen Staates

Unter dem Eindruck von Nationalsozialismus und Stalinismus hat Karl Popper 1957 in *Die offene Gesellschaft und ihre Feinde* – polemisch, teilweise auch Theorien verzerrt darstellend, aber im Kern mit berechtigter Kritik an utopistischen Ideologien und Glücksversprechungen durch den Staat – vor der Idee des idealen Staates gewarnt, wie sie seit Platon gedacht worden sei: »Die Platonische Methode [...] kann man die Methode des Planens im großen Stil, die utopische Sozialtechnik, die utopische Technik des Umbaus der Gesellschaftsordnung oder die Technik der Ganzheitsplanung nennen«. Ihr stellt Popper »eine andere Art von Sozialtechnik gegenüber«, die »man die von Fall zu Fall angewendete Sozialtechnik, die Sozialtechnik der Einzelprobleme, die Technik des schrittweisen Umbaus der Gesellschaftsord-

31 R. Zippelius: Art. ›Staat‹. In: *Handlexikon zur Politikwissenschaft*. Hg. v. W. Mickel, Bonn 1986, S. 490 ff.

nung oder die Ad-hoc-Technik nennen könnte.« Die mit der utopischen Konzeption der ›großen Veränderung‹ einhergehenden Prinzipien verlangen »die Festlegung unseres endgültigen politischen Ziels oder des idealen Staates, bevor irgendeine praktische Handlung unternommen wird. Nur dann, wenn dieses Ziel zumindest in rohen Umrissen bestimmt ist, wenn wir einen Bauplan der von uns angestrebten Gesellschaftsordnung besitzen, nur dann können wir beginnen, uns die besten Mittel und Wege zu ihrer Verwirklichung zu überlegen und einen Plan für praktisches Handeln aufzustellen.«

Ein Politiker, der sich hingegen die Methode der von Popper vorgeschlagenen bescheidenen Sozialtechnik »zu eigen macht, mag eine Skizze einer Gesellschaftsordnung vor Augen haben; er mag hoffen, dass die Menschheit eines Tages einen idealen Staat verwirklichen und Glück und Vollkommenheit auf Erden erreichen wird. Wie dem auch sei – er wird auf jeden Fall einsehen, dass sich die Vollkommenheit, wenn sie sich überhaupt erreichen lässt, in weiter Ferne befindet und dass jede Generation von Menschen, also auch die jetzt lebende, ihre Rechte hat; vielleicht nicht so sehr ein Recht auf Glück[32] – denn es gibt keine institutionellen Mittel, um einen Menschen glücklich zu machen –, aber doch ein Recht, nicht unglücklich gemacht zu werden, soweit sich dies durchführen lässt. Den Leidenden steht ein Recht auf alle nur erdenkliche Hilfe zu. Dementsprechend wird sich der Anwalt der Ad-hoc-Technik nach den größten und dringlichsten Übeln in der Gesellschaft umsehen, und er wird versuchen, sie zu beseitigen; er wird nicht dem größten Gut nachspüren und sich für seine Verwirklichung einsetzen. [...] Der Befürworter einer Ad-hoc-Technik kann seine Methode damit verteidigen, dass die systematische Bekämpfung des Leidens und der Ungerechtigkeit und des Krieges viel eher die Unterstützung einer großen Zahl von Menschen finden wird als der Kampf für die Verwirklichung eines Idealstaates. Dass es soziale Übel gibt, das heißt soziale Zustände, unter denen viele Menschen zu leiden ha-

32 Aus guten Gründen betonen K. Bayertz und Th. Gutmann: »Zu den liberalen Einsichten, die es festzuhalten gilt und die konstitutiv für die moderne Demokratie sind, gehört auch die, dass es keine Ausrichtung der Gesellschaft auf ein Ideal geben darf (auch wenn dieses Ideal im größten Glück der größten Zahl besteht).« (Bayertz/Gutmann 2011, S. 307) Vgl. ebd., S. 304: »(1.) Staat und Recht existieren nicht um des Glücks, sondern um anderer Güter (z. B. der Sicherheit) willen. Die Glücksförderung gehört nicht zu ihren Aufgaben. (2.) Ein Staat, der sich um das Glück seiner Bürger zu kümmern beginnt, wird über kurz oder lang in eine paternalistische Bevormundungspolitik abgleiten, am Ende vielleicht sogar in eine Glücksdiktatur. (3.) Politik und Recht haben es mit der Verteilung von Gütern zu tun. Diese Güter können zwar glücksrelevant sein, ihre Verteilung aber kann nicht nach Kriterien der Glücksmaximierung erfolgen.«

ben, ist etwas, was sich verhältnismäßig leicht feststellen lässt: die, die leiden, können aus eigener Erfahrung urteilen, und die andern können kaum sagen, dass sie gerne mit jenen tauschen würden. Aber über einen Idealstaat vernünftig zu diskutieren ist unendlich viel schwieriger.«

Ein »utopischer Versuch der Verwirklichung eines idealen Staates auf Grund eines Entwurfes der Gesellschaftsordnung als ganzer [bewirkt] eine streng zentralisierte Herrschaft einige weniger, und er führt daher aller Wahrscheinlichkeit nach zu einer Diktatur. [...] Sogar mit der besten Absicht, den Himmel auf Erden einzurichten, vermag er diese Welt nur in eine Hölle zu verwandeln – eine jener Höllen, die Menschen für ihre Mitmenschen bereiten.«[33]

6.2.5 Entstaatlichung durch kapitalistische Globalisierung

Zu fragen ist, ob der Staat die ihm normativ zugeschriebene Aufgaben, den Rechtsfrieden und die Rechtssicherheit zu garantieren, das Recht wirksam durchzusetzen und sein Gewaltmonopol gegen nichtstaatliche Gewalt zu behaupten, erfüllen kann. Stefan Breuer kommt in *Der Staat* (1998) angesichts zunehmender Ohnmacht des Staates gegenüber ökonomischer Gewalt zu dem empirischen Befund, dass »der Staat in eine Dienstfunktion gegenüber dem industriell-wirtschaftlichen Prozeß gerät. Es wächst zwar die Weite seiner Aufgaben, aber in gleichem Maße wächst die Schwäche seiner eigenen Entscheidungsmacht. Bei seiner Regulierungs- und Steuerungsfunktion ist er nicht in der Position des ›höheren Dritten‹, der selbst die Zügel in der Hand hält, sondern Träger einer *Komplementärfunktion* für den industriell-wirtschaftlichen Prozeß. Er setzt nicht seinerseits die für die Entwicklung und Regulierung des wirtschaftlichen Prozesses maßgeblichen Daten, sondern handelt re-aktiv auf die aus dem wirtschaftlichen Prozeß ihm gegenüber autonom sich ergebenden Daten und Tendenzen. Subjekt des sogenannten globalen Steuerungsprozesses ist nicht der Staat, sondern der industriell-wirtschaftliche Prozeß selbst; der Staat ist ihm gegenüber ›Erfüllungsgehilfe‹, leistet die ›Ausfallbürgschaften‹, um sein immanentes, auf Wachstum, Produktivität und Ertrag ausgerichtetes Funktionieren zu gewährleisten.«[34]

Neue Informations- und Kommunikationstechnologien führen zur Entstofflichung der Produktion; im Zuge der Globalisierung verändern sich die internationale Arbeitsteilung und der internationale Handel von Grund auf; die Liberalisierung der Geld- und Kapital-

33 Popper 1975 [1957], S. 213-227.
34 Breuer 1998, S. 282.

märkte begünstigt den Aufbau multinationaler Korporationen, die von keinem Einzelstaat mehr wirksam kontrolliert werden können; die enge Verflechtung der internationalen Finanzmärkte und der Abbau der Kapitalverkehrskontrollen vergrößern die Reaktionsfähigkeit der Investoren und führen dazu, dass jede Entwicklung, die die Rentabilität beeinflussen könnte, sofortige Kapitalzu- oder -abflüsse auslöst; staatliche »Politik unterliegt so einer permanenten Beobachtung und Beurteilung durch ökonomische Akteure, die über eine wachsende transnationale Gestaltungsmacht verfügen und dem nationalen Staat deutlich vor Augen führen, daß seine Kompetenzen territorial begrenzt und damit unzureichend für die Regulierung der neuen weltwirtschaftlichen Räume sind.«[35]

Breuers nüchterne Bilanz endet mit einer skeptischen Frage: »Mit dem sozialen, ökologischen und ökonomischen Staat einerseits, den trans-, inter- und supranationalen Regimen andererseits sind die wichtigsten Metamorphosen bezeichnet, vermittels deren der moderne Staat auf die durch den Kapitalismus erzeugten Problemlagen reagiert. Noch nicht hinreichend geklärt ist allerdings die Frage, ob es sich um eine Metamorphose [...] handelt, bei der der Bauplan, das Muster, durch alle Gestaltveränderungen erkennbar bleibt; oder um eine Metamorphose [...], die ein Herunterkommen, eine Degradation bedeutet. Könnte es nicht sein, dass der moderne Kapitalismus einen welthistorisch neuartigen Typus sozialer Ordnung darstellt, dessen Expansion à la longue auf Kosten der Staatlichkeit geht?«[36]

Wenn heute »das Ende des organisierten Kapitalismus bzw. der Übergang zum *disorganized capitalism* eingeläutet« wird, so handelt es sich der Analyse Breuers zufolge tatsächlich »weniger um eine neue Epoche in der Geschichte des Kapitalismus als vielmehr um ein deutlicheres Hervortreten seines Wesens. [...] Während der moderne Staat als Rechts- und Verfassungsstaat geradezu aus einer Gegenbewegung gegen das Chaos entstanden ist und dieses durch die Schaffung einer paktierten Konstitution dauerhaft zu bannen bestrebt ist, ist der Kapitalismus eine Ordnung, die sich durch das Chaos herstellt [...] – mit den bekannten hohen Kosten für die Verlierer. Viele Indizien sprechen dafür, daß im Konflikt zwischen diesen beiden Ordnungstypen der zuletzt genannte der bestimmende ist und dem Staat immer neue Rückzüge auferlegt.«[37]

35 Ebd., S. 284.
36 Ebd., S. 289 f.
37 Ebd., S. 290 ff.

6.3 Paradigmata in der Geschichte der neuzeitlichen Staatstheorien

Die Debatten über Funktionen und Grenzen des Staates pendeln seit dem ausgehenden 18. Jahrhundert zwischen Positionen, die entweder in der Perspektive der Freiheitsrechte der Individuen die Staatsfunktionen *minimieren* wollen oder aber die Notwendigkeit des Staates angesichts einer antagonistischen bürgerlichen Gesellschaft aus dem kollektiven Interesse an einer rechtlich verfassten Gemeinschaft begründen und die Staatsfunktionen zu *maximieren* fordern.

Ob und wie der Staat mittels der Normen des Rechts die Freiheits-, Sicherheits- und Ordnungsbedürfnisse der Normadressaten – der demokratietheoretisch zugleich als *Normautoren* unterstellten Staatsbürger – schützt, hängt wesentlich davon ab, ob er sich in der Praxis eher »als potentielle Bedrohung« oder »als (notwendige) Voraussetzung und als ein Grund der Freiheit« erweist.[38] Wird der Staat, wie in Böckenfördes Konzeption, »als notwendige Bedingung der Freiheit« gesehen, dann ist er vorrangig die »politische Organisation, in der die Gesamtheit der einzelnen als Subjekt auftritt«. Dieser Staat »ist unerläßlich, um jedem einzelnen Schutz gegenüber der Bedrohung der Gewalttätigkeit zu vermitteln. Die Freiheitsbedrohung durch Gewalttätigkeit, die zunächst in der Gesellschaft diffus zerstreut ist, wird durch den Staat kraft des von ihm errichteten Monopols legitimer Gewaltausübung zusammengefasst und einer Regelung und Entscheidung unterworfen, die den innerstaatlichen Friedenszustand und – dadurch vermittelt – Sicherheit als Voraussetzung der Freiheitsbetätigung herstellt. Politische Organisation ist ferner notwendig zur Erbringung von Gemeinschaftsleistungen, zu denen die einzelnen als solche unvermögend sind, die aber Bedingungen individuellen Lebens und Bei-sich-selbst-sein-könnens hervorbringen (z. B. Landgewinnung, Verkehrserschließung, allgemeine Schulbildung). Schließlich ist der Staat notwendig zur Gewähr (und heute: Gestaltung) des Rechts, das seinerseits auch Bedingung für Bestand und Betätigung der Freiheit ist. Der Rechtszustand, der Freiheit gewährleistet, macht sich nicht von selbst, er bedarf auch der Instanz, die das Recht gegebenenfalls festlegt, es konkret ausspricht und seine Befolgung gegenüber Widerstrebenden sichert. Recht fordert den Staat als Institution seiner eigenen Gewährleistung«.[39]

38 Böckenförde 1992, S. 51.
39 Ebd.

Die Ambiguität des Staates, der Herrschaft durch Gewalt[40] ausübt und Freiheit durch Recht sichern soll, spiegelt sich historisch in konkurrierenden Paradigmata der Staatstheorie.[41]

Die mittelalterliche Staatslehre hat die weltliche Ordnung in Analogie zur göttlichen Ordnung bestimmt und die Legitimation der weltlichen Ordnung vom Modell des von der Kirche repräsentierten Gottesstaates abgeleitet. Die neuzeitliche Staatstheorie geht seit der Renaissance zum einen von der Zentralität des menschlichen Subjekts und zum anderen davon aus, dass dessen moralische Unvollkommenheit entweder durch bloße Herrschergewalt oder durch eine von der menschlichen (Mängel-)Natur veranlasste (vertragliche) Abtretung von Freiheitsansprüchen kompensiert werden müsse. Der neuzeitlichen Staatstheorie zufolge verdankt sowohl der ›starke‹ als auch der ›schwache‹ Staat seine Legitimität einem *Vertrag*, in dem die Individuen der staatlich konzentrierten Macht die Funktion der Sicherung ihres Lebens übertragen.[42]

Die neuzeitliche Geschichte zeigt, in welchem Maße Staatstheorien Ausdruck gesellschaftlicher Krisen und Konflikte sind. Für die Zeit vom 15. bis zum ausgehenden 19. Jahrhundert lassen sich – vergröbert – sechs Phasen und Modelle theoretischer Staatsbegründung unterscheiden:

1. Phase: Im 15. und 16. Jahrhundert sind Krisen (Fürstenkriege, Religionskriege, Bürgerkriege) der Grund der Legitimation absoluter Macht ohne rechtliche Kontrolle des Souveräns. Eine Legitimitätsbegründung ist ohne Zurückführung der Herrschaft auf ein Gottesgnadentum noch nicht möglich.

2. Phase: Im 17. und 18. Jahrhundert kommt es mit der Entwicklung der bürgerlichen Gesellschaft zu Vertragstheorien. Der Ausgang aus dem vorstaatlichen ›Naturzustand‹ wird in einer für die Theoriekonstruktion notwendigen Fiktion gedacht: in der Hypothese eines

40 Zur ›Geschichte der Staatsgewalt‹ vgl. Reinhard 1999.

41 Dieses Buch ist nicht in der Absicht einer Historiographie der Staatstheorie geschrieben. Bei den folgenden Abschnitten zur Geschichte der politischen Theorie handelt es sich um nicht mehr als um Miniaturen zu wesentlichen Ideen der vorgestellten Autoren. Die Form, sie im Zitat zu Wort kommen zu lassen, ist bewusst gewählt. Der hier möglicherweise entstehende Eindruck eines ›roten Fadens‹ und der Linearität der Theorieentwicklung täuscht. Zwar werden Konzepte von Vorgängern aufgegriffen, diskutiert und kommentiert, doch die Erweiterungen des Theorie-Arsenals erfolgt oft in Brüchen. Zu Einzeldarstellungen wesentlicher Theorien von Platon bis zum 20. Jahrhundert vgl. z. B. das Handbuch Brocker 2007; vgl. auch Steinvorth 1994, Zippelius 1994a, Bellers 1996 und Weber-Fas 2003.

42 Siehe in diesem Buch Abschn. 6.3.2 zu den Vertragstheorien.

Vertrages aller mit allen. Existenzsicherheit soll durch absolute staatliche Souveränität (Hobbes) bzw. rechtliche Gestaltung der Herrschaft (Locke, Montesquieu) gewährleistet werden. Es entstehen die Ideen der Gewaltenteilung und der Volkssouveränität. Hinsichtlich der Staatsformen[43] konkurrieren die Modelle absoluter Herrschaft (Hobbes), politischer Repräsentation (Locke) und direkter Volksherrschaft (Rousseau). Die Begründung staatlicher Legitimität wird mit Ideen ›natürlicher Ordnung‹ und zunehmend mit geschichtsphilosophischen Ideen der Vernunft, des Fortschritts und der Hoffnung auf die Perfektibilität der Menschengattung verbunden.

3. *Phase*: Das ausgehende 18. Jahrhundert ist die Zeit naturrechtlicher Begründungen der Menschen- und Grundrechte: Seit der ›Virginia Bill‹, der Amerikanischen Unabhängigkeitserklärung und der französischen Erklärung der Menschen- und Bürgerrechte setzt staatliche Legitimität voraus, dass die Freiheitsrechte der Menschen garantiert sind.

4. *Phase:* Nachrevolutionäre Theorien definieren den Staat als Rechtsstaat und die Ordnung zwischen den Staaten als universelle bürgerliche Rechtsverhältnisse (Kant). Die entstehende liberale Theorie setzt dem Staat und den von ihm zu erfüllenden Funktionen Grenzen (W. v. Humboldt). Staatliche Macht ist legitim, sofern sie eine Rechtsordnung zum Schutz der Freiheit aller begründet.

5. *Phase*: Im frühen 19. Jahrhundert entstehen im Deutschen Idealismus aus der Kritik des Fortschritts- und Perfektibilitäts-Optimismus der Aufklärung neue metaphysische Begründungen von Recht und Staat: Der Staat wird als ›Zweite Natur‹, als Vermittlung von Freiheit und Notwendigkeit, bzw. als Ausdruck des Absoluten begründet (Schelling); die Kritik der sich ohne Rechtsordnung selbst zerstörenden bürgerlichen Gesellschaft führt zum Konzept des Staates als Selbstexplikation der sittlichen Idee (Hegel). Einer theoretischen Legitimation bedarf der Staat in diesen Konzeptionen nicht.

43 Die vergleichende Regierungslehre unterscheidet *Staatsformen* u. a. nach: (i) der Zahl der Herrschenden, (ii) dem Zweck: dem Gemeinwohl verpflichtete ›gute‹ bzw. eigennützige ›entartete‹ Herrschaft; Monarchie bzw. Tyrannis, Aristokratie bzw. Oligarchie, Demokratie bzw. Ochlokratie; (ii) einer von Gott abgeleiteten Alleinherrschaft von Monarchen bzw. einer auf dem Bürgervertrag gründenden Staatsform; (iii) Form und Begrenzung der Herrschaftsausübung: Autokratie (absolute Monarchie, Diktatur, totalitäre Herrschaft) bzw. Verfassungs- und Rechtsstaat mit durch Grundrechte, bürgerliche Freiheiten, Partizipationsrechte der Bürger und Gewaltenteilung begrenzter politischer Macht; (iv) Volksvertretung durch Repräsentanten bzw. durch direkte Volksbeteiligung; (v) zentralistischem Einheitsstaat bzw. föderalem Bundesstaat.

6. *Phase*: Im weiteren Verlauf des 19. Jahrhunderts führt die Kritik an der bürgerlichen Gesellschaft und am politisch noch bestehenden feudalen System nach frühsozialistischer Kritik (Saint-Simon, Fourier) zu Theorien (natur-)wissenschaftlich begründeter Gesellschaftsreform (Comte), der revolutionären Überwindung des bürgerlichen Staates durch eine proletarische Gütergemeinschaft bzw. durch einen sozialistischen Staat (Weitling, Arbeiterkommunismus, 1. Internationale) bzw. des ›Absterbens des Staates‹ im Kommunismus (Marx, Engels, Lenin). Der bestehende Staat ist solange nicht legitimierbar, wie die bürgerliche Gesellschaft existiert.

6.3.1 Niccolò Machiavelli und Jean Bodin

Die politische Theorie der Neuzeit ist »ein Kind der Krise«: »Die Krise der oberitalienischen Stadtrepubliken im 15., die französischen Konfessionskriege des 16., wie die englische Revolution des 17. Jh. kennzeichnen in ihrem jeweiligen historisch-geografischen Rahmen frühe Etappen des Übergangs vom Feudalsystem zum modernen Staatstyp, dem *Nationalstaat.* Seine Gründung und Rechtfertigung ist der Hauptgegenstand der Politik und der politischen Theorie des 15. bis 17. Jh. in Europa.«[44]

Der florentische Staatsmann *Niccolò Machiavelli*[45] (1469-1527) begründete die Tradition eines ›starken Staates‹ unter dem Eindruck der Krise der italienischen Republiken, insbesondere der Krise der Politik in Florenz. Karl VIII. von Frankreich zerbrach mit seinem Feldzug das italienische Machtgefüge, das vom Gleichgewicht verschiedener Stadtstaaten (Florenz, Siena, Lucca etc.) bestimmt worden war. Machiavellis *Il Principe* (*Der Fürst*, verfasst 1513, erschienen 1532) ist der ›*arte dello stato*‹, der ›Staatskunst‹, mit dem Ziel gewidmet, einen italienischen Einheitsstaat zu begründen[46], der nicht mehr das Opfer interner Kriege und externer militärischer Interventionen wäre. Dieses epochemachende und oft als Plädoyer für zynische Machtpolitik missverstandene Buch[47] legitimiert den Staat nicht mehr religiös, sondern im Rah-

44 Goldschmidt 2010a, S. 2079.

45 Vgl. Münkler 1982, Deppe 1987, Skinner 1988.

46 Vgl. Deppe 1988, S. 223 f., 242.

47 Gegen »The Machiavelli Legend« urteilt E. Cassirer in *The Myth of the State*: »Machiavelli was an honest and upright man, a sharp observer, a devoted friend of his country. Every line of his book proves that he was no traitor to the cause of humanity. The mistake of his book was due to the fact that nobody saw it in its right environment. The book is neither a satirical work nor a textbook of morality.« (Cassirer, ECW 25, S. 122). »In

men eines realistischen säkularisierten Politikverständnisses. Machiavellis Anliegen war, »zu prüfen, von welcher Art das Verhalten eines Fürsten gegenüber seinen Untertanen und seinen Freunden sein muß.« Da es seine Absicht war, »etwas Nützliches für den zu schreiben, der es versteht, schien es mir angemessener, der Wirklichkeit der Dinge nachzugehen als den bloßen Vorstellungen über sie. Viele haben sich Republiken und Fürstentümer vorgestellt, die nie jemand gesehen oder tatsächlich gekannt hat; denn es liegt eine so große Entfernung zwischen dem Leben, wie es ist, und dem Leben, wie es sein sollte, daß derjenige, welcher das, was geschieht, unbeachtet läßt zugunsten dessen, was geschehen sollte, dadurch eher seinen Untergang als seine Erhaltung betreibt; denn ein Mensch, der sich in jeder Hinsicht zum Guten bekennen will, muß zugrunde gehen inmitten von so viel anderen, die nicht gut sind. Daher muß ein Fürst, wenn er sich behaupten will, die Fähigkeit erlernen, nicht gut zu sein, und diese anwenden oder nicht anwenden, je nach dem Gebot der Notwendigkeit.« Machiavelli vermeidet utopische Staatsentwürfe; er lässt »die bloßen Vorstellungen über den Fürsten beiseite« und spricht »nur von seiner Wirklichkeit«.[48]

Diese empirische Herangehensweise hat E. Cassirer in *Freiheit und Form* (1916) gewürdigt: »Mit der Objektivität des psychologischen Analytikers und des geschichtlichen Beobachters, ohne Urteil über ›Gut‹ und ›Böse‹, über ›Recht‹ und ›Unrecht‹, sucht Machiavelli in seinem Buch vom Fürsten darzulegen, wie [...] Verfassungen kraft einer verwickelten und kunstreichen Technik der Herrschaft aufgerichtet, befestigt und verteidigt werden können.«[49]

Machiavelli ist nicht nur der Autor des *Principe*, sondern auch der *Discorsi sopra la prima deca di Tito Livio* (dt. *Discorsi: Gedanken über die Politik und Staatsführung*), in denen das Allgemeinwohl und die Bürgerfreiheit Leitprinzipien sind. Seine Staats- und Souveränitätskonzeption geht vom Problem der Gründung eines neuen Staates aus: »Wer einen neuen Staat gründen will, muß *allein* sein«.[50] Seine Perspektive ist ein anthropologischer Pessimismus: »man kann von den Menschen im allgemeinen sagen, daß sie undankbar, wankelmütig, unaufrichtig, heuchlerisch, furchtsam und habgierig sind«.[51] Deshalb

this regard we must, indeed, make a sharp distinction between Machiavelli and Machiavellism.« (Ebd., S. 141).

48 Machiavelli, *Il Principe*, XV.

49 Cassirer, *Freiheit und Form. Studien zur deutschen Geistesgeschichte* [1916; 1918; 1922], ECW 7, S. 322.

50 Machiavelli, *Discorsi* I, 9.

51 Machiavelli, *Il Principe*, XVII.

muss »der, welcher einem Staatswesen Verfassung und Gesetze gibt, davon ausgehen [...], daß alle Menschen schlecht sind und daß sie stets ihren bösen Neigungen folgen, sobald sie Gelegenheit dazu haben«[52]: »Wenn nämlich die Menschen einmal nicht aus Not zu kämpfen brauchen, so tun sie es aus Ehrgeiz; denn dieser ist in der Brust eines jeden Menschen so mächtig, daß er ihn nie verläßt, wie hoch er auch steigen mag. Die Ursache dieser Erscheinung liegt darin, daß die Natur die Menschen so geschaffen hat, daß sie zwar alles begehren, aber nicht alles erreichen können. Da nun das Verlangen, etwas zu erwerben, immer größer ist als die Fähigkeit hierzu, so entsteht daraus Unzufriedenheit mit dem, was man besitzt, und ferner die Erkenntnis, welch geringe Befriedigung der Besitz gewährt. Hierauf ist der Wechsel der menschlichen Schicksale zurückzuführen; denn da der eine Teil der Menschen mehr haben möchte, und der andere das, was er hat, zu verlieren fürchtet, so kommt es zu Feindseligkeiten und Krieg, der den Ruin des einen und die Erhöhung des anderen Landes zur Folge hat«.[53]

Machiavelli propagiert nicht politischen Amoralismus, sondern zieht aus seinem Menschenbild pragmatische Konsequenzen: Politik muss die Defizite der Natur des Menschen kompensieren.[54] Den Souverän darf es dabei »nicht kümmern, der Grausamkeit bezichtigt zu werden, wenn er dadurch bei seinen Untertanen Einigkeit und Ergebenheit aufrechterhält; er erweist sich als milder, wenn er nur ganz wenige Exempel statuiert, als diejenigen, die aus zu großer Milde Mißstände einreißen lassen, woraus Mord und Raub entstehen; denn hierdurch wird gewöhnlich einem ganzen Gemeinwesen Gewalt angetan, während die Exekutionen auf Befehl des Fürsten nur gegen einzelne Gewalt üben.«[55]

In der Politik zählt der Erfolg, aber es gilt auch: »So lobenswert die Gründer eines Freistaats oder eines Königreichs sind, so schimpflich sind die Begründer einer Gewaltherrschaft«.[56] Erfolgreich ist ein Souverän, der seine Macht nicht missbraucht, um zu zerstören, sondern sie einsetzt, um nach Maßstäben des Allgemeinwohls aufzubauen. Nur unter dieser Voraussetzung kann ein auf Macht und Gewalt gegründetes Handeln entschuldigt werden.[57] Der Souverän ist dem Volk verpflichtet, das ohne ihn nur »eine entfesselte, führerlose Menge«

52 Machiavelli, *Discorsi*, I, 3.
53 Ebd., I, 37.
54 Machiavelli, *Discorsi*, I, 3.
55 Machiavelli, *Il Principe*, XVII.
56 Ebd., I, 10.
57 Ebd., I, 9.

wäre.[58] Die Bürger, sind dem Gesetz unterworfenen: »Jeder, der nicht durch Gesetze gehalten wird, wird dieselben Fehler begehen wie eine entfesselte Volksmasse«.[59] Letztlich ist Machiavellis Ziel die Volksherrschaft: Man kann »die Großen [...] nicht zufriedenstellen, wohl aber das Volk; denn das Ziel des Volkes ist viel sittlicher als das der Großen: Diese wollen unterdrücken [,] und jenes will nur nicht unterdrückt werden«.[60] Ein Volk, »das selbst regiert und eine gute Verfassung hat, wird ebenso beständig, klug und dankbar sein wie ein Alleinherrscher, ja es wird [diesen] hierin noch übertreffen«.[61]

Als zweiter bedeutender Staatstheoretiker der frühen Neuzeit muß *Jean Bodin*[62] (1529-1596) genannt werden. Ähnlich wie andere politische Denker seiner Zeit war er mit dem Problem der religiösen Bürgerkriege konfrontiert, die Europa seit der Reformation erschütterten; in Frankreich waren dies die Hugenottenkriege, die – auch unter Bodins Einfluss – 1598 mit dem Toleranzedikt von Nantes beendet wurden. In *Les six livres de la république* (Paris 1576, ^{2}1583; dt. Die sechs Bücher über den Staat) legt er eine an ›Vernunft‹ und am ›Glück der Bürger‹ orientierte Konzeption vor: »Wenn das wahre Glück eines Staates und eines Individuums identisch sind und [...] das höchste Gut des Staates wie jedes einzelnen Menschen in den geistigen Tugenden besteht, so wird man darin übereinstimmen müssen, daß ein Volk dann das höchste Gut besitzt, wenn es um die Reflexion über die Natur, den Menschen und Gott bemüht ist und für alles den großen Fürsten der Natur preist. Wenn wir zugeben, daß dies das Hauptziel eines glücklichen Lebens ist, so leiten wir daraus die Folgerung ab, daß dies auch den Zweck und das Glück der Staaten ausmacht.« Die Politiker und Fürsten haben allerdings »niemals diesen Anspruch voll erfüllt, weil jeder sein Glück an seinen eigenen Wünschen und Leidenschaften mißt.« Aufgrund konkurrierender Auffassungen »in der Bestimmung des höchsten Guts« und des Dissenses darüber, ob »ein guter Mensch und ein guter Staatsbürger sowie das Glück des einzelnen und des Staates identisch sind«, »gibt es die große Verschiedenheit der Gesetze, Gebräuche und politischen Ziele, die den Stimmungen und Leidenschaften der Herrschenden entsprechen.« Bodin hält jedoch daran fest, »daß das höchste Gut des einzelnen und des Staates identisch sind und kein Unterschied zwischen einem guten Menschen und einem guten Staatsbürger besteht«; er bleibt bei seiner »Bestimmung des

58 Ebd., I, 57.
59 Ebd., I, 58.
60 Machiavelli, *Il Principe*, IX.
61 Machiavelli, *Discorsi*, I, 58.
62 Vgl. Mayer-Tasch 2000.

obersten Ziels, auf das die dem Recht gemäß geführte Regierung eines Staates gerichtet sein muß.«[63]

Für Bodin bestand die einzig mögliche Konfliktlösung in einem souveränen, den Konfessionen übergeordneten Staat. Im Vergleich zu Machiavelli setzte er »höher an, um eine zureichende Vorstellung von einer rechten Regierung geben oder ihr wenigstens nahe kommen zu können«. Wie Machiavelli wollte auch er »den Staat nicht in der Theorie betrachten, wie Plato oder Thomas Morus ihn sich vorgestellt haben«, sondern »so weit wie möglich den Regeln der praktischen Politik« folgen.[64] Bodin erweiterte das traditionelle Staatsverständnis mit der Idee, dass das Gemeinwesen durch eine oberste Gewalt und Vernunft gelenkt werden müsse (»summa potestate ac ratione moderata«), und führte die Idee der vom Volk auf Dauer auf den Monarchen übertragenen[65] *Souveränität* in die politische Theorie ein: »Der Begriff Souveränität beinhaltet die absolute und dauernde Gewalt eines Staates, die im Lateinischen *majestas* heißt. [...] Souveränität bedeutet höchste Befehlsgewalt. [...] Ich sagte, daß es sich um eine *dauernde* Gewalt handelt. Es kann nämlich sein, daß absolute Gewalt auf einen einzelnen oder mehrere für begrenzte Zeit übertragen wird, nach deren Ablauf sie wieder einfache Untertanen sind. Darum können sie, auch solange sie an der Macht sind, nicht als souveräne Herrscher betrachtet werden. Sie sind nur Treuhänder und Hüter dieser Gewalt, bis es dem Volk oder dem Fürsten gefällt, diesen Zustand zu widerrufen. Der wirkliche Souverän bleibt stets im Besitz der Staatsgewalt. [...] Souveränität wird weder durch irgendeine Gewalt, noch durch menschliche Satzung, noch durch eine Frist begrenzt. [...] Souverän ist nur derjenige, der allein Gott als Größeren über sich anerkennt. [...] Was allerdings die Gesetze Gottes und der Natur betrifft, so sind alle Fürsten auf dieser Erde an sie gebunden. Es liegt nicht in ihrer Macht, gegen sie zu verstoßen, wenn sie nicht des beleidigenden Aufbegehrens gegen Gott schuldig werden wollen, unter dessen Größe sich alle Monarchen der Welt beugen und vor dem sie ihr Haupt in Furcht und Ehrerbietung neigen müssen. Die absolute Gewalt der Fürsten und Herrschenden reicht nicht an die Gesetze Gottes und der Natur heran. [...] Wer ohne Einschränkung sagt, die Fürsten seien weder den Gesetzen noch ihren vertraglichen Versprechungen unterworfen, beleidigt Gott, wenn er nicht die Gesetze Gottes und der Natur sowie alle gerechten Verträge und Vereinbarungen ausnimmt. [...] Es besteht ein Unterschied zwischen Recht und Gesetz. Das eine bezieht sich auf

63 Bodin 1982, S. 10.

64 Ebd.

65 Vgl. Bodin, in Weber-Fas 2003, S. 38 f.

Gerechtigkeit, das andere auf Befehl. Denn ein Gesetz ist nichts anderes als eine Anordnung des Souveräns, der seine souveräne Macht gebraucht.«[66]

6.3.2 Der Gesellschaftsvertrag als fiktiver Ursprung staatlicher Ordnung

›Gesellschaftsvertrag‹[67] bezeichnet den *hypothetisch* bzw. *faktisch* unterstellten Akt, mit dem die Menschen in gegenseitigem Einvernehmen eine Ordnung des Zusammenlebens schaffen, um damit einem als bedrohlich wahrgenommenen ›natürlichen‹ Zustand entgehen zu können. Vertragstheorien sind politiktheoretische Konzeptionen, die die »rationale Grundlage der institutionellen gesellschaftlichen Ordnung und die Legitimationsbedingungen politischer Herrschaft in einem hypothetischen, zwischen freien und gleichen Individuen in einem wohldefinierten Ausgangszustand geschlossenen Vertrag erblicken und damit die allgemeine Zustimmungsfähigkeit zum fundamentalen normativen Gültigkeitskriterium erklären. Vertragstheorien basieren wie die ihnen eng verwandten Konsenstheorien auf einem *rechtfertigungstheoretischen Prozeduralismus.*«[68]

Hinsichtlich der Genese, des Status und der Funktion des Vertrages gibt es in der Staatstheorie von Hobbes bis Rousseau und Kant wesentliche Unterschiede. Einige Theoretiker behaupten den Vertrag als *historische Tatsache* (so J. Locke); die Mehrzahl aber unterstellt ihn als ein *theoretisches Konstrukt,* als für die Grundlegung ihres politischen Programms der Souveränitätsbegründung (Th. Hobbes) oder für die Legitimation von Regierungen (J.-J. Rousseau, I. Kant) notwendige Fiktion. Wichtig ist eine weitere Unterscheidung: »Während der echte Gesellschaftsvertrag (*pactum societatis*) der Pakt ist, mittels dessen sich eine Menge von Individuen vereinigt (daher der gleichwertige Ausdruck ›Vereinigungsvertrag‹, *pactum unionis*) und das Volk und die bürgerliche Gesellschaft bilden, enthält nach Auffassung einiger Autoren die konstitutive Phase der bürgerlichen Gemeinschaft einen zweiten Vertrag, den ›Herrschaftsvertrag‹, in dem die Gesellschaft eine höchste Autorität anerkennt und sich dieser unterwirft; dies führt zur Definition des Vertrags im Sinne eines Vertrags der Untertänigkeit, (›Unterwerfungsvertrag‹, *pactum subjectionis* oder *dominationis*)«.[69]

66 Ebd., S. 37-45.

67 Vgl. Müller/Klenner 1985, Kersting/Fisch 1990, Kersting 1994, Schottky 1995, Burgio 2010.

68 Kersting 1994, S. 17.

69 Burgio 2010, S. 880.

6.3.2.1 Thomas Hobbes: Der Bürger unterwirft sich dem Leviathan

Pessimismus hinsichtlich der menschlichen Natur, die Erfahrung des Bürgerkrieges und Konflikte in der bürgerlichen Gesellschaft haben Thomas Hobbes (1588-1679) veranlasst, die ›natürliche‹ vorstaatliche Existenz des Menschen als einen Zustand von Krieg, Existenzunsicherheit und Angst zu charakterisieren. In *Vom Bürger* (1642) bezeichnet er die beiden folgenden Sätze als »wahr: *Der Mensch ist ein Gott für den Menschen*, und: *Der Mensch ist ein Wolf für den Menschen*; jener, wenn man die Bürger untereinander, dieser, wenn man die Staaten untereinander vergleicht.«[70] Gegen Theorien, die von der ursprünglichen Sozialität des Menschen ausgehen[71], machte er geltend, dass es den Menschen, »wenn die Furcht ihn nicht hinderte, stärker zur Herrschaft als zur Gesellschaft« treibt. Der »Grund der gegenseitigen Furcht liegt teils in der natürlichen Gleichheit der Menschen, teils in ihrem Willen, sich gegenseitig Schaden zuzufügen«.[72] Die Gleichheit besteht im Naturzustand, in dem der partikuläre »Nutzen der Maßstab des Rechts ist«, darin, »ein Recht auf alles« zu haben. Doch die Wirkung dieses Rechts »ist so ziemlich dieselbe, als wenn überhaupt kein Recht bestände«; im Zustand vor der bürgerlichen Gesellschaft »war es jedem erlaubt zu tun, was er wollte und gegen wen er es wollte, und alles in Besitz zu nehmen, zu gebrauchen und zu genießen, was er wollte und konnte«.[73]

Hieraus zog Hobbes die Bilanz, die ihn zu seiner Vertrags- und Souveränitätstheorie führte: »Nimmt man nun zu der natürlichen Neigung der Menschen, sich gegenseitig Schaden zuzufügen, einer Neigung, die aus ihren Leidenschaften, hauptsächlich aber aus ihrer eitlen Selbstüberschätzung hervorgeht, dies Recht aller auf alles hinzu, nach welchem der eine mit Recht angreift und der andere mit Recht Widerstand leistet, und aus welchem stetes Mißtrauen und Verdacht nach allen Seiten hin hervorgeht, und erwägt man, wie schwer es ist, gegen Feinde, selbst von geringer Zahl und Macht, die mit der Ab-

70 *Vom Bürger* (1642), in: Hobbes 1959, S. 59.

71 Vgl. ebd., S. 75 ff.

72 Ebd., S. 79. Wegen des gegenseitigem Mißtrauens unter den Menschen gibt es im Naturzustand »für niemand einen anderen Weg, sich selbst zu sichern, der so vernünftig wäre wie Vorbeugung, das heißt, mit Gewalt oder List nach Kräften jedermann zu unterwerfen, und zwar so lange, bis er keine andere Macht mehr sieht, die groß genug wäre, ihn zu gefährden. Und dies ist nicht mehr, als seine Selbsterhaltung erfordert, und ist allgemein erlaubt.« (*Leviathan*, Hobbes 1978 [1651], S. 105).

73 *Vom Bürger* (1642), in: Hobbes 1959, S. 83.

sicht, uns zu unterdrücken und zu vernichten, uns angreifen, sich zu schützen: so kann man nicht leugnen, daß der natürliche Zustand der Menschen, bevor sie zur Gesellschaft zusammentraten, der *Krieg* gewesen ist, und zwar nicht der Krieg schlechthin, sondern der Krieg aller gegen alle.«[74]

Seine entfaltete Staatstheorie hat Hobbes 1651 in *Leviathan or the Matter, Form, and Power of a Commonwelth, Ecclesiastical and Civil* vorgelegt. Die Einleitung beginnt mit den Sätzen: »*Die Natur* (die Kunstfertigkeit, mit der Gott die Welt gemacht hat und lenkt) wird durch die *Kunstfertigkeit des* Menschen wie in vielen anderen Dingen so auch darin nachgeahmt, daß sie ein künstliches Tier herstellen kann. [...] Die *Kunstfertigkeit* geht noch weiter, indem sie auch jenes vernünftige, hervorragendste Werk der Natur nachahmt, den *Menschen.* Denn durch Kunstfertigkeit wird jener große *Leviathan* geschaffen, genannt *Gemeinwesen oder Staat,* auf lateinisch *civitas,* der nichts anderes ist als ein künstlicher Mensch, wenn auch von größerer Gestalt und Stärke als der natürliche, zu dessen Schutz und Verteidigung er ersonnen wurde. Die *Souveränität* stellt darin eine künstliche *Seele* dar, die dem ganzen Körper Leben und Bewegung gibt, die *Beamten* und die *anderen Bediensteten* der Jurisdiktion und Exekutive stellen die künstlichen *Gelenke dar, Belohnung und Strafe,* die mit dem Sitz der Souveränität verknüpft sind und durch jedes Gelenk und Glied zur Verrichtung seines Dienstes veranlaßt wird, sind *die Nerven,* die in dem natürlichen Körper die gleiche Aufgabe *erfüllen. Wohlstand und Reichtum* aller einzelnen Glieder stellen die *Stärke* dar, *salus populi (*die *Sicherheit des Volkes)* seine *Aufgabe;* die *Ratgeber,* die ihm alle Dinge vortragen, die er unbedingt wissen muß, sind das *Gedächtnis, Billigkeit* und *Gesetze* künstliche *Vernunft* und künstlicher *Wille; Eintracht* ist *Gesundheit, Aufruhr, Krankheit* und *Bürgerkrieg*

74 Ebd. In *Leviathan* schränkt Hobbes ein, »daß es eine solche Zeit und einen Kriegszustand wie den beschriebenen niemals gab, und ich glaube, daß er so niemals allgemein auf der ganzen Welt bestand. Aber es gibt viele Gebiete, wo man jetzt noch so lebt. [...] man kann die Lebensweise, die dort herrschen würde, wo keine öffentliche Macht zu fürchten ist, aus der Lebensweise ersehen, in die solche Menschen, die früher unter einer friedlichen Regierung gelebt hatten, in einem Bürgerkrieg abzusinken pflegen. Aber obwohl es niemals eine Zeit gegeben hat, in der sich einzelne Menschen im Zustand des gegenseitigem Krieges befanden, so befinden sich doch zu allen Zeiten Könige und souveräne Machthaber auf Grund ihrer Unabhängigkeit in ständiger Mißgunst und verhalten sich wie Gladiatoren: Sie richten ihre Waffen gegeneinander und lassen sich nicht aus den Augen – das heißt, sie haben ihre Festungen, Garnisonen und Geschütze an den Grenzen ihrer Reiche und ihre ständigen Spione bei ihren Nachbarn. Das ist eine kriegerische Haltung.« (Hobbes 1978 [1651], S. 108).

Tod. Endlich aber gleichen die *Verträge* und *Übereinkommen,* durch welche die Teile dieses politischen Körpers zuerst geschaffen, zusammengesetzt und vereint wurden, jenem ›Fiat‹ oder ›Lasset uns Menschen machen‹, das Gott bei der Schöpfung aussprach.«[75]

Zum Naturzustand und zum Krieg aller gegen alle gehört, »daß nichts ungerecht sein kann. Die Begriffe von Recht und Unrecht, Gerechtigkeit und Ungerechtigkeit haben hier keinen Platz. Wo keine öffentliche Macht ist, gibt es kein Gesetz, und wo kein Gesetz, keine Ungerechtigkeit. Gewalt und Betrug sind im Krieg die beiden Kardinaltugenden. Gerechtigkeit und Ungerechtigkeit gehören weder zu den Anlagen des Körpers noch zu denen des Geistes.«[76] Diese Hypothese – ein Gedankenexperiment[77] – muss um eine anthropologische Dimension erweitert werden, um den Gesellschaftsvertrag trotz des pessimistischen Menschenbildes als möglich erscheinen zu lassen: Die ›natürlichen‹ Menschen sind zwar durch Triebe und Affekte gesteuert, aber sie streben – zentriert auf ihr Selbstinteresse[78] – nach Selbsterhalt und Sicherheit; als vernunftbegabte Wesen können sie das ›Naturgesetz‹ (*Lex naturalis*) erkennen, das ihnen ihre Selbstzerstörung verbietet, und ihre Primäraffekte im Interesse eines Zusammenlebens in Frieden unter die Kontrolle von Regeln bringen, denen sie sich im Staat unterwerfen.

Auf dieser Basis formuliert Hobbes *rechtfertigungstheoretisch* – und nicht etwa empirisch, historisch-genetisch – die Begründung seiner Theorie des Unterwerfungsvertrags und seine Souveränitätstheorie als Theorie absoluter, mit dem Gewaltmonopol ausgestatteter Herrschaft: »Es ist eine wirkliche Einheit aller in ein und derselben Person, die durch Vertrag eines jeden mit jedem zustande kam, als hätte jeder zu jedem gesagt: *Ich autorisiere diesen Menschen oder diese Versammlung von Menschen und übertrage ihnen mein Recht, mich zu regieren, unter der Bedingung, daß du ihnen ebenso dein Recht überträgst und alle ihre Handlungen autorisierst.* Ist dies geschehen, so nennt man diese zu einer Person vereinte Menge *Gemeinwesen,* auf lateinisch *civitas.* Dies ist die Erzeugung jenes großen *Leviathan* oder bes-

75 *Leviathan*, Hobbes 1978 [1651], S. 7.

76 Ebd., S. 108.

77 »Der Naturzustand ist ein philosophisches Gedankenexperiment. Die Versuchspersonen sind die Menschen *qua tales*, die natürlichen Menschen. Sie werden in einen vorgesellschaftlichen und vorstaatlichen, aller Moral, aller Institutionen und zwangsbewehrter Gesetze entbehrenden Zustand versetzt. Und der Philosoph sieht zu, welche Art von Zusammenleben sich daraus ergibt und welche praktischen Erfahrungen sie miteinander machen.« (Kersting 2007a, S. 213).

78 Vgl. Steinvorth 1994, S. 11.

ser, um es ehrerbietiger auszudrücken, jenes *sterblichen Gottes,* dem wir unter dem *unsterblichen Gott* unseren Frieden und Schutz verdanken. Denn durch diese ihm von jedem einzelnen im Gemeinwesen verliehene Autorität steht ihm so viel Macht und Stärke zur Verfügung, die auf ihn übertragen worden sind, daß er durch den dadurch erzeugten Schrecken in die Lage versetzt wird, den Willen aller auf den innerstaatlichen Frieden und auf gegenseitige Hilfe gegen auswärtige Feinde hinzulenken. Hierin liegt das Wesen des Gemeinwesens, das, um eine Definition zu geben, *eine Person* ist, *bei der sich jeder einzelne einer großen Menge durch gegenseitigem Vertrag eines jeden mit jedem zum Autor ihrer Handlungen gemacht hat, zu dem Zweck, daß sie die Stärke und Hilfsmittel aller so, wie sie es für zweckmäßig hält, für den Frieden und die gemeinsame Verteidigung einsetzt.* Wer diese Person verkörpert, wird *Souverän* genannt und besitzt, wie man sagt, die *souveräne Gewalt,* und jeder andere daneben ist sein *Untertan.*«[79] Der Souverän ist nicht Vertragspartner; als Vertragsbegünstigter steht er mit absoluter Macht – ›*legibus solutus*‹ –, aber dem Frieden verpflichtet, außerhalb des Vertrags.

6.3.2.2 John Lockes Vertragskonzeption und David Humes Kritik am Kontraktualismus

Auch John Locke[80] (1632-1704) ging in der Konstruktion seiner Staatstheorie, die den modernen *liberalen Staat* begründet, von einem Naturzustand aus: »Um politische Gewalt richtig zu verstehen, müssen wir erwägen, in welchem Zustand sich die Menschen von Natur aus befinden«.[81] Aber Lockes Anthropologie ist der von Hobbes entgegengesetzt; sein Mensch ist kein Wolf. Der Naturzustand ist »ein Zustand *vollkommener* Freiheit, innerhalb der Grenzen des Gesetzes der Natur ihre Handlungen zu regeln und über ihren Besitz und ihre Persönlichkeit so zu verfügen, wie es ihnen am besten erscheint, ohne dabei jemanden um Erlaubnis zu bitten oder vom Willen eines anderen abhängig zu sein«. Er ist zugleich »ein *Zustand der Gleichheit*, in dem alle Macht und Rechtsprechung wechselseitig sind, da niemand mehr besitzt als ein anderer: Nichts ist einleuchtender, als daß Geschöpfe von gleicher Gattung und von gleichem Rang, die ohne Unterschied zum Genuss derselben Vorteile der Natur und zum Gebrauch

79 Ebd., S. 149.

80 Vgl. Euchner 1979, Brocker 1995.

81 Locke 1977 [1690], *Zwei Abhandlungen über die Regierung*, Buch II, § 4, S. 201.

derselben Fähigkeiten geboren sind, ohne Unterordnung und Unterwerfung einander gleichgestellt leben sollen«.[82]

Im natürlichen Zustand des Menschen »herrscht ein natürliches Gesetz, das jeden verpflichtet. Und die Vernunft, der dieses Gesetz entspricht, lehrt die Menschheit, wenn sie sie nur befragen will, daß niemand einem anderen, die alle gleich und unabhängig sind, an seinem Leben und Besitz, seiner Gesundheit und Freiheit Schaden zufügen soll.«[83] Der Realist Locke stellt freilich in Rechnung, dass nicht alle ›die Vernunft befragen‹. Im Naturzustand müssen »alle Menschen davon abgehalten werden, die Rechte anderer zu beeinträchtigen und sich einander zu benachteiligen«. Damit »das Gesetz der Natur, das den Frieden und die *Erhaltung der ganzen Menschheit* verlangt, beobachtet werde, so ist in jenem Zustand die *Vollstreckung* des natürlichen Gesetzes in jedermanns Hände gelegt. Somit ist ein jeder berechtigt, die Übertreter dieses Gesetzes in einem Maße zu bestrafen, wie es notwendig ist, um eine erneute Verletzung zu verhindern.«[84] Diese Berechtigung gründet in der Möglichkeit der Gewalt: »Gewalt aber, oder die erklärte Absicht, gegen die Person eines anderen Gewalt anzuwenden, *bedeutet*, wo es auf Erden keinen gemeinsamen Oberherrn gibt, den man um Hilfe anrufen könnte, *den Kriegszustand*.«[85] Diesen »Kriegszustand zu vermeiden [...] ist ein gewichtiger *Grund, weshalb sich die Menschen zu einer Gesellschaft zusammenschließen* und den Naturzustand verlassen«.[86]

Die Menschen werden »mit einem Rechtsanspruch auf vollkommene Freiheit und uneingeschränkten Genuß aller Rechte und Privilegien des natürlichen Gesetzes in Gleichheit mit jedem anderen Menschen oder jeder Anzahl von Menschen auf dieser Welt geboren.« Im Naturzustand hat der Mensch »nicht nur die Macht, sein Eigentum, d.h. sein Leben, seine Freiheit und seinen Besitz gegen die Schädigungen und Angriffe anderer Menschen zu schützen, sondern auch jede Verletzung dieses Gesetzes seitens anderer zu verurteilen und sie so zu bestrafen, wie es nach seiner Überzeugung das Vergehen verdient. [...] Da aber keine *politische Gesellschaft* bestehen kann, ohne daß es in ihr eine Gewalt gibt, das Eigentum zu schützen und zu diesem Zweck die Übertretungen aller, die dieser Gesellschaft angehören, zu bestra-

82 Ebd.

83 Ebd., § 6, S. 202.

84 Ebd., § 7, S. 203 f.; vgl. zu Erläuterung §§ 13 und 123-128.

85 Ebd., § 19, S. 211.

86 Ebd., § 21, S. 213. »Die einzige Möglichkeit, mit der jemand diese natürliche Freiheit aufgibt und die Fesseln bürgerlicher Gesellschaft anlegt, liegt in der Übereinkunft mit anderen, sich zusammenzuschließen und in eine Gemeinschaft zu vereinigen« (ebd., § 95, S. 260).

fen, so gibt es nur dort eine *politische Gesellschaft,* wo jedes einzelne ihrer Mitglieder seine natürliche Gewalt aufgegeben und zugunsten der Gemeinschaft in all denjenigen Fällen auf sie verzichtet hat, die ihn nicht davon ausschließen, das von ihr geschaffene Gesetz zu seinem Schutz anzurufen. Auf diese Weise wird das persönliche Strafgericht der einzelnen Mitglieder beseitigt, und die Gemeinschaft wird nach festen, stehenden Regeln zum unparteiischen und einzigen Schiedsrichter für alle.«[87]

Der zweite Unterschied zu Hobbes besteht in Lockes Auffassung vom Souverän; er lehnt den »*absoluten Herrscher*« ab; seine Hobbes-Kritik ist harsch: »Als ob die Menschen, als sie den Naturzustand verließen und sich zu einer Gesellschaft vereinigten, übereingekommen wären, daß alle, mit Ausnahme eines einzigen, unter dem Zwang von Gesetzen stehen, dieser eine aber alle Freiheit des Naturzustandes behalten sollte, die sogar noch durch Gewalt vermehrt und durch Straflosigkeit zügellos gemacht wurde! Das heißt die Menschen für solche Narren zu halten, daß sie sich zwar bemühen, den Schaden zu verhüten, der ihnen durch *Marder* oder *Füchse* entstehen kann, aber glücklich sind, ja, es für Sicherheit halten, von *Löwen* verschlungen zu werden.«[88]

Lockes These lautet: »Wenn eine Anzahl von Menschen darin eingewilligt hat, eine einzige Gemeinschaft oder eine Regierung zu bilden, so haben sie sich ihr damit gleichzeitig einverleibt, und sie bilden einen einzigen politischen Körper, in dem die Mehrheit das Recht hat, zu handeln und die übrigen mitzuverpflichten.«[89]

Das »erste und grundlegende positive Gesetz aller Staaten« ist »die Begründung der legislativen Gewalt, so wie das erste und grundlegende natürliche Gesetz, das sogar über der legislativen Gewalt gelten muss, die Erhaltung der Gesellschaft und (soweit es mit dem öffentlichen Wohl vereinbar ist) jeder einzelnen Person in ihr ist.« Nichts hat Gesetzeskraft, was nicht die »Zustimmung der Gesellschaft« hat.«[90] Die Legislative[91] ist nichts als »die vereinigte Gewalt aller Glieder der Gesellschaft, die jener Person oder Versammlung übertragen wurde, die der Gesetzgeber ist«. Die legislative Gewalt ist »auf das öffentliche Wohl der Gesellschaft beschränkt. Es ist eine Gewalt, die einzig die

87 Ebd., § 87, S. 256.

88 Ebd., § 93, S. 258; vgl. § 134, Anm. 1, und §§ 199-210 zur Kritik an der Tyrannei.

89 Ebd., § 95, S. 260.

90 Ebd., § 134, S. 289.

91 Zur Unterscheidung zwischen legislativer, exekutiver und föderativer Gewalt des Staates und zu Lockes Konzeption der Gewaltenteilung vgl. ebd., §§ 143-158.

Erhaltung zum Ziel hat. Sie kann deshalb niemals das Recht haben, die Untertanen zu vernichten, zu unterjochen oder mit Vorbedacht auszusaugen.«[92]

Die gesetzgebende Gewalt »eines jeden Staates« ist verpflichtet, »nach *öffentlich bekanntgemachten, festen Gesetzen* [zu] regieren, die nicht für besondere Fälle geändert werden dürfen, sondern für reich und arm nur einen Rechtsgrundsatz kennen«. Und die Gesetze sollen auf »keinen anderen Zweck als *das Wohl des Volkes* ausgerichtet sein«.[93] Die Legislative ist »nur eine Gewalt, die auf Vertrauen beruht und zu bestimmten Zwecken handelt. Es verbleibt *dem Volk* dennoch *die höchste Gewalt*, die *Legislative* abzuberufen oder *zu ändern*, wenn es der Ansicht ist, dass die *Legislative* dem in sie gesetzten Vertrauen zuwiderhandelt. [...] Und so *behält die Gemeinschaft* beständig *eine höchste Gewalt für sich*, um sich vor den Angriffen und Anschlägen einer Körperschaft, selbst ihrer Gesetzgeber, zu sichern [...]. Denn da kein Mensch oder keine menschliche Gesellschaft die Macht hat, ihre *Erhaltung* und folglich auch die Mittel dazu dem absoluten Willen und der willkürlichen Herrschaft eines anderen auszuliefern, so werden sie, so oft sie jemand in einen derartig sklavischen Zustand versetzen will, stets das Recht haben, das zu verteidigen, auf das zu verzichten sie keine Macht haben, und sich von den Menschen zu befreien, die gegen dieses grundlegende, heilige und unabänderliche Gesetz [...] verstoßen.«[94]

Wenn die Legislative aus Repräsentanten besteht, »die vom Volk auf Zeit gewählt werden und danach wieder zu gewöhnlichen Untertanen werden«, dann muss »auch diese Macht der Wahl vom Volke ausgeübt werden«.[95]

Unter den britischen empiristischen Staatstheoretikern dieser Zeit war es David Hume (1711-1776), der sich am nachdrücklichsten gegen die kontraktualistische Theoriekonstruktion gewandt hat, so in *Of the Original Contract*[96] (1748). Er hat aufgrund seiner Beobachtung, es könne keine politische »Partei in der heutigen Zeit erfolgreich sein, ohne ihr System politischer und praktischer Grundsätze um ein philosophisches oder spekulatives System zu ergänzen«, die politische und für die Staatstheorie konstitutive Funktion der kontraktualisti-

92 Ebd., § 135, S. 290 f.

93 Ebd., § 142, S. 296 f.

94 Ebd., § 149, S. 301.

95 Ebd., § 154, S. 304.

96 D. Hume, *Essays, Moral, Political, and Literary* (1742), Part II (1752), Essay XII, 1-49: Of the Original Contract. Zur politischen Theorie Humes vgl. Ottow 2007, S. 288-301.

schen Hypothese aufgedeckt. Jedes »der beiden Lager, in die die Nation heute zerfällt«, habe sich »eines solchen Systems zur Stützung der eigenen politischen Absichten bedient«.[97]

Während die Royalisten (*Tories*) »die Staatsgewalt auf die Gottheit« zurückgeführt und sie so »mit dem Siegel der Unverletzlichkeit, ja Heiligkeit versehen« hätten, »so dass es nahezu zum Sakrileg wird, sie auch nur im Geringsten anzugreifen, wie tyrannisch sie sich auch gebärden mag«, hätten die Anhänger des Parlaments (*Whigs*) »die Staatsgewalt im vollen Umfang auf die Zustimmung des Volkes zu gründen« versucht. Sie beriefen sich »auf eine Art von ursprünglichem Gesellschaftsvertrag, in dem die Untertanen sich stillschweigend die Befugnis vorbehalten haben, dem Herrscher immer dann Widerstand zu leisten, wenn er die ihm durch den Vertrag freiwillig übertragene und auf die Verfolgung bestimmter Zwecke beschränkte Autorität in ihren Augen missbrauchen sollte«. Sie verwiesen darauf, »dass die Menschen gleich geboren werden und deshalb einem Fürsten oder irgendeiner anderen Gewalt nur im Rahmen der Erfüllung eines Versprechens Loyalität schulden. Da niemand die Vorzüge seiner natürlichen Freiheit durch Unterordnung unter einen fremden Willen aufgeben würde, wenn er nicht einen Gegenwert erhielte, müsse man von einem *bedingten* Versprechen ausgehen, das nur so lange gegenüber dem Souverän verpflichtend wirke, wie dieser seinerseits Gerechtigkeit und Schutz als Gegenleistung gewähre. Komme der Souverän seinen Verpflichtungen nicht nach, so breche er die gegenseitige Vereinbarung und befreie dadurch seine Untertanen von jeglicher Pflicht zur Loyalität. Auf dieser Grundlage beruht für jene Philosophen sowohl die Rechtmäßigkeit jeder Staatsgewalt wie auch das Widerstandsrecht des einzelnen Untertanen.«

Hume wandte dagegen ein: »Würden sich diese Theoretiker aber einmal in der Welt umschauen, so würden sie nichts finden, das im Geringsten zur Stützung einer derartig subtilen und ausgeklügelten Konstruktion dienen könnte.« Es sei doch »merkwürdig, dass ein Akt, den jedermann erst nach Erlangung des selbstständigen Gebrauchs seiner Verstandeskräfte vollzogen haben soll (andernfalls würde diesem Akt ja die Verbindlichkeit fehlen) allen Menschen so unbekannt ist, dass kaum irgendwo Spuren der Erinnerung an ihn vorhanden sind. [...] Wenn die Hypothese vom Gesellschaftsvertrag überhaupt etwas leisten soll, müsste man die Behauptung aufstellen, jede einzelne Regierung sei nur insofern rechtmäßig und verpflichte die Untertanen zur

97 Dieses und die folgenden Zitate aus *Of the Original Contract* sind der Quellensammlung zur Staatstheorie in Hoerster 1981, S. 163-176, entnommen.

Loyalität, als sie in ihrem Ursprung auf Zustimmung und freiwilligem Übereinkommen beruht. Aber abgesehen davon, dass damit unterstellt wird, dass die Zustimmung der Väter auch alle künftigen Generationen bindet – was republikanisch eingestellte Autoren niemals zugeben würden –, gibt es nichts in Geschichte und Gegenwart irgendeines Landes, was diese Behauptung rechtfertigen könnte. Nahezu jede heutige oder vergangene Staatsgewalt, von der wir Kunde haben, geht letztlich auf illegale Machtergreifung oder Eroberung zurück, ohne für ein faires Übereinkommen oder eine freiwillige Unterwerfung auch nur den Anschein eines Beweises zu bieten.«

Hume wollte »keineswegs darauf hinaus, die Zustimmung des Volkes als mögliche Grundlage legitimer Staatsgewalt auszuschließen. Wo sie vorliegt, ist sie sicher die beste und unanfechtbarste Grundlage, die man sich vorstellen kann. Ich behaupte nur, dass es eine solche Zustimmung sehr selten in nennenswertem und wohl nie in vollem Umfang gegeben hat, so dass deshalb noch weitere Grundlagen der Staatsgewalt zugelassen werden müssen.« Auch seiner Konzeption liegen anthropologische Zweifel an der Befähigung der Menschen zu Gerechtigkeit und Vernünftigkeit zugrunde: »Würden alle Menschen von einem so unbeirrbaren Gerechtigkeitssinn geleitet, dass sie von sich aus das Eigentum anderer uneingeschränkt respektieren würden, so wären sie für alle Zeit vollkommen frei geblieben und ohne Obrigkeit oder eine Form politischer Vereinigung ausgekommen. Aber dies setzt einen Grad an Vollkommenheit voraus, dessen man die menschliche Natur mit Recht für unfähig erachtet. Und wenn andererseits alle Menschen so intelligent wären, stets ihre wirklichen Interessen zu kennen, dann hätten sie sich nur einer solchen Form der Staatsgewalt unterworfen, der jeder Einzelne von ihnen nach sorgfältiger Prüfung zugestimmt hätte. Doch auch eine derartige Vollkommenheit ist unvereinbar mit der menschlichen Natur. Vernunft, Geschichte und Lebenserfahrung lehren uns, dass die Gründung politischer Vereinigungen nie in so geordneten Bahnen verlaufen ist; ja auf die Frage, in welchen Perioden die Mitbestimmung des Volkes in öffentlichen Angelegenheiten die geringste Rolle gespielt hat, müsste man zweifellos die Perioden der Staatsgründung nennen.«

Das Dogma, »wonach sich jede rechtmäßige Staatsgewalt auf einen ursprünglichen Gesellschaftsvertrag beziehungsweise auf die Zustimmung des Volkes gründet« und »die absolute Monarchie sei unvereinbar mit der Idee einer bürgerlichen Gesellschaft und insofern überhaupt nicht als Regierungsform anzusehen«, ist für Hume ohne jeden Realitätsgehalt. »Die Überzeugungskraft einer solchen sozialphilosophischen Argumentation, die überall – abgesehen von unserem eigenen Königreich – in einem so krassen Widerspruch zur menschlichen Praxis steht, ist leicht zu ermessen.«

6.3.2.3 Charles de Montesquieu: Der Staat aus dem Geist der Gesetze

Montesquieu[98] (1689-1755) hat in seinem Hauptwerk *De l'Esprit des loix* (1748) nicht das Recht oder Rechtssysteme thematisiert, auch »nicht die Gesetze, sondern den Geist der Gesetze«, und »die Beziehungen der Gesetze zum Wesen und Prinzip der einzelnen Regierungsformen«[99] untersucht. Er hat Lockes Idee der Kontrolle staatlicher Gewalt durch Gewaltenteilung weiterentwickelt und um die richterliche Gewalt erweitert. Dieses für die Ausarbeitung der amerikanischen Verfassung von 1776 und für die gesamte moderne Verfassungstheorie wegweisende Werk, das bis 1750 in zwanzig Auflagen erschien, von der katholischen Kirche bekämpft und 1751 von ihr auf den Index der verbotenen Schriften gesetzt wurde, lag erstmals 1753 in deutscher Übersetzung vor. Den umfassenden Anspruch auf Analyse der historisch-politischen Bedingungen des Staates und dessen Legitimation durch Gesetzlichkeit verdeutlichte der Untertitel: De l'esprit des loix ou Du rapport que les loix doivent avoir avec la constitution de chaque gouvernement, les mœurs, le climat, la religion, le commerce, etc. (Über den Geist der Gesetze oder über den Bezug, den die Gesetze zur Verfassung jeder Regierung, zu den Sitten, dem Klima, der Religion, dem Handel, etc. haben sollen).

Das staatstheoretische Zentrum bildet – nach historischen Darstellungen und Abwägungen zu den Staatsformen der Republik, der Demokratie, der Monarchie und der Despotie[100] – das XI. Buch mit dem Plädoyer für die Staatsform, in der die Gesetze Vernunftprinzipien entsprechen[101], die Freiheit[102] und Sicherheit der Individuen vor

98 Vgl. das Montesquieu-Kapitel in Neumann 1967, S. 142-194; vgl. auch Hereth 2007 und die kurze Darstellung Hereths in Brocker 2007, S. 273-287.

99 Dieses und die folgenden Zitate aus *De l'Esprit des lois* sind der Quellensammlung Weber-Fas 2003 entnommen; hier: S. 117.

100 Vgl. ebd., S. 117-126.

101 »Das Gesetz, ganz allgemein, ist die menschliche Vernunft, sofern sie alle Völker der Erde beherrscht; und die Staats- und Zivilgesetze jedes Volkes sollen nur die einzelnen Anwendungsfälle dieser menschlichen Vernunft sein.« (Montesquieu, in Weber-Fas 2003, S. 116).

102 Die »politische Freiheit besteht nicht darin, zu tun, was man will. In einem Staat, d. h. in einer Gesellschaft, in der es Gesetze gibt, kann die Freiheit nur darin bestehen, das tun zu können, was man wollen darf, und

Staatswillkür durch Gewaltenteilung (Exekutive, Legislative, Judikative) garantiert ist, die Politik Vorrang vor ökonomischen Interessen hat[103] und Freiheit mit der Achtung der Gesetze einhergeht.

Der vorstaatliche Zustand ist durch *natürliche Gesetze*, »die einzig und allein aus unserer Wesensart entspringen«[104], und durch den »Drang, in Gesellschaft zu leben«, gekennzeichnet. Im ›natürlichen‹ Zustand sucht der Mensch aus Schwäche und Angst »nicht den Angriff, [...] und Friede wäre so das erste Naturgesetz. Mit Unrecht legt Hobbes den Menschen als ersten den Wunsch bei, einander zu unterjochen.«[105] Der historische Prozess der Ausbildung von Gesellschaften führt zur Regelung der Beziehungen zwischen den Menschen durch die *Gesetze positiven Rechts*: »Sobald die Menschen in Gesellschaft leben, verlieren sie das Gefühl ihrer Schwäche; die Gleichheit, die unter ihnen bestand, geht verloren und der Kriegszustand beginnt. Jede einzelne Gesellschaft gelangt zum Gefühl ihrer Kraft, und damit wird ein Kriegszustand von Volk zu Volk hervorgerufen. Die einzelnen in jeder Gemeinschaft werden sich allmählich ihrer Kraft bewußt; sie versuchen, sich die größten Vorteile dieser Gemeinschaft zu sichern, und dadurch kommt es zu einem Kriegszustand zwischen ihnen. Diese beiden Arten von Kriegszustand führen zur Schaffung der Gesetze unter den Menschen. Als Bewohner eines Planeten, der so groß ist, daß es notwendigerweise mehrere Völker geben muß, haben sie Gesetze, die ihre Beziehungen untereinander regeln: Das ist das *Völkerrecht*. Als Glieder einer Gesellschaft, die aufrechterhalten werden soll, haben sie Gesetze, die sich auf das Verhältnis der Regierenden zu den Regierten beziehen: Das ist das *Staatsrecht*. Und weiter haben sie Gesetze, die sich auf das Verhältnis aller Bürger zueinander beziehen: Das ist das *bürgerliche Recht*.«[106]

Um Machtmissbrauch zu verhindern, »muss vermöge einer Ordnung der Dinge die Macht der Macht Schranken setzen«. Diese Ordnung ist nach dem Muster der Verfassung Englands eine Ordnung der *Gewaltenteilung*: »In jedem Staat gibt es drei Arten von Gewalt: die gesetzgebende Gewalt, die vollziehende Gewalt in Ansehung der Angelegenheiten, die vom Völkerrechte abhängen, und die vollziehende Gewalt hinsichtlich der Angelegenheiten, die vom bürgerlichen Recht abhängen.« Die politische Freiheit des Bürgers »ist jene Ruhe des Ge-

nicht gezwungen zu sein, zu tun, was man nicht wollen darf.« (Ebd., S. 127).

103 Vgl. hierzu *De l'Esprit des lois*, Buch XX.

104 Montesquieu, in: Weber-Fas 2003, S. 114.

105 Ebd., S. 115.

106 Ebd., S. 115 f.

müts, die aus dem Vertrauen erwächst, das ein jeder zu seiner Sicherheit hat. Damit man diese Freiheit hat, muss die Regierung so eingerichtet sein, dass ein Bürger den anderen nicht zu fürchten braucht. Wenn in derselben Person oder der gleichen obrigkeitlichen Körperschaft die gesetzgebende Gewalt mit der vollziehenden vereinigt ist, gibt es keine Freiheit; denn es steht zu befürchten, dass derselbe Monarch oder derselbe Senat tyrannische Gesetze macht, um sie tyrannisch zu vollziehen. Es gibt ferner keine Freiheit, wenn die richterliche Gewalt nicht von der gesetzgebenden und vollziehenden getrennt ist. Ist sie mit der gesetzgebenden Gewalt verbunden, so wäre die Macht über Leben und Freiheit der Bürger willkürlich, weil der Richter Gesetzgeber wäre. Wäre sie mit der vollziehenden Gewalt verknüpft, so würde der Richter die Macht eines Unterdrückers haben. Alles wäre verloren, wenn derselbe Mensch oder die gleiche Körperschaft der Großen, des Adels oder des Volkes diese drei Gewalten ausüben würde: die Macht, Gesetze zu geben, die öffentlichen Beschlüsse zu vollstrecken und die Verbrechen oder die Streitsachen der Einzelnen zu richten.«[107]

Montesquieu plädiert für ein *System politischer Repräsentation*[108]: »Da in einem freien Staate jeder, dem man einen freien Willen zuerkennt, durch sich selbst regiert sein sollte, so müsste das Volk als Ganzes die gesetzgebende Gewalt haben. Das aber ist in den großen Staaten unmöglich, in den kleinen mit vielen Misshelligkeiten verbunden. Deshalb ist es nötig, dass das Volk durch seine Repräsentanten das tun lässt, was es nicht selbst tun kann.« Den Vorteil der Repräsentanten sieht Montesquieu darin, »dass sie fähig sind, die Angelegenheiten zu verhandeln. Das Volk ist dazu keinesfalls geschickt. Das macht einen der großen Nachteile der Demokratie aus. Es ist nicht nötig, dass die Repräsentanten, die von ihren Wählern eine allgemeine Anweisung erhalten haben, noch eine besondere für jede Angelegenheit bekommen«. Zwar würde »auf diese Weise das Wort der Abgeordneten in höherem Grade der Ausdruck der Stimme der Nation sein. Aber das würde in nicht endende Verzögerungen hineinführen.« Im System politischer Repräsentation müssen Bürger »das Recht haben, ihre Stimme bei der Wahl des Repräsentanten abzugeben, mit Ausnahme derer, die in einem solchen Zustand der Niedrigkeit leben, dass ihnen die allgemeine Anschauung keinen eigenen Willen zuerkennt.» Die meisten früheren Republiken hatten »einen großen Fehler; das Volk hatte nämlich das Recht, aktive Entschließungen zu fassen, die eine Durchführung erfordern, etwas, wozu es ganz und gar unfähig ist.« Deshalb soll es zur Regierungssphäre nur Zugang haben, »um die Ab-

107 Ebd., S. 128 f.
108 Vgl. Goldschmidt2010b.

geordneten zu wählen, was seinen Fähigkeiten durchaus entspricht. Zwar gibt es wenige, die den genauen Grad der Fähigkeiten der Menschen kennen; trotzdem ist jeder in der Lage, im Allgemeinen zu wissen, ob derjenige, dem er seine Stimme gibt, aufgeklärter ist als die meisten übrigen. Der repräsentative Körper soll nicht gewählt werden, damit er einen unmittelbar wirksamen Beschluss fasse, wozu er nicht geeignet ist, sondern um Gesetze zu machen und darauf zu achten, dass die von ihm gemachten Gesetze wohl ausgeführt werden.«[109]

6.3.2.4 *Jean-Jacques Rousseau: Der Gesellschaftsvertrag*

Rousseau (1712-1778) untersucht in *Du Contrat Social ou Principes du droit politique*[110] (1762, Vom Gesellschaftsvertrag oder Grundsätze des Staatsrechts), »ob es in der bürgerlichen Verfassung irgendeinen gerechten und sicheren Grundsatz der Staatsverwaltung geben kann, wenn man die Menschen nimmt, wie sie sind, und die Gesetze, wie sie sein können.«[111]

»Mit Rousseau und mit der politischen Diskussion, die in Frankreich den Ablauf des revolutionären Prozesses begleitet, kann das goldene Zeitalter der Vertragslehre als abgeschlossen betrachtet werden.«[112]

Das Werk ist ein Veto gegen die zeitgenössischen Staatstheorien: »Die Philosophen, die die Grundlagen der Gesellschaft untersuchten, haben es alle für nötig gehalten, bis zum Naturzustand zurückzugehen. Keiner von ihnen ist jedoch dahin gelangt. Einige haben kein Bedenken getragen, anzunehmen, der Mensch könnte in diesem Naturzustand schon einen Begriff gehabt haben, was gerecht oder ungerecht ist. Sie haben aber weder bewiesen, daß er diesen Begriff wirklich gehabt hat, noch, daß er dem Menschen damals nützlich gewesen ist. Andere haben vom Naturrecht gesprochen, nach dem ein jeder behalten dürfe, was ihm gehört. Sie haben aber nicht erklärt, was sie unter ›gehören‹ verstehen. Wieder andere haben dem Stärkeren von vornherein ein Recht über den Schwächeren eingeräumt und so gleich eine Art Regierung entstehen lassen, ohne die Zeit zu bedenken, die hat verstreichen müssen, bevor die Begriffe Gewalt und Regierung für die Menschen einen Sinn erhalten konnten. Endlich haben alle unaufhörlich von Bedürfnissen, Begierde, Unterdrückung, Wünschen und Ehr-

109 Montesquieu, in: Weber-Fas 2003, S. 130f.
110 Zur Interpretation vgl. Fetscher 1968, Herb 1989, Steinvorth 1994, S. 97-136, Herb/Brandt 2000.
111 Rousseau 1963, S. 29.
112 Burgio 2010, S. 884.

geiz gesprochen und somit Vorstellungen auf den Naturzustand übertragen, die aus der Gesellschaft stammen. Sie wollten vom wilden Menschen sprechen und malten den gesitteten ab.«[113]

Wie bereits der *Discours sur l'origine et les fondemens de l'inégalité parmi les hommes* (1755)[114] ist *Du Contrat Social* vor allem ein Anti-Hobbes: »Schließen wir vor allem nicht mit Hobbes, der Mensch sei von Natur böse, weil er keine Vorstellung von Güte hat, er sei lasterhaft, weil er die Tugend nicht kennt, er werde stets seinesgleichen die Dienste verweigern, die er ihnen nicht zu schulden glaubt. [...] Hobbes hat nicht gesehen, dass dieselbe Ursache, welche die Wilden am Gebrauch ihres Verstandes hindert, [...] sie zur gleichen Zeit am Missbrauch ihrer Fähigkeiten hindert, den er selbst annimmt. Auf diese Weise kann man sagen, dass sie gerade deswegen nicht böse sind, weil sie nicht wissen, was gut sein heißt. Denn weder der Fortschritt ihrer Erkenntnisse noch der Zaum des Gesetzes, vielmehr die Unberührtheit von den Leidenschaften und die Unkenntnis des Lasters verhindern sie, böse zu sein.«[115]

Im ersten Satz des ersten Kapitels des ersten Buches benennt Rousseau als Theoretiker der Verfallsgeschichte der menschlichen Zivilisation[116] sein Ausgangsproblem: »Der Mensch wird frei geboren, und überall ist er in Ketten.«[117] Die Menschen sind von Natur aus gleich; insofern scheint Rousseau mit Hobbes übereinzustimmen; aber sie sind von Natur aus keineswegs einander Feind: Sie werden dies, stellt Rousseau im *Discours sur l'inégalité* fest, erst in der »bürgerlichen Gesellschaft« (*société civile*), d.h. unter den Bedingungen des Eigentums: »Der erste, der ein Stück Land eingezäunt hatte und es sich einfallen ließ zu sagen: dies ist mein und der Leute fand, die einfältig genug waren, ihm zu glauben, war der wahre Gründer der bürgerlichen Gesellschaft. Wie viele Verbrechen, Kriege, Morde, wie viel Not und Elend und wie viele Schrecken hätte derjenige dem Menschengeschlecht erspart, der die Pfähle herausgerissen oder den Graben zugeschüttet und

113 Rousseau 1963, S. 121.

114 Über den Ursprung und die Grundlagen der Ungleichheit unter den Menschen. In: Rousseau 1955.

115 Rousseau 1955, S. 167.

116 Rousseaus Prämisse lautet in *Über den Ursprung und die Grundlagen der Ungleichheit unter den Menschen*, dass »alle Fortschritte der menschlichen Gattung sich unaufhörlich von ihrem ersten Zustand entfernen«. (Rousseau 1955, S. 65). Vgl. Rousseaus *Discours sur les sciences et les arts* (1750) (dt. Abhandlung über die Frage: Hat der Wiederaufstieg der Wissenschaften und Künste zur Läuterung der Sitten beigetragen? In: Rousseau 1955, S. 5-59).

117 Rousseau 1963, S. 30.

seinen Mitmenschen zugerufen hätte: ›Hütet euch, auf diesen Betrüger zu hören; ihr seid verloren, wenn ihr vergeßt, daß die Früchte allen gehören und die Erde niemandem.‹«[118]

So entstanden die Gesellschaft und die Gesetze, »die dem Schwachen neue Fesseln und dem Reichen neue Macht gaben. Sie zerstörten unwiderruflich die angeborene Freiheit, setzten für immer das Gesetz des Eigentums und der Ungleichheit fest, machten aus einer listigen Usurpation ein unaufhebbares Recht und zwangen von nun an das gesamte Menschengeschlecht für den Gewinn einiger Ehrgeiziger zur Arbeit, zur Knechtschaft und zum Elend.«[119]

Rousseaus staatstheoretische Ausgangsfrage im *Contrat social* lautet: »Da kein Mensch eine natürliche Gewalt über seinesgleichen hat, und da die Stärke kein Recht gewährt, so bleiben also die Verträge als die einzige Grundlage jeder rechtmäßigen Gewalt unter den Menschen übrig?« Wie ist ein Gesellschaftsvertrag möglich, dessen Grund Freiheitsabtretung ist, wenn der Satz gilt: »Auf seine Freiheit verzichten, heißt auf seine Menschheit, die Menschenrechte, ja selbst auf seine Pflichten verzichten«?[120] Rousseau formuliert diese Frage noch einmal um: »›Wie findet man eine Gesellschaftsform, die mit der ganzen gemeinsamen Kraft die Person und das Vermögen jedes Gesellschaftsgliedes verteidigt und schützt, und kraft derer jeder Einzelne, obgleich er sich mit allen vereint, gleichwohl nur sich selbst gehorcht und so frei bleibt wie vorher?‹ Dies ist die Hauptfrage, deren Lösung der Gesellschaftsvertrag gibt.«[121]

Die Antwort besteht in folgender Definition: »›Jeder von uns stellt gemeinschaftlich seine Person und seine ganze Kraft unter die oberste Leitung des allgemeinen Willens, und wir nehmen jedes Mitglied als untrennbaren Teil des Ganzen auf.‹ An die Stelle der einzelnen Person jedes Vertragsschließenden setzt solcher Gesellschaftsvertrag sofort einen geistigen Gesamtkörper, dessen Mitglieder aus sämtlichen Stimmabgebenden bestehen, und der durch ebendiesen Akt seine Einheit, sein gemeinsames Ich, sein Leben und seinen Willen erhält. Diese öffentliche Person, die sich auf solche Weise aus der Vereinigung aller

118 Rousseau 1955, S. 191 f.

119 Ebd., S. 229.

120 Ebd., S. 35 f.

121 Ebd., S. 43. »Es gibt nur ein einziges Gesetz, das seiner Natur nach einstimmige Annahme erfordert: den Gesellschaftsvertrag; denn die staatsbürgerliche Vereinigung ist die freiwilligste Handlung von der Welt. Da jeder Mensch von Geburt frei und sein eigener Herr ist, so kann ihn sich niemand, unter welchem Vorwande es auch sein möge, ohne seine Einwilligung unterwerfen.« (Ebd., S. 153).

übrigen bildet, wurde ehemals Stadt genannt und heißt jetzt Republik oder Staatskörper.«[122]

Der Vertrag konstituiert das zentrale Element der Rousseauschen Theorie – das Konzept des *Gemeinwillens* (*volonté générale*)[123], der im Unterschied zum partikulären, auf Privatinteressen gerichteten ›Willen aller‹ (*volonté de tous*) »beständig der richtige ist«.[124] Allein der Gemeinwille kann »die Kräfte des Staates dem Zweck seiner Einrichtung gemäß, der in dem Gemeinwohl besteht, leiten«. Der Gegensatz der Privatinteressen hat die Entstehung der Gesellschaften notwendig gemacht hat und mit ihnen die »Übereinstimmung der gleichen Interessen [...]. Das Gemeinsame in diesen verschiedenen Interessen bildet das gesellschaftliche Band; und gäbe es nicht irgendeinen Punkt, in dem alle Interessen übereinstimmen, so könnte keine Gesellschaft bestehen. Einzig und allein nach diesem gemeinsamen Interesse muss die Gesellschaft regiert werden.« Der Staat ist nichts anderes »als die Ausübung des allgemeinen Willens«. Auf den Souverän kann nur Macht übertragen werden, »nicht aber der Wille«.[125]

Der in Gesetzen[126] zum Ausdruck kommende allgemeine Wille ist der Wille des Volkes, des Souveräns. »Die Gesetze sind eigentlich nur

122 Ebd., S. 44 f.

123 Den Begriff der *volonté générale* hat Rousseau bereits 1755 in dem für den 5. Bd. der von Diderot und D'Alembert herausgegebene *Encyclopédie* verfassten Artikel ›Économie ou Œconomie‹ entwickelt. Er definiert hier den »Staatskörper« als ein »moralisches Wesen mit einem Willen«: »und dieser Gemeinwille, der stets auf die Erhaltung und das Wohl des Ganzen und jedes einzelnen Teiles gerichtet ist und die Quelle der Gesetze darstellt, ist für alle Glieder des Staates im Hinblick auf sie selbst und auf den Staat der Maßstab für Recht und Unrecht.« (Rousseau 1972, S. 339). Im Unterschied zum sieben Jahre später erschienenen *Contrat social* bindet er hier den Begriff des Gemeinwillens an den der Tugend: »Wollt ihr, dass der Gemeinwille erfüllt werde, so sorgt dafür, daß alle Einzelwillen in ihm aufgehoben sind; und da die Tugend nur diese Übereinstimmung von Einzel- und Gemeinwille ist, so kann man die gleiche Sache mit einem Wort sagen: Verhelft der Tugend zur Herrschaft!« (Ebd., S. 349.)

124 Rousseau 1955, S. 58. Vgl. ebd. S. 149: »*Der allgemeine Wille ist unzerstörbar.* Solange mehrere vereinigte Menschen sich als einen einzigen Körper betrachten, haben sie nur einen einzigen Willen, der die gemeinsame Erhaltung und die allgemeine Wohlfahrt zum Gegenstande hat. Dann sind alle Triebfedern des Staates kräftig und einfach, und seine Grundsätze klar und deutlich; er hat keine verwickelten, einander widersprechenden Interessen; das Gemeinwohl tritt überall sichtlich hervor, und es bedarf nur gesunder Vernunft, um es wahrzunehmen. Friede, Einigkeit und Gleichheit sind Feindinnen politischer Spitzfindigkeiten.«

125 Ebd., S. 54.

126 Zu Rousseaus Gesetzesverständnis vgl. ebd., S. 90 ff.

die Bedingungen der bürgerlichen Gesellschaft. Das Volk, das Gesetzen unterworfen ist, muß auch ihr Urheber sein; nur denen, die sich verbinden, liegt es ob, die Bedingungen der Vereinigung zu regeln.«[127] Mit dem Prinzip der *Volkssouveränität* verbindet Rousseau – gegen Lockes Konzept politischer Repräsentation[128] – das der *direkten* Volksbeteiligung. Das Staatsoberhaupt wirkt »nur durch Gesetze, und da die Gesetze nichts anderes als authentische Kundgebungen des allgemeinen Willens sind, so kann das Staatsoberhaupt nur wirken, wenn das Volk versammelt ist. Das Volk versammelt! wird man sagen, welch ein Hirngespinst! Heutzutage ist es allerdings ein Hirngespinst, aber vor zweitausend Jahren war es das nicht. Hat sich die Natur der Menschen denn geändert?«[129] Gemäß dem Konzept ›Volkssouveränität‹ genügt es nicht, »daß das versammelte Volk die Staatsverfassung einmal durch die Bestätigung eines Gesetzbuches festgesetzt, auch nicht, dass es eine bleibende Regierung eingeführt oder ein für alle Mal für die Wahl der Behörden Vorkehrungen getroffen hat, sondern es muss außer den außerordentlichen Versammlungen, die unvorhergesehene Fälle nötig machen können, regelmäßige und periodische geben, die unter keinen Umständen abgeschafft oder vertagt werden dürfen, sodass das Volk gesetzlich auf einen bestimmten Tag zusammengerufen ist, ohne dass es dazu erst einer anderen ausdrücklichen Einberufung bedarf.«[130]

127 Ebd., S. 71.

128 »Die Staatshoheit kann [...] nicht vertreten werden; sie besteht wesentlich im Allgemeinen Willen, und der Wille lässt sich nicht vertreten; er bleibt derselbe oder er ist ein anderer; ein mittleres kann nicht stattfinden. Die Abgeordneten des Volkes sind also nicht seine Vertreter und können es gar nicht sein; sie sind nur seine Bevollmächtigten und dürfen nichts beschließen. Jedes Gesetz, das das Volk nicht persönlich bestätigt hat, ist null und nichtig; es ist kein Gesetz.« (Ebd., S. 139).

129 Ebd., S. 133.

130 Ebd., S. 135. 1755 hatte Rousseau im Enzyklopädie-Artikel ›Économie ou Œconomie‹ die Fragen »Wie soll man den Gemeinwillen in den Fällen erkennen, wo er sich nicht kundgetan hat? Soll man das ganze Volk bei jedem unvorhergesehenen Ereignis versammeln?« noch weniger radikal beantwortet: »Dies soll man um so weniger tun, als nicht sicher ist, ob seine Entscheidung der Ausdruck des Gemeinwillens wäre; auch ist dieser Weg bei einem großen Volk nicht gangbar und selten nötig, wenn die Regierung gute Absichten hegt, denn die Oberen wissen genau, daß der Gemeinwille stets für den dem öffentlichen Interesse günstigsten, das heißt gerechtesten Entschluß ist; so muß man also nur gerecht sein, um sicherzugehen, daß man sich nach dem Gemeinwillen richtet.« (Rousseau 1972, S. 347).

Mit dem Prinzip der direkten demokratischen Ausübung der Volkssouveränität verbunden ist das Problem der *Majorität*, der Mehrheitsbeschlüsse. Rousseau betont, »der Beschluss der Mehrheit [sei] auch für alle übrigen Bürger verbindlich; dies ist eine unmittelbare Folge des Vertrages selbst. Man wird jedoch die Frage aufwerfen: Wie kann ein Mensch frei sein und doch gezwungen, sich Willensmeinungen zu fügen, die nicht die seinigen sind? Wie können die Opponenten frei und zugleich Gesetzen unterworfen sein, denen sie nicht zugestimmt haben? Ich antworte darauf, dass die Frage schlecht gestellt ist. Der Staatsbürger gibt zu allen Gesetzen seine Einwilligung, sogar zu denen, die wider seinen Willen beschlossen werden, ja er nimmt auch die an, die ihn strafen, falls er es wagen sollte, eines derselben zu übertreten. Der beständig in Kraft bleibende Wille aller Staatsglieder ist der allgemeine Wille; durch ihn sind sie erst Staatsbürger und frei. Bei einem Gesetzesvorschlage in der Volkskammer fragt man sie nicht eigentlich, ob sie dem Vorschlag zustimmen oder ihn verwerfen, sondern ob er dem allgemeinen Willen entspricht oder nicht«.[131]

6.3.3 Die ›Federalist Papers‹ 1787/88: Prinzipien einer republikanischen Verfassung von ›checks and balances‹

Rousseaus Theorie hat sich in der verfassungsrechtlichen Praxis des ausgehenden 18. Jahrhunderts nicht durchgesetzt, weder sein Konzept des ›allgemeinen Willens‹, das einen menschenrechtlich gebundenen Staat garantieren sollte, noch seine unkritische Ermächtigung der Mehrheit. Dies zeigt sich nicht zuletzt in den Debatten über die Verfassung der Vereinigten Staaten von Amerika, die Ausdruck eines Systems von *checks and balances* werden sollte. Ein wichtiges Dokument sind die *Federalist Papers*, eine Serie von 85 Artikeln[132], die 1787/88 in New York in mehreren Zeitungen erschienen. Die Autoren verfolgten das Ziel, die Bevölkerung des Staates New York von der 1787 entworfenen, aber noch nicht von allen Mitgliedstaaten der Vereinigten Staaten ratifizierten Verfassung zu überzeugen.

Unter dem Titel ›The Union as a Safeguard Against Domestic Faction and Insurrection‹ betonte James Madison am 22. November 1787 im *Daily Advertiser* die Gefahren der Spaltung der Gesellschaft in Parteiungen, die Fehlbarkeit der menschlichen Urteilskraft und die

131 Ebd., S. 154.

132 Zu einer erläuternden Zusammenfassung vgl. die Einleitung von B. Zehnpfennig zur deutschen Übersetzung der Artikel in Hamilton/Madison/Jay 1993, S. 1-44.

Bedrohung republikanischer Herrschaft durch den Machtmissbrauch durch Mehrheiten[133]: »Complaints are everywhere heard from our most considerate and virtuous citizens, equally the friends of public and private faith, and of public and personal liberty, that our governments are too unstable, that the public good is disregarded in the conflicts of rival parties, and that measures are too often decided, not according to the rules of justice and the rights of the minor party, but by the superior force of an interested and overbearing majority. [...] By a faction, I understand a number of citizens, whether amounting to a majority or a minority of the whole, who are united and actuated by some common impulse of passion, or of interest, adversed to the rights of other citizens, or to the permanent and aggregate interests of the community. There are two methods of curing the mischiefs of faction: the one, by removing its causes; the other, by controlling its effects. There are again two methods of removing the causes of faction: the one, by destroying the liberty which is essential to its existence; the other, by giving to every citizen the same opinions, the same passions, and the same interests. It could never be more truly said than of the first remedy, that it was worse than the disease. Liberty is to faction what air is to fire, an aliment without which it instantly expires. But it could not be less folly to abolish liberty, which is essential to political life, because it nourishes faction, than it would be to wish the annihilation of air, which is essential to animal life, because it imparts to fire its destructive agency. The second expedient is as impracticable as the first would be unwise. As long as the reason of man continues fallible, and he is at liberty to exercise it, different opinions will be formed. As long as the connection subsists between his reason and his self-love, his opinions and his passions will have a reciprocal influence on each other; and the former will be objects to which the latter will attach themselves. [...] The latent causes of faction are thus sown in the nature of man; and we see them everywhere brought into different degrees of activity, according to the different circumstances of civil society. [...] The regulation of these various and interfering interests forms the principal task of modern legislation, and involves the spirit of party and faction in the necessary and ordinary operations of the government. [...] A republic, by which I mean a government in

133 »It is of great importance in a republic« – heißt es am 8. Februar 1788 in den *Federalist Papers* (Nr. 51) – »not only to guard the society against the oppression of its rulers, but to guard one part of the society against the injustice of the other part. Different interests necessarily exist in different classes of citizens. If a majority be united by a common interest, the rights of the minority will be insecure.« (Dt. Übers. in Hamilton/Madison/Jay 1993, S. 321).

which the scheme of representation takes place, opens a different prospect, and promises the cure for which we are seeking. Let us examine the points in which it varies from pure democracy, and we shall comprehend both the nature of the cure and the efficacy which it must derive from the Union. The two great points of difference between a democracy and a republic are: first, the delegation of the government, in the latter, to a small number of citizens elected by the rest; secondly, the greater number of citizens, and greater sphere of country, over which the latter may be extended.«[134]

Das eigentliche, in einem pessimistischen Menschenbild gründende Motiv der staatstheoretischen Überlegungen hat James Madison in der bereits erwähnten Nr. 51 der *Federalist Papers* offen ausgesprochen: »If men were angels, no government would be necessary. If angels were to govern men, neither external nor internal controls on government would be necessary. In framing a government which is to be administered by men over men, the great difficulty lies in this: you must first enable the government to control the governed; and in the next place oblige it to control itself. A dependence on the people is, no doubt, the primary control on the government; but experience has taught mankind the necessity of auxiliary precautions. This policy of supplying, by opposite and rival interests, the defect of better motives, might be traced through the whole system of human affairs, private as well as public.«[135]

6.3.4 Immanuel Kant: Der ›Mechanism der Natur‹ und der Staat

Vergleichbar mit den *Federalists* argumentiert Kant.[136] Auch seine Option ist »die *republikanische* Verfassung«, denn sie ist »die einzige, welche dem Recht der Menschen vollkommen angemessen, aber auch die schwerste zu stiften, vielmehr noch zu erhalten ist, dermaßen daß viele behaupten, es müsse ein Staat von *Engeln* sein, weil Menschen mit ihren selbstsüchtigen Neigungen einer Verfassung von so sublimer Form nicht fähig wären«. Doch der Staat setzt die Menschen nicht als

134 The Federalist No. 10: The Utility of the Union as a Safeguard Against Domestic Faction and Insurrection (continued). In: *Daily Advertiser*, Thursday, November 22, 1787. Dt. Übers. in Hamilton/Madison/Jay 1993, S. 93 ff. Zum möglichen Machtmissbrauch durch Mehrheiten vgl. ebd., S. 277.

135 J. Madison, *The Structure of the Government Must Furnish the Proper Checks and Balances Between the Different Departments* From the *New York Packet*. Friday, February 8, 1788. Dt. Übers. in Hamilton/Madison/Jay 1993, S. 320.

136 Vgl. Kervégan in Sandkühler 2005, S. 181 ff., und Kersting 2007.

Engel voraus; vielmehr muss er so gedacht werden, dass er »selbst für ein Volk von Teufeln (wenn sie nur Verstand haben)« ein lösbares Problem darstellt: »Der Mensch, wenn gleich nicht ein moralisch-guter Mensch, [wird] dennoch ein guter Bürger zu sein gezwungen«. Kant formuliert das Problem »der Staatserrichtung« so: »Eine Menge von vernünftigen Wesen, die insgesammt allgemeine Gesetze für ihre Erhaltung verlangen, deren jedes aber ingeheim sich davon auszunehmen geneigt ist, so zu ordnen und ihre Verfassung einzurichten, daß, obgleich sie in ihren Privatgesinnungen einander entgegen streben, diese einander doch so aufhalten, daß in ihrem öffentlichen Verhalten der Erfolg eben derselbe ist, als ob sie keine solche böse Gesinnungen hätten.«[137]

Anders als Rousseau setzt Kant nicht auf den »verehrten, aber zur Praxis ohnmächtigen allgemeinen, in der Vernunft gegründeten Willen«. Und anders als die *Federalists* greift er als Philosoph zur Begründung seiner Problemlösung auf ein metaphysisches Konstrukt zurück – die *Natur*: Es ist »nicht die moralische Besserung der Menschen, sondern nur der Mechanism der Natur, von dem die Aufgabe zu wissen verlangt, wie man ihn an Menschen benutzen könne, um den Widerstreit ihrer unfriedlichen Gesinnungen in einem Volk so zu richten, daß sie sich unter Zwangsgesetze zu begeben einander selbst nöthigen und so den Friedenszustand, in welchem Gesetze Kraft haben, herbeiführen müssen«.[138] Kant erläutert: »Wenn ich von der Natur sage: sie *will*, daß dieses oder jenes geschehe, so heißt das nicht soviel als: sie legt uns eine *Pflicht* auf, es zu thun (denn das kann nur die zwangsfreie praktische Vernunft), sondern sie *thut* es selbst, wir mögen wollen oder nicht (*fata volentem ducunt, nolentem trahunt*).«[139]

Für Kant ist ein »Staat (*civitas*) [...] die Vereinigung einer Menge von Menschen unter Rechtsgesetzen. So fern diese als Gesetze *a priori* nothwendig, d.i. aus Begriffen des äußeren Rechts überhaupt von selbst folgend, (nicht statutarisch) sind, ist seine Form die Form eines Staats überhaupt, d.i. der Staat in der Idee, wie er nach reinen Rechtsprincipien sein soll, welche jeder wirklichen Vereinigung zu einem gemeinen Wesen (also im Inneren) zur Richtschnur (*norma*) dient. Ein

137 Kant, *Zum ewigen Frieden*, AA VIII, S. 366.

138 Ebd.

139 Ebd., S. 365. Bereits 1784 hatte Kant diese Begründungskonstruktion in *Idee zu einer allgemeinen Geschichte in weltbürgerlicher Absicht* gewählt: »Man kann die Geschichte der Menschengattung im Großen als die Vollziehung eines verborgenen Plans der Natur ansehen, um eine innerlich – und *zu diesem Zwecke* auch äußerlich – vollkommene Staatsverfassung zu Stande zu bringen, als den einzigen Zustand, in welchem sie alle ihre Anlagen in der Menschheit völlig entwickeln kann.« (AA VIII, S. 27).

jeder Staat enthält drei Gewalten in sich, d.i. den allgemein vereinigten Willen in dreifacher Person (*trias politica*): die Herrschergewalt (Souveränität) in der des Gesetzgebers, die vollziehende Gewalt in der des Regierers (zu Folge dem Gesetz) und die rechtsprechende Gewalt (als Zuerkennung des Seinen eines jeden nach dem Gesetz) in der Person des Richters (*potestas legislatoria, rectoria et iudiciaria*) gleich den drei Sätzen in einem praktischen Vernunftschluß: dem Obersatz, der das Gesetz jenes Willens, dem Untersatz, der das Gebot des Verfahrens nach dem Gesetz, d.i. das Princip der Subsumtion unter denselben, und dem Schlußsatz, der den Rechtsspruch (die Sentenz) enthält, was im vorkommenden Falle Rechtens ist.«[140]

Wie seine Vorläufer bedient sich Kant des kontraktualistischen Gedankenexperiments, um die Konstitution des Staates zu erklären. Was ihn interessiert, ist der »Act, wodurch sich das Volk selbst zu einem Staat constituirt, eigentlich aber nur die Idee desselben, nach der die Rechtmäßigkeit desselben allein gedacht werden kann«. Dieser Akt ist »der ursprüngliche Contract, nach welchem alle (*omnes et singuli*) im Volk ihre äußere Freiheit aufgeben, um sie als Glieder eines gemeinen Wesens, d.i. des Volks als Staat betrachtet (*universi*), sofort wieder aufzunehmen, und man kann nicht sagen: der Staat, der Mensch im Staate habe einen Theil seiner angebornen äußeren Freiheit einem Zwecke aufgeopfert, sondern er hat die wilde, gesetzlose Freiheit gänzlich verlassen, um seine Freiheit überhaupt in einer gesetzlichen Abhängigkeit, d.i. in einem rechtlichen Zustande, unvermindert wieder zu finden, weil diese Abhängigkeit aus seinem eigenen gesetzgebenden Willen entspringt.«[141] Ob »ursprünglich ein wirklicher Ver-

140 Kant, *Metaphysik der Sitten, Rechtslehre*, AA VI, S. 313.

141 Ebd., S. 315 f. »Die Staatsformen sind nur der Buchstabe (*littera*) der ursprünglichen Gesetzgebung im bürgerlichen Zustande, und sie mögen also bleiben, so lange sie, als zum Maschinenwesen der Staatsverfassung gehörend, durch alte und lange Gewohnheit (also nur subjectiv) für nothwendig gehalten werden. Aber der Geist jenes ursprünglichen Vertrages (*anima pacti originarii*) enthält die Verbindlichkeit der constituirenden Gewalt, die Regierungsart jener Idee angemessen zu machen und so sie, wenn es nicht auf einmal geschehen kann, allmählich und continuirlich dahin zu verändern, daß sie mit der einzig rechtmäßigen Verfassung, nämlich der einer reinen Republik, ihrer Wirkung nach zusammenstimme, und jene alte empirische (statutarische) Formen, welche bloß die Unterthänigkeit des Volks zu bewirken dienten, sich in die ursprüngliche (rationale) auflösen, welche allein die Freiheit zum Princip, ja zur Bedingung alles Zwanges macht, der zu einer rechtlichen Verfassung im eigentlichen Sinne des Staats erforderlich ist und dahin auch dem Buchstaben nach endlich führen wird. – Dies ist die einzige bleibende Staatsverfassung, wo das Gesetz selbstherrschend ist und an keiner besonderen Person hängt; der letz-

trag der Unterwerfung [...] (*pactum subiectionis civilis*) als ein Factum vorher gegangen, oder ob die Gewalt vorherging, und das Gesetz nur hintennach gekommen sei, oder auch in dieser Ordnung sich habe folgen sollen: das sind für das Volk, das nun schon unter dem bürgerlichen Gesetze steht, ganz zweckleere und doch den Staat mit Gefahr bedrohende Vernünfteleien«.[142]

Die Vertragshypothese erfüllt ihre theoriebegründende Funktion als »Vernunftprincip der Beurtheilung aller öffentlichen rechtlichen Verfassung überhaupt«[143] bzw. als die Idee, »ohne die sich kein Recht über ein Volk denken läßt«[144], und als der Grund, nach dem »die Rechtmäßigkeit« des Staates »allein gedacht werden kann«.[145] Kant hat aber auch die Funktion des Vertrages in der Perspektive der *Grenzen der Staatsfunktionen* erläutert: »Ein jeder Mensch sucht zwar seine Glückseligkeit und tritt auch in den bürgerlichen Bund in der Absicht, seine Glückseligkeit zu befördern. Das ist aber gar nicht seine Absicht, daß ihm der Staat bestimme, worin er seine Glückseligkeit setzen soll, sondern er will sie selbst besorgen. Der Staat soll ihn nur wider Menschen sichern, die ihn in dieser eigenen Sorge für seine Glückseeligkeit hindern könnten.«[146] »Der Staat kann keinen zwingen, glücklich zu sein oder andere glücklich zu machen, sondern muß jedermanns Freiheit sichern. Daraus folgt, daß, weil alle Staatsverfassung nichts anderes als der Zustand eines wechselseitigen gesetzmäßigen Zwanges der Bürger ist, den nur der *Souverain* ausübt, das Prinzip der Staatsverfassung, nicht die Glückseligkeit der Bürger, sondern diese nur allenfalls Mittel zu dem eigentlichen Zwecke sein könne.«[147]

te Zweck alles öffentlichen Rechts, der Zustand, in welchem allein jedem das Seine peremtorisch zugetheilt werden kann; indessen daß, so lange jene Staatsformen dem Buchstaben nach eben so viel verschiedene mit der obersten Gewalt bekleidete moralische Personen vorstellen sollen, nur ein provisorisches inneres Recht und kein absolut-rechtlicher Zustand der bürgerlichen Gesellschaft zugestanden werden kann.« (Ebd., S. 340 f.).

142 Ebd., S. 318.

143 Ebd., S. 302.

144 Ebd., S. 344.

145 Ebd., S. 315.

146 Kant, Nachlass, AA XIX, S. 535. Orthografie und Interpunktion von mir geändert.

147 Kant, Nachlass, AA XXIII, S. 255. Orthografie und Interpunktion von mir geändert. In seinen 1792 verfassten *Ideen zu einem Versuch, die Grenzen der Wirksamkeit des Staats zu bestimmen,* ist Wilhelm v. Humboldt bei der Bestimmung der »Sorgfalt des Staats für das Wohl der Bürger« noch einen Schritt weiter gegangem: »*daß die wahre Vernunft dem Menschen keinen andren Zustand als einen solchen wünschen kann, in welchem nicht nur jeder einzelne der ungebundensten Freiheit genießt,*

Kants Staat ist »ein *repräsentatives* System des Volks«, das »nicht bloß den Souverän« repräsentiert, »sondern es ist dieser selbst; denn in ihm (dem Volk) befindet sich ursprünglich die oberste Gewalt, von der alle Rechte der Einzelnen [...] abgeleitet werden müssen«.[148] Seine Forderung lautet: »Die bürgerliche Verfassung in jedem Staate soll republikanisch sein.«[149] Allein diese Verfassung entspricht dem »angebornen, zur Menschheit notwendig gehörenden und unveräußerlichen Rechte« auf Freiheit und, aus ihm abgeleitet, auf Gleichheit. Die »äußere (rechtliche) *Freiheit*« ist die »Befugnis, keinen äußeren Gesetzen zu gehorchen, als zu denen ich meine Beistimmung habe geben kön-

sich aus sich selbst in seiner Eigentümlichkeit zu entwickeln, sondern in welchem auch die physische Natur keine andre Gestalt von Menschenhänden empfängt, als ihr jeder einzelne nach dem Maße seines Bedürfnisses und seiner Neigung, nur beschränkt durch die Grenzen seiner Kraft und seines Rechts, selbst und willkürlich gibt. Von diesem Grundsatz darf, meines Erachtens, die Vernunft nie mehr nachgeben, als zu seiner eignen Erhaltung selbst notwendig ist. Er mußte daher auch jeder Politik und besonders der Beantwortung der Frage, von der hier die Rede ist, immer zum Grunde liegen. [...] In einer völlig allgemeinen Formel ausgedrückt, könnte man den wahren Umfang der Wirksamkeit des Staats alles dasjenige nennen, was er zum Wohl der Gesellschaft zu tun vermöchte, ohne jenen eben ausgeführten Grundsatz zu verletzen; und es würde sich unmittelbar hieraus auch die nähere Bestimmung ergeben, dass jedes Bemühen des Staats verwerflich seil, sich in die Privatangelegenheiten der Bürger überall da einzumischen, wo dieselben nicht unmittelbaren Bezug auf die Kränkung der Rechte des einen durch den andren haben.« (v. Humboldt 1995, S. 28 f.).

148 Ebd., S. 341. In *Zum ewigen Frieden* betont Kant: »Alle Regierungsform nämlich, die nicht repräsentativ ist, ist eigentlich eine Unform, weil der Gesetzgeber in einer und derselben Person zugleich Vollstrecker seines Willens (so wenig wie das Allgemeine des Obersatzes in einem Vernunftschlusse zugleich die Subsumtion des Besondern unter jenem im Untersatze) sein kann« (AA VIII, S. 352).

149 Kant, *Metaphysik der Sitten, Rechtslehre*, AA VI, S. 349. Hieraus folgt auch, dass der Adel keine dauerhaften Privilegien genießen kann: »Der Adel eines Landes, das selbst nicht unter einer aristokratischen, sondern monarchischen Verfassung steht, mag immer ein für ein gewisses Zeitalter erlaubtes und den Umständen nach nothwendiges Institut sein; aber daß dieser Stand auf ewig könne begründet werden, und ein Staatsoberhaupt nicht solle die Befugniß haben, diesen Standesvorzug gänzlich aufzuheben, oder, wenn er es thut, man sagen könne, er nehme seinem (adlichen) Unterthan das Seine, was ihm erblich zukommt, kann keinesweges behauptet werden. Er ist eine temporäre, vom Staat autorisirte Zunftgenossenschaft, die sich nach den Zeitumständen bequemen muß und dem allgemeinen Menschenrechte, das so lange suspendirt war, nicht Abbruch thun darf.« (Ebd., S. 370).

nen«.[150] Die »äußere (rechtliche) *Gleichheit* in einem Staate« ist »dasjenige Verhältnis der Staatsbürger, nach welchem keiner den andern wozu rechtlich verbinden kann, ohne daß er sich zugleich dem Gesetz unterwirft, von diesem wechselseitig auf dieselbe Art auch verbunden werden zu *können*«.[151] Der Staatsbürger muss »im Staat immer als mitgesetzgebendes Glied betrachtet werden [...] (nicht bloß als Mittel, sondern auch zugleich als Zweck an sich selbst)«.[152]

Den absolutistischen Herrschaftsbedingungen seiner Zeit entsprechend und zugleich unter dem Eindruck der Französischen Revolution[153] lässt Kant einerseits ein Recht auf Widerstand und Revolution nicht zu: »Ein Gesetz, das so heilig (unverletzlich) ist, daß es praktisch auch nur in Zweifel zu ziehen, mithin seinen Effect einen Augenblick zu suspendiren schon ein Verbrechen ist, wird so vorgestellt, als ob es nicht von Menschen, aber doch von irgend einem höchsten, tadelfreien Gesetzgeber herkommen müsse, und das ist die Bedeutung des Satzes: ›Alle Obrigkeit ist von Gott,‹ welcher nicht einen Geschichtsgrund der bürgerlichen Verfassung, sondern eine Idee als praktisches Vernunftprincip aussagt: der jetzt bestehenden gesetzgebenden Gewalt gehorchen zu sollen, ihr Ursprung mag sein, welcher er wolle. [...] Wider das gesetzgebende Oberhaupt des Staats giebt es also keinen rechtmäßigen Widerstand des Volks; denn nur durch Unterwerfung unter seinen allgemein-gesetzgebenden Willen ist ein rechtlicher Zustand möglich; also kein Recht des Aufstandes (*seditio*), noch weniger des Aufruhrs (*rebellio*), am allerwenigsten gegen ihn als einzelne Person (Monarch) unter dem Vorwande des Mißbrauchs seiner Gewalt (*tyrannis*) Vergreifung an seiner Person, ja an seinem Leben (*monarchomachismus sub specie tyrannicidii*). Der geringste Versuch hiezu ist

150 Ebd.

151 Ebd., S. 350.

152 Ebd., S. 345.

153 »Weit mehr als die amerikanische (die in einer nicht-europäischen Provinz Großbritanniens stattfand und deren Prinzipien relativ wenig Echo im ›alten Europa‹ fanden) hat die Französische Revolution einen starken Einfluß auf die europäische, insbesondere die deutsche Rechts- und Staatsphilosophie ausgeübt. Dazu trägt zunächst die Tatsache bei, daß sie in der zu dieser Zeit mächtigsten europäischen Monarchie stattgefunden und zu einer politischen Neubildung Europas geführt hat. Von Bedeutung war ferner die extrem radikale Form, die sie eine Zeit lang (während der *Terreur*, insbesondere nach der Hinrichtung Ludwigs XVI.) hatte und die das politische Selbstbewußtsein der europäischen Staaten dauerhaft erschütterte. Schließlich – vielleicht hinsichtlich der Philosophie in erster Linie – haben die politischen *Prinzipien* der Französischen Revolution einen tiefen Einfluß ausgeübt.« (Kervégan/Mohr in *Handbuch Deutscher Idealismus*, Sandkühler 2005, S. 172).

Hochverrath (*proditio eminens*), und der Verräther dieser Art kann als einer, der sein Vaterland umzubringen versucht (*parricida*), nicht minder als mit dem Tode bestraft werden. [...] Eine Veränderung der (fehlerhaften) Staatsverfassung, die wohl bisweilen nöthig sein mag – kann also nur vom Souverän selbst durch Reform, aber nicht vom Volk, mithin durch Revolution verrichtet werden, und wenn sie geschieht, so kann jene nur die ausübende Gewalt, nicht die gesetzgebende treffen.«[154]

Andererseits wendet Kant dieses Prizip aber auch auf eine staatliche Herrschaft an, die durch Revolution zustande gekommen ist: »[W]enn eine Revolution einmal gelungen und eine neue Verfassung gegründet ist, so kann die Unrechtmäßigkeit des Beginnens und der Vollführung derselben die Unterthanen von der Verbindlichkeit, der neuen Ordnung der Dinge sich als gute Staatsbürger zu fügen, nicht befreien, und sie können sich nicht weigern, derjenigen Obrigkeit ehrlich zu gehorchen, die jetzt die Gewalt hat.«[155]

Die anti-hobbesianisch gewendete Fiktion des ›ursprünglichen Vertrags‹ und die Idee der Volkssouveränität – auch sie ist letztlich ein für die Kohärenz der Theorie notwendiges Gedankenexperiment – ermöglichen drei Folgerungen: (i) Menschen haben Rechte, die ihnen nicht erst im Staat verliehen werden; (ii) es darf kein Recht des Staates gegen das Recht und die Würde der Menschheit geben; (iii) nur das Recht, nicht aber die Ethik kann der Politik im Staat Normen vorschreiben.[156]

Strukturell bestimmt die Idee der *Herrschaft des Rechts* auch Kants Konzeption des Weltbürgerechts: »Diese Vernunftidee einer *friedlichen* [...] Gemeinschaft aller Völker auf Erden [...] ist nicht etwa philanthropisch (ethisch), sondern ein *rechtliches* Princip.«[157] Der juridische Kosmopolitismus soll Frieden zwischen den Staaten ermöglichen.[158] Dies ist der »Endzweck der Rechtslehre innerhalb den Grenzen der bloßen Vernunft«, »denn der Friedenszustand ist allein der unter *Gesetzen* gesicherte Zustand des Mein und Dein in einer Menge einander benachbarter Menschen«. Der ›unter *Gesetzen* gesicherte Zustand‹ kann »in continuirlicher Annäherung zum höchsten politischen Gut, zum ewigen Frieden, hinleiten«.[159] Der »*ewige Friede* (das letzte Ziel des ganzen Völkerrechts)« ist für Kant zwar »eine unaus-

154 Ebd., S. 319-322.
155 Ebd., S. 322 f.
156 Kant, *Zum ewigen Frieden*, AA VIII, S. 386.
157 Kant, *Metaphysik der Sitten, Rechtslehre*, AA VI, S. 352.
158 Vgl. Lutz-Bachmann/Bohman 1996.
159 Kant, *Metaphysik der Sitten, Rechtslehre*, AA VI, S. 355.

führbare Idee«. Realisierbar aber sind »politische Grundsätze«, die darauf abzielen, »Verbindungen der Staaten einzugehen«, und die »zur continuirlichen *Annäherung*« an den ewigen Frieden dienen.[160] Was Kant als realistisch anvisiert, ist ein »*Föderalism* freier Staaten«, auf dem das Völkerrecht gründet.[161] An eine »*Weltrepublik*« denkt er nicht.[162] »Für Staaten im Verhältnisse unter einander kann es nach der Vernunft keine andere Art geben, aus dem gesetzlosen Zustande, der lauter Krieg enthält, herauszukommen, als daß sie eben so wie einzelne Menschen ihre wilde (gesetzlose) Freiheit aufgeben, sich zu öffentlichen Zwangsgesetzen bequemen und so einen (freilich immer wachsenden) Völkerstaat (*civitas gentium*), der zuletzt alle Völker der Erde befassen würde, bilden. Da sie dieses aber nach ihrer Idee vom Völkerrecht durchaus nicht wollen, mithin, was *in thesi* richtig ist, *in hypothesi* verwerfen, so kann an die Stelle der positiven Idee einer Weltrepublik (wenn nicht alles verloren werden soll) nur das negative Surrogat eines den Krieg abwehrenden, bestehenden und sich immer ausbreitenden Bundes den Strom der rechtscheuenden, feindseligen Neiung aufhalten, doch mit beständiger Gefahr ihres Ausbruchs«.[163]

6.3.5 F.W.J. Schelling: Staatskritik und die Idee des Staates als Bedingung der individuellen Freiheit

Hegel gilt zu Recht als der bedeutendste politische Philosoph im Deutschen Idealismus nach Kant. Schelling hingegen sei – so ein folgenrei-

160 Ebd., 350. Die Frage »In welcher Ordnung allein kann der Fortschritt zum Besseren erwartet werden?« beantwortet Kant mit der Hoffnung, »daß der Staat sich von Zeit zu Zeit auch selbst reformire und, statt Revolution Evolution versuchend, zum Besseren beständig fortschreite. Da es aber doch auch Menschen sind, [...] so ist bei dieser Gebrechlichkeit der menschlichen Natur unter der Zufälligkeit der Umstände, die einen solchen Effect begünstigen, die Hoffnung ihres Fortschreitens nur in einer Weisheit von oben herab (welche, wenn sie uns unsichtbar ist, Vorsehung heißt) als positiver Bedingung, für das aber, was hierin von Menschen erwartet und gefordert werden kann, bloß negative Weisheit zur Beförderung dieses Zwecks zu erwarten, nämlich daß sie das größte Hinderniß des Moralischen, nämlich den Krieg, der diesen immer zurückgängig macht, erstlich nach und nach menschlicher, darauf seltener, endlich als Angriffskrieg ganz schwinden zu lassen sich genöthigt sehen werden, um eine Verfassung einzuschlagen, die ihrer Natur nach, ohne sich zu schwächen, auf ächte Rechtsprincipien gegründet, beharrlich zum Bessern fortschreiten kann.« (Kant, *Der Streit der Fakultäten*, AA VII, S. 92 f.).

161 Kant, *Metaphysik der Sitten, Rechtslehre*, AA VI, S. 354.

162 Ebd., S. 357.

163 Kant, *Zum ewigen Frieden*, AA VIII, S. 357.

ches *on dit* – kein politischer Denker. Dieses Urteil ist falsch. Schelling *ist* ein Philosoph mit Gewicht für die politische Theorie. Er ist es allerdings auf andere Weise als Hegel; man muss seinen Beitrag zur Theorie des Politischen weitgehend aus Implizitem und Fragmentarischem rekonstruieren.[164] Der Vergleich führt zu folgendem Befund: Schelling und Hegel verfolgen in ihren Theorien des Politischen und in ihren Urteilen über den Staat Ziele, die in einer vergleichbaren Wahrnehmung der Probleme ihrer Zeit gründen; doch grundsätzlich unterschiedlich, ja entgegengesetzt, sind die Begründungsverfahren und Zielsetzungen ihrer Theoriekonstruktionen.

Schellings Einstellung zum Politischen war geprägt von einem *Gegen* – gegen Revolutionen und gegen Utopien. Sein Denken wäre jedoch zu kurzsichtig beurteilt, sähe man in ihm nichts als die Relegitimierung der Vergangenheit, nichts als ein reaktionäres altständisch-feudales Zurück zum sozialen und politischen *ancien régime* oder nichts als den Versuch der Rehabilitierung des Mythos einer nur in längst vergangenen ›Goldenen Zeitaltern‹ wiedererkennbaren, nun bürgerlich und sozialistisch bedrohten Ordnung. Die philosophische Theorie und das Politische standen bei Schelling in einem Wirkungszusammenhang. Diese Feststellung ist nicht gleichbedeutend mit der viel schwieriger zu begründenden Behauptung, die Revolutionen seit 1789 stellten den Gründezusammenhang dieser Philosophie dar. Revolutionen und der aufkommende Sozialismus/Kommunismus waren herausfordernde Anlässe, nicht mehr und nicht weniger. Schellings explizite Stellungnahmen zu den Revolutionen von 1789, 1830 und 1848 scheinen es nahezulegen, die frühe Zustimmung zur französischen und die späte Ablehnung der 1848er Revolution als Indizien eines grundlegenden Meinungswandels zu nehmen. Was sich jedoch nicht geändert hat, war die systematische Ablehnung des realen Staates: Staatsfunktionen sollen nichts anderes als *Mittel zum Zweck der Freiheit* sein.

Schellings frühe Philosophie war geprägt vom Plädoyer gegen den Staat: »Die Idee der Menschheit voran, will ich zeigen, daß es keine Idee vom *Staat* gibt, weil der Staat etwas *Mechanisches* ist, so wenig als es eine Idee von einer *Maschine* gibt. Nur was Gegenstand der *Freiheit* ist, heißt *Idee.* Wir müssen also über den Staat hinaus! – Denn jeder Staat muß freie Menschen als mechanisches Räderwerk behandeln; und das soll er nicht; also soll er *aufhören.* […] Absolute Freiheit

164 Zum Politischen in Schellings Philosophie gibt es im Vergleich zu Hegel nur eine geringe Zahl ausführlicher Untersuchungen: Hollerbach 1957; Schraven 1989; Hofmann 1999; vgl. auch Schraven 1999, Sandkühler 2001, Jacobs 2011.

aller Geister, die die intellektuelle Welt in sich tragen und weder Gott noch Unsterblichkeit *außer sich* suchen dürfen.«[165]

Trotz seiner Nähe zu Kant und obwohl er dessen Idee einer weltbürgerlichen Rechtsordnung zunächst nicht ablehnte, sah Schelling für den Optimismus der Schrift *Zum ewigen Frieden* schon früh keine guten Gründe. In seinen Würzburger Vorlesungen zum *System der gesammten Philosophie* (1804) sagte er, die »menschenfreundlichen Ideen eines künftigen goldenen Zeitalters, eines ewigen Friedens u.s.w. [hätten] großentheils ihre Bedeutung [verloren]. Das goldene Zeitalter würde von selbst kommen, wenn es jeder in sich darstellte, und wer es in sich hat, bedarf es nicht *außer* sich«.[166] Eine Folge war, dass Schelling – anders als Hegel – den Staat nicht als Entität mit der Würde der Substanz begriff, sondern pragmatische, funktionale Bestimmungen vorzog: Recht und Staat sind geschichtlich notwendig; sie sind eine Folge der Freiheit, die der Grund der Geschichtlichkeit der Existenz ist – der Freiheit zum Guten und zum Bösen. Recht und Staat sind Elemente jener Geschichte, die Schelling interessierte – der großen allgemeinen Geschichte, »welche nicht bloß das Menschengeschlecht, sondern die Schöpfung selbst von Anfang her begreift«.[167]

Schelling hat weder eine Rechts- noch eine Staatstheorie verfasst; aber das Recht und der Staat sind und blieben als Folgen des freien Handelns der Menschheit die ihn herausfordernden Formen des Politischen. Das Recht und der Staat gehörten intrinsisch zu dem, was er den ›Sieg des Subjektiven über das Objektive‹ nannte – freilich aus einem aporetischen Grund: Die Freiheit der Menschen, die die Geschichte stiftet und die Geschichtlichkeit der menschlichen Existenz prägt, ist problematisch und begründet das Bedürfnis nach einer auf Notwendigkeit gegründeten Ordnung.

Dies war die Idee, die Schelling erstmals 1800 im *System des transzendentalen Idealismus* entwarf. Hier thematisierte er Probleme der Moralphilosophie, freilich nicht materialiter, sondern im Horizont einer transzendentalen »Deduktion der Denkbarkeit und der Erklärbarkeit der moralischen Begriffe überhaupt«.[168] Das Grundproblem,

165 HW Bd. 1, S. 234 ff. Liest man die Rede, die der Herzog Karl v. Württemberg 1792 gehalten hat – der »Fürst« sei es, »der den Zusammenhang durchschauet, und die ganze Staatsmaschine in einem ordentlichen Gange hält« (Georgii-Georgenau, 1886, S. 12) –, so kann man im *Ältesten Systemprogramm* eine direkte Antwort vermuten. Es soll an dieser Stelle nicht interessieren, ob Schelling oder Hegel der Autor dieses Textes ist; Schelling könnte es sein.

166 Schelling, SW VI, S. 563 ff.

167 Schelling, SW XIII, S. 197.

168 Schelling, SW III, S. 532.

vor das sich Schelling – nicht anders als Kant – gestellt sah, war das der Beziehung zwischen Freiheit und Notwendigkeit.[169] Schelling plädierte für einen Lösungsweg, der in den Begriffen einer *zweiten Natur* und eines »Naturgesetzes zum Zwecke der Freiheit« zu einer Harmonisierung von Freiheit und Notwendigkeit führen sollte: »Die Natur kann nicht *handeln* im eigentlichen Sinn des Worts. Aber Vernunftwesen können handeln, und eine Wechselwirkung zwischen solchen durch das Medium der objektiven Welt ist sogar Bedingung der Freiheit.« Ob aber »alle Vernunftwesen ihr Handeln durch die Möglichkeit des freien Handelns aller übrigen einschränken oder nicht, dieß hängt von einem absoluten Zufall, der Willkür, ab. So kann es nicht seyn.«

Vielmehr müsse es »durch den Zwang eines unverbrüchlichen Gesetzes unmöglich gemacht seyn, daß in der Wechselwirkung aller die Freiheit des Individuums aufgehoben werde. [...] Es muß eine zweite und höhere Natur gleichsam über der ersten errichtet werden, in welcher ein Naturgesetz, aber ein ganz anderes, als in der sichtbaren Natur herrscht, nämlich *ein Naturgesetz zum Behuf der Freiheit*. Unerbittlich, und mit der eisernen Nothwendigkeit, mit welcher in der sinnlichen Natur auf die Ursache ihre Wirkung folgt, muß in dieser zweiten Natur auf den Eingriff in fremde Freiheit der augenblickliche Widerspruch gegen den eigennützlichen Trieb erfolgen. Ein solches Naturgesetz, wie das eben geschilderte, ist das Rechtsgesetz, und die zweite Natur, in welcher dieses Gesetz herrschend ist, die Rechtsverfassung«.[170]

Den Vernunft-, Fortschritts- und Rechts-Optimismus der Aufklärung, ja selbst noch Kants, teilte Schelling nicht mehr: »Eben daraus aber, daß die rechtliche Verfassung nur das Supplement der sichtbaren Natur seyn soll, folgt daß die rechtliche Ordnung nicht eine moralische ist, sondern eine bloße Naturordnung, über welche die Freiheit so wenig vermögen darf als über die der sinnlichen Natur. Es ist daher kein Wunder, daß alle Versuche, sie in eine moralische umzuwandeln, sich durch ihre eigne Verkehrtheit und den Despotismus in der furchtbarsten Gestalt, die unmittelbare Folge davon, in ihrer Verwerflichkeit darstellen.«[171]

Die Idee des Rechts als einer zweiten ›Natur‹ ist irritierend, denn Schelling kannte und teilte Kants Überlegungen zu den Grenzen der Naturkausalität und des Determinismus. Doch es gibt zwei gute Gründe dafür, dass er den Begriff des Rechts aus der Natur begründe-

169 Ebd., S. 571.
170 Ebd., S. 582 f. Hervorh. v. mir.
171 Ebd., S. 583 f.

te. Der erste Grund ist ein ontologischer Grund, der aus der theoretischen Konstruktion folgt, aber dazu dient, pragmatische Ziele zu plausibilisieren: Diese Natur ist kein dem Menschen äußerliches Sein; vielmehr umfasst sie auch jene ›zweite Natur‹, in der Notwendigkeit und Freiheit koexistieren. Deshalb konnte ›Natur‹ als Rechtsbegründung dienen.[172] Der zweite Grund ist explizit pragmatischer Art und theoretisch nahe bei Kants Implementierung der Natur in die Staatstheorie: Menschliche Freiheit allein begründet keine Hoffnung auf ein Ordnungssystem, in dem die Freiheiten aller miteinander verträglich wären. Nur die Teleologie der Natur verbürgt die Perspektive eines derartigen Fortschritts. Denn dass sich alle Individuen in ihrer Freiheit den anderen gegenüber zur Gewährung von Freiheit und Recht verpflichteten, war für Schelling »zweifelhaft und ungewiß, ja unmöglich, da bei weitem die meisten sich jenen Zweck nicht einmal denken«. Seine Frage »Wie läßt sich nun aus dieser Ungewißheit herauskommen?« verweist mit Kant »auf eine moralische Weltordnung«. Doch anders als bei Kant ist deren Evidenz nicht mehr durch Vernunft gesichert: »Allein wie will man den Beweis führen, daß diese moralische Weltordnung als objektiv, als schlechthin unabhängig von der Freiheit existirend gedacht werden könne? Die moralische Weltordnung, kann man sagen, existirt, sobald wir sie errichten, aber wo ist sie denn errichtet? Sie ist der gemeinschaftliche Effekt aller Intelligenzen, sofern nämlich alle mittelbar oder unmittelbar nichts anderes als eben eine solche Ordnung wollen. Solang dieß nicht der Fall ist, existirt sie auch nicht.«[173]

Freiheit war das Kernproblem der Philosophie Schellings. Auch er verzichtete deshalb nicht auf den Staat als Institution der Freiheitssicherung, ja er forderte in der Tagespolitik angesichts der ihn irritierenden politischen Entwicklung den ›starken‹, selbst den ›despotischen‹ Staat. Und doch hätte der Unterschied zu Hegel größer nicht sein können, wenn es um eine Güterabwägung zwischen Freiheit und Staat ging: Der geschichtlich aufgrund der *Freiheit zum Bösen* entstandene Staat ›soll aufhören‹. Solange er existiert, gibt es nur eine einzige Legitimation: Der Staat muss Mittel zur Freiheit der Individuen sein. Ein so legitimierter Staat existiert allerdings nicht, und Schelling war mehr als skeptisch hinsichtlich der Frage, ob seine Existenz wünschenswert sei.

172 Auch Hegel spricht in seiner *Rechtsphilosophie* (§ 4) vom Recht als ›zweiter Natur‹, aber im Unterschied zu Schelling im Kontext einer Metaphysik des Geistes: Das »Rechtssystem [ist] das Reich der verwirklichten Freiheit, die Welt des Geistes, aus ihm selbst hervorgebracht, als eine zweite Natur« (HW Bd. 7, S. 46).

173 Schelling, SW III, S. 596.

Der ›politische‹ Schelling sah sich in seinen systematischen Überlegungen auf der Spur einer Gesetzmäßigkeit, »welche als das Gewebe einer unbekannten Hand durch das freie Spiel der Willkür in der Geschichte sich hindurchzieht«. Der Weg der Freiheit sollte zwischen der Skylla einer völligen Vorherbestimmtheit (Prädetermination) der Geschichte und des daraus folgenden »Fatalismus« und der Charybdis des mit verabsolutierter Subjektivität einhergehenden »System[s] der absoluten Gesetzlosigkeit« hindurchführen.[174]

In seinen *Vorlesungen über die Methode des akademischen Studiums* (1803) bestimmte Schelling – trotz der Verwendung des Wortes ›Organismus‹ ganz anders als politische Romantiker wie Joseph Görres und Adam Müller und ohne den sozio-biologischen Reduktionismus der politischen Romantik – den Staat als einen »objektiven Organismus der *Freiheit*«, in dem eine Harmonie der Notwendigkeit und der Freiheit erreicht werde: »Die vollkommene Erscheinung [...] ist der vollkommene Staat, dessen Idee erreicht ist, sobald das Besondere und das Allgemeine absolut eins, alles was nothwendig zugleich frei und alles frei Geschehende zugleich nothwendig ist.«[175] Dieser Organismusbegriff entsprach nicht dem der politischen Romantik, in der ›Organizität‹ das Gegenbild zum ›künstlich-mechanischen‹, zum ›Maschinenstaat‹ bedeutete. Nicht allein Fr. v. Baader brandmarkte die »gefährliche Torheit unserer Zeiten, gemäß welcher man sich einbildet, beliebig Gesellschaften (Nationen) konstituieren oder auch destruieren zu können, wie man Manufakturanstalten etabliert und wieder abbricht«.[176] Für J. Görres war es »der Mechanism, dem sich ihre Ungeduld verschreibt, und der Staat wird unter ihren Händen zu einer Dampfmaschine«.[177] In A. Müllers Sicht war »der erste Grundirrtum der gangbaren politischen Systeme [...] widerlegt: der Staat ist nicht eine bloße Manufaktur, Meierei, Assekuranz-Anstalt, oder merkantilistische Sozietät«. Müller verwahrte sich gegen die »naive« Vorstellung des Schlözerschen ›Allgemeinen Staatsrechts‹, Staaten seien eine Erfindung, »Menschen machten sie zu ihrem Wohl, wie sie Brand-Kassen u.s.f. erfanden«.[178] Fr. Schlegels Vorlesungen über die neuere Geschichte verdammten das Übel, »daß man die Ordnung der Dinge umkehrte, die moralischen Staatskräfte den materiellen unterordnete oder ganz opferte, daß der Geist der Staaten immer mehr

174 Schelling, SW III, S. 601 f.

175 Schelling, *Vorlesungen über die Methode des akademischen Studiums*, SW V, S. 312 f.

176 Baader 1925, 153.

177 Görres 1819, 50.

178 Müller 1809, 1, 37 f.

erlosch, während man den Körper derselben, auch nicht als lebendigen Körper, sondern als tote Maschine immer vollkommner zu machen suchte«.[179] Novalis sah in der »mechanistischen Administration« des rationalistischen Staates alle Energien an die »politische Quadratur des Kreises« verschwendet: »Kein Staat« – hatte er in ›Glauben und Liebe oder der König und die Königin‹ schon 1798 geschrieben – »ist mehr als Fabrik verwaltet worden, als Preußen, seit Friedrich Wilhelm des Ersten Tode.«[180]

Mit der Position der politischen Romantik war – nicht anders als in der Historischen Rechtsschule – eine Kritik an naturrechtlich begründeten Gleichheitsprinzipien verbunden. Die ›organische‹ Natur, auf die man sich berief, wurde zum Argument für Ungleichheit, für die – so K.L. v. Haller – »von Natur gestifteten, nicht zu zerstörenden Ungleichheiten des Alters, des Geschlechts, des Vermögens, der Talente u.s.w.«, vor deren Stärke »die versuchte Realisierung des philosophisch genannten Staats-Systems« scheitern müsse, weil »die Allgewalt der Natur sich seiner Ausführung entgegensetzt«.[181]

Wenn Schelling vom Staat als einem ›objektiven Organismus der *Freiheit*‹ sprach, dann war dies nicht als metaphysische Überhöhung einer ›Staatsidee‹ zu verstehen. Der Staat war für ihn historisch notwendig; zugleich waren Grenzen seiner Wirksamkeit zu beachten. Der Staat dürfe weder zu stark noch zu schwach sein[182]: »Will man dem Staat die *Kraft-Einheit* geben, so verfällt er in den abscheulichsten *Despotismus*: *beschränkt* man die oberste Staats-Gewalt durch *Verfassung* und Stände, so hat er nicht die *gehörige Kraft*«.[183] Der Staat hat sich – so Schelling sieben Jahre später in seinen *Stuttgarter Privatvorlesungen* im Kontext seiner Kritik am »Verfertigen der *Constitutionen*«[184] – auf das Minimum an zu Regulierendem zu beschränken. Er soll nicht mehr und nicht weniger sein als die Bedingung der Möglichkeit einer freien, durch das Recht begrenzten Entfaltung des Individuums.

179 Schlegel 1958 ff., Bd. 7, 399.

180 Novalis, in: Baxa 1924, 163.

181 v. Haller 1816-1834, Bd. 1, 159.

182 Schelling plädiert 1848 gegenüber Maximilian II. für eine »starke Regierung für gemeinsame Angelegenheiten«, »ein ehrfurchtgebietendes Oberhaupt, mit einem das allgemeine Bewußtsein wirklich vertretenden Parlament an der Seite«; so schien ihm »eine große Regeneration Deutschlands und dadurch der Welt« möglich (Schelling an Maximilian II., 17. 12. 1848. In: T/L, S. 241 f.).

183 Ebd., S. 174 f.

184 Schelling in Vetö 2009, S. 174.

Kaum eine zweite Formulierung ist für Schellings Staatsverständnis so repräsentativ wie die geschichtstheoretische, das Sündenfall-Motiv aufnehmende Bilanz, die er 1810 gezogen hat: »Die Natureinheit, diese zweite Natur über der ersten, zu welcher der Mensch notgedrungen seine Einheit nehmen muß, ist der Staat, und der Staat ist daher [...] eine Folge des auf der Menschheit ruhenden Fluchs [...] Es ist bekannt, wie viel Mühe man sich, besonders seit der Französischen Revolution und den Kantischen Begriffen gegeben hat, eine Möglichkeit zu zeigen, wie mit der Existenz freier Wesen Einheit vereinbar, also ein Staat möglich sei, der eigentlich nur die Bedingung der höchstmöglichen Freiheit sei. Allein dieser ist unmöglich.«[185]

In der Georgii-Nachschrift der *Stuttgarter Privatvorlesungen* folgen die noch schärferen Äußerungen zum Staat unmittelbar auf jene über die »Wirkung des menschlichen Falls auf sein Inneres«: »Nichts beweist mehr, daß der Mensch, als Geist, zu einem physischen Wert herabgesunken ist, als die Construction des Staats [...], der eine bloße Folge der Deteriorisation des Menschengeschlechts ist. [...] Die wahre Republic kann nur in Gott seyn; der ächte Staat muss auf zwey Prinzipien [–] Freyheit und Unschuld [–] beruhen. Woher sollen die in unsere Staaten kommen?«[186] Schelling hat sein späteres theoretisches Veto gegen das restaurative »bloße (im Grunde negative) Erhalten«[187] folgerichtig auch auf den Staat bezogen: Auch der bestehende Staat verdient es nicht, erhalten zu werden.

Die Kritik des Staates durchzieht Schellings gesamte Philosophie. In seiner ›positiven Philosophie‹ ändern sich die systematischen Gründe für sein Verdikt nicht mehr. So heißt es in der 31. Vorlesung seiner Münchner *Grundlegung der positiven Philosophie* aus dem Wintersemester 1832/33 im Kontext einer scharfen Hegel-Kritik: »Der Staat, so viel Positives er in sich schliesst, so gehört er doch gegen alles Positive, gegen alle Erscheinungen des höheren und geistigen und sittlichen Lebens auf die Seite des *Negativsten*. [...] Die wahre, aber sehr missverstandene Aufgabe unserer Zeit ist, den Staat selbst und den Staat überhaupt, d.h. in jeder seiner Formen, zu beschränken, nicht bloß etwa in der monarchischen.«[188]

Auch die späten Berliner Vorlesungen zur *Philosophie der Mythologie* führten hinsichtlich der Staatskritik keine neuen Argumente ein. Der immer bestehende Zwiespalt zwischen systematischer Begründung und aktuellem politischem Urteil wurde nun allerdings unübersehbar.

185 Schelling, SW VII, S. 461.
186 Schelling in Vetö 2009, S. 174.
187 Schelling an Maximilian II., 20.7.1848. In: T/L, S. 158.
188 Schelling 1972 [1832/33], S. 235.

Philosophische ›Kritik des Staates‹ und der auf konkrete Erfahrungen gestützte Ruf nach dem ›starken Staat‹ stehen geradezu unvermittelt nebeneinander. Die Ursachen liegen auf der Hand: die revolutionären Ereignisse des Jahres 1848.

Maximilian II. von Bayern hat Schelling im November 1853 gefragt: »welche weltbewegenden Ideen werden voraussichtlicher Weise auf die jetzige Zeitrichtung folgen?«[189] Schelling verwies in seiner Antwort zunächst nachdrücklich darauf, eine »wissenschaftlich begründete Antwort müßte in die fernsten Tiefen einer *Philosophie der Geschichte* zurückgehen«.[190] Er beschränkte seine Argumentation jedoch auf Zeitgeschichtliches: Anlagen zum Brief machen deutlich, dass er zum einen gegen den »Communismus«, zum anderen gegen den »politischen Rationalismus« derer polemisierte, die vorrangig »constitutionelle Erörterungen« anstellen.[191] Der Grundzug der Zeit sei, »daß alles Sinnen, Denken und Wollen der Menschen dem Staate, also überhaupt dem *Reiche dieser Welt* zugewendet, in gleichem Verhältnisse aber von der höheren Welt, dem Reiche Gottes abgewendet ist, so sehr, daß ja die äußersten Parteien, wie sie sagen den ›Himmel auf Erden‹ hervorbringen wollen«. Die Zeit der »ausschließlichen Richtung auf den Staat« sei aber »wenn nicht abgelaufen, doch dem Ablaufen ganz nahe«. Den oben zitierten prognostischen Satz über den Staat als Voraussetzung individueller Freiheit führte Schelling mit den Worten fort: »so wird die natürliche Folge sein, daß die vom Staate usurpierte Stelle von dem eingenommen wird, dem allein zusteht *Zweck* zu sein; dieses aber werden wir sagen, sei das *Reich Gottes*«. Das ›Reich Gottes‹ gehört in die zukünftige dritte Periode der Geschichte, von der Schelling im *System des transzendentalen Idealismus* gesprochen hat[192], d. h. in die Zeit, in der Gott sein werde. Und Gott werde sein, wenn Freiheit sei.

Schelling war in Berlin Augenzeuge der Revolution von 1848.[193] Als Bewohner eines Hauses *Unter den Linden* und Nachbar des Ministeriums des Inneren hätte er die Augen vor den revolutionären Er-

189 T/L, S. 240.

190 Ebd., S. 241.

191 Ebd., S. 278 f.

192 Schelling, SW III, S. 604: »Die dritte Periode der Geschichte wird die seyn, wo das, was in den früheren als Schicksal und als Natur erschien, sich als *Vorsehung* entwickeln und offenbar werden wird, daß selbst das, was bloßes Werk des Schicksals oder der Natur zu seyn schien, schon der Anfang einer auf unvollkommene Weise sich offenbarenden Vorsehung war. Wann diese Periode beginnen werde, wissen wir nicht zu sagen. Aber wenn diese Periode seyn wird, dann wird auch Gott *seyn.*«

193 Vgl. hierzu ausführlich Sandkühler 1988, Schraven 1989.

eignissen gar nicht verschließen können. Entscheidender für seine Urteilsbildung war jedoch sein enger Kontakt mit dem Hof und führenden Köpfen der preußischen Politik sowie mit dem bayerischen Königshaus. Tagebucheintragungen wie die vom 20. April 1848 sind keine Ausnahme: »Zu Mittag bei Königlicher Hoheit Prinz Wilhelm (General Reyher, Oberst v.Weber, Direktor Waagen). Zu Hause gefunden die bayerischen lithografierten Entwürfe, bezüglich auf die künftige [Bundes]Verfassung, mit einem Schreiben von König Max. [...] Habe Besorgnis wegen republikanischer Emeuten in Frankfurt«.[194]

Schelling war hinsichtlich der Entwicklungstendenzen der Revolution so argwöhnend wie weitsichtig: Er verwarf sie nicht nur wegen ihrer demokratischen Ziele, sondern vor allem wegen der Rolle, welche die Proletarier in ihr spielten. Zu der folgenden Tagebuch-Eintragung im Frühjahr 1848 hat er nachträglich notiert, er habe sie »vor den Pariser Februar-Ereignissen geschrieben«: »Bis jetzt diente das Politische noch als Vorwand; aber man lasse es erreicht sein, und es wird das Scheusal der allgemeinen, nichts mehr, so wenig Göttliches als Menschliches, über sich erkennen wollenden Selbstsucht und Unbotmäßigkeit, die sich aller Stände bemächtigt hat und einer immer größeren Zahl von Individuen sich bemächtigt, sichtbar hervortreten. Die Krankheit sitzt also viel tiefer als in politischen Meinungen; es ist nicht mehr davon die Rede, eine Regierung, eine Dynastie oder gar nur ein Ministerium, man beabsichtigt, die ganze Gesellschaft umzustürzen.«[195] Schelling, der ein Vierteljahrhundert länger lebte als Hegel, nahm als erster innerhalb des Deutschen Idealismus die politische Rolle des Proletariats wahr, d.h. die Kampfansage nicht mehr allein an eine bestimmte staatliche Organisationsform, sondern gegen die bürgerliche Gesellschaft insgesamt.

Die Revolutionskritik der 22. bis 24. Vorlesung zur *Philosophie der Mythologie* gibt von seiner Erfahrung mit der 1848er Revolution merkwürdig wenig wieder. Die Sätze gegen die Idee der Demokratie[196] und über das ›Verbrechen der Staatsumwälzung‹[197], die Vertei-

194 Schelling, TGB 1848, S. 80.

195 Ebd., S. 24.

196 Vgl. Schelling, SW XI, S. 542 f.

197 Ebd., S. 547: »Ja unter denjenigen selbst, welchen die oberste Leitung der Staatsangelegenheiten vertraut ist, sind immer diejenigen für die weitesten gehalten worden, welche sich zum Gesetz machten, die Einzelnen soviel möglich frei zu lassen, dagegen für das Allgemeine ein scharfes Auge und wo nöthig ein scharfes Schwert zu haben, und die Weisheit unserer Vorfahren hat gewußt, innerhalb des Staats einzelne autonome Kreise zu bilden, *innerhalb* welcher sich der Einzelne frei wußte vom Staat, und die Ehre, die sein Stand jedem (auch dem Bauer und Handwerker) gewährte,

digung der Rechte individueller Innerlichkeit gegen den realen Staat und das Plädoyer für das den Staat legitimierende Gesetz der Vernunft in der Seinsgeschichte wirken blass gegenüber den tagespolitischen Erfahrungen und systematischen Einsichten, die Schelling seinen Tagebüchern anvertraut hat. Sein Rat an die Deutschen bringt Maximen seines politischen zeitgeschichtlichen Selbstverständnisses zum Ausdruck: »Laßt euch [...] ein unpolitisches Volk schelten, weil die meisten unter euch mehr verlangen *regiert zu werden* [...] als zu regieren, weil ihr die Muße [...], die Geist und Gemüt für andere Dinge frei läßt, für ein größeres Glück achtet, als ein jährlich wiederkehrendes, nur zu Parteiungen führendes politisches Gezänke«.[198] Die Revolution von 1848, die er fürchtete, führte Schelling philosophisch zurück zum Kern seiner Theorie, zur Philosophie der Geschichtlichkeit der Freiheit.[199] Seine Prognose lautete, »das Ende der gegenwärtigen Welt-Krisis werde sein, daß der Staat wieder an seine wahre Stelle – als Bedingung, als Voraussetzung, nicht als Gegenstand und Zweck der individuellen Freiheit gesetzt werde«.[200]

6.3.6 G.W.F. Hegel: Der sittliche Staat als Korrektiv der bürgerlichen Gesellschaft

Hegels *Grundlinien der Philosophie des Rechts oder Naturrecht und Staatswissenschaft im Grundrisse* (1821) haben die Idee eines vernünftig wirkenden Staates konzipiert, dessen Sittlichkeit das Korrektiv und die Kompensation der Unvernunft der moderner Staaten und der mo-

ihn über die Demüthigung der völligen Unterwerfung unter den Staat erhob. Anders, wenn das Bestehen sich vom Staat unabhängig zu machen zu dem Versuch greift, den *Staat selbst*, d. h. den Staat in seiner Grundlage aufzuheben, *praktisch* durch Staatsumwälzung, die, wenn beabsichtet, ein Verbrechen ist, dem keines gleichkommt und von allen andern nur etwa Elternmord (parricidium) gleichgeachtet wird; *theoretisch* durch Doctrinen, die den Staat so viel möglich dem Ich gerecht und genehm machen möchten – ganz der Wahrheit entgegen; denn fürwahr der Staat ist nicht eingesetzt, dem Ich zu schmeicheln oder ihm zum Lohn, sondern eher zur Strafe: was er fordert, sind wir ihm *schuldig*, d. h. es ist eine *Schuld*, die wir dadurch büßen oder abtragen. Man kann sagen: die intelligible Ordnung der Dinge, von der der Mensch sich losgesagt, ist dieser dem Staat schuldig geworden.«

198 Ebd., S. 542 f.

199 Vgl. hierzu Duque 1999.

200 Schelling an Karl [Schelling], 24. 7. 1849, in: Plitt, S. 220.

dernen bürgerlichen Gesellschaft ist.[201] Hegel denkt in Substanzbegriffen, um das Prinzip einer Kritik zu begründen, die nach den Möglichkeitsbedingungen von Staat und Recht fragt. Die Kritik konstruiert ihr Fundament in einer *Logik der Substanz*, weil sie die Realisierung des vernünftigen, den Zwecken menschlicher Freiheit verpflichteten staatlichen Handelns als eine objektive Möglichkeit, als ›immanente Entwicklung der Sache selbst‹, ausweisen will.

Die Prämisse substanzieller Vernunft bestimmt den Ton der Hegel'schen Philosophie des Rechts: Die Rechtsphilosophie hat als Wissenschaft »nur das Geschäft, diese eigene Arbeit der Vernunft der Sache zum Bewußtsein zu bringen«. Methodisch folgt hieraus: »Etwas vernünftig betrachten heißt, nicht an den Gegenstand von außen her eine Vernunft hinzubringen und ihn dadurch bearbeiten, sondern der Gegenstand ist für sich selbst vernünftig.«[202]

Ein Zusatz zu § 33 macht deutlich, warum Hegel diesen Begriff des Rechts und die Idee der Sittlichkeit benötigte, um über den Staat der bürgerlichen Gesellschaft sprechen zu können: »Wenn wir hier vom Rechte sprechen, so meinen wir nicht bloß das bürgerliche Recht, das man gewöhnlich darunter versteht, sondern Moralität, Sittlichkeit und Weltgeschichte, die ebenfalls hierher gehören, weil der Begriff die Gedanken der Wahrheit nach zusammenbringt. [...] Die Moralität, wie das frühere Moment des formellen Rechts, sind beide Abstraktionen, deren Wahrheit erst die *Sittlichkeit* ist. Die Sittlichkeit ist so die Einheit des Willens in seinem Begriffe und des Willens des Einzelnen, das heißt des Subjekts.«[203]

Der »Verlust der eigentlichen Sittlichkeit und der substantiellen Einheit« und eine Verfasstheit der Gesellschaft, in der »die Glieder sich [...] als selbständige zueinander [verhalten], indem nur das Band des gegenseitigen Bedürfnisses sie umschlingt«, bilden den Horizont von Hegels Konzeption des Staates[204] in Korrelation mit der bürgerlichen Gesellschaft: »Diese Stufe der *bürgerlichen Gesellschaft* hat man häufig für den Staat angesehen. Aber der Staat ist erst das Dritte, die Sittlichkeit und der Geist, in welchem die ungeheure Vereinigung der Selbständigkeit der Individualität und der allgemeinen Substantialität stattfindet. Das Recht des Staates ist daher höher als andere Stufen: es

201 Es ging Hegel nicht mehr um die alte *societas civilis*, sondern – in Kenntnis der englischen Nationalökonomie – um die moderne bürgerliche Gesellschaft.

202 Hegel, *Rechtsphilosophie*, HW 7, S. 85, § 31.

203 Ebd., S. 90 f. § 33, Zusatz.

204 Vgl. Avineri 1976, Weil 2002.

ist die Freiheit in ihrer konkretesten Gestaltung, welche nur noch unter die höchste absolute Wahrheit des Weltgeistes fällt.«[205]

Die ›Staatswissenschaft‹ kann dementsprechend »nichts anderes sein als der Versuch, den *Staat als ein in sich Vernünftiges zu begreifen und darzustellen*«. Die *Rechtsphilosophie* soll »als philosophische Schrift [...] am entferntesten davon sein, einen *Staat, wie er sein soll,* konstruieren zu sollen«. Sie will »nicht darauf gehen, den Staat zu belehren, wie er sein soll, sondern vielmehr, wie er, das sittliche Universum, erkannt werden soll«.[206] Doch wenn das positive Recht und der bestehende Staat nicht substanziell vernünftig sind, so muss der spekulative Begriff des Rechts, den Hegel in *Ist*-Sätzen formulierte, eine normative Funktion haben: Das Recht und der Staat *sollen* vernünftig sein, weil weder die Individuen noch die Herrscher noch die gesellschaftliche Organisation ihrer Beziehungen vernünftig sind. Unmittelbar vor seinem Tod hat Hegel 1831 in seiner letzten Vorlesung zur Rechtsphilosophie – der Strauß-Mitschrift zufolge – noch einmal das zentrale Thema aufgenommen: »Das Recht *soll* aus der Vernunft geschöpft werden. Gegen diesen Gedanken hilft kein Privileg mehr, alle besonderen Rechte sind in Anspruch genommen von dem Begriffe des Rechts«.[207]

Die empirische Voraussetzung der Hegelschen Rechts- und Staatstheorie ist die bürgerliche Gesellschaft: Durch »das System der Partikularität« wird »das Recht äußerlich notwendig [...] als Schutz für die Besonderheit«.[208] Hegel lässt keinen Zweifel daran, dass für die Moderne jene Allgemeinheit des Rechts konstitutiv ist, die sich in allgemeinen Menschenrechten ausdrückt: »Das *Relative* der Wechselbeziehung der Bedürfnisse und der Arbeit für sie hat zunächst seine *Reflexion in sich*, überhaupt in der unendlichen Persönlichkeit, *dem* (abstrakten) *Rechte*. Es ist aber diese Sphäre des Relativen, als *Bildung*, selbst, welche dem Rechte das *Dasein* gibt, als *allgemein Anerkanntes, Gewußtes* und *Gewolltes* zu sein und, vermittelt durch dies Gewußt und Gewolltsein, Gelten und objektive Wirklichkeit zu haben. Es gehört der *Bildung*, dem Denken als Bewußtsein des Einzelnen in Form der Allgemeinheit, daß Ich als *allgemeine* Person aufgefaßt werde, worin *Alle* identisch sind. Der *Mensch gilt so, weil er Mensch ist*, nicht weil er Jude, Katholik, Protestant, Deutscher, Italiener usf. ist. Dies

205 Hegel, *Rechtsphilosophie*, HW 7, S. 91, § 33, Zusatz.

206 Ebd., S. 26, Vorrede.

207 Hegel, *Vorlesungen über Rechtsphilosophie 1818-1831*. Edition u. Kommentar v. K.-H. Ilting, 4 Bde., Stuttgart-Bad Cannstatt 1973/74, Bd. 4, S. 923 f. Hervorh. v. mir.

208 Hegel, *Rechtsphilosophie,* HW Bd. 7, S. 361, § 209, Zusatz.

Bewußtsein, dem der *Gedanke* gilt, ist von unendlicher Wichtigkeit, – nur dann mangelhaft, wenn es etwa als *Kosmopolitismus* sich dazu fixiert, dem konkreten Staatsleben gegenüberzustehen.«[209]

Die moderne bürgerliche Gesellschaft verwirklicht das der ›allgemeinen Person‹ zustehende Recht nicht. Der »selbstsüchtige Zweck« der konkreten Person »begründet ein System allseitiger Abhängigkeit. [...] Man kann dies System zunächst als den *äußeren Staat, – Not-* und *Verstandesstaat* ansehen.«[210] Die Widersprüche dieser Gesellschaft kann nur ein Staat rechtlich regeln, der dem *Begriff des Rechts* entspricht.

Hegels Darstellung und Analyse der sozialen, ökonomischen und politischen Entwicklung betrifft die Bedürfnisbefriedigung, die Arbeit, die Organisation der Produktion und die Eigentums- und Rechtsverhältnisse. Eine Bilanz bietet § 185 der Rechtsphilosophie: »Die Besonderheit für sich, einerseits als sich nach allen Seiten auslassende Befriedigung ihrer Bedürfnisse, zufälliger Willkür und subjektiven Beliebens, zerstört in ihren Genüssen sich selbst und ihren substantiellen Begriff; andererseits als unendlich erregt und in durchgängiger Abhängigkeit von äußerer Zufälligkeit und Willkür sowie von der Macht der Allgemeinheit beschränkt, ist die Befriedigung des notwendigen wie des zufälligen Bedürfnisses zufällig. Die bürgerliche Gesellschaft bietet in diesen Gegensätzen und ihrer Verwicklung das Schauspiel ebenso der Ausschweifung, des Elends und des beiden gemeinschaftlichen physischen und sittlichen Verderbens dar.«[211] Diese Kritik der bürgerlichen Gesellschaft folgt anderen Einsichten als moralischen Wertungen. Der Zustand der Gesellschaft hat objektive Ursachen. Hegel sieht sie in der Verfasstheit gesellschaftlicher Arbeit (§ 196). Verelendung und Akkumulation von Reichtum sind für ihn nicht zwei Seiten der bürgerlichen Gesellschaft, sondern bilden einen wechselseitigen Bedingungszusammenhang. Die gesellschaftlichen Verhältnisse haben die Tendenz, »Individuen zur *Armut* herunter[zu]bringen, einem Zustande, der ihnen die Bedürfnisse der bürgerlichen Gesellschaft läßt, und der [...] sie aller Vorteile der Gesellschaft [...] mehr oder weniger verlustig macht«.[212] Zugleich »vermehrt sich die *Anhäufung der Reichtümer* [...] auf der einen Seite, wie auf der anderen Seite die *Vereinzelung* und *Beschränktheit* der besonderen Arbeit und damit die *Abhängigkeit* und *Not* der an diese Arbeit gebundenen Klasse«.[213] In den

209 Ebd., S. 360 f. § 209.
210 Ebd., 340, § 183.
211 Ebd., S. 341, § 185.
212 Ebd., S. 388, § 241.
213 Ebd., S. 389, § 243.

§§ 244/245 gibt Hegel den eigentlichen Grund für die Funktionen von Staat und Recht in der bürgerlichen Gesellschaft an: »Das Herabsinken einer großen Masse unter das Maß einer gewissen Subsistenzweise, die sich von selbst als die für ein Mitglied der Gesellschaft notwendige reguliert, – und damit zum Verluste des Gefühls des Rechts, der Rechtlichkeit und der Ehre, durch eigene Tätigkeit und Arbeit zu bestehen, – bringt die Erzeugung des *Pöbels* hervor, die hinwiederum zugleich die größere Leichtigkeit, unverhältnismäßige Reichtümer in wenige Hände zu konzentrieren, mit sich führt.«[214]

Hegel bilanziert, »daß bei dem *Übermaße des Reichtums* die bürgerliche Gesellschaft *nicht reich genug* ist, d. h. an dem ihr eigentümlichen Vermögen nicht genug besitzt, dem Übermaße der Armut und der Erzeugung des Pöbels zu steuern«.[215] Der Rechtsstaat, der das innergesellschaftliche Steuerungsdefizit kompensieren könnte, geht nicht spontan aus dieser Gesellschaft selbst hervor. Deshalb treibt Hegel in den §§ 257 ff. seine Argumentation voran in Richtung der Idee des Staates, der nicht »nur als bürgerliche Gesellschaft« existiert und dessen Zweck nicht allein »die *Sicherung* des *Lebens* und *Eigentums* der Individuen« ist.[216] Dieser Staat ist nicht, aber er kann und soll sein, weil er vernünftig ist. Kurz: Es ging bei Hegels Projekt, »den Staat als ein in sich Vernünftiges zu begreifen und darzustellen«[217], nicht um eine Apologie des bestehenden Staates, sondern um die Geltungsbegründung für die vom ›sittlichen‹ Staat zu setzenden Normen eines Rechtssystems, das die partikulären Interessen zu vermitteln hat. Dieses Rechtssystem war ohne den Rechtsstaat nicht denkbar. Nicht der Staat schlechthin, sondern »dieser Staat« ist – so die Formulierung der Einleitung der *Vorlesungen zur Geschichte der Philosophie* aus dem Jahre 1829/1830 zum Problem von Freiheit und Willkür – »das Gesetz der Freiheit«.[218]

Dennoch hat der Vorwurf der Akkomodation und Apologie Geschichte gemacht. Die vernichtende Hegel-Kritik Rudolf Hayms – 1857 in *Hegel und seine Zeit* formuliert – stellt weder den Anfang noch das Ende der Legende dar. Im Kapitel ›Preußen und die Rechtsphilosophie‹ folgte Haym dem Muster der Identifizierung von Realität und philosophischer Realitätsaneignung, um zum Schluss zu kommen: Hegel »wurde zur *Zeitphilosophie* und zur *preußischen* Philosophie«. Das Hegelsche System, das sich mit dem preußischen Staat »identifi-

214 Ebd.
215 Ebd., S. 390, § 245.
216 Ebd., S. 492, § 324.
217 Ebd., S. 26, Vorrede.
218 Hegel 1959, S. 297.

zierte und sich ihm anschmiegte, [...] wurde zur wissenschaftlichen Behausung des *Geistes der preußischen Restauration*«[219]. Haym räumte ein, zu wissen, »daß es für Borniertheit und für ein Mißverständnis gilt«, das Diktum der Vorrede der *Rechtsphilosophie* über Vernunft und Wirklichkeit »zu nehmen, wie es dasteht«.[220] Er hielt dennoch daran fest: »Mit Recht ist die *Vorrede* dieses Buchs berüchtigt. Denn nichts Anderes ist sie zunächst als eine wissenschaftlich formulierte Rechtfertigung des Karlsbader Polizeisystems und der Demagogenverfolgung.«[221]

Konservative und klerikale Kreise in Preußen haben nach dem Erscheinen der *Rechtsphilosophie* mit entgegengesetzter Frontstellung zur Attacke geblasen. Ironisch nahmen K.E. Schubarth und L.A. Carganico 1829 in einer Polemik *Zu Hegels Staatsbegriff* den Philosophen »gegen einen Vorwurf in Schutz [...], der ihm in politischer Beziehung auf sein Philosophieren gemacht wird«. Der Stein des Anstoßes war Hegels Forderung nach einer konstitutionellen Verfasstheit der Monarchie. Man könne nicht »die Unabhängigkeit Hrn. Hegels und seine Freiheit verkennen«, könnte doch »aus der Natur und Geschichte desjenigen Staates, von dem Hrn. Hegel die Staatslehre aufgetragen worden, entgegnet werden, ob solche Lehre von der konstitutionellen Monarchie in ihrer Allgemeinheit gerade in diesem Staate passend sei, und nicht vielmehr seine innerste Natur verändert, seine ganze geschichtliche Stellung aufgehoben sein würde«.[222]

Wie hartnäckig nachgesetzt wurde, belegt K.E. Schubarths zehn Jahre später veröffentlichte Schrift *Über die Unvereinbarkeit der Hegelschen Staatslehre mit dem obersten Lebens- und Entwicklungsprinzip des Preußischen Staates.* Als »Preuße und Protestant« führte Schubarth seinen »Angriff von der politischen Seite her«, um die »antipreußische Richtung in der Hegelschen Staatslehre« zu denunzieren: Die Rechtsphilosophie zeige sich »als eine dem preußischen Staatswesen [...] unholde, feindselige, und es kann hierin nur der verborgene und versteckt gehaltene Aufruf erblickt werden, die bisherige Ordnung des Staats umzuändern. Ja es ist geradezu Aufforderung zur Empörung und Rebellion, indem eine solche Lehre die Überzeugung erweckt [...], daß der Staat in seiner dermaligen Beschaffenheit kein völlig ausgebildeter, oder kein wohl konstruierter sei, welcher der Idee

219 Haym 1962, 357, 359.
220 Ebd., 368.
221 Ebd., 364.
222 In: *Materialien zu Hegels Rechtsphilosophie*, 2 Bde., hg. v. M. Riedel, Frankfurt/M. 1975, Bd. 1, S. 212.

des Staats und ihrer Wirklichkeit bereits entspräche.«[223] Und um die Denunziation plausibel zu machen, versuchte Schubarth, Hegel über dessen Schüler zu treffen: »Aus sehr glaubwürdiger Quelle ist mir wenigstens versichert worden, daß junge Hegelsche Doktoren, denen es übrigens keineswegs an Geist und Talent gebrach, ihre demagogischen Verirrungen, wegen deren sie zur Verantwortung gezogen werden mußten, aus der Hegelschen Philosophie des Rechts rechtfertigen zu können glaubten.«[224]

6.3.7 Von Marx zum Marxismus-Leninismus – vom ›Absterben des Staates‹ zum autoritären Etatismus

Nach Hegels Tod hat es sich die ›Hegelsche Linke‹ zum Ziel gesetzt, seine Philosophie ›vom Kopf auf die Füße zu stellen‹.[225] Doch es blieb insofern bei Hegels ›Kopf‹, als dessen Theorie der Selbstexplikation des Geistes – terminologisch modifiziert, aber strukturell gleich – von Marx bis zum späteren marxistisch-leninistischen bzw. stalinistischen autoritären Etatismus[226], für den Marx nicht verantwortlich zu machen ist, auf dem falschen Fuß der *Gesetzmäßigkeit* aller gesellschaftlichen Entwicklung landete: »Gegenstand der Wissenschaftsdisziplin marxistisch-leninistische Staats- und Rechtstheorie sind die allgemeinen (grundlegenden) Gesetze des Entstehens, der Entwicklung, des Wesens, der Struktur und des gesellschaftlichen Wirkens von Staat und Recht. Zu diesen Gesetzen gehören objektive, notwendige, allgemeine und damit wesentliche Zusammenhänge, die zum Beispiel der Entstehung von Staat und Recht in der Geschichte der menschlichen Gesellschaft zugrunde liegen; die Ablösung eines Staats- und Rechtstyps durch einen anderen bedingen; das Klassenwesen von Staat und Recht bestimmen; die Hauptrichtungen des gesellschaftlichen Wirkens

223 Ebd., 249 f., 256.

224 Ebd., 265 f.

225 So die spätere bilanzierende Formulierung von F. Engels in *Ludwig Feuerbach und der Ausgang der klassischen deutschen Philosophie*: »Hegel wurde nicht einfach abseits gelegt; man knüpfte im Gegenteil an an seine [...] revolutionäre Seite, an die dialektische Methode. Aber diese Methode war in ihrer Hegelschen Form unbrauchbar. Bei Hegel ist die Dialektik die Selbstentwicklung des Begriffs. [...] Wir faßten die Begriffe unseres Kopfs wieder materialistisch als die Abbilder der wirklichen Dinge [...]. Damit aber wurde die Begriffsdialektik selbst nur der bewußte Reflex der dialektischen Bewegung der wirklichen Welt, und damit wurde die Hegelsche Dialektik [...] vom Kopf, auf dem sie stand, wieder auf die Füße gestellt.« (MEW Bd. 21, S. 292 f.).

226 Der Begriff wurde von N. Poulantzas geprägt; vgl. ders. 2002, S. 231-245.

von Staat und Recht ausmachen; die Form des Staates und Rechts determinieren.«[227]

6.3.7.1 *Karl Marx und Friedrich Engels*

Auf den jungen, juristisch gebildeten Hegel-Leser Karl Marx (1818-1883) ist diese Konzeption nicht zurückzuführen. In der Absicht, »aus der Kritik der alten Welt die neue finden [zu] wollen«[228] und die »Kritik an die Kritik der Politik, an die Parteinahme in der Politik, also an *wirkliche* Kämpfe anzuknüpfen«[229], schrieb er 1843 einen kritischen Kommentar zum Hegelschen Staatsrecht (zu den §§ 261-313 der Rechtsphilosophie), das er als bloße »Parenthese zur Logik«[230] Hegels verstand: »Der ›Staatszweck‹ und die ›Staatsgewalten‹ werden mystifiziert, indem sie als ›Daseinsweisen‹ der ›Substanz‹ dargestellt und getrennt ihrem wirklichen Dasein, dem ›sich wissenden und wollenden Geist, dem gebildeter Geist‹ erscheinen. [...] Der konkrete Inhalt, die wirkliche Bestimmung, erscheint als formell; die ganz abstrakte Formbestimmung erscheint als der konkrete Inhalt. Das Wesen der staatlichen Bestimmungen ist nicht, daß sie staatliche Bestimmungen, sondern daß sie in ihrer abstraktesten Gestalt als logisch-metaphysische Bestimmungen betrachtet werden können. Nicht die Rechtsphilosophie, sondern die Logik ist das wahre Interesse. Nicht daß das Denken sich in politischen Bestimmungen verkörpert, sondern daß die vorhandenen politischen Bestimmungen in abstrakte Gedanken verflüchtigt werden, ist die philosophische Arbeit. Nicht die Logik der Sache, sondern die Sache der Logik ist das philosophische Moment. Die Logik dient nicht zum Beweis des Staats, sondern der Staat dient zum Beweis der Logik.«[231] Marx kritisierte: »Die Form, welche die allgemeine Angelegenheit in einem Staate gewinnt, der nicht der Staat der allgemeinen Angelegenheit ist, kann nur eine Unform, eine sich selbst täu-

227 Institut für Theorie des Staates und des Rechts der Akademie der Wissenschaften der DDR 1975, S. 14; im Original kursiv. In *Marxistisch-leninistische Staats- und Rechtstheorie. Lehrbuch* wurde, diesem Determinismus entsprechend, die »Begründung der proletarischen Staats- und Rechtsauffassungen durch Marx und Engels bis 1848« so abgeleitet: »*Die proletarische Staats- und Rechtsauffassung mußte auf Grund historischer Notwendigkeiten entsprechend den objektiven Bedürfnissen des proletarischen Klassenkampfes begründet werden.*« (Ebd., S. 40).

228 Marx, *Briefe aus den ›Deutsch-Französischen Jahrbüchern‹*, Brief an Ruge, September 1843, MEW 1, S. 343.

229 Ebd., S. 345.

230 Ebd., S. 217.

231 Marx, *Kritik des Hegelschen Staatsrechts*, MEW Bd. 1, S. 216.

schende, eine sich selbst widersprechende Form sein, eine *Scheinform*, die sich als dieser Schein ausweisen wird«.[232] Hegel sei »nicht zu tadeln, weil er das Wesen des modernen Staats schildert, wie es ist, sondern weil er das, was ist, für das *Wesen des Staats* ausgibt.«[233]

1844 erschien in den ›Deutsch-Französischen Jahrbüchern‹ Marx' Text *Zur Kritik der Hegelschen Rechtsphilosophie*: »Die *deutsche Rechts- und Staatsphilosophie* ist die einzige mit der *offiziellen* modernen Gegenwart *al pari* stehende *deutsche Geschichte.* [...] Die Kritik der *deutschen Staats- und Rechtsphilosophie,* welche durch Hegel ihre konsequenteste, reichste und letzte Fassung erhalten hat, ist beides, sowohl die kritische Analyse des modernen Staats und der mit ihm zusammenhängenden Wirklichkeit als auch die entschiedene Verneinung der ganzen bisherigen *Weise* des *deutschen politischen und rechtlichen Bewußtseins,* dessen vornehmster, universellster, zur *Wissenschaft* erhobener Ausdruck eben die *spekulative Rechtsphilosophie* selbst ist.« Nur in Deutschland war »die spekulative Rechtsphilosophie möglich, dies abstrakte überschwengliche *Denken* des modernen Staats, dessen Wirklichkeit ein Jenseits bleibt.«[234]

Erstmals beantwortete Marx in diesem Kontext die Frage nach der »*positive[n]* Möglichkeit der deutschen Emanzipation«: »*Antwort:* In der Bildung einer Klasse mit *radikalen Ketten,* einer Klasse der bürgerlichen Gesellschaft, welche keine Klasse der bürgerlichen Gesellschaft ist, eines Standes, welcher die Auflösung aller Stände ist, einer Sphäre, welche einen universellen Charakter durch ihre universellen Leiden besitzt und kein *besondres Recht* in Anspruch nimmt, weil kein *besondres Unrecht,* sondern das *Unrecht schlechthin* an ihr verübt wird, welche nicht mehr auf einen *historischen,* sondern nur noch auf den *menschlichen* Titel provozieren kann, welche in keinem einseitigen Gegensatz zu den Konsequenzen, sondern in einem allseitigen Gegensatz zu den Voraussetzungen des deutschen Staatswesens steht, einer Sphäre endlich, welche sich nicht emanzipieren kann, ohne sich von allen übrigen Sphären der Gesellschaft und damit alle übrigen Sphären der Gesellschaft zu emanzipieren, welche mit einem Wort der *völlige Verlust* des Menschen ist, also nur durch die *völlige Wiedergewinnung des Menschen sich* selbst gewinnen kann. Diese Auflösung der Gesellschaft als ein besonderer Stand ist das *Proletariat.*«[235]

Der späte Marx erklärte 1871 in *Der Bürgerkrieg in Frankreich. Adresse des Generalrats der Internationalen Arbeiterassoziation* die

232 Ebd., S. 267.
233 Ebd., S. 266.
234 Marx, *Zur Kritik der Hegelschen Rechtsphilosophie*, MEW Bd. 1, S. 384.
235 Ebd., S. 391.

Pariser Kommune zum Modell der Abschaffung des Staates: Sie sei »nicht eine Revolution gegen diese oder jene – legitimistische, konstitutionelle, republikanische oder kaiserliche – Form der Staatsmacht« gewesen, sondern »eine Revolution gegen den Staat selbst, gegen diese übernatürliche Fehlgeburt der Gesellschaft; sie war eine Wiederbelebung durch das Volk und des eigenen gesellschaftlichen Lebens. Sie war nicht eine Revolution, um die Staatsmacht von einer Fraktion der herrschenden Klassen an die andere zu übertragen, sondern eine Revolution, um diese abscheuliche Maschine der Klassenherrschaft selbst zu zerbrechen. ... Die Kommune war die entschiedene Negation jener Staatsmacht und darum der Beginn der sozialen Revolution des 19. Jahrhunderts. Was daher immer ihr Geschick in Paris *ist*, sie wird *ihren Weg um die Welt* machen.«[236] 1875 schrieb er in der *Kritik des Gothaer Programms,* seinen ›Randglossen zum Programm der deutschen Arbeiterpartei‹: »Zwischen der kapitalistischen und der kommunistischen Gesellschaft liegt die Periode der revolutionären Umwandlung der einen in die andere. Der entspricht auch eine politische Übergangsperiode, deren Staat nichts anderes sein kann als die revolutionäre Diktatur des Proletariats.«[237]

Marx hat seiner Staatskritik aus der Beobachtung der politischen und Rechtsverhältnisse der kapitalistischen Gesellschaft entwickelt, und zwar weniger in politischer als in ökonomischer Perspektive. Das Problem der Beziehung zwischen Staat und *Recht*, Staatsfunktionen und Rechtsfunktionen, thematisierte der Jurist Marx[238] nur am Rande; er fragte suggestiv: »Werden die ökonomischen Verhältnisse durch Rechtsbegriffe geregelt, oder entspringen nicht umgekehrt die Rechtsverhältnisse aus den ökonomischen?«[239] Er bilanzierte: »Das Recht kann nie höher sein als die ökonomische Gestaltung und dadurch bedingte Kulturentwicklung der Gesellschaft.«[240] Ja, er ging einen Schritt weiter: »*[A]lles Recht* [ist] *Recht der Ungleichheit*«.[241] Dass er sich für das auch in der zukünftigen Gesellschaft unverzichtbare (gerechte) Recht und ihre rechtsstaatlich-demokratische Verfasstheit

236 Marx, MEW 17, S. 541 f.

237 Marx, MEW 19, S. 28. Zur Marxschen Staatstheorie vgl. Schäfer/Reichelt/Hirsch/ Hennig 1979.

238 In *Zur Kritik der politischen Oekonomie* (1859) gab Marx die Selbstauskunft: »Mein Fachstudium war das der Jurisprudenz, die ich jedoch nur als untergeordnete Disziplin neben Philosophie und Geschichte betrieb.« (MEW, Bd. 13, S. 7).

239 Marx, *Randglossen zum Programm der deutschen Arbeiterpartei.* MEW Bd. 19, S. 18.

240 Ebd., S. 20.

241 Ebd., S. 21.

nicht in normativer Perspektive interessiert hat, ist nicht nur aus der zeitbedingten, politisch-ideologiekritisch interessierten Identifizierung des bestehenden Rechts mit dem bestehenden Staat zu erklären. Der tiefere Grund ist systematischer Art: Die Kritik der politischen *Ökonomie* verlangt geradezu danach, sich mit dem Recht als ›Überbau‹ und deshalb als ideologischem Phänomen zu befassen.

In seinem Vorwort *Zur Kritik der politischen Oekonomie* (1859) erklärte Marx: »Im Jahr 1842-43, als Redakteur der ›Rheinischen Zeitung‹, kam ich zuerst in die Verlegenheit, über sogenannte materielle Interessen mitsprechen zu müssen. Die Verhandlungen des Rheinischen Landtags über Holzdiebstahl und Parzellierung des Grundeigentums, [...] Debatten endlich über Freihandel und Schutzzoll, gaben die ersten Anlässe zu meiner Beschäftigung mit *ökonomischen* Fragen.«[242] Dass die Anlässe zumindest *auch* juridischer Art waren, erwähnte Marx nicht. Er stellte vielmehr fest, seine »Revision der Hegelschen Rechtsphilosophie« habe zu dem Ergebnis geführt, »daß Rechtsverhältnisse wie Staatsformen weder aus sich selbst zu begreifen sind noch aus der sogenannten allgemeinen Entwicklung des menschlichen Geistes, sondern vielmehr in den materiellen Lebensverhältnissen wurzeln, deren Gesamtheit Hegel, nach dem Vorgang der Engländer und Franzosen des 18. Jahrhunderts, unter dem Namen ›bürgerliche Gesellschaft‹ zusammenfaßt, daß aber die Anatomie der bürgerlichen Gesellschaft in der politischen Ökonomie zu suchen sei. [...] Das allgemeine Resultat, das sich mir ergab und, einmal gewonnen, meinen Studien zum Leitfaden diente, kann kurz so formuliert werden: In der gesellschaftlichen Produktion ihres Lebens gehen die Menschen bestimmte, notwendige, von ihrem Willen unabhängige Verhältnisse ein, Produktionsverhältnisse, die einer bestimmten Entwicklungsstufe ihrer materiellen Produktivkräfte entsprechen. Die Gesamtheit dieser Produktionsverhältnisse bildet die ökonomische Struktur der Gesellschaft, die reale Basis, worauf sich ein juristischer und politischer Überbau erhebt und welcher bestimmte gesellschaftliche Bewußtseinsformen entsprechen. Die Produktionsweise des materiellen Lebens bedingt den sozialen, politischen und geistigen Lebensprozeß überhaupt.«[243]

Diese erkenntnisleitende Konzeption hat zu einem *strukturellen Defizit* der Marx'schen Befassung mit dem Recht und in der Folge auch mit den Funktionen des Staates geführt: Rechtsformen interessierten

242 Marx, MEW Bd. 13, S. 7 f. Hervorh. v. mir.

243 Ebd., S. 8 f. Diesem Ansatz entsprechen *alle* Thematisierungen von Rechtsformen in den *Grundrissen der Kritik der politischen Ökonomie* (1857/58) und in *Das Kapital*; es geht Marx immer darum, Rechtsformen als ›Ausdruck‹, als abhängige Variablen ökonomischer Formen zu analysieren.

ihn, sofern sie mit ökonomischen Formen nicht nur korrelierbar waren, sondern auf diese reduziert werden konnten. Dies machte die Stärke seiner politisch-ideologiekritisch begründeten Rechtskritik aus; das reduktionistische Verfahren hatte aber aufgrund der beschränkten Erkenntnis des Status und der Funktion des Rechts[244] und des Staates negative Folgen sowohl in der Entwicklung des Marxismus als auch in der Staatlichkeit des ›realen Sozialismus‹. Die zwei Grundfehler bestanden (i) in der Verwechslung von *Genesis und Geltung*: Rechtsgeltung ergibt sich nicht aus der historischen oder ökonomischen Erklärung der Rechtsgenese; und (ii) in der Reduktion des Rechts auf ›basale‹ ökonomische und Klassenverhältnisse; dass das Recht und der Staat die Funktion haben *können* (und sollen), ein Mittel gegen gesellschaftliche Fehlentwicklungen – Ungleichheit, Unfreiheit, Ungerechtigkeit – zu sein, ist in Marx' Konzeption nicht zu erkennen.

Friedrich Engels (1820-1895) hat 1874 in *Herrn Eugen Dührings Umwälzung der Wissenschaft* (›Anti-Dühring‹) die theoretische Bilanz des damaligen Marxismus zum als Instrument der Klassenherrschaft verstandenen Staat[245] gezogen: »Indem die kapitalistische Produktionsweise mehr und mehr die große Mehrzahl der Bevölkerung in Proletarier verwandelt, schafft sie die Macht, die diese Umwälzung, bei Strafe des Untergangs, zu vollziehn genötigt ist. Indem sie mehr und mehr auf Verwandlung der großen, vergesellschafteten Produktionsmittel in Staatseigentum drängt, zeigt sie selbst den Weg an zur Vollziehung der Umwälzung. *Das Proletariat ergreift die Staatsgewalt und verwandelt die Produktionsmittel zunächst in Staatseigentum.* Aber damit hebt es sich selbst als Proletariat, damit hebt es alle Klassenunterschiede und Klassengegensätze auf, und damit auch den Staat als Staat.«[246]

244 Der Reduktionismus führt zwangsläufig zu einem *Rechtsfatalismus*. Dass gegenwärtig angesichts der Krise des Kapitalismus allenthalben gefordert wird, die Ökonomie durch den Staat unter die Herrschaft des Rechts zu bringen, widerspricht dem diametral und zeigt, wie falsch der Reduktionismus ist.

245 »In Wirklichkeit aber ist der Staat nichts als eine Maschine zur Unterdrückung einer Klasse durch eine andre, und zwar in der demokratischen Republik nicht minder als in der Monarchie; und im besten Fall ein Übel, das dem im Kampf um die Klassenherrschaft siegreichen Proletariat vererbt wird und dessen schlimmste Seiten es ebenso wenig wie die Kommune umhin können wird, sofort möglichst zu beschneiden, bis ein in neuen, freien Gesellschaftszuständen herangewachsenes Geschlecht imstande sein wird, den ganzen Staatsplunder von sich abzutun.« (F. Engels, *Einleitung von 1891 zu »K. Marx: Bürgerkrieg in Frankreich«*, MEW Bd. 17, S. 625).

246 F. Engels, *Anti-Dühring*, MEW Bd. 20, S. 261 f.

In Engels' Sicht war der Staat notwendig als »Organisation der jedesmaligen ausbeutenden Klasse zur Aufrechterhaltung ihrer äußeren Produktionsbedingungen, also namentlich zur gewaltsamen Niederhaltung der ausgebeuteten Klasse in den durch die bestehende Produktionsweise gegebnen Bedingungen der Unterdrückung (Sklaverei, Leibeigenschaft oder Hörigkeit, Lohnarbeit)«. Der Staat war für Engels »der offizielle Repräsentant der ganzen Gesellschaft, ihre Zusammenfassung in einer sichtbaren Körperschaft, aber er war dies nur, insofern er der Staat derjenigen Klasse war, welche selbst für ihre Zeit die ganze Gesellschaft vertrat: im Altertum Staat der Sklaven haltenden Staatsbürger, im Mittelalter des Feudaladels, in unserer Zeit der Bourgeoisie.«[247]

Der Staat, der nach der proletarischen Revolution »tatsächlich Repräsentant der ganzen Gesellschaft wird, macht sich selbst überflüssig. Sobald es keine Gesellschaftsklasse mehr in der Unterdrückung zu halten gibt, sobald mit der Klassenherrschaft und dem in der bisherigen Anarchie der Produktion begründeten Kampf ums Einzeldasein auch die daraus entspringenden Kollisionen und Exzesse beseitigt sind, gibt es nichts mehr zu reprimieren, das eine besondre Repressionsgewalt, einen Staat, nötig machte. Der erste Akt, worin der Staat wirklich als Repräsentant der ganzen Gesellschaft auftritt – die Besitzergreifung der Produktionsmittel im Namen der Gesellschaft –, ist zugleich sein letzter selbstständiger Akt als Staat. Das Eingreifen einer Staatsgewalt in gesellschaftliche Verhältnisse wird auf einem Gebiete nach dem andern überflüssig und schläft dann von selbst ein. An die Stelle der Regierung über Personen tritt die Verwaltung von Sachen und die Leitung von Produktionsprozessen. Der Staat wird nicht ›abgeschafft‹, *er stirbt ab*« – dies allerdings nicht gemäß der »Forderung der sogenannten Anarchisten [...] von heute auf morgen«.[248]

Die Achillesferse der in ökonomischer Hinsicht starken, aber politisch schwachen Marx'schen und Engels'schen Kritik der kapitalistischen Ökonomie war, keinen Weg zum Recht, zum Rechtsstaat und zur Demokratie ausgeschildert zu haben. Dies hatte Folgen in der weiteren Entwicklung sowohl im theoretischen Marxismus als auch im ›Realsozialismus‹.

6.3.7.2 Wladimir Iljitsch Lenin

Seit der Oktoberrevolution in Russland 1917 und der Staatswerdung der kommunistischen Bewegung hat sich gezeigt, dass es für das ›Ab-

247 Ebd.
248 Ebd.

sterben des Staates‹ im Sozialismus/Kommunismus weder ein Heute noch ein Morgen geben sollte.[249] Was bei Marx und Engels noch theoretisch begründete Programmatik war, wurde erstmals für W.I. Lenin (1870-1924) zum praktischen Problem der Zerstörung eines alten und des Aufbaus eines neuen Staates. Doch was wurde *de facto* aus der Prophetie und Forderung nach dem ›Absterben des Staates‹?[250] Die ›Diktatur des Proletariats‹ wurde zur Diktatur der bolschewistischen Partei; aus der angekündigten Gesellschaft ohne Staat wurde autoritärer Staatssozialismus.

Im ›Die ökonomischen Grundlagen für das Absterben des Staates‹ betitelten Kapitel von *Staat und Revolution* schrieb W.I. Lenin 1917: »Solange es einen Staat gibt, gibt es keine Freiheit. Wenn es Freiheit geben wird, wird es keinen Staat geben.« Die ökonomische Grundlage für das Absterben des Staates werde erst mit einer »so hohe[n] Entwicklung des Kommunismus« gegeben sein, »daß der Gegensatz von geistiger und körperlicher Arbeit verschwindet, folglich eine der wichtigsten Quellen der heutigen *gesellschaftlichen* Ungleichheit beseitigt wird, und zwar eine Quelle, die durch den bloßen Übergang der Produktionsmittel in Gemeineigentum, durch die bloße Expropriation der Kapitalisten keinesfalls mit einem Schlag aus der Welt geschafft werden kann.«[251] Man sei deshalb »auch nur berechtigt, von dem unvermeidlichen Absterben des Staates zu sprechen. Dabei betonen wir, daß dieser Prozeß von langer Dauer ist und vom Entwicklungstempo der *höheren Phase* des Kommunismus abhängt, wobei wir die Frage der Fristen oder der konkreten Formen des Absterbens vollkommen offenlassen, denn Unterlagen zur Entscheidung dieser Fragen *gibt es nicht.*« Der Staat werde »dann völlig absterben können, wenn die Gesell-

249 Zu einer Liste der »Bedingungen«, die das »Absterben des Staates« im ›realen Sozialismus‹ *ad calendas graecas* hätten verschieben müssen, vgl. Institut für Theorie des Staates und des Rechts der Akademie der Wissenschaften der DDR 1975, S. 221.

250 Zu einer Analyse der Entwicklung in der Sowjetunion nach 1917, vor allem zum Problem der Herrschaft von Staat und Sowjets (Räten) und Partei, vgl. Poulantzas 2002, S. 279 ff. Das Problem war schon bald »nicht mehr der Anti-Staat«; es ging bei der Zerstörung des zaristischen Staates um die Übernahme der Staatsmacht und nicht darum, »die bürgerliche Demokratie durch die direkte Basisdemokratie« zu ersetzen. Das Problem bestand vielmehr im »Parallel-Staat, der dem instrumentalistischen Modell des gegenwärtigen Staates nachgebildet« war »und insofern ein proletarischer Staat sein soll[te], als er von oben durch die revolutionäre ›Einheits‹partei kontrolliert und besetzt« wurde. Die Partei selbst wiederum funktioniert[e] nach dem Modell des Staates.« (Ebd., S. 282).

251 W.I. Lenin, Staat und Revolution, in: *Werke,* Bd. 25 (Juni-September 1917), S. 482.

schaft den Grundsatz ›Jeder nach seinen Fähigkeiten, jedem nach seinen Bedürfnissen‹ verwirklicht haben wird, d.h. wenn die Menschen sich so an das Befolgen der Grundregeln des gesellschaftlichen Zusammenlebens gewöhnt haben werden und ihre Arbeit so produktiv sein wird, daß sie freiwillig *nach ihren Fähigkeiten* arbeiten werden.[252] Bis dahin forderten »die Sozialisten die *strengste* Kontrolle seitens der Gesellschaft und *seitens des Staates* über das Maß der Arbeit und das Maß der Konsumtion, aber diese Kontrolle muß mit der Expropriation der Kapitalisten *beginnen*, mit der Kontrolle der Arbeiter über die Kapitalisten, und darf nicht von einem Beamtenstaat durchgeführt werden, sondern von dem Staat der *bewaffneten Arbeiter.*«[253]

Auf seiner ersten Stufe könne »der Kommunismus ökonomisch noch *nicht* völlig reif, völlig frei von Traditionen, von den Spuren des Kapitalismus sein. Daraus erklärt sich eine so interessante Erscheinung wie das Fortbestehen des ›engen *bürgerlichen* Rechtshorizonts‹ während der ersten Phase des Kommunismus. Das bürgerliche Recht setzt natürlich in bezug auf die Verteilung der *Konsumtion*mittel unvermeidlich auch den *bürgerlichen* Staat voraus, denn Recht ist nichts ohne einen Apparat, der imstande wäre, die Einhaltung der Rechtsnormen zu *erzwingen.* So ergibt sich, daß im Kommunismus nicht nur das bürgerliche Recht eine gewisse Zeit fortbesteht, sondern auch der bürgerliche Staat – ohne Bourgeoisie!«[254]

Lenin hat nicht nur das ›Absterben des Staates‹ prognostiziert, sondern er hat es mit dem ›Absterben der Demokratie‹[255] verbunden: »Zugleich mit der gewaltigen Erweiterung des Demokratismus, der zum ersten Mal ein Demokratismus für die Armen, für das Volk wird und nicht ein Demokratismus für die Reichen, bringt die Diktatur des Proletariats eine Reihe von Freiheitsbeschränkungen für die Unterdrücker, die Ausbeuter, die Kapitalisten. Diese müssen wir niederhalten, um die Menschheit von der Lohnsklaverei zu befreien, ihr Widerstand muss mit Gewalt gebrochen werden – es ist klar, dass es dort, wo es Unterdrückung, wo es Gewalt gibt, keine Freiheit, keine Demokratie gibt.« Die utopische Annahme einer sich selbst und ohne Staat organisierenden Gesellschaft setzte für Lenin die »kommunistischen Gesellschaft« voraus, d.h. einen Zustand, in dem »der Widerstand der Kapitalisten schon endgültig gebrochen ist, wenn die Kapitalisten verschwunden sind, wenn es keine Klassen (d.h. keinen Unterschied zwi-

252 Ebd., S. 483.
253 Ebd., S. 484.
254 Ebd., S. 485.
255 Zur Metakritik an ›Lenins Kritik der Demokratie‹ vgl. Kelsen 1965 [1920], S. 132-138.

schen den Mitgliedern der Gesellschaft in ihrem Verhältnis zu den gesellschaftlichen Produktionsmitteln) mehr gibt – erst dann ›hört der Staat auf zu bestehen‹ und ›kann von Freiheit die Rede sein‹. Erst dann ist eine tatsächlich vollkommene Demokratie, tatsächlich ohne jede Ausnahme, möglich und wird verwirklicht werden. Und erst dann beginnt die Demokratie abzusterben, infolge des einfachen Umstands, dass die von der kapitalistischen Sklaverei, von den ungezählten Gräueln, Brutalitäten, Widersinnigkeiten, Gemeinheiten der kapitalistischen Ausbeutung befreiten Menschen sich nach und nach gewöhnen werden, die elementaren, von alters her bekannten und seit Jahrtausenden in allen Vorschriften gepredigten Regeln des Zusammenlebens einzuhalten, sie ohne Gewalt, ohne Zwang, ohne Unterordnung, ohne den besonderen Zwangsapparat, der sich Staat nennt, einzuhalten.«[256]

Lenins Staatskonzeption wurde bald in der ›Dritten Internationale‹ (›Komintern‹), dem 1919 gegründeten, von der Kommunistischen Partei Russlands (Bolschewiki) dominierten Zusammenschluss der Kommunistischen Parteien, zur herrschenden, aber auch polarisierenden Doktrin, die politische Auseinandersetzungen über den Staat, die Diktatur des Proletariats und die Demokratie auslöste.

Die bedeutendste Kritikerin der Lenischen Konzeption war Rosa Luxemburg, die 1917 in *Die russische Revolution* die Oktoberrevolution begrüßte, aber davor warnte, nicht nur die bürgerliche Parteien auszuschalten, sondern Diktatur auch in der Kommunistischen Partei auszuüben: »Freiheit nur für die Anhänger der Regierung, nur für Mitglieder einer Partei – mögen sie noch so zahlreich sein – ist keine Freiheit. Freiheit ist immer Freiheit des Andersdenkenden. Nicht wegen des Fanatismus der ›Gerechtigkeit‹, sondern weil all das Belebende, Heilsame und Reinigende der politischen Freiheit an diesem Wesen hängt und seine Wirkung versagt, wenn die ›Freiheit‹ zum Privilegium wird.«[257] Das Proletariat müsse und solle »Diktatur ausüben; aber Diktatur der *Klasse*, nicht einer Partei oder Clique, Diktatur der Klasse, d.h. in breitester Öffentlichkeit, unter tätigster ungehemmter Teilnahme der Volksmassen, in unbeschränkter Demokratie«.[258] Es sei »die historische Aufgabe des Proletariats, wenn es zur Macht gelangt, an Stelle der bürgerlichen Demokratie sozialistische Demokratie zu schaffen, nicht jegliche Demokratie abzuschaffen. [...] Sozialistische Demokratie [...] beginnt mit dem Moment der Macht-

256 W.I. Lenin, Staat und Revolution, in: *Werke*, Bd. 25 (Juni-September 1917), S. 476.

257 Luxemburg 1983 [1917], S. 359, Anm.

258 Ebd., S. 362 f.

eroberung durch die sozialistische Partei. Sie ist nichts anderes als die Diktatur des Proletariats. [...] Aber diese Diktatur besteht in der Art der Verwendung der Demokratie, nicht in ihrer Abschaffung, in energischen, entschlossenen Eingriffen in die wohlerworbenen Rechte und wirtschaftlichen Verhältnisse der bürgerlichen Gesellschaft, ohne welche sich die sozialistische Umwälzung nicht verwirklichen läßt. Aber diese Diktatur muß das Werk der Klasse, und nicht einer kleinen, führenden Minderheit im Namen der Klasse sein, d.h. sie muß auf Schritt und Tritt aus der aktiven Teilnahme der Massen hervorgehen, unter ihrer unmittelbaren Beeinflussung stehen, der Kontrolle der gesamten Öffentlichkeit unterstehen, aus der wachsenden politischen Schulung der Volksmassen hervorgehen.«[259]

Unter den kommunistischen Intellektuellen der 1920er Jahre war es Georg Lukács (1885-1971), der sich Lenins Position zu eigen machte. 1918 der kurz zuvor gegründeten Kommunistischen Partei in Ungarn beigetreten, wurde er 1919 in deren Zentralkomitee gewählt und wirkte mit bei der Vorbereitung des bewaffneten Aufstands; 1919 war er in der nur kurz bestehenden Ungarischen Räterepublik stellvertretender Volkskommissar für das Unterrichtswesen. In der Komintern wurde er als ›Linksabweichler‹ kritisiert, so z.B. 1924 bei deren V. Weltkongress von Bucharin und Sinowjew.

In einem 1923 in *Geschichte und Klassenbewußtsein. Studien über marxistische Dialektik* veröffentlichten, gegen R. Luxemburg gerichteten Text hat Lukács im Kontext seines Verständnisses von Räte-Kommunismus und seiner Kritik am ökonomistischen Determinismus, der im Marxismus seiner Zeit verbreitet war, betont: »Die bewußte, die organisierte Regelung der Wirtschaftsordnung kann nur bewußt durchgesetzt werden, und das Organ ihrer Durchsetzung ist eben der proletarische Staat, das Sowjetsystem. Die Sowjets sind also in der Tat ›eine Vorwegnahme der rechtlichen Lage‹ einer späteren Phase der Klassenschichtung, sie bedeuten aber dennoch keine leer in der Luft hängende Utopie, sondern im Gegenteil *das einzige Mittel, das geeignet ist, diese vorweggenommene Lage jemals wirklich ins Leben zu rufen*. Denn ›von selbst‹, von der Naturgesetzlichkeit der ökonomischen Entwicklung getrieben, würde der Sozialismus niemals zustande kommen.«[260]

›Der Staat als Waffe‹ hieß das 5. Kapitel seines Lenin-Buches (1924): »Das revolutionäre Wesen einer Epoche äußert sich am sichtbarsten darin, daß der Kampf der Klassen und Parteien nicht mehr den Charakter eines Kampfes innerhalb einer bestimmten Staatsord-

259 Ebd., S. 363.
260 Lukács 1923, S. 236.

nung besitzt, sondern ihre Grenzen zu sprengen beginnt [...]. Einerseits erscheint er als Kampf *um* die Staatsmacht, anderseits und zugleich wird der Staat selbst – offenkundig – *zum Teilnehmer des Kampfes gemacht*. Es wird nicht nur *gegen* den Staat gekämpft, sondern der Staat selbst enthüllt seinen Charakter als *Waffe des Klassenkampfes*«. Lenin sei »der einzige gewesen, der die theoretische Höhe der Marxschen Auffassung, die Reinheit der proletarisch-revolutionären Stellungnahme zum Problem des Staates wieder erreicht hat. [...] *Lenin hat die Staatsfrage als Tagesfrage des kämpfenden Proletariats erkannt* und dargestellt.« Das Proletariat sei nicht »imstande, dieses Kernproblem mit den ihm unmittelbar erscheinenden Problemen seiner Tageskämpfe organisch zu verknüpfen«; in den proletarischen Kämpfen habe dieses Problem »immer mehr den Akzent einer ›Endzielfrage‹« gehabt, »deren Entscheidung der Zukunft vorbehalten bleiben darf. Erst durch Lenin ist die ›Zukunft‹ auch theoretisch zur Gegenwart geworden. Aber erst wenn die Staatsfrage als Tagesproblem erkannt wird, wird es dem Proletariate möglich, den kapitalistischen Staat in konkreter Weise nicht mehr als seine unabänderliche natürliche Umwelt, als die für sein gegenwärtiges Dasein einzig mögliche Ordnung der Gesellschaft zu betrachten. Erst diese Stellungnahme zum bürgerlichen Staat gibt dem Proletariat die *theoretische Unbefangenheit* dem Staat gegenüber, macht sein Verhalten ihm gegenüber zu einer rein taktischen Frage.«[261]

Lukács setzte in dieser Zeit auf das Rätesystem: »Der Arbeiterrat als Staatsapparat: das ist *der Staat als Waffe im Klassenkampf des Proletariats*.« Es sei eine »undialektische und darum unhistorische und unrevolutionäre Auffassung des Opportunismus«, aus der Tatsache, »daß das Proletariat die Klassenherrschaft der Bourgeoisie bekämpft, daß es eine klassenlose Gesellschaft herbeizuführen bestrebt ist, die Folgerung« zu ziehen, »daß das Proletariat, als Bekämpfer der Klassenherrschaft der Bourgeoisie, Bekämpfer einer jeden Klassenherrschaft sein müsse; daß deshalb seine eigenen Herrschaftsformen unter keinen Umständen Organe der Klassenherrschaft, der Klassenunterdrückung sein dürfen«. Dies sei eine »Utopie, denn eine derartige Herrschaft des Proletariats kann niemals real eintreten.«[262]

Das Proletariat setze »mit Hilfe des Rätesystems als Staat denselben Kampf fort, den es früher um die Staatsmacht, gegen die kapitalistische Staatsmacht geführt hat. Es muß die Bourgeoisie ökonomisch vernichten, politisch isolieren, ideologisch zersetzen und unterwerfen. Es muß aber gleichzeitig allen anderen Schichten der Gesellschaft, die

261 Lukács 1924, S. 563 ff.
262 Ebd., S. 567.

das Proletariat aus dem Geführtsein von der Bourgeoisie herausreißt, ein Führer zur Freiheit werden. Das heißt, es genügt nicht, daß das Proletariat *objektiv für die Interessen* der anderen ausgebeuteten Schichten kämpfe. Seine Staatsform muß auch dazu dienen, um die Dumpfheit und Zersplitterung dieser Schichten erzieherisch zu überwinden, *sie zur Aktivität, zur selbständigen Teilnahme am Staatsleben zu erziehen.*«[263]

In diesem Sinne ist der proletarische Staat »*der erste Klassenstaat in der Geschichte, der sich ganz offen und ungeheuchelt als Klassenstaat, als Unterdrückungsapparat, als Instrument des Klassenkampfes bekennt*«. Der Staat als »Waffe des Proletariats zum Kampfe für den Sozialismus, zur Unterdrückung der Bourgeoisie ist zugleich seine Waffe zur Vertilgung der opportunistischen Gefahr für den Klassenkampf des Proletariats, der in der Diktatur in unverminderter Heftigkeit weitergeführt werden muß.«[264]

6.3.7.3 Antonio Gramsci: Staat, politische Gesellschaft, Zivilgesellschaft und Hegemonie, gepanzert mit Zwang

Eine andere ganz Einstellung zum Staat vertrat Antonio Gramsci (1891-1937), der Begründer der Kommunistischen Partei in Italien.[265] Dies wurde bereits in seinen ersten Reaktionen auf die Oktoberrevolution deutlich. Im November 1917 schrieb er in der Zeitung ›Avanti‹: »Die Revolution der Bolschewiki ist mehr von der Ideologie als von den Tatsachen hervorgebracht worden. [...] Sie war die Revolution gegen das *Kapital* von Karl Marx. [...] Die Tatsachen haben die Ideologie überholt. Die Tatsachen haben die kritischen Schemata ad absurdum geführt, denen zufolge die Geschichte Rußlands sich nach den Grundprinzipien des historischen Materialismus hätte entwickeln müssen. Die Bolschewiki ignorieren Karl Marx; sie bestätigen mit der vollendeten Aktion, [...], daß die Grundprinzipien des historischen Materialismus nicht so eisern sind, wie man hätte annehmen können und wie man annahm.«[266] Vom ›Absterben des Staates‹ war nicht die Rede. Vielmehr betonte Gramsci im Juli 1919 in einem Artikel ›Der Staat und der Sozialismus‹: »[W]enn in der Kommunistischen Internationale die Nationalstaaten aufgehoben werden, so wird doch nicht der Staat als konkrete ›Form‹ der menschlichen Gesellschaft aufgeho-

263 Ebd., S. 569.

264 Ebd., S. 573.

265 Vgl. Buci-Glucksmann 1981, Buckel/Fischer-Lescano 2007, Hirsch/Wissel/Kannankulam 2008.

266 Gramsci 1991 [1917], S. 36 ff.

ben. Die Gesellschaft als solche ist eine reine Abstraktion. In der Geschichte, in der lebendigen und körperlichen Realität der menschlichen, in der Entwicklung befindlichen Zivilisation ist die Gesellschaft stets ein System und ein Gleichgewicht von Staaten, ein System und ein Gleichgewicht von konkreten Institutionen, in denen sich die Gesellschaft ihrer Existenz und ihrer Entwicklung bewußt wird und durch die allein sie existiert und sich entwickelt.«[267]

Der hier deutliche theoretische Dissens wurde zum politischen Dissens. Aus seiner vom italienischen Faschismus erzwungenen Gefängnishaft ließ Gramsci im Oktober 1926 durch Palmiro Togliatti in Moskau einen Brief an das Zentralkomitee der KPdSU(B) übermitteln. Er griff damit in die nach Lenins Tod geführte Auseinandersetzung Stalins, der im Zentralkomitee die Mehrheit der Mitglieder hinter sich hatte, mit dem oppositionellen Block der Anhänger Trotzkis und Sinowjews ein. In dieser Intervention stellte Gramsci fest, die KPdSU (B) sei dabei, ihr »Werk zu zerstören; Ihr degradiert die Führungsfunktion, die die Kommunistische Partei der UdSSR durch das Engagement Lenins errungen hat, und Ihr geht das Risiko ein, sie ganz zu verlieren. Uns scheint, daß die mit Gewalttätigkeit verbundene Entwicklung der russischen Probleme Euch die internationalen Aspekte eben dieser russischen Probleme aus den Augen verlieren läßt, daß sie Euch vergessen läßt, daß Eure Pflichten als russische Kämpfer nur erfüllt werden können und müssen im Rahmen der Interessen des internationalen Proletariats.«[268]

Das wichtigste Vermächtnis Gramscis sind seine *Quaderni del carcere* (*Gefängnishefte*), 32 Notizhefte mit theoretischen Aufzeichnungen zu Gesellschaft, Staat und Politik sowie zu Philosophie und Kultur, die zwischen 1929 und 1935 während der Einkerkerung entstanden sind. Seine *Philosophie der Praxis* konzentrierte sich auf die Probleme der Beziehung zwischen Ökonomie, Politik und Ideologie, auf die Bedeutung kultureller und ideologischer Faktoren zur Vorbereitung einer Hegemonie der Massen, auf die Rolle der Intellektuellen in der Vermittlung der Kultur und der Weltanschauung sowie auf eine kritische Artikulation des Marxismus, die dem Kampf um Hegemonie angemessen wäre.

Es könne und müsse – betonte Gramsci – »eine ›politische Hegemonie‹ auch vor dem Regierungsantritt geben«, und man dürfe »nicht nur auf die durch ihn verliehene Macht und die materielle Stärke zählen, um die politische Führung oder Hegemonie auszuüben.«[269] Der

267 Gramsci 1967, S. 69 f.

268 Abgedruckt in Gramsci 1991, S. 69 ff.

269 Gramsci, Bd. 1, H. 1, § 44. In: Gramsci 1991 ff, S. 101.

Adressat der Kritik Gramscis waren in theoretischer Hinsicht der seit der II. Internationale im Marxismus grassierende ökonomische Determinismus und politisch die Bolschewisierung der Revolution, d.h. die Konzentration auf Gewalt: »Degeneriert zu ›historischem Ökonomismus‹, verliert der historische Materialismus einen Großteil seiner kulturellen Ausstrahlung. [...] Deshalb muß man gegen den Ökonomismus nicht nur in der Theorie der Geschichtsschreibung kämpfen, sondern auch in der politischen Theorie und Praxis. Auf diesem Feld muß die Gegenreaktion auf dem Terrain des Hegemoniebegriffs geführt werden, so wie sie praktisch bei der Entwicklung der Theorie der politischen Partei und bei der praktischen Entwicklung des Lebens bestimmter politischer Parteien geführt worden ist.«[270]

Gramsci betonte, dass »die ökonomische Basis nicht direkt die politische Aktion bestimmt, sondern die Interpretation, die man sich von dieser macht, und von den sogenannten Gesetzen, die die Entwicklung lenken.« »Diese Gesetze haben nichts gemein mit den Naturgesetzen, obwohl auch diese in Wirklichkeit keine objektiv gegebenen Daten sind, sondern nur Konstruktionen unseres Denkens, nützliche Schemata, brauchbar für die Bequemlichkeit von Studium und Lehre«.[271] Gramsci verwarf das mechanistisch aufgefasste Basis-Überbau-Theorem; er spracht in Heft 8 der *Gefängnishefte* von ›Struktur und Superstrukturen‹ (im Plural) und hob entgegen dem Ökonomismus die Bedeutung der Superstrukturen hervor: »Die Struktur und die Superstrukturen bilden einen ›geschichtlichen Block‹, das heißt, das komplexe und nichtübereinstimmende Ensemble der Superstrukturen ist der Reflex des Ensembles der gesellschaftlichen Produktionsverhältnisse. Dem läßt sich entnehmen: daß nur ein Gesamtsystem von Ideologien rational den Widerspruch der Struktur widerspiegelt und die Existenz der objektiven Bedingungen für die Umwälzung der Praxis repräsentiert. Wenn sich eine aufgrund der Ideologie zu 100% homogene soziale Gruppe bildet, dann heißt dies, daß zu 100% die Voraussetzungen dieser Umwälzung existieren, das heißt, daß das ›Vernünftige‹ aktiv und aktuell wirklich ist. Der Gedankengang basiert auf der notwendigen Wechselwirkung zwischen Struktur und Superstrukturen

270 Ebd., Bd. 3, H. 4, § 38, S. 502. Auf den Widerspruch zwischen der politischen Theorie des Marxismus, der zufolge die Revolution aus der *Aktivität* der Arbeiterklasse entstehen sollte, und der ökonomischen Theorie, der zufolge die Revolution als Ergebnis der *Gesetzmäßigkeit* der ökonomischen Entwicklung zu denken war, hat Hans Kelsen 1920 in *Sozialismus und Staat* aufmerksam gemacht. Vgl. Kelsen 1965, S. 78-94.

271 Gramsci 1980, S. 17.

(eine Wechselwirkung, die eben der wirkliche dialektische Prozeß ist).«[272]

Der scheinbar paradoxe Titel, unter den Gramsci seine Kritik am deterministischen Marxismus stellte, lautete *Utopie*: Es sei utopisch, »die Geschichte *nicht* als eine freie Entwicklung zu konzipieren«; utopisch sei die Idee einer von der menschlichen Praxis unabhängigen Notwendigkeit des Sozialismus, d.h. »an vorbestimmte Pläne zu glauben«, denn in dieser Pseudogesetzmäßigkeit habe die Aktivität des historischen Subjekts keinen Ort.[273] Die Arbeiterklasse müsse sich auf die Leitung der Gesellschaft *aktiv* vorbereiten »und sich dazu erziehen«; sie müsse »die Kultur und die Psychologie einer herrschenden Klasse erwerben, [...] diese mit ihren Mitteln und Systemen, durch Kundgebungen, Kongresse, Diskussionen, gegenseitige Erziehung, erwerben«.[274]

Im Zentrum der staatstheoretischen Reflexionen Gramscis stand die Frage, die er im Kontext des Liberalismus (»Nachtwächterstaat«) aufwarf, deren Beantwortung aber offensichtlich auf den revolutionären Staat zielte; es war die Frage nach dem Verhältnis von politischer Gesellschaft (*società politica*, Staat) und Zivilgesellschaft (*società civile*), die nicht miteinander verwechselt werden dürften. Gramsci stellte fest, »daß in den allgemeinen Staatsbegriff Elemente eingehen, die dem Begriff der Zivilgesellschaft zuzuschreiben sind (*in dem Sinne, könnte man sagen, daß Staat = politische Gesellschaft + Zivilgesellschaft, das heißt Hegemonie, gepanzert mit Zwang*)«. Er betonte: »In einer Staatslehre, die diesen als tendenziell dem Erlöschen und der Auflösung in der regulierten Gesellschaft unterworfen begreift, ist das Thema fundamental. Das Element Staat-Zwang kann man sich in dem Maße als erlöschend vorstellen, wie sich immer beträchtlichere Elemente von regulierter Gesellschaft (oder ethischem Staat oder Zivilgesellschaft) durchsetzen.« Das liberale »›Bild‹ von Staat ohne Staat«, das »den bedeutendsten Politik- und Rechtswissenschaftlern vorschwebte«, sei »reine Utopie, insofern sie auf der Voraussetzung beruhte, daß alle Menschen wirklich gleich und folglich in gleicher Weise vernünftig und moralisch sind, das heißt fähig, das Gesetz spontan, frei anzuerkennen, und nicht durch Zwang, als von einer andern Klasse auferlegt, als dem Bewußtsein äußere Sache.«[275]

Gramscis Interesse an Revolution und Staat galt einer Hegemonie, die nicht auf der Macht der Bajonette beruht, sondern jenen Staat aus-

272 Ebd., Bd. 5, H. 8, § 182, S. 1045.
273 Gramsci 1980, S. 20. Hervorh. v. mir.
274 Ebd., S. 51.
275 Gramsci, Bd. 4, H. 6, § 88. In: Gramsci 1991 ff, S. 783.

macht, in dem sich die politische Gesellschaft mit der Zivilgesellschaft verbindet – ›*Hegemonie, gepanzert mit Zwang*‹. Die historischen Bedingungen für den Staat der Oktoberrevolution und für den Staat im Westen waren nicht identisch: »Im Osten war der Staat alles, die Zivilgesellschaft war in ihren Anfängen und gallertenhaft; im Westen bestand zwischen Staat und Zivilgesellschaft ein richtiges Verhältnis, und beim Wanken des Staates gewahrte man sogleich eine robuste Struktur der Zivilgesellschaft. Der Staat war nur ein vorgeschobener Schützengraben, hinter welchem sich eine robuste Kette von Festungen und Kasematten befand«.[276] Eine der Konsequenzen, die Gramsci aus diesem Befund zog, war, dass die revolutionäre Bewegung im Westen einen ›Stellungskrieg‹ um die Hegemonie führen müsse und den ›Bewegungskrieg‹ der russischen Revolution zur Ausschaltung der Staatsmacht nicht kopieren könne.

6.3.8 Die Verteidigung des demokratischen Rechtsstaats – Hans Kelsen und Hermann Heller als wegweisende Beispiele

Es sollte sich schon bald zeigen, dass es im Westen nicht um eine sozialistische Revolution gehen konnte. Das, wogegen Hegemonie zu erringen bzw. zu verteidigen war, war gerade nicht die *Bürgerlichkeit* der bürgerlichen Gesellschaft, sondern der aus ihrer Mitte entstehende Faschismus. Parteigänger des Nationalsozialismus wie Ernst Jünger begrüßten den Untergang des Bürgertums in Gestalt des Arbeiters. In *Der Arbeiter. Herrschaft und Gestalt* propagierte er 1932: »Eines der besten Mittel zur Vorbereitung eines neueren und kühneren Lebens besteht in der Vernichtung der Wertungen des losgelösten und selbstherrlich gewordenen Geistes, in der Zerstörung der Erziehungsarbeit, die das bürgerliche Zeitalter am Menschen geleistet hat [...] Die beste Antwort auf den Hochverrat des Geistes gegen das Leben ist der Hochverrat des Geistes gegen den Geist, und es gehört zu den hohen und grausamen Genüssen unserer Zeit, an dieser Sprengarbeit beteiligt zu sein.«[277]

Der Kampf gegen die auch vom Bürgertum weitgehend preisgegebene Bürgerlichkeit, als deren Signum die Revolution von 1789 und die Menschenrechte verteufelt wurden, wurde im Namen der Diktatur des ›Völkischen‹[278] gegen die Gesellschaft der *citoyens* und gegen die

[276] Ebd., H. 7, § 16, S. 874.

[277] Jünger 1982 [1932], S. 43.

[278] Schon 1923 schrieb Jünger im *Völkischen Beobachter*, dem ›Kampfblatt‹ der NSDAP seit 1920: »Die echte Revolution hat noch gar nicht stattgefunden, sie marschiert unaufhaltsam heran. [...] ihre Idee ist die völkische,

Herrschaft des Rechts geführt. Die Übergänge in den Nationalsozialismus waren schleichend. Nicht alle standen dem blind gegenüber. Manche sahen, was kommen würde. 1930 notierte Harry Graf Kessler: »Das deutsche Bürgertum [...] scheint endgültig im Aussterben, politisch. [...] Der Nationalsozialismus ist eine Fiebererscheinung des sterbenden deutschen kleinen Mittelstandes; dieser Giftstoff seiner Krankheit kann aber Deutschland und Europa auf Jahrzehnte hin verelenden. Zu retten ist diese Klasse nicht; sie kann aber ungeheures neues Elend über Europa bringen in ihrem Todeskampf.«[279] 1933 zitierte er einen französischen Beobachter mit der Analyse, »daß ein fundamentaler Unterschied zwischen Deutschland und Frankreich darin bestünde, daß in Frankreich die Idee des ›Rechts‹ (l'idée du Droit) im Volk lebendig sei, in Deutschland nicht, und daß daher diese Idee, die in Frankreich automatisch als Bremse wirke, in der Dynamik des deutschen Volks keine Rolle spiele«.[280]

Hermann Heller schrieb 1930 in *Rechtsstaat oder Diktatur?*: »Die Methode, durch welche eine spezifisch demokratische Legitimationsgrundlage für die Zwecke einer autokratischen Diktatur adaptiert wird, ist recht interessant. Dazu werden zunächst die entsprechenden Freiheitsrechte des demokratischen Rechtsstaates durch den heute so populären Appell an den antiliberalen Affekt als ›bürgerlich‹ kompromittiert.«[281]

Die Staatsrechtslehre in der Weimarer Zeit[282] war polarisiert in der Konfrontation mit dem Normenpositivismus und »in Auseinandersetzung mit der und um die neue Verfassung des Deutschen Reiches von 1919«; »die Einnahme einer wissenschaftstheoretischen Position [war] oftmals mit einer bestimmten politischen Option verbunden.« Auf der einen Seite stand die »normlogische Schule unter der Führung H. Kelsens«. Sie bemühte sich »um ›den Nachweis, daß es für die Staatsrechtswissenschaft gar keinen Gegensatz zwischen einer Soziallehre und Rechtslehre vom Staat geben könne, weil der Staat allein kraft seiner Rechtsordnung existiere und somit mit dieser identisch sei‹.«[283]

zu bisher nicht gekannter Schärfe geschliffen, ihr Banner ist das Hakenkreuz, ihre Ausdrucksform die Konzentration des Willens in einem einzigen Punkt – die Diktatur!« (E. Jünger, Revolution und Idee. In: *Völkischer Beobachter*, München, Unterhaltungsbeilage 4 zu Nr. 196, 23./24. 9. 1923).

279 Kessler 1996, S. 678.

280 Ebd., S. 760.

281 Heller 1971 [1930], S. 457.

282 Zur Staatsrechtsdebatte dieser Zeit vgl. Kervégan 2002, Gangl 2011.

283 Kelsen bezog sich hier kritisch auf die Unterscheidung in G. Jellineks *Allgemeiner Staatslehre* zwischen der das historische Sein des Staates betref-

Gegen Kelsen traten mit gemeinsamer antipositivistischer Stoßrichtung, aber durchaus nicht identischer Zielsetzung R. Smend, E. Kaufmann, H. Triepel, H. Heller und C. Schmitt auf; sie begriffen – wie unterschiedlich auch immer – »die Rechtsordnung als einen integrierenden, von der Gesamtverfassung, das ist der staatlichen Wirklichkeit nicht zu isolierenden Bestandteil des Staates«.[284]

Hans Kelsen und Hermann Heller waren Antipoden; der eine kam aus dem Neukantianismus, der andere berief sich antipositivistisch auf Hegel. Aber ihre staatstheoretischen Wege und divergierenden Begründungen waren auf ein und dasselbe Ziel gerichtet: die Verteidigung der demokratischen Republik gegen die Diktatur.

Kelsen hat seine Auffassung von der *Identität von Recht und Staat*[285] immer wieder vertreten. Im Vorwort zur 2. Auflage seiner zunächst 1911 erschienenen *Hauptprobleme der Staatsrechtslehre. Entwickelt aus der Lehre vom Rechtssatze* (1923) schrieb er: »Wenn die ›Hauptprobleme‹ im Anschluß an eine allgemein verbreitete Vorstellung das Recht als Willen des Staates bezeichnen und sohin den Rechtssatz als hypothetisches Urteil über den Willen des Staates zu eigenem Verhalten charakterisieren, so kann damit nichts anderes gesagt sein, als daß der Rechtssatz in der logischen Form der Bedingung und Folge zwei Tatbestände miteinander verknüpft und daß in der Behauptung, der Folgetatbestand sei vom Staate gewollt, nur die *Zurechnung zum Staate als der Einheit des Inbegriffes aller Rechtssätze*, die Beziehung auf die Einheit der Rechtsordnung zum Ausdruck kommt. [...] Daß der Staat die Rechtsfolge ›will‹, bedeutet nur, daß dieser Tatbestand in der Einheit eines Systems von Rechtssätzen, bzw. rechtlich qualifizierten Tatbeständen begriffen wird. Das ist der eigentliche Sinn der Reduktion der Begriffe ›Staat‹ oder ›Staatswille‹ auf die Bedeutung von ›Ordnungseinheit‹, ›Zurechnungs-‹ oder ›Beziehungspunkt‹.«[286] Kelsen räumte aber jetzt ein, seine frühere Darstellung aus dem Jahre 1911 habe »dem Mißverständnis Vorschub geleistet«, als ob »in dem

fenden ›sozialen Staatslehre‹ und der ›Allgemeinen Staatsrechtslehre‹ als Normwissenschaft, deren Gegenstand die Rechtsnormen sind, die in diesem Sein zum Ausdruck kommen sollen. Beide Theoriebereiche betreffen dasselbe Objekt, den Staat mit seiner ›sozialen und rechtlichen Seite‹. Vgl. Jellinek 1914, S. 11; zu Kelsens Kritik an Jellinek vgl. van Ooyen 2003, S. 28-39, Neumann 2012, S. 152 ff.

284 Vollrath 1998, S. 46 f.

285 Vgl. Kelsen 1992 (RR II 1960), S. 319 f. Zu Kelsens Staatstheorie vgl. Dreier 1990, Neumann 2012, S. 152 ff.; vgl. auch van Ooyen 2003: »Kelsens positivistische Rechts- und Staatstheorie ist eine politische Theorie der pluralistischen Demokratie« (ebd., S. 18).

286 Kelsen 1923, S. X.

Satze, das Recht sei Wille des Staates, wie dies die herrschende Lehre meint, irgendeine Begriffsbestimmung des Rechtes gelegen, mit dem ›Vom Staate Gewollt-Sein‹ irgend ein objektives Kriterium des Rechtes, ein Wesensmerkmal des Gesamttatbestandes Recht gegeben sei.«[287]

Diese und vergleichbare Formulierungen haben das Fehlurteil begründet, der Rechtspositivismus habe die Republik wehrlos gemacht und die nationalsozialistische Diktatur begünstigt. Doch gerade die Kritiker und Gegner der Weimarer Republik vertraten antipositivistische Positionen; »die Gegnerschaft zum formalistischen Positivismus [hat] zur Delegitimierung ›Weimars‹ beigetragen«.[288] Wenn Kelsen das Recht und den Staat identifiziert hat, dann war dies (i) kritisch gegen das »naturrechtliches Vorurteil« gewendet, man könne oder müsse den Staat durch das Recht legitimieren[289], und (ii) gegen die These vom ›Staat als vorrechtliches Machtphänomen‹. Liest man Kelsens Identifizierung von *Recht und Staat* spiegelverkehrt – und so richtig –, dann ergibt sich, dass es ihm um die *gesollte* Identität von *Staat und Recht* als Grundlage einer rechtsstaatlichen Demokratie ging. So gelesen erschließt sich erst Kelsens Strategie: Die »Relativierung des Staatsbegriffs« durch Identifizierung mit dem *Recht* sollte »die erkenntnismäßige Einheit alles Rechtes« sicherstellen, und damit »eine nicht unwesentliche Voraussetzung für die organisatorische Einheit einer zentralisierten Weltrechtsordnung« schaffen.[290]

Bereits 1920 hatte Kelsen in *Sozialismus und Staat* geschrieben: »Demokratie ist [...] an sich nur ein formales Prinzip, das der jeweiligen Anschauung der Mehrheit die Herrschaft verschafft, ohne daß damit die Gewähr gegeben ist, daß gerade diese Mehrheit das absolut Gute, Richtige erreicht. Aber die Herrschaft der Majorität unterscheidet sich von jeder anderen Herrschaft dadurch, daß sie ihrem innersten Wesen nach eine *Minorität* nicht nur begrifflich *voraussetzt,* sondern auch politisch *anerkennt* und – in konsequenter Verfolgung des demokratischen Gedankens – *schützt.* Die *Relativität* des Wertes, den ein bestimmtes politisches Glaubensbekenntnis aufrichtet, die Unmöglichkeit, für ein politisches Programm, für ein politisches Ideal bei al-

287 Ebd. 1928 schrieb Kelsen: »Indem der Staat als eine normative Ordnung, d. h. als ein System von Normen begriffen wird, die sprachlich in Sollsätzen, logisch in hypothetischen Urteilen ausgedrückt werden, ist er prinzipiell in dieselbe Sphäre gerückt, in der das Recht begriffen wird. Damit ist der Staat in demselben Sinne wie das Recht als ein ›Wert‹ der ›Wirklichkeit‹, als ein ›Sollen‹ dem ›Sein‹ entgegengesetzt«. (Kelsen 1928a, S. 75).

288 Vollrath 1998, S. 48.

289 Kelsen 1992 (RR II 1960), S. 320.

290 Ebd., S. 154.

ler subjektiven Hingebung, bei aller persönlichen Überzeugung Gültigkeit zu beanspruchen, zwingt gebieterisch zu einer Negation auch des *politischen Absolutismus.*«[291] Diese Demokratie ist – so Kelsen 1933 in *Staatsform und Weltanschauung* – »ein dem Führerideal, weil dem Autoritätsprinzip überhaupt nicht günstiger Boden«.[292] Erkenne man – so betonte er 1934 in der 1. Auflage seiner *Reinen Rechtslehre* – »als die wesentliche Funktion der Rechtsnorm, daß sie den Menschen zu einem bestimmten Verhalten verpflichtet [...], dann ergibt sich als der entscheidende Gesichtspunkt, von dem aus die Erzeugung der Rechtsnorm zu beurteilen ist: ob der durch die Rechtsnorm zu verpflichtende Mensch, der Normunterworfene, an der Erzeugung dieser ihn verpflichtenden Norm beteiligt ist oder nicht.«[293] Die *Staatsform*, die dem Rechnung trägt, ist jene, in der der Staat als »eine Rechtsordnung« bestimmbar ist.

Auch Hermann Heller (1891-1933) war einer der wenigen Staatsrechtslehrer, die sich vorbehaltlos für die Weimarer Republik und die Demokratie eingesetzt und vor der drohenden Diktatur gewarnt haben.[294] In Carl Schmitt sah er *den* Gegenspieler, den er 1934 in seiner

291 Kelsen 1965 [1920], S. 161. Vgl. ebd., S. 27: »Darum ist der Relativismus die Weltanschauung, die der demokratische Gedanke voraussetzt. Demokratie schätzt den politischen Willen jedermanns gleich ein, wie sie auch jeden politischen Glauben, jede politische Meinung gleichermaßen achtet.«

292 Kelsen 1933, S. 20.

293 Kelsen 1985 (RR I 1934), S. 107. Vgl. Kelsen 1992 (RR II 1960), S. 143: »Die Beteiligung der Normunterworfenen an der Gesetzgebung, das ist der Erzeugung genereller Rechtsnormen, ist das wesentliche Merkmal der demokratischen, zum Unterschied von der autoritären Staatsform«.

294 Vgl. Müller 1992. In Wien aufgewachsen, kam H. Heller 1919 durch den mit ihm befreundeten Gustav Radbruch zur Sozialdemokratie, der er im März 1920 beitrat, ohne aber den zeitgenössischen Marxismus zu akzeptieren: Er akzeptierte, wie er 1934 in seiner *Staatslehre* schrieb, »den wissenschaftlich wertvollsten, vom zeitbedingten Ökonomismus und Naturalismus gereinigten Teil des historischen Materialismus« (Heller 1983 [1934], S. 84), kritisierte aber, in »besonders krasser Weise« habe »der Marxismus den Staat mit der jeweils herrschenden Klasse identifiziert.« (S. 272, vgl. S. 194, 240). Während des Kapp-Putsches beteiligte sich Heller in Kiel mit Gustav Radbruch an der Organisation des Widerstands der Arbeiterschaft. Um ein Blutvergießen zu vermeiden, versuchten beide einen Waffenstillstand auszuhandeln, wurden jedoch verhaftet und blieben von der Vollstreckung eines bereits ausgefertigten Todesurteils nur verschont, weil der Putsch in sich zusammenbrach. Heller lehrte als Staatsrechtslehrer in Kiel, Leipzig, Berlin und Frankfurt/M. 1933 in seiner Existenz bedroht, kam er von Gastvorträgen in Oxford und an der London

Staatslehre als den »einflußreiche[n] Advokat[en] des deutschen Fascismus« bezeichnete.[295] Seine Kritik galt aber auch dem Rechtspositivismus Hans Kelsens: »Heute findet [der] Glaube an eine entleerte Nomokratie, die Utopie des ewigen Friedens durch endgültige Vergesetzlichung aller Individualität nur noch wenige Anhänger. In Reinkultur bildet er den nicht leicht erkennbaren Untergrund der reinen Rechtslehre Kelsens und seiner Schule, die in jedem Staat einen Rechtsstaat und als Ideal der Demokratie die ›Führerlosigkeit‹ erkennen.« Polemisch und zu Unrecht hat Heller den Satz angefügt: »Die leeren Abstraktionen dieses nomokratischen Denkens tragen nicht wenig dazu bei, gerade unter einer nach sittlichen Begründungen suchenden und wirklichkeitshungrigen Jugend den Diktaturgedanken zu befördern.«[296]

Gegen eine Staatsrechtstheorie »ohne Staat und ohne Recht«[297] argumentierte Heller 1927 in *Die Souveränität. Ein Beitrag zur Theorie des Staats- und Völkerrechts,* der Staat dürfe sich nicht allein auf ›formale‹ Rechtmäßigkeit beschränken. Man begreife, schrieb er 1930 in *Rechtsstaat oder Diktatur?* in Übereinstimmung mit Kelsen, »die soziologische, politische und juristische Bedeutung des modernen Rechtsstaates [nur dann], wenn man ihn als ›Herrschaft des Gesetzes‹ im Sinne seiner Schöpfer begreift.«[298] Die Diktatur habe »dem Rechtsstaat, der sich die Wirtschaft unterwerfen will, nichts andres

School of Economics nicht nach Deutschland zurück; er sah sich zum Exil in Spanien gezwungen, wo er bereits im November in Madrid starb.

295 Heller 1983 [1934], S. 234; vgl. S. 19, 315. Die rechtspolitische Auseinandersetzung mit Schmitt gipfelte 1932 im Prozess vor dem Staatsgerichtshof ›Preußen contra Reich‹; durch eine auf Art. 48 Abs. 1 und 2 der Weimarer Reichsverfassung gestützte Not-Verordnung des Reichspräsidenten betreffend die Wiederherstellung der öffentlichen Sicherheit und Ordnung im Gebiet des Landes Preußen‹ vom 20. Juli 1932 (RGBl. I S. 377) hatte der Reichspräsident v. Hindenburg den Reichskanzler v. Papen zum Reichskommissar für das Land Preußen eingesetzt und das Land unter Reichskontrolle gebracht (›Preußenschlag‹); Heller vertrat die SPD-Landtagsfraktion, Schmitt war einer der Vertreter des Reiches; zu seiner Position vgl. Schmitt 1933, S. 196 f.

296 Heller 1971 [1930], S. 45. Heller bezog sich auf Hans Kelsens *Vom Wesen und Wert der Demokratie,* 2. Aufl., Tübingen 1929, S. 79. Er hatte Kelsen bereits 1927 während der Münchener Staatsrechtslehrertagung scharf angegriffen.

297 Heller 1992, Bd. 2, S. 33. Heller 1971 [1930], S. 111, schreibt Kelsen eine »Staatslehre ohne Staat« zu.

298 Heller 1971 [1930], S. 446.

entgegenzusetzen hat als die ideologisch recht schlecht verhüllte Gewalt«.[299]

Heller, der 1930 den Begriff des ›sozialen Rechtsstaates‹[300] prägte, hat seine Theorie des demokratischen Verfassungsstaates, dessen Funktion vor allem in der Regelung sozialen Konflikte bestehe, als ›wirklichkeitswissenschaftliche Staatslehre‹ formuliert, die den Staat und das Recht als ›Schattenrisse realer gesellschaftlicher Vorgänge‹ erfassen müsse: »Neben der kapitalistischen Ökonomie entsteht im Staat eine kollektive Handlungseinheit, deren Handlungsfähigkeit von der politischen Integrationsleistung und pluralistischen Interessenvermittlung abhängig gemacht wird. Im Gegensatz zu C. Schmitts Theorie der ›substanziellen Homogenität‹ beruht für Heller die politische Einheitsbildung nicht auf dem Mechanismus des Ausschließens, sondern auf der Repräsentanz der sozialen Interessengegensätze im Rahmen der parlamentarischen Demokratie. Deren Funktionsfähigkeit bleibt in konstitutiver Weise gebunden an die Fortentwicklung der liberalen zur *sozialen Demokratie.* [...] Angesichts der faschistischen Entwicklung in Italien und auf dem Hintergrund der Krise des Weimarer Parlamentarismus postuliert Heller: Die politische Demokratie läßt sich nur in ihrem materiellen und sozialen Ausbau bewahren. Im Mittelpunkt des von Heller geprägten Begriffs des *›sozialistischen Rechtsstaates‹* steht die Forderung, durch die Ausweitung der politischen Selbstbestimmung auf den ökonomischen Bereich den ›liberalen in einen sozialistischen Rechtsstaat umzubauen, nicht aber den Rechtsstaat überhaupt zu beseitigen‹.«[301]

In seiner 1934 erschienenen *Staatslehre* betonte Heller, jede Staatsgewalt müsse »mit existentieller Notwendigkeit« den »Anspruch erheben, eine Rechtsmacht zu sein; das heißt aber, nicht nur rechtstechnisch als Macht zu wirken, sondern als berechtigte, den Willen sittlich verpflichtende Autorität zu gelten. Durch den Hinweis auf die Notwendigkeit ihrer gesellschaftlichen Funktion der Organisierung und Aktivierung des gebietsgesellschaftlichen Zusammenwirkens kann sie die sittliche Berechtigung ihres Anspruchs auf höchste Opfer und Zwangsgewalt allein noch nicht begründen. Denn diese gesellschaftliche Funktion vermag immer nur verständlich zu machen und zu erklären, warum der Staat als Institution existiert; niemals aber zu rechtfertigen, warum die Staatsinstitution oder gar dieser konkrete Staat existieren soll.« Nicht weil der Staat »irgendeine gebietsgesellschaftliche Ordnung« sichere, »sondern nur sofern er eine gerechte Ordnung er-

299 Ebd., S. 460.
300 Ebd., S. 456.
301 Heidt 1995, S. 313.

strebt, sind seine ungeheuren Ansprüche gerechtfertigt.« Nur dadurch, dass die »Staatsfunktion auf die Rechtsfunktion« bezogen wird, ist für Heller die Legitimation des Staates möglich: »Ohne Scheidung von Recht und Unrecht ist keine Rechtfertigung des Staates möglich. Vollzogen kann jene Scheidung nur werden auf Grund eines Rechtsmaßstabes, der als über dem Staat und seinem positiven Recht stehend angenommen werden muß. Als überpositiver Maß- und Verteilungswert hat das Recht die Funktion, das gesellschaftliche Leben richtig zu richten, d.h. allen seinen Gliedern das ihnen im Hinblick auf ein Ganzes Zukommende an Berechtigungen und Verpflichtungen zuzumessen, die Glieder in ein richtiges Verhältnis zueinander zu bringen. Bezeichnet man das formale Rechtsgesetz mit der römischen Jurisprudenz als ein *suum cuique tribuere,* so leuchtet sofort ein, daß es nicht eine individualistische und eine kollektivistische Gerechtigkeit geben kann. Das richtige Recht läßt sich weder dadurch bestimmen, daß man von einem als allein werthaft behaupteten Glied ausgeht, noch dadurch, daß man ein überindividuelles Ganzes zum allein wertvollen Ausgangspunkt nimmt. Das unser Rechtsgewissen verpflichtende Rechtsgesetz ordnet den Teil in das Ganze und das Ganze durch die Teile.« [302]

Für die Rechtfertigung des Staates ist »gar nichts gewonnen damit, daß man bloß rechtstechnisch ein positivrechtliches, also durch die jeweilige Macht angeordnetes Sollen gegenüberstellt dem gesellschaftlichen Sein. So verweist auch Kelsens Grundnorm, die ›alle denkbaren Variationen ihres Norminhaltes potentiell‹ in sich birgt, nur auf die sittlich-rechtlich völlig ungebundene Willkür des jeweiligen Gesetzgebers, führt also letztlich ebenfalls zur Identifizierung von Recht und Macht und zu der Behauptung, jeder Staat sei ein Rechtsstaat. Die Übereinstimmung eines staatlichen Aktes mit dem Gesetz, des Gesetzes mit der positivrechtlichen oder der normlogisch vorausgesetzten Verfassung kann immer nur Legalität, niemals rechtfertigende Legitimität begründen.«[303]

Was Heller interessierte, war der Zusammenhang des »machtbildenden Charakter[s] des Rechts« mit dem »rechtbildenden Charakter der Staatsmacht«. Ohne den machtbildenden Charakter des Rechts »gibt es weder eine normative Rechtsgeltung noch eine Staatsmacht, ohne den rechtbildenden Charakter der Staatsmacht aber gibt es weder eine Rechtspositivität noch einen Staat. Die Beziehung von Staat und Recht ist weder als unterschiedslose Einheit noch als unüberbrückbare Gegensätzlichkeit möglich. Das Verhältnis von Recht und

302 Heller 1983 [1934], S. 246 ff.

303 Ebd. S. 250 f. Vgl. zur Position, gegen die Heller argumentiert, Kelsen 1985 (RR I 1934), S. 64.

Staat kennzeichnet sich also als ein dialektisches, nämlich als ›notwendige Beziehung der getrennten Sphären und Aufnahme jedes Pols in den entgegengesetzten‹. Deshalb muß auch das Problem der Rechtsgeltung im Zusamnhang gesehen werden mit dem machtbildenden Charakter des Rechts. Damit jemand Macht habe, seinen Anordnungen also dauernd Folge geleistet werde, ist es notwendig, daß wenigstens die entscheidenden Machtstützen die Überzeugung von der Legitimität der Macht haben. Politische Macht ist ein gesellschaftliches Verhältnis und nicht notwendig eine persönlich-politische Fähigkeit. Auch der unfähigste Herrscher übt Macht und findet Gehorsam, solange an die Legitimität seiner Herrschaft geglaubt wird. Die Legitimität der staatlichen Normsetzungsinstanz ist dann gegeben, wenn und soweit die Normadressaten daran glauben, daß bestimmte, den Staat und sein Recht transzendierende und sie eben damit fundierende, ethisch verpflichtende Rechtsgrundsätze sind, welche der Rechtssetzer zu Rechtssätzen positiviert. [...] *Nur ein Recht, das mit Erfolg den Anspruch erhebt, der Gerechtigkeit zu dienen, vermag auch die Herrschenden selbst zu jenen Leistungen zu verpflichten, durch welche die Staatsmacht konstituiert wird.*«[304]

Historisch hat sich für Heller die Rechtfertigung der Institution ›Staat‹ daraus ergeben, »daß auf einer bestimmten Stufe der Arbeitsteilung und des gesellschaftlichen Verkehrs die Sinn- und Vollstreckungsgewißheit des Rechts den Staat erforderlich machen. [...] so wird mit wachsender Zivilisation allgemein eine wachsend sich differenzierende Staatsorganisation zur Setzung, Anwendung und Durchsetzung des Rechts notwendig. Die Staatsinstitution ist also sanktioniert als Rechtssicherungsorganisation und nur als solche.«[305]

Diese These dürfe aber »weder liberalistisch noch technizistisch mißverstanden werden. Weder will sie besagen, daß der Staat seine Tätigkeit auf Gesetzgebung und Gerichtsorganisation zu beschränken habe, noch wird damit behauptet, daß die Rechtssicherung bloß in einer polizeilichen Tätigkeit besteht. Daß der Staat nur in seiner Eigenschaft als Rechtssicherungsorganisation sanktioniert werden kann, soll vielmehr aussagen, daß er nur insofern gerechtfertigt werden kann, als er der Anwendung und Durchsetzung sittlicher Rechtsgrundsätze dient«, die »unmittelbar nur die Verhaltungsnormen, nicht aber die Zuständigkeitsnormen« bestimmen: »Welche Autorität zur Setzung, Anwendung und Exekution der positiven Rechtssätze berufen ist, darüber entscheiden die in einer Rechtsgemeinschaft sozial geltenden Legitimierungsideologien. Eine solche Autorität muß zur Rechts-

304 Ebd., S. 217. Hervorh. v. mir.
305 Ebd., S. 253.

sicherung sowohl ermächtigt, wie auch berechtigt sein. Sie muß über die Macht verfügen, um das Recht aussprechen, anwenden und möglichst auch exekutieren zu können, und sie hat diese Macht nur, wenn ihr wenigstens von den entscheidenden Gruppen geglaubt wird, daß sie bereit ist, Recht und nicht Unrecht zu sichern. Diese soziale Legitimierung der rechtsichernden Autorität ist aber wohl zu unterscheiden von der ideellen Rechtfertigung des Staates durch sittliche Rechtsgrundsätze. Ob die sozial legitimierte Autorität nicht etwa nur der normalen Rechtssicherheit dient und eine ungerechte Ordnung um der Ordnung willen aufrecht erhält, läßt sich nur durch ein Urteil über die Richtigkeit des gesicherten Rechts entscheiden. Rechtssicherheit und Rechtmäßigkeit können miteinander in Konflikt geraten, und eben dieses Spannungsverhältnis, das notwendig zwischen beiden besteht, erschließt uns erst die tiefe Problematik der Rechtfertigung des konkreten Staates.«[306]

Zu dieser Rechtfertigung gehört wesentlich die Einsicht: »Der Satz, daß der Staatswille es sei, der das positive Recht setzt und sichert, ist dann richtig, wenn eingesehen wird, daß der Staatswille sowohl seine eigene Rechtfertigung wie Macht aus überpositiven Rechtsgrundsätzen schöpft. *In diesem Sinne ist das Recht die ethisch notwendige Erscheinungsform des Staates.*«[307]

Mit dem bereits in der Weimarer Republik beginnenden Siegeszug des Nationalsozialismus hatten Verteidiger des demokratischen Rechtsstaates wie Kelsen und Heller in Deutschland bis 1945 keine Zukunft mehr; was ihnen blieb, war das Exil. Bei Ernst Jünger war 1930 zu lesen: »Im gleichen Maße, in dem der deutsche Wille an Schärfe und Gestalt gewinnt, wird für den Juden auch der leiseste Wahn, in Deutschland Deutscher sein zu können, unvollziehbar werden und wird sich vor seiner letzten Alternative sehen, die lautet: in Deutschland entweder Jude zu sein oder nicht zu sein.«[308] 1933 hetzte ›Die Deutsche Studentenschaft‹ unter dem Titel *Wider den undeutschen Geist*: »Sprache und Schrifttum wurzeln im Volke. [...] Es klafft ein Widerspruch zwischen Schrifttum und deutschem Volkstum. [...] *Unser gefährlichster Widersacher ist der Jude, und der, der ihm hörig ist.* [...] Der Jude kann nur jüdisch denken. Schreibt er deutsch, dann lügt er. Der Deutsche, der deutsch schreibt, aber undeutsch denkt, ist ein *Verräter.*«[309]

306 Ebd. S. 253 f.

307 Ebd., S. 218.

308 E. Jünger, Über Nationalismus und Judenfrage. In: *Süddeutsche Monatshefte* 27 (1930), S. 844 ff.

309 Zit. nach Bottin 1992, S. 30.

6.3.9 Nationalsozialismus, Staat und Diktatur

Hitlers *Mein Kampf* hat die Irrwege vorgezeichnet, die in der Zeit der Agonie der Weimarer Republik und von 1933 bis 1945 Staats- und Verfassungsrechtler auf Seiten der Sieger gegangen sind.[310]

Hitlers Pamphlet[311] war frontal gegen Demokratie und Parlamentarismus, gegen Marxismus und ›internationales Judentum‹ gerichtet und propagierte als Alternative den ›rassisch‹ homogenen ›völkischen‹ Führerstaat: »Die Demokratie des heutigen Westens ist der Vorläufer des Marxismus, der ohne sie gar nicht denkbar wäre. Sie gibt erst dieser Weltpest den Nährboden, auf dem sich dann die Seuche auszubreiten vermag. In ihrer äußeren Ausdrucksform, dem Parlamentarismus, schuf sie sich noch eine ›Spottgeburt aus Dreck und Feuer‹, bei der mir nur leider das ›Feuer‹ im Augenblick ausgebrannt zu sein scheint.«[312]

Die »grundsätzliche Erkenntnis«, die Hitler hervorhob, bestand darin, »daß der Staat keinen Zweck, sondern ein Mittel darstellt. Er ist wohl die Voraussetzung zur Bildung einer höheren menschlichen Kultur, allein nicht die Ursache derselben. Diese liegt vielmehr ausschließlich im Vorhandensein einer zur Kultur befähigten Rasse. [...] Der heutige Staat beispielsweise kann als formaler Mechanismus sehr wohl noch soundso lange Zeit sein Dasein vortäuschen, die rassenmäßige Vergiftung unseres Volkskörpers schafft jedoch einen kulturellen Niedergang, der schon jetzt erschreckend in Erscheinung tritt.«[313] Der

310 Dreier 2001, S. 16 f., zählt zur Gruppe derer, die sich auf die Seite des NS-Regimes stellten, neben E. Forsthoff C. Schmitt, O. Koellreutter und J. Heckel sowie unter den Jüngeren G.A. Waltz, E.R. Huber, Th. Maunz, U. Scheuner, H. Krüger und G. Küchenhoff. Andere wahrten Distanz und wichen »vom stets besonders politischen Staatsrecht auf andere, unverfänglichere Themengebiete aus oder verstummten vernehmbar«; Dreier zählt zu dieser Gruppe »*Triepel*, *Smend*, *Thoma* und vor allem *Anschütz*« sowie »*Bühler*, *Giese*, *Laforet* und *Laun*«. Vgl. Stolleis 1994. Zu vergleichbaren Beziehungen zwischen Nationalsozialismus und Philosophie vgl. Sandkühler 2009d.

311 1925 erschien der erste Band, im Dezember 1926 der zweite, bis 1945 wurde der Text mehrfach verändert und erweitert; die 851.-855. Auflage erschien 1943; die Gesamtauflage betrug über 10 Mio. Exemplare. Die Behauptung, es habe doch niemand *Mein Kampf* gelesen, gehört zur Selbstentlastungsstrategie in Deutschland nach 1945: ›Man hat es nicht gewusst‹.

312 Hitler 1943, S. 85.

313 Ebd., S. 431. Diese ›grundsätzliche Erkenntnis‹ zitierte E.R. Huber 1937 in seinem Buch *Verfassung* (S. 66) und 1939 in *Verfassungsrecht des Grossdeutschen Reiches* (S. 163).

Staat sei das »Gefäß« mit »der Rasse als dem Inhalt«.[314] Aufgrund ›rassischen‹ Nebeneinanders fehle »dem deutschen Volk jener sichere Herdeninstinkt, der in der Einheit des Blutes begründet liegt und besonders in gefahrdrohenden Momenten Nationen vor dem Untergang bewahrt, insofern bei solchen Völkern dann alle kleineren inneren Unterschiede sofort zu verschwinden pflegen und dem gemeinsamen Feinde die geschlossene Front einer einheitlichen Herde gegenübertritt. In dem Nebeneinander unserer unvermischt gebliebenen rassischen Grundelemente verschiedenster Art liegt das begründet, was man bei uns mit dem Wort Überindividualismus bezeichnet. In friedlichen Zeitläuften mag er manchmal gute Dienste leisten, alles in allem genommen aber hat er uns um die Weltherrschaft gebracht.«[315]

Eine »Weltanschauung«, die »unter Ablehnung des demokratischen Massengedankens dem besten Volk, also den höchsten Menschen, diese Erde zu geben« bestrebt sei, müsse »logischwerweise auch innerhalb dieses Volkes wieder dem gleichen aristokratischen Prinzip gehorchen und den besten Köpfen die Führung und den höchsten Einfluß im betreffenden Volk sichern. Damit baut sie nicht auf dem Gedanken der Majorität, sondern auf dem der Persönlichkeit auf. Wer heute glaubt, daß sich ein völkischer, nationalsozialistischer Staat etwa nur rein mechanisch durch eine bessere Konstruktion seines Wirtschaftslebens von anderen Staaten zu unterscheiden hätte, also durch einen besseren Ausgleich von Reichtum und Armut oder durch mehr Mitbestimmungsrecht breiter Schichten am Wirtschaftsprozeß oder durch gerechtere Entlohnung, durch Beseitigung von zu großen Lohndifferenzen, der ist im Alleräußerlichsten steckengeblieben und hat keine blasse Ahnung von dem, was wir als Weltanschauung zu bezeichnen haben.«[316]

Der »Nat.-Soz. Wandel« dürfe »logischerweise nicht einmal bei der Verfassung des Staates haltmachen«, sondern müsse »auch die gesamte übrige Gesetzgebung, ja das allgemeine bürgerliche Leben durchdringen [...]. Solch eine Umwälzung kann und wird nur stattfinden durch eine Bewegung, die selbst bereits im Geiste dieser Gedanken aufgebaut ist und somit in sich selbst schon den kommenden Staat trägt.«[317] Wolle man versuchen, »das ideale Bild eines völkischen Staates in die reale Wirklichkeit zu überführen«, dann müsse man »unabhängig von den bisherigen Mächten des öffentlichen Lebens,

314 Ebd., S. 434; vgl. S. 433-437.

315 Ebd., S. 437.

316 Ebd., S. 497; vgl. S. 500. Zum ›völkischen Staat‹ vgl. Dreier 2001, S. 33-40.

317 Hitler 1943, S. 503.

nach einer neuen Kraft suchen, die gewillt und fähig ist, den Kampf für ein solches Ideal aufzunehmen. Denn um einen Kampf handelt es sich hierbei, insofern die erste Aufgabe nicht heißt: Schaffung einer völkischen Staatsauffassung, sondern vor allem: Beseitigung der vorhandenen jüdischen.«[318]

Die Nähe von Intellektuellen zum Nationalsozialismus konnte unterschiedlich motiviert sein. Doch was Fritz Stern allgemein für diejenigen festgestellt hat, die sich dem NS-Regime andienten, gilt auch für Staatstheoretiker wie Carl Schmitt, Ernst Forsthoff und andere. Auch ihr wesentliches Motiv war der Kampf gegen den liberalen Rechts- und Verfassungsstaat und die parlamentarische Demokratie, kurz: gegen das, was sie als ›Liberalismus‹ verteufelten: »Sie griffen ihn an, weil sie in ihm die Voraussetzung der modernen Gesellschaft sahen, der alles entsprang, was sie fürchteten: die Bourgeoisie, das Manchestertum, der Materialismus, das Parlament und das Parteiwesen, der Mangel an politischer Führung. Außerdem hielten sie den Liberalismus für die Ursache ihres inneren Leidens.«[319]

Dieser antiliberale Affekt musste in der politischen Theorie nicht erst ab 1933 mobilisiert werden.[320] In einem 1932 unter dem Titel ›Verteidigung der Demokratie‹ erschienenen Aufsatz konnte Kelsen feststellen: »In den Kreisen der Staatsrechtslehrer [...] versteht es sich heute beinahe von selbst, von Demokratie nur mit verächtlichen Worten zu sprechen, [es] gilt als modern, die Diktatur – direkt oder indirekt – als das Morgenrot einer neuen Zeit zu begrüßen. Und diese Wendung der ›wissenschaftlichen‹ Haltung geht Hand in Hand mit einem Wechsel der philosophischen Front: Fort von der jetzt als Flachheit verschrieenen Klarheit des empirisch-kritischen Rationalismus, diesem geistigen Lebensraum der Demokratie, zurück [...] zum Kultus eines nebulosen Irrationalen, dieser spezifischen Atmosphäre, in der seit je die verschiedenen Formen der Autokratie am besten gediehen sind. Das ist die Parole von heute.«[321]

Die nationalsozialistische Staatsrechtslehre konzentrierte sich auf die folgenden drei »neuen Elemente«: »erstens die propagierten Ideen über Volk und Volksgemeinschaft, also der ›völkische Staat‹; zweitens das Konzept der Einheit von Partei und Staat, also der ›Bewegungsstaat‹; drittens schließlich das Führerprinzip im allgemeinen und die

318 Ebd., S. 504 f.
319 Stern 2007, S. 278 f.
320 Vgl. Sontheimer 1968.
321 Zit. nach Dreier 2001, S. 10.

umfassende Hoheitsgewalt des Führers im besonderen: also der ›Führerstaat‹.«[322]

Der 1933 der NSDAP beigetretene Nationalsozialist Carl Schmitt (1888-1985)[323] feierte am 20. Juni 1933 in seiner unter dem Titel ›Reich – Staat – Bund‹ gehaltenen Kölner Antrittsvorlesung[324] den »unter der politischen Führung Adolf Hitlers entstandene[n] neue[n] Staat der nationalen Revolution«[325]: Die »große politische Gefahr [des] Föderalismus« sei behoben und der »Länderparlamentarismus, die schlimme Wurzel des Parteienbundesstaates [...], abgeschafft«. Diese »Lösung des großen Problems des alten Gegensatzes von Reich, Staat und Bund« sei kein »bloßer glücklicher Handstreich [...], sondern eine wohldurchdachte konstruktive Lösung, die nur im engsten Zusammenhang mit der Gesamtkonstruktion der neuen Einheit besteht. Diese ruht auf drei Säulen: dem staatlichen Behördenapparat, der staatstragenden Parteiorganisation und einer ständischen Sozialordnung.«[326] Die mit dem Machtantritt Hitlers und der NSDAP entstandene Lage begrüßte Schmitt mit den Worten: »Politische Verantwortung und politische Ehrlichkeit sind jetzt wieder möglich, nachdem sie im System des liberalen Verfassungsstaates sinnlos und unmöglich geworden waren.«[327]

Diese Rede war kein Ausdruck von Opportunismus, sondern des seit den 1920er Jahren entwickelten, gegen die ›Begriffsjurisprudenz‹ gerichteten Staats- und Verfassungsdenkens, das sich der Bedeutung der Begriffe als »Ausdruck scharf und und präzis herausgearbeiteter Gegensätze und Freund-Feind-Konstellationen« bewusst war.[328]

Zu den Gegnern, gegen die Schmitt seine Position profilierte, gehörte vor 1933 Harold J. Laski, der – von William James' Pragmatismus ausgehend – in seinen *Studies in the Problem of Sovereignty* (1917)

322 Dreier 2001, S. 33.

323 Zu einer Beurteilung Schmitts, die seine Rolle als NS-Ideologe nicht unterschlägt, ihn aber als ›Klassiker‹ der politischen Theorie im 20. Jahrhundert betrachtet, vgl. Kervégan 2011a.

324 Carl Schmitt wurde 1933 an der Universität Köln der Nachfolger des ihm verhassten Hans Kelsen. Noch in seinem *Glossarium*-Eintrag vom 11.6. 1948 ist der vom NS-Regime exilierte Kelsen für ihn einer der »Vernichter, Ausrotter, Ausradierer und Zertreter«, und er erinnert ihn an die »kleinen Gehilfen in den Höllen des Hieronymus Bosch«. (Schmitt 1991, S. 161 f.) Zur Auseinandersetzung zwischen Kelsen und Schmitt vgl. van Ooyen 2003, S. 161-192.

325 Schmitt 1933, S. 197.

326 Ebd.

327 Ebd., S. 197 f.

328 Ebd., S. 191.

ein liberales und pluralistisches Programm von Gesellschaft und Staat begründet hatte. Laskis Ziel war eine Gesellschaft, in der die Interessengruppen ihre Freiheiten und Rechte autonom schützen; der Staat genießt keinen höheren Rang als soziale Gruppen und kann nur aus individuellem Konsens begründet werden. Schmitt sah in dem von Laski favorisierten Wert ›Menschheit‹[329] die Zerstörung der ›Staatsethik‹. Laskis Konzeption löse – so Schmitt in seinem 1930 in den ›Kant-Studien‹ erschienenen Aufsatz ›Staatsethik und pluralistischer Staat‹ – »die politische Einheit des Staates pluralistisch« auf. Dies führe »zu dem Ergebnis, dass der einzelne Mensch in einer Mehrheit von ungeordnet nebeneinander geltenden sozialen Verpflichtungen und Loyalitätsbeziehungen« lebe. Eine »soziale Total-Ethik« werde so unmöglich[330] – und mit ihr die *»Pflicht zum Staat«*.[331] Schmitt stellte zwar fest, »die Welt des objektiven Geistes [sei] eine pluralistische Welt: Pluralismus der Rassen und Völker, der Religionen und Kulturen, der Sprachen und der Rechtssysteme«. Im Unterschied zu Laski komme es aber darauf an, *»den Pluralismus richtig zu plazieren«*, d.h. anzuerkennen, dass »Träger dieses Pluralismus die politischen Einheiten als solche, d.h. die Staaten« seien.[332]

Wie im Ethnopluralismus vom Pluralismus der Kulturen nur deshalb gesprochen wird, um die herrschende Kultur ab- und andere Kulturen auszugrenzen und zu ghettoisieren, bedeutet Schmitts Zuschreibung des Pluralismus an die Staaten den Ausschluss des Pluralismus aus dem Inneren des Staates, dessen Homogenität durch Ghettoisierung des Anderen, des ›Feindes‹ zu verwirklichen ist. Dabei setzte Schmitt nicht – wie Laski – auf Konsens, sondern auf Macht: »Macht bewirkt Konsens, und zwar oft einen vernünftigen und ethisch berech-

329 Vgl. Schmitt 1930, S. 34. Vgl. Schmitt 1996, S. 54 f.: »Die *Menschheit* als solche kann keinen Krieg führen, denn sie hat keinen Feind, wenigstens nicht auf diesem Planeten. Der Begriff der Menschheit schließt den Begriff des Feindes aus, weil auch der Feind nicht aufhört, Mensch zu sein und darin keine spezifische Unterscheidung liegt.«

330 Ebd., S. 29 f.

331 Ebd., S. 42.

332 Ebd., S. 37. In *Der Begriff des Politischen* (1932) setzte Schmitt gegen die Forderung eines *innerstaatlichen* Pluralismus den *»Pluralismus der Staatenwelt«*, d.h. er betonte die Vielfalt politischer Einheiten, die nach seinem Freund- Feind- Schema unterscheidbar bleiben sollten. »Dadurch, dass ein Volk nicht mehr die Kraft oder den Willen hat, sich in der Sphäre des Politischen zu halten, verschwindet das Politische nicht aus der Staatenwelt. Es verschwindet nur ein schwaches Volk. [...] Aus dem Begriffsmerkmal des Politischen folgt der Pluralismus der Staatenwelt.« (Schmitt 1996, S. 54. Zur Kritik an Laski vgl. ebd., S. 41-45; zur Kritik am Liberalismus vgl. ebd., S. 68).

tigten Konsens; und umgekehrt: Konsens bewirkt Macht, und zwar oft eine unvernünftige und – trotz des Konsenses – ethisch verwerfliche Macht. Pragmatisch und empirisch gesehen erhebt sich dann die Frage, wer über die Mittel verfügt, den ›freien‹ Konsens der Massen herbeizuführen [...]. Sind die Mittel in den Händen sozialer Gruppen oder einzelner Menschen oder der Kontrolle des Staates entzogen, so ist es allerdings mit dem, was offiziell noch ›Staat‹ heißt, zu Ende«.[333]

1932 erschien das neben der *Verfassungslehre* (1928) einflussreichste Buch Schmitts, *Der Begriff des Politischen*, dessen Ursprung auf das Jahr 1927 zurückgeht.[334] Es habe sich dabei, erläuterte Schmitt 1963 in seinem Vorwort zur 6. Auflage, »um das Verhältnis und die gegenseitige Stellung der Begriffe *Staatlich* und *Politisch* auf der einen, *Krieg* und *Feind* auf der anderen Seite« gehandelt.[335] »Staat ist« – so beginnt der Text von 1932 – »seinem Wortsinn und seiner geschichtlichen Erscheinung nach ein besonders gearteter Zustand eines Volkes, und zwar der im entscheidenden Fall maßgebende Zustand und deshalb, gegenüber den vielen denkbaren individuellen und kollektiven Status, der Status schlechthin. Mehr läßt sich zunächst nicht sagen. Alle Merkmale dieser Vorstellung – Status und Volk – erhalten ihren Sinn durch das weitere Merkmal des Politischen und werden unverständlich, wenn das Wesen des Politischen mißverstanden wird.«[336]

Die »Gleichung Staatlich = Politisch« wird für Schmitt »in demselben Maße unrichtig und irreführend, in welchem Staat und Gesellschaft sich gegenseitig durchdringen, alle bisher staatlichen Angelegenheiten gesellschaftlich und umgekehrt alle bisher ›nur‹ gesellschaftlichen Angelegenheiten staatlich werden, wie das in einem demokratisch organisierten Gemeinwesen notwendigerweise eintritt. Dann hören die bisher ›neutralen‹ Gebiete – Religion, Kultur, Bildung, Wirtschaft – auf, ›neutral‹ im Sinne von nicht-staatlich und nicht-politisch zu sein. Als polemischer Gegenbegriff gegen solche Neutralisierungen und Entpolitisierungen wichtiger Sachgebiete erscheint der gegenüber keinem Sachgebiet desinteressierte, potentiell jedes Gebiet ergreifende *totale* Staat der Identität von Staat und Gesellschaft. In ihm ist infolgedessen *alles* wenigstens der Möglichkeit nach politisch, und die Bezugnahme auf den Staat ist nicht mehr imstande, ein spezifisches Unterscheidungsmerkmal des ›Politischen‹ zu begründen.«[337]

333 Ebd., S. 35.

334 Die frühe Fassung war 1927 in *Archiv für Sozialwissenschaften und Sozialpolitik*, Bd. 58 erschienen.

335 Schmitt 1996, S. 9.

336 Ebd., S. 20.

337 Ebd., S. 24.

Den Kern des *Begriffs des Politischen* bildet die Freund-Feind-Unterscheidung, die sich der historischen Rückversicherung durch Machiavelli und vor allem durch Hobbes bedient[338]: »Eine Begriffsbestimmung des Politischen kann nur durch Aufdeckung und Feststellung der spezifisch politischen Kategorien gewonnen werden. [...] Die spezifisch politische Unterscheidung, auf welche sich die politischen Handlungen und Motive zurückführen lassen, ist die Unterscheidung von *Freund* und *Feind*. [...] Die Unterscheidung von Freund und Feind hat den Sinn, den äußersten Intensitätsgrad einer Verbindung oder Trennung, einer Assoziation oder Dissoziation zu bezeichnen; sie kann theoretisch und praktisch bestehen, ohne daß gleichzeitig alle jene moralischen, ästhetischen, ökonomischen oder andern Unterscheidungen zur Anwendung kommen müßten. Der politische Feind braucht nicht moralisch böse, er braucht nicht ästhetisch häßlich zu sein; er muß nicht als wirtschaftlicher Konkurrent auftreten, und es kann vielleicht sogar vorteilhaft scheinen, mit ihm Geschäfte zu machen. Er ist eben der andere, der Fremde, und es genügt zu seinem Wesen, daß er in einem besonders intensiven Sinne existenziell etwas anderes und Fremdes ist, so daß im extremen Fall Konflikte mit ihm möglich sind, die weder durch eine im voraus getroffene generelle Normierung, noch durch den Spruch eines ›unbeteiligten‹ und daher ›unparteiischen‹ Dritten entschieden werden können.«[339]

Schmitts These lautet: »[D]aß die Völker sich nach dem Gegensatz von Freund und Feind gruppieren, daß dieser Gegensatz auch heute noch wirklich und für jedes politisch existierende Volk als reale Möglichkeit gegeben ist, kann man vernünftigerweise nicht leugnen. [...] Feind ist nur eine wenigstens eventuell, d.h. der realen Möglichkeit nach *kämpfende* Gesamtheit von Menschen, die einer ebensolchen Gesamtheit gegenübersteht. Feind ist nur der *öffentliche* Feind, weil alles,

338 »Hobbes hat diese Wahrheit in den schlimmen Zeiten des Bürgerkriegs erfahren, weil dann alle die legitimistischen und normativistischen Illusionen entfallen, mit denen sich die Menschen in Zeiten ungetrübter Sekurität über politische Wirklichkeiten gern hinwegtäuschen.« (Ebd., S. 53) »Bei Hobbes, einem großen und wahrhaft systematischen politischen Denker, sind daher die ›pessimistische‹ Auffassung des Menschen, ferner seine richtige Erkenntnis, daß gerade die auf beiden Seiten vorhandene Überzeugung des Wahren, Guten und Gerechten die schlimmsten Feindschaften bewirkt, endlich auch das ›*Bellum*‹ Aller gegen Alle: nicht als Ausgeburten einer furchtsamen und verstörten Phantasie, aber auch nicht nur als Philosophie einer auf der freien ›Konkurrenz‹ sich aufbauenden bürgerlichen Gesellschaft [...], sondern als die elementaren Voraussetzungen eines spezifisch politischen Gedankensystems zu verstehen.« (Ebd., S. 64 f.)

339 Ebd., S. 26 f.

was auf eine solche Gesamtheit von Menschen, insbesondere auf ein ganzes Volk Bezug hat, dadurch *öffentlich* wird.«[340] »Die Begriffe Freund, Feind und Kampf erhalten ihren realen Sinn dadurch, daß sie insbesondere auf die reale Möglichkeit der physischen Tötung Bezug haben und behalten. Der Krieg folgt aus der Feindschaft, denn diese ist seinsmäßige Negierung eines anderen Seins. Krieg ist nur die äußerste Realisierung der Feindschaft. Er braucht nichts Alltägliches, nichts Normales zu sein, auch nicht als etwas Ideales oder Wünschenswertes empfunden zu werden, wohl aber muß er als reale Möglichkeit vorhanden bleiben, solange der Begriff des Feindes seinen Sinn hat.«[341]

Schmitt betonte zwar, »kein Programm, kein Ideal, keine Norm und keine Zweckhaftigkeit verleih[e] ein Verfügungsrecht über das physische Leben anderer Menschen. Von den Menschen im Ernst zu fordern, daß sie Menschen töten und bereit sind, zu sterben, damit Handel und Industrie der Überlebenden blühe oder die Konsumkraft der Enkel gedeihe, ist grauenhaft und verrückt. [...] Es gibt keinen rationalen Zweck, keine noch so richtige Norm, kein noch so vorbildliches Programm, kein noch so schönes soziales Ideal, keine Legitimität oder Legalität, die es rechtfertigen könnte, daß Menschen sich gegenseitig dafür töten.« Diesem ›Zwar‹ folgt allerdings das ›Aber‹, um das es dem Freund-Feind-Theoretiker eigentlich ging: »Wenn eine solche physische Vernichtung menschlichen Lebens nicht aus der *seinsmäßigen Behauptung der eigenen Existenzform gegenüber einer ebenso seinsmäßigen Verneinung dieser Form* geschieht, so läßt sie sich eben nicht rechtfertigen. [...] Gibt es wirklich Feinde in der seinsmäßigen Bedeutung, wie es hier gemeint ist, so ist es sinnvoll, aber nur politisch sinnvoll, sie nötigenfalls physisch abzuwehren und mit ihnen zu kämpfen.«[342] »Den extremen Konfliktsfall können nur die Beteiligten selbst unter sich ausmachen; insbes. kann jeder von ihnen nur selbst entscheiden, ob das Anderssein des Fremden im konkret vorliegenden Konfliktsfall die Negation der eigenen Art Existenz bedeutet und deshalb abgewehrt oder bekämpft werden muss, um die eigene, seinsmäßige Art von Leben zu retten.«[343] Der ›extreme Konfliktsfall‹ ist der *Krieg*: »Auch heute noch ist der Kriegsfall der ›Ernstfall‹. Man kann sagen, daß hier, wie auch sonst, gerade der Ausnahmefall eine besonders entscheidende und den Kern der Dinge enthüllende Bedeutung

340 Ebd., S. 29.

341 Ebd., S. 33. Vgl. Schmitts Formulierung in seiner späteren *Theorie des Partisanen*: »Der Kern des Politischen ist nicht Feindschaft schlechthin, sondern die Unterscheidung von Freund und Feind und setzt beides, Freund und Feind voraus.« (Schmidt 1963, S. 91).

342 Schmitt 1996, S. 49. Hervorh. v. mir.

343 Ebd., S. 27.

hat. Denn erst im wirklichen Kampf zeigt sich die äußerste Konsequenz der politischen Gruppierung von Freund und Feind. Von dieser extremsten Möglichkeit her gewinnt das Leben der Menschen seine spezifisch *politische* Spannung.«[344]

Das Freund-Feind-Theorem hatte Konsequenzen für die immer offener nationalsozialistische Bestimmung des Rechts[345] im Staat. Das Recht soll zwar nicht dazu dienen, »den Gegner zu disqualifizieren oder zu demoralisieren«; strukturell hat es – »sei es das private, sei es das öffentliche Recht« – »als solches – am sichersten im Schatten einer großen politischen Dezision, also z. B. im Rahmen eines stabilen Staatswesens – seinen eigenen relativ selbständigen Kreis«. Aber funktional gesehen kann es »wie jede Sphäre menschlichen Lebens und Denkens, sei es zur Unterstützung, sei es zur Widerlegung einer anderen Sphäre verwertet werden.« »Vom Standpunkt des politischen Denkens«, betonte Schmitt, sei es »selbstverständlich und weder rechtswidrig noch unmoralisch, auf den politischen Sinn solcher Verwertungen von Recht oder Moral zu achten und insbesondere gegenüber der Redewendung von der ›Herrschaft‹ oder gar der Souveränität ›des‹ Rechts immer einige nähere Fragen zu stellen: erstens, ob ›Recht‹ hier die bestehenden positiven Gesetze und Gesetzgebungsmethoden bezeichnet, die weiter gelten sollen; dann bedeutet die ›Herrschaft des Rechts‹ nämlich nichts anderes als die Legitimierung eines bestimmten *status quo,* an dessen Aufrechterhaltung selbstverständlich alle ein Interesse haben, deren politische Macht oder ökonomischer Vorteil sich in diesem Recht stabilisiert.«[346]

Die »Berufung auf das Recht« kann zweitens »bedeuten, daß ein höheres oder richtigeres Recht, ein sogenanntes Natur- oder Vernunft-Recht dem Recht des *status quo* entgegengesetzt wird; dann ist es für einen Politiker selbstverständlich, daß die ›Herrschaft‹ oder ›Souveränität‹ dieser Art Recht die Herrschaft und Souveränität der Menschen bedeutet, die sich auf das höhere Recht berufen können und darüber entscheiden, was sein Inhalt ist und wie und von wem es angewandt werden soll.« Für Schmitt hat »Hobbes diese einfachen Konsequenzen politischen Denkens mit großer Unbeirrtheit gezogen und immer wieder betont, daß die Souveränität des Rechts nur die Souveränität der Menschen bedeutet, welche die Rechtsnormen setzen und handhaben, daß die Herrschaft einer ›höheren Ordnung‹ eine leere Phrase ist, wenn sie nicht den politischen Sinn hat, daß bestimmte Menschen auf

344 Ebd., S. 35.

345 Vgl. hierzu auch Schmitts Aufsatz ›Nationalsozialismus und Rechtsstaat‹, in: JW 1934; vgl. u. a. Freisler 1938.

346 Ebd., S. 66.

Grund dieser höheren Ordnung über Menschen einer ›niederen Ordnung‹ herrschen wollen.« Der »Betrachter politischer Phänomene kann, wenn er konsequent bei seinem politischen Denken bleibt, auch in dem Vorwurf der Immoralität und des Zynismus immer wieder nur ein politisches Mittel konkret kämpfender Menschen erkennen.«[347]

Schmitts Fazit, das 1933 in letzter Konsequenz zur Legitimierung nationalsozialistischen Unrechts geführt hat, lautet: »Politisches Denken und politischer Instinkt bewähren sich also theoretisch und praktisch an der Fähigkeit, Freund und Feind zu unterscheiden. Die Höhepunkte der großen Politik sind zugleich die Augenblicke, in denen der Feind in konkreter Deutlichkeit als Feind erblickt wird.«[348]

Als die Ermordung von Führern der SA beim ›Röhm-Putsch‹ 1934 durch das ›Gesetz über Maßnahmen der Staatsnotwehr‹[349] vom 3. Juli 1934 nachträglich legalisiert wurde, lieferte Schmitt die Rechtfertigung der »richterlichen Handlungen des Führers«, der »den Treuebruch seiner Unterführer gesühnt hat«.[350] Unter dem Titel *Der Führer schützt das Recht* schrieb er: »Der Führer schützt das Recht vor dem schlimmsten Mißbrauch, wenn er im Augenblick der Gefahr kraft seines Führertums als oberster Gerichtsherr unmittelbar Recht schafft. [...] Aus dem Führertum fließt das Richtertum. Wer beides voneinander trennen oder gar entgegensetzen will, [...] sucht den Staat mit Hilfe der Justiz aus den Angeln zu heben. [...] Das Verfassungsrecht mußte dann [...] zur Magna Charta der Hoch- und Landesverräter werden. [...] In Wahrheit war die Tat des Führers echte Gerichtsbarkeit. Sie untersteht nicht der Justiz, sondern war selbst höchste Justiz. [...] Alles Recht stammt aus dem Lebensrecht des Volkes. Jedes staatliche Gesetz, jedes richterliche Urteil enthält nur so viel Recht, als ihm aus dieser Quelle zufließt.«[351] Die »Tat Adolf Hitlers« war für Schmitt der Beleg dafür, »daß der heutige deutsche Staat die Kraft und den Willen hat Freund und Feind zu unterscheiden«. Die Zeit, »wie damals im

347 Ebd., S. 66 f.

348 Ebd., S. 67.

349 Der einzige Artikel des Gesetzes lautete: »Die zur Niederschlagung hoch- und landesverräterischer Angriffe am 30. Juni, 1. und 2. Juli 1934 vollzogenen Maßnahmen sind als Staatsnotwehr rechtens.«

350 Schmitt 1940 [1934], S. 202.

351 Ebd., S. 200 f. Nicht anders gab Martin Heidegger als Rektor zum Semesterbeginn 1933/34 in Freiburg den Studierenden auf den Weg: »Der Führer selbst und allein *ist* die heutige und künftige deutsche Wirklichkeit und ihr Gesetz.« (Heidegger 2000, S. 184). Zur ›Einführung des Nationalsozialismus in die Philosophie‹ durch Heidegger vgl. Faye 2008.

Jahre 1919 nieder[zu]fallen und unsere politische Existenz den Götzen des Liberalismus [zu] opfern«, war für ihn vorbei.[352]

Schmitt war kein Mitläufer, sondern ein aktiver antisemitischer Ideologe des NS-Regimes. Ein Ausdruck seiner Einstellung war die im Oktober 1936 unter seiner Leitung durchgeführte Tagung ›Das Judentum in der Rechtswissenschaft‹, bei der er sich zu Hitlers *Mein Kampf* bekannte und dazu aufforderte, jüdische Autoren in der juristischen Literatur nicht mehr zu zitieren oder zumindest als Juden zu kennzeichnen: »Was der Führer über die jüdische Dialektik gesagt hat, müssen wir uns selbst und unseren Studenten immer wieder einprägen, um der großen Gefahr immer neuer Tarnungen und Zerredungen zu entgehen. Mit einem nur gefühlsmäßigen Antisemitismus ist es nicht getan; es bedarf einer erkenntnismäßig begründeten Sicherheit. [...] Wir müssen den deutschen Geist von allen Fälschungen befreien, Fälschungen des Begriffes Geist, die es ermöglicht haben, dass jüdische Emigranten den großartigen Kampf des Gauleiters Julius Streicher als etwas ›Ungeistiges‹ bezeichnen konnten.«[353]

Im ›Streit um den Rechtsstaat‹ hat Carl Schmitt 1935 erklärt, »wenn es einen christlichen, einen nationalliberalen, einen faschistischen und einen kommunistischen Rechtsstaat« geben könne, »so stände nichts im Wege, auch einen nationalsozialistischen Rechtsstaat einzurichten«. Diese Annahme könne allerdings »den Sinn haben, den

352 Schmitt 1940 [1934], S. 203. Ulrich Scheuner, Staatsrechtler in Jena, dann in Göttingen, schrieb entsprechend 1936: »Für die Stellung der Gerichte im nationalsozialistischen Führerstaate ist grundlegend nicht mehr der Grundsatz der Gewaltenteilung, sondern der Gedanke der Einheit der Staatsführung. [...] Es kann heute als die allgemeine Auffassung der Rechtslehre bezeichnet werden, dass Akte der politischen Führung und Handlungen staatspolitischer Natur unter dem Gedanken des Führergrundsatzes der rechtlichen Prüfung ihrer rechtlichen Voraussetzungen, ihres Umfangs nicht mehr zugänglich sein können.« (Zit. nach Schumann 2008, S. 128).

353 *Das Judentum in der deutschen Rechtswissenschaft.* Ansprachen, Vorträge und Ergebnisse der Tagung der Reichsgruppe Hochschullehrer im NRSB am 3. und 4. 10. 1936, H. 1, Berlin 1936, S. 29 f. Schmitt sprach hier u. a. von der »Wiener Schule des Juden Kelsen«. (Ebd., S. 30). Streicher war von 1925-1940 NSDAP-Gauleiter für Mittelfranken. Er hatte 1923 die Zeitung ›Der Stürmer‹ gegründet. Nach 1933 erreichte das auch in öffentlichen Schaukästen ausgehängte Hetzblatt, mit dem in einer Mischung aus sexuellen Obsessionen und Warnungen vor einer ›jüdisch-bolschewistischen Weltverschwörung‹, mit Skandalgeschichten über ›Rassenschande‹ zwischen jüdischen Männern und ›arischen‹ Frauen, ein aggressiver Antisemistismus propagiert wurde, Auflagen von bis zu 500.000 Exemplaren. Bei den Nürnberger Prozessen wurde Streicher wegen Verbrechen gegen die Menschlichkeit zum Tode verurteilt.

nationalsozialistischen Inhalt den erprobten Methoden der Relativierung und Entleerung durch einen formalen Rechtsstaatsbegriff zu unterwerfen und in das Begriffsnetz der normativistischen Rechtsstaatlichkeit hineinzuleiten. Vom Standpunkt des nationalsozialistischen Denkens aus genügt es, sich dieser Möglichkeit bewußt zu werden, um sie zu erledigen.« Weil der »der bürgerliche Rechtsstaat sich als bloßer Gesetzesstaat erweist, wird das Wort ›Rechtsstaat‹ zu einer prägnanten Bezeichnung gerade des nationalsozialistischen Staates. Dadurch wird gleichzeitig der Verwechslung vorgebeugt, als handle es sich hier um den alten, auch dem liberalen Rechtsdenken bekannten Unterschied von Recht und Gesetz, der in der Nachkriegszeit dem Weimarer Gesetzgeber, soweit dieser nicht liberal war, häufig entgegengehalten worden ist. Der Nationalsozialismus bleibt bei seiner weltanschaulich begründeten Einheit von Recht, Sitte und Sittlichkeit, auch wenn er die Gesetzgebungsmacht in der Hand hat, während der liberale Rechtsbegriff immer nur auf die individualistisch-staatsbürgerlichen Begriffe von Freiheit, Gleichheit und Eigentum zurückgreift und notwendig zur Trennung von Recht, Sitte und Sittlichkeit und infolgedessen auch mangels eines inhaltlichen Rechtsbegriffs zum Gesetzesstaat führt.«[354]

Nach 1945 verlor Carl Schmitt seine Berliner Professur für öffentliches Recht. Er wurde 1945/46 über ein Jahr in Berliner Internierungslagern verhört. Im Frühjahr 1947 wurde er erneut festgenommen und als mutmaßlicher Kriegsverbrecher für sechs Wochen im Nürnberger Justizgefängnis inhaftiert. Er wurde von Robert M.W. Kempner, einem ehemaligen Beamten des Preußischen Innenministeriums und nun stellvertretendem US-Ankläger bei den Nürnberger Prozessen, verhört. Er konnte sich schriftlich verteidigen und schrieb Gutachten über politisch führende Personen im ›Dritten Reich‹.[355] In der von ihm zu seiner Verteidigung verfassten Sammlung von Beobachtungen und Reflexionen *Ex Captivitate Salus. Erfahrungen der Zeit 1945/47* sah er sich nicht als Täter, sondern als Opfer: »Auch ein Forscher und Gelehrter kann sich die politischen Regime nicht nach seinem Belieben aussuchen. Im allgemeinen nimmt er sie, wie jeder andere Mensch, als loyaler Staatsbürger zunächst einmal hin.«[356] Doch wie das NS-Re-

354 Schmitt 1935, S. 196 und 198.

355 Vgl. Carl Schmitt, *Antworten in Nürnberg*. Hg. u. kommentiert v. H. Quaritsch, Berlin 2000.

356 Schmitt 1950, S. 20. »Wird dann die Situation völlig abnorm, und schützt ihn niemand von Außen gegen den Terror im Innern, so muß er die Grenzen seiner Loyalität selber bestimmen, namentlich dann, wenn die Situation so abnorm wird, daß man nicht einmal mehr die wirkliche Lage seines nächsten Freundes kennt. Die Pflicht, einen Bürgerkrieg zu entfesseln, Sa-

gime hat sich Schmitt auch das franquistische Spanien als Wirkungsort ausgesucht. 1951 vom ›Opus Dei‹ nach Madrid zum Vortrag eingeladen, sprach er im Kulturinstitut ›Athenäum‹, einer ideologischen Plattform des Franquismus, über die ›Einheit der Welt‹ Aus zwei seiner in Spanien 1962 gehaltenen Vorträge entstand seine E. Forsthoff gewidmete *Theorie des Partisanen. Zwischenbemerkung zum Begriff des Politischen* (1963), »deren Thema unvermeidlich in das Problem der Unterscheidung von Freund und Feind einmündet«[357] und in der es ihm, dem in Deutschland aus dem öffentlichen Diskurs weitgehend Ausgeschlossenen, wohl auch um das Partisanentum seiner eigenen Theorie ging. In dieser Theorie hatte bereits seit den 1920er Jahren die ›politische Theologie‹ des Spaniers Donoso Cortés ihre Spuren hinterlassen[358]; sie richtete sich vor allem gegen Liberalismus und Parlamentarismus und war ein Plädoyer für die Diktatur. Schmitt hat Cortés mit *Politische Theologie. Vier Kapitel zur Lehre von der Souveränität* (1922, ²1934) in Deutschland als »katholische[n] Staatsphilosoph[en], der sich mit großartigem Radikalismus des metaphysischen Kernes aller Politik bewußt war« und für den nach dem Ende des Königtums und der »Legalität im überlieferten Sinne« nur »ein Resultat« blieb: »die Diktatur«[359], bekannt gemacht. In diesem Buch gab er seine »Definition der Souveränität«: »Souverän ist, wer über den Ausnahmezustand entscheidet.«[360] ›Ausnahmezustand‹ bedeutet, »daß der Staat bestehen bleibt, während das Recht zurücktritt«.[361] Es war kein Zufall, dass Schmitt 1950 eine seiner ersten Veröffentlichungen nach dem Zweiten Weltkrieg keinem anderen als Cortés widmete: *Donoso Cortés in gesamteuropäischer Interpretation.* Die vier in dieser Schrift versammelten Aufsätze waren von 1922 bis 1944 entstanden.

Carl Schmitt hatte in der Zeit des Nationalsozialismus Schüler, die an Radikalität nicht hinter dem Lehrer zurückstanden. Dass er auch nach 1945, so in der Münsteraner Schule um Joachim Ritter[362], faszi-

botage zu treiben und zum Märtyrer zu werden, hat ihre Grenzen. Hier wird man einiges dem Opfer solcher Situationen überlassen müssen und nicht nur von Außen urteilen dürfen. [...] Im Übrigen gilt zu allen Zeiten politischer Machtkonzentration für jeden Publizisten der alte Satz der Saturnalien des Macrobius: *non possum scribere in eum qui potest proscribere.*« (Ebd., S. 20 f.)

357 Schmitt 1963, S. 4.

358 Vgl. zu Cortés und Schmitt Hernández Arias 1998.

359 Schmitt 1934a, S. 65 f.; vgl. S. 83 f.

360 Ebd., S. 11.

361 Ebd., S. 19.

362 Vgl. hierzu Müller 2007, S. 128-144.

nieren konnte[363], muss angesichts des restaurativen Geistes der Adenauer-Ära kein Rätsel sein. Ernst R. Huber, Doktorand bei Carl Schmitt und Verfassungshistoriker, seit 1933 Mitglied der NSDAP, schrieb in seinem *Verfassungsrecht des Großdeutschen Reiches* (1939): »Nicht von ›Staatsgewalt‹, sondern von ›Führergewalt‹ müssen wir sprechen, wenn wir die politische Gewalt im völkischen Reich richtig bezeichnen wollen. Denn nicht der Staat als eine unpersönliche Einheit ist der Träger der politischen Gewalt, sondern diese ist dem Führer als dem Vollstrecker des völkischen Gemeinwesens gegeben. Die Führergewalt ist umfassend und total«.[364] An anderer Stelle hieß es: »Das lebendige völkische Recht wird im Volke in erster Linie durch den Führer verwirklicht, und der rechtsprechende Richter des neuen Reiches ist notwendig dem Führerwillen, der eben Ausdruck des höchsten Rechts ist, untergeordnet.«[365]

Ernst Forsthoff – ein Schmitt-Schüler und 1933 Nachfolger des zur Emigration gezwungenen H. Heller an der Universität Frankfurt/M. – verfasste 1933 *Der totale Staat* mit dem Ziel, »aus dem Sinn der Geschichte, aus den Erfahrungen des 19. und 20. Jahrhunderts und den Ereignissen der neuesten Zeit heraus das Ziel der nationalsozialistischen Revolution in dem totalen Staat zu fixieren«.[366] Der ›totale Staat‹[367] war für ihn das Gegenteil des liberalen Minimal-Staates, der »zum Raub des gesellschaftlichen Pluralismus« geworden sei.[368]

363 Zur Frage ›*Why Carl Schmitt?*‹ vgl. Schlink 1991. Kervégan 2011a zählt zu denen, die nach 1945 in konservativem Interesse an Schmitts Seite standen: »Frühere Schüler (Ernst Forsthoff, Ernst Rudolf Huber), alte Freunde (Ernst Jünger), respektierte Philosophen (Alexandre Kojève, Joachim Ritter) und schließlich neue Gesprächspartner (u. a. die Historiker Reinhard Koselleck und Christian Meier, die Juristen Ernst-Wolfgang Böckenförde, Alvaro D'Ors, Martin Kriele und Helmut Quaritsch, die Philosophen Hans Blumenberg, Julien Freund, Karl-Heinz Ilting, Hermann Lübbe, Odo Marquard, Robert Spaemann und Bernard Willms, die Theologen Hans Barion und Werner Böckenförde, später auch der Ägyptologe Jan Assmann).« Kervégan verweist auch auf das »singuläre Phänomen« des Interesses an Schmitt in den 1970er Jahren auf Seiten der italienischen »Linken und extremen Linken«, »bei Autoren wie Massimo Cacciari, Giuseppe Duso, Giacomo Marramao, Mario Tronti, Antonio Negri und in neuerer Zeit bei Giorgio Agamben«. (Ebd., S. 55 f., meine Übers.)

364 Huber 1939, S. 230.

365 Ebd., S. 287 f. Huber wurde wurde 1957 an die Hochschule für Sozialwissenschaften in Wilhelmshaven berufen berufen und war seit deren Eingliederung in die Universität Göttingen dort von 1962 bis 1968 tätig.

366 Forsthoff 1933. S. 29.

367 Vgl. ebd., S. 13 und 34 ff.

368 Ebd., S. 28.

Der bürgerliche Rechtsstaat erschöpfe sich in einer bloßen »Rechts- und Ämterordnung« und sei der »Prototyp einer Gemeinschaft ohne Ehre und Würde«.[369] Das formale Verfassungsrecht werde nun abgelöst, und maßgeblich seien »echte, sachliche Unterscheidungen« »von Freund und Feind, von volksgemäß und volksfremd, von deutsch und undeutsch«.[370] Der ›totale Staat‹ mit ›umfassender und totaler Führergewalt‹ erkläre ›den Juden‹ »zum Feind«, der »als solcher unschädlich gemacht werden« müsse.[371]

Carl Schmitt hatte 1932 in ›Legalität und Legitimität‹ für die Präsidialherrschaft plädiert und den Legalismus des parlamentarischen ›Gesetzesstaates‹ verworfen. »1933 bezog sich Ernst Forsthoff in seiner Abrechnung mit der Weimarer Republik auf diesen Text und schrieb: ›Wer den Staat hat, gibt die Gesetze, und, was nicht weniger wichtig ist, er legt sie aus. Er bestimmt darüber, was legal ist. Da nun die Rechtssetzung wie der Staat überhaupt formalisiert ist und keine wesensmäßige Beziehung mehr hat zu materialen Prinzipien des Rechts und der Gerechtigkeit oder zu unerschütterlichen Ordnungen, kann auch die Rechtsetzung in den Dienst jedes beliebigen politischen Zweckes treten. Die Legalität ist damit etwas rein Formales und besagt nicht mehr, als daß der Wille einer beliebigen Partei [...] zum Gesetzesbeschluß geworden [...] ist. Der Rang der Legalität besteht [...] in erster Linie darin, jedes Widerstandsrecht des Volkes gegen den legalen Staatsakt als Recht aufzuheben. Die Legalität ist das Mittel, den politischen Gegner dadurch zu treffen, daß man ihn für illegal erklärt [...] und der Erledigung [sic! W.R.] durch die staatliche Apparatur [...] ausliefert. Der Ermessensspielraum insbesondere, den die Gesetze dem staatlichen Handeln in der Gesetzeshandhabung lassen müssen, gestattet es, diesem Handeln die Wendung gegen den politischen Gegner zu geben.‹«[372]

369 Ebd., S. 13.

370 Ebd., S. 18. Zu »der Jude« als »Feind« vgl. S. 38.

371 Zitat bei Ernst Klee: *Das Personenlexikon zum Dritten Reich*, Frankfurt a.M. 2005, S. 159.

372 Reinhard 2008, S. 475. 1952 auf seinen Lehrstuhl in Heidelberg zurückgekehrt, war Forsthoff auch einer derjenigen, die das Grundgesetz feindselig kommentierten. Mit Brief vom 3. Dezember 1949 hat er Carl Schmitt seinen Aufsatz ›Die deutsche Staatskrise und das Grundgesetz‹ (erschienen in der Monatsschrift *Zeitwende*) zugeschickt und dazu geschrieben: »Die aktivsten Feinde des Grundgesetzes sind [...] wohl die Bonner Parlamentarier. Es ist leicht vorauszusehen, daß sich das Verfassungsleben schneller als erwartet in eine Serie von Verfassungsstreitigkeiten auflösen wird und wenn wir erst den Verfassungsgerichtshof haben, wird das Tribunal schnell zur Szene werden. Früher als gedacht wird dann der ›Hüter der Verfassung‹ eine besondere Aktualität gewinnen und wenn die Weimarer

1945 kam die Zeit der Weißwäscher, der ›Persilscheine‹ und der Entlastungslegenden. Der Göttinger Strafrechtslehrer E. Schmidt behauptete 1947: »ganz allein der Gesetzgeber hatte die Fahne des Rechts verlassen«.[373] Tätern wurde nicht selten mehr Verständnis entgegengebracht als ihren Opfern: Verrechtlicher des Unrechts wurden rehabilitiert; »fanatischen Nationalsozialisten« räumte man – wie das Landgericht Kassel 1952 – »die Möglichkeit der Rechtsblindheit basierend auf politischer Verblendung« ein.[374] Methodische ›Korrektheit‹[375], Konformität mit dem Gesetz, Befehlsnotstand usf. wurden zu Topoi der Selbstentlastung und Entlastung. So wurde es z.B. möglich, dass von 69 Richtern am Bundesgerichtshof 27 der NSDAP angehört hatten. »Von den übrigen 42 Bundesrichtern [...] müssen elf als NS-Justizverbrecher eingeordnet werden.«[376]

Verfassung an der Untreue zugrunde ging (was man ja heute behauptet), so hat das Grundgesetz alle Aussicht, an der Verfassungstreue zu sterben« (Reinthal/Mußgnug/Mußgnug 2007, S. 60). Forsthoff bezog sich wieder auf Carl Schmitts ›Das Reichsgericht als Hüter der Verfassung‹ (1929), wo dieser – anders als Kelsen, der für das Verfassungsgericht als Hüter der Verfassung plädierte (vgl. Kelsen, *Schmitt und »der Hüter der Verfassung«*, Wiemar 1931) – den Reichspräsidenten zum Hüter der Verfassung erklärte. Für das Reichsgerichts bedeute diese Aufgabe eine ›justizfremde Tätigkeit‹.
Die Universität Heidelberg beschönigt noch heute Forsthoffs Schuld, wenn sie nur von ›Brüchen‹ in seiner Biografie und kritiklos von einem »der großen deutschen Juristen des 20. Jahrhunderts« spricht: »Ernst Forsthoff (1902 bis 1974) fühlte sich der traditionellen Rechtslehre verpflichtet, hatte aber auch ein besonderes Gespür für neue Entwicklungen. [...] Die Sorge um den Staat und die Verarbeitung seiner Wirklichkeit durchzogen Ernst Forsthoffs wissenschaftliches Werk bis zuletzt – trotz der Brüche, die es aufweist, wie seine Schüler schreiben, Brüche, die ihrer Generation erspart geblieben seien. [...] Schon in Hamburg geriet er auf Gegenkurs zu den nationalsozialistischen Machthabern, so dass er 1941 das Lehramt an der Universität Wien wegen des Widerspruchs des Reichsstatthalters nicht ausüben konnte. 1943 erhielt er den Ruf nach Heidelberg. 1945 wurde Ernst Forsthoff auf Anordnung der amerikanischen Militärregierung aus dem Dienst entlassen und durfte erst 1952 auf seinen Lehrstuhl zurückkehren.« (www.uni-heidelberg.de/Presse/news04/2409-forst.html).

373 Zit. nach Schumann 2008, S. 143 f.

374 Ebd., S. 240.

375 Vgl. ebd., S. 153 ff.

376 Ebd., S. 193.

7. Der Rechts- und Verfassungsstaat

7.1 Das Rechtsstaatsprinzip

›Rechtsstaat‹[1] ist ein in der deutschen Rechts-, Staats- und Verfassungslehre[2] entwickelter normativer Begriff.[3] Er bezeichnet die Herrschaft des Rechts im Verfassungsstaat. »Der Rechtsstaat formuliert verfassungstheoretisch den Anspruch, politische und gesellschaftliche Macht im Gemeinwesen primär nach Maßgabe von Recht und Gerechtigkeit auszuüben, auch im Widerspruch zur politischen Opportunität der Macht. Rechtsstaatlichkeit prägt die Strukturen und die Ziele staatlichen Handelns, das nicht nur begrenzt, sondern auch gewährleistet wird.«[4] Ein den Rechtsstaat auszeichnendes Kernmerkmal ist der Vorrang der Verfassung bei allem staatlichen Handeln. Das Prinzip

1 Vgl. Kunig 1986, Habermas 1994, Schulze-Fielitz 2006, Dreier 2010.

2 »Der ›Rechtsstaat‹ ist begrifflich ein der deutschen Sprache eigentümliches Wort und sachlich ein zentraler *Kristallisationspunkt der deutschen Verfassungsentwicklung*: An seine Ausgestaltung knüpfen sich die politischen Auseinandersetzungen im 19. Jahrhundert; sein Verhältnis zur Demokratie ist staatstheoretisch Kern und Erbe Weimarer Grundsatzstreitigkeiten; seine antitotalitären Gehalte gaben der Vergangenheitsbewältigung nach 1945 und 1989 Formen und Maßstäbe Das Rechtsstaatsprinzip ist deshalb in Deutschland umfassend dogmatisch ausgestaltet worden und läßt sich mit seinen damit verbundenen spezifischen Verengungen als Teil des ›Sonderweges‹ des deutschen Konstitutionalismus interpretieren.« (Dreier in Dreier 2004, Art. 20 (Rechtsstaat), Rn. 10).

3 »Der freiheitlich- vernunftrechtliche Sachgehalt ist schon bei Kant – etwa in der Definition des Staates als einer ›Vereinigung von Menschen unter Rechtsgesetzen‹ – und ähnlich bei anderen Vertretern des Deutschen Idealismus sowie ansatzweise in der preußischen Kodifikation des Allgemeinen Landrechts von 1794 präsent; einzelne Regelungsaspekte, insbes. der Gedanke des Rechtsschutzes und die Justizgewährung, lassen sich bis zu spätmittelalterlichen und frühneuzeitlichen Gewährleistungen des Alten Reiches zurückverfolgen. Erst im 19. Jh. jedoch wird ›Rechtsstaat‹ in maßgeblicher Weise zum ›Kristallisationspunkt der deutschen Verfassungsentwicklung‹. Sukzessive rückt der Begriff des Gesetzes in den Mittelpunkt. In der Staatsrechtslehre der konstitutionellen Ära erfährt er seine wesentliche Prägung, die in der ersten Phase noch deutlich und stark durch materiale Aspekte und das Ringen um wesentliche verfassungsrechtliche Verbürgungen charakterisiert ist, später dann aber einer zunehmenden Akzentuierung eher formaler Elemente weicht.« (Dreier 2010, S. 2265 f.) Vgl. AK-GG, Bäumlin/Ridder, Art. 20 Abs. 1-3 III, Rz. 13-28 und 38-41. Zur Geschichte der Rechtsstaatsidee in Europa vgl. Brandt/Hattenhauer 1994.

4 Dreier in Dreier 2004, Art. 20 (Rechtsstaat), Rn. 1.

der Rechtsstaatlichkeit gehört heute zu den Grundsätzen, die allen Mitgliedstaaten der EU gemein sind, und ist das wesentliche Element auch der nach dem Ende der Sowjetunion verabschiedeten Verfassungen der Staaten Mittel- und Osteuropas.

Dass der Begriff ›Rechtsstaat‹ in vielen Bedeutungen verwandt worden ist, bedarf angesichts der unterschiedlichen mit ihm verbindbaren normativen Ziele keines Kommentars. Es ist zwar selbstverständlich, dass sich, wie Böckenförde feststellt, der Rechtsstaatsbegriff nicht »aus sich heraus« definieren lässt. Unverständlich ist aber die Behauptung, der Rechtsstaatsbegriff gehöre »zu jenen vom Wortsinn her vagen und nicht ausdeutbaren Schleusenbegriffen, die sich ›objektiv‹ [...] niemals abschließend definieren lassen«.[5] Berechtigt ist die Warnung Horst Dreiers, »wegen seiner vielschichtigen Verwurzelung sowie wegen des hohen Allgemeinheitsgrades inhaltlicher Qualifizierungen« stehe der Rechtsstaatsbegriff »stets in Gefahr, als beliebig abrufbare Vokabel für wünschenswerte politische Zustände und als eine Art Generalnenner für Beschränkungen staatlicher Gewalt, Menschenrechte, demokratische Selbstorganisation oder gar die außerordentlich voraussetzungsvolle Verfassungsbindung des Gesetzgebers bzw. andere Bausteine moderner Verfassungsstaatlichkeit zu dienen. Vor allem kann nicht jede, auch in Antike und Mittelalter anzutreffende Erwägung oder Maßnahme zur Mäßigung politischer Herrschaft sinnvollerweise bereits mit dem Etikett ›Rechtsstaat‹ versehen werden.«[6] Keinen Anlass gibt es hingegen zur irreführenden Behauptung Alessandro Barattas: »Der Rechtsstaatsbegriff ist [...] die juristische Variante und als solche vielleicht die hauptsächliche Variante des modernen Mythos des Staates«.[7]

›Rechtsstaat‹ wurde »insbes. durch frühliberale Autoren« zu einem »zentralen Topos. Erste intentionale Verwendungen des Begriffs finden sich zu Beginn des 19. Jh. bei Carl Theodor Welcker und Joh. Christoph v. Aretin. Besondere Schubkraft erfuhr er sodann durch die einschlägigen Schriften Robert v. Mohls. Dieser wahre Klassiker des Rechtsstaatsgedankens verlieh ihm unter Verknüpfung formeller wie materieller Aspekte Profil, indem er die ›Rechtsstaat-Gattung‹ deutlich von patriarchalischen, theokratischen und despotischen Formen anderer Staaten und Epochen absetzte. Als ›Staat der Vernunft‹ (Welcker) bzw. als ›Verstandesstaat‹ (v. Mohl) sollte der Rechtsstaat Hindernisse für die freie, allseitige Entfaltung der Bürger aus dem Wege räumen und deren Rechtsstellung durch unabhängige Gerichte sichern.

5 Böckenförde 1969, S. 53.

6 Dreier 2010, S. 2264.

7 Baratta 1979, S. 6.

Rechtsstaat fungiert hier deutlich als Kontrastbegriff zu Despotie und Willkürherrschaft, desgleichen zum fürstlichen Absolutismus mit seinen ›Machtsprüchen‹ und einem zwangsbeglückenden Wohlfahrtsstaat; konstruktiv bildet er die Parole für eine Begrenzung der Staatszwecke auf Freiheit und Sicherheit des Einzelnen und ist somit Freiheitsrealisierungsprogramm. In dieser Frontstellung geht er freilich nicht auf: der allgemeine Wohlfahrtszweck (heute: Sozialstaat) etwa wird im Unterschied zu späteren Entwicklungen zumeist noch als integraler Bestandteil des Rechtsstaates begriffen.«[8]

Mit dem angloamerikanischen Konzept der ›*rule of law*‹[9] vergleichbar, aber nicht identisch, bezeichnet ›Rechtsstaat‹ heute, was ein auf die Normen der Achtung und des Schutzes der Menschenwürde[10] und der Menschen- und Grundrechte verpflichteter Staat sein soll. Sein Handeln soll in der Perspektive *dieser* Normen auf die Verwirklichung von Gerechtigkeit durch das Recht ausgerichtet sein. »In sinnvariierender und generalklauselartiger Weise verknüpfen sich mit seiner nicht selten auch politisch-kämpferischen Nennung und Anrufung Gedanken einer Gerechtigkeit des Rechts, der Hegung und Rationalisierung politischer Herrschaft und ihrer Ausübung nach Recht und Gerechtigkeit, des Ziels umfassender Formbindung und (auch) dadurch bewirkter Begrenztheit allen staatlichen Handelns, der Garantie unveräußerlicher Grund- und Menschenrechte des Einzelnen sowie demokratischer Selbstbestimmung einer Gesellschaft Freier und Gleicher.«[11]

Dieser *material*[12] auf Gerechtigkeit bezogene Rechtsstaatsbegriff[13] unterscheidet sich vom *formellen* Konzept des Rechtsstaates, dem zu-

8 Dreier 2010, S. 2266.

9 Vgl. Morin 1992, AK-GG, Stein, Art. 20 Abs. 1-3 III, Rz. 2-7.

10 Vgl. Maihofer 1968.

11 Dreier 2010, S. 2264.

12 Zu einer Kritik am materiellen, vor allem vom BVerfGE in Anspruch genommenen Rechtsstaatsbegriff vgl. Maus 1978, S. 13 f., 25 f. und *passim*: »Der Prozeß der Entformalisierung des Rechts richtet sich nicht nur in seiner wertorientiert-justizstaatlichen und in seiner technokratisch-planungsstaatlichen Perspektive gleichermaßen gegen den Gesetzgeber als die zentrale Instanz des demokratischen Rechtsstaats. Auch inhaltlich konvergieren beide Tendenzen. Wenn die Justiz unformale Rechtsbegriffe gegen den einfachen Gesetzgeber ausspielt, untergräbt sie – wie die Justizentwicklung im Übergang von der Weimarer Republik zum NS-System offenbart – in scheinbarer Kompetenzerweiterung in dem Maße ihre Selbständigkeit, wie sie sich von der Bindung an das (Verfassungs-)Gesetz emanzipiert.« (Ebd., S. 66).

13 »Das Grundgesetz kodifiziert mit dem Rechtsstaatsprinzip grundlegende Gerechtigkeitspostulate der naturrechtlichen Verfassungstraditionen; sie

folge es zu genügt, dass die Staatsgewalt an Recht und Gesetz gebunden ist und alle staatlichen Maßnahmen durch unabhängige Gerichte überprüfbar sind.[14]

In der Bundesrepublik Deutschland kommt das Rechtsstaatsprinzip als elementarer Verfassungsgrundsatz im GG insbesondere in Art. 1 Abs. 3 GG (Bindung der drei Gewalten an die Grundrechte), in Art. 20 Abs. 2 S. 2 (Grundsatz der Gewaltenteilung) und in Art. 20 Abs. 3 (Grundsatz der Rechtsbindung aller Staatsgewalt) zum Ausdruck.[15] Art. 97 Abs. 1 GG normiert die Gewährleistung von Rechtsschutz durch eine unabhängige Justiz, Art. 19 Abs. 4 GG die Rechtswegegarantie. Während Art. 20 Abs. 1 GG die Bundesrepublik Deutschland als »demokratische[n] und soziale[n] Bundesstaat« bestimmt, qualifiziert der dem Bund-Länder-Verhältnis und der verfassungsrechtlichen Stellung der kommunalen Selbstverwaltungsträger gewidmete Art. 28 Abs. 1 GG diesen Staat durch die »Grundsätze des republikanischen, demokratischen und sozialen Rechtsstaates im Sinne dieses Grundgesetzes«.

Plädiert man für einen *materiellen* Begriff des Rechtsstaates, so bedeutet dies keineswegs Abstriche an der Forderung nach *Neutralität des Rechts* gegenüber religiösen, weltanschaulichen bzw. wertethischen Aufladungen dessen, was der auf Gerechtigkeit verpflichtete Rechtsstaat sein soll. Der Gehalt des materiellen Rechtsstaatsbegriff ergibt sich aus der Norm der Achtung und des Schutzes der Menschenwürde und aus dem positiven Recht der Menschenrechte.

verpflichten durch den Vorrang der Verfassung [...] das gesamte Staatshandeln auf das Ziel materieller Gerechtigkeit als Rechtsprinzip und binden auch den verfassungsändernden Gesetzgeber [...]. Alle maßgeblichen Gerechtigkeitsprinzipien sind im Grundgesetz konstitutionalisiert und i.S. eines ›ethischen Minimums‹ u. a. in Art. 20 II, III GG verankert.« (Dreier in Dreier 2004, Art. 20 (Rechtsstaat), Rn. 48).

14 Ein formelles Rechtsstaatskonzept formuliert Zippelius 1999, S. 287: »Als Instrumente, eine totalitäre Ausweitung und überhaupt eine unkontrollierte Ausübung der Staatsgewalt zu verhindern, dienen die Prinzipien der Rechtsstaatlichkeit. Sie sind Teil des Versuchs, die alte Frage zu beantworten, wie Ordnung und Freiheit zugleich verwirklicht werden können.«

15 Bezogen auf die Entwicklung der Verfassungswirklichkeit stellen Bäumlin/Ridder kritisch fest: »Stets resultierte aus dem Operieren mit detaillierend aus dem ›Rechtsstaatsprinzip‹ abgeleiteten, aber nicht positivierten, ›Prinzipien‹ ein Schwund von gesetzlichem Recht und trat als ›Recht‹ firmierende politische Dezision auf: das ›Rechtsstaatsprinzip‹ ist eben ein (nur) politisches und kein Rechtsprinzip!« (AK-GG, Bäumlin/Ridder, Art. 20 Abs. 1-3 III, Rz. 73).

In einem *demokratischen* Rechtsstaat[16] ist – der Idee nach – »das Volk sein eigener Herr«. Es ist »Subjekt, also Träger der Staatsgewalt«, und zugleich »Objekt der Staatsgewalt«. ›Volkssouveränität‹ soll »die *Freiheit von Unterdrückung*« garantieren und hängt »eng mit dem *Gleichheitsprinzip* zusammen«. Das ›Gewaltmonopol des Staates‹ ist gem. Art. 20 Abs. 2 Satz 1 GG – »Alle Staatsgewalt geht vom Volke aus« – »Gewaltmonopol des Volkes«.[17]

Wegen der wechselseitigen Abhängigkeit von Staat und Gesellschaft lässt sich das rechtsstaatliche Demokratieprinzip »*nicht ohne Demokratisierung der Gesellschaft voll verwirklichen*«.[18] Als Kernelemente des Rechtsstaates, die allgemeinen Konsens finden, nennt Horst Dreier in erster Linie »die grundrechtlichen Freiheits- und Gleichheitsrechte um der Menschenwürde des einzelnen willen«.[19] Darüber hinaus sind – so Dreier – zu berücksichtigen:

Gewaltenteilung[20]: Gem. Art. 20 Abs. 2 GG sind die staatlichen Rechtsfunktionen gesonderten Staatsorganen zugeordnet. »Aus der Funktionentrennung folgt die Organtrennung, deren Effektivität durch Inkompatibilitätsvorschriften abgesichert werden muss.« Der Sinn »des eher funktional als Gliederungs- und weniger substanziell als Trennungsprinzip zu verstehenden Grundsatzes der Gewaltentei-

16 Zur Konstituierung des Rechtsstaats als *demokratischer Rechtsstaat* vgl. Maus 1978.

17 AK-GG, Stein, Art. 20 Abs. 1-3 II, Rz. 10-14. Im Unterschied zu dieser Auffassung bindet Zippelius 1999, S. 52 ff., die Staatsgewalt als Herrschaft nicht *von*, sondern *über* Menschen an die ›Inhaber staatlicher Rollen‹, denen die Beherrschten mit ›Gehorsam‹ zu begegnen haben: »Um die ordnung- und friedenstiftende Funktion erfüllen zu können, sind [...] die Inhaber staatlicher Rollen mit ›Staatsgewalt‹ auszustatten: mit der Befugnis, (im Rahmen ihrer Zuständigkeiten) das Verhalten in dieser Gemeinschaft verbindlich zu regeln, und mit den Machtmitteln, das vorgeschriebene Verhalten zu erzwingen, äußerstenfalls auch durch den Einsatz physischer Gewalt. [...] die Sanktionen, die den Normübertretungen folgen, sichern zugleich den Normen für die viel zahlreicheren Fälle gehorsamer Normenbefolgung ihre Motivationskraft und Wirksamkeit. (Darum schadet der Staat durch laxes Reagieren auf Rechtsbrüche mittelbar auch dem normalen Funktionieren der Rechtsordnung.) Die Aufgabe, Rechtsfrieden und Rechtssicherheit zu gewährleisten, verlangt, daß die Inhaber staatlicher Rollen (im Rahmen ihrer Kompetenzen) das Monopol physischer Gewalt gegen Gewalttätigkeiten energisch und wirksam behaupten. [...] Alle Herrschaft über Menschen hat letztlich ihr Korrelat im – so oder so motivierten – Gehorsam«.

18 AK-GG, Stein, Art. 20 Abs. 1-3 II, Rz. 46.

19 Dreier in Dreier 2004, Art. 20 (Rechtsstaat), Rn. 37.

20 Vgl. zur Gewaltenteilung Hesse 1995, § 13, Rn. 475-499. Zur Geschichte und Systematik der Gewaltenteilung vgl. den enzyklopädischen Artikel Goldschmidt 2010b.

lung besteht zweifelsohne im Schutz vor jeder Form totaler Machtkonzentration in Gestalt eines Gewaltenmonismus.«[21]

Vorrang und Vorbehalt des Gesetzes: »Nach dem Grundsatz des Vorrangs des Gesetzes, der sich zwanglos aus der Vorstellung eines Stufenbaus der Rechtsordnung [...] ergibt, muss die Verwaltung die Gesetze beachten, darf somit weder von ihnen abweichen (Abweichungsverbot) noch sie ignorieren (Anwendungsgebot). Formelhaft verkürzt: keine Maßnahme gegen das Gesetz. Der weitergehende Vorbehalt des Gesetzes unterstellt die Verwaltungstätigkeit hingegen einer ausdrücklichen vorhergehenden Ermächtigung. Hier lautet der Merksatz: keine Maßnahme ohne Gesetz.«[22]

Rechtsschutz und Justizgrundrechte: »Zu den gefestigten Traditionsbeständen des Rechtsstaats zählt auch die Konfliktentscheidung durch einen unbeteiligten Dritten nach Maßgabe von Recht und Gesetz; Art. 97 GG garantiert demgemäß ausdrücklich die sachliche und persönliche Unabhängigkeit der Richter. Rechtsstaat meint immer auch Gerichtsstaat, der nicht als Rechtswegestaat denunziert werden sollte. Der allgemeine staatliche Justizgewährleistungsanspruch, der sich auf die Rechtsverhältnisse der Bürger untereinander bezieht, ergibt sich schon aus dem Gewaltmonopol des Staates und dem korrelierenden Verbot der Selbsthilfe. Gegen die öffentliche Gewalt wird ein solcher (effektiver) Rechtsschutz in Gestalt der Rechtsweggarantie des Art. 19 Abs. 4 GG, diesem ›Schlußstein‹ im ›Gewölbe des Rechtsstaats‹, ausdrücklich verbürgt. Die sog. Justizgrundrechte sollen im wesentlichen ein rechtsstaatlich faires und einwandfreies Verfahren gewährleisten«.

Rechtssicherheit: »Wie das Rückwirkungsverbot im speziellen Bereich der Strafbarkeit, so will der Rechtsstaat allgemein und in einem ganz fundamentalen Sinne sicherstellen, dass der Einzelne weiß, ›woran er ist‹. Die staatliche Rechtsordnung soll ihm durch Aufzeigen seiner Rechts- und Pflichtenstellung eine feste Orientierungs und Handlungsgrundlage bieten, Erwartungshaltungen stabilisieren und auf diese Weise in einer überaus komplexen Gesellschaft die Verlässlichkeit von Kommunikation, Interaktion und Entscheidungsfindung sicherstellen. Aber auch die Verwaltung bedarf für die normgemäße Ausübung ihrer Kompetenzen hinlänglich präziser Vorgaben, nicht anders die Gerichte als Kontrollinstanzen. Demgemäß müssen die Rechtsnormen in ausreichendem Maße klar und bestimmt sein. Der entsprechend zu fordernde Präzisierungsgrad hängt dabei freilich stark von der jeweiligen Sachmaterie ab. Unbestimmte, auch generalklausel-

21 Dreier 2010, S. 2268.
22 Ebd., S. 2268 f.

artige Rechtsbegriffe sind daher ebenso wenig strikt ausgeschlossen wie Ermessensspielräume.«[23]

Verhältnismäßigkeit: »Oft auch als Übermaßverbot tituliert und in anderen Verfassungsgrundsätzen wie etwa den Grundrechten verankert, hat sich der normtextlich im Grundgesetz nicht auffindbare Grundsatz der Verhältnismäßigkeit zu einer verfassungsrechtlichen Maxime von höchster Bedeutung entwickelt. Im Kern dem Recht der Gefahrenabwehr (Polizeirecht) entstammend, verpflichtet er in verfassungsrechtlicher Expansion die staatlichen Gewalten unter Einschluss des parlamentarischen Gesetzgebers dazu, Eingriffe in die Rechtssphäre des Einzelnen möglichst freiheitsschonend auszugestalten. Dabei wird die jeweilige staatliche Maßnahme einer dreistufigen Prüfung daraufhin unterworfen, ob sie zur Erreichung eines legitimen staatlichen Zweckes erstens überhaupt geeignet ist (Gedanke der Zwecktauglichkeit); ob sie zweitens erforderlich ist, also nicht eine weniger gravierende Maßnahme den gleichen Effekt zeitigen könnte (Gedanke des Interventionsminimums); und ob sie drittens verhältnismäßig i.e.S. (auch: angemessen, proportional) ist, also die Schwere des grundrechtlichen Eingriffs in einer angemessenen Relation zur Relevanz der staatlichen Maßnahme steht (Gedanke der Zumutbarkeit).«[24]

Staatliche Ersatzleistungen, insbes. Amtshaftung: »Verletzungen der Rechtssphäre des Einzelnen durch die staatliche Gewalt [sind] nicht einfach hinzunehmen, sondern zu kompensieren. Demgemäß ist der ursprüngliche Rechtszustand entweder in Gestalt von (Folgen-)Beseitigungsansprüchen wiederherzustellen oder sind die erlittenen Einbußen durch Ansprüche auf Schadenersatz, Entschädigung oder Aufopferung auszugleichen.«[25]

7.2 Vom Staatsdenken zum Verfassungsdenken

Die in Deutschland nach dem Ersten Weltkrieg mit der Weimarer Reichsverfassung (1919)[26] und nach dem Zweiten Weltkrieg mit dem Grundgesetz (GG)[27] mit »Grundsätzen des republikanischen, demokratischen und sozialen Rechtsstaates« (Art. 28 Abs. 1 GG) entwickel-

23 Ebd., S. 2269.

24 Ebd., S. 2269 f.

25 Ebd., S. 2270.

26 Vgl. Kirchheimer 1964, S. 9-56.

27 Vgl. Unruh 2002. Zur Entstehung vgl. AK-GG-Denninger, Einleitung I, Rz. 8-40. Zu Materialien zur Kritik an der Verfassungswirklichkeit in der Bundesrepublik Deutschland vgl. Denninger 1977.

te Verfassung dokumentiert einen Paradigmenwechsel vom ›Staatsdenken‹ zum ›Verfassungsdenken‹.[28] In der deutschen Rechts- und Staatstradition war die Verfassung primär »*Staats*verfassung« im Dienste »der nachträglichen Rechtsbindung der als immer schon bestehend gedachten Staatsmacht«.[29] »Die Umstellung auf das Paradigma ›Verfassung‹ verändert die Perspektive auf die öffentlichen Angelegenheiten grundlegend. Sie reagiert auf die in der modernen interessenpluralistischen Gesellschaft offenkundige Tatsache, daß politische Macht und gesamtgesellschaftliche Entscheidungsfähigkeit nicht einfach vorausgesetzt, sondern in komplexen Prozessen der politischen Einheitsbildung erst gebildet werden müssen, und daß gesellschaftliche Freiheit nicht schlicht vorhanden, sondern als öffentliche Freiheit auf die politische Herstellung und Garantie freier gesellschaftlicher Verhältnisse angewiesen ist. In das Zentrum einer die ›Staatslehre‹ ablösenden ›Verfassungslehre‹ rückt die Verfassung als die rechtliche Grundordnung für die dem praktischen politischen Handeln aufgegebene Konstituierung und Organisierung eines freien politischen Gemeinwesens; als solche ist die Verfassung nicht nur Staatsverfassung, sondern ›Staat‹ und ›Gesellschaft‹ umgreifende Gesamtverfassung. Sie ist die Rahmenordnung für einen freien und offenen politischen Prozeß, für die Auseinandersetzungen und Verständigungen, für die Kontroversen und Kompromisse, in denen die Bürger über die ›gute Ordnung‹ ihres gegenwärtigen Zusammenlebens und damit immer zugleich über die Lebensbedingungen künftiger Generationen entscheiden. Das verfassungszentrierte Denken ist durch Dynamik, Offenheit und Geschichtlichkeit geprägt und mit diesen Eigenschaften geeignet, die in der deutschen Verfassungsentwicklung so prekäre ›demokratische Frage‹ neu zu stellen.«[30]

Mit dem Paradigmenwechsel vom staatszentrierten zum verfassungszentrierten Modell von Recht und Staat ist verbunden, dass die Demokratie[31] nicht mehr allein als bloßes *Staats*organisationsprinzip verstanden werden kann; das Demokratieprinzip ist vielmehr – das gesamte gesellschaftliche Leben umfassend – »das die verfassungsmäßige Ordnung ›primär bestimmende Prinzip‹«.[32]

[28] Vgl. Rinken 1991, S. 210-215; vgl. zur Darstellung des historischen Prozesses auch Frankenberg, ›Der Staat – Szenen eines Rückzugs oder: Von der Staatslehre zur Verfassungstheorie‹ in: ders. 2003, S. 171-189.

[29] Rinken 1991, S. 210 f.

[30] Ebd., S. 211.

[31] Siehe zu ›Demokratie‹ in diesem Buch Kap. 9.

[32] Ebd., S. 212. Zu ›Demokratie als Verfassungsprinzip‹ vgl. Böckenförde 1991, S. 289-378.

Der Paradigmenwechsel vom Macht- und Obrigkeitsstaat zum Rechts- und Verfassungsstaat[33] ist zum einen die Antwort auf gesetzliches Unrecht.[34] Zum anderen drückt sich in ihm der Verlust einer Sicherheit aus, die noch im 19. Jahrhundert für die einen in der Hegel'schen Rechtsphilosophie mit ihrer Idee des sittlichen Staates oder für die anderen in der Marx'schen Gesellschaftstheorie mit ihrer Idee einer historischen Gesetzmäßigkeit der Entwicklung zum Absterben des Staates im Kommunismus verbürgt zu sein schien.

Darüber hinaus ist für den Wandel in der politischen und Rechtskultur eine neue Beurteilung der *Positivität des Rechts*[35] bezeichnend: Waren in der bürgerlichen Gesellschaft seit dem 17. Jahrhundert Konzeptionen von Recht maßgeblich, in denen das Recht als *gegebenes Recht* nicht rational begründet zu werden brauchte und als unveränderbare Setzung Geltung beanspruchen konnte[36], so hat sich nun mehr und mehr die Einsicht durchgesetzt, dass das positive Recht entwicklungsfähig und veränderbar ist und nach einem Rahmen seiner Begründung und Geltung verlangt – nach einer rechtsstaatlichen Verfassung.[37]

33 Vgl. zum Verfassungsstaat in geschichtlicher Perspektive Wahl 2003, S. 277-373.

34 Das »Grundgesetz ist nicht nur eine Antwort auf die Hitler-Diktatur, sondern ebenso sehr auch eine Antwort auf Weimar und seine verfassungsrechtlichen Ausfallserscheinungen. [...] a) Vor Hitler war Weimar, und Weimar konnte die NS-Diktatur nicht aufhalten. Gewiß, es führten viele verschiedene Kausalketten zur Hitler-Diktatur. Aber die verfassungsjuristisch entscheidende begann damit, daß die junge Weimarer Demokratie selbst nicht mit rechtlich erkennbarer Abwehrbereitschaft konsequent ›an sich glaubte‹. Die entscheidende Schwäche der Weimarer Demokratie war ihre Wertneutralität. Sie erschöpfte sich in formalen Funktionierensprinzipien, in die materiell jeder Inhalt eingehen konnte; auch der politische Inhalt, dieses ›System‹ [...] und die ›Demokratie überhaupt‹ ganz beseitigen zu wollen. Dieser ›Wertrelativismus‹, der alles und jedes hinnahm, wenn es nur Ergebnis des formalen Mehrheitsprinzips war, bedeutete die ›Demokratie als Selbstmord‹. c) Es ergab sich die absurde Situation, daß sich die Gegner des Weimarer Rechtsstaates im Schutze der Freiheitsrechte ungehindert zum Angriff sammeln konnten, daß sie im Zeichen der Freiheitsrechte und unter Berufung auf sie diesen Rechtsstaat unterlaufen, schmähen, bekämpfen und schließlich zerstören konnten, um dann eben jene Grundrechte zu beseitigen, die man früher im Rechtsstaat für das Zerstörungswerk am Rechtsstaat mißbraucht hatte.« (Dürig in Maunz/Dürig, Kommentar z. GG, Art. 18 Rn. 4 f.).

35 Vgl. Rinken 1991, S. 213 f.

36 Vgl. zur Verfassungsgeschichte Reinhard 1999, Frotscher/Pieroth 2011.

37 Zur Geschichte des Verfassungsbegriffs und von Verfassungskonzeptionen vgl. Preuss 2001, Mohnhaupt 1990 und Böckenförde 1991a. Koselleck

7.3 Die Verfassung

Der Staat soll – so Kant in § 45 seiner *Metaphysik der Sitten* – als »Vereinigung einer Menge von Menschen unter Rechtsgesetzen« verstanden werden können. Der Begriff des Rechtsgesetzes ist nicht wertneutral; er enthält die Idee der Gerechtigkeit. Die Wirkung, die von dieser Idee ausgeht, strahlt auf beide Dimensionen der normativen Ordnung aus: auf die *Verhaltensgebote*, die ein bestimmtes Tun oder Unterlassen vorschreiben, und auf die *Kompetenznormen*, die Regelungsbefugnisse und Regelungsverfahren festlegen. Die Normenbefolgung und die Akzeptanz staatlicher Regelungsmacht hängt wesentlich ab (i) von der Legitimität des Staates, (ii) von der ›Richtigkeit‹ des Rechts und (iii) von dessen Homogenität. Diese drei Momente müssen in der Verfassung ihren Niederschlag finden *und* in einem für allgemeine Zustimmung hinreichenden Maße auch als gesellschaftliche Wirklichkeit erfahren werden können.

»Die Verfassung ist die *rechtliche Grundordnung des Gemeinwesens*. Sie bestimmt die Leitprinzipien, nach denen politische Einheit sich bilden und staatliche Aufgaben wahrgenommen werden sollen. Sie regelt Verfahren der Bewältigung von Konflikten innerhalb des Gemeinwesens. Sie ordnet die Organisation und das Verfahren politischer Einheitsbildung und staatlichen Wirkens. Sie schafft Grundlagen und normiert Grundzüge rechtlicher Gesamtordnung. In allem ist sie ›der grundlegende, auf bestimmte Sinnprinzipien ausgerichtete Strukturplan für die Rechtsgestalt eines Gemeinwesens‹.«[38]

Die Verfassung ist »ein Komplex von Rechtsnormen«, aber sie geht in ihrer juristischen Geltung nicht auf. Ihre Rechtswirkung macht sie vielmehr zu einem »wichtige[n] Faktor gesellschaftlicher Integration. Indem sie den Grundkonsens einer Gesellschaft über die Prinzipien ihres Zusammenlebens und die Bewältigung ihrer Konflikte festhält, verbindet sie Träger unterschiedlicher Überzeugungen und Interessen, ermöglicht ihnen den friedlichen Austrag ihrer Gegensätze und er-

2006, S. 374, erinnert daran, dass das Wort ›Verfassung‹ »im Deutschen erst im 18. Jahrhundert aus seinem physiologischen Kontext zu einem sozialen und politischen Begriff aufgerückt ist«.

38 Hesse 1999, S. 10. Die Entstehung einer Verfassung wird in aller Regel auf die Volkssouveränität zurückgeführt. »Da das Volk nun aber nicht als unorganisierte Größe handeln kann, bedarf es besonderer Repräsentationsformen für die Ausübung der verfassunggebenden Gewalt. In der verfassungsgeschichtlichen Entwicklung haben sich das Nationalversammlungsmodell (Beratung und verbindliche Verabschiedung) und das Konventsmodell (Erarbeitung eines Entwurfs mit anschließender Volksabstimmung) als Grundformen herausgebildet.« (Dreier 2010a, S. 2869)

leichtert die Hinnahme von Niederlagen. Indem sie langfristig geltende Handlungsgrundlagen und kurzfristig notwendige Entscheidungen auseinanderzieht, verleiht sie dem politischen Prozeß eine Struktur, an der sich Akteure und Publikum orientieren können, garantiert Stabilität im Wandel und entlastet die Politik von ständiger Diskussion über Ziele und Verfahren der Einheitsbildung, die diese unter den Bedingungen permanenten Entscheidungsbedarfs und komplexer Entscheidungsgegenstände überfordern würde.«[39]

Eine solche Verfassung hat einige wesentliche Funktionsmerkmale: (i) Sie ist »in einem gewissen Sinne die *Transformation der Macht zu Recht*«[40] und begründet eine Staatsform, in der der Staat »nicht anders denn als Rechtsordnung« bestimmbar ist.[41] (ii) Sie stellt »eine Art Selbstbindung von Gesellschaften« dar, »durch die sie ihr Rationalitätspotential im Umgang mit sich selbst, insbesondere mit ihren selbstdestruktiven Möglichkeiten, vermehren«.[42] (iii) Sie ist als ein »elementarer Basiskompromiß« zu begreifen, »auf dessen Grundlage und in dessen institutionellem Rahmen auch tiefgreifende politische Auseinandersetzungen friedlich ausgetragen werden können«.[43] (iv) Sie hat Vorrang vor dem einfachen Gesetzesrecht; dies bedeutet zugleich den Nachrang des Gesetzgebers.[44] (v) Ihr »Gerechtigkeitsbezug« bringt

39 Grimm 1994, S. 24 f.

40 Kelsen 1928, S. 65.

41 Ebd. S. 117.

42 Preuß 1990, S. 77. Preuß plädiert angesichts der Entwicklung wissenschaftlich-technischen Wissens und des Problems der Beherrschbarkeit des wissenschaftlich-technischen Fortschritts für ein ›neues Verfassungsverständnis‹, das er als »moralisch reflexiven Konstitutionalismus« bezeichnet: »Seine Notwendigkeit folgt aus dem selbstgeschaffenen Destruktionspotential der kapitalistischen Verfassungsstaaten selbst, das weder durch die kunstvolle konstitutionelle Architektur von ›checks and balances‹, noch durch die Arrangements einer wohlfahrtsstaatlichen Sozialbindung der Freiheit und schon gar nicht durch die sozialistische Revolution mit ihrer Mischung aus Staatseigentum, Parteidiktatur und Gesinnungszwang ›verfaßt‹ werden kann.« (Ebd., S. 78). Eine »Verfassung des wissenschaftlich-technischen Fortschritts« könne und müsse »die moralische Reflexion des Fortschritts ermöglichen, sie kann aber auf keine universellen Prinzipien verweisen, die die begründete Aussicht auf übereinstimmende Urteile in der Gesellschaft eröffnen.« Dass »auch die Menschenrechte [...] in dem Augenblick ihre normative Eindeutigkeit [verlieren], in dem die moralische Ambivalenz des Fortschritts zutage tritt« (ebd., S. 86), scheint mir eine der realen Entwicklung nicht entsprechende, nicht zwingende, ja paradoxe Schlussfolgerung zu sein.

43 Denninger 1977, S. 15.

44 Vgl. Art. 20 Abs. 3 GG: »Die Gesetzgebung ist an die verfassungsmäßige Ordnung, die vollziehende Gewalt und die Rechtsprechung sind an Gesetz

»das Recht in Distanz zur Macht« und begründet »seine Autonomie und damit seinen Rechtscharakter«.[45]

Die »Verfassung organisiert, rationalisiert und diszipliniert den politischen Prozess; ist Sinnbild der Einheit der Rechtsordnung; legitimiert staatliche Herrschaft und limitiert sie zugleich, ist also Herrschaftsbegründung und Herrschaftsbegrenzung in einem. Die ›freiheitsstiftende Disziplinierung der Herrschaft und die friedensstiftende Neutralisierung und Rationalisierung des politischen Prozesses‹ bilden die historisch erfolgreichen und bleibenden Errungenschaften des Konzepts moderner Verfassungsstaatlichkeit. Die grundsätzlich neue Qualität dieser Art von Verfassungen ist in dreifacher und überaus kompakter Weise beschrieben worden als (i) herrschaftsbegründend und nicht nur herrschaftsmodifizierend, als (ii) umfassend und nicht nur punktuell sowie als (iii) universal und nicht nur partikular.«[46]

Wenn allerdings im Ergebnis der historischen Entwicklung zur Moderne das individuelle und kollektive Handeln faktisch nicht mehr durch unbezweifelbare ›ewige Normen‹ reguliert wird, dann versteht es sich, dass auch die Rechtswerte, für die Verfassungsrechtslehren und Rechtsstaatstheorien plädieren, von pluralistischer Begründungskonkurrenz nicht ausgenommen sind. Die Konstitution von Rechtswerten hängt ab von Interessen, Machtverhältnissen und »von der jeweiligen Kultur, der Gesellschaft, für die sie gelten sollen«.[47] Um so mehr gilt es, zwischen ›richtigem‹ und nicht richtigem Recht zu unterscheiden. Denn nicht jede Konzeption von Recht erfüllt in gleicher

und Recht gebunden.« Der Vorrang der Verfassung stellt »das wichtigste Element moderner Verfassungsstaatlichkeit für das gesamtstaatliche Gefüge mit sowohl rechtsstrukturellen und -dogmatischen als auch zentralen politischen Konsequenzen dar. Eine Art von logischem bzw. automatisch eintretendem Vorrang der formellen Verfassung besteht darin, dass allein schon ihre Organisations-, Kreations-, Kompetenz- und Verfahrensnormen regulierend und kanalisierend wirken. In seiner elaborierten Version meint Vorrang aber darüber hinausgehend – und zusätzlich zur erschwerten Abänderung – die Verfassungsbindung aller staatlichen Gewalten, und zwar in letzter Konsequenz auch der parlamentarischen Legislative.« (Dreier 2010a, S. 2869); vgl. Wahl 2003, S. 121-276.

45 Rinken 1991, S. 216.

46 Dreier 2010a, S. 2869. »Die herkömmliche und allgemein akzeptierte Vorstellung von Verfassung als einer Grundordnung des Staates wird transzendiert, wenn man ihr über die liberale Ausgrenzungs- und politische Gestaltungsfunktion der Grundrechte hinaus auch eine Fundierungs- und Orientierungsfunktion für die ›Rationalisierung des Gesamtpolitikums‹ zuerkennt und in ihr ›institutionelle Handlungsanreize und Motive für verantwortliches Bürgerhandeln enthalten‹ sieht.« (Dreier 2010a, S. 2873).

47 Hassemer 1972, S. 332.

Weise die Funktionen, den Staat von der *Verfassung* her zu begründen (und nicht umgekehrt), die *Autonomie des Rechts* gegenüber politischer Herrschaft zu begründen, den *Steuerungs- und Integrationserfordernissen* einer pluralistischen Gesellschaft angemessen zu sein und *Demokratie* als Form der Gestaltung aller Bereiche des Rechts- und Sozialstaates und der Gesellschaft zu begründen.

Verfassungsrechtslehren und Rechtsstaatstheorien ändern sich; auch Verfassungen machen Entwicklungen durch. In normativer Sicht von Veränderung ausgenommem ist der ›Wesensgehalt‹ (Art. 79 Abs. 3 GG) der deutschen Verfassung. Galt dies auch *de facto* immer, z. B. bei der schwerwiegenden Einschränkung des Asylrechts, das laut BVerfGE nicht mehr zum Gewährleistungsinhalt der Menschenwürdenorm gehören soll?[48]

Art. 1 GG gründet das gesamte System von Recht und Staat auf drei Prinzipien: (i) das normative Prinzip der Unantastbarkeit der Menschenwürde, (ii) die Menschenrechte »als Grundlage jeder menschlichen Gemeinschaft, des Friedens und der Gerechtigkeit in der Welt« und (iii) die Grundrechte, die insgesamt die Prinzipien (i) und (ii) konkretisieren. Art. 1 GG bindet Gesetzgebung, die vollziehende Gewalt und die Rechtsprechung als unmittelbar geltendes Recht.[49]

48 Die einschlägige Norm in Art. 16 GG lautete zunächst: »Politisch verfolgte genießen Asylrecht.« Durch Art. 1 Nr. 2 des Gesetzes vom 28.6.1993 (BGBl. I, S. 1002) wurde ein Art. 16a eingefügt, der das Asylrecht in Abs. 2 einschränkt: »Auf Absatz 1 kann sich nicht berufen, wer aus einem Mitgliedstaat der Europäischen Gemeinschaften oder aus einem anderen Drittstaat einreist, in dem die Anwendung des Abkommens über die Rechtsstellung der Flüchtlinge und der Konvention zum Schutze der Menschenrechte und Grundfreiheiten sichergestellt ist. Die Staaten außerhalb der Europäischen Gemeinschaften, auf die die Voraussetzungen des Satzes 1 zutreffen, werden durch Gesetz, das der Zustimmung des Bundesrates bedarf, bestimmt. In den Fällen des Satzes 1 können aufenthaltsbeendende Maßnahmen unabhängig von einem hiergegen eingelegten Rechtsbehelf vollzogen werden.« Das BVerfGE hat diese Einschränkung für mit Art. 79 Abs. 3 GG vereinbar erklärt und festgestellt: »Das Asylgrundrecht gehört nicht zum Gewährleistungsinhalt von Art. 1 Abs. 1 GG.« (BVerfGE 94, 49, 14. 5. 1996). Das BVerGE hat damit seiner eigenen, nur etwa ein halbes Jahr zuvor getroffenen Feststellung, dass »*sämtliche* Grundrechte Konkretisierungen des Prinzips der Menschenwürde sind«, widersprochen (vgl. BVerfGE 93, 266 (116), 10. 10. 1995).

49 »Hoch umstritten ist die Rolle der Grundrechte im Rechtssystem. Die Meinungen bewegen sich zwischen zwei Extremen. Das eine lässt sich in die These fassen, dass das ganze Rechtssystem nichts anderes als eine Konkretisierung der Grundrechte ist. Das andere erblickt in den Grundrechte demgegenüber nur eng begrenzte oder punktuelle Gewährleistungen, an deren Grenzen ein grundrechtsfreier Bereich beginnt. Wenn die Grundrechte, wie

Um die Bindungswirkung der Grundrechte zu begründen, gehen Auffassungen, die nicht *naturrechtlich*, sondern vorrangig *gesellschaftsgeschichtlich* argumentieren, von den historischen Leidenserfahrungen aus, die zum Grundrechtskatalog des GG geführt haben: »1. die in der Kriegs- und Nachkriegsnot des Ersten Weltkriegs erlebte Unsicherheit der ›bürgerlichen Existenz‹, das Ohnmachtserlebnis im Hinblick auf die elementaren Daseinsbedingungen, der Verlust an individuell ›beherrschtem Lebensraum‹. [...]; 2. das Bewußtsein von den menschheitsbedrohenden Risiken des technischen ›Fortschritts‹, von der akuten Gefahr der Selbstzerstörung der species Mensch durch ausbeutende oder gar durch militärische Vernichtung der natürlichen Daseinsgrundlagen; 3. Wirklichkeit und Wiederholungsmöglichkeit einer kollektiven und individuellen sittlichen Rebarbarisierung in einem für unvorstellbar gehaltenen Ausmaß: die Erfahrung der nationalsozialistischen Vernichtungslager und der menschenverachtenden Kriegsverbrechen des Zweiten Weltkrieges; 4. schließlich der in Deutschland nach 1945 nur mühsam und hindernisreich in Gang gekommene Prozeß einer aktivbürgerlich demokratischen Bewußtseinsbildung, mithin die Vorstellung, daß grundrechtlich geschützte Freiheit auch zur Hervorbringung eines auf Bürgeraktivität gegründeten demokratischen Staates genutzt werden kann und genutzt werden soll.«[50]

Ein wesentliches Ergebnis dieser Erfahrungen ist, dass Art. 93 Abs. 1 Nr. 4a GG den Bürgerinnen und Bürgern den Rechtsweg der Verfassungsbeschwerde eröffnet: Verfassungsbeschwerden können »von jedermann mit der Behauptung erhoben werden [...], durch die öffentliche Gewalt in einem seiner Grundrechte oder in einem seiner in Artikel 20 Abs. 4, 33, 38, 101, 103 und 104 enthaltenen Rechte verletzt zu sein«. Über Verletzungen von Grundrechten entscheidet das Bundesverfassungsgericht.

Art. 1 Abs. 3 GG dies fordert, alle drei Gewalten binden sollen, kann nur eine mittlere Lösung richtig sein. Danach haben auf der einen Seite die Grundrechte den Charakter von materiellen Prinzipien, die stets einschlägig sind. Auf der anderen Seite enthalten demokratisch-rechtsstaatliche Verfassungen aber auch formelle Prinzipien, v.a. das der Entscheidungsbefugnis des demokratisch legitimierten Gesetzgebers, welche die verfassungsgerichtlichen Kontrollkompetenzen zurückdrängen und eingrenzen. Durch die Berücksichtigung beider Arten von Prinzipien kann sowohl die von einigen befürchtete Transformation des demokratischen Verfassungsstaates in einen ›verfassungsgerichtlichen Jurisdiktionsstaat‹, der dem Demokratieprinzip widerspräche, verhindert als auch an der Bedeutung der Kerngehalte der Grundrechte für alle Bereiche des Rechts, also auch für das Privatrecht (Drittwirkung), festgehalten werden. Das ist der recht verstandene Sinn der These, dass die Grundrechte auch Werte darstellen.« (Alexy 2010, S. 954).

50 AK-GG-Denninger, vor Art. 1 1,2, Rz. 3.

7.4 Die Verfassungsgerichtsbarkeit

Nicht zuletzt, weil ihre Normen in Politik und Staat verletzt werden (können), kennen Verfassungen Verfahren der Normenkontrolle und die Möglichkeit der Verfassungsbeschwerde[51] bei *Verfassungsgerichten* – in Deutschland bei dem 1951 eingerichteten BVerfGE[52] –, die »den mehrheitsdemokratischen Gesetzgeber in die Schranken weisen können«.[53] Gegenüber den positiven Satzungen der Staatsgewalt kann »ein Mehr an Recht bestehen, das seine Quelle in der verfassungsmäßigen Rechtsordnung als einem Sinnganzen und in anderen fundierten allgemeinen Gerechtigkeitsvorstellungen der Gemeinschaft« hat.[54] Jutta Limbach zufolge hat die »Erfahrung aus der vorangegangenen Diktatur [...] die Schöpfer der Verfassung nicht nur veranlaßt, die Menschen- und Freiheitsrechte als einklagbare subjektive Rechte zu formulieren. Sie haben darüber hinaus ein Bundesgericht als Hüter der

51 Vgl. Pieroth/Schlink 1994, Rz. 1197-1270.

52 Art. 93 GG: »(1) Das Bundesverfassungsgericht entscheidet: 1. über die Auslegung dieses Grundgesetzes aus Anlaß von Streitigkeiten über den Umfang der Rechte und Pflichten eines obersten Bundesorgans oder anderer Beteiligter, die durch dieses Grundgesetz oder in der Geschäftsordnung eines obersten Bundesorgans mit eigenen Rechten ausgestattet sind; 2. bei Meinungsverschiedenheiten oder Zweifeln über die förmliche und sachliche Vereinbarkeit von Bundesrecht oder Landesrecht mit diesem Grundgesetze oder die Vereinbarkeit von Landesrecht mit sonstigem Bundesrechte auf Antrag der Bundesregierung, einer Landesregierung oder eines Drittels der Mitglieder des Bundestages; 3. bei Meinungsverschiedenheiten über Rechte und Pflichten des Bundes und der Länder, insbesondere bei der Ausführung von Bundesrecht durch die Länder und bei der Ausübung der Bundesaufsicht; 4. in anderen öffentlich-rechtlichen Streitigkeiten zwischen dem Bunde und den Ländern, zwischen verschiedenen Ländern oder innerhalb eines Landes, soweit nicht ein anderer Rechtsweg gegeben ist; 4a. über Verfassungsbeschwerden, die von jedermann mit der Behauptung erhoben werden können, durch die öffentliche Gewalt in einem seiner Grundrechte oder in einem seiner in Artikel 20 Abs. 4, 33, 38, 101, 103 und 104 enthaltenen Rechte verletzt zu sein; 4b. über Verfassungsbeschwerden von Gemeinden und Gemeindeverbänden wegen Verletzung des Rechts auf Selbstverwaltung nach Artikel 28 durch ein Gesetz, bei Landesgesetzen jedoch nur, soweit nicht Beschwerde beim Landesverfassungsgericht erhoben werden kann; 5. in den übrigen in diesem Grundgesetze vorgesehenen Fällen. (2) Das Bundesverfassungsgericht wird ferner in den ihm sonst durch Bundesgesetz zugewiesenen Fällen tätig.« Vgl. Tohidipur 1976, Limbach 2000, 2001, Wesel 2004, Schlaich/Korioth 2007, Kranenpohl 2010, Jestaedt et al. 2011.

53 Neumann 1995, S. 4.

54 BVerfGE 34, 287, zit. in Zippelius 1994, S. 74 f.

Verfassung vorgesehen. Dieses Gericht sollte nicht nur kontrollieren, ob die Gesetze im Einklang mit dem Grundgesetz stehen. Es sollte vornean die Aufgabe haben, ›einem jeden Einwohner Deutschlands den nötigen Schutz gegen Beeinträchtigungen der ihm verfassungsmäßig zugesicherten Grundrechte zu gewähren‹.«[55]

Die Rechtsprechung des BVerfGE[56], die nicht selten von parlamentarischen Auseinandersetzungen im Gewande eines Rechtsstreits provoziert wird, mit dem sich das Parlament eigener Kompetenzen begibt, kann – wie etwa beim ›Kruzifix-Urteil‹[57] – Irritationen bei betroffenen Interessengruppen auslösen; sie stößt aber in der Bevölkerung weitgehend auf Akzeptanz. In der rechtstheoretischen Literatur wird sie freilich auch vehementer Kritik unterzogen[58], und zwar (i) wegen der Befürchtung einer Transformation des demokratischen Verfassungsstaates in einen »›verfassungsgerichtlichen Jurisdiktionsstaat‹, der dem Demokratieprinzip widerspräche«[59], und (ii) weil es das positive Recht nicht an der Verfassung, sondern an ihr vorausliegenden überpositiven Prinzipien messe.

J. Habermas beobachtet einen »Wandel von der freiheitsgewährenden, die Gesetzmäßigkeit der Eingriffsverwaltung garantierenden Abwehrrechten zu tragenden Prinzipien einer Rechtsordnung, die den Gehalt subjektiver Freiheitsrechte auf eine grundbegrifflich ungeklärte Weise in den objektiv-rechtlichen Gehalt von strukturbildenden und durchgreifenden Grundsatznormen aufnehmen«.[60] E.-W. Böckenförde moniert Kompetenzeinbußen des Parlaments: »Im Zeichen der objektiv-rechtlichen Grundsatzwirkung der Grundrechte kommt es [...] zu einer Nebenordnung und Annäherung von parlamentarischer und verfassungsgerichtlicher Rechtsbildung. Die erstere wird von originärer Rechtsetzung zur Konkretisierung herabgestuft, die letztere von interpretativer Rechtsanwendung zu rechtsschöpferischer Konkretisierung heraufgestuft. [...] Die Frage, die sich daran knüpft, ist die der demokratischen Legitimation des Verfassungsgerichts.«[61] I. Maus kritisiert, dass sich die vom BVerfGE in Anspruch genommenen überpositiven

[55] Limbach 1996, S. 1. Limbach zitiert Benda/Klein 1991, S. 1. Vgl. auch Leibholz 1971.

[56] Das BVerfGE hat derzeit jährlich etwa 6.000 Fälle zu bearbeiten.

[57] BVerfGE 93, 1 (1): »1. Die Anbringung eines Kreuzes oder Kruzifixes in den Unterrichtsräumen einer staatlichen Pflichtschule, die keine Bekenntnisschule ist, verstößt gegen Art. 4 Abs. 1 GG.«

[58] Vgl. Habermas 1994, S. 302 ff.

[59] Alexy 2010, S. 954.

[60] Habermas 1994, S. 302 f.

[61] Böckenförde, Grundrechte als Grundsatznormen, in: Böckenförde 1991, S. 189ff. Zit. in Habermas 1994, S. 304.

Prinzipien »in eine besondere Machtressource des Bundesverfassungsgerichts [verwandeln], das als ihr Sachwalter den Status einer Gerechtigkeitsexpertokratie gegenüber den demokratischen Willensbildungsprozessen der Gesetzgebung in vorparlamentarischen und parlamentarischen Kontexten gewinnt.«[62]

Es ist unbestreitbar, dass bei Konflikten »zwischen Werten«, die »zum Gegenstand einer abstrakten Normenkontrolle gemacht« werden, zu berücksichtigen ist, »daß das Grundgesetz sich für eine pluralistische Gesellschaftsordnung entschieden hat«. Ebenso unbestreitbar ist es, dass in »Konfliktsituationen, wo Grundrechtspositionen miteinander kollidieren, das Urteil über die Verfassungsmäßigkeit eines Gesetzes nicht nur eine Sache des juristischen Scharfsinns oder der verfassungsrechtlichen Interpretationskunst [ist]. Vielmehr ist eine Abwägung, d.h. eine Wertung erforderlich.«[63] Weil dies so ist, sind die Richter gehalten, von ihren privaten Wertpräferenzen abzusehen – soweit dies angesichts des Umstands, dass auch richterliches Erkennen und Wissen Erkennen und Wissen *nach Menschenmaß* sind, menschenmöglich ist.[64]

Recht und Politik sind *de facto* als Elemente richterlicher Entscheidungsfindung nicht strikt zu trennen.[65] Deshalb plädiert E. Denninger in Auseinandersetzung mit Kritikern des BVerfGE für ein differenziertes Urteil über ein Gericht »zwischen Recht und Politik« und für eine realistische (»positivistische«) Anerkennung der Tatsache, dass (i)

62 Maus 1994, S. 9.

63 Limbach 1996, S. 3.

64 Siehe die Abschn. 1.3.3 und 5.2.1-5.2.3 in diesem Buch.

65 Eine »unpolitische Verfassungsgerichtsbarkeit« sei, so Grimm 2011, S. 30, »eine Illusion«: »Wie kann ein Gericht mit der Befugnis, ein vom Bundestag beschlossenes, vom Bundesrat gebilligtes und vom Bundespräsidenten in Kraft gesetztes Gesetz zu verwerfen, für unpolitisch gehalten werden? Wie kann ein Gericht, von dessen Spruch es abhängt, ob Deutschland sich an der Europäischen Währungsunion beteiligen oder Truppen ins Ausland schicken darf, als unpolitisch gelten? Wie kann ein Gericht, das zu entscheiden hat, ob der Bundestag aufgelöst wird oder wider Willen weiterarbeiten muss, unpolitisch sein? Wie kann ein Gericht, in dessen Macht es steht, politische Parteien zu verbieten, sich aus der Politik heraushalten? [...] Politisch sind offenbar die Gegenstände, mit denen ein Verfassungsgericht sich befassen muss. Das gilt jedenfalls, soweit das Verhalten von obersten Staatsorganen oder politischen Parteien oder sonstigen politischen Akteuren betroffen ist. Politisch sind ferner die Wirkungen verfassungsgerichtlicher Entscheidungen, unzweifelhaft dort, wo schon der Gegenstand politisch war, oft aber auch, wenn über individuelle Grundrechtsbeschwerden entschieden wird. [...] Zwischen Entscheidungsgegenständen, Entscheidungswirkungen und Entscheidungskriterien muss [...] unterschieden werden. Die ersten beiden sind politisch, die Kriterien sind juristisch.«

Verfassungsrechtsprechung – beginnend mit der Wahl der Richter im Parlament auf Vorschlag von Parteien und nicht endend bei der Sucht politischer Parteien, das Gericht entscheiden zu lassen, wo parlamentarische Mehrheiten fehlen – nicht im politikfreien Raum angesiedelt ist und (ii) auf die »Positivität, die Gesatztheit, des Rechts und damit auf seine Abänderbarkeit« abzuheben ist. »Hinzutreten muß die Erkenntnis, daß gesetztes, also von Menschen ›gemachtes‹ Recht, eben deshalb auch *fehlbares*, *korrekturbedürftiges* Recht ist. Fehlbar ist – übrigens in hohem Maße – *auch der demokratische Gesetzgeber*, auch seine Produkte bedürfen einer ständigen Qualitätskontrolle. Dies einzusehen und zu lernen bedurfte es einiger Jahrzehnte, zumal diese Problematik zu lange unter dem Aspekt des unklaren Souveränitätsbegriffs erörtert wurde.«[66]

Wie immer man unter Berücksichtigung der Kritikwürdigkeit mancher Entscheidungen die Kritiken am BVerfGE beurteilt – man sollte die für den Rechtsstaat wichtige Funktion dieser Institution nicht verneinen. Das Gericht hatte, hat und wird Anlass haben, »die mangelnde *Grundrechtsdisziplin* anderer Staatsgewalten mehr oder weniger scharf zu rügen«.[67] Es ist wohl nicht übertrieben, wenn D. Grimm feststellt, das BVerfGE habe »die Verfassung erstmals in Deutschland als maßgeblich erlebbar« gemacht. »Das gilt besonders für die Grundrechte. Die Bestimmung, daß alle Staatsgewalt, auch die gesetzgebende, an sie gebunden sei, wurde dank dem Verfassungsgericht Wirklichkeit. Es sorgte aber zusätzlich dafür, daß die Grundrechte auch bei der alltäglichen Gesetzesanwendung durch Behörden und Gerichte Beachtung fanden, nicht nur vor staatlichen, sondern auch vor gesellschaftlichen Freiheitsbedrohungen schützten und neuartige Freiheitsgefahren, wie sie besonders vom wissenschaftlich-technischen Fortschritt ausgingen, zügelten. Die Politik konnte ihre Absichten nicht mehr ohne Rücksicht auf das Grundgesetz durchsetzen«.[68]

Dazu hat beigetragen, dass das Gericht »als höchster Streitentscheider allen staatlichen Instanzen übergeordnet [ist], und zwar sowohl der Legislative, Exekutive als auch der Judikative. Das Gericht hat das letzte Wort in allen Fragen der Interpretation des Grundgesetzes.«[69] Es sei deshalb, so Jutta Limbach, die ehemalige Präsidentin des BVerfGE, auch »nüchtern ist zu konstatieren, daß das Bundesverfassungsgericht einen herausragenden Faktor im politischen Prozeß bildet. Es mag provokant klingen, wenn man das Bundesverfassungs-

[66] Denninger 1999a, S. 302.
[67] Schneider 1979, S. 36 f.
[68] Grimm 1997, S. 44.
[69] Limbach 1996, S. 1.

gericht als einen politischen Machtfaktor charakterisiert. Doch wird damit nur ein rechtlicher Befund auf den Begriff gebracht. Das Gericht spricht Recht im Namen des Grundgesetzes. Es wirkt in den Bereich des Politischen hinein, weil sein Maßstab die Verfassung eines politischen Gemeinwesens ist. Ein Gericht, das Kompetenzstreitigkeiten zwischen der Exekutive und Legislative zu entscheiden hat, Normen als verfassungswidrig aufheben oder eine verfassungswidrige politische Partei auflösen kann, greift regulierend in die politische Lebensordnung des Staates ein. Kontrolle der Macht ist notwendig selber Macht.«[70]

7.5 Die Grundrechte

Die erstmals in der *Virginia Declaration of Rights*[71] (1776) anerkannten Grundrechte[72] sind Reaktionen auf historische Unrechtserfahrungen und Verweigerungen von Gleichheit, Freiheit und Gerechtigkeit.

G. Jellineks *System der subjektiven öffentlichen Rechte* zufolge ist bezüglich der klassischen Grundrechtsfunktionen zwischen dem ›*status negativus*‹ (Abwehrrechte gegen den Staat zur Sicherung von Freiheitsrechten), dem ›*status positivus*‹ (Anspruchs-, Leistungs-, Teilhabe- und Verfahrensrechte, vor allem das Recht auf Rechtsschutz, deren Setzung und Schutz den Staat voraussetzt) und dem ›*status activus*‹ (Rechte der Freiheitsausübung im Staat) zu unterscheiden.[73] Die indi-

70 Ebd.

71 »*Article 1:* That all men are by nature equally free and independent, and have certain inherent rights, of which, when they enter into a state of society, they cannot, by any compact, deprive or divest their posterity; namely, the enjoyment of life and liberty, with the means of acquiring and possessing property, and pursuing and obtaining happiness and safety.« In der deutschen Geschichte wurden Grundrechtskataloge erstmals in den Landesverfassungen Bayerns (1818), Badens (1818) und Württembergs (1819) eingeführt. Zu den Grund- und Menschenrechten in der deutschen Staatslehre des 19. Jahrhunderts vgl. Suppé 2004. Zur Geschichte der Grundrechte vgl. Kleinheyer 1977, Schmale 1997; zur Entwicklung der Grundrechte in Deutschland von der Weimarer Republik bis 1945 vgl. Dreier in Merten/Papier 2004, S. 153-189.

72 Vgl. enzyklopädisch Alexy 2010; vgl. Merten/Papier 2004 und die weiteren Deutschland und Europa betreffenden Bände dieses Handbuchs. Zur Grundrechtstheorie und Grundrechtsinterpretation vgl. Böckenförde 1991, S. 115-199, Alexy 1996, S. 28-38. Zu Veränderungen der Grundrechtsinterpretation in Deutschland seit den 1960er Jahren vgl. Schefold 2006.

73 Jellinek 1919, S. 87 und 94 ff. nach Pieroth/Schlink 1994, Rz. 60-71. Zur Auseinandersetzung mit Jellineks Statustheorie vgl. Alexy 1996, S. 229-248.

viduellen Abwehrrechte sind die *zentralen* Grundrechte – und sie müssen es bleiben. Bei der Entwicklung der weiteren Grundrechte handelt es sich nicht um einen »Funktionwandel«, sondern um »*Funktionsergänzungen*«.[74] Infolge der neuzeitlichen gesellschaftlichen Entwicklung zur kapitalistischen Wirtschaftsform sind die Abwehrrechte nicht mehr allein Rechte gegen den Staat, sondern auch »*gegen die Übermacht nichtstaatlicher sozialer Gewalten*, gegen unerträgliche soziale Abhängigkeiten«.[75]

In der Zeit ihrer Entstehung hatten die Grundrechte als ›negative Freiheitsrechte‹ die Funktion, »Übergriffe der Staatsgewalt in private Bereiche abzuwehren und elementare private Freiheiten gegen den Staat abzusichern. Dem entspricht eine weitverbreitete Lehre, die Grundrechte würden sich nur gegen die Staatsgewalt richten. Sie gälten aber nicht im Verhältnis der Bürger untereinander, d.h. sie hätten keine ›Drittwirkung‹«. Diese Auffassung wurde aber fragwürdig, »sobald man einsah, des es neben dem Staat ›soziale Gewalten‹ [...] gibt, die den Einzelnen mit einer faktisch überlegenen Regelungs- und Verfügungsmacht gegenübertreten.«[76] Versteht man die Grundrechte als Ausdruck der Schutzbedürftigkeit der Menschenwürde und Menschenrechte und der Verpflichtung, sie zu achten und zu schützen, dann kann an ihrer mittelbaren, d.h. durch das im Staat ausgeübte Recht wirksamen *Drittwirkung* kein Zweifel bestehen: Sie binden auch nicht-staatliches kollektives und individuelles Handeln von Menschen gegenüber Menschen.

Das erste aller Grundrechte ist das Recht auf Unantastbarkeit, Achtung und Schutz der *Menschenwürde*[77]: »Die Person und ihre Würde sollen den Bezugs- und Grenzpunkt aller staatlichen Machtausübung bilden.«[78] Es ist dieses Prinzip, aus dem die Prinzipien des Rechts- und Sozialstaates folgen. Das Sozialstaatsprinzip[79] konkretisiert die erste Bedingung der Wahrung der Menschenwürde, d.h. die Sicherheit des individuellen und sozialen Lebens. Die zweite Bedingung der Wahrung von Menschenwürde ist die rechtliche Gleichheit des Menschen, die dritte die Wahrung menschlicher Identität und Integrität, die vierte die Begrenzung staatlicher Gewaltanwendung und die fünfte die Achtung der leiblichen Kontingenz des Menschen.[80]

74 AK-GG-Denninger, vor Art. 1 1,2, Rz. 2.
75 Ebd., Rz. 1.
76 Zippelius 1999, S. 327.
77 Siehe Kap. 2 dieses Buches.
78 AK-GG-Denninger, vor Art. 1 1,2, Rz. 6.
79 Vgl. AK-GG-Kittner Art. 20 Abs. 1-3 IV; vgl. Hain 1999, S. 306-324.
80 Vgl. AK-GG-Podlech Art. 1 Abs. 1 Rz. 12-55.

Grundrechte sind »kein Geschenk der Obrigkeit, sondern Werk und Ergebnis konkreter politischer Auseinandersetzungen«.[81] Sie sind als Menschen- und Bürgerrechte[82] subjektive Freiheits- und Gleichheitsrechte[83] der Grundrechtssubjekte.[84] Sie »sind Rechte des Individuums und verpflichten den Staat. Sie verlangen dem Staat Rechtfertigung ab und liegen ihm insofern voraus«.[85] Sie haben »vor allem die Funktion, einen Bereich individueller Freiheit vor dem Eindringen der Staatsgewalt und vor deren totalitärer Ausweitung zu bewahren«.[86]

Gleichwohl gibt es gerechtfertigte Eingriffe und Grundrechtsschranken (Schrankenklauseln/Gesetzesvorbehalte[87]) sowie verfassungsim-

81 Schneider 1979, S. 11.

82 »*Menschenrechte* i.S. des Grundgesetzes sind diejenigen Grundrechte, die allen Personen unabhängig von ihrer Staatsangehörigkeit zustehen: also z.B. Art. 2 I, 2 II, 3 I, 4 I, 5 I 6, 10, 13, 14, 17, 101ff. GG. Indizcharakter für eine entsprechende Einstufung haben Formulierungen wie ›jeder‹ oder ›niemand‹ (z. B. Art. 2 I, 2 II 1, 3 III, 101 I 2, 103 III GG), ›alle Menschen‹ (Art. 3 I GG) oder das Abstellen auf das Schutzgut (Art. 4 I, 5 I 2, 6 I, 10, 13 GG). Sie werden auch als ›Jedermann-Grundrechte‹ bezeichnet. *Bürgerrechte* hingegen stehen nur den Staatsangehörigen, im Falle des Grundgesetzes also den Deutschen i.S. des Art. 116 I GG zu (Art. 8 I, 9 I, 11 I, 12 I, 16 II, 20 IV, 33 I, II GG). Das Grundgesetz spricht hier zumeist ausdrücklich von ›allen Deutschen‹; diese Rechte werden von daher auch als ›Deutschen-Grundrechte‹ bezeichnet.« (Dreier in Dreier 2004, Vorbemerkungen vor Art. 1 GG, Rn. 72 f.).

83 Die Grundrechte sind *individuelle* subjektive Rechte. Zu dieser Bestimmung stehen Zwar-aber-auch-Entscheidungen des Bundesverfassungsgerichts seit dem ›Lüth-Urteil‹ in Spannung: »Die Grundrechte sind in erster Linie Abwehrrechte des Bürgers gegen den Staat; in den Grundrechtsbestimmungen des Grundgesetzes verkörpert sich aber auch eine *objektive Wertordnung*, die als verfassungsrechtliche Grundentscheidung für alle Bereiche des Rechts gilt.« (BVerfGE 7, 198. Hervorh. v. mir).

84 Zu ›Grundrechtssubjekten‹ – Grundrechtsberechtigte sind natürliche und juristische Personen – vgl. AK-GG-Denninger, vor Art. 1 1,2, Rz. 35-42.

85 Pieroth/Schlink 1994, Rz. 45. Zu ›grundrechtsgleichen Rechten‹ gem. Art. 93 Abs. 1 Nr. 4a GG vgl. ebd. Rz. 50-56.

86 Zippelius 1999, S. 313.

87 »Im deutschen Staatsrecht gibt es einen Zusammenhang zwischen dem Begriff Gesetz und dem sog. Vorbehalt des Gesetzes. Der rechtsstaatliche Gesetzesvorbehalt ist ein an die Staatsgewalt gerichtetes verfassungsrechtliches Gebot und lautet: ›Kein Eingriff ohne Gesetz‹. Absichtliche und bezweckte Beschränkungen der Grundrechte der Bürger durch den Staat sind nur zulässig, wenn es dafür eine gesetzliche Grundlage gibt. In den Schrankenklauseln des Grundgesetzes findet man die Formulierungen ›durch Gesetz/Bundesgesetz‹ und ›durch Gesetz oder auf Grund eines Gesetzes‹. ›Durch Gesetz‹ bedeutet, dass ein Parlamentsgesetz erforderlich ist; das Parlament muss selbst entscheiden und darf die Entscheidung nicht delegieren; man

manente Schranken[88], für die gilt: »Nur kollidierende Grundrechte Dritter und andere mit Verfassungsrang ausgestattete Rechtswerte sind mit Rücksicht auf die Einheit der Verfassung und die von ihr geschützte gesamte Rechtsordnung ausnahmsweise imstande, auch uneinschränkbare Grundrechte in einzelnen Beziehungen zu begrenzen.«[89] Durch Art. 19 Abs. 1 und Abs. 2 GG sind Grundrechtseinschränkungen wiederum eingeschränkt (›Schranken-Schranken‹): »(1) Soweit nach diesem Grundgesetz ein Grundrecht durch Gesetz oder auf Grund eines Gesetzes eingeschränkt werden kann, muß das Gesetz allgemein und nicht nur für den Einzelfall gelten. Außerdem muß das Gesetz das Grundrecht unter Angabe des Artikels nennen. (2) In keinem Falle darf ein Grundrecht in seinem Wesensgehalt angetastet werden.«

Robert Alexy zufolge ist für die Grundrechte »v.a. der Begriff des Rechts auf etwas von Bedeutung. Rechte auf etwas oder Ansprüche sind normative Relationen zwischen drei Elementen: dem Träger (*a*), dem Adressaten (*b*) und dem Gegenstand (*Geg*) des Rechts. Stellt man

spricht dann von einem Parlamentsvorbehalt. ›Auf Grund eines Gesetzes‹ bedeutet, dass eine Rechtsverordnung (oder auch eine Satzung) ausreicht.« (Rühl 2011, S. 327).

88 Dreier 2004, Vorbemerkungen vor Art. 1 GG, Rn. 139. Zu Grenzen der Einschränkbarkeit vgl. ebd., Rn. 144-150.

89 BVerfGE 28, 243 (261). *Grundrechtsschranken* gibt es gem. Art. 5 Abs. 2 (Meinungs- und Pressefreiheit und die Freiheit der Berichterstattung durch Rundfunk und Film): »Diese Rechte finden ihre Schranken in den Vorschriften der allgemeinen Gesetze, den gesetzlichen Bestimmungen zum Schutze der Jugend und in dem Recht der persönlichen Ehre.« Art. 14 Abs. 1 lautet zum Eigentum und Erbrecht: »Inhalt und Schranken werden durch die Gesetze bestimmt.« *Gesetzesvorbehalte* finden sich im GG in Art. 2 Abs. 2: »Jeder hat das Recht auf Leben und körperliche Unversehrtheit. Die Freiheit der Person ist unverletzlich. In diese Rechte darf nur auf Grund eines Gesetzes eingegriffen werden«; Art. 6 Abs. 3 GG: »Gegen den Willen der Erziehungsberechtigten dürfen Kinder nur auf Grund eines Gesetzes von der Familie getrennt werden, wenn die Erziehungsberechtigten versagen oder wenn die Kinder aus anderen Gründen zu verwahrlosen drohen«; Art. 8 Abs. 2 (Versammlungsfreiheit): »Für Versammlungen unter freiem Himmel kann dieses Recht durch Gesetz oder auf Grund eines Gesetzes beschränkt werden«; Art. 10 Abs. 2 (Briefgeheimnis, Post- und Fernmeldegeheimnis: »Beschränkungen dürfen nur auf Grund eines Gesetzes angeordnet werden. [...]«. Unter Gesetzesvorbehalt stehen auch die Freizügigkeit im ganzen Bundesgebiet (Art. 11), das Recht, Beruf, Arbeitsplatz und Ausbildungsstätte frei zu wählen (Art. 12), die Unverletzlichkeit der Wohnung (Art. 13 Abs. 3), die Staatsangehörigkeit (Art 16), das Asylrecht (Art. 16a) und Grundrechte während des Wehr- und Ersatzdienstes und im Verteidigungsfall (Art. 17a).

diese dreistellige Relation durch den Rechte-Operator ›*R*‹ dar, so kann die allgemeinste Form eines Satzes über ein Recht auf etwas wie folgt ausgedrückt werden: *RabGeg*. Aus diesem Schema entsteht ganz Unterschiedliches, je nachdem, wie man *a*, *b* und *Geg* interpretiert. Wenn man für *a* den Bürger, für *b* den Staat und für *Geg* das Unterlassen von Eingriffen in Leben, Freiheit oder Eigentum setzt, erhält man ein Freiheitsrecht der liberalen Tradition. Ein soziales Grundrecht entsteht demgegenüber, wenn *Geg* die Verschaffung des Existenzminimums repräsentiert. Stehen sowohl *a* als auch *b* für Bürger, wird der Bereich des öffentlichen Rechts und damit auch der der Grundrechte verlassen und der des Privatrechts betreten. So lassen sich auf der Basis von ›*RabGeg*‹ alle Arten von Rechten mit Anspruchscharakter bilden.«[90]

Die Grundrechte sind »*verfassungsrechtliche Fundamentalrechte* des Einzelnen als Mensch und als Bürger«, und sie »gewinnen ihr besonderes sachliches Gewicht dadurch, daß sie in der Tradition der Menschen- und Bürgerrechte stehen, in der ihre Inhalte in den westlichen Verfassungsstaaten zu überpositiven Rechtsgrundsätzen und Grundelementen des Rechtsbewußtseins geworden sind; vor dessen Forum kann keine Ordnung Legitimität beanspruchen, welche nicht die durch die Menschen- und Bürgerrechte gewährleisteten Freiheiten und Gleichheitsrechte in sich aufnimmt.«[91]

Was unter ›Grundrechten‹ zu verstehen ist bzw. verstanden wird[92], verändert sich mit dem Wandel von Wertvorstellungen im Alltagsbewusstsein der Grundrechtssubjekte, durch verfassungsgerichtliche Interpretation und mit den Konzeptualisierungen von Grundrechtstheorien und -interpretationen.[93] Dian Schefold nennt »vier verfassungsbe-

90 Alexy 2010, S. 948 f.

91 Hesse 1994, Rz. 283.

92 Zwar begründen die Grundrechtsnormen demokratischer Verfassungen ein *inhaltlich* bestimmtes Rechtssystem, doch steht nicht fest, *was* »aufgrund der Grundrechtsnormen gesollt ist«. Hieraus folgt ihre Offenheit und Interpretierbarkeit. Das Rechtssystem ist ein »gegenüber der Moral offenes System«. (Alexy 1996, S. 494 f.).

93 »Die Grundrechtsinterpretation folgt grundsätzlich den allgemeinen Regeln der juristischen Interpretation, weist aber Besonderheiten auf. Grundrechtsnormen sind zumeist höchst offen und unbestimmt. Im Rahmen der Grundrechtsinterpretation bleibt deshalb viel Raum für alte und neue menschenrechtliche Argumente. Da mit den Grundrechten zugleich über die Grundstruktur der Gesellschaft entschieden wird, hat die Interpretation der Grundrechte in besonderem Maße politische Implikationen. Das erklärt, weshalb hierüber nicht nur ruhig nachgedacht, sondern auch in der politischen Arena gestritten wird. Wem es gelingt, seine Interpretation der Grundrechte zur herrschenden zu machen – das heißt praktisch: zu der, die das Verfassungsgericht akzeptiert –, der hat erreicht, was im gewöhnlichen

stimmte Leitprinzipien für eine Grundrechtstheorie: (1) Rechtsstaatlich-ausgrenzende Grundrechtstheorie, die die Grundrechte als normativ begrenzte, konkret umschriebene Ansprüche, als subjektive öffentliche Rechte (Georg Jellinek), vor allem Abwehransprüche des status negativus deutet. (2) Ontologisch-wertbestimmte Grundrechtstheorie, die die Grundrechte als Verbürgungen bestimmter vorverfassungsmäßiger, von der Rechtsordnung nur zu schützender Werte, vor allem der Menschenwürde, begreift. (3) Demokratisch-politische Grundrechtstheorie, die die Grundrechte als Elemente und Funktionsstützen der demokratisch-politischen Ordnung und Entscheidungsfindung versteht. (4) Sozialstaatliche Grundrechtstheorie, die die Grundrechte als Teilhaberechte (status positivus) im Verteilungsprozess der öffentlichen Hand versteht.«[94]

R. Alexy unterscheidet »formelle, materielle und prozedurale Konzeptionen«: (i) »Die formelle Definition stellt auf die Art und Weise der positivrechtlichen Normierung ab. Nach ihrer schlichtesten Variante sind Grundrechte alle in einer Verfassung enthaltenen Rechte, die diese Verfassung ausdrücklich als Grundrechte einstuft, was in aller Regel dadurch geschieht, dass sie in einem Rechtekatalog zusammengefasst werden. Diese Definition hat den Vorteil der Einfachheit. Ihr Nachteil ist, dass häufig auch außerhalb des Grundrechtskatalogs Grundrechte statuiert werden.« (ii) Im *materiellen Grundrechtsbegriff* wird »ein notwendiger Zusammenhang zwischen Grundrechten und Menschenrechten hergestellt. Grundrechte sind wesentlich in positives Verfassungsrecht transformierte Menschenrechte. Ein Grundrechtskatalog kann zwar mehr Rechte enthalten, als zum Kreis der vor- und überpositiven, also nur mit moralischer Geltung ausgestatteten Menschenrechte gehören, wenn er aber nicht alle Menschenrechte enthält, ist er notwendig fehlerhaft, wobei streitig ist, ob diese Fehlerhaftigkeit nur eine moralische oder auch eine rechtliche ist. [...] Bände man den Begriff der Grundrechte strikt an den Begriff der Menschenrechte, so wäre erst nach einer Entscheidung im Streit um die Menschenrechte eine gemeinsame Verwendung des Begriffs der Grundrechte möglich. [...] Es empfiehlt sich daher, die Grundrechte nicht schlicht dadurch zu definieren, dass sie in positives Verfassungsrecht transformierte Menschenrechte sind, sondern dadurch, dass sie Rechte sind, die in der Absicht oder mit der Intention in eine Verfassung aufgenommen

politischen Prozess unerreichbar ist. Er hat seine Auffassung über Fragen der Grundstruktur der Gesellschaft gleichsam zu Bestandteilen der Verfassung gemacht und damit von der politischen Tagesordnung genommen.« (Alexy 2010, S. 951 f.).

94 Schefold 2006, S. 362. Zur Darstellung theoretischer Ansätze vgl. ebd., S. 364-368.

worden sind, Menschenrechte zu positivieren.« (iii) Der *prozedurale Grundrechtsbegriff* verbindet »formelle und materielle Elemente [...]. Als Rechte von Verfassungsrang entziehen Grundrechte der einfachen Mehrheit im Parlament Entscheidungsbefugnisse. Das Verhältnis der Grundrechte zur Demokratie hat damit zwei Seiten. Mit der Garantie der politischen Freiheiten sichern die Grundrechte einerseits die Funktionsbedingungen des demokratischen Prozesses. Mit der Bindung auch des demokratisch legitimierten Gesetzgebers schränken sie andererseits den demokratischen Prozess ein. [...] Diese Definition ist prozedural, weil sie darauf abstellt, wer auf welche Weise über die Grundrechte zu entscheiden hat. Die Positivierung der Grundrechte ist nach ihr Sache der verfassunggebenden Gewalt. Auch die letztendlich verbindliche Interpretation der Grundrechte kann nicht der Mehrheit im Parlament überlassen werden, wenn diese an die Grundrechte gebunden sein soll. Sie muss einer Instanz übertragen werden, die so weit von der jeweiligen parlamentarischen Mehrheit entfernt ist, dass sie sich ihr gegenüber behaupten kann. Damit ist bereits im Begriff des Grundrechte die Idee einer – wie auch immer gestalteten – Verfassungsgerichtsbarkeit enthalten.«[95]

7.6 Das Grundrecht auf Religionsfreiheit oder Die Befreiung der Religion durch das Recht

Das Grundgesetz normiert mit Art. 4 das Grundrecht auf Religions- und Weltanschaungsfreiheit: »(1) Die Freiheit des Glaubens, des Gewissens und die Freiheit des religiösen und weltanschaulichen Bekenntnisses sind unverletzlich. (2) Die ungestörte Religionsausübung wird gewährleistet.«[96]

95 Alexy 2010, S. 949 ff.

96 Das GG hat in seinen staatskirchenrechtlichen/religionsverfassungsrechtlichen Bestimmungen die Prinzipien der Weimarer Reichsverfassung übernommen. Art. 140 lautet: »Die Bestimmungen der Artikel 136, 137, 138, 139 und 141 der deutschen Verfassung vom 11. August 1919 sind Bestandteil dieses Grundgesetzes.« Damit ist der allgemeine Gleichbehandlungsgrundsatz für Religions- und Weltanschauungsgemeinschaften in seiner Geltung eingeschränkt: Die Religionszugehörigkeit wird zur Grundlage einer abweichenden Behandlung ihrer Beschäftigten. Religionsgemeinschaften und Weltanschauungsgemeinschaften können von ihren Beschäftigten ein besonderes loyales Verhalten verlangen. Auch gelten hinsichtlich der arbeitsrechtlichen Regelungen (u. a. Ausschluss der Anwendung des Betriebsverfassungsgesetzes und des der Personalvertretungsgesetze, Einschränkungen beim Kündigungsschutz, keine Tarifverhandlungen, Ausschluss von

Wenn dieses Grundrecht hier aus der Gesamtheit der Grundrechte herausgehoben wird, dann deshalb, weil Religionen und nicht-religiöse Weltanschauungen in besonderem Maße Verständnisse der Würdenorm und der Menschenrechte prägen und Voraussetzungen für deren Akzeptanz darstellen.

Dieses durch das Strafrecht mit Sanktionen bewehrte Grundrecht[97] besteht in der Freiheit *zum* Glauben und in der Freiheit *vom* Glauben, in positiver und negativer Religions- und Weltanschauungsfreiheit. Die herausragende Bedeutung dieses Grundrechts zeigt sich darin, dass das GG im Unterschied zu den meisten anderen Grundrechten auf Schranken bzw. Gesetzesvorbehalte verzichtet. Das BVerfGE hat im sog. *Kruzifix-Urteil*[98] entschieden: »Art. 4 1 GG schützt die Glaubensfreiheit. Die Entscheidung für oder gegen einen Glauben ist danach Sache des einzelnen, nicht des Staates. Der Staat darf ihm einen Glauben oder eine Religion weder vorschreiben noch verbieten. Zur Glaubensfreiheit gehört aber nicht nur die Freiheit, einen Glauben zu haben, sondern auch die Freiheit, nach den eigenen Glaubensüberzeugungen zu leben und zu handeln.« Im Urteil heißt es weiter: »Der Staat, in dem Anhänger unterschiedlicher oder gar gegensätzlicher religiöser und weltanschaulicher Überzeugungen zusammenleben, kann die friedliche Koexistenz nur gewährleisten, wenn er selber in Glaubensfragen Neutralität bewahrt.«[99]

Streik und Aussperrung) für Mitarbeiter der Kirchen und kirchennaher Organisationen andere als die für sonstige Arbeitnehmer geltenden Bestimmungen. Nach mehreren Urteilen des BVerfGE hat auch der EGMR Beschwerden im Zusammenhang mit diesen Sonderregelungen für unzulässig erklärt (Urteile vom 20. Dezember 2011 – 38254/04, 39775/04 und 12986/04).

97 § 166 StGB: »(1) Wer öffentlich oder durch Verbreiten von Schriften (§ 11 Abs. 3) den Inhalt des religiösen oder weltanschaulichen Bekenntnisses anderer in einer Weise beschimpft, die geeignet ist, den öffentlichen Frieden zu stören, wird mit Freiheitsstrafe bis zu drei Jahren oder mit Geldstrafe bestraft. (2) Ebenso wird bestraft, wer öffentlich oder durch Verbreiten von Schriften (§ 11 Abs. 3) eine im Inland bestehende Kirche oder andere Religionsgesellschaft oder Weltanschauungsvereinigung, ihre Einrichtungen oder Gebräuche in einer Weise beschimpft, die geeignet ist, den öffentlichen Frieden zu stören. Vgl. StGB § 167: Störung der Religionsausübung.

98 BVerfGE, 16. 05. 1995 – 1 BvR 1087/91.

99 Vgl. hierzu u. a. AK-GG, Preuß, Art. 4 Abs. 1-2, Rz. 11 f.: »Entsprechend diesem Neutralitätsgebot kann dem Begriff Glaube nicht das theologische Verständnis des Christentums zugrunde gelegt werden. In dieser Verbindung mit der Religion ist Glaube die subjektive Gewißheit von einer überweltlichen Macht, die in einer persönlichen oder unpersönlichen Gottheit oder in der Wirksamkeit einer überweltlichen Kausalität bestehen kann, so

In Zeiten, in denen sich viele Menschen von Religionen abgewandt haben und zugleich die ›Wiederkehr der Religion‹ keine Fiktion ist, ergeben sich für pluralistische Gesellschaften Probleme. Sie zeigen sich einerseits im Erstarken von Sekten, im antidemokratischen ›christlichen‹ Fundamentalismus, z. B. in den USA, und im Rahmen der Revolutionen in der islamischen Welt: Konservative, dem Islam verpflichtete oder auch islamistische politische Parteien haben in Ägypten, Marokko und Tunesien die Wahlen gewonnen; vor allem in Tunesien steht der laizistische Staat vor einer Zerreißprobe.[100] Probleme zeigen sich andererseits nicht nur in islamistisch motivierten gewaltsamen Protesten gegen Beleidigungen des Islam, die im Westen oft auf merkwürdige Weise als Ausdruck zu schützender ›Meinungsfreiheit‹ verharmlost werden, sondern auch in antiliberalen Entscheidungen wie z. B. dem Kopftuch-Verbot in öffentlichen Institutionen oder in dem mit der helvetischen Verfassung nicht zu vereinbarenden Minarett-Verbot in der Schweiz. Und sie zeigen sich drittens im vehementen Widerstand vor allem der katholischen Kirche gegen alles, was sie als illegitime Beschränkung ihrer Wirkung auffasst.

Als die Parlamentarische Versammlung des Europarats im Jahre 2007 ihre ›Recommandation 1804: State, religion, secularity and human rights‹ beschloss und festellte »Governance and religion should not mix«, entwickelte sich seitens katholischer Kreise eine Kampagne,

daß der Glaube sowohl theistische und deistische wie auch Vorstellungen umfaßt, die nicht von etwas Absolutem als dem Urgrund der Welt ausgehen (wie Buddhismus und Hinduismus). Es kommt auch nicht darauf an, ob der Glaube auf Offenbarung, Meditation, (kirchlicher) Lehre oder Vernunft beruht, so daß auch der Rationalist glauben kann.« (Ebd., Rz. 14) Vgl. auch Herzog in Maunz/Dürig, Komm. zum GG, Art. 4, Lfg. 27, Rn. 19: »Was die Grundorientierung des Staates in weltanschaulichen Fragen anbelangt, so ist Art. 4 eine von jenen Vorschriften, die von der Verfassungsrechtslehre und auch vom BVerfGE herangezogen werden, um die Eigenschaft des modernen Staates als eines weltanschaulich neutralen Staates zu begründen. In der Tat kann ein Staat, der sich zu den Grundsätzen der Glaubens- und Gewissensfreiheit bekennt, zumindest in einer gesellschaftlichen Umwelt, in der es die unterschiedlichsten Formen religiöser und weltanschaulicher Überzeugungen gibt, keine andere Verhaltensweise an den Tag legen als die der Neutralität, die sich zunächst in der grundsätzlichen Haltung der Toleranz äußern wird.«

100 In einem 2012 veröffentlichten ›Manifeste des intellectuels tunisiens‹ wird eindringlich davor gewarnt, dass die islamische Partei Ennahda die emanzipatorischen Traditionen der politischen Kultur in Tunesien zu zerstören und mit der Shari'a dem laizistischen Staat im Rahmen einer ethnischen und konfessionellen Identitäts-Strategie religiös-juridische Normen aufzuoktroyieren versuche. (http://www.petitions24.net/manifesteintellectuels-tunisiens-fr).

die sich in erster Linie gegen die Bindung der Religionsfreiheit an die Menschenrechte richtete. In der ›Recommandation 1804‹ hieß es: »Freedom of religion is protected by Article 9 of the European Convention on Human Rights and Article 18 of the Universal Declaration of Human Rights. Such freedom is not unlimited, however: a religion whose doctrine or practice ran counter to other fundamental rights would be unacceptable. In any case, the restrictions that can be placed on such freedom are those that ›are prescribed by law and are necessary in a democratic society in the interests of public safety, for the protection of public order, health or morals, or for the protection of the rights and freedoms of others‹ (Article 9.2 of the Convention). Nor may states allow the dissemination of religious principles which, if put into practice, would violate human rights.«

›Kath.net. Katholische Nachrichten‹ veröffentliche daraufhin unter dem Titel ›Die Guillotine beginnt schon zu fallen‹[101] eine in ihrer Polemik extreme Stellungnahme von Paul Herzog von Oldenburg gegen die ›Diktatur der Menschenrechte‹: »Mit der Verurteilung des Kreationismus und zusammen mit der Entschließung [...] über ›Staat, Religion, Säkularität und Menschenrechte‹ schwingt sich der Europarat immer mehr zur einzig gültigen moralischen Instanz Groß-Europas auf. Das Dogma heißt jetzt Menschenrechte. Die Menschenrechte sind das Maß aller Dinge. Alle haben sich danach zu richten. Die Staaten müssen mit allen Mitteln dafür Sorge tragen, dass alle am öffentlichen Meinungsbildungsprozess beteiligten Gruppen sich an die Menschenrechte halten. Wenn das irgendjemand nicht tut, muss dieser zu Recht gewiesen werden. Insbesondere das Dokument vom 29. Juni 2007 ist eine Kriegserklärung an die katholische Kirche. [...] Die Menschenrechte – das ist das höchste Dogma heute. Dieses Dogma erlaubt keine Infragestellung, keinen Protest. Der Platz, den Gott in der katholischen Gesellschaft des Mittelalters einnahm – wo jede Verletzung der Rechte Gottes inakzeptabel war – wird nun durch die Menschenrechte besetzt. Dies ist ein zusätzlicher Beweis, dass die Gesellschaft niemals religiös neutral bleiben kann – entweder sie respektiert Gott oder sie stellt jemand anderen auf seinen Platz – hier den Menschen. [...] Es macht sich Stück für Stück ›die Diktatur des Relativismus‹ breit, die Kardinal Ratzinger in seiner Ansprache vor dem Konklave, das ihn zum Papst gewählt hat, angeprangert hat. Eine Diktatur, die den Menschenrechten und der Demokratie den Vorrang über jedes religiöse Prinzip einräumt. Auf Grund der Tatsache, dass sie gewählt wurden, können sie die schlimmsten Ungerechtigkeiten im Namen der Mehrheit erzwingen.«

101 http://www.kath.net/detail.php?id=17930.

Hermann Lübbe hat in *Die Zivilisationsökumene*[102] die Wiederkehr der Religion als Gegenreaktion auf die Globalisierung und auf das Entstehen einer ›Welteinheitszivilisation‹ analysiert. Er beurteilt die Renaissance von Glauben und Religion freilich eher skeptisch; Separationen und Kriege, so sein Befund, verliefen entlang religiös gesteckter Grenzen. Herbert Schnädelbach notierte in seinem polemischen Kommentar ›Wiederkehr der Religion‹: »Seit längerem wollen viele Beobachter bemerkt haben, daß sich die Religion anschickt, in unsere durch und durch profane Alltagswelt zurückzukehren. [...] Dass die Religion dorthin zurückkehrt, wo sie hingehört, nämlich in die Kirchen, mag den Kirchenmann freuen, besagt aber wenig für den Rest unserer Kultur. [...] Das Religiöse scheint in der Tat wieder interessant geworden zu sein, und dazu hat sicher der islamistische Schock das Seine beigetragen. Die angebliche Wiederkehr der Religion ist somit zunächst einmal eine Wiederkehr des Interesses an Religion, das sich auf der kulturellen Nachfrageseite bemerkbar macht. [...] Es gibt sie noch, die Religion, aber eben nur an den Rändern unserer Kultur. Die Wiederkehr der Religion ist somit bestenfalls die Wiederkehr eines religiösen Bedürfnisses. Nicht die Religion kehrt zurück und ergreift die Menschen, sondern die Menschen greifen nach etwas, was sie für das Religiöse halten; sie spüren ein Vakuum und möchten es aufgefüllt sehen.«[103]

Ist Religion das Kontrastprogramm zur profanen, von technischen und ökonomischen Zwängen beherrschten Alltagswelt? Wäre die Wiederkehr der Religion die Kehrseite einer Medaille, das Gegenstück dazu, dass die im Prozess der Globalisierung der Moderne entstehenden Ungewissheiten und Orientierungsdefizite zurück zu vormodernem Fundamentalismus führen? Dies ist zumindest nicht die Antwort, die Jürgen Habermas bereits 2001 als Friedenspreisträger in seiner Dankesrede ›Glauben und Wissen‹ entwickelt hat. Zwar ging auch er davon aus, am 11. September sei »die Spannung zwischen säkularer Gesellschaft und Religion [...] explodiert«. Er verkannte nicht die veränderte Situation zwischen den Kulturen: »Verhärtete Orthodoxien gibt es im Westen ebenso wie im Nahen und im Ferneren Osten, unter Christen und Juden ebenso wie unter Moslems.«[104] Habermas forderte deshalb, wer einen Krieg der Kulturen vermeiden wolle, müsse »sich die unabgeschlossene Dialektik des eigenen, abendländischen

102 Vgl. Lübbe 2005.

103 H. Schnädelbach, Wiederkehr der Religion. Zu Hunderttausenden strömen Jugendliche zum Papst nach Köln. Ist Glauben wieder modern? In: DIE ZEIT, 11. 08. 2005, Nr. 33.

104 Habermas 2001a, S. 9.

Säkularisierungsprozesses in Erinnerung rufen«. Seine Bilanz lautete: »Die Grenze zwischen säkularen und religiösen Gründen ist ohnehin fließend. Deshalb sollte die Festlegung dieser umstrittenen Grenze als eine kooperative Aufgabe verstanden werden, die von beiden Seiten fordert, auch die Perspektive der jeweils anderen einzunehmen.«[105]

Der lakonische Satz, die Grenze zwischen säkularen und religiösen Gründen sei fließend, bringt weit mehr auf einen Nenner als es auf den ersten Blick scheinen mag. Er beinhaltet mehr als einen empirischen Befund und verweist auf mehr als die pragmatische Forderung nach friedlicher Koexistenz von moderner Gesellschaft und Religion. Erstens besagt dieser Satz, dass sich philosophische und politische Kritiken an der Religion – von der materialistischen französischen Aufklärung über Marx bis zu Nietzsches ›Gott ist tot‹ – nicht durchgesetzt, und die Voraussage, die Religion werde der verweltlichten Moderne nichts entgegenzusetzen haben, nicht bestätigt haben. Und zweitens fasst dieser Satz wie im Brennspiegel jene Entwicklung in der Moderne seit dem ausgehenden 18. Jahrhundert, die man verstanden haben muss, wenn man die Stellung der Religion in der Gegenwart verstehen will. Vor *dieser* Moderne hätte sich weder ein Verfechter noch ein Kritiker der Religion zu einer solchen Aussage durchgerungen. Was ist geschehen? ›Pluralismus‹ ist entstanden, d.h. ein völlig verändertes Verständnis des Menschen, seiner Subjektivität, seiner Freiheit und seiner Rechte – seines Rechts auch auf oder gegen Religion. In der modernen pluralistischen Gesellschaft sollte es nicht um einen Kampf gegen die Religionen gehen; es muss vielmehr darum gehen, dass die Religionsgemeinschaften sich um ihren Platz in der Moderne bemühen und verstehen, dass ihre *intern* legitimen Ansprüche auf absolute Wahrheiten außerhalb des Kreises der Gläubigen keine Privilegien genießen.

Die monotheistischen Religionen waren und sind allerdings entsprechend ihrem Anspruch auf *geoffenbarte*, d.h. absolute Wahrheit missionarisch, kämpferisch und in Institutionen mit politischer Macht – oft auch mit Gewalt[106] – verbunden. Der Kampf der Religionen stand an der Wiege des modernen Staates. Steht der demokratische Rechtsstaat heute an der Wiege einer Wiedergeburt der Religionen, so ist sein Patengeschenk die *Entlastung und Befreiung der Religion durch das Recht*, verbunden mit der grundrechtlichen Befreiung der Individuen von der Religion. Die Freiheit zur Religion ist, wie die Freiheit von Religion, das Ergebnis dieser *Entlastung und Befreiung*. Das Recht entlastet einerseits die Menschen vom Zwang zur Religion oder

[105] Ebd., S. 29.
[106] Vgl. zu Religion und Gewalt Kippenberg 2008.

Nicht-Religion, und es entlastet andererseits die Religionen davon, Träger von Absolutheitsansprüchen, Macht und Gewalt zu sein. Erst das Recht ermöglicht dem Individuum den freien Akt der Wahl einer Überzeugung, *die keine Dritten mehr bindet.* Jetzt erst sind Menschen unmittelbar zu ihrem Gott oder zu ihrem Selbst. Zugleich entlastet und befreit das Recht die Gesellschaft vom bisher oft tödlichen Konflikt der Utopien, die zu Religionen gehören: Die Zukunft, die eine bestimmte Religion im Jenseits bzw. eine bestimmte politische Doktrin – wie etwa die marxistische oder politisch-islamistische – in geschichtlicher Ferne verortet und auf die hin bestimmte Menschen zu leben haben – und sei es als Märtyrer –, ist weder als Hoffnung mehrheitsfähig noch zu zwangsweiser Durchsetzung legitimiert.

»Jede Religion« – so J. Habermas in einem Vortrag ›Wann müssen wir tolerant sein? Über die Konkurrenz von Weltbildern, Werten und Theorien‹ – »ist ursprünglich ›*Welt*bild‹ [...] in dem Sinne, daß sie die Autorität beansprucht, eine Lebensform *im ganzen* zu strukturieren. Diesen Anspruch auf umfassende Lebensgestaltung muss eine Religion aufgeben, sobald sich in pluralistischen Gesellschaften das Leben der religiösen Gemeinde vom Leben des größeren politischen Gemeinwesens differenziert. Eine zur Herrschaft gelangte Religion verliert ihre politisch gestaltende Kraft, wenn die politische Ordnung nicht mehr als solche einem bestimmten religiösen Ethos gehorchen kann. Emanzipierte Minderheitsreligionen stehen vor einer ähnlichen Herausforderung. Die Einstellung auf das Faktum des weltanschaulichen Pluralismus nötigt religiöse Lehren zu einer Selbstreflexion, mit der sich die Gläubigen die Moral der Menschenrechte zu eigen machen können. Das hat unter anderem den Verzicht auf politische Zwangsmittel zur Durchsetzung von Glaubenswahrheiten und die Akzeptanz der Freiwilligkeit der religiösen Vergemeinschaftung zur Folge. Gewalt darf weder im Inneren noch nach außen in Anspruch genommen werden.«[107]

Genau dies ist der Sinn z.B. des Art. 26 der Landesverfassung der Freien Hansestadt Bremen. Zu ›Erziehung und Bildung der Jugend‹ enthält er die Norm: »Erziehung zu einer Gemeinschaftsgesinnung, die auf der Achtung vor der Würde jedes Menschen und auf dem Willen zu sozialer Gerechtigkeit und politischer Verantwortung beruht, zur Sachlichkeit und Duldsamkeit gegenüber den Meinungen anderer führt und zur friedlichen Zusammenarbeit mit anderen Menschen und Völkern aufruft«. Die Verfassung lässt diesem Auftrag des säkularen Staates Art. 32 folgen: »Die allgemeinbildenden öffentlichen Schulen sind Gemeinschaftsschulen mit bekenntnismäßig nicht gebundenem

107 Habermas 2003, S. 174.

Unterricht in Biblischer Geschichte auf allgemein christlicher Grundlage.«[108] Damit nimmt diese Landesverfassung in Übereinstimmung mit dem Grundgesetz die weiterhin geltenden Bestimmungen der Weimarer Reichsverfassung[109] auf, in deren Art. 136 es hieß: »Die bürgerlichen und staatsbürgerlichen Rechte und Pflichten werden durch die Ausübung der Religionsfreiheit weder bedingt noch beschränkt. Der Genuß bürgerlicher und staatsbürgerlicher Rechte sowie die Zulassung zu öffentlichen Ämtern sind unabhängig von dem religiösen Bekenntnis. Niemand ist verpflichtet, seine religiöse Überzeugung zu offenbaren.« Dem folgt Art. 59 der Bremer Landesverfassung »Die Kirchen und Religionsgesellschaften sind vom Staate getrennt« in Verbindung mit Art. 4 »Glaube, Gewissen und Überzeugung sind frei. Die ungehinderte Ausübung der Religion wird gewährleistet«.

Die staatliche Neutralität in Angelegenheiten der Religionen und Weltanschauungen ist nur möglich unter der Bedingung, dass in der Demokratie Individuen und Religions- bzw. Weltanschauungsgemeinschaften ihrerseits darauf verzichten, ihre Überzeugungen zu allgemeinverbindlichen Prinzipien erheben zu wollen. Gewiss steht jedem Menschen sein individuelles *moralisches* Urteil über die Gründe seines Verhaltens frei; jeder ist auch frei, Normen im Horizont der Religion zu *verstehen* und *für sich* z. B. auf christlich-naturrechtlicher oder islamischer Grundlage zu *interpretieren*. Aber die *Rechtsnormen* menschenrechtlicher Moral erfüllen ihre Ordnungsfunktion dadurch, dass sie den einzelnen Weltverständnissen, Überzeugungen und Moralen gegenüber neutrale Prinzipien sind *und als solche alle binden*. Nur so tragen sie zur »Zivilisierung der Differenz« bei.[110] Konflikte, die in voneinander abweichenden religiösen bzw. nicht-religiösen Überzeugungen gründen, können nach Ausschöpfung der Mittel des Dialogs letztlich nur auf dem Rechtswege gelöst werden. Dies setzt die *unparteiliche* Rolle des Rechts voraus.

Die Achtung der Differenz und nicht der bloß um des ›Leben-und-leben-lassens‹ willen unterdrückte Widerspruch gegen andere Formen

108 ›Bremer Klausel‹ gem. Art. 141 GG: »Artikel 7 Abs. 3 Satz 1 findet keine Anwendung in einem Lande, in dem am 1. Januar 1949 eine andere landesrechtliche Regelung bestand.« Art. 7 Abs. 3 GG lautet: »Der Religionsunterricht ist in den öffentlichen Schulen mit Ausnahme der bekenntnisfreien Schulen ordentliches Lehrfach. Unbeschadet des staatlichen Aufsichtsrechtes wird der Religionsunterricht in Übereinstimmung mit den Grundsätzen der Religionsgemeinschaften erteilt.«

109 GG Art. 140: Die Bestimmungen der Artikel 136, 137, 138, 139 und 141 der deutschen Verfassung vom 11. August 1919 sind Bestandteil dieses Grundgesetzes.

110 Vgl. Walzer 1998.

menschlicher Selbst- und Weltgestaltung ist die Grundlage einer Rechtskultur, in der das Recht in der wechselseitigen Gewährung der Rechte besteht. Der Begriff der Differenz beinhaltet, dass die Unterschiede erkennbar sind und nicht in Indifferenz verschwinden. Dies bedeutet z. B. für den Religionsunterricht an öffentlichen Schulen, dass im Rahmen des kulturübergreifenden Religionsvergleichs z. B. über das Christentum *als* Christentum und über den Islam *als* Islam unterrichtet wird. In diesem Sinne sind die Mitglieder von Religionsgemeinschaften ›berechtigt‹. Ihr Recht auf ihr Eigen-Recht soll jedoch nicht zur Exklusion der ›Anderen‹ führen, sondern zu einer Inklusion, die zu keiner Preisgabe des Eigen-Sinns verpflichtet. Die Religionen haben in dem Maße Anspruch auf die Achtung auch derer, zu deren Überzeugungen sie nicht gehören, wie nicht-religiöse Weltbilder Anspruch auf Achtung seitens der Religionszugehörigen haben.

Aus der Achtung der Differenz folgt auch das Verbot der parteilichen Bevorzugung religiöser Symbole: Entweder werden an öffentlichen Schulen, in Gerichten und an vergleichbaren Orten alle religiösen Symbole – unter Einschluss des Kopftuchs einer Muslima[111] – zugelassen oder gar keine.

111 Zum sog. *Kopftuch-Streit* siehe den Leit- und Orientierungssatz des Bundesverfassungsgerichts: BVerfGE, Urteil vom 24. September 2003, 2 BvR 1436/02. »Leitsatz: 1. Ein Verbot für Lehrkräfte, in Schule und Unterricht ein Kopftuch zu tragen, findet im geltenden Recht des Landes Baden-Württemberg keine hinreichend bestimmte gesetzliche Grundlage. 2. Der mit zunehmender religiöser Pluralität verbundene gesellschaftliche Wandel kann für den Gesetzgeber Anlass zu einer Neubestimmung des zulässigen Ausmaßes religiöser Bezüge in der Schule sein. [...] Orientierungssatz: [...] 3. Mit dem Grundrecht der Glaubensfreiheit, in dessen Schutz das Kopftuchtragen in Schule und Unterricht fällt, treten neben dem staatlichen Erziehungsauftrag (GG Art 7 Abs 1) das elterliche Erziehungsrecht (GG Art 6 Abs 2) und die negative Glaubensfreiheit der Schüler (GG Art 4 Abs 1) in Widerstreit. 3a. Die dem Staat gebotene religiös-weltanschauliche Neutralität ist nicht im Sinne einer strikten Trennung von Staat und Kirche, sondern als eine offene, die Glaubensfreiheit für alle Bekenntnisse gleichermaßen fördernde Haltung zu verstehen. Dies gilt insbesondere für den Bereich der Pflichtschule. Christliche Bezüge sind bei der Gestaltung der öffentlichen Schule nicht schlechthin verboten; die Schule muss aber auch für andere weltanschauliche und religiöse Inhalte und Werte offen sein [...]. 4. Das Einbringen religiöser oder weltanschaulicher Bezüge in Schule und Unterricht durch Lehrkräfte kann den in Neutralität zu erfüllenden staatlichen Erziehungsauftrag, das elterliche Erziehungsrecht und die negative Glaubensfreiheit der Schülerinnen und Schüler beeinträchtigen. Es eröffnet zumindest die Möglichkeit einer Beeinflussung der Schulkinder sowie von Konflikten mit Eltern. Sollen bereits derartige bloße Möglichkeiten einer Gefährdung oder eines Konflikts auf Grund des Auf-

Die Anerkennung der Differenz macht die Würde der Religionen aus, die ihre Entlastung und Befreiung im Recht als der Ordnung der Freiheit aller verstanden und akzeptiert haben. Zivilisierte Achtung der Differenz ist *wechselseitige Anerkennung*.

Die Voraussetzungen dieser Anerkennung schaffen freilich nicht die Religionen und Weltanschauungen aus sich selbst heraus; der Rechtsstaat schafft sie: »Die Ordnung der Religionen muß [...] in die Regeln des Zusammenlebens passen, welche die Verfassung verordnet; sie muß im Rechtsstaat beispielsweise Gleichbehandlung garantieren oder grundrechtliche Freiheit des Glaubens und der Religionsausübung, sie muß Staat und Religion freundlich, aber entschieden auf Distanz halten, sie muß gegenüber religiös begründeter Anmaßung auch die Achtung unserer zivilen Grundrechte sicherstellen [...]. Soweit ihr das gelingt – und die Abgrenzungen sind bisweilen schwierig –, hat sie eine notwendige, wenn auch nicht hinreichende, Voraussetzung religiöser Toleranz geschaffen: die Einbettung der Religion in die verfassungsmäßige Ordnung. Das ist die Schranke von Toleranz, die das staatliche Recht zieht. Religiöse Freiheit endet da, wo ihr Gebrauch die fundamentalen Grundsätze unserer Verfassung, die Grundrechte Dritter oder die Prinzipien eines freiheitlichen Religions- und Staatskirchenrechts in Gefahr bringt. Toleranz gegenüber fremdem Glauben und den Formen seiner Äußerung ist keine Einladung zum Spiel mit der Verfassung, sondern – im Gegenteil – deren Befestigung; denn ohne die verläßliche Garantie gesicherter Freiheit durch Recht wäre das Wagnis religiöser Toleranz von vorneherein nicht zu verantworten.«[112]

7.7 Soziale Grundrechte und der Rechtsstaat als Sozialstaat

Die Würdenorm und die sie konkretisierenden Grundrechte verpflichten »die Gesetzgebung, die vollziehende Gewalt und die Rechtsprechung dazu, auch im Bereich der Gesellschaft für die Verwirklichung der Grundentscheidungen zu sorgen, die der Verfassungsgeber durch Normierung der Grundrechte getroffen hat. [...] der Staat selbst [ist] als primärer Adressat der Grundrechtsartikel verpflichtet, diese Bin-

tretens der Lehrkraft und nicht erst deren konkretes Verhalten als Verletzung beamtenrechtlicher Pflichten oder als Eignungsmangel bewertet werden, so ist eine hinreichend bestimmte gesetzliche Grundlage erforderlich.«

112 Hassemer 2004, S. 593 f.

dungen der Staatsgewalt auch bei der rechtlichen Regelung, Überwachung und Lenkung der Gesellschaft zu beachten. Was aber für die Grundrechte gilt, trifft auch auf die Grundprinzipien der Sozialstaatlichkeit, der Rechtsstaatlichkeit und der Demokratie zu. Auch sie sind verfassungsrechtliche Grundentscheidungen für alle Bereiche des Rechts.«[113]

Werden die Grundrechte zu Lasten sozialer Grundrechte auf politische Bürgerrechte beschränkt, dann ist dies eine selektive und nicht akzeptable Konkretisierung dessen, was nicht nur aus Art. 1 Abs. 1 und Abs. 2 GG, d.h. aus der Würdenorm und aus dem Bekenntnis zu den Menschenrechten folgt, sondern auch aus der 1961 von der Mehrheit der Mitgliedstaaten des Europarats beschlossenen und am 26. Februar 1965 mit völkerrechtlicher Verbindlichkeit in Kraft getretenen, 1996 erweiterten[114] ›Europäischen Sozialcharta‹ (ESC) und aus dem seit 1976 geltenden ›Internationalen Pakt über wirtschaftliche, soziale und kulturelle Rechte‹.

Teil I der ESC lautet: »Die Vertragsparteien sind gewillt, mit allen zweckdienlichen Mitteln staatlicher und zwischenstaatlicher Art eine Politik zu verfolgen, die darauf abzielt, geeignete Voraussetzungen zu schaffen, damit die tatsächliche Ausübung der folgenden Rechte und Grundsätze gewährleistet ist: 1. Jedermann muß die Möglichkeit haben, seinen Lebensunterhalt durch eine frei übernommene Tätigkeit zu verdienen. 2. Alle Arbeitnehmer haben das Recht auf gerechte Arbeitsbedingungen. 3. Alle Arbeitnehmer haben das Recht auf sichere und gesunde Arbeitsbedingungen. 4. Alle Arbeitnehmer haben das Recht auf ein gerechtes Arbeitsentgelt, das ihnen und ihren Familien einen angemessenen Lebensstandard sichert. 5. Alle Arbeitnehmer und Arbeitgeber haben das Recht auf Freiheit zur Vereinigung in nationalen und internationalen Organisationen zum Schutz ihrer wirtschaftlichen und sozialen Interessen. 6. Alle Arbeitnehmer und Arbeitgeber haben das Recht auf Kollektivverhandlungen. 7. Kinder und Jugendliche ha-

113 AK-GG-Stein Art. 20 Abs. 1-3 II Rz. 46-49.

114 Die Erweiterung betrifft zum einen das Recht auf Schutz gegen Armut und soziale Ausgrenzung, das Recht auf Wohnung und Kündigungsschutz, das Recht auf Arbeitslosenunterstützung, das Recht auf Schutz vor sexueller Belästigung und anderen Formen der Belästigung am Arbeitsplatz, das Recht der Arbeitnehmer mit Familienpflichten auf Chancengleichheit und Gleichbehandlung und Rechte der Arbeitnehmervertreter im Betrieb. Weitere Änderungen betreffen die Stärkung des Diskriminierungsverbots, Verbesserungen der Gleichbehandlung von Mann und Frau in allen durch den Vertrag abgedeckten Bereichen, des Mutterschutzes und des sozialen Schutzes der Mütter, des sozialen, rechtlichen und wirtschaftlichen Schutzes von Kindern und Jugendlichen im Arbeitsleben und außerhalb der Arbeit sowie den besserer Schutz von Behinderten.

ben das Recht auf besonderen Schutz gegen körperliche und sittliche Gefahren, denen sie ausgesetzt sind. 8. Arbeitnehmerinnen haben im Falle der Mutterschaft und in anderen geeigneten Fällen das Recht auf besonderen Schutz bei der Arbeit. 9. Jedermann hat das Recht auf geeignete Möglichkeiten der Berufsberatung, die ihm helfen soll, einen Beruf zu wählen, der seiner persönlichen Eignung und seinen Interessen entspricht. 10. Jedermann hat das Recht auf geeignete Möglichkeiten der Berufsausbildung. 11. Jedermann hat das Recht, alle Maßnahmen in Anspruch zu nehmen, die es ihm ermöglichen, sich des besten Gesundheitszustandes zu erfreuen, den er erreichen kann. 12. Alle Arbeitnehmer und ihre Angehörigen haben das Recht auf soziale Sicherheit. 13. Jedermann hat das Recht auf Fürsorge, wenn er keine ausreichenden Mittel hat. 14. Jedermann hat das Recht, soziale Dienste in Anspruch zu nehmen. 15. Jeder Behinderte hat das Recht auf berufliche Ausbildung sowie auf berufliche und soziale Eingliederung oder Wiedereingliederung ohne Rücksicht auf Ursprung und Art seiner Behinderung. 16. Die Familie als Grundeinheit der Gesellschaft hat das Recht auf angemessenen sozialen, gesetzlichen und wirtschaftlichen Schutz, der ihre volle Entfaltung zu sichern vermag. 17. Mütter und Kinder haben, unabhängig vom Bestehen einer Ehe und von familienrechtlichen Beziehungen, das Recht auf angemessenen sozialen und wirtschaftlichen Schutz. 18. Die Staatsangehörigen einer Vertragspartei haben das Recht, im Hoheitsgebiet jeder anderen Vertragspartei gleichberechtigt mit deren Staatsangehörigen jede Erwerbstätigkeit aufzunehmen, vorbehaltlich von Einschränkungen, die auf triftigen wirtschaftlichen oder sozialen Gründen beruhen. 19. Wanderarbeitnehmer, die Staatsangehörige einer Vertragspartei sind, und ihre Familien haben das Recht auf Schutz und Beistand im Hoheitsgebiet jeder anderen Vertragspartei.«

Die ESC und der IPwskR wurden von der Bundesrepublik Deutschland ratifiziert.[115] Sie müssen berücksichtigt werden, wenn nach der

115 Das am 10. Dezember 2008 mit Resolution A/RES/63/117 von der Generalversammlung der UN beschlossene Fakultativprotokoll zum IPwsk (Optional Protocol to the International Covenant on Economic, Social and Cultural Rights) eröffnet gem. Art. 2 – nach Ausschöpfung des Rechtsweges – die Möglichkeit der Individualbeschwerde beim ›Committee on Economic, Social and Cultural Rights‹: »Mitteilungen können von oder im Namen von der Hoheitsgewalt eines Vertragsstaats unterstehenden Einzelpersonen oder Personengruppen eingereicht werden, die behaupten, Opfer einer Verletzung eines der im Pakt niedergelegten wirtschaftlichen, sozialen und kulturellen Rechte durch diesen Vertragsstaat zu sein.« Die Bundesrepublik Deutschland hat, obwohl seit 1993 Vertragsstaat des IPwskR, das Fakultativprotokoll bis heute nicht ratifiziert (Stand: Februar 2013).

Verbindung des Rechtsstaats- und des Sozialstaatsprinzips in Deutschland und nach dem Schutz sozialer Rechte gefragt wird.

Das auf Hermann Hellers Staatslehre zurückgehende Sozialstaatsprinzip des GG[116], das keinen Vorläufer in einer deutschen Verfassung hat, verpflichtet den Staat[117], »für einen Ausgleich der sozialen Gegensätze und damit für eine gerechte Sozialordnung«[118] zu sorgen. Es waren die sozialen Widersprüche des Kapitalismus, die »– in einer gewissen Spannung zur rein-formalen Rechtsstaatlichkeit – durch ein eher material orientiertes Prinzip der Sozialstaatlichkeit in Grenzen gehalten werden [mussten]. Rechtsstaatlichkeit und Sozialstaatlichkeit bildeten zusammen ein zwar konfligierendes, aber faktisch vielfach doch gesellschaftlich integrierendes Moment«.[119]

Während Landesverfassungen wie z.B. die Bayerns (Art. 166 ff.), Bremens (Art. 37 ff.)[120] oder Hessens (Art. 27 ff.) nach 1945 soziale Grundrechte normiert haben, sind sie im GG nur marginal verankert.[121] Das Sozialstaatsprinzip des GG ist eine allgemeine, weitge-

116 »Entscheidendes Kennzeichen der rechtsstaatlichen Ordnung des Grundgesetzes ist es […], daß sie die eines ›sozialen‹ Rechtsstaates ist.« (Hesse 1995, Rz. 207) Vgl. zur Geschichte und Bedeutung des Sozialstaatsprinzips auch AK-GG, Kittner, Art. 20 Abs. 1-3 IV, Rz. 1-91. Zur Entwicklung des Sozialstaats in Deutschland nach 1945 vgl. Hockerts 2011; zum Sozialstaat in Deutschland im internationalen Vergleich vgl. F.-X. Kaufmann 2003.

117 Zu ›Sozialstaat‹ vgl. Butterwegge 2010; ihm zufolge »bezeichnet dieser Terminus eine Entwicklungsstufe moderner Industriegesellschaften, auf welcher der Staatsapparat neben seiner Ordnungs- und Repressionsfunktion eine wirtschaftspolitische Interventionsfunktion übernimmt und nicht mehr nur (extreme) Armut bekämpft, sondern auch die allgemeinen Lebensrisiken seiner Bürger/innen (Krankheit, Invalidität, Arbeitslosigkeit, Unterversorgung im Alter usw.) absichert und für einen gewissen sozialen Ausgleich zwischen den unterschiedlich situierten Bevölkerungsschichten sorgt« (ebd., S. 2528).

118 BVerfGE 22, 180 (22).

119 Goldschmidt 2010, S. 2598.

120 Die Präambel der Verfassung der Freien Hansestadt Bremen hat folgenden Wortlaut: »Erschüttert von der Vernichtung, die die autoritäre Regierung der Nationalsozialisten unter Mißachtung der persönlichen Freiheit und der Würde des Menschen in der jahrhundertealten Freien Hansestadt Bremen verursacht hat, sind die Bürger dieses Landes willens, eine Ordnung des gesellschaftlichen Lebens zu schaffen, in der die soziale Gerechtigkeit, die Menschlichkeit und der Friede gepflegt werden, in der der wirtschaftlich Schwache vor Ausbeutung geschützt und allen Arbeitswilligen ein menschenwürdiges Dasein gesichert wird.«

121 Ausnahmen sind die GG-Artikel zur Koalitionsfreiheit (Art. 9 Abs. 3), zur freien Berufswahl (Art. 12), die Gemeinwohlbindung des Eigentums

hend abstrakte Norm und ein Postulat, *eine Staatszielbestimmung, deren Inhalt unterbestimmt ist.* Es ist laut BVerfGE »ein der konkreten Ausgestaltung in hohem Maße fähiges und bedürftiges Prinzip«[122], und »ein im Einzelfall bestimmbares Rechtsprinzip«[123]: »Das Sozialstaatsprinzip begründet die Pflicht des Staates, für eine gerechte Sozialordnung zu sorgen [...]. Der Staat hat diese Pflichtaufgabe auf der Grundlage eines weiten Gestaltungsfreiraumes zu erfüllen, weshalb bislang nur in wenigen Fällen konkrete verfassungsrechtliche Handlungspflichten aus dem Prinzip abgeleitet wurden. Der Staat hat lediglich die Mindestvoraussetzungen für ein menschenwürdiges Dasein seiner Bürger zu schaffen [...]. Das Sozialstaatsprinzip stellt dem Staat eine Aufgabe, sagt aber nichts darüber, mit welchen Mitteln diese Aufgabe im Einzelnen zu verwirklichen ist.«[124]

Das mit Verfassungen pluralistischer Gesellschaften grundsätzlich verbundene Problem besteht auch bezüglich des Sozialstaatsprinzips darin, dass die Grundrechtsnormen ein inhaltlich bestimmtes Rechtssystem festlegen, damit aber noch nicht festgelegt ist, *was* »aufgrund der Grundrechtsnormen gesollt ist«.[125] Doch die Kriterien einer ›gerechten Sozialordnung‹ ergeben sich durchaus aus dem GG: »Aufgrund der durch Art. 79 Abs. 3 festgelegten gleichrangigen Normhöhe können dies nur die Würde des Menschen (Art. 1) und das Demokratieprinzip (Art. 20 Abs. 1) als inhaltliche Werte sein, wozu die grundsätzliche Anerkennung eines Systems von Grundrechten, also der Wert des Rechtsstaatsprinzips kommt.«[126]

Mit dem Demokratieprinzip »korrespondiert das Ziel, auch mehr soziale Gerechtigkeit zu verwirklichen. Der Übergang von der konstitutionellen Monarchie zur Demokratie ist somit verknüpft mit dem Übergang vom bürgerlichen zum sozialen Rechtsstaat. Das dem Grundgesetz zugrunde liegende demokratische Verfassungs- und Grundrechtsverständnis trägt daher notwendig zugleich sozialstaatlichen Charakter.«[127] Um so auffälliger ist es, wie in der verfassungsrechtlichen Literatur und in Grundgesetzkommentaren das Sozial-

(Art. 14 Abs. 2) und die Möglichkeit zur Sozialisierung der Produktionsmittel (Art. 15). Aus dem Sozialstaatsprinzip sind nur wenige subjektive Rechte ableitbar, z. B. das Recht auf das Existenzminimum (vgl. BVerfGE 82, 60 (80)).

122 BVerfGE 5, 85 (198). Zur rechtlichen Operationalisierung des Sozialstaatsprinzips vgl. AK-GG, Kittner, Art. 20 Abs. 1-3 IV, Rz. 46-51.

123 AK-GG, Kittner, Art. 20 Abs. 1-3 IV, Rz. 24.

124 BVerfGE 2 BvE 2/08 vom 30.6.2009 (257).

125 Alexy 1996, S. 494 f.

126 Ebd., Rz. 26.

127 AK-GG Stein, Einl. II, Rz. 33.

staatsprinzip als ›Leerformel‹ diskreditiert, seine Entwicklungsbedürftigkeit und -offenheit heruntergespielt bzw. eine Kollision sozialer Rechte mit Freiheitsrechten behauptet wird. Forsthoff sah in der Sozialstaatsklausel nicht nur eine Leerformel, sondern die ›Gefahr‹, sie könne Bestandteil von Rechtstexten werden.[128] Maunz stellte fest, »der Begriff ›sozial‹« sei zunächst »als Aussage über eine Eigenschaft oder sogar über ein Wesensmerkmal des als Bundesrepublik existenten Staates und als Bekenntnis zu diesem Wesensmerkmal aufgefaßt worden«. »[N]unmehr« solle er »den Charakter eines Verfassungsauftrags an den Gesetzgeber erhalten«, und hierdurch werde »angestrebt, die Veränderung gesellschaftlicher Strukturen durch Sozialreformen als verfassungsrechtliche Pflicht und die Gegenpositionen als verfassungswidrige Unterlassungen zu deuten. Der Sozialstaat, so wird mitunter argumentiert, müsse erst geschaffen werden. Der Rechtsstaat müsse zum Sozialstaat weiterentwickelt werden. So erlange der Begriff ›sozial‹ die Eigenschaft einer Staatszielbestimmung.« Der »Normativbegriff ›sozial‹« enthält aber für Maunz nur »angeblich« einen »Verfassungsauftrag«.[129]

Hesse erklärt, Gewährleistungen »wie etwa das Recht auf Arbeit, auf ein angemessenes Arbeitsentgelt oder das Recht auf Wohnung« seien »von gänzlich anderer Struktur als die der klassischen Grundrechte.« Sie ließen »sich nicht schon dadurch realisieren, daß sie ausgestaltet, respektiert und geschützt werden«, sondern verlangten »staatliche Aktionen zur Verwirklichung des in ihnen enthaltenen sozialen Programms, die regelmäßig ein Tätigwerden nicht nur des Gesetzgebers, sondern auch der Verwaltung erfordern.« Anders als bei den klassischen Grundrechten habe »der Staat die Voraussetzungen der Erfüllung dieses Programms nicht ohne weiteres in den Händen; die Verwirklichung sozialer Grundrechte kann zudem oft zu einer Beeinträchtigung der Freiheitsrechte anderer führen. Derartige Rechte können daher nicht, wie dies für die Grundrechtsauffassung des Grundgesetzes wesentlich ist, unmittelbare, gerichtlich verfolgbare Ansprüche des Bürgers begründen.«[130]

128 Forsthoff 1954, S. 8. Vgl. im Gegensatz zu Forsthoff Abendroth 1967 [1954].

129 Maunz in Maunz/Dürig, Kommentar z. GG, Lfg. 30, Art. 28, Rn. 25.

130 Hesse 1999, Rz. 208. Derartige Vorbehalte wurden auch auf parlamentarischer Ebene formuliert: »Als Gründe gegen eine verfassungsrechtliche Normierung einklagbarer sozialer Grundrechte nennt der Bericht der Gemeinsamen Verfassungskommission des Bundestages und des Bundesrates, dass eine solche die Leistungsfähigkeit des Staates überfordern würde, und dass sich soziale Grundrechte nur im Rahmen einer zentralen Verwal-

Es ist zwar *de facto* zutreffend, dass der Staat die Voraussetzungen der Realisierung des Sozialstaatsprinzips (noch) nicht in den Händen hat. Aber hieraus zu schließen, er könne und werde oder solle sie nicht in Händen haben, wäre ein merkwürdiger Schluss vom Sein aufs Sollen. Mit Frank Nullmeier ist vielmehr zu betonen, dass der Sozialstaatsbegriff »die Gesamtheit staatlicher Einrichtungen, Steuerungsmaßnahmen und Normen innerhalb eines demokratischen Systems« bezeichnet, »mittels derer Lebensrisiken und soziale Folgewirkungen einer kapitalistisch-marktwirtschaftlichen Ökonomie aktiv innerhalb dieser selbst politisch bearbeitet werden. [...] Sozialstaat bezeichnet zugleich die Ausrichtung staatlichen Handelns auf die Herstellung sozialer Gerechtigkeit und sozialer Sicherheit, auf die Sicherung eines sozialen Existenzminimums für alle sowie die Milderung der ökonomischen Ungleichverteilung und der sozialen (Klassen-, Schichten-, Gruppen-)Gegensätze. Als generelle Sozialbindung staatlichen Handelns fordert Sozialstaatlichkeit die politisch-demokratische Überformung der Marktprozesse nach Maßstäben sozialer Gerechtigkeit.«[131]

Angesichts der normativen Verbindlichkeit der ESC und des IPwskR ist es eine abstrakte Frage, ob es notwendig sei, das Grundge-

tungswirtschaft und somit nur ›um den Preis der Freiheit‹ einführen ließe.« (Schneider 2004, S. 36).

131 Frank Nullmeier, Sozialstaat, in: Andersen/Woyke 2003. Am radikalsten argumentieren *Libertarians* gegen diese Sozialstaatskonzeption: Die Radikalität des *Libertarianism* (vgl. Puster 2010) liege »in der kompromisslosen normativen Priosierung, die sie der Freiheit des Individuums einräumt und als deren Folge sie den Einfluss des Staates so weit wie möglich zu reduzieren trachtet.« (Ebd., S. 1421). »Da das Grundrecht, frei zu sein, in nichts anderem als in dem Recht einer jeden Person besteht, ihre jeweiligen Glücksvorstellungen handelnd zu realisieren, solange und insofern sie andere nicht gewaltsam daran hindert, das gleiche zu tun, sind (wenn überhaupt, dann) genau diejenigen Staatstätigkeiten zulässig, die eben dieses Grundrecht sichern, die also Leben, Freiheit und Eigentum schützen sowie die Einhaltung freiwillig geschlossener Verträge durchsetzen. Da alle übrigen staatlichen Aktivitäten materiale Zielvorgaben machen, die nie mit den legitimen Glücksbestrebungen *aller* Bürger im Einklang stehen, trifft sie (zumindest partiell) der Vorwurf paternalistischer Entmündigung. (Dass die Ermächtigung zu derartigem Staatshandeln demokratisch und rechtsförmig erlangt werden kann, entkräftet diesen Vorwurf nicht, sondern macht lediglich darauf aufmerksam, dass sich das normative Verdikt des Paternalismus gegen glücksvereitelndes Staatshandeln transitiv auch auf seine Legitimationsquellen überträgt.) Werden gesellschaftlichen Prozessen Richtung und Resultate vom Staat vorgegeben, so führt dies naturgemäß zur Reduzierung der Freiheiten mindestens einiger Individuen, wohingegen die unbehinderte, marktförmige Kooperation im Prinzip die Wünsche aller zu befriedigen erlaubt.« (Ebd., S. 1423 f.)

setz durch soziale Grundrechte zu erweitern. Und es ist irreführend, »umfassende staatliche Sozialmaßnahmen« zu problematisieren, »die die Selbstverantwortung des Einzelnen aufheben, ihn zum Objekt staatlicher Betreuung und Bevormundung machen« und damit »die durch das Rechtsstaatsprinzip gezogenen Grenzen überschreiten«.[132] Es spricht hingegen viel dafür, dass aus der Würdenorm des Art. 1 GG und gem. ESC und IPwskR zumindest ›umfassendere‹ als gegenwärtig in Deutschland verbürgte soziale Rechte ableitbar sind. Es gibt »noch *sozialstaatliche Defizite* in Hülle und Fülle«.[133]

Der Schutz der Menschen- und Grundrechte verlangt in einem Rechtsstaat, der diesen Namen verdient, nicht nur nach politischer Rechtssicherheit und Verbürgung politischer Freiheitsrechte, sondern auch nach sozialer Gerechtigkeit, aus der *soziale Freiheitsrechte* folgen. Der Rechtsstaat ist *intrinsich* Sozialstaat. Dies bedeutet: Die Bürger sind im Staat nicht nur formal *›vor dem Gesetz‹* gleich, sondern haben als *im Recht Gleiche* auch Anspruch auf den Schutz vor sozialer Ungleichheit und sozialer Ungerechtigkeit.

Das Ziel des Sozialstaates ist der Abbau diskriminierender sozialer Unterschiede und die Sicherung eines angemessenen Lebensstandards für alle Teile der Bevölkerung. Gemäß Urteilen des BVerfGE wird das Sozialstaatsprinzip ausgefüllt u. a. durch die Fürsorge für Hilfsbedürftige, die Schaffung sozialer Sicherungssysteme[134], die Herstellung von Chancengleichheit und einer gerechten, für Ausgleich der sozialen Gegensätze sorgenden, Sozialordnung.[135] Mit anderen Worten: Der So-

132 »Der Rechtsstaatsbegriff des Grundgesetzes geht [...] über die formellen Merkmale, die bereits weitgehend die Staatsauffassung des Liberalismus im 19. Jahrhundert prägten, weit hinaus. Er ist mehr als ein bloßes System rechtstechnischer Kunstgriffe zur Gewährleistung gesetzlicher Freiheit. *Der Rechtsstaat beinhaltet nicht nur eine formelle, sondern zugleich eine materielle Ordnung,* die vor allem durch die die staatlichen Gewalten unmittelbar bindenden Grundrechte (Art. 1 Abs. 3 GG) bestimmt ist. [...] Oberstes Ziel des Rechtsstaates ist die *Verwirklichung der Gerechtigkeit.* Darin berührt sich das Rechtsstaats- mit dem Sozialstaatsprinzip; nicht zufällig verwendet das Grundgesetz in Art. 28 Abs. 1 die Formel vom ›sozialen Rechtsstaat‹. Umfassende staatliche Sozialmaßnahmen, die die Selbstverantwortung des Einzelnen aufheben, ihn zum Objekt staatlicher Betreuung und Bevormundung machen, würden indes die durch das Rechtsstaatsprinzip gezogenen Grenzen überschreiten. Der Rechtsstaat muss daher stets sowohl in seiner sozialen als auch in seiner freiheitlichen Dimension begriffen und verwirklicht werden.« (Avenarius 2002, S. 22).

133 AK-GG, Kittner, Art. 20 Abs. 1-3 IV, Rz. 31. Zur Krise des Sozialstaates vgl. Butterwegge 2011.

134 Vgl. BVerfGE 28, 324 (348 ff.).

135 Vgl. BVerfGE 22, 180 (204).

zialstaat ist sowohl *Staatsziel* (soziale Gerechtigkeit) als auch *Staatsstrukturmerkmal* (sozialer Mindeststandard). *De facto* steht der Sozialstaat unter den gegegeben Bedingungen vor der paradoxen Aufgabe, die mit der ›freien‹ Marktwirtschaft verbundene Tendenz zur Ungleichheit auszugleichen und zugleich die bestehende Wirtschaftsordnung zu stabilisieren.[136]

In welchem Maße soziale Staatszielbestimmungen zum einen verletzt werden können und zum anderen entwicklungsoffen sind, lässt sich an der Entstehung und Revisionsbedürftigkeit von *Hartz IV* zeigen, einer Gesetzgebung, die nicht nur von Betroffenen als Skandal wahrgenommen wird. Hartz IV verstößt gegen Normen der ›Allgemeinen Erklärung der Menschenrechte‹, vor allem gegen Art. 28 – »Jeder hat Anspruch auf eine soziale und internationale Ordnung, in der die in dieser Erklärung verkündeten Rechte und Freiheiten voll verwirklicht werden können.« – sowie gegen die Zielsetzung des »in der Erkenntnis« beschlossenen IPwskR, »dass nach der Allgemeinen Erklärung der Menschenrechte das Ideal vom freien Menschen, der frei von Furcht und Not lebt, nur verwirklicht werden kann, wenn Verhältnisse geschaffen werden, in denen jeder seine wirtschaftlichen, sozialen und kulturellen Rechte ebenso wie seine bürgerlichen und politischen Rechte geniessen kann«.

Ohne zivilgesellschaftlichen Widerstand, der sich auf Normen des Internationalen Rechts berufen kann, hätte es das Hartz IV-Urteil des Ersten Senats des BVerfGE vom 9. Februar 2010 nicht gegeben. In den *Leitsätzen* heißt es: »1. Das Grundrecht auf Gewährleistung eines menschenwürdigen Existenzminimums aus Art. 1 Abs. 1 GG in Verbindung mit dem Sozialstaatsprinzip des Art. 20 Abs. 1 GG sichert jedem Hilfebedürftigen diejenigen materiellen Voraussetzungen zu, die für seine physische Existenz und für ein Mindestmaß an Teilhabe am gesellschaftlichen, kulturellen und politischen Leben unerlässlich sind. 2. Dieses Grundrecht aus Art. 1 Abs. 1 GG hat als Gewährleistungsrecht in seiner Verbindung mit Art. 20 Abs. 1 GG neben dem absolut wirkenden Anspruch aus Art. 1 Abs. 1 GG auf Achtung der Würde jedes Einzelnen eigenständige Bedeutung. Es ist dem Grunde nach unverfügbar und muss eingelöst werden, bedarf aber der Konkretisierung und stetigen Aktualisierung durch den Gesetzgeber, der die zu erbringenden Leistungen an dem jeweiligen Entwicklungsstand des Gemeinwesens und den bestehenden Lebensbedingungen auszurichten

136 Auf diese Ambivalenz hat Eduard Heimann bereits 1929 in *Soziale Theorie des Kapitalismus* hingewiesen; er sprach vom »konservativ-revolutionäre[n] Doppelwesen«, der »Doppelstellung der Sozialpolitik als Fremdkörper und zugleich als Bestandteil im kapitalistischen System« (Heimann 1980, S. 168).

hat. Dabei steht ihm ein Gestaltungsspielraum zu.«[137] Das Urteil, in dem zu bestimmten Hartz-IV-Regelungen[138] festgestellt wird, sie seien mit »dem Grundrecht auf Gewährleistung eines menschenwürdigen Existenzminimums aus Art. 1 Abs. 1 GG in Verbindung mit dem Sozialstaatsprinzip des Art. 20 Abs. 1 GG unvereinbar«, ist mit Verweis auf frühere Urteile[139] u. a. so begründet:

»Art. 1 Abs. 1 GG erklärt die Würde des Menschen für unantastbar und verpflichtet alle staatliche Gewalt, sie zu achten und zu schützen [...]. Als Grundrecht ist die Norm nicht nur Abwehrrecht gegen Eingriffe des Staates. Der Staat muss die Menschenwürde auch positiv schützen [...]. Wenn einem Menschen die zur Gewährleistung eines menschenwürdigen Daseins notwendigen materiellen Mittel fehlen, weil er sie weder aus seiner Erwerbstätigkeit, noch aus eigenem Vermögen noch durch Zuwendungen Dritter erhalten kann, ist der Staat im Rahmen seines Auftrages zum Schutz der Menschenwürde und in Ausfüllung seines sozialstaatlichen Gestaltungsauftrages verpflichtet, dafür Sorge zu tragen, dass die materiellen Voraussetzungen dafür dem Hilfebedürftigen zur Verfügung stehen. Dieser objektiven Verpflichtung aus Art. 1 Abs. 1 GG korrespondiert ein Leistungsanspruch des Grundrechtsträgers, da das Grundrecht die Würde jedes individuellen Menschen schützt [...] und sie in solchen Notlagen nur durch materielle Unterstützung gesichert werden kann.«[140]

Dieses Urteil konnte bei Betroffenen nicht nur auf Zustimmung stoßen, denn es stellt eine Verbesserung ihrer Lage der parlamentarischen Gesetzgebung anheim. Und doch ist es von wegweisender Bedeutung, weil es (i) wie bereits andere Urteile *ex negativo* den Katalog der nicht hinzunehmenden Verletzungen der Menschenwürde erweitert und (ii) der Politik durch die enge Verknüpfung der Würdenorm mit dem Sozialstaatsprinzip Grenzen setzt und ihr einen Gestaltungsauftrag erteilt.

Von nicht weniger wegweisender Bedeutung ist auch das von der Würdenorm ausgehende und das Sozialstaatsgebot bekräftigende Urteil des BVerfGE vom 18. Juli 2012 zu den Leistungen an Asylbewerber: »1. Das Grundrecht auf Gewährleistung eines menschenwürdigen Existenzminimums ergibt sich aus Art. 1 Abs. 1 GG in Verbindung mit

137 BVerfGE, 1 BvL 1/09 vom 9. 2. 2010.

138 »§ 20 Abs. 2 1. Halbsatz, Abs. 3 Satz 1 SGB II a.F. und § 28 Abs. 1 Satz 3 Nr. 1 1. Alt. SGB II a.F., jeweils in Verbindung mit § 20 Abs. 1 SGB II a.F.«.

139 Absatz-Nr. 133: »vgl. BVerfGE 40, 121, 133; 45, 187, 228; 82, 60, 85; 113, 88, 108 f.; Urteil vom 30. Juni 2009 – 2 BvE 2/08 u. a. –, juris, Rn. 259«.

140 BVerfGE, 1 BvL 1/09 vom 9. 2. 2010 (134).

Art. 20 Abs. 1 GG. Art. 1 Abs. 1 GG begründet diesen Anspruch als Menschenrecht. Das Sozialstaatsgebot des Art. 20 Abs. 1 GG wiederum erteilt dem Gesetzgeber den Auftrag, ein menschenwürdiges Existenzminimum zu sichern.« Der Staat ist »im Rahmen seines Auftrages zum Schutz der Menschenwürde und in Ausfüllung seines sozialstaatlichen Gestaltungsauftrages verpflichtet, dafür Sorge zu tragen, dass die materiellen Voraussetzungen dafür Hilfebedürftigen zur Verfügung stehen. [...]. Als Menschenrecht steht dieses Grundrecht deutschen und ausländischen Staatsangehörigen, die sich in der Bundesrepublik Deutschland aufhalten, gleichermaßen zu.« Der »unmittelbar verfassungsrechtliche Leistungsanspruch auf Gewährleistung eines menschenwürdigen Existenzminimums [...] gewährleistet das gesamte Existenzminimum durch eine einheitliche grundrechtliche Garantie, die sowohl die physische Existenz des Menschen, also Nahrung, Kleidung, Hausrat, Unterkunft, Heizung, Hygiene und Gesundheit, als auch die Sicherung der Möglichkeit zur Pflege zwischenmenschlicher Beziehungen und zu einem Mindestmaß an Teilhabe am gesellschaftlichen, kulturellen und politischen Leben umfasst, denn der Mensch als Person existiert notwendig in sozialen Bezügen«. Der gesetzliche, von der Verfassung vorgegebene Leistungsanspruch »muss so ausgestaltet sein, dass er stets den gesamten existenznotwendigen Bedarf jedes individuellen Grundrechtsträgers deckt. Wenn der Gesetzgeber seiner verfasssungsmäßigen Pflicht zur Bestimmung des Existenzminimums nicht hineichend nachkommt, ist das einfache Recht im Umfang seiner defizitären Gestaltung verfassungswidrig«.[141]

141 BVerfGE, 1 BvL 10/10 vom 18.7.2012 (88-92).

TEIL V

DAS INTERNATIONALE RECHT

8. Das Internationale Recht
Prinzipien einer menschenrechtlichen Verfassung der Weltgesellschaft

8.1 Auf dem Wege zu einem universellen Konstitutionalismus?[1]

Das Internationale Öffentliche Recht[2] oder ›Völkerrecht‹[3], das die Quelle der Gewaltfreiheit zwischen den Staaten sein und so den Menschen ein Leben ohne Krieg, Hunger und Not ermöglichen soll, hat einen schlechteren Ruf, als es verdient. Gewiss, es hat seine Anerkennung aufs Spiel gesetzt, weil es zu oft von Staaten mit hegemonialen Ansprüchen instrumentalisiert wird. Auch das Organ der Staatengesamtheit, die Vereinten Nationen (UN), trifft zunehmend auf Skepsis und Vorbehalte. Es erweist sich oft als ohnmächtig zur Krisenprävention und Krisenbewältigung. Politische und ideologische Interessengegensätze zwischen den in den UN versammelten Staaten bzw. Staatengruppen erschweren die Aushandlung angemessener Problemlösungen, und der Geburtsfehler der UN – die längst anachronistische Sonderstellung der fünf Vetomächte im Weltsicherheitsrat, dem gem. Art. 24 der UN-Charta »die Hauptverantwortung für die Wahrung des Weltfriedens und der internationalen Sicherheit« übertragen ist – führt zu Handlungsblockaden.[4] Unübersehbar ist auch, dass die Interessen

1 Für hilfreiche kritische Hinweise zu diesem Kapitel danke ich Norman Paech und Werner Goldschmidt.

2 Wenn im Folgenden vom Internationalen Recht die Rede ist, bezieht sich der Begriff auf das internationale Öffentliche Recht, nicht auf das Privatrecht.

3 Zur Geschichte des Völkerrechts vgl. Grewe 1984; zu Epochen der Völkerrechtsentwicklung vgl. Paech/Stuby 2001, S. 33-327; zur Begriffs- und Problemgeschichte des Völkerrechts seit Hugo Grotius (1583-1645) vgl. enzyklopädisch Klein 2010, S. 2913 ff.

4 Macht- und militärpolitische Interessen haben im Februar 2012 im Weltsicherheitsrat zu einem Veto Russlands und Chinas gegen einen weitestgehend abgeschwächten dritten, auch von den arabischen Staaten unterstützten Resolutionentwurf zur Syrien-Krise geführt, der nichts anderes vorsah, als »die anhaltende Gewalt und die schweren Verstöße gegen das Menschenrecht und die Grundrechte durch die syrischen Behörden« zu verurteilen (Abs. 1), »die syrische Regierung auf[zufordern], alle Menschenrechtsverletzungen und Angriffe auf die, die ihr Recht auf Meinungsäußerung friedlich ausüben, zu beenden« (Abs. 2) und »jede Gewalt, unabhängig, von

mächtiger Staaten immer wieder die Herrschaft des Rechts unterlaufen, dem sich die UN mit ihrer Charta, der Allgemeinen Erklärung der Menschenrechte und zahlreichen Pakten und Konventionen verpflichtet haben. Das derzeit wohl größte Problem besteht darin, dass für militärische – ›humanitär‹ genannte – Interventionen die *Menschenrechte*[5] *instrumentalisiert* werden, um die von Art. 2.1 der UN-Charta geschützte Souveränität von Staaten verletzen zu können. Die Menschenrechte drohen zur ›Reservelegitimation‹ zu werden.[6]

Die UN-Charta (1945) bezeichnet die Erhaltung des Friedens als ihr vorrangiges Ziel (Art. 1 Ziff. 1). »Daraus wird für die Staaten die Pflicht zur friedlichen Streitbeilegung (Art. 2 Ziff. 3) ebenso abgeleitet wie das Verbot militärischer Gewaltanwendung in ihren internationalen Beziehungen (Art. 2 Ziff. 4). Über die vertragliche Bindung durch den Beitritt zur Charta hinaus gilt das Gewaltverbot als auch im Gewohnheitsrecht verankert; es wird als zwingendes Recht (ius cogens) anerkannt.«[7]

Dieses Prinzip der UN-Charta wurde in der ›Erklärung über Grundsätze des Völkerrechts betreffend freundschaftliche Beziehungen und Zusammenarbeit zwischen den Staaten im Einklang mit der Charta der Vereinten Nationen‹ vom 24. Oktober 1970[8] bekräftigt: »*eingedenk* der Bedeutung der Wahrung und Festigung des Weltfriedens auf der Grundlage der Freiheit, der Gleichheit, der Gerechtigkeit und der Achtung der grundlegenden Menschenrechte sowie der Entwicklung freundschaftlicher Beziehungen zwischen den Nationen unabhängig

welcher Seite sie ausgeht« (Abs. 3), zu verurteilen. Nicht anders verhalten sich die USA im Weltsicherheitsrat, wenn es um Rechtsverletzungen seitens des Staates Israel geht.

5 Vgl. zur UN-Charta und den Menschenrechten Paech/Stuby 2001, S. 644–647.

6 Die Kriege der jüngsten Zeit zeigen, dass das Souveränitätsprinzip »aufs äußerste gefährdet ist, denn es bietet keinen wirksamen Schutz mehr gegenüber den Interventionen der großen Mächte. Sie bedienen sich zur Rechtfertigung ihrer interventionistischen Interessen vornehmlich drei moderner Gründe: Kampf gegen den internationalen Terror, Verhinderung des Erwerbs bzw. Beseitigung bereits bestehender Massenvernichtungsmittel und Schutz der Menschenrechte. Dabei fällt auf, dass in dem Maße, in dem der Terror oder die Massenvernichtungsmittel als Begründung zweifelhaft werden, die Menschenrechte als ›Ausfallbegründung‹ in den Vordergrund treten. Die ›humanitäre Intervention‹ ist seit ihrer Neuerfindung zur Rechtfertigung der Bombardierung Jugoslawiens im Frühjahr 1999 zur ständigen Reservelegitimation völkerrechtswidriger Interventionen geworden.« (Paech 2007, S. 7).

7 Klein 2010, S. 2915. Zu ›ius cogens‹ vgl. Frowein 1997.

8 UN-Dokument A/RES/2625 (XXV).

von ihrem politischen, wirtschaftlichen und gesellschaftlichen System oder von ihrem Entwicklungsstand, *in der Überzeugung,* dass die strikte Einhaltung der Verpflichtung der Staaten, nicht in die Angelegenheiten eines anderen Staates einzugreifen, eine wesentliche Voraussetzung für das friedliche Zusammenleben der Nationen ist, da jede Form der Intervention nicht nur Geist und Buchstaben der Charta verletzt, sondern, auch zur Entstehung von Situationen führt, die den Weltfrieden und die internationale Sicherheit bedrohen«. Erklärt wurden »die nachstehenden Grundsätze: *Der Grundsatz, dass die Staaten in ihren internationalen Beziehungen jede gegen die territoriale Unversehrtheit oder die politische Unabhängigkeit eines Staates gerichtete oder sonst mit den Zielen der Vereinten Nationen unvereinbare Androhung oder Anwendung von Gewalt unterlassen.* Jeder Staat hat die Pflicht, in seinen internationalen Beziehungen jede gegen die territoriale Unversehrtheit oder die politische Unabhängigkeit eines Staates gerichtete oder sonst mit den Zielen der Vereinten Nationen unvereinbare Androhung oder Anwendung von Gewalt zu unterlassen. Eine solche Androhung oder Anwendung von Gewalt stellt eine Verletzung des Völkerrechts und der Charta der Vereinten Nationen dar und darf niemals als Mittel zur Regelung internationaler Fragen angewandt werden. Ein Angriffskrieg stellt ein Verbrechen gegen den Frieden dar, für das Verantwortlichkeit nach dem Völkerrecht besteht.«

Zugleich wurde betont, diese Grundsätze seien »nicht so auszulegen, als beeinträchtigten sie *a*) die Bestimmungen der Charta oder einer vor den Regelungen der Charta geschlossenen und nach dem Völkerrecht gültigen internationalen Übereinkunft oder *b*) die Befugnisse des Sicherheitsrats nach der Charta. [...] Die vorstehenden Absätze sind nicht so auszulegen, als erweiterten oder beschränkten sie in irgendeiner Weise den Geltungsbereich der Bestimmungen der Charta über Fälle, in denen die Anwendung von Gewalt rechtmäßig ist.«

Kapitel VII der UN-Charta normiert »Maßnahmen bei Bedrohung oder Bruch des Friedens und bei Angriffshandlungen«: *Art. 39*: »Der Sicherheitsrat stellt fest, ob eine Bedrohung oder ein Bruch des Friedens oder eine Angriffshandlung vorliegt; er gibt Empfehlungen ab oder beschließt, welche Maßnahmen auf Grund der Artikel 41 und 42 zu treffen sind, um den Weltfrieden und die internationale Sicherheit zu wahren oder wiederherzustellen.« *Art. 41*: »Der Sicherheitsrat kann beschließen, welche Maßnahmen – unter Ausschluß von Waffengewalt – zu ergreifen sind, um seinen Beschlüssen Wirksamkeit zu verleihen; er kann die Mitglieder der Vereinten Nationen auffordern, diese Maßnahmen durchzuführen. Sie können die vollständige oder teilweise Unterbrechung der Wirtschaftsbeziehungen, des Eisenbahn-,

See- und Luftverkehrs, der Post-, Telegraphen- und Funkverbindungen sowie sonstiger Verkehrsmöglichkeiten und den Abbruch der diplomatischen Beziehungen einschließen.« *Art.* 42: »Ist der Sicherheitsrat der Auffassung, daß die in Artikel 41 vorgesehenen Maßnahmen unzulänglich sein würden oder sich als unzulänglich erwiesen haben, so kann er mit Luft-, See- oder Landstreitkräften die zur Wahrung oder Wiederherstellung des Weltfriedens und der internationalen Sicherheit erforderlichen Maßnahmen durchführen. Sie können Demonstrationen, Blockaden und sonstige Einsätze der Luft-, See- oder Landstreitkräfte von Mitgliedern der Vereinten Nationen einschließen.«

Ungeachtet dieser eindeutigen Regelungen fanden Interventionen ›im Namen der Menschenrechte‹ entweder – wie im Falle des Krieges der NATO[9] gegen Jugoslawien, bei dem es sich nicht um einen Selbstverteidigungsfall gem. Art. 51 der UN-Charta handelte – ohne Mandat des Sicherheitsrats statt, oder die UN wurden – wie im Falle des zweiten Golfkrieges – trotz einer Ermächtigung zu militärischer Intervention durch die Sicherheitsrat-Resolution 678[10] vom weiteren Geschehen ausgeschlossen. Interventionen wurden in asymmetrischer Achtung der Rechte und Pflichten der UN beschlossen (Libyen) bzw. nicht beschlossen (Ruanda). Überfällig ist nicht nur die seit langer Zeit verhandelte Reform der UN, vor allem des Sicherheitsrats; notwendig ist die fortgesetzte Vertiefung der *Verrechtsstaatlichung* im Rahmen der internationalen Weltrechtsentwicklung.

Doch bei aller notwendigen Kritik sollte nicht übersehen werden, dass die Welt ohne die fortschreitende rechtliche Kodifizierung des ko-

9 Im NATO-Vertrag vom 4. April 1949 heißt es in Art. 7: »Dieser Vertrag berührt weder die Rechte und Pflichten, welche sich für die Parteien, die Mitglieder der Vereinten Nationen sind, aus deren Satzung ergeben, oder die in erster Linie bestehende Verantwortlichkeit des Sicherheitsrats für die Erhaltung des internationalen Friedens und der internationalen Sicherheit, noch kann er in solcher Weise ausgelegt werden.« (BGBl. 1955 II S. 289, i.d.F. des Protokolls v. 17. 10. 1951, BGBl. 1955 II S. 293).

10 S/RES/678 (1990): Der Sicherheitsrat, »*eingedenk* seiner nach der Charta der Vereinten Nationen bestehenden Pflichten und Verantwortlichkeiten in bezug auf die Wahrung und Erhaltung des Weltfriedens und der internationalen Sicherheit, *entschlossen*, die uneingeschränkte Befolgung seiner Beschlüsse sicherzustellen, *tätig werdend* nach Kapitel VII der Charta, [...] *ermächtigt* die Mitgliedstaaten, die mit der Regierung Kuwaits kooperieren, [...] alle erforderlichen Mittel einzusetzen, um der Resolution 660 (1990) und allen danach verabschiedeten einschlägigen Resolutionen Geltung zu verschaffen und sie durchzuführen und den Weltfrieden und die internationale Sicherheit in dem Gebiet wiederherzustellen«.

operativen Menschenrechtsschutzes[11] und andere Entwicklungen im Internationalen Recht vor und insbesondere nach 1945 und ohne die Existenz der UN eine andere, weit mehr von Gewalt geprägte Welt wäre. Und auch für die Normen des Internationalen Rechts gilt, dass die Faktizität ihrer Verletzung ihrer juridischen *Geltung* keinen Abbruch tut. Die Kritik an der Verletzung setzt die Geltung der Normen und Zustimmung zu ihnen voraus.

8.2 Vom Recht zum Krieg zur Kriegsverhinderung

Das Völkerrecht war im »Zeitalter des Absolutismus, als sich der Souverän mit seinem Staat identifizierte, automatisch zum Recht der Staaten« geworden. Es hat sich als normatives System der Beziehungen zwischen Staaten, als *Staatenrecht* etabliert: »Ein Recht der Völker war das Völkerrecht zu keiner Zeit. Die irreführende Bezeichnung ›Völkerrecht‹ (law of nations, droit des gens) erklärt sich aus der Übersetzung des lateinischen Ausdrucks ius gentium.«[12] Das Völkerrecht heute auf dem Wege vom Vertragsrecht der Staaten zu einem weltumspannenden Rechtssystem zu sehen, dessen menschenrechtliche Verfasstheit sich zumindest abzeichnet und das den Schutz nicht nur der Völker, sondern – weltbürgerrechtlich konstituiert – der Individuen vor Gewalt gewährleistet, ist mehr als bloße Hoffnung.

Entstanden als rechtliche Regelung der Beziehungen zwischen Souveränen, war das Völkerrecht zunächst das Recht *zum* Krieg. Doch bereits Hugo Grotius (1583-1645) hat in seinem epochemachenden Werk *De Jure Belli ac Pacis libri tres* (Drei Bücher über das Recht des Krieges und den Friedens, 1625) nicht nur den Krieg und das Recht im Allgemeinen (1. Buch) thematisiert, sondern auch die Frage nach

[11] Paech/Stuby 2010, S. 673, betonen: »Der normative Bestand an Menschenrechten im UNO-System ist beachtlich. Nahezu alle Lebensbereiche, die durch ›Akte der Barbarei‹ alter und neuer Art bedroht erschienen, konnten erfasst werden. Mit zahlreichen Kodifikationen, in deren Zentrum die beiden Pakte von 1966 und die großen Antidiskriminierungskonventionen stehen, wurde im Bereich internationaler Menschenrechtspolitik völkerrechtliches Neuland betreten. Die Staaten erzielten Konsens über einen hohen und dichten Standard von Menschenrechten. Gleichzeitig verpflichteten sie sich, die innerstaatliche Umsetzung der übernommenen Verpflichtungen vor internationalen Organen zu verantworten und sich von ihnen kontrollieren zu lassen. Das signalisiert in der Tat eine andere Justierung des Verhältnisses von staatlicher Souveränität und domain réservé (innere Angelegenheit) als während der klassischen Periode des Völkerrechtes.«

[12] Kimminich 1976, S. 11.

gerechten Gründen eines Krieges aufgeworfen (2. Buch) und das im Kriege geltenden Recht (3. Buch) behandelt. Der tatsächliche Zustand der Beziehungen zwischen den Staaten hat allerdings Kant im ›2. Definitivartikel zum ewigen Frieden‹ zu einer realistischen Beurteilung veranlasst, in der er Grotius zu den ›leidigen Tröstern‹ zählt: »Bei der Bösartigkeit der menschlichen Natur, die sich im freien Verhältniß der Völker unverhohlen blicken läßt (indessen daß sie im bürgerlich-gesetzlichen Zustande durch den Zwang der Regierung sich sehr verschleiert), ist es doch zu verwundern, daß das Wort *Recht* aus der Kriegspolitik noch nicht als pedantisch ganz hat verwiesen werden können, und sich noch kein Staat erkühnt hat, sich für die letztere Meinung öffentlich zu erklären; denn noch werden *Hugo Grotius*, *Pufendorf*, *Vattel u. a.m.* (lauter leidige Tröster), obgleich ihr Codex, philosophisch oder diplomatisch abgefaßt, nicht die mindeste *gesetzliche Kraft* hat, oder auch nur haben kann (weil Staaten als solche nicht unter einem gemeinschaftlichen äußeren Zwange stehen), immer treuherzig zur *Rechtfertigung* eines Kriegsangriffs angeführt, ohne daß es ein Beispiel giebt, daß jemals ein Staat durch mit Zeugnissen so wichtiger Männer bewaffnete Argumente wäre bewogen worden, von seinem Vorhaben abzustehen.«[13]

Seit der ersten Genfer Konvention ›betreffend die Linderung des Loses der im Felddienst verwundeten Militärpersonen‹ (1864)[14] entwickelte sich mit den Haager Friedenskonferenzen der Jahre 1899[15] und 1907 das Kriegsvölkerrecht zum ›humanitären‹ Recht *im* Krieg. Zugleich wurden normativ – weit weniger aber faktisch – Schritte auf dem Wege zum Recht der Kriegsverhinderung eingeleitet. Anlässlich

13 Kant, AA VIII, S. 355.

14 Die Bestimmungen der vier Genfer Konventionen von 1949 betreffen die Verwundeten und Kranken der bewaffneten Kräfte im Felde (Genfer Abkommen I), die Verwundeten, Kranken und Schiffbrüchigen der bewaffneten Kräfte zur See (Genfer Abkommen II), die Kriegsgefangenen (Genfer Abkommen III) und die Zivilpersonen in Kriegszeiten (Genfer Abkommen IV).

15 Während der 1. Haager Friedenskonferenz wurden im Juli 1899 folgende Abkommen und Erklärungen unterzeichnet: das Abkommen zur friedlichen Erledigung internationaler Streitfälle, das Abkommen, betreffend die Gesetze und Gebräuche des Landkriegs (mit der sog. Haager Landkriegsordnung), das Abkommen, betreffend die Anwendung der Grundsätze der Genfer Konvention vom 22. August 1864 auf den Seekrieg, die Erklärung, betreffend das Verbot des Werfens von Geschossen und Sprengstoffen aus Luftschiffen oder auf anderen ähnlichen neuen Wegen, die Erklärung, betreffend das Verbot der Verwendung von Geschossen mit erstickenden oder giftigen Gasen, und die Erklärung, betreffend das Verbot von Geschossen, die sich leicht im menschlichen Körper ausdehnen oder platt drücken.

der 2. Haager Konferenz erklärten 1907 44 Staaten, sie seien »von dem festen Willen beseelt, zur Aufrechterhaltung des allgemeinen Friedens mitzuwirken, entschlossen, mit allen ihren Kräften die friedliche Erledigung internationaler Streitigkeiten zu begünstigen, in Anerkennung der Solidarität, welche die Glieder der Gemeinschaft der zivilisierten Nationen verbindet, gewillt, die Herrschaft des Rechtes auszubreiten und das Gefühl der internationalen Gerechtigkeit zu stärken«.[16]

8.3 Das Völkerrecht und das Rechtsstaatsprinzip auf internationaler Ebene

Das Völkerrecht »ist das Recht, das für und zwischen den Subjekten dieses Rechts gilt. Es bildet nach der überwiegend akzeptierten dualistischen Theorie eine eigene (internationale) Rechtsordnung neben den verschiedenen nationalen Rechtsordnungen. Das Völkerrecht ist demgemäß durch eigene Rechtssubjekte[17], eigene Rechtserzeugungsweisen und eigene Rechtsdurchsetzungsmechanismen charakterisiert. Es beansprucht juridische Verbindlichkeit, die ihm trotz des nach wie vor bestehenden Defizits an institutionalisierten Rechtsdurchsetzungsmöglichkeiten heute nicht mehr abgesprochen wird. Dies schließt den Streit über den Inhalt von Völkerrechtsregeln und sogar die Existenz solcher Normen, soweit sie unkodifiziert sind, nicht aus. Das Völkerrecht beansprucht Universalität, d.h. es will für alle diejenigen gelten, die Adressaten der jeweiligen Norm sind, unabhängig von geografischen und kulturellen Besonderheiten.«[18]

[16] Nr. 3702 des Reichs-Gesetzblatts Nr. 2 vom 25. 1. 1910, S. 5 ff.

[17] Völkerrechtssubjekte »sind Träger völkerrechtlicher Rechte und Pflichten. Neben die Staaten, deren Zahl sich durch die Dekolonisierung und den Zusammenbruch des kommunistischen Staatensystems 1989/90 deutlich vermehrt hat, sind viele, über die Anzahl der Staaten weit hinausreichende internationale Organisationen getreten, die den Kreis der Völkerrechtssubjekte vermehrt haben. Völker werden als Rechtsträger des Selbstbestimmungsrechts anerkannt. Die bedeutsamste Veränderung aber ist die Anerkennung der Individuen als Rechtsträger und Verpflichtete auf der internationalen Ebene (Menschenrechte, Völkerstrafrecht); sie werden nicht mehr vollständig durch ihren Heimatstaat mediatisiert. Auch Staatenlose können sich auf genuin eigene Rechte berufen. Ferner sind Nichtregierungsorganisationen zu Akteuren auf der internationalen Bühne geworden.« (Klein 2010, S. 2915)

[18] Ebd., S. 2912.

Um zu verstehen, was ›Völkerrecht‹ als Staatenrecht war bzw. ist und was es immer noch von einer menschenrechtlichen Verfassung der Weltgesellschaft unterscheidet, bietet sich die von John Rawls vorgeschlagene Differenzierung zwischen »the law of peoples and the law of nations, or international law« an: »The latter is an existing, or positive, legal order, however incomplete it may be in some ways, lacking, for example, an effective scheme of sanctions such as normally characterizes domestic law. The law of peoples, by contrast, is a family of political concepts with principles of right, justice, and the common good, that specify the content of a liberal conception of justice worked up to extend to and to apply to international law. It provides the concepts and principles by which that law is to be judged. This distinction between the law of peoples and the law of nations should be straightforward. It is no more obscure than the distinction between the principles of justice that apply to the basic structure of domestic society and the existing political, social, and legal institutions that actually realize that structure.«[19] Die folgenden, nicht erschöpfend aufgeführten normativen Prinzipien – »principles of justice between free and democratic peoples« – zeichnen für Rawls ein ›*law of peoples*‹ aus: »1. Peoples (as organized by their governments) are free and independent and their freedom and independence is to be respected by other peoples. 2. Peoples are equal and parties to their own agreements. 3. Peoples have the right of self-defense but no right to war. 4. Peoples are to observe a duty of nonintervention. 5. Peoples are to observe treaties and undertakings. 6. Peoples are to observe certain specified restrictions on the conduct of war (assumed to be in self-defense). 7. Peoples are to honor human rights.«[20]

Solche Prinzipien sind heute als Ergebnis der nach 1945 mit den Kriegsverbrecherprozessen in Nürnberg und Tokio begonnenen Revolutionierung des Internationalen Rechts ganz offensichtlich wesentliche Voraussetzungen für einen Paradigmenwechsel, für eine Entwicklung hin zu einer Konstitutionalisierung des Völkerrechts[21] oder gar

19 Rawls 1993a, S. 50 f.

20 Ebd., S. 55.

21 »Der bezeichnete Paradigmenwechsel wird heute unter den Begriff der Konstitutionalisierung gefasst. [...] Die Beachtung von Grundrechten ist schon lange keine innere Angelegenheit mehr [...]. Staatenverbindungen zu supra- und internationalen Organisationen werden nach Kriterien betrachtet, die föderalen Systemen, den Vorbildern der neuen Mehrebenengebilde, entsprechen. Die stetig zunehmende Verfestigung internationaler Schiedsgerichtsbarkeit zu obligatorischen Systemen der Streitschlichtung insbesondere im Welthandelsrecht und in regionalen Integrationsräumen stärkt die internationale *rule of law* als Pendant der Rechtsstaatlichkeit. Zunehmend werden

zu einem universellen Konstitutionalismus[22], d.h. zu einer weltrechtlichen Verfassung der Gesamtheit der Staaten.[23]

Im Vorgriff auf spätere Ausführungen sei bereits hier gesagt: Wer, wie dies in diesem Buch geschieht, aus normativen Gründen einer Entwicklung von Recht und Staat *nach menschlichem Maß* und in der Perspektive einer Rechts- und Staatstheorie auf *menschenrechtlicher Grundlage* für einen universellen Konstitutionalismus plädiert, verfolgt nicht die Strategie, unter der Flagge eines ›konstruktiven‹ bzw. ›dynamischen‹ Völkerrechts‹ die Fesseln der UN-Charta und des Gewaltverbots lockern wollen.[24]

8.4 Die Revolutionierung des Völkerrechts und des Völkerstrafrechts durch die Kriegsverbrecherprozesse nach 1945

Für die Verrechtlichung der Menschenrechte entscheidend wurde nach 1945 die von nun an für das Völkerrecht wegweisende Formulierung neuer Straftatbestände. Entsprechend der Moskauer ›Erklärung über deutsche Grausamkeiten im besetzten Europa‹ (30. Oktober 1943) verhandelten anlässlich der Konferenz von San Francisco im Mai

Argumente für eine allmähliche Etablierung des Demokratieprinzips im Völkerrecht vorgebracht. [...] Sieht man zum einen auf die Herausbildung des *ius cogens* und der Normen *erga omnes,* zum anderen auf die Ansätze einer Konstitutionalisierung des Völkerrechts, werden zwei Wege erkennbar, auf denen ethische Normgehalte auf die internationale Ebene finden. Zum einen geschieht dies nach den traditionellen Mustern völkerrechtlicher Rechtserzeugung, zum anderen durchsetzen ursprünglich innerstaatliche Prinzipien in wachsendem Maße völkerrechtliche Teilordnungen und das universelle Völkerrecht.« (Kadelbach 2004, S. 13).

22 Vgl. McDonald/Johnston 2005; zum ›Projekt eines globalen Konstitutionalismus‹ vgl. Rosas 2000. Zu einer »brief description of the origin of global constitutionalism, in particular in German international law theory«, vgl. Paulus 2011. Er stellt fest, dass die Forderung nach einem globalen Konstitutionalismus konfrontiert ist »with a fragmented global order that reflects a dismemberment of any unified conception of a single world legal order towards a world of several and distinct actors that self-order their own legal realm without much need for a coherent overarching legal system« (ebd., S. 57).

23 Ich verwende die Formulierung ›Gesamtheit der Staaten‹, weil der gängige Begriff ›Staaten*gemeinschaft*‹ eine problematische Beschönigung der realen Staatenbeziehungen ist.

24 Zu Herdegens Forderung nach einer ›Dynamisierung‹ des Völkerrechts siehe unten Fußnoten 130 ff.

1945 diplomatische Vertreter Frankreichs, Großbritanniens, der Sowjetunion und der Vereinigten Staaten über die Errichtung eines Internationalen Militärgerichtshofes zur Aburteilung der europäischen Kriegsverbrecher. Im Londoner Viermächte-Abkommen (8.8.1945) wurde das ›Abkommen über die Verfolgung und Bestrafung der Hauptkriegsverbrecher der europäischen Achse‹ unter Einschluss des ›Statuts für den internationalen Militärgerichtshof‹ unterzeichnet.

Mit der Anklageschrift vom 6. Oktober 1945 erhoben die vier Hauptankläger (Jackson/USA, Rudenko/UdSSR de Menthon/Frankreich, und Shawcross/Großbritannien) Anklage gegen vierundzwanzig Personen. Auch sieben Gruppen und Organisationen wurden angeklagt: das Reichskabinett, das Führerkorps der NSDAP, die Schutzstaffel (SS), der Sicherheitsdienst (SD), die Sturmabteilung (SA), die Geheime Staatspolizei (Gestapo) und der Generalstab und das Oberkommando der Wehrmacht.[25]

Im Nürnberger Hauptprozess[26] (20. November 1945 – 1. Oktober 1946; es folgten Verfahren gegen bestimmte Berufs- und Funktionsgruppen) ergingen die Urteile gem. den z. T. neuen Tatbestandskategorien des ›Statuts‹: »Die folgenden Handlungen, oder jede einzelne von ihnen, stellen Verbrechen dar, für deren Aburteilung der Gerichtshof zuständig ist. Der Täter solcher Verbrechen ist persönlich verantwortlich:

(a) *Verbrechen gegen den Frieden*: Nämlich: Planen, Vorbereitung, Einleitung oder Durchführung eines Angriffskrieges oder eines Krieges unter Verletzung internationaler Verträge, Abkommen oder Zusiche-

[25] Vier der sieben angeklagten Organisationen wurden als ›verbrecherisch‹ eingestuft: das NSDAP-Führerkorps, die SS, der SD und die Gestapo.

[26] Vgl. Weinke 2010. An 218 Tagen wurde im Hauptprozess verhandelt. Das Sitzungsprotokoll umfaßt 4 Mio. Wörter und 16.000 Seiten. Von der Anklage wurden 2.360 Beweisdokumente vorgelegt, von der Verteidigung 2.700. Das Gericht hörte 240 Zeugen und prüfte 300.000 eidesstattliche Erklärungen. 27 Hauptverteidiger traten auf, unterstützt von 54 Assistenten und 67 Sekretärinnen. Am 30. September 1946 wurde das Urteil verkündet; in diesem wurden die Angeklagten nach den vier Gesichtspunkten der Anklageschrift als schuldig oder nichtschuldig klassifiziert. Zum Tode durch den Strang wurden 12 Angeklagte verurteilt, zu lebenslänglicher Haft 2 und zu Freiheitsstrafen zwischen 10 und 20 Jahren 4 Angeklagte; 3 Angeklagte wurden freigesprochen. Durch Kontrollratsgesetz Nr. 10 vom 20. Dezember 1945 ermächtigten die Gouverneure der vier Besatzungszonen die Besatzungsbehörden, zur Aburteilung von Kriegsverbrechern »geeignete Gerichtshöfe« zu schaffen. In der amerikanischen Zone wurden in Nürnberg zwölf weitere, auch ›Nürnberger Nachfolgeprozesse‹ genannte, Verfahren durchgeführt.

rungen oder Beteiligung an einem gemeinsamen Plan oder an einer Verschwörung zur Ausführung einer der vorgenannten Handlungen;

(b) *Kriegsverbrechen*: Nämlich: Verletzungen der Kriegsgesetze oder -gebräuche. Solche Verletzungen umfassen, ohne jedoch darauf beschränkt zu sein, Mord, Mißhandlungen, oder Deportation zur Sklavenarbeit oder für irgendeinen anderen Zweck, von Angehörigen der Zivilbevölkerung von oder in besetzten Gebieten, Mord oder Mißhandlungen von Kriegsgefangenen oder Personen auf hoher See, Töten von Geiseln, Plünderung öffentlichen oder privaten Eigentums, die mutwillige Zerstörung von Städten, Märkten oder Dörfern oder jede durch militärische Notwendigkeit nicht gerechtfertigte Verwüstung;

(c) *Verbrechen gegen die Menschlichkeit*: Nämlich: Mord, Ausrottung, Versklavung, Deportation oder andere unmenschliche Handlungen, begangen an irgendeiner Zivilbevölkerung vor oder während des Krieges, Verfolgung aus politischen, rassischen oder religiösen Gründen, begangen in Ausführung eines Verbrechens oder in Verbindung mit einem Verbrechen, für das der Gerichtshof zuständig ist, *und zwar unabhängig davon, ob die Handlung gegen das Recht des Landes verstieß, in dem sie begangen wurde, oder nicht.* Anführer, Organisatoren, Anstifter und Teilnehmer, die am Entwurf oder der Ausführung eines gemeinsamen Planes oder einer Verschwörung zur Begehung eines der vorgenannten Verbrechen teilgenommen haben, sind für alle Handlungen verantwortlich, die von irgendeiner Person in Ausführung eines solchen Planes begangen worden sind.«[27]

In der damaligen deutschen Öffentlichkeit als ›Siegerjustiz‹ wahrgenommen und von manchen Juristen als Verstoß gegen das Rückwirkungsverbot *nullum crimen, nulla poena sine lege* kritisiert[28], war das

27 Der Prozeß gegen die Hauptkriegsverbrecher vor dem Internationalen Gerichtshof Nürnberg 14. November 1945-1. Oktober 1946. Amtlicher Wortlaut in deutscher Sprache, Nürnberg 1947, Bd. 1, S. 11 ff. Hervorh. v. mir.

28 In der Eingabe der Gesamtverteidigung vom 19. November 1945 zum Nürnberger Prozess wurde geltend gemacht: »Der jetzige Prozeß kann sich deshalb, soweit er Verbrechen wider den Frieden ahnden soll, nicht auf geltendes Völkerrecht stützen, sondern ist ein Verfahren auf Grund eines neuen Strafgesetzes, eines Strafgesetzes, das erst nach der Tat geschaffen wurde. Dies widerstrebt einem in der Welt geheiligten Grundsatz der Rechtspflege, dessen teilweise Verletzung im Hitler-Deutschland außerhalb und innerhalb des Reiches erregt mißbilligt worden ist. Es ist der Satz: Bestraft werden darf nur, wer gegen ein zur Zeit seiner Tat bereits bestehendes Gesetz verstoßen hat, das ihm Strafe androht.« (Ebd., S. 187). »Der Gerichtshof hat es am 21. November 1945 abgelehnt, sich mit der Eingabe zu befassen da sie, soweit sie eine Einrede gegen die Zuständigkeit des Gerichts darstellt, im Widerspruch zu Artikel 3 des Statuts steht und die anderen

Rechtsinstitut, das seit 1950 ›Nürnberger Prinzipien‹ genannt wurde, kein illegitimes Siegerrecht, sondern seit dem Abkommen zwischen den Regierungen Großbritanniens, der USA, der UdSSR und Frankreichs vom 8. August 1945 und dem Potsdamer Abkommen völkerrechtlich-vertraglich begründet.

Gustav Radbruch hat das Urteil als wichtigen Beitrag zur Entwicklung des *Weltrechts* gewürdigt: »Im Nürnberger Urteil hat sich in dem vorbildlichen objektiven Geist der angelsächsischen Justiz das furchtbare Bild des zusammengebrochenen Unrechtsstaates jedem, der nicht absichtlich die Augen schließt, unentziehbar dargeboten. Sein Wert für die Zukunft des Völkerrechts ist in drei neuen Gedanken enthalten. 1. Es hat der Erkenntnis zum Durchbruch verholfen, daß das Völkerrecht sich verpflichtend nicht nur an die Staaten wende, sondern auch an die einzelnen Staatsmänner und Staatsbürger und hat damit die Entwicklung des Völkerrechts aus einem internationalen Recht zu einem Weltrecht entscheidend gefördert. 2. Es hat den alten Typen völkerrechtlichen Unrechts, den Kriegsverbrechen, zwei neue Typen an die Seite gestellt: das Verbrechen der Herbeiführung eines Angriffskrieges und das Verbrechen gegen die Menschlichkeit. In dem völkerrechtlichen Interventionsrecht und der internationalen Gerichtsbarkeit über Humanitätsverbrechen ist ein weiterer Schritt vom Völkerrecht zum Weltrecht zu erblicken, die Erkenntnis, daß Verbrechen gegen die Menschlichkeit, auch wenn sie gegen eigene Volksgenossen begangen werden, die ganze Menschheit angehen. 3. Schließlich hat der Nürnberger Prozeß zum Schutz gegen solches völkerrechtliches Unrecht von Staatsmännern und anderen Personen auch ein Völkerstrafrecht geschaffen. Es ist vielfach beanstandet worden, daß entgegen dem Satze nulla poena sine lege das neue Völkerstrafrecht mit rückwirkender Kraft in Geltung getreten sei, daß dies im Widerspruch stehe zu der Wiederherstellung des Satzes nulla poena sine lege, welche der Kontrollrat dem deutschen Strafrecht auferlegt hat. Dieser Einwand verkennt, daß das Verbot neuen rückwirkenden Strafrechts nur im Rahmen einer Strafrechtskodifikation gelten kann, nicht aber dort, wo das Strafrecht als Richterrecht in der Bildung begriffen ist. [...] Freilich ist das Werk von Nürnberg nur ein Anfang: seine völkerrechtlichen Neuerungen werden sich dann erst als solche bekräftigen, wenn sie künftig nicht von einem Militärgerichtshof der Siegermächte gegen Staatsmänner und Staatsbürger eines besiegten Staates Anwen-

Einwände, die dem Angeklagten möglicherweise offen stehen, später Gehör finden werden.« (Ebd., S. 188).

dung finden werden, sondern durch ein internationales Gericht gegen unbesiegte und mächtige Rechtsbrecher.«[29]

Völkerrechtlich verankert wurden die sieben ›Nürnberger Prinzipien‹[30] am 29. Juli 1950 durch die am 21. November 1947 eingerichtete ›International Law Commission‹ (ILC) der Vereinten Nationen[31]: »*Principle I.* Any person who commits an act which constitutes a crime under international law is responsible therefor and liable to punishment. *Principle II.* The fact that internal law does not impose a penalty for an act which constitutes a crime under international law does not relieve the person who committed the act from responsibility under international law. *Principle III.* The fact that a person who committed an act which constitutes a crime under international law acted as Head of State or responsible Government official does not relieve him from responsibility under international law. *Principle IV.* The fact that a person acted pursuant to order of his Government or of a superior does not relieve him from responsibility under international law, provided a moral choice was in fact possible to him. *Principle V.* Any person charged with a crime under international law has the right to a fair trial on the facts and law. *Principle VI.* The crimes hereinafter set out are punishable as crimes under international law: (a) Crimes against peace: Planning, preparation, initiation or waging of a war of aggression or a war in violation of international treaties, agreements or assurances; Participation in a common plan or conspiracy for the accomplishment of any of the acts mentioned under (i). (b) War crimes: Violations of the laws or customs of war which include, but are not limited to, murder, ill-treatment or deportation to slave-labour of for any other purpose of civilian population of or in occupied territory; murder or ill-treatment of prisoners of war, of persons on the Seas, killing of hostages, plunder of public or private property, wanton destruction of cities, towns, or villages, or devastation not justified by military necessity. (c) Crimes against humanity: Murder, extermination, enslavement, deportation and other inhuman acts

29 Radbruch 1959 (1947), S. 111 f.

30 ›Principles of International Law Recognized in the Charter of the Nuremberg Tribunal and in the Judgment of the Tribunal‹. In der Tradition dieser Prinzipien stehen die Strafgerichtshöfe für das ehemalige Jugoslawien und für Ruanda sowie der 2002 eingerichtete ständige Internationale Strafgerichtshof in Den Haag.

31 UN-Generalversammlung, Resolution 174 (II); weitere Resolutionen: 485 (V) vom 12. Dezember 1950, 984 (X) vom 3. Dezember 1955, 985 (X) vom 3. Dezember 1955 und 36/39 vom 18. November 1981. Zum Statut der ›International Law Commission‹ vgl. http://untreaty.un.org/ilc/texts/instruments/english/statute/statute_e.pdf.

done against any civilian population, or persecutions on political, racial or religious grounds, when such acts are done or such persecutions are carried on in execution of or in connection with any crime against peace or any war crime. *Principle VII.* Complicity in the commission of a crime against peace, a war crime, or a crime against humanity as set forth in Principle VI is a crime under international law.«

In Tokio wurde vor dem ›Internationalen Militärgerichtshof für den Fernen Osten‹ vom 3. Mai 1946 bis 12. November 1948 wegen »Verschwörung gegen den Weltfrieden« (Klagegründe 1-36), »Mord« (Klagegründe 37 bis 52) und »Kriegsverbrechen und Verbrechen gegen die Menschlichkeit« (Klagegründe 53 bis 55) verhandelt. Es wurde 7 Mal die Todesstrafe und 16 Mal eine lebenslange Freiheitsstrafe verhängt, u. a. gegen mehrere japanische Ministerpräsidenten.[32]

Seit dieser revolutionären Veränderung des Völkerrechts wurde der Rechts- und Verfassungsdiskurs zunehmend »*globalisiert* und das *internationale Recht* der Staatenverträge in ein autonomes System *postnationalen Weltrechts* verwandelt. Das mehr oder minder lose vernetzte System inter-, trans- und supranationaler Institutionen ist weit entfernt, einen Weltstaat zu konstituieren, aber es hat in diesen Institutionen eindeutig ›Elemente von Staatlichkeit (stateness)‹, die ›nicht mehr nur in der Gestalt des Nationalstaats auftreten‹.«[33]

8.5 Die Veränderung des Souveränitätsprinzips und die universelle Geltung der Menschenrechte

Die universellen Menschenrechtsnormen wurden mehr und mehr in ein Netzwerk globaler, regionaler, zwischenstaatlicher, und transnationaler Beziehungen eingebunden. Zugleich hat sich die Rechtskonzeption von Souveränität verändert: »Der internationale Menschenrechtsschutz, in der UN-Charta schon als allgemeines Ziel formuliert (Art. 1 Ziff. 3), in der ›Allgemeinen Erklärung der Menschenrechte‹ (1948) dann als eine Art Legislativprogramm näher entfaltet und danach in einer Vielzahl universeller und regionaler Menschenrechtsverträge normativ umgesetzt, hat zur Revolutionierung der Souveränitätsidee [...] entscheidend beigetragen. Die mit diesen Verträgen ebenso wie mit dem gewohnheitsrechtlichen Mindestschutzstandard bewirkte Veränderung besteht v. a. darin, dass ein Staat auf völkerrechtlicher Ebene verpflichtet ist, die jeweiligen Menschenrechtsnormen al-

32 Vgl. Maga 2001.

33 Brunkhorst 2008, S. 14.

len Menschen, also auch seinen eigenen Staatsangehörigen gegenüber zu beachten und je nach Vertrag internationale (Gerichts-)Instanzen mit der Überprüfung seines Verhaltens, sei es durch Anrufung der anderen Vertragsparteien, sei es der betroffenen Individuen selbst, zu betrauen. Völkerrechtliche Verpflichtungen schränken den interventionsfreien Raum der ›eigenen Angelegenheiten‹ (domaine réservé) ein. Der gegen die Forderung nach Respektierung der Menschrechtsverpflichtungen häufig erhobene Einwand der verbotenen Einmischung ist nicht mehr tragfähig.«[34]

Die internationale Rechtsgemeinschaft muss, so Jürgen Habermas, »ihre Mitglieder unter Androhung von Sanktionen zu rechtmäßigem Verhalten mindestens anhalten können«.[35] Das Weltrecht muss so institutionalisiert werden, dass es »über die Köpfe der kollektiven Völkerrechtssubjekte hinweg auf die Stellung der individuellen Rechtssubjekte durchgreift«.[36] Schließlich muss die Politik der UN über Friedenssicherung hinaus zu einer Weltinnenpolitik werden, die »unterhalb der Schwelle militärischer Gewaltanwendung alle Mittel, einschließlich der humanitären Intervention in Anspruch [nimmt], um auf den inneren Zustand formal souveräner Staaten mit dem Ziel einzuwirken, eine selbsttragende Ökonomie und erträgliche soziale Verhältnisse, demokratische Beteiligung, Rechtsstaatlichkeit und kulturelle Toleranz zu fördern«.[37]

Alle Mittel, einschließlich der humanitären Intervention? Welche Begründungsprobleme diese Forderung aufwirft, hat sich in Habermas' ambivalenter Position zum Kosovo-Krieg gezeigt. Unter dem Titel ›Bestialität und Humanität. Ein Krieg an der Grenze zwischen Recht und Moral‹ hat er 1999 geschrieben: »Im Rahmen des klassischen Völkerrechts hätte das als Einmischung in die inneren Angelegenheiten eines souveränen Staates, das heißt als Verletzung des Interventionsverbots gegolten. Unter Prämissen der Menschenrechtspolitik soll dieser Eingriff nun als eine bewaffnete, aber von der Völkergemeinschaft (auch ohne UN-Mandat stillschweigend) autorisierte Frieden schaffende Mission verstanden werden. Nach dieser westlichen Interpretation könnte der Kosovo-Krieg einen Sprung auf dem Wege des klassischen Völkerrechts der Staaten zum kosmopolitischen Recht einer Weltbürgergesellschaft bedeuten.«[38] Die NATO agiere zwar »ohne ein Mandat des Sicherheitsrats«, rechtfertige »aber die Inter-

34 Klein 2010, S. 2915.

35 Habermas 1999a, S. 208.

36 Ebd., S. 210.

37 Ebd., S. 216.

38 Habermas 1999b.

vention als Nothilfe für eine verfolgte ethnische (und religiöse) Minderheit«; ohne Mandat des Sicherheitsrats sei die Ermächtigung zur Hilfeleistung »in diesem Fall nur aus den *erga omnes* verpflichtenden Grundsätzen des Völkerrechts« abzuleiten.[39]

Auch bei Habermas wuchsen »die Zweifel an der Verhältnismäßigkeit der militärischen Mittel. Hinter jedem ›Kollateralschaden‹, jedem Eisenbahnzug, der unbeabsichtigt mit einer zerbombten Donaubrücke in die Tiefe gerissen wird, hinter jedem Traktor mit flüchtenden Albanern, jedem serbischen Wohngebiet, jedem zivilen Ziel, das ungewollt dem Raketenbeschuß zum Opfer fällt, kommt nicht irgendeine Kontingenz des Krieges zum Vorschein, sondern ein Leiden, das ›unsere‹ Intervention auf dem Gewissen hat.«[40] Habermas räumte auch ein: »Der Krieg im Kosovo berührt eine grundsätzliche, auch in Politikwissenschaft und Philosophie umstrittene Frage. Der demokratische Verfassungsstaat hat die große zivilisatorische Leistung einer rechtlichen Zähmung der politischen Gewalt auf der Grundlage der Souveränität völkerrechtlich anerkannter Subjekte erreicht, während ein ›weltbürgerlicher‹ Zustand diese Unabhängigkeit des Nationalstaats zur Disposition stellt. Stößt der Universalismus der Aufklärung hier auf den Eigensinn einer politischen Gewalt, der unauslöschlich der Antrieb zur kollektiven Selbstbehauptung eines partikularen Gemeinwesens eingeschrieben ist? Das ist der realistische Stachel im Fleisch der Menschenrechtspolitik.«[41]

Habermas' Schlussfolgerungen sind jedoch nicht zwingend, sondern machen deutlich, wozu die Forderung ›Alle Mittel, einschließlich der humanitären Intervention‹ letztlich führt: zur Ersetzung des Rechts durch eine fragwürdige Moral. Der Kosovo-Krieg zeige, »daß universalistische Rechtfertigungen keineswegs immer die Partikularität uneingestandener Interessen verschleiern. Was eine Hermeneutik des Verdachts dem Angriff auf Jugoslawien ankreidet, ist ziemlich mager. [...] solange die Menschenrechte auf globaler Ebene vergleichsweise schwach institutionalisiert sind, kann sich die Grenze zwischen Recht und Moral wie im vorliegenden Fall verwischen. Weil der Sicherheitsrat blockiert ist, kann sich die Nato nur auf die moralische Geltung des Völkerrechts berufen – auf Normen, für die keine effektiven, von der Völkergemeinschaft anerkannten Instanzen der Rechtsanwendung und -durchsetzung bestehen.« Man wird der Habermas'schen Feststellung nicht widersprechen, hier zeigten sich die Folgen der »Unterinstitutionalisierung des Weltbürgerrechts [...] in der Schere zwischen der

39 Ebd.
40 Ebd.
41 Ebd.

Legitimität und der Effektivität der friedensichernden und friedenschaffenden Interventionen«. Die Menschenrechtspolitik ziele »darauf ab, die Schere zwischen diesen spiegelbildlichen Situationen zu schließen«. Dass aber »angesichts des unterinstitutionalisierten Weltbürgerrechts« eine *Menschenrechts*politik »zum bloßen Vorgriff auf einen künftigen kosmopolitischen Zustand, den sie zugleich befördern will, genötigt« sei, ist eine These, die sich nicht nur mit der Aushöhlung des völkerrechtlichen Gewaltverbots abfindet, sondern nachgerade dazu auffordert. Der dürftige Schluss »Die Selbstermächtigung der Nato darf nicht zum Regelfall werden«[42] zeigt die Sackgasse, in die man läuft, wenn man das durch die UN-Charta völkerrechtliche Gewaltverbot zur Disposition stellt.[43]

Doch trotz der genannten Probleme gibt es gute Gründe für die Annahme, dass das Prinzip der Rechtsstaatlichkeit zum Prinzip weltrechtlich geregelter internationaler Beziehungen werden *kann*[44]: »It is, of course, true to say that the relations of States should not be equated to the relations of legal persons within domestic law, and that, as a consequence, legal concepts should not be translated too readily from the realm of domestic law to the plane of international relations. At the same time there is no reason to refrain from subjecting international law and the sphere of international organization to analysis in terms of the values of national legal and political systems. It would be absurd if it were not possible to evaluate the workings of the international system in terms of the Rule of Law.«[45]

Das Rechtsstaatsprinzip muss auf der internationalen Ebene dem gleichen *materialen* Prinzip entsprechen, das im Nationalstaat zentral ist: Das Recht muss nicht nur die Rechtssubjekte vor Willkür schützen

42 Ebd.

43 Dass dieser Krieg »eben kein ›Sprung auf dem Wege des klassischen Völkerrechts der Staaten zum kosmopolitischen Recht einer Weltbürgergesellschaft‹ [war], vielmehr eher ein Schritt auf dem Weg zur Zerstörung des modernen Völkerrechts und der internationalen, friedensstiftenden Institutionen zugunsten einer hegemonial-hierarchischen Weltordnung,« betont in Kritik an Habermas 1999b Goldschmidt 1999, S. 116. Auch Kersting 2000, S. 265, warnt vor einer »Vorgriffsrechtfertigung«: »Habermas' Argumentation erinnert an jemanden, der einen zukünftigen Lottogewinn beleihen möchte.«

44 Paulus 2011, S. 56, spricht von der Übertragung des »strongest concept of a legal order to international law, namely constitutional law, in other words, the idea of an allencompassing legal order regulating the spheres of international actors, and thereby not limiting itself to States, but piercing the veil of sovereign statehood to be directly applicable to individual human beings«.

45 Brownlie 1998, S. 213.

und Rechtssicherheit garantieren, sondern es muss als ›richtiges Recht‹ den Schutz der Menschenrechte *in Gerechtigkeit* verwirklichen. Dies gilt nicht nur für die zwischenstaatlichen Beziehungen, sondern auch für dem Recht unterworfene Individuen, internationale Organisationen, NGOs, die internationale Gerichtsbarkeit und nicht zuletzt für nationale und transnationale Unternehmen. Doch von einem »wirklichen Fortschritt im Bereich der menschenrechtlichen Verantwortung von Unternehmen lässt sich erst sprechen, wenn Staaten ihren Verpflichtungen gerecht werden, Unternehmen zu regulieren und Individuen gegen Menschenrechtsverletzungen zu schützen, wenn Unternehmen Beeinträchtigungen der Menschenrechte vermeiden und diesen abhelfen, wenn es doch zu Beeinträchtigungen kommt, und wenn wirksamer Rechtsschutz für die Betroffenen besteht und die Verantwortlichen zur Rechenschaft gezogen werden – wenn also die Anwendung der Leitprinzipien zu einer spürbaren Verbesserung für diejenigen führt, die von Menschenrechtsverletzungen betroffen sind.«[46]

Die Völkerrechtsrevolution nach 1945 hat »die *positiv-rechtliche Einbeziehung aller Menschen* in eine Rechtsgenossenschaft gleicher und freier Bürger« ermöglicht: »Alle Bewohner der Erde gehören heute zum Inklusionsbereich *gleicher Rechte* und *gleichen Rechts*.«[47] Das Völkerrecht und die Menschenrechte[48] sind in diesem Prozess in normativer Hinsicht zu zwei Seiten einer Medaille geworden. Aufgrund der Unrechtserfahrung des Zweiten Weltkrieges und des Holocaust sind sie »komplementäre Bestandteile der Charta der Vereinten Nationen von 1945 geworden. Das bis dahin wertneutrale Völkerrecht wurde in der UN-Charta […] normativ aufgeladen und über die Stabilisie-

46 Winkler 2011, S. 180. Vgl. zu einem ambitionierten Normenkatalog UN-Dok. E/CN4/Sub.2/200312/Rev.2 (2003) ›Norms on the Responsibilities of Transnational Corporations and Other Business Enterprises with Regard to Human Rights‹ und Winkler 2011 zur Tätigkeit des Sonderbeauftragten des UN-Generalsekretärs für Menschenrechte und transnationale Konzerne und zu den von ihm vorgeschlagenen, vom Menschenrechtsrat im Juni 2011 gebilligten, alle von den Staaten zu schützenden Menschenrechte umfassenden Leitprinzipien. Das Hauptproblem besteht darin, dass private Akteure nicht direkt an menschenrechtliche Standards gebunden sind, sondern Staaten ihnen Verpflichtungen zum Menschenrechtsschutz auferlegen müssen (und können); vgl. hierzu Krajewski 2012, 66-80.

47 Brunkhorst 2008, S. 15 f.

48 Vgl. van Goudoever 2003, S. 34, verweist auf ungelöste Probleme: »Three major remaining problems are sovereignty, effectiveness, and universality. States remain reluctant to surrender their sovereign prerogatives. They have not yet attained consistency in their defense of human rights. And the diversity of humankind has produced heated debates over not only the possibility of core universal rights, but over individual versus collective rights.«

rung der internationalen Beziehungen hinaus auf die Wahrung der Menschenrechte ausgerichtet. Entsprechend wurde die Sorge um die Menschenrechte der alleinigen Befugnis der Einzelstaaten entzogen und zu einer internationalen und kollektiven Angelegenheit aller Staaten erklärt.«[49] Die Unterschiede zwischen den beiden Rechtssystemen des Internationalen Rechts »must not cause us to overlook their fundamental unity. That unity is the result of common general principles and the fact that they both have their roots in defending, guaranteeing and safeguarding human rights generally and in situations which require specific treatment. With a common and global approach, but with different procedures according to different situations, current international law aims at constantly ensuring the effective application of human rights through the international law of human rights strictu sensu and international humanitarian law.«[50]

Es ist allerdings nicht zu übersehen, dass Völkerrechts- und Menschenrechtsnormen in der Frage der Reichweite staatlicher Souveränität in einem Spannungsverhältnis zwischen den Polen des Gewaltverbots gem. Art. 2 Abs. 4 und des Nichteinmischungsgebots gem. Art. 2 Abs. 7 der UN-Charta einerseits und der Verpflichtung aller Mitgliedstaaten zum Schutz der Menschenrechte gemäß der Präambel, Art. 1 Abs. 3 und Art. 55 der Charta andererseits stehen.[51]

8.6 Ius cogens – peremptory norms – erga omnes

Die Rechtsrevolution hat das Völkergewohnheitsrecht[52] als zwischenstaatliches, freiwillig ausgehandeltes und jederzeit veränderbares Vertragsrecht durch fundamentale Prinzipien des Internationalen Rechts grundlegend verändert: durch *materielle*, den Interessen der gesamten Menschheit entsprechende Normen des zwingenden, nicht zur Disposition der Staaten stehenden Völkerrechts (*ius cogens*)[53] und durch die

49 Rohloff 2001, S. 44.

50 Gros Espiell 2000, S. 356.

51 Vgl. Rohloff 2001, S. 44 f.

52 Zum Völkergewohnheitsrecht als Quelle des Völkerrechts vgl. Paech/Stuby 2001, S. 459-469.

53 »Die überkommenen Völkerrechtsquellen sind oft allein nicht mehr in der Lage, den auch international wachsenden Normbedarf zu erfüllen und bedürfen der Ergänzung durch die Rechtsetzung internationaler Organisationen. Die Quellen verändern sich aber auch selbst. So werden Verträge nicht nur sehr viel zahlreicher abgeschlossen als früher, sondern mit ihnen werden unter angestrebter Einbeziehung möglichst vieler Staaten globale Fragen (z. B. Friedenswahrung, Menschenrechte, Seerecht, Welthandel, Klima)

aus ihnen folgenden Verpflichtungen *erga omnes*[54] (gegenüber allen). »Schon seit Jahrzehnten wird beobachtet, dass sich das Völkerrecht von einer Ordnung der Koexistenz zu einem Kooperationsrecht wandelt, das nicht nur die Interessen einzelner Staaten, sondern auch Gemeininteressen umfasst. Damit gibt es nicht mehr nur ein kompromissartiges, konkret problemorientiertes Völkerrecht, sondern auch universelle ethische Grundlagen, denen das Handeln der Staaten entsprechen muss. [...] Dieser Wandel des Völkerrechts ist nicht nur punktuell, sondern grundsätzlich. Normen, die den Minimalbestand der internationalen Ordnung sichern, bringen besondere Rechtsfolgen hervor, wie in den Normkategorien des *ius cogens* und der Pflichten *erga omnes* zum Ausdruck kommt. [...] Diese zunächst genuin völkerrechtlichen Normkategorien beginnen inzwischen auch im innerstaatlichen Bereich Wirkungen zu zeigen. [...] Klassische Ordnungselemente des Völkerrechts stehen im Widerstreit mit Normgehalten, die in der Vergangenheit Sache der Verfassungsordnungen der Staaten waren. Zugleich hat das Völkerrecht mehr und mehr Normen aufgenommen, die verfassungsrechtlichen Charakter haben und ihrerseits auf staatliches Recht zurückwirken.«[55]

Den Staaten sind durch *peremptory norms of general international law*[56] Grenzen ihres Handelns gesetzt, und sie sind unter Androhung von Sanktionen auf die Achtung und den Schutz grundlegender Men-

einheitlich zu regeln, also ein gemeinsamer Rechtsstandard zu schaffen gesucht, wie ihn bislang nur das Gewohnheitsrecht bereithielt. Dieses seinerseits entwickelt sich heute schneller als früher, auch wenn die Forderung nach einem ›instant law‹ zurückgewiesen wird. Die Völkerrechtsquellen sind in gewisser Weise eine ›symbiotische Verbindung‹ eingegangen. Die strukturell wichtigste Veränderung liegt in der Ausbildung von Normen zwingenden (peremptorischen) Rechts. Grundsätzlich handelt es sich beim Völkerrecht um dispositives Recht, das von den jeweils beteiligten Völkerrechtssubjekten im Verhältnis untereinander abgeändert werden kann. Bestimmten Normen, die sich als gewohnheitsrechtliche Regeln gebildet haben, wird aber heute der Ius-cogens-Charakter zuerkannt mit der Folge, dass sie weder vertraglich abzuändern sind (bei Kollision vielmehr zur Nichtigkeit solcher Verträge führen) noch durch einseitige Rechtsakte rechtlich tangiert werden können, sondern nur durch eine Norm derselben Normstufe. Allerdings bedarf auch der Ius-cogens-Charakter der Anerkennung der internationalen Staatengemeinschaft als Ganzer, was jedoch nicht die notwendige Zustimmung jedes einzelnen Staates verlangt.« (Klein 2010, S. 2916).

54 Zum ›zwingenden Völkerrecht‹ vgl. Kadelbach 1992; zu *ius cogens* und zu Verpflichtungen *erga omnes* vgl. auch Tams 2005, Orakhelashvili 2006.

55 Kadelbach 2004, S. 11 f.

56 Vgl. Hannikainen 1988.

schenrechte verpflichtet.[57] Alle Staaten sind einem internationalen System des Rechts unterworfen, in dem bestimmte menschenrechtliche Normen unbedingt gelten; diese können weder durch Vorbehalte zu Menschenrechtskonventionen noch durch nationale Notstands-Regelungen relativiert werden.

Während das Völkergewohnheitsrecht den Beitritt von Staaten zu Verträgen[58] voraussetzte, dürfen *peremptory norms* unabhängig von der Zustimmung zu Verträgen von keinem Staat verletzt werden. Mit ihrer Resolution 56/83 vom 12. Dezember 2001 zur ›Verantwortlichkeit der Staaten für völkerrechtswidrige Handlungen‹[59] hat die UN-Generalversammlung – »*betonend*, wie wichtig auch weiterhin die Kodifizierung und fortschreitende Entwicklung des Völkerrechts ist, wie in Artikel 13 Absatz 1 *a*) der Charta der Vereinten Nationen vorgesehen« – die 59 Artikelentwürfe *(Draft Articles)* der UN-Völkerrechtskommission (ILC) zustimmend zur Kenntnis genommen.[60] Sie stellen ›Grundregeln *(basic rules)* des humanitären Völkerrechts‹ und Bestandteile des *ius cogens* dar. Darin heißt es:

»Artikel 1 Verantwortlichkeit eines Staates für seine völkerrechtswidrigen Handlungen. Jede völkerrechtswidrige Handlung eines Staates hat die völkerrechtliche Verantwortlichkeit dieses Staates zur Folge. Artikel 2 Elemente der völkerrechtswidrigen Handlung eines Staates. Eine völkerrechtswidrige Handlung eines Staates liegt vor, wenn ein Verhalten in Form eines Tuns oder eines Unterlassens a) dem Staat nach dem Völkerrecht zurechenbar ist und b) eine Verletzung einer völkerrechtlichen Verpflichtung des Staates darstellt. Artikel 3 Beurteilung der Handlung eines Staates als völkerrechtswidrig. Die Beurteilung der Handlung eines Staates als völkerrechtswidrig bestimmt sich nach dem Völkerrecht. Diese Beurteilung bleibt davon unberührt, dass die gleiche Handlung nach innerstaatlichem Recht als rechtmäßig be-

[57] Vgl. Klein 1997, Klein 2005b und Fischer-Lescano/Kommer 2009, S. 93-96. Eine allgemein akzeptierte Definition dessen, was im Unterschied zu anderen Menschenrechten ›grundlegende‹ Menschenrechte sind, existiert nicht. Vorausgesetzt wird aber, dass nicht alle Menschenrechte zu den durch das *ius cogens* geschützten Rechten gehören. Das Verbot von Verbrechen gegen die Menschlichkeit, Völkermord, Angriffskriegen, Versklavung, Rassendiskriminierung und Apartheid sowie Folter stellt derzeit den Kernschutzbereich dar, der im Prozess der Konstitutionalisierung des Völkerrechts weiter auszugestalten bleibt.

[58] Zu Verträgen als Quellen des Völkerrechts vgl. Paech/Stuby 2001, S. 436-459.

[59] UN-Dokument A/56/589 und Corr.1, Ziffer 10.

[60] Official Records of the General Assembly, Fifty-sixth session, Supplement No. 589 (A/56/589 and Corr. 1).

urteilt wird. [...] Artikel 5 Verhalten von Personen oder Stellen, die hoheitliche Befugnisse ausüben. Das Verhalten einer Person oder Stelle, die kein Staatsorgan [...] ist, die jedoch nach dem Recht des betreffenden Staates ermächtigt ist, hoheitliche Befugnisse auszuüben, ist als Handlung des Staates im Sinne des Völkerrechts zu werten, sofern die Person oder Stelle im Einzelfall in dieser Eigenschaft handelt. [...] Kapitel III Schwerwiegende Verletzungen von Verpflichtungen, die sich aus zwingenden Normen des allgemeinen Völkerrechts ergeben. Artikel 40 Anwendungsbereich dieses Kapitels. 1. Dieses Kapitel findet Anwendung auf die völkerrechtliche Verantwortlichkeit, die begründet wird, wenn ein Staat eine sich aus einer zwingenden Norm des allgemeinen Völkerrechts ergebende Verpflichtung in schwerwiegender Weise verletzt. 2. Die Verletzung einer solchen Verpflichtung ist schwerwiegend, wenn sie eine grobe oder systematische Nichterfüllung der Verpflichtung durch den verantwortlichen Staat bedeutet.«[61]

Einen entscheidenden Schritt in der Entwicklung des Internationalen Rechts stellt das ›Wiener Übereinkommen über das Recht der Verträge‹[62] (1969, 1980 in Kraft getreten) dar.[63] Es führt in Art. 53 die Unterscheidung zwischen zwingendem (*ius cogens*) und abwandlungsfähigem (*ius dispositivum*) Völkerrecht ein. Die zum *ius cogens* zählenden Normen genießen einen besonderen Bestandsschutz. Sie sind »unabhängig von der vertraglichen Übernahme aufgrund allgemeinen Völkerrechts für alle Staaten bindend.«[64] Dieses höherrangige internationale Recht bricht nationales Recht, wenn dieses Rechtsprinzipien widerspricht, die zur Werteordnung der Gesamtheit der Staaten gehören.

61 ILC, Draft Articles on Responsibility of States for Internationally Wrongful Acts, Annex. UN-Dokument A/RES/56/83 (Vorauskopie des Deutschen Übersetzungsdienstes, Vereinte Nationen, New York).

62 Wiener Übereinkommen über das Recht der Verträge vom 23. Mai 1969 (BGBl. 1985 II S. 927). Vgl. auch das erweiterte ›Wiener Übereinkommen über das Recht der Verträge zwischen Staaten und internationalen Organisationen oder zwischen internationalen Organisationen‹ von 1986 (BGBl. 1990 Teil II Seite 1415).

63 Gem. Art. 1 findet das Übereinkommen »auf Verträge zwischen Staaten« Anwendung. Art. 4 lautet: »Unbeschadet der Anwendung der in diesem Übereinkommen niedergelegten Regeln, denen Verträge unabhängig von dem Übereinkommen auf Grund des Völkerrechts unterworfen wären, findet das Übereinkommen nur auf Verträge Anwendung, die von Staaten geschlossen werden, nachdem das Übereinkommen für sie in Kraft getreten ist.«

64 Pfestroff 2006, S. 31. Das mit dem Wiener Übereinkommen verbundene Problem besteht darin, dass es sich um einen *Vertrag zwischen Staaten* handelt, der auch die Staaten bindet, die ihm nicht beigetreten sind.

Gemäß dem Wiener Übereinkommen ist jeder Vertrag, der eine *ius-cogens*-Norm verletzt, *ex tunc* (von Anbeginn) null und nichtig. Art. 53 bestimmt zu ›Verträgen im Widerspruch zu einer zwingenden Norm des allgemeinen Völkerrechts *(ius cogens)*‹: »Ein Vertrag ist nichtig, wenn er im Zeitpunkt seines Abschlusses im Widerspruch zu einer zwingenden Norm des allgemeinen Völkerrechts steht. Im Sinne dieses Übereinkommens ist eine zwingende Norm des allgemeinen Völkerrechts eine Norm, die von der internationalen Staatengemeinschaft in ihrer Gesamtheit angenommen und anerkannt wird als eine Norm, von der nicht abgewichen werden darf und die nur durch eine spätere Norm des allgemeinen Völkerrechts derselben Rechtsnatur geändert werden kann.« Darüber hinaus gilt gem. Art. 64: »Entsteht eine neue zwingende Norm des allgemeinen Völkerrechts, so wird jeder zu dieser Norm im Widerspruch stehende Vertrag nichtig und erlischt.«

Staaten sind nach Art. 41 Abs. 1 verpflichtet, der schwerwiegenden Verletzung einer Verpflichtung aus einer zwingenden Rechtsnorm kollektiv »mit rechtmäßigen Mitteln ein Ende zu setzen«; nach Art. 41 Abs. 2 darf kein Staat einen Zustand, der durch eine schwerwiegende Verletzung im Sinne des Art. 40 herbeigeführt wurde, als rechtmäßig anerkennen.

Das *ius cogens* verbietet Verbrechen gegen die Menschlichkeit, Völkermord, Angriffskriege, Versklavung, Rassendiskriminierung und Apartheid sowie Folter; es gebietet Grundnormen des humanitären Völkerrechts und das Recht auf Selbstbestimmung.[65] Diese Verbots- und Gebotsliste ist nicht erschöpfend, sondern offen für weitergehende menschenrechtliche Normierung. Bezüglich Zivilpersonen gelten gem. Art. 147 des IV. Genfer Abommens Verbote mit zwingendem Rechtscharakter: Verboten sind »vorsätzlicher Mord, Folterung oder unmenschliche Behandlung, einschliesslich biologischer Experimente, vorsätzliche Verursachung grosser Leiden oder schwere Beeinträchtigung der körperlichen Integrität der Gesundheit, ungesetzliche Deportation oder Versetzung, ungesetzliche Gefangenhaltung, Nötigung einer geschützten Person zur Dienstleistung in den bewaffneten Kräften der feindlichen Macht oder Entzug ihres Anrechts auf ein ordentliches und unparteiisches, den Vorschriften des vorliegenden Abkommens entsprechendes Gerichtsverfahren, das Nehmen von Geiseln sowie Zerstörung und Aneignung von Gut, die nicht durch militärische

65 Die ILC hat bei der Formulierung von Art. 53 des Wiener Übereinkommens auf Beispiele für den sich aus *ius-cogens*-Normen ergebenden Schutzbereich verzichtet, die genannten Fälle aber in ihrem Kommentar zu Art. 50 des Entwurfs (jetzt Art. 53) genannt. (ILC, Kommentar zu Art. 50 WKV-E, Y.B. International Law Commission 1966, Vol. II, S. 247 ff.).

Erfordernisse gerechtfertigt sind und in großem Ausmaß auf unerlaubte und willkürliche Weise vorgenommen werden.«[66]

Das zwingende Völkerrecht hat zu einer Prioritätenveränderung von der Dispositionsfreiheit der Staaten in Richtung des menschenrechtlichen Schutzes des Individuums geführt. Es »begrenzt den Raum dessen, was für Staaten politisch möglich ist. Es schlägt Pflöcke in das Feld der internationalen Beziehungen und begrenzt die Spielräume aller ›global players‹. Mit den geltenden völkerrechtlichen Ius-cogens-Normen ist Staaten auch eine Grenzmarkierung für das vorgegeben, was sie im politischen Dialog untereinander verabreden können.«[67]

Was das zwingende Völkerrecht nicht legitimiert, sind ›humanitäre Interventionen‹[68], wie sie im Rahmen einer Re-Moralisierung des Völkerrechts fälschlich mit den Menschenrechten und Prinzipien des ›gerechten Krieges‹ begründet werden, aber als angemaßte Polizei- bzw. Militäroperationen gegen *ius-cogens*-Normen und gegen die Normen der UN-Charta verstoßen. Festzustellen bleibt darüber hinaus, dass das *ius cogens* bisher die ›Spielräume der global players‹ in menschenrechtlicher Hinsicht nur selektiv begrenzt. Es verpflichtet die Staaten auf die Achtung und den Schutz *grundlegender* Menschenrechte, klammert aber bis heute einen großen Teil der fundamentalen Menschenrechte aus: die Rechte, die Gegenstand des Internationalen Pakts über *wirtschaftliche, soziale und kulturelle Rechte* sind.[69]

66 Die ILC hat allerdings 1969 auch festgestellt, man verfüge über kein einfaches Kriterium, das es erlaube, zu erkennen, ob eine Norm dem *ius cogens* angehört. »In seinem Atomwaffen-Gutachten von 1996 hatte der IGH festgestellt, daß die ›fundamentalen Regeln *(fundamental rules)*‹ der Haager und Genfer Abkommen sogar unabhängig von der Ratifikation entsprechender Instrumente von allen Staaten eingehalten werden müssen, weil sie ›unantastbare Grundsätze‹ *(›intransgressibles principles‹)* des Völkergewohnheitsrechts darstellen. Aber auch hier blieb offen, um welche Einzelbestimmungen es geht.« (Pfestroff 2006, S. 32).

67 Pfestroff 2006, S. 35.

68 Vgl. Paech/Stuby 2001, S. 553-559. Zanetti 2009, S. 127, problematisiert den »Hybrid-Charakter« des Begriffs »Recht auf humanitäre Intervention«: Er zeige »sich an den Komposita, aus denen er sich zusammensetzt. Die Rede ist von einer *Intervention* in die inneren Angelegenheiten eines souveränen Staates, dessen Verhalten als sträflich angesehen wird. Damit stellt sich die Frage nach den Gründen, die die Aufhebung des Souveränitäts-Prinzips der Nationen rechtfertigen. Die Intervention wird als *humanitäre* bezeichnet, um deutlich zu machen, dass ihre Legitimität eng mit den Grundrechten der Personen zusammenhängt.« Der »Begriff ›humanitäre Intervention‹« gehöre »zur Erbmasse der Theorie des gerechten Krieges« (ebd., S. 128). Vgl. auch Zanetti 2008.

69 Siehe hierzu in diesem Buch Abschn. 3.7 und 7.7.

8.7 Internationale Streitschlichtung und Strafverfolgung

Die Schlichtung von Streitigkeiten zwischen Staaten und die Ahndung von Verletzungen Internationalen Rechts obliegen unabhängigen internationalen Gerichten als Rechtsprechungsorganen, deren Träger mehrere Staaten und/oder internationale Organisationen wie die UN sind.[70] Der erste Ständige Internationale Gerichtshof bestand von 1922 bis 1946. Heute existieren über siebzig derartige Gerichtshöfe.[71]

Zu nennen sind vor allem der gem. Art. 92 der UN-Charta 1946 als »Hauptrechtsprechungsorgan der Vereinten Nationen« gegründete und nur von Staaten anrufbare Internationale Gerichtshof (IGH) in Den Haag, der für die Auslegung des EU-Rechts zuständige und über die gleiche Anwendung des EU-Rechts in allen Mitgliedstaaten wachende, 1951 etablierte Gerichtshof der Europäischen Union (CURIA) in Luxemburg, der 1959 auf Grundlage der Europäischen Menschenrechtskonvention eingesetzte und seit seiner Reform im Jahre 1998 einflussreiche Europäische Gerichtshof für Menschenrechte in Straßburg und der 1982 in Hamburg eingerichtete Internationale Seegerichtshof.

70 Neben den internationalen Gerichten sind im zivilgesellschaftlichen Bereich *Internationale Volkstribunale* zu erwähnen: »Die Enttäuschung der Öffentlichkeit über die Folgenlosigkeit des Nürnberger Beispiels und die Weigerung, die Straflosigkeit von Regierungsverbrechen zu akzeptieren, führte zu einer Institution, die seit den 70er Jahren eine nicht unerhebliche Aufklärungsfunktion über militärische Interventionen, Krieg und Aggression in den internationalen Beziehungen erfüllten: die Tribunals of Opinion. Sie konnten die fehlende Strafgerichtsbarkeit nicht ersetzen, bedienten sich aber des gerichtlichen Rituals, seines rechtlichen Instrumentariums und zahlreicher seiner Formen (Anklage, Verteidigung, Zeugenbeweis, Urteil etc.), ohne sich allerdings durch strenge prozessuale Regeln in ihrer forensischen Wirkung zu sehr einschränken zu lassen. Denn sie wollten nicht die Täter ihrer Strafe überführen – die Tribunale verfügten ohnehin nicht über Sanktionsgewalt –, sondern über den wahren Ablauf der Kriege, ihre politischen, militärischen und ökonomischen Hintergründe, die Verstrickung der einzelnen Regierungen in die Kriege und die Verstöße gegen das Völkerrecht aufklären. Zudem sollte der unterlegenen Seite international Gehör geschenkt werden. Dies war insbesondere das Ziel des bekanntesten dieser Tribunale, das von dem englischen Philosophen *Lord Bertrand Russell* initiierte ›International Tribunal an the American War Crimes in Vietnam‹. Es fand vom 2. bis 10. Mai 1967 in Stockholm und vom 28. November bis 1. Dezember 1967 in Roskilde, Dänemark, unter dem Vorsitz von *Jean-Paul Sartre* statt«. (Paech/Stuby 2001, S. 418).

71 Vgl. das *Manual on International Courts and Tribunals*, Mackenzie/Romano/Shany 2010. Zu einer tabellarischen Auflistung vgl. http://www.pict-pcti.org/publications/synoptic_chart/synop_c4.pdf.

Die Urteile dieser Gerichtshöfe sind *de jure* für die Streitparteien bindend. Doch *de facto* beruht die »Vollstreckung selbst verbindlicher Urteile internationaler Gerichte [...] letztlich auf der Bereitschaft der Staaten zum Rechtsgehorsam. Nur in wenigen Fällen gibt es einen Mechanismus, mit dem Druck auf die Staaten ausgeübt werden kann; so kann bei Nichtbefolgung von IGH-Urteilen der UN-Sicherheitsrat eingeschaltet werden, und bei Missachtung von Urteilen des Europäischen Gerichtshofs für Menschenrechte wird das Ministerkomitee des Europarats tätig. So bleibt es letztlich Sache der Staaten, die Rechtsdurchsetzung zu sichern, notfalls durch den Einsatz friedlicher Gegenmaßnahmen (Repressalien); dies gilt auch dann, wenn mangels Unterwerfung unter die internationale (Schieds-)Gerichtsbarkeit ein Richterspruch nicht erlangt werden kann. Handelt es sich um die Verletzung einer alle Staaten berechtigenden Norm (Erga-omnes-Norm), so können sie alle vom Verletzerstaat jedenfalls Beendigung der Verletzung und Nichtwiederholung sowie Naturalrestitution oder Schadensersatz (Reparation) zu Gunsten der unmittelbar verletzten Staaten verlangen.«[72]

Ein signifikantes Beispiel für diese Problematik mangelnden Rechtsgehorsams von Staaten ist die Auseinandersetzung in den UN um die von Israel fast ausschließlich östlich der ›Grünen Linie‹, die das 1967 okkupierte Westjordanland vom israelischen Staatsterritorium abgrenzt, gebaute Sperranlage; sie schneidet eine Fläche von 16,6% ab, auf der ca. 237.000 Palästinenser leben. Im Oktober 2003 scheiterte eine UN-Sicherheitsratsresolution zur Verurteilung der Sperranlage am Veto der USA. Am 8. Dezember 2003 beschloss die UN-Generalversammlung mit 90 Ja- gegen 8 Nein-Stimmen bei 74 Enthaltungen »in accordance with Article 96 of the Charter of the United Nations, to request the International Court of Justice, pursuant to Article 65 of the Statute of the Court, to urgently render an advisory opinion on the following question: What are the legal consequences arising from the construction of the wall being built by Israel, the occupying Power, in the Occupied Palestinian Territory, including in and around East Jerusalem, as described in the report of the Secretary-General, considering the rules and principles of international law, including the Fourth Geneva Convention of 1949, and relevant Security Council and General Assembly resolutions?«[73]

72 Klein 2010, S. 2616 f.

73 UN-Dukument A/RES/ES-10/14. Israel hatte mit dem Argument, es sei von einem ›politischen Verfahren‹ mit negativem Urteil auszugehen, auf eine Stellungnahme an den IGH verzichtet. Es hatte bereits zuvor angekündigt, das Urteil des Gerichts nicht anzuerkennen: Der IGH sei für die Sperranlage im Westjordanland nicht zuständig.

Am 20. Juli 2004 beschloss die UN-Generalversammlung anlässlich ihrer Zehnten Notstandstagung mit großer Mehrheit »*nach achtungsvoller Entgegennahme* des am 9. Juli 2004 abgegebenen Gutachtens[74] des Gerichtshofs über die *Rechtsfolgen des Baus einer Mauer in dem besetzten palästinensischen Gebiet*« eine weitere Resolution, »*insbesondere feststellend*, dass der Gerichtshof die von der Generalversammlung in ihrer Resolution ES -10/14 gestellte Frage wie folgt beantwortet hat: ›A. Der Bau der Mauer durch die Besatzungsmacht Israel in dem besetzten palästinensischen Gebiet, einschließlich in Ost-Jerusalem und seiner Umgebung, sowie die mit der Mauer verbundenen Vorkehrungen verstoßen gegen das Völkerrecht; B. Israel ist verpflichtet, sein völkerrechtswidriges Verhalten zu beenden; es ist verpflichtet, die Bauarbeiten an der in dem besetzten palästinensischen Gebiet, einschließlich in Ost-Jerusalem und seiner Umgebung, im Bau befindlichen Mauer umgehend zu beenden, die dort befindlichen Strukturen unmittelbar abzubauen und im Einklang mit Absatz 151 dieses Gutachtens alle einschlägigen Gesetze und Verordnungen umgehend aufzuheben oder außer Kraft zu setzen; C. Israel ist verpflichtet, für alle durch den Bau der Mauer in dem besetzten palästinensischen Gebiet, einschließlich in Ost-Jerusalem und seiner Umgebung, verursachten Schäden Wiedergutmachung zu leisten; D. Alle Staaten sind verpflichtet, die rechtswidrige Situation nicht anzuerkennen, die sich aus dem Bau der Mauer ergibt, und Hilfsmaßnahmen, die zur Aufrechterhaltung der durch den Bau der Mauer geschaffenen Lage beitragen, zu unterlassen; alle Parteien des IV. Genfer Abkommens vom 12. August 1949 zum Schutze von Zivilpersonen in Kriegszeiten sind darüber hinaus verpflichtet, unter Achtung der Charta der Vereinten Nationen und des Völkerrechts sicherzustellen, dass Israel das in diesem Abkommen niedergelegte humanitäre Völkerrecht einhält; E. Die Vereinten Nationen und insbesondere die Generalversammlung und der Sicherheitsrat sollten prüfen, welche weiteren Maßnahmen erforderlich sind, um die sich aus dem Bau der Mauer und den dazugehörigen Vorkehrungen ergebende rechtswidrige Situation zu beenden, und dabei das vorliegende Gutachten gebührend berücksichtigen.‹«[75] Auch diese Resolution wurde vom Staat Israel missachtet.

Unter den internationalen Gerichtshöfen verdient besondere Beachtung der in den UN bereits seit 1950 diskutierte und nach langen Auseinandersetzungen schließlich am 17. Juli 1998 mit 120 Ja- gegen sie-

74 Legal Consequences of the Construction of a Wall in the Occupied Palestinian Territory, International Court of Justice, Year 2004, 2004 9 July, General List No. 131.

75 UN-Dokument A/RES/ES-10/15.

ben Nein-Stimmen bei 21 Enthaltungen von der UN-Bevollmächtigtenkonferenz in Rom beschlossene und seit März 2003 in Den Haag tätige, nicht für Staaten, sondern für Individuen[76] zuständige *Internationale Strafgerichtshof* (IStGH/ICC)[77], der gem. Art. 4 des ›Römischen Statuts des Internationalen Strafgerichtshofs‹ (Rom 17. Juli 1998) »Völkerrechtspersönlichkeit« besitzt.[78]

Die Einrichtung des Internationalen Strafgerichtshofs war eine Folge der grundlegenden Veränderungen im Rechtssystem nach 1945, hier: der Entwicklung des Völkerstrafrechts.[79] Zu diesen Veränderungen gehört auch die – im internationalen Rechtssystem nicht durchgängig geltende[80] – Einschränkung des Prinzips *nulla poena sine lege*,

[76] Vgl. Art. 25 des Römischen Statuts des Internationalen Strafgerichtshofs zur individuellen strafrechtlichen Verantwortlichkeit: »(1) Der Gerichtshof hat aufgrund dieses Statuts Gerichtsbarkeit über natürliche Personen. (2) Wer ein der Gerichtsbarkeit des Gerichtshofs unterliegendes Verbrechen begeht, ist dafür in Übereinstimmung mit diesem Statut individuell verantwortlich und strafbar.«

[77] Dokument A/CONF.183/9, United Nations, Treaty Series, vol. 2187, No. 38544. Von den 193 Mitgliedstaaten der UN sind 118 dem Statut beigetreten; 32 haben es unterzeichnet, aber nicht ratifiziert; 43 haben das Statut nicht unterzeichnet; die USA haben ihre Unterzeichnung zurückgezogen. »Einige Staaten haben eine dem Gerichtshof gegenüber mißtrauische Haltung eingenommen, die sich auf die Besorgnis stützt, der ICC könne politisch mißbraucht und gegen ihre Soldaten, ja sogar gegen hohe Politiker und Beamte eingesetzt werden. Besonders verbreitet ist diese Sorge in Teilen der amerikanischen Regierung. Sie ist deshalb in den Verhandlungen in der Vorbereitungskommission bislang bestrebt gewesen, durch eine faktische Abänderung des Statuts sicherzustellen, daß amerikanische Soldaten nur mit Zustimmung der US-Regierung vor den ICC gestellt werden können.« (Poppe 2002, S. 205 f.).

[78] Vgl. Paech/Stuby 2001, S. 424 ff., Poppe 2002.

[79] Vgl. Werle 2007. Das deutsche Völkerstrafgesetzbuch (VStGB) vom 26. Juni 2002 (BGBl. I S. 2254) gilt gem. § 1 »für alle in ihm bezeichneten Straftaten gegen das Völkerrecht, für die in ihm bezeichneten Verbrechen auch dann, wenn die Tat im Ausland begangen wurde und keinen Bezug zum Inland aufweist«. Gem. § 5 verjähren die »Verfolgung von Verbrechen nach diesem Gesetz und die Vollstreckung der wegen ihnen verhängten Strafen« nicht. Als »Straftaten gegen das Völkerrecht« gelten »Völkermord und Verbrechen gegen die Menschlichkeit« (§§ 6, 7) und »Kriegsverbrechen« (§§ 8-12).

[80] Art. 11 des Römischen Statuts: Gerichtsbarkeit *ratione temporis*: »(1) Die Gerichtsbarkeit des Gerichtshofs erstreckt sich nur auf Verbrechen, die nach Inkrafttreten dieses Statuts begangen werden. (2) Wird ein Staat nach Inkrafttreten dieses Statuts dessen Vertragspartei, so kann der Gerichtshof seine Gerichtsbarkeit nur in Bezug auf Verbrechen ausüben, die nach Inkrafttreten des Statuts für diesen Staat begangen wurden, es sei denn, der

dem zufolge niemand wegen einer Handlung oder Unterlassung verurteilt werden kann, die zur Zeit ihrer Begehung nach nationalem oder internationalem Recht nicht strafbar war. Dieses auch in der ›Europäischen Konvention zum Schutze der Menschenrechte und Grundfreiheiten‹ durch Art. 7 (1) bekräftigte Prinzip gilt nun nicht mehr uneingeschränkt. Der Grund liegt in der Erfahrung damit, dass politische Führer sich bisher darauf hatten berufen können, sie hätten aufgrund von ›Gesetzen‹ gehandelt und seien persönlich keiner Verbrechen schuldig, und dass Kriegsverbrecher in Militär, Polizei und Terrorverwaltung sich auf einen ›Befehlsnotstand‹ beriefen. Art. 7 (2) EMRK legt die menschenrechtliche Grenze des Art. 7 (1) fest: »Durch diesen Artikel darf die Verurteilung oder Bestrafung einer Person nicht ausgeschlossen werden, die sich einer Handlung oder Unterlassung schuldig gemacht hat, welche im Zeitpunkt ihrer Begehung nach den allgemeinen, von den zivilisierten Völkern anerkannten Rechtsgrundsätzen strafbar war.«

Mit dem Verständnis der Menschenrechte, ihrer Unteilbarkeit und Universalität hat sich das Völkerstrafrecht verändert. Während sich Staatsverbrecher aufgrund ihrer Immunität bis zu den Nürnberger Kriegsverbrecherprozessen der internationalen Strafverfolgung entziehen konnten, ist inzwischen nach dem ›*Weltrechtsprinzip*‹ (›Universalprinzip‹) das nationale Strafrecht auch auf Tatbestände ohne Bezug zum Inland anwendbar, wenn sich die zu verfolgende Straftat gegen international geschützte Rechtsgüter richtet.[81] Dies gilt vor allem be-

Staat hat eine Erklärung nach Artikel 12 Absatz 3 abgegeben.« Vgl. Art. 22, Nullum crimen sine lege: »(1) Eine Person ist nur dann nach diesem Statut strafrechtlich verantwortlich, wenn das fragliche Verhalten zur Zeit der Tat den Tatbestand eines der Gerichtsbarkeit des Gerichtshofs unterliegenden Verbrechens erfüllt. (2) Die Begriffsbestimmung eines Verbrechens ist eng auszulegen und darf nicht durch Analogie erweitert werden. Im Zweifelsfall ist die Begriffsbestimmung zugunsten der Person auszulegen, gegen die sich die Ermittlungen, die Strafverfolgung oder das Urteil richten. (3) Dieser Artikel bedeutet nicht, dass ein Verhalten nicht unabhängig von diesem Statut als nach dem Völkerrecht strafbar beurteilt werden kann.« Art. 23, Nulla poena sine lege: »Eine vom Gerichtshof für schuldig erklärte Person darf nur nach Maßgabe dieses Statuts bestraft werden.« Art. 24, Rückwirkungsverbot ratione personae: »(1) Niemand ist nach diesem Statut für ein Verhalten strafrechtlich verantwortlich, das vor Inkrafttreten des Statuts stattgefunden hat. (2) Ändert sich das auf einen bestimmten Fall anwendbare Recht vor dem Ergehen des rechtskräftigen Urteils, so ist das für die Person, gegen die sich die Ermittlungen, die Strafverfolgung oder das Urteil richten, mildere Recht anzuwenden.«

81 In welchem Maße aber das Weltrechtsprinzip dem Kalkül der Realpolitik weichen muss, hat Fischer-Lescano 2005 am Beispiel einer Strafanzeige in Deutschland gegen den damaligen Verteidigungsminister der USA, Donald

züglich völkerstrafrechtlich relevanter Taten. Auf dieser Grundlage wurde erstmals 1998 in Madrid gegen den chilenischen Staatspräsidenten Augusto Pinochet wegen der Verbrechen in der Zeit seiner Diktatur[82] ein Haftbefehl erlassen. Wiederum aufgrund eines in Madrid eingeleiteten Verfahrens wurde 2005 ein argentinischer Offizier wegen des ›Verschwindenlassens‹ spanischer Staatsangehöriger während der Militärdiktatur in Argentinien zu einer 640jährigen, im Berufungsverfahren auf 1084 Jahre erhöhten Haftstrafe verurteilt. Es ist aber offensichtlich, dass die Strafverfolgung selektiv ist und sich ihr Verantwortliche aus ›starken Staaten‹ entziehen können. Wäre dies nicht so, so hätten sich z. B. George W. Bush und Tony Blair für die völkerrechtswidrige Aggression gegen den Irak zu verantworten gehabt.

In diesem Kontext wird das Problem der Individualisierung der Schuld und die Ausblendung komplexer struktureller Schuld-Kontexte bzw. Schuldursachen aufgeworfen: »The effort to end the ›culture of impunity‹ emerges from an interpretation of the past – the Cold War in particular – as an unacceptably political approach to international crises. Focusing on *the* individual abstracts the political context, that is to say, describes it in terms of the actions and intentions of particular, well-situated individuals.«[83] Im Bereich der *Staatenimmunität*[84]

Rumsfeld, wegen der Folterungen von Irakern durch Mitglieder der alliierten Streitkräfte in Abu Ghraib belegt. Gem. dem Weltrechtsprinzip des § 1 des deutschen Völkerstrafgesetzbuchs – »Dieses Gesetz gilt für alle in ihm bezeichneten Straftaten gegen das Völkerrecht, für die in ihm bezeichneten Verbrechen auch dann, wenn die Tat im Ausland begangen wurde und keinen Bezug zum Inland aufweist.« – war die Strafanzeige berechtigt; die deutsche Jurisdiktion war nach dem Weltrechtsprinzip gegeben. Die Generalbundesanwaltschaft hat die Einleitung eines Ermittlungsverfahrens abgelehnt: »Dies würde im Ergebnis auf eine rein symbolische Ermittlungstätigkeit hinauslaufen, die – mangels umfassender Aufklärungsmöglichkeiten – notgedrungen einseitig bleiben müsste. Eine solche war vom deutschen Gesetzgeber aber – auch bei Völkerstraftaten – ausdrücklich nicht gewollt, zumal hierdurch die ohnehin personell und finanziell begrenzten Strafverfolgungsressourcen zu Lasten sonstiger, Erfolg versprechender Strafverfolgung unnötig gebunden würden. Die (straf-)rechtliche Aufarbeitung etwaiger Verstöße gegen das Folterverbot in Guantánamo Bay/Kuba oder im Zusammenhang mit dem Irak-Krieg bleibt daher Aufgabe der hierzu berufenen und hierfür zuständigen Justiz der Vereinigten Staaten von Amerika.« (http://www.generalbundesanwalt.de/de/showpress.php?newsid=273).

82 Eine chilenische Untersuchungskommission hat die Zahl der Opfer der Militärdiktatur im Jahre 2011 auf 40.018 nach oben korrigiert.

83 Koskenniemi 2002, S. 13.

84 Vgl. Paech/Stuby 2001, S. 408 ff.; zur Entwicklung des Konzepts der »eingeschränkten Immunität« vgl. Paech 2009, S. 49 ff.

sind trotz gewisser – vor allem von der internationalen Gerichtsbarkeit ausgehender – Aufweichungen des aus dem römischen Recht stammenden und in Art. 2 (1) der Charta der UN[85] festgeschriebenen völkerrechtlichen Grundsatzes ›*Par in parem non habet imperium*‹ (Gleiche haben keine Macht über Gleiche) bei Menschenrechtsverletzungen nur in den schwersten völkerstrafrechtlich normierten Fällen Fortschritte zu verzeichnen.[86] Gleichwohl ist eine »Erosion der Staatenimmunität« unverkennbar.[87] Dies zeigt sich z. B. bei der Festlegung in Art. 27 des Römischen Statuts des Internationalen Strafgerichtshofs zur ›Unerheblichkeit der amtlichen Eigenschaft‹: »(1) Dieses Statut gilt gleichermaßen für alle Personen, ohne jeden Unterschied nach amtlicher Eigenschaft. Insbesondere enthebt die amtliche Eigenschaft als

85 Art. 2 (1) der UN-Charta: »Die Organisation beruht auf dem Grundsatz der souveränen Gleichheit aller ihrer Mitglieder.«

86 Vgl. Karl 2003, Appelbaum 2007, Paech 2009. Der Bundesgerichtshof hat zwar bei seiner Entscheidung über eine Klage griechischer Staatsbürger im Zusammenhang mit Kriegsverbrechen der SS in Distomo im Jahre 1944 auf »Bestrebungen, den Grundsatz der Staatenimmunität [...] enger zu fassen und diese bei Verstößen gegen zwingende Normen des Völkerrechts (›ius cogens‹) nicht anzuerkennen«, hingewiesen (BGH, Urteil vom 26. 6. 2003 – III ZR 245/98, Rz. 18), die Klage aber abgewiesen: »1. Die Anerkennung des Urteils eines griechischen Gerichts, durch das die Bundesrepublik Deutschland wegen Kriegsverbrechen der deutschen Wehrmacht in Griechenland im Zweiten Weltkrieg zur Zahlung von Schadensersatz an verletzte griechische Staatsangehörige verurteilt wurde, ist ausgeschlossen, weil ein solches Urteil dem völkerrechlichen Grundsatz der Staatenimmunität widerspricht.« (Zur Kontroverse über die Vollstreckbarkeit ausländischer Urteile vgl. Paech 2009, S. 38 ff.) Das BVerfGE hat eine Verfassungsbeschwerde gegen dieses Urteil nicht zur Entscheidung angenommen (BVerfGE, 2 BvR 1476/03 vom 15. 2. 2006). Auch der EGMR hat mit Urteil vom 31. Mai 2011 festgestellt, die Beschwerde unter Berufung auf Art. 1 Protokoll Nr. 1 EMRK (Schutz des Eigentums) und Art. 14 in Verbindung mit Art. 1 Protokoll Nr. 1 EMRK (Diskriminierungsverbot) sei unzulässig (EGMR 24120/06, Sfountouris u. a. gegen Deutschland). Vgl. zum Distomo-Problem Paech 2009. Der Internationale Gerichtshof hat im Zusammenhang mit der Klage der Bundesrepublik Deutschland gegen Italien, wo ein Kassationsgerichtshof Zwangsarbeitern und Opfern deutscher Massaker im Zweiten Weltkrieg Schadensersatz zugesprochen hatte, der von deutscher Seite unter Berufung auf das Recht der Staatenimmunität zurückgewiesen wird (vgl. Schaarschmidt 2010), die Frage zu beantworten, ob es bereits eine allgemeine, als Recht anerkannte Staatenpraxis gibt, die Immunität bei schwersten Menschenrechtsverletzungen und Kriegsverbrechen einzuschränken. Er hat damit über die Grundsatzfrage zu entscheiden, ob das Völkerrecht nur den Staaten dient oder auch Individuen vor Rechtsverletzung schützen soll.

87 Paech 2009, S. 89.

Staats- oder Regierungschef, als Mitglied einer Regierung oder eines Parlaments, als gewählter Vertreter oder als Amtsträger einer Regierung eine Person nicht der strafrechtlichen Verantwortlichkeit nach diesem Statut und stellt für sich genommen keinen Strafmilderungsgrund dar. (2) Immunitäten oder besondere Verfahrensregeln, die nach innerstaatlichem Recht oder nach dem Völkerrecht mit der amtlichen Eigenschaft einer Person verbunden sind, hindern den Gerichtshof nicht an der Ausübung seiner Gerichtsbarkeit über eine solche Person.«[88]

In der Präambel des Römischen Statuts heißt es, der Gerichtshof werde eingerichtet, weil »die schwersten Verbrechen, welche die internationale Gemeinschaft als Ganzes berühren, nicht unbestraft bleiben dürfen und [...] ihre wirksame Verfolgung durch Maßnahmen auf einzelstaatlicher Ebene und durch verstärkte internationale Zusammenarbeit gewährleistet werden muss«; die Vertragsstaaten seien »entschlossen, der Straflosigkeit der Täter ein Ende zu setzen und so zur Verhütung solcher Verbrechen beizutragen«. Gem. Art. 5 Abs. 1 ist die Gerichtsbarkeit des Gerichtshofs »auf die schwersten Verbrechen beschränkt, welche die internationale Gemeinschaft als Ganzes berühren. Die Gerichtsbarkeit des Gerichtshofs erstreckt sich in Übereinstimmung mit diesem Statut auf folgende Verbrechen: a) das Verbrechen des Völkermords; b) Verbrechen gegen die Menschlichkeit; c) Kriegsverbrechen d) das Verbrechen der Aggression«.[89]

Gem. Art. 21 wendet der Internationale Strafgerichtshof folgendes Recht an: »(1) [...] a) an erster Stelle dieses Statut, die ›Verbrechenselemente‹ sowie seine Verfahrens- und Beweisordnung; b) an zweiter Stelle, soweit angebracht, anwendbare Verträge sowie die Grundsätze und Regeln des Völkerrechts, einschließlich der anerkannten Grundsätze des internationalen Rechts des bewaffneten Konflikts; c) soweit solche fehlen, allgemeine Rechtsgrundsätze, die der Gerichtshof aus einzelstaatlichen Rechtsvorschriften der Rechtssysteme der Welt, einschließlich, soweit angebracht, der innerstaatlichen Rechtsvorschriften der Staaten, die im Regelfall Gerichtsbarkeit über das Verbrechen ausüben würden, abgeleitet hat, sofern diese Grundsätze nicht mit diesem Statut, dem Völkerrecht und den international anerkannten Regeln

88 Zur strafrechtlichen Verantwortlichkeit einzelner Personen vgl. Paech/Stuby 2001, S. 411-415.

89 Vgl. hierzu die am 9. 9. 2002 beschlossenen Erläuterungen ›Elements of Crimes‹: *Official Records of the Assembly of States Parties to the Rome Statute of the International Criminal Court*, First session, New York, 3-10 September 2002 (United Nations publication, Sales No. E.03.V.2 and corrigendum), part II.B. Zu Strafgerichten gegen Menschheitsverbrechen vgl. Hankel/Stuby 1995.

und Normen unvereinbar sind. (2) Der Gerichtshof kann Rechtsgrundsätze und Rechtsnormen entsprechend seiner Auslegung in früheren Entscheidungen anwenden. (3) Die Anwendung und Auslegung des Rechts nach diesem Artikel muss mit den international anerkannten Menschenrechten vereinbar sein und darf keine benachteiligende Unterscheidung etwa aufgrund des Geschlechts im Sinne des Artikels 7 Absatz 3, des Alters, der Rasse, der Hautfarbe, der Sprache, der Religion oder Weltanschauung, der politischen oder sonstigen Anschauung, der nationalen, ethnischen oder sozialen Herkunft, des Vermögens, der Geburt oder des sonstigen Status machen.«[90]

Neben dem Internationalen Strafgerichtshof wurden zwei ad-hoc-Tribunale eingerichtet: (i) Der Internationale Strafgerichtshof für das frühere Jugoslawien in Den Haag ist ein auf der Grundlage einer UN-Resolution gebildetes ad-hoc-Tribunal, das schwere Verstöße gegen das humanitäre Völkerrecht (Kriegsverbrechen, Völkermord und Verbrechen gegen die Menschlichkeit) ahndet, die während der Auseinandersetzungen im Zusammenhang mit dem Zerfall Jugoslawiens begangen wurden. (2) Auch der Internationale Strafgerichtshof für Ruanda in Arusha/Tansania ist ein von den UN beschlossenes ad-hoc-Tribunal, das dieselben – 1994 in Ruanda begangenen – Verbrechen ahndet. Die ad-hoc-Tribunale sind nicht unumstritten. Martti Koskenniemi spricht mit Blick auf den Prozess gegen Slobodan Miloševic, den ehemaligen jugoslawischen Präsidenten, in Den Haag davon, dass derartige Prozesse »oscillates ambivalently between the wish to punish those individually responsible for large humanitarian disasters and the danger of becoming a show trial«.[91] Darüber hinaus führe seit den Nürnberger Prozessen eine problematische Wahrheits-Geschichtspolitik[92] in »a didactic process of learning the truth about the events on trial« Regie. Doch die ›ganze‹ Wahrheit könne nie sichtbar gemacht werden.[93]

8.8 ›Humanitäre Intervention‹ und ›Responsibility to protect‹

Eine weitere Stufe der Völkerrechtsentwicklung stellt die sich seit den 1990er Jahren abzeichnende und durch die Sondervollversammlung

[90] Zu Allgemeinen Rechtsgrundsätzen als Quellen des Völkerrechts vgl. Paech/Stuby 2001, S. 469-474.

[91] Koskenniemi 2002, S. 1. Zur Frage »Why punish?« vgl. ebd. S. 2-11.

[92] Ebd., S. 25-32.

[93] Ebd., S. 19.

der UN im September 2005 vollzogene Anerkennung einer *›responsibility to protect‹* (›RtoP‹ bzw. ›R2P‹, Schutzverantwortung) dar.[94] Der damalige Generalsekretär der UN, Kofi Annan, hatte dieses Prinzip bereits anlässlich der UN-Vollversammlung 1999 und im Jahre 2000 in seinem ›Millennium Report: Wir, die Völker: Die Rolle der Vereinten Nationen im 21. Jahrhundert‹[95] im Zusammenhang mit dem Kosovo-Konflikt und dem Krieg der NATO gegen Jugoslawien[96] eingefordert. Er erklärte zu humanitären Interventionen: »Ich akzeptiere auch, dass die Grundsätze der Souveränität und der Nichteinmischung kleinen und schwachen Staaten einen unverzichtbaren Schutz bieten. Den Kritikern möchte ich jedoch folgende Frage entgegenhalten: Wenn eine humanitäre Intervention tatsächlich einen unannehmbaren Angriff auf die Souveränität darstellt, wie *sollen* wir dann auf ein Ruanda, ein Srebrenica oder auf alle schwerwiegenden und systematischen Menschenrechtsverletzungen reagieren, die gegen jedes Gesetz verstoßen, das uns unser gemeinsames Menschsein vorschreibt?«

Diese Frage wird seitdem im UN-Kontext immer wieder zitiert, wenn es um die Legitimierung humanitärer Interventionen geht. Kofi Annan führte weiter aus: »Wir stehen vor einem echten Dilemma. Kaum jemand würde bestreiten, dass sowohl die Verteidigung der Menschlichkeit als auch die Verteidigung der Souveränität unterstützenswerte Grundsätze sind. Nur gibt uns das keinen Aufschluss darüber, welcher der beiden den Vorrang erhalten soll, wenn sie im Widerspruch zueinander stehen. Humanitäre Interventionen sind ein heikles Thema, bei dem es viele politische Klippen zu umschiffen heißt und Antworten nicht leicht zu finden sind. Doch kann ganz sicher kein Rechtsgrundsatz – nicht einmal die Souveränität – je als Schutz-

94 Vgl. zu einer völkerrechtlichen Analyse vgl. Kreuter-Kirchhof 2010; zu affirmativen Positionen zur RtoP z. B. Herdegen 2006a und Verlage 2009, zur Kritik vgl. Brock 2008 und O'Connell 2008.

95 UN-Dokument A/54/2000.

96 Zur Frage, ob Menschenrechtsverletzungen militärische Interventionen rechtfertigen können, vgl. die in The Responsibility to Protect: Research, Bibliography, Background. Supplementary Volume to the Report of the International Commission on Intervention and State Sovereignty, Issued by the International Development Research Centre, Ottawa 2001, dokumentierte internationale Diskussion. Zu rechtsethischen Grundlagen und Grenzen der ›humanitären Intervention‹ sowie zur bei Interventionen notwendigen, aber nicht hinreichenden Folgenabwägung vgl. am Beispiel des Kosovo-Krieges Merkel 2003, der fordert: »Ein künftiges, normativ aufgeklärtes Völkerrecht und die politische Philosophie der internationalen Beziehungen sollten dieser offenbar in Mode kommenden Form neuer macht- und kriegspolitischer Bedenkenlosigkeit den nötigen Widerstand entgegensetzen: jedenfalls den des besseren Arguments.«

schild für Verbrechen gegen die Menschlichkeit gelten. Wann immer solche Verbrechen begangen werden und alle friedlichen Versuche, ihnen Einhalt zu gebieten, ausgeschöpft sind, hat der Sicherheitsrat die moralische Pflicht, im Namen der internationalen Gemeinschaft zu handeln. Wenn wir auch nicht alle Menschen überall schützen können, so ist das doch kein Grund, dort, wo wir dies vermögen, tatenlos zu bleiben. Eine bewaffnete Intervention muss stets der letzte Ausweg bleiben, doch wenn es um Massenmord geht, können wir auf diese Option nicht verzichten.«[97] Kofi Annan hat das Souveränitätsprinzip, mit folgender Interpretation bekräftigt: »it is the peoples' sovereignty rather than the sovereign's sovereignty«.[98] Inzwischen gilt in den Vereinten Nationen das Prinzip: »Sovereignty no longer exclusively protects States from foreign interference; it is a charge of responsibility that holds States accountable for the welfare of their people.«[99]

Kofi Annans Appell nahm die kanadische Regierung zum Anlass der Bildung einer internationalen Kommission, die sich dem Problem der ›*responsibility to protect*‹ widmen sollte. Das Ergebnis ihrer Arbeit veröffentlichte die Kommission unter expliziter Berufung auf die oben zitierte Frage Kofi Annans kurz nach den Terroranschlägen des 11. September 2001 und im Kontext des ›Krieges gegen den Terrorismus‹ unter dem Titel ›The Responsibility to Protect: The Report of the International Commission on Intervention and State Sovereignty‹ (ICISS-Report)[100]: »This report is about the so-called ›right of humanitarian intervention‹: the question of when, if ever, it is appropriate for states to take coercive – and in particular military – action, against

97 UN-Dokument A/54/2000, Ziff. 217 f.

98 Kofi Annan 1999a.

99 http://www.un.org/en/preventgenocide/adviser/index.shtml.

100 *The Responsibility to Protect: The Report of the International Commission on Intervention and State Sovereignty*, 2002, The International Development Research Centre (Canada). Zu internationalen Reaktionen auf den ICISS-Report und zu einer umfangreichen Bibliografie zu den Themen 1. Humanitarian Intervention; 2. Sovereignty and Intervention; 3. Conflict Prevention; 4. Ethical Aspects; 5. Legal Aspects; 6. Interest and Will; 7. National and Regional Perspectives; 8. Nonmilitary Interventions; 9. Operational Aspects of Military Interventions; 10. Military Intervention and Humanitarian Action; 11. Post-Conflict Challenges und 12. Country Cases vgl. *The Responsibility to Protect: Research, Bibliography, Background. Supplementary Volume to the Report of the International Commission on Intervention and State Sovereignty*, Issued by the International Development Research Centre, Ottawa 2001. Auf der Grundlage des ICISS-Reports wurde ein ›Office of the Special Advisers on the Prevention of Genocide‹ gegründet; die ›Special Advisers‹ arbeiten dem dem UN-Generalsekretär zu. (www.un.org/en/preventgenocide/adviser/index.shtml).

another state for the purpose of protecting people at risk in that other state. At least until the horrifying events of 11 September 2001 brought to center stage the international response to terrorism, the issue of intervention for human protection purposes has been seen as one of the most controversial and difficult of all international relations questions. With the end of the Cold War, it became a live issue as never before. Many calls for intervention have been made over the last decade – some of them answered and some of them ignored. But there continues to be disagreement as to whether, if there is a right of intervention, how and when it should be exercised, and under whose authority.«[101]

Mit dem ICISS-Report soll das im Völkerrecht bisher nicht existierende ›Recht zur humanitären Intervention‹ als Pflicht etabliert werden. Das zentrale Thema des umfangreichen Berichts »is ›The Responsibility to Protect‹, the idea that sovereign states have a responsibility to protect their own citizens from avoidable catastrophe – from mass murder and rape, from starvation – but that when they are unwilling or unable to do so, that responsibility must be borne by the broader community of states«. Der Report befasst sich zunächst mit *The Responsibility to Protect* und der Frage der Staatensouveränität: »there is a necessary re-characterization involved: from *sovereignty as control* to *sovereignty as responsibility* in both internal functions and external duties«.[102] Weitere Themen sind *The Resonsibility to Prevent* (Prävention als vorrangige Forderung[103]); *The Responsibility to React*

101 The Responsibility to Protect: The Report of the International Commission on Intervention and State Sovereignty, 2002, S. VII.

102 Ebd., S. 13. Welche Schlüsse hieraus inzwischen gezogen werden, zeigt z. B. die Existenz einer Arbeitsstelle an der Universität Oldenburg mit dem abstrusen Titel ›Interventionskultur‹. Anlässlich einer von ihr im April 2008 an der Universität Potsdam organisierten Tagung ›Folgekonflikte nach militär-gestützten humanitären Interventionen‹ wurde in einem Vortrag von Michael Daxner et al. ›Afghanistan: Staatsgründungskrieg und Heimatdiskurs‹ behauptet: »Afghanistan ist exemplarisch für einen neuen Typ von humanitärer Intervention. Das Souveränitäts- und Nichteinmischungsprinzip ist offiziell und Einzelinteressen-übergreifend ad acta gelegt.« (Tagungsreader, BIS-Verlag der Carl von Ossietzky Universität Oldenburg 2008, S. 29).

103 Vgl. ebd., S. 23: »3.21 Root cause prevention has many dimensions. It may mean addressing *political* needs and deficiencies, and this might involve democratic institution and capacity building; constitutional power sharing, power-alternating and redistribution arrangements; confidence building measures between different communities or groups; support for press freedom and the rule of law; the promotion of civil society; and other types of similar initiatives that broadly fit within the human security framework. 3.22 Root cause prevention may also mean tackling *econo-*

(Bedingungen für Interventionen); *The Resonsibility to Rebuild* (Verantwortung für den Wiederaufbau nach militärisch verursachten Schäden); *The Question of Authority* (exklusive Autorität der UN); *The Operational Dimension; The Responsibility to Protect: The Way Forward* (faktische Völkerrechtsänderung, z.B. durch Resolutionen der UN-Vollversammlung; staatliche Souveränität ist mit humanitär begründeten militärischen Interventionen kompatibel).

Das Ende 2003 von Kofi Annan zur Reform der Vereinten Nationen einberufene ›High-Level Panel on Threats, Challenges and Change‹ (HLP) griff in seinem Abschlussbericht ›A more secure world: our shared responsibility‹ das von der ICISS entwickelte Konzept ›responsiblity to protect‹ auf.[104] Das HLP sprach bezüglich der Schutzverantwortung schon vor dem ›World Summit, High-Level Plenary Meeting‹ der UN (14.-16. September 2005) von einer »sich entwickelnden Norm« des Völkerrechts: »We endorse the emerging norm that there is a collective international responsibility to protect, exercisable by the Security Council authorizing military intervention as a last resort, in the event of genocide and other large-scale killing, ethnic cleansing or serious violations of international humanitarian

mic deprivation and the lack of economic opportunities. This might involve development assistance and cooperation to address inequities in the distribution of resources or opportunities; promotion of economic growth and opportunity; better terms of trade and permitting greater access to external markets for developing economies; encouraging necessary economic and structural reform; and technical assistance for strengthening regulatory instruments and institutions. 3.23 Root cause prevention may also mean strengthening *legal* protections and institutions. This might involve supporting efforts to strengthen the rule of law; protecting the integrity and independence of the judiciary; promoting honesty and accountability in law enforcement; enhancing protections for vulnerable groups, especially minorities; and providing support to local institutions and organizations working to advance human rights. 3.24 Root cause prevention may also mean embarking upon needed sectoral reforms to the *military* and other state security services. This might involve enhanced education and training for military forces; reintegration of ex-combatants; strengthening civilian control mechanisms, including budget control; encouraging efforts to ensure that security services are accountable for their actions and operate within the law; and promoting adherence to arms control and disarmament and non-proliferation regimes, including control over the transfer of light weapons and small arms, and the prohibition of landmines.«

104 Report of the High-level Panel on Threats, Challenges and Change, A more secure world: our shared responsibility, 2. Dezember 2004, UN Dok. A/59/565, Annex II.

law which sovereign Governments have proved powerless or unwilling to prevent.«[105]

Im März 2005 verteidigte Kofi Annan in seinem Report ›In larger freedom: towards development, security and human rights for all‹[106] das Prinzip der ›responsibility to protect‹ unter zustimmender Bezugnahme auf den ICISS-Report. Dabei wurde deutlich, dass nun – im Unterschied zur UN-Charta, die in Art. 39 ein Interventionsrecht auf die »Bedrohung oder einen Bruch des Friedens oder eine Angriffshandlung« beschränkt hatte – sehr viel weitergehende Gründe für humanitäre Intervention geltend gemacht wurden: »the rule of law, human rights and democracy – principles at the heart of the Charter of the United Nations and the Universal Declaration of Human Rights«. Die Staaten sollen jetzt angesichts des »gap between rhetoric and reality – between declarations and deeds – so stark and so deadly as in the field of international humanitarian law«[107]»(a) Reaffirm their commitment to human dignity by action to strengthen the rule of law, ensure respect for human rights and fundamental freedoms and promote democracy so that universally recognized principles are implemented in all countries; (b) Embrace the ›responsibility to protect‹ as a basis for collective action against genocide, ethnic cleansing and crimes against humanity, and agree to act on this responsibility, recognizing that this responsibility lies first and foremost with each individual State, whose duty it is to protect its population, but that if national authorities are unwilling or unable to protect their citizens, then the responsibility shifts to the international community to use diplomatic, humanitarian and other methods to help protect civilian populations, and that if such methods appear insufficient the Security Council may out of necessity decide to take action under the Charter, including enforcement action, if so required«.[108]

Mit dem anlässlich des ›World Summit, High-Level Plenary Meeting‹ der UN im September 2005 beschlossenen ›World Summit Outcome‹[109] sind die »world's leaders« übereingekommen, »to take action on a range of global challenges«. Sie haben erneut bekräftigt, »that our common fundamental values, including freedom, equality, solidarity, tolerance, respect for all human rights, respect for nature and shared responsibility, are essential to international relations«.[110]

105 Ebd., Abschn. 203.
106 UN-Dokument A/59/2005.
107 Ebd., Ziff. 134.
108 Ebd., Ziff. 7.
109 UN-Dokument A/RES/60/1.
110 Ebd., Ziff. 4.

Unter dem Titel ›Responsibility to protect populations from genocide, war crimes, ethnic cleansing and crimes against humanity‹ haben sie erklärt: »138. Each individual State has the responsibility to protect its populations from genocide, war crimes, ethnic cleansing and crimes against humanity. This responsibility entails the prevention of such crimes, including their incitement, through appropriate and necessary means. We accept that responsibility and will act in accordance with it. The international community should, as appropriate, encourage and help States to exercise this responsibility and support the United Nations in establishing an early warning capability. 139. The international community, through the United Nations, also has the responsibility to use appropriate diplomatic, humanitarian and other peaceful means, in accordance with Chapters VI and VIII of the Charter, to help to protect populations from genocide, war crimes, ethnic cleansing and crimes against humanity. In this context, we are prepared to take collective action, in a timely and decisive manner, *through the Security Council, in accordance with the Charter, including Chapter VII,* on a case-by-case basis and in cooperation with relevant regional organizations as appropriate, should peaceful means be inadequate and national authorities are manifestly failing to protect their populations from genocide, war crimes, ethnic cleansing and crimes against humanity. We stress the need for the General Assembly to continue consideration of the responsibility to protect populations from genocide, war crimes, ethnic cleansing and crimes against humanity and its implications, bearing in mind the principles of the Charter and international law. We also intend to commit ourselves, as necessary and appropriate, to helping States build capacity to protect their populations from genocide, war crimes, ethnic cleansing and crimes against humanity and to assisting those which are under stress before crises and conflicts break out.«[111]

In diesem Kontext spielt das *Demokratieprinzip* im ›World Summit Outcome‹ eine wesentliche Rolle: »135. We reaffirm that democracy

111 Hervorh. v. mir. Im Report des UN-Generalsekretärs ›Implementing the responsibility to protect‹ vom 12. Januar 2009 (UN-Dok. A/63/677) heißt es: »Based on existing international law, agreed at the highest level and endorsed by both the General Assembly and the Security Council, the provisions of paragraphs 138 and 139 of the Summit Outcome define the authoritative framework within which Member States, regional arrangements and the United Nations system and its partners can seek to give a doctrinal, policy and institutional life to the responsibility to protect« (ebd., S. 4). Ziff. 139 besagt eindeutig, dass militärische Interventionen nur vom UN-Sicherheitsrat beschlossen werden können, nicht aber im Ermessen von Einzelstaaten oder ›williger Koalitionen‹ stehen.

is a universal value based on the freely expressed will of people to determine their own political, economic, social and cultural systems and their full participation in all aspects of their lives.« Eingeräumt wurde: »We also reaffirm that while democracies share common features, there is no single model of democracy, that it does not belong to any country or region, and reaffirm the necessity of due respect for sovereignty and the right of self-determination. We stress that democracy, development and respect for all human rights and fundamental freedoms are interdependent and mutually reinforcing.« Doch bereits in Ziff. 136 wurde wieder ein allgemeiner Demokratiebegriff verwandt: »We renew our commitment to support democracy by strengthening countries' capacity to implement the principles and practices of democracy and resolve to strengthen the capacity of the United Nations to assist Member States upon their request. [...]«.[112]

Die im ICISS-Report und durch nachfolgende Erklärungen etablierten Prinzipien der »responsibility to protect populations from genocide, war crimes, ethnic cleansing and crimes against humanity« wurden erstmals in der vom UN-Sicherheitsrat am 28. April 2006 verabschiedeten Resolution 1674 verankert und matriell näher bestimmt:

[112] Die Sicherung von Demokratie als Grund für ›humanitäre Interventionen‹ ist ein umstrittenes Prinzip. Dies wurde z. B. bei einer ›Regional Roundtable Consultation with Nongovernmental and Other Interested Organizations‹ zum ICISS-Report in Santiago (4. Mai 2001) mit Bezug auf Lateinamerika deutlich: »Intervention ›for Democracy‹. A heated debate developed on this issue, with no real consensus emerging. There was a feeling that while international consensus might build rapidly in cases of intervention for humanitarian reasons, it does not do so when the intervention is politically motivated, as is the case with preservation of democracy. Although democracy has become a norm and almost a moral value in the region, the overthrow of democracy does not seem a valid motivation for military intervention. Nevertheless, agreement formed around the idea that measures short of military ones, such as diplomatic warnings and sanctions, would be useful tools for the protection of democracy. On the other hand, since democracy has become a cherished value, threats to democratic rule might be followed by major violations of humanitarian values and thus justify intervention. Nevertheless, it was clear that most of those present saw ›intervention to protect or promote democracy‹ as a sensitive and potentially dangerous issue, since the concept of democracy itself is relative and subject to distinct interpretations. The region's direct experience with past US military interventions that claimed to have been aimed at protecting democracy was also relevant here. In this region, therefore, the initial reaction to military intervention would always be cautious.« (*The Responsibility to Protect: Research, Bibliography, Background. Supplementary Volume to the Report of the International Commission on Intervention and State Sovereignty*, Issued by the International Development Research Centre, Ottawa 2001, S. 373).

Der Sicherheitsrat »[*e*]*mphasizes* the importance of preventing armed conflict and its recurrence, and *stresses in this context* the need for a comprehensive approach through promoting economic growth, poverty eradication, sustainable development, national reconciliation, good governance, democracy, the rule of law, and respect for, and protection of, human rights, and in this regard, *urges* the cooperation of Member States and *underlines* the importance of a coherent, comprehensive and coordinated approach by the principal organs of the United Nations, cooperating with one another and within their respective mandates«.[113]

Diese Entwicklung zu einer Norm ›*RtoP*‹ scheint unumkehrbar zu sein, auch wenn sie noch nicht in ein völkerrechtliches Abkommen aufgenommen wurde und noch nicht als allgemein anerkanntes Rechtsinstitut gewertet werden kann. »Zwar sind einzelne Tatbestandselemente kodifiziert; das Konzept als solches wurde aber bislang nur in Resolutionen der Generalversammlung und des Sicherheitsrates anerkannt. Diese haben grundsätzlich empfehlenden, keinen Recht setzenden Charakter. Resolutionen können zwar Ausdruck einer gemeinsamen opinio iuris sein und Völkergewohnheitsrecht wiedergeben. Die responsibility to protect aber kann derzeit noch keine gewohnheitsrechtliche Geltung beanspruchen. Es fehlt es an ›einer allgemeinen, als Recht anerkannten Übung‹ im Sinne von Art. 38 Abs. 1 lit. b IGH-Statut. [...] Zudem zeugen die voneinander abweichenden Ausgestaltungen der responsibility to protect in den verschiedenen Dokumenten von den unterschiedlichen Auffassungen über Inhalt und Tragweite der völkerrechtlichen Schutzverantwortung, nicht aber von einer gemeinsamen Rechtsüberzeugung. [...] Konkrete Rechtsfolgen, die über die bereits völkerrechtlich anerkannten Befugnisse des Sicherheitsrates hinaus gehen, akzeptierte die Generalversammlung nicht. Insoweit kann die responsibility to protect bisher keine völkergewohnheitsrechtliche Geltung beanspruchen, sondern ist als Konzept in der Entwicklung zu verstehen. Sie begründet eine Verantwortungsstruktur, derzeit aber keine Rechtsstruktur.«[114]

RtoP ist in eben dem Maße ein Problem, ja eine Gefahr, wie sie von ›starken‹ Staaten unter irreführender Berufung auf den Schutz der Menschenrechte und der Durchsetzung von Demokratie unter Missachtung des Gewaltverbots funktionalisiert wird. Der Völkerrechtler Bernhard Gräfrath – von 1977 bis 1986 Mitglied im UN-Menschenrechtsausschuss und von 1986 bis 1990 Mitglied der UN-Völkerrechtskommission – hat zu Recht davor gewarnt, dass im Prozess der

113 UN-Dok. S/RES/1674 (2006)
114 Kreuter-Kirchhof 2010, S. 378 f.

Erweiterung der ›Schutzverantwortung‹ und der Gründe für ›humanitäre Interventionen‹ ein Grundprinzip ins Abseits gedrängt wird: dass »das Gewaltverbot und die Regeln zum Schutz der Zivilbevölkerung in bewaffneten Konflikten selbst Menschenrechte, unveräußerliche Bestandteile des Rechts auf Leben« sind. »Förderung und Schutz der Menschenrechte lassen sich nicht von der Einhaltung und Durchsetzung des Gewaltverbots der UN-Charta trennen, zu seiner Aufhebung oder Umgehung nutzen. Schon 1982 hatte der Internationale Menschenrechtsausschuss, ein Organ des Menschenrechtspaktes für politische und Bürgerrechte, in seinem Kommentar zum Recht auf Leben erklärt: ›*Bereits in der Charta der Vereinten Nationen ist die Androhung oder Anwendung von Gewalt durch einen Staat gegen einen anderen Staat verboten, ausgenommen in Ausübung des unveräußerlichen Rechts auf Selbstverteidigung.*‹«[115]

Das Konzept ›Schutzverantwortung‹ gründet in einem problematisch erweiterten Verständnis des Friedensbegriffs[116] gem. Art. 39 UN-Charta, »der nicht mehr nur auf die Abwesenheit bewaffneter Konflikte zwischen Staaten beschränkt ist, sondern zunehmend auch innerstaatliche Auseinandersetzungen und insbesondere Menschenrechtsverletzungen berücksichtigt«. Festzustellen »ist vor allem eine Erweiterung der Handlungsformen des Sicherheitsrates. [...] Ohne ausdrückliche Grundlage in der UN-Charta ermächtigt der Rat einzelne Staaten zu militärischem Vorgehen, errichtet internationale Straftribunale, entsendet Blauhelmeinsätze mit zunehmend umfassenderen Mandaten und nimmt sogar legislative Aufgaben wahr. Dabei werden zunehmend Individuen in ihrer Rechtssphäre von Beschlüssen des Si-

115 Gräfrath 2001, S. 11.

116 Leutheuser-Schnarrenberger 2002, S. 102 f., hat davor gewarnt, dass die »neue‹ Interventionspolitik des Sicherheitsrates [...] zu einer Entwertung des Verbindlichkeits- und Rechtscharakters der UN-Charta und zu einer von Partikularinteressen nicht freien Selektivität des militärischen Engagements der UN zu führen [droht]. Angesichts dieser Tendenz zur Relativierung oder gar Geringschätzung des materiell- und prozeduralnormativen Gehalts der Charta konnte es auch nur eine Frage der Zeit sein, bis mit der Überdehnung des Interventionsmandats im Irak-Konflikt durch die USA und Großbritannien und mit der Selbstmandatierung der NATO im Kosovo-Konflikt auch die letzten rechtlich-normativen Hemmnisse für internationale Militäroperationen mißachtet wurden. [...] Eine zunehmende Delegalisierung« der Interventionspolitik der UN »wird notwendigerweise zu einem substantiellen Autoritäts- und Glaubwürdigkeitsverlust der UN und letztlich zu einer Gefährdung ihrer Existenz als rechtlich organisierter Gemeinschaft aller Nationen führen.«

cherheitsrates betroffen – entweder unmittelbar als Adressaten einer Resolution oder mittelbar über einen staatlichen Umsetzungsakt.«[117]

Mit der Entwicklung zur *RtoP* stellt sich deshalb das Problem der Rechtsbindung und Rechtskontrolle des Sicherheitsrates noch dringlicher als zuvor.[118] Ein gerichtlicher Schutz von Individualrechten existiert auf der Ebene der UN nicht.

Mit der Frage nach den Möglichkeiten, sich gegen Maßnahmen des Sicherheitsrates zur Wehr zu setzen, hatte sich das ›Gericht erster Instanz der Europäischen Gemeinschaften‹ (EuG)[119] auseinanderzusetzen, nachdem Individuen gegen Rechtsverletzungen aufgrund von UN-Maßnahmen im ›Krieg gegen den Terror‹ geklagt hatten. In seiner Entscheidung vom 21. September 2005[120] sah sich das EuG mit der Frage konfrontiert, »inwiefern es Gemeinschaftsrechtsakte, die eine Umsetzung der Anti-Terror-Resolutionen des Sicherheitsrates sowie der Beschlüsse des Sanktionsausschusses darstellen, auf ihre Vereinbarkeit mit den Grundrechten der Kläger überprüfen kann.«[121] Es ging davon aus, »dass die fraglichen Resolutionen des Sicherheitsrats *grundsätzlich* nicht der Kontrolle durch das Gericht unterliegen und dass das Gericht nicht berechtigt ist, ihre Rechtmäßigkeit im Hinblick auf das Gemeinschaftsrecht – und sei es auch nur inzident – in Frage zu stellen.« Das Gericht beendete gleichwohl seine Prüfung nicht, sondern erklärte unter Verweis auf die in Art. 53 und Art. 64 des ›Wiener

117 Payandeh 2006, S. 42. Vgl. hier umfangreiche Literaturangaben.

118 Ebd., S. 43. Zur völkerrechtswissenschaftlichen Auseinandersetzung über die Frage der Rechtskontrolle des Sicherheitsrates durch staatliche oder andere überstaatliche Gerichte vgl. ebd. S. 51 f.

119 »Das Gericht erster Instanz wird zur ordentlichen Gerichtsbarkeit für alle Direktklagen, insbesondere Nichtigkeitsklagen (Artikel 230 EG-Vertrag), Untätigkeitsklagen (Artikel 232 EG-Vertrag), Schadenersatzklagen (Artikel 235 EG-Vertrag), mit Ausnahme derjenigen Klagen, die einer gerichtlichen Kammer übertragen werden, und derjenigen Klagen, die gemäß der Satzung dem [Europäischen] Gerichtshof vorbehalten sind. Der [Europäische] Gerichtshof als oberstes Rechtsprechungsorgan der Union ist weiterhin für die anderen Klagen im Zusammenhang mit wesentlichen Fragen des Gemeinschaftsrechts zuständig und nimmt diese Aufgabe im Wege des Vorabentscheidungsverfahrens wahr, indem er über Vorlagefragen der einzelstaatlichen Gerichte entscheidet. Die Vertragsbestimmungen sehen jedoch vor, dass die Satzung dem Gericht erster Instanz die Zuständigkeit für Vorabentscheidungsersuchen in einigen besonderen Sachgebieten übertragen kann.« (Das Rechtsprechungssystem der Europäischen Union: Gerichtshof und Gericht erster Instanz, http://europa.eu/legislation_summaries/institutional_affairs/treaties/nice_treaty/nice_treaty_legal_de.htm).

120 EuG, Urteile vom 21.9. 2005, Rs. T-306/01 und T-315/01 (Yusuf und Al Barakaat International Foundation sowie Kadi/Rat und Kommission).

121 Payandeh 2006, S. 52.

Übereinkommens über das Recht der Verträge‹ kodifizierten völkerrechtlichen Grundsätze des *ius cogens* – insbesondere auf die zwingenden Normen zum universellen Schutz der Menschenrechte –: »Dagegen kann das Gericht die Rechtmäßigkeit der fraglichen Resolutionen des Sicherheitsrats im Hinblick auf das Ius cogens, verstanden als internationaler Ordre public, der für alle Völkerrechtssubjekte einschließlich der Organe der UNO gilt und von dem nicht abgewichen werden darf, inzident prüfen.«[122]

Dass die Klage abgewiesen wurde[123], ist weniger von Bedeutung als die Tatsache, dass sich ein Gericht unterhalb der UN-Ebene überhaupt mit der Rechtskontrolle des UN-Sicherheitsrats befasst hat – und zwar in der Perspektive des *ius cogens*. Dessen Prinzipien sind keineswegs vage, sondern konkret genug, um auch auf Beschlüsse und Handlungen der UN angewandt zu werden: »Da die Vereinten Nationen durch einen völkerrechtlichen Vertrag begründet wurden und die Mitgliedstaaten beim Abschluss dieses Vertrages nicht gegen zwingende Normen verstoßen durften, können durch die UN-Charta keine Befugnisse, die dem *ius cogens* zuwiderlaufen, begründet werden. [...] Das *ius cogens* umfasst eine Gruppe höherrangiger Rechtssätze, die fundamentale Wertvorstellungen der internationalen Gemeinschaft zum Ausdruck bringen und denen daher Vorrang vor allen anderen Rechtsquellen zukommt. Dieser Vorrang umfasst auch die UN-Charta.«[124] Dies bedeutet zugleich aber auch, dass nicht mächtige Staaten unter Berufung auf das bisher nicht hinreichend kodifizierte *ius cogens* die UN-Charta aushebeln dürfen.

Von Interesse sind angesichts dieser Rechtslage nicht zuletzt die Resolutionen der UN, die 2011 zum militärischen Eingreifen in Libyen geführt haben. Mit der Resolution 1970 vom 26. Februar 2011[125] hat der UN-Sicherheitsrat Sanktionen beschlossen, und zwar »*mit dem Ausdruck großer Besorgnis* über die Situation in der Libysch-Arabischen Dschamahirija und unter Verurteilung der Gewalttätigkeit und des Einsatzes von Gewalt gegen Zivilpersonen, *unter Missbilligung* der

122 Zit. nach ebd., S. 53.

123 »Unter den Umständen des vorliegenden Falles reicht das Interesse der Kläger daran, durch ein Gericht zur Sache gehört zu werden, nicht aus, um gegenüber dem wesentlichen allgemeinen Interesse an der Wahrung des Weltfriedens und der internationalen Sicherheit angesichts einer vom Sicherheitsrat gemäß den Bestimmungen der Charta der Vereinten Nationen eindeutig festgestellten Bedrohung zu überwiegen.« Zit. nach ebd., S. 54.

124 Ebd., S. 46 f.

125 S/RES/1970 (2011)**; Vorauskopie des Deutschen Übersetzungsdienstes, Vereinte Nationen, New York.

groben und systematischen Verletzung der Menschenrechte, einschließlich der Unterdrückung friedlicher Demonstranten, mit dem Ausdruck seiner tiefen Besorgnis über den Tod von Zivilpersonen und unter unmissverständlicher Ablehnung der von der höchsten Ebene der libyschen Regierung ausgehenden Aufstachelung zu Feindseligkeit und Gewalt gegenüber der Zivilbevölkerung, [...] *in der Erwägung*, dass die ausgedehnten und systematischen Angriffe gegen die Zivilbevölkerung, die in der Libysch-Arabischen Dschamahirija gegenwärtig begangen werden, möglicherweise Verbrechen gegen die Menschlichkeit darstellen, [...] *unter Hinweis* auf die Verantwortung der libyschen Behörden, die Bevölkerung zu schützen, [...] *tätig werdend* nach Kapitel VII der Charta der Vereinten Nationen und Maßnahmen nach deren Artikel 41 ergreifend«.

Nachdem die libysche Diktatur die UN-Forderungen nicht erfüllt hatte, wurden mit der Sicherheitsratsresolution 1973[126] – »*tätig werdend* nach Kapitel VII der Charta der Vereinten Nationen« – die Mitgliedstaaten ermächtigt, »die eine Notifizierung an den Generalsekretär gerichtet haben und die einzelstaatlich oder über regionale Organisationen oder Abmachungen und in Zusammenarbeit mit dem Generalsekretär tätig werden, alle notwendigen Maßnahmen zu ergreifen, ungeachtet der Ziffer 9 der Resolution 1970 (2011), um von Angriffen bedrohte Zivilpersonen und von der Zivilbevölkerung bewohnte Gebiete in der Libysch-Arabischen Dschamahirija, einschließlich Bengasis, zu schützen«. Diese Ermächtigung wurde ausdrücklich »unter Ausschluss ausländischer Besatzungstruppen jeder Art in irgendeinem Teil libyschen Hoheitsgebiets« erteilt. Sie umfasste »alle notwendigen Maßnahmen [...], um die Befolgung des mit Ziffer 6 verhängten Flugverbots den Erfordernissen entsprechend durchzusetzen«, und die Durchsetzung eines Waffenembargos.

Diese Resolution wurde vom UN-Sicherheitsrat beschlossen »*unter Hinweis* auf seine Resolution 1970 (2011) vom 26. Februar 2011, *missbilligend*, dass die libyschen Behörden die Resolution 1970 (2011) nicht befolgen, *mit dem Ausdruck* seiner großen Besorgnis über die sich verschlimmernde Lage, die Eskalation der Gewalt und die zahlreichen Opfer unter der Zivilbevölkerung, *erneut erklärend*, dass die libyschen Behörden dafür verantwortlich sind, die libysche Bevölkerung zu schützen, und *bekräftigend*, dass die an bewaffneten Konflikten beteiligten Parteien die Hauptverantwortung dafür tragen, alle durchführbaren Schritte zu unternehmen, um den Schutz der Zivilpersonen zu gewährleisten, *unter Verurteilung* der groben und systematischen Verletzung von Menschenrechten, insbesondere willkürlicher Inhaftie-

126 S/RES/1973 (2011).

rungen, des Verschwindenlassens und summarischer Hinrichtungen, [...] *mit dem Ausdruck seiner Entschlossenheit*, den Schutz der Zivilpersonen und der von der Zivilbevölkerung bewohnten Gebiete sowie den raschen und ungehinderten Durchlass humanitärer Hilfe und die Sicherheit der humanitären Helfer zu gewährleisten [...] *unter Hinweis* auf seinen Beschluss, die Situation in der Libysch-Arabischen Dschamahirija seit dem 15. Februar 2011 dem Ankläger des Internationalen Strafgerichtshofs zu unterbreiten, und *betonend*, dass diejenigen, die für die Angriffe gegen die Zivilbevölkerung, einschließlich aus der Luft und von See, verantwortlich sind oder daran mitbeteiligt waren, zur Rechenschaft gezogen werden müssen, [...] *in Bekräftigung* seines nachdrücklichen Bekenntnisses zur Souveränität, Unabhängigkeit, territorialen Unversehrtheit und nationalen Einheit der Libysch-Arabischen Dschamahirija, *feststellend*, dass die Situation in der Libysch-Arabischen Dschamahirija auch weiterhin eine Bedrohung des Weltfriedens und der internationalen Sicherheit darstellt«.

Diese Resolution und mit ihr und vergleichbaren Resolutionen verbundene militärische Interventionen zeigen zum einen, in welchem Maße – unter Berufung auf Kapitel VII der UN-Charta – menschenrechtliche, die Ahndung von Verbrechen gegen die Menschlichkeit einschließende *ius-cogens*-Normen im Rahmen der zunehmend globalen Konstitutionalisierung des Völkerrechts *de facto* Vorrang vor dem Souveränitätsprinzip gewonnen haben.[127] Dies hat international politische und völkerrechtstheoretische Kontroversen ausgelöst.[128] Zu-

[127] Zu erinnern ist hier daran, dass Kelsen bereits 1920 in *Das Problem der Souveränität und die Theorie des Völkerrechts* Souveränität nicht mehr als Eigenschaft der Staaten, sondern als Eigenschaft der Rechtsordnung bestimmt hat. Meine Kritik an der Einschränkung des Souveränitätsprinzips richtet sich dementsprechend nicht gegen Herrschaftseinbußen der Staaten, sondern gegen Verluste an Herrschaft des Rechts. Zum Prozess der »›Entsouveränisierung‹ [...] durch die Ausdehnung und Effektivierung des Menschenrechtsschutzes« vgl. Paech 2009, S. 52 und insgesamt S. 51-66.

[128] Zur ›interventionsethischen‹ Frage, ob Menschenrechte mit Gewalt durchgesetzt werden können, und zu anti-interventionistischen und interventionistischen Argumenten vgl. Kersting 2000, S. 237-272. Kersting kritisiert den neuen Interventionismus, der nicht mehr vorrangig friedenspolitisch, sondern menschenrechtsprotektionistisch gerechtfertigt wird: »Wird der Friedensbegriff jedoch menschenrechtlich aufgeladen, wird die interventionsausschließende Unabhängigkeitsgarantie von der Erfüllung menschenrechtlicher Forderungen abhängig gemacht, dann besteht die Gefahr, daß das Sicherheitssystem ins Wanken gerät, da der neue, normativ ausgeweitete, da binnenstaatliche Menschenrechtlichkeit in zufriedenstellendem Ausmaß kriteriell einbeziehende Friedensbegriff eine weitaus geringere Anerkennungschance besitzt.« (Ebd. S. 238 f.) Er hält »das Problem men-

gleich mehren sich die Stimmen, die geltungstheoretische Fragen von dieser neuen politischen Faktizität her beantworten und für eine ›dynamische Auslegung der UN-Charta‹ plädieren und damit eine Lockerung des Gewaltverbots anstreben.

Zu ihnen gehört Michael Herdegen. In seiner Kommentierung zu Art. 25 GG[129] stellt er fest, es gebe seit längerer Zeit »in der Völkerrechtslehre Bestrebungen, den hergebrachten Kanon der Völkerrechtsquellen zu erweitern und das sog. *soft law* einzubeziehen. Mit diesem ›weichen Recht‹ sind vor allem Resolutionen politischer Organe universell oder regional tätiger Organisationen, namentlich *Resolutionen der UN-Generalversammlung* über grundlegende zwischenstaatliche Ordnungsprinzipien gemeint. Solche Resolutionen mögen einen breiten Konsens der Staatengemeinschaft über geltendes Gewohnheitsrecht indizieren, Wandlungen im Gewohnheitsrecht befördern oder die Fortgeltung gewohnheitsrechtlicher Grundsätze erschüttern.« Herdegen räumt zwar ein, dass derartige Resolutionen unmittelbar, »d. h. ohne eine hinreichend verfestigte und breite Staatenpraxis [...] selbst bei einem entsprechenden Rechtsbindungswillen der Mitgliedstaaten (der keineswegs zu vermuten ist) kein Völkerrecht« erzeugen können. Doch flössen »oft die Bekundung schon geltenden Rechts und die Suche nach (neuem) ›richtigem‹ Recht ineinander«.[130]

Herdegen bestreitet zwar nicht, dass das »völkerrechtliche *Gewaltverbot*, wie es in Art. 2 Nr. 4 der UN-Charta umschrieben ist, [...] längst als universelles Völkergewohnheitsrecht« gilt. Aber er behauptet: »Auch im Völkergewohnheitsrecht anerkannte Rechtfertigungsgründe für die Anwendung von Gewalt liefern die Resolutionen des UN-Sicherheitsrates nach dem VII. und dem VIII. Kapitel der Charta sowie das Recht auf individuelle und kollektive Selbstverteidigung (Art. 51 UN-Charta).« Zwar sei für »die gewaltsame *humanitäre Intervention* im Dienste elementarer Menschenrechte (wie sie die NATO-Staaten zum Schutz der Zivilbevölkerung im Kosovo gegen die Bundesrepublik Jugoslawien im Frühjahr 1999 praktiziert haben) [...] die Herausbildung eines gewohnheitsrechtlichen Rechtfertigungsgrun-

schenrechtlich legitimierter militärischer Interventionen [für] praktisch nahezu unlösbar« (ebd., S. 240) und plädiert dafür, dass das völkerrechtliche Interventionsverbot »allenfalls für einen gewaltabwehrenden, gewaltunterbindenden Interventionismus [...] außer Kraft gesetzt werden« darf (ebd., S. 264).

129 Art. 25 GG: »Die allgemeinen Regeln des Völkerrechts sind Bestandteil des Bundesrechtes. Sie gehen den Gesetzen vor und erzeugen Rechte und Pflichten unmittelbar für die Bewohner des Bundesgebietes.«

130 Herdegen in Maunz/Dürig, Kommentar z. GG, 63. Erg.lfg. 2011, Art. 25, Rn. 18.

des umstritten«. Dabei sei »jedoch zu beachten, daß in der Staatenwelt und in der Völkerrechtslehre in jüngerer Zeit die Bereitschaft dramatisch zugenommen hat, im Rahmen der UN-Charta das Gewaltverbot in eine Abwägung mit elementaren Menschenrechten zu bringen und so in besonders schwerwiegenden Fällen eine humanitäre Intervention zuzulassen. Hier dürfte eine ›dynamische‹ Auslegung der UN-Charta über deren Wortlaut hinaus unmittelbar auf völkergewohnheitsrechtliche Regeln durchschlagen. Denn schon angesichts der Geltung der UN-Charta für fast alle Mitglieder der Staatengemeinschaft beanspruchen die mit der Charta vereinbaren Durchbrechungen des Gewaltverbotes auch im universellen Gewohnheitsrecht Geltung.«[131]

Diese ›dynamische Auslegung‹ hat Konsequenzen auch für das Verständnis des Art. 25 GG bezüglich der *innerstaatlichen* Behandlung fremder Völkerrechtsverletzungen und der Anwendung völkerrechtswidrigen ausländischen Rechts. Das GG verbietet aufgrund des *ius cogens* die Mitwirkung an fremden Völkerrechtsverletzungen. Für Herdegen bedeutet dies jedoch nicht, »daß deutsche Staatsorgane völkerrechtswidrigen Maßnahmen fremder Staaten *stets* die Anerkennung versagen müßten. Vielmehr ist hier eine nuancierende Betrachtung angezeigt«. Es gebe »Fälle, in denen die Bundesrepublik Deutschland bei ihrem Verhalten schlicht *faktischen* Auswirkungen von Völkerrechtsverstößen Rechnung trägt, ohne den völkerrechtswidrigen Zustand (etwa die Annexion fremden Gebiets) anzuerkennen. Dies ist insbesondere in den Fällen unbedenklich, in denen es um den Schutz individueller Belange geht, die sonst auf dem Altar völkerrechtlicher Zwistigkeiten geopfert zu werden drohen.« Für Herdegen eröffnet dies »*Spielräume bei der Anerkennung völkerrechtswidriger Maßnahmen*«: »Schließlich enthält das Völkerrecht kein allgemeines Gebot, völkerrechtswidrigen Akten stets die Anerkennung zu versagen. Soweit also das Völkerrecht die Anerkennung völkerrechtswidriger Maßnahmen (oder deren Versagung) in das Ermessen der Bundesrepublik Deutschland stellt, beschränkt Art. 25 Satz 1 GG diese Wahlfreiheit nicht. [...] Im übrigen gilt auch hier wieder, daß bei der Behandlung fremder Völkerrechtsverletzungen das Völkerrecht weiten Raum für eine Interessenabwägung (unter Einschluß privater Belange) und eine Berücksichtigung des Zeitablaufs läßt. Dieser Gestaltungsspielraum ist um so weiter, je geringer die Belange der gesamten Staatengemeinschaft betroffen sind.«[132]

131 Ebd., Rn. 26.

132 Ebd., Rn. 38-40.

Herdegen begründet seine Position insgesamt mit der für ihn unter Bedingungen der ›Asymmetrien der Staatenwelt‹ *de facto* offensichtlichen »Tendenz zu einem ›konstruktiven Völkerrecht‹«[133], zum ›Völkerrecht als Wertordnung‹. Für ihn stellt sich »auch die Frage nach der Akzeptanz des UN-Systems [...], das kollektive Sicherheit allenfalls bei Konkordanz der großen geopolitischen Interessen gewährleisten kann«. Es bestehe »stärker als je zuvor eine ökonomische und militärische Asymmetrie zu Gunsten der Staaten, die dem Leitbild des eigenverantwortlich agierenden Individuums und demokratischer Willensbildung verpflichtet sind. Diese Asymmetrie katalysiert eine Deutung des Völkerrechts als Wertordnung. *Dieses Wertordnungsverständnis bricht mit der absoluten Dominanz strikt verstandener Prinzipien wie dem Gewaltverbot und der souveränen Gleichheit. Der Schutz elementarer Menschenrechte und elementarer Lebensinteressen tritt hier gleichberechtigt neben das Integritätsinteresse der einzelnen Staaten.*«[134] Der Wertordnungsansatz »öffnet herkömmlich formal strukturierte Prinzipien wie das Gewaltverbot einer Abwägung mit kollidierenden Werten. Vor allem entzieht dieser Deutungsansatz der absoluten Dominanz des Integritätsinteresses jedes einzelnen Staates die Grundlage. Nur so lässt sich die Völkerrechtsordnung als komplexe, in sich stimmige Wertordnung überhaupt erhalten. [...] Bei allen Problemen ist ein wertbezogener Deutungsansatz schon wegen der formalen Rigidität, d.h. der faktischen Änderungsresistenz der UN-Charta unverzichtbar. Nur dieser Deutungsansatz sichert auf Dauer die Zukunftsfähigkeit der UN-Charta als ›*living instrument*‹«.[135]

Die Aufhebung des Souveränitätsprinzips *als* Grundlage des Gewaltverbots und der entsprechende Wandel in der Völkerrechtstheorie weisen auf schwerwiegende Defizite einer *Konstitutionalisierung ohne Konstitution* hin:

(i) Die neuen Völkerrechtsnormen werden von den UN *ad hoc* und unter Bedingungen asymmetrischer politischer Einflussmöglichkeiten

133 »Die Asymmetrien der Staatenwelt befördern »in der Wechselwirkung mit dem aufkommenden Wertordnungsdenken und dem immer dichteren Netz von kodifizierten Normen einen grundlegenden Wandel des Völkerrechts insgesamt: nämlich die Tendenz zu einem ›konstruktiven Völkerrecht‹ (*constructive international law*), das stark von Abwägungsprozessen und der Extrapolation aus universell eindeutig konzedierten Normen lebt.« (Herdegen 2004, S. 573; vgl. ebd., S. 581 f.). In seinem Buch *Völkerrecht* hat Herdegen in »§ 5. Staatenwelt als Rechtsgemeinschaft und das Völkerrecht als objektive Wertordnung« das Konzept ›konstruktives Völkerrecht‹ ausführlich dargelegt.

134 Ebd., S. 572. Hervorh. v. mir.

135 Ebd., S. 575 f.

der Staaten formuliert und angewandt. Eine *Weltrechtsverfassung* gerät damit immer mehr aus dem Blick.

(ii) Zur mangelnden Verrechtlichung der neuen Normen, die oft weniger aus Gründen von Recht und Moral als aus Machtgründen angewandt werden, gehört, dass (a) die Resolutionen der UN-Generalversammlung ungeachtet der Tatsache, dass sie von Mehrheiten der Staaten beschlossen werden (›Gesetz der Zahl‹) und sich in ihnen die ›Entwicklungsländer‹ artikulieren können, keine völkerrechtliche Bindungswirkung haben und (b) UN-Sicherheitsratsresolutionen, in denen das ›Gesetz der Macht‹ zum Ausdruck kommt, hinsichtlich der konkret zu ergreifenden Maßnahmen vage bleiben können, weil prozedurale Ausführungsbestimmungen für legitimierbare humanitäre Interventionen fehlen.

(iii) Die neuen Normen sollen dem menschenrechtlichen Schutz dienen; *de facto* ermöglichen sie aber die Verletzung der Würdenorm und des Rechts auf Leben; obwohl die humanitären Interventionen zum Schutz der Zivilbevölkerung auf die Zerstörung des militärischen Potenzials des Staates, gegen den sie eingeleitet werden, gerichtet sein sollen, nehmen – ob im Irak, in Afghanistan oder in Libyen – die als ›Kollateralschäden‹ verharmlosten und verhöhnten Opfer unter der Zivilbevölkerung erschreckend zu.[136]

(iv) Die mit einem nicht hinreichend klar formulierten UN-Mandat ausgestatten Interventionsmächte sehen sich ohne Rechtsgrundlage ›berechtigt‹, ihre Handlungsbefugnisse zu überschreiten; dies zeigt nicht nur der nicht zu verheimlichende Einsatz ausländischen Militärs auf libyschem Territorium, sondern auch die offen verkündete Zielsetzung, den Diktator – lebendig oder tot – auszuschalten.

Doch auch angesichts dieser Probleme darf nicht vergessen werden, dass es nicht nur eine Instrumentalisierung der Menschenrechte zu Lasten des Gewaltverbots gibt, sondern auch eine Instrumentalisierung dieses Verbots, der UN-Charta und des ›Rechts auf Entwicklung‹, durch die den UN bei schwerwiegenden Menschenrechtsverletzungen die Hände gebunden werden sollen. Dies zeigt sich z.B. im Verhalten der Russischen Föderation und der VR China als Vetomächten im UN-Sicherheitsrat hinsichtlich der Menschenrechtsverletzungen in Syrien in den Jahren 2011/2012.

136 Kersting 2000, S. 270, behauptet, die »Forderung des moralischen Rigorismus, nur solche militärischen Interventionen zuzulassen, die die Menschenrechtsverletzungen eines fremden Staates selbst menschenrechtsverletzungsfrei unterbinden«, sei »illusionär. Militärische Interventionen sind großkalibrige Handlungen«. Dies mag *de facto* derzeit noch zutreffen, entbindet aber die UN nicht davon, ›humanitäre‹ Interventionen durch das Internationale Recht ›menschenrechtsverletzungsfrei‹ zu regeln.

Zum Völkerrecht gehört *de facto* eine »Verschränkung von Gewaltlegitimation und Gewaltkritik«: »Jeder politische Akteur steht unter Rechtfertigungsdruck (auch wenn er aufgrund seiner Macht irrtümlich glaubt, sich über alle Standards hinwegsetzen zu können). Das Völkerrecht bietet in diesem Sinne eine Arena für die allgegenwärtigen Rechtfertigungspraktiken der internationalen Politik: Jeder Versuch, die Bedingungen zulässiger Gewalt zu definieren, um damit den willkürlichen Gewaltgebrauch einzuschränken, kann als normative Ressource zur Rechtfertigung von Gewalt genutzt werden und auf diesem Wege zur Ausweitung des Gewaltgebrauchs beitragen, weil jede Regel bei ihrer Anwendung interpretationsbedürftig ist und darüber hinaus die Möglichkeit eröffnet, Ausnahmen von der Regel geltend zu machen. Aber jede Nutzung des Rechts als Ressource der Rechtfertigung stellt immer auch eine Affirmation des Rechts dar [...]. Damit festigt die Rechtfertigungspraxis die Möglichkeiten ihrer Kritik (oder öffentlichkeitswirksamen Skandalisierung), die dann wiederum auf das politische Handeln zurückwirkt. Dabei dreht sich nicht alles notwendigerweise im Kreise, vielmehr handelt es sich um einen Kampf um das Recht, der genauso von bornierten Interessen wie von normativen Agenden befeuert wird, wobei sich beide wechselseitig durchdringen. Diese wechselseitige Durchdringung zeigt sich nirgends so deutlich wie im Kampf um die Einschränkung militärischer Handlungsfreiheit der Staaten. Hier geht es zum einen um funktionale Zusammenhänge (sowohl Einschränkung wie Aufrechterhaltung von Handlungsfreiheit als Eigeninteresse), zum andern um normative Dynamiken (Selbstbindung an das Recht und Recht als Fremdbestimmung). Unter diesen Gesichtspunkten ist das Völkerrecht selbst Teil der Schlachten, die es regulieren und (zugunsten einer Zivilisierung der internationalen Beziehungen) transzendieren soll.«[137]

Trotz dieser Ambiguität gibt es im Prozess der Konstitutionalisierung des Völkerrechts begrüßenswerte Fortschritte; sie sind vor allem im ›Wiener Übereinkommen über das Recht der Verträge‹ und insgesamt im noch unabgeschlossenen Prozess der Konkretisierung von *ius-cogens*-Normen und der Verpflichtungen *erga omnes* erkennbar. Doch die Widersprüche zwischen Souveränitätsgarantie, Friedensgebot, Gewaltverzicht, hegemonialer Rolle ›starker‹ Staaten und menschenrechtlich begründeten – in besonderen Fällen nicht grundsätzlich auszuschließenden[138] – humanitärer Intervention sind (noch) nicht aufgehoben. Dies ist der Grund für die Einrichtung der ›Internationalen Humanitären Ermittlungskommission‹, die seit 1991 besteht und als stän-

137 Brock 2012.

138 Der Völkermord in Ruanda wäre als ein solcher Fall anzusehen gewesen.

diges Organ der Staatengemeinschaft auf Anfrage eines an einem bewaffneten Konflikt beteiligten Vertragsstaates mögliche Kriegsverbrechen oder andere Verletzungen des humanitären Völkerrechts untersuchen soll.[139] Die Rechtsgrundlage der Kommission ist Art. 90 des Zusatzprotokolls vom 8. Juni 1977 zu den Genfer Abkommen vom 12. August 1949 über den Schutz der Opfer internationaler bewaffneter Konflikte. Die Mitglieder der Kommission sind in persönlicher Eigenschaft tätig und haben den Grundsatz der Unparteilichkeit zu respektieren.

Bilanziert man nüchtern, so ist zu sagen, dass die Welt von der erhofften *Herrschaft des Rechts* als einer weltrechtlichen, auf die *rule of law* gestützten Verfassung der Weltgesellschaft so weit entfernt ist wie von einer weltweit verwirklichten Demokratie, die diesen Namen verdient: »Das Völkerrecht wird als Kooperationsrecht gleichberechtigter Subjekte und als konsensgebundene Rechtsordnung einer demokratisch gestalteten und nicht hegemonial dominierten Staaten- und Konfliktordnung stets eine unsichere Zukunft haben. Der Inhalt dieser Ordnung, der Fortschritt und die Effektivität ihrer auf Frieden und soziale Gerechtigkeit ausgerichteten Rechtsprinzipien werden weitgehend davon abhängen, inwieweit es wirklich gelingt, die Gewalt- und Herrschaftsstrukturen in den internationalen Beziehungen zu nivellieren, d. h. zu demokratisieren. Entscheidend für diesen Prozess ist der innere Zustand der Demokratisierung in den Staaten des ›Norden‹, insbesondere der gegenwärtigen Hegemonialmacht USA und ihrer europäischen Kooperationspartner, unter ihnen nicht zuletzt die Bundesrepublik Deutschland.«[140]

Aber hat es wirklich, wie Norman Paech und Gerhard Stuby betonen, »keinen Sinn, das gegenwärtige Demokratiedefizit in den internationalen Beziehungen durch universalistische Vorstellungen von Weltökonomie, Weltstaat, Weltbürgerrecht und Weltinnenpolitik oder mit Forderungen nach Überwindung der staatlichen Souveränität hinweginterpretieren zu wollen«?[141] Was den Welt*staat* anbetrifft, fällt Zustimmung zu ihrer Skepsis leicht. Auch ihre *empirische* Feststellung ist nicht anzuzweifeln, nach wie vor sei »die tiefe Spaltung der Weltgesellschaft in Nord und Süd, Zentrum und Peripherie [...] auch nach Auflösung des Ost-West-Antagonismus und der Differenzierung unter

139 An der Wahl neuer Kommissionsmitglieder, die auf Einladung der Schweiz, des Depositarstaats der Genfer Abkommen von 1949 und ihrer Zusatzprotokolle von 1977, Anfang Dezember 2011 in Bern stattfand, nahmen 62 Staaten teil. Wahlberechtigt waren die 72 Vertragsparteien, welche die Zuständigkeit der Kommission anerkannt haben.

140 Paech/Stuby 2010, S. 871.

141 Ebd.

den Staaten, die als Dritte Welt bezeichnet werden, der Grundtatbestand der internationalen Beziehungen und des Völkerrechts«.[142]

Doch hieraus folgt nicht zwingend, auf die *normative* Idee einer in den Menschenrechten gründenden welt*rechtlichen* Verfassung einer Föderation der Staaten zu verzichten. Es handelt sich um eine Verfassung, deren Grundlage die UN-Charta ist. Diese Charta rechtlich *vereinter* Nationen zu einer weltrechtlichen Verfassung so zu erweitern, dass die Achtung und der Schutz der Menschenwürde und der Menschenrechte nicht länger mit dem Friedensgebot und dem Gewaltverbot kollidiert, ist die vorrangige Herausforderung unserer Zeit. Diese Verfassung muss dem Rechts- und Sozialstaatsprinzip nicht nur formell, sondern auch materiell, d.h. in der Perspektive ›Gleichheit und Gerechtigkeit‹ entsprechen und eine demokratisch verfasste Ordnung sein. Die so konzipierte universelle Konstitutionalisierung des *ius cogens* darf nicht beim Schutz der bürgerlichen und politischen Menschenrechte Halt machen. Der bisher vernachlässigte Schutz der ökonomischen und sozialen Menschenrechte ist nicht von geringerer Bedeutung.

Dieser Programmatik haben sich inzwischen große zivilgesellschaftliche Akteure wie das *Weltsozialforum* verpflichtet, das unter dem Motto *Eine andere Welt ist möglich* Gegenveranstaltungen zu den Gipfeln der WTO, zum Davoser Weltwirtschaftsforum und zu den Weltwirtschaftsgipfeln der Regierungschefs der G8-Staaten organisiert. In der am 9. April 2001 in Sao-Paulo verabschiedeten ›Charta der Prinzipien‹ heißt es: »Das Weltsozialforum ist ein offener Treffpunkt für reflektierendes Denken, demokratische Debatte von Ideen [...], freien Austausch von Erfahrungen und das Verbinden für wirkungsvolle Tätigkeit, durch und von Gruppen und Bewegungen der Zivilgesellschaft, die sich dem Neoliberalismus und Herrschaft der Welt durch das Kapital und jeder möglichen Form des Imperialismus widersetzen. [...] Das Weltsozialforum widersetzt sich allen totalitären und reduktionistischen Ansichten der Wirtschaft, der Entwicklung und der Geschichte, und dem Einsatz von Gewalttätigkeit als Mittel der Sozialsteuerung durch den Staat. Es unterstützt Respekt für die Menschenrechte, die Praxis echter Demokratie, partizipatorische Demokratie, friedliche Beziehungen in Gleichheit und Solidarität zwischen Menschen, Ethnien, Geschlechtern und Völkern, und verurteilt alle Formen von Herrschaft und jede Unterdrückung eines Menschen durch einen anderen.«[143]

142 Ebd.

143 http://weltsozialforum.org/prinzipien/index.html.

Teil VI

Demokratie

9. Demokratie

9.1 Was bedeutet ›Demokratie‹?[1]

Demokratie gilt als die Form der *Selbstherrschaft des Volkes*, als Ausdruck der *Volkssouveränität*.[2] Ist diese Annahme normativ und faktisch zutreffend oder nur in normativer Hinsicht? Oder ist Demokratie die Regierungsform, in der weder einer allein, noch einige wenige, noch alle herrschen, sondern einige alle – oder auch nur einige – repräsentieren?[3] Ist Demokratie »nur eine *Form*, nur eine *Methode* [...], die soziale Ordnung zu erzeugen«, wie Hans Kelsen gesagt hat?[4] Ist sie die politische Form, in der eine antagonistische Gesellschaft ihre Interessenwidersprüche aufzuheben versucht?[5] Ist Demokratie rechtlich-staatlich verfasster Pluralismus?[6] Oder ist Demokratie, wie Carl Schmitt behauptet hat, die auf der Homogenität des ›Volkes‹ gründende ›Identität von Regierenden und Regierten‹ – mit der Tendenz zur ›totalitären Demokratie‹?[7] Oder besteht, wie in der Konkurrenz- und Pluralismustheorie der Demokratie[8] angenommen, die Rolle des demokratisch verfassten Staates darin, unter Voraussetzung der Anerkennung gesellschaftlicher Interessengegensätze die Bedingungen für Ausgleich, Kompromiss und die Einhaltung von Spielregeln zu schaffen? Zeichnet sich demokratische Herrschaftsorganisation durch ihre Orientierung »an der *Idee der Freiheit*« aus, »und zwar erstens an der Freiheit des Einzelnen und zweitens an der gleichen Freiheit aller«, und zugleich dadurch, dass die »der staatlichen Rechtsordnung Unterworfenen [...] im Sinne der Selbstbestimmung des Volkes deren autonome Schöpfer, die Adressaten der Rechtsnormen zugleich deren Autoren« sind?[9] Oder kann man Demokratie bestimmen »als einen gesellschaftlichen Zustand und zugleich als eine politische Form, in denen Herrschaft von Menschen über Menschen prinzipiell aufgehoben und eine gesellschaftliche sowie politische Autonomie und Autarkie

1 Für hilfreiche kritische Anmerkungen und Ergänzungsvorschläge zu diesem Kapitel danke ich Werner Goldschmidt und Lars Lambrecht.

2 Vgl. hierzu Abschn. 9.6.

3 Zur politischen Repräsentation s.u. Abschn. 9.8.

4 Kelsen 1981 [1929], S. 98.

5 Vgl. Abendroth 1972.

6 Vgl. Fraenkel 1979.

7 Vgl. Schmitt 1928, S. 234 ff.

8 Vgl. Fraenkel 1973, Eisfeld 2006.

9 Dreier in Dreier 2004, Art. 20 (Demokratie), Rn. 62.

konstituiert ist«?[10] Ist Demokratie ein auch für alle Bereiche der Zivilgesellschaft geltendes Grundprinzip?

Ist Demokratie das beste Herrschaftsmodell, auf das alle Gesellschaften und Staaten verpflichtet werden müssen – und sei mit den Mitteln gewaltsamen Exports –, oder ist sie, wie Winston Churchill am 11. November 1947 in einer Rede im britischen Unterhaus gesagt hat, »the worst form of government – except for all those other forms, that have been tried from time to time«?

Die Geschichte[11] der oft mit Revolution und Gewalt durchgesetzten Demokratie[12], ihre Gegenwart und die Vielfalt von Demokratietheorien[13] zeigen, dass es *die* Demokratie nicht gegeben hat und nicht gibt; dies spiegelt sich auch in der Unschärfe des Demokratiebegriffs.[14] Zu unterscheiden sind die mittelbare, repräsentative, parlamentarische (Parteien-)Demokratie (wie in Deutschland), das Konzept der partizipatorischen[15] oder ›deliberativen‹[16] Demokratie, die unmittelbare

10 Lambrecht 1990, S. 484.

11 Zur Entstehung des Demokratiebegriffs vgl. Meier 1970; zur historischen Entwicklung vgl. die enzyklopädischen Darstellungen in Conze/Koselleck/Maier/Meier/Reimann 1972 und Lambrecht 2010; zur antiken Polis-Demokratie vgl. Fistetti 2010, zu Demokratietheorien von der Antike bis zur Gegenwart vgl. Massing/Breit 2006.

12 Vgl. zur Demokratie- als Revolutionsgeschichte Abendroth 1979, S. 249-253.

13 Vgl. u.a. Macpherson 1977, Maus 1992, Maus 2011, Sartori 1992, Neumann 1995, Saage 2005, Schmidt 2008.

14 »Der Demokratiebegriff ist durch seine notorische Unschärfe gekennzeichnet und entzieht sich daher wie kaum ein zweiter der kompakten Definition. Seine immer wieder festgestellte Weite und Offenheit rührt vor allem daher, daß Demokratie nicht nur juristische Kategorie mit konkret angebbaren normativen Direktiven und unmittelbar formender Kraft, sondern stets auch und zugleich politisches Ideal (wenn nicht Utopie) und – niemals vollständig erfüllbares – Staatsziel ist.« (Dreier in Dreier 2004, Art. 20 (Demokratie), Rn. 5).

15 Vgl. zu einer partizipatorischen ›starken‹ Demokratie aus kommunitaristischer Sicht Barber 1994; zu seiner Kritik an der ›mageren Demokratie‹ des Liberalismus vgl. ebd., Kap. 1 und 2, S. 31 ff.

16 »Der Begriff ›deliberative Demokratie‹, aufgrund der engen Verknüpfung mit der Diskurstheorie auch *Diskursdemokratie* genannt, bezeichnet ein normatives Modell, ein regulatives Ideal, das darauf abzielt, das gängige Konzept der repräsentativen Demokratie durch die Aufnahme eines kollektiven Verfahrens der politischen Entscheidungsfindung auszugleichen oder zu ergänzen, welches die direkte oder indirekte Partizipation aller potenziell Betroffenen beinhaltet und auf das Prinzip der Demokratie rekurriert, das die öffentliche Diskussion der unterschiedlichen Vorschläge impliziert.« (Velasco 2010, S. 363). Vgl. Kap. VII ›Deliberative Politik – ein Verfahrens-

oder direkte, plebiszitäre (Basis-)Demokratie[17] (wie in einigen Kantonen der Schweiz), die Präsidialdemokratie (wie in Frankreich oder in den USA), die Demokratie in Republiken oder in Monarchien (wie z. B. in Großbritannien) oder auch die Rätedemokratie[18] nach 1917 und die sozialistische Volksdemokratie[19] nach 1945 usw.[20]

Mit nüchternem Blick auf ihre Entstehung und Entwicklung schrieb John Dewey 1927: »Die politische Demokratie ist als eine Art Netto-Folge aus einer riesigen Menge reaktiver Angleichungen an eine riesige Zahl von Situationen entstanden, von denen keine zwei einander glichen, die aber dazu neigten, in einem gemeinsamen Ergebnis zu konvergieren. Die demokratische Konvergenz war außerdem nicht das Resultat spezifischer historischer Kräfte und Faktoren. Noch weniger ist die Demokratie das Produkt *der* Demokratie, eines inhärenten Triebes oder einer immanenten Idee. Die maßvolle Verallgemeinerung, die Einheit der demokratischen Bewegung sei in dem Bestreben zu finden, in der Folge früherer politischer Institutionen erlittene Übel abzustellen, erfaßt, daß sie Schritt für Schritt vor sich ging und daß jeder

begriff der Demokratie‹ in Habermas 1994; vgl. zu Bürgerrechten und deliberativer Demokratie in der Perspektive einer pluralistischen Verfassungstheorie Gerstenberg 1997: Deliberativ ist das Konzept »einer auf unbegrenzte Dauer gestellten *Prozedur*, in der das Recht einerseits der demokratischen Politik zur Disposition steht, andererseits zugleich aber Vorbedingung demokratischer Politik ist« (ebd., S. 23). Zu einem Plädoyer für ein deliberatives Modell demokratischer Legitimität vgl. Benhabib 1995. Zur Kritik am diskurstheoretischen Konzept der deliberativen Demokratie vgl. Poulain 2011, S. 117 ff. und 128.

17 Vgl. Hernekamp 1979.

18 Vgl. Heun, Rätesystem. In: *Evangelisches Staatslexikon*, [3]1987, Sp. 2681 ff.

19 Vgl. Heun, Volksdemokratie. In: ebd., Sp. 3901 ff. Zur ›sozialistischen Demokratie‹ vgl. Institut für Theorie des Staates und des Rechts der Akademie der Wissenschaften der DDR, *Marxistisch-leninistische Staats- und Rechtstheorie. Lehrbuch*, Berlin 1975, Kap. 14. »*Der Begriff der sozialistischen Demokratie bezeichnet* [...] *das gesamte System der politischen Organisation der sozialistischen Gesellschaft, an dessen Spitze die marxistisch-leninistische Partei als der bewußte und organisierte Vortrupp der Arbeiterklasse steht, sowohl hinsichtlich seiner politisch-sozialen Struktur als auch hinsichtlich seiner praktischen gesellschaftlichen Aktion.*« (Ebd., S. 287 f.).

20 »War Demokratie in ihrer bisherigen Geschichte durch Partikuläres gekennzeichnet – Demokratie z. B. der ›Griechen‹, der ›Armen‹, der ›Unterdrückten‹, der gesellschaftlichen ›Ungleichheit‹ etc. –, so stellt sie heute ein Allgemeines dar: Alle, so könnte man sagen, sind Demokraten, und die *differentia specifica* ist ins Adjektiv verdrängt: Man unterscheidet ›radikale‹, ›plebiszitäre‹, ›repräsentative‹, ›konservative‹, ›partizipatorische‹, ›kooperative, ›reflexive‹, ›prozedurale‹, ›deliberative‹, ›globale‹ ... Demokratie.« (Lambrecht 2010, S. 373).

Schritt ohne Vorwissen irgendeines Endergebnisses unternommen wurde, und größtenteils unter dem unmittelbaren Einfluß einer Menge voneinander abweichender Impulse und Parolen.«[21]

›Demokratie‹ ist ein mit kulturellen Sinngehalten geladenes Deutungsschema. Auseinandersetzungen über das Verständnis von ›Demokratie‹ gehören zu konkreten historischen Situationen. Oft wird gesagt, Demokratie sei eine ›Erfindung des Westens‹ und in andere Kulturen nicht implementierbar.[22] Dem widerspricht z. B. der tunesische Jurist Yahd Ben Achour unter dem Eindruck des ›arabischen Frühlings‹: »Das tunesische Volk hat im Verlauf der jüngsten Ereignisse gezeigt, dass die Idee der Demokratie weder eine Idee des Orients noch des Okzidents, weder des Nordens noch des Südens ist, sondern die Territorien und Grenzen überschreitet und für die ganze Menschheit konstitutiv ist. Der Mensch ist dazu geschaffen, Demokrat zu sein. Er nimmt weder Folter noch Diskriminierung hin, noch dass er als denkendes Wesen erstickt wird. Die Kultur, vor allem die moderne Rechtskultur, musste nur den Deckmantel lüften, unter dem er verhüllt war – dem der Entfremdung, der Tradition, des Konformismus, der endophasischen Kultur, der Orthodoxie der Macht und der Massen, der Gewissheit und der Überheblichkeit. Diese Kultur besteht darin, die Menschheit daran zu erinnern, dass die Knechtschaft für unsere Gattung kein Schicksal ist, dem man nicht entrinnen kann. Man hat dies ›Aufklärung‹ genannt – *»al anwâr«*.« In den revolutionären Prozessen habe man in der arabischen Welt aber auch begriffen, »dass die aus dem Westen importierte Legende der Demokratie tot ist. Sie war nichts als eine von allen Staats- und Regierungschefs im Interesse der Diktatur kolportierte Lüge, die auch von deren westlichen Freunden verbreitet wurde, um uns einzureden, die Demokratie sei das Vorrecht der schönen vornehmen Nationen des Universums, während für uns die Diktatur besser sei, gäbe sie uns doch das tägliche Brot. Das Land aber hatte letztlich weder ein Recht auf Brot noch auf Freiheit. Das Volk verweigerte sich solchen Lehren, und die Idee der Demokratie erhielt so durch das tunesische Volk ihre Ehre und soziale Würde.«[23]

Zu denen, die sich in der arabischen Welt theoretisch und praktisch-politisch für die Demokratie engagieren, gehört auch der tunesische Philosoph Fathi Triki. Er hat eine Unterscheidung zwischen nomineller, prozeduraler und aktiver Demokratie vorgeschlagen und für die aktive Demokratie plädiert: »*1. Die nominelle Demokratie* – In ihr begegnet der Name ›Demokratie‹ in der Bezeichnung von Ländern, in

21 Dewey 1996 [1927], S. 81.

22 Siehe zu dieser kulturrelativistischen Annahme in diesem Buch Abschn. 3.8.

23 Ben Achour 2012, S. 13.

deren Verfassungen und/oder in offiziellen Dokumenten, ohne dass es aber eine Anwendung demokratischer Prinzipien und die Achtung der elementaren Regeln demokratischen politischen Handelns gäbe. Diese Demokratie ist Fassade; sie bietet auf der politischen und zivilen Bühne [...] nur entfernt an die Strukturen wahrhaft demokratischer Länder erinnernde Nachahmungen: kontrollierte, umzingelte und paralysierte Oppositionsparteien, schlecht geführte Gewerkschaften und funktionsunfähige Nichtregierungsorganisationen (NGOs). In dieser Demokratie gibt es nur *ein* Denken, *eine* Partei, *ein* Schicksal, und immer die Tyrannei einer zentralisierten Macht, die Güter und Rechte konfisziert und nichts toleriert. [...] 2. *Die prozedurale Demokratie* – Wir sehen die Demokratie in ihrer modernen Verfasstheit als einen Ort an, an dem zwei Grundelemente miteinander verflochten sind: die Volksmassen, das ›Reich der Zahl‹ in Form der ›Souveränität der Mehrheit‹, und der Konstitutionalismus, der ein Ensemble individueller und kollektiver Freiheiten und Rechte schützen will, indem er sie der Macht der Mehrheit entzieht und zu ihrem Schutz Verfassungsgarantien bietet. Diejenigen, welche die prozedurale Form der Demokratie unterstützen, betrachten sie als eine Technik, die es erlaubt, mittels des Verfahrens des Mehrheitsvotums eine Entscheidung oder eine Wahl herbeizuführen, die jedes Mitglied der Gesellschaft – unabhängig von seiner eigenen Meinung – respektieren und umsetzen muss. [...] Das allgemeine Wahlrecht, die Wahlen und die demokratische Abstimmung sind sozusagen die wirksamsten Mittel der Absicherung gegen Tyrannei und dagegen, dass Interessengruppen das Räderwerk des Staates in ihre Hände bekommen, sowie der Sicherung der Freiheit, die vor allem Abwesenheit von Zwang bedeutet. Deshalb müssen die Verfahren im Rahmen einer Verfassung praktisch umgesetzt werden, welche die Verfahrensregeln spezifiziert, nach denen öffentliche Entscheidungen getroffen werden; die Verfassung garantiert den Genuss der fundamentalen politischen Freiheiten.«

Die *aktive Demokratie* charakterisiert Triki folgendermaßen: »Auch die aktive Demokratie gründet in der Strenge der Verfahren und der Achtung der Formen. Aber sie zielt darauf, diese in Richtung der öffentlichen Partizipation an den politischen Angelegenheiten weiterzuentwickeln [...]. Die aktive Demokratie schreibt das Gesamt der Grundrechte in die Verfassung ein, gründet die politische Aktivität auf moralische, von allen anerkannte Prinzipien, schützt die Grundfreiheiten und wirkt im Interesse der Verbreitung der Gesetze, welche die Chancengleichheit garantieren. Darüber hinaus kann sie aufgrund dieser Fundierung ein System sozialer Solidarität etablieren, um jedermann die sozialen Voraussetzungen einzuräumen, die er braucht, um seine Rechte auszuüben und in wirksamer Weise und in aller Unabhängigkeit die Grundfreiheiten zu genießen. [...] Im realen Leben ist derjenige, der nicht über das Minimum an Mitteln zum Leben verfügt, weder unabhängig noch frei. Soziale Solidarität ist eine der unabdingbaren Voraussetzungen demokratischen Zusammenlebens. Sie gehört zum Prinzip der Vernünftigkeit.«[24]

›Demokratie‹ ist in Gesellschaften, in denen es sie nicht gibt, ein Zeichen der Hoffnung. In Gesellschaften, die sich als demokratisch verfasst verstehen, ist ›Demokratie‹ zum einen ein politischer Kampfbegriff, um dessen Gehalt gestritten werden kann und gestritten wird; zum andern sind ›Demokratie‹ und ›demokratisch‹ *normative* verfassungsrechtliche Konzepte, ohne deren Verwirklichung nicht feststeht, was Demokratie ist und was aus dem Demokratieprinzip folgt. Auch die normative Dimension enthält Hoffnung: die Erwartung, dass bestehende Demokratiedefizite behebbar sind. Im Folgenden soll es nicht um alle Facetten der Demokratie und des Demokratiebegriffs gehen – z. B. nicht um soziologische Fragen –, sondern um zentrale verfassungsrechtliche Aspekte vor allem der Demokratie in Deutschland.

Im Grundgesetz für die Bundesrepublik Deutschland findet sich der Begriff ›Demokratie‹ nicht explizit. Es fordert in Art. 10 Abs. 2 den »Schutze der freiheitlichen demokratischen Grundordnung«.[25] Art. 20 Abs. 1 und Abs. 2GG enthält das Demokratieprinzip als durch Art. 79 Abs. 3 GG geschützten »Identitätskern der Verfassung«[26]: »(1) Die Bundesrepublik Deutschland ist ein demokratischer und sozialer Bundesstaat. (2) Alle Staatsgewalt geht vom Volke aus. Sie wird vom Volke in Wahlen und Abstimmungen und durch besondere Organe der Gesetzgebung, der vollziehenden Gewalt und der Rechtsprechung ausgeübt.« Die weiteren Bestimmungen des Art. 20 lauten: »(3) Die Gesetzgebung ist an die verfassungsmäßige Ordnung, die vollziehende Gewalt und die Rechtsprechung sind an Gesetz und Recht gebunden. (4) Gegen jeden, der es unternimmt, diese Ordnung zu beseitigen, haben alle Deutschen das Recht zum Widerstand, wenn andere Abhilfe

24 Triki 2011, S. 143-146.

25 Vgl. die Formulierungen in Art. 11 Abs. 2, Art. 18, Art. 21 Abs. 2, Art. 73 10 b, Art. 87a Abs. 4 und Art. 91 Abs. 1 GG.

26 BVerfGE, 2 BvR 1390/12 vom 12.9.2012, (213); vgl. ebd., (208). Herzog zufolge nimmt »Art. 20 im Gefüge des GG eine zentrale materiell-rechtliche Funktion wahr, die am besten und prägnantesten mit der Bezeichnung als *Staatsfundamentalnorm* umschrieben werden kann.« (Herzog in Maunz/Dürig, Grundgesetz-Kommentar Art. 20 II (Lfg. 18), Rn. 7). Zum Demokratieprinzip des Grundgesetzes vgl. Dreier 1997 und Dreier in Dreier 2004, Art. 20 (Demokratie). Zur Entstehung und Veränderung dieser GG-Norm vgl. ebd., Rn. 18-23.

nicht möglich ist.« In Art. 28 Abs. 1 GG ist das Prinzip formuliert: »Die verfassungsmäßige Ordnung in den Ländern muß den Grundsätzen des republikanischen, demokratischen und sozialen Rechtsstaates im Sinne dieses Grundgesetzes entsprechen.«

9.2 ›Wehrhafte‹ Demokratie

Mit dem GG wollte der Parlamentarische Rat Lehren aus dem Scheitern der Weimarer Republik ziehen.[27] »Die entscheidende Schwäche der Weimarer Demokratie«, so G. Dürig in seinem Kommentar zu Art. 18 GG, »war ihre Wertneutralität. Sie erschöpfte sich in formalen Funktionierensprinzipien, in die materiell jeder Inhalt eingehen konnte; auch der politische Inhalt, dieses ›System‹ (›Schwarz-Rot-Mostrich‹) und die ›Demokratie überhaupt‹ ganz beseitigen zu wollen. Dieser ›Wertrelativismus‹, der alles und jedes hinnahm, wenn es nur Ergebnis des formalen Mehrheitsprinzips war, bedeutete die ›*Demokratie als Selbstmord*‹ [...]. Vor Hitler war Weimar, und Weimar konnte die NS-Diktatur nicht aufhalten. Gewiß, es führten viele verschiedene Kausalketten zur Hitler-Diktatur. Aber die verfassungsjuristisch entscheidende begann damit, daß die junge Weimarer Demokratie selbst nicht mit rechtlich erkennbarer Abwehrbereitschaft konsequent ›*an sich glaubte*‹. [...] Es ergab sich die absurde Situation, daß sich die Gegner des Weimarer Rechtsstaates im Schutze der Freiheitsrechte ungehindert zum Angriff sammeln konnten, daß sie im Zeichen der Freiheitsrechte und *unter Berufung* auf sie diesen Rechtsstaat unterlaufen, schmähen, bekämpfen und schließlich zerstören konnten, um dann eben jene Grundrechte zu beseitigen, die man früher im Rechtsstaat für das Zerstörungswerk am Rechtsstaat mißbraucht hatte.«[28]

Es sollte ›keine Freiheit für die Feinde der Freiheit‹ mehr geben. Die neue Demokratie sollte eine ›wertgebundene‹[29] und deshalb ›streitba-

[27] Vgl. Fundament für eine wehrhafte Demokratie. Die Arbeit des Parlamentarischen Rates. In: Blickpunkt Bundestag. SPEZIAL-Ausgabe 02/2008.

[28] Dürig in Maunz/Dürig, Maunz/Dürig, Kommentar z. GG, Art. 21, Rn. 5.

[29] Das GG geht von einer »*wertgebundene[n] Demokratie*« aus. Es »kann doch nicht bestritten werden, dass das GG einen breiten Bereich materieller Grundsätze – im Gegensatz zu den formellen Bestimmungen über Staatsorganisation und Staatswillensbildung – enthält. Zumindest insofern kann also von einer Wertgebundenheit der grundgesetzlichen Demokratie gesprochen werden. Mit dieser Feststellung steht in enger Verbindung, dass die Demokratie des GG eine *streitbare*, dass heißt *verteidigungsbereite Demokratie* ist. Auch dieser Grundsatz gehört zu den entscheidenden Fundamenten der geltenden Verfassungsordnung. [...] Zwischen dem Prinzip der

re‹, ›militante‹, ›wehrhafte‹ Demokratie‹ sein[30]: Das BVerfGE hat erklärt, »daß diese Verfassung nicht wertneutral ist, sondern sich für zentrale Grundwerte entscheidet, sie in ihren Schutz nimmt und dem Staat aufgibt, sie zu sichern und sie zu gewährleisten (Art. 1 GG). Sie trifft Vorkehrungen gegen ihre Bedrohung, sie institutionalisiert besondere Verfahren zur Abwehr von Angriffen auf die verfassungsmäßige Ordnung, sie konstituiert eine wehrhafte Demokratie. [...] Der freiheitliche demokratische Rechtsstaat kann und darf sich nicht in die Hand seiner Zerstörer geben.«[31]

Dies ist das Leitprinzip des Art. 18 GG: »Wer die Freiheit der Meinungsäußerung, insbesondere die Pressefreiheit (Artikel 5 Abs. 1), die Lehrfreiheit (Artikel 5 Abs. 3), die Versammlungsfreiheit (Artikel 8), die Vereinigungsfreiheit (Artikel 9), das Brief-, Post- und Fernmeldegeheimnis (Artikel 10), das Eigentum (Artikel 14) oder das Asylrecht (Artikel 16a) zum Kampfe gegen die freiheitliche demokratische Grundordnung mißbraucht, verwirkt diese Grundrechte. Die Verwirkung und ihr Ausmaß werden durch das Bundesverfassungsgericht ausgesprochen.«

Dass der nach 1945 lange Zeit auf dem rechten Auge nahezu blinde, für frühere Nationalsozialisten offene[32] und mit dem linken Auge um so schärfer ausspähende Staat selbst einen Kampf gegen die freiheitliche demokratische Grundordnung führen konnte, belegt der als Berufsverbot wirkende ›Extremistenbeschluss‹ der Regierungschefs des Bundes und der Länder vom 28. Januar 1972: »1. Nach den Beamtengesetzen in Bund und Ländern darf in das Beamtenverhältnis nur berufen werden, wer die Gewähr dafür bietet, daß er jederzeit für die

wertgebundenen Demokratie und dem der streitbaren Demokratie besteht zwar insofern ein Zusammenhang, als der Gedanke an aktive Verteidigung gerade bei einer wertgebundenen Verfassungsordnung besonders nahe liegt. Dennoch könnte man sich auch die aktive Verteidigung einer Verfassungsordnung vorstellen, die deutlich weniger materiale Verfassungsprinzipien enthält, und umgekehrt lässt sich eine Verfassungsordnung denken, die zwar die von ihr konstituierten Staatsgewalten an wesentliche materiellrechtliche Grundsätze bindet, die aber auf eine aktive Verteidigung gegenüber Verfassungsfeinden verzichtet. Festzuhalten bleibt also, dass zwischen den beiden Prinzipien zwar eine beträchtliche Verbindung besteht, dass diese Verbindung aber nicht begriffsnotwendig ist.« (Grzeszick in Maunz/Dürig, Kommentar z. GG, 63. Erg.lfg. 2011, Art. 20, Rn. 56-57a).

30 Vgl. zum Konzept ›wehrhafte Demokratie‹ Dürig/Klein in Maunz/Dürig/Herzog/Scholz, Komm. z. GG, Art. 18, Rn. 7, Avenarius 2002, S. 61, Thiel 2003.

31 BVerfGE 39, 334 vom 22. Mai 1975 (39).

32 Der Türöffner für ehemalige Nationalsozialisten waren Art. 131 GG und die aus ihm folgende Bundes- und Landesgesetze.

freiheitliche demokratische Grundordnung im Sinne des Grundgesetzes eintritt, sind Beamte verpflichtet, sich aktiv innerhalb und außerhalb des Dienstes für die Erhaltung dieser Grundordnung einzusetzen. Es handelt sich hierbei um zwingende Vorschriften. 2. Jeder Einzelfall muß für sich geprüft und entschieden werden. Von folgenden Grundsätzen ist dabei auszugehen: [...] 2.1.1 Ein Bewerber, der verfassungsfeindliche Aktivitäten entwickelt, wird nicht in den öffentlichen Dienst eingestellt. 2.1.2 Gehört ein Bewerber einer Organisation an, die verfassungsfeindliche Ziele verfolgt, so begründet diese Mitgliedschaft Zweifel daran, ob er jederzeit für die freiheitliche demokratische Grundordnung eintreten wird. Diese Zweifel rechtfertigen in der Regel eine Ablehnung des Einstellungsantrages.«[33] Bis zur Abschaffung der Regelanfrage beim Bundesamt für Verfassungsschutz wurden insgesamt 1,4 Millionen Personen überprüft. Ca. 1.100 davon wurde der Eintritt in den bzw. das Verbleiben im öffentlichen Dienst verwehrt. Insgesamt wurden 11.000 Verfahren eingeleitet; bei Lehrern gab es 2.200 Disziplinarverfahren und 136 Entlassungen.

Das BVerfGE hat in seinem das GG *nicht* schützenden Beschluss vom 22. Mai 1975 den ›Extremistenbeschluss‹ mit der Feststellung legitimiert, es sei »schlechterdings ausgeschlossen, daß dieselbe Verfassung, die die Bundesrepublik Deutschland aus der bitteren Erfahrung mit dem Schicksal der Weimarer Demokratie als eine streitbare, wehrhafte Demokratie konstituiert hat, diesen Staat mit Hilfe des Art. 3 Abs. 3 GG seinen Feinden auszuliefern geboten« habe.[34] Die Leitsätze 1 und 2 des Urteils lauteten: »1. Es ist ein hergebrachter und zu beachtender Grundsatz des Berufsbeamtentums (Art. 33 Abs. 5 GG), daß den Beamten eine besondere politische Treuepflicht gegenüber dem Staat und seiner Verfassung obliegt. 2. Die Treuepflicht gebietet, den Staat und seine geltende Verfassungsordnung, auch soweit sie im Wege einer Verfassungsänderung veränderbar ist, zu bejahen und dies nicht bloß verbal, sondern insbesondere in der beruflichen Tätigkeit dadurch, daß der Beamte die bestehenden verfassungsrechtlichen und gesetzlichen Vorschriften beachtet und erfüllt und sein Amt aus dem Geist dieser Vorschriften heraus führt. Die politische Treuepflicht fordert mehr als nur eine formal korrekte, im übrigen uninteressierte, kühle, innerlich distanzierte Haltung gegenüber Staat und Verfassung; sie fordert vom Beamten insbesondere, daß er sich eindeutig von

33 Ministerialblatt Nordrhein-Westfalen 1972, S. 342.

34 BVerfGE 39, 334 (96); vgl. ebd., (135). Art. 3 Abs. 3 GG: »Niemand darf wegen seines Geschlechtes, seiner Abstammung, seiner Rasse, seiner Sprache, seiner Heimat und Herkunft, seines Glaubens, seiner religiösen oder politischen Anschauungen benachteiligt oder bevorzugt werden.«

Gruppen und Bestrebungen distanziert, die diesen Staat, seine verfassungsmäßigen Organe und die geltende Verfassungsordnung angreifen, bekämpfen und diffamieren. Vom Beamten wird erwartet, daß er diesen Staat und seine Verfassung als einen hohen positiven Wert erkennt und anerkennt, für den einzutreten sich lohnt. Politische Treuepflicht bewährt sich in Krisenzeiten und in ernsthaften Konfliktsituationen, in denen der Staat darauf angewiesen ist, daß der Beamte Partei für ihn ergreift.«

Was der im GG nicht näher definierte Begriff ›freiheitliche demokratische Grundordnung‹ bedeutet, hat das BVerfGE, das erstmals 1956 im KPD-Verbotsurteil von einer »streitbaren Demokratie«[35] gesprochen hatte, mehrfach interpretiert; es hat z. B. festgestellt: »So lässt sich die freiheitliche demokratische Grundordnung als eine Ordnung bestimmen, die unter Ausschluss jeglicher Gewalt- und Willkürherrschaft eine rechtsstaatliche Herrschaftsordnung auf der Grundlage der Selbstbestimmung des Volkes nach dem Willen der jeweiligen Mehrheit und der Freiheit und Gleichheit darstellt. Zu den grundlegenden Prinzipien dieser Ordnung sind mindestens zu rechnen: die Achtung vor den im Grundgesetz konkretisierten Menschenrechten, vor allem vor dem Recht der Persönlichkeit auf Leben und freie Entfaltung, die Volkssouveränität, die Gewaltenteilung, die Verantwortlichkeit der Regierung, die Gesetzmäßigkeit der Verwaltung, die Unabhängigkeit der Gerichte, das Mehrparteienprinzip und die Chancengleichheit für alle politischen Parteien mit dem Recht auf verfassungsmäßige Bildung und Ausübung einer Opposition.«[36]

Wie die Geschichte der Bundesrepublik Deutschland zeigt, kann eine Demokratie, »die von ihren Bürgern eine Verteidigung der freiheitlichen Ordnung erwartet und einen Mißbrauch der Grundrechte zum Kampf gegen diese Ordnung nicht hinnimmt«[37], zum Mittel des Parteiverbots greifen. Parteien, die sich gegen die ›freiheitlich demokratische Grundordnung‹ stellen, können auf Antrag des Deutschen Bundestages, des Bundesrates oder der Bundesregierung vom BVerfGE gem. Art. 21 Abs. 2 GG verboten werden.[38] »Art. 21 Abs. 2 ist neben Art. 9 Abs. 2 und Art. 18 GG, aber auch anderen Bestimmungen (Art. 2 Abs. 1, 5 Abs. 3 S. 2, 20 Abs. 4, 79 Abs. 3, 91, 98 Abs. 2 und 5 GG) eine derjenigen Vorschriften des Grundgesetzes, in denen sich dessen Entscheidung für die *abwehrbereite* (wehrhafte, streitbare) *Demokratie* manifestiert. Die abwehrbereite Demokratie stellt sich der

35 BVerfGE 5, 85 (246).

36 Entscheidungen des BVerfGE, Bd. 2, S. 12.

37 BVerfGE 28, 36, (51).

38 Das Verbotsverfahren ist in §§ 43-47 BVerfGG geregelt.

Erfahrung, daß der demokratische Verfassungsstaat nicht gegen den Versuch gefeit ist, im Schutz der von ihm selbst gegebenen Freiheitsgarantien eben diese um ihre Wirkung zu bringen.«[39]

Diese Abwehrbereitschaft kann im Einzelfall angemessen sein. Doch sind auch Folgen, die nicht nur Nebenerscheinungen sind, kritisch abzuwägen: nicht zuletzt die Skandale von Geheimdiensten, v.a. eines ›Verfassungsschutzes‹, der sich der in der Demokratie notwendigen öffentlichen Kontrolle – nicht zuletzt von V-Leuten, die als *agents provocateurs* Rechtsverletzungen provozieren und an Verbrechen beteiligt sind – entzieht und selbst dann gedeckt wird, wenn er geheimdienstliche Mittel zur Beobachtung von Parlamentariern einsetzt.[40] Ulrich K. Preuß verweist zu Recht darauf, dass dies nicht als Lehre aus der Weimarer Republik begründbar ist: »*Die gegenwärtige Ideologie der wertbesetzten ›wehrhaften Demokratie‹ projiziert sich selbst ungeschichtlich in die Weimarer Republik zurück* und glaubt, ein durch sie vermittelter ›Verfassungsschutz‹ hätte damals den Weg zum Nazi-Regime versperren können.«[41] Im Verfassungsschutz sieht er »*ein[en] vorhandene Bestände zementierende[n] Staatsschutz*«.[42]

39 Klein in Maunz/Dürig, Kommentar z. GG, Lfg. 38, Art. 21, Rn. 490.

40 So werden z.B. seit Jahren die Abgeordneten der Partei DIE LINKE ›beobachtet‹. Der Sprecher des Bundesinnenministeriums erklärte in der Regierungspressekonferenz vom 25. Januar 2012 auf die Frage, ob das Innenministerium eine Notwendigkeit sehe, »im Moment etwas an der Praxis der Beobachtung von Politikern der Partei DIE LINKE durch den Verfassungsschutz zu ändern«: »Nein, wir sehen keinen Sinn, das jetzt zu ändern. Es gibt eine klare rechtliche Grundlage für die Beobachtung der Partei DIE LINKE, und zwar einmal durch das Bundesverfassungsschutzgesetz sowie durch das Urteil des Bundesverwaltungsgerichts 2010. Beidem können Sie entnehmen, dass DIE LINKE völlig zu Recht Beobachtungsobjekt des Verfassungsschutzes ist. Man muss es vielleicht noch einmal klar äußern: Grundlage dafür im Bundesverfassungsschutzgesetz ist, dass zu den Aufgaben des Verfassungsschutzes ganz klar die Beobachtung, Sammlung und Auswertung von Informationen über Organisationen gehört, die Bestrebungen gegen die freiheitliche demokratische Grundordnung und den Bestand oder die Sicherheit des Bundes unternehmen. Das ist in § 3 Bundesverfassungsschutzgesetz geregelt. Das sehen wir bei der Partei DIE LINKE in verschiedenen Punkten bestätigt. In Teilen der Partei DIE LINKE sehen wir eine Überwindung der Staats- und Gesellschaftsordnung. Wir sehen eine Förderung von extremistischen Zusammenschlüssen. Wir sehen eine Unterstützung von ausländischen Terrororganisationen. Wir sehen eine mangelnde Distanzierung gegenüber der DDR als Unrechtsstaat. Alle diese Gründe sprechen sehr wohl dafür, die Partei DIE LINKE weiterhin zu beobachten.«

41 AK-GG Preuß Art. 21 Abs. 2, Rz. 53. Zur Kritik am Konzept und an der Praxis des Verfassungsschutzes vgl. ebd., Rz. 28-54.

42 Ebd., Rz. 40.

9.3 Demokratie und Öffentlichkeit

Mit Art. 20 GG ist die Reichweite des Demokratiebegriffs noch nicht hinreichend bestimmt. Unter den Bedingungen pluralistischer Gesellschaften umfasst der Begriff der Demokratie »über die staatlichen Institutionen hinaus« eine Reihe »zivilgesellschaftlicher Akteure und Institutionen [...], so dass sie präziser als ein *pluralistisches gesellschaftlich-politisches System* bezeichnet werden muss. Die Existenz von mehreren, politisch (programmatisch und personell) konkurrierenden Parteien, von gesellschaftlichen Vereinigungen bzw. Organisationen mit Interessens- oder Weltanschauungscharakter etc., freie ad-hoc-Vereinigungen (Bürgerinitiativen), ein vielfältiges, unabhängiges Presse- und Medienwesen, kurz: eine liberal-demokratisch strukturierte *Öffentlichkeit* ist wesentliche gesellschaftliche Bedingung ihres Funktionierens.«[43]

Öffentlichkeit[44] ist die wesentliche Voraussetzung der Demokratie und des Mehrheitsprinzips. Dies hat John Dewey 1927 in *The Public and its Problems* betont: »Majority rule, just as majority rule, is as foolish as its critics charge it with being. But it is never merely majority rule [...]. The means by which a majority comes to be a majority is the important thing: antecedent debates, the modification of views to meet the opinions of minorities [...]. The essential need, in other words, is the improvement of the methods and conditions of debate, discussion and persuasion.«[45] In einer Besprechung von Walter Lippmanns Buch *The Phantom Public* (1925)[46] zum Problem der Kluft zwischen ›Eingeweihten‹ und Unwissenden hat Dewey unterstrichen,

43 Goldschmidt 2010, S. 2603.

44 »Öffentlichkeit ist zwar ein ebenso elementares gesellschaftliches Phänomen wie Handlung, Aktor, Gruppe oder Kollektiv; aber es entzieht sich den herkömmlichen Begriffen für soziale Ordnung. Öffentlichkeit lässt sich nicht als Institution und gewiss nicht als Organisation begreifen; sie ist selbst kein Normengefüge mit Kompetenz- und Rollendifferenzierung, Mitgliedschaftsregelung usw. Ebensowenig stellt sie ein System dar [...] Die Öffentlichkeit lässt sich am ehesten als ein Netzwerk für die Kommunikation von Inhalten und Stellungnahmen, also von *Meinungen* beschreiben; dabei werden die Kommunikationsflüsse so gefiltert und synthetisiert, dass sie sich zu themenspezifisch gebündelten *öffentlichen* Meinungen verdichten. Wie die Lebenswelt insgesamt, so reproduziert sich auch die Öffentlichkeit über kommunikatives Handeln, für das die Beherrschung einer natürlichen Sprache ausreicht; sie ist auf die *Allgemeinverständlichkeit* der kommunikativen Alltagspraxis eingestellt.« (Habermas 1994, S. 435 f.)

45 Dewey 1927, S. 168.

46 Unter dem Titel *Practical Democrcy* in *The New Republic* 45 (2 December 1925), S. 52-54, erschienen.

die Funktion der Öffentlichkeit bestehe darin, »von Zeit zu Zeit in die Arbeit der Eingeweihten einzugreifen«. Zur Bewältigung dieser Aufgabe benötige »die Öffentlichkeit Kriterien; diese sind in der Absicht entworfen, ihr die Unterscheidung zwischen der Gruppe, deren Politik wirklich das öffentliche Interesse befördert, und jenen, welche die Öffentlichkeit zur Werbung für eigennützige Ziele benutzen, zu ermöglichen. Um zu dieser Unterscheidung zu gelangen, ist es wesentlich herauszufinden, welche der Eingeweihtengruppen am wenigsten gewillt ist, ihre Ansprüche einer offenen Untersuchung auszusetzen, und am wenigsten gewillt ist, sich an das Ergebnis einer angemessenen Publizität zu halten. Denn der Weg der Vernunft ist der Weg der Bereitschaft, einer rechtmäßigen Regelung zu folgen; während ihr die Einsicht in den rationalen Kern der verschiedenen Anträge fehlt, kann die Öffentlichkeit wenigstens über deren Form, deren Methode und Geist urteilen. Der Unwillen, einen Fall der Untersuchung zu unterwerfen, ist ein sicheres Zeichen der Aversion gegen die Rechtmäßigkeit der Vernunft und des Gesetzes.«[47]

Das BVerfGE hat in seinem Urteil zur Parteienfinanzierung im April 1966 Erläuterungen zu Art. 20 GG gegeben und wesentliche Elemente einer pluralistischen ›*Demokratie-von-unten*‹ definiert: »Der Grundgesetzgeber hat sich, indem er die freiheitliche demokratische Grundordnung geschaffen hat, für einen freien und offenen Prozeß der Meinungs- und Willensbildung des Volkes entschieden. [...] In einem demokratischen Staatswesen muß sich insbesondere die Willensbildung des Volkes frei, offen und unreglementiert vollziehen [...] Das Volk bringt jedoch seinen politischen Willen nicht nur durch Wahlen und Abstimmungen zum Ausdruck. Das Recht des Bürgers auf Teilhabe an der politischen Willensbildung äußert sich nicht nur in der Stimmabgabe bei Wahlen, sondern auch in der Einflußnahme auf den ständigen Prozeß der politischen Meinungsbildung, der Bildung der ›öffentlichen Meinung‹ [...] Willensbildung des Volkes und staatliche Willensbildung sind auf vielfältige Weise miteinander verschränkt. In einer Demokratie muß sich diese Willensbildung aber vom Volk zu den Staatsorganen, nicht umgekehrt von den Staatsorganen zum Volk hin, vollziehen. Die Staatsorgane werden durch den Prozeß der politischen Willensbildung des Volkes, der in die Wahlen einmündet, erst hervorgebracht«.[48]

Vom Volk zu den Staatsorganen: Ist Demokratie die hier unterstellte Herrschaft des Volkes? Was bedeutet der Satz »Wir sind das Volk« in einer pluralistischen Gesellschaft, in der Menschen mit unterschied-

47 Dewey 1996 [1927], S. 11.

48 BVerfGE 20, 56 (135 ff.).

lichen, gar unvereinbaren Interessen, unterschiedlicher ethnischer Herkunft und verschiedenen religiösen, moralischen und politischen Überzeugungen zusammenleben? Gibt es ›das Volk‹ als ›*Wir*‹? Können wir uns mit Gewissheit darauf verlassen, dass dieses ›Wir‹ die Grundlage guter und gerechter Herrschaft ist, einer Herrschaft von in gleichem Maße dem Wohl aller verpflichteten Freien und Gleichen? Dies ist offensichtlich nicht so, auch dann nicht – oder, wie im Falle des Nationalsozialismus, gerade dann nicht –, wenn ein Volk sich mit ›seiner‹ Herrschaft identifiziert. Wenn es anders wäre, brauchten ›wir‹ keine *Rechts- und Sanktionssysteme*, die festlegen, was sein *soll*. Sie sind notwendig, weil das, was sein *soll*, nicht *ist*. Dies kommt auch im oben zitierten Satz aus dem Urteil des BVerfGE zum Ausdruck: »In einem demokratischen Staatswesen *muß* sich insbesondere die Willensbildung des Volkes frei, offen und unreglementiert vollziehen.«

Wenn man verstehen will, was Demokratie sein kann und ist bzw. nicht ist, dann ist es sinnvoll, auf die im ersten Teil dieses Buches erläuterten Ausgangsprobleme zurückzukommen.

(i) Die Urteilsfähigkeit der Subjekte der Demokratie ist in vieler Hinsicht schwach und führt zu Gewissheiten, die nicht zweifelsfrei gewiss sein können. Folgt daraus eine eingeschränkte Souveränität derer, die sich in der Demokratie organisieren?

(ii) In pluralistischen Gesellschaften konkurrieren Interessen, Überzeugungen, Gewissheiten und Wahrheiten; zu ihnen gehören auch moralische Einstellungen und subjektive Vorstellungen von Freiheit, Gleichheit, Gerechtigkeit und Recht. Folgt daraus, dass man sich auch in Politik, Recht und Staat mit Relativismus abfinden muss?

(iii) Menschen sind frei zum Guten und Bösen, zu Gerechtigkeit und Ungerechtigkeit, zu Solidarität und Egoismus. Die jeweiligen privaten moralischen, religiösen und politischen Gewissheiten und die ihnen entsprechenden normativen Vorstellungen – etwa christliche, islamische, jüdische oder atheistische – können nicht auf die ungeteilte Zustimmung aller rechnen. Allgemeine Freiheit, Gleichheit und Gerechtigkeit können sie nicht begründen. Folgt daraus nicht, dass alle ihre Freiheiten einschränken und sich der Herrschaft eines alle verbindenden und für alle verbindlichen Rechts unterwerfen müssen?

(iv) Bloße Legalität, also die Herrschaft der Gesetze, reicht als Grundlage der Demokratie nicht aus. ›Gesetzliches Unrecht‹ hat es gegeben und kann es immer geben. Folgt daraus nicht, dass die Demokratie ihre Legitimität und Anerkennung nur unter der Voraussetzung erreichen kann, dass in ihr die Menschenwürde geschützt und die universellen Menschenrechte garantiert werden, und zwar in der Weise, dass, so Jean-François Kervégan, vermeintlich ›natürliche‹ Rechte ohne metaphysische Begründung als »Prädikate der *citoyenneté*«[49] in politische Garantien transformiert werden?[50]

9.4 Misstrauen gegenüber der Politik – Unbehagen an der Demokratie

Existiert eine solche Demokratie? Ist sie *de facto* als solche anerkannt? Die Idee und der Begriff der Demokratie stoßen derzeit auf Unbehagen und Misstrauen. »Die Demokratie ist nicht mehr selbstverständlich.«[51] Von der Aufbruchstimmung, die nach Jahren des Mangels an Demokratie in der Adenauer-Ära in Willy Brandts »*Wir wollen mehr Demokratie wagen*«[52] zum Ausdruck kam, ist zu Beginn des 21. Jahrhunderts wenig zu spüren.

Laut einer repräsentativen Erhebung der Freien Universität Berlin[53] waren im Jahre 2009 4% mit der Demokratie in Deutschland sehr zufrieden, 41% eher zufrieden, aber 43% eher unzufrieden und 12% sehr unzufrieden. Zu den alarmierenden Ergebnissen einer Untersuchung der Universität Leipzig aus dem Jahre 2010 gehört, dass die De-

49 Kervégan 1998, S. 49.

50 Ebd., S. 51. Die »Auffassung, die Demokratie sei eine notwendige Forderung der Menschenrechte wie auch eine notwendige Voraussetzung für ihre praktische Geltung«, stellt E.-W. Böckenförde mit einem ›Argument‹ in Frage, das ein (Fehl-)Schluss vom Sein aufs Sollen ist: Dann müsse »Demokratie ebenso universal verwirklicht sein [...] wie die Menschenrechte.« Weil aber soziokulturelle, politisch-strukturelle und ethische Bedingungen der Demokratie (»ein gewisses Maß an Emanzipation der Gesellschaft«, »Abwesenheit theokratisch-fundamentalistischer Religionsformen«, ein bestimmtes Maß »an gemeinsamen Grundvorstellungen« und ein »Bewußtsein der Zusammengehörigkeit (sogenannte *relative* Homogenität) sowie »ein Mindestmaß an demokratischem Ethos bei den Bürgern und Amtsträgern«) nicht überall existierten (*Sein*), verbiete es sich, Demokratie »als universales politisches Ordnungsprinzip zu proklamieren« (*Sollen*). Sie könne »auch nicht mit den Menschenrechten so verknüpft werden, dass sie als notwendiger Teil der Gewährleistung der Menschenrechte erscheint, es sozusagen ein immer und überall geltendes Menschenrecht auf Demokratie als politische Ordnungsform gibt«. (Böckenförde 1996, S. N6).

51 Nolte 2011, S. 5.

52 Regierungserklärung Willy Brandts am 28. Oktober 1969 vor dem Deutschen Bundestag. In: ders., *Berliner Ausgabe*, Bd. 7: Mehr Demokratie wagen. Innen- und Gesellschaftspolitik 1966-1974, Bonn 2001.

53 Vgl. http://www.focus.de/service/statistik/gesellschaft-und-politik/deutschland-zufriedenheit-mit-der-demokratie-in-der-bundesrepublik_aid_406813.html.

mokratie keineswegs allein oder auch nur in erster Linie durch Rechtsradikalismus gefährdet ist: »Die Bedrohung der Demokratie ist nicht von den Rändern, sondern aus der Mitte der Gesellschaft heraus zu verstehen.«[54] Weit verbreitet sei »die noch heute bestehende relative Unfähigkeit, Demokratie als eigenes Projekt zu begreifen«.[55] Während 2006 noch 94,5% der Befragten der *Idee der Demokratie* zustimmten, waren es 2010 noch 88,4%. Stimmten 2006 noch 71,2% den demokratischen Prinzipien des Grundgesetzes zu, waren es 2010 nur noch 55,3%. Noch schwerwiegender ist der zunehmende Verlust des Vertrauens in das tatsächliche Funktionieren der Demokratie: Sahen sie 2006 mit 46% schon weniger als die Hälfte der Befragten als funktionsfähig an, ist der Wert 2010 auf nur noch 32,1% gesunken.[56] Parallel hierzu hat der Wunsch nach einer Diktatur zugenommen: »2010 wünscht sich in Deutschland gut jede/r Vierte eine ›starke Partei‹, die die ›Volksgemeinschaft insgesamt verkörpert‹, mehr als jede/r Zehnte einen ›Führer‹, der ›Deutschland zum Wohle aller mit harter Hand regiert‹. Und etwa jede/r Zehnte hält eine ›Diktatur‹ für ›die bessere Staatsform‹.«[57]

Dieser Befund hat nicht nur eine Ursache. Politische Rechtsstaatsdefizite und der Mangel an politischen Alternativen, die als Versagen des Sozialstaates wahrgenommene soziale Ungleichheit und Ungerechtigkeit und nicht zuletzt die zunehmende Entmachtung des Staates durch strukturelle ökonomische Gewalt sind Faktoren, die zusammenspielen. Eindeutig ist, dass die seit 2010 vor allem in Europa dramatische Wirtschafts-, Finanz- und Schuldenkrise das Misstrauen gegenüber ›den Politikern‹ weiter geschürt hat. Eines der damit verbundenen Probleme besteht darin, dass diese Krise in der subjektiven Wahrnehmung der Betroffenen statt als Krise des Regierungshandelns immer mehr als *Demokratie-Krise* wahrgenommen wird: »Die legitimatorischen Ressourcen der sozialen Demokratie werden in diesem, wie Marx es bezeichnete, ›Börsenspiel der Bankokraten‹, in dieser stupenden Umverteilung zugunsten der Reichen aufgezehrt.«[58]

Unter dem Titel ›Kapitalismus braucht keine Demokratie‹ hat der Schriftsteller Ingo Schulze im Januar 2012 zum Übergang zur ›Postdemokratie‹ notiert: »1. Von einem Angriff auf die Demokratie zu spre-

54 Decker/Weißmann/Kiess/Brähler 2010, S. 8. Hans Kelsen hat 1929 in *Vom Wesen und Wert der Demokratie* von der »antidemokratische[n] Haltung der *Bourgeoisie*« gesprochen (Kelsen 1981 [1929], S. 2).

55 Ebd., S. 49.

56 Ebd., 110.

57 Ebd., 140.

58 Altvater 2010, S. 57.

chen, ist euphemistisch. Eine Situation, in der es der Minderheit einer Minderheit gestattet wird, es also legal ist, das Gemeinwohl der eigenen Bereicherung wegen schwer zu schädigen, ist postdemokratisch. Schuld ist das Gemeinwesen selbst, weil es sich nicht gegen seine Ausplünderung schützt, weil es nicht in der Lage ist, Vertreter zu wählen, die seine Interessen wahrnehmen. 2. Jeden Tag ist zu hören, die Regierungen müssten ›die Märkte beruhigen‹ und ›das Vertrauen der Märkte wiedergewinnen‹. Mit Märkten sind vor allem die Börsen und Finanzmärkte gemeint, damit also jene Akteure, die im eigenen Interesse oder im Auftrag anderer spekulieren, um möglichst viel Gewinn zu machen. Sind das nicht jene, die das Gemeinwesen um unvorstellbare Milliarden erleichtert haben? Um deren Vertrauen sollen unsere obersten Volksvertreter ringen? 3. Wir empören uns zu Recht über Wladimir Putins Begriff der ›gelenkten Demokratie‹. Warum musste Angela Merkel nicht zurücktreten, als sie von ›marktkonformer Demokratie‹ sprach?«[59]

Harald Welzer zieht aus der Beobachtung, dass immer mehr Bürgerinnen und Bürger auf Probleme mit der Einstellung reagieren, für Fragen der Demokratie nicht zuständig zu sein, die Schlussfolgerung, der Übergang zur ›Postdemokratie‹ sei bereits eingetreten: »›Postdemokratie‹ hat Colin Crouch die fatale Arbeitsteilung genannt, die Politik als Angelegenheit von Politikern, Experten und Lobbyisten betrachtet und das demokratische Gemeinwesen in bloßes Publikum verwandelt. Das ist schon unter Normalbedingungen gefährlich, weil die für Demokratien lebensnotwendige politische Öffentlichkeit verschwindet. Im Krisenfall werden in der Postdemokratie Entscheidun-

59 In: *Süddeutsche Zeitung*, 12. 1. 2012, S. 11. Schulze bezieht sich auf folgende Äußerung der Bundeskanzlerin Angela Merkel: »Wir leben ja in einer Demokratie, und das ist eine parlamentarische Demokratie, und deshalb ist das Budgetrecht ein Kernrecht des Parlaments und insofern werden wir Wege finden, wie die parlamentarische Mitbestimmung so gestaltet wird, dass sie trotzdem auch marktkonform ist.« (Deutschlandfunk, ondemand-mp3.-dradio.de/file/dradio/2011/09/01/dlf_20110901_1822_a7746d5b.mp3). Zu dem, was Marktkonformität bedeutet, hat Harald Welzer festgestellt, wenige große ökonomische Mächte seien »in der Lage, Regierungen nach Belieben unter Druck zu setzen. Und die reagieren mit ihren atemlosen Gipfeln und Rettungsschirmen als bloße Erfüllungsgehilfen: indem sie Spardiktate verhängen, Referenden verhindern, Staatseigentum verscherbeln und das politische Mandat an einen Markt delegieren, dessen schlichte Funktionslogik sie nicht verstehen oder nicht zu verstehen vorgeben. Der Markt funktioniert (und funktionierte immer) nach der einzigen Maxime, die Vorteile der Marktakteure zu erhöhen. (Debatte Demokratie? Bin ich nicht für zuständig. www.tagesspiegel.de/kultur/demokratie-bin-ich-nicht-fuer-zustaendig/5976282.html).

gen nicht mehr politisch begründet, sondern nur noch attentistisch: es herrscht Zeitdruck, Alternativen gibt es nicht. Parlamente werden nicht gefragt – die Materie ist für durchschnittlich begabte Abgeordnete ohnedies zu kompliziert.«[60]

Ist die Hoffnung auf eine partizipatorische Demokratie, ja auf die Stabilität der Demokratie überhaupt, eine Illusion? Die Politikwissenschaftlerin Bettina Lösch urteilt: »Die Demokratie befindet sich gegen Ende des 20. und zu Beginn des 21. Jh. in einer Krisensituation. Ging man mit der Überwindung totalitärer Systeme zunächst von einem Triumphzug bürgerlich-liberaler Demokratie westlichen Zuschnitts aus, stellt sich gegenwärtig [...] eine ernüchternde Erkenntnis [...] ein. Manche sprechen bereits vom ›Ende der Demokratie‹ oder von einer Periode der ›Post-Demokratie‹.« Hierfür gibt es Gründe, die man nicht leichtfertig von der Hand weisen sollte; zu diesen Gründen gehört: »Politische Entscheidungen werden heute immer weniger von demokratisch legitimierten Institutionen oder Akteuren getroffen, als vielmehr in informellen Verhandlungsrunden, Expertengremien und Politiknetzwerken. Die schwindende politische Öffentlichkeit und die Undurchsichtigkeit der politischen Entscheidungsfindung bewirkten einen Vertrauensverlust der Bürger/innen gegenüber der Politik bzw. deren Repräsentanten/innen.«[61]

Nicht die Demokratie ist die Ursache für das Unbehagen, das sich ihr gegenüber entwickelt hat, sondern eine Krise der Politik zieht die Demokratie in Mitleidenschaft. Die »Umsetzung neoliberaler Politik hat zu einer ›Kolonisierung‹ des Staates durch die Interessen von Unternehmen und Verbänden geführt« – und so zur ›Postdemokratie‹.[62]

60 Ebd.; Welzer bezieht sich auf: Colin Crouch *Post-Democracy*, Oxford 2004, dt.: *Postdemokratie*, Bonn 2008: Postdemokratie ist »ein Gemeinwesen, in dem zwar nach wie vor Wahlen abgehalten werden [...], in dem allerdings konkurrierende Teams professioneller PR-Experten die öffentliche Debatte während der Wahlkämpfe so stark kontrollieren, daß sie zu einem reinen Spektakel verkommt, bei dem man nur über eine Reihe von Problemen diskutiert, die die Experten zuvor ausgewählt haben.« (Ebd., S. 10).

61 Lösch 2010, 372. Die ETH Zürich hat eine Netzwerkanalyse publiziert, die nachweist, dass die wirtschaftliche Macht auf dem Planeten sich auf 147 Unternehmen konzentriert; die 50 stärksten davon kommen mit nur einer einzigen Ausnahme sämtlich aus der Finanz- oder Versicherungswirtschaft (http://arxiv.org/PS_cache/arxiv/pdf/0902/0902.0878v1.pdf).

62 »Eine der zentralen Thesen in den aktuellen Diskussionen über ›Postdemokratie‹ besagt, dass moderne Demokratien hinter einer Fassade formeller demokratischer Prinzipien zunehmend von privilegierten Eliten kontrolliert werden. Die Umsetzung neoliberaler Politik habe zu einer ›Kolonisierung‹ des Staates durch die Interessen von Unternehmen und Verbänden geführt, so dass wichtige politische Entscheidungen heute außerhalb der traditionel-

Chantal Mouffe zufolge ist dies ein Grund für das Missverständnis, die Kritik müsse der Demokratie gelten, aber nicht der einzige. In ihrer Sicht hat vor allem der »Konsens in der politischen Mitte [...] negative Folgen für die demokratische Politikgestaltung. Tatsächlich ist die derzeitige Politikverdrossenheit, die zum drastischen Rückgang der Wahlbeteiligung geführt hat, durch das Fehlen einer echten Wahl zwischen klar unterscheidbaren Alternativen zu erklären. Die Annäherung zwischen den Parteien rechts und links der Mitte hat außerdem in mehreren Staaten das Aufkommen rechtsgerichteter populistischer Parteien gefördert. Ihr Erfolg beruht nicht zuletzt darauf, dass sie als die einzigen erscheinen, die eine wirkliche Alternative zur bestehenden Ordnung anbieten.«[63]

Wenn das Wahlrecht[64] »der wichtigste vom Grundgesetz gewährleistete subjektive Anspruch der Bürger auf demokratische Teilhabe (Art. 20 Abs. 1 und Abs. 2 GG)« ist und ohne »freie und gleiche Wahl desjenigen Organs, das einen bestimmenden Einfluss auf die Regierung und Gesetzgebung des Bundes hat, [...] das konstitutive Prinzip personaler Freiheit unvollständig« bleibt[65], wenn im »Zentrum politischer Machtbildung und Machtbehauptung [...] in der Demokratie die Entscheidung des Volkes« steht und wenn »Machtverlust durch Abwahl« möglich sein soll[66], dann muss sich das Fehlen einer echten Wahl zwischen klar unterscheidbaren Alternativen als Gefahr für die Demokratie auswirken. Die »zur Entscheidung (oder zur Wahl derjenigen, die dann entscheiden sollen) Aufgerufenen« müssen nicht allein »vor reale Alternativen gestellt sein«; sie müssen auch »in die Lage versetzt werden, sich für eine von ihnen zu entscheiden«. Dies setzt voraus, dass »den zur Entscheidung Berufenen die sogenannten Freiheitsrechte garantiert sein [müssen]: Meinungs- und Ausdrucksfreiheit, Versammlungs- und Vereinigungsfreiheit.«[67]

len demokratischen Kanäle gefällt werden. Der Legitimitätsverlust demokratischer Institutionen zeige sich in einer zunehmenden Entpolitisierung.« (Mouffe 2011, S. 3).

63 Ebd., S. 4.

64 »Das Wahlrecht (Art. 38 Abs. 1 GG) gewährleistet als grundrechtsgleiches Recht die Selbstbestimmung der Bürger und garantiert die freie und gleiche Teilhabe an der in Deutschland ausgeübten Staatsgewalt [...]. Sein Gewährleistungsgehalt umfasst die Grundsätze des Demokratiegebots im Sinne von Art. 20 Abs. 1 und Abs. 2 GG, die Art. 79 Abs. 3 GG als Identität der Verfassung auch vor dem Zugriff durch den verfassungsändernden Gesetzgeber schützt«. (BVerfGE, 2 BvR 1390/12 vom 12.9.2012, (208)).

65 BVerfGE, 2 BvE 2/08 vom 30.6.2009 (210).

66 Ebd., (270).

67 Bobbio 1988, S. 10.

Doch es müssen mehr als diese Freiheitsrechte vorausgesetzt sein: eine menschenwürdige Mindestversorgung und eine Gleichheitsprinzipien entsprechende Bildung und Ausbildung unter Einschluss der Anerkennung des Anspruchs auf politische Bildung. Diese Voraussetzungen müssen gegeben sein, wenn die Fähigkeiten aller, mit ihren Rechten *urteilsfähig und mündig* umzugehen, nicht verkümmern sollen.

9.5 Demokratie in normativer Perspektive

Was Demokratie sein soll, ist umstritten. Wird man sich auf mehr als die formale Minimal-Definition verständigen können, die Norberto Bobbio in liberaler Perspektive vorschlägt? Demokratie ist für ihn »als ein Ensemble von (primär oder Grund-)Regeln zu begreifen, die festlegen, wer zur Teilnahme an den kollektiven Entscheidungen berechtigt ist und mit welchen *Verfahren* diese Entscheidungen getroffen werden«.[68] Genügt für ein angemessenes Verständnis von Demokratie Joseph A. Schumpeters *methodische* Definition: »[D]ie demokratische Methode ist diejenige Ordnung der Institutionen zur Erreichung politischer Entscheidungen, bei welcher einzelne die Entscheidungsbefugnis vermittels eines Konkurrenzkampfs um die Stimmen des Volkes erwerben.«?[69] Oder ist mit einer »kritische[n] Demokratietheorie, die den Staat als gesellschaftliches Kräfteverhältnis begreift«, von der Notwendigkeit einer »Demokratisierung der Demokratie« auszugehen, die »auch eine ›Demokratisierung der Wirtschaft‹ bedeuten muss«? »Demokratisierung«, so B. Lösch, »betrifft nicht nur die Transformation der Staatsapparate, sondern sämtliche gesellschaftlichen und privatwirtschaftlichen Bereiche. Angesichts von autoritären Entwicklungen des Staates und elitären Schließungen, die – wie etwa im Bildungsbereich – soziale Selektion verstärken, ist Demokratisierung, d. h. die Ausweitung von politischer Beteiligung und Mitbestimmung, (nach wie vor) eine notwenige Alternative.«[70]

In seinem Lissabon-Urteil ist das BVerfGE über Bobbios bzw. Schumpeters Minimalbestimmung hinausgegangen: »Demokratie bedeutet nicht nur die Wahrung formaler Organisationsprinzipien […] und nicht allein eine korporative Einbindung von Interessengruppen. Demokratie lebt zuerst von und in einer funktionsfähigen öffentlichen Meinung, die sich auf zentrale politische Richtungsbestimmungen und die periodische Vergabe von politischen Spitzenämtern im Wettbe-

68 Bobbio 1988, S. 8.
69 Schumpeter 1972, S. 428.
70 Lösch 2010, S. 373.

werb von Regierung und Opposition konzentriert. Diese öffentliche Meinung macht für Wahlen und Abstimmungen erst die Alternativen sichtbar und ruft diese auch für einzelne Sachentscheidungen fortlaufend in Erinnerung, damit die politische Willensbildung des Volkes über die für alle Bürger zur Mitwirkung geöffneten Parteien und im öffentlichen Informationsraum beständig präsent und wirksam bleibt. Art. 38 und Art. 20 Abs. 1 und Abs. 2 GG schützen insoweit auch den Zusammenhang von politischer Sachentscheidung mit dem wahlkonstituierten Mehrheitswillen und dem daraus abgeleiteten Regierungs-Oppositions-Dualismus in einem System konkurrierender Parteienvielfalt und beobachtender, kontrollierender öffentlicher Meinungsbildung.«[71]

Was ist unter ›Demokratieprinzip‹ zu verstehen? Horst Dreier betont, »mit dem Terminus ›Demokratie‹ [sei] nicht das Gesamtensemble institutioneller Sicherungen freiheitlicher Verfassungsstaaten umschrieben, sondern nur ein (freilich zentraler) Aspekt. Eine solche Sichtweise schützt davor, Demokratie als den Inbegriff alles Guten, Wahren, Schönen zu verstehen und entsprechend ubiquitär einzusetzen, wie es nur allzuoft im politischen Diskurs geschieht.« Demokratie sei »durch bestimmte Merkmale charakterisierbar, zugleich aber auch durch andere Verfassungsprinzipien (Rechtsstaatsprinzip, Grundrechte) begrenzbar«.[72] Orientiere man sich am GG, dann sei klar, »daß hier traditionellerweise Demokratie in erster Linie als Ordnungsprinzip staatlicher Herrschaftsorganisation, nicht als überall gültiges Prinzip von umspannender gesamtgesellschaftlicher Relevanz verstanden« werde. »Wieweit gesellschaftliche ›Demokratisierung‹ im Sinne mehr oder minder weitreichender Partizipation, Mitbestimmung und Entscheidungsteilhabe in Betrieben, Schulen, Universitäten, dem Verwaltungsvollzug etc. wünschbar und möglich ist, folgt nicht – oder doch nicht ohne weiteres – aus dem Demokratiebegriff bzw. dem Demokratieverständnis einer konkreten staatlichen Herrschaftsorganisation, sondern ist im wesentlichen der Gestaltung durch die politischen Kräfte und den Gesetzgeber überlassen, der dabei natürlich wiederum die Grundrechte und andere Verfassungsbestimmungen zu beachten hat.« Hieraus ergebe sich, »daß Demokratie als Prinzip staatlicher Herrschaftsorganisation, nicht als Form von Herrschaftslosigkeit oder Weg dorthin verstanden wird: Demokratie im hier gemeinten Sinne betrifft die Organisation und Strukturierung einer menschenwürdigen Herrschaft. Sehr richtig hat man betont, dass Demokratie nach dem Grundgesetz ›nicht die Negierung oder Auflösung von Herrschaft

71 BVerfGE, 2 BvE 2/08 vom 30.6.2009 (250).

72 Dreier 1997, S. 249.

meint oder verspricht, sondern eine besondere, nämlich eine freiheitliche Organisation von Herrschaft‹. Mit einem Wort: auch Herrschaft des Volkes bleibt Herrschaft. Das freiheitliche Element der Demokratie liegt also nicht in der Abwesenheit staatlicher Herrschaft, sondern in der besonderen Organisation derselben.«[73]

Für das »Staatsstrukturprinzip Demokratie« spielt »Demokratie als Inbegriff kollektiver Selbstbestimmung einer Gesellschaft Freier und Gleicher für den fundamentalen Akt der Verfassunggebung« eine herausragende normative Rolle. »Der demokratische Gedanke kollektiver Selbstbestimmung aber ist nicht erst Produkt der Verfassunggebung, sondern ihr Prinzip und entscheidendes Charakteristikum.«[74]

9.6 Volkssouveränität

9.6.1 ›Volk‹ und ›Souveränität‹

»Unter Souveränität versteht man die Kapazität eines Staates, die Grundrichtungen seines Handelns unabhängig von jeder äußeren sowie inneren Macht zu bestimmen. [...] ›Volkssouveränität‹ bezeichnet das Verständnis der staatlichen Souveränität, das sich im Ergebnis der beiden großen Revolutionen des 18. Jh. durchgesetzt hat. Nur das Volk, nicht ein Staatsoberhaupt (König) oder irgendein Repräsentant ist der Souverän«; J.-F. Kervégan fügt hinzu und verweist so auf das eigentlich zentrale Problem: »wobei selbstverständlich zu bestimmen bleibt, was unter ›Volk‹ verstanden werden soll«.[75]

Die Idee der im Staat organisierten ›Herrschaft des Volkes‹, der Volkssouveränität[76], ist im Kampf gegen das *ancien régime* absolutistischer Macht[77] mit der Idee eines ›ursprünglichen Vertrags‹ aller mit allen und im Zusammenhang mit der Forderung nach Menschenrechten – nach menschenrechtlicher Begrenzung der Macht des Staates *und* des ›Volkes‹ zugunsten individueller Freiheit – entstanden. ›Volkssouveränität‹ ist kein empirischer, sondern ein normativer Begriff. Er bezeichnet den Anspruch, dass nicht die Macht eines Einzelnen, son-

73 Ebd.

74 Ebd., S. 250.

75 Kervégan 2010b, S. 2502.

76 Zum ›Volk‹ der Volkssouveränität vgl. Maus 1994, S. 203 ff.; vgl. Maus 2011. Zu Volkssouveränität und Rechtsstaatsprinzip vgl. in diesem Buch Abschn. 7.1.

77 Vgl. zum absolutistischen Staat Anderson 1979.

dern ›alle‹ in Gleichheit[78] dazu berufen sind, eine Freiheit und Schutz vor Unterdrückung ermöglichende Herrschaft zu begründen.[79] ›Volkssouveränität‹ ist ein Funktionsbegriff: Er erfüllt *vor* jeder Faktizität von Volksherrschaft wie ein ›*Als-ob*‹[80] die Funktion, dem *ancien régime* seine Legitimationsbasis zu entziehen und eine neue Grundlage für die Geltung des Herrschaftsanspruchs ›aller‹ zu schaffen.

›Volkssouveränität‹ ist – nicht anders als die Idee des Gesellschaftsvertrages – ein für die Kohärenz der Theorie legitimer Herrschaft notwendiges Gedankenexperiment mit der Fiktion ›das Volk‹.[81] Man ver-

78 Grzeszick betont zu Recht, dass die *demokratische Gleichheit* eine grundsätzlich *formale Gleichheit* ist. Anknüpfungspunkt der demokratischen Gleichheit sei allein die Eigenschaft als Staatsbürger; weitere Abstufungen nach Würdigkeit, Verdienst, Erfahrung, Bildung oder Leistung seien ihr fremd. Die demokratische Gleichheit der Staatsbürger in Bezug auf ihre politischen Mitwirkungsrechte sei deshalb als eine formale Gleichheit zu verstehen. (Vgl. Grzeszick in Maunz/Dürig, Kommentar z. GG, 63. Erg.lfg. 2011, Art. 20).

79 Joseph A. Schumpeter hat diesem normativen Begriff von Volkssouveränität in *Kapitalismus, Sozialismus und Demokratie* (1942) kritisch entgegengehalten, dass, »ausgenommen den Fall der ›mittelbaren Demokratie‹, das Volk als solches niemals tatsächlich herrschen oder regieren kann [...] Jenseits der ›unmittelbaren Demokratie‹ liegt ein unbegrenzter Reichtum von möglichen Formen, in denen das ›Volk‹ an den Regierungsgeschäften teilnehmen oder jene, die tatsächlich herrschen, beeinflussen oder kontrollieren kann. Keine dieser Formen, namentlich keine der durchführbaren, hat einen offenkundigen oder exklusiven Anspruch darauf, ›Regierung durch das Volk‹ genannt zu werden, wenn diese Worte in ihrem natürlichen Sinn verstanden werden. Wenn eine von ihnen einen solchen Titel erwirbt, so kann sie dies nur kraft einer willkürlichen Abmachung über die Definition der Bedeutung, die dem Ausdruck ›herrschen‹ beigelegt werden soll. Eine solche Abmachung ist natürlich immer möglich: das Volk herrscht in Tat und Wahrheit nie, aber durch Definition kann es immer dazu gebracht werden.« (Schumpeter 1972, S. 390).

80 Zum Status und zur Funktion des ›Als-ob‹ vgl. Kants *Kritik der reinen Vernunft*, B 699-730.

81 Der Öffentlichrechtler Rudolf Steinberg hat den fiktiven Charakter des verfassungsrechtlichen Volksbegriffs betont: »›Das Volk‹ existiert als handlungsfähige Einheit nur als Fiktion. Dass dies die Staatsrechtslehre nicht in den Blick nimmt, lässt sich auf zwei Ursachen zurückführen: Bestimmend ist zum einen die Auffassung der rechtspositivistischen Staatslehre, die die realistischen und empirischen Lehren ausdrücklich ablehnt und das Volk ausschließlich zu einem juristischen Konstrukt als Staatsvolk erklärt. Die andere Ansicht – vertreten von Carl Schmitt – behauptet im Anschluss an Jean-Jacques Rousseau ›die Homogenität und Identität des Volkes mit sich selbst‹. [...] Es ist offensichtlich, dass ›das‹ Volk als identitäres, homogenes Phänomen nicht existiert. Das Volk besteht vielmehr aus einer Vielzahl regionaler, ethnischer, ökonomischer, politischer, religiöser oder weltan-

steht die Funktion dieses Konzepts nur dann richtig, wenn man berücksichtigt, *wogegen* es sich gerichtet hat. Mit dieser normativen Begründung von Legitimität sollten vor allem zwei revolutionäre Forderungen unterstrichen werden: (i) Wenn das ›Volk‹ die Quelle von Souveränität und Legitimität ist, dann haben die Individuen Menschenrechte, die ihnen nicht *heteronom* vom Staat, dessen Macht gezähmt werden soll, verliehen werden, sondern die sie sich aufgrund eigener *Autonomie* zuschreiben können; und (ii) darf es kein Vorrecht des Staates gegen die Rechte und die Würde der Menschen geben.

Dies ist der Sinn der Rückbindung der Menschenrechte an das ›Volk‹. Deshalb ist die *Virginia Bill of Rights* (1776) »A Declaration of Rights made by the Representatives of the *good people* of Virginia, assembled in full and free Convention, which rights do pertain to them and their posterity as the basis and foundation of government«. Deshalb steht in der Präambel der *Déclaration des droits de l'homme et du citoyen* (1789), dass »die Vertreter des französischen *Volkes*, als Nationalversammlung eingesetzt, erwogen haben, dass die Unkenntnis, das Vergessen oder die Verachtung der Menschenrechte die einzigen Ursachen des öffentlichen Unglücks und der Verderbtheit der Regierungen sind«.[82] Zu berücksichtigen ist allerdings, dass bereits die

schaulicher sowie durch Geschlecht, Alter, Bildung und Interessen vielfach sozial differenzierter Gruppierungen. Diese sind durch das einigende Band der Geschichte, der Kultur und auch der Verfassung zu einer stets aufgegebenen Einheit zusammengefügt. ›Das Volk‹ der Demokratie erweist sich somit angesichts seiner vielfältigen Differenziertheit als politische Chimäre. [...] Nimmt man stattdessen die reale Gestalt der ›das Volk‹ ausmachenden Einzelnen in den Blick, dann wird schnell deutlich, dass das Ausmaß politischer Beteiligung in der Gesellschaft keinesfalls gleichmäßig verteilt ist, sondern von einer Reihe von Faktoren abhängt. Eine höhere Partizipation geht nachweisbar positiv mit Einkommen und Bildung, beruflicher Position, Alter, Verwurzelung in der örtlichen Gemeinschaft, Familienstand, Zugehörigkeit zu einer Assoziation und anderen Faktoren einher. Voraussetzungen für politische Beteiligung sind Informationen und politisches Interesse. Beides ist schichtenabhängig.« (Das Volk und die direkte Demokratie, *Frankfurter Allgemeine Zeitung*, 16. 2. 2012, S. 7).

82 »Les Représentants du Peuple Français, constitués en Assemblée nationale, considérant que l'ignorance, l'oubli ou le mépris des droits de l'homme sont les seules causes des malheurs publics et de la corruption des Gouvernements [...]«. Die späteren französischen Menschenrechtserklärungen von 1793 und 1795 haben das repräsentationale Konzept – »Les *Représentants* du Peuple Français« – fallen gelassen und direkt vom ›französischen Volk‹ gesprochen: »Le *peuple français*, convaincu que l'oubli et le mépris des droits naturels de l'homme, sont les seules causes des malheurs du monde, a résolu d'exposer dans une déclaration solennelle, ces droits sacrés et inaliénables, afin que tous les citoyens pouvant comparer sans cesse les actes du

französischen Menschenrechtserklärungen zwischen Menschenrechten und Rechten, die dem *citoyen*, dem Staatsbürger, zukommen, unterschieden und so das spätere nationalstaatlich orientierte Rechts- und Demokratieverständnis auf den Weg gebracht haben.

Zum Verhältnis von Volkssouveränität und Menschenrechten hat J. Habermas zu Recht festgestellt: »Die beiden Ideen der Menschenrechte und der Volkssouveränität bestimmen das normative Selbstverständnis demokratischer Rechtsstaaten bis heute.« Fragwürdig sind aber seine beiden weitergehenden Thesen: (i) »Diesen verfassungsstrukturell verankerten Idealismus dürfen wir nicht nur als ein vergangenes Kapitel aus der Geschichte politischer Ideen verstehen.«[83] (ii) »Die Menschenrechte und das Prinzip der Volkssouveränität bilden nicht zufällig die Ideen, in deren Licht das moderne Recht nur noch gerechtfertigt werden kann. Denn zu diesen beiden Ideen verdichten sich diejenigen Gehalte, die gleichsam übrigbleiben, wenn die normative Substanz eines in religiösen und metaphysischen Überlieferungen verankerten Ethos durch den Filter posttraditionaler Begründungen hindurchgetrieben worden ist.«[84]

Für fragwürdig halte ich die zweite Behauptung, weil *Volks*souveränität von Anbeginn an sowohl Inklusion als auch *Exklusion* begründet und *Menschen*rechtsverweigerung ermöglicht hat: Virginias *good people* war beschränkt auf Grundbesitzer; die staatsbürgerlichen Rechte der französischen *citoyens* waren beschränkt durch Eigentumsqualifikationen (Grundbesitz, Vermögen, Steuerzahlung u. a.) und Zugehörigkeit zum männlichen Geschlecht. Auch steht *Volks*souveränität in Spannung zur Souveränität aller: »[S]taatsintern ist die Tendenz universalistischer Inklusion relativ weit fortgeschritten (rechtliche und politische Gleichheit zwischen Bürgern). Gleichzeitig war und ist – auch wenn sie sich von der nationalstaatlichen Ebene z. B. auf die der Europäischen Gemeinschaft verschiebt – diese Gleichheit der Einschließung extern verschmolzen mit systematischer Ausschließung (rechtliche und politische Ungleichheit zwischen Bürgern einerseits und allen Nicht- und Halb-Staatsbürgern) [...] Einerseits entsteht als Folge breiter Migration und europäischer Vereinigung (multikulturelle Gesellschaft und europäische Bürgerschaft) auch in sog. Nationalstaa-

gouvernement avec le but de toute institution sociale, ne se laissent jamais opprimer, avilir par la tyrannie ; afin que le peuple ait toujours devant les yeux les bases de sa liberté et de son bonheur; le magistrat la règle de ses devoirs; le législateur l'objet de sa mission.« (1793) »Le *peuple français* proclame, en présence de l'Être suprême, la déclaration suivante des droits et des devoirs de l'homme et du citoyen.« (1793 und 1795)

83 Habermas 1994, S. 124.

84 Ebd., S. 129.

ten ein starker kultureller und politischer Druck zur Entkopplung von Ethnie, Kultur, Nation und Bürgerschaft. Andererseits wird die traditionelle Überlagerung und Verschmelzung von ethnischer, kultureller, nationaler Identität und Staatsbürgerschaft reaktiviert und verstärkt.«[85]

Weil dies so ist, hilft auch Habermas' diskurstheoretische Schlussfolgerung nicht weiter: »Der gesuchte interne Zusammenhang zwischen Volkssouveränität und Menschenrechten liegt im normativen Gehalt eines *Modus der Ausübung politischer Autonomie,* der nicht schon durch die Form allgemeiner Gesetze, sondern erst durch die Kommunikationsform diskursiver Meinungs- und Willensbildung gesichert wird.«[86] Mit der Exklusion aus der *Staats*bürgerschaft werden Menschen aus der *Kommunikations*bürgerschaft ausgeschlossen; unter dieser Voraussetzung sind menschenrechtliche Inklusionsdefizite nicht zu beheben.[87]

Wenn heute vom ›Volk‹ als dem Grund der Staatsgewalt und als dem Subjekt demokratischer Legitimation die Rede ist, dann sind damit im Nationalstaat[88] – für das BVerfGE selbst noch unter Bedingungen transnationaler Staatlichkeit – »die staatsangehörigen Bürger« gemeint.[89] Das Gericht hat die Annahme zurückgewiesen, mit der Zunahme des Anteils an Ausländern in Deutschland habe »der verfassungsrechtliche Begriff des Volkes einen Bedeutungswandel erfahren«.

85 Bader 1994, S. 98f. Vgl. zu ›Bürgerrecht oder Apartheid‹ Balibar 2006, S. 73-100.

86 Habermas 1994, S. 133.

87 Dieser Sachverhalt wirft auch Fragen zu Habermas' Rechtsstaatsverständnis auf: »Die Idee des Rechtsstaates läßt sich deshalb anhand der Prinzipien entfalten, nach denen legitimes Rechts aus *kommunikativer Macht* hervorgebracht und diese wiederum über legitim gesetztes Recht in administrative Macht umgesetzt wird.« (Habermas 1994, S. 209; Hervorh. v. mir).

88 Zum Nationalstaat als ›politischem Mythos‹ der europäischen Moderne vgl. Fistetti 1992, S. 7-30. Vgl. Balibar 2006, S. 242-252, zur Volkssouveränität und zur Entwicklung der »*Nationform*« sowie zu den Folgen für die Subjektivität der Staatsbürger, die im »Syndrom der ›Ohnmacht des Allmächtigen‹« bestehen (ebd., S. 243); vgl. auch ebd., S. 256f. zum »Zusammenbruch der klassischen Grundlagen staatlicher Souveränität« im Übergang zur europäischen Bürgerschaft.

89 BVerfGE, 2 BvE 2/08 vom 30.6.2009 (229). »Ausgangspunkt aller staatlichen Gewalt und damit Subjekt demokratischer Legitimation ist nach Art. 20 Abs. 2 das Volk. Volk in diesem Sinne ist nach ganz überwiegender Ansicht das *Staatsvolk der Bundesrepublik Deutschland.* Das Staatsvolk wird grundsätzlich aus den *deutschen Staatsangehörigen* gebildet; hinzu kommen die Statusdeutschen nach Art. 116 Abs. 1 Alt. 2 und 3.« (Grzeszick in Maunz/Dürig, Kommentar z. GG, 63. Erg.lfg. 2011, Art. 20, Rn. 79).

Die hieraus folgende Verfassungsinterpretation im Horizont des Begriffs ›Volk‹ wirft unter den Bedingungen pluralistischer, auch ethnisch pluraler Gesellschaften das Problem der Einbeziehung aller in einem Territorium lebenden Menschen in *eine* Rechtsgemeinschaft auf, nicht nur beim Wahlrecht: Die Unterstellung eines Bedeutungswandels im Begriff ›Volk‹ sei sei zwar »im Ausgangspunkt zutreffend«, könne aber »nicht zu einer Auflösung des Junktims zwischen der Eigenschaft als Deutscher und der Zugehörigkeit zum Staatsvolk als dem Inhaber der Staatsgewalt führen. Ein solcher Weg ist durch das Grundgesetz versperrt.«[90]

Mit dieser Auffassung bleibt des BVerfGE bei einem *status quo ante* stehen, den Jürgen Habermas in ›Die postnationale Konstellation und die Zukunft der Demokratie‹ so beschrieben hat: »Die politische Mobilisierung der ›Untertanen‹ erfordert[e] [...] eine kulturelle Integration der zunächst zusammengewürfelten Bevölkerung. Dieses Desiderat erfüllt[e] die Idee der Nation, mit deren Hilfe die Staatsangehörigen [...] eine neue Form kollektiver Loyalität ausbilden.«[91]

In der Perspektive einer *weltgesellschaftlichen Demokratie* verwirft Lars Lambrecht zu Recht die Fixierung des Demokratiebegriffs auf das ›Volk‹: »Sämtliche traditionellen substanz[ialistischen] bzw. essenzialistischen Bezüge von ›Demokratie‹ sind in Frage gestellt, allen voran die verdinglichten Versionen von *demos* und *kratos*. So, wie sich in der gesellschaftsgeschichtlichen Entwicklung *kratos* aus seiner Bedeutung als unmittelbare Gewalt, Macht und Herrschaft von Menschen über Menschen zu einem strukturellen, genauer: rechtsstaatlichen Moment in den Beziehungen zwischen den Menschen gewandelt hat, wird es sich auch mit *demos* verhalten müssen. *Demos* ist nicht mehr eine exklusive Eigenart oder Eigenschaft, das besondere Eigentum eines Volkes, einer Region, eines Weltteils, sondern bezeichnet die Beziehungen der Menschen untereinander; *demos* ist zu einem strukturellen Allgemeinen geworden; mit der aristotelischen Bestimmung: *demos* bezeichnet das *metaxy*, das ›*Zwischen den Menschen*‹, das Politische in der ihnen gemeinsamen Welt (*res publica*).«[92]

Diese Perspektive ist um so wichtiger, als der Begriff ›Volk‹ verschiedene politische und ideologische Funktionen erfüllt, die sich in Konnotationen mit höchst unterschiedlicher Bedeutung niederschlagen: Volksabstimmung, Volksaktie, Volksbefragung, Volksbegehren,

90 BVerfGE 83, 37 (52). Zur Kritik an der Engführung von Volkssouveränität und Nationalstaat vgl. Gusy 2000, S. 140-143. Zur Kritik an der Fixierung der Demokratie an ein Territorium und zur Notwendigkeit der »De-Territorialisierung« der Demokratie vgl. Fistetti 1992, S. 125 ff.

91 Habermas 1998, S. 99.

92 Lambrecht 2010, S. 373.

Volksbibliothek, Volkscharakter, Volksdeutscher, Volkseigentum, Volkseinkommen, (gesundes) Volksempfinden, Volksfeind, Volksfront, Volksgeist, Volksgemeinschaft, Volksgruppe, Volksmenge, Volkssturm, Volkswohlfahrt usf. Die Semantik des Volksbegriffs war nie eindeutig; sie oszilliert zwischen negativen Bedeutungen (gemeines Volk = Pöbel), diskriminierenden ›völkischen‹ und positiven Bedeutungen (Volk als das zur Selbstherrschaft berufene Ganze).[93]

Das ›Volk‹ war in Zeiten von Unterdrückung, Fürstenherrschaft und territorialer Zersplitterung Gegenstand der *Anrufung als Subjekt* nationalstaatlicher Einigung – so im italienischen *Risorgimento* und in Deutschland vor 1871 –, und es war Gegenstand der *Manipulation als Objekt*. In Friedrich Schillers poetischem Aufruf ›An die Völker der Welt!‹ (1808) heißt es: »Mein armes Volk, steh auf! / Du hast genug geackert und gelitten! / Es reicht, der Gier der Reichen weiter noch zu dienen. / Steh auf, mein Volk! / Nimm Dir ein Herz und kämpfe!« »Das Volk steht auf, der Sturm bricht los« lautete die erste Zeile von Theodor Körners antinapoleonischem Gedicht ›Männer und Buben‹. Nach Stalingrad avancierte diese Zeile zum Titel eines nationalsozialistischen ›patriotischen‹ Durchhalte-Films. Am 18. Februar 1943 fragte Goebbels im Berliner Sportpalast: »Wollt ihr den totalen Krieg?« und forderte: »Nun, Volk, steh auf – und Sturm, brich los!«

Mit ›Volk‹ sind oft und mit ›völkisch‹ sind immer Mythen und Mystizismen verbunden. Deshalb hat Hans Kelsen 1925 in seiner *Allgemeinen Staatslehre* darauf bestanden, »die Einheit des Volkes [sei] nur durch die Einheit der Rechtsordnung begründet. Nur insofern ein und dieselbe Rechtsordnung für eine Vielheit von Menschen gilt, bilden sie diese Einheit«.[94] Volkssouveränität hat nur in diesem Sinne mit ›Volk‹ zu tun: Statt um Volksgenossenschaft geht es um Rechtsgemeinschaft.

93 Zur Geschichte des Wortes ›Volk‹, das zunächst die Bedeutung ›Abteilung von Kriegern, Heerhaufe‹ hatte, vgl. *Deutsches Wörterbuch von Jacob und Wilhelm Grimm*. 16 Bde. in 32 Teilbänden. Leipzig 1854-1961, Bd. 26, Sp. 453-471.

94 Kelsen 1993 (1925), 149. Vgl. hierzu Kelsen 1981 [1929], S. 15: Die Einheit des Volkes ist nur »ein ethisch-politisches *Postulat*, das die nationale oder staatliche Ideologie mit Hilfe einer allerdings ganz allgemein gebrauchten und daher schon gar nicht mehr überprüften Fiktion real setzt. Es ist im Grunde ein *juristischer* Tatbestand, der sich als Volkseinheit einigermaßen präzise umschreiben läßt: Die *Einheit* der das Verhalten der normunterworfenen Menschen regelnden *staatlichen Rechtsordnung*.«

9.6.2 *Volkssouveränität als Verfassungsprinzip*

1949 »hat sich das Deutsche Volk kraft seiner verfassungsgebenden Gewalt dieses Grundgesetz gegeben«.[95] Dass dies faktisch unzutreffend ist, ist offensichtlich: Nicht das Volk, sondern Vertreter politischer Parteien haben das GG ausgearbeitet. Es fragt sich also auch hier, warum die Verfassung dieser Fiktion, dieses ›Als-ob‹, bedarf. Die Antwort ist einfach: Die *Funktion* dieses Satzes besteht darin, das mit dem GG konstituierte politische System zu *legitimieren*. Dies gilt auch für Art. 20 Abs. 2 GG: »Alle Staatsgewalt geht vom Volke aus.«[96] Es gilt nicht weniger für Art. 146 GG: »Dieses Grundgesetz, das nach Vollendung der Einheit und Freiheit Deutschlands für das gesamte deutsche Volk gilt, verliert seine Gültigkeit an dem Tage, an dem eine Verfassung in Kraft tritt, die von dem deutschen Volke in freier Entscheidung beschlossen worden ist.«

Welchen verfassungsrechtlichen Status hat ›Volkssouveränität‹ im GG?[97] Wenn es sich auf das ›Volk‹ bezieht, dann nimmt es auf etwas Bezug, das zur Zeit der Französischen Revolution ein revolutionäres Prinzip war.[98] Doch leben wir heute nicht unter anderen Bedingungen

95 GG, Präambel.

96 Horst Dreier kommentiert, gem. diesem Artikel sei das Volk »Verfassungsorgan, nicht Verfassungsschöpfer«. (Dreier in Dreier 2004, Art. 20 (Demokratie), Rn. 76).

97 Siehe auch in diesem Buch Abschn. 9.11 zur Rechtsprechung des BVerfGE zu Volkssouveränität und supranationaler Verrechtlichung.

98 Dieser Hinweis ist nicht als Kritik an der Französischen Revolution zu verstehen; es geht hier ausschließlich um die Frage nach Geltungsbedingungen des normativen Konzepts ›Volkssouveränität‹. Auch J. Habermas hat bezüglich der Volkssouveränität die Frage aufgeworfen, »ob die Orientierungskraft der Französischen Revolution erschöpft ist« (ders. 1994, S. 601): »Auf dem mühsamen Wege zur rechtsstaatlichen Institutionalisierung der gleichen Teilnahme aller Bürger an der politischen Willensbildung sind die Widersprüche manifest geworden, die im Begriff der Volkssouveränität selbst angelegt sind. Das Volk, von dem alle staatlich organisierte Gewalt ausgehen soll, bildet kein Subjekt mit Willen und Bewußtsein. Es tritt nur im Plural auf, als Volk ist es im ganzen weder beschluß- noch handlungsfähig. In komplexen Gesellschaften scheitern auch die ernsthaftesten Anstrengungen um politische Selbstorganisation an Widerständen, die auf den systemischen Eigensinn des Marktes und der administrativen Macht zurückgehen. Einst sollte die Demokratie gegen den Despotismus durchgesetzt werden, den man im König, in Teilen des Adels und des höheren Klerus handgreiflich verkörpert sah. Inzwischen ist politische Herrschaft entpersonalisiert; die Demokratisierung arbeitet sich nicht einmal mehr an genuin politischen Widerständen ab, sondern an den systemischen Imperativen eines ausdifferenzierten Wirtschafts- und Verwaltungssystems.« (Ebd., S. 607).

und mit der Erfahrung, die Bert Brecht in einem Gedicht mit dem Titel *Paragraph 1* fragen ließ: »Die Staatsgewalt geht vom Volke aus. Aber wo geht sie hin? Ja, wo geht sie wohl hin? Irgendwo geht sie doch hin!«?

Das ›Volk‹ erlangt ungeachtet seines die Staatsgewalt begründenen Status »keinen monopolartigen Kompetenztitel«. Volkssouveränität bedeutet »die Rückführbarkeit aller staatlichen Gewalt auf den Volkswillen. Damit ist zunächst in allgemeiner Weise ausgesagt, dass demokratische Herrschaft sich nicht auf dynastische Legitimität, nicht auf die Idee des Staates als göttliche Stiftung oder auf reine Staatsräson, nicht auf religiöse oder ideologische Heilslehren oder auf sonstige autokratische Formen, sondern allein auf den Willen der zum Staatsvolk zusammengefaßten Individuen zu stützen vermag.« Für das Demokratieprinzip bedeutet dies, »keine nicht auf das Volk rückführbare und von ihm zumindest mittelbar legitimierte staatliche Macht als gerechtfertigte Autorität« anzuerkennen. Daher erweist sich die bloße *Anerkennung und Billigung* durch das Volk, wie dies auch in der guten Ordnung nichtdemokratischer Staaten möglich ist, als *nicht ausreichend*. Das Volk als *Ursprung und Träger der Staatsgewalt* muß vielmehr einen effektiven Einfluß auf die Ausübung der Staatsgewalt ausüben können: es muß (kraft im einzelnen sehr komplexer Legitimations-, Autorisations- und Verantwortungszusammenhänge) *auch Inhaber* der Staatsgewalt sein. Da damit aber nicht jederzeitige und umfassende eigenständige Handlungs- und Sachentscheidungsbefugnis gemeint ist, ergeben sich aus dieser Anforderung Folgen für die demokratische Legitimation der besonderen Organe des Art. 20 II GG. Weder in der Demokratietheorie noch in der Verfassungspraxis bilden *Volkssouveränität und Repräsentation* einen Gegensatz.«[99]

Es spricht viel für die Annahme, dass nicht allein pragmatische organisatorische Gründe (großes Staatsgebiet) gegen die Ausübung der Volkssouveränität in der in Art. 20 Abs. 2 GG (›Wahlen *und* Abstimmungen‹) durchaus ermöglichten Form *direkter Demokratie* und für das Repräsentationsprinzip sprechen, sondern auch mangelndes Vertrauen in die Urteilsfähigkeit und Reife[100] des ›Volkes‹. Goldschmidt

99 Dreier in Dreier 2004, Art. 20 (Demokratie), Rn. 77; vgl. zum Legitimationszusammenhang ebd., Rn. 104 ff.

100 »Für den Parlamentarischen Rat stand zweifellos im Vordergrund, daß er dem deutschen Volke nach den Erfahrungen von 1933 bis 1945 die *politische Reife* nicht zutraute, die seiner Überzeugung nach notwendig war, um in breitem Umfang plebiszitäre Elemente in die Verfassungsordnung des GG aufzunehmen«. (Herzog in Maunz/Dürig, Grundgesetz-Kommentar Art. 20 II (1980), Rn. 39). Zu einem Plädoyer für eine Steigerung demokratischer Partizipation durch Plebiszite vgl. Müller 2003, S. 106.

betont, »dass das wichtigste Argument für das moderne Repräsentativsystem mit seinem politisch-praktischen Kern, dem ›freien Mandat‹, auf der Überzeugung, der Einsicht oder auf dem elitären Vorurteil beruht, das Volk verfüge in seiner Mehrheit nicht über hinreichende Kompetenz, um in den politischen Angelegenheiten selbstständig und rational zu entscheiden. Dieser Grundgedanke des Repräsentativsystems steht naturgemäß im Widerspruch oder doch zumindest in einem nicht unerheblichen Spannungsverhältnis zur Grundidee der Demokratie, der Vorstellung nämlich, die Abraham Lincoln in seiner Gettysburger Rede so formuliert hat: Demokratie ist die ›Herrschaft des Volkes, durch das Volk und für das Volk‹.«[101]

9.7 Demokratie und Zivilgesellschaft

Die repräsentative parlamentarische, durch Parteien-Mehrheitsbeschlüsse gelenkte Demokratie wirft nicht nur das Problem des Minderheitenschutzes auf, sondern vor allem die Frage, ob diese Demokratie die ›Herrschaft des Volkes, durch das Volk und für das Volk‹ ist. Unbehagen und Verdruss an der Demokratie[102] werden nicht zuletzt da-

A. Voßkuhle hat erklärt, die Enthaltsamkeit des GG gegenüber Plebisziten sei »aus der Sicht einer parlamentarischen Demokratie nicht zwingend. Vielmehr besteht die auch durch empirische Untersuchungen in der Schweiz genährte Hoffnung, dass durch plebiszitäre Elemente ›das Vertrauen in die Demokratie insgesamt gestärkt wird. Zwischenzeitlich verfügen wir auch in vielen Bundesländern über einen reichen und durchaus positiven Erfahrungsschatz im Umgang mit Plebisziten und ihrem nicht immer einfachen Verhältnis zu parlamentarischen Entscheidungen. Einem Trugschluss sollte man freilich nicht verfallen, nämlich dem, Plebiszite seien demokratischer als die repräsentative Demokratie. Die spezifische Rationalität des parlamentarischen Verfahrens besteht darin, dass dort an einem von allen Bürgerinnen und Bürgern beobachtbaren stetigen Ort kontinuierlich Kompromisse ausgehandelt und öffentlich vermittelt werden müssen und man als Abgeordneter und Politiker für die jeweiligen Ergebnisse dieses Prozesses spätestens bei der nächsten Wahl verantwortlich gemacht werden kann. Genau dies können Volksentscheide nicht leisten. Sie reduzieren die Bewältigung komplexer politischer Herausforderungen auf singuläre Ja/Nein-Entscheidungen, für deren politische Anschlussfähigkeit und Umsetzung andere verantwortlich sind. (A. Voßkuhle, Über die Demokratie in Europa. In: *Frankfurter Allgemeine Zeitung*, 9.2. 2012, S. 7).

101 Goldschmidt 2010c, S. 2327.

102 »Gründe für diese Politikverdrossenheit gerade auch der jüngeren Generation scheint es viele zu geben: Nicht gehaltene Wahlversprechen, Trivialisierung der Medienberichterstattung, Selbstbedienungsmentalität und

durch gespeist, dass die Verfassung den demokratischen Staat nicht direkt auf den ›Volkswillen‹ verpflichtet und sich die Bürgerinnen und Bürger von der Gestaltung ihrer eigenen Lebenswelt weitgehend ausgeschlossen fühlen. Das häufig von Politikern zu hörende Wort, man könne die Öffentlichkeit ›aus Gründen der Geheimhaltung‹ nicht informieren, widerspricht dem bürgerschaftlichen Demokratieverständnis. Ein weiterer wesentlich Grund für den Verlust an Vertrauen in die Demokratie ist, dass der Staat in den modernen westlichen Demokratien angesichts seiner Abhängigkeit von ökonomischer Macht immer weniger ›Herr im eigen Haus‹ ist.[103] Hierauf, auf den damit verbundenen Mangel an sozialer Gerechtigkeit und auf die Verweigerung demokratischer Freiheits- und Gleichheitsrechte haben seit dem Ende der 1960er Jahre ›neue soziale Bewegungen‹ wie die Frauen-, Friedens- und Umweltschutzbewegungen reagiert und die Forderung nach einer verstärkten Mit-Herrschaft der *Zivilgesellschaft* (oder ›Bürgergesellschaft‹) erhoben.[104] Besondere Bedeutung bekam das Konzept ›Zivilgesellschaft‹ in der Umbruchphase der ›Volksdemokratien‹ in den ›real-sozialistischen‹ Staaten vor und nach 1989.[105] Im Osten wie im Westen hat sich für die Protagonisten der Zivilgesellschaft gezeigt, »dass der bloße institutionelle Aufbau und die verrechtlichten Abläufe demokratischer Prozeduren keine Garantie dafür bieten, dass Demokratien auch lebendige Gemeinwesen sind«.[106]

Unter ›Zivilgesellschaft‹ wird im weitesten Sinne die private gesellschaftliche Sphäre verstanden, die weder dem Staat noch dem Markt noch dem Bereich der Familie zuzuordnen ist: Vereine, Genossenschaften, Gewerkschaften, Standesorganisationen, Menschenrechtsgruppen, Umweltverbände, Selbsthilfeorganisationen und andere nicht bzw. nur wenig formalisierte Zusammenschlüsse im öffentlichen Raum. Oft sind sie – wie etwa *Amnesty International* – international

mangelnde Vorbildfunktion von Politikern, fehlende Bildung, der Mangel an politischen Alternativen, schrumpfende politische Entscheidungsspielräume und ähnliches. Nur einige dieser Faktoren lassen sich in Zeiten zunehmender Politikverflechtungen auf europäischer und internationaler Ebene gezielt bekämpfen.« (A. Voßkuhle, Über die Demokratie in Europa. In: *Frankfurter Allgemeine Zeitung*, 9. 2. 2012, S. 7).

103 Vgl. Dirk Schümer, Europa schafft sich ab. Auf dem Kontinent der Volkssouveränität hat die Epoche der Postdemokratie längst begonnen: Viele Staaten werden faktisch bereits von den Kassenprüfern der Banken regiert, egal, wen die Menschen wählen möchten. In: *Frankfurter Allgemeine Zeitung*, 30. 1. 2012, S. 25.

104 Vgl. Walzer 1995, Nida-Rümelin 1998, Klein 2001, Münkler 2002, Gosewinkel/Rucht/van den Daele/Kocka 2004.

105 Vgl. Nida-Rümelin 1998, S. 223 ff.

106 Alheit 2010, S. 3107.

vernetzt tätig. Was sie charakterisiert, sind Freiwilligkeit, Selbstorganisation und Selbstverwaltung, d. h. autonome Interessen-Artikulation und -organisation im Bewusstsein der Unabhängigkeit vom Staat, öffentliche, nicht zuletzt durch das Internet verbreitete Kommunikation und faire Verständigung auch bei Konflikten, eine Vermittlungsfunktion zwischen Individuum und Staat, der Verzicht darauf, selbst zur Macht zu gelangen, und insgesamt das Bemühen um Demokratisierung von Gesellschaft und Staat. Der zivilgesellschaftliche Sektor soll dazu beitragen, die Demokratie durch Zivilisierung zur *partizipativen Demokratie* zu entwickeln.[107] NGOs, die national und international in großer Zahl auf staatliche und suprastaatliche Institutionen einzuwirken versuchen – allein bei den den Vereinten Nationen sind über 1.000 NGOs akkreditiert –, und Non-Profit-Organisationen (NPOs) stellen einen wichtigen Bereich der Zivilgesellschaft dar.

Zivilgesellschaftliche Ansprüche treffen oft den Widerstand etablierter politischer Institutionen. Es ist andererseits aber auch festzustellen, dass zivilgesellschaftliches Engagement im Interesse der Stärkung transnationaler Demokratie zumindest in normativer Hinsicht auf Unterstützung rechnen kann. So heißt es z. B. im Vertrag von Lissabon in Art. 8b: »(1) Die Organe geben den Bürgerinnen und Bürgern und den repräsentativen Verbänden in geeigneter Weise die Möglichkeit, ihre Ansichten in allen Bereichen des Handelns der Union öffentlich bekannt zu geben und auszutauschen. (2) Die Organe pflegen einen offenen, transparenten und regelmäßigen Dialog mit den repräsentativen Verbänden und der Zivilgesellschaft.« Art. 256a lautet: »(1) Das Europäische Parlament, der Rat und die Kommission werden von einem

107 »Zivilgesellschaft ist Kontroll- und Frühwarnsystem, öffentlicher Resonanzverstärker und Artikulator gesellschaftlicher Problemlagen. Diese politischen Funktionen der Zivilgesellschaft werden durch das advokatorische Eintreten für die Interessen marginalisierter und sozial schwacher Gruppen sowie den so genannten ›Public interest-Lobbyismus‹ ergänzt, der bspw. in der Agenda von Menschenrechts-, Frauen-, Umwelt- oder Entwicklungshilfeorganisationen eine bedeutende Rolle spielt. Zivilgesellschaft ist aber auch ein bedeutender Ort der politischen Sozialisation. Doch ist aus der Perspektive der Zivilgesellschaft Politik nicht nur eine Angelegenheit der gewählten Repräsentanten und der Parteien – das Verständnis von politischer Gestaltung und Partizipation in der Zivilgesellschaft führt der repräsentativen Demokratie notwendige Energie und Beweglichkeit zu. Der Gestaltungs- und Partizipationsanspruch der Zivilgesellschaft ist ein Wärmestrom, auf den die repräsentative Demokratie angewiesen ist. Die politischen Institutionen können solche Impulse aufnehmen oder ignorieren, stärken wie auch schwächen.« (A. Klein, Der Staat, der die Zivilgesellschaft stärkt, stärkt sich selbst. http://www.b-b-e.de/uploads/media/nl0702_zivilgesellschaft_klein_01.pdf).

Wirtschafts- und Sozialausschuss sowie einem Ausschuss der Regionen unterstützt, die beratende Aufgaben wahrnehmen. (2) Der Wirtschafts- und Sozialausschuss setzt sich zusammen aus Vertretern der Organisationen der Arbeitgeber und der Arbeitnehmer sowie anderen Vertretern der Zivilgesellschaft, insbesondere aus dem sozialen und wirtschaftlichen, dem staatsbürgerlichen, dem beruflichen und dem kulturellen Bereich.«[108] Mit dem Vertrag von Lissabon ist darüber hinaus ein neuartiges Instrument direkter Demokratie in Form der *europäischen Bürgerinitiative* eingeführt worden: »Es berechtigt (wahlberechtigte) Unionsbürger, deren Anzahl mindestens eine Million beträgt und bei denen es sich um Staatsangehörige einer erheblichen Anzahl von Mitgliedstaaten handelt, dazu, die Europäische Kommission aufzufordern, im Rahmen ihrer Befugnisse geeignete Vorschläge zu Themen zu unterbreiten, zu denen es nach Ansicht jener Bürger eines Rechtsakts der Union bedarf, um die Verträge umzusetzen. Die Zahl von einer Million Unionsbürgern entspricht dabei ca. 0,2% der Unionsbevölkerung und ist im Vergleich zu mitgliedstaatlichen Initiativrechten niedrig angesetzt.«[109]

108 Amtsblatt der Europäischen Union C 306, 17. 12. 2007. »Die *normativen Erwartungen*, die die Unionsorgane an die Funktion einer aktiven Zivilgesellschaft herantragen, sind hoch. Die organisierte Zivilgesellschaft wird als Antwort auf verschiedenste gesellschaftliche Missstände begriffen. Es werden mindestens acht Diskussionszusammenhänge ausgemacht, in denen der Begriff der Zivilgesellschaft auf Unionsebene Eingang gefunden hat: ›(1) So soll die Zivilgesellschaft dazu beitragen, das vielbeschworene Demokratiedefizit des ›Elitenprojektes Europa‹ zu überwinden. (2) Sie soll als Legitimierungsquelle europäischen Regierens angezapft werden und Europa näher an die Bürgerinnen und Bürger rücken. (3) Sie soll den Benachteiligten eine Stimme in Brüssel verleihen und damit die Inputlegitimität europäischer Regelsetzung stärken. (4) Gleichzeitig soll die Outputlegitimität der Union durch das Einbringen von Expertise weiter gesteigert und europäische Governance effektiver und effizienter gestaltet werden. (5) Die Zivilgesellschaft wird darüber hinaus als ›Wachhund‹ der Brüssler Institutionen thematisiert, die durch ihre Kontrollfunktion die Verantwortlichkeit der EU-Behörden schärfen. (6) Des Weiteren gilt sie als Schule der Demokratie im Sinne Tocquevilles und als Hoffnungsträger für die Herausbildung einer europäischen Öffentlichkeit, die wiederum auf lange Sicht die Etablierung einer gemeinsamen europäischen Identität befördern soll. (7) Schließlich wird die Zivilgesellschaft als wichtiger Kooperationspartner für die Entwicklung der bislang nur in Grundzügen erkennbaren Sozialpolitik erkannt. (8) Und auch im Kontext der EU-Außenpolitik, und hier vor allem im Zusammenhang mit den Anstrengungen in der externen Demokratieförderung der Union, wird die Zivilgesellschaft als Hoffnungsträger thematisiert.‹« (Nettesheim in Grabitz/Hilf/Nettesheim 2011, EUV Art. 11 Bürgerbeteiligung, Rn. 17).

109 Ebd., Rn. 23.

Ferner ist die Agentur der Europäischen Union für Grundrechte zu erwähnen: »Die Agentur arbeitet eng mit nichtstaatlichen Organisationen und mit Institutionen der Zivilgesellschaft zusammen, die auf nationaler, europäischer oder internationaler Ebene im Bereich der Grundrechte, einschließlich der Bekämpfung des Rassismus und der Fremdenfeindlichkeit, tätig sind. Zu diesem Zweck richtet die Agentur ein Kooperationsnetz (die ›Plattform für Grundrechte‹) ein, das sich aus nichtstaatlichen Menschenrechtsorganisationen, Gewerkschaften und Arbeitgeberorganisationen, relevanten sozialen Organisationen und Berufsverbänden, Kirchen, Organisationen der Religions- und Weltanschauungsgemeinschaften, Hochschulen und anderen qualifizierten Experten von europäischen und internationalen Gremien und Organisationen zusammensetzt.«[110]

Auch das Kooperationsvölkerrecht kann »substantiell an eigenem demokratischen Gehalt gewinnen, wenn es sich neuen Partizipationsformen öffnet. Die Schlüsselüberzeugung lautet, dass die Einbindung von Nicht-Regierungsorganisationen (NGOs) als Exponenten einer internationalen Zivilgesellschaft den demokratischen Gehalt der einschlägigen internationalen Politik steigern kann.« Mit dieser Auffassung ist ein »menschenrechtlicher Demokratiebegriff im Sinne der Partizipationschance des einzelnen« verbunden. »Es geht um eine Ausgestaltung des Entscheidungssystems dergestalt, dass zivilgesellschaftliche Akteure an hoheitlichen Entscheidungen partizipieren bzw. Forderungen, Bewegungen und Werte aus der Gesellschaft in die Verfahren einbringen können. Partizipationsformen neben den Wahlen können Verwirklichungsformen des Demokratieprinzips bilden. Von großer demokratischer Bedeutung ist unter dieser Position auch die Transparenz internationaler Politik, da unerlässlich für die zielgerichtete demokratische Einflussnahme der entstehenden internationalen Öffentlichkeit.«[111]

Es ist freilich nicht zu verkennen, dass mit dem Begriff ›Zivilgesellschaft‹ nicht selten ein Autonomie-Pathos verbunden ist, das einen wesentlichen Sachverhalt aus dem Blick verliert: Zivilgesellschaftliches Handeln ist auf Öffentlichkeit angewiesen. »Gerade am Öffentlichkeitskonzept lässt sich aber zeigen, dass jene zivilgesellschaftliche Zwischensphäre durchaus nicht autonom ist, sondern jederzeit an Ökonomie und Politik anschließbar bleibt.«[112] Zivilgesellschaftliches Han-

110 Art. 10 Abs. 1 der Verordnung (EG) Nr. 168/2007 des Rates vom 15. Februar 2007 zur Errichtung einer Agentur der Europäischen Union für Grundrechte (ABl. Nr. L 53 S. 1).

111 Bogdandy 2003.

112 Alheit 2010, S. 3106.

deln bedarf sogar interner und externer institutioneller Stützung. Extern ist zivilgesellschaftliches Engagement mit dem Nationalstaat und transnationaler Staatlichkeit nicht allein dadurch verbunden, dass diese sein Adressat sind; sondern es müssen auch im rechtsstaatlichen Kontext den zivilgesellschaftlichen Akteuren die individuellen und kollektiven Freiheiten (z. B. Versammlungs- und Vereinigungsfreiheit) eingeräumt sein, ohne die ihr Engagement nicht möglich wäre. Dies kann freilich dazu führen, dass der Staat versucht, die zivilgesellschaftlichen Ansprüche an ihn zu unterlaufen. Dies hat z. B. die vom Deutschen Bundestag 1999 eingesetzte Enquête-Kommission ›Zukunft des bürgerschaftlichen Engagements‹ gezeigt. Die Kommission hat auf den Begriff des ›Gemeinwohls‹ als »konzeptionellen Leitbegriff einer Ordnung« gesetzt, »die die Erfüllung von Ansprüchen an die (freiwillige) Erbringung von Leistungen knüpft«.[113] Unter dieser Voraussetzung ist der »Appell an bürgerschaftliches Engagement [..] gerade nicht mit einer höheren Aktivität des Staates verbunden, sondern eine kaschierte sozialpolitische Entlastungsstrategie«.[114]

Die Forderung nach einer Verstärkung des zivilgesellschaftlichen Einflusses in der demokratischen Politikgestaltung hat einen Hintergrund, der nicht vergessen werden sollte: Sie macht das »Problem der Ent-Zivilisierungsrisiken widersprüchlicher Modernisierung, mit dem wir nicht nur in den Schwellen- oder Transformationsgesellschaften der östlichen Hemisphäre, sondern auch in allen westlichen Gesellschaften empirisch konfrontiert sind, [...] das Dilemma der Zivilität selbst zum Thema. Offensichtlich lässt sich die Qualität des ›Zivilen‹ erst im Prozess seines Verlustes genauer ermessen.«[115] Sich dieses Verlustes bewusst geworden zu sein, war ein wesentlicher Grund dafür, dass der revolutionäre ›arabische Frühling‹ – bisher vor allem in Tunesien – von einem unerwartet schnellen Aufschwung der Zivilgesellschaft begleitet war: Allein in Tunesien haben sich im Jahre 2011 über 3.000 bürgergesellschaftliche Vereinigungen gebildet.

9.8 Politische Repräsentation

»Der politische, staatstheoretische und staatsrechtliche Begriff ›Repräsentation‹ bezeichnet eine Ordnung, in der Gruppen von Personen oder Teile der Bevölkerung nicht unmittelbar selbst und nicht ständig, sondern durch von ihnen gewählte und autorisierte Repräsentanten an

113 Münkler 2002, S. 31.
114 Alheit 2010, S. 3107.
115 Ebd., S. 3103.

Entscheidungen in Staat und Gesellschaft teilhaben.«[116] Der Definition Ernst Fraenkels zufolge ist politische Repräsentation »die rechtlich autorisierte Ausübung von Herrschaftsfunktionen durch verfassungsmäßig bestellte, im Namen, jedoch ohne bindenden Auftrag des Volkes, handelnde Organe eines Staates oder sonstigen Trägers öffentlicher Gewalt, die ihre Autorität mittelbar oder unmittelbar vom Volke ableiten und mit dem Anspruch legitimieren, dem Gesamtinteresse des Volkes zu dienen und dergestalt dessen wahren Willen zu vollziehen«.[117]

Politische Parteien sind seit der zweiten Hälfte des 19. Jahrhunderts zu einem wichtigen Strukturmerkmal politischer Repräsentation im Rahmen moderner Staatlichkeit geworden.[118] In der Bundesrepublik Deutschland ist ihre Funktion in Art. 21 Abs. 1 GG bestimmt: »Die Parteien wirken bei der politischen Willensbildung des Volkes mit. Ihre Gründung ist frei. Ihre innere Ordnung muß demokratischen Grundsätzen entsprechen. [...]«.[119]

Politische Repräsentation ist eine Antwort auf die Frage nach den mit dem Urteilsvermögen der Bürger verbundenen Grenzen der Volkssouveränität. Die repräsentative Demokratie gründet in der problematischen Unterstellung, die Begrenzung der Urteilsmöglichkeiten falle bei den politischen Repräsentanten u.a. deshalb nicht ins Gewicht, weil sie ihre Urteile in organisierter arbeitsteiliger Form bildeten: in Parteien. »In normativer Betrachtung«, so Horst Dreier, »ist das Parteiwesen und sein rechtlicher Schutz eine gebotene *Spezifizierung der Volkssouveränität* und damit ein zentrales Element der *Ausgestaltung des Demokratieprinzips*.«[120]

[116] Goldschmidt 2010c, S. 2325. Zur Geschichte des Repräsentationsbegriffs vgl. Hofmann 1974. Darauf, dass politische Repräsentation als parlamentarisches Prinzip viel älter als das Parteiensystem im modernen Sinne, gehe ich hier nicht ein.

[117] Fraenkel 1964, S. 294.

[118] Zu Entstehung und Entwicklung des modernen Parteiwesens in Deutschland im 19. Jahrhundert vgl. Klein in Maunz/Dürig, Art. 21, Lfg. 38, Rn. 45-77; zur Konstitutionalisierung der Parteien durch das GG vgl. ebd., Rn. 108-126.

[119] Vgl. zum Status und zur Funktion der Parteien Dreier in Dreier 2004, Art. 21.

[120] Dreier in Dreier 2004, Art. 21, Rn. 19. »Die zunehmende *Komplexität der politischen Probleme* und damit auch der *politischen Entscheidungen* steht deshalb in einem Spannungsverhältnis zu den Voraussetzungen politischer Sachentscheidungen durch das Staatsvolk selbst. Hier bedarf es zur Aufbereitung der politischen Probleme und dementsprechend zur Vorformung des politischen Willens des Volkes regelmäßig des Instruments der

Ähnlich hat dies auch Hans Kelsen gesehen: »Gerade weil die Demokratie *als Parteienstaat* den Gemeinschaftswillen nur als Resultante der Parteiwillen entstehen lassen will, kann sie auf die Fiktion eines überparteilichen ›organischen‹ Gesamtwillens verzichten. Die unaufhaltsame Entwicklung führt in allen Demokratien dazu, daß sich das ›Volk‹ in politische Parteien gliedert, oder besser gesagt – da es vorher ein ›Volk‹ als politische Potenz noch gar nicht gibt: Die demokratische Entwicklung läßt die Masse der isolierten Einzelindividuen sich zu politischen Parteien integrieren und entfesselt dadurch allererst soziale Kräfte, die man einigermaßen als ›Volk‹ bezeichnen kann.«[121]

Von besonderer Bedeutung für die repräsentative Demokratie ist Art. 38 Abs. 1 GG, denn mit ihm ist ein wesentliches Problem der politischen Repräsentation im ›Parteienstaat‹ verbunden – das Problem des *freien Mandats*: »Die Abgeordneten des Deutschen Bundestages werden in allgemeiner, unmittelbarer, freier, gleicher und geheimer Wahl gewählt. Sie sind Vertreter des ganzen Volkes, an Aufträge und Weisungen nicht gebunden und nur ihrem Gewissen unterworfen.«[122]

Dieses Repräsentationsprinzip bezieht sich nicht auf den einzelnen Abgeordneten, »sondern auf *alle Abgeordneten* als Mitglieder eines parlamentarischen Vertretungsorgans und folglich auf den Bundestag im ganzen [...]. Es gilt somit der Grundsatz der *parlamentarischen*, nicht der persönlichen *Repräsentation*. Gleichwohl ist die Idee der Universalvertretung auch für den Abgeordneten nicht ohne Bedeutung: aus ihr folgt negativ die Unabhängigkeit des Mandats (keine Bindung an ›Aufträge und Weisungen‹) und positiv das Gebot, sich ohne Rücksicht auf Partei oder Gruppeninteressen am Wohl der Allgemeinheit zu orientieren (*Gemeinpflichtigkeit* des Mandats). [...] Zwar ist der Abgeordnete in der modernen Parteiendemokratie nicht mehr nur ›Vertreter des gesamten Volkes‹, sondern zugleich ›Exponent einer konkreten Parteiorganisation‹ und daher in gewissem Sinne for-

Parteien.« (Grzeszick in Maunz/Dürig, Kommentar z. GG, 63. Erg.lfg. 2011, Art. 20, Rn. 65).

121 Kelsen 1981 [1929], S. 23.

122 »Das Verhältnis zwischen dem Volk und seinen Repräsentanten ist nicht das einer Vertretung im Rechtssinne, sondern einer zukunftsgerichteten Verantwortlichkeit für eine Politik im Interesse des Volkes. Nicht die Vollziehung von Aufträgen ist Aufgabe der Abgeordneten, sondern das Erkennen von Problemen und das Finden und Durchsetzen von Lösungen hierfür. Das *freie Mandat* steht damit im Gegensatz zum imperativen oder sonst gebundenen Mandat.« (Morlok in Dreier 2004, Art. 38, Rn. 137; vgl. ebd., Rn. 140f.). Vgl. zum ›freien Mandat‹ AK-GG Schneider, Art. 38, Rz. 29-37; Morlok in Dreier 2004, Art. 38, Rn. 136-142; Klein in Maunz/Dürig, Kommentar z. GG, Art. 21, Lfg. 38, Rn. 200; Maunz in Maunz/Dürig, Kommentar z. GG, Art. 38, Rz. 9-12.

mal Inhaber einer ›Doppelstellung‹ [...]. Da jedoch auch die Parteien als grundgesetzlich anerkannte Institutionen des Verfassungslebens durch ihre Mitwirkung an der politischen Willensbildung des Volkes (Art. 21 Abs. 1) eine öffentliche Aufgabe erfüllen (§ 1 Abs. 1 Satz 2 ParteienG), d. h. im öffentlichen Interesse tätig werden, stellt die Bindung an das Gemeinwohl eine materiale Verhaltens- und Entscheidungsmaxime für den Abgeordneten nicht nur als ›Vertreter des ganzen Volkes‹, sondern auch und gerade als Emissär der Parteien im Parlament dar.«[123]

Franz Neumann, für den die Demokratie »nicht einfach ein politisches System wie jedes andere« war und der ihr Wesen »in der Durchführung großer sozialer Veränderungen« sah, »die die Freiheit des Menschen maximieren«[124], hat die politischen Parteien realistischer gesehen: »Das wichtigste Einzelinstrument für die Umsetzung sozialer in politische Macht ist die politische Partei. Die Ursache ihrer überragenden Position liegt im Wesen der Demokratie. Die Partei erlaubt die Präsentierung partikularer, meist sehr egoistischer Interessen als nationale Interessen. Zugleich verhindert sie jedoch die totale Bestimmung des nationalen Interesses durch partikulare Interessen. Insofern übt die politische Partei in der Demokratie eine zwiespältige Funktion aus. Der demokratische Prozeß zwingt jede soziale Gruppe, Massenunterstützung zu suchen. Deshalb muß jede Gruppe ihre partikularen Interessen als universale darstellen.«[125]

Die Repräsentanten »sind an *Aufträge und Weisungen nicht gebunden.*«[126] Sie sind, Maunz zufolge, nicht gebunden »a) an Aufträge des *ganzen Volkes*; auch wenn dieses bei der Wahl unverkennbar von einem bestimmten Ziel ausgegangen ist und unter diesem Gesichtspunkt seine Wahlentscheidung getroffen hat, kann dennoch der Bundestag später eine andere Richtung anstreben, ein anderes Ziel verfolgen, eine andere Entscheidung treffen [...]. b) An Aufträge einzelner *Wähler*, Wählergruppen, Wahlkreise oder Länder. Ein Abgeordneter vertritt nicht einen einzelnen Wahlkreis, etwa den, in dem er gewählt ist, sondern das ganze Volk in allen Wahlkreisen. [...] c) An Aufträge, Programme, Grundsätze einer bestimmten *Partei*, auch nicht der Partei (oder ihrer Fraktion), von der der Abgeordnete als Wahlbewerber vorgeschlagen (aufgestellt) worden ist.«[127]

123 AK-GG Schneider, Art. 38, Rz. 18.
124 Neumann 1967, S. 133.
125 Ebd., S. 91.
126 Maunz in Maunz/Dürig, Grundgesetz-Kommentar (2004), Art. 38, Rn. 9.
127 Ebd., Rn. 10-12.

Kelsen hat darin, dass »die Abgeordneten von ihren Wählern *keine bindenden Instruktionen* anzunehmen haben, daß somit das *Parlament* in seiner Funktion *vom Volke* rechtlich *unabhängig* ist«, den eigentlichen Entstehungsgrund für den modernen Parlamentarismus gesehen. Damit werde aber auch ›Repräsentation‹ zu einer Fiktion: »Die Fiktion der Repräsentation soll den Parlamentarismus vom Standpunkt der *Volkssouveränität* legitimieren. Allein diese offenkundige Fiktion, dazu bestimmt, die wirkliche und wesentliche Beeinträchtigung zu verschleiern, die das Freiheitsprinzip durch den Parlamentarismus erfährt, hat den Gegnern das Argument in die Hände gespielt, daß die Demokratie sich auf einer handgreiflichen Unwahrheit aufbaue. So hat die Repräsentationsfiktion zwar ihre eigentliche Aufgabe, das Parlament vom Standpunkte der Volkssouveränität aus zu rechtfertigen, auf die Dauer nicht erfüllen können; sie hat aber dafür eine andere als die von ihr oder mit ihr beabsichtigte Funktion geleistet: Sie hat die unter dem gewaltigen Druck der demokratischen Idee stehende politische Bewegung des 19. und 20. Jahrhunderts auf einer vernünftigen mittleren Linie gehalten. Indem sie glauben machte, daß die große Masse des Volkes sich in dem gewählten Parlamente politisch selbst bestimme, hat sie eine exzessive Überspannung der demokratischen Idee in der politischen Wirklichkeit verhindert; eine Überspannung, die nicht ohne Gefahr für den sozialen Fortschritt, weil notwendig mit einer unnatürlichen Primitivierung der politischen Technik verbunden gewesen wäre.«[128]

Zur normativen Seite der Medaille ›politische Repräsentation‹ gehört eine andere Seite. Es müssen drei faktische Probleme berücksichtigt werden:

(i) Die häufig beklagte ›Entfremdung‹ der Repräsentanten von ›ihren‹ Repräsentierten gründet nicht in erster Linie in Unwillen und Unfähigkeit der Repräsentanten, sondern (a) im *Prinzip*, nicht an ›Aufträge‹ gebunden zu sein und (b) darin, »daß infolge des Fehlens einer vernehmlichen Stimme auf seiten der Massen die Besten nicht die Besten bleiben, es auch nicht bleiben können, und die Weisen aufhören, weise zu sein. Es ist den intellektuellen Eliten unmöglich, sich ein Monopol auf jenes Wissen zu sichern, wie es für die Regelung der gemeinschaftlichen Angelegenheiten notwendig ist. In dem Maße, in dem sie eine spezialisierte Klasse werden, sind sie vom Wissen über die Bedürfnisse, denen sie dienen sollen, abgeschnitten«.[129]

(ii) Die Idee der Repräsentation ›des ganzen Volkes‹ ist abstrakt. Politische Repräsentation ist immer – zumindest *auch* – die Selbstreprä-

128 Kelsen 1981 [1929], S. 31.

129 Dewey 1996 [1927], S. 172.

sentation von Individuen mit Überzeugungen, Werteinstellungen, Bedürfnissen, Interessen und Moralen: »Die mit dem Regieren Befaßten [...] teilen die gewöhnlichen Eigenarten der menschlichen Natur. Sie haben immer noch privaten Interessen zu dienen sowie den Interessen besonderer Gruppen, [...], zu [denen] sie gehören. Nur selten kann ein Mensch sich ganz in seine politische Funktion versenken; das Beste, was die meisten Menschen erreichen, ist die Dominanz des Gemeinwohls über ihre anderen Bedürfnisse. ›Repräsentative‹ Regierung bedeutet, daß die Öffentlichkeit entschieden mit dem Vorsatz organisiert ist, diese Dominanz sicherzustellen.«[130]

(iii) Die Forderung nach Freiheit des Mandats wird zum einen durch die Bindung von Parlamentsfraktionen an Beschlüsse von Parteien[131] und zum anderen im parlamentarischen Alltag ständig – nicht im Ausnahmefall, sondern in der Regel – durch *Fraktionszwang* unterlaufen. Maihofer bezeichnet den Fraktionszwang als »Verkehrung des Verfassungsprinzips des *freien Mandats*« und die ›Freigabe‹ der Abgeordnetenentscheidungen als »Verhöhnung von Buchstaben und Geist unserer Verfassung«.[132] Gehorsamsverweigerung unter Berufung auf das eigene Gewissen kann nicht zuletzt deshalb zu Sanktionen führen, weil die Abgeordneten bei ihrer Kandidatur von Parteien abhängig sind. Sie »sind nur in der Hinsicht Träger eines ›freien Mandats‹, als sie ihren Wählern gegenüber nicht verantwortlich sind – wohl aber faktisch ihren jeweiligen Parteien, Parteiführungen, Regierungschefs etc., häufig aber auch anderen, sog. ›Pressure Groups‹, als deren ei-

130 Ebd., S. 75. »Die Repräsentanten [...] sind nicht nur fachlich und günstigen Falls auch moralisch besonders kompetente Personen; sie bleiben stets ›Menschen aus Fleisch und Blut‹ und sind auch sozial ›situiert‹; d. h. sie gehören stets einer bestimmten Klasse, einer bestimmten ›Rasse‹, einem bestimmten Geschlecht, einer bestimmten Kultur usw. an und verlieren diese ihnen wesentlichen natürlichen und sozialen Qualitäten auch nicht als Mitglieder eines Parlaments.« (Goldschmidt 2010c, S. 2328).

131 Vgl. AK-GG Preuß Art. 21 Abs. 1, Rz. 55: »Da sich ein inhaltliches Kriterium dafür, wann die Fraktion an Beschlüsse der Partei gebunden ist, nicht finden läßt, wird man sagen müssen, daß die Partei das Recht hat, durch ihre zuständigen Organe jede beliebige Frage zum Gegenstand eines die Fraktion bindenden Beschlusses zu machen; dieser Beschluß darf indessen nicht so detailliert sein, daß der Fraktion keinerlei Aktionsmöglichkeit im Parlament mehr verbleibt. In diesem engeren Sinne könnte man von einem ›rahmengebundenen Mandat‹ der Partei an die Fraktion sprechen.«

132 Maihofer in Benda/Maihofer/Vogel 1995, § 12, S. 482 ff., Rn. 87-90, hier: Rn. 90. Zu einer vorsichtigen Rechtfertigung des Fraktionszwangs vgl. Schneider in ebd., § 13, S. 558, Rn. 53. Vgl. zum ›freien Mandat‹ AK-GG Schneider, Art. 38, Rz. 29-37; Maunz in Maunz/Dürig, Grundgesetz-Kommentar (2004), Art. 38, Rz. 9-12.

gentliche Repräsentanten Abgeordnete tatsächlich vielfach auftreten«.[133]

9.9 Wahlen und die Herrschaft der Mehrheit

In der repräsentativen parlamentarischen Demokratie verwirklicht sich nach herrschender Lehre die Volkssouveränität zwar nicht allein, aber wesentlich (i) in Form von Wahlen und (ii) durch den Willen der Mehrheit, in der Form der *Majorität.* »Demokratie besteht erstens darin, dass grundsätzlich das Volk selbst die Staatsfunktionen ausübt, wobei allerdings aus praktischen Notwendigkeiten heraus niemals sämtliche Volksangehörigen und nicht einmal alle erwachsenen Angehörigen dieses Volkes die Herrschaft ausüben können, sondern immer nur eine möglichst große Zahl von ihnen, also die Mehrheit. Zweitens erfolgt diese Herrschaftsausübung der Mehrheit heute meistens nicht unmittelbar, also nicht durch direkte Entscheidung über die Regierungs- und Gesetzgebungsakte im Wege einer Volksabstimmung, sondern sie vollzieht sich regelmäßig [...] durch die Wahl einer Volksvertretung, der Legislative, die ihrerseits wieder regelmäßig durch Wahl die Regierung, die Exekutive, bestellt. Endlich gehört zum Begriff der Demokratie, dass diese durch Wahlen erfolgende Bestellung der Staatsorgane auf Zeit, wenn nicht sogar auf Abruf, erfolgt sowie dass die Wahlen frei sind und auf Gleichheit des Wahlrechtes für alle erwachsenen Staatsbürger beruhen.«[134]

Das BVerfGE hat erklärt: Mit »der allgemeinen, freien und gleichen Wahl der Abgeordneten des Deutschen Bundestages betätigt das Bundesvolk seinen politischen Willen unmittelbar. Es regiert sich regelmäßig mittels einer Mehrheit (Art. 42 Abs. 2 GG) in der so zustande gekommenen repräsentativen Versammlung.«[135] Im öffentlichen Raum getroffene Entscheidungen, »insbesondere über Eingriffe in Grundrechte, müssen [...] auf einen frei gebildeten Mehrheitswillen des Volkes zurückreichen. Die vom Grundgesetz verfasste Ordnung geht vom Eigenwert und der Würde des zu Freiheit befähigten Menschen aus. Diese Ordnung ist rechtsstaatliche Herrschaft auf der Grundlage der Selbstbestimmung des Volkes nach dem Willen der jeweiligen Mehrheit in Freiheit und Gleichheit [...]. Die Bürger sind danach keiner politischen Gewalt unterworfen, der sie nicht ausweichen können und

133 Goldschmidt 2010c, S. 2331.

134 So im GG-Kommentar Schmidt-Bleibtreu/Klein 2004, Rn. 11 ff. und 15.

135 BVerfGE, 2 BvE 2/08 vom 30.6.2009 (209).

die sie nicht prinzipiell personell und sachlich zu gleichem Anteil in Freiheit zu bestimmen vermögen.«[136]

Dass ›in Freiheit zu bestimmen‹ die Ordnung der Demokratie voraussetzt und nicht Anarchie bedeutet, hat Hans Kelsen betont: Freiheit von jedem Zwang und von jeder Art Regierung ist mit gleich welcher Gesellschaftsordnung unvereinbar: »Freiheit muss bedeuten: Regierung durch Mehrheit, wenn nötig gegen die Minderheit der regierten Subjekte. Die Freiheit der Anarchie verwandelt sich so zur Selbstbestimmung der Demokratie.«[137]

In *Vom Wesen und Wert der Demokratie* (^{2}1929) hat Kelsen die Unterstellung, das Majoritätsprinzip könne statt aus der Idee der *Freiheit* aus der Idee der *Gleichheit* begründet werden, zurückgewiesen: »Daß die menschlichen Willen untereinander gleich seien, ist wohl die Voraussetzung des Majoritätsprinzips. Allein dieses Gleich-Sein ist nur ein Bild, kann nicht die effektive Meßbarkeit, die Summierbarkeit menschlicher Willen oder menschlicher Persönlichkeiten bedeuten.« Es sei unmöglich, das Majoritätsprinzip damit zu rechtfertigen, »daß mehr Stimmen ein größeres Gesamtgewicht haben als weniger Stimmen. Aus der rein negativen Präsumtion, daß einer nicht mehr gelte als der andere, kann noch nicht positiv folgen, daß der Wille der Mehrheit gelten solle. Wenn man das Mehrheitsprinzip allein aus der Idee der Gleichheit abzuleiten versucht, hat es tatsächlich jenen rein mechanischen, ja sinnlosen Charakter, den man ihm von autokratischer Seite vorwirft. Es wäre nur der notdürftig formalisierte Ausdruck der Erfahrung, daß die mehreren stärker sind als die wenigeren; und der Satz: Macht geht vor Recht, wäre nur insoferne überwunden, als er sich selbst zum Rechtssatz erhöbe.« Kelsen setzt dem entgegen: »Nur der Gedanke, daß – wenn schon nicht alle – so doch *möglichst viel Menschen frei* sein, d.h. *möglichst wenig Menschen mit ihrem Willen in Widerspruch zu dem allgemeinen Willen der sozialen Ordnung geraten sollen,* führt auf einem vernünftigen Wege« zum Majoritätsprinzip.[138] Als parlamentarisches Prinzip ist es geeignet, »die Klassenherrschaft zu verhindern«, weil »das *Recht der Majorität* die Existenz*berechtigung* einer Minorität« voraussetzt«.[139]

Für die Staatsordnung des GG ist Selbstbestimmung des Volkes durch Wahlen nach dem Mehrheitsprinzip konstitutiv. »Die Ausübung öffentlicher Gewalt unterliegt dem Mehrheitsprinzip mit regulärer Bildung von verantwortlicher Regierung und einer unbehinder-

136 Ebd., (212).

137 Kelsen 2000, S. 14 f.

138 Kelsen 1981 [1929], S. 10.

139 Ebd., S. 53.

ten Opposition, die die Chance auf Regierungsübernahme hat. Insbesondere in der Wahl der Repräsentativversammlung des Volkes oder bei der Wahl von Spitzenämtern der Regierung müssen ein personell oder sachlich generalisierter Mehrheitswille artikuliert und aus der Wahl heraus politische Richtungsentscheidungen herbeigeführt werden können.«[140] »Eine Mehrheitsentscheidung im Parlament repräsentiert zugleich die Mehrheitsentscheidung des Volkes.«[141]

Dieses heute nahezu selbstverständlich geltende Mehrheitsprinzip[142] ist nicht unproblematisch. Fraglich ist, ob und wie Minderheiten geschützt werden.[143] In *De la démocratie en Amérique* hat Alexis de Tocqueville schon 1840 die Frage aufgeworfen: »Was anders ist eine kollektive Mehrheit als ein Individuum, das Meinungen und meistens Interessen hat, die einem anderen Individuum – ›Minderheit‹ genannt – entgegenstehen?«[144] Auch der Liberale J.S. Mill hat in *On Liberty* (1859) vor der ›Tyrannei der Mehrheit‹ – »tyranny of the prevailing opinion and feeling«[145] – gewarnt, die die bürgerlichen Frei-

140 BVerfGE, 2 BvE 2/08 vom 30.6.2009, (213).

141 Ebd., (214).

142 Zur Begründung des Mehrheitsprinzips führt Grzeszick an: »Die demokratische Grundidee der Herrschaft der freien und gleichen Bürger über sich selbst führt zwar zum *Ideal der Einstimmigkeit* demokratischer Entscheidungen. Wäre Demokratie auf das Prinzip der Einstimmigkeit festgelegt, hingen demokratische Entscheidungen aber stets von der Zustimmung auch der Minderheit ab. Unter den Bedingungen der politischen Praxis folgten daraus faktische Blockaden. Ein Grundsatz der Einstimmigkeit ließe die Demokratie deshalb aber nicht nur zu einem untauglichen Prinzip für reale Herrschaftsordnungen geraten. Neben diesen Praktikabilitätserwägungen konterkarierte ein Grundsatz der Einstimmigkeit unter den Bedingungen der politischen Praxis auch die verfassungsrechtlichen *Grundsätze der demokratischen Freiheit und Gleichheit*, da den Mitgliedern der Minderheit durch ihre rechtlich bedingte Vetoposition im Ergebnis ein deutlich stärkerer Einfluss auf die demokratische Entscheidung zukäme als den Mitgliedern der Mehrheit und diese insoweit ihre politische Freiheit zur Selbstbestimmung verlören. Gemäß diesen Überlegungen *beruht das Mehrheitsprinzip* nicht nur auf Erwägungen der politischen Praktikabilität, sondern auch auf einer verfassungsrechtlichen Argumentation aus den *Grundsätzen der demokratischen Freiheit und Gleichheit.*« (Grzeszick in Maunz/Dürig, Kommentar z. GG, 63. Erg.lfg. 2011, Art. 20, Rn. 42).

143 Vgl. Frank 2010.

144 Tocqueville 1961 [1840], Buch I, Teil II, Kap. 7, S. 262: »Qu'est- ce donc qu'une majorité prise collectivement, sinon un individu qui a des opinions et le plus souvent des intérêts contraires à un autre individu qu'on nomme la minorité?«

145 Mill 1977 [1859], S. 220.

heiten und die Selbstbestimmung der Individuen gefährde. In seinen *Reflections on Representative Government* (1861) hat er betont, dass der Definition nach »reine Demokratie Regierung des ganzen Volkes durch das ganze, zu gleichen Teilen repräsentierte Volk« sei. In der Praxis aber bestehe sie »in der Regierung des ganzen Volkes durch eine bloße Mehrheit des Volkes, die allein repräsentiert ist [...] zum Vorteil einer privilegierten numerischen Majorität, die faktisch im Staat allein entscheidet.«[146]

Norberto Bobbio hat im Kontext seiner minimalen Demokratiedefinition das Mehrheiten-Minderheiten-Problem vor allem *prozedural* zu lösen versucht: Damit »eine von Individuen (einem, wenigen, vielen, allen) gefällte Entscheidung als kollektive Entscheidung akzeptiert werden kann, muß diese Entscheidung auf der Grundlage von Regeln stattfinden [...], die festlegen, welche Individuen dazu berechtigt sind, für alle Gruppenmitglieder verbindlich zu entscheiden, und auf Basis welcher Verfahren dies geschieht.« Ein demokratisches Regime zeichnet sich für Bobbio dadurch aus, »daß diese Entscheidungsmacht (die, wenn sie durch das Gesetz autorisiert ist, zu einem Recht wird) einer sehr hohen Anzahl der Gruppenmitglieder zukommt. Ich bin mir darüber im klaren, daß ›eine sehr hohe Anzahl‹ ein vager Ausdruck ist. Aber einmal abgesehen davon, daß die politischen Diskurse ins Universum des ›Ungefähr‹ und ›Meistens‹ eingeschrieben sind, so kann man nicht sagen, ›alle‹. Auch im vollkommensten demokratischen Regime nämlich haben nur die Individuen Stimmrecht, die ein bestimmtes Alter erreicht haben. Die Omnikratie als Regierung aller ist ein idealer Grenzbegriff. Wie hoch nun die Anzahl der Stimmberechtigten ist, ab der man von einem demokratischen Regime sprechen kann, dies läßt sich nicht prinzipiell ein für allemal festlegen, d. h. unabhängig von den historischen Umständen und von einem vergleichenden Urteil.«[147]

Doch selbst eine minimale vom Mehrheitsprinzip ausgehende prozedurale Definition von Demokratie muss mindestens sechs weitere Aspekte berücksichtigen:

(i) Zur Wahl gestellte Alternativen und die Fähigkeit zu freier Entscheidung auf der Grundlage garantierter Freiheitsrechte wie Meinungs-, Versammlungs- und Vereinigungsfreiheit.

(ii) »Das Mehrheitsprinzip ist nicht anwendbar, wo Mehrheit und Minderheiten durch einen einzigen, fundamentalen Gegensatz notwendig voneinander geschieden sind. Wenn z. B. in Nordirland Katholiken und Protestanten abstimmen, ist es fast gleichgültig, worüber sie

[146] Mill 1971, S. 143

[147] Bobbio 1988, S. 8-11.

abstimmen, denn sie stimmen nicht nach konkreten Einzelinteressen, sondern nach ihrer allgemeinen Konfessionszugehörigkeit ab.«[148]

(iii) Entscheidungsfähigkeit setzt Wissen über die zu regelnden Sachverhalte und über die Funktionsweise der Demokratie voraus. In der Demokratie muss der Zugang des *citoyen* zu Urteils- und Handlungsmöglichkeiten, die sowohl mit seinem Eigenwohl als auch mit dem Gemeinwohl verträglich sind, als *Recht*[149] gelten und gefördert werden: Dies ist auch im Interesse der Prävention von rechtswidrigem Verhalten. Auch in der Demokratie gilt – modifiziert – der römische Rechtssatz *ignorantia legis non excusat.*[150]

»Die öffentliche Anerkennung dieses Rechts eines jeden, selbst zur urteilen, geht zusammen mit der Anerkennung der Demokratie als einer objektiven und notwendigen Bedingung des menschlichen Lebens, d.h. als *conditio humana.*« Jacques Poulain betont zugleich, dass diese Rechte nicht frei von sozialen Bedingungen wahrgenommen werden können: »Wenn dieses Recht nicht ein leeres Versprechen bleiben soll, kann man sich also nicht damit zufriedengeben, es zu verteidigen wie einen Besitz, indem man jemandem das Recht zu- oder abspricht, auf diesen Besitz zuzugreifen – unter Inanspruchnahme also einer rein defensiven [...] Konzeption von Rechten. Angesichts der Globalisierung im Modus neoliberaler Ökonomie zwingt die Ausübung dieses Rechts [...] jeden dazu, den spekulativen Wahnsinn der kapitalistischen Maximierung der Wünsche [...] zu erkennen, der die Verarmung und den Ausschluss von Bürgern und ganzen Völkern

148 Gusy 2000, S. 147.

149 Ein *Menschenrecht auf Wissen* hat der Bildungsreformer Diesterweg bereits 1848 in der Zeit der bürgerlichen Revolution und im Kontext der Forderungen nach Demokratie begründet. Vgl. hierzu Sandkühler 1991, 1993.

150 »Unkenntnis des Gesetzes entschuldigt nicht« oder »Unwissenheit schützt nicht vor Strafe«. Der Satz bezeichnet einen Irrtum hinsichtlich des Bestehens oder des Inhalts einer Rechtsnorm. Im Strafrecht geht es dabei vornehmlich um den ›Verbotsirrtum‹, die Unkenntnis der Rechtswidrigkeit bzw. Strafbarkeit eigenen Verhaltens. Ein Rechtsirrtum, insbes. ein Verbotsirrtum, schließt die Schuld eines Täters nur dann aus, wenn er nicht vermeidbar war (vgl. StGB § 16 Irrtum über Tatumstände: (1) Wer bei Begehung der Tat einen Umstand nicht kennt, der zum gesetzlichen Tatbestand gehört, handelt nicht vorsätzlich. Die Strafbarkeit wegen fahrlässiger Begehung bleibt unberührt. (2) Wer bei Begehung der Tat irrig Umstände annimmt, welche den Tatbestand eines milderen Gesetzes verwirklichen würden, kann wegen vorsätzlicher Begehung nur nach dem milderen Gesetz bestraft werden. § 17 Verbotsirrtum: Fehlt dem Täter bei Begehung der Tat die Einsicht, Unrecht zu tun, so handelt er ohne Schuld, wenn er diesen Irrtum nicht vermeiden konnte. Konnte der Täter den Irrtum vermeiden, so kann die Strafe nach § 49 Abs. 1 gemildert werden.).

rechtfertigt, indem einfach von deren Grundrechten abgesehen wird.«[151]

(iv) Demokratische Entscheidungen nach dem Mehrheitsprinzip setzen einen Rechtsstaat voraus, »der seine Gewalt nicht nur *sub lege* ausübt, sondern sie innerhalb von Grenzen ausübt, die durch die verfassungsmäßige Anerkennung der sogenannten ›unverletzlichen‹ Rechte des Individuums gezogen sind.«[152]

(v) Legitime Mehrheitsentscheidungen setzen neben »formalen Regularien (Fixierung von Entscheidungsgegenstand und Abstimmungsberechtigten, faires Wahl- und Abstimmungsverfahren, Garantie der Stimmengleichheit)« auch ein ganz bestimmtes »Mindestmaß an politischer, sozialer und kultureller Homogenität« voraus: »Nach dem Mehrheitsprinzip zu entscheidender Dissens in Einzelfragen setzt eine politische Einheit mit einem gewissen Grundkonsens voraus, *wie er sich vorzüglich in der Verfassung dokumentiert*, die Basis und Rahmen für die Anwendung der Majoritätsregel bildet.«[153]

Die ›politische Einheit mit einem gewissen Grundkonsens‹ muss nicht im Sinne der auf den Nationalstaat reduzierten *Volks*souveränität verstanden werden. Für die Volkssouveränität und das Mehrheitsprinzip gelten zum einen die Schranken, die sich aus den der Verfügung des Nationalstaates und des Volkes längt entzogenen Normen des *ius cogens* und der positivierten Menschenrechte ergeben. Zum anderen müssen, um in der pluralistischen Gesellschaft *in Dissens* Entscheidungen zu ermöglichen, die Prinzipien des *juridischen* »*Kosmopolitismus der Differenz*«[154] anerkannt sein. Kosmopolitismus bedeutet mit Seyla Benhabib, »dass Menschen moralische Personen sind, die ein Recht auf den Schutz durch das Gesetz haben, und zwar aufgrund der Rechte, die ihnen *nicht* als Staatsbürger oder als Mitglieder einer ethischen Gruppe zukommen, sondern die sie einfach als Menschen beanspruchen können«[155], und zwar unter Berücksichtigung des Pluralismus ihrer Denk- und Lebensweisen, d.h. der Differenz. Dann stellt sich nicht mehr die Alternative ›Kosmopolitismus *oder* Demokratie‹; es geht dann vielmehr um »*Demokratie im Zeitalter des rechtlichen Kosmopolitismus*«.[156]

151 Poulain 2011, S. 123.

152 Bobbio 1988, S. 10.

153 Dreier in Dreier 2004, Art. 20 (Demokratie), Rn. 65-67. Hervorh. v. mir. Vgl. ebenso Grzeszick in Maunz/Dürig, Kommentar z. GG, 63. Erg.lfg. 2011, Art. 20, Rn. 47; auch für Grzeszick ist das GG »*Ausdruck eines bestehenden Grundkonsenses*« (ebd., Rn. 48).

154 Marramao 2010, S. 20.

155 Benhabib 2009, S. 65.

156 Ebd., S. 71.

Zu berücksichtigen ist ferner, dass zwischen Mehrheit und Minderheit in aller Regel keine mit ›wahr‹ oder ›falsch‹ zu beantwortenden Fragen verhandelt werden, sondern Wertungen von Gegebenem bzw. Gesolltem, die im Rahmen von individuellen oder kollektiven Überzeugungen, im Rahmen des *common sense*, von Weltanschauungen, Ideologien ect. vorgenommen werden.[157] Sowohl Mehrheits- als auch Minderheitsmeinungen sind *kontextuell und kontingent.*

Schließlich muss (vi) in einer rechtstaatlich verfassten Demokratie zwischen *wahlabhängigen*[158] und *wahlunabhängigen* (Mehrheitsentscheidungen nicht zugänglichen) Fragen unterschieden werden. Ronald Dworkin erläutert hierzu: »Wahlabhängig sind Fragen, deren gerechte Entscheidung grundsätzlich vom Charakter und der Verteilung der Präferenzen in der politischen Gemeinschaft abhängt [...]. Die Entscheidung, ob man verurteilte Mörder töten oder Rassendiskriminierung in Beschäftigungsverhältnissen verbieten sollte, scheint dagegen wahlunabhängig zu sein. Ich glaube nicht, dass die richtige Entscheidung in einer dieser Fragen substantiell davon abhängt, wie viele Menschen die Todesstrafe wollen oder ihr zustimmen oder wie viele Menschen Rassendiskriminierung ungerecht finden.«[159] John Elsters Feststellung »Although one may believe that majority rule needs to be limited and constrained in various ways, these limits and constraints can ultimately have no other normative foundation than a simple majority decision«[160] ist – bezogen auf das deutsche Verfassungsrecht – nur bedingt zutreffend. Das Prinzip, den menschen- und grundrechtlichen ›Wesensgehalt‹ gem. Art. 19 (2) und Art. 79 (3) vor Mehrheitsentscheidungen der Legislative zu schützen, gehört zu den wesentlichen Errungenschaften des GG. Die Verfassungs-Grundentscheidungen sind *»als konsistentes ›inneres System‹ des Grundgesetzes zu erfassen, welches auf der Basis der Menschenwürde«* ruht.[161]

157 John Dewey hat mit Bedacht im Kontext von ›Öffentlichkeit‹ auf den »Abstand« hingewiesen, der zwischen ›Tatsachen‹ und der Bedeutung von Tatsachen liegen kann« (Dewey 1996 [1927], S. 20), und betont: »Politische Tatsachen bestehen nicht unabhängig vom menschlichen Verlangen und Urteil« (ebd., S. 22).

158 Vgl. zu Typen der Rechtfertigung wahlabhängiger Entscheidungen Kaufmann 2010a, S. 1391.

159 Dworkin 2000, S. 277.

160 Elster 1993, S. 179.

161 Hain 1999, S. 34.

9.10 Wissen und Urteilsfähigkeit – notwendige Voraussetzungen der Demokratie?

Demokratie soll als Inbegriff kollektiver Selbstbestimmung in einer Gesellschaft Freier und Gleicher verstanden werden. Was, wenn die Gleichen gleich frei sind zu Rechtsverletzung? Was, wenn sich die Mehrheit eines Volkes so verhält wie im ›Dritten Reich‹? Was, wenn sich das Volk dazu manipulieren lässt, z.B. die Wiedereinführung der Todesstrafe oder die Zulassung von Folter zu wollen? Was, wenn die Bürger kein Interesse zeigen an der Gestaltung der Demokratie? Was, wenn wir als Bürger angesichts der Komplexität von Politik und Recht, Technologie und Ökonomie sowie angesichts der zunehmenden Macht von Experten, auf deren Urteil sich die Politik in der repräsentativen Demokratie anstelle des ›Volkes‹ stützt, in unserer Urteils- und Handlungsfähigkeit dem Satz »Alle Staatsgewalt geht vom Volke aus« nicht entsprechen?[162]

Kant hat in *Beantwortung der Frage: Was ist Aufklärung?* (1784) geschrieben, es sei »für jeden einzelnen Menschen schwer, sich aus der ihm beinahe zur Natur gewordenen Unmündigkeit herauszuarbeiten. Er hat sie sogar liebgewonnen und ist vorderhand wirklich unfähig, sich seines eigenen Verstandes zu bedienen, weil man ihn niemals den Versuch davon machen ließ.«[163] Trifft dieser Befund auch heute zu? Wenn ja, aus welchen Gründen und in welchem Maße?

Konservative haben immer betont und gehen noch heute, ohne es offen zu sagen, davon aus, dass das Volk ›zur Demokratie nicht reif‹ sei. Kant hat sich bereits 1793 gegen diese Unterstellung gewandt und als *Bedingung* für Reife benannt, man müsse »frei sein, um sich seiner Kräfte in der Freiheit zweckmäßig bedienen zu können«: »Ich gestehe, daß ich mich in den Ausdruck, dessen sich auch wohl kluge Männer bedienen, nicht wohl finden kann: Ein gewisses Volk (was in der Bearbeitung einer gesetzlichen Freiheit begriffen ist) ist zur Freiheit nicht reif; die Leibeigenen eines Gutseigenthümers sind zur Freiheit noch nicht reif; und so auch: die Menschen überhaupt sind zur Glaubensfreiheit noch nicht reif. Nach einer solchen Voraussetzung aber wird die Freiheit nie eintreten; denn man kann zu dieser nicht *reifen*, wenn man nicht zuvor in Freiheit gesetzt worden ist (man muß frei sein, um sich seiner Kräfte in der Freiheit zweckmäßig bedienen zu können). Die ersten Versuche werden freilich roh, gemeiniglich auch mit einem beschwerlicheren und gefährlicheren Zustande verbunden sein, als da

162 Vgl. zu Demokratie und Urteilskraft Sandkühler 2006a. Zum Problem der ›Unwissenheit des Volkes‹ vgl. Duprat 1998.

163 Kant, AA VIII, S. 36.

man noch unter den Befehlen, aber auch der Vorsorge anderer stand; allein man reift für die Vernunft nie anders, als durch *eigene* Versuche (welche machen zu dürfen, man frei sein muß).«[164]

Ist Demokratie möglich, wenn Volkssouveränität Gleichheit *und* Freiheit voraussetzt, aber nicht alle Bürger in gleichem Maße *in Freiheit* über Wissen verfügen und urteilsfähig und mündig sind? Mit dieser Frage soll nicht suggeriert werden, es könne Alternativen geben – etwa die Herrschaft der Eliten, die über umfassendes Wissen verfügen, z. B. Platons Philosophenkönige[165] oder das Politbüro der Einheitspartei. Die Frage ist falsch gestellt. Die Demokratie ist nur scheinbar ein Paradox. Sie stellt zwar die höchsten Anforderungen an die Individuen, kompensiert aber zugleich auf die einzig vernünftige Weise deren Defizite. Im Interesse der Freiheitsrechte aller Individuen muss zum einen die Freiheit, wie auch immer gerechtfertigte Überzeugungen zu haben, geschützt werden; zum anderen kann nicht auf das Prinzip verzichtet werden, dass Unwissenheit und mangelnde Urteilsfähigkeit die Normadressaten in ihrem Handeln weder von Rechten noch von Pflichten befreien und nicht vor den Sanktionen bewahren, mit denen die Normen im Rechtsstaat bewehrt sind.

9.10.1 Krise der Moderne?

Zum Kern der Demokratie-Problematik gehört das, was man die aus dem Mangel an Wissen und Urteilsfähigkeit entstehende *epistemische Krise der Moderne* nennen kann. Macht sie die Demokratie unmöglich? Die Demokratie bedarf einerseits urteilsfähiger Subjekte, zum anderen aber ist sie genau die gesellschaftliche Ordnung, die als *Rechtsordnung* die Funktion hat, den Mangel an individueller epistemischer und moralischer Autonomie auszugleichen. Auch wenn nicht alle alles wissen und verantworten können, ist Demokratie möglich.

Wir nehmen die Welt wahr – oder das, was wir für die Welt halten; wir machen Erfahrungen mit Dingen, Personen und sozialen Kollektiven; wir erlangen Wissen darüber, dass etwas ist und wie es ist und

164 Kant, *Die Religion innerhalb der Grenzen der bloßen Vernunft* (^{2}1794), AA VI, S. 190 Anm.; Kant bezieht sich auf das revolutionäre Frankreich.

165 »Wenn nicht die Philosophen Könige werden in den Städten oder die, welche jetzt Könige oder Herrscher genannt werden in den Städten, echt und ausreichend zu philosophieren beginnen, und wenn nicht dies in eines zusammenfällt, politische Macht und Philosophie, und die Naturen der Vielen, die jetzt ausschließlich eines der beiden Ziele im Auge haben, mit Gewalt ausgeschlossen werden, dann gibt es kein Ende der Übel, mein lieber Glaukon, weder für die Städte, noch (wie ich glaube) für das Menschengeschlecht.« (Platon, *Politeia* 473d).

wie wir mit dem, was wir zu wissen glauben, umgehen können. Wir urteilen, beurteilen und handeln – richtig oder falsch.

Seit der frühen Neuzeit wurde ein normatives Bild des Menschen entwickelt, das nicht zuletzt durch die Aufklärung und den Deutschen Idealismus das Weltbild der europäischen und nordamerikanischen Moderne begründet hat: Die Menschen sollen die Qualität von Subjekten haben. Diese Qualität, frei und verantwortlich handelndes Subjekt zu sein, hat die Forderung nach Demokratie legitimiert. Philosophie, Wissenschaften und Künste repräsentierten dieses Ideal als grundlegende Überzeugung: Die Menschen machen ihre Geschichte selbst, und wenn sie dabei mit störenden Bedingungen konfrontiert sind, müssen die Umstände verändert werden. Die gesellschaftliche Ordnung soll so beschaffen sein, dass sie ein Zusammenleben autonomer Subjekte in Freiheit ermöglicht. Das Ideal einer solchen Ordnung ist die Demokratie: Der Staat entsteht aus der Souveränität derer, die in ihm zusammen leben und ›Volk‹ genannt werden. Die Gewalt, deren Ausübung sie dem Staat übertragen, ist ihre Gewalt. Demokratie ist Selbstrepräsentation souveräner Subjekte.

Aber die Menschen machten und machen Erfahrungen mit dem in der Theorie begründeten Ideal. Sie erfahren, dass das Versprechen, sie seien von Natur aus gleich, gebrochen wird: *Gleichheit ist kein Zustand, sondern eine Norm.* Sie wissen, dass es Ungerechtigkeit gibt, d.h. dass der zivile Pakt für Freiheit und Sicherheit *de facto* von Individuen und Kollektiven aufgekündigt wird: *Gerechtigkeit ist kein Zustand, sondern eine Norm.* Sie wissen, dass nicht alle vernünftig handeln: *Vernunft ist kein Zustand, sondern eine Norm.* Sie wissen, dass es Mangel an Urteilsfähigkeit gibt: *Urteilsfähigkeit ist kein Zustand, sondern eine Norm.* Sie wissen, dass in der Gesellschaft nicht alle an den Entscheidungen über ein richtiges Zusammenleben beteiligt sind und vertrauen *nolens volens* auf die Klugkeit der Mehrheit: *Auch die als Selbstherrschaft aller gedachte Demokratie ist kein Zustand, sondern eine Norm.*

Philosophen und Geschichts- und Gesellschaftstheoretiker haben sich – zumindest vor Marx, nimmt man Hegels Analyse der bürgerlichen Gesellschaft und seine Rechts- und Staatstheorie einmal aus – vorrangig von der Differenz zwischen dem von ihnen formulierten Ideal und dem Mangel an Wissen und Urteilsfähigkeit provozieren lassen. Angesichts offensichtlicher Ungleichheit, Ungerechtigkeit, Unvernunft und illegitimer Herrschaft und Gewalt galten Bildung und Erziehung als die Mittel, mit denen der Mangel an Urteilsfähigkeit zu beheben war – und sei es in der Erziehungsdiktatur. Mit dieser intellektuellen Programmatik war und ist heute allerdings ein Problem verbunden: Die Ideen der Subjektivität, der Autonomie, der Souveränität und auch der Demokratie existieren in Pluralität und Konkurrenz. Es gibt nicht die eine Idee und das eine Ideal, das Konsens verbürgen könnte; es gibt nicht *die* Wahrheit einer von allen anerkannten Theorie, es gibt nicht *das* richtige Mittel der Praxis, es gibt keinen Konsens über *das* richtige Leben, Wissen und Handeln. Zu Subjektivität, Autonomie und Souveränität gehören Individualität, Pluralität, Konkurrenz und Relativität. Die Hoffnung, man könne die Wirklichkeit im Namen der *einen* substanziellen Vernunft an einvernehmlichen Idealen messen, wird enttäuscht.

9.10.2 Nicht Herr über sich selbst sein – der Typus Eichmann

Im 20. Jahrhundert hat der Faschismus, selbst eine Gestalt der Moderne, eine endgültige ›Lösung‹ versprochen. Behauptet wurde das Scheitern der Aufklärung, der Revolution von 1789 und der Demokratie. Repräsentativ wurde der Typus ›Eichmann‹.

Hannah Arendts *Bericht von der Banalität des Bösen* bilanziert, dass »es im Wesen des totalen Herrschaftsapparates und vielleicht in der Natur jeder Bürokratie liegt, aus Menschen Funktionäre und bloße Räder im Verwaltungsbetrieb zu machen und sie damit zu entmenschlichen«. Eichmann repräsentiert die ›erschreckende Normalität‹ eines neuen Typus von Verbrecher, des »*hostis generis humani*«: Er handelt »unter Bedingungen [...], die es ihm beinahe unmöglich machen, sich seiner Untaten bewußt zu werden«.[166] Mit diesen Bedingungen ist die Folge verbunden, »die Verantwortung des Täters für seine Tat im Sinne des einen oder anderen Determinismus hinwegzueskamotieren«.[167] Die Fragen nach der Fähigkeit der Individuen zur Autonomie, zum Urteilen, zu Verantwortung und Schuld scheinen nicht beantwortbar zu sein. Was Arendt an Eichmann interessiert, ist ein Habitus: Er gewinnt seine Identität durch Unterwerfung unter die ›Ordnung‹ des »Verwaltungsmassenmordes«. Am Typus ›Eichmann‹ zeigt Hannah Arendt, dass es vor allem um »das Wesen und das Funktionieren der menschlichen Urteilskraft«[168] und um die Bedingungen und Folgen von »Gedankenlosigkeit« geht.[169]

Der Typus ›Eichmann‹ handelt, nachdem er die Fähigkeit zum Urteilen, zum Sprechen, zum Erinnern, zum *sensus communis* und zur Anerkennung von Verantwortung verloren hat: »diese Unfähigkeit,

166 Arendt 1990, S. 425.
167 Ebd., S. 59.
168 Ebd., S. 65.
169 Ebd., S. 57.

sich auszudrücken, [war] aufs engste mit einer Unfähigkeit zu *denken* verknüpft [...]. Das heißt hier, er war nicht imstande, vom Gesichtspunkt eines anderen Menschen aus sich irgend etwas vorzustellen«. Eichmann hat sich als Leser von Kants *Kritik der praktischen Vernunft* bekannt, nach deren Prinzipien zu handeln ihm nicht möglich gewesen sei. »Weiter erklärte er, daß er in dem Augenblick, als er mit den Maßnahmen zur ›Endlösung‹ beauftragt wurde, aufgehört habe, nach kantischen Prinzipien zu leben, er habe das gewußt und habe sich mit dem Gedanken getröstet, nicht länger ›Herr über mich selbst‹ gewesen zu sein – ›ändern konnte ich nichts‹.«

Arendt sieht sich in diesem historischen Kontext, in dem es um das Urteilen als Voraussetzung des Handelns geht, philosophisch vor »die einzige Alternative, die es in diesen Fragen gibt, gestellt: Wir können entweder mit Hegel sagen: ›Die Weltgeschichte ist das Weltgericht‹, und das letzte Urteil dem Erfolg überlassen; oder wir können mit Kant an der Autonomie der geistigen Kräfte des Menschen und ihrer möglichen Unabhängigkeit von den Dingen, wie sie sind und wie sie geworden sind, festhalten.«[170]

Unter welchen Voraussetzungen ist ein auf Urteilsfähigkeit gegründetes und verantwortliches Handeln von Individuen möglich? Angesichts des Faschismus, der in Nürnberg und in Jerusalem vor Gericht steht, formuliert Arendt diese Frage in die Norm um, »daß menschliche Wesen fähig sein sollen, Recht und Unrecht zu unterscheiden, und zwar selbst dann, wenn alles, was sie leiten könnte, nur ihr eigenes Urteil ist, welches [...] vollständig quer liegt zu dem, was sie als die einhellige Meinung aller, die um sie herum sind, betrachten müssen«.[171] Arendt kennt das mit dieser Norm verbundene Problem; es besteht darin, dass das Urteilen kein Akt isolierter, atomisierter Subjekte ist. »Wenn man urteilt, urteilt man als Mitglied einer Gemeinschaft.«[172]

Wenn Urteile nicht nur epistemisch, sondern auch sozial kontextuell und relativ sind, dann ist das Problem der Fähigkeit zum Urteilen nicht nur ein epistemologisches Problem. Zu fragen ist nach sozialen Bedingungen, unter denen Subjekte in ihrer Gesellschaft zum verantwortbaren Urteil und zum verantwortlichen Handeln fähig sind.[173]

170 Arendt 1985, S. 15

171 Zit nach ebd., S. 126.

172 Ebd., S. 97.

173 Die Frage nach diesen Befähigungen könnte u. a. mit Verweis auf Martha C. Nussbaums im Kontext der Gerechtigkeitstheorie entwickelten *Capability Approach/Befähigungsansatz* erweitert werden. Nussbaum unterscheidet in einer Art Stufenmodell drei Arten von Befähigungen: *Basis-Befähigungen* wie Hören, Sehen, Sprachentwicklung, die für ein Individuum Voraussetzung zur Entwicklung weiterer Fähigkeiten sind. *Interne Befähi-*

Demokratie, so die ideale Konzeption, ist eine Form der Selbstherrschaft nach Maßgabe des *sensus communis*, also des Selbstdenkens ohne Widerspruch mit sich selbst und mit Rücksicht auf andere. Der *sensus communis* ist, wie Kant begründet hat, kein ›Vermögen der Erkenntnis‹, und es geht nicht einfach um eine Erweiterung von Erkenntnis und Wissen. Es geht um eine ›erweiterte Denkungsart‹, um den Habitus, der sich »über die subjektiven Privatbedingungen des Urteils [...] wegsetzen [kann], und aus einem allgemeinen Standpunkte ([... indem man] sich in den Standpunkt anderer versetzt) über sein eigenes Urteil reflektiert«.[174] Bei Kant bleibt freilich eine Frage unbeantwortet: Unter welchen Bedingungen sind Menschen frei zu Autonomie und Alterität? Kants Programm muss dem Einwand ausgesetzt werden, den Helvétius und mit ihm Marx formuliert haben: Ja, es sind die Menschen, die ihr Leben gestalten, *aber* unter Bedingungen, die sie in der Regel nicht frei wählen können. Unter dem Vorbehalt dieses *Aber* steht auch ihre Urteilsfähigkeit.

9.10.3 Urteilskraft, Handeln und Verantwortung

Der von Kant geprägte Begriff der Urteilskraft bezieht sich auf jene Fähigkeit, die die Bildung von richtigen, sachangemessenen Urteilen ermöglicht: »Urtheilskraft ist das Vermögen unter Regeln zu *subsumiren*, d. i. zu unterscheiden, ob etwas unter einer gegebenen Regel (*casus datae legis*) stehe, oder nicht.«[175] Der epistemologischen Dimension des Begriffs korrespondiert eine ethische: »Die Regel der Urtheilskraft unter Gesetzen der reinen praktischen Vernunft ist diese: Frage dich selbst, ob die Handlung, die du vorhast, wenn sie nach einem Gesetze der Natur, von der du selbst ein Theil wärest, geschehen sollte, sie du wohl als durch deinen Willen möglich ansehen könntest. Nach dieser Regel beurtheilt in der That jedermann Handlungen, ob sie sitt-

gungen, die man insbesondere durch Bildung und Ausbildung erlangt, um sie in praktische Funktionen umsetzen zu können. *Kombinierte Befähigungen* sind die internen Befähigungen, für die auch der äußere institutionelle und materielle Rahmen vorhanden ist. Nussbaum argumentiert mit Aristoteles, dass im Politischen ein positiver Begriffs vom ›guten Leben‹ unverzichtbar sei. Die Menschen hätten Fähigkeiten, »die nach einer bestimmten Tätigkeit streben und sich durch diese verwirklichen wollen« (Nussbaum 1999, S. 112). Die fundamentalen menschlichen Fähigkeiten begründen zugleich den moralischen Anspruch auf ihre praktische Verwirklichung. Nussbaum folgert hieraus auch, dass der Staat die Verpflichtung hat, gerechte Bedingungen zu schaffen, unter denen die humanen Potenziale verwirklicht werden können.

174 Kant, *Kritik der Urteilskraft*, § 40, B 159.

175 Kant, *Kritik der reinen Vernunft*, B 171.

lich gut oder böse sind.«[176] Urteilskraft ist konstitutiv für das Wirken des kategorischen Imperativs »*Handle so, daß du die Menschheit sowohl in deiner Person, als in der Person eines jeden andern jederzeit zugleich als Zweck, niemals bloß als Mittel brauchst.*«[177] Die Differenz zwischen Faktizität und Geltung ist Kant durchaus bewußt: »Allein obgleich das vernünftige Wesen darauf nicht rechnen kann, daß, wenn es auch gleich diese Maxime selbst pünktlich befolgte, darum jedes andere eben derselben treu sein würde, [...] so bleibt doch jenes Gesetz: handle nach Maximen eines allgemein gesetzgebenden Gliedes zu einem bloß möglichen Reiche der Zwecke, in seiner vollen Kraft, weil es kategorisch gebietend ist.«[178]

Der Kontext zeigt, dass und warum für Kant die Urteilskraft nicht allein ein Problem der Erkenntniskritik ist; in seiner *Kritik der Urteilskraft* (1790) heißt es: »Befreiung vom Aberglauben heißt Aufklärung«. Aufklärung bedeutet die Kritik des Bedürfnisses, »von andern geleitet zu werden, mithin de[s] Zustand[s] einer passiven Vernunft«.[179] Den Stein des Anstoßes bilden falsche Autoritäten und blinder Gehorsam, also vor allem das, was schon Thomasius als »Vorurteil der Autorität« kritisiert hatte.[180] Unmündigkeit und der Verlust der Fähigkeit, autonomes Handeln zu verantworten, sind allerdings Folgen nicht allein, ja nicht einmal in erster Linie des unkritischen Vertrauens auf individuelle epistemische und moralische Autoritäten. Sie resultieren vor allem aus blindem Gehorsam gegenüber institutioneller Autorität: gegenüber einer Religion/Kirche, einer Partei, einem Staat, ökonomischen Mächten, Massenmedien ... Folgt man Kant, dann gibt es ohne Urteilskraft weder vernünftiges Handeln noch Verantwortung.

Unter einer *Handlung* ist das Verhalten einer Person zu verstehen, das durch eine Handlungsabsicht (ein Wollen, einen Willensakt) und durch die Korrespondenz von Absicht und Tat verursacht wird. Die Absicht entsteht aus Wünschen und Präferenzen. Die Entscheidung zu einer Handlung setzt voraus, dass die Person sie für optimal hält, das Handlungsziel zu erreichen. Was für optimal gehalten wird, hängt von der Abwägung möglicher Alternativen und der erwartbaren Folgen der Handlung ab, d. h. von Urteilen. Diese Urteile sind kontextuell; sie stehen in Relation zu kognitiven und epistemischen Voraussetzungen

176 Kant, *Kritik der praktischen Vernunft*, AA V, S. 69.
177 Kant, *Grundlegung zur Metaphysik der Sitten*, AA IV, S. 429.
178 Ebd., S. 438 f.
179 Kant, *Kritik der Urteilskraft*, § 40, AA V, S. 295.
180 Vgl. Thomasius 1691, Kap. 13, § 41 ff.

und zu sozialen Bedingungen; sie stützen sich auf Überzeugungen und habitualisierte, oft von anderen übernommene Werturteile.

›*Verantwortung*‹ ist ein Relationsbegriff, »der (mindestens) vier Elemente und ihre gegenseitigen Relationen einschließt: ein *Subjekt* ist für ein *Objekt* vor einer *Instanz* in Bezug auf ein *Wertsystem* ›verantwortlich‹«.[181] Unter ›Verantwortung‹ ist »die Möglichkeit« zu verstehen, »einem Menschen die Folgen seines Handelns vorzuhalten sowie die daraus für diesen Menschen erwachsende Nötigung, sich gegenüber dieser Vorhaltung zu verteidigen. Das Konzept der Verantwortung zielt darauf, Kriterien bereitzustellen, nach denen bestimmte Handlungsfolgen bestimmten Handlungssubjekten zugerechnet werden können.«[182]

Personen entscheiden nicht in Robinsonaden, nicht als isolierte ›freie‹ Individuen über ihr Handeln; ihre Verantwortung ist auf verfügbare Objekte, auf Wertsysteme und auf moralische und institutionelle Instanzen bezogen, die Normen setzen und mit Sanktionen operieren. Eine der Instanzen ist das Gewissen[183], das Kant in seiner *Metaphysik der Sitten* als ›das Bewußtsein eines *inneren Gerichtshofes* im Menschen (›vor welchem sich seine Gedanken einander verklagen oder entschuldigen‹)«[184] definiert. Eine Frage, die sich sofort stellt, lautet: Wie gebildet ist das Gewissen? Über welches Wissen um moralische Normen und Werte verfügt die Person? Zu welchen Urteilen über die Gültigkeit der Normen ist sie fähig? Die Urteilsmöglichkeiten sind hinsichtlich der Motivationen, Absichten, Überzeugungen, Werturteile, Entscheidungen und Handlungen durch emotive und kognitive, soziale und politische Voraussetzungen begrenzt.

Dies wird im Rechtssystem demokratischer Staaten und auch in Formen supranationaler Verrechtlichung bei der Zurechnung von Handlungen und Handlungsfolgen berücksichtigt.[185]

9.11 Supranationale Verrechtlichung und transnationale Demokratie

»Die Staatskonstellation des Goldenen Zeitalters« – so die Diagnose von S. Leibfried und M. Zürn – »löst sich nicht einfach auf, sie *zerfa-*

181 Bayertz 2010a, S. 2861.

182 Bayertz 2010a, S. 2860; vgl. Bayertz 1995.

183 Vgl. z. B. Kittsteiner 1991, Höver/Honnefelder 1993.

184 Kant, AA VI, S. 438.

185 Zum Problem der Kausalität und Zurechnung siehe in diesem Buch Abschn. 4.6.1.

sert vielmehr«. Die Prognose der Autoren lautet: »Die strukturellen Veränderungen von Staatlichkeit führen weder zu einem großen europäischen Regionalstaat noch zum Zerfall in viele Kleinstaaten und auch nicht zum Siegeszug des Minimalstaates bei weitgehend unregulierten Marktbeziehungen. *Zerfaserung* bedeutet, daß [...] Wandlungen ganz unterschiedlicher *Art* und in verschiedener *Richtung* stattfinden: Die *Rechtsstaatlichkeit* internationalisiert sich teilweise und ergänzt so die alte ›innere Rechtsstaatlichkeit‹ moderner Staaten [...]. Die alten Regulierungsfunktionen des nationalen Rechts werden auf diese Weise in ein Geflecht inter-, trans-, supra- und subnationaler Formen überführt. [...] Die *Legitimation* verharrt weitgehend auf nationaler Ebene, aber einige Legitimationsgrundlagen des Nationalstaats gehen schleichend in eine post-nationale Konstellation über.«[186]

Im Prozess der Veränderungen von Staatlichkeit hat Leibfried/Zürn zufolge die »Bedeutung des Nationalstaats für die Gewährleistung von Rechtsstaatlichkeit« abgenommen: »Internationale Rechtsnormen ergänzen heute innerstaatliche Verfahren zur Gewährleistung von Grundrechten, zugleich werden quasi-gerichtliche Verfahren zur Interpretation internationaler Rechtsnormen herangezogen. In dieser neuen Version von Rechtsstaatlichkeit setzt die Souveränität eines Staates dessen Anerkennung grundlegender individueller Rechte voraus, und der Staat unterwirft sich seinerseits einer internationalen Interpretation des Rechts sowie transnationalen Rechtsregimen, die parallel zum nationalen Rechtssystem gelten. Diese Regime haben sich zusätzlich zur bekannten supranationalen Struktur des europäischen Rechts entwickelt.«[187]

Infolge des »supranationalen Integrationsprozesses« nehme »der umfassende Regelungsgehalt der nationalen Verfassung« ab; nationale Verfassungen sänken zumindest partiell »auf den Status einer Teilrechtsordnung herab«.[188] Dies gelte auch für Europa, wo die Europäische Union »Identität schafft durch das Recht, das sie setzt. [...] Es ist nur folgerichtig, dass sich die Union seit jeher zuallererst als Rechtsgemeinschaft begreift. Schon sehr früh hat der Europäische Gerichtshof das Gemeinschaftsrecht als eine autonome Rechtsordnung definiert, die gegenüber widerstreitendem nationalen Recht Anwendungsvorrang beansprucht, und stets hat er gegenüber den zum Teil widerstrebenden und nicht immer rechtstreuen Mitgliedstaaten den ›effet utile‹

186 Leibfried/Zürn 2006, S. 13; vgl. S. 41 f.

187 Ebd., S. 48.

188 Dreier 2010a, S. 2873. Zu internationalen und supranationalen Bezügen vgl. Dreier 2004, Vorbemerkungen vor Art. 1 GG, Rn. 24-56.

(die praktische Wirksamkeit) des Gemeinschaftsrechts zu verwirklichen gesucht.«[189]

Eine herausragende Bedeutung für die supranationale Verrechtlichung der Grundrechte in Europa haben die Europäische Menschenrechtskonvention[190], die Charta der Grundrechte der Europäischen Union, der Europäische Gerichtshof und der Europäische Gerichtshof für Menschenrechte. Das BVerfGE hat mit Beschluss vom 14. 10. 2004 festgestellt: »Die Europäische Menschenrechtskonvention gilt in der deutschen Rechtsordnung im Range eines Bundesgesetzes und ist bei der Interpretation des nationalen Rechts – auch der Grundrechte und rechtsstaatlichen Garantien – zu berücksichtigen (1.) Die Bindungswirkung einer Entscheidung des Gerichtshofs erstreckt sich auf alle staatlichen Organe und verpflichtet diese grundsätzlich, im Rahmen ihrer Zuständigkeit und ohne Verstoß gegen die Bindung an Gesetz und Recht (Art. 20 Abs. 3 GG) einen fortdauernden Konventionsverstoß zu beenden und einen konventionsgemäßen Zustand herzustellen (2.) Die Art und Weise der Bindungswirkung hängt von dem Zuständigkeitsbereich der staatlichen Organe ab und von dem Spielraum, den vorrangig anwendbares Recht lässt. Gerichte sind zur Berücksichtigung eines Urteils, das einen von ihnen bereits entschiedenen Fall betrifft, jedenfalls dann verpflichtet, wenn sie in verfahrensrechtlich zulässiger Weise erneut über den Gegenstand entscheiden und dem Urteil ohne materiellen Gesetzesverstoß Rechnung tragen können. (3.) Ein Beschwerdeführer kann die Missachtung dieser Berücksichtigungspflicht als Verstoß gegen das in seinem Schutzbereich berührte Grundrecht in Verbindung mit dem Rechtsstaatsprinzip rügen.«[191]

Auf der supranationalen Seite verbietet es Art. 53 EMRK, die Konvention »so auszulegen, als beschränke oder beinträchtige sie Menschenrechte und Grundfreiheiten«, die in den Verfassungen und Gesetzen der Mitgliedstaaten anerkannt sind.[192]

Die am 7. Dezember 2000 verabschiedete Charta der Grundrechte der Europäischen Union[193], die in den Vertrag von Lissabon[194] vom 13. Dezember 2007 inkorporiert wurde, »bekräftigt unter Achtung der

[189] Möstl 2005, S. 36.

[190] Vgl. Meyer-Ladewig 2011. Mit Art. 6 des Lissabon-Vertrages erklärt die EU, der EMRK beitreten zu wollen.

[191] BVerfGE 2 BvR 1481/04 (30).

[192] Vgl. entsprechend Art. 54 der EU-Grundrechtecharta.

[193] Vgl. Meyer 2011; vgl. von Arnim 2006, Tettinger/Stern 2006.

[194] Er ist an die Stelle eines Europäischen Verfassungsvertrags getreten, der 2005 in Referenden in Frankreich und den Niederlanden abgelehnt worden war.

Zuständigkeiten und Aufgaben der Union und des Subsidiaritätsprinzips die Rechte, die sich vor allem aus den gemeinsamen Verfassungstraditionen[195] und den gemeinsamen internationalen Verpflichtungen der Mitgliedstaaten, aus der Europäischen Konvention zum Schutz der Menschenrechte und Grundfreiheiten, aus den von der Union und dem Europarat beschlossenen Sozialchartas sowie aus der Rechtsprechung des Gerichtshofs der Europäischen Union und des Europäischen Gerichtshofs für Menschenrechte ergeben«. Die Charta erkennt in Titel I die folgenden *notstandsfesten* Grundrechte an, die ihren besonderen Charakter »in ihrer *gesteigerten Schutzdimension*« und als »Tabuzonen« haben[196]:

»Artikel 1: *Würde des Menschen.* Die Würde des Menschen ist unantastbar. Sie ist zu achten und zu schützen. Artikel 2: *Recht auf Leben.* (1) Jeder Mensch hat das Recht auf Leben. (2) Niemand darf zur Todesstrafe verurteilt oder hingerichtet werden. Artikel 3: *Recht auf Unversehrtheit.* (1) Jeder Mensch hat das Recht auf körperliche und geistige Unversehrtheit. (2) Im Rahmen der Medizin und der Biologie muss insbesondere Folgendes beachtet werden: a) die freie Einwilligung des Betroffenen nach vorheriger Aufklärung entsprechend den gesetzlich festgelegten Einzelheiten, b) das Verbot eugenischer Praktiken, insbesondere derjenigen, welche die Selektion von Menschen zum Ziel haben, c) das Verbot, den menschlichen Körper und Teile davon als solche zur Erzielung von Gewinnen zu nutzen, d) das Verbot des reproduktiven Klonens von Menschen. Artikel 4: *Verbot der Folter und unmenschlicher oder erniedrigender Strafe oder Behandlung.* Niemand darf der Folter oder unmenschlicher oder erniedrigender Strafe oder Behandlung unterworfen werden. Artikel 5: *Verbot der Sklaverei und der Zwangsarbeit.* (1) Niemand darf in Sklaverei oder Leibeigenschaft gehalten werden. (2) Niemand darf gezwungen werden, Zwangs- oder Pflichtarbeit zu verrichten. (3) Menschenhandel ist verboten.«

Diese Grundrechte können nicht eingeschränkt werden. Die nachfolgenden Freiheitsgarantien (Titel II), Gleichheitsgarantien (Titel III), Solidaritätsrechte (Titel IV), Bürgerrechte (Titel V) und justiziellen Rechte (Titel VI) dürfen gem. Art. 52 nur unter der Voraussetzung entsprechender Gesetze *und* bei Achtung des »Wesensgehalts dieser Rechte und Freiheiten« eingeschränkt werden.

195 Zu Darstellungen der ›Grundlagen der gemeinsamen Verfassungsüberlieferungen‹ europäischer Länder vgl. Tettinger/Stern 2006, S. 1-185.

196 Borowski, in: Meyer 2011, Titel I Würde des Menschen, Vorbemerkungen Vor Titel I, Rz. 5b.

Die supranationale Verrechtlichung der grundrechtlich zu schützenden Freiheits- und Gleichheits, Gerechtigkeits- und Solidaritätsansprüche und deren gerichtliche Einklagbarkeit bringt einerseits Einschränkungen nationaler Souveränität mit sich. Auf der anderen Seite müssen sich nationalstaatliche und transnationale Demokratie nicht widersprechen oder gar ausschließen. Unter dem Titel ›Über die Demokratie in Europa‹ hat Andreas Voßkuhle, Präsident des BVerfGE, betont: »Wer die parlamentarische Demokratie für ein Auslaufmodell hält, der irrt. Im Gegenteil: Ohne lebendige parlamentarische Demokratie sind die Aufgaben, die vor uns liegen, nicht zu bewältigen. Gerade in einer Zeit, in der ein globales Krisenszenario auf das nächste folgt und weitreichende politische Entscheidungen getroffen werden müssen, bedürfen die handelnden Akteure einer ausreichenden Legitimationsgrundlage. Dazu brauchen wir bis auf Weiteres die nationalen Parlamente. Ohne die demokratische Zustimmung der Mehrheit der Bürgerinnen und Bürger werden wir das europäische Haus nicht erhalten und weiter bauen können.« Es zeige sich aber auch, dass »die Europäische Union [...] einen bemerkenswerten Demokratisierungsprozess durchlaufen hat. So kann das Europäische Parlament seit seiner ersten Direktwahl im Jahr 1979 einen kontinuierlichen Bedeutungsanstieg verzeichnen. Seit dem Vertrag von Lissabon ist es der mit dem Rat zusammenwirkende Gesetzgeber. In einem wesentlichen Punkt freilich bleibt diese Legitimation unvollkommen«: Die »Gleichheit der Wahl [...] ist auf europäischer Ebene nicht gewährleistet. Es fehlt nach dem Vertrag von Lissabon an ›einem durch gleiche Wahl aller Unionsbürger zustande gekommenen politischen Entscheidungsorgan mit der Fähigkeit zur einheitlichen Repräsentation des Volkswillens‹. Stattdessen sieht der Lissabon-Vertrag (Art. 14 Abs. 2 Unterabsatz 1 Satz 3 EUV) für das Europäische Parlament eine degressiv proportionale Zusammensetzung mit mitgliedstaatlichen Kontingentierungen vor, die das völkerrechtliche Prinzip der Staatengleichheit mit dem demokratischen Prinzip der Wahlrechtsgleichheit kombiniert. Das führt dazu, dass das Gewicht der Stimme des Staatsangehörigen eines bevölkerungsschwachen Mitgliedstaates etwa das Zwölffache des Gewichts der Stimme des Staatsangehörigen eines bevölkerungsstarken Mitgliedstaates betragen kann. Die Entwicklung des supranationalen Legitimationszusammenhangs bedeutet nach alledem keineswegs, dass die parlamentarische, auf den Nationalstaat bezogene Demokratie überholt wäre. Das wollen weder die europäischen Mitgliedstaaten, noch würde das Grundgesetz für die Bundesrepublik Deutschland eine solche Entwicklung erlauben. Bis auf Weiteres hängt die demokratische Legitimation der europäischen Hoheitsgewalt in ganz zentraler Weise von den nationalen Demokratien ab.«[197]

Es wird oft beklagt, Supranationalisierung sei zwangsläufig mit Defiziten transnationaler Demokratie verbunden. In der Tat ist die Idee, »daß eine Gesellschaft demokratisch auf sich einwirken kann, bisher nur im nationalen Rahmen glaubwürdig implementiert worden«.[198] Die Klage über mangelnde Demokratisierung im supranationalen Bereich ist angesichts zu geringer autonomer Rechte des Europäischen Parlaments, der Dominanz der Europäischen Kommission und der zunehmenden Abhängigkeit vom Lobbyismus in Brüssel nicht einfach von der Hand zu weisen; aber sie muss – zumindest in normativer Hinsicht – relativiert werden.[199] Die supranationale Verrechtlichung

197 A. Voßkuhle, Über die Demokratie in Europa. In: *Frankfurter Allgemeine Zeitung*, 9. 2. 2012, S. 7.

198 Habermas 1998, S. 95. Vgl. Habermas 2011 zur Verfassung Europas. Habermas kritisiert sowohl postdemokratischen Exekutivföderalismus und mangelnde rechtsstaatlich regulierende Gestaltung als auch Denkblockaden in Bezug auf die Transnationalisierung der Demokratie und verweist darauf, dass der europäische Einigungsprozess in den langfristigen Zusammenhang der Verrechtlichung und Zivilisierung staatlicher Gewalt und als Schritt auf dem Wege zu einem transnationalen demokratischen Gemeinwesen einzuordnen sei.

199 Das Europäische Parlament (EP) hat mit seiner Erklärung der Grundrechte und Grundfreiheiten vom 12. 4. 1989 einen Versuch unternommnen, »dem Demokratieprinzip in Bezug auf die europäischen Integrationsverbände schärfere Konturen zu verleihen. Art. 17 (Grundsatz der Demokratie) der Erklärung lautet: ›1. Alle öffentliche Gewalt geht vom Volke aus und muss nach rechtsstaatlichen Grundsätzen ausgeübt werden. 2. Jede öffentliche Gewalt muss unmittelbar aus den Wahlen hervorgehen oder einem direkt gewählten Parlament gegenüber verantwortlich sein. 3. Die europäischen Bürger haben das Recht, an der allgemeinen, freien, unmittelbaren und geheimen Wahl der Mitglieder des Europäischen Parlaments teilzunehmen. 4. Die europäischen Bürger haben das gleiche aktive und passive Wahlrecht. 5. Die obengenannten Rechte dürfen nur durch Bestimmungen eingeschränkt werden, die im Einklang mit den Verträgen zur Gründung der Europäischen Gemeinschaft stehen.‹ Weitere allgemein anerkannte Inhalte des Demokratieprinzips können dem Dokument der Kopenhagener Konferenz über die menschliche Dimension der KSZE [...] und der Charta von Paris für ein neues Europa (Erklärung des KSZE-Treffens der Staats- und Regierungschefs vom 21. 11. 1990, Nr. 137, S. 1409) entnommen werden. Danach sind Inhalte der demokratischen Ordnung eine auf dem Volkswillen beruhende, repräsentative Regierungsform, allgemeine, freie, gleiche und geheime Wahlen in angemessenen Zeitabständen, Zugang zu öffentlichen Ämtern, das Recht auf Gründung politischer Parteien und Organisationen [...], faire Wahlkämpfe und die Rechte der Gewählten. Mit der in Art. 6 Abs. 1 EUV enthaltenen Ver-

fördert durchaus in Europa eine Verfassungswirklichkeit, die nicht von der Macht des Nationalstaates geprägt ist, sondern von verallgemeinerter Herrschaft des Rechts.[200] Supranationale Verrechtlichung kann die transnationale Demokratie fördern, wenn sie Ausdruck eines menschenrechtlichen Kosmopolitismus ist.

Die Nationalstaaten haben in Europa *de facto* mehr und mehr Souveränitätsrechte an die Europäische Union abgetreten. Für die Bundesrepublik Deutschland ist hierfür maßgeblich Art. 24 Abs. 1 GG, dem zufolge in der Bundesrepublik Deutschland durch Gesetz »Hoheitsrechte auf zwischenstaatliche Einrichtungen übertragen« werden können[201]; Rechtsetzungsbefugnisse können auf eine supranationale Gemeinschaft übergehen. ›Übertragung‹ ist allerdings »eine façon de parler. Richtig müßte es heißen, daß das Recht von außerhalb unmittelbare Auswirkungen innerhalb der Bundesrepublik hat. Wesentlich ist die unmittelbare Durchgriffswirkung von außen auf die Rechtsverhältnisse im Innern, auch auf die Rechte und Pflichten der einzelnen Bürger. Mit der Übertragung nimmt es die Bundesrepublik hin und duldet es, daß fremdes Recht unmittelbar im nationalen Bereich wirksam wird.«[202] Der geschlossene Nationalstaat *kann* zu einem offenen weltbürgerrechtlichen Staat werden.

Doch gegen eine nach seiner Auffassung zu weit gehende supranationale Verrechtlichung hat das BVerGE sein Veto eingelegt, weil sie das Demokratieprinzip, die nationalstaatliche Souveränität und die

pflichtung der Union auf das Demokratieprinzip müssen diese Grundsätze auf die EU übertragen werden. Die Verbandsgewalt der Union muss grundsätzlich genau so demokratisch legitimiert zu sein wie die Staatsgewalt ihrer Mitgliedstaaten [...]. Dies findet jedoch seine Grenze in den strukturellen Unterschieden zwischen Mitgliedstaaten und Union. Der von den Mitgliedstaaten verwirklichte Grundsatz der Demokratie kann auf Unionsebene allein schon wegen des Fehlens eines europäischen Volkes als Grundlage der Volkssouveränität nicht verwirklicht werden (vgl. nur Art. 189 Abs. 1 EGV, wonach das EP nicht ein Europäisches Volk, sondern die Völker der Mitgliedstaaten vertritt). Das an sich allumfassende demokratische Prinzip kann sich also nur im Rahmen der vertraglichen Bestimmungen und seiner Ratio in der Europäischen Union entwickeln«. (Hilf/Schorkopf in Grabitz/Hilf/Nettesheim 2011, Rn. 24-26).

200 Zum Begriff ›Herrschhaft des Rechts‹ vgl. in diesem Buch Abschn. 4.1, Fn. 3.

201 Vgl. zu Art. 24 GG als Basisnorm der Internationalisierung Wahl 2003, S. 17-26. »Art. 24 Abs. 1 ist die Norm, die das überkommene Staatsverständnis des geschlossenen Staates grundsätzlich und weitreichend transzendiert. Art. 24 Abs. 1 macht das Tor für ein anderes Staatsverständnis auf.« (Ebd., S. 25). Zu ›Auswirkungen der Europäisierung auf die deutsche Rechtsordnung‹ vgl. ebd., S. 411-435.

202 Ebd., S. 19.

›Volkssouveränität‹ einzuschränken drohe. Es bekräftigt die Legitimität des Staaten- *und* des Rechtspluralismus, wenn es in den Leitsätzen zu seinem problematischen und vielfach kritisierten ›Lissabon-Urteil‹[203] vom 30. Juni 2009[204] formuliert: »1. Das Grundgesetz ermächtigt mit Art. 23 GG zur Beteiligung und Entwicklung einer als Staatenverbund konzipierten Europäischen Union. Der Begriff des Verbundes erfasst eine enge, auf Dauer angelegte Verbindung souverän bleibender Staaten, die auf vertraglicher Grundlage öffentliche Gewalt ausübt, deren Grundordnung jedoch allein der Verfügung der Mitgliedstaaten unterliegt und in der die Völker – das heißt die staatsangehörigen Bürger – der Mitgliedstaaten die Subjekte demokratischer Legitimation bleiben.« Die »europäische Vereinigung auf der Grundlage einer Vertragsunion souveräner Staaten« dürfe nicht so verwirklicht werden, »dass in den Mitgliedstaaten kein ausreichender Raum zur politischen Gestaltung der wirtschaftlichen, kulturellen und sozialen Lebensverhältnisse mehr bleibt. Dies gilt insbesondere für Sachbereiche, die die Lebensumstände der Bürger, vor allem ihren von den Grundrechten geschützten privaten Raum der Eigenverantwortung und der persönlichen und sozialen Sicherheit prägen, sowie für solche politischen Entscheidungen, die in besonderer Weise auf kulturelle, historische und sprachliche Vorverständnisse angewiesen sind, und die sich im parteipolitisch und parlamentarisch organisierten Raum einer politischen Öffentlichkeit diskursiv entfalten.«

Das BVerfGE räumt zwar (i) hinsichtlich seines Souveränitätsverständnisses ein: »Das Grundgesetz löst sich von einer selbstgenügsamen und selbstherrlichen Vorstellung souveräner Staatlichkeit und kehrt zu einer Sicht auf die Einzelstaatsgewalt zurück, die Souveränität als ›völkerrechtlich geordnete und gebundene Freiheit‹ auffasst«.[205] Es erklärt (ii) auch, die vom Demokratieprinzip im gelten-

203 Vgl. u. a. Müller-Graff 2009, Lhotta/Ketelhut/Schöne 2012.

204 BVerfGE, 2 BvE 2/08. Das BVerfGE hat in seinem Urteil für Recht erkannt: »a) Das Gesetz über die Ausweitung und Stärkung der Rechte des Bundestages und des Bundesrates in Angelegenheiten der Europäischen Union [...] verstößt insoweit gegen Artikel 38 Absatz 1 in Verbindung mit Artikel 23 Absatz 1 des Grundgesetzes, als Beteiligungsrechte des Deutschen Bundestages und des Bundesrates nicht in dem nach Maßgabe der unter C. II. 3. genannten Gründe erforderlichen Umfang ausgestaltet worden sind. b) Vor Inkrafttreten der von Verfassungs wegen erforderlichen gesetzlichen Ausgestaltung der Beteiligungsrechte darf die Ratifikationsurkunde der Bundesrepublik Deutschland zum Vertrag von Lissabon zur Änderung des Vertrags über die Europäische Union und des Vertrags zur Gründung der Europäischen Gemeinschaft vom 13. Dezember 2007 [...] nicht hinterlegt werden.«

205 BVerfGE, 2 BvE 2/08 vom 30. 6. 2009 (223).

den Verfassungssystem geforderte »Wahrung der Souveränität im vom Grundgesetz angeordneten integrationsoffenen und völkerrechtsfreundlichen Sinne« bedeute »für sich genommen nicht, dass eine von vornherein bestimmbare Summe oder bestimmte Arten von Hoheitsrechten in der Hand des Staates bleiben müssten. Die von Art. 23 Abs. 1 Satz 1 GG erlaubte Mitwirkung Deutschlands an der Entwicklung der Europäischen Union umfasst neben der Bildung einer Wirtschafts- und Währungsgemeinschaft auch eine politische Union.«[206]

Das BVerfGE bekräftigt aber seinen Prüfvorbehalt, »ob Rechtsakte der europäischen Organe und Einrichtungen sich unter Wahrung des gemeinschafts- und unionsrechtlichen Subsidiaritätsprinzips (Art. 5 Abs. 2 EGV; Art. 5 Abs. 1 Satz 2 und Abs. 3 des Vertrags über die Europäische Union in der Fassung des Vertrags von Lissabon) [...] in den Grenzen der ihnen im Wege der begrenzten Einzelermächtigung eingeräumten Hoheitsrechte halten [...]. Darüber hinaus prüft das Bundesverfassungsgericht, ob der unantastbare Kerngehalt der Verfassungsidentität des Grundgesetzes nach Art. 23 Abs. 1 Satz 3 in Verbindung mit Art. 79 Abs. 3 GG gewahrt ist«. »Die Ausübung dieser verfassungsrechtlich radizierten Prüfungskompetenz folgt dem Grundsatz der Europarechtsfreundlichkeit des Grundgesetzes, und sie widerspricht deshalb auch nicht dem Grundsatz der loyalen Zusammenarbeit (Art. 4 Abs. 3 EUV-Lissabon); anders können die von Art. 4 Abs. 2 Satz 1 EUV-Lissabon anerkannten grundlegenden politischen und verfassungsmäßigen Strukturen souveräner Mitgliedstaaten bei fortschreitender Integration nicht gewahrt werden. Insoweit gehen die verfassungs- und die unionsrechtliche Gewährleistung der nationalen Verfassungsidentität im europäischen Rechtsraum Hand in Hand.«

Der Lissabon-Vertrag, der darauf verzichte, »alle bestehenden Verträge aufzuheben und durch einen einheitlichen Text mit der Bezeichnung ›Verfassung‹ zu ersetzen«, löse »die Säulenstruktur der Europäischen Union auf« und verleihe »der Union formell Rechtspersönlichkeit.«[207] Er begründe »zusätzliche Zuständigkeiten der Europäischen Union« und ›supranationalisiere‹ »Sachbereiche, die bisher der intergouvernementalen Zusammenarbeit unterlagen«.[208] Die Verfassungs-

[206] Ebd., (248). In seinem Urteil vom 12. September 2012 zum Europäischen Stabilitätsmechanismus (ESM) hat das BVerfGE erklärt: Für »Grenzfälle des noch verfassungsrechtlich Zulässigen muss der deutsche Gesetzgeber gegebenenfalls mit seinen die Zustimmung begleitenden Gesetzen wirksame Vorkehrungen dafür treffen, dass die Integrationsverantwortung der Gesetzgebungsorgane sich hinreichend entfalten kann«. (BVerfGE, 2 BvR 1390/12 vom 12.9.2012, (209)).

[207] Ebd., (2), vgl. (34).

[208] Ebd., (59).

beschwerden gegen die Zustimmung des Deutschen Bundestages und des Bundesrates[209] zum Lissabon-Vertrag wurden für zulässig erklärt, soweit sich die Rüge auf der Basis von Art. 38 Abs. 1 Satz 1 GG gegen eine »Verletzung des Demokratieprinzips, den Verlust der Staatlichkeit der Bundesrepublik und eine Verletzung des Sozialstaatsprinzips« durch das Zustimmungsgesetz wandte.[210]

Das Gericht begründete sein Urteil bei starker Gewichtung der ›*Volkssouveränität*‹ damit, dass das ›*Staatsvolk*‹[211] als Souverän in der Demokratie vor Supranationalisierung geschützt werden müsse. »Die bloße Teilhabe der Bürger an politischer Herrschaft, die an die Stelle einer repräsentativen Selbstregierung des Volkes träte, kann den Legitimationszusammenhang von auf Wahlen und Abstimmungen und sich darauf stützender Regierung nicht ersetzen: Der Vertrag von Lissabon führt nicht auf eine neue Entwicklungsstufe der Demokratie. Die Elemente partizipatorischer Demokratie, wie das Gebot, den Unionsbürgern und ›repräsentativen‹ Verbänden in geeigneter Weise die Möglichkeit zu geben, ihre Ansichten einzubringen, sowie die Elemente assoziativer und direkter Demokratie, können nur eine ergänzende und keine tragende Funktion bei der Legitimation europäischer Hoheitsgewalt haben.«[212] Aus »der fortbestehenden, mitgliedstaatlich verankerten Volkssouveränität und aus dem Umstand, dass die Staaten die Herren der Verträge bleiben«, folge, »dass den Mitgliedstaaten

209 Der Deutsche Bundestag hatte am 24. April 2008 mit 515 von 574 abgegebenen Stimmen das Zustimmungsgesetz zum Vertrag von Lissabon beschlossen. Der Bundesrat hatte am 23. Mai 2008 dem Zustimmungsgesetz mit Zweidrittelmehrheit zugestimmt.

210 BVerfGE, 2 BvE 2/08 vom 30. 6. 2009 (168).

211 Bereits in seinem ›Maastricht‹-Urteil hat sich das BVerfGE bei seiner Betonung der (relativen) Homogenität des Staatsvolkes und der hieraus abgeleiteten Zurückweisung der Ausweitung von Befugnissen der EU fälschlich auf Hermann Hellers Schrift *Politische Demokratie und soziale Homogenität* (1928, vgl. Llangue 2010) bezogen: »Vermitteln die Staatsvölker – wie gegenwärtig – über die nationalen Parlamente demokratische Legitimation, sind mithin der Ausdehnung der Aufgaben und Befugnisse der Europäischen Gemeinschaften vom demokratischen Prinzip her Grenzen gesetzt. Jedes der Staatsvölker ist Ausgangspunkt für eine auf es selbst bezogene Staatsgewalt. Die Staaten bedürfen hinreichend bedeutsamer eigener Aufgabenfelder, auf denen sich das jeweilige Staatsvolk in einem von ihm legitimierten und gesteuerten Prozeß politischer Willensbildung entfalten und artikulieren kann, um so dem, was es – relativ homogen – geistig, sozial und politisch verbindet (vgl. hierzu H. Heller, Politische Demokratie und soziale Homogenität, Gesammelte Schriften, 2. Band, 1971, S. 421, 427 ff.›), rechtlichen Ausdruck zu geben.« (BVerfGE, 2 BvR 1877/97 vom 31. 3. 1998 (101)).

212 BVerfGE, 2 BvE 2/08 vom 30. 6. 2009 (295).

das Recht zur Prüfung der Einhaltung des Integrationsprogramms nicht entzogen« werden könne.

Im Unterschied zum Bundesrecht, das »aufgrund der grundgesetzlichen Anordnung entgegenstehendes Landesrecht« breche, entfalte das supranational begründete Recht eine »solche rechtsvernichtende, derogierende Wirkung« nicht: »Der europarechtliche Anwendungsvorrang lässt entgegenstehendes mitgliedstaatliches Recht in seinem Geltungsanspruch unberührt und drängt es nur in der Anwendung soweit zurück, wie es die Verträge erfordern und nach dem durch das Zustimmungsgesetz erteilten innerstaatlichen Rechtsanwendungsbefehl auch erlauben [...]. Gemeinschafts- und unionswidriges mitgliedstaatliches Recht wird lediglich soweit unanwendbar, wie es der entgegenstehende gemeinschafts- und unionsrechtliche Regelungsgehalt verlangt«.[213]

Das GG erstrebe zwar »die Einfügung Deutschlands in die Rechtsgemeinschaft friedlicher und freiheitlicher Staaten«, verzichte »aber nicht auf die in dem letzten Wort der deutschen Verfassung liegende Souveränität als Recht eines Volkes, über die grundlegenden Fragen der eigenen Identität konstitutiv zu entscheiden. Insofern widerspricht es nicht dem Ziel der Völkerrechtsfreundlichkeit, wenn der Gesetzgeber ausnahmsweise Völkervertragsrecht – allerdings unter Inkaufnahme entsprechender Konsequenzen im Staatenverkehr – nicht beachtet, sofern nur auf diese Weise ein Verstoß gegen tragende Grundsätze der Verfassung abzuwenden ist.«[214] Die Bundesrepublik Deutschland werde »nach der Ratifikation des Vertrags von Lissabon weiterhin auch über ein Staatsvolk verfügen. Der inzwischen im Unionsrecht stärker ausgebildete Begriff des Unionsbürgers gründet ausschließlich im Vertragsrecht. Die Unionsbürgerschaft ist allein von dem Willen der Mitgliedstaaten abgeleitet und konstituiert kein Unionsvolk, das als sich selbst verfassendes Rechtssubjekt zur eigenen Selbstbestimmung berufen wäre.«[215]

Das BVerfGE hat seine Auffassung mit der problematischen *kulturalistischen* und *ethnizistischen* Begründung untermauert, Staaten hätten ›kulturelle Wurzeln und Wertvorstellungen‹. Über diese Erhöhung des Staates zu einem *Subjekt sui generis* hinaus verweist das Gericht in geradezu absurder Weise auf die »Einbeziehung des Transzendenten in das öffentliche Leben«: »Demokratische Selbstbestimmung ist [...] auf die Möglichkeit, sich im eigenen Kulturraum verwirklichen zu können, besonders angewiesen bei Entscheidungen, wie sie insbeson-

213 Ebd., (334 f.).
214 Ebd., (340).
215 Ebd., (346).

dere im Schul- und Bildungssystem, im Familienrecht, bei der Sprache, in Teilbereichen der Medienordnung und zum Status von Kirchen, Religions- und Weltanschauungsgemeinschaften getroffen werden. [...] Die Gestaltung von Lehrplänen und Bildungsinhalten sowie etwa die Struktur eines gegliederten Schulsystems sind politische Grundentscheidungen, die einen starken Bezug zu den *kulturellen Wurzeln und Wertvorstellungen eines jeden Staates* haben. Die Gestaltung von Schule und Bildung berührt, wie das Recht der familiären Beziehungen und Entscheidungen über Fragen der Sprache und der *Einbeziehung des Transzendenten in das öffentliche Leben*, in besonderem Maße gewachsene Überzeugungen und Wertvorstellungen, die in spezifischen historischen Traditionen und Erfahrungen verwurzelt sind. Demokratische Selbstbestimmung erfordert hier, dass die jeweilige durch solche Traditionen und Überzeugungen verbundene politische Gemeinschaft das Subjekt demokratischer Legitimation bleibt.«[216]

Auf dieser Grundlage führt das BVerfGE eine ›Identitätskontrolle‹ zu der Frage ein, ob das Handeln eines EU-Organs gegen die in Art. 79 Abs. 3 GG enthaltenen Grundsätze verstößt; hieraus kann folgen, dass es EU-Recht für in Deutschland nicht anwendbar erklärt.[217] Es besteht mit folgender Begründung auf einem Rechtspluralismus mit Vorrang *nationalen* Rechts: Das GG untersage »die Übertragung der Kompetenz-Kompetenz«.[218] Die Europäische Union könne nicht zu einem eigenständigen Legitimationssubjekt werden, das sich aus eigenem Recht verfassen könnte.[219]

Ob diese in der Tendenz nationalstaalich-konservative Rechtsauffassung die Demokratie in Europa fördert, sei mit einem Fragezeichen versehen.

216 Ebd., (260).

217 Ebd., (241), (339).

218 Ebd., (233). Vgl. auch das Urteil des BVerfGE vom 12. September 2012 zum Europäischen Stabilitätsmechanismus (ESM): »Das Zustimmungsgesetz zu einem völkerrechtlichen Vertrag und die innerstaatliche Begleitgesetzgebung müssen demnach so beschaffen sein, dass die europäische Integration weiter nach dem Prinzip der begrenzten Einzelermächtigung erfolgt, ohne dass die Europäische Union oder im Zusammenhang mit ihr geschaffene Einrichtungen die Möglichkeit besitzen, sich der Kompetenz-Kompetenz zu bemächtigen oder sonst die integrationsfeste Verfassungsidentität des Grundgesetzes zu verletzen.« (BVerfGE, 2 BvR 1390/12 vom 12.9.2012, (209)).

219 BVerfGE, 2 BvE 2/08 vom 30. 6. 2009 (295)., (232).

9.12 Demokratie nach menschlichem Maß

Demokratie ist nicht die verwirklichte ideale Gesellschaft und sie wird es nicht sein. Möglicherweise ist und bleibt sie nur »rechtlich geordnete[r] Egoismus«.[220] Demokratie ist kein moralisches bzw. ethisches, sondern ein Rechtsprinzip: »Bürgerrechte als Teilhaberechte an der Erzeugung des Rechtssystems und Menschenrechte, die erst den konkreten Status von Rechtspersonen garantieren, setzen einander wechselseitig voraus. [...] Die Position des einzelnen muß durch die drei Prinzipien der Partizipation an der politischen Willensbildung, der gleichen Rücksichtnahme auf die Interessen aller Angehörigen und durch das Prinzip der selbständigen Verantwortung des moralischen Urteils abgesichert sein.« E. Denninger bezweifelt allerdings, »daß dies zur nachhaltigen Freiheitssicherung genügt«, und fragt, »wie im Machtkampf organisierter Interessen das Rücksichtnahmeprinzip praktisch durchgesetzt werden kann. [...] [D]ie Wahrung des individuellen moralisch-ethischen Urteils mag vielleicht ein Klima liberaler Toleranz begünstigen, schützt aber nicht vor mehrheitlich beschlossenen Regeln, die ein anderes Verhalten erzwingen.«[221]

Die Idee der Demokratie ist das Ergebnis der geschichtlich gewachsenen Einsicht, dass individuelle Freiheit und eine die Freiheit aller in Gleichheit garantierende Ordnung[222] in Übereinstimmung gebracht werden müssen. Sie ist zugleich das Ergebnis der Einsicht, dass Menschen dem Ideal der moralischen Verwirklichung des Guten in individuellem Handeln und dem Ideal vollständigen Wissens und uneingeschränkter Urteilskraft nicht oder bestenfalls approximativ nahe sind. Die ideale Gesellschaft bleibt Utopie. Wird diese Einsicht verdrängt, dann richtet sich Kritik gegen die Demokratie statt gegen defekte Demokraten.

Jacques Rancière hat Gründe dafür benannt[223], dass Demokratiekritik in Hass umschlagen kann: von der griechischen Antike, in der die Demokratie von ihren Gegnern als »Ruin aller legitimen Ordnung im unbeschreiblichen Regime der Vielheit«[224] verdammt wurde, über die Aristokraten, die ihre Vorrechte beschnitten sahen, bis zu denen,

220 So Habermas 1994, S. 51, in seiner Interpretation von Kants Rechtslehre.

221 Denninger 1996, S. 12.

222 Weil es um Selbstherrschaft geht und nicht nur um Ordnung schlechthin, würde der Einwand, Funktionen der Kompensation von Defiziten und Ordnungsfunktionen könnten auch andere Herrschaftsformen (Monarchie, Diktatur) übernehmen, ins Leere laufen.

223 Vgl. insbes. Rancière 2005, S. 79-106.

224 Ebd., S. 7.

die in Demokratien leben, aber ein Zuviel an Demokratie beklagen, weil sich der demokratische Staat durch die demokratische Gesellschaft korrumpieren lasse. Der derzeitige ›Hass auf die Demokratie‹ lasse sich auf den Nenner bringen: »Es gibt nur eine gute Demokratie, die nämlich, die der Katastrophe der demokratischen Zivilisation Einhalt gebietet«[225] – nicht zuletzt dem ›Individualismus‹[226] und dem Abschied der zu bloßen Marktkonsumenten mutierten Bürger vom Politischen.[227] Seine Bestandsaufnahme führt Rancière zu der skeptischen Frage nach dem Herdenwesen ›Mensch‹, das sich, nachdem es keinen Gott und keinen Hirten mehr kenne, nach Herrschaft *à la Platon* sehne.[228] Doch auch wenn man diese Frage angesichts der in Demokratien unübersehbaren Sucht nicht Weniger nach einer Herrschaft von Eliten für berechtigt hält, spricht nichts für die These Rancières, die »›demokratische Gesellschaft‹ [sei] immer nur ein Phantasiebild, gemalt, um dieses oder jenes Prinzip guter Regierung zu stützen«, während »die Gesellschaften – heute wie gestern – vom Spiel der Oligarchien organisiert« seien.[229]

Die Folgen des Hasses auf die Demokratie waren sowohl in der Zeit des Nationalsozialismus als auch nach dem NS-Regime zu beobachten, das die Macht nicht einfach an sich gerissen hatte, sondern dem sie von großen Teilen des ›Volkes‹ aus Demokratie-Verdruss überlassen worden war. Mit der vermeintlichen ›Stunde Null‹ des 8. Mai 1945 hat dann bei den Tätern und Mitläufern eine besondere Form pervertierter Urteilskraft ihre Wirkung entfaltet: das selbstverschuldete, gewollte Nichtwissen, die Verdrängung und das Vergessen. Nichts gewusst zu haben, war der Pass zur Einreise in das Land der Demokratie.

Das derzeitige dumpfe Unbehagen und jene larmoyante Kritik an der Demokratie, die nicht konkret benennt, gegen welche Fehlentwicklungen sie sich richtet, sind nicht zuletzt ein Ergebnis der mangelnden Einsicht, dass die Demokratie die ideale Gesellschaft nicht ist und die erträumte ideale Gesellschaft Utopie ist und bleibt. Dieses Nichtwissen ist eine Brutstätte für falsche Kompensationen. Auch in Überzeugungen aus Nichtwissen ist *Erwartung von Sinn* präsent. Kann der erwartete Sinn nicht aus Erklärungen gewonnen werden, die Wissen über Gründe voraussetzen, wird er aus der abstrakten Hoffnung gewonnen, dass in den unbegriffenen Erscheinungen doch

225 Ebd., S. 9 f. Meine Übers.
226 Vgl. ebd., S. 75 f.
227 Vgl. ebd., S. 35 ff.
228 Vgl. ebd., S. 40 ff.
229 Ebd., S. 58 f.; vgl. S. 80 und 93.

eigentlich Selbstoffenbarungen des Seins aufblitzen müssten. In diesem kompensatorischen Mechanismus setzt auch der Sprung aus der Wirklichkeit in die ›bessere Zukunft‹ an, die von Eliten und Avantgarden als Repräsentanten der Zukunft geoffenbart wird. Weil man im Zustand des Nichtwissens nicht begreift, dass das Utopische utopisch *ist,* bedarf der Utopismus der Fiktion, die neue Welt sei ›irgendwo‹ bereits präsent. Eine Folge ist, dass die abstrakte Utopie – die Utopie, für deren Verwirklichung es weder Bedingungen noch Subjekte gibt – wehrlos macht gegenüber usurpatorischen Ansprüchen. Die abstrakte Utopie zieht die ideologische und politische Repräsentation des vermeintlich schon Präsenten nach sich; sie ermächtigt Avantgarden, die scheinbar die eine Wahrheit über die Zukunft haben und deshalb befugt sind, Gewalt im Namen der Zukunft auszuüben. Der Utopismus nährt die Hoffnung auf den Exodus in das Land, wo Milch und Honig fließen. Er legitimiert sich durch die Behauptung, dass das, was man nicht weiß, schon bekannt sei – das himmlische Jerusalem. Je weniger man selbst weiß, je weniger Grund zu konkreter Erwartung und folglich zu konkreter Aktion besteht, desto naheliegender ist die Flucht in die Wahrheiten *second hand*, wie sie von Experten, Gurus, Sekten, ›revolutionären‹ Parteien oder von Massenmedien angeboten werden.

Demokratie ist ein hoffnungsloses Unterfangen, »wenn man von der Annahme ausgeht, daß eine Erkenntnis absoluter Wahrheit, daß eine Einsicht in absolute Werte möglich ist. Denn was kann es gegenüber der alles überragenden Autorität des Absolut-Guten anderes geben als den *Gehorsam* derer, denen es das Heil bringt, den bedingungslosen und dankbaren Gehorsam gegenüber demjenigen, der, im Besitz des Absolut-Guten, dieses weiß und will; ein Gehorsam, der freilich in demselben Maße nur auf dem *Glauben* darauf beruhen kann, daß die autoritäre Person des Gesetzgebers im Besitze des Absolut-Guten sei, als eine *Erkenntnis* desselben der großen Menge der Normunterworfenen versagt bleibt. An diesem Punkte« – fügt Kelsen hinzu – »an dem die Demokratie jede Aussicht auf Rechtfertigung verloren zu haben scheint, gerade an diesem Punkte muß ihre Verteidigung einsetzen.«[230]

Ihre Verteidigung ist möglich. Mit ›Demokratie‹ ist das Zugeständnis an jenen Pluralismus und Relativismus verbunden, den das Recht zügelt. Demokratie ist Widerspruch zur Utopie der einen Wahrheit. Der Terror im Namen des Ideals soll verhindert werden. »Sobald Politik nicht mehr als ›Werk der Wahrheit‹ angesehen werden kann, er-

230 Kelsen 1981 [1929], S. 100. Zum »*Relativismus*«, den »der *demokratische Gedanke* voraussetzt«, vgl. ebd., S. 101.

scheint die Demokratie als Konsequenz des Relativismus im Bereich der politischen Herrschaftsordnung.«[231] Demokratie ist die politische Form einer Verweigerung: *Das eine Ideal, die eine Moral, die eine Wahrheit* – sie sollen kein Privileg genießen und nicht mit Zwang durchgesetzt werden können. Denn »Demokratie wird zur Diktatur, wenn das politische System sein liberales Element außer acht läßt, wenn es versucht, seinen Mitgliedern einen Glauben aufzuerlegen, und die diejenigen ächtet, die ihn nicht akzeptieren.«[232] Weil niemand legitimiert ist, im Namen des Ideals einer Religion, Nation oder Klasse *das* Modell von Demokratie zu oktroyieren, um die Demokraten zu unterwerfen, muss die Demokratie gegenüber partikulären Interessen und Legitimationsideologien *neutral* sein. Anders kann sie zu ihren für alle geltenden Rechtsgrundlagen keine Zustimmung erwarten. Nur in dieser demokratischen Form können die Bürger sich selbst und ihren Staat ›ins Recht setzen‹. Die Zustimmung zur Demokratie steht und fällt mit der Einsicht, dass wir als Menschen so sind, wie wir sind, und einsehen, dass wir in der rechts- und sozialstaatlich verfassten Demokratie auf die einzig vernünftige Weise *unsere eigenen* Schwächen und Mängel ausgleichen. Genau hierauf zielt der Titel dieses Buches: *Recht und Staat nach menschlichem Maß.*

Demokratie ist die permanente Aufforderung zur Selbst-Desillusionierung über die Fähigkeiten der Subjekte, unbegrenzt frei und rational zu handeln und aufgrund von Autonomie im moralischen Sinne ohne Einschränkung verantwortlich zu sein. Ein gutes Stück dieser Desillusionierung hat John Dewey geleistet: »Das Stimmrecht für das Volk und das Mehrheitsprinzip lieferten der Einbildungskraft das Bild von Individuen, wie sie in ihrer ungehinderten individuellen Souveränität den Staat erschaffen. Für Anhänger und Gegner bot es das Spektakel einer Pulverisierung etablierter Assoziationen in die Begierden und Absichten atomarer Individuen. Die der Kombination und der institutionellen Organisation entsprungenen Kräfte, die unter der Oberfläche die Handlungen kontrollierten, welche formell von den Individuen ausgingen, fanden keine Beachtung. Es ist das Wesen des gewöhnlichen Denkens, die äußere Ansicht zu greifen und für die Wirklichkeit zu halten. Die bekannten Lobeshymnen auf das Schauspiel ›freier Menschen‹, die zur Wahl gehen, um durch ihre persönlichen Willensäußerungen die politischen Formen zu bestimmen, unter denen sie leben sollen, ist ein Musterstück dieser Tendenz, was immer man bereit war zu sehen auch für die volle Wirklichkeit einer Situation zu halten. In physikalischen Dingen hat die Naturwissenschaft diese Ein-

231 Abel 1999, S. 340 f.

232 Neumann 1967, S. 134.

stellung erfolgreich in Frage gestellt. In menschlichen Dingen ist sie noch beinahe voll in Kraft.«[233]

Gelingt diese Selbst-Desillusionierung, dann entfaltet sich eine Selbstherrschaft, in der die Subjekte über das »Moment des Illusionären, das in die Sachlogik von Selbstregierung eingebaut ist«, aufgeklärt sind: »›Selbstregierung‹ bleibt deshalb notwendig illusionär, weil die Steuerung oder auch nur Kontrolle der unendlichen Zahl staatlicher Einzelakte (dies betrifft nicht nur exekutivische, sondern auch Gerichtsentscheidungen) jede vorstellbare Kapazität an Aufmerksamkeit oder gar Partizipation auch der aktivistischsten Citoyens schlechterdings übersteigt. Für die Steuerung staatlichen Handelns durch generelle Entscheidungsprämissen demokratischer Gesetzgebung gibt es keinen Ersatz.«[234]

Es gibt weder eine Demokratie *jenseits* von Staatlichkeit und *nach* dem Staat, noch eine als legitim anerkennbare Staatsgewalt *vor* dem demokratischen Rechtsstaat. »Die moderne Demokratie besteht in der Selbstorganisation einer Bürgerschaft im Medium positiven Rechts. Sie hat gerade als Gesetzgebungskompetenz des Volkes eine notwendig hierarchische Struktur. Demokratie ist in modernen, funktional differenzierten Gesellschaften ohne eine von unten nach oben durchlaufende, hierarchische Legitimationskette kaum zu haben. Volkssouveränität ist Hierarchie von unten.« Zu einer realistischen Sicht gehört aber auch, dass »hierarchische Steuerungsmodelle [...] in differenzierten, komplexen Gesellschaften mit ihren heterarchischen und undurchschaubaren Netzwerkstrukturen von höchst begrenzter Effektivität [sind]. Von sich aus aber bilden die viel beschworenen deliberativen Netzwerke und korporatistischen Verhandlungssysteme einer zivilen Gesellschaft keine demokratischen Strukturen aus, die mit der *gleichen* Freiheit aller Gesetzesunterworfenen, selbst Autoren des Rechts zu sein, verträglich wären. Eher das Gegenteil ist zu erwarten. Wenn die Spannung zwischen (hierarchisch gesteuerter) Demokratie und (heterarchischen) Netzwerken zugunsten der letzteren verschwindet, verschwindet auch die Demokratie.«[235]

Aus guten Gründen hat Jürgen Habermas im Nachwort zur 4. Aufl. von *Faktizität und Geltung* den mit der deliberativen Diskurstheorie ursprünglich verbundenen Optimismus aufgegeben, dass sich in – kontrafaktisch als frei unterstellten – Diskursen der Rechtssubjekte quasi spontan ergebe, was in Recht und Staat legitim sei: »Für eine verfassunggebende Praxis genügt es nicht, ein Diskursprinzip einzu-

233 Dewey 1996 [1927], S. 93 f.

234 Maus 1992, S. 202.

235 Brunkhorst 1996, S. 25.

führen, in dessen Licht die Bürger beurteilen können, ob das Recht, das sie setzen, legitim ist. Vielmehr bedürfen genau die Kommunikationsformen, in denen sich ein vernünftiger politischer Wille auf diskursive Weise soll bilden können, selber der rechtlichen Institutionalisierung. Indem das Diskursprinzip rechtliche Gestalt annimmt, verwandelt es sich in ein Demokratieprinzip. Für diesen Zweck muß aber der Rechtskode als solcher zur Verfügung stehen; und die Einrichtung dieses Kodes verlangt, daß eine Statusordnung für mögliche Rechtspersonen geschaffen wird, d. h. für Personen, die als Träger subjektiver Rechte einer freiwilligen Assoziation von Rechtsgenossen angehören und Rechtsansprüche effektiv einklagen können. Ohne eine Gewährleistung privater Autonomie kann es so etwas wie positives Recht überhaupt nicht geben. Mithin kann es ohne klassische Freiheitsrechte, die die private Autonomie von Rechtspersonen sichern, auch kein *Medium* für die rechtliche Institutionalisierung jener Bedingungen geben, unter denen die Bürger von ihrer staatsbürgerlichen Autonomie erst Gebrauch machen können. Den Subjekten, die ihr Zusammenleben mit Mitteln des positiven Rechts legitim regeln wollen, steht die Wahl des Mediums, in dem sie ihre Autonomie verwirklichen können, nicht mehr frei.«[236]

Es gibt eine Demokratie *nach* der Nation, nach dem Nationalstaat und der nationalistisch missverstandenen Volkssouveränität: eine Demokratie auf dem Wege zu weltbürgerrechtlichen Formen des Zusammenlebens auf der Grundlage der bürgerlichen und politischen, wirtschaftlichen, sozialen und kulturellen Menschenrechte, die allen ohne Diskriminierung, ungeachtet aller ihrer sonstigen Eigenschaften, allein aufgrund ihres Menschseins zukommen.

Wofür plädiert man also, wenn man für Demokratie plädiert? Man plädiert für eine Herrschaft des Rechts, die die Mängel der Herrscher ausgleicht. Die Herrscher bedürfen des Rechtssystems, in erster Linie der Menschen- und Grundrechte, aus Gründen ihrer *Selbst*beherrschung. Die demokratische Herrschaft des Rechts ermöglicht eine Zusammenleben der Normadressaten, das das Recht auf Verschiedenheit und die Achtung des Dissenses nicht unter sich begräbt, d. h. einen *pactum societatis* und nicht *subjectionis*. Diese Herrschaft ermöglicht Freiheit und ein vom Recht geleitetes zurechenbares Handeln auch unter den Bedingungen begrenzten Wissens und begrenzter Urteils- und Handlungsfähigkeit. Deshalb ist Demokratie *die* Herrschaftsform nach menschlichem Maß.

Oskar Negt hat aus gutem Grund gefordert, »Demokratie wieder als eine Lebensform zu begreifen«. Gefragt, welche Fähigkeiten man

236 Habermas 1994, S. 670.

voraussetzen müsse, hat er geantwortet: »Vor allem den Mut, öffentlichen Gebrauch von der eigenen Vernunft zu machen; die Fähigkeit, dem eigenen Denken mit Argumenten einen öffentlichen Raum zu schaffen, um Konflikte auszutragen. Das zentrale demokratische Grundvermögen ist die Urteilskraft. Wir leben in einer Gesellschaft, die sich stolz als Wissensgesellschaft tituliert. In der Tat sind die abrufbaren Wissensbestände in einem geradezu beängstigenden Umfang verfügbar; was aber fehlt, ist der Zusammenhang. Das Herrschaftssystem lebt von der Fragmentierung und Zersplitterung unseres Wissens, wodurch eine Wesenserkenntnis der Sachverhalte äußerst erschwert wird. Objektiv zerfällt die Gesellschaft in arbeitsteilig gegeneinander abgedichtete Spezialbereiche, in Realabstraktionen, wie heute zum Beispiel in die Bereiche Produktion und Geldwirtschaft. Also ist die Fähigkeit, Zusammenhang herzustellen, ein bestimmendes Merkmal demokratischer Tugendlehren. Das Grundvermögen eines erfahrungs- und lernfähigen Subjekts, das selbst Fundament der Demokratie ist und Fundamente setzt, ist kritische Urteilskraft.«[237]

Demokratie muss freilich auch unter den von Negt genannten störenden Bedingungen möglich sein. Sie ist es. Aber sie ist keine immer schon gegebene Ordnung. Man muss die kommunitaristischen Prämissen Benjamin Barbers nicht teilen, um seiner These zuzustimmen, »daß Demokratie sich nicht darin erschöpft, Politik auf eine bestimmte Weise zu betreiben, sondern auch einer Form staatsbürgerlicher Kultur bedarf, die folgendes umfaßt: – Haltungen (Verantwortlichkeit, Verpflichtung, Toleranz, gegenseitiger Respekt, Kooperationswille, Einbildungskraft), die früher als ›bürgerliche Tugenden‹ galten. – Ein Verhalten (Tatkraft, Engagement, Partizipation, Kooperation), das Staatsbürgerschaft definiert. – Nicht-politische Institutionen (freiwillige Vereinigungen, Stiftungen, Kirchen, Schulen, Gewerkschaften, Vereine), die mit der Zivilgesellschaft verbunden sind.«[238]

Demokratie *soll* sein; sie ist und bleibt ein Auftrag, den sich die *Rechts*subjekte geben (sollen). Aus Gründen ihrer eigenen Ansprüche auf Würde, Freiheit, Gleichheit, Gerechtigkeit und Solidarität werden sie sich diesem Auftrag stellen müssen. Die Demokratie scheitert nicht aufgrund der Einsicht der Rechts*subjekte* in die Grenzen ihrer eigenen Souveränitätsbefähigung. An diesen Grenzen wird vielmehr das menschenmögliche Maß an Recht, Staat und Demokratie bestimmt.

237 *»Das zentrale demokratische Grundvermögen ist die Urteilskraft« – Oskar Negt über die Demokratie als Lebensform*: http://www.goethe.de/ges/pok/zdk/de6829487.htm; vgl. hierzu ausführlich Negt 2010.

238 Barber 1994, S. 19.

An die Stelle der *Anrufung des Subjekts*, der überspannten Selbstermächtigung zur Volkssouveränität und des Glaubens »an ein Gottesgnadentum des Volkes«[239], muss die *Anforderung* treten, in der Demokratie die in der Menschenwürde gründende Struktur der Herrschaft gerechten und mit der ›Befugnis zu zwingen‹ verbundenen Rechts zu achten, zu schützen und weiter zu entwickeln. Die Leistung der demokratischen Rechtsordnung besteht darin, dass diese Struktur von individuellen Mängeln und individuellem Fehlverhalten relativ unabhängig ist. Die Demokratie kann scheitern. Sie wird scheitern, wenn nicht die Menschenrechte auf ihrem jeweils entwickeltsten Niveau die Herrschaft des Rechts und den Staat bestimmen.

239 Kelsen 1981 [1929], S. 99.

Bibliografie

Siglen

AA — *Kant's gesammelte Schriften*, hg. v. der Königlich Preußischen Akademie der Wissenschaften, Berlin 1900-1955, 1966 ff.

AA — *F.W.J. Schelling, Historisch-kritischen Ausgabe*, hg. v. H.M. Baumgartner †, Th. Buchheim, J. Hennigfeld, W.G. Jacobs, J. Jantzen, H. Krings †, S. Peetz und H. Zeltner †, Stuttgart-Bad Cannstatt 1976 ff. (

AK-GG — *Kommentar zum Grundgesetz für die Bundesrepublik Deutschland.* Bd. 1, Art. 1-37. Bearbeitet von R. Bäumlin et al. [= Alternativ-Kommentar], 2. Aufl., Neuwied 1989.

ECW — *Ernst Cassirer. Gesammelte Werke.* Hamburger Ausgabe. Hg. v. B. Recki, Hamburg 1998 ff.

EE — *Europäische Enzyklopädie zu Philosophie und Wissenschaften.* Hg. v. H.J. Sandkühler, 4 Bde., Hamburg 1990.

EPH — *Enzyklopädie Philosophie.* Hg. v. H.J. Sandkühler, 2. Aufl. in 3 Bdn., Hamburg 2010.

EPHW — *Enzyklopädie Philosophie und Wissenschaftsheorie.* Hg. v. J. Mittelstrass, Stuttgart/Weimar 1996.

GG — *Geschichtliche Grundbegriffe. Historisches Lexikon zur politisch-sozialen Sprache in Deutschland.* Hg. v. O. Brunner/ W. Conze/ R. Koselleck, 8 Bde., Stuttgart 1972-1997.

HSW — *G.W.F. Hegel, Sämtliche Werke. Neue kritische Ausgabe*, hg. v. Johannes Hoffmeister, Bd. 11: Berliner Schriften 1818-1831, Hamburg 1956.

HW — *G.W.F. Hegel, Werke in zwanzig Bänden.* Theorie-Werkausgabe. Auf der Grundlage der *Werke* von 1832-1845 neu edierte Ausg. Frankfurt/M. 1971.

HWbPh — *Historisches Wörterbuch der Philosophie.* Hg. v. J. Ritter/ K. Gründer, 12 Bde., 1 Register-Bd., Basel/Stuttgart 1971-2009.

MEW — *Karl Marx, Friedrich Engels, Werke*, hg. v. Institut f. Marxismus-Leninismus b. ZK der SED, Berlin 1956 ff.

Plitt — *Aus Schellings Leben. In Briefen.* 3. Bd.: 1821-1854, hg. v. Gustav Leopold Plitt, Leipzig 1870.

RphH — *G.W.F. Hegel, Philosophie des Rechts. Die Vorlesung von 1819/20 in einer Nachschrift*, hg. v. Dieter Henrich, Frankfurt/M. 1983.

RphI — *G.W.F. Hegel, Die Philosophie des Rechts. Die Mitschriften Wannemann (Heidelberg 1817/18) und Homeyer (Berlin 1818/19)*, hg., eingel. u. erläutert von Karl-Heinz Ilting, Stuttgart 1983.

SW — *J.G. Fichte, Werke*, Berlin 1971 (fotomechanischer Nachdruck von: Johann Gottlieb Fichtes sämmtliche Werke, hg. v. I.H. Fichte, Berlin 1845/46 und Johann Gottlieb Fichtes nachgelassene Werke, hg. v. I.H. Fichte, Bonn 1834/35).

SW — *F.W.J. von Schellings sämmtliche Werke*, hg. v. K.F.A. Schelling. 1. Abteilung: 10 Bde. (= I-X); 2. Abteilung: 4 Bde. (= XI-XIV). Stuttgart/ Augsburg 1856-61. [= Schellings Werke. Nach der Originalausgabe in neuer Anordnung hg. v. M. Schröter, 6 Hauptbde, 6 Erg.Bde. München 1927 ff, ^{2}1958 ff.]

TGB 1846 — *F.W.J. Schelling, Philosophische Entwürfe und Tagebücher 1846. Philosophie der Mythologie und reinrationale Philosophie*. Hg. v. L. Knatz, H.J. Sandkühler und M. Schraven. Bd. 12, Hamburg 1998.

TGB 1848 — *F.W.J. Schelling. Das Tagebuch 1848. Rationale Philosophie und demokratische Revolution*. Mit A. v. Pechmann u. M. Schraven aus d. Berliner Nachlaß hg. v. H.J. Sandkühler, Hamburg 1990.

T/L — *König Maximilian II. von Bayern und Schelling. Briefwechsel*, hg. v. L. Trost/ F. Leist, Stuttgart 1890.

Literatur

Abel, G., 1993, *Interpretationswelten. Gegenwartsphilosophie jenseits von Essentialismus und Relativismus*. Frankfurt/M.

Abel, G., 1999, *Sprache, Zeichen, Interpretation*, Frankfurt/M.

Abel, R.L./ P.S.C. Lewis (eds.), 1988, *The Common Law World*, Berkeley.

Abendroth, W., 1967 [1954], Zum Begriff des demokratischen und sozialen Rechtsstaates im Grundgesetz der BRD. In: ders. 1972.

Abendroth, W., ^{2}1972, *Antagonistische Gesellschaft und politische Demokratie*, Neuwied/ Berlin.

Abendroth, W., 1979, Über den Zusammenhang von Grundrechtssystem und Demokratie. In: J. Perels (Hg.), *Grundrechte als Fundament der Demokratie*, Frankfurt/M.

Abou, S., 1984, *Menschenrechte und Kulturen*. Aus d. Franz. v. A. Franke/W. Schmale, Bochum.

Achenbach, H. et al., 1993, *Kommentar zur Strafprozessordnung in 3 Bdn.*, Bd. 2, Teilbd. 2 §§ 213-275 StPO, Neuwied/ Kriftel/ Berlin [Reihe Alternativkommentare].

Adams, W.P., 1973, *Republikanische Verfassung und bürgerliche Freiheit. Die Verfassungen und politischen Ideen der amerikanischen Revolution*, Darmstadt/Neuwied.

Adorno, R., 2011, Four Paradoxes of Human Dignity. In: Joerden et al. 2011.

Afshari, R., 2010, Human Rights, Relevance of Culture and Irrelevance of Cultural Relativism. In: *Opinion*, November 4.

Agbakwa, S.C., 2002, Reclaiming Humanity: Economic, Social and Cultural Rights as the Cornerstone of African Human Rights. In: *Yale Human Rights and Development Law Journal, Vol. 5*.

Aichele, V., 2003, *Nationale Menschenrechtsinstitutionen: ein Beitrag zur nationalen Implementierung von Menschenrechten*, Frankfurt/M.

Aichele, V., 2004, *Nationale Menschenrechtsinstitutionen in Europa*, Berlin, Deutsches Institut f. Menschenrechte.

Aiken, W./ H. LaFolette (eds.), [2]1996, *World Hunger and Morality*, Englewood Cliffs, N.J.

Al-Azm, S.J., 1993, *Unbehagen in der Moderne. Aufklärung im Islam*, Frankfurt/M.

Al-Azm, S.J., 2005, *Islam und säkularer Humanismus*, Tübingen.

Albrecht, A., 2005, *Kosmopolitismus. Weltbürgerdiskurse in Literatur, Philosophie und Publizistik um 1800*, Berlin.

Albrecht, A., 2010, Kosmopolitismus. In: EPH[2], Bd. 2.

Alexy, R., 1990, Zur Kritik des Rechtspositivismus. In: Dreyer 1990.

Alexy, R., [3]1996, *Theorie der Grundrechte*, Frankfurt/M.

Alexy, R., 1997, Grundrechte im demokratischen Verfassungsstaat. In: A. Aarnio/ R. Alexy/ G. Bergholtz (Hg.), *Justice, Morality and Society*, Lund.

Alexy, R., 1998, Die Institutionalisierung der Menschenrechte im demokratischen Verfassungsstaat. In: Gosepath/ Lohmann 1998.

Alexy, R., 2004, Menschenrechte ohne Metaphysik? In: *Deutsche Zschr. f. Philosophie* 52, H. 1.

Alexy, R., 2010, Grundrechte. EPH, Bd. 1.

Alexy, R., [3]2011, *Begriff und Geltung des Rechts*, Freiburg.

Alexy, R./ L.H. Meyer/ S.L. Paulson/ G. Sprenger (Hg.), 2002, *Neukantianismus und Rechtsphilosophie*. Mit einer Einl. v. S.L. Paulson, Baden-Baden.

Alfredsson, G./ A. Eide (eds.), 1999, *The Universal Declaration of Human Rights. A Common Standard of Achievement*, Leiden.

Alheit, P., 2010, Zivilgesellschaft. In: EPH, Bd. 3.

Al-Jabri, M.A., 2009, *Democracy, Human Rights and Law in Islamic Thought*, London/New York.

Al-Jabri, M.A., 2009a, *Kritik der arabischen Vernunft. Die Einführung*, Berlin.

Al-Jabri, M.A., 2011, Rationalismus, Politik und Erkenntnistheorie. Ein Beitrag zur arabisch-islamischen Philosophie der Gegenwart. In: *Concordia. Internationale Zschr. f. Philosophie* (Themenheft: Arabisch-islamische Philosophie der Gegenwart), H. 59.

Al-Midani, M. A., 2003, *Les droits de l'homme et l'Islam. Textes des organisations arabes et islamiques,* édité par l'Association des Publications de la Faculté de Théologie Protestante, Université Marc Bloch de Strasbourg.

Al-Midani, M. A., 2004, La Déclaration universelle des droits de l'homme et le droit musulman. In : *Lectures contemporaines du droit islamique. Europe et monde arabe*, sous la direction de F. Frégosi, Strasbourg.

Alston, W.P., 2005, *Beyond ›Justification‹. Dimensions of Epistemic Evaluation*, Ithaca/ London.

Altvater, E., 2010, Im Schlepptau der Finanzmärkte. Wie sich die Politik dem Diktat der Krisenverursacher unterwirft. In: *Blätter f. dt. u. internat. Politik*, 11/2010.

Ameriks, K./ J. Stolzenberg (Hg.), 2004, *Der Begriff des Staates. The Concept of the State.* Internationales Jb. des Deutschen Idealismus. International Yearbook of German Idealism, 2/2004.

Amnesty international, 1981, *Der internationale Menschenrechtsschutz*, Frankfurt/M.

Andersen, U./ W. Woyke (Hg.), 52003, *Handwörterbuch des politischen Systems der Bundesrepublik Deutschland*, Opladen.

Anderson, P., 1979, *Die Entstehung des absolutistischen Staates*, Frankfurt/M.

Ankermann, E. et al., 1987, *Kommentar zur Zivilprozessordnung*, Neuwied et al. [Reihe Alternativkommentare].

An-Na'im, A.A., 2010, *Islam and Human Rights*, ed. by M. A. Baderin, Farnham.

Apel, K.-O., 1990, *Diskurs und Verantwortung. Das Problem des Übergangs zur postkonventionellen Moral*, Frankfurt/M.

Appelbaum, Ch., 2007, *Einschränkungen der Staatenimmunität in Fällen schwerer Menschenrechtsverletzungen. Klagen von Bürgern gegen einen fremden Staat oder ausländische staatliche Funktionsträger vor nationalen Gerichten*, Berlin.

Arendt, H., 1949, »The Rights of Man«. What Are They?. In: *Modern Review*, Vol. 3.

Arendt, H., 1985 [1982], *Das Urteilen. Texte zu Kants politischer Philosophie.* Hg. u. mit einem Essay v. R. Beiner, München/ Zürich.

Arendt, H., 1990 [1964], *Eichmann in Jerusalem. Ein Bericht von der Banalität des Bösen*, Leipzig.

Arendt, H., 92003 [engl. 1951, dt. 1955], *Elemente und Ursprünge totaler Herrschaft. Antisemitismus, Imperialismus, totale Herrschaft*, München.

Arkoun, M., 1993, Der Ursprung der Menschenrechte aus der Sicht des Islam. In: H. Küng/ K-J. Kuschel (Hg.), *Weltfrieden durch Religionsfrieden. Antworten aus den Weltreligionen*, München.
Arkoun, M., 1998, Religion und Demokratie: Das Beispiel Islam. In: E. Heller/ H. Mosbahi (Hg.), *Islam, Demokratie, Moderne. Aktuelle Antworten arabischer Denker*, München.
Arkoun, M., 1999, *Der Islam. Annäherung an eine Religion*, Heidelberg.
Arkoun, M., 2009, The concept of person in Islamic Tradition. In: S. K. Jayyusi (ed.), *Human Rights in Arab Thought. A Reader*, London/ New York.
Arndt, C., ²1981, *Die Menschenrechte*, Hamburg.
Arneson, R. 1993, Equality. In: R. Goodin/ P. Pettit (Hg.), *A Companion to Contemporary Political Philosophy*, Oxford.
Arnim, D. v., 2006, *Der Standort der EU-Grundrechtecharta in der Grundrechtsarchitektur Europas*, Frankfurt/M. et al.
Avenarius, H., ³2002, *Die Rechtsordnung der Bundesrepublik Deutschland. Eine Einführung*, Bonn.
Avineri, S., 1976, *Hegels Theorie des modernen Staates*, Frankfurt/M.
Avineri, S./ A. De-Shalt (eds.), 1992, *Communitarianism and Individualism*, Oxford.

Baader, F. v., 1925, *Schriften zur Gesellschaftsphilosophie*. Hg. u. erl. v. J. Sauter, Jena.
Bachelard, G., 1980 [1940], *Die Philosophie des Nein. Versuch einer Philosophie des neuen wissenschaftlichen Geistes*, Frankfurt/M.
Bachelard, G., ²1984 [1938], *Die Bildung des wissenschaftlichen Geistes. Beitrag zu einer Psychoanalyse der objektiven Erkenntnis*, Frankfurt/M.
Bader, V.-M., 1994, Bürgerschaft und Ausschließung, oder: What's wrong with communitarianism and (neo-)republicanism? In: Goldschmidt/ Zechlin 1994.
Baderin, M. A., 2005, *International human rights and Islamic law*, Oxford.
Badura, P., 1964, Generalprävention und die Würde des Menschen. In: *Juristenzeitung* 19 (1964).
Baer, S., 2005, Menschenwürde zwischen Recht, Prinzip und Referenz. In: *Deutsche Zschr. f. Philosophie*, 53 (2005), H. 4.
Bahners, P., 2010, Fanatismus der Aufklärung. Zur Kritik der Islamkritik. In: *Blätter f. deutsche u. internationale Politik*, 9/2010.
Baier, A.C., 1995, Wir brauchen mehr als bloß Gerechtigkeit. In: Demmerling/ Rentsch 1995.
Bair, J., 2005, *The International Covenant on Civil and Political Rights and its (First) Optional Protocol. A Short Commentary Based on Views, General Comments and Concluding Observations by the Human Rights Committee*, Frankfurt/M. et al.

Baïssus, J.-M., 1998, Common v. Continental: A Reaction to Mr. Evan Whitton's 1998 Murdoch Law School Address. In: *E Law-Murdoch University Electronic Journal of Law*, Vol. 5 Nr. 4 (December, 1998).
Baker, J.H., 1986, *The Legal Profession and the Common Law. Historical Essays*, London.
Balibar, E., 2006, *Sind wir Bürger Europas?*, Bonn.
Baranzke, H., 2010, Menschenwürde zwischen Pflicht und Recht. Zum ethischen Gehalt eines umstrittenen Begriffs. In: *Zschr. f. Menschenrechte* (2010) 1.
Baratta, A., 1979, Zur Entwicklung des modernen Rechtsstaatsbegriffs. In: *Liber amicorum B.C.H. Aubin. Festschr. f. Bernhard C.H. Aubin z. 65. Geb.*, Kehl/Straßburg.
Barber, B., 1994 [1984], *Starke Demokratie. Über die Teilhabe am Politischen*, Berlin.
Bassiouni, M., 2011, Bilanz und Perspektive des islamischen Menschenrechtsdiskurses. In: *Zschr. f. Menschenrechte*, Jg. 5, Nr. 1.
Bates, E., 2011, *The Evolution of the European Convention on Human Rights. From its Inception to the Creation of a Permanent Court of Human Rights*, Oxford.
Bauer, F., 1962, *Widerstandsrecht und Widerstandspflicht des Staatsbürgers*, Frankfurt/M. Wieder abgedr. in Bauer 1998.
Bauer, F. (Hg.), 1965, *Widerstand gegen die Staatsgewalt Dokumente der Jahrtausende*, zusammengestellt u. kommentiert v. Fritz Bauer, Frankfurt/M.
Bauer, F., 1998, *Die Humanität der Rechtsordnung. Ausgewählte Schriften*. Hg. v. J. Perels/ I. Wojak, Frankfurt a.M./New York.
Baumbach, A./ W. Lauterbach/ J. Albers/ P. Hartmann, 2006, *Beck'sche Kurz-Kommentare, Bd. 1, Zivilprozessordnung mit Gerichtsverfassungsgesetz und anderen Nebengesetzen, begr. v. A. Baumbach [...]*, München.
Baumgarten, A., 1760, *Initia philosophiae practicae primae acromatice*, Halle.
Baurmann, M./ H. Kliemt, 1990, Die moderne Gesellschaft im Rechtsstaat. Eine Einführung in das Thema. In: dies. (Hg.), 1990, *Die moderne Gesellschaft im Rechtsstaat*, Freiburg/ München.
Baxa, J. (Hg.), 1924, *Gesellschaft und Staat im Spiegel deutscher Romantik: Die staats- und gesellschaftswissenschaftlichen Schriften deutscher Romantiker*, Jena.
Bayertz, K., 1995, Die Idee der Menschenwürde: Probleme und Paradoxien. In: *Archiv f. Rechts- und Sozialphilosophie* 4 (81).
Bayertz, K., 1996, *Sanctity of Life and Human Dignity*, Amsterdam.
Bayertz, K. (Hg.), 1998, *Solidarität. Begriff und Problem*, Frankfurt/M.
Bayertz, K., 2010, Menschenwürde. In: EPH, Bd. 2.
Bayertz, K., 2010a, Verantwortung. In: EPH Bd. 3.

Bayertz, K./ Th. Gutmann, 2011, Glück und Recht. In: Dhouib/Jürgens 2011.

Bedjaoui, M., 1987, Menschenrechte und Dritte Welt. In: Holz/ Lambrecht/ Stuby 1987.

Beestermöller, G./ H. Brunkhorst (Hg.), 2006, *Rückkehr der Folter. Der Rechtsstaat im Zwielicht?* München.

Beitz, Ch., 2009, *The Idea of Human Rights*, New York.

Bell, L.S./ A.J. Nathan/I. Peleg (eds.), 2001, *Negotiating Culture and Human Rights*, New York.

Bellers, J. (Hg.), 1996, *Klassische Staatsentwürfe. Außenpolitisches Denken von Aristoteles bis heute*, Darmstadt.

Ben Achour, Y., 2003, *Le Rôle des civilisations dans le système international. Droit et relations internationales*, Paris.

Ben Achour, Y., 2011, *La Deuxième Fâtiha. L'islam et la pensée des droits de l'homme*, Paris.

Ben Achour, Y., 2012, Die Menschenrechte im Islam denken oder Die zweite Fâthia. Aus d. Franz. übers. v. H.J. Sandkühler. In: *MenschenRechtsMagazin*, H. 1/2012.

Benda, E., 1983, Die Menschenwürde. In: E. Benda / W. Maihofer/ H.-J. Vogel (Hg.), *Handbuch des Verfassungsrechts der Bundesrepublik Deutschland*, Berlin/ New York.

Benda, E., [2]1994, Menschenwürde und Persönlichkeitsrecht. In: E. Benda/ W. Maihofer/ H.-J. Vogel (Hg.), *Handbuch des Verfassungsrechts der Bundesrepublik Deutschland*, Berlin/ New York.

Benda, E., 2001, Verständigungsversuche über die Würde des Menschen. In: *Neue Juristische Wochenschrift*, 54.

Benda, E./ E. Klein, 1991, *Lehrbuch des Verfassungsprozeßrechts*, Heidelberg.

Benda, E./ W. Maihofer/ H.-J. Vogel, 1995, *Handbuch des Verfassungsrechts der Bundesrepublik Deutschland*. Studienausgabe, 2 Bde., Berlin.

Benhabib, S., 1995, Ein deliberatives Modell demokratischer Legitimität. In: *Deutsche Zschr. f. Philosophie* 43, H. 1.

Benhabib, S., 2002, *The Claims of Culture. Equality and Diversity the Global Era*, Princeton, N.J.

Benhabib, S., 2008, *Kosmopolitismus und Demokratie. Eine Debatte mit Bonnie Honig, Jeremy Waldron und Will Kymlicka*, Frankfurt/M.

Benhabib, S., 2009, Kosmopolitismus und Demokratie. Von Kant zu Habermas. In: *Blätter f. deutsche u. internationale Politik*, 54. Jg., 2009, H. 6, 65-74.

Benoist, A. de, 2004, *Kritik der Menschenrechte*, Berlin.

Bergbohm, K., 1892, *Jurisprudenz und Rechtsphilosophie. Kritische Abhandlungen*, 1. Bd., Berlin. Nachdr. Aalen 1973.

Bieberstein, F. Freiherr Marschall v., 1927, *Vom Kampf des Rechts gegen die Gesetze*, Stuttgart.

Bielefeld, H., 1992, Die Menschenrechte als das Erbe der gesamten Menschheit. In: *Würde und Recht des Menschen. Festschr. f. J. Schwartländer zum 70. Geb.* Hg. v. H. Bielefeld/ W. Brugger/ K. Dicke, Würzburg.

Bielefeldt, H., 1995, Muslim Voices in the Human Rights Debate. In: *Human Rights Quarterly*, 17.

Bielefeldt, H., 1998, *Philosophie der Menschenrechte. Grundlagen eines weltweiten Freiheitsethos*, Darmstadt.

Bielefeldt, H., 1998a, Zwischen Scharia und Menschenrechten, Facetten der islamischen Menschenrechtsdiskussion. In: Voigt, U. (Hg.), 1998, *Die Menschenrechte im interkulturellen Dialog*, Frankfurt/M.

Bielefeldt, H., 1999, Universale Menschenrechte angesichts der Pluralität der Kulturen. In: H.-R. Reuter (Hg.), *Ethik der Menschenrechte. Zum Streit um die Universalität einer Idee I*, Tübingen.

Bielefeldt, H., 2000, ›Western‹ Versus ›Islamic‹ Human Rights Conceptions? A Critique of Cultural Essentialism in the Discussion on Human Rights. In: *Political Theory*, Vol. 28, No. 1.

Bielefeldt, H., 2004, *Freiheit und Sicherheit im demokratischen Rechtsstaat*, Berlin [Deutsches Inst. f. Menschenrechte].

Bielefeldt, H., 2006, Die Absolutheit des Folterverbots. Über die Unabwägbarkeit der Menschenwürde. In: Beestermöller/Brunkhorst 2006.

Bielefeldt, H., 2007, Menschenwürde und Folterverbot. Eine Auseinandersetzung mit den jüngsten Vorstößen zur Aufweichung des Folterverbots. In: Sandkühler 2007.

Bielefeldt, H., 2007a, *Menschenrechte in der Einwanderungsgesellschaft. Plädoyer für einen aufgeklärten Multikulturalismus*, Bielefeld.

Bielefeldt, H., 2010, Die Würde des Menschen – Fundament der Menschenrechte. In: Sandkühler 2010.

Bielefeldt, H., 2011, *Auslaufmodell Menschenwürde? Warum sie in Frage steht und warum wir sie verteidigen müssen*, Freiburg/Brsg.

Bien, G./ Busch, H.J. (Hg.), 1986, *Staatsbürger – Bürgerstaat. Aspekte der Staatsphilosophie.* (Materialien für den Sekundarbereich II, Philosophie), Hannover.

Binoche, B., 1989, *Critiques des droits de l'homme*, Paris.

Birnbacher, D., 1996, Ambiguities in the concept of ›Menschenwürde‹. In: Bayertz 1996.

Birnbacher, D., 2001, Instrumentalisierung und Menschenwürde. Philosophische Anmerkungen zur Debatte um Embryonen- und Stammzellforschung. In: *Jb. d. Heinrich-Heine-Universität Düsseldorf.*

Birnbacher, D., 2004, Menschenwürde – abwägbar oder unabwägbar? In: Kettner 2004.

Birtsch, G. (Hg.), 1981, *Grund- und Freiheitsrechte im Wandel von Gesellschaft und Geschichte*, Göttingen.

Birtsch, G., 1992, Menschenrechte. In: HWbPh, Bd. 8.

Birtsch, G./ M. Trauth/ I. Meenken, 1991ff., *Grundfreiheiten, Menschenrechte 1500-1850. Eine internationale Bibliographie*, Stuttgart.

Bloch, E., 1961, *Naturrecht und menschliche Würde.* [GS Bd. 6], Frankfurt/M.

Blome, K., 2012, Das interamerikanische Menschenrechtssystem im Praxistest – Vorzüge und Defizite des Individualbeschwerdeverfahrens. In: *MenschenRechtsMagazin* H. 1/2012.

Bobbio, N., ²1969, *Diritto e stato nel pensiero di Emanuele Kant*, Torino.

Bobbio, N., 1988 [1984], *Die Zukunft der Demokratie*, Berlin

Bobbio, N., 1998, *Das Zeitalter der Menschenrechte. Ist Toleranz durchsetzbar?* Aus d. Ital. v. U. Hausmann, Berlin.

Bodin, J., 1982, *Über den Staat.* Auswahl, Übers. u. Nachwort v. G. Niethart, Stuttgart.

Böckenförde, E.-W., 1969, Entstehung und Wandel des Rechtsstaatsbegriffs. In: H. Ehmke/ C. Schmid/ H. Scharoun, *Festschr. f. Adolf Arndt z. 65. Geb.*, Frankfurt/M.

Böckenförde, E.-W., 1991, *Staat, Verfassung, Demokratie. Studien zur Verfassungstheorie und zum Verfassungsrecht*, Frankfurt/M.

Böckenförde, E.-W., 1991a, Geschichtliche Entwicklung und Bedeutungswandel der Verfassung. In: ders. 1991.

Böckenförde, E.-W., ²1992, *Recht, Staat, Freiheit. Studien zur Rechtsphilosophie, Staatstheorie und Verfassungsgeschichte*, Frankfurt/M.

Böckenförde, E.-W., 1996, Das Unwahrscheinliche wollen. Demokratie, notwendige Forderung der Menschenrechte? In: *Frankfurter Allgemeine Zeitung*, 2. 5. 1996, Nr. 102, S. N6.

Böckenförde, E.-W., 2001, *Vom Wandel des Menschenbildes im Recht*, Münster.

Böckenförde, E.-W., 2004, Bleibt die Menschenwürde unantastbar? In: *Blätter f. deutsche u. internationale Politik* 10/2004.

Böckenförde, E.-W., 2006, Die Garantie der Menschenwürde. In: Blickpunkt Bundestag, Debatte. Ausgabe 4/2006.

Böckenförde, E.-W./ R. Spaemann (Hg.), 1987, *Menschenrechte und Menschenwürde. Historische Voraussetzungen – säkulare Gestalt – christliches Verständnis*, Stuttgart.

Bösl, A./ J. Diescho (eds.), 2009, *Human Rights in Africa. Legal Perspectives on their Protection and Promotion*, Windhoek.

Bofinger, P., 2009, *Ist der Markt noch zu retten? Warum wir jetzt einen starken Staat brauchen*, Berlin.

Bogdandy, A. v., 2003, Demokratie, Globalisierung, Zukunft des Völkerrechts - eine Bestanusaufnahme. In: ZaöRV 63.

Boldt, H., 1990, Staat und Souveränität. In: GG, Bd. 6.

Borchers, D., 2008, *Kann man aus kulturellen Gruppen aussteigen? Die theoretischen und praktischen Implikationen der Ausstiegsoption in der*

Multikulturalismusdebatte des Liberalismus. Philos. Habil.-Schrift, Universität Bayreuth.

Bortfeld, M., 2005, *Der Afrikanische Gerichtshof für Menschenrechte: eine Untersuchung des Zusatzprotokolls zur Afrikanischen Charta für die Menschenrechte und die Rechte der Völker*, Baden-Baden.

Bottin, A. (Hg.), 1992, *Enge Zeit. Spuren Vertriebener und Verfolgter der Hamburger Universität*, unter Mitarbeit v. R. Nicolaysen, Berlin/ Hamburg.

Bourgeois, B., 1990, *Philosophie et droits de l'homme de Kant à Marx*, Paris.

Bourgeois, B., 1992, *La pensée politique de Hegel*, Paris.

Brandt, R., 1997, *Zu Kants politischer Philosophie*, Stuttgart.

Brandt, J./ H. Hattenhauer (Hg.), 1994, *Der europäische Rechtsstaat. 200 Zeugnisse seiner Geschichte*, Heidelberg.

Breau, S. C., 2007, Human Rights and Cultural Relativism: The false dichotomy. In: J. Rehman/ S.C. Breau (Hg.), *Religion, Human Rights and International Law*. Leiden.

Brentano, M. v., 1978, Wissenschaftspluralismus. In: Dies., *Philosophie – Theoriestreit – Wissenschaftspluralismus*, Berlin.

Breuer, C., 2006, Das Foltern von Menschen. Die Differenz zwischen dem Anspruch eines weltweiten Verbots und dessen praktischer Missachtung und die Frage nach der möglichen Zulassung der ›Rettungsfolter‹. In: Beestermöller/Brunkhorst 2006.

Breuer, S., 1983, *Sozialgeschichte des Naturrechts*, Opladen.

Breuer, S., 1998, *Der Staat. Entstehung, Typen, Organisationsstadien*, Reinbek bei Hamburg.

Brieskorn, N., 1990, *Rechtsphilosophie*, Stuttgart/Berlin/Köln.

Brieskorn, N., 1997, *Menschenrechte. Eine historisch-philosophische Grundlegung*, Stuttgart/Berlin/Köln.

Brock, L., 2008, Von der ›humanitären Intervention‹ zur ›Responsibility to Protect‹: Kriegserfahrung und Völkerrechtsentwicklung seit dem Ende des Ost-West-Konflikts. In: A. Fischer-Lescano/ H.-P. Gasser/ Th. Marauhn/ N. Ronzitti (Hg.), *Frieden in Freiheit. Festschr. f. Michael Bothe z. 70. Geb.*, Baden-Baden.

Brock, L., 2012, Vom Kriegs- zum Friedensrecht? Verhindert oder legitimiert das Recht die Anwendung von Gewalt? In: *Wissenschaft&-Frieden* 1/2012.

Brocker, M., 1992, *Arbeit und Eigentum*, Darmstadt.

Brocker, M., 1995, *Die Grundlegung des liberalen Verfassungsstaates. Von den Levellern zu John Locke*, Freiburg.

Brocker, M. (Hg.), 2007, *Geschichte des politischen Denkens. Ein Handbuch*, Frankfurt/M.

Brownlie, I. (ed.), 1981, *Basic Documents on Human Rights*, Oxford.

Brownlie, I., 1998, *The Rule of Law in International Affairs. International Law at the Fiftieth Anniversary of the United Nations*, The Hague.

Brudermüller, G./ K. Seelmann (Hg.), 2008, *Menschenwürde. Begründung, Konturen, Geschichte*, Würzburg.

Brüning, B., 2001, *Recht, Gerechtigkeit, Menschenrechte. Kurshefte Ethik/Philosophie*, Berlin.

Brugger, W., 1997, *Menschenwürde, Menschenrechte, Grundrechte.* Würzburger Vorträge zur Rechtsphilosophie, Rechtstheorie und Rechtssoziologie, H. 21, Baden-Baden.

Brugger, W., 1999, *Liberalismus, Pluralismus, Kommunitarismus. Studien zur Legitimation des Grundgesetzes*, Baden-Baden.

Brugger, W., 2000, Vom unbedingten Verbot der Folter zum bedingten Recht auf Folter? In: *Juristenzeitung* 55.

Brugger, W., 2004, *Freiheit und Sicherheit. Eine staatstheoretische Skizze mit praktischen Beispielen*, Baden-Baden.

Brumlik, M./ H. Brunkhorst (Hg.), 1993, *Gemeinschaft und Gerechtigkeit*, Frankfurt/M.

Brunkhorst, H., 1996, Demokratie als Solidarität unter Fremden. Universalismus, Kommunitarismus, Liberalismus. In: *Aus Politik und Zeitgeschichte. Beilage z. Wochenzeitung Das Parlament*, B 36/96, 30. August 1996.

Brunkhorst, H., 2008, Die globale Rechtsrevolution. Von der Evolution der Verfassungsrevolution zur Revolution der Verfassungsevolution? In: R. Christensen/B. Pieroth (Hg.) *Rechtstheorie in rechtspraktischer Absicht. Freundesgabe z. 70. Geb. v. Friedrich Müller*, Berlin.

Brunkhorst, H./ M. Kettner (Hg.), 2000, *Globalisierung und Demokratie. Wirtschaft, Recht, Medien*, Frankfurt/M.

Brunkhorst, H./ W.R. Köhler/ M. Lutz-Bachmann (Hg.), 1999, *Recht auf Menschenrechte. Menschenrechte, Demokratie und internationale Politik*, Frankfurt/M.

Brunozzi, Ph., 2011, Menschenrechte und Pluralismus. Zur Begründung der Menschenrechte bei Li Buyun, Xia Yong und Xu Xianming. In: Sandkühler 2011.

Buci-Glucksmann, Ch., 1981, *Gramsci und der Staat. Für eine materialistische Theorie der Philosophie*, Köln.

Buckel, S./ A. Fischer-Lescano (Hg.), 2007, *Hegemonie gepanzert mit Zwang. Zivilgesellschaft und Politik im Staatsverständnis Antonio Gramscis*, Baden-Baden.

Buckel, S./ R. Christensen/ A. Fischer-Lescano, 2006, *Neue Theorien des Rechts*, Stuttgart.

Büttner, F., 2003, Der Islam ist Religion und Staat! Nur eine erfundene Tradition des politischen Islam? In: Berndt, M./ I. El Masry (Hg.),

Konflikt, Entwicklung, Frieden. Emanzipatorische Perspektiven in einer zerrissenen Welt, Kassel.

Bundeszentrale für politische Bildung (Hg.), 2004, *Menschenrechte. Dokumente und Deklarationen*, Bonn/ Berlin.

Burgio, A., 2010, Gesellschaftsvertrag/contrat sozial. In: EPH, Bd. 1.

Busch, H.-J./ A. Horstmann, 1971, Kosmopolit, Kosmopolitismus. In: HWbPh, Bd. 4.

Butterwegge, Ch., 2010, Sozialstaat/Wohlfahrtsstaat. In: EPH, Bd. 3.

Butterwegge, Ch., 42011, *Krise und Zukunft des Sozialstaates*, Wiesbaden.

Byrd, S./ J. Hruschka, 2006, *Kant and Law*, Farnham.

Caldera, A.S., 2001, Politik und Globalisierung. In: Fornet-Betancourt/ Sandkühler 2001.

Campbell, T. et al. (eds.), 1986, *Human Rights, From Rhetoric to Reality*, Oxford/New York.

Carinno, A./ G. Winkler (Gesamtred.), 1995, *Rechtserfahrung und Reine Rechtslehre*, Wien/New York.

Cassese, A., 1994 [1990], *Human Rights in a Changing World*, Cambridge.

Charfi, M., 1983, Islam et droits de l'homme. In: *Islamochristiana, 9* (1983).

Chase, A./A. Hamzawy (eds.), 2006, *Human Rights in the Arab World. Independent Voices*, Philadelphia.

Chu Chen, L., 1976, Self Determination as a human right. In: W. M. Reisman/ B. H. Weston (eds.), *Towards world order and human dignity*, New York/ London.

Cohen, H., 21914, *Logik der reinen Erkenntnis*, Berlin.

Cohen, H., 51981 [1904], *Ethik des reinen Willens*. Introduction by S.S. Schwarzschild, Hildesheim/New York.

Cohen-Jonathan, G./ J.-F. Flauss, 2005, *Les organisations non gouvernementales et le droit international des droits de l'homme / International Human rights law and non governemental organizations*, Bruxelles.

Coing, H., 1967, *Epochen der Rechtsgeschichte in Deutschland*, München.

Coleman, J. (ed.), 2001, *Harts's Postscript. Essays on the Postscript to ›The Concept of Law‹*, Oxford/New York.

Commichau, G. (Hg.), 1985, *Die Entwicklung der Menschen- und Bürgerrechte von 1776 bis zur Gegenwart*, Göttingen.

Conze, W./ R. Koselleck/ H. Maier/ Ch. Meier/ H.L. Reimann, 1972, Demokratie. In: GG, Bd. 1.

Copp, D., 1992, The Right to an Adequate Standard of Living: Justice, Autonomy, and the Basic Needs. In: E. Frankel Paul/ F.D. Miller/ J. Paul (eds), *Economic Rights*, Cambridge.

Cornu, G., 1998, La vérité et le droit. In: ders., *L'art du droit en quête de sagesse*, Paris.

Cranston, M., 1987, Kann es soziale und wirtschaftliche Menschenrechte geben? In: Böckenförde/Spaemann 1987.

Cremer, W., 2003, *Freiheitsgrundrechte. Funktionen und Strukturen*, Tübingen.

De Bary, W.T./Tu Wei-ming (eds.), 1998, *Confucianism and Human Rights*, New York.

Decker, O./ M. Weißmann/ J. Kiess/ E. Brähler, *Die Mitte in der Krise. Rechtsextreme Einstellungen in Deutschland 2010*. http://library.-fes.de/pdf-files/do/07504.pdf.

Degenhart, Ch., [6]1990, *Staatsrecht I, Staatszielbestimmungen, Staatsorgane, Staatsfunktionen*, Heidelberg.

De Koninck, Th., 1996, *De la dignité humaine*, Paris.

De Koninck.Th./ G. Larochelle (Ed.), 2005, *La dignité humaine*, Paris.

Demmerling, Ch./ Th. Rentsch (Hg.), 1995, *Die Gegenwart der Gerechtigkeit. Diskurse zwischen praktischer Philosophie und Politik*, Berlin.

Denninger, E., 1976, Freiheitsordnung – Wertordnung – Pflichtordnung. In: M. Tohidipur (Hg.), *Verfassung, Verfassungsgerichtsbarkeit, Politik*, Frankfurt/M.

Denninger, E. (Hg.)., 1977, *Freiheitliche demokratische Grundordnung. Materialien zum Staatsverständnis und zur Verfassungswirklichkeit in der Bundesrepublik*, 2 Bde, Frankfurt/M.

Denninger, E., 1994, *Menschenrechte und Grundgesetz. Zwei Essays*, Weinheim.

Denninger, E., 1994a, Menschenrechte zwischen Universalitätsanspruch und staatlicher Souveränität. In: ders. 1994.

Denninger, E., 1996, Recht, Moral und Politik. Demokratie contra Verfassung? Überlegungen zum Disput zwischen Ronald Dorkwin und Jürgen Habermas. In: *Frankfurter Rundschau*, 17. 10. 1996, Nr. 241, S. 12.

Denninger, E., 1998, Verfassungsrecht und Solidarität. In: Bayertz 1998.

Denninger, E., 1999, Staatsaufgaben und Menschenrechte. In: Brunkhorst/Köhler/Lutz-Bachmann 1999.

Denninger, E., 1999a, Das Bundesverfassungsgericht zwischen Recht und Politik. In: H. Brunkhorst/ P. Niesen (Hg.), *Das Recht der Republik*, Frankfurt/M.

Denninger, E., 2000, Menschenrechte, Menschenwürde und staatliche Souveränität. In: H. Dreier (Hg.), *Philosophie des Rechts und Verfassungstheorie. Geb.symposion f. Hasso Hofmann*, Berlin.

Denninger, E., 2005, Recht, Gewalt und Moral – ihr Verhältnis in nachwestfälischer Zeit. Ein Bericht. In: *Kritische Justiz*, H. 4/2005.

Deppe, D., 1987, *Niccolò Machiavelli. Zur Kritik der reinen Politik*, Köln.

Deppenkemper, G., 2004, *Beweiswürdigung als Mittel prozessualer Wahrheitserkenntnis. Eine dogmengeschichtliche Studie zu Freiheit, Grenzen und revisionsgerichtlicher Kontrolle tatrichterlicher Überzeugungsbildung (§ 261 Stop, § 286 ZPO)*, Göttingen.

Deutsches Institut für Menschenrechte, 2003, *Menschenrechte nach dem 11. September*, Berlin.

Deutsches Institut für Menschenrechte, 2005, *Die ›General Comments‹ zu den VN-Menschenrechtsverträgen.* Deutsche Übersetzung und Kurzeinführungen, Baden-Baden.

Dewey, J., 1901, Pluralism. In: J.M. Baldwin (ed.), *Dctionary of Philosophy and Psychology II*, London.

Dewey, J., 1927, *The Public and its Problems*, Chicago.

Dewey, J., 1996, *Die Öffentlichkeit und ihre Probleme*, Darmstadt.

Dhouib, S., 2010, Philosophische Wege zu Recht und Ethik. Beispiele aus der arabisch-islamischen Philosophie der Gegenwart. In: Sandkühler 2010.

Dhouib, S., 2011, Von der interkulturellen Vermittlung zur Transkultu–ralität der Menschenrechte. In: Sandkühler 2011.

Dhouib, S./ A. Jürgens (Hg.), 2011, *Wege in der Philosophie. Geschichte – Wissen – Recht – Transkulturalität*, Weilerswist.

Di Fabio, U., 2003, *Die Staatsrechtslehre und der Staat*, Paderborn et al.

Di Fabio, U., 2004, Die Suche nach dem Kompaß. Wie kann Menschenwürde in einer fragmentierten Welt begründet werden? In: *Frankfurter Allgemeine Zeitung*, 26. 06. 2001, Nr. 145.

Di Fabio, U., 2011, Menschenrechte in unterschiedlichen Kulturräumen. In: Sandkühler 2011.

Donnelly, J., 1984, Cultural Relativism and Universal Human Rights. In: *Human Rights Quarterly*, Vol. 6, No. 4.

Dreier, H., ^{2}1990, *Staatssoziologie und Demokratietheorie Hans Kelsens*, Tübingen.

Dreier, H., 1991, Die Radbruchsche Formel – Erkenntnis oder Bekenntnis? In: *Staatsrecht in Theorie und Praxis. Festschr. f. Robert Walter z. 60. Geb.* Hg. v. H. Mayer/ C. Jabloner/ Kucsko-Stadlmayer/ R. Lauer/ K. Ringhofer/ R. Thienel, Wien.

Dreier, H., 1992, Rechtslehre. In: In: HWbPh, Bd. 8.

Dreier, H., 1997, Das Demokratieprinzip des Grundgesetzes. In: *Jura* 1997, H. 5.

Dreier, H., 2001, Konsens und Dissens bei der Interpretation der Menschenwürde. Eine verfassungsrechtliche Skizze. In: Geyer 2001.

Dreier, H., 2001, Die deutsche Staatsrechtslehre in der Zeit des Nationalsozialismus. In: ders./ W. Pauly, *Die deutsche Staatsrechtslehre in der Zeit des Nationalsozialismus* [und weitere Beiträge anderer Autoren],

Berlin/New York [Veröffentl. d. Vereinigung d. Deutschen Staatsrechtslehrer, H. 60].
Dreier, H., 2003, Menschenwürde in der Rechtsprechung des Bundesverwaltungsgerichts. In: E. Schmidt-Aßmann et al. (Hg.), *Festgabe 50 Jahre Bundesverwaltungsgericht*, Köln et. al.
Dreier, H. (Hg.), ^{2}2004, *Grundgesetz-Kommentar*, Tübingen.
Dreier, H., 2005, Bedeutung und systematische Stellung der Menschenwürde im deutschen Grundgesetz. In: Seelmann 2005.
Dreier, H., 2010, Rechtsstaat. In: EPH, Bd. 3.
Dreier, H., 2010a, Verfassung. In: EPH, Bd. 3.
Dreier, R., 1981, Recht und Moral. In: ders., *Recht – Moral – Ideologie*, Frankfurt/M.
Dreier, R., 1990, *Rechtspositivismus und Wertbezug des Rechts*, Stuttgart [Archiv f. Rechts- und Sozialphilosophie, Beiheft, Nr. 37].
Dürig, G., 1956, Der Grundrechtssatz von der Menschenwürde. Entwurf eines praktikablen Wertsystems der Grundrechte aus Art. 1 Abs. I in Verbindung mit Art 19 Bs. II des Grundgesetzes. In: *Archiv d. öffentlichen Rechts*, Bd. 81.
Düwell, M., 2001, Die Menschenwürde in der gegenwärtigen bioethischen Debatte. In: S. Graumann (Hg.), *Die Genkontroverse. Grundpositionen*, Freiburg.
Düwell, M., 2010, Menschenwürde als Grundlage der Menschenrechte. In: *Zschr. f. Menschenrechte* (2010) 1.
Düwell, M., 2011, Fragen zum Konzept der Menschenwürde. In: Joerden et al. 2011.
Duncker, A., 2006, *Menschenrechte im Islam. Eine Analyse islamischer Erklärungen über die Menschenrechte*, Berlin.
Dunn, J., 1969, *The Political Thought of J. Locke*, Cambridge.
Duprat, G., 1998, L'ignorance du peuple. In: ders. (Hg.), *L'ignorance du peuple: Essais sur la démocratie*, Paris.
Duque, F., 1999, Die Philosophie in Freiheit setzen. Freiheitsbegriff und Freiheit des Begriffs bei Schelling. In: *Transzendentale Logik*, Fichte-Studien Bd. 15.
Dworkin, R., 1984 [1977], *Bürgerrechte ernstgenommen*, Frankfurt/M.
Dworkin, R., 1986, *Law's Empire*, London.
Dworkin, R., 1989, The Original Position. In: *Reading Rawls. Critical Studies on Rawls' ›A Theory of Justice‹*, ed. by Norman Daniels, Stanford University Press.
Dworkin, R., 2000, *Was ist Gleichheit?* Frankfurt/M.

Edel, G., 1998, The *Hypothesis* of the Basic Norm: Hans Kelsen and Hermann Cohen. In: S.L. Paulson/ B. Litschewski Paulson (eds.), *Normativity and Norms. Critical Perspectives on Kelsian Themes*, Oxford.

Edwards, R.R. et al. (eds.), 1986, *Human Rights in Contemporary China*, New York.
Ehlers, D. (Hg.), 32009, *Europäische Grundrechte und Grundfreiheiten*, Berlin.
Eisfeld, R. (ed.), 2006, *Pluralism. Developments in the Theory and Practice of Democracy*, Leverkusen-Opladen.
Ekelöf, P.O., 1981, Beweiswert. In: Grunsky et al. 1981.
Elster, J., 1993, Majority Rule and Individual Rights. In: Shute/Hurley 1993.
Enders, Ch., 1997, *Die Menschenwürde in der Verfassungsordnung: zur Dogmatik des Art. 1 GG*, Tübingen.
Erhard, J.B., 1795, *Über das Recht des Volkes zu einer Revolution*. Hg. v. H.G. Haasis, München 1976.
Euchner, W., 1979, *Naturrecht und Politik bei John Locke*, Frankfurt/M.
Evans, M.D. (ed.), 2002, *The African Charter on Human and Peoples' Rights : the system in practice, 1986 – 2000*, Cambridge et al.

Faye, E., 2008, *Heidegger und die Einführung des Nationalsozialismus in die Philosophie*, Berlin.
Feinberg, J., 1992, In Defense of Moral Rights: Their Bare Existence. In: ders., Freedom *and Fulfillment. Philosophical Essays*, Princeton, N.J.
Feller, D.Ch., 1995, *La Garde (Hadanah) en droit musulman et dans les droits égyptien, syrien et tunesien*. Université de Lausanne – Faculté en Droit, Imprimerie Chabloz.
Fetscher, I., 1968, *Rousseaus politische Philosophie. Zur Geschichte des demokratischen Freiheitsbegriffs*, Neuwied/ Berlin.
Fetscher, I. / H. Münkler (Hg.), 1985ff, *Pipers Handbuch der Politischen Ideen*, 5 Bde., München/Zürich.
Finke, B./ V. von Essen, 2011, Wohin steuert der Menschenrechtsrat? Stand und Perspektiven des Review-Prozesses. In: *MenschenRechts-Magazin*, H. 1/2011.
Fischer-Lescano, A., 2005, Weltrecht als Prinzip: die Strafanzeige in Deutschland gegen Donald Rumsfeld wegen der Folterungen in Abu Ghraib. In: *Kritische Justiz*, H. 1.
Fischer-Lescano, A./ S Kommer, 2009, Zwingende Menschenrechte und ihre Durchsetzung in der Weltgesellschaft. In: Sandkühler 2009c.
Fistetti, F., 1992, *Democrazia e diritti degli altri*, Bari.
Fistetti, F., 2010, Polis. In: EPH, Bd. 2.
Flinterman, C/E.V.O. Dankwa/M. Hamalengwa (eds.), 1988, *The International Law of Human Rights in Africa. Basic Documents and Annotated Bibliography*, Leiden/Boston.
Fornet-Betancourt, R./ H.J. Sandkühler (Hg.), 2001, *Begründungen und Wirkungen von Menschenrechten im Kontext der Globalisierung*, Frankfurt/M./London.

Forschner, M., 1998, Marktpreis und Würde oder vom Adel der menschlichen Natur. In: H. Kössler (Hg.), *Die Würde des Menschen*, Erlangen.

Forst, R., 1995, Kommunitarismus und Liberalismus – Stationen einer Debatte. In: Honneth 1995.

Forst, R., 1996, *Kontexte der Gerechtigkeit. Politische Philosophie jenseits von Liberalismus und Kommunitarismus*, Frankfurt/M.

Forst, R., 1996a, Politische Freiheit. In: *Deutsche Zschr. f. Philosophie* 44 (1996), H. 2.

Forst, R., 1996b, Konzeptionen politischer und sozialer Gerechtigkeit. In: *Information Philosophie* 24. Jg., H. 3.

Forst, R., 2007, *Das Recht auf Rechtfertigung*, Frankfurt/M.

Forst, R., 2010, Liberalismus/Kommunitarismus. In: EPH, Bd. 2.

Forsthoff, E., 1933, *Der totale Staat*, Hamburg.

Forsthoff, E., 1954, Begriff und Wesen des sozialen Rechtsstaats. In: *Veröffentlichungen der Vereinigung der Deutschen Staatsrechtslehrer* 12: Begriff und Wesen des sozialen Rechtsstaates. Die auswärtige Gewalt der Bundesrepublik, Berlin.

Foucault, M., 1994, La Vérité et les formes juridiques. In: ders., *Dits et écrits, 1954-1988*, Bd. III 1976-1979, Paris.

Fraenkel, E., 1964, Repräsentation. In: *Fischer-Lexikon Staat und Politik*, Frankfurt/M.

Fraenkel, E., [7]1979, Der Pluralismus als Strukturelement der freiheitlich-rechtsstaatlichen Demokratie. In: ders., *Deutschland und die westlichen Demokratien*, Stuttgart.

Francioni, F./ M. Scheinin (eds.), 2008, *Cultural Human Rights*, Leiden.

Frank, H. (Hg.), 1935, *Nationalsozialistisches Handbuch für Recht und Gesetzgebung*, München.

Frank, M., 2010, Minderheitenrechte. In: EPH, Bd. 2.

Frank, Th/ A. Jenichen/ N. Rosemann (Hg.), 2001, *Soziale Menschenrechte, die vergessenen Rechte? Zur Unteilbarkeit der Menschenrechte – ein interdisziplinärer Überblick*, Berlin.

Frankenberg, G., 1988, Menschenrechte im Nationalstaat. Das Beispiel: Schutz vor politischer Verfolgung. In: U. Krug/ M. Kriele (Hg.), *Menschen- und Bürgerrechte*, Stuttgart.

Frankenberg, G., 2003, *Autorität und Integration. Zur Grammatik von Recht und Verfassung*, Frankfurt/M.

Frankenberg, G., 2006, Folter, Feindstrafrecht und Sonderpolizeirecht. Anmerkungen zu Phänomenen des Bekämpfungsrechts. In: Beestermöller/Brunkhorst 2006.

Freisler, R., 1938, *Nationalsozialistisches Recht und Rechtsdenken*, Berlin.

Freudenberger, S., 2000, Relativismus und Pluralismus. In: M. Plümacher/ V. Schürmann/ S. Freudenberger (Hg.), *Herausforderung Pluralismus*. Festschr. f. H.J. Sandkühler, Frankfurt/ M. et al.

Freudenberger, S., 2004, Changing Concepts: Uncrossable Borders. In: H.J. Sandkühler/ F. Triki (Hg.), *Gewalt und Recht in transkultureller Perspektive. Violence et droits dans une perspective transculturelle*, Frankfurt/M. et al.

Freudenberger, S., 2010, Relativismus. In: EPH, Bd. 3.

Frisch, W., 1988, *Tatbestandsmäßiges Verhalten und Zurechnung des Erfolgs*, Heidelberg.

Fritzsche, K.P., [2]2009, *Menschenrechte. Eine Einführung mit Dokumenten*, Paderborn et al.

Fritzsche, K.P., 2006, Menschenrechte und Islam – ein schwieriges Verhältnis? In: *Magdeburger Wissenschaftsjournal* 1-2/2006.

Frotscher, W./ B. Pieroth, [10]2011, *Verfassungsgeschichte*, München.

Frowein, J.A., 1997, Jus Cogens. In: R. Bernhardt (ed.), *Encyclopedia of Public International Law III*, Amsterdam et al.

Frowein, J.A., 2002, Human Dignity in International Law. In: D, Kretzmer/ E. Klein (eds.), *The Concept of Human Dignity in Human Rights Discourse*, Alphen aan den Rijn.

Frowein, J.A./ W. Peukert, [2]1996, *Die Europäische MenschenRechtsKonvention. EMRK-Kommentar*, Kehl/ Straßburg/ Arlington.

Fulda, H.F., 2006, Notwendigkeit des Rechts unter Voraussetzung des Kategorischen Imperativs der Sittlichkeit. In: *Jb. für Recht und Ethik/ Annual Review of Law and Ethics*: Recht und Sittlichkeit bei Kant – Law and Morals for Immanuel Kant, vol. 14 (2006).

Gabriel, E. (Hg.), 2001, *Frauenrechte. Einführung in den internationalen frauenspezifischen Menschenrechtsschutz*, Wien.

Galtung, J., 2000, *Menschenrechte, Vision: Verständigung zwischen den Kulturen*, Frankfurt/New York.

Gangl, M. (Hg.), 2011, *Die Weimarer Staatsrechtsdebatte. Diskurs- und Rezeptionsstrategien*, Baden-Baden.

Garapon, A./ I. Papadopoulos, 2003, *Juger en Amerique et en France: Culture judiciaire française et common law*, Paris.

Gareis, S.B., 2008, Der UN-Menschenrechtsrat: Neue Kraft für den Menschenrechtsschutz? In: *Aus Politik und Zeitgeschichte*. Beilage zu *Das Parlament*, Nr. 46, 10. 11. 2008.

Garnot, B., 2004, *Intime conviction et erreur judiciaire*. Un magistrat assassin au XVIIe siècle, Dijon.

Geddert, H., 1984, *Recht und Moral. Zum Sinn eines alten Problems*, Berlin.

Geddert-Steinacher, T., 1990, *Menschenwürde als Verfassungsbegriff. Aspekte der Rechtsprechung des Bundesverfassungsgerichts zu Art. 1 Abs. 1 Grundgesetz*, Berlin.

Geertz, C., [4]1995, *Dichte Beschreibung. Beiträge z. Verstehen kultureller Systeme*, Frankfurt/M.

Gelfand, M.J. et al., 2011, Differences Between Tight and Loose Cultures: A 33-Nation Study. In: *Science*, Vol. 332, 27 May 2011.
Georgii-Georgenau, E.E., 1886, *Rede des weiland regierenden Herzogs Karl von Württemberg, gehalten in der von ihm gestifteten Hohen Karlsschule, und zwar zur Zeit der Schreckensherrschaft in Frankreich/den deutschen Jünglingen [...] gewidmet und mit e. Vorr. eingel. von E. von Georgii-Georgenau*, Stuttgart.
Gerhard, U., 1990, *Gleichheit ohne Angleichung. Frauen im Recht*, München.
Gerhard, U., 2005, Die Menschenrechte der Frauen – Diskurs und Geltung. In: *Jb. Menschenrechte 2005*.
Gerhardt, V., 2004, *Die angeborene Würde des Menschen. Aufsätze zur Bioethik*, Berlin.
Gerstenberg, O., 1997, *Bürgerrechte und deliberative Demokratie. Elemente einer pluralistischen Verfassungstheorie*, Frankfurt/M.
Gewirth, A., 1979, The Basis and Content of Human Rights. In: *Georgia Law Review*, 13.
Gewirth, A., 1994, Is Cultural Pluralism Relevant to Moral Knowledge? In: E. Frankel/ F.D. Miller, jr./ J. Paul (eds.), 1994, *Cultural Pluralism and Moral Knowledge*, Cambridge/ New York.
Geyer, Ch., 2001, *Biopolitik. Die Positionen*, Frankfurt/M.
Geyer, Ch., ^{6}2004, *Hirnforschung und Willensfreiheit. Zur Deutung der neuesten Experimente*, Frankfurt/M.
Giese, B., 1975, *Das Würde-Konzept*, Berlin.
Girard, Ch./ S. Hennette-Vauchez, 2005, *La dignité de la personne humaine. Recherche sur un processus de juridicisation*, Paris.
Golding, M.P., 1984, The Primacy of Welfare Rights. In: E. Frankel Paul/ F.D. Miller, Jr./ J. Paul (eds), Human Rights, Oxford.
Goldschmidt, W., 1982, *Staatstheorien. Klassische Theorien über den bürgerlichen Staat. Einführung in die politische Soziologie 3*, Berlin.
Goldschmidt, W. (Hg.), 1998, *Kulturen des Rechts*, Hamburg [Dialektik 3/1998].
Goldschmidt, W., 1999, Gerechter Krieg für eine gerechte Weltordnung? In: *Z. Zschr. f. marxistische Erneuerung*, 10. Jg., H. 40.
Goldschmidt, W., 2010, Staat/Staatsformen. In: EPH, Bd. 3.
Goldschmidt, W., 2010a, Politik/ Politische Philosophie. In: EPH, Bd. 2.
Goldschmidt, W., 2010b, Gewaltenteilung. In: EPH, Bd. 1.
Goldschmidt, W., 2010c, Repräsentation, politische. In: EPH, Bd. 3.
Goldschmidt, W./ L. Zechlin (Hg.), 1994, *Naturrecht, Menschenrecht und politische Gerechtigkeit*, Hamburg [= Dialektik 1994/1].
Göller T. (Hg.), 1999, *Philosophie der Menschenrechte: Methodologie, Geschichte, kultureller Kontext*, Göttingen.
Göller T. (Hg.), 1999a, Die Philosophie der Menschenrechte in der europäischen Aufklärung. In: Göller 1999.

Göller, T., 2001, Kulturelle Pluralität und menschliche Würde. Eine Problemskizze. In: G. Paul/ T. Göller/ H. Lenk/ G. Rappe (Hg.), Humanität, Interkulturalität und Menschenrecht, Frankfurt/M. et al.

Göller, T., 2003, Sind Kulturen und kulturelle Realitätssichten inkommensurabel? In: M. Kaufmann (Hg.), *Wahn und Wirklichkeit – Multiple Realitäten. Der Streit um ein Fundament der Erkenntnis*, Frankfurt/M. et al.

Görres, J., ²1819, *Teutschland und die Revolution*, Coblenz.

Goodman, N./C. Elgin, 1993 [1989], *Revisionen. Philosophie und andere Künste und Wissenschaften*. Übers. v. B. Philippi, Frankfurt/M.

Goos, Ch., 2011, *Innere Freiheit. Eine Rekonstruktion des grundgesetzlichen Würdebegriffs*, Bonn/Göttingen.

Gosepath, S., 1998, Zu Begründungen sozialer Menschenrechte. In: ders./Lohmann 1998.

Gosepath, S., 2004, *Gleiche Gerechtigkeit. Grundlagen eines liberalen Egalitarismus*, Frankfurt/M.

Gosepath, S., 2005, Der Sinn der Menschenrechte. In: G. Lohmann/ S. Gosepath/ A. Pollmann/ C. Mahler/ N. Weiß, *Die Menschenrechte: unteilbar und gleichgewichtig? Studien zu Grund- und Menschenrechten*, H. 11, Potsdam.

Gosepath, S., 2009, Der Sinn der Menschenrechte nach 1945. In Sandkühler 2009c.

Gosepath, S., 2010, Gerechtigkeit. In: EPH, Bd. 1.

Gosepath, S., 2010a, Gleichheit/Ungleichheit. In: EPH, Bd. 1.

Gosepath, S./ Ch. Menke, 2005, Schwerpunkt: Menschenwürde. In: *Deutsche Zschr. f. Philosophie* 53.

Gosepath, S./ G. Lohmann (Hg.), 1998, *Philosophie der Menschenrechte*, Frankfurt/M.

Gosepath, S./ G. Lohmann, 1998a, Einleitung. In: dies. 1998.

Gosewinkel, D./ D. Rucht/ W. van den Daele/ J. Kocka (Hg.), 2004, *Zivilgesellschaft – national und transnational*, Berlin.

Gosseries, A./ L.H. Meyer (eds.), 2009, *Intergenerational Justice*, Oxford.

Grabenwarter, Ch., ²2005, *Europäische Menschenrechtskonvention. Ein Studienbuch*, München.

Grabitz, E./ M. Hilf/ M. Nettesheim, ⁴⁶2011, *Das Recht der Europäischen Union. Kommentar*, München.

Gräfrath, B., 2001, Das Völkerrecht in der Entwicklung als Friedensordnung. In: *Wissenschaft&Frieden* 2/01.

Gramsci, A., 1967, *Philosophie der Praxis, Eine Auswahl,* hg. v. Ch. Riechers, Frankfurt/M.

Gramsci, A., 1980, *Zur Politik, Geschichte und Kultur. Ausgewählte Schriften*, hg. v. G. Zamis, Leipzig.

Gramsci, A., 1991, *Antonio Gramsci – vergessener Humanist?*, Zusammengestellt u. eingel. v. H. Neubert, Berlin.

Gramsci, A., 1991 ff. [1929-1935], *Gefängnishefte. Quaderni del carcere*, 10 Bde., hg. v. W.F. Haug/ K. Bochmann, Hamburg.

Graumann, S., 2011, *Assistierte Freiheit. Von einer Behindertenpolitik der Wohltätigkeit zu einer Politik der Menschenrechte*, Frankfurt/New York.

Greger, R., 1978, *Beweis und Wahrscheinlichkeit, Das Beweiskriterium im Allgemeinen und bei den sogenannten Beweiserleichterungen*, Berlin.

Greiff, B. v., 1978, Staatsphilosophie – eine bisher unbekannte Form der Innenpolitik. In: Heimann, H. (Hg.), 1978, *Dialog statt Dogmatismus. Wissenschaftspluralismus und politische Praxis*, Köln/ Frankfurt/M.

Grewe, W.G., 1984, *Epochen der Völkerrechtsgeschichte*, Baden-Baden.

Greven, M.Th., 1978, Organisatorisch- institutionalisierter Wissenschaftspluralismus als politische Aufgabe des Sozialstaates. In: Heimann, H. (Hg.), 1978, *Dialog statt Dogmatismus. Wissenschaftspluralismus und politische Praxis*, Köln/ Frankfurt/M.

Griewank, K., 1969, *Der neuzeitliche Revolutionsbegriff*, Frankfurt/M.

Griffin, J., 2008, *On Human Rights*, New York.

Griffiths, J., 1986, What is Legal Pluralism? In: *Journal of Legal Pluralism and Unofficial Law*, 24.

Grimm, D., 1994, *Braucht Europa eine Verfassung?* München [Carl Friedrich von Siemens Stiftung, Themen Bd. 60].

Grimm, D., 1997, Hütet die Grundrechte! In: *Die Zeit*, Nr. 17, 18. April 1997.

Grimm, D., 2009, *Souveränität. Herkunft und Zukunft eines Schlüsselbegriffs*, Berlin.

Grimm, D., 2011, Eine unpolitische Verfassungsgerichtsbarkeit ist eine Illusion. In: *Frankfurter Allgemeine Zeitung*, 22. 12. 2011, S. 30.

Gros Espiell, H., 2000, Humanitarian Law and Human Rights. In: Symonides 2000.

Grossi, P., 2010, *Das Recht in der europäischen Geschichte*. Aus d. Ital. übers. v. G. Kuck, München.

Grunsky, W./ R. Stürner/ G. Walter/ M. Wolf (Hg.), 1981, *Festschr. f. Fritz Baur*, Tübingen.

Gusy, Ch., 2000, Demokratiedefizite postnationaler Gemeinschaften unter Berücksichtigung der Europäischen Union. In: Brunkhorst/Kettner 2000.

Gutmann, Th, 2010, *Struktur und Funktion der Menschenwürde als Rechtsbegriff*. Preprints of the Centre for Advanced Study in Bioethics, Münster 2010/7.

Häberle, P., 1994, *Europäische Rechtskultur. Versuch einer Annäherung in zwölf Schritten*, Baden-Baden.

Habermas, J., 1991, *Staatsbürgerschaft und nationale Identität. Überlegungen zur europäischen Zukunft*, St. Gallen.

Habermas, J., 41994 [1992], *Faktizität und Geltung. Beiträge zur Diskurstheorie des Rechts und des demokratischen Rechtsstaats*, Frankfurt/M.

Habermas, J., 1995, Kants Idee des Ewigen Friedens – aus dem historischen Abstand von 200 Jahren. In: *Kritische Justiz*, 28(1995), H. 3.

Habermas, J., 1997, Der interkulturelle Diskurs über Menschenrechte. Vermeintliche und tatsächliche Probleme. In: *Frankfurter Rundschau*, 4. 2. 1997.

Habermas, J., 1998, Zur Legitimation durch Menschenrechte. In: ders., *Die postnationale Konstellation. Politische Essays*, Frankfurt/M.

Habermas, J., 1999, Der interkulturelle Diskurs über Menschenrechte. In: Brunkhorst/Köhler/Lutz-Bachmann 1999.

Habermas, J., 1999a, Kants Idee des Ewigen Friedens: aus dem historischen Abstand von 200 Jahren. In: ders., *Die Einbeziehung des Anderen. Studien zur politischen Theorie*, Frankfurt/M.

Habermas, J., 1999b, Bestialität und Humanität. Ein Krieg an der Grenze zwischen Recht und Moral. In: DIE ZEIT, 54. Jg., Nr. 18. Auch in: R. Merkel (Hg.), *Der Kosovo-Krieg und das Völkerrecht*, Frankfurt/M. 2000.

Habermas, J., 2001, *Die Zukunft der menschlichen Natur. Auf dem Weg zu einer liberalen Eugenik?* Frankfurt/M.

Habermas, J., 2001a, *Glauben und Wissen. Friedenspreis des Deutschen Buchhandels 2001*, Frankfurt/M.

Habermas, J. 2003, Wann müssen wir tolerant sein? In: *Berlin-Brandenburgische Akademie der Wissenschaften. Jb.*. Jb. 2002, Berlin.

Habermas, J., 2004, in: Ders./ J. Derrida, *Philosophie in Zeiten des Terrors.* Zwei Gespräche, geführt, eingel. u. kommentiert v. G. Borradori. Aus d. Engl. u. Franz. übers. v. U. Müller-Schöll, Berlin/Wien.

Habermas, J., 2004a, Hat die Konstitutionalisierung des Völkerrechts noch eine Chance?, In: ders., *Der gespaltene Westen*, Frankfurt/M.

Habermas, J., 2010, Das Konzept der Menschenwürde und die realistische Utopie der Menschenrechte. In: *Deutsche Zschr. f. Philosophie* 58, H. 3.

Habermas, J./ J. Ratzinger, 2005, *Dialektik der Säkularisierung. Über Vernunft und Religion.* Mit einem Vorw. hg. v. F. Schuller, Freiburg/Brsg.

Haferkamp, B., 1996, The Concept of Human Dignity: An Annotated Bibliography. In: Bayertz 1996.

Hagen, J.J., 1990, Staat. In: EE, Bd. 4.

Hahn, H./ Ch. Broszies (Hg.), 2010, *Globale Gerechtigkeit – Schlüsseltexte zur Debatte zwischen Partikularismus und Kosmopolitismus*, Frankfurt/M.

Hain, K.-E., 1999, *Die Grundsätze des Grundgesetzes. Eine Untersuchung zu Art. 79 Abs. 3 GG*, Baden-Baden.

Hain, K.-E., 2006, Konkretisierung der Menschenwürde durch Abwägung? In: *Der Staat*, 45. Bd., H. 2.
Hain, K.-E., 2007, Menschenwürde als Rechtsprinzip. In: Sandkühler 2007.
Halbfass, W./ K. Held, 1972, Evidenz. In: HWbPh, Bd. 2.
Hall, S., 2011, Eine permanente neoliberale Revolution? In: *Das Argument* 294, 53. Jg., H. 5.
Hamilton, A./ J. Madison/ J. Jay, 1993 [1787/88], *Die Federalist Papers.* Übers., eingel. u. mit Anmerkungen versehen v. B. Zehnpfennig, Darmstadt.
Hamm, B./ Nuscheler, F. (eds.), 1995), Zur Universalität der Menschenrechte. In: *INEF Reports des Instituts für Entwicklung und Frieden der Gerhard-Mercator-Universität GH Duisburg*, H. 11.
Hammer, S., 1998, A Neo-Kantian Theory of Legal Knowledge in Kelsen's Pure Theory of Law. In: S.L. Paulson/ B. Litschewski Paulson (eds.), *Normativity and Norms. Critical Perspectives on Kelsian Themes*, Oxford.
Hamzawy, A., 2005, *Zeitgenössisches politisches Denken in der arabischen Welt. Kontinuität und Wandel, Hamburg* [Deutsches Orient-Institut].
Hanack, E.-W., 1977, Maßstäbe und Grenzen richterlicher Überzeugungsbildung im Strafprozess. In: *Juristische Schulung. Zschr. f. Studium und Referendariat.*
Hankel, G./ G. Stuby (Hg.), 1995, *Strafgerichte gegen Menschheitsverbrechen. Zum Völkerstrafrecht 50 Jahre nach den Nürnberger Prozessen*, Hamburg.
Hannikainen, L., 1988, *Peremptory Norms (Jus Cogens) in International Law: Historical Development, Criteria, Present Status*, Helsinki.
Harris, D.J./ M. O‹Boyle/ C. Warbrick, ²2009, *Law of the European Convention on Human Rights*, Oxford.
Harrison, R., 1993, Welfare Rights. In: *Archiv f. Rechts- u. Staatsphilosophie*, Beiheft 55.
Hart, H.L.A., 1955, Are There Natural Rights? In: *The Philosophical Review*, 64.
Hart, H.L.A., 1961, *The Concept of Law*, London.
Hart, H.L.A., 1971, Der Positivismus und die Trennung von Recht und Moral. In: ders., *Recht und Moral. Drei Aufsätze*, Göttingen.
Hart, H.L.A., 1983, *Essays in Jurisprudence and Philosophy*, Oxford/ New York.
Hart, H.L.A., ²1994 [1961], *The Concept of Law*, Oxford.
Hart, H.L.A., 2002, Akzeptanz als Basis einer positiven Rechtsordnung. In: Hoerster 2002.
Hartig, P., 1985, *Auf der Suche nach dem besten Staat*, Stuttgart.

Hartung, F. (Hg.), 1972, *Die Entwicklung der Menschen- und Bürgerrechte*, Berlin.

Hassemer, W., 1972, Rechtsphilosophie. In: A. Görlik (Hg.), *Handlexikon zur Rechtswissenschaft*, München.

Hassemer, W., 2004, Staatsrechtliche Basis religiöser Toleranz. In: H.R. Yousefi/ K. Fischer (Hg.), *Interkulturelle Orientierung. Grundlegung des Toleranz-Dialogs. Teil II: Angewandte Interkulturalität*, Nordhausen.

Hassemer, W./ A. Kaufmann/ U. Neumann (Hg.), 72004, *Einführung in Rechtsphilosophie und Rechtstheorie der Gegenwart*, Heidelberg.

Haucke, K., 2006, Mitgift, Leistung, Anerkennung. Ein philosophischer Vorschlag für ein integrales Verständnis menschlicher Würde. In: *Ethica* 14 (2006) 3.

Haug, W.F., 2009, Der gespaltene Kosmopolitismus des transnationalen Hightech-Kapitalismus. Editorial. In: *Das Argument* 282.

Hauser, R. et al., 1974, Gerechtigkeit. In: HWbPh, Bd. 3.

Hayek, F.A. v., 1980/81, *Recht, Gesetzgebung und Freiheit*, 3 Bde., München.

Hayek, F.A. v., 1981, *Die Illusion der sozialen Gerechtigkeit*, Landsberg a.L.

Haym, R., 1962 [1857], *Hegel und seine Zeit. Vorlesungen über Entstehung und Entwickelung, Wesen und Werth der Hegel'schen Philosophie* Hildesheim (Reprint).

Hegel, G.W.F., 31959, *Einleitung in die Geschichte der Philosophie*, hg. v. Johannes Hoffmeister, besorgt v. Friedhelm Nicolin, Hamburg.

Heidegger, M., 2000, *Gesamtausgabe*, Bd. 16, Reden und andere Zeugnisse eines Lebensweges 1910-1976, hg. v. H. Heidegger, Frankfurt/M.

Heidelmeyer, W. (Hg.), 31982, *Die Menschenrechte. Erklärungen, Verfassungsartikel, Internationale Abkommen*, Paderborn/ München/ Wien/ Zürich.

Heidt, E., 1995, Staatstheorien: Politische Herrschaft und bürgerliche Gesellschaft. In: F. Neumann (Hg.), *Politische Theorien und Ideologien*, Bd. I, Opladen.

Heimann, E., 1980 [1929], Soziale Theorie des Kapitalismus. In: *Soziale Theorie des Kapitalismus. Theorie der Sozialpolitik*. Mit einem Vorw. v. B. Badura, Frankfurt/M.

Heinisch, K.J. (Hg.), 1960, *Der utopische Staat*, Reinbek bei Hamburg.

Heller, H., 1971 [1930], *Rechtsstaat oder Diktatur?* In: *Gesammelte Schriften*. Hg. v. M. Drath/ G. Niemeyer/ O. Stammer/ F. Borinski, 3 Bde., Bd. 2, Leiden.

Heller, H., 61983 [1934], *Staatslehre*, in d. Bearb. v. G. Niemeyer, Tübingen.

Heller, H., 21992, *Gesammelte Schriften*. 3 Bde., hg. v. Ch. Müller, Tübingen.

Hendrich, G. 2005, *Arabisch-islamische Philosophie. Geschichte und Gegenwart*, Frankfurt/New York.
Henkin, A. (ed.), 1979, *Human Dignity, The Internationalization of Human Rights*, Dordrecht.
Henne, Th./ A. Riedlinger (Hg.), 2004, *Das Lüth-Urteil in (rechts-)historischer Sicht. Die Grundlegung der Grundrechtsjudikatur in den 1950er Jahren*, Frankfurt/M.
Henrich, D., 1990, Über einige Voraussetzungen der Verstehbarkeit von Rechten der Menschen. In: ders., *Ethik zum nuklearen Frieden*, Frankfurt/M.
Herb, K., 1989, *Rousseaus Theorie der legitimen Herrschaft. Voraussetzungen und Begründungen*, Würzburg.
Herb, K./ R. Brandt (Hg.), 2000, *Jean-Jacques Rousseau: Vom Gesellschaftsvertrag oder Prinzipien des Staatsrechts*, Berlin.
Herberger, M. et al., 1992, Recht. In: HWbPh, Bd. 8.
Herdegen, M., 2004, Asymmetrien in der Staatenwelt und die Herausforderungen »konstruktiven Völkerrechts«. In: ZaöRV 2004.
Herdegen, M., 2006, Kommentierung zu Art. 1 Abs. 1 GG. In: Maunz/Dürig, *Grundgesetz, Kommentar*. München.
Herdegen, M., 2006a, Völkerrechtliche Maßstäbe für vorbeugende Militäreinsätze. In: *Int. Law: Rev. Colomb. Derecho Int. Bogotá (Colombia)* N° 7, enero-junio de 2006.
Herdegen, M., 2009, Die Garantie der Menschenwürde: absolut und doch differenziert? In: *Das Dogma der Unantastbarkeit. Eine Auseinandersetzung mit dem Absolutheitsanspruch der Würde*. Hg. v. R. Gröschner/ O.W. Lembcke, Tübingen.
Herdegen, M., [10]2011, *Völkerrecht*, München.
Herder, J.G., 1965 [1784-1791], *Ideen zur Philosophie der Geschichte der Menschheit*, 2 Bde., hg. v. H. Stolpe, Berlin/Weimar 1965.
Hereth, M, 2005, *Montesquieu*, Wiesbaden.
Herms, E., 2004, Menschenwürde. In: *Zschr. f. evangelisches Kirchenrecht*, Bd. 49.
Herms, E., 2008, *Politik und Recht im Pluralismus*, Tübingen.
Hernández Arias, J.R., 1998, *Donoso Cortés und Carl Schmitt. Eine Untersuchung über die staats- und rechtsphilosophische Bedeutung von Donoso Cortés im Werk von Carl Schmitt*, Paderborn et al.
Hernekamp, K., 1979, *Formen und Verfahren direkter Demokratie*, Frankfurt/M.
Herold, N., 1996, Staats- und Sozialphilosophie. In: F. Gniffke/ N. Herold (Hg.), *Philosophie. Problemfelder und Disziplinen*, Münster.
Herzog, F., 2006, Die Menschenwürde als absolute Grenze instrumenteller Vernunft. Zur Frage von Abwägungsverboten aus Anlass des Luftsicherheitsgesetzes. In: F. Roggan (Hg.), *Mit Recht für Menschenwürde und Verfassungsstaat*, Berlin.

Hesse, K., [20]1995, *Grundzüge des Verfassungsrechts der Bundesrepublik Deutschland*, Heidelberg.

Hesselberger, D., [10]1996, *Das Grundgesetz. Kommentar für die politische Bildung*, Neuwied.

Heyns, Ch. (ed.), 2004, *International Human Rights Law in Africa & Domestic Human Rights Law in Africa*, 2 vols. Leiden/Boston.

Hidachi, A., 2006, *Die Radbruchsche Formel. Eine Untersuchung der Rechtsphilosophie Gustav Radbruchs*, Baden-Baden.

Hilbert, K., 2001, *Menschenrechte und Theologie: Forschungsbeiträge zur ethischen Dimension der Menschenrechte*, Fribourg.

Hilgendorf, E., 1999, Die mißbrauchte Menschenwürde. Probleme des Menschenwürdetopos am Beispiel der bioethischen Diskussion. In: *Jahrb. f. Recht und Ethik* 7 (1999).

Hilgendorf, E., 2004, Folter im Rechtsstaat. In: *Juristenzeitung* 59.

Hinkmann, J., 1996, *Philosophische Argumente für und wider die Menschenrechte*, Marburg.

Hinsch, W., 1994, *Einleitung* [zu: John Rawls 1974].

Hinsch, W., 2002, *Gerechtfertigte Ungleichheiten. Grundsätze sozialer Gerechtigkeit*, Berlin/New York.

Hinz, M.O., 2008, Traditional governance and African customary law: Comparative observations from a Namibian perspective«. In N. Horn/ A. Bösl (eds), *Human rights and the rule of law in Namibia*, Windhoek.

Hinz, M.O., 2009, Human rights between universalism and cultural relativism? The need for anthropological jurisprudence in the globalising world. In: Bösl/Diescho 2009.

Hinz, M.O. (ed., assisted bei Ndateelela Emilia Namwoonde), 2010, *Customary Law Ascertained. Vol. 1, The Customary Law of the Owanbo, Kavango and Caprivi Communities in Namibia*, Windhoek.

Hinz, M.O., 2010a, The Ascertainement of Customary Law: What Is Ascertainment of Customary Law and What Is It For? In: Hinz 2010.

Hinz, M./ C. Mapure, 2010, *In Search of Justice and Peace. Traditional and Informal Justice Systems in Africa*, Windhoek.

Hirsch, A., 2005, Menschenrechte zwischen den Kulturen. Zur kulturellen Genese der Menschenrechte: Universalisten versus Relativisten. In: *Jb. Menschenrechte 2005*.

Hirsch, G., 2007, Rechtsstaat – Richterstaat. In: *Frankfurter Allgemeine Zeitung*, 30. 4. 2007.

Hirsch, J./ J. Wissel/ J. Kannankulam, 2008, Die Staatstheorie des ›westlichen Marxismus‹. Gramsci, Althusser, Poulantzas und die so genannte Staatsableitung. In: dies. (Hg.), *Der Staat der bürgerlichen Gesellschaft*, Baden-Baden.

Hitler, A., [851–855]1943, *Mein Kampf*. Zwei Bände in einem Band. Ungekürzte Ausgabe, München.

Hobbes, Th., 1959, Vom Bürger [1642]. In: *Vom Menschen. Vom Bürger.* Eingel. u. hg. v. G. Gawlick, Hamburg.
Hobbes, Th., 1966 [1651], Leviathan or the Matter, Form, and Power of a Commonwelth, Ecclesiastical and Civil. In: *The English Works of Thomas Hobbes of Malmesbury*, Edition Moleswoth, Vol 3.
Hobbes, Th., 1978 [1651], *Leviathan oder Materie, Form und Gewalt eines kirchlichen und staatlichen Gemeinwesens.* Tl. I und II. Hg. [...] v. H. Klenner. Aus d. Engl. übers. v. W. Euchner, Leipzig.
Hockerts, H.G., 2011, *Der deutsche Sozialstaat. Entfaltung und Gefährdung seit 1945*, Göttingen.
Höffe, O., 1977, Rawl's Theorie der politisch-sozialen Gerechtigkeit. In: J. Rawls, *Gerechtigkeit als Fairneß*. Hg. v. O. Höffe, Freiburg/ München.
Höffe, O., 1987, *Politische Gerechtigkeit*, Frankfurt/M.
Höffe, O., 1988, *Den Staat braucht selbst ein Volk von Teufeln. Philosophische Versuche zu Rechts- und Staatsethik*, Stuttgart
Höffe, O., 1991, *Gerechtigkeit als Tausch. Zum politischen Projekt der Moderne*, Baden-Baden.
Höffe, O., 1994, Grundzüge einer Rechtsanthropologie. In: Goldschmidt/ Zechlin 1994.
Höffe, O., 1994a, *Politische Gerechtigkeit. Grundlegung einer kritischen Philosophie von Recht und Staat*, Frankfurt/M.
Höffe, O., 1996, Der Kommunitarismus als Alternative? Nachbemerkungen zur Kritik am moralisch-politischen Liberalismus. In: *Zschr. f. philos. Forschung*, Bd. 50, H. 1/2.
Höffe, O., 1998, Transzendentaler Tausch – eine Legitimationsfigur für Menschenrechte? In: Gosepath/ Lohmann 1998.
Höffe, O., 2001, Wessen Menschenwürde?. Was Reinhard Merkel verschweigt und Robert Spaemann nicht sieht. In: Geyer 2001.
Höffe, O. 2002, Menschenwürde als ethisches Prinzip. In: Höffe, O./Honnefelder, L./Isensee, J./Kirchhof, P. (Hg.), *Gentechnik und Menschenwürde*, Köln.
Höfling, W., 2003, Art. 1 I. In: Sachs 2003.
Hörnle, T., 2011, Zur Konkretisierung des Begriffs »Menschenwürde«. In: Joerden et al. 2011.
Hoerster, N., 2002, *Ethik des Embryonenschutzes. Ein rechtsphilosophischer Essay*, Stuttgart.
Hoerster, N. 2002a, *Recht und Moral. Texte zur Rechtsphilosophie*, Stuttgart.
Hoerster, N. (Hg.), ^{3}1981/^{13}2006, *Klassische Texte der Staatsphilosophie*, München.
Höver, G./ L. Honnefelder (Hg.), 1993, *Der Streit um das Gewissen*, Paderborn/München/Wien.

Hofeld, W.N., 1919, *Fundamental Legal Conceptions as Applied in Judicial Reasoning and Other Legal Essays*. Ed. by W.Wheeler Cook, New Haven, Con.
Hoffmann, J. (Hg.), 1991, *Begründung von Menschenrechten aus der Sicht unterschiedlicher Kulturen*, Frankfurt/M.
Hoffmann, J. (Hg.), 1994, *Universale Menschenrechte im Widerspruch der Kulturen*, Frankfurt/M.
Hoffmann, J. (Hg.), 1995, *Die Vernunft in den Kulturen – Das Menschenrecht auf kultureigene Entwicklung*, Bd. III der Symposien, Frankfurt/M.
Hoffmann, J.M., 2011, Die Pflicht der Staaten zur Übernahme der Europäischen Menschenrechtskonvention in das innerstaatliche Recht. In: *MenschenRechtsMagazin*, H. 2/2011.
Hoffmann, M., 2009, *Wissenskulturen, Experimentalkulturen und das Problem der Repräsentation,* Frankfurt/M. et al.
Hofmann, H., 1974, *Repräsentation. Studien zur Wort- und Begriffsgeschichte von der Antike bis ins 19. Jahrhundert*, Berlin.
Hofmann, H., 1993, Die versprochene Menschenwürde. In: *Archiv f. öffentliches Recht* 118 (1993).
Hofmann, H., 2000, *Einführung in die Rechts- und Staatsphilosophie*, Darmstadt.
Hofmann, H., 2003, Vom Wesen der Verfassung. In: *Jahrb. d. Öffentl. Rechts*, Neue Folge, Bd. 1, Tübingen.
Hofmann, M., 1999, *Über den Staat hinaus. Eine historisch-systematische Untersuchung zu F.W.J. Schellings Rechts- und Staatsphilosophie*, Zürich.
Hogrebe, W., 2006, *Echo des Nichtwissens*, Berlin.
Hollerbach, A., 1957, *Der Rechtsgedanke bei Schelling. Quellenstudien zu seiner Rechts und Sozialphilosophie,* Frankfurt/M.
Holz, H.H./L. Lambrecht/G. Stuby (Hg.), 1987, *Die Rechte der Menschen*, Köln.
Holzhey, H., 1986, Kelsens Rechts- und Staatslehre in ihrem Verhältnis zum Neukantianismus. In: Paulson/Walter 1986.
Holzhey, H./ U. Renz, 2010, Neukantianismus. In: EPH Bd. 2.
Hommes, U., 1973, Recht. In: *Handbuch philosophischer Grundbegriffe*. Hg. v. H. Krings/ H.M. Baumgartner/ C. Wild, Bd. 2, München.
Hong, M., 2006, Das grundgesetzliche Folterverbot und der Menschenwürdegehalt der Grundrechte – eine verfassungsjuristische Betrachtung. In: Beestermöller/Brunkhorst 2006.
Honneth, A. (Hg.), [3]1995, *Kommunitarismus. Eine Debatte über die moralischen Grundlagen moderner Gesellschaften*, Frankfurt/New York.
Honneth, A., 1995a, *Einleitung*. In: ders. 1995.

Hoppe, Th., 2002, *Menschenrechte im Spannungsfeld von Freiheit, Gleichheit und Solidarität. Grundlagen eines internationalen Ethos zwischen universalem Geltungsanspruch und Partikularitätsverdacht*, Stuttgart.

Horigan, D.P., 2003, Observations on the South Korean Penal Code. In: *Journal of Korean Law*, Vol. 3, No. 2.

Horn, C./ Scarano, N. (Hg.), 2002, *Philosophie der Gerechtigkeit*, Frankfurt/M.

Horster, D., 1997, Recht und Moral: Analogie, Komplementaritäten und Differenzen. In: *Zschr. f. philos. Forschung*, 51. Jg.

Horster, D., 2002, *Rechtsphilosophie zur Einführung*, Hamburg.

Horstmann, R.P., 1980, Menschenwürde. In: HWbPh, Bd. 5.

Hossenfelder, M., 2000, *Der Wille zum Recht und das Streben nach Glück. Grundlegung einer Ethik des Wollens und Begründung der Menschenrechte*, München.

Howard, D., 1995, Zwischen Recht und Gerechtigkeit. Politik der Urteilskraft versus Antipolitik. In: Demmerling/ Rentsch 1995.

Huber, E.R., 1937, *Verfassung*, Hamburg.

Huber, E.R., ^{2}1939, *Verfassungsrecht des Großdeutschen Reiches*, Hamburg.

Huber, M., 1985, Strukturen richterlicher Überzeugungsbildung im Zivilprozess. In: *Juristische Rundschau* 1985, 177-181.

Huber, W., 1992, Menschenrechte/Menschenwürde. In: Theologische Realenzyklopädie, hg. v. G. Müller, Bd. XXII, Berlin/New York.

Hübner, Ch., 2004, *Die Entwicklung der objektiven Zurechnung*, Berlin.

Hüfner, K., ^{5}2010, *How to File Complaints on Human Rights Violations. A manual for individuals and NGOs*. Ed. by the United Nations Association of Germany and the German Commission for UNESCO, Bonn.

Hüfner, K., 2012, UNESCO und der Schutz der Menschenrechte – Sonderweg oder Sackgasse? In: *MenschenRechtsMagazin* H. 1/2012.

Hüfner, K./ A. Sieberns/ N. Weiß, ^{3}2012, *Menschenrechtsverletzungen: Was kann ich dagegen tun? Menschenrechtsverfahren in der Praxis*. Deutsche Gesellschaft für die Vereinten Nationen e.V., Deutsches Institut für Menschenrechte, Deutsche UNESCO-Kommission e.V., Bonn.

Hufen, F, 2004, Erosion der Menschenwürde? In: *Juristenzeitung* 59.

Huffschmid, J., 1995, Globalisierung – das Ende von Wirtschaftspolitik? Zur Struktur kapitalistischer Internationalisierung und den Ansatzpunkten ihrer politischen Steuerung. In: *Kurswechsel (Die Geburt der Weltwirtschaft? Determinanten der globalen ökonomischen Entwicklung)*, Wien.

Huffschmid, J., 1998, Globalisierung als Gegenreform. Das Thema: Neuverteilung von Reichtum, Macht und Lebenschancen. In: R. Stötzel

(Hg.), *Ungleichheit als Projekt. Globalisierung – Standort – Neoliberalismus*, Marburg.

Huffschmidt, J., 2001, Globalisierung als politisches Projekt der Gegenreform. In: Fornet-Betancourt/Sandkühler (Hg.) 2001.

Humboldt, W. v., 1991 [1792], *Ideen zu einem Versuch, die Grenzen der Wirksamkeit des Staats zu bestimmen.* Mit einem Nachw. v. R. Haerdter, Stuttgart.

Hume, D., 1987, *Essays Moral, Political and Literary*, ed. E. F. Miller, Indianapolis.

Hummer, W./ W. Karl (Hg.), 2008, *Regionaler Menschenrechtsschutz. Dokumente samt Einführungen.* Bd. I: Allgemeiner Schutzbereich; Teilband I/1: Europa; Teilband I/2: Amerika – Afrika – Islamisch-Arabischer Raum – Asiatisch-Pazifischer Raum, Baden-Baden.

Hund, W. D., 1982, *Materialien zur Staatstheorie. Von Machiavelli bis Robespierre. Einführung in die politische Soziologie 3/1*, Berlin.

Huntington, S.P., 1996, *Kampf der Kulturen. The Clash of Civilizations. Die Neugestaltung der Weltpolitik im 21. Jahrhundert*, München/Wien.

Huster, S., 2002, *Die ethische Neutralität des Staats. Eine liberale Interpretation der Verfassung*, Tübingen.

Institut für Theorie des Staates und des Rechts der Akademie der Wissenschaften der DDR (Hg.), 1975, *Marxistisch-leninistische Staats- und Rechtstheorie.* Lehrbuch, Berlin.

Isensee, J., 2005, *Die bedrohte Menschenwürde*, Köln.

Isensee, J., 2006, Menschenwürde: die säkulare Gesellschaft auf der Suche nach dem Absoluten. In: *Archiv d. öffentlichen Rechts* 131 (2006).

Jacob, A. (éd.), 1990, *Encyclopédie Philosophique Universelle. II : Les notions philosophiques. Dictionnaire.* Vol. dirigé par S. Auroux, Tome 1, Paris.

Jacobs, W.G., 2011, Reinrationale Philosophie und Revolution. In: Dhouib/Jürgens 2011.

Jäger, Ch., 2006, *Zurechnung und Rechtfertigung als Kategorialprinzipien im Strafrecht*, Heidelberg.

Jäger, Ch., 2008, Die Abwägbarkeit menschlichen Lebens im Spannungsfeld von Strafrechtsdogmatik und Rechtsphilosophie. In: *Zschr. f. d. Gesamte Strafrechtswissenschaft*, Bd. 115, H. 4.

James, W., 1914 [1909], *Das pluralistische Universum*, Leipzig.

James, W., 1975 ff., The Works of W. James, Cambridge, Mass./ London.

James, W., 1977 [1907], *Der Pragmatismus. Ein neuer Name für alte Denkmethoden.* Übers. v. W. Jerusalem u. m. einer neuen Einl. hg. v. K. Oehler, Hamburg.

Jarras, H.D./B. Pieroth, 82006, *Grundgesetz für die Bundesrepublik Deutschland. Kommentar*, München.

Jayyusi, S.K. (ed.), 2009, *Human Rights in Arab Thought. A Reader*, London/New York.
Jellinek, G., 1904, *Die Erklärung der Menschen- und Bürgerrechte*, Leipzig.
Jellinek, G., [3]1914, *Allgemeine Staatslehre*, Berlin.
Jellinek, G., [2]1919, *System der subjektiven öffentlichen Rechte*, Tübingen.
Jeuland, E., 2003, *Preuve judiciaire et culture française*. http://panjuris.-univ-paris1.fr/pdf/jeuland.pdf.
Joas, H., 2009, *Gewalt und Menschenwürde. Wie aus Erfahrungen Rechte werden*. [Konstanzer kulturwissenschaftliches Kolloquium, Diskussionsbeiträge N.F. 5], Konstanz.
Joas, H., 2011, *Die Sakralität der Person. Eine neue Genealogie der Menschenrechte*, Berlin.
Joerden, J.C./ E. Hilgendorf, N. Petrillo/ F. Thiele (Hg.), 2011, *Menschenwürde und moderne Medizintechnik*, Baden-Baden.
Johnson, T.H., 2007, Cultural relativism: interpretations of a concept. In: *Anthropological Quarterly* 80, 3.
Johnston, D.L., 2007, Maqasid Al-Shari'a: Epistemology and Hermeneutics of Muslim Theologies of Human Rights. In: *Die Welt des Islam. Internationale Zschr. f. d. Geschichte d. Islam in d. Neuzeit*, Leiden/Boston.
Joly, M., 1979, *Macht + Recht. Machiavelli contra Montesquieu. Gespräche in der Unterwelt*, Hamburg.
Joseph, S./ J. Schultz/ M. Castan, [2]2005, *The International Covenant on Civil and Political Rights. Cases, Materials and Commentary*, Oxford.
Jünger, E., 1982 [1932], *Der Arbeiter. Herrschaft und Gestalt*, Stuttgart.

Kadelbach, S., 1992, *Zwingendes Völkerrecht*, Berlin.
Kadelbach, S., 2004, Ethik des Völkerrechts unter Bedingungen der Globalisierung. In: ZaöRV 2004, 1.
Kälin, W./ J. Künzli, [2]2008, *Universeller Menschenrechtsschutz*, Baden-Baden.
Kamm, F.M., 2002, Rights. In: *The Oxford Handbook of Jurisprudence and Philosophy of Law*. Ed. by J. Coleman/ S. Shapiro, Oxford/New York 2002.
Karl, G., 2003, *Völkerrechtliche Immunität im Bereich der Strafverfolgung schwerster Menschenrechtsverletzungen*, Baden-Baden.
Karl, W., 2004, Die Rolle der Menschenwürde in der EU-Verfassungsdebatte. In: M. Fischer (Hg.), *Der Begriff der Menschenwürde. Definition, Belastbarkeit und Grenzen*, Frankfurt/M. et al.
Kauffmann, H., [11]1992, *Rechtswörterbuch*, München.
Kaufmann, A., 1987, *Gustav Radbruch. Rechtsdenker, Philosoph, Sozialdemokrat*, München.

Kaufmann, A., 71988, Rechtsphilosophie. In: *Staatslexikon. Recht – Wirtschaft – Gesellschaft*, Bd. 4, Freiburg/ Basel/ Wien.

Kaufmann, A., 1994, Die Idee der Toleranz in rechtsphilosophischer Sicht. In: Goldschmidt/ Zechlin 1994.

Kaufmann, A./ W. Hassemer/ U. Neumann (Hg.), 82010, *Einführung in Rechtsphilosophie und Rechtstheorie der Gegenwart*, Heidelberg et al.

Kaufmann, A./ E.-J. Mestmäcker/ H.F. Zacher (Hg.), 1988, *Rechtsstaat und Menschenwürde*. Festschr. f. W. Maihofer z. 70. Geb., Frankfurt/M.

Kaufmann, E., 1921, *Kritik der neukantianischen Rechtsphilosophie. Eine Betrachtung über die Beziehungen zwischen Philosophie und Rechtswissenschaft*, Tübingen.

Kaufmann, E., 1927, Die Gleichheit vor dem Gesetz im Sinne des Art. 109 der Reichsverfassung. In: VVDtStRL 3.

Kaufmann, F.-X., 2003, *Varianten des Wohlfahrtsstaats: Der deutsche Sozialstaat im internationalen Vergleich*, Frankfurt/M.

Kaufmann, M., 1996, *Rechtsphilosophie*, Freiburg/München.

Kaufmann, M., 2010, Rechtsphilosophie. In: EPH, Bd. 3.

Kaufmann, M., 2010a, Legalität/Legitimität. In: EPH, Bd. 2.

Kaufmann, M., 2010b, Widerstandsrecht. In: EPH, Bd. 3.

Keetharuth, S.B., 2009, Major African legal instruments. In: Bösl/Discho 2009.

Kekes, J., 1994, Pluralism and the Value of Life. In: E.F. Paul/ F.D. Miller, Jr./ J. Paul (eds.), *Cultural Pluralism and Moral Knowledge*, Cambridge.

Kelsen, H., 1923 [1911], *Hauptprobleme der Staatsrechtslehre. Entwickelt aus der Lehre vom Rechtssatze*, Tübingen.

Kelsen, H., 1927/28, Die Idee des Naturrechts. In: *Zschr. f. öffentliches Recht*, 7.

Kelsen, H., 1928, *Die philosophischen Grundlagen der Naturrechtslehre und des Rechtspositivismus*, Berlin. [Auch in: H. Klecatsky/ R. Marcic/ H. Schambeck (Hg.), *Die Wiener Rechtstheoretische Schule: Schriften von Hans Kelsen, Adolf Merkl, Alfred Verdross*, Wien 1968].

Kelsen, H., 21928a, *Der soziologische und der juristische Staatsbegriff*, Tübingen.

Kelsen, H., 1933, *Staatsform und Weltanschauung*, Tübingen.

Kelsen, H., 1957, A Dynamic Theory of Natural Law. In: ders., *What is Justice?*, Berkeley/Los Angeles.

Kelsen, H., 31965 [1920], *Sozialismus und Staat. Eine Untersuchung der politischen Theorie des Marxismus*. Eingel. und hg. v. N. Leser, Wien.

Kelsen, H., 1981 [21929], *Vom Wesen und Wert der Demokratie*, [Nachdruck] Aalen.

Kelsen, H., 1982 [1941], Vergeltung und Kausalität. Mit einer Einl. v. E. Topitsch, Wien/ Köln/ Graz.

Kelsen, H., 1985 [1934], *Reine Rechtslehre. Einleitung in die rechtswissenschaftliche Problematik*, 1. Aufl.. Mit Vorw. zum Neudruck v. S.L. Paulson, Aalen.
Kelsen, H., 1985a (²1929), *Vom Wesen und Wert der Demokratie*, 2. Neudruck, Aalen.
Kelsen, H., 1992 [1960], *Reine Rechtslehre*. Zweite, vollst. neu bearb. und erw. Aufl. 1960, Nachdruck, Wien.
Kelsen, H., 1993 (1925), *Allgemeine Staatslehre*, 2. Neudruck, Wien.
Kelsen, H., 2000 [1953], *Was ist Gerechtigkeit?* Nachwort v. R. Walter, Stuttgart.
Kenyatta, J., 1965, Facing Mount Kenya: The Tribal Life of the Gikuyu. In: Steiner/Alston 1996.
Kersting, W., 1993, *John Rawls zur Einführung*, Hamburg.
Kersting, W., 1993a, *Wohlgeordnete Freiheit. Immanuel Kants Rechts- und Staatsphilosophie*, erw. Ausgabe, Frankfurt/M.
Kersting, W., 1994, *Die politische Philosophie des Gesellschaftsvertrags*, Darmstadt.
Kersting, W., 1994a, Vertrag und Gerechtigkeit: John Rawls. In: ders. 1994.
Kersting, W., 2000, *Politik und Recht. Abhandlungen zur politischen Philosophie der Gegenwart und zur neuzeitlichen Rechtsphilosophie*, Weilerswist.
Kersting, W., 2001, *John Rawls zur Einführung*. Hamburg.
Kersting, W., 2006, *Gerechtigkeit und öffentliche Vernunft: Über John Rawls' politischen Liberalismus*, Paderborn.
Kersting, W., 2007, *Wohlgeordnete Freiheit. Immanuel Kants Rechts- und Staatsphilosophie*, Paderborn.
Kersting, W., 2007a, Thomas Hobbes, Leviathan (1651). In: Brocker 2007.
Kersting, W./ Fisch, J., 1990, Vertrag, Gesellschaftsvertrag, Herrschaftsvertrag. In: GG, Bd. VI.
Kervégan, J.-F., 1998, Démocratie et droits de l'homme. In: *L'ignorance du peuple: Essais sur la démocratie*. Sous la direction de G. Duprat, Paris.
Kervégan, J.-F., 2002, *Crise et pensée de la crise en droit. Weimar, sa république et ses juristes*, Lyon.
Kervégan, J.-F., 2009, Rechtliche und moralische Normativität. Ein ›idealistisches‹ Plädoyer für den Rechtspositivismus. In: *Rechtstheorie*, 39 (2008)
Kervégan, *J.-F., 2009a, Quelques difficultés relatives à la démocratie et aux droits de l'homme. In:* La dignité humaine. Perspectives transculturelles. Hg. v. J. Poulain/ H.J. Sandkühler/ Fathi Triki, Frankfurt/M.
Kervégan, J.-F., 2010, Gibt es moralische Rechte? In: Sandkühler 2010.

Kervégan, J.-F., 2010a, Moral und Recht. In: EPH, Bd. 2.
Kervégan, J.-F., 2010b, Souveränität. In: EPH, Bd. 3.
Kervégan, J.-F., 2011, Die juristische Vernunft Kants: Moral, Recht, Ethik. In: Dhouib/Jürgens 2011.
Kervégan, J.-F., 2011a, *Que faire de Carl Schmitt?*, Paris.
Kessler, H. Graf, 1996, *Tagebücher 1918-1937*, hg. v. W. Pfeiffer-Belli, Frankfurt a. M./Leipzig.
Kettner, M., 1999, Menschenwürde und Interkulturalität. Ein Beitrag zur diskursiven Konzeption der Menschenrechte. In: Göller 1999.
Kettner M. (Hg.), 2004, *Biomedizin und Menschenwürde*, Frankfurt/M.
Kiesow, R.M., 1997, *Das Naturgesetz des Rechts*, Frankfurt/M.
Kim Youn-Whan, 1993, Zur Rezeption des deutschen Strafrechts in Korea. In: F. Haft et al. (Hg.), *Strafgerechtigkeit*. Festschr. f. A. Kaufmann z. 70. Geb., Heidelberg.
Kimminich, O., 1976, *Entwicklungstendenzen des gegenwärtigen Völkerrechts*, München [Carl Friedrich von Siemens Stiftung].
Kimminich, O., 1990, *Die Menschenrechte in der Friedensregelung nach dem Zweiten Weltkrieg*, Berlin.
Kippenberg, H.G., 2008, Religionsgemeinschaften und Gewalt. In: *Wissenschaft&Frieden* 3/08.
Kirchheimer, O., 1964, *Politik und Verfassung*, Frankfurt/M.
Kittsteiner, H., 1991, *Die Entstehung des modernen Gewissens*, Frankfurt/M./Leipzig.
Klaus, G./ M. Buhr (Hg.), 10 1974, *Philosophisches Wörterbuch*, 2 Bde., Leipzig.
Kleeberg, B./ A. Langenohl, 2011, Kulturalisierung/Dekulturalisierung. In: *Zschr. f. Kulturphilosophie* 2011/2.
Klein, A., 2001, *Der Diskurs der Zivilgesellschaft: Politische Hintergründe und demokratietheoretische Folgerungen*, Wiesbaden.
Klein, E., 1997, *Menschenrechte: Stille Revolution des Völkerrechts und Auswirkungen auf die innerstaatliche Rechtsanwendung*, Baden-Baden.
Klein, E., 2005a, Menschenrechte im Spiegel der Globalisierung. In: *MenschenRechtsMagazin*, 10. Jg., H. 2.
Klein, E., 2005b, Menschenrechte und Jus cogens. In: *Internationale Gemeinschaft und Menschenrechte*. FS f. G. Ress z. 70. Geb., Köln.
Klein, E., 2010, Völkerrecht. In: EPH, Bd. 3.
Klein, Z., 1968, *La notion de Dignité Humaine dans la pensée de Kant et de Pascal*, Paris.
Kleingeld, P., 1997, Kants politischer Kosmopolitismus. In: *Jahrb. f. Recht und Ethik. Annual Review of Law and Ethics* 5.
Kleinheyer, G., 1977, *Grundrechte – zur Geschichte eines Begriffs*, Graz.
Klenner, H., 1982, *Marxismus und Menschenrechte. Studien zur Rechtsphilosophie. Anhang: Menschenrechtskataloge aus Vergangenheit und Gegenwart*, Berlin.

Klenner, H., 1990, Menschenrechte. In: EE, Bd. 3.
Klenner, H., 1991, *Deutsche Rechtsphilosophie im 19. Jahrhundert. Essays*, Berlin.
Klenner, H. (Hg.), 1994, *Rechtsphilosophie bei Rotteck/ Welcker. Texte aus dem Staats-Lexikon 1834-1847*, Freiburg/ Berlin.
Klepp, S., 2011, *Europa zwischen Grenzkontrolle und Flüchtlingsschutz. Eine Ethnographie der Seegrenze auf dem Mittelmeer*, Bielefeld.
Klug, U., 1995, Versuch einer philosophischen Begründung der Menschenrechte. Mögliche und nicht-mögliche Eingangspositionen für eine Rechtsmetaphysik. In: Demmerling/Rentsch 1995.
Knoepffler, N., 2005, *Menschenwürde im interkulturellen Dialog*, Freiburg/München.
Knopp, G., 2001, *Holokaust*, München.
Köbler, G. (Hg.), [13]2005, *Juristisches Wörterbuch. Für Studium u. Ausbildung*, München.
Köhne, G. (Hg.), 1998, *Die Zukunft der Menschenrechte. 50 Jahre UN-Erklärung, Bilanz eines Aufbruchs*, Reinbek b. Hamburg.
König, S., 1994, *Zur Begründung der Menschenrechte: Hobbes – Locke – Kant*, Freiburg/München.
Kofi Annan, 1997, Universalität der Menschenrechte. Rede an der Universität von Teheran, Teheran, 10. Dezember 1997. In: *Die Vereinten Nationen im 21. Jahrhundert. Reden und Beiträge 1997-2003*, hg. v. M. Fröhlich, Wiesbaden 2004, S.
Kofi Annan, 1999, Der Dialog der Zivilisationen. Rede vor dem Zentrum für Islamische Studien, Oxford, 28. Juni 1999. In: *Die Vereinten Nationen im 21. Jahrhundert. Reden und Beiträge 1997-2003*, hg. v. M. Fröhlich, Wiesbaden 2004.
Kofi Annan, 1999a, Two Concepts of Sovereignty. In: *The Economist* 352, September 18, 1999.
Kohl, B., 2007, *Menschenwürde: Relativierung oder notwendiger Wandel?: Zur Interpretation in der gegenwärtigen Kommentierung von Art. 1 Abs. 1 GG*, Münster.
Koller, P., [2]2001, *Theorie des Rechts. Eine Einführung*, Wien/ Köln/ Weimar.
Kompass, 2005, *Handbuch zur Menschenrechtsbildung für die schulische und außerschulische Bildungsarbeit*. Hg.: Dt. Inst. f. Menschenrechte/ Bundeszentrale f. polit. Bildung, Berlin/Bonn.
Kondylis, P., 1996, *Montesquieu und der Geist der Gesetze*, Berlin.
Koné, C.B., 2010, *De la réconciliation terrestre. Essai sur la citoyenneté réhabilitée*, Frankfurt/M. et al.
Koné, C.B., 2011, La réconciliation, mécanisme de sortie de conflit. In: ders. (éd.), *Médiation et gestion des conflits. Essais sur les fins et les moyens pacifiques de sortie de crise*, Frankfurt/M. et al.
Koriath, H., 1994, *Grundlagen strafrechtlicher Zurechnung*, Berlin.

Koselleck, R., 2006, Begriffsgeschichtliche Probleme der Verfassungsgeschichtsschreibung. In: ders., *Begriffsgeschichten. Studien zur Semantik und Pragmatik der politischen und sozialen Sprache*, Frankfurt/M.

Koskenniemi, M., 2002, Between Impunity and Show Trials. In: *Max Planck Yearbook of United Nations Law*, Vol. 6, N. 1.

Kotzur, M., 2008, 60 Jahre Allgemeine Erklärung der Menschenrechte – Reflexionen zur Entstehungsgeschichte, Ideengeschichte und Wirkungsgeschichte. In: *MenschenRechtsMagazin*, H. 2/2008.

Krämer, G., 1999, *Gottes Staat als Republik. Reflexionen zeitgenössischer Muslime zu Islam, Menschenrechten und Demokratie*, Baden-Baden.

Krämer, G., 2011, *Demokratie im Islam: Der Kampf für Freiheit und Toleranz in der arabischen Welt*, München.

Krajewski, M., 2012, Die Menschenrechtsbindung transnationaler Unternehmen. In: *MenschenRechtsMagazin* H. 1/2012.

Kretzmer, D./ E. Klein, 2002, *The Concept of Human Dignity in Human Rights Discourse*, The Hague/London/New York.

Kreuter-Kirchhof, Ch., 2010, Völkerrechtliche Schutzverantwortung bei elementaren Menschenrechtsverletzungen. Die Responsibility to Protect als Verantwortungsstruktur. In: *Archiv des Völkerrechts*, 48. Bd., 3. H.

Kriele, M., 2003, *Grundprobleme der Rechtsphilosophie*, Münster/ Hamburg/London.

Kroeschell, K., 2008, *Deutsche Rechtsgeschichte*. Bd. 1: Bis 1250, 13. Aufl.; Bd. 2: 1250-1650 (mit A. Cordes/ K. Nehlsen-von Stryk, 9. Aufl.); Bd. 3: Seit 1650, 5. Aufl., Wien/Köln/Weimar.

Kühnhardt, L., 1987, *Die Universalität der Menschenrechte. Studie z. ideengeschichtl. Bestimmung eines polit. Schlüsselbegriffs*, München.

Kühnhardt, L., 2002, Die Unteilbarkeit der Menschenwürde als Bedingung der Universalität der Menschenrechte. In: G.V. Lang/ M.F. Strohmer (Hg.), *Europa der Grundrechte? Beiträge zur Grundrechtecharta der Europäischen Union*. Mit einem Geleitwort d. Bundespräsidenten d. Republik Österreich, Bonn.

Kühnhardt, L./ M. Takayama (Hg.) 2005, *Menschenrechte, Kulturen und Gewalt. Ansätze einer interkulturellen Ethik*, Baden-Baden.

Kühnhardt, L., 2005a, Commentary. In: ders./ Takayama 2005.

Kunig, Ph., 1986, *Das Rechtsstaatsprinzip. Überlegungen zu seiner Bedeutung für das Verfassungsrecht der Bundesrepublik Deutschland*, Tübingen.

Kunig, Ph., 52000, Art. 1 (Würde des Menschen, Grundrechtsbindung). In: ders., *Grundgesetz-Kommentar*, München.

Kutschera, F.v., 1982, Grundfragen der Erkenntnistheorie, Berlin/ New York.

Lambrecht, L., 1990, Demokratie. In: EE, Bd. 1.

Lambrecht, L., 2010, Demokratie. In: EPH, Bd. 1.

Lange, H., 2010, Nachhaltigkeit. In: EPH, Bd. 2.

Lange, H.-F., 1997, Die richterliche Überzeugung und ihre Begründung. In: *DStZ* 1997.

Larenz, K., ^{2}1935, *Rechts- und Staatsphilosophie der Gegenwart*, Berlin.

Larenz, Karl, 1974, Der Richter als Gesetzgeber. In: *Grundfragen der gesamten Strafrechtswissenschaft. Festschr. f. Heinrich Henkel z. 70 Geb. am 12 September 1973*, hg. v. C. Roxin in Verbindung mit H.-J. Bruns/ H. Jäger, Berlin/New York.

Larenz, K., ^{4}1979, *Methodenlehre der Rechtswissenschaft*, Berlin/ Heidelberg/New York.

Lask, E., 1982 [1905], Rechtsphilosophie. In: *Neukantianismus. Texte der Marburger und der Südwestdeutschen Schule, ihrer Vorläufer und Kritiker*. Mit einer Einl. hg. v. H.-L. Ollig, Stuttgart.

Laski, H., 1917, *Studies in the Problem of Sovereignty*, New Haven.

Leawoods, H., 2000, Gustav Radbruch: An Extraordinary Legal Philosopher. In: *Washington University Journal of Law and Policy*, Vol. 2 (2000).

Leibfried, S./ M. Zürn, 2006, ›Vorwort‹ und ›Von der nationalen zur postnationalen Konstellation‹. In: dies. (Hg.), *Transformation des Staates?* Frankfurt/M.

Leibholz, G., 1967, *Die Zukunft der nationalstaatlichen Souveränität im 20. Jahrhundert. In: Die Entstehung des modernen souveränen Staates.* Hg. v. H. Hofmann, Köln/Berlin.

Leibholz, G., 1971, Der Status des Bundesverfassungsgerichts. In: *Das Bundesverfassungsgericht 1951-1971*, Karlsruhe.

Leist, A., 2005, Menschenwürde als Ausdruck. Ein nicht-metaphysischer Vorschlag. In: Deutsche Zschr. f. Philosophie, 53, H. 4.

Lemke, M. et al., ^{2}1999, *Heidelberger Kommentar zur Strafprozessordnung*, Heidelberg.

Lenzen, W. (Hg.), 2006, *Ist Folter erlaubt? Juristische und philosophische Aspekte*, Paderborn.

Leutheuser-Schnarrenberger, S., 2002, Mit (aller) Gewalt zum Frieden? In: *Jb. Menschenrechte 2002.*

Lévy-Bruhl, H., 1963, *La preuve judiciaire. Etude de sociologie juridique*, Paris.

Lévinas, E., 1987, Les droits de l'homme et les droits s'autrui. In: ders., *Hors sujet, Fata Morgana*, Paris.

Lhotta, R./ J. Ketelhut/ H. Schöne (Hg.), 2012, *Das Lissabon-Urteil: Staat, Demokratie und europäische Integration im ›verfassten politischen Primärraum‹*, Wiesbaden.

Liese, A., 2011, Neue Entwicklungen im regionalen Menschenrechtsschutz: eine politikwissenschaftliche Betrachtung des institutionellen Designs und der Dynamik des derzeitigen menschenrechtlichen Regionalismus. In: *MenschenRechtsMagazin*, H. 2/2011.

Lienemann, W., 2002, Recht und Moral. Unterschiedlich, aber aufeinander bezogen. In: *Neue Zürcher Zeitung, Staatspolitisches Forum*, Mittwoch, 17.04.2002, Nr. 88.
Lim, H.-B., 2001, Menschenrechte im Zeitalter der Globalisierung im Kontext der koreanischen Kultur. In: Fornet-Betancourt/ Sandkühler 2001.
Limbach, J., 1996, Das Bundesverfassungsgericht als politischer Machtfaktor. In: *Humboldt Forum Recht*, 12/1996.
Limbach, J., 2001, Über die Menschenwürde In: *vorgänge. Zschr. f. Bürgerrechte u. Gesellschaftspolitik*, H. 4.
Lindholm, T., 2008, The Cross-Cultural Legitimacy of Universal Human Rights: Plural Justification across Normative Divides. In: Francioni/Scheinin 2008.
Link, C., 1979, *Herrschaftsordnung und bürgerliche Freiheit*, Wien/ Köln/ Graz.
Llangue, M. (Hg.), 2010, *Souveräne Demokratie und soziale Homogenität: Das politische Denken Hermann Hellers*, Baden-Baden.
Locke, J., 1977 [1690], *Zwei Abhandlungen über die Regierung*. Übers. v. H.J. Hoffmann. Hg. u. eingel. v. W. Euchner, Frankfurt/M.
Liu Huaqiu, 1993, Wer sich einmischt, betreibt Machtpolitik. In: Menschenrechte. Das uneingelöste Versprechen. ZEIT-Punkte Nr. 2/1993, hg. v. Th. Sommer, Hamburg.
Lösch, B., 2010, Entdemokratisierung oder Wiedergewinnung des Politischen?/ Demokratie und politische Partizipation. In: L. Lambrecht/ B. Lösch, Demokratie. In: EPH, Bd. 1.
Lohmann, G., 1998, Menschenrechte zwischen Moral und Recht. In: Gosepath/Lohmann 1998.
Lohmann, G., 2005, Die Menschenrechte: unteilbar und gleichgewichtig? – Eine Skizze. In: ders./Gosepath u. a. 2005.
Lohmann, G., 2010, Die rechtsverbürgende Kraft der Menschenrechte. Zum menschlichen Würdeverständnis nach 1945. In: *zschr. f. menschenrechte* (2010) 1
Lohmann, G., 2010a, Kulturelle Besonderung und Universalisierung der Menschenrechte. In: G. Ernst/ S. Sellmaier (Hg.), *Universelle Menschenrechte und partikulare Moral*, Stuttgart.
Lohmann, G./ S. Gosepath/ A. Pollmann/ C. Mahler/ N. Weiß, 2005, Die Menschenrechte: unteilbar und gleichgewichtig? MenschenRechtsZentrum Potsdam.
Löhrer, G., 1995, *Menschliche Würde: wissenschaftliche Geltung und metaphorische Grenze der praktischen Philosophie Kants.* Freiburg/Brsg.
Loos, F./ H.-L. Schreiber, 1984, Recht, Gerechtigkeit. In: GG, Bd. 5.
Lübbe, H., 2005, *Die Zivilisationsökumene. Globalisierung kulturell, technisch und politisch*, München.

Lübbe, W., 2006, Konsequentialismus und Folter. In: Lenzen 2006.
Luhmann, N., 1990, *Paradigm lost: Über ethische Reflexion der Moral*, Frankfurt/M.
Luhmann, N., 1993, *Das Recht der Gesellschaft*, Frankfurt/M.
Luhmann, N., 1995, Kultur als historischer Begriff. In: ders., *Gesellschaftstruktur und Semantik. Studien zur Wissenssoziologie der modernen Gesellschaft*, Bd. 4, Frankfurt/M.
Lukács, G., 1923, Geschichte und Klassenbewußtsein. Studien über marxistische Dialektik. In: ders., *Werke. Frühschriften II*, Darmstadt/Neuwied ^{2}1977.
Lukács, G., 1924, Lenin: Studie über den Zusammenhang seiner Gedanken. In: ders., *Werke, Bd. II: Geschichte und Klassenbewußtsein*, Darmstadt 1968.
Lutz-Bachmann, M./ J. Bohman (Hg.), 1996, *Frieden durch Recht. Kants Friedensidee und das Problem einer neuen Weltordnung*, Frankfurt/M.
Lutz-Bachmann, M./ A. Niederberger/ Ph. Schink (Hg.), 2010, *Kosmopolitismus. Zur Geschichte und Zukunft eines umstrittenen Ideals*, Weilerswist.
Luxemburg, R., 1983 [1917], Zur russischen Revolution. In: *Gesammelte Werke*, Bd. 4, Berlin.

Machiavelli, N., 1986 [1532], *Il Principe. Der Fürst*. Übers. u. hg. v. Ph. Rippel, Stuttgart.
MacIntyre, A. ^{2}1984, *After Virtue*, London. [dt.: Der Verlust der Tugend. Zur moralischen Krise der Gegenwart, Frankfurt/ New York 1987].
Mackenzie, R./ C. Romano/ Y. Shany, 2010, *Manual on International Courts and Tribunals*, Oxford.
Macklin, R., 2003, Dignity is a useless concept . In: *British Medical Journal*, vol. 327.
Macpherson, C. B., 1977, *Demokratietheorie*, München.
Maga, T.P., 2001, *Judgment at Tokyo: The Japanese War Crimes Trials*, University Press of Kentucky.
Mahler, C./ A. Mihr (Hg.), 2004, *Menschenrechtsbildung, Bilanz und Perspektiven*, Wiesbaden.
Mahler, C./ N. Weiß, 2005, Zur Unteilbarkeit der Menschenrechte – Anmerkungen aus juristischer, insbesondere völkerrechtlicher Sicht. In: Lohmann/Gosepath u. a. 2005.
Maier, H. / H. Rausch / H. Denzer (Hg.), ^{2}1968, *Klassiker des politischen Denkens*, 2 Bde, München.
Maier, H., 1997, *Wie universal sind die Menschenrechte?*, Freiburg.
Maihofer, W. (Hg), 1962, *Naturrecht oder Rechtspositivismus?*, Darmstadt.
Maihofer, W., 1968, *Rechtsstaat und menschliche Würde*, Frankfurt/M.

Mall, R.A./ H.J. Sandkühler (Hg.), 1996, Das *Selbst und das Fremde – Der Streit der Kulturen*, Hamburg [Dialektik 1996/1].
Manetti, G., 1990 [1452], *Über die Würde und Erhabenheit des Menschen*, Hamburg.
Manhart, R./ M. Maurer, 2005, EU-Verfassungsvertrag und Grundrechtscharta: Welche Auswirkungen hat die Aufnahme der Grundrechtscharta in den Verfassungsvertragauf den Grundrechtsschutz in Europa? In: *MenschenRechtsMagazin*, 10. Jg., H. 2.
Mann, W., 1992, Rechtfertigung. In: HWbPh, Bd. 8.
Mao Yihong, 1998, Rechte und Wert – Menschenrechte und die traditionelle chinesische Kultur. In: Schweidler 1998.
Markl, H., 2001, Freiheit, Verantwortung, Menschenwürde. Warum Lebenswissenschaften mehr sind als Biologie. In: Geyer 2001.
Marramao, G., 2010, Thinking Babel. Universality, Multiplicity, Difference. In: *IRIS. European Journal of Philosophy and Public Debate* II, 3 April 2010.
Marshall, G., 1992, Conceptions of Law. In: M. Hawkeswoth/ M. Kagan (eds.), *Encyclopedia of Government and Politics.* Vol. 1, London.
Marzouki, A.Y., 2010, Konflikte der Rechtfertigung des Gesetzes im Islam. In: In: J. Poulain/ H.J. Sandkühler/ F. Triki (Hg.), *Gerechtigkeit, Recht und Rechtfertigung in transkultureller Perspektive,* Frankfurt/M.
Massing, P./ G. Breit (Hg.), 22002, *Demokratie-Theorien. Von der Antike bis zur Gegenwart. Texte und Interpretationen*, Schwalbach/Ts.
Mastronardi, Ph., 2001, *Recht unhd Kultur: Kulturelle Bedingtheit und universaler Anspruch des juristischen Denkens.* Max-Planck-Institut f. ausländisches öffentliches Recht u. Völkerrecht. http://www.zaoerv.de.
Mastronardi, Ph., 2003, Menschenwürde und kulturelle Bedingtheit des Rechts. In: Th. Maraun (Hg.), *Die Rechtsstellung des Menschen im Völkerrecht. Entwicklungen und Perspektiven*, Tübingen.
Mattei, J.-F./ D. Folscheid/ M.-A. Ricard/ J.-F. de Rayond, 2005, *La dignité humaine. Philosophie, droit, politique, économie, médecine*, Paris.
Maunz, Th./ G. Dürig, 1994/2004, *Grundgesetz. Kommentar*, München.
Maunz, Th./ G. Dürig/ R. Herzog/ R. Scholz (Hg.), 2003, *Grundgesetz. Kommentar*, München.
Maus, I., 1978, Entwicklung und Funktionwandel der Theorie des bürgerlichen Rechtsstaats. In: M. Tohidipur (Hg.), *Der bürgerliche Rechtsstaat*, Frankfurt/M.
Maus, I., 1989, Justiz als gesellschaftliches Über-Ich. Zur Funktion von Rechtsprechung in der vaterlosen Gesellschaft. In: W. Faulstich/ G.E. Grimm (Hg.), *Sturz der Götter? Vaterbilder im 20. Jahrhundert*, Frankfurt/M.
Maus, I., 1992, *Zur Aufklärung der Demokratietheorie. Rechts und demokratietheoretische Überlegungen im Anschluß an Kant*, Frankfurt/M.

Maus, I., 1994, Naturrecht, Menschenrecht und politische Gerechtigkeit. In: Goldschmidt/ Zechlin 1994.
Maus, I., 2010, Naturrecht. In: EPH, Bd. 2.
Maus, I., 2011, *Über Volkssouveränität: Elemente einer Demokratietheorie*, Berlin.
Mawdudi, Abul A'la, 1976, *Human Rights in Islam*, Leicester.
Mawdudi, Abul A'la, [10]1990, *The Islamic Law and Constitution*, Lahore.
May, H./ S. Fritsch-Oppermann (Hg.), 1993, *Menschenrechte zwischen Universalisierungsanspruch und kultureller Kontextualisierung*, Rehberg-Loccum.
Mayer, A.E., 1990, The Shariah: A methodology or a body of substantive rules? In: Heer, N. (ed.), *Islamic law and jurisprudence,* Seattle/London.
Mayer, A.E., 1990a, Current Muslim Thinking on Human Rights. In: *Human Rights in Africa. Cross-cultural perspectives*, Brookings, Mass.
Mayer, A.E., [4]2007, *Islam and Human Rights*, Boulder (Col.).
Mayer-Tasch, P.C., 2000, *Jean Bodin. Eine Einführung in sein Leben, sein Werk und seine Wirkung*, Düsseldorf.
McCrudden, Ch., 2008, Human dignity and judicial interpretation of human rights. In: *European Journal of International Law* 19.
Macdonald, R./ D.M. Johnston (eds), 2005, *Towards World Constitutionalism. Issues in the Legal Ordering of the World Community*, Leiden.
McDougal, M.S./ H. D. Lasswell/ Lung-Chu Chen, 1989, *Human Rights and World Public Order. The Basic Policies of an International Law of Human Dignity*, New Haven, Conn.
Meier, Ch., 1970, *Entstehung des Begriffs ›Demokratie‹. Vier Prolegomena zu einer historischen Theorie*, Frankfurt/M.
Menke, Ch., 2009, Subjektive Rechte und Menschenwürde. Zur Einleitung. In: *Trivium. Revue franco-allemande des sciences humaines et soziales – Deutsch-franz. Zschr. f. Geistes- u. Sozialwissenschaften* 3-2009.
Menke, Ch., 2011, Einleitung. In: Menke/Raimondi 2011.
Menke, Ch./ A. Pollmann, [2]2008, *Philosophie der Menschenrechte zur Einführung*, Hamburg.
Menke, Ch./ F. Raimondi (Hg.), 2011, *Die Revolution der Menschenrechte. Grundlegende Texte zu einem neuen Begriff des Politischen*, Berlin.
Merkel, G./ G. Roth, 2010, Langzeitverwahrung von Gewalttätern. Rechts- und neurowissenschaftliche Kritik am Straf- und Maßrefelrecht. In: *Humboldt Forum Recht*, 17/2010.
Merkel, R., 2003, Können Menschenrechtsverletzungen militärische Interventionen rechtfertigen? Rechtsethische Grundlagen und Grenzen der ›humanitären Intervention‹ am Beispiel des Kosovo-Krieges. In: G. Beestermöller (Hg.), *Die humanitäre Intervention – Imperativ der*

Menschenrechtsidee? Rechtsethische Reflexionen am Beispiel des Kosovo-Krieges, Stuttgart.
Merkel, R., 2007, § 14 Abs. 3 Luftsicherheitsgesetz: wann und warum darf der Staat töten?. In: *Juristenzeitung* 62.
Merkel, R., 2008, *»Willensfreiheit und rechtliche Schuld«. Eine strafrechtsphilosophische Untersuchung*, Baden-Baden.
Mernissi, F., 1992, *Die Angst vor der Moderne. Frauen und Männer zwischen Islam und Demokratie*, München.
Merten, D./ H.-J. Papier (Hg.), 2004, *Handbuch der Grundrechte in Deutschland und Europa*, Bd. I: Entwicklung und Grundlagen, Heidelberg.
Messeletch Worku, 2000, *Entwicklungstendenzen des regionalen Menschenrechtsschutzes: die Afrikanische Charta der Rechte des Menschen und der Völker*, Berlin.
Mestmäcker, E.-J., 1994, Aufklärung durch Recht. In: H.F. Fulda/ R.-P. Horstmann (Hg.), *Vernunftbegriffe in der Moderne*, Stuttgart.
Meyer, J., ^{3}2011, *Charta der Grundrechte der Europäischen Union* [Kommentar], Baden-Baden.
Meyer, L.H., 2005, *Historische Gerechtigkeit*, Berlin/New York.
Meyer, L.H., 2010, Rechte zukünftiger Generationen. In: EPH, Bd. 3.
Meyer, L.H./ D. Roser, 2007, Intergenerationelle Gerechtigkeit – Die Bedeutung von zukünftigen Klimaschäden für die heutige Klimapolitik. Auftraggeber: Bundesamt für Umwelt BAFU, Bern.
Meyer, Th., 2002, *Identitätspolitik. Vom Missbrauch kultureller Unterschiede*, Frankfurt/M.
Meyer-Großner, L., ^{44}1999, *Strafprozessordnung, Gerichtsverfassungsgesetz, Nebengesetze und ergänzende Bestimmungen*, München.
Meyer-Ladewig, J., ^{3}2011, *EMRK. Europäische Menschenrechtskonvention. Handkommentar*, Baden-Baden.
Mill, J.S., 1971, *Betrachtungen über die repräsentative Demokratie*, Paderborn.
Mill, J.S., 1977 [1859], On Liberty. In: *Collected Works*, vol. XVIII: Essays on Politics and Society, ed. J.M. Robson, Toronto- Buffalo.
Mishima, K., 2005, Menschenrechte als Tradtionsbruch und Abschied von der Gewalt. In: Kühnhardt/ Takayama 2005.
Möstl, M., 2005, *Verfassung für Europa. Einführung und Kommentierung mit vollständigem Verfassungstext*, München.
Mohnhaupt, H., 1990, Verfassung (I). In: GG, Bd. 6.
Mohr, G., 1996, Rechtsphilosophie. In: F. Gniffke/ N. Herold (Hg.), *Philosophie. Problemfelder und Disziplinen*, Münster.
Mohr, G., 1997, Der Begriff der Rechtskultur als Grundbegriff einer pluralistischen Rechtsphilosophie. In: B. Falkenburg/ S. Hauser (Hg.), *Modelldenken in den Wissenschaften*, Hamburg [Dialektik 1997/1].

Mohr, G., 2000, Menschenrechte, demokratische Rechtskultur und Pluralismus. In: Plümacher/ Schürmann/ Freudenberger 2000.

Mohr, G., 2002, Was kann eine Theorie der Rechtskultur vom Neukantianismus lernen? Zu Emil Lasks ›Rechtsphilosophie‹. In: Alexy et al. 2002.

Mohr, G., 2007, Ein ›Wert, der keinen Preis hat‹ – Philosophiegeschichtliche Grundlagen der Menschenwürde bei Kant und Fichte. In: Sandkühler 2007.

Mohr, G., 2008, Rechtskultur. In: S. Gosepath/ W. Hinsch/ B. Rössler (Hg.), *Handbuch d. Politischen Philosophie u. Sozialphilosophie*, Berlin.

Mohr, G., 2009, Sind die Menschenrechte auf ein bestimmtes Menschenbild festgelegt? Plädoyer für eine Umkehr der Beweislast. In: Sandkühler 2009c.

Mohr, G., 2010, Moralische Rechte gibt es nicht. In: Sandkühler 2010.

Mohr, G., 2010a, Die Fallen der verlogenen Humanismen. Geschichte und Rechtfertigung von einem postkolonialen Standpunkt. In: Poulain, J./ H.J. Sandkühler/ F. Triki (Hg.), *Gerechtigkeit, Recht und Rechtfertigung in transkultureller Perspektive*, Frankfurt/M. et al.

Mohr, G., 2011, Was ist eine Rechtskultur? In Sandkühler 2011.

Moller, S.M., 1998, Konflikte zwischen Grundrechten. Frauenrechte und Probleme religiöser und kultureller Unterschiede. In: Gosepath/ Lohmann 1998.

Montgomery, J. W., 1986, *Human Rights and Human Dignity*, Dallas.

Morgan-Foster, J., 2005, Third Generation Rights: What Islamic Law Can Teach the International Human Rights Movement. In: *Yale Human Rights & Development Law Journal*, Vol. 8.

Morin, J.-Y., 1992, The Rule of Law and the Rechtsstaat Concept: A Comparison. In: E. McWhinney/ J. Zaslove/ W. Wolf (eds.), *Federalism-in-the-Making*, Dordrecht.

Morsink, J., 1999, *The Universal Declaration of Human Rights; Origin, Drafting, and Intent*, Philadelphia.

Mouffe, Ch., 1995, Das Paradoxon des politischen Liberalismus. In: Demmerling/ Rentsch 1995.

Mouffe, Ch., 2007, *Über das Politische. Wider die kosmopolitische Illusion*, Frankfurt/M.

Mouffe, Ch., 2011, »Postdemokratie« und die zunehmende Entpolitisierung. In: *Aus Politik und Zeitgeschichte*, 1–2/2011, 3. Januar 2011.

Müller, A., 1809, *Die Elemente der Staatskunst: oeffentliche Vorlesungen, vor Sr. Durchlaucht dem Prinzen Bernhard von Sachsen-Weimar und einer Versammlung von Staatsmånnern und Diplomaten, im Winter von 1808 auf 1809, zu Dresden gehalten*, Berlin.

Müller, C., 1994, *Die Rechtsphilosophie des Marburger Neukantianismus. Naturrecht und Rechtspositivismus in der Auseinandersetzung zwischen H. Cohen, R. Stammler und P. Natorp*, Tübingen.

Müller, F., 2003, *Demokratie zwischen Staatsrecht und Weltrecht. Nationale, staatlose und globale Formen menschenrechtsgestützter Demokratisierung. Elemente einer Verfassungstheorie VIII*, Berlin.
Müller, H., 1998, *Das Zusammenleben der Kulturen. Ein Gegenentwurf zu Huntington*, Frankfurt/M.
Müller, H., 2008, *Wie kann eine neue Weltordnung aussehen? Wege in eine nachhaltige Politik*, Frankfurt/M.
Müller, J., 2008, Ein Phantombild der Menschenwürde: Begründungstheoretische Überlegungen zum Zusammenhang von Menschenrechten und Menschenwürde. In: Brudermüller/ Seelmann 2008.
Müller, J.-W., 2007, Ein gefährlicher Geist. Carl Schmitts Wirkung in Europa. Mit einem Vorw. v. M. Stolleis, Darmstadt.
Müller, R./ H. Klenner, 1985, *Gesellschaftsvertragstheorien von der Antike bis zur Gegenwart*, Berlin.
Müller, S.-U., 1997, *Konzeptionen der Menschenrechte im China des 20. Jahrhunderts*, Hamburg.
Müller-Graff, P.Ch., 2009, Das Karlsruher Lissabon-Urteil: Bedingungen, Grenzen, Orakel und integrative Optionen. In: *integration*, 32.
Müller-Schmidt, P. (Hg.), 1986, *Begründung der Menschenrechte*, Wiesbaden.
Münkler, H., 1982, *Machiavelli. Die Begründung des politischen Denkens der Neuzeit aus der Krise der Republik Florenz*, Frankfurt/M.
Münkler, H., 2002, Bürgerschaftliches Engagement in der Zivilgesellschaft. In: Enquête-Kommission ›Zukunft des bürgerschaftlichen Engagements‹, Deutscher Bundestag (Hg.), *Bürgerschaftliches Engagement und Zivilgesellschaft*, Opladen.
Munday, R., 1995, What do the French think of their jury? Views from Poitiers and Paris. In: *Legal Studies* 15 (1).
Murray, R./ M.D. Evans (eds.), 2008, *The African Charter on Human and Peoples' Rights: the system in practice 1986-2006*, Cambridge et al.
Musielak, H.-J., 1977, Das Övervictsprincip. Zum Verhältnis von richterlicher Überzeugung und Wahrscheinlichkeit. In: A. Lüderitz/ J. Schröder (Hg.), *Internationales Privatrecht und Rechtsvergleichung im Ausgang des 20. Jahrhunderts.* Festschr. f. G. Kegel, Frankfurt/M.
Musielak, H.-J., 1999, *Kommentar zur Zivilprozessordnung mit Gerichtsverfassungsgesetz*, München.

Nagel, T., 1989, Rawls on Justice. In: *Reading Rawls. Critical Studies on Rawls' ›A Theory of Justice‹*, ed. by Norman Daniels, Stanford University Press.
Nagel, Th., 1991, *Die Grenzen der Objektivität. Philosophische Vorlesungen*. Übers. u. hg. v. M. Gebauer, Stuttgart.
Nagel, T., 1992, *Der Blick von nirgendwo*. Übers. v. M. Gebauer, Frankfurt/M.

Nagel, T., 1994 [1991], *Eine Abhandlung über Gleichheit und Parteilichkeit und andere Schriften zur politischen Philosophie*. Übers. u. m. Nachbemerkungen sowie einem Schriftenverz. hg. v. M. Gebauer, Paderborn et al.

Negt, O., 2010, *Der politische Mensch – Demokratie als Lebensform*, Göttingen.

Neumann, F., 1967, *Demokratischer und autoritärer Staat. Studien zur politischen Theorie*, Frankfurt/M.

Neumann, F., 1978, Typen des Naturrechts (1940). In: ders., *Wirtschaft, Staat, Demokratie. Aufsätze 1930-1954*, Frankfurt/M.

Neumann, F., 1995, Demokratietheorien – Modelle zur Herrschaft des Volkes. In: *Handbuch Politische Theorien u. Ideologien*. Hg. v. F. Neumann, Bd. I, Opladen.

Neumann, U., 1998, Die Tyrannei der Würde. Argumentationstheoretische Erwägungen zum Menschenwürdeprinzip. In: *Archiv f. Recht- u. Sozialphilosophie*, 1998, Nr. 2.

Neumann, U., 2004, *Wahrheit im Recht. Zu Problematik und Legitimität einer fragwürdigen Denkform*, Baden- Baden.

Neumann, V., 2012, Hans Kelsen und die deutsche Staatsrechtslehre. In: *Humboldt Forum Recht* 9/2012.

Nida-Rümelin, J., 1998, Zur Philosophie einer globalen Zivilgesellschaft. In: Ch. Chwaszcza/W. Kersting (Hg.), *Politische Philosophie der internationalen Beziehungen*, Frankfurt/M.

Nietzsche, F., 1954, *Werke in drei Bänden*, München.

Nino, C.S, 1991, *The Ethics of Human Rights*, Oxford.

Nipperdey, H.C., 1954, Die Würde des Menschen. In: F.L. Neumann/ H.C. Nipperdey/U. Scheuner (Hg.), *Die Grundrechte. Handbuch der Theorie und Praxis der Grundrechte*. 2. Bd.: Die Freiheitsrechte in Deutschland, Berlin.

Nobili, M., 2001, *Die freie richterliche Überzeugungsbildung. Reformdiskussion und Gesetzgebung in Italien, Frankreich und Deutschland seit dem Ausgang des 18. Jahrhunderts*. Aus dem Ital. von Th. Vormbaum. Mit einem Vorw. v. M. Maiwald, Baden-Baden.

Nocke, J., 1994, Naturrecht und Demokratie. In: Goldschmidt/ Zechlin 1994.

Nolte, P., 2011, Von der repräsentativen zur multiplen Demokratie. In: *Aus Politik und Zeitgeschichte*, 1–2/2011, 3. Januar 2011.

Nowak, M., [2]2005, *U.N. Covenant on Civil and Political Rights: CCPR Commentary*, Arlington.

Nussbaum, M.C., 1999, *Gerechtigkeit oder Das gute Leben*, Frankfurt/M.

Nyot Kok, P., 1993, African Values, Human Rights and Islamic Universalism‹. In: May/Fritsch-Oppermann 1993.

Oberndörfer, D./ W. Jäger, 1971, *Klassiker der Staatsphilosophie. Bd. II: Von Kant bis Mao Tse-Tung*, Stuttgart.

O'Connell, M.E., 2008, Die Forderung nach humanitären Interventionen – eine kritische Betrachtung. In: G. Hankel (Hg.), *Die Macht und das Recht. Beiträge zum Völkerrecht und Völkerstrafrecht am Beginn des 21. Jahrhunderts*, Hamburg.

Oestreich, G., ²1978, *Geschichte der Menschenrechte und Grundfreiheiten im Umriß*, Berlin.

Oh Chang-Seog, 2004-05, *Recht und Praxis der internationalen Schiedsgerichtsbarkeit in Korea – Eine rechtsvergleichende Untersuchung mit deutschem Recht unter Berücksichtigung des UNCITRAL-Modellgesetzes über die internationale Handelsschiedsgerichtsbarkeit*, Diss. Köln

Oppenheimer, F., 1990 (³1929), *Der Staat*, Berlin.

Orakhelashvili, A., 2006, *Peremptory norms in international law*, Oxford.

Orlu Nmehielle, V.O., 2002, *The African Human Rights System. Its Laws, Practice and Institutions*, Leiden/Boston.

Ottow, R., 2007, David Hume, Moralische, politische und literarische Essays (1741-1777). In: Brocker 2007.

Paech, N., 2007, Das Völkerrecht und die Instrumentalisierung der Menschenrechte. In: *Wissenschaft&Frieden* 2/2007.

Paech, N., 2009, Staatenimmunität und Kriegsverbrechen. In: *Archiv des Völkerrechts*, Bd. 47.

Paech, N., 2011, Responsibility to protect – ein neues Konzept für neue Kriege? In: E. Crome (Hg.), *Die UNO und das Völkerrecht in den internationalen Beziehungen der Gegenwart*, RLS-Paper, Berlin.

Paech, N./ G. Stuby, 2001, *Völkerrecht und Machtpolitik in den internationalen Beziehungen. Ein Studienbuch*, Hamburg.

Paine, Th., 1791, Rights of Man. In: *Collected Writings*, ed. Eric Foner, New York 1995.

Papadopoulos, I., 2004, Introduction to comparative legal cultures: the civil law and the common law on evidence and judgment (oral presentation of the book by Antoine Garapon & Ioannis Papadopoulos, Juger en Amerique et en France: Culture judiciaire française et common law. In: *Cornell Law School Working Papers Series*, Year 2004, Paper 15: http://lsr.nellco.org/cornell/clsops/ papers/ 15/.

Papier, H.-J., 2004, »Das Grundgesetz ist eindeutig. Die Menschenwürde gilt absolut«. Terrorbekämpfung, Erpressungsfälle, Folterverbot: Fragen an Hans-Jürgen Papier, den Präsidenten des Bundesverfassungsgerichts. In: DIE ZEIT, 13. 5. 2004, Nr. 21.

Papier, H.-J., 2007, *Wert Urteile - Judging Values. Grußwort anlässlich des International Congress on Justice and Human Values in Europe*, Karlsruhe, 9. Mai 2007, http://www.werturteile.de/customize/pdf/20071217_Papier.pdf.

Patzig, G., 1971, Moral und Recht. In: ders., *Ethik ohne Metaphysik*, Göttingen.

Patterson, D. (ed.), 1996, *A Companion to Philosophy of Law und Legal Theory*, Cambridge, MA/Oxford.

Pauen, M., 2004, *Illusion Freiheit. Mögliche und unmögliche Konsequenzen der Hirnforschung*, Frankfurt/M.

Pauer-Studer, H., 1994, Das Rechte oder das Gute? Feministische Kritik am Liberalismus und Kommunitarismus. In: *Das Argument*, 36. Jg. H. 4/5.

Paul, G. (Hg.), 1998, *Die Menschenrechtsfrage: Diskussion über China – Dialog mit China*, Göttingen.

Paul, G., 2003, Argumente gegen den Kulturalismus in der Menschenrechtsfrage. In: *Information Philosophie*, H. 5.

Paul, G./ C.Y. Robertson-Wensauer (Hg.), [2]1998, *Traditionelle chinesische Kultur und Menschenrechtsfrage*. Baden-Baden.

Paulson, S.L., 1985, Vorwort zum Neudruck [der *Reinen Rechtslehre*]. In: Kelsen 1985.

Paulson, S.L., 1995, *Radbruch on Unjust Laws: Competing Earlier and Later Views?*. In: Oxford J. Legal Studies 489.

Paulson, S.L., 1999, Konstruktivismus, Methodendualismus und Zurechnung im Frühwerk Hans Kelsens. In: *Archiv d. öffentlichen Rechts*, 124. Bd., H. 4.

Paulson, S.L./ R. Walter, 1986, *Untersuchungen zur Reinen Rechtslehre*, Wien [Schriftenreihe des Hans Kelsen-Instituts, Bd. 11).

Paulus, A.L., 2011, Between Constitutionalization and Fragmentation – Concepts and Reality of International Law in the 21st Century. In: *Humboldt Forum Recht* 5/2011.

Pawlas, A., 1991, Grundgesetz und Menschenbild. In: *Aus Politik und Zeitgeschichte* B 49.

Payandeh, M., 2006, Rechtskontrolle des UN-Sicherheitsrats durch staatliche und überstaatliche Gerichte. In: *Zsch. f. ausländisches öffentliches Recht u. Völkerrecht* 66 (2006).

Peirce, Ch.S., 1991, *Schriften zum Pragmatismus und Pragmatizismus*. Hg. v. K.O. Apel, Frankfurt/M.

Peirce, C.S., 1931-1958, *Collected Papers of Charles Sanders Peirce*, Vol. I-VI, ed. C. Hartshorne/ P. Weiss, Harvard UP, 1931-35; Vol. VII, VIII, ed. W. Burks, Cambridge, Mass; 2. edition, Cambridge (MA) 1958 [= CP].

Perelman, Ch., 1990, *Éthique et Droit*, Bruxelles.

Peters, B., 1991, *Rationalität, Recht und Gesellschaft*, Frankfurt/M.

Petersen, Th., 1995, Die Freiheit des Einzelnen und die Notwendigkeit des Staates. In: *Das Recht der Vernunft. Kant und Hegel über Denken, Erkennen und Handeln*. Hg. v. Ch. Fricke/ P. König/ Th. Petersen, Stuttgart-Bad Cannstatt.

Pfersmann, O., 2002, Temporalité et conditionnalité des systèmes juridiques. In: Kervégan 2002.

Pfestroff, Ch., 2006, Ius cogens als Grenzmarkierung für den nachbarschaftlichen Dialog: Zur Forderung nach Sicherheitsklauseln für das neue EU-Nachbarschaftsinstrument. In: *MenschenRechtsMagazin*, 11 (2006), H. 1.

Picavet, E., 1996, Sur la justification des Droits de l'Homme. In: *Archives de Philosophie* 59.

Picavet, E., 1997, Rational Agreement on Human Rights in a Pluralistic Setting. In: *Rechtsphilosophische Hefte* Nr. 7/1997.

Pico della Mirandola, G., 1990 [1496], *Über die Würde des Menschen*, Hamburg.

Pieroth, B./B.Schlink, [10]1994, *Grundrechte. Staatsrecht II*, Heidelberg.

Pinker, S., 2008, The Stupidity of Dignity. Conservative bioethics' latest, most dangerous ploy. In: *The New Republic*, May 28, 2008.

Podlech, A., 1970, Wertungen und Werte im Recht. In: *Archiv f. öffentliches Recht*, 99.

Pogge, T., 2002, *World Poverty and Human Rights*, Cambridge. [Dt. Weltarmut und Menschenrechte. Kosmopolitische Verantwortung und Reformen, Berlin 2011].

Pollmann, A., 2005, Würde nach Maß. In: *Deutsche Zschr. f. Philosophie* 53, 4.

Pollmann, A., 2005a, Die Menschenrechte: teilbar und ungleichgewichtig! In: Lohmann/Gosepath u. a. 2005.

Pollmann, A., 2010, Menschenwürde nach der Barbarei. Zu den Folgen eines gewaltsamen Umbruchs in der Geschichte der Menschenrechte. In: *zschr. f. menschenrechte* (2010) 1.

Ponton, L., 1990, *Philosophie et droits de l'homme de Kant à Lévinas*, Paris.

Poppe, G., 2002, Der Internationale Strafgerichtshof – Instrument zur Ahndung und Prävention schwerster Verbrechen. In: *Jb. Menschenrechte 2002*.

Popper, K., [4]1975 [dt. Ausgabe 1957], *Die offene Gesellschaft und ihre Feinde. Bd. 1: Der Zauber Platons*, München.

Poscher, R., 2004, Menschenwürde als Tabu. In: *Frankfurt Allgemeine Zeitung*, 2. Juni 2004, Nr. 126, S. 8.

Poscher, R., 2006, Menschenwürde als Tabu. Die verdeckte Rationalität eines absoluten Rechtsverbots der Folter. In: Beestermöller/Brunkhorst 2006.

Pospíil, L, 1982, *Anthropologie des Rechts*, München.

Poulain, J., 2011, *Die neue Moderne. Jenseits von Pragmatik und Postmoderne*. Aus d. Franz. übers. v. Elfie Poulain, Frankfurt/M. et al.

Poulantzas, N., [2]2002 [franz. Orig. 1977], *Staatstheorie. Politischer Überbau, Ideologie, Autoritärer Etatismus.* Mit einer Einl. v. A. Demirovic/ J. Hirsch/B. Jessop, Hamburg.

Pradel, J., 1998, Les méandres de la cour s'assises française de 1791 à nos jours. In: *Revue juridique Thémis,* (Montréal), vol. 32, n°l.

Pradel, J., 2001, Le jury en France. Une histoire jamais terminée. In: *Revue internationale de droit pénal*, vol. 72 – 2001/ 1-2.

Preis, A-B., 1996, Rights as Cultural Practice: An Anthropological Critique. In: *Human Rights Quarterly*, Vol. 18, No. 2.

Presby, G.M., 1997, Zur Praxis der afrikanischen ›Weisen‹. H. Odera Orukas Herausforderung an die Selbstbeschränkung akademischer Philosophen. In: *Widerspruch*, 17. Jg., H. 1.

Preuß, U.K., 1973, *Legalität und Pluralismus*, Frankfurt/M.

Preuß, U.K., 1990, *Revolution, Fortschritt und Verfassung. Zu einem neuen Verfassungsverständnis*, Berlin.

Preuss, U.K., 2001, Verfassung. In: HWbPH, Bd. 11.

Puster, R.W., 2010, Libertarianism. In: EPH, Bd. 2, Hamburg.

Putnam, H., 1981, *Reason, Truth and History*, Cambridge et al.

Putnam, H., 1990 [1981], *Vernunft, Wahrheit und Geschichte*, Frankfurt/M.

Quante, M., 2010, *Menschenwürde und personale Autonomie. Demokratische Werte im Kontext der Lebenswissenschaften*, Hamburg.

Quaritsch, H., 1980, Zur Entstehung der Theorie des Pluralismus. In: *Der Staat* 19/1.

Quinteros-Yañes, L., 1990, Menschenrechte und ›Dritte Welt‹ In: E. Schoeck-Quinteros, E./ L. Quinteros-Yañes, ›Dritte Welt‹. In: EE, Bd. 1.

Radbruch, G., 1946, Gesetzliches Unrecht und übergesetzliches Recht. In: Radbruch 1999.

Radbruch, G., [2]1959 [1947], *Vorschule der Rechtsphilosophie*, Göttingen.

Radbruch, G., 1963 [[3]1932], *Rechtsphilosophie.* 6. Aufl. Nach d. Tode d. Verf. besorgt v. Erik Wolf, Stuttgart.

Radbruch, G., [8]1973, *Rechtsphilosophie*, Stuttgart.

Radbruch, G., 1990, Der Relativismus in der Rechtsphilosophie. In: ders., *Gesamtausgabe, Rechtsphilosophie III*, hg. v. W. Hassemer, Heidelberg.

Radbruch, G., 1993, *Gesamtausgabe, Rechtsphilosophie II*, hg. v. A. Kaufmann, Heidelberg.

Radbruch, G., 1999 [1932], *Rechtsphilosophie. Studienausgabe.* Hg. v. R. Dreier/ S.L. Paulson, Göttingen.

Radbruch, G., [2]2003, *Rechtsphilosophie. Studienausgabe.* Hg. v. R. Dreier/ St. L. Paulson, Heidelberg.

Radbruch, G., 2004, *Rechtsphilosophische Tagesfragen. Vorlesungsmanuskript Kiel, Sommersemester 1919*. Hg. v. H. Adachi/N. Teifke, Baden-Baden.
Radunski, A., 2005, Die Afrikanische Union und der Afrikanische Menschenrechtsgerichtshof. In: *MenschenRechtsMagazin*, 10. Jg., H. 1.
Rancière, J., 2005, *La haine de la démocratie*, Paris [dt. *Der Hass der Demokratie*, Berlin 2011].
Rau, M./ F. Schorkopf, 2002, Der EuGH und die Menschenwürde. In: NJW, H. 34.
Rawls, J., 1958, Justice as Fairness. In: *The Philosophical Review* 67.
Rawls, J., 1967, Distributive Justice. In: ders., *Collected Papers*, Cambridge MA. 1999.
Rawls, J., 1971, *A Theory of Justice*, Cambridge MA.
Rawls, J., 1975 [1972], *Eine Theorie der Gerechtigkeit*, übers. v. H. Vetter, Frankfurt/M.
Rawls, J., 1977, *Gerechtigkeit als Fairneß*. Hg. v. Otfried Höffe m. einem Beitrag »Rawls' Theorie der politisch-sozialen Gerechtigkeit«. Aus d. Engl. v. Joachim Schulte, Freiburg/München.
Rawls, J., 1985, Justice as Fairness: Political not Metaphysical. In: *Philosophy and Public Affairs*, 14.
Rawls, J., 1993, *Political Liberalism*, New York.
Rawls, J., 1993a, The Law of Peoples. In: Shute/Hurley 1993.
Rawls, J., 1994, Die Idee des politischen Liberalismus. Aufsätze 1978-1989. Hg. v. W. Hinsch, Frankfurt/M.
Rawls, J., 1994a, Gerechtigkeit als Fairneß: politisch und nicht metaphysisch. In: Rawls 1994.
Rawls, J., 1998, *Politischer Liberalismus*, Frankfurt/M.
Rawls, J., 1998a, Gleiche Freiheit für alle [Auszüge aus: ders., *Eine Theorie der Gerechtigkeit*]. In: J. Nida-Rümelin/ W. Vossenkuhl (Hg.), *Ethische und politische Freiheit*, Berlin/New York.
Rawls, J., 1998b, *Eine Theorie der Gerechtigkeit*. Hg. v. O. Höffe, [Klassiker Auslegen, Bd. 15], Berlin.
Rawls, J., 2001, *Justice as Fairness. A Restatement*, Cambridge MA; dt. Übers. Frankfurt/M. 2006.
Raz, J., 1984, On the Nature of Rights. In: *Mind*, 93.
Raz, J., 1998, Kelsen's Theorie of the Basic Norm. In: In: S.L. Paulson/ B. Litschewski Paulson (eds.), *Normativity and Norms. Critical Perspectives on Kelsian Themes*, Oxford.
Regenbogen, A. (Hg.), 1995, Universalistische Moral und Ethik in der Lehre. In: *Dialektik* 1995/2, Hamburg.
Regenbogen, A. und A., 2001, *Menschenrechte. Arbeitshefte Ethik Sekundarstufe II*, Donauwörth.
Rehbinder, M./ J.-Ch. Sonn (Hg.), 1990, *Zur Rezeption des deutschen Rechts in Korea*, Baden-Baden.

Reich, N. (Hg.), 1972, *Marxistische und sozialistische Rechtstheorie*, Frankfurt/M.

Reichert, E., 2006, Human Rights: An Examination of Universalism and Cultural Relativism. In: *Journal of Comparative Social Welfare*, 22, 1, 23-36.

Reifferscheid, A./ E. Böckel/ F. Benseler (Hg.), 1968, *Lexikon des Rechts, 1, Allgemeines Recht, Schuldrecht, Sachenrecht*, Neuwied/ Berlin.

Reinhard, W., 1999, *Geschichte der Staatsgewalt. Eine vergleichende Verfassungsgeschichte Europas von den Anfängen bis zur Gegenwart*, München.

Reinthal, A./ R. Mußgnug/ D. Mußgnug (Hg.), 2007, *Briefwechsel Ernst Forsthoff – Carl Schmitt 1926-1974*, Berlin.

Reiter, J., 2004, Menschenwürde als Maßstab. In: *Aus Politik u. Zeitgeschichte* B 23-24/2004.

Rescher, N., 1993, *Pluralism. Against the Demand for Consensus*, Oxford.

Reuter, H.-R., 1999, Relativistische Kritik am Menschenrechtsuniversalismus? Eine Antikritik. In: ders. (Hg.), *Ethik der Menschenrechte. Zum Streit um die Universalität einer Idee I*, Tübingen.

Ricœur, P. (ed.), 1986, *Philosophical Foundations of Human Rights*, Paris.

Ridder, H., 1975, *Die soziale Ordnung des Grundgesetzes. Leitfaden zu den Grundrechten einer demokratischen Verfassung*, Opladen.

Riedel, E., 1989, Menschenrechte der dritten Dimension. In: *EuGRZ* 1989.

Riedel, E., 1992, Vom Grund des Grundgesetzes. Zu den Möglichkeiten normativer Begründung durch Menschenrechte, Grundrechte und Grundwerte. In: *Würde und Recht des Menschen. Festschr. f. J. Schwartländer z. 70. Geb.* Hg. v. H. Bielefeld/ W. Brugger/ K. Dicke, Würzburg.

Rieß, P., 1978, Zur Revisibilität der freien tatrichterlichen Überzeugung. In: *Goltdammer's Archiv für Strafrecht* (GA) 1978.

Rinken, A., [2]1991, *Einführung in das juristische Studium. Juristenausbildung, Juristenpraxis und Juristenfunktion im demokratischen Verfassungsstaat*, München.

Rinken, A., 2007, Worauf stützt sich der Geltungsanspruch modernen Rechts? In: Stein/Buchstein/Offe 2007.

Robinson, M., 2003, Menschenrechte im Schatten des 11. September. In: *Jb. Menschenrechte 2003*.

Röhl, K. F., 32008, *Allgemeine Rechtslehre. Ein Lehrbuch*, Köln.

Roetz, H., 2005, The Intercultural Debate on Human Rights and the Case of China. In: Kühnhardt/Takayama 2005.

Rohe, M., [2]2009, *Das islamische Recht. Geschichte und Gegenwart*, München.

Rohloff, Ch., 2001, Menschenrechte brechen Völkerrecht? Ein Plädoyer für die Stärkung beider Rechtskategorien. In: *Jb. Menschenrechte 2001*.

Rorty, R., 1990, The Priority of Democraty to Philosophy. In: A.R. Malachowski (ed.), *Reading Rorty. Critical Responses to Philosophy and the Mirror of Nature* (and Beyond), London.

Rorty, R., 1994, *Hoffnung statt Erkenntnis. Eine Einführung in die pragmatische Philosophie*. Aus d. Amerik. v. J. Schulte, Wien.

Rorty, R., 1996, Menschenrechte, Rationalität und Gefühl. In: Shute/ Hurley 1996.

Rosanvallon, P., 2006, *La contre-démocratie : La politique à l'âge de la défiance*, Paris.

Rosas, A., 2000, Globaler Konstitutionalismus, Menschenrechte und staatliche Souveränität. Die Meilensteine von 1945 und 1948. In: H. Brunkhorst/ M. Kettner (Hg.), *Globalisierung und Demokratie. Wirtschaft, Recht, Medien*, Frankfurt/M.

Roschmann, Ch., 2011, Menschenrechte und Armut in Afrika. In: Ruppel/Winter 2011.

Rosenbaum, A.S. (ed.), 1980, *The Philosophy of Human Rights. International Perspectives*, Westport Conn.

Roth, G., 2003, *Aus Sicht des Gehirns*, Frankfurt/M.

Roth, G./ M. Lück/ D. Strüber, 2006, Schuld und Verantwortung von Gewaltstraftätern aus Sicht der Hirnforschung und Neuropsychologie. In: S. Barton (Hg.), »... *weil er für die Allgemeinheit gefährlich ist!« Prognosegutachten, Neurobiologie, Sicherungsverwahrung*, Baden-Baden.

Roth, K./ J. Weschler, 1998, Das Versprechen muß gehalten werden. Die Vereinten Nationen und die Menschenwürde. In: Köhne 1998.

Rottleuthner, H. (Hg.), 1975, *Probleme der marxistischen Rechtstheorie*, Frankfurt/M.

Rousseau, J.-J., 1955, *Schriften zur Kulturkritik (Zwei Diskurse von 1750 und 1755)* [...]. Übers. u. mit Einl. u. Anmerk. Hg. V. K. Weigand, Hamburg.

Rousseau, J.-J., 1963 [1762], *Vom Gesellschaftsvertrag oder Grundsätze des Staatsrechts*. In der verbesserten Übers. v. H. Denhardt hg. u. eingel. v. H. Weinstock, Stuttgart.

Rousseau, J.-J., 1972 [1755], Politische Ökonomie. In: *Artikel aus der von Diderot und D'Alembert herausgegebenen Enzyklopädie*, hg. v. M. Naumann, Leipzig.

Roy, O., 2006, *Der islamische Weg nach Westen. Globalisierung, Entwurzelung und Radikalisierung*, München.

Rudolph, E./ H.J. Sandkühler (Hg.), 1995, *Symbolische Formen, mögliche Welten – Ernst Cassirer*, Hamburg [Dialektik 1/1995].

Rühl, U.F.H., 1998, *Tatsachen – Interpretationen – Wertungen. Grundfragen einer anwendungsorientiertren Grundrechtsdogmatik der Meinungsfreiheit*, Baden-Baden.

Rühl, U.F.H., 2000, Tatsachenbehauptungen und Wertungen. Versuch über den Sinn und die Kriterien ihrer Unterscheidung im deutschen Rechtssystem. In: *AfP* 1-2000.

Rühl, U.F.H., 2011, ›Aber was ist denn eigentlich ein Gesetz?‹ Zur Funktion des Gesetzesbegriffs in der Rechtsphilosophie, der Aufklärung und im Staatsrecht. In: Dhouib/Jürgens 2011.

Runciman, D., 1997, *Pluralism and the Personality of the State*, Cambridge.

Ruppel, O.C., 2010, The Namibian Customary Law Ascertainment Project and the Human Rights and Documentation Centre. In: Hinz 2010.

Ruppel, O.C./ G. Winter (Hg.), 2011, *Recht von innen: Rechtspluralismus in Afrika und anderswo. Justice from within: Legal pluralism in Afrika and beyond. Festschr. f. M.O. Hinz anlässlich seines 75 Geb.*, Hamburg.

Ryu, P.K., 1968, *Einleitung in das koreanische Strafrecht* (Sammlung außerdeutscher Strafgesetzbücher in deutscher Übersetzung, Nr. 89), Berlin.

Saage, R., 2005, *Demokratietheorien. Historischer Prozess – Theoretische Entwicklung – Soziotechnische Bedingungen*. Mit einl. Essay v. W. Euchner, Wiesbaden.

Sabrow, S./ G.W. Kanyeihamba, 2009, Menschenrechte auch in Afrika!: WT-Interview mit dem ugandischen Richter George W. Kanyeihamba. In: *WeltTrends. Zschr. f. internat. Politik*, 17. Jg., Sept./Okt. 2009.

Sachs, M. (Hg.), ³2003, *Grundgesetz Kommentar*, München.

Saïd, J., 2010, Die Menschenrechte und die Demokratie der Anderen. In: J. Poulain/ H.J. Sandkühler/ F. Triki (Hg.), *Gerechtigkeit, Recht und Rechtfertigung in transkultureller Perspektive,* Frankfurt/M.

Sandel, M., ²1998 [1982], *Liberalism and the Limits of Justice*, Cambridge.

Sandkühler, H.J., 1988, F.W.J. Schelling – Philosophie als Seinsgeschichte und Anti-Politik. In: Deutscher Idealismus und Französische Revolution. [Schriften aus dem Karl-Marx-Haus Trier, Bd. 37]. Trier.

Sandkühler, H.J., 1991, *Demokratie des Wissens. Aufklärung, Rationalität, Menschenrechte und die Notwendigkeit des Möglichen*, Hamburg.

Sandkühler, H.J., 1993, The Human Right to Know and the Reality of Knowledge. Practical-philosophical consequences of epistemological realism. In: *Journal of the Indian Council of Philosophical Research*, Vol. X, No. 3.

Sandkühler, H.J., 1994, Die Krise der Urteilsfähigkeit und die Verantwortbarkeit des Handelns. In: ders. (Hg.), *Freiheit, Verantwortung und Folgen in der Wissenschaft,* Frankfurt/M.

Sandkühler, H.J., 1996, Das Recht und die pluralistische Demokratie. Naturrecht, Rechtspositivismus, Menschenrechte. In: *Das Selbst und das Fremde – Der Streit der Kulturen.* Hg. v. H.J. Sandkühler und R.A. Mall, Hamburg, [Dialektik 1996/1].

Sandkühler, H.J., 1997, Evidenz. Zur Kritik dogmatischer Ansprüche in philosophischen Kulturen. In: N. Schneider u. a. (Hg.), *Philosophie aus interkultureller Sicht. Philosophy from an Intercultural Perspective,* Amsterdam/ Atlanta.

Sandkühler, H.J., 1998, Die Universalität des Rechts und das Faktum des Pluralismus. In: R. Fornet-Betancourt (Hg.), *Armut im Spannungsfeld zwischen Globalisierung und dem Recht auf eigene Kultur,* Frankfurt/M.

Sandkühler, H.J., 2001, Die Geschichte, das Recht und der Staat als ›zweite Natur‹. Zu Schellings politischer Philosophie. In: *Zeitschrift für philosophische Forschung* 55.

Sandkühler, H.J., 2002, ›Natur‹ des Rechts und Relativismus im Recht. Eine Studie zu Gustav Radbruch und Hans Kelsen im Kontext des Neukantianismus. In: *Neukantianismus und Rechtsphilosophie,* hg. v. R. Alexy et al., Baden-Baden.

Sandkühler, H.J., 2002a, Il diritto, lo Stato e la democrazia pluralistica. In: *Filosofi tedeschi a confronto,* a cura di Massimo Mori, Bologna.

Sandkühler, H.J./ F. Triki (Hg.), 2003, *Der Fremde und die Gerechtigkeit. L´étranger et la justice,* Frankfurt/M. et al.

Sandkühler, H.J., 2004, Pluralism, Cultures of Knowledge, Transculturality, and Fundamental Rights. In: Ders./Hong-Bin Lim (Hg.), *Transculturality – Epistemology, Ethics, and Politics,* Frankfurt/M. et al.

Sandkühler, H.J., 2005, *Handbuch Deutscher Idealismus.* In Zusammenarbeit m. M. s'Alfonso, F. Duque, G.F. Frigo, B. Frischmann, P. Giordanetti, J.-F. Kervégan, L. Knatz, G. Mohr, B. O‹Connor, D. Pätzold, M. Potpa, M. Rosen und H. Tavi, Stuttgart/Weimar.

Sandkühler, H.J., 2006, Universalisierbarkeit von Menschenrechten unter Bedingungen kultureller Differenz. In: E. Steffens/ A. Meuthrath (Hg.), *Utopie hat einen Ort. Beiträge für eine interkulturelle Welt aus vier Kontinenten.* Festschr. f. Raúl Fornet-Betancourt, Frankfurt/M./ London.

Sandkühler, H.J., 2006a, Pour une philosophie de la démocratie. La faculté de juger comme condition de l'agir et de la responsabilité ? In: *L'Avenir de l'être humain. Troisème Journée de la philosophie à l'UNESCO 2004,* UNESCO, Paris.

Sandkühler, H.J. (Hg.), 2007, *Menschenwürde. Philosophische, theologische und juristische Analysen,* Frankfurt/M. et al.

Sandkühler, H.J., 2007a, Menschenwürde und die Transformation moralischer Rechte in positives Recht. In: ders. 2007.

Sandkühler, H.J., 2008, Menschenrechte. Zur Transformation moralischer in juridische Rechte. In: Yousefi, H. R./ K. Fischer/ I. Braun/ P. Gerdsen (Hg.), *Wege zu Menschenrechten. Geschichten und Gehalte eines umstrittenen Begriffs*, Nordhausen.

Sandkühler, H.J., 2009, *Kritik der Repräsentation. Einführung in die Theorie der Überzeugungen, der Wissenskulturen und des Wissens*, Frankfurt/M.

Sandkühler, H.J., 2009a, La dignité humaine et la transformation des droits moraux en droit positif – Introduction. In: J. Poulain/ H.J. Sandkühler/ F. Triki (Hg.), *La dignité humaine*, Frankfurt/M. et al.

Sandkühler, H.J., 2009b, Menschenrechte. Moral, Recht und die Hierarchie des Rechtsnormensystems. In: W. Goldschmidt/ B. Lösch/ J. Reitzig (Hg.), *Freiheit, Gleichheit, Solidarität. Beiträge zur Dialektik der Demokratie*, Frankfurt/M et al.

Sandkühler, H.J. (Hg.), 2009c, *Menschenrechte in die Zukunft denken. 60 Jahre Allgemeine Erklärung der Menschenrechte*, Baden-Baden.

Sandkühler, H.J. (Hg.), 2009d, *Philosophie im Nationalsozialismus*, Hamburg.

Sandkühler, H.J. (Hg.), 2010, *Recht und Moral*, Hamburg.

Sandkühler, H.J., 2010a, Moral und Recht? Recht oder Moral? Zur Einführung. In: ders. 2010.

Sandkühler, H.J., 2010b, Menschenrechte. In: EPH, Bd. 2.

Sandkühler, H.J., 2010c, Pluralismus. In: EPH, Bd. 2.

Sandkühler, H.J., 2010d, Gewissheit. In: EPH, Bd. 1.

Sandkühler, H.J., 2010e, Überzeugung. In: EPH, Bd. 3.

Sandkühler, H.J., 2010f, Zurechnung. In: EPH, Bd. 3.

Sandkühler, H.J., 2010g, Die Kosmopolis des Rechts. Menschenwürde, Menschenrechte und Staaten. In: *Das Argument* 285, 52. Jg., H. 1.

Sandkühler, H.J. (Hg.), 2011, *Recht und Kultur. Menschenrechte und Rechtskulturen in transkultureller Perspektive*, Frankfurt/M.

Sandkühler, H.J., 2011a, Universalität und Transkulturalität der Menschenrechte. Ein Plädoyer gegen Rechtsrelativismus. In: ders. 2011.

Sandkühler, H.J., 2011b, Kritik der Evidenz. In: J. Bellmann/ Th. Müller (Hg.), *Wissen, was wirkt. Kritik evidenzbasierter Pädagogik*, Wiesbaden.

Sandkühler, H.J., 2011c, Menschenrechte und Kulturen: Zur Kritik des Relativismus. In: Ruppel/Winter 2011.

Sartori, G., 1992, *Demokratietheorie*, Darmstadt.

Scanlon, T., 1996, *The Diversity of Objections to Inequality*, Lawrence.

Schaarschmidt, J., 2010, Die Reichweite des völkerrechtlichen Immunitätsschutzes - Das Verfahren der Bundesrepublik Deutschland gegen die

Republik Italien vor dem IGH. In: *Beiträge zum zum Europa- und Völkerrecht*, H. 5. [Universität Halle-Wittenberg].
Schacht, J., 1964, *An Introduction to Islamic Law*, Oxford.
Schaber, P., 2003, Menschenwürde als Recht, nicht erniedrigt zu werden. In: Stoecker 2003.
Schaber, P., 2004, Menschenwürde und Selbstachtung: Ein Vorschlag zum Verständnis der Menschenwürde. In: *Studia philosophica*, 63.
Schaber, P., 2010, *Instrumentalisierung und Würde*, Paderborn.
Schäfer, G./ H. Reichelt/ J. Hirsch/ E. Hennig (Hg.), 1979, *Karl Marx/ Friedrich Engels, Staatstheorie, Materialien zur Rekonstruktion der marxistischen Staatstheorie,* Frankfurt/M./Berlin/Wien.
Schefold, D., 2006, Von der Grundrechtsinterpretation zur Verfassungstheorie. In: K. Acham/ K.W. Nörr/ B. Schefold (Hg.), *Der Geltungsanspruch der Wissenschaft. Aufbruch und Ernüchterung in den Rechts-, Sozial- und Wirtschaftswissenschaften auf dem Wege von den 1960er zu den 1980er Jahren*, Stuttgart.
Schelling, F.W.J., 1972, *Grundlegung der positiven Philosophie. Münchner Vorlesung WS 1832/33 und SS 1833*, hg. und kommentiert v. Horst Fuhrmans, Torino.
Scheuren-Brandes, Ch.M., 2006, *Der Weg von nationalsozialistischen Rechtslehren zur Radbruchschen Formel. Untersuchungen zur Geschichte der Idee vom ›Unrichtigen Recht‹*, Paderborn et al.
Schieder, Th., 1967, Idee und Gestalt des übernationalen Staates seit dem 19. Jahrhundert. In: In: *Die Entstehung des modernen souveränen Staates*. Hg. v. H. Hofmann, Köln/Berlin.
Schiff Berman, P., 2009, The New Legal Pluralism, in: *Annual Review of Law and Social Science*, 5.
Schilling, Th., ²2010, *Internationaler Menschenrechtsschutz. Das Recht der EMRK und des IPbpR*, Tübingen.
Schirrmacher, Ch., 2005, *Frauen unter der Scharia. Strafrecht und Familienrecht im Islam*, Frankfurt/M. (Internationale Gesellschaft für Menschenrechte, igfm dokumente 1).
Schlegel, F., 1958 ff., *Friedrich Schlegel – Kritische Ausgabe seiner Werke*. Hg. v. E. Behler unter Mitwirkung v. J.-J. Anstett u. H. Eichner, 22 Bde., München et al.
Schlink, B., 1991, Why Carl Schmitt? In: *Journal for History of Law (Rechtshistorisches Journal)*, issue 10/1991.
Schlink, B., 2003, Die überforderte Menschenwürde. Welche Gewißheit kann Artikel 1 des Grundgesetzes geben? In: *Der Spiegel* 51/2003.
Schlink, B., 2003a, Ist Würde wägbar? In: *Humboldt Forum Recht* 8/2003.
Schmale, W. (ed.), 1993, *Human Rights and Cultural Diversity. Europe – Arabic-Islamic World – Africa – China*, Goldbach.

Schmale, W., 1997, *Archäologie der Grund- und Menschenrechte in der Frühen Neuzeit. Ein deutsch-französisches Paradigma*, München.
Schmidt, H. (Hg.), 1998, *Allgemeine Erklärung der Menschenpflichten: Ein Vorschlag*, München.
Schmidt, M.G., 2008, *Demokratietheorien. Eine Einführung*, Wiesbaden.
Schmidt-Bleibtreu, B./ F. Klein, [10]2004, *Kommentar zum Grundgesetz*, Neuwied.
Schmitt, C., 1928, *Verfassungslehre*, Berlin.
Schmitt, C., 1930, Staatsethik und pluralistischer Staat. In: *Kant-Studien* 35.
Schmitt, C., 1932, Legalität und Legitimität. In: ders., *Verfassungsrechtliche Aufsätze aus den Jahren 1924-1954. Materialien zu einer Verfassungslehre*, Berlin 1958.
Schmitt, C., 1933, Reich – Staat – Bund. In: ders., *Positionen und Begriffe*, Hamburg 1940.
Schmitt, C., 1934, Der Führer schützt das Recht. Zur Reichstagsrede Adolf Hitlers vom 13. Juli 1934. In Schmitt 1940. Zunächst erschienen in: *Deutsche Juristen-Zeitung*, 39. Jg., H. 15, 1. 8. 1934.
Schmitt, C., [2]1934a, *Politische Theologie. Vier Kapitel zur Lehre von der Souveränität*, Berlin.
Schmitt, C., 1935, Was bedeutet der Streit um den Rechtsstaat? In: *Zschr. f. d. gesamte Staatswissenschaft*, 35. Bd.
Schmitt, C. 1940, *Positionen und Begriffe*, Hamburg.
Schmitt, C., 1950, *Ex Captivitate Salus. Erfahrungen der Zeit 1945/47*, Köln.
Schmitt, C., 1963, *Theorie des Partisanen Zwischenbemerkung zum Begriff des Politischen*, Berlin.
Schmitt, C., 41969 [1926], *Die geistesgeschichtliche Lage des heutigen Parlamentarismus*, Berlin.
Schmitt, C., 1991, *Glossarium. Aufzeichnungen der Jahre 1947-1951*. Hg. v. E. v. Medem, Berlin.
Schmitt, C., [6]1996 [1932, [2]1933], *Der Begriff des Politischen*. Text von 1932 mit einem Vorwort und drei Colollarien, Berlin.
Schneider, J., 2004, *Die Justiziabilität wirtschaftlicher, sozialer und kultureller Menschenrechte*, Berlin [Deutsches Institut für Menschenrechte].
Schneider, P., 1967, Social Rights and the Concept of Human Rights. In: D.D. Raphael (ed.), *Political Theory and the Rights of Man*, London.
Schneider, P., 1979, Eigenart und Funktionen der Grundrechte im demokratischen Verfassungsstaat. In: J. Perels (Hg.), *Grundrechte als Fundament der Demokratie*, Frankfurt/M.
Schneider-Flume, G., 2010, Die Geschichte der Imago Dei als Schutzraum der Menschenwürde. In: Ch. Ammer/ V. v. Bülow/ M. Heimbucher

(Hg.), *Herausforderung Menschenwürde. Beiträge zu einem interdisziplinären Gespräch*, Neukirchen-Vluyn.
Schnur, R. (Hg.), 1964, *Zur Geschichte der Erklärung der Menschenrechte*, Darmstadt.
Schöbener, B., 2009, *Allgemeine Staatslehre. Lehrbuch/Studienliteratur*, München.
Schoeck-Quinteros, E./ L. Quinteros-Yañes, 1990, Menschenrechte und ›Dritte Welt‹. In: EE, Bd. 2.
Schöne-Seifert, B., Sterbehilfe. In: EPH, Bd. 3.
Scholz, P., 2011, Recht im Nahen und Mittleren Osten: Ausdruck moderner Staatlichkeit, Träger islamischen Erbes und Instrument autoritärer Systeme. Zugleich eine Einführung in das islamisch geprägte Recht der Gegenwart. In: *Humboldt Forum Recht* 3/2011.
Schopenhauer, A., 1840, Preisschrift über die Grundlage der Moral. In: *Werke in 5 Bde.*, Hg. v. L. Lütkehaus, Bd. III., Zürich 1988.
Schorlemmer, S. v., 2008, Das Recht auf Entwicklung. Recht des Individuums oder Recht der Völker? In: *Vereinte Nationen*, 5/2008.
Schottky, R., 1995, Untersuchungen zur Geschichte der staatsphilosophischen Vertragslehre im 17. und 18. Jh. (Hobbes-Locke-Rousseau-Fichte), 1972. In: *Fichte-Studien Supplementa*, Amsterdam/ Atlanta.
Schraven, M., 1989, *Philosophie und Revolution. Schellings Verhältnis zum Politischen im Revolutionsjahr 1848*, Stuttgart-Bad Cannstatt.
Schraven, M., 1998, Recht, Staat und Politik bei Schelling. In: H.J. Sandkühler (Hg.), F.W.J. Schelling, Stuttgart/Weimar 1998.
Schulze-Fielitz, H., ^{2}2006, Art. 20 (Rechtsstaat). In: H. Dreier (Hg.), *Grundgesetz- Kommentar*, Bd. II, Tübingen.
Schumpeter, J. A., 1950, Eine andere Theorie der Demokratie. In: ders., *Kapitalismus, Sozialismus und Demokratie*, München.
Schuon, K.Th., 1986, Pluralismus. In: Th. Meyer et al. (Hg.), *Lexikon des Sozialismus*, Köln.
Schubert, G. (Hg.), 1999, *Menschenrechte in Ostasien. Zum Streit um die Universalität einer Idee*, Tübingen.
Schürmann, V., 2007, Personen der Würde. In: F. Kannetzky/ H. Tegtmeyer (Hg.), *Personalität. Studien zu einem Schlüsselbegriff der Philosophie*, Leipzig.
Schürmann, V., 2011, Würde als Maß der Menschenrechte. Vorschlag einer Topologie. In: *Deutsche Zeitschrift für Philosophie*, Vol. 59.
Schütze, H., 2007, *Embryonale Humanstammzellen. Eine rechtsvergleichende Untersuchung der deutschen, französischen, britischen und US-amerikanischen Rechtslage*, Heidelberg.
Schumann, E. (Hg.), 2008, *Kontinuitäten und Zäsuren. Rechtswissenschaft und Justiz im »Dritten Reich« und in der Nachkriegszeit*, Göttingen.

Schumpeter, J.A., 31972 [1942], *Kapitalismus, Sozialismus und Demokratie*, München.
Schwab, K.H./ G. Walter/ A. Baumbach, 2005, *Schiedsgerichtsbarkeit. Systematischer Kommentar zu den Vorschriften der Zivilprozeßordnung, des Arbeitsgerichtsgesetzes, der Staatsverträge und der Kostengesetze über das privatrechtliche Schiedsgerichtsverfahren*, München.
Schwartländer, J. (Hg.), 1981, *Menschenrechte und Demokratie*, Kehl.
Schwartländer, J. (Hg.), 1993, *Freiheit der Religion. Christentum und Islam unter dem Anspruch der Menschenrechte*, Mainz.
Schwartz, B. (ed.), 1971, *The Bill of Rights. A Documentary History*, New York.
Schweidler, W. (Hg.), 1998, *Menschenrechte und Gemeinsinn – westlicher und östlicher Weg? Philosophisch-politische Grenzerkundungen zwischen westlichen und ostasiatischen Kulturen*, St. Augustin.
Schweidler, W., 1994, *Geistesmacht und Menschenrecht*. Freiburg/ München.
Schwemmer, O., 2005, *Kulturphilosophie. Eine medientheoretische Grundlegung*, München.
Šipanov, I.J., Protiv buruaznogo ob-ektivizma i kosmopolitizma (Gegen den bürgerlichen Objektivismus und Kosmopolitismus). In: *Voprosy filosofii*, 1948, H. 3.
Seelmann, K., 1989, Zurechnung als Deutung und Zuschreibung – Hegels Recht der Objektivität. In: *Die Rechtsphilosophie des deutschen Idealismus*. Hg. v. V. Hösle, Hamburg
Seelmann, K., 1994, *Rechtsphilosophie*, München.
Seelmann, K., 2004, Repräsentation als Element von Menschenwürde. In: *Zschr. f. Rechtsphilosophie* 2 (2004).
Seelmann, K. (Hg.), 2005, Menschenwürde als Rechtsbegriff. Tagung der Internationalen Vereinigung für Rechts- und Sozialphilosophie (IVR), Schweizer Sektion Basel, 25. bis 28. Juni 2003. Archiv für Rechts- und Sozialphilosophie – Beihefte, Bd. 101.
Seelmann, K., 2007, Menschenwürde: ein Begriff im Grenzgebiet von Recht und Ethik. In: M. Fischer/M. Strasser (Hg.), *Rechtsethik*, Frankfurt/M. 2007.
Seidel, G., 1996, *Hb. d. Grund- und Menschenrechte auf staatlicher, europäischer und universeller Ebene. Eine vergleichende Darstellung der Grund- und Menschenrechte des deutschen Grundgesetzes, der Europäischen Menschenrechtskonvention von 1950 und des Internationalen Pakts über bürgerliche und politische Rechte von 1966 sowie der Entscheidungspraxis des Bundesverfassungsgerichts und der zuständigen Vertragsorgane*, Baden-Baden.
Sellin, V., 1978, Politik. In: GG, Bd. 4.

Sen, A., 1981, *Poverty and Famines. An Essay on Entitlement and Deprivation*, Oxford.
Sen, A., 1992, *Inequality Reexamined*, Oxford.
Sen, A., 2007, *Die Identitätsfalle. Warum es keinen Krieg der Kulturen gibt*, Bonn. [Amerik. Originalausg.: Identity and Violence: The Illusion of Destiny (Issues of Our Time), New York/London 2006].
Senger, H. v., 1999, Versuch einer Darstellung der offiziellen Position der VR China zur Menschenrechtsfrage. In: Schubert 1999.
Senghaas, D., 1998, *Zivilisierung wider Willen. Der Konflikt der Kulturen mit sich selbst*, Frankfurt/M.
Senghaas, D., 2001, Der aufhaltsame Sieg der Menschenrechte. In: Fornet-Betancourt/Sandkühler 2001.
Sève, L., 2006, *Qu'est-ce que la personne humaine? Bioéthique et démocratie*, Paris.
Sherwin, E./ K.M. Clermont, 2002, A Comparative View of Standards of Proof. In: *American Journal of Comparative Law* 50.
Shivji, I., 1989, *The Concept of Human Rights in Africa*, London.
Shute, S./ S. Hurley (eds.), *On Human Rights. The Oxford Amnesty Lectures*, New York.
Shute, S./S. Hurley (Hg.), 1996, *Die Idee der Menschenrechte*. Aus d. Engl. v. M. Bischoff, Frankfurt/M.
Sieckmann, J.-R., 1995, Abwägung von Rechten. In: *Arch. f. Rechts- u. Sozialphilos.*, 81, H. 2.
Sieghart, P., 1983, *The International Law of Human Rights*, Oxford.
Simma, B./ U. Fastenrath (Hg.), 52004, *Menschenrechte. Ihr internationaler Schutz. Textausgabe*, München.
Sing, H., 1986, Universalität der Menschenrechte – Pluralität kultureller Identitäten. In: *Concordia. Internationale Zschr. f. Philosophie* 9.
Sinha, S.P., 1995, Non-Universality of Law. In: *Arch. f. Rechts- u. Sozialphilos.*, 81, H. 2.
Skinner, Q., 1988, *Machiavelli. Zur Einführung*, Hamburg.
Smid, S., 1991, *Einführung in die Philosophie des Rechts*, München.
Sommer, G., 1990, Zum Bewußtsein von Menschenrechten. Ergebnisse einer Befragung. In: S. Höfling/ W. Butollo (Hg.), *Psychologie für Menschenwürde und Lebensqualität*, Bd. 3, München.
Sommer, G./ J. Stellmacher, 2009, *Menschenrechte und Menschenrechtsbildung. Eine psychologische Bestandsaufnahme*, Wiesbaden.
Sontheimer, K., 1963, *Politische Wissenschaft und Staatsrechtslehre*, Freiburg.
Sontheimer, K., 1968, *Antidemokratisches Denken in der Weimarer Republik*, München.
Spaemann, R., 1985/86, Über den Begriff der Menschenwürde. In: *Scheidewege. Jahresschrift f. skeptisches Denken*, Jg. 15.

Spaemann, R., 1987, Über den Begriff der Menschenwürde. In: E.-W. Böckenförde/ R. Spaemann (Hg.), *Menschenrechte und Menschenwürde*, Stuttgart.
Spaemann, R., 1996, *Personen. Versuche über den Unterschied zwischen etwas und jemand*, Stuttgart.
Speck, U., 1999, Der lange Abschied vom Staat. In: *Merkur*, 607.
Spinner, H., 1974, *Pluralismus als Erkenntnismodell*, Frankfurt/M.
Spinner, J., 2005, *Die Situation der Menschenwürde in der westlichen Kultur*, Berlin.
Spies, O./ E. Pritsch, 1964, Klassisches Islamisches Recht. 1. Wesen des Islamischen Rechts. In: *Handbuch der Orientalistik*. Abt. 1. Erg.bd. 3. Orientalisches Recht. Leiden.
Stamp, F., 1998, *Die Wahrheit im Strafverfahren*, Baden-Baden.
Starck, Ch., 1981, Menschenwürde als Verfassungsgarantie im modernen Staat. In: *Juristen Zeitung*, 36. Jg., 17. Juli 1981.
Starck, Ch., 1995, *Der demokratische Verfassungsstaat. Gestalt, Grundlagen, Gefährdungen*, Tübingen.
Starck, Ch., ^{5}2005, *Kommentar zum Grundgesetz*. Bd. 1: Präambel, Artikel 1-19, München.
Stein, T./ H. Buchstein/ C. Offe (Hg.), 2007, *Souveränität, Recht, Moral. Die Grundlagen politischer Gemeinschaft*, Frankfurt a.M./New York
Steiger, H., 1999, Brauchen wir eine universelle Theorie für eine völkerrechtliche Positivierung der Menschenrechte? In: Brunkhorst/ Köhler/ Lutz-Bachmann 1999.
Steiner, H. J./Ph. Alston (ed.), 1996, *International Human Rights in Context. Law, Politics, Morals. Text and Materials*, Oxford.
Steinvorth, U., ^{3}1994, *Stationen der politischen Theorie. Hobbes, Locke, Rousseau, Kant, Hegel, Marx, Weber*, Stuttgart.
Stemmer, P., 2000, *Handeln zugunsten anderer. Eine moralphilosophische Untersuchung*, Berlin.
Stemmer, P., 2002, Moralische Rechte als soziale Artefakte. In: *Deutsche Zschr. f. Philosophie* 50.
Stephani, G./ G. Levasseur/ B. Bouloc, 1991, *Droit Pénal Général*, Paris.
Stern, F., ^{7}2007, *Fünf Deutschland und ein Leben. Erinnerungen*. Aus d. Engl. v. F. Griese, München.
Stern, K., 1983, Menschenwürde als Wurzel der Menschen- und Grundrechte. In: N. Achterberg/ W. Krawietz/ D. Wyduckel (Hg.), *Recht und Staat im sozialen Wandel. Festschr. f. H.U. Scupin z. 80 Geb.*, Berlin.
Sternberger, D., 1978, *Drei Wurzeln der Politik*. 2 Bde., Frankfurt/M.
Sternberger, D., 1986, *Die Politik und der Friede*, Frankfurt/M.
Sterr, S., 2005, Selbstzerstörung auf Raten. Menschenrechtskommission 2004. In: *Vereinte Nationen*, (2005) 3.
Stirner, M., 1844, *Der Einzige und sein Eigentum*. Neue Ausg. Hg. v. A. Ruest, Berlin 1924.

Stoecker, R. (Hg.), 2003, *Menschenwürde. Annäherungen an einen Begriff*, Wien.

Stoecker, R., 2010, Die philosophischen Schwierigkeiten mit der Menschenwürde – und wie sie sich vielleicht auflösen lassen. In: *ZiF-Mitteilungen* 1/2010 [Zentrum für interdisziplinäre Forschung, Universität Bielefeld].

Stolleis, M., 1992, *Geschichte des öffentlichen Rechts in Deutschland*, 2. Bd., München.

Stolleis, M., 1994, *Recht im Unrecht. Studien zur Rechtsgeschichte des Nationalsozialismus*, Frankfurt/M.

Strauss, E., 2001, *Prävention von Menschenrechtsverletzungen als Aufgabe internationaler Organisationen*, Berlin.

Stuka, P.I., 1969 (1921), *Die revolutionäre Rolle von Recht und Staat.* Einl. v. N. Reich, Frankfurt/M.

Sukopp, T., 2005, Wider den radikalen Kulturrelativismus – Universalismus, Kontextualismus und Kompatibilismus. In: *Aufklärung u. Kritik* 2.

Sukopp, T., 2009, On the Relativity and Universality of Human Rights. Or: Is Universalism More than Wishful Thinking«? In: V. S. Singh/ R. K. Panda (eds.), *Pre-Proceedings of the International Conference on Language, Mind and Social Construction«*, Mumbay.

Sukopp, T., 2010, Kulturrelativismus. In: EPH, Bd. 2.

Suppé, R., 2004, *Die Grund- und Menschenrechte in der deutschen Staatslehre des 19. Jahrhunderts*, Berlin.

Svensson, M., 2002, *Debating Human Rights in China: A Conceptual and Political History*, Lanham/Oxford.

Symonides, J., 2000, *Human Rights: Concept and Standards*, Dartmouth, UNESCO Publishing.

Symonides, J./V. Volodin (eds.), 2001, *A Guide to Human Rights. Institutions, Standards, Procedures*, UNESCO Paris.

Tams, Ch.J., 2005, *Enforcing Obligations Erga Omnes in International Law*, Cambridge.

Taylor, Ch., 1995, Aneinander vorbei: Die Debatte zwischen Liberalismus und Kommunitarismus. In: Honneth 1995.

Teifke, N., 2011, *Das Prinzip Menschenwürde: Zur Abwägungsfähigkeit des Höchstrangigen*, Tübingen.

Tettinger, P./ K. Stern, 2006, *Kölner Gemeinschaftskommentar zur Europäischen Grundrechte-Charta*, München.

Tetzlaff, R., 2011, Menschenrechte und Modernisierung in Afrika – auf dem Weg zu universell akzeptierten Ethiknormen. In: Sandkühler 2011.

Teubner, G./ P. Korth, 2009, Zwei Arten des Rechtspluralismus: Normkollisionen in der doppelten Fragmentierung der Weltgesellschaft. In: M. Kötter/ G.F. Schuppert (Hg.), *Normative Pluralität ordnen. Rechts-*

begriffe, Normenkollisionen und Rule of Law in Kontexten dies- und jenseits des Staates, Baden-Baden.

Teyssier, J. et al., 2003, *Dominici, de l'accident aux agents secrets*, Turquant.

Thiel, M. (Hg.), 2003, *Wehrhafte Demokratie. Beiträge über die Regelungen zum Schutze der freiheitlichen demokratischen Grundordnung*, Tübingen.

Thomas, H./ H. Putzo/ K. Reichold/ R. Hüßtege von Beck, ^{27}2005, *Zivilprozessordnung mit Gerichtsverfassungsgesetz, den Einführungsgesetzen und europarechtlichen Vorschriften. Kommentar*, München.

Thomasius, Ch., 1691, *Ausübung der Vernunftlehre*, Halle (Reprint Hildesheim).

Tibi, B., 1994, *Im Schatten Allahs. Der Islam und die Menschenrechte*, München/Zürich.

Tiedemann, P., 2005, Zum Begriff der Menschenwürde. Philosophische Grundlagen und juristische Anwendung. In: *Ethica* 13 (2005) 4.

Tiyambe Zeleza/ Ph.J. McConnaughay, 2004, *Human Rights, the Rule of Law, and Development in Africa*, Philadelphia.

Tocqueville, A. de, 1961, De la démocratie en Amérique. In: *Œuvres Complètes*, éd. J.-P. Mayer, vol. I.2, Paris [dt. *Über die Demokratie in Amerika*, Bd. II, Stuttgart 1959].

Tohidipur, M. (Hg.), 1976, *Verfassung, Verfassungsgerichtsbarkeit, Politik*, Frankfurt/M.

Toggenburg, G.N., 2007, Die Grundrechtsagentur der Europäischen Union: Perspektiven, Aufgaben, Strukturen und Umfeld einer neuen Einrichtung im Europäischen Menschenrechtsraum. In: *MenschenRechtsMagazin*, H. 1/2007.

Tomuschat, Ch., 1982, Das Recht auf Entwicklung. In: *German Yearbook of Internat. Law, Jb. f. internat. Recht*, Vol. 25, Berlin.

Tomuschat, Ch. (Hg.), 1992, *Menschenrechte. Eine Sammlung internat. Dokumente z. Menschenrechtsschutz*, Bonn.

Tonndorf, U., 1997, *Menschenrechte in Africa. Konzeption, Verletzung und Rechtsschutz im Rahmen der OAU*, Freiburg.

Toulmin, S., 1978, *Menschliches Erkennen*, 1. Bd., Frankfurt/M.

Toulmin, S., 1985, Pluralism and Responsibility in Post-Modern Science. In: *Science, Technology and Human Values* 10.

Tremmel, J.Ch., 2006, *Handbook of Intergenerational Justice*, Cheltenham Glos.

Triki, F., 2011, *Demokratische Ethik und Politik im Islam. Arabische Studien zur transkulturellen Philosophie des Zusammenlebens*. Aus d. Franz. übers. v. H.J. Sandkühler, Weilerswist.

Trinkaus, Ch., 1970, *In Our Image and Likeness. Humanity and Divinity in Italian Humanist Thought*, 2 vol., Chicago.

Tripp, D., 1983, *Der Einfluß des naturwissenschaftlichen, philosophischen und historischen Positivismus auf die deutsche Rechtslehre im 19. Jahrhundert*, Berlin.
Tugendhat, E., 1997, *Moralbegründung und Gerechtigkeit. Vortrag und Kolloquium in Münster 1997*, hg. v. M. Willaschek, Münster.
Tugendhat, E., 1998, Die Kontroverse um die Menschenrechte. In: Gosepath/Lohmann 1998.
Tugendhat, E., 2001, Die Kontroverse um die Menschenrechte. In: ders., *Aufsätze 1992 bis 2000*, Frankfurt/M.
Tunick, M., 1992, *Hegel's Political Philosophy. Interpreting the Practice of Legal Punishment*, Princeton, NJ.
Turki, M., 2007, Herrschaft und Demokratie in der arabischen Welt. Überlegungen zur Phänomenologie der Macht. In: *Polylog. Zschr. f. interkulturelles Philosophieren*, H. 17.
Turki, M., 2011, Von der ›Kritik der islamischen Vernunft‹ zur Interkulturalität. In: Dhouib/Jürgens 2011.
Tutu, D., 2001, *Keine Zukunft ohne Versöhnung*, Düsseldorf.

Udombana, N.J., 2000, Towards the African Court on Human and Peoples' Rights: Better Later than Never. In: *Yale Human Rights and Development Law Journal, Vol. 3*.
United Nations, 1973, *The United Nations and the Human Rights*, New York.
United Nations, 1978, *Human Rights, A Compilation of International Instruments*, UN-Dok.ST/HR/1/Rev.1, New York.
United States Catholic Conference, 1987, *Economic Justice for All: Pastoral Letter on the Catholic social Teaching and the Economy of the United States*, D.C.: National Conference of Catholic Bishops.
Unruh, P., 2002, *Der Verfassungsbegriff des Grundgesetzes*, Tübingen.

van Crefeld, M., 1999, *The Rise and Fall of the State*, Cambridge (dt.: Aufstieg und Untergang des Staates, München 1999).
van Goudoever, A.P., 2003, The Problem of International Protection of Human Rights since 1945: from International Legal Declarations to Commitment in Global Politics. In: A. Fleury/ C. Fink/ L. Jílek (eds.), *Les droits de l'homme en Europe depuis 1945. Human Rights in Europe since 1945*, Bern.
van Ooyen, R.Chr., 2003, *Der Staat der Moderne. Hans Kelsens Pluralismustheorie*, Berlin.
van Ooyen, R.Chr., 2010, *Hans Kelsen und die offene Gesellschaft*, Wiesbaden.
Vedder, Ch./ W. Heintschel von Heinegg (Hg.), 2011, *Europäisches Unionsrecht. EUV, AEUV, Grundrechte-Charta. Handkommentar*, Baden-Baden.

Velasco, J.C., 2010, Deliberation/deliberative Demokratie. In: EPH, Bd. 1.
Verlage, Ch., 2009, *Responsibility to Protect. Ein neuer Ansatz im Völkerrecht zur Verhinderung von Völkermord, Kriegsverbrechen und Verbrechen gegen die Menschlichkeit*, Tübingen.
Vermeren, P., 2011, *Die Philosophie und die UNESCO*. Mit einem Nachw. v. J. Poulain. Im Auftrag d. Deutschen UNESCO-Kommission aus d. Franz. übers. v. H.J. Sandkühler, Frankfurt/M. et al.
Vetö, M., 2009, *Friedrich W. Schelling. Conférences de Stuttgart. Stuttgarter Privatvorlesungen*. Version inédite, accompagnée du texte des Œuvres, publiée, préfacée et annotée par Miklos Vetö. Seconde édition corrigée et complétée, Paris.
Viljoen, F., 2007, *International Human Rights Law in Africa*, Oxford et al.
Villiez, C. v., 2005, *Grenzen der Rechtfertigung? Internationale Gerechtigkeit durch transnationale Legitimation*, Paderborn.
Vitzthum, W. Graf, 1985, Die Menschenwürde als Verfassungsbegriff. In: *Juristen Zeitung*, 40. Jg., 1. März 1985.
Vitzthum, W., 2006, *Der Staat der Staatengemeinschaft. Zur internationalen Verflechtung als Wirkungsbedingung moderner Staatlichkeit*, Paderborn et al.
Voigt, U. (Hg.), 1998, *Die Menschenrechte im interkulturellen Dialog*, Frankfurt/M.
Vollrath, E., 1998, Staat (Abschn. 11 ff.). In: HWBPH, Bd. 10.
von der Pfordten, D., 2009, *Menschenwürde, Recht und Staat bei Kant. Fünf Untersuchungen*, Paderborn.
von der Pfordten, D., 2010, Recht/Gesetz. In: EPH, Bd. 3.
von Galen, M., 2006, Der Standpunkt der Strafverteidigung – Plädoyer für eine Überprüfung der Schuldkriterien. In: S. Barton (Hg.), *»...weil er für die Allgemeinheit gefährlich ist!« Prognosegutachten, Neurobiologie, Sicherungsverwahrung*, Baden-Baden.

Wagner, B. (Hg.), 2001, *Kulturelle Globalisierung. Zwischen Weltkultur und kultureller Fragmentierung*, Essen.
Wahl, R., 2003, *Verfassungsstaat, Europäisierung, Internationalisierung*, Frankfurt/M.
Walter, Ch., 2006, Menschenwürde im nationalen Recht, Europarecht und Völkerrecht. In: P. Bahr/H. M. Heinig (Hg.), *Menschenwürde in der säkularen Verfassungsordnung*, Tübingen.
Walter, G., 1979, *Freie Beweiswürdigung. Eine Untersuchung z. Bedeutung, Bedingungen u. Grenzen d. freien richterlichen Überzeugung*, Tübingen.
Walzer, M., 1990, The Communitarian Critique of Liberalism. In: *Political Theory*, Vol. 18, No. 1 [dt: Die kommunitaristische Kritik am Liberalismus. In: Honneth 1995].

Walzer, M., 1992 [1983], *Sphären der Gerechtigkeit. Ein Plädoyer für Pluralität und Gleichheit*, Frankfurt/New York.
Walzer, M. (ed.), 1995, *Toward a Global Civil Society*, Providence/ Oxford.
Walzer, M., 1998, *Über Toleranz. Von der Zivilisierung der Differenz*, Hamburg.
Weber, M., 1922, *Wirtschaft und Gesellschaft*, Tübingen.
Weber, M., ²1966, *Staatssoziologie, Soziologie der rationalen Staatsanstalt und der modernen politischen Parteien und Parlamente*. Hg. v. J. Winckelmann, Berlin.
Weber, M., ⁴1980, Politik als Beruf (1919). In: ders., *Gesammelte Politische Schriften*. Hg. v. J. Winkelmann, Tübingen.
Weber, M., 1989, Die ›Objektivität‹ sozialwissenschaftlicher und sozialpolitischer Erkenntnisse. In: ders., *Rationalisierung und entzauberte Welt*, Leipzig.
Weber-Fas, R., 2003, *Staatsdenker der Moderne. Klassikertexte von Machiavelli bis Max Weber*, Tübingen.
Wehling, P., 2004, Weshalb weiß die Wissenschaft nicht, was sie nicht weiß? Perspektiven einer Soziologie des wissenschaftlichen Nichtwissens. In: P. Böschen/ P. Wehling, *Wissenschaft zwischen Folgenverantwortung und Nichtwissen. Aktuelle Perspektiven der Wissenschaftsforschung*, Wiesbaden.
Wehling, P., 2006, *Im Schatten des Wissens? Perspektiven der Soziologie des Nichtwissens*, Konstanz.
Wei Jingsheng, 1998, Zur Zukunft der Menschenrechte in China – ein Plädoyer für Engagement und Optimismus. In: *Jb. Menschenrechte*, Frankfurt/M.
Wei Jingsheng, 1998a, Die ›asiatischen Werte‹ sind ein Instrument zur Diskriminierung der asiatischen Menschen. In: Köhne 1998.
Weil, E., 2002 [1950], *Hegel et l'État. Cinq conférences suivies de Marx et la philosophie du droit*, Paris.
Weinacht, P.-L-, 1968, *Staat. Studien zur Bedeutungsgeschichte des Wortes von den Anfängen bis ins 19. Jahrhundert*, Berlin.
Weinke, A., 2010, *Die Nürnberger Prozesse*, München.
Weiß, N., 2009, Der internationale Menschenrechtsschutz zu Beginn des 21. Jahrhunderts: Ausgangslage, Herausforderungen und Trends. In: Sandkühler 2009c.
Wellman, C., 1982, *Welfare Rights*, Savage.
Welsch, W., 1996, *Vernunft. Die zeitgenössische Vernunftkritik und das Konzept der transversalen Vernunft*, Frankfurt/M.
Welsch, W., 1997, *Transkulturalität. In: Texte zur Wirtschaft.* (www.tzw.biz/www/home/article.php?p_id=409).
Welsch, W., 2010, Transkulturalität. In: EPH, Bd. 3.

Welzel, H., 1986, *Die Naturrechtslehre Samuel Pufendorfs. Ein Beitrag zur Ideengeschichte des 17. und 18. Jahrhunderts*, Berlin.
Werle, G., ²2007, *Völkerstrafrecht*. Unter Mitarb. v. F. Jeßberger, V. Nerlich, W. Burchards, B. Burghardt u. a., Tübingen.
Werner, M., 2000, Streit um die Menschenwürde. In: *Zschr. f. medizinische Ethik* 46.
Wesel, U., ⁶1993 [1984], *Juristische Weltkunde. Eine Einführung in das Recht*, Frankfurt/M.
Wesel, U., 1997, *Geschichte des Rechts. Von den Frühformen bis zum Vertrag von Maastricht*, München.
Wetz, F.-J., 1998, *Die Würde des Menschen ist antastbar. Eine Provokation*, Stuttgart.
Wetz, F.J., 2005, *Illusion Menschenwürde. Aufstieg und Fall eines Grundwerts*, Stuttgart.
Whitehead, A.N., 1988 [1925], *Wissenschaft und moderne Welt*, Frankfurt/M.
Wieacker, F., 21967, *Privatrechtsgeschichte der Neuzeit*, Göttingen.
Wiegand, M.A., 2004, U*nrichtiges Recht: Gustav Radbruchs rechtsphilosophische Parteilehre*, Tübingen.
Wieland, R., Menschenwürde und Freiheit in der Reflexion zeitgenössischer muslimischer Denker. In: Schwartländer 1993.
Wildfeuer, A.G., 2002, Menschenwürde – Leerformel oder unverzichtbarer Gedanke? In: M. Nicht/ A.G. Wildfeuer (Hg.), *Person – Menschenwürde – Menschenrechte im Disput*, Münster et al.
Wildt, A., 1998, Menschenrechte und moralische Rechte. In: Gosepath/Lohmann 1998.
Willaschek, M., 2003, *Der mentale Zugang zur Welt. Realismus, Skeptizismus und Intentionalität*, Frankfurt/M.
Windelband, W., 1884/1924, Präludien. Aufsätze und Reden zur Philosophie und ihrer Geschichte, 2 Bde., Tübingen.
Windfuhr, M., 2000, Soziale Menschenrechte und Globalisierung. In: *Jb. Menschenrechte 2000*.
Wingert, L., 2007, Lebensweltliche Gewißheit versus wissenschaftliches Wissen? In: *Deutsche Zschr. f. Philos.* 55, H. 6.
Winkler, G., 1995, *Zeit und Recht. Kritische Anmerkungen zur Zeitgebundenheit des Rechts und des Rechtsdenkens*, Heidelberg.
Winkler, I., 2011, Die Leitprinzipien zu Wirtschaft und Menschenrechten – Fortschritt oder Rückschritt im Bereich der menschenrechtlichen Verantwortung von Unternehmen? In: *Zschr. f. Menschenrechte*, 2011, 2.
Wiredu, K., 1997a, Probleme des afrikanischen Selbstverständnisses in der gegenwärtigen Welt. In: *Widerspruch. Zschr. f. Philosophie,* Tübingen.
Wiredu, K., 1997b, The Need for Conceptual Decolonization in African Philosophy. In: H. Kimmerle/F.M. Wimmer (eds.), 1997, *Philosophy*

and Democracy in Intercultural Perspective. Philosophie et démocratie en perspective interculturelle, Amsterdam/ Atlanta.

Wittgenstein, L., 1989, *Über Gewißheit*, hg. v. G. E. M. Anscombe/ G. H. von Wright. In: *Werkausgabe*, Bd. 8, Frankfurt/M.

Wittreck, F., 2003, Menschenwürde und Folterverbot. Zum Dogma von der ausnahmslosen Unabwägbarkeit des Art. 1 Abs. 1 GG. In: *Die öffentliche Verwaltung*.

Woesler, M., 1999, Human rights not found – Die Menschenrechte im Netz der VR China. In: Göller 1999.

Wole Soyinka, 1999, Kulturelle Ansprüche und globale Rechte. In: *Jahrb. Menschenrechte 1999*.

Wolf, E. et al., 1984, Naturrecht. In: HWbPh, Bd. 6.

Wolf, H. (Hg.), 2001, *Inquisition, Index, Zensur. Wissenskulturen der Neuzeit im Widerstreit*, Paderborn.

Wolf, J.-C., 2000, Die Furcht vor dem Relativismus. In: ders. (Hg.), *Menschenrechte interkulturell*, Freiburg/ Schweiz.

Wollstonecraft, M., 1975, *A Vindication of the Rights of Woman*, Harmondsworth.

Worms, F., 1993, *Droits de l'homme et philosophie. Une anthologie (1789-1914)*, Paris.

Wulf, Ch. et al. (Hg.), 2006, *Europäische und islamisch geprägte Länder im Dialog. Gewalt, Religion und interkulturelle Verständigung*, Berlin.

Wundeh Eno, R., 2002, The jurisdiction of the African Court on Human and Peoples' Rights. In: *African Human Rights Law Journal* (2002).

Yacoub, J., 2007, The Dignity of the Individual und of Peoples: The Contribution of Mesopotamia und of Syriac Heritage. In: *Diogenes* 215, Vol. 54, Issue 3.

Zacher, H.F., 2010, Universale Menschenrechte und die Wirklichkeit der globalen Welt – Das Beispiel der Kinderrechte. In: *Humboldt Forum Recht* 2/2010.

Zakariya, F., 2011, Die Prinzipien der Menschenrechte in der zeitgenössischen islamischen Welt. In: *Concordia.* (Themenheft: Arabisch-islamische Philosophie der Gegenwart), H. 59.

Zanetti, V., 2008, *L'intervention humanitaire. Droits des individus, devoirs des Etats*, Genève.

Zanetti, V., 2009, Vom Recht auf Selbstverteidigung zum Recht auf Hilfe. Wie wird das Recht auf humanitäre Intervention genau begründet? In: Sandkühler 2009c.

Zangl, B./ M. Zürn (Hg.), 2004, *Verrechtlichung – Baustein für Global Governance?*, Bonn.

Zenkert, G., 2007, ›Menschliche Würde‹. Zur Ambivalenz eines moralischen Leitbegriffs. In: *Internationales Jb. f. Hermeneutik* 6 (2007), 113–138.

Zippelius, R., [3]1994, *Rechtsphilosophie. Ein Studienbuch*, München.
Zippelius, R., [9]1994a, *Geschichte der Staatsideen*, München.
Zippelius, R., [2]1996, *Recht und Gerechtigkeit in der offenen Gesellschaft*, Berlin.
Zippelius, R., [5]1997, *Das Wesen des Rechts. Eine Einführung in die Rechtsphilosophie*, München.
Zippelius, R., [12]1999, *Allgemeine Staatslehre (Politikwissenschaft). Ein Studienbuch*, München.

Anhang

I. Menschenrechtsorgane, Menschenrechtserklärungen und Menschenrechtsinstrumente der Vereinten Nationen

- Menschenrechtsrat, Human Rights Council - HRC
- Hochkommissariat für Menschenrechte, High Commissioner for Human Rights - UNHCHR
- Ausschuss für Sozialrechte, Committee on Economic, Social and Cultural Rights - CESCR
- Menschenrechtsausschuss, Human Rights Committee - CCPR
- Ausschuss gegen Rassismus, Committee on the Elimination of Racial Discrimination - CERD
- Frauenrechts-Ausschuss, Committee on the Elimination of Discrimination against Women - CEDAW
- Ausschuss gegen Folter, Committee against Torture - CAT
- Kinderrechts-Ausschuss, Committee on the Rights of the Child - CRC
- Wanderarbeiter-Ausschuss, Committee on Migrant Workers – CMW
- Behindertenrechte-Ausschuss, Committee on the Rights of Persons with Disabilities – CRPD

Office of the United Nations High Commissioner for Human Rights[1]

THE INTERNATIONAL BILL OF HUMAN RIGHTS

- Universal Declaration of Human Rights 1948
- International Covenant on Economic, Social and Cultural Rights 1966
- International Covenant on Civil and Political Rights 1966
- Optional Protocol to the International Covenant on Civil and Political Rights
- Second Optional Protocol to the International Covenant on Civil and Political Rights, aiming at the abolition of the death penalty

THE CORE INTERNATIONAL HUMAN RIGHTS INSTRUMENTS
and their monitoring bodies

There are nine core international human rights treaties. Each of these

1 http://www2.ohchr.org/english/law/.

treaties has established a committee of experts to monitor implementation of the treaty provisions by its States parties. Some of the treaties are supplemented by optional protocols dealing with specific concerns.

		Date	Monitoring Body
ICERD	International Convention on the Elimination of All Forms of Racial Discrimination	21 Dec 1965	CERD
ICCPR	International Covenant on Civil and Political Rights	16 Dec 1966	CCPR
ICESCR	International Covenant on Economic, Social and Cultural Rights	16 Dec 1966	CESCR
CEDAW	Convention on the Elimination of All Forms of Discrimination against Women	18 Dec 1979	CEDAW
CAT	Convention against Torture and Other Cruel, Inhuman or Degrading Treatment or Punishment	10 Dec 1984	CAT
CRC	Convention on the Rights of the Child	20 Nov 1989	CRC
ICRMW	International Convention on the Protection of the Rights of All Migrant Workers and Members of Their Families	18 Dec 1990	CMW
CPED	International Convention for the Protection of All Persons from Enforced Disappearance	20 Dec 2006	CED
CRPD	Convention on the Rights of Persons with Disabilities	13 Dec 2006	CRPD
ICESCR - OP	Optional Protocol of the Covenant on Economic, Social and Cultural Rights	10 Dec 2008	CESCR
ICCPR-OP1	Optional Protocol to the International Covenant on Civil and Political Rights	16 Dec 1966	HRC
ICCPR-OP2	Second Optional Protocol to the International Covenant on Civil and Political Rights, aiming at the abolition of the death pen-	15 Dec 1989	HRC

	alty		
OP-CEDAW	Optional Protocol to the Convention on the Elimination of Discrimination against Women	10 Dec 1999	CEDAW
OP-CRC-AC	Optional protocol to the Convention on the Rights of the Child on the involvement of children in armed conflict	25 May 2000	CRC
OP-CRC-SC	Optional protocol to the Convention on the Rights of the Child on the sale of children, child prostitution and child pornography	25 May 2000	CRC
OP-CAT	Optional Protocol to the Convention against Torture and Other Cruel, Inhuman or Degrading Treatment or Punishment	18 Dec 2002	CAT
OP-CRPD	Optional Protocol to the Convention on the Rights of Persons with Disabilities	12 Dec 2006	CRPD

UNIVERSAL HUMAN RIGHTS INSTRUMENTS

In addition to the International Bill of Rights and the core human rights treaties, there are many other universal instruments relating to human rights. A non-exhaustive selection is listed below. The legal status of these instruments varies: declarations, principles, guidelines, standard rules and recommendations have no binding legal effect, but such instruments have an undeniable moral force and provide practical guidance to States in their conduct; covenants, statutes, protocols and conventions are legally-binding for those States that ratify or accede to them. Information on the status of ratification of selected instruments is available here. Printer-friendly versions of these instruments may be downloaded from the CD-ROM Compilation of Universal Instruments accessible online here.

WORLD CONFERENCE ON HUMAN RIGHTS AND MILLENNIUM ASSEMBLY

- Vienna Declaration and Programme of Action
- United Nations Millennium Declaration

THE RIGHT OF SELF-DETERMINATION

- United Nations Declaration on the Granting of Independence to Colonial Countries and Peoples
- General Assembly resolution 1803 (XVII) of 14 December 1962, »Permanent sovereignty over natural resources»
- International Convention against the Recruitment, Use, Financing and Training of Mercenaries

RIGHTS OF INDIGENOUS PEOPLES AND MINORITIES

- Declaration on the Rights of Indigenous Peoples
- Indigenous and Tribal Peoples Convention, 1989 (No. 169)
- Declaration on the Rights of Persons Belonging to National or Ethnic, Religious and Linguistic Minorities

PREVENTION OF DISCRIMINATION

- Equal Remuneration Convention, 1951 (No. 100)
- Discrimination (Employment and Occupation) Convention, 1958 (No. 111)
- International Convention on the Elimination of all Forms of Racial Discrimination (ICERD)
- Declaration on Race and Racial Prejudice
- Convention against Discrimination in Education
- Protocol Instituting a Conciliation and Good Offices Commission to be responsible for seeking a settlement of any disputes which may arise between States Parties to the Convention against Discrimination in Education
- Declaration on the Elimination of All Forms of Intolerance and of Discrimination Based on Religion or Belief
- World Conference against Racism, 2001 (Durban Declaration and Programme of Action)

RIGHTS OF WOMEN

- Convention on the Elimination of All Forms of Discrimination against Women (CEDAW)
- Optional Protocol to the Convention on the Elimination of All Forms of Discrimination against Women (CEDAW-OP)
- Declaration on the Protection of Women and Children in Emergency and Armed Conflict
- Declaration on the Elimination of Violence against Women

RIGHTS OF THE CHILD

- Convention on the Rights of the Child (CRC)
- Optional Protocol to the Convention on the Rights of the Child on the sale of children, child prostitution and child pornography (CRC-OPSC)
- Optional Protocol to the Convention on the Rights of the Child on the involvement of children in armed conflict (CRC-OPAC)

- Minimum Age Convention, 1973 (No. 138)
- Worst Forms of Child Labour Convention, 1999 (No. 182)

RIGHTS OF OLDER PERSONS

- United Nations Principles for Older Persons

RIGHTS OF PERSONS WITH DISABILITIES

- Declaration on the Rights of Mentally Retarded Persons
- Declaration on the Rights of Disabled Persons
- Principles for the protection of persons with mental illness and the improvement of mental health care
- Standard Rules on the Equalization of Opportunities for Persons with Disabilities

HUMAN RIGHTS IN THE ADMINISTRATION OF JUSTICE: PROTECTION OF PERSONS SUBJECTED TO DETENTION OR IMPRISONMENT

- Standard Minimum Rules for the Treatment of Prisoners
- Basic Principles for the Treatment of Prisoners
- Body of Principles for the Protection of All Persons under Any Form of Detention or Imprisonment
- United Nations Rules for the Protection of Juveniles Deprived of their Liberty
- Declaration on the Protection of All Persons from Being Subjected to Torture and Other Cruel, Inhuman or Degrading Treatment or Punishment
- Convention against Torture and Other Cruel, Inhuman or Degrading Treatment or Punishment (CAT)
- Optional Protocol to the Convention against Torture and Other Cruel, Inhuman or Degrading Treatment or Punishment (OPCAT)
- Principles of Medical Ethics relevant to the Role of Health Personnel, particularly Physicians, in the Protection of Prisoners and Detainees against Torture and Other Cruel, Inhuman or Degrading Treatment or Punishment
- Principles on the Effective Investigation and Documentation of Torture and Other Cruel, Inhuman or Degrading Treatment or Punishment
- Safeguards guaranteeing protection of the rights of those facing the death penalty
- Code of Conduct for Law Enforcement Officials
- Basic Principles on the Use of Force and Firearms by Law Enforcement Officials
- United Nations Standard Minimum Rules for Non-custodial Measures (The Tokyo Rules)
- United Nations Standard Minimum Rules for the Administration of Juvenile Justice (The Beijing Rules)

- Guidelines for Action on Children in the Criminal Justice System
- United Nations Guidelines for the Prevention of Juvenile Delinquency (The Riyadh Guidelines)
- Declaration of Basic Principles of Justice for Victims of Crime and Abuse of Power
- Basic Principles on the Independence of the Judiciary
- Basic Principles on the Role of Lawyers
- Guidelines on the Role of Prosecutors
- Principles on the Effective Prevention and Investigation of Extra-legal, Arbitrary and Summary Executions
- Declaration on the Protection of All Persons from Enforced Disappearance
- Basic Principles and Guidelines on the Right to a Remedy and Reparation
- International Convention for the Protection of All Persons from Enforced Disappearance (not yet into force)

SOCIAL WELFARE, PROGRESS AND DEVELOPMENT

- Declaration on Social Progress and Development
- Universal Declaration on the Eradication of Hunger and Malnutrition
- Declaration on the Use of Scientific and Technological Progress in the Interests of Peace and for the Benefit of Mankind
- Declaration on the Right of Peoples to Peace
- Declaration on the Right to Development
- Universal Declaration on the Human Genome and Human Rights
- Universal Declaration on Cultural Diversity

PROMOTION AND PROTECTION OF HUMAN RIGHTS

- Principles relating to the status of national institutions (The Paris Principles)
- Declaration on the Right and Responsibility of Individuals, Groups and Organs of Society to Promote and Protect Universally Recognized Human Rights and Fundamental Freedoms

MARRIAGE

- Convention on Consent to Marriage, Minimum Age for Marriage and Registration of Marriages
-
- Recommendation on Consent to Marriage, Minimum Age for Marriage and Registration of Marriages

RIGHT TO HEALTH

- Declaration of Commitment on HIV/AIDS

RIGHT TO WORK AND TO FAIR CONDITIONS OF EMPLOYMENT

- Employment Policy Convention, 1964 (No. 122)

FREEDOM OF ASSOCIATION

- Freedom of Association and Protection of the Right to Organise Convention, 1948 (No. 87)
- Right to Organise and Collective Bargaining Convention, 1949 (No. 98)

SLAVERY, SLAVERY-LIKE PRACTICES AND FORCED LABOUR

- Slavery Convention
- Protocol amending the Slavery Convention signed at Geneva on 25 September 1926
- Supplementary Convention on the Abolition of Slavery, the Slave Trade, and Institutions and Practices Similar to Slavery
- Forced Labour Convention, 1930 (No. 29)
- Abolition of Forced Labour Convention, 1957 (No. 105)
- Convention for the Suppression of the Traffic in Persons and of the Exploitation of the Prostitution of Others
- Protocol to Prevent, Suppress and Punish Trafficking in Persons, Especially Women and Children, supplementing the United Nations Convention against Transnational Organized Crime

RIGHTS OF MIGRANTS

- International Convention on the Protection of the Rights of All Migrant Workers and Members of Their Families (ICPMW)
- Protocol against the Smuggling of Migrants by Land, Sea and Air, supplementing the United Nations Convention against Transnational Organized Crime

NATIONALITY, STATELESSNESS, ASYLUM AND REFUGEES

- Convention on the Reduction of Statelessness
- Convention relating to the Status of Stateless Persons
- Convention relating to the Status of Refugees
- Protocol relating to the Status of Refugees
- Declaration on the Human Rights of Individuals Who are not Nationals of the Country in which They Live

WAR CRIMES AND CRIMES AGAINST HUMANITY, INCLUDING GENOCIDE

- Convention on the Prevention and Punishment of the Crime of Genocide
- Convention on the Non-Applicability of Statutory Limitations to War Crimes and Crimes against Humanity
- Principles of international co-operation in the detection, arrest, extradition and punishment of persons guilty of war crimes and crimes against humanity

- Statute of the International Tribunal for the Former Yugoslavia
- Statute of the International Tribunal for Rwanda
- Rome Statute of the International Criminal Court

HUMANITARIAN LAW

- Geneva Convention relative to the Treatment of Prisoners of War
- Geneva Convention relative to the Protection of Civilian Persons in Time of War
- Protocol Additional to the Geneva Conventions of 12 August 1949, and relating to the Protection of Victims of International Armed Conflicts (Protocol I)
- Protocol Additional to the Geneva Conventions of 12 August 1949, and relating to the Protection of Victims of Non-International Armed Conflicts (Protocol II)

II. Der Europarat und die Menschenrechte

Sicherstellung des Schutzes der Menschenrechte[2]

- Europäischer Gerichtshof für Menschenrechte
- Umsetzung der Urteile des Gerichtshofs
- Stärkung der Wirksamkeit des Systems der Menschenrechtskonvention auf nationaler und europäischer Ebene
- Folter - Komitee zur Verhütung von Folter

Förderung der Menschenrechte

- Menschenrechtskommissar
- Entwicklung gemeinsamer rechtlicher Normen und politischer Maßnahmen
- Sensibilisierung und Ausbildung im Bereich der Menschenrechte
- Gleichstellung, Vielfalt und Wahrung der Rechte schutzbedürftiger Personen
- Menschen mit Behinderungen
- Roma und Fahrende
- Gleichstellung von Frauen und Männern
- Rassismus und Intoleranz - ECRI
- Nationale Minderheiten
- Regional- oder Minderheitensprachen
- Bedrohung der Menschenwürde - Menschenhandel
- Bedrohung der Menschenwürde - Gewalt gegen Frauen

2 http://www.coe.int/lportal/web/coe-portal/navigation/human-rights, mit Links zu den einzelnen Themen.

- Kinderrechte - Ein Europa für Kinder und mit Kindern schaffen
- Kinderrechte - Sexuelle Gewalt
- Kinderrechte - Eine kinderfreundliche Justiz

Sicherstellung der sozialen Rechte

- Europäische Sozialcharta
- Soziale Sicherheit
- Gesundheitspolitik
- Bioethik
- Drogenmissbrauch und illegaler Drogenhandel - Pompidou-Gruppe
- Arzneimittel - Europäisches Direktorat für die Qualität von Arzneimitteln und Gesundheitsfürsorge (EDQM, Pharmakopöe)

III. Menschenrechtsinstitute in Deutschland, Zeitschriften und Internetquellen

Menschenrechtsinstitute[3]

UNESCO-Lehrstuhl für Menschenrechtsbildung, Otto-von-Guericke-Universität Magdeburg
http://www.menschenrechtserziehung.de

Deutsches Institut für Menschenrechte
http://www.institut-fuer-menschenrechte.de/de/service.html

Menschenrechtszentrum der Universität Potsdam
http://www.uni-potsdam.de/u/mrz'

Lehrstuhl für Menschenrechte und Menschenrechtspolitik. Institut für Politische Wissenschaft. Friedrich-Alexander-Universität Erlangen-Nürnberg.
http://www.polwiss.uni-erlangen.de/professuren/menschenrechte/

Zeitschriften

EHRLR	European Human Rights Law Review, seit 1979
EuGRZ	Europäische Grundrechte-Zeitschrift, seit 1974
HRLJ	Human Rights Law Journal, seit 1980

3 Zu nationalen Menschenrechtsinstititionen in Europa vgl. Aichele 2004. Zu den weltweit eingericheten Menschenrechts-Lehrstühlen der UNESCO vgl. http://www.unesco.org/en/unitwin/access-by-domain/social-and-human-sciences/peace-and-human-rights/).

HRLR	Human Rights Law Review, seit 2001
JMR	Jb. Menschenrechte, seit 1998
MRM	MenschenRechtsMagazin, seit 1996
RTDH	Revue trimestrielle des droits de l'homme, seit 1990
RUDH	Revue universelle des droits des l'homme, seit 1989
ZfMR	Zeitschrift für Menschenrechte. Journal for Human Rights, seit 2006

Internetquellen

http://www.forum-menschenrechte.de [Forum Menschenrechte]
http://www.hrweb.org/resource.html [Human Rights Web]
http://www.humanrights.ch [Menschenrechte Schweiz]
http://www.hri.ca/about.aspx [Human Rights Internet]
http://www.institut-fuer-menschenrechte.de [Deutsches Institut für Menschenrechte]
http://www.menschenrechtserziehung.de [UNESCO-Lehrstuhl für Menschenrechtserziehung an der Universität Magdeburg]
http://www.un.org/en/rights/ [United Nations Human Rights]
http://www.unesco.org/shs/human_rights/ [Menschenrechte im UNESCO-Portal]
http://www.unesco-phil.uni-bremen.de/ [Deutsche Abt. ›Menschenrechte und Kulturen‹ des europäischen UNESCO-Lehrstuhls für Philosophie (Paris)]

Personenregister

(Namen von Autorinnen und Autoren, auf die in Fußnoten mit ›vgl.‹ ohne Zitat bzw. weitere Bemerkungen verwiesen wird, sind in diesem Register nicht durchgängig aufgeführt.)

Sachregister

(Durchgängig vorkommende Begriffe wie Gesellschaft, Politik, Recht und Staat ohne nähere Präzisierung wurden nicht aufgenommen.)